KODEX

DES ÖSTERREICHISCHEN RECHTS

Herausgeber: em. o. Univ. Prof. Dr. Werner Doralt
Redaktion: Dr. Veronika Doralt

KRYPTO-WÄHRUNGEN

bearbeitet von

Dr. Bernhard Egger LL.M./MBA
WKÖ – Bundessparte Bank und Versicherung

Rubbeln Sie Ihren persönlichen Code frei und laden Sie diesen Kodexband kostenlos in die Kodex App!

1421923

HIER

[redacted]

RUBBELN!

Der Code kann bis zum Erscheinen der Neuauflage eingelöst werden.
Beachten Sie bitte, dass das Aufrubbeln des Feldes zum Kauf des Buches verpflichtet!

LexisNexis®

Inhaltsverzeichnis

Verordnung (EU) 2023/1114 des europäischen Parlaments und des Rates vom 31. Mai 2023 über Märkte für Kryptowerte und zur Änderung der Verordnungen (EU) Nr. 1093/2010 und (EU) Nr. 1095/2010 sowie der Richtlinien 2013/36/EU und (EU) 2019/1937

ABl L 150 vom 9. 6. 2023, S 40

DAS EUROPÄISCHE PARLAMENT UND DER RAT DER EUROPÄISCHEN UNION –

gestützt auf den Vertrag über die Arbeitsweise der Europäischen Union, insbesondere auf Artikel 114,

auf Vorschlag der Europäischen Kommission,

nach Zuleitung des Entwurfs des Gesetzgebungsakts an die nationalen Parlamente,

nach Stellungnahme der Europäischen Zentralbank[1],

nach Stellungnahme des Europäischen Wirtschafts- und Sozialausschusses[2],

gemäß dem ordentlichen Gesetzgebungsverfahren[3],

in Erwägung nachstehender Gründe:

(1) Es muss sichergestellt werden, dass die Gesetzgebungsakte der Union im Bereich Finanzdienstleistungen dem digitalen Zeitalter angemessen sind und zu einer zukunftsfähigen Wirtschaft im Dienste der Menschen beitragen, indem sie beispielsweise den Einsatz innovativer Technologien ermöglichen. Die Union hat ein politisches Interesse an der Entwicklung und Förderung der Einführung transformativer Technologien im Finanzsektor wie etwa der Distributed-Ledger-Technologie (DLT). Voraussichtlich werden viele nach wie vor nicht vollständig erforschte Anwendungen der Distributed-Ledger-Technologie einschließlich der Blockchain-Technologie auch künftig neue Arten von Wirtschaftstätigkeiten und Geschäftsmodellen hervorbringen, die zusammen mit der Branche der Kryptowerte selbst zum Wirtschaftswachstum und zu neuen Beschäftigungsmöglichkeiten für die Bürgerinnen und Bürger der Union beitragen werden.

[1] ABl. C 152 vom 29.4.2021, S. 1.

[2] ABl. C 155 vom 30.4.2021, S. 31.

[3] Standpunkt des Europäischen Parlaments vom 20. April 2023 (noch nicht im Amtsblatt veröffentlicht) und Beschluss des Rates vom 16. Mai 2023.

(2) Kryptowerte gehören zu den wichtigsten Anwendungen der Distributed-Ledger-Technologie. Kryptowerte sind digitale Darstellungen von Werten oder Rechten, die Marktteilnehmern wie beispielsweise Kryptowerte-Kleinanlegern erhebliche Nutzen bringen könnten. Darstellungen von Werten umfassen den externen, nicht inhärenten Wert, der einem Kryptowert von den betroffenen Parteien oder Marktteilnehmern zuerkannt wird; d. h, der Wert ist subjektiv und beruht nur auf dem Interesse des Käufers des Kryptowerts. Durch eine Straffung der Kapitalbeschaffung und eine Vergrößerung des Wettbewerbs könnten Angebote über Kryptowerte auch für kleine und mittlere Unternehmen (KMU) eine innovative und inklusive Finanzierungsalternative ermöglichen. Kryptowerte, die als Zahlungsmittel verwendet werden, können insbesondere im grenzüberschreitenden Kontext kostengünstigere, schnellere und effizientere Zahlungen ermöglichen, da die Zahl der Intermediäre begrenzt wird.

(3) Manche Kryptowerte – insbesondere solche, die als Finanzinstrumente im Sinne der Begriffsbestimmung in der Richtlinie 2014/65/EU des Europäischen Parlaments und des Rates[4] gelten – fallen in den Anwendungsbereich bestehender Unionsrechtsakte über Finanzdienstleistungen. Daher gilt für Emittenten solcher Kryptowerte und für Unternehmen, die Tätigkeiten im Zusammenhang mit solchen Kryptowerten ausüben, bereits ein umfassendes Paket aus Unionsvorschriften.

(4) Andere Kryptowerte werden von den Gesetzgebungsakten der Union im Bereich Finanzdienstleistungen jedoch nicht erfasst. Derzeit gibt es außer den Bestimmungen über die Bekämpfung der Geldwäsche keine Vorschriften zur Regulierung der Bereitstellung von Dienstleistungen im

Zu Abs. 3:

[4] Richtlinie 2014/65/EU des Europäischen Parlaments und des Rates vom 15. Mai 2014 über Märkte für Finanzinstrumente sowie zur Änderung der Richtlinien 2002/92/EG und 2011/61/EU (ABl. L 173 vom 12.6.2014, S. 349).

Zusammenhang mit solchen unregulierten Kryptowerten wie etwa des Betriebs von Handelsplattformen für Kryptowerte, des Tauschs von Kryptowerten gegen einen Geldbetrag oder gegen andere Kryptowerte und der Verwahrung und Verwaltung von Kryptowerten für Kunden. Solange es an solchen Vorschriften fehlt, sind die Inhaber von Kryptowerten insbesondere in Bereichen, die nicht unter die Verbraucherschutzvorschriften fallen, Risiken ausgesetzt. Das Fehlen solcher Vorschriften kann außerdem erhebliche Risiken für die Marktintegrität – auch im Hinblick auf Marktmissbrauch und Finanzkriminalität – nach sich ziehen. Um diese Risiken einzudämmen, haben einige Mitgliedstaaten spezifische Vorschriften für sämtliche – oder bestimmte – Kryptowerte eingeführt, die durch die Gesetzgebungsakte der Union im Bereich Finanzdienstleistungen nicht abgedeckt sind, und andere Mitgliedstaaten erwägen, im Bereich der Kryptowerte gesetzgeberisch tätig zu werden.

(5) Das Fehlen eines allgemeinen Unionsrahmens für Märkte für Kryptowerte kann das Vertrauen der Nutzer in diese Werte beeinträchtigen, was wiederum die Entwicklung eines Marktes für diese Werte erheblich behindern und dazu führen könnte, dass Chancen durch innovative digitale Dienste, alternative Zahlungsinstrumente oder neue Finanzierungsquellen für Unternehmen in der Union ungenutzt bleiben. Hinzu kommt, dass Unternehmen, die Kryptowerte nutzen, keine Rechtssicherheit darüber haben würden, wie ihre Kryptowerte in den verschiedenen Mitgliedstaaten behandelt würden, was ihre Bestrebungen, Kryptowerte für digitale Innovationen zu nutzen, untergraben würde. Das Fehlen eines allgemeinen Unionsrahmens für Märkte für Kryptowerte könnte auch eine fragmentierte Regulierung zur Folge haben, die den Wettbewerb im Binnenmarkt verzerren, Anbietern von Kryptowerte-Dienstleistungen den Ausbau ihrer grenzüberschreitenden Tätigkeiten erschweren und zu Aufsichtsarbitrage führen würde. Die Märkte für Kryptowerte sind noch von bescheidener Größe und stellen derzeit keine Bedrohung für die Finanzstabilität dar. Jedoch besteht die Möglichkeit, dass Kategorien von Kryptowerten, die auf Preisstabilisierung im Zusammenhang mit einem bestimmten Vermögenswert oder einem bestimmten Vermögenswertkorb angelegt sind, bei Kleinanlegern künftig großen Anklang finden könnte, und eine solche Entwicklung könnte zusätzliche Herausforderungen für die Finanzstabilität, das reibungslose Funktionieren der Zahlungssysteme, die geldpolitische Transmission oder die Währungshoheit mit sich bringen.

(6) Es bedarf daher auf Unionsebene eines speziellen und harmonisierten Rahmens für Märkte für Kryptowerte, um spezifische Vorschriften für Kryptowerte und damit zusammenhängende Dienstleistungen und Tätigkeiten festzulegen, die von den Gesetzgebungsakten der Union im Bereich Finanzdienstleistungen noch nicht erfasst sind. Ein solcher Rahmen sollte Innovation und fairen Wettbewerb fördern und zugleich ein hohes Maß an Schutz von Kleinanlegern und an Integrität der Märkte für Kryptowerte gewährleisten. Ein klarer Rahmen dürfte es Anbietern von Kryptowerte-Dienstleistungen ermöglichen, ihre Geschäftstätigkeiten über Grenzen hinweg auszuweiten, und ihnen den Zugang zu Bankdienstleistungen erleichtern, sodass sie ihre Tätigkeiten reibungslos ausüben können. Ein Unionsrahmen für Märkte für Kryptowerte sollte die angemessene Behandlung von Emittenten von Kryptowerten und Anbietern von Kryptowerte-Dienstleistungen sicherstellen und somit Chancengleichheit mit Blick auf den Markteintritt sowie auf laufende und künftige Entwicklungen der Märkte für Kryptowerte bieten. Er sollte außerdem die Finanzstabilität und das reibungslose Funktionieren der Zahlungssysteme fördern und den etwaigen geldpolitischen Risiken aus Kryptowerten gerecht werden, die auf Preisstabilisierung im Zusammenhang mit einem bestimmten Vermögenswert oder einem bestimmten Vermögenswertkorb angelegt sind. Angemessene Regelungen erhalten die Wettbewerbsfähigkeit der Mitgliedstaaten auf den weltweiten Finanz- und Technologiemärkten und bieten den Kunden erhebliche Vorteile beim Zugang zu kostengünstigeren, schnelleren und sichereren Finanzdienstleistungen und zu einer kostengünstigeren, schnelleren und sichereren Vermögensverwaltung. Der Unionsrahmen für Märkte für Kryptowerte sollte die zugrunde liegende Technologie nicht regulieren. Mit Gesetzgebungsakten der Union sollte kein unnötiger und unverhältnismäßiger Regelungsaufwand für den Rückgriff auf Technologie vorgeschrieben werden, da die Union und die Mitgliedstaaten bestrebt sind, die Wettbewerbsfähigkeit auf dem Weltmarkt zu erhalten.

(7) Die für die Validierung von Transaktionen mit Kryptowerten herangezogenen Konsensmechanismen könnten schwerwiegende nachteilige Auswirkungen auf das Klima und andere umweltbezogene nachteilige Auswirkungen nach sich ziehen. Diese Konsensmechanismen sollten daher umweltschonendere Lösungen vorsehen und sicherstellen, dass ihre etwaigen schwerwiegenden nachteiligen Auswirkungen auf das Klima und etwaige andere umweltbezogene nachteilige Auswirkungen angemessen ermittelt und von den Emittenten von Kryptowerten und den Anbietern von Kryptowerte-Dienstleistungen offengelegt werden. Bei der Festlegung, ob nachteilige Auswirkungen schwerwiegend sind, sollte dem Grundsatz der Verhältnismäßigkeit und der Größe sowie dem Volumen des emittierten Kryptowerts

Rechnung getragen werden. Die durch die Verordnung (EU) Nr. 1095/2010 des Europäischen Parlaments und des Rates[5] errichtete Europäische Aufsichtsbehörde (Europäische Wertpapier- und Marktaufsichtsbehörde – ESMA) sollte daher gemeinsam mit der durch die Verordnung (EU) Nr. 1093/2010 des Europäischen Parlaments und des Rates[6] errichteten Europäischen Aufsichtsbehörde (Europäische Bankenaufsichtsbehörde – EBA) beauftragt werden, Entwürfe für technische Regulierungsstandards auszuarbeiten, in denen der Inhalt, die Methoden und die Darstellung von Informationen über Nachhaltigkeitsindikatoren in Bezug auf nachteilige Auswirkungen auf das Klima oder andere umweltbezogene Aspekte genauer festgelegt und die wichtigsten Energieindikatoren beschrieben werden. Mit den Entwürfen für technische Regulierungsstandards sollte außerdem die Kohärenz der Offenlegungen von Emittenten von Kryptowerten und von Anbietern von Kryptowerte-Dienstleistungen sichergestellt werden. Die ESMA sollte bei der Ausarbeitung der Entwürfe für technische Regulierungsstandards den unterschiedlichen Arten der Konsensmechanismen, die bei der Validierung von Transaktionen mit Kryptowerten zum Einsatz kommen, ihren Merkmalen und den jeweiligen Unterschieden zwischen ihnen Rechnung tragen. Die ESMA sollte zudem bestehende Offenlegungspflichten berücksichtigen, für Komplementarität und Kohärenz Sorge tragen und verhindern, dass die Belastung von Unternehmen zunimmt.

(8) Märkte für Kryptowerte sind global und somit von Natur aus grenzüberschreitend. Die Union sollte die internationalen Bemühungen zur Förderung der Konvergenz bei der Behandlung von Kryptowerten und Kryptowerte-Dienstleistungen in internationalen Organisationen oder Gremien wie etwa dem Rat für Finanzstabilität, dem Basler Ausschuss für Bankenaufsicht und der Financial Action Task Force daher auch künftig unterstützen.

(9) Die Gesetzgebungsakte der Union im Bereich Finanzdienstleistungen sollten auf dem Prinzip „Gleiches Geschäft, gleiche Risiken, gleiche Regeln" beruhen und dem Grundsatz der Technologieneutralität folgen. Deshalb sollten Kryptowerte, die in den Anwendungsbereich bestehender Gesetzgebungsakte der Union zu Finanzdienstleistungen fallen, auch künftig nicht durch diese Verordnung, sondern durch den bestehenden Rechtsrahmen geregelt werden, und zwar unabhängig davon, welche Technologie für ihre Ausgabe oder ihre Übertragung verwendet wird. Dementsprechend sind Kryptowerte, die als Finanzinstrumente im Sinne der Richtlinie 2014/65/EU gelten, Kryptowerte, die als Einlagen im Sinne der Richtlinie 2014/49/EU des Europäischen Parlaments und des Rates[7] gelten, einschließlich strukturierter Einlagen im Sinne der Richtlinie 2014/65/EU, Kryptowerte, die als Geldbeträge im Sinne der Richtlinie (EU) 2015/2366 des Europäischen Parlaments und des Rates[8] gelten, außer sie gelten als elektronische Geld-Token (im Folgenden „E-Geld-Token"), Kryptowerte, die als Verbriefungspositionen im Sinne der Verordnung (EU) 2017/2402 des Europäischen Parlaments und des Rates[9] gelten, und Kryptowerte, die als Nichtlebens- oder Lebensversicherungsverträge, Altersvorsorgeprodukte oder Altersversorgungssysteme und Sozialversicherungssystems gelten, ausdrücklich aus dem Anwendungsbereich dieser Verordnung ausgenommen. In Anbetracht dessen, dass E-Geld und Geldbeträge, die im Tausch für E-Geld entgegengenommen werden, nicht als Einlagen im Sinne der Richtlinie 2009/110/EG des Europäischen Parlaments und des Rates[10] behandelt werden sollten, können E-Geld-Token nicht als vom Anwendungsbereich dieser Verordnung ausgenommene Einlagen behandelt werden.

Zu Abs. 7:

[5] Verordnung (EU) Nr. 1095/2010 des Europäischen Parlaments und des Rates vom 24. November 2010 zur Errichtung einer Europäischen Aufsichtsbehörde (Europäische Wertpapier- und Marktaufsichtsbehörde), zur Änderung des Beschlusses Nr. 716/ 2009/EG und zur Aufhebung des Beschlusses 2009/77/EG der Kommission (ABl. L 331 vom 15.12.2010, S. 84).

[6] Verordnung (EU) Nr. 1093/2010 des Europäischen Parlaments und des Rates vom 24. November 2010 zur Errichtung einer Europäischen Aufsichtsbehörde (Europäische Bankenaufsichtsbehörde), zur Änderung des Beschlusses Nr. 716/2009/EG und zur Aufhebung des Beschlusses 2009/78/EG der Kommission (ABl. L 331 vom 15.12.2010, S. 12).

Zu Abs. 9:

[7] Richtlinie 2014/49/EU des Europäischen Parlaments und des Rates vom 16. April 2014 über Einlagensicherungssysteme (ABl. L 173 vom 12.6.2014, S. 149).

[8] Richtlinie (EU) 2015/2366 des Europäischen Parlaments und des Rates vom 25. November 2015 über Zahlungsdienste im Binnenmarkt, zur Änderung der Richtlinien 2002/65/EG, 2009/110/EG und 2013/36/EU und der Verordnung (EU) Nr. 1093/2010 sowie zur Aufhebung der Richtlinie 2007/64/EG (ABl. L 337 vom 23.12.2015, S. 35).

[9] Verordnung (EU) 2017/2402 des Europäischen Parlaments und des Rates vom 12. Dezember 2017 zur Festlegung eines allgemeinen Rahmens für Verbriefungen und zur Schaffung eines spezifischen Rahmens für einfache, transparente und standardisierte Verbriefung und zur Änderung der Richtlinien 2009/65/EG, 2009/138/EG, 2011/61/EU und der Verordnungen (EG) Nr. 1060/2009 und (EU) Nr. 648/2012 (ABl. L 347 vom 28.12.2017, S. 35).

[10] Richtlinie 2009/110/EG des Europäischen Parlaments und des Rates vom 16. September 2009 über die Aufnahme, Ausübung und Beaufsichtigung der Tätigkeit von E-Geld-Instituten, zur Änderung der Richtlinien 2005/60/EG und 2006/48/EG sowie zur Aufhebung der Richtlinie 2000/46/EG (ABl. L 267 vom 10.10.2009, S. 7).

(10) Diese Verordnung sollte keine Anwendung auf Kryptowerte finden, die einmalig und nicht mit anderen Kryptowerten fungibel sind, einschließlich digitaler Kunst und Sammlerstücken. Der Wert dieser einzigartigen und nicht fungiblen Kryptowerte ist den einzigartigen Merkmalen des jeweiligen Kryptowerts und dem Nutzen, den er dem Inhaber des Token bietet, zuschreibbar. Desgleichen sollte diese Verordnung nicht auf Kryptowerte anwendbar sein, die einmalige und nicht fungible Dienstleistungen oder materielle Vermögenswerte darstellen, wie beispielsweise Produktgarantien oder Immobilien. Einmalige und nicht fungible Kryptowerte können zwar auf Marktplätzen gehandelt und spekulativ angesammelt werden, sie sind jedoch nicht ohne Weiteres austauschbar, und der relative Wert eines solchen Kryptowerts im Verhältnis zu einem anderen kann nicht durch den Vergleich mit einem bestehenden Markt oder einem gleichwertigen Vermögenswert bestimmt werden, da jeder dieser Kryptowerte einmalig ist. Solche Merkmale begrenzen das Maß, in dem diese Kryptowerte eine finanzielle Verwendung aufweisen können, und verringern so die Risiken für die Inhaber und das Finanzsystem, was ihren Ausschluss aus dem Anwendungsbereich dieser Verordnung rechtfertigt.

(11) Die Teilanteile an einem einmaligen und nicht fungiblen Kryptowert sollten nicht als einmalig und nicht fungibel gelten. Die Ausgabe von Kryptowerten als nicht fungible Token in einer großen Serie oder Sammlung sollte als Indikator für ihre Fungibilität betrachtet werden. Die alleinige Zuweisung einer eindeutigen Kennung zu einem Kryptowert reicht nicht aus, um diesen als einmalig und nicht fungibel einzustufen. Damit der Kryptowert als einmalig und nicht fungibel gelten kann, sollten die dargestellten Werte oder Rechte ebenfalls einmalig und nicht fungibel sein. Der Ausschluss von einmaligen und nicht fungiblen Kryptowerten aus dem Anwendungsbereich dieser Verordnung verhindert nicht, dass solche Kryptowerte als Finanzinstrumente gelten können. Diese Verordnung sollte auch auf Kryptowerte Anwendung finden, die zwar dem Anschein nach einmalig und nicht fungibel sind, deren *De-facto*-Merkmale oder deren Merkmale, die mit ihren *De-facto*-Verwendungszwecken zusammenhängen, sie aber fungibel oder nicht einmalig machen würden. In diesem Zusammenhang sollten die zuständigen Behörden bei der Bewertung und Einstufung von Kryptowerten die Wirtschaftliche Betrachtungsweise wählen, wonach die Merkmale des jeweiligen Kryptowerts und nicht die Ausweisung durch den Emittenten ausschlaggebend für seine Einstufung sind.

(12) Es ist angezeigt, bestimmte gruppeninterne Transaktionen und einige öffentliche Stellen vom Anwendungsbereich dieser Verordnung auszunehmen, da sie keine Risiken für den Anlegerschutz, die Marktintegrität, die Finanzstabilität, das reibungslose Funktionieren der Zahlungssysteme, die geldpolitische Transmission oder die Währungshoheit darstellen. Zu den ausgenommenen öffentlichen internationalen Organisationen gehören der Internationale Währungsfonds und die Bank für Internationalen Zahlungsausgleich.

(13) Digitale Vermögenswerte, die von Zentralbanken in deren Eigenschaft als Währungsbehörde ausgegeben werden, einschließlich Zentralbankgeld in digitaler Form, oder Kryptowerte, die von anderen Behörden einschließlich zentraler, regionaler und lokaler Verwaltungsbehörden ausgegeben werden, sollten dem Unionsrahmen für Märkte für Kryptowerte nicht unterliegen. Desgleichen sollten damit zusammenhängende Dienstleistungen, die von diesen Zentralbanken in ihrer Eigenschaft als Währungsbehörde oder von anderen Behörden erbracht werden, diesem Unionsrahmen nicht unterliegen.

(14) Im Interesse einer klaren Abgrenzung zwischen Kryptowerten, die in den Anwendungsbereich dieser Verordnung fallen, einerseits und Finanzinstrumenten andererseits sollte die ESMA beauftragt werden, Leitlinien zu den Kriterien und Bedingungen für die Einstufung von Kryptowerten als Finanzinstrumente zu herauszugeben. Diese Leitlinien sollten außerdem ein besseres Verständnis der Fälle ermöglichen, in denen Kryptowerte, die ansonsten als einmalig und nicht fungibel mit anderen Kryptowerten gelten, als Finanzinstrumente eingestuft werden könnten. Im Interesse einer gemeinsamen Herangehensweise bei der Einstufung von Kryptowerten sollten die EBA, die ESMA und die durch die Verordnung (EU) Nr. 1094/2010 des Europäischen Parlaments und des Rates[11] errichtete Europäische Aufsichtsbehörde (Europäische Aufsichtsbehörde für das Versicherungswesen und die betriebliche Altersversorgung – EIOPA) („Europäische Aufsichtsbehörden" – ESA) die Debatten über diese Einstufung fördern. Die zuständigen Behörden sollten die Möglichkeit haben, bei den ESA Stellungnahmen zur Einstufung von Kryptowerten – unter anderem über Einstufungen, die von Anbietern von Kryptowerten oder Personen, die deren Zulassung zum Handel beantragen, vorgeschlagen

Zu Abs. 14:

[11] Verordnung (EU) Nr. 1094/2010 des Europäischen Parlaments und des Rates vom 24. November 2010 zur Errichtung einer Europäischen Aufsichtsbehörde (Europäische Aufsichtsbehörde für das Versicherungswesen und die betriebliche Altersversorgung), zur Änderung des Beschlusses Nr. 716/2009/EG und zur Aufhebung des Beschlusses 2009/79/EG der Kommission (ABl. L 331 vom 15.12.2010, S. 48).

wurden – anzufordern. In erster Linie sind Anbieter von Kryptowerten oder Personen, die deren Zulassung zum Handel beantragen, für die korrekte Einstufung von Kryptowerten verantwortlich, die sowohl vor dem Tag der Veröffentlichung des Angebots als auch zu jedem späteren Zeitpunkt von den zuständigen Behörden angefochten werden könnte. Stellt sich heraus, dass die Einstufung eines Kryptowerts nicht mit dieser Verordnung oder anderen einschlägigen Gesetzgebungsakten der Union zu Finanzdienstleistungen kohärent ist, sollten die ESA ihre Befugnisse gemäß den Verordnungen (EU) Nr. 1093/2010, (EU) Nr. 1094/2010 und (EU) Nr. 1095/2010 wahrnehmen, um für eine kohärente Herangehensweise bei der Einstufung zu sorgen.

(15) Gemäß Artikel 127 Absatz 2 vierter Gedankenstrich des Vertrags über die Arbeitsweise der Europäischen Union (AEUV) besteht eine der grundlegenden Aufgaben des Europäischen Systems der Zentralbanken (ESZB) darin, das reibungslose Funktionieren der Zahlungssysteme zu fördern. Gemäß Artikel 22 des den Verträgen beigefügten Protokolls Nr. 4 über die Satzung des Europäischen Systems der Zentralbanken und der Europäischen Zentralbank kann die Europäische Zentralbank (EZB) Verordnungen erlassen, um effiziente und zuverlässige Verrechnungs- und Zahlungssysteme innerhalb der Union und im Verkehr mit dritten Ländern zu gewährleisten. Zu diesem Zweck hat die EZB Verordnungen über Anforderungen für systemrelevante Zahlungssysteme erlassen. Die vorliegende Verordnung berührt nicht die Aufgabe der EZB und der nationalen Zentralbanken im Rahmen des ESZB, effiziente und zuverlässige Verrechnungs- und Zahlungssysteme innerhalb der Union und im Verkehr mit Drittländern zu gewährleisten. Folglich und um zu vermeiden, dass möglicherweise parallele Regelwerke eingeführt werden – sollten die EBA, die ESMA und die EZB bei der Ausarbeitung der einschlägigen Entwürfe für technische Standards im Rahmen der vorliegenden Verordnung eng zusammenarbeiten. Darüber hinaus ist es von entscheidender Bedeutung, dass die EZB und die nationalen Zentralbanken bei der Wahrnehmung ihrer Aufgaben im Zusammenhang mit der Überwachung der Zahlungssysteme einschließlich der Verrechnung von Zahlungen Zugang zu Informationen haben. Außerdem sollte die vorliegende Verordnung die Verordnung (EU) Nr. 1024/2013 des Rates[12)] unberührt lassen und so ausgelegt werden, dass sie nicht im Widerspruch zu jener Verordnung steht.

(16) Alle im Bereich der Kryptowerte erlassenen Gesetzgebungsakte sollten spezifisch und zukunftsfähig sein, mit Innovationen und technologischen Entwicklungen Schritt halten können und auf einem auf Konzept der Anreize beruhen. Die Begriffe „Kryptowerte" und „Distributed-Ledger-Technologie" sollten daher so breit wie möglich definiert werden, um alle Arten von Kryptowerten einzuschließen, die von den Gesetzgebungsakten der Union im Bereich Finanzdienstleistungen derzeit nicht erfasst werden. Jeder Gesetzgebungsakte, der im Bereich der Kryptowerte erlassen wird, sollte auch zum Ziel der Bekämpfung von Geldwäsche und Terrorismusfinanzierung beitragen. Aus diesem Grund sollten Rechtsträger, die Dienstleistungen anbieten, die in den Anwendungsbereich dieser Verordnung fallen, auch die anwendbaren Rechtsvorschriften der Union zur Bekämpfung von Geldwäsche und Terrorismusfinanzierung, die internationale Standards umfassen, einhalten.

(17) Digitale Vermögenswerte, die nicht an andere Inhaber übertragen werden können, fallen nicht unter die Begriffsbestimmung von Kryptowerten. Deshalb sollten digitale Vermögenswerte, die nur vom Emittenten oder vom Anbieter akzeptiert werden und bei denen es technisch unmöglich ist, sie unmittelbar an andere Inhaber zu übertragen, aus dem Anwendungsbereich dieser Verordnung ausgenommen werden. Ein Beispiel für solche digitalen Vermögenswerte umfasst Treueprogramme, bei denen die Treuepunkte nur beim Emittenten oder Anbieter dieser Punkte gegen eine Vergünstigung eingetauscht werden können.

(18) Mit dieser Verordnung werden Kryptowerte in drei Arten unterteilt, die voneinander unterschieden werden sollten und die je nach den mit ihnen verbundenen Risiken unterschiedlichen Anforderungen unterliegen sollten. Die Einstufung beruht auf der Unterscheidung danach, ob die Kryptowerte auf eine Wertstabilisierung durch Bezugnahme auf andere Vermögenswerte angelegt sind. Die erste Art umfasst Kryptowerte, die auf eine Wertstabilisierung durch Bezugnahme auf nur eine amtliche Währung angelegt sind. Diese Kryptowerte haben eine ganz ähnliche Funktion wie E-Geld im Sinne der Richtlinie 2009/110/EG. Solche Kryptowerte sind ebenso wie E-Geld elektronische Surrogate für Münzen und Banknoten und könnten für Zahlungen verwendet werden. Diese Kryptowerte sollten in dieser Verordnung als „E-Geld-Token" bezeichnet werden. Die zweite Art von Kryptowerten sind „vermögenswertereferenzierte Token", die auf eine Wertstabilisierung durch Bezugnahme auf

Zu Abs. 15:

12) Verordnung (EU) Nr. 1024/2013 des Rates vom 15. Oktober 2013 zur Übertragung besonderer Aufgaben im Zusammenhang mit der Aufsicht über Kreditinstitute auf die Europäische Zentralbank (ABl. L 287 vom 29.10.2013, S. 63).

einen anderen Wert oder ein anderes Recht oder eine Kombination hieraus einschließlich einer oder mehrerer amtlicher Währungen angelegt sind. Die zweite Art umfasst alle anderen Kryptowerte außer E-Geld-Token, deren Wert durch Vermögenswerte gedeckt ist, sodass eine Umgehung verhindert wird und diese Verordnung zukunftssicher gemacht wird. Bei der dritten Art schließlich handelt es sich um andere Kryptowerte als vermögenswertereferenzierte Token und E-Geld-Token; sie umfasst eine große Bandbreite an Kryptowerten einschließlich Utility-Token.

(19) Trotz ihrer Ähnlichkeiten unterscheiden sich E-Geld und auf eine amtliche Währung bezogene Kryptowerte derzeit in einigen wesentlichen Punkten. Inhaber von E-Geld im Sinne der Richtlinie 2009/110/EG haben stets einen Forderungsanspruch gegenüber dem E-Geld-Emittenten und das vertragliche Recht, dass ihnen der monetäre Wert des gehaltenen E-Geldes jederzeit zum Nennwert erstattet wird. Hingegen begründen manche Kryptowerte, die auf eine amtliche Währung Bezug nehmen, keinen solchen Forderungsanspruch ihrer Inhaber gegenüber den Emittenten dieser Kryptowerte und fallen möglicherweise nicht in den Anwendungsbereich der Richtlinie 2009/110/EG. Andere Kryptowerte, die auf eine amtliche Währung Bezug nehmen, beinhalten keinen nennwertgleichen Forderungsanspruch auf die Referenzwährung oder beschränken die Rücktauschfrist. Dass die Inhaber solcher Kryptowerte gegenüber deren Emittenten keinen Forderungsanspruch besitzen oder die Forderung mit der als Bezugsgrundlage der Kryptowerte dienenden Währung nicht nennwertgleich ist, könnte das Vertrauen der Inhaber der betreffenden Kryptowerte beeinträchtigen. Damit die Vorschriften der Richtlinie 2009/110/EG nicht umgangen werden, sollte dementsprechend jede Bestimmung des Begriffs „E-Geld-Token" so weit gefasst wie möglich sein, damit alle Arten von Kryptowerten, die auf eine einzige amtliche Währung Bezug nehmen, erfasst werden. Außerdem sollten strenge Bedingungen für die Ausgabe von E-Geld-Token festgelegt werden, einschließlich der Auflage, dass E-Geld-Token entweder von einem nach der Richtlinie 2013/36/EU des Europäischen Parlaments und des Rates[13] zugelassenen Kreditinstitut oder von einem nach der Richtlinie 2009/110/EG zugelassenen E-Geld-Institut ausgegeben werden müssen. Aus demselben Grund sollten die Emittenten von E-Geld-Token sicherstellen, dass die Inhaber dieser Token ihr Recht ausüben können, ihre Token jederzeit und zum Nennwert gegen die Bezugswährung der Token rückzutauschen. Da E-Geld-Token Kryptowerte sind und im Hinblick auf den Schutz von Kleinanlegern und die Marktintegrität neue kryptowertspezifische Herausforderungen mit sich bringen können, sollten sie auch den in dieser Verordnung niedergelegten Vorschriften unterliegen, um den genannten Herausforderungen gerecht zu werden.

(20) Angesichts der verschiedenen mit Kryptowerten verbundenen Risiken und Chancen müssen Vorschriften für Anbieter von Kryptowerten mit Ausnahme von vermögenswertereferenzierten Token und E-Geld-Token und für Personen, die die Zulassung solcher Kryptowerte zum Handel beantragen, sowie für Emittenten von vermögenswertereferenzierten Token und E-Geld-Token festgelegt werden. Emittenten von Kryptowerten sind Rechtsträger, die die Kontrolle über die Schaffung von Kryptowerten ausüben.

(21) Für Rechtsträger, die Kryptowerte-Dienstleistungen erbringen, sind besondere Vorschriften erforderlich. Eine erste Kategorie solcher Dienstleistungen umfasst die Gewährleistung des Betriebs einer Handelsplattform für Kryptowerte, den Tausch von Kryptowerten gegen einen Geldbetrag oder gegen andere Kryptowerte, die Verwahrung und Verwaltung von Kryptowerten für Kunden und die Erbringung von Transferdienstleistungen für Kryptowerte für Kunden. Eine zweite Kategorie solcher Dienstleistungen umfasst die Platzierung von Kryptowerten, die Entgegennahme oder Übermittlung von Aufträgen über Kryptowerte für Kunden, die Ausführung von Aufträgen über Kryptowerte für Kunden, die Beratung zu Kryptowerten und die Portfolioverwaltung von Kryptowerten. Wer gewerblich Kryptowerte-Dienstleistungen gemäß dieser Verordnung erbringt, sollte als „Anbieter von Kryptowerte-Dienstleistungen" gelten.

(22) Diese Verordnung sollte für natürliche und juristische Personen und bestimmte andere Unternehmen und für von ihnen direkt oder indirekt erbrachte, ausgeführte oder kontrollierte Dienstleistungen und Tätigkeiten im Zusammenhang mit Kryptowerten gelten, und zwar auch dann, wenn ein Teil dieser Tätigkeiten oder Dienstleistungen in dezentralisierter Weise ausgeführt bzw. erbracht wird. Werden Kryptowerte-Dienstleistungen ohne eines Intermediärs in ausschließlich dezentralisierter Weise erbracht, so sollten sie nicht in den Anwendungsbereich dieser Verordnung fallen. Diese Verordnung regelt die Rechte und Pflichten von Emittenten von Kryptowerten, Anbietern, Personen, die die Zulassung von Kryptowerten zum Handel beantragen, sowie von Anbietern von Kryptowerte-Dienstleistungen.

Zu Abs. 19:

[13] Richtlinie 2013/36/EU des Europäischen Parlaments und des Rates vom 26. Juni 2013 über den Zugang zur Tätigkeit von Kreditinstituten und die Beaufsichtigung von Kreditinstituten, zur Änderung der Richtlinie 2002/87/EG und zur Aufhebung der Richtlinien 2006/48/EG und 2006/49/EG (ABl. L 176 vom 27.6.2013, S. 338).

Kryptowerte ohne identifizierbaren Emittenten sollten nicht in den Anwendungsbereich der Titel II, III oder IV dieser Verordnung fallen. Hingegen sollten Anbieter von Kryptowerte-Dienstleistungen, die Dienstleistungen für solche Kryptowerte anbieten, in den Anwendungsbereich dieser Verordnung fallen.

(23) Um sicherzustellen, dass alle öffentlichen Angebote über andere Kryptowerte als vermögenswertereferenzierte Token oder E-Geld-Token, die möglicherweise finanziell verwendet werden können, und alle Zulassungen von Kryptowerten zum Handel auf einer Handelsplattform für Kryptowerte (in Folgenden: „Zulassung zum Handel") in der Union von den zuständigen Behörden ordnungsgemäß überwacht und beaufsichtigt werden, sollten alle Anbieter oder alle Personen, die die Zulassung zum Handel beantragen, juristische Personen sein.

(24) Im Interesse ihres Schutzes sollten potenzielle Kryptowerte-Kleinanleger über die Merkmale, Funktionen und Risiken der Kryptowerte, die sie zu kaufen beabsichtigen, informiert werden. Bei einem öffentlichen Angebot über Kryptowerte in der Union, mit Ausnahme von vermögenswertereferenzierten Token oder E-Geld-Token, oder bei der Beantragung der Zulassung solcher Kryptowerte zum Handel in der Union sollten Anbieter oder Personen, die die Zulassung zum Handel beantragen, ein Informationsdokument (ein „Kryptowerte-Whitepaper") mit verbindlichen Angaben erstellen, es ihrer zuständigen Behörde übermitteln und es veröffentlichen. Ein Kryptowerte-Whitepaper sollte allgemeine Informationen über den Emittenten, den Anbieter oder die Person, die die Zulassung des Kryptowerts zum Handel beantragt, das mit dem aufgebrachten Kapital durchzuführende Projekt, das öffentliche Angebot über Kryptowerte oder ihre Zulassung zum Handel, die mit den Kryptowerten verbundenen Rechte und Pflichten, die für diese Kryptowerte verwendete zugrunde liegende Technologie und die damit verbundenen Risiken enthalten. Das Kryptowerte-Whitepaper sollte jedoch keine Beschreibung von Risiken enthalten, die unvorhersehbar sind und höchstwahrscheinlich nicht eintreten werden. Die im Kryptowerte-Whitepaper und in den einschlägigen Marketingmitteilungen – darunter Werbebotschaften und Marketingmaterialien, die auch über neue Kanäle wie Plattformen der sozialen Medien verbreitet werden – enthaltenen Informationen sollten redlich, eindeutig und nicht irreführend sein. Die Informationen in Werbebotschaften und Marketingmaterialien sollten mit den im Kryptowerte-Whitepaper erteilten Angaben übereinstimmen.

(25) Kryptowerte-Whitepaper einschließlich ihrer Zusammenfassungen und die Betriebsvorschriften von Handelsplattformen für Kryptowerte sollten in mindestens einer Amtssprache des Herkunftsmitgliedstaats und jedes etwaigen Aufnahmemitgliedstaats oder alternativ in einer in der internationalen Finanzwelt gebräuchlichen Sprache abgefasst werden. Zum Zeitpunkt des Erlasses dieser Verordnung ist die englische Sprache die in der internationalen Finanzwelt gebräuchliche Sprache, was sich jedoch in der Zukunft ändern könnte.

(26) Im Interesse einer verhältnismäßigen Herangehensweise sollten keine Anforderungen dieser Verordnung auf öffentliche Angebote über andere Kryptowerte als vermögenswertereferenzierte Token oder E-Geld-Token Anwendung finden, die kostenlos angeboten werden oder die als Gegenleistung für die Wartung eines Distributed Ledger oder die Validierung von Transaktionen im Rahmen eines Konsensmechanismus automatisch geschaffen werden. Außerdem sollten keine Anforderungen auf Angebote über Utility-Token Anwendung finden, die den Zugang zu einer bestehenden Ware oder Dienstleistung bereitstellen, es dem Inhaber ermöglichen, die Ware abzuholen oder die Dienstleistung zu nutzen, oder wenn der Inhaber der Kryptowerte das Recht hat, sie lediglich im Tausch für Waren und Dienstleistungen in einem beschränkten Netz von Händlern mit vertraglichen Vereinbarungen mit dem Anbieter zu verwenden. Diese Ausnahmen sollten sich nicht auf Kryptowerte erstrecken, die gelagerte Waren darstellen, die nach dem Kauf nicht vom Käufer abgeholt werden sollen. Außerdem sollte die Ausnahme für begrenzte Netze nicht auf Kryptowerte Anwendung finden, die üblicherweise für ein ständig wachsendes Netz von Dienstleistern konzipiert sind. Die Ausnahme für begrenzte Netze sollte von der zuständigen Behörde jedes Mal, wenn ein Angebot oder der Gesamtwert von mehr als einem Angebot eine bestimmte Schwelle überschreitet, geprüft werden, sodass ein neues Angebot nicht automatisch in den Genuss einer Ausnahme für ein vorheriges Angebot kommen sollte. Diese Ausnahmen sollten keine Anwendung mehr finden, wenn der Anbieter oder eine andere Person, die im Namen des Anbieters handelt, die Absicht des Anbieters bekannt gibt, die Zulassung zum Handel zu beantragen, oder wenn die ausgenommenen Kryptowerte zum Handel zugelassen werden.

(27) Im Interesse einer verhältnismäßigen Vorgehensweise sollten die Anforderungen gemäß dieser Verordnung, ein Kryptowerte-Whitepaper zu erstellen und zu veröffentlichen, nicht für Angebote über andere Kryptowerte als vermögenswertereferenzierte Token oder E-Geld-Token gelten, die weniger als 150 Personen pro Mitgliedstaat unterbreitet werden oder die sich ausschließlich an qualifizierte Anleger richten, wenn die

Kryptowerte ausschließlich von solchen qualifizierten Anlegern gehalten werden können. KMU sowie Start-up-Unternehmen sollten nicht übermäßig und unverhältnismäßig durch Bürokratie belastet werden. Dementsprechend sollten öffentliche Angebote über andere Kryptowerte als vermögenswertereferenzierte Token oder E-Geld-Token in der Union, deren Gesamtgegenwert über einen Zeitraum von zwölf Monaten 1 000 000 EUR nicht überschreitet, ebenfalls von der Pflicht zur Erstellung eines Kryptowerte-Whitepapers freigestellt werden.

(28) Die Zulassung zum Handel allein oder die Veröffentlichung von Geld- und Briefkursen sollte als solche nicht als öffentliches Angebot über Kryptowerte eingestuft werden. Eine solche Zulassung oder Veröffentlichung sollte lediglich als öffentliches Angebot über Kryptowerte eingestuft werden, wenn sie eine Mitteilung umfasst, bei der es sich um ein öffentliches Angebot im Sinne dieser Verordnung handelt.

(29) Manche Angebote über andere Kryptowerte als vermögenswertereferenzierte Token oder E-Geld-Token sind zwar von mehreren Verpflichtungen dieser Verordnung befreit, jedoch behalten die Gesetzgebungsakte der Union, mit denen der Verbraucherschutz sichergestellt wird, wie etwa die Richtlinie 2005/29/EG des Europäischen Parlaments und des Rates[14] oder die Richtlinie 93/13/EWG des Rates[15], einschließlich der darin enthaltenen Informationspflichten, für öffentliche Angebote über Kryptowerte ihre Gültigkeit, sofern sie Beziehungen zwischen Unternehmen und Verbrauchern betreffen.

(30) Betrifft ein öffentliches Angebot Utility-Token für Waren, die noch nicht vorhanden sind, oder für Dienstleistungen, die noch nicht in Anspruch genommen werden können, so sollte die Laufzeit des im Kryptowerte-Whitepaper beschriebenen öffentlichen Angebots zwölf Monate nicht überschreiten. Diese Begrenzung der Laufzeit des öffentlichen Angebots ist unabhängig vom Zeitpunkt, zu dem die Ware bzw. die Dienstleistung bereitgestellt wird bzw. in Anspruch genommen und vom Inhaber eines Utility-Token nach Ablauf des öffentlichen Angebots genutzt werden kann.

(31) Um eine Beaufsichtigung zu ermöglichen, sollten die Anbieter anderer Kryptowerte als vermögenswertereferenzierter Token oder E-Geld-Token und die Personen, die die Zulassung solcher Kryptowerte zum Handel beantragen, vor jedem öffentlichen Angebot über Kryptowerte in der Union oder vor der Zulassung der betreffenden Kryptowerte zum Handel ihr Kryptowerte-Whitepaper und auf Aufforderung der zuständigen Behörde ihre Marketingmitteilungen der zuständigen Behörde des Mitgliedstaats, in dem sie ihren satzungsmäßigen Sitz haben, oder, sofern sie keinen satzungsmäßigen Sitz in der Union haben, des Mitgliedstaats, in dem sie eine Niederlassung unterhalten, übermitteln. In einem Drittland niedergelassene Anbieter sollten ihr Kryptowerte-Whitepaper und auf Aufforderung der zuständigen Behörde ihre Marketingmitteilungen der zuständigen Behörde des Mitgliedstaats, in dem sie die Kryptowerte anbieten wollen, übermitteln. Marketingmitteilungen sollten dieser zuständigen Behörde auf Anfrage übermittelt werden.

(32) Der Betreiber einer Handelsplattform sollte für die Einhaltung der Anforderungen des Titels II dieser Verordnung verantwortlich sein, wenn Kryptowerte auf sein Betreiben hin zum Handel zugelassen werden und das Kryptowerte-Whitepaper in den von dieser Verordnung vorgeschriebenen Fällen noch nicht veröffentlicht wurde. Der Betreiber einer Handelsplattform sollte für die Einhaltung dieser Anforderungen verantwortlich sein, wenn er eine diesbezügliche schriftliche Vereinbarung mit der Person, die die Zulassung zum Handel beantragt, abgeschlossen hat. Die Person, die die Zulassung zum Handel beantragt, sollte weiterhin verantwortlich sein, wenn sie dem Betreiber der Handelsplattform irreführende Informationen zur Verfügung stellt. Die Person, die die Zulassung zum Handel beantragt, sollte außerdem weiterhin für Angelegenheiten verantwortlich sein, die nicht an den Betreiber der Handelsplattform delegiert wurden.

(33) Um einen übermäßigen Verwaltungsaufwand zu verhindern, sollten die zuständigen Behörden ein Kryptowerte-Whitepaper nicht vor dessen Veröffentlichung genehmigen müssen. Die zuständigen Behörden sollten jedoch befugt sein, Änderungen am Kryptowerte-Whitepaper und etwaigen Marketingmitteilungen und erforderlichenfalls die Aufnahme von zusätzlichen Angaben in das Kryptowerte-Whitepaper zu verlangen.

Zu Abs. 29:

[14] Richtlinie 2005/29/EG des Europäischen Parlaments und des Rates vom 11. Mai 2005 über unlautere Geschäftspraktiken von Unternehmen gegenüber Verbrauchern im Binnenmarkt und zur Änderung der Richtlinie 84/450/EWG des Rates, der Richtlinien 97/7/EG, 98/27/EG und 2002/65/EG des Europäischen Parlaments und des Rates sowie der Verordnung (EG) Nr. 2006/2004 des Europäischen Parlaments und des Rates (Richtlinie über unlautere Geschäftspraktiken) (ABl. L 149 vom 11.6.2005, S. 22).

[15] Richtlinie 93/13/EWG des Rates vom 5. April 1993 über missbräuchliche Klauseln in Verbraucherverträgen (ABl. L 95 vom 21.4.1993, S. 29).

(34) Die zuständigen Behörden sollten die Möglichkeit haben, ein öffentliches Angebot über andere Kryptowerte als vermögenswertereferenzierte Token oder E-Geld-Token oder die Zulassung solcher Kryptowerte zum Handel auszusetzen oder zu untersagen, falls ein solches öffentliches Angebot oder eine solche Zulassung zum Handel nicht den geltenden Anforderungen dieser Verordnung entspricht, aber auch, wenn das Kryptowerte-Whitepaper oder die Marketingmitteilung unfair, nicht eindeutig oder irreführend ist. Die zuständigen Behörden sollten außerdem befugt sein, entweder auf ihrer Website oder in einer Pressemitteilung öffentlich davor zu warnen, dass der Anbieter oder die Person, die die Zulassung zum Handel beantragt, die entsprechenden Anforderungen nicht erfüllt hat.

(35) Kryptowerte-Whitepaper, die einer zuständigen Behörde ordnungsgemäß übermittelt wurden, und Marketingmitteilungen sollten veröffentlicht werden. Nach einer solchen Veröffentlichung sollte es Anbietern von anderen Kryptowerten als vermögenswertereferenzierten Token oder E-Geld-Token und Personen, die die Zulassung solcher Kryptowerte zum Handel in der Union beantragen, gestattet sein, diese Kryptowerte in der gesamten Union anzubieten und eine Zulassung dieser Kryptowerte zum Handel zu beantragen.

(36) Anbieter von anderen Kryptowerten als vermögenswertereferenzierten Token oder E-Geld-Token sollten wirksame Vorkehrungen haben, um die im Zuge ihres öffentlichen Angebots entgegengenommenen Geldbeträge oder anderen Kryptowerte zu überwachen und zu verwahren. Mit diesen Vorkehrungen sollte auch sichergestellt werden, dass Geldbeträge oder andere Kryptowerte, die von Inhabern oder potenziellen Inhabern entgegengenommen wurden, schnellstmöglich ordnungsgemäß zurückgegeben werden, wenn ein öffentliches Angebot aus einem beliebigen Grund storniert wird. Der Anbieter sollte dafür Sorge tragen, dass die während des öffentlichen Angebots entgegengenommenen Geldbeträge oder anderen Kryptowerte von einem Dritten verwahrt werden.

(37) Um den Schutz von Kryptowerte-Kleinanlegern in noch höherem Maße sicherzustellen, sollten Kleinanleger, die andere Kryptowerte als vermögenswertereferenzierte Token oder E-Geld-Token direkt vom Anbieter oder einem die Kryptowerte für den Anbieter platzierenden Anbieter von Kryptowerte-Dienstleistungen kaufen, nach dem Kauf ein 14 Tage währendes Widerrufsrecht erhalten. Um zu gewährleisten, dass zeitlich begrenzte öffentliche Angebote über Kryptowerte reibungslos zum Abschluss gebracht werden können, sollte das Widerrufsrecht vom Kleinanleger nach Ablauf der Zeichnungsfrist nicht mehr ausgeübt werden. Außerdem sollte kein Widerrufsrecht gelten, wenn Kryptowerte, bei denen es sich nicht um vermögenswertereferenzierte Token oder E-Geld-Token handelt, vor dem Kauf durch den Kleinanleger zum Handel zugelassen wurden, da der Preis der betreffenden Kryptowerte in diesem Falle von den Schwankungen der Märkte für Kryptowerte abhängig wäre. Hat der Kleinanleger ein Widerrufsrecht gemäß dieser Verordnung, so sollte das Widerrufsrecht gemäß der Richtlinie 2002/65/EG des Europäischen Parlaments und des Rates[16] nicht gelten.

(38) Die Anbieter anderer Kryptowerte als vermögenswertereferenzierter Token oder E-Geld-Token und Personen, die die Zulassung solcher Kryptowerte zum Handel beantragen, sollten ehrlich, redlich und professionell handeln, mit den Inhabern und potenziellen Inhabern der Kryptowerte redlich, eindeutig und nicht irreführend kommunizieren, Interessenkonflikte ermitteln, verhindern, regeln und offenlegen und wirksame administrative Vorkehrungen treffen, um sicherzustellen, dass ihre Systeme und Sicherheitsprotokolle den Standards der Union genügen. Um die zuständigen Behörden bei ihren Aufsichtsaufgaben zu unterstützen, sollte die ESMA beauftragt werden, in enger Zusammenarbeit mit der EBA Leitlinien zu diesen Systemen und Sicherheitsprotokollen herauszugeben, um die betreffenden Standards der Union weiter zu präzisieren.

(39) Zum weiteren Schutz der Inhaber von Kryptowerten sollten in Bezug auf die im Kryptowerte-Whitepaper veröffentlichten Informationen Vorschriften über die zivilrechtliche Haftung Anwendung auf die Anbieter und die Personen, die die Zulassung zum Handel beantragen, sowie auf die Mitglieder ihrer Leitungsorgane finden.

(40) Vermögenswertereferenzierte Token könnten von den Inhabern in großem Umfang verwendet werden und bergen daher im Hinblick auf den Schutz der Inhaber von Kryptowerten, insbesondere Kleinanlegern, und im Hinblick auf die Marktintegrität höhere Risiken als andere Kryptowerte. Für Emittenten vermögenswertereferenzierter Token sollten daher strengere Anforderungen gelten als für Emittenten anderer Kryptowerte.

Zu Abs. 37:

[16] *Richtlinie 2002/65/EG des Europäischen Parlaments und des Rates vom 23. September 2002 über den Fernabsatz von Finanzdienstleistungen an Verbraucher und zur Änderung der Richtlinie 90/619/EWG des Rates und der Richtlinien 97/7/EG und 98/27/EG (ABl. L 271 vom 9.10.2002, S. 16).*

(41) Wenn ein Kryptowert unter die Begriffsbestimmung eines vermögenswertereferenzierten Token oder eines E-Geld-Token fällt, sollte Titel III oder IV dieser Verordnung Anwendung finden, und zwar unabhängig davon, wie der Emittent den Kryptowert einschließlich des Mechanismus für die Wertstabilisierung des Kryptowerts anzulegen gedenkt. Dies gilt auch für sogenannte algorithmische „Stablecoins" mit Wertstabilisierung durch Bezugnahme auf eine amtliche Währung oder auf einen oder mehrere Vermögenswerte über Protokolle, die das Angebot an den entsprechenden Kryptowerten auf Nachfrageveränderungen hin erhöhen oder vermindern. Anbieter von algorithmischen Kryptowerten, die nicht auf die Wertstabilisierung der Kryptowerte durch Bezugnahme auf einen oder mehrere Vermögenswerte angelegt sind, oder Personen, die deren Zulassung zum Handel beantragen, sollten in jedem Fall die Bestimmungen von Titel II dieser Verordnung erfüllen.

(42) Um eine ordnungsgemäße Beaufsichtigung und Überwachung der öffentlichen Angebote über vermögenswertreferenzierte Token sicherzustellen, sollten die Emittenten vermögenswertereferenzierter Token einen satzungsmäßigen Sitz in der Union haben.

(43) Öffentliche Angebote über vermögenswertereferenzierte Token in der Union oder die Beantragung der Zulassung derartiger Kryptowerte zum Handel sollten nur dann gestattet sein, wenn die zuständige Behörde den Emittenten der entsprechenden Kryptowerte dafür zugelassen und das Whitepaper für die betreffenden Kryptowerte genehmigt hat. Die Zulassungspflicht sollte jedoch nicht gelten, wenn die vermögenswertereferenzierten Token ausschließlich qualifizierten Anlegern angeboten werden oder wenn das öffentliche Angebot vermögenswertereferenzierter Token unterhalb von 5 000 000 EUR liegt. In diesen Fällen sollte der Emittent der vermögenswertereferenzierten Token nach wie vor verpflichtet sein, ein Kryptowerte-Whitepaper zu erstellen, um die Käufer über die Merkmale und Risiken der vermögenswertereferenzierten Token zu informieren, und er sollte außerdem verpflichtet sein, das Kryptowerte-Whitepaper vor der Veröffentlichung der zuständigen Behörde zu übermitteln.

(44) Gemäß der Richtlinie 2013/36/EU zugelassene Kreditinstitute sollten keine weitere Zulassung nach Maßgabe dieser Verordnung benötigen, um vermögenswertereferenzierte Token anzubieten oder deren Zulassung zum Handel zu beantragen. Die im Rahmen der genannten Richtlinie festgelegten nationalen Verfahren sollten zwar Anwendung finden, aber um eine Pflicht zur Notifikation der gemäß dieser Verordnung benannten zuständigen Behörde des Herkunftsmitgliedstaats ergänzt werden, die sich auf die Elemente erstreckt, die die Behörde in die Lage versetzen, zu prüfen, ob der Emittent vermögenswertereferenzierte Token anbieten oder deren Zulassung zum Handel beantragen kann. Kreditinstitute, die vermögenswertereferenzierte Token anbieten oder deren Zulassung zum Handel beantragen, sollten allen Anforderungen unterliegen, die für Emittenten vermögenswertereferenzierter Token gelten, mit Ausnahme der Zulassungsanforderungen, der Eigenmittelanforderungen und des Zulassungsverfahrens für qualifizierte Anteilseigner, da diese Aspekte in der Richtlinie 2013/36/EU und in der Verordnung (EU) Nr. 575/2013 des Europäischen Parlaments und des Rates[17] geregelt sind. Ein von einem solchen Kreditinstitut erstelltes Kryptowerte-Whitepaper sollte vor der Veröffentlichung von der zuständigen Behörde des Herkunftsmitgliedstaats genehmigt werden. Kreditinstitute, die gemäß den Bestimmungen des nationalen Rechts zur Umsetzung der Richtlinie 2013/36/EU zugelassen wurden und die vermögenswertereferenzierte Token anbieten oder deren Zulassung zum Handel beantragen, sollten den Verwaltungsbefugnissen nach Maßgabe der genannten Richtlinie und nach Maßgabe dieser Verordnung unterliegen, wozu unter anderem eine Eingrenzung oder Beschränkung der Geschäftstätigkeit eines Kreditinstituts und eine Aussetzung oder ein Verbot eines öffentlichen Angebots über vermögenswertereferenzierte Token gehören. Wenn sich die für diese Kreditinstitute gemäß dieser Verordnung geltenden Verpflichtungen mit denen der Richtlinie 2013/36/EU überschneiden, sollten die Kreditinstitute die detaillierteren oder die strengeren Anforderungen erfüllen, damit sichergestellt ist, dass beide Regelwerke eingehalten werden. Das Notifikationsverfahren für Kreditinstitute, die beabsichtigen, gemäß dieser Verordnung vermögenswertereferenzierte Token anzubieten oder ihre Zulassung zum Handel zu beantragen, sollte die Bestimmungen des nationalen Rechts zur Umsetzung der Richtlinie 2013/36/EU, in denen die Verfahren für die Zulassung von Kreditinstituten für die Erbringung der in Anhang I der genannten Richtlinie aufgeführten Dienstleistungen festgelegt sind, nicht berühren.

(45) Eine zuständige Behörde sollte die Zulassung aus objektiven und nachweisbaren Gründen verweigern, wenn beispielsweise das Geschäftsmodell des antragstellenden Emittenten vermögenswertereferenzierter Token eine ernsthafte

Zu Abs. 44:

[17] Verordnung (EU) Nr. 575/2013 des Europäischen Parlaments und des Rates vom 26. Juni 2013 über Aufsichtsanforderungen an Kreditinstitute und zur Änderung der Verordnung (EU) Nr. 648/2012 (ABl. L 176 vom 27.6.2013, S. 1).

Bedrohung für die Marktintegrität, die Finanzstabilität oder das reibungslose Funktionieren der Zahlungssysteme darstellen könnte. Die zuständige Behörde sollte die EBA, die ESMA, die EZB und – sofern der Emittent in einem Mitgliedstaat niedergelassen ist, dessen amtliche Währung nicht der Euro ist, oder sofern der vermögenswertereferenzierte Token auf die amtliche Währung eines Mitgliedstaats Bezug nimmt, bei der es sich nicht um den Euro handelt – die Zentralbank des betreffenden Mitgliedstaats konsultieren, bevor sie eine Zulassung erteilt oder eine Zulassung verweigert. Unverbindliche Stellungnahmen der EBA und der ESMA sollten sich mit der Einstufung des Kryptowerts befassen, und die EZB und gegebenenfalls die Zentralbank des betreffenden Mitgliedstaats sollten der zuständigen Behörde eine Stellungnahme über die Risiken für die Finanzstabilität, das reibungslose Funktionieren der Zahlungssysteme, die geldpolitische Transmission oder die Währungshoheit übermitteln. Die zuständigen Behörden sollten die Zulassung verweigern, wenn die EZB oder eine Zentralbank eines Mitgliedstaats eine ablehnende Stellungnahme aufgrund der Risiken für das reibungslose Funktionieren der Zahlungssysteme, die geldpolitische Transmission oder die Währungshoheit abgeben. Wird einem antragstellenden Emittenten vermögenswertereferenzierter Token die Zulassung erteilt, so sollte auch das von diesem Emittenten erstellte Kryptowerte-Whitepaper als genehmigt gelten. Die Zulassung durch die zuständige Behörde sollte in der gesamten Union Gültigkeit besitzen und es dem Emittenten vermögenswertereferenzierter Token ermöglichen, diese Kryptowerte im Binnenmarkt anzubieten und eine Zulassung zum Handel zu beantragen. Ebenso sollte auch das für die betreffenden Kryptowerte erstellte Whitepaper in der gesamten Union Gültigkeit besitzen, ohne dass die Mitgliedstaaten die Möglichkeit haben, zusätzliche Anforderungen festzulegen.

(46) In mehreren Fällen, in denen die EZB gemäß dieser Verordnung konsultiert wird, sollte ihre Stellungnahme insofern bindend sein, als sie eine zuständige Behörde verpflichtet, eine Zulassung des Emittenten von vermögenswertereferenzierten Token zu verweigern, zu entziehen oder zu begrenzen oder konkrete Maßnahmen gegen den Emittenten vermögenswertereferenzierter Token zu verhängen. Artikel 263 Absatz 1 AEUV sieht vor, dass der Gerichtshof der Europäischen Union (im Folgenden „Gerichtshof") die Rechtmäßigkeit der Gesetzgebungsakte der EZB, soweit es sich nicht um Empfehlungen oder Stellungnahmen handelt, überwacht. Es sollte jedoch in Erinnerung gerufen werden, dass es Sache des Gerichtshofs ist, diese Bestimmung in Anbetracht des Inhalts und der Wirkung einer Stellungnahme der EZB auszulegen.

(47) Um den Schutz von Kleinanlegern sicherzustellen, sollten die Emittenten vermögenswertereferenzierter Token deren Inhabern stets vollständige, redliche, verständliche, und nicht irreführende Informationen zur Verfügung stellen. Kryptowerte-Whitepaper für vermögenswertereferenzierte Token sollten Informationen über den Stabilisierungsmechanismus, die Anlagepolitik für das Reservevermögen, die Verwahrungsvereinbarungen für das Reservevermögen und die Rechte der Inhaber enthalten.

(48) Zusätzlich zu den im Kryptowerte-Whitepaper enthaltenen Informationen sollten die Emittenten vermögenswertereferenzierter Token den Inhabern dieser Token auch fortlaufend Informationen zur Verfügung stellen. Insbesondere sollten sie auf ihrer Website über den Umlaufbetrag der vermögenswertereferenzierten Token sowie den Wert und die Zusammensetzung des Reservevermögens informieren. Emittenten vermögenswertereferenzierter Token sollten auch über jedes Ereignis informieren, das erhebliche Auswirkungen auf den Wert der vermögenswertereferenzierten Token oder auf das Reservevermögen hat oder haben dürfte, und zwar unabhängig davon, ob die betreffenden Kryptowerte zum Handel zugelassen sind.

(49) Um den Schutz von Kleinanlegern sicherzustellen, sollten Emittenten vermögenswertereferenzierter Token stets ehrlich, redlich und professionell und im besten Interesse der Inhaber der vermögenswertereferenzierten Token handeln. Die Emittenten vermögenswertereferenzierter Token sollten auch ein klares Verfahren für den Umgang mit Beschwerden der Inhaber vermögenswertereferenzierter Token einrichten.

(50) Die Emittenten vermögenswertereferenzierter Token sollten eine Strategie für die Ermittlung, Verhinderung, Regelung und Offenlegung von Interessenkonflikten festlegen, die sich aus ihren Beziehungen zu ihren Anteilseignern oder Gesellschaftern oder jedem Anteilseigner oder Gesellschafter, der direkt oder indirekt eine qualifizierte Beteiligungen an ihnen hält, oder zwischen ihnen und den Mitgliedern ihres Leitungsorgans, ihren Beschäftigten oder, Inhabern vermögenswertereferenzierter Token oder Drittdienstleistern ergeben könnten.

(51) Die Emittenten vermögenswertereferenzierter Token sollten über solide Regelungen zur Unternehmensführung verfügen, einschließlich einer klaren Organisationsstruktur mit einer eindeutig definierten, transparenten und kohärenten Hierarchie, sowie über wirksame Verfahren zur Ermittlung, Steuerung, Überwachung und Meldung der Risiken, denen sie ausgesetzt sind oder

ausgesetzt sein könnten. Die Mitglieder des Leitungsorgans solcher Emittenten sollten die Anforderungen an die fachliche Qualifikation und die persönliche Zuverlässigkeit erfüllen und insbesondere nicht für Straftaten im Zusammenhang mit Geldwäsche oder Terrorismusfinanzierung oder für andere Straftaten, die ihrem guten Leumund schaden würden, verurteilt worden sein. Die natürlichen oder juristischen Personen, die als Anteilseigner oder Gesellschafter direkt oder indirekt qualifizierte Beteiligungen halten, sollten gut beleumundet sein und insbesondere nicht für Straftaten im Zusammenhang mit Geldwäsche oder Terrorismusfinanzierung oder für andere Straftaten, die ihrem guten Leumund schaden würden, verurteilt worden sein. Die Emittenten vermögenswertereferenzierter Token sollten außerdem dem Umfang ihrer Tätigkeiten angemessene Ressourcen einsetzen und bei der Ausübung ihrer Tätigkeiten stets Kontinuität und Ordnungsmäßigkeit walten lassen. Hierzu sollten die Emittenten vermögenswertereferenzierter Token eine Strategie zur Fortführung des Geschäftsbetriebs festlegen, die darauf abzielt, im Falle einer Unterbrechung ihrer Systeme und Verfahren die Ausführung ihrer wesentlichen Tätigkeiten im Zusammenhang mit den vermögenswertereferenzierten Token sicherzustellen. Die Emittenten vermögenswertereferenzierter Token sollten auch über starke Mechanismen für die interne Kontrolle und wirksame Verfahren für das Risikomanagement und über ein System verfügen, das die Integrität und Vertraulichkeit der erhaltenen Informationen gewährleistet. Mit diesen Verpflichtungen soll der Schutz der Inhaber vermögenswertereferenzierter Token und insbesondere von Kleinanlagern sichergestellt werden, ohne dass unnötige Hindernisse geschaffen werden.

(52) Die Emittenten vermögenswertereferenzierter Token stehen in aller Regel im Zentrum eines Netzwerks von Rechtsträgern, die die Ausgabe solcher Kryptowerte sowie deren Übertragung und deren Vertrieb an die Inhaber sicherstellen. Die Emittenten vermögenswertereferenzierter Token sollten daher verpflichtet werden, angemessene vertragliche Vereinbarungen mit Drittunternehmen zu schließen und aufrechtzuerhalten, sodass für den Stabilisierungsmechanismus und die Anlage des Reservevermögens, mit dem der Wert der Token unterlegt ist, sowie für die Verwahrung dieses Reservevermögens und gegebenenfalls den Vertrieb der vermögenswertereferenzierten Token an die Öffentlichkeit Sorge getragen wird.

(53) Um Risiken für die Finanzstabilität des Finanzsystems insgesamt einzudämmen, sollten die Emittenten vermögenswertereferenzierter Token Eigenmittelanforderungen unterliegen. Diese Anforderungen sollten im Verhältnis zum Emissionsvolumen der vermögenswertereferenzierten Token stehen und mithin als Prozentsatz der Vermögenswertreserve berechnet werden, mit der der Wert der vermögenswertereferenzierten Token unterlegt ist. Die zuständigen Behörden sollten jedoch die Möglichkeit haben, die Höhe der Eigenmittel heraufzusetzen, die benötigt werden, wobei sie unter anderem die Evaluierung des Risikomanagementverfahrens und der Mechanismen des Emittenten für die interne Kontrolle, die Qualität und Volatilität des Reservevermögens, mit dem die vermögenswertereferenzierten Token unterlegt sind, oder den Gesamtwert und die Gesamtzahl der mit vermögenswertereferenzierten Token abgewickelten Transaktionen zugrunde legen sollten.

(54) Um ihre Haftung gegenüber Inhabern vermögenswertereferenzierter Token zu decken, sollten die Emittenten vermögenswertereferenzierter Token eine Vermögenswertreserve bilden, die den mit dieser Haftung verbundenen Risiken entspricht, und diese Vermögenswertreserve aufrechterhalten. Die Vermögenswertreserve sollte zugunsten der Inhaber der vermögenswertereferenzierten Token verwendet werden, wenn der Emittent – beispielsweise im Falle einer Insolvenz – nicht in der Lage ist, seine Verpflichtungen gegenüber den Inhabern zu erfüllen. Die Vermögenswertreserve sollte so zusammengesetzt sein und verwaltet werden, dass Markt- und Währungsrisiken abgedeckt sind. Die Emittenten vermögenswertereferenzierter Token sollten eine umsichtige Verwaltung der Vermögenswertreserve sicherstellen und insbesondere dafür Sorge tragen, dass der Wert der Reserve mindestens dem entsprechenden Wert der in Umlauf befindlichen Token entspricht und dass Änderungen an der Reserve angemessen gesteuert werden, damit nachteilige Auswirkungen auf die Märkte des Reservevermögens verhindert werden. Die Emittenten vermögenswertereferenzierter Token sollten daher klare und detaillierte Strategien anwenden, die unter anderem die Zusammensetzung der Vermögenswertreserve, die darin vorgesehene Vermögenswertallokation, eine umfassende Bewertung der mit dem Reservevermögen verbundenen Risiken, das Verfahren für die Ausgabe und den Rücktausch der vermögenswertereferenzierten Token, das Verfahren für die Erhöhung und Verminderung des Reservevermögens und – sofern das Reservevermögen angelegt wird – die Anlagepolitik der Emittenten vorgeben. Emittenten von vermögenswertereferenzierten Token, die sowohl in der Union als auch in Drittländern vertrieben werden, sollten dafür Sorge tragen, dass ihre Vermögenswertreserve für die Deckung der Haftung der Emittenten gegenüber Inhabern in der Union zur Verfügung steht. Die Anforderung, die Vermögenswertreserve bei Unternehmen zu halten, die dem Unionsrecht unterliegen, sollte daher für den Anteil der vermögenswertereferenzierten Token zur Anwen-

dung kommen, der voraussichtlich in der Union vertrieben wird.

(55) Um das Verlustrisiko bei vermögenswertereferenzierten Token auszuräumen und den Wert der betreffenden Vermögenswerte zu erhalten, sollten die Emittenten vermögenswertereferenzierter Token über eine angemessene Verwahrpolitik für ihr Reservevermögen verfügen. Diese Verwahrpolitik sollte sicherstellen, dass das Reservevermögen jederzeit gänzlich vom eigenen Vermögen des Emittenten getrennt ist, dass das Reservevermögen nicht als Sicherheit belastet oder verpfändet wird und dass der Emittent der vermögenswertereferenzierten Token umgehend auf das Reservevermögen zugreifen kann. Je nach Art des Reservevermögens sollte dieses von einem Anbieter von Kryptowerte-Dienstleistungen, einem gemäß der Richtlinie 2013/36/EU zugelassenen Kreditinstitut oder einer gemäß der Richtlinie 2014/65/EU zugelassenen Wertpapierfirma verwahrt werden. Hierdurch sollte die Möglichkeit, die Verwahrung von Sachvermögen einem anderen Rechtsträger zu übertragen, nicht ausgeschlossen werden. Anbieter von Kryptowerte-Dienstleistungen, Kreditinstitute oder Wertpapierfirmen, die ein Reservevermögen verwahren, sollten gegenüber dem Emittenten oder den Inhabern der vermögenswertereferenzierten Token für den Verlust dieses Reservevermögens haftbar sein, es sei denn, sie können nachweisen, dass ein solcher Verlust auf ein äußeres Ereignis zurückzuführen ist, das sich nach vernünftigem Ermessen ihrer Kontrolle entzieht. Konzentrationen hinsichtlich der Verwahrstellen des Reservevermögens sollten vermieden werden. In bestimmten Situationen dürfte dies jedoch aufgrund eines Mangels an geeigneten Alternativen nicht möglich sein. In diesen Fällen sollte eine vorübergehende Konzentration als annehmbar gelten.

(56) Um die Inhaber der vermögenswertereferenzierten Token vor einer Wertminderung des Vermögens, mit dem der Wert der Token unterlegt ist, zu schützen, sollten die Emittenten der vermögenswertereferenzierten Token das Reservevermögen ausschließlich in sichere, risikoarme Vermögenswerte mit minimalem Markt-, Konzentrations- und Kreditrisiko investieren. Da die vermögenswertereferenzierten Token als Tauschmittel verwendet werden könnten, sollten alle aus der Anlage des Reservevermögens resultierenden Gewinne oder Verluste dem Emittenten der vermögenswertereferenzierten Token zufallen.

(57) Die Inhaber vermögenswertereferenzierter Token sollten ein dauerhaftes Rücktauschrecht haben, sodass die Emittenten verpflichtet sind, die vermögenswertereferenzierten Token auf Ersuchen der Inhaber der vermögenswertereferenzierten Token jederzeit rückzutauschen. Die Emittenten vermögenswertereferenzierter Token sollten den Rücktausch entweder im Wege der Zahlung eines dem Marktwert der Vermögenswerte, auf die die vermögenswertereferenzierten Token Bezug nehmen, entsprechenden Geldbetrags, bei dem es sich nicht um elektronisches Geld handelt, oder im Wege der Bereitstellung der Vermögenswerte, auf die die Token Bezug nehmen, vornehmen. Die Emittenten vermögenswertereferenzierter Token sollten dem Inhaber stets die Möglichkeit einräumen, die vermögenswertereferenzierten Token in einen Geldbetrag, bei dem es sich nicht um elektronisches Geld handelt, in derselben amtlichen Währung rückzutauschen, die die Emittenten beim Verkauf der Token akzeptiert haben. Die Emittenten sollten hinreichend detaillierte und leicht verständliche Informationen über die verschiedenen zur Verfügung stehenden Arten des Rücktauschs bereitstellen.

(58) Um das Risiko zu verringern, dass vermögenswertereferenzierte Token als Wertaufbewahrungsmittel verwendet werden, sollten Emittenten vermögenswertereferenzierter Token und Anbieter von Kryptowerte-Dienstleistungen bei der Bereitstellung von Kryptowerte-Dienstleistungen im Zusammenhang mit vermögenswertereferenzierten Token den Inhabern der vermögenswertereferenzierten Token keine Zinsen für die Zeitspanne gewähren, während der diese Inhaber die jeweiligen vermögenswertereferenzierten Token halten.

(59) Vermögenswertereferenzierte Token und E-Geld-Token sollten als signifikant gelten, wenn sie bestimmte Kriterien erfüllen oder wahrscheinlich erfüllen, zu denen beispielsweise ein großer Kundenstamm, eine hohe Marktkapitalisierung oder eine hohe Zahl von Transaktionen gehören. Diese Token könnten von einer großen Zahl von Inhabern genutzt werden, und ihre Nutzung könnte in Bezug auf die Finanzstabilität, die geldpolitische Transmission oder die Währungshoheit besondere Herausforderungen mit sich bringen. Diese signifikanten vermögenswertereferenzierten Token und signifikanten E-Geld-Token sollten deshalb strengeren Anforderungen unterliegen als vermögenswertereferenzierte Token oder E-Geld-Token, die nicht als signifikant gelten. Insbesondere die Emittenten von signifikanten vermögenswertereferenzierten Token sollten höheren Eigenkapitalanforderungen sowie Interoperabilitätsanforderungen unterliegen und eine Strategie für das Liquiditätsmanagement aufstellen. Die Angemessenheit der Schwellenwerte für die Einstufung eines vermögenswertereferenzierten Token oder E-Geld-Token als signifikant sollte von der Kommission im Zuge der Überprüfung der Anwendung dieser Verordnung analysiert werden. Dieser Analyse sollte gegebe-

nenfalls ein Gesetzgebungsvorschlag beigefügt werden.

(60) Um die tatsächliche Größe und Wirkung vermögenswertereferenzierter Token zu bestimmen, bedarf es einer umfassenden Überwachung des gesamten Ökosystems der Emittenten solcher Token. Damit alle Transaktionen, die in Bezug auf bestimmte vermögenswertereferenzierte Token durchgeführt werden, erfasst werden, umfasst die Überwachung dieser Token die Überwachung aller abgewickelten Transaktionen, und zwar unabhängig davon, ob sie innerhalb des Distributed Ledger („on-chain") oder außerhalb des Distributed Ledger („off-chain") abgewickelt werden, einschließlich der Transaktionen zwischen Kunden desselben Anbieters von Kryptowerte-Dienstleistungen.

(61) Es ist besonders wichtig, Transaktionen zu bewerten, die mit vermögenswertereferenzierten Token, die mit der Verwendung als Tauschmittel innerhalb eines einheitlichen Währungsraums verbunden sind, abgewickelt werden, insbesondere jene, die mit der Begleichung von Schulden verbunden sind, einschließlich jener im Zusammenhang mit Geschäften mit Händlern. Zu diesen Transaktionen sollten keine Transaktionen gehören, die mit Anlagetätigkeiten und -dienstleistungen verbunden sind, wie etwa bei einem Tausch gegen einen Geldbetrag oder andere Kryptowerte, es sei denn, der vermögenswertereferenzierte Token wird nachweislich für die Abwicklung von Transaktionen mit anderen Kryptowerten verwendet. Eine Verwendung für die Abwicklung von Transaktionen mit anderen Kryptowerten würde dann vorliegen, wenn eine Transaktion mit zwei Komponenten von Kryptowerten, bei denen es sich nicht um die vermögenswertereferenzierten Token handelt, mit den vermögenswertereferenzierten Token abgewickelt wird. Außerdem sollten die Emittenten verpflichtet sein, das Ausmaß ihrer Aktivität zu verringern, wenn vermögenswertereferenzierte Token gemeinhin als Tauschmittel innerhalb eines einheitlichen Währungsraums verwendet werden. Der Umstand, dass ein vermögenswertereferenzierter Token gemeinhin als Tauschmittel verwendet wird, sollte als gegeben gelten, wenn die durchschnittliche Zahl bzw. der durchschnittliche aggregierte Wert der täglichen Transaktionen, die mit der Verwendung als Tauschmittel zusammenhängen, 1 Mio. Transaktionen bzw. 200 000 000 EUR in einem einheitlichen Währungsraum übersteigen.

(62) Wenn vermögenswertereferenzierte Token eine ernsthafte Bedrohung für das reibungslose Funktionieren von Zahlungssystemen, die geldpolitischen Transmission oder die Währungshoheit darstellen, sollten die Zentralbanken die zuständige Behörde auffordern können, dem Emittenten dieser vermögenswertereferenzierten Token die Zulassung zu entziehen. Stellen vermögenswertereferenzierte Token eine Bedrohung für das reibungslose Funktionieren von Zahlungssystemen, die geldpolitische Transmission oder die Währungshoheit dar, sollten die Zentralbanken die zuständige Behörde auffordern können, die Menge dieser auszugebenden vermögenswertereferenzierten Token begrenzen oder einen Mindestbetrag für die Mindeststückelung festzulegen.

(63) Diese Verordnung berührt nicht das nationale Recht, das die Nutzung inländischer und ausländischer Währungen bei Geschäften zwischen Gebietsansässigen regelt, die von nicht dem Euro-Währungsgebiet angehörenden Mitgliedstaaten in Ausübung ihres Vorrechts der Währungshoheit erlassen wurden.

(64) Die Emittenten vermögenswertereferenzierter Token sollten einen Sanierungsplan ausarbeiten, der Maßnahmen vorsieht, die der Emittent zu ergreifen hat, um die Einhaltung der für die Vermögenswertreserve geltenden Anforderungen wiederherzustellen, einschließlich der Fälle, in denen die Erfüllung von Rücktauschanträgen vorübergehende Ungleichgewichte in der Vermögenswertreserve verursacht. Die zuständige Behörde sollte befugt sein, den Rücktausch vermögenswertereferenzierter Token vorübergehend auszusetzen, um die Interessen der Inhaber vermögenswertereferenzierter Token und die Finanzstabilität zu schützen.

(65) Die Emittenten vermögenswertereferenzierter Token sollten über einen Plan für den geordneten Rücktausch der Token verfügen, um sicherzustellen, dass die Rechte der Inhaber der vermögenswertereferenzierten Token geschützt sind, wenn Emittenten nicht in der Lage sind, ihren Verpflichtungen nachzukommen, etwa im Falle einer Unterbrechung der Ausgabe der vermögenswertereferenzierten Token. Wenn es sich bei dem Emittenten vermögenswertereferenzierter Token um ein Kreditinstitut oder einen Rechtsträger handelt, das bzw. der in den Anwendungsbereich der Richtlinie 2014/59/EU des Europäischen Parlaments und des Rates[18] fällt, sollte die zuständige Behörde die zuständige Abwicklungsbehörde

---

Zu Abs. 65:

[18] Richtlinie 2014/59/EU des Europäischen Parlaments und des Rates vom 15. Mai 2014 zur Festlegung eines Rahmens für die Sanierung und Abwicklung von Kreditinstituten und Wertpapierfirmen und zur Änderung der Richtlinie 82/891/EWG des Rates, der Richtlinien 2001/24/EG, 2002/47/EG, 2004/25/EG, 2005/56/EG, 2007/36/EG, 2011/35/EU, 2012/30/EU und 2013/36/EU sowie der Verordnungen (EU) Nr. 1093/2010 und (EU) Nr. 648/2012 des Europäischen Parlaments und des Rates (ABl. L 173 vom 12.6.2014, S. 190).

konsultieren. Dieser Abwicklungsbehörde sollte es gestattet sein, den Rücktauschplan zu prüfen, um etwaige Aspekte darin zu ermitteln, die sich nachteilig auf die Abwicklungsfähigkeit des Emittenten, die Abwicklungsstrategie des Emittenten oder etwaige im Abwicklungsplan des Emittenten vorgesehene Maßnahmen auswirken könnten, und der zuständigen Behörde diesbezüglich Empfehlungen zu geben. Hierbei sollte es der Abwicklungsbehörde außerdem gestattet sein, zu prüfen, ob es Änderungen an dem Abwicklungsplan oder der Abwicklungsstrategie gemäß den Bestimmungen der Richtlinie 2014/59/EU oder der Verordnung (EU) Nr. 806/2014 des Europäischen Parlaments und des Rates[19] bedarf. Diese Prüfung durch die Abwicklungsbehörde sollte die Befugnisse der Aufsichtsbehörde oder der Abwicklungsbehörde, Maßnahmen zur Vorbeugung oder zur Bewältigung von Krisen zu ergreifen, nicht berühren.

(66) Emittenten von E-Geld-Token sollten entweder als Kreditinstitut im Sinne der Richtlinie 2013/36/EU oder als E-Geld-Institut gemäß der Richtlinie 2009/110/EG zugelassen sein. E-Geld-Token sollten als „E-Geld" gelten, da dieser Begriff in der Richtlinie 2009/110/EG bestimmt ist, und ihre Emittenten sollten, sofern in der vorliegenden Verordnung nichts anderes vorgesehen ist, die einschlägigen Anforderungen der Richtlinie 2009/110/EG mit Blick auf die Aufnahme, Ausübung und Beaufsichtigung der Tätigkeit von E-Geld-Instituten und die Anforderungen mit Blick auf die Ausgabe und Rücktauschbarkeit von E-Geld-Token erfüllen. Emittenten von E-Geld-Token sollten ein Kryptowerte-Whitepaper erstellen und es der für sie zuständigen Behörde übermitteln. Ausnahmeregelungen hinsichtlich begrenzter Netze, hinsichtlich bestimmter Transaktionen von Anbietern elektronischer Kommunikationsnetze und hinsichtlich E-Geld-Instituten, die auf der Grundlage der in der Richtlinie 2009/110/EG vorgesehenen Ausnahmemöglichkeiten nur einen begrenzten Höchstbetrag an E-Geld ausgeben, sollten auch für E-Geld-Token gelten. Emittenten von E-Geld-Token sollten jedoch nach wie vor verpflichtet sein, ein Kryptowerte-Whitepaper zu erstellen, um die Käufer über die Merkmale und Risiken der E-Geld-Token zu informieren, und das Kryptowerte-Whitepaper vor seiner Veröffentlichung der zuständigen Behörde zu übermitteln.

[19] *Verordnung (EU) Nr. 806/2014 des Europäischen Parlaments und des Rates vom 15. Juli 2014 zur Festlegung einheitlicher Vorschriften und eines einheitlichen Verfahrens für die Abwicklung von Kreditinstituten und bestimmten Wertpapierfirmen im Rahmen eines einheitlichen Abwicklungsmechanismus und eines einheitlichen Abwicklungsfonds sowie zur Änderung der Verordnung (EU) Nr. 1093/2010 (ABl. L 225 vom 30.7.2014, S. 1).*

(67) Den Inhabern von E-Geld-Token sollte gegenüber dem Emittenten der E-Geld-Token ein Forderungsanspruch zustehen. Die Inhaber von E-Geld-Token sollten stets das Recht haben, die E-Geld-Token zum Nennwert gegen einen Geldbetrag in der amtlichen Währung, die als Bezugsgrundlage für die E-Geld-Token dient, rückzutauschen. Die Bestimmungen der Richtlinie 2009/110/EG über die Möglichkeit, eine Gebühr im Zusammenhang mit dem Rücktausch zu erheben, sind im Zusammenhang mit E-Geld-Token nicht relevant.

(68) Um das Risiko zu verringern, dass E-Geld-Token als Wertaufbewahrungsmittel verwendet werden, sollten Emittenten von E-Geld-Token und Anbieter von Kryptowerte-Dienstleistungen bei der Bereitstellung von Kryptowerte-Dienstleistungen im Zusammenhang mit E-Geld-Token den Inhabern der E-Geld-Token keine Zinsen gewähren; dies sollte Zinsen einschließen, die für die Zeitspanne gewährt werden, während der diese Inhaber die jeweiligen E-Geld-Token halten.

(69) Das von einem Emittenten von E-Geld-Token erstellte Kryptowerte-Whitepaper sollte alle Informationen über den Emittenten und das Angebot über E-Geld-Token oder über deren Zulassung zum Handel enthalten, die erforderlich sind, damit potenzielle Käufer eine fundierte Kaufentscheidung treffen und die mit dem Angebot über E-Geld-Token verbundenen Risiken verstehen können. Das Kryptowerte-Whitepaper sollte auch einen ausdrücklichen Hinweis darauf enthalten, dass den Inhabern der E-Geld-Token jederzeit das Recht auf den Rücktausch ihrer E-Geld-Token zum Nennwert gegen einen Geldbetrag in der amtlichen Währung, die als Bezugsgrundlage für die E-Geld-Token dient, zusteht.

(70) Werden die durch die Ausgabe von E-Geld-Token eingenommenen Geldbeträge vom Emittenten angelegt, sollten diese Geldbeträge in Vermögenswerte investiert werden, die auf dieselbe amtliche Währung lauten wie die Bezugswährung der E-Geld-Token, um Währungsrisiken zu vermeiden.

(71) Signifikante E-Geld-Token könnten größere Risiken für die Finanzstabilität bergen als E-Geld-Token, die nicht signifikant sind und traditionelles E-Geld. Für die Emittenten solcher signifikanten E-Geld-Token, bei denen es sich um E-Geld-Institute handelt, sollten daher zusätzliche Anforderungen gelten. Diese Emittenten von signifikanten E-Geld-Token sollten insbesondere höheren Eigenkapitalanforderungen als Emittenten anderer E-Geld-Token sowie Interoperabilitätsanforderungen unterliegen und eine Strategie für das Liquiditätsmanagement aufstel-

len. Sie sollten außerdem einige der gleichen Anforderungen erfüllen, die für Emittenten vermögenswertereferenzierter Token mit Blick auf die Vermögenswertreserve gelten, etwa diejenigen zur Verwahrung und Anlage der Vermögenswertreserve. Diese Anforderungen für Emittenten signifikanter E-Geld-Token sollten anstelle der Artikel 5 und 7 der Richtlinie 2009/110/EG gelten. Da die Bestimmungen der Richtlinie 2009/110/EG nicht für Kreditinstitute bei der Ausgabe von E-Geld gelten, sollten auch die zusätzlichen Anforderungen für signifikante E-Geld-Token gemäß der vorliegenden Verordnung nicht für Kreditinstitute bei der Ausgabe von E-Geld-Token gelten.

(72) Die Emittenten von E-Geld-Token sollten über Sanierungs- und Rücktauschpläne verfügen, um sicherzustellen, dass die Rechte der Inhaber der E-Geld-Token geschützt sind, wenn die Emittenten nicht in der Lage sind, ihren Verpflichtungen nachzukommen.

(73) In den meisten Mitgliedstaaten ist die Bereitstellung von Kryptowerte-Dienstleistungen trotz der potenziellen Risiken, die diese für den Anlegerschutz, die Marktintegrität und die Finanzstabilität bergen, noch nicht reguliert. Um diese Risiken einzudämmen, sind in dieser Verordnung operationelle, organisatorische und aufsichtsrechtliche Anforderungen auf Unionsebene festgelegt, die für Anbieter von Kryptowerte-Dienstleistungen gelten.

(74) Um eine wirksame Beaufsichtigung zu ermöglichen und die Möglichkeit einer Meidung oder Umgehung der Aufsicht auszuschließen, sollten Kryptowerte-Dienstleistungen nur von juristischen Personen erbracht werden, die einen satzungsmäßigen Sitz in einem Mitgliedstaat unterhalten, in dem sie wesentliche Geschäftstätigkeiten einschließlich der Erbringung von Kryptowerte-Dienstleistungen durchführen. Unternehmen, bei denen es sich nicht um juristische Personen handelt, wie etwa Personenhandelsgesellschaften, sollte es unter bestimmten Bedingungen ebenfalls gestattet sein, Kryptowerte-Dienstleistungen zu erbringen. Die Anbieter von Kryptowerte-Dienstleistungen müssen ihre Aktivitäten in der Union unbedingt wirksam verwalten, damit die wirksame Beaufsichtigung nicht unterlaufen wird und die Durchsetzung der Anforderungen nach dieser Verordnung sichergestellt ist, die den Anlegerschutz, die Marktintegrität und die Finanzstabilitätsicherstellen sollen. Regelmäßige enge direkte Kontakte zwischen den Aufsichtsbehörden und der zuständigen Geschäftsführung des Anbieters von Kryptowerte-Dienstleistungen sollten ein grundlegender Bestandteil dieser Beaufsichtigung sein. Anbieter von Kryptowerte-Dienstleistungen sollten ihren Ort der tatsächlichen Geschäftsführung deshalb in der Union haben, und mindestens einer der Geschäftsführer sollte in der Union ansässig sein. Der Ort der tatsächlichen Geschäftsführung ist der Ort, an dem die wichtigsten Leitungs- und Geschäftsentscheidungen getroffen werden, die für den Ablauf der Geschäftstätigkeit von Bedeutung sind.

(75) Diese Verordnung sollte die Möglichkeit in der Union niedergelassener Personen, auf eigenes Betreiben Kryptowerte-Dienstleistungen von einem Unternehmen aus einem Drittland in Anspruch zu nehmen, unberührt lassen. Erbringt ein Unternehmen aus einem Drittland auf eigenes Betreiben einer in der Union niedergelassenen Person Kryptowerte-Dienstleistungen, sollten diese Kryptowerte-Dienstleistungen nicht als in der Union erbracht gelten. Akquiriert ein Unternehmen aus einem Drittland Kunden oder potenzielle Kunden in der Union oder bewirbt oder inseriert es Kryptowerte-Dienstleistungen oder -Tätigkeiten in der Union, sollten seine Dienstleistungen nicht als auf eigenes Betreiben des Kunden erbrachte Kryptowerte-Dienstleistungen gelten. Das Unternehmen aus einem Drittland sollte in diesem Fall als Anbieter von Kryptowerte-Dienstleistungen zugelassen sein.

(76) Angesichts der bislang relativ geringen Größenordnung der Anbieter von Kryptowerte-Dienstleistungen sollte die Befugnis zur Zulassung und Beaufsichtigung derartiger Dienstleister den zuständigen nationalen Behörden übertragen werden. Die Zulassung als Anbieter von Kryptowerte-Dienstleistungen sollte von der zuständigen Behörde desjenigen Mitgliedstaats erteilt, verweigert oder entzogen werden, in dem der Rechtsträger seinen satzungsmäßigen Sitz unterhält. Sofern eine solche Zulassung erteilt wird, sollte sie Angaben darüber enthalten, für welche Kryptowerte-Dienstleistungen der Anbieter von Kryptowerte-Dienstleistungen zugelassen ist, und in der gesamten Union Gültigkeit besitzen.

(77) Um den kontinuierlichen Schutz des Finanzsystems der Union vor den Risiken der Geldwäsche und Terrorismusfinanzierung sicherzustellen, muss dafür gesorgt werden, dass Anbieter von Kryptowerte-Dienstleistungen bei Finanztransaktionen strengere Prüfungen vornehmen, an denen Kunden und Finanzinstitute aus Drittländern beteiligt sind, die als Drittländer mit hohem Risiko eingestuft sind, weil es sich dabei um Rechtsordnungen handelt, die strategische Mängel in ihren nationalen Regelungen zur Bekämpfung von Geldwäsche und Terrorismusfinanzierung aufweisen, die eine erhebliche Bedrohung für das Finanzsystem der Union gemäß der Richtlinie

(EU) 2015/849 des Europäischen Parlaments und des Rates[20)] darstellen.

(78) Bestimmten Unternehmen, die den Gesetzgebungsakten der Union über Finanzdienstleistungen unterliegen, sollte es gestattet sein, alle oder einige Kryptowerte-Dienstleistungen zu erbringen, ohne dazu verpflichtet zu sein, eine Zulassung als Anbieter von Kryptowerte-Dienstleistungen gemäß dieser Verordnung zu erlangen, wenn diese Unternehmen den für sie zuständigen Behörden bestimmte Informationen übermitteln, bevor sie diese Dienstleistungen erstmalig erbringen. In diesen Fällen sollten diese Unternehmen als Anbieter von Kryptowerte-Dienstleistungen gelten, und die in dieser Verordnung vorgesehenen einschlägigen Befugnisse der Verwaltungsstellen, einschließlich der Befugnis, bestimmte Kryptowerte-Dienstleistungen auszusetzen oder zu untersagen, sollten für sie gelten. Diese Unternehmen sollten mit Ausnahme der Zulassungsanforderungen, der Eigenmittelanforderungen und des Zulassungsverfahrens für Anteilseigner oder Gesellschafter, die qualifizierte Beteiligungen halten, sämtlichen Anforderungen unterliegen, die gemäß dieser Verordnung für Anbieter von Kryptowerte-Dienstleistungen gelten, da die genannten Themenbereiche in den jeweiligen Gesetzgebungsakten der Union, nach denen sie zugelassen wurden, geregelt sind. Das Notifikationsverfahren für Kreditinstitute, die beabsichtigen, Kryptowerte-Dienstleistungen gemäß dieser Verordnung zu erbringen, sollte die Bestimmungen des nationalen Rechts zur Umsetzung der Richtlinie 2013/36/EU, in denen die Verfahren für die Zulassung von Kreditinstituten für die Erbringung der in Anhang I der genannten Richtlinie aufgeführten Dienstleistungen festgelegt sind, nicht berühren.

(79) Um Verbraucherschutz, Marktintegrität und Finanzstabilität zu gewährleisten, sollten Anbieter von Kryptowerte-Dienstleistungen stets ehrlich, redlich und professionell und im besten Interesse ihrer Kunden handeln. Kryptowerte-Dienstleistungen sollten als „Finanzdienstleistungen" im Sinne der Richtlinie 2002/65/EG gelten, sofern die darin genannten Kriterien erfüllt sind. Werden sie im Fernabsatz vertrieben, sollten die Verträge zwischen Anbietern von Kryptowerte-Dienstleistungen und Verbrauchern auch der Richtlinie 2002/65/EG unterliegen, sofern in dieser Verordnung nicht ausdrücklich etwas anderes vorgesehen ist. Die Anbieter von Kryptowerte-Dienstleistungen sollten ihren Kunden vollständige, redliche, verständliche und nicht irreführende Informationen zur Verfügung stellen und sie auf die mit Kryptowerten verbundenen Risiken hinweisen. Die Anbieter von Kryptowerte-Dienstleistungen sollten ihre Preispolitik offenlegen, ein Beschwerdeverfahren einrichten und über robuste Strategien für die Ermittlung, Vermeidung, Regelung und Offenlegung von Interessenkonflikten verfügen.

(80) Im Interesse des Verbraucherschutzes sollten die gemäß dieser Verordnung zugelassenen Anbieter von Kryptowerte-Dienstleistungen bestimmte Aufsichtsanforderungen erfüllen. Diese Aufsichtsanforderungen sollten als fester Betrag oder anteilig zu den im Vorjahr angefallenen fixen Gemeinkosten der Anbieter von Kryptowerte-Dienstleistungen festgelegt werden, je nachdem, welche Art von Dienstleistungen sie erbringen.

(81) Anbieter von Kryptowerte-Dienstleistungen sollten strengen organisatorischen Anforderungen unterliegen. Die Mitglieder des Leitungsorgans von Anbietern von Kryptowerte-Dienstleistungen sollten ausreichende Kenntnisse, Fähigkeiten und Erfahrungen für die Wahrnehmung ihrer Aufgaben besitzen und zuverlässig sein, das heißt insbesondere nicht für Straftaten im Zusammenhang mit Geldwäsche oder Terrorismusfinanzierung oder für andere Straftaten, die ihrem guten Leumund schaden würden, verurteilt worden sein. Die direkten oder indirekten Anteilseigner oder Mitglieder – unabhängig davon, ob es sich um natürliche oder juristische Personen handelt –, die qualifizierte Beteiligungen an Anbietern von Kryptowerte-Dienstleistungen halten, sollten gut beleumundet sein und insbesondere nicht für Straftaten im Zusammenhang mit Geldwäsche oder Terrorismusfinanzierung oder für andere Straftaten, die ihrem guten Leumund schaden würden, verurteilt worden sein. Außerdem sollten in den Fällen, in denen der Einfluss, den Anteilseigner oder Gesellschafter, die qualifizierte Beteiligungen an Anbietern von Kryptowerte-Dienstleistungen halten, der soliden und umsichtigen Geschäftsführung des jeweiligen Anbieters von Kryptowerte-Dienstleistungen voraussichtlich abträglich ist – wobei beispielsweise ihre früheren Aktivitäten, das Risiko, dass sie an illegalen Tätigkeiten beteiligt sind, oder der Einfluss oder die Kontrolle durch die Regierung eines Drittlands berücksichtigt werden sollten –, die zuständigen Behörden befugt sein, diese Risiken einzudämmen. Die Anbieter von Kryptowerte-Dienstleistungen sollten sicherstellen, dass ihre Geschäftsführung und ihr Personal über angemessene

Zu Abs. 77:

[20)] Richtlinie (EU) 2015/849 des Europäischen Parlaments und des Rates vom 20. Mai 2015 zur Verhinderung der Nutzung des Finanzsystems zum Zwecke der Geldwäsche und der Terrorismusfinanzierung, zur Änderung der Verordnung (EU) Nr. 648/2012 des Europäischen Parlaments und des Rates und zur Aufhebung der Richtlinie 2005/60/EG des Europäischen Parlaments und des Rates und der Richtlinie 2006/70/EG der Kommission (ABl. L 141 vom 5.6.2015, S. 73).

Kenntnisse, Fähigkeiten und Erfahrungen verfügen, und alle angemessenen Schritte unternehmen, um ihre Funktionen zu erfüllen, indem sie beispielsweise einen Plan zur Fortführung des Geschäftsbetriebs aufstellen. Sie sollten über solide Mechanismen für die interne Kontrolle und die Risikobewertung sowie über angemessene Systeme und Verfahren zur Gewährleistung der Integrität und Vertraulichkeit der erhaltenen Informationen verfügen. Die Anbieter von Kryptowerte-Dienstleistungen sollten angemessene Vorkehrungen getroffen haben, um über alle Transaktionen, Aufträge und Dienstleistungen im Zusammenhang mit den von ihnen erbrachten Kryptowerte-Dienstleistungen Aufzeichnungen zu führen. Sie sollten außerdem über Systeme verfügen, mit denen potenzieller Marktmissbrauch durch Kunden aufgedeckt werden kann.

(82) Um den Schutz ihrer Kunden sicherzustellen, sollten die Anbieter von Kryptowerte-Dienstleistungen angemessene Vorkehrungen haben, um die Eigentumsrechte der Kunden an den von ihnen gehaltenen Kryptowerten zu wahren. Wenn sie aufgrund ihres Geschäftsmodells Geldbeträge im Sinne der Richtlinie (EU) 2015/2366 in Form von Banknoten, Münzen, Giralgeld oder E-Geld ihrer Kunden halten müssen, sollten die Anbieter von Kryptowerte-Dienstleistungen diese Geldbeträge bei einem Kreditinstitut oder einer Zentralbank hinterlegen, sofern ein Konto bei der Zentralbank zur Verfügung steht. Die Durchführung von Zahlungstransaktionen im Zusammenhang mit den von ihnen angebotenen Kryptowerte-Dienstleistungen sollte den Anbietern von Kryptowerte-Dienstleistungen nur dann gestattet sein, wenn sie nach der genannten Richtlinie als Zahlungsinstitute zugelassen sind.

(83) Je nachdem, welche Dienstleistungen sie erbringen, und da mit jeder Art von Dienstleistung spezifische Risiken verbunden sind, sollten Anbieter von Kryptowerte-Dienstleistungen Anforderungen unterliegen, die für die jeweiligen Dienstleistungen spezifisch sind. Anbieter von Kryptowerte-Dienstleistungen, die die Verwahrung und Verwaltung von Kryptowerten für Kunden anbieten, sollten eine Vereinbarung mit ihren Kunden mit bestimmten verbindlichen Vertragsbestimmungen schließen und eine Strategie für die Verwahrung festlegen und umsetzen, die sie ihren Kunden auf Anfrage in elektronischem Format zur Verfügung stellen sollten. In einer solchen Vereinbarung sollte unter anderem die Art der erbrachten Dienstleistung festgehalten sein, wie etwa das Halten von Kryptowerten von Kunden oder der Mittel für den Zugang zu solchen Kryptowerten, wobei der Kunde in diesem Fall weiterhin die Kontrolle über die verwahrten Kryptowerte ausüben könnte. Alternativ dazu könnte die Kontrolle über die Kryptowerte oder über die Mittel für den Zugang zu diesen Werten uneingeschränkt dem Anbieter von Kryptowerte-Dienstleistungen übertragen werden. Anbieter von Kryptowerte-Dienstleistungen, die Kryptowerte von Kunden oder die Mittel für den Zugang zu solchen Kryptowerten halten, sollten dafür Sorge tragen, dass diese Kryptowerte nicht für eigene Rechnung verwendet werden. Die Anbieter von Kryptowerte-Dienstleistungen sollten sicherstellen, dass sämtliche Kryptowerte stets unbelastet sind. Diese Anbieter von Kryptowerte-Dienstleistungen sollten außerdem für jegliche Verluste haftbar sein, die durch einen Vorfall im Zusammenhang mit Informations- und Kommunikationstechnologien („IKT") verursacht werden, insbesondere auch durch einen Vorfall infolge eines Cyberangriffs, eines Diebstahls oder einer Funktionsstörung. Hardware- und Software-Anbieter von selbstverwalteten elektronischen Geldbörsen sollten nicht in den Anwendungsbereich dieser Verordnung fallen.

(84) Um ein ordnungsgemäßes Funktionieren der Märkte für Kryptowerte zu gewährleisten, sollten Anbieter von Kryptowerte-Dienstleistungen, die eine Handelsplattform für Kryptowerte betreiben, über detaillierte Betriebsvorschriften verfügen, eine ausreichende Resilienz ihrer Systeme und Verfahren sicherstellen, an die Märkte für Kryptowerte angepassten Vor- und Nachhandelstransparenzanforderungen unterliegen und transparente und nichtdiskriminierende Vorschriften auf der Grundlage objektiver Kriterien zur Regelung des Zugangs zu ihren Plattformen festlegen. Anbieter von Kryptowerte-Dienstleistungen, die eine Handelsplattform für Kryptowerte betreiben, sollten außerdem über eine transparente Gebührenstruktur für die erbrachten Dienstleistungen verfügen, um das Platzieren von Aufträgen zu verhindern, die zu Marktmissbrauch oder ungeordneten Handelsbedingungen beitragen könnten. Anbieter von Kryptowerte-Dienstleistungen, die eine Handelsplattform für Kryptowerte betreiben, sollten die Möglichkeit haben, auf Handelsplattformen ausgeführte Transaktionen on-chain und off-chain abzuwickeln, und sie sollten eine zügige Abwicklung sicherstellen. Die Abwicklung von Transaktionen sollte binnen 24 Stunden, nachdem eine Transaktion auf der Handelsplattform ausgeführt wurde, eingeleitet werden. Im Falle einer Off-Chain-Abwicklung sollte die Abwicklung am selben Geschäftstag eingeleitet werden, wohingegen die Abwicklung im Falle einer On-Chain-Abwicklung mehr Zeit in Anspruch nehmen könnte, da sie nicht der Kontrolle des Anbieters von Kryptowerte-Dienstleistungen, der die Handelsplattform betreibt, unterliegt.

(85) Im Interesse des Verbraucherschutzes sollten Anbieter von Kryptowerte-Dienstleistun-

gen, die Kryptowerte gegen einen Geldbetrag oder gegen andere Kryptowerte tauschen und dafür ihr Eigenkapital nutzen, eine nichtdiskriminierende Geschäftspolitik festlegen. Sie sollten entweder verbindliche Kursofferten oder die Methode veröffentlichen, nach der sie den Preis der Kryptowerte, die sie tauschen wollen, bestimmen, und sie sollten etwaige Obergrenzen veröffentlichen, die sie für den einzutauschenden Betrag festlegen möchten. Außerdem sollten sie Nachhandelstransparenzanforderungen unterliegen.

(86) Anbieter von Kryptowerte-Dienstleistungen, die Aufträge über Kryptowerte für Kunden ausführen, sollten Grundsätze der Auftragsausführung festlegen und auch dann, wenn sie als Gegenpartei des Kunden auftreten, stets das bestmögliche Ergebnis für ihre Kunden anstreben. Sie sollten alle notwendigen Schritte unternehmen, um den Missbrauch von Informationen über Kundenaufträge durch ihre Mitarbeiter zu verhindern. Anbieter von Kryptowerte-Dienstleistungen, die Aufträge entgegennehmen und an andere Anbieter von Kryptowerte-Dienstleistungen weiterleiten, sollten Verfahren für die umgehende und ordnungsgemäße Weiterleitung dieser Aufträge umsetzen. Anbieter von Kryptowerte-Dienstleistungen sollten keine monetären oder nichtmonetären Vorteile dafür erhalten, dass sie diese Aufträge an eine bestimmte Handelsplattform für Kryptowerte oder andere Anbieter von Kryptowerte-Dienstleistungen weiterleiten. Sie sollten die Wirksamkeit ihrer Vorkehrungen zur Auftragsausführung und ihrer Grundsätze der Auftragsausführung überwachen und dabei bewerten, ob die in den Grundsätzen der Auftragsausführung genannten Handelsplätze das bestmögliche Ergebnis für den Kunden erbringen oder ob die Vorkehrungen zur Auftragsausführung geändert werden müssen, und sie sollten die Kunden, mit denen sie eine laufende Kundenbeziehung unterhalten, über alle wesentlichen Änderungen ihrer Vorkehrungen zur Auftragsausführung oder ihrer Grundsätze der Auftragsausführung unterrichten.

(87) Ist ein Anbieter von Kryptowerte-Dienstleistungen, der Aufträge über Kryptowerte für Kunden ausführt, die Gegenpartei des Kunden, so könnten Ähnlichkeiten mit den Dienstleistungen im Zusammenhang mit dem Tausch von Kryptowerten gegen einen Geldbetrag oder gegen andere Kryptowerte vorliegen. Beim Tausch von Kryptowerten gegen einen Geldbetrag oder gegen andere Kryptowerte wird der Preis dieses Tauschs jedoch vom Anbieter von Kryptowerte-Dienstleistungen als Währungsumtausch frei festgelegt. Dennoch sollte der Anbieter von Kryptowerte-Dienstleistungen bei der Ausführung von Aufträgen über Kryptowerte für Kunden im Einklang mit seiner Politik der bestmöglichen Ausführung stets sicherstellen, dass er auch dann, wenn er als Gegenpartei des Kunden auftritt, das bestmögliche Ergebnis für seinen Kunden erzielt. Der Tausch von Kryptowerten gegen einen Geldbetrag oder gegen andere Kryptowerte sollte keine Kryptowerte-Dienstleistung sein, wenn er vom Emittenten oder vom Anbieter vorgenommen wird.

(88) Anbieter von Kryptowerte-Dienstleistungen, die Kryptowerte für potenzielle Inhaber platzieren, sollten die betreffenden Personen vor Vertragsabschluss darüber informieren, wie sie ihre Dienstleistung zu erbringen gedenken. Um den Schutz ihrer Kunden sicherzustellen, sollten Anbieter von Kryptowerte-Dienstleistungen, die für die Platzierung von Kryptowerten zugelassen sind, über spezifische und angemessene Verfahren verfügen, um Interessenkonflikte zu vermeiden, zu überwachen, zu regeln und offenzulegen, die auftreten, wenn sie die Kryptowerte bei ihren eigenen Kunden platzieren oder wenn der vorgeschlagene Preis für die Platzierung von Kryptowerten zu hoch oder zu niedrig angesetzt. Die Platzierung von Kryptowerten für einen Anbieter sollte nicht als getrenntes Angebot gelten.

(89) Im Interesse des Verbraucherschutzes sollten Anbieter von Kryptowerte-Dienstleistungen, die entweder auf Anfrage eines Kunden oder auf eigenes Betreiben Beratung zu Kryptowerten oder die Portfolioverwaltung von Kryptowerten anbieten, eine Beurteilung vornehmen, ob diese Kryptowerte-Dienstleistungen oder Kryptowerte in Anbetracht der Erfahrungen, Kenntnisse, Ziele und Verlustfähigkeit ihrer Kunden für die Kunden geeignet sind. Erteilen die Kunden den Anbietern von Kryptowerte-Dienstleistungen keine Informationen über ihre Erfahrungen, Kenntnisse, Ziele und Verlustfähigkeit oder ist offenkundig, dass die Kryptowerte nicht für die Kunden geeignet sind, sollten die Anbieter von Kryptowerte-Dienstleistungen weder diese Kryptowerte-Dienstleistungen oder Kryptowerte den betreffenden Kunden empfehlen noch die Portfolioverwaltung von Kryptowerten einleiten. Wenn Anbieter von Kryptowerte-Dienstleistungen Beratung zu Kryptowerten anbieten, sollten sie den Kunden einen Bericht zur Verfügung stellen, der die Beurteilung der Eignung mit Angabe des erteilten Rates und Angaben dazu, wie die Kryptowerte den Präferenzen und Zielen der Kunden gerecht werden, enthält. Bei der Portfolioverwaltung von Kryptowerten sollten Anbieter von Kryptowerte-Dienstleistungen ihren Kunden regelmäßig Erklärungen bereitstellen, die einen Überblick über ihre Aktivitäten und über die Leistung des Portfolios sowie eine aktualisierte Erklärung zur Eignungsbeurteilung enthalten sollten.

(90) Einige Kryptowerte-Dienstleistungen, insbesondere die Verwahrung und Verwaltung von Kryptowerten für Kunden, die Platzierung

von Kryptowerten und Transferdienste für Kryptowerte für Kunden, könnten sich mit Zahlungsdiensten im Sinne der Richtlinie (EU) 2015/2366 überschneiden.

(91) Die Instrumente, die Emittenten von E-Geld ihren Kunden für die Verwaltung eines E-Geld-Token zur Verfügung stellen, sind möglicherweise nicht von den in dieser Verordnung geregelten Tätigkeit der Verwahrungs- und Verwaltungsdienstleistungen zu unterscheiden. E-Geld-Institute sollten deshalb die Möglichkeit haben, Verwahrdienste ausschließlich für die von ihnen ausgegebenen E-Geld-Token zu erbringen, ohne dass sie dafür eine vorherige Zulassung für die Erbringung von Kryptowerte-Dienstleistungen nach dieser Verordnung benötigen.

(92) Die Tätigkeit traditioneller E-Geld-Vertreiber – der Vertrieb von E-Geld für Emittenten – würde der Platzierung von Kryptowerten für die Zwecke dieser Verordnung gleichkommen. Jedoch sollte es auch natürlichen oder juristischen Personen, die E-Geld gemäß der Richtlinie 2009/110/EG vertreiben dürfen, gestattet sein, E-Geld-Token für Emittenten von E-Geld-Token zu vertreiben, ohne dass sie dafür vorab eine Zulassung für die Erbringung von Kryptowerte-Dienstleistungen gemäß dieser Verordnung benötigen. Diese Vertreiber sollten daher von der Anforderung befreit sein, für die Platzierung von Kryptowerten die Zulassung als Anbieter von Kryptowerte-Dienstleistungen zu beantragen.

(93) Bei einem Anbieter von Transferdienstleistungen für Kryptowerte sollte es sich um einen Rechtsträger handeln, der für einen Kunden Kryptowerte von einer Distributed-Ledger-Adresse oder einem Distributed-Ledger-Konto auf eine andere solche Adresse oder ein anderes solches Konto überträgt. Diese Transferdienstleistungen sollten nicht die Validierer, Knoten oder Miner umfassen, die Teil der Bestätigung einer Transaktion und der Aktualisierung des Status des Distributed-Ledger sein könnten. Zahlreiche Anbieter von Kryptowerte-Dienstleistungen bieten zusätzlich bestimmte Arten von Transferdienstleistungen für Kryptowerte an, etwa im Rahmen der Verwahrung und Verwaltung von Kryptowerten für Kunden, den Tausch von Kryptowerten gegen einen Geldbetrag oder gegen andere Kryptowerte oder die Ausführung von Aufträgen über Kryptowerte für Kunden. Je nach den genauen Merkmalen der mit der Übertragung von E-Geld-Token verbundenen Dienstleistungen könnten diese Dienstleistungen unter die Begriffsbestimmung von Zahlungsdiensten gemäß der Richtlinie (EU) 2015/2366 fallen. In diesen Fällen sollten diese Übertragungen durch einen Rechtsträger vorgenommen werden, der zur Erbringung solcher Zahlungsdienste gemäß der genannten Richtlinie zugelassen ist.

(94) Diese Verordnung sollte nicht die Kreditvergabe und Kreditaufnahme mit Kryptowerten, einschließlich E-Geld-Token, regeln und daher nicht die anwendbaren nationalen Rechtsvorschriften berühren. Die Durchführbarkeit und Notwendigkeit der Regulierung dieser Tätigkeiten sollte weiter geprüft werden.

(95) Es ist wichtig, das Vertrauen in die Märkte für Kryptowerte und die Integrität dieser Märkte zu gewährleisten. Deshalb gilt es Vorschriften festzulegen, um von Marktmissbrauch bei Kryptowerten, die zum Handel zugelassen sind, abzuschrecken. Da es sich bei den Emittenten von Kryptowerten und den Anbietern von Kryptowerte-Dienstleistungen jedoch sehr häufig um KMU handelt, wäre es unverhältnismäßig, sämtliche Bestimmungen der Verordnung (EU) Nr. 596/2014 des Europäischen Parlaments und des Rates[21)] auf sie anzuwenden. Deshalb ist es notwendig, spezifische Vorschriften festzulegen, die bestimmte Verhaltensweisen untersagen, welche das Vertrauen der Nutzer in die Märkte für Kryptowerte und die Integrität dieser Märkte untergraben dürften, wie etwa Insidergeschäfte, die unrechtmäßige Offenlegung von Insiderinformationen sowie Marktmanipulation im Zusammenhang mit Kryptowerten. Diese spezifischen Vorschriften über Marktmissbrauch im Zusammenhang mit Kryptowerten sollten auch dann greifen, wenn Kryptowerte zum Handel zugelassen werden.

(96) Die Rechtssicherheit für die Teilnehmer an Märkten für Kryptowerte sollte durch eine Charakterisierung von zwei Merkmalen, die für die Definition von Insiderinformationen unabdingbar sind, verbessert werden, nämlich die genaue Art dieser Informationen und das Ausmaß ihrer potenziellen Wirkung auf die Preise der Kryptowerte. Diese Elemente sollten auch bei der Verhinderung von Marktmissbrauch im Zusammenhang mit Märkten für Kryptowerte und mit deren Funktionieren geprüft werden, wobei beispielsweise die Nutzung der sozialen Medien, der Rückgriff auf intelligente Verträge für die Ausführung von Aufträgen und die Konzentration von Mining-Pools zu berücksichtigen sind.

Zu Abs. 95:

[21)] Verordnung (EU) Nr. 596/2014 des Europäischen Parlaments und des Rates vom 16. April 2014 über Marktmissbrauch (Marktmissbrauchsverordnung) und zur Aufhebung der Richtlinie 2003/6/EG des Europäischen Parlaments und des Rates und der Richtlinien 2003/124/EG, 2003/125/EG und 2004/72/EG der Kommission (ABl. L 173 vom 12.6.2014, S. 1).

(97) Derivate, die als Finanzinstrumente im Sinne der Richtlinie 2014/65/EU gelten und deren zugrunde liegender Vermögenswert ein Kryptowert ist, unterliegen der Verordnung (EU) Nr. 596/2014, wenn sie auf einem regulierten Markt, innerhalb eines multilateralen Handelssystems oder innerhalb eines organisierten Handelssystems gehandelt werden. In den Anwendungsbereich der vorliegenden Verordnung fallende Kryptowerte, die diesen Derivaten als Vermögenswerte zugrunde liegen, sollten den Marktmissbrauchsbestimmungen der vorliegenden Verordnung unterliegen.

(98) Die zuständigen Behörden sollten mit ausreichenden Befugnissen ausgestattet sein, um die Ausgabe von, das öffentliche Angebot über und die Zulassung zum Handel von Kryptowerten, einschließlich vermögenswertereferenzierter Token oder E-Geld-Token, zu überwachen und Anbieter von Kryptowerte-Dienstleistungen zu beaufsichtigen. Diese Befugnisse sollten die Befugnis umfassen, ein öffentliches Angebot über Kryptowerte oder die Zulassung von Kryptowerten zum Handel oder die Ausgabe von Kryptowerten oder die Erbringung einer Kryptowerte-Dienstleistung auszusetzen oder zu untersagen und Verstöße gegen die Vorschriften über Marktmissbrauch zu untersuchen. Emittenten anderer Kryptowerte als vermögenswertereferenzierter Token oder E-Geld-Token sollten nicht der Aufsicht im Rahmen dieser Verordnung unterliegen, wenn es sich bei dem Emittenten nicht um einen Anbieter bzw. eine Person handelt, die die Zulassung zum Handel beantragt.

(99) Die zuständigen Behörden sollten außerdem befugt sein, gegen Emittenten oder Anbieter von Kryptowerten, einschließlich vermögenswertereferenzierter Token oder E-Geld-Token, oder gegen Personen, die deren Zulassung zum Handel beantragen, und gegen Anbieter von Kryptowerte-Dienstleistungen Sanktionen zu verhängen. Bei der Festlegung der Art und der Höhe einer verwaltungsrechtlichen Sanktion oder einer anderen verwaltungsrechtlichen Maßnahme sollten die zuständigen Behörden alle relevanten Umstände, wie etwa die Schwere und die Dauer des Verstoßes und die Frage, ob dieser vorsätzlich begangen wurde, berücksichtigen.

(100) Da die Märkte für Kryptowerte grenzüberschreitend sind, sollten die zuständigen Behörden zusammenarbeiten, um Verstöße gegen diese Verordnung aufzudecken und davon abzuschrecken.

(101) Im Interesse der Transparenz mit Blick auf Kryptowerte und Anbieter von Kryptowerte-Dienstleistungen sollte die ESMA ein Register der Kryptowerte-Whitepaper, der Emittenten vermögenswertereferenzierter Token, der Emittenten von E-Geld-Token und der Anbieter von Kryptowerte-Dienstleistungen erstellen.

(102) Signifikante vermögenswertereferenzierte Token können als Tauschmittel und für großvolumige Zahlungstransaktionen verwendet werden. Da solche großen Volumina spezifische Risiken für die geldpolitischen Transmissionskanäle und die Währungshoheit darstellen können, sollte der EBA die Aufgabe übertragen werden, die Emittenten vermögenswertereferenzierter Token zu beaufsichtigen, sobald die entsprechenden Token als signifikant eingestuft wurden. Bei dieser Aufgabenübertragung sollte der sehr speziellen Art der Risiken, die mit vermögenswertereferenzierten Token verbunden sind, Rechnung getragen werden, und es sollte kein Präzedenzfall für etwaige andere Gesetzgebungsakte der Union über Finanzdienstleistungen geschaffen werden.

(103) Die Emittenten von E-Geld-Token sollten von den nach der Richtlinie 2009/110/EG zuständigen Behörden beaufsichtigt werden. Angesichts der potenziell weitverbreiteten Nutzung signifikanter E-Geld-Token als Zahlungsmittel und der damit möglicherweise verbundenen Risiken für die Finanzstabilität ist jedoch eine doppelte Beaufsichtigung der Emittenten signifikanter E-Geld-Token sowohl durch die zuständigen Behörden als auch durch die EBA erforderlich. Die EBA sollte beaufsichtigen, ob die Emittenten signifikanter E-Geld-Token die in dieser Verordnung festgelegten spezifischen Zusatzanforderungen für solche-Token erfüllen. Da die spezifischen Zusatzanforderungen nur für E-Geld-Institute gelten sollten, die signifikante E-Geld-Token ausgeben, sollten Kreditinstitute, die signifikante E-Geld-Token ausgeben und für die diese Anforderungen nicht gelten, nach wie vor von den jeweils für sie zuständigen Behörden beaufsichtigt werden. Bei der doppelten Beaufsichtigung sollte der sehr speziellen Art der Risiken, die mit E-Geld-Token verbunden sind, Rechnung getragen werden, und es sollte kein Präzedenzfall für etwaige andere Gesetzgebungsakte der Union über Finanzdienstleistungen geschaffen werden.

(104) Signifikante E-Geld-Token, die auf eine amtliche Währung eines Mitgliedstaats lauten, bei der es sich nicht um den Euro handelt, und die als Tauschmittel und zur Abwicklung großvolumiger Zahlungstransaktionen genutzt werden, können – auch wenn dies unwahrscheinlich ist – spezifische Risiken für die Währungshoheit des Mitgliedstaats bergen, auf dessen amtliche Währung sie lauten. Wenn mindestens 80 % der Zahl der Inhaber und des Volumens der Transaktionen mit diesen signifikanten E-Geld-Token im Herkunftsmitgliedstaat konzentriert sind, sollten die

Aufsichtsaufgaben nicht der EBA übertragen werden.

(105) Die EBA sollte ein Aufsichtskollegium für jeden Emittenten signifikanter vermögenswertereferenzierter Token und signifikanter E-Geld-Token einrichten. Da die Emittenten signifikanter vermögenswertereferenzierter Token und signifikanter E-Geld-Token in aller Regel im Zentrum eines Netzwerks von Rechtsträgern stehen, die die Ausgabe solcher Kryptowerte sowie deren Übertragung und deren Vertrieb sicherstellen, sollten dem Aufsichtskollegium für jeden Emittenten unter anderem die für die wichtigsten Handelsplattformen für Kryptowerte zuständigen Behörden, sofern die signifikanten vermögenswertereferenzierten Token oder die signifikanten E-Geld-Token zum Handel zugelassen sind, und die Behörden angehören, die für die wichtigsten Rechtsträger und Anbieter von Kryptowerte-Dienstleistungen zuständig sind, die die Verwahrung und Verwaltung der signifikanten vermögenswertereferenzierten Token und der signifikanten E-Geld-Token für die Inhaber sicherstellen. Das Aufsichtskollegium für Emittenten signifikanter vermögenswertereferenzierter Token und signifikanter E-Geld-Token sollte die Zusammenarbeit und den Informationsaustausch zwischen seinen Mitgliedern erleichtern und unverbindliche Stellungnahmen zu unter anderem Änderungen bei der Zulassung dieser Emittenten oder zu diese betreffenden Aufsichtsmaßnahmen abgeben.

(106) Zur Beaufsichtigung der Emittenten signifikanter vermögenswertereferenzierter Token und signifikanter E-Geld-Token sollte die EBA unter anderem befugt sein, Prüfungen vor Ort durchzuführen, Aufsichtsmaßnahmen zu ergreifen und Geldbußen zu verhängen.

(107) Die EBA sollte den Emittenten signifikanter vermögenswertereferenzierter Token und signifikanter E-Geld-Token Gebühren in Rechnung stellen, um ihre Kosten, einschließlich Gemeinkosten, zu decken. Bei Emittenten signifikanter vermögenswertereferenzierter Token sollte die Gebühr im Verhältnis zur Größe ihrer Vermögenswertreserve stehen. Bei Emittenten signifikanter E-Geld-Token sollte die Gebühr im Verhältnis zu dem Geldbetrag stehen, der im Tausch gegen die signifikanten E-Geld-Token eingenommen wurde.

(108) Um die Wirksamkeit dieser Verordnung sicherzustellen, sollte der Kommission die Befugnis übertragen werden, gemäß Artikel 290 des Vertrags über die Arbeitsweise der Europäischen Union (AEUV) Rechtsakte hinsichtlich der genaueren Spezifizierung der technischen Elemente der in dieser Verordnung enthaltenen Begriffsbestimmungen, um sie an die Marktentwicklungen und die technologischen Entwicklungen anzupassen, hinsichtlich der genaueren Spezifizierung bestimmter Kriterien für die Einstufung eines vermögenswertereferenzierten Token oder E-Geld-Token als signifikant, hinsichtlich der Festlegung, wann erhebliche Bedenken hinsichtlich des Anlegerschutzes bestehen oder eine Gefahr für das ordnungsgemäße Funktionieren und die Integrität der Märkte für Kryptowerte oder für die Stabilität des gesamten Finanzsystems der Union oder von Teilen davon vorliegt, hinsichtlich der genaueren Festlegung der Verfahrensvorschriften für die Ausübung der Befugnis der EBA zur Verhängung von Geldbußen oder Zwangsgeldern, einschließlich Bestimmungen zu den Verteidigungsrechten, zu Zeitpunkten und Fristen, zur Einziehung der Geldbußen und Zwangsgelder und zur Verjährung bezüglich der Verhängung und Vollstreckung von Buß- und Zwangsgeldzahlungen, und hinsichtlich der weiteren Festlegung der Art und der Höhe der Aufsichtsgebühren, die die EBA bei den Emittenten signifikanter vermögenswertereferenzierter Token oder signifikanter E-Geld-Token erheben kann, zu erlassen. Es ist von besonderer Bedeutung, dass die Kommission im Zuge ihrer Vorbereitungsarbeit angemessene Konsultationen, auch auf der Ebene von Sachverständigen, durchführt, die mit den Grundsätzen in Einklang stehen, die in der Interinstitutionellen Vereinbarung vom 13. April 2016 über bessere Rechtsetzung[22] niedergelegt wurden. Um insbesondere für eine gleichberechtigte Beteiligung an der Vorbereitung delegierter Rechtsakte zu sorgen, erhalten das Europäische Parlament und der Rat alle Dokumente zur gleichen Zeit wie die Sachverständigen der Mitgliedstaaten, und ihre Sachverständigen haben systematisch Zugang zu den Sitzungen der Sachverständigengruppen der Kommission, die mit der Vorbereitung der delegierten Rechtsakte befasst sind.

(109) Um die einheitliche Anwendung dieser Verordnung in der gesamten Union, einschließlich eines angemessenen Schutzes der Inhaber von Kryptowerten und der Kunden von Anbietern von Kryptowerte-Dienstleistungen, insbesondere wenn sie Verbraucher sind, zu fördern, sollten technische Standards ausgearbeitet werden. Da die EBA und die ESMA über hochspezialisiertes Fachwissen verfügen, ist es sinnvoll und angemessen, ihnen die Aufgabe zu übertragen, für technische Regulierungsstandards, die keine politischen Entscheidungen erfordern, Entwürfe zur Vorlage an die Kommission auszuarbeiten.

Zu Abs. 108:

[22] *ABl. L 123 vom 12.5.2016, S. 1.*

(110) Der Kommission sollte die Befugnis übertragen werden, von der EBA und der ESMA ausgearbeitete technische Regulierungsstandards zu erlassen, um Folgendes zu regeln: den Inhalt, die Methoden und die Darstellung von Informationen in einem Kryptowerte-Whitepaper zu schwerwiegenden nachteiligen Auswirkungen auf das Klima und anderen umweltbezogenen nachteiligen Auswirkungen des für die Ausgabe des Kryptowerts verwendeten Konsensmechanismus, das Verfahren für die Genehmigung der von Kreditinstituten bei der Ausgabe vermögenswertereferenzierter Token vorgelegten Kryptowerte-Whitepaper, die Informationen, die in einem Antrag auf Zulassung als Emittent vermögenswertereferenzierter Token enthalten sein sollten, die Methodik für die Schätzung der durchschnittlichen Zahl und des durchschnittlichen aggregierten Werts der Transaktionen vermögenswertereferenzierter Token und E-Geld-Token, die auf eine Währung lauten, die keine amtliche Währung eines Mitgliedstaats ist, pro Tag für ein Quartal im Zusammenhang mit der Verwendung als Tauschmittel in den einzelnen einheitlichen Währungsräumen, die Anforderungen, Muster und Verfahren für die Bearbeitung von Beschwerden von Inhabern vermögenswertereferenzierter Token und von Kunden von Anbietern von Kryptowerte-Dienstleistungen, die Anforderungen für die Strategien und Verfahren zur Ermittlung, Vorbeugung, Regelung und Offenlegung von Interessenkonflikten von Emittenten vermögenswertereferenzierter Token und die Details und die Methodik für den Inhalt dieser Offenlegung, das Verfahren und die Fristen für die Anpassung eines Emittenten vermögenswertereferenzierter Token und signifikanter E-Geld-Token an höhere Eigenmittelanforderungen, die Kriterien für die Forderung höherer Eigenmittel, die Mindestanforderungen an die Ausgestaltung von Stresstestprogrammen, die Liquiditätsanforderungen an die Vermögenswertreserve, die Finanzinstrumente, in die die Vermögenswertreserve investiert werden kann, den detaillierten Inhalt der Informationen, die für die Beurteilung des geplanten Erwerbs der qualifizierten Beteiligung an einem Emittenten vermögenswertereferenzierter Token erforderlich sind, die Anforderungen mit Blick auf zusätzliche Pflichten von Emittenten signifikanter vermögenswertereferenzierter Token, die Informationen, die Kreditinstitute, Zentralverwahrer, Wertpapierfirmen, Marktteilnehmer, E-Geld-Institute, OGAW-Verwaltungsgesellschaften und Verwalter alternativer Investmentfonds, die beabsichtigen, Kryptowerte-Dienstleistungen zu erbringen, den zuständigen Behörden übermitteln müssen, die Angaben, die in einem Antrag auf die Zulassung als Anbieter von Kryptowerte-Dienstleistungen enthalten sein müssen, den Inhalt, die Methoden und die Darstellung von Informationen, die der Anbieter von Kryptowerte-Dienstleistungen veröffentlicht und die sich auf schwerwiegende nachteilige Auswirkungen auf das Klima und andere umweltbezogene nachteilige Auswirkungen des für die Ausgabe jedes Kryptowerts, für den er Dienstleistungen erbringt, verwendeten Konsensmechanismus beziehen, Maßnahmen zur Sicherstellung der Kontinuität und der Regelmäßigkeit bei der Erbringung der Kryptowerte-Dienstleistungen und bei den Aufzeichnungen über alle von ihnen erbrachten Kryptowerte-Dienstleistungen, Aufträge und Transaktionen, die Anforderungen an die Strategien zur Ermittlung, Vorbeugung, Regelung und Offenlegung von Interessenkonflikten von Anbietern von Kryptowerte-Dienstleistungen und die Details und die Methodik für den Inhalt dieser Offenlegung, die Art und Weise, in der Transparenzdaten des Betreibers einer Handelsplattform dargelegt werden, und Inhalt und Format der Einträge in dem Auftragsbuch der Handelsplattform, den detaillierten Inhalt der Informationen, die für die Beurteilung des geplanten Erwerbs der qualifizierten Beteiligung an einem Anbieter von Kryptowerte-Dienstleistungen erforderlich sind, die geeigneten Vorkehrungen, Systeme und Verfahren für die Überwachung und Aufdeckung von Marktmissbrauch; das Muster für die Meldung des Verdachts auf Marktmissbrauch und die Verfahren für die Abstimmung zwischen den jeweils zuständigen Behörden bei der Aufdeckung von Marktmissbrauch, die zwischen den zuständigen Behörden auszutauschenden Informationen, ein Muster für Kooperationsvereinbarungen zwischen den zuständigen Behörden der Mitgliedstaaten und den Aufsichtsbehörden von Drittländern, die für die Einstufung der Kryptowerte-Whitepaper im Register der ESMA erforderlichen Daten und die praktischen Vorkehrungen, mit denen sichergestellt wird, dass diese Daten maschinenlesbar sind, die Bedingungen, unter denen bestimmte Mitglieder des Aufsichtskollegiums für Emittenten signifikanter vermögenswertereferenzierter Token und für Emittenten signifikanter E-Geld-Token als in ihrer Kategorie maßgeblich eingestuft werden; und die Bedingungen, unter denen davon ausgegangen wird, dass vermögenswertereferenzierte Token oder E-Geld-Token großvolumig für die Einstufung bestimmter Mitglieder des Kollegiums genutzt werden, und die Details der praktischen Vorkehrungen für die Arbeit des Kollegiums. Die Kommission sollte diese technischen Regulierungsstandards im Wege delegierter Rechtsakte nach Artikel 290 AEUV und gemäß den Artikeln 10 bis 14 der Verordnungen (EU) Nr. 1093/2010 bzw. (EU) Nr. 1095/2010 erlassen.

(111) Der Kommission sollte die Befugnis übertragen werden, von der EBA und der ESMA ausgearbeitete technische Durchführungsstandards in Bezug auf Folgendes zu erlassen: um Standardformulare, Standardformate und Mustertexte für

Kryptowerte-Whitepaper festzulegen; um Standardformulare, Mustertexte und Verfahren für die Übermittlung der in einem Antrag auf Zulassung als Emittent vermögenswertereferenzierter Token enthaltenen Informationen festzulegen; um Standardformulare, Standardformate und Mustertexte für die Meldung von vermögenswertereferenzierten Token und E-Geld-Token, die auf eine Währung lauten, die keine amtliche Währung eines Mitgliedstaats ist, mit einem Ausgabepreis von mehr als 100 000 000 EUR festzulegen; um Standardformulare, Mustertexte und Verfahren für die Übermittlung von Informationen von Kreditinstituten, Zentralverwahrern, Wertpapierfirmen, Marktteilnehmern, E-Geld-Instituten, OGAW-Verwaltungsgesellschaften und Verwaltern alternativer Investmentfonds, die beabsichtigen, Kryptowerte-Dienstleistungen zu erbringen, an die zuständigen Behörden festzulegen, um Standardformulare, Mustertexte und Verfahren für den Antrag auf Zulassung als Anbieter von Kryptowerte-Dienstleistungen festzulegen, um die technischen Mittel für die Offenlegung von Insiderinformationen und für den Aufschub der Offenlegung von Insiderinformationen festzulegen und um die Standardformulare, Mustertexte und Verfahren für die Zusammenarbeit und den Informationsaustausch zwischen den zuständigen Behörden und zwischen den zuständigen Behörden, der EBA und der ESMA festzulegen. Die Kommission sollte diese technischen Durchführungsstandards im Wege von Durchführungsrechtsakten nach Artikel 291 AEUV und gemäß Artikel 15 der Verordnung (EU) Nr. 1093/2010 und Artikel 15 der Verordnung (EU) Nr. 1095/2010 erlassen.

(112) Da die Ziele dieser Verordnung, nämlich die Verringerung der Fragmentierung des für Anbieter oder Personen, die die Zulassung zum Handel mit anderen Kryptowerten als vermögenswertereferenzierten Token und E-Geld-Token beantragen, für Emittenten von vermögenswertereferenzierten Token und E-Geld-Token und für Anbieter von Kryptowerte-Dienstleistungen geltenden Rechtsrahmens und die Gewährleistung des reibungslosen Funktionierens der Märkte für Kryptowerte unter Wahrung des Schutzes der Inhaber von Kryptowerten und der Kunden von Anbietern von Kryptowerte-Dienstleistungen, insbesondere von Kleinanlegern, sowie der Schutz der Marktintegrität und der Finanzstabilität, von den Mitgliedstaaten nicht ausreichend verwirklicht werden können, sondern vielmehr auf Unionsebene besser zu verwirklichen sind, indem ein Rahmen geschaffen wird, in dem sich ein größerer grenzübergreifender Markt für Kryptowerte und Anbieter von Kryptowerte-Dienstleistungen entwickeln könnte, kann die Union im Einklang mit dem in Artikel 5 des Vertrags über die Europäische Union verankerten Subsidiaritätsprinzip tätig werden. Entsprechend dem in demselben Artikel genannten Grundsatz der Verhältnismäßigkeit geht diese Verordnung nicht über das für die Verwirklichung dieser Ziele erforderliche Maß hinaus.

(113) Um Störungen für Marktteilnehmer zu verhindern, die Dienstleistungen und Tätigkeiten im Zusammenhang mit vor dem Geltungsbeginn dieser Verordnung ausgegebenen Kryptowerten, bei denen es sich weder um vermögenswertereferenzierte Token noch um E-Geld-Token handelt, erbringen bzw. ausüben, sollten die Emittenten dieser Kryptowerte von der Pflicht zur Veröffentlichung eines Kryptowerte-Whitepapers und bestimmten anderen Anforderungen dieser Verordnung freigestellt werden. Es sollten jedoch bestimmte Pflichten gelten, wenn diese Kryptowerte vor dem Geltungsbeginn dieser Verordnung zum Handel zugelassen wurden. Um Störungen für bestehende Marktteilnehmer zu verhindern, sind Übergangsbestimmungen für Emittenten vermögenswertereferenzierter Token erforderlich, die zum Zeitpunkt des Geltungsbeginns dieser Verordnung aktiv waren.

(114) Da sich die nationalen Regulierungsrahmen der einzelnen Mitgliedstaaten, die vor dem Geltungsbeginn dieser Verordnung für Anbieter von Kryptowerte-Dienstleistungen gelten, voneinander unterscheiden, ist es von wesentlicher Bedeutung, dass die Mitgliedstaaten, in denen es derzeit keine strengen Aufsichtsanforderungen für Anbieter von Kryptowerte-Dienstleistungen gibt, die gegenwärtig gemäß den jeweiligen nationalen Regulierungsrahmen tätig sind, diese Anbieter von Kryptowerte-Dienstleistungen verpflichten können, sich strengeren Anforderungen als den in den nationalen Regulierungsrahmen festgelegten zu unterwerfen. In diesen Fällen sollte es den Mitgliedstaaten gestattet sein, die 18-monatige Übergangsfrist, die es Anbietern von Kryptowerte-Dienstleistungen andernfalls ermöglichen würde, auf der Grundlage des jeweiligen bestehenden nationalen Regulierungsrahmens Dienstleistungen zu erbringen, nicht anzuwenden oder zu verkürzen. Eine solche Option für die Mitgliedstaaten sollte keinen Präzedenzfall für etwaige andere Gesetzgebungsakte der Union über Finanzdienstleistungen schaffen.

(115) Hinweisgeber sollten den zuständigen Behörden neue Erkenntnisse liefern können und ihnen so bei der Aufdeckung von Verstößen gegen diese Verordnung und deren Belegung mit Sanktionen helfen. Deshalb sollte diese Verordnung sicherstellen, dass angemessene Vorkehrungen bestehen, um Hinweisgebern die Unterrichtung der zuständigen Behörden über tatsächliche oder etwaige Verstöße gegen diese Verordnung zu ermöglichen und sie vor Vergeltungsmaßnah-

men zu schützen. Dafür sollte die Richtlinie (EU) 2019/1937 des Europäischen Parlaments und des Rates[23] geändert werden, damit sie auf Verstöße gegen diese Verordnung anwendbar ist.

(116) Da die EBA mit der direkten Beaufsichtigung von Emittenten signifikanter vermögenswertereferenzierter Token und signifikanter E-Geld-Token und die ESMA mit der Wahrnehmung ihrer Befugnisse mit Blick auf signifikante Anbieter von Kryptowerte-Dienstleistungen beauftragt werden sollten, muss sichergestellt werden, dass sowohl die EBA als auch die ESMA in der Lage sind, alle ihre Befugnisse und Aufgaben wahrzunehmen, um ihre Ziele hinsichtlich des Schutzes des öffentlichen Interesses zu erfüllen, indem sie zugunsten der Wirtschaft der Union, ihrer Bürgerinnen und Bürger und ihrer Unternehmen zur kurz-, mittel- und langfristigen Stabilität und Wirksamkeit des Finanzsystems beitragen, und es muss sichergestellt sein, dass Emittenten von Kryptowerten und Anbieter von Kryptowerte-Dienstleistungen in den Geltungsbereich der Verordnungen (EU) Nr. 1093/2010 und (EU) Nr. 1095/2010 fallen. Die genannten Verordnungen sollten daher entsprechend geändert werden.

(117) Die Ausgabe und das Anbieten von Kryptowerten, die Beantragung ihrer Zulassung zum Handel und die Erbringung von Kryptowerte-Dienstleistungen könnten die Verarbeitung personenbezogener Daten umfassen. Jede Verarbeitung personenbezogener Daten im Rahmen dieser Verordnung sollte im Einklang mit den geltenden Rechtsvorschriften der Union über den Schutz personenbezogener Daten erfolgen. Diese Verordnung lässt die in der Verordnung (EU) 2016/679 des Europäischen Parlaments und des Rates[24] und in der Verordnung (EU) 2018/1725 des Europäischen Parlaments und des Rates[25]. festgelegten Rechte und Pflichten unberührt.

Zu Abs. 115:

[23] Richtlinie (EU) 2019/1937 des Europäischen Parlaments und des Rates vom 23. Oktober 2019 zum Schutz von Personen, die Verstöße gegen das Unionsrecht melden (ABl. L 305 vom 26.11.2019, S. 17).

Zu Abs. 117:

[24] Verordnung (EU) 2016/679 des Europäischen Parlaments und des Rates vom 27. April 2016 zum Schutz natürlicher Personen bei der Verarbeitung personenbezogener Daten, zum freien Datenverkehr und zur Aufhebung der Richtlinie 95/46/EG (Datenschutz-Grundverordnung) (ABl. L 119 vom 4.5.2016, S. 1).

[25] Verordnung (EU) 2018/1725 des Europäischen Parlaments und des Rates vom 23. Oktober 2018 zum Schutz natürlicher Personen bei der Verarbeitung personenbezogener Daten durch die Organe, Einrichtungen und sonstigen Stellen der Union, zum freien Datenverkehr und zur Aufhebung der Verordnung (EG) Nr. 45/2001 und des Beschlusses Nr. 1247/2002/EG (ABl. L 295 vom 21.11.2018, S. 39).

(118) Der Europäische Datenschutzbeauftragte wurde gemäß Artikel 42 Absatz 1 der Verordnung (EU) 2018/1725 konsultiert und hat am 24. Juni 2021 eine Stellungnahme[26] abgegeben.

(119) Der Geltungsbeginn dieser Verordnung sollte verschoben werden, damit die zur genaueren Festlegung bestimmter Punkte dieser Verordnung notwendigen technischen Regulierungsstandards, technischen Durchführungsstandards und delegierten Rechtsakte erlassen werden können –

HABEN FOLGENDE VERORDNUNG ERLASSEN:

TITEL I

GEGENSTAND, ANWENDUNGSBEREICH UND BEGRIFFSBESTIMMUNGEN

Artikel 1
Gegenstand

(1) Mit dieser Verordnung werden einheitliche Anforderungen für das öffentliche Angebot und die Zulassung zum Handel auf einer Handelsplattform von anderen Kryptowerten als vermögenswertereferenzierten Token und E-Geld-Token, von vermögenswertereferenzierten Token und E-Geld-Token sowie Anforderungen für Anbieter von Kryptowerte-Dienstleistungen festgelegt.

(2) Insbesondere wird mit dieser Verordnung Folgendes festgelegt:

a) Transparenz- und Offenlegungspflichten für die Ausgabe, das öffentliche Angebot und die Zulassung von Kryptowerten zum Handel auf einer Handelsplattform für Kryptowerte („Zulassung zum Handel");

b) Anforderungen für die Zulassung und Beaufsichtigung von Anbietern von Kryptowerte-Dienstleistungen, Emittenten vermögenswertereferenzierter Token und Emittenten von E-Geld-Token sowie für deren Betrieb, Organisation und Unternehmensführung;

c) Anforderungen für den Schutz der Inhaber von Kryptowerten bei der Ausgabe, dem öffentlichen Angebot und der Zulassung zum Handel mit Kryptowerten;

d) Anforderungen für den Schutz der Kunden von Anbietern von Kryptowerte-Dienstleistungen;

e) Maßnahmen zur Verhinderung von Insidergeschäften, unrechtmäßiger Offenlegung von Insiderinformationen sowie Marktmanipulation im Zusammenhang mit Kryptowerten, um die Integrität der Märkte für Kryptowerte zu wahren.

Zu Abs. 118:

[26] ABl. C 337 vom 23.8.2021, S. 4.

Artikel 2
Anwendungsbereich

(1) Diese Verordnung gilt für natürliche und juristische Personen und bestimmte andere Unternehmen, die in der Union mit der Ausgabe, dem öffentlichen Angebot und der Zulassung zum Handel von Kryptowerten befasst sind oder die Dienstleistungen im Zusammenhang mit Kryptowerten erbringen.

(2) Diese Verordnung gilt nicht für

a) Personen, die Kryptowerte-Dienstleistungen ausschließlich für ihre Mutterunternehmen, ihre eigenen Tochterunternehmen oder andere Tochterunternehmen ihrer Mutterunternehmen erbringen;

b) Liquidatoren oder Verwalter, die im Laufe eines Insolvenzverfahrens handeln, außer für die Zwecke des Artikels 47;

c) die EZB, die Zentralbanken der Mitgliedstaaten, wenn sie in ihrer Eigenschaft als Währungsbehörde handeln, oder andere Behörden der Mitgliedstaaten;

d) die Europäische Investitionsbank und ihre Tochtergesellschaften;

e) die Europäische Finanzstabilisierungsfazilität und den Europäischen Stabilitätsmechanismus;

f) internationale Organisationen des öffentlichen Rechts.

(3) Diese Verordnung gilt nicht für Kryptowerte, die einmalig und nicht mit anderen Kryptowerten fungibel sind.

(4) Diese Verordnung gilt nicht für Kryptowerte, die einer oder mehreren der folgenden Kategorien angehören:

a) Finanzinstrumente;

b) Einlagen einschließlich strukturierter Einlagen;

c) Geldbeträge, sofern diese nicht als E-Geld-Token einzustufen sind;

d) Verbriefungspositionen im Zusammenhang mit einer Verbriefung im Sinne von Artikel 2 Nummer 1 der Verordnung (EU) 2017/2402;

e) Nichtlebensversicherungs- oder Lebensversicherungsprodukte, die unter die in den Anhängen I und II der Richtlinie 2009/138/EG des Europäischen Parlaments und des Rates[1)] aufgeführten Versicherungszweige fallen, oder Rückversicherungs- und Retrozessionsverträge im Sinne ebendieser Richtlinie;

f) Altersvorsorgeprodukte, die nach nationalem Recht als Produkte anerkannt sind, deren Zweck in erster Linie darin besteht, dem Anleger im Ruhestand ein Einkommen zu gewähren, und mit denen dem Anleger ein Anspruch auf bestimmte Leistungen eingeräumt wird;

g) amtlich anerkannte betriebliche Altersversorgungssysteme, die in den Anwendungsbereich der Richtlinie (EU) 2016/2341 des Europäischen Parlaments und des Rates[2)] oder der Richtlinie 2009/138/EG fallen;

h) individuelle Altersvorsorgeprodukte, für die nach nationalem Recht ein finanzieller Beitrag des Arbeitgebers vorgeschrieben ist und die bzw. deren Anbieter weder der Arbeitgeber noch der Beschäftigte selbst wählen kann;

i) ein Paneuropäisches Privates Pensionsprodukt im Sinne von Artikel 2 Nummer 2 der Verordnung (EU) 2019/1238 des Europäischen Parlaments und des Rates[3)];

j) Systeme der sozialen Sicherheit, die in den Anwendungsbereich der Verordnungen (EG) Nr. 883/2004[4)] und (EG) Nr. 987/2009 des Europäischen Parlaments und des Rates[5)] fallen.

(5) Bis zum 30. Dezember 2024 gibt die ESMA für die Zwecke von Absatz 4 Buchstabe a des vorliegenden Artikels Leitlinien gemäß Artikel 16 der Verordnung (EU) Nr. 1095/2010 zu den Bedingungen und Kriterien für die Einstufung von Kryptowerten als Finanzinstrumente heraus.

(6) Diese Verordnung lässt die Verordnung (EU) Nr. 1024/2013 unberührt.

Artikel 3
Begriffsbestimmungen

(1) Für die Zwecke dieser Verordnung bezeichnet der Ausdruck

1. „Distributed-Ledger-Technologie" oder „DLT" eine Technologie, die den Betrieb und die Nutzung von Distributed Ledgern ermöglicht;

Zu Artikel 2:

[1)] Richtlinie 2009/138/EG des Europäischen Parlaments und des Rates vom 25. November 2009 betreffend die Aufnahme und Ausübung der Versicherungs- und der Rückversicherungstätigkeit (Solvabilität II) (ABl. L 335 vom 17.12.2009, S. 1).

[2)] Richtlinie (EU) 2016/2341 des Europäischen Parlaments und des Rates vom 14. Dezember 2016 über die Tätigkeiten und die Beaufsichtigung von Einrichtungen der betrieblichen Altersversorgung (EbAV) (ABl. L 354 vom 23.12.2016, S. 37).

[3)] Verordnung (EU) 2019/1238 des Europäischen Parlaments und des Rates vom 20. Juni 2019 über ein Paneuropäisches Privates Pensionsprodukt (PEPP) (ABl. L 198 vom 25.7.2019, S. 1).

[4)] Verordnung (EG) Nr. 883/2004 des Europäischen Parlaments und des Rates vom 29. April 2004 zur Koordinierung der Systeme der sozialen Sicherheit (ABl. L 166 vom 30.4.2004, S. 1).

[5)] Verordnung (EG) Nr. 987/2009 des Europäischen Parlaments und des Rates vom 16. September 2009 zur Festlegung der Modalitäten für die Durchführung der Verordnung (EG) Nr. 883/2004 über die Koordinierung der Systeme der sozialen Sicherheit (ABl. L 284 vom 30.10.2009, S. 1).

2. „Distributed Ledger" einen Informationsspeicher, der Aufzeichnungen über Transaktionen enthält und der unter Verwendung eines Konsensmechanismus auf eine Reihe von DLT-Netzwerkknoten verteilt und zwischen ihnen synchronisiert wird;

3. „Konsensmechanismus" die Regeln und Verfahren, durch die eine Übereinstimmung unter DLT-Netzwerkknoten dahingehend erzielt wird, dass eine Transaktion validiert ist;

4. „DLT-Netzwerkknoten" ein Gerät oder Verfahren, das Teil eines Netzwerks ist und das eine vollständige oder partielle Kopie von Aufzeichnungen aller Transaktionen in einem Distributed Ledger enthält;

5. „Kryptowert" eine digitale Darstellung eines Werts oder eines Rechts, der bzw. das unter Verwendung der Distributed-Ledger-Technologie oder einer ähnlichen Technologie elektronisch übertragen und gespeichert werden kann;

6. „vermögenswertereferenzierter Token" einen Kryptowert, der kein E-Geld-Token ist und dessen Wertstabilität durch Bezugnahme auf einen anderen Wert oder ein anderes Recht oder eine Kombination davon, einschließlich einer oder mehrerer amtlicher Währungen, gewahrt werden soll;

7. „E-Geld-Token" einen Kryptowert, dessen Wertstabilität unter Bezugnahme auf den Wert einer amtlichen Währung gewahrt werden soll;

8. „amtliche Währung" eine amtliche Währung eines Landes, die von einer Zentralbank oder einer anderen Währungsbehörde ausgegeben wird;

9. „Utility-Token" einen Kryptowert, der ausschließlich dazu bestimmt ist, Zugang zu einer Ware oder Dienstleistung zu verschaffen, die von seinem Emittenten bereitgestellt wird;

10. „Emittent" eine natürliche oder juristische Person oder ein anderes Unternehmen, die bzw. das Kryptowerte emittiert;

11. „antragstellender Emittenten" einen Emittenten von vermögenswertereferenzierten Token oder E-Geld-Token, der die Zulassung dieser Kryptowerte zum öffentlichen Anbieten oder zum Handel beantragt;

12. „öffentliches Angebot" eine Mitteilung an Personen in jedweder Form und auf jedwede Art und Weise, die ausreichende Informationen über die Angebotsbedingungen und die anzubietenden Kryptowerte enthält, um potenzielle Inhaber in die Lage zu versetzen, über den Kauf dieser Kryptowerte zu entscheiden;

13. „Anbieter" eine natürliche oder juristische Person oder ein anderes Unternehmen, die bzw. das Kryptowerte öffentlich anbietet, oder den Emittenten, der Kryptowerte öffentlich anbietet;

14. „Geldbetrag" einen Geldbetrag im Sinne von Artikel 4 Nummer 25 der Richtlinie (EU) 2015/2366;

15. „Anbieter von Kryptowerte-Dienstleistungen" jede juristische Person oder jedes andere Unternehmen, deren bzw. dessen berufliche oder gewerbliche Tätigkeit darin besteht, eine oder mehrere Kryptowerte-Dienstleistungen gewerblich für Kunden zu erbringen, und der bzw. dem es gestattet ist, gemäß Artikel 59 Kryptowerte-Dienstleistungen zu erbringen;

16. „Krypto-Dienstleistung" eine der folgenden Dienstleistungen und Tätigkeiten im Zusammenhang mit Kryptowerten:

a) Verwahrung und Verwaltung von Kryptowerten für Kunden;

b) Betrieb einer Handelsplattform für Kryptowerte;

c) Tausch von Kryptowerten gegen einen Geldbetrag;

d) Tausch von Kryptowerten gegen andere Kryptowerte;

e) Ausführung von Aufträgen über Kryptowerte für Kunden;

f) Platzierung von Kryptowerten;

g) Annahme und Übermittlung von Aufträgen über Kryptowerte für Kunden;

h) Beratung zu Kryptowerten;

i) Portfolioverwaltung von Kryptowerten;

j) Erbringung von Transferdienstleistungen für Kryptowerte für Kunden;

17. „Verwahrung und Verwaltung von Kryptowerten für Kunden" die sichere Aufbewahrung oder Kontrolle von Kryptowerten oder der Mittel für den Zugang zu solchen Kryptowerten für Kunden, unter Umständen in Form privater kryptografischer Schlüssel;

18. „Betrieb einer Handelsplattform für Kryptowerte" die Verwaltung eines oder mehrerer multilateraler Systeme, die die Interessen einer Vielzahl Dritter am Kauf und Verkauf von Kryptowerten – im System und gemäß dessen Regeln – auf eine Weise zusammenführen oder deren Zusammenführung erleichtern, dass ein Vertrag über den Tausch von Kryptowerten entweder gegen einen Geldbetrag oder den Tausch von Kryptowerten gegen andere Kryptowerte zustande kommt;

19. „Tausch von Kryptowerten gegen einen Geldbetrag" den Abschluss von Verträgen mit Kunden über den Kauf oder Verkauf von Kryptowerten gegen einen Geldbetrag unter Einsatz eigenen Kapitals;

20. „Tausch von Kryptowerten gegen andere Kryptowerte" den Abschluss von Verträgen mit Kunden über den Kauf oder Verkauf von Kryptowerten gegen einen Geldbetrag unter Einsatz eigenen Kapitals;

21. „Ausführung von Aufträgen über Kryptowerte für Kunden" den Abschluss von Vereinbarungen für Kunden über den Kauf oder Verkauf

eines oder mehrerer Kryptowerte oder die Zeichnung eines oder mehrerer Kryptowerte für Kunden, einschließlich des Abschlusses von Verträgen über den Verkauf von Kryptowerten zum Zeitpunkt ihres öffentlichen Angebots oder ihrer Zulassung zum Handel;

22. „Platzierung von Kryptowerten" die Vermarktung von Kryptowerten an Käufer im Namen oder für Rechnung des Anbieters oder einer mit dem Anbieter verbundenen Partei;

23. „Annahme und Übermittlung von Aufträgen über Kryptowerte für Kunden" die Annahme eines von einer Person erteilten Auftrags zum Kauf oder Verkauf eines oder mehrerer Kryptowerte oder zur Zeichnung eines oder mehrerer Kryptowerte und die Übermittlung dieses Auftrags an eine Drittpartei zur Ausführung

24. „Beratung zu Kryptowerten" das Angebot oder die Abgabe personalisierter Empfehlungen an Kunden oder die Vereinbarung der Abgabe solcher Empfehlungen auf Ersuchen des Kunden oder auf Initiative des die Beratung leistenden Anbieters von Kryptowerte-Dienstleistungen hinsichtlich eines oder mehrerer Geschäfte in Bezug auf Kryptowerte oder die Nutzung von Kryptowerte-Dienstleistungen;

25. „Portfolioverwaltung von Kryptowerten" die Verwaltung von Portfolios auf Einzelkundenbasis mit einem Ermessensspielraum im Rahmen eines Mandats des Kunden, sofern diese Portfolios einen oder mehrere Kryptowerte enthalten;

26. „Transferdienstleistungen für Kryptowerte für Kunden" das Erbringen von Dienstleistungen zur Übertragung von Kryptowerten von einer Distributed Ledger-Adresse oder einem Distributed-Ledger-Konto auf eine andere solche Adresse oder ein anderes solches Konto für eine natürliche oder juristische Person;

27. „Leitungsorgan" das Organ – oder die Organe – eines Emittenten, eines Anbieters oder einer Person, die eine Zulassung zum Handel beantragt, oder eines Anbieters von Kryptowerte-Dienstleistungen, die nach nationalem Recht bestellt wurden, die befugt sind, Strategie, Ziele und Gesamtpolitik des Unternehmens festzulegen, und die die Entscheidungen der Geschäftsführung des Unternehmens kontrollieren und überwachen, und Personen umfasst, die die Geschäfte des Unternehmens tatsächlich führen;

28. „Kreditinstitut" ein Kreditinstitut im Sinne von Artikel 4 Absatz 1 Nummer 1 der Verordnung (EU) Nr. 575/2013 und mit einer Zulassung gemäß der Richtlinie 2013/36/EU;

29. „Wertpapierfirma" eine Wertpapierfirma im Sinne von Artikel 4 Absatz 1 Nummer 2 der Verordnung (EU) Nr. 575/2013 und mit einer Zulassung gemäß der Richtlinie 2014/65/EU;

30. „qualifizierte Anleger" Personen oder Einrichtungen, die in Anhang II Abschnitt I Nummern 1 bis 4 der Richtlinie 2014/65/EU aufgeführt sind;

31. „enge Verbindungen" enge Verbindungen im Sinne von Artikel 4 Absatz 1 Nummer 35 der Richtlinie 2014/65/EU;

32. „Vermögenswertreserve" den Korb mit Reservevermögen, mit dem die Forderung gegenüber dem Emittenten besichert wird;

33. „Herkunftsmitgliedstaat"

a) bei Anbietern von anderen Kryptowerten als vermögenswertereferenzierten Token oder E-Geld-Token oder Personen, die die Zulassung solcher Kryptowerte zum Handel beantragen, die ihren Sitz in der Union haben, den Mitgliedstaat, in dem der Anbieter oder die Person seinen bzw. ihren Sitz hat;

b) bei Anbietern von anderen Kryptowerten als vermögenswertereferenzierten Token oder E-Geld-Token oder Personen, die die Zulassung solcher Kryptowerte zum Handel beantragen, die zwar keinen Sitz, dafür aber eine oder mehrere Zweigniederlassungen in der Union haben, den Mitgliedstaat, den der Anbieter oder die Person aus den Mitgliedstaaten, in denen er bzw. sie Zweigniederlassungen hat, auswählt;

c) bei Anbietern von anderen Kryptowerten als vermögenswertereferenzierten Token oder E-Geld-Token oder Personen, die die Zulassung solcher Kryptowerte zum Handel beantragen, die ihren Sitz in einem Drittland und keine Zweigniederlassung in der Union haben, entweder den Mitgliedstaat, in dem die Kryptowerte erstmals öffentlich angeboten werden sollen, oder je nach Wahl des Anbieters oder der Person, die eine Zulassung zum Handel beantragt, den Mitgliedstaat, in dem der erste Antrag auf Zulassung zum Handel mit diesen Kryptowerte gestellt wird;

d) bei Emittenten vermögenswertereferenzierter Token den Mitgliedstaat, in dem der Emittent vermögenswertereferenzierter Token seinen Sitz hat;

e) bei Emittenten von E-Geld-Token die Mitgliedstaaten, in denen der Emittent von E-Geld-Token als Kreditinstitut gemäß der Richtlinie 2013/36/EU oder als E-Geld-Institut gemäß der Richtlinie 2009/110/EG zugelassen ist;

f) bei Anbietern von Kryptowerte-Dienstleistungen den Mitgliedstaat, in dem der Anbieter von Kryptowerte-Dienstleistungen seinen Sitz hat;

34. „Aufnahmemitgliedstaat" den Mitgliedstaat, in dem ein Anbieter oder die Person, die eine Zulassung zum Handel beantragt, Kryptowerte öffentlich anbietet oder deren Zulassung zum Handel beantragt oder in dem ein Anbieter von Kryptowerte-Dienstleistungen erbringt, wenn dies nicht der Herkunftsmitgliedstaat ist;

35. „zuständige Behörde" eine oder mehrere Behörden,

a) die von jedem Mitgliedstaat gemäß Artikel 93 bezüglich Anbietern von anderen Kryptowerten als vermögenswertereferenzierten Token und E-Geld-Token und Personen, die eine Zulassung zum Handel beantragen, Emittenten vermögenswertereferenzierter Token oder Anbietern von Kryptowerte-Dienstleistungen benannt wird bzw. werden;

b) die von jedem Mitgliedstaat für die Zwecke der Anwendung der Richtlinie 2009/110/EG bezüglich Emittenten von E-Geld-Token benannt wird bzw. werden;

36. „qualifizierte Beteiligung" das direkte oder indirekte Halten einer Beteiligung an einem Emittenten vermögenswertereferenzierter Token oder einem Anbieter von Kryptowerte-Dienstleistungen, die mindestens 10 % des Kapitals oder der Stimmrechte gemäß den Artikeln 9 bzw. 10 der Richtlinie 2004/109/EG des Europäischen Parlaments und des Rates[1] unter Berücksichtigung der Voraussetzungen für das Zusammenrechnen der Beteiligungen nach Artikel 12 Absätze 4 und 5 jener Richtlinie ausmacht oder die Ausübung eines maßgeblichen Einflusses auf die Geschäftsführung eines Emittenten vermögenswertereferenzierter Token oder die Geschäftsführung des Anbieters von Kryptowerte-Dienstleistungen, an der eine solche Beteiligung gehalten wird, ermöglicht;

37. „Kleinanleger" jede natürliche Person, die zu Zwecken handelt, die außerhalb ihrer gewerblichen, geschäftlichen, handwerklichen oder beruflichen Tätigkeit liegen;

38. „Online-Schnittstelle" eine Software, einschließlich einer Website, eines Teils einer Website oder einer Anwendung, die von einem Anbieter oder einem Anbieter von Kryptowerte-Dienstleistungen oder in seinem Namen betrieben wird und dazu dient, Inhabern von Kryptowerten Zugang zu ihren Kryptowerten und Kunden von Kryptowerte-Dienstleistungen Zugang zu ihren Kryptowerte-Dienstleistungen zu gewähren;

39. „Kunde" eine natürliche oder juristische Person, für die ein Anbieter von Kryptowerte-Dienstleistungen erbringt;

40. „Zusammenführung sich deckender Kundenaufträge" die Zusammenführung sich deckender Kundenaufträge im Sinne von Artikel 4 Absatz 1 Nummer 38 der Richtlinie 2014/65/EU;

41. „Zahlungsdienst" einen Zahlungsdienst im Sinne von Artikel 4 Nummer 3 der Richtlinie (EU) 2015/2366;

42. „Zahlungsdienstleister" einen Zahlungsdienstleiter im Sinne von Artikel 4 Nummer 11 der Richtlinie (EU) 2015/2366;

43. „E-Geld-Institut" ein E-Geld-Institut im Sinne von Artikel 2 Nummer 1 der Richtlinie 2009/110/EG;

44. „E-Geld" E-Geld im Sinne von Artikel 2 Nummer 2 der Richtlinie 2009/110/EG;

45. „personenbezogene Daten" personenbezogene Daten im Sinne des Artikels 4 Nummer 1 der Verordnung (EU) 2016/679;

46. „Zahlungsinstitut" ein Zahlungsinstitut im Sinne von Artikel 4 Nummer 4 der Richtlinie (EU) 2015/2366;

47. „OGAW-Verwaltungsgesellschaft" eine Verwaltungsgesellschaft im Sinne von Artikel 2 Nummer 1 Buchstabe b der Richtlinie 2009/65/EG des Europäischen Parlaments und des Rates[2];

48. „Verwalter alternativer Investmentfonds" einen Verwalter alternativer Investmentfonds (AIFM) im Sinne von Artikel 4 Absatz 1 Buchstabe b der Richtlinie 2011/61/EU des Europäischen Parlaments und des Rates[3];

49. „Finanzinstrument" Finanzinstrument im Sinne des Artikels 4 Absatz 1 Nummer 15 der Richtlinie 2014/65/EU;

50. „Einlage" eine Einlage im Sinne des Artikels 2 Absatz 1 Nummer 3 der Richtlinie 2014/49/EU;

51. „strukturierte Einlage" eine strukturierte Einlage im Sinne des Artikels 4 Absatz 1 Nummer 43 der Richtlinie 2014/65/EU.

(2) Die Kommission erlässt gemäß Artikel 139 delegierte Rechtsakte zur Ergänzung dieser Verordnung durch die genauere Festlegung der technischen Aspekte der Begriffsbestimmungen von Absatz 1 des vorliegenden Artikels und zur Anpassung dieser Begriffsbestimmungen an Marktentwicklungen und technologische Entwicklungen.

Zu Artikel 3:

[1] Richtlinie 2004/109/EG des Europäischen Parlaments und des Rates vom 15. Dezember 2004 zur Harmonisierung der Transparenzanforderungen in Bezug auf Informationen über Emittenten, deren Wertpapiere zum Handel auf einem geregelten Markt zugelassen sind, und zur Änderung der Richtlinie 2001/34/EG (ABl. L 390 vom 31.12.2004, S. 38).

[2] Richtlinie 2009/65/EG des Europäischen Parlaments und des Rates vom 13. Juli 2009 zur Koordinierung der Rechts- und Verwaltungsvorschriften betreffend bestimmte Organismen für gemeinsame Anlagen in Wertpapieren (OGAW) (ABl. L 302 vom 17.11.2009, S. 32).

[3] Richtlinie 2011/61/EU des Europäischen Parlaments und des Rates vom 8. Juni 2011 über die Verwalter alternativer Investmentfonds und zur Änderung der Richtlinien 2003/41/EG und 2009/65/EG und der Verordnungen (EG) Nr. 1060/2009 und (EU) Nr. 1095/2010 (ABl. L 174 vom 1.7.2011, S. 1).

TITEL II

ANDERE KRYPTOWERTE ALS VERMÖGENSWERTEREFERENZIERTE TOKEN ODER E-GELD-TOKEN

Artikel 4
Öffentliche Angebote von anderen Kryptowerten als vermögenswertereferenzierten Token oder E-Geld-Token

(1) Eine Person, darf in der Union andere Kryptowerte als vermögenswertereferenzierte Token oder E-Geld-Token nicht öffentlich anbieten, es sei denn, diese Person

a) ist eine juristische Person,

b) hat in Bezug auf diese Kryptowerte ein Kryptowerte-Whitepaper gemäß Artikel 6 erstellt,

c) hat das Kryptowerte-Whitepaper gemäß Artikel 8 übermittelt,

d) hat das Kryptowerte-Whitepaper gemäß Artikel 9 veröffentlicht,

e) hat in Bezug auf diesen Kryptowert die Marketingmitteilungen, sofern vorhanden, gemäß Artikel 7 erstellt,

f) hat in Bezug auf diesen Kryptowert die Marketingmitteilungen, sofern vorhanden, gemäß Artikel 9 veröffentlicht,

g) erfüllt die in Artikel 14 festgelegten Anforderungen für Anbieter.

(2) Absatz 1 Buchstaben b, c, d und f gilt nicht für folgende öffentliche Angebote von anderen Kryptowerten als vermögenswertereferenzierten Token oder E-Geld-Token:

a) Ein Angebot an weniger als 150 natürliche oder juristische Personen je Mitgliedstaat, wenn diese Personen für eigene Rechnung handeln;

b) ein öffentliches Angebot eines Kryptowerts in der Union, dessen Gesamtgegenwert über einen Zeitraum von zwölf Monaten ab dem Beginn des Angebots 1 000 000 EUR oder den Gegenwert in einer anderen amtlichen Währung oder in Kryptowerten nicht übersteigt;

c) ein Angebot eines Kryptowerts, das sich ausschließlich an qualifizierte Anleger richtet, sofern der Kryptowert nur von diesen qualifizierten Anlegern gehalten werden kann.

(3) Dieser Titel findet keine Anwendung auf öffentliche Angebote von anderen Kryptowerten als vermögenswertereferenzierten Token oder E-Geld-Token, wenn einer oder mehrere der folgenden Fälle zutreffen:

a) der Kryptowert wird kostenlos angeboten;

b) der Kryptowert wird als Gegenleistung für die Pflege des Distributed Ledgers oder die Validierung von Transaktionen automatisch geschürft;

c) das Angebot betrifft einen Utility-Token, der Zugang zu einer Ware oder Dienstleistung bietet, die bereits besteht oder bereits erbracht wird;

d) der Inhaber des Kryptowerts ist berechtigt, diesen Kryptowert nur für den Tausch gegen Waren und Dienstleistungen in einem begrenzten Netz von Händlern mit vertraglichen Vereinbarungen mit dem Anbieter zu nutzen.

Für die Zwecke von Unterabsatz 1 Buchstabe a gilt ein Angebot eines Kryptowerts nicht als kostenlos, wenn der Käufer verpflichtet ist oder sich bereit erklären muss, dem Anbieter im Tausch gegen diesen Kryptowert personenbezogene Daten zur Verfügung zu stellen, oder wenn der Anbieter eines Kryptowerts von den potenziellen Inhabern dieses Kryptowerts im Tausch gegen diesen Kryptowert Gebühren, Provisionen, monetäre oder nicht monetäre Vorteile erhält.

Übersteigt der Gesamtgegenwert eines öffentlichen Angebots eines Kryptowerts unter den in Unterabsatz 1 Buchstabe d genannten Umständen in der Union in jedem Zwölfmonatszeitraum ab Beginn des ersten öffentlichen Angebots 1 000 000 EUR, so übermittelt der Anbieter der zuständigen Behörde eine Mitteilung mit einer Beschreibung des Angebots und einer Erläuterung, warum das Angebot gemäß Unterabsatz 1 Buchstabe d von diesem Titel ausgenommen ist.

Auf der Grundlage der in Unterabsatz 3 genannten Mitteilung trifft die zuständige Behörde eine ordnungsgemäß begründete Entscheidung, wenn sie der Auffassung ist, dass die Tätigkeit nicht für eine Ausnahme als begrenztes Netz gemäß Unterabsatz 1 Buchstabe d in Betracht kommt, und unterrichtet den Anbieter entsprechend.

(4) Die in den Absätzen 2 und 3 genannten Ausnahmen gelten nicht, wenn der Anbieter oder eine andere im Namen des Anbieters handelnde Person in einer Mitteilung seine bzw. ihre Absicht bekundet, die Zulassung zum Handel mit einem anderen Kryptowert als einem vermögenswertereferenzierten Token oder E-Geld-Token zu beantragen.

(5) Für die Verwahrung und Verwaltung von Kryptowerten für Kunden oder für Transferdienstleistungen für Kryptowerte im Zusammenhang mit Kryptowerten, für die in Bezug auf das öffentliche Angebot eine Ausnahme gemäß Absatz 3 des vorliegenden Artikels besteht, ist eine Zulassung als Anbieter von Kryptowerte-Dienstleistungen gemäß Artikel 59 nicht erforderlich, es sei denn,

a) es besteht ein anderes öffentliches Angebot für denselben Kryptowert und dieses Angebot fällt nicht unter die Ausnahme, oder

b) der angebotene Kryptowert ist zum Handel auf einer Handelsplattform zugelassen.

(6) Betrifft das öffentliche Angebot eines anderen Kryptowerts als einen vermögenswertereferenzierten Token oder E-Geld-Token einen Utility-Token für einen Dienst, der Zugang zu Waren

und Dienstleistungen bietet, die es noch nicht gibt bzw. die noch nicht erbracht werden, so darf die Laufzeit des im Kryptowerte-Whitepaper beschriebenen öffentlichen Angebots zwölf Monate ab dem Tag der Veröffentlichung des Kryptowerte-Whitepapers nicht überschreiten.

(7) Jedes spätere öffentliche Angebot eines anderen Kryptowerts als eines vermögenswertereferenzierten Token oder E-Geld-Token gilt als gesondertes öffentliches Angebot, für das die Anforderungen des Absatzes 1 gelten, unbeschadet der möglichen Anwendung der Absätze 2 und 3 auf das spätere öffentliche Angebot.

Für ein späteres öffentliches Angebot eines anderen Kryptowerts als eines vermögenswertereferenzierten Token oder eines E-Geld-Token ist kein zusätzliches Kryptowerte-Whitepaper erforderlich, sofern ein Kryptowerte-Whitepaper gemäß den Artikeln 9 und 12 veröffentlicht wurde und die für die Erstellung dieses Whitepapers verantwortliche Person seiner Verwendung schriftlich zustimmt.

(8) Ist ein öffentliches Angebot eines anderen Kryptowerts als eines vermögenswertereferenzierten Token oder eines E-Geld-Token von der Verpflichtung zur Veröffentlichung eines Kryptowerte-Whitepapers gemäß Absatz 2 oder 3 ausgenommen, wird aber dennoch freiwillig ein Whitepaper erstellt, so gilt dieser Titel.

Artikel 5
Zulassung von anderen Kryptowerten als vermögenswertereferenzierten Token oder E-Geld-Token zum Handel

(1) Eine Person, darf die Zulassung eines anderen Kryptowerts als eines vermögenswertereferenzierten Token oder eines E-Geld-Token zum Handel in der Union nicht beantragen, sofern diese Person nicht

a) eine juristische Person ist,

b) für diesen Kryptowert ein Kryptowerte-Whitepaper gemäß Artikel 6 erstellt hat,

c) das Kryptowerte-Whitepaper gemäß Artikel 8 übermittelt hat,

d) das Kryptowerte-Whitepaper gemäß Artikel 9 veröffentlicht hat,

e) die Marketingmitteilungen, sofern vorhanden, zu diesem Kryptowert gemäß Artikel 7 erstellt hat,

f) die Marketingmitteilungen, sofern vorhanden, zu diesem Kryptowert gemäß Artikel 9 veröffentlicht hat,

g) die Anforderungen an Personen, die die Zulassung zum Handel beantragen, gemäß Artikel 14 erfüllt.

(2) Wird ein Kryptowert auf Initiative des Betreibers der Handelsplattform zugelassen und wurde in den in dieser Verordnung vorgeschriebenen Fällen kein Kryptowerte-Whitepaper gemäß Artikel 9 veröffentlicht, so trägt der Betreiber der jeweiligen Handelsplattform den in Absatz 1 des vorliegenden Artikels festgelegten Anforderungen Rechnung.

(3) Abweichend von Absatz 1 können eine Person, die die Zulassung eines anderen Kryptowerts als eines vermögenswertereferenzierten Token oder eines E-Geld-Token zum Handel beantragt, und der jeweilige Betreiber der Handelsplattform schriftlich vereinbaren, dass der Betreiber der Handelsplattform alle oder einen Teil der in Absatz 1 Buchstaben b bis g genannten Anforderungen erfüllen muss.

In der in Unterabsatz 1 des vorliegenden Absatzes genannten schriftlichen Vereinbarung wird eindeutig festgelegt, dass die Person, die die Zulassung zum Handel beantragt, verpflichtet ist, dem Betreiber der Handelsplattform alle erforderlichen Informationen zur Verfügung zu stellen, damit dieser Betreiber die Anforderungen gemäß Absatz 1 Buchstaben b bis g erfüllen kann.

(4) Absatz 1 Buchstaben b, c und d finden keine Anwendung, wenn

a) der Kryptowert bereits zum Handel auf einer anderen Handelsplattform für Kryptowerte in der Union zugelassen ist und

b) das Kryptowerte-Whitepaper gemäß Artikel 6 erstellt wird, gemäß Artikel 12 aktualisiert wird, und die für die Erstellung des Whitepapers verantwortliche Person seiner Verwendung schriftlich zustimmt.

Artikel 6
Inhalt und Form des Kryptowerte-Whitepapers

(1) Ein Kryptowerte-Whitepaper muss alle folgenden Informationen, wie in Anhang I näher festgelegt, enthalten:

a) Informationen über den Anbieter oder die Person, die die Zulassung zum Handel beantragt;

b) Informationen über den Emittenten, wenn es sich hierbei nicht um den Anbieter oder die Person handelt, die die Zulassung zum Handel beantragt;

c) Informationen über den Betreiber der Handelsplattform in den Fällen, in denen er das Kryptowerte-Whitepaper erstellt;

d) Informationen über das Kryptowert-Projekt;

e) Informationen über das öffentliche Angebot des Kryptowerts oder dessen Zulassung zum Handel;

f) Informationen über den Kryptowert;

g) Informationen über die mit dem Kryptowert verknüpften Rechte und Pflichten;

h) Informationen über die zugrunde liegenden Technologien;

i) Informationen über die Risiken;

j) Informationen über die wichtigsten nachteiligen Auswirkungen des für die Ausgabe des Kryptowerts verwendeten Konsensmechanismus auf das Klima sowie sonstige entsprechende umweltbezogene nachteilige Auswirkungen.

Wird das Kryptowerte-Whitepaper nicht von den in Unterabsatz 1 Buchstaben a, b und c genannten Personen erstellt, so muss das Kryptowerte-Whitepaper auch die Identität der Person enthalten, die das Kryptowerte-Whitepaper erstellt hat, sowie den Grund, warum diese Person Kryptowerte-Whitepaper erstellt hat.

(2) Alle in Absatz 1 aufgeführten Informationen müssen redlich und eindeutig und dürfen nicht irreführend sein. Das Kryptowerte-Whitepaper darf keine wesentlichen Auslassungen enthalten und ist in knapper und verständlicher Form vorzulegen.

(3) Das Kryptowerte-Whitepaper muss auf der ersten Seite die folgende eindeutige und deutlich erkennbare Erklärung enthalten:

„Dieses Kryptowerte-Whitepaper wurde von keiner zuständigen Behörde eines Mitgliedstaats der Europäischen Union genehmigt. Der Anbieter des Kryptowerts trägt die alleinige Verantwortung für den Inhalt dieses Kryptowerte-Whitepapers."

Wird das Kryptowerte-Whitepaper von der Person, die die Zulassung zum Handel beantragt, oder von einem Betreiber einer Handelsplattform erstellt, so wird in die Erklärung gemäß Unterabsatz 1 anstelle von „Anbieter" auf die „Person, die die Zulassung zum Handel beantragt" oder den „Betreiber der Handelsplattform" Bezug genommen.

(4) Das Kryptowerte-Whitepaper darf außer der in Absatz 5 genannten Erklärung keine Aussagen über den künftigen Wert des Kryptowerts enthalten.

(5) Das Kryptowerte-Whitepaper muss eine klare und eindeutige Erklärung enthalten, dass

a) der Kryptowert seinen Wert ganz oder teilweise verlieren können,

b) der Kryptowert möglicherweise nicht immer übertragbar ist,

c) der Kryptowert möglicherweise nicht liquide ist,

d) beim öffentlichen Angebot eines Utility-Token dieser Utility-Token, insbesondere im Fall eines Ausfalls oder der Einstellung des Krypto-wert-Projekts, möglicherweise nicht gegen die im Kryptowerte-Whitepaper zugesagte Ware oder Dienstleistung getauscht werden kann,

e) der Kryptowert je nach Sachlage nicht unter die Systeme für die Entschädigung der Anleger gemäß der Richtlinie 97/9/EG des Europäischen Parlaments und des Rates fällt[1],

f) der Kryptowert nicht unter die Einlagensicherungssysteme gemäß der Richtlinie 2014/49/EU fällt.

(6) Das Kryptowerte-Whitepaper muss eine Erklärung des Leitungsorgans des Anbieters der Kryptowerte, der Person, die die Zulassung zum Handel beantragt, oder des Betreibers der Handelsplattform enthalten. In dieser Erklärung, die nach der in Absatz 3 genannten Erklärung einzufügen ist, wird bestätigt, dass das Kryptowerte-Whitepaper diesem Titel Rechnung trägt, dass die in ihm enthaltenen Informationen nach bestem Wissen des Leitungsorgans redlich, eindeutig und nicht irreführend sind und das Kryptowerte-Whitepaper keine Auslassungen aufweist, die seine Aussagekraft beeinträchtigen könnten.

(7) Das Kryptowerte-Whitepaper muss eine Zusammenfassung enthalten, die nach der in Absatz 6 genannten Erklärung eingefügt wird und in knapper und nicht fachsprachlicher Ausdrucksweise wesentliche Informationen über das öffentliche Angebot des Kryptowerts oder über die beabsichtigte Zulassung zum Handel liefert. Die Zusammenfassung muss leicht verständlich und in Darstellung und Gestaltung verständlich und vollständig sein; es ist eine leserliche Schriftgröße zu verwenden. Die Zusammenfassung des Kryptowerte-Whitepapers muss geeignete Informationen über die Merkmale des betreffenden Kryptowerts bieten, um den potenziellen Inhabern des Kryptowerts dabei zu helfen, eine fundierte Entscheidung zu treffen.

Die Zusammenfassung muss einen Warnhinweis enthalten, dass

a) sie als Einführung in das Kryptowerte-Whitepaper zu lesen ist,

b) potenzielle Inhaber jede Entscheidung über den Kauf des Kryptowerts auf der Grundlage des Inhalts des gesamten Kryptowerte-Whitepapers und nicht allein auf der Grundlage der Zusammenfassung treffen sollten,

c) das öffentliche Angebot des Kryptowerts kein Angebot und keine Aufforderung zum Kauf von Finanzinstrumenten darstellt und dass ein solches Angebot oder eine solche Aufforderung nur mittels eines Prospekts oder anderer im geltenden nationalen Recht vorgesehener Angebotsunterlagen erfolgen kann,

d) dass das Kryptowerte-Whitepaper keinen Prospekt im Sinne der Verordnung (EU) 2017/1129 des Europäischen Parlaments und des

Zu Artikel 6:

[1] Richtlinie 97/9/EG des Europäischen Parlaments und des Rates vom 3. März 1997 über Systeme für die Entschädigung der Anleger (ABl. L 84 vom 26.3.1997, S. 22).

Rates[2)] und kein anderes Angebotsdokument im Sinne von Unionsrecht oder nationalem Recht darstellt.

(8) Das Kryptowerte-Whitepaper muss das Datum seiner Übermittlung und ein Inhaltsverzeichnis enthalten.

(9) Das Kryptowerte-Whitepaper ist in einer Amtssprache des Herkunftsmitgliedstaats oder in einer in der internationalen Finanzwelt gebräuchlichen Sprache abzufassen.

Werden die Kryptowerte auch in einem anderen Mitgliedstaat als dem Herkunftsmitgliedstaat angeboten, so ist das Kryptowerte-Whitepaper auch in einer Amtssprache des Aufnahmemitgliedstaats oder in einer in der internationalen Finanzwelt gebräuchlichen Sprache abzufassen.

(10) Das Kryptowerte-Whitepaper ist in einem maschinenlesbaren Format zur Verfügung zu stellen.

(11) Die ESMA arbeitet in Zusammenarbeit mit der EBA Entwürfe technischer Durchführungsstandards zur Festlegung von Standardformularen, Standardformaten und Mustertexten für die Zwecke des Absatzes 10 aus.

Die ESMA übermittelt der Kommission die in Unterabsatz 1 genannten Entwürfe technischer Durchführungsstandards spätestens am 30. Juni 2024.

Der Kommission wird die Befugnis übertragen, die in Unterabsatz 1 genannten technischen Durchführungsstandards nach Artikel 15 der Verordnung (EU) Nr. 1095/2010 zu erlassen.

(12) Die ESMA arbeitet in Zusammenarbeit mit der EBA Entwürfe technischer Regulierungsstandards für den Inhalt, die Methoden und die Darstellung der in Absatz 1 Unterabsatz 1 Buchstabe j genannten Informationen über die Nachhaltigkeitsindikatoren in Bezug auf nachteilige Auswirkungen auf das Klima und sonstige umweltbezogene nachteilige Auswirkungen aus.

Bei der Ausarbeitung der in Unterabsatz 1 genannten Entwürfe technischer Regulierungsstandards berücksichtigt die ESMA die verschiedenen Arten von Konsensmechanismen, die bei der Validierung von Transaktionen mit Kryptowerten zum Einsatz kommen, deren Anreizstrukturen und die Nutzung von Energie, Energie aus erneuerbaren Quellen und natürlichen Ressourcen, die Erzeugung von Abfällen und Treibhausgasemissionen. Die ESMA aktualisiert diese technischen Regulierungsstandards unter Berücksichtigung rechtlicher und technischer Entwicklungen.

Die ESMA übermittelt der Kommission die in Unterabsatz 1 genannten Entwürfe technischer Regulierungsstandards spätestens am 30. Juni 2024.

Der Kommission wird die Befugnis übertragen, diese Verordnung durch den Erlass der in Unterabsatz 1 genannten technischen Regulierungsstandards gemäß den Artikeln 10 bis 14 der Verordnung (EU) Nr. 1095/2010 zu ergänzen.

Artikel 7
Marketingmitteilungen

(1) Marketingmitteilungen zu einem öffentlichen Angebot eines anderen Kryptowerts als vermögenswertereferenzierten Token oder E-Geld-Token oder zur Zulassung eines solchen Kryptowerts zum Handel müssen alle folgenden Anforderungen erfüllen:

a) Die Marketingmitteilungen sind eindeutig als solche erkennbar;

b) die Informationen in den Marketingmitteilungen sind redlich und eindeutig und nicht irreführend;

c) die Informationen in den Marketingmitteilungen stimmen mit den Informationen im Kryptowerte-Whitepaper überein, sofern ein solches Kryptowerte-Whitepaper gemäß Artikel 4 oder 5 erforderlich ist;

d) in den Marketingmitteilungen wird eindeutig darauf hingewiesen, dass ein Kryptowerte-Whitepaper veröffentlicht wurde, und sie enthalten die Adresse der Website des Anbieters der betreffenden Kryptowerte, der Person, die die Zulassung solcher Kryptowerte zum Handel beantragt oder des Betreibers der Handelsplattform für den betreffenden Kryptowert sowie eine Telefonnummer und eine E-Mail-Adresse, über die diese Person kontaktiert werden kann;

e) die Marketingmitteilungen enthalten die folgende eindeutige und deutlich erkennbare Erklärung:

„Diese Kryptowert-Marketingmitteilung wurde von keiner zuständigen Behörde eines Mitgliedstaats der Europäischen Union geprüft oder genehmigt. Der Anbieter des Kryptowerts trägt die alleinige Verantwortung für den Inhalt dieser Kryptowert-Marketingmitteilung."

Wird die Marketingmitteilung von der Person, die die Zulassung zum Handel beantragt, oder von dem Betreiber einer Handelsplattform erstellt, so wird in die Erklärung gemäß Unterabsatz 1 Buchstabe e anstelle von „Anbieter" auf die „Person, die die Zulassung zum Handel beantragt" oder den „Betreiber der Handelsplattform" Bezug genommen.

(2) Ist ein Kryptowerte-Whitepaper gemäß Artikel 4 oder 5 erforderlich, so dürfen vor der Veröffentlichung des Kryptowerte-Whitepapers keine Marketingmitteilungen verbreitet werden.

[2)] *Verordnung (EU) 2017/1129 des Europäischen Parlaments und des Rates vom 14. Juni 2017 über den Prospekt, der beim öffentlichen Angebot von Wertpapieren oder bei deren Zulassung zum Handel an einem geregelten Markt zu veröffentlichen ist und zur Aufhebung der Richtlinie 2003/71/EG (ABl. L 168 vom 30.6.2017, S. 12).*

Die Möglichkeit des Anbieters, der Person, die die Zulassung zum Handel beantragt, oder des Betreibers einer Handelsplattform, Marktsondierungen durchzuführen, bleibt hiervon unberührt.

(3) Die zuständige Behörde des Mitgliedstaats, in dem die Marketingmitteilungen verbreitet werden, ist befugt, die Einhaltung von Absatz 1 in Bezug auf diese Marketingmitteilungen zu prüfen.

Erforderlichenfalls unterstützt die zuständige Behörde des Herkunftsmitgliedstaats die zuständige Behörde des Mitgliedstaats, in dem die Marketingmitteilungen verbreitet werden, bei der Beurteilung der Frage, ob die Marketingmitteilungen mit den Informationen im Kryptowerte-Whitepaper übereinstimmen.

(4) Nutzt die zuständige Behörde eines Aufnahmemitgliedstaats zur Durchsetzung dieses Artikels eine der Aufsichts- und Ermittlungsbefugnisse gemäß Artikel 94, so ist dies unverzüglich der zuständigen Behörde des Herkunftsmitgliedstaats des Anbieters, der Person, die die Zulassung zum Handel beantragt, oder dem Betreiber der Handelsplattform für die Kryptowerte mitzuteilen.

Artikel 8
Übermittlung des Kryptowerte-Whitepapers und der Marketingmitteilungen

(1) Anbieter von anderen Kryptowerten als vermögenswertereferenzierten Token oder E-Geld-Token, Personen, die die Zulassung solcher Kryptowerte zum Handel beantragen, oder Betreiber von Handelsplattformen für solche Kryptowerte müssen der zuständigen Behörde ihres Herkunftsmitgliedstaats ihr Kryptowerte-Whitepaper übermitteln.

(2) Marketingmitteilungen werden auf Verlangen der zuständigen Behörde des Herkunftsmitgliedstaats und der zuständigen Behörde des Aufnahmemitgliedstaats übermittelt, wenn sie sich an potenzielle Inhaber von anderen Kryptowerten als vermögenswertereferenzierten Token oder E-Geld-Token in diesen Mitgliedstaaten richten.

(3) Die zuständigen Behörden verlangen vor der Veröffentlichung weder eine vorherige Genehmigung eines Kryptowerte-Whitepapers noch eine vorherige Genehmigung damit im Zusammenhang stehender Marketingmitteilungen.

(4) Dem gemäß Absatz 1 übermittelten Kryptowerte-Whitepaper ist eine Erläuterung beizufügen, aus der hervorgeht, weshalb der im Kryptowerte-Whitepaper beschriebene Kryptowert nicht als Folgendes betrachtet werden sollte:

a) als ein Kryptowert, der gemäß Artikel 2 Absatz 4 vom Anwendungsbereich dieser Verordnung ausgenommen ist;

b) als ein E-Geld-Token oder

c) als ein vermögenswertereferenzierter Token.

(5) Die in den Absätzen 1 und 4 genannten Elemente müssen der zuständigen Behörde des Herkunftsmitgliedstaats spätestens 20 Arbeitstage vor dem Tag der Veröffentlichung des Kryptowerte-Whitepapers übermittelt werden.

(6) Anbieter von anderen Kryptowerten als vermögenswertereferenzierten Token oder E-Geld-Token und Personen, die die Zulassung solcher Kryptowerte zum Handel beantragen, müssen der zuständigen Behörde ihres Herkunftsmitgliedstaats zusammen mit der in Absatz 1 genannten Übermittlung eine Liste der etwaigen Aufnahmemitgliedstaaten, in denen sie beabsichtigen, ihre Kryptowerte öffentlich anzubieten oder deren Zulassung zum Handel zu beantragen, übermitteln. Sie müssen die zuständige Behörde ihres Herkunftsmitgliedstaats ferner über das Startdatum des geplanten öffentlichen Angebots oder das Startdatum der geplanten Zulassung zum Handel und jede etwaige Änderung dieses Datums unterrichten.

Die zuständige Behörde des Herkunftsmitgliedstaats unterrichtet die zentrale Kontaktstelle der Aufnahmemitgliedstaaten über das geplante öffentliche Angebot oder die geplante Zulassung zum Handel und übermittelt das entsprechende Kryptowerte-Whitepaper innerhalb von fünf Arbeitstagen nach Erhalt der in Unterabsatz 1 genannten Liste der Aufnahmemitgliedstaaten.

(7) Die zuständige Behörde des Herkunftsmitgliedstaats übermittelt der ESMA die in den Absätzen 1, 2 und 4 genannten Informationen sowie das Startdatum des geplanten öffentlichen Angebots oder der geplanten Zulassung zum Handel und jede etwaige Änderung dieses Datums. Sie übermittelt diese Informationen innerhalb von fünf Arbeitstagen nach Erhalt der Informationen vom Anbieter oder von der Person, die die Zulassung zum Handel beantragt.

Die ESMA stellt das Kryptowerte-Whitepaper gemäß Artikel 109 Absatz 2 ab dem Startdatum des öffentlichen Angebots oder der Zulassung zum Handel im Register zur Verfügung.

Artikel 9
Veröffentlichung des Kryptowerte-Whitepapers und der Marketingmitteilungen

(1) Anbieter von anderen Kryptowerten als vermögenswertereferenzierten Token oder E-Geld-Token und Personen, die die Zulassung solcher Kryptowerte zum Handel beantragen, müssen ihre Kryptowerte-Whitepaper und ihre etwaigen Marketingmitteilungen auf ihrer öffentlich zugänglichen Website rechtzeitig und in jedem Fall vor dem Startdatum des öffentlichen Angebots dieser Kryptowerte bzw. zum Startdatum der Zulassung veröffentlichen. Die Krypto-

werte-Whitepaper und die etwaigen Marketingmitteilungen müssen auf der Website der Anbieter oder der Personen, die die Zulassung zum Handel beantragen, so lange verfügbar bleiben, wie die Kryptowerte vom Publikum gehalten werden.

(2) Die veröffentlichten Kryptowerte-Whitepaper und die etwaigen Marketingmitteilungen müssen mit der Fassung, die der zuständigen Behörde gemäß Artikel 8 übermittelt wurde, und mit der etwaigen gemäß Artikel 12 geänderten Fassung übereinstimmen.

Artikel 10
Ergebnis des öffentlichen Angebots und Sicherheitsvorkehrungen

(1) Anbieter von anderen Kryptowerten als vermögenswertereferenzierten Token oder E-Geld-Token, die für ihr öffentliches Angebot dieser Kryptowerte eine Frist setzen, müssen auf ihrer Website innerhalb von 20 Arbeitstagen nach Ablauf der Zeichnungsfrist das Ergebnis des öffentlichen Angebots veröffentlichen.

(2) Anbieter von anderen Kryptowerten als vermögenswertereferenzierten Token oder E-Geld-Token, die für ihr öffentliches Angebot dieser Kryptowerte keine Frist setzen, müssen auf ihrer Website fortlaufend, mindestens monatlich, die Zahl der im Umlauf befindlichen Anteile der Kryptowerte veröffentlichen.

(3) Anbieter von anderen Kryptowerten als vermögenswertereferenzierten Token oder E-Geld-Token, die für ihr öffentliches Angebot dieser Kryptowerte eine Frist setzen, müssen wirksame Vorkehrungen treffen, um die während des Angebots eingesammelten Geldbeträge oder anderen Kryptowerte zu überwachen und sicher aufzubewahren. Zu diesem Zweck müssen diese Anbieter sicherstellen, dass die während des öffentlichen Angebots gesammelten Geldbeträge oder Kryptowerte von einer oder beiden der folgenden Stellen verwahrt werden:

a) einem Kreditinstitut, wenn während des öffentlichen Angebots Geldbeträge eingesammelt werden;

b) einem Anbieter von Kryptowerte-Dienstleistungen, der Kryptowerte für Kunden verwahrt und verwaltet.

(4) Ist für das öffentliche Angebot keine Frist vorgesehen, so erfüllt der Anbieter die Anforderungen nach Absatz 3 des vorliegenden Artikels, bis das in Artikel 13 festgelegte Widerrufsrecht des Kleinanlegers erloschen ist.

Artikel 11
Rechte von Anbietern anderer Kryptowerte als vermögenswertereferenzierter Token oder E-Geld-Token und von Personen, die die Zulassung solcher Kryptowerte zum Handel beantragen

(1) Nach der Veröffentlichung des Kryptowerte-Whitepapers gemäß Artikel 9 und des etwaigen geänderten Kryptowerte-Whitepapers gemäß Artikel 12 können Anbieter Kryptowerte, die keine vermögenswertereferenzierten Token oder E-Geld-Token sind, in der gesamten Union anbieten, und solche Kryptowerte können zum Handel auf einer Handelsplattform für Kryptowerte in der Union zugelassen werden.

(2) Anbieter von anderen Kryptowerten als vermögenswertereferenzierten Token oder E-Geld-Token und Personen, die die Zulassung solcher Kryptowerte zum Handel beantragen, die ein Kryptowerte-Whitepaper gemäß Artikel 9 und ein etwaiges geändertes Kryptowerte-Whitepaper gemäß Artikel 12 veröffentlicht haben, unterliegen in Bezug auf das öffentliche Angebot oder die Zulassung dieses Kryptowert zum Handel keinen weiteren Informationspflichten.

Artikel 12
Änderung veröffentlichter Kryptowerte-Whitepaper und veröffentlichter Marketingmitteilungen

(1) Anbieter von anderen Kryptowerten als vermögenswertereferenzierten Token oder E-Geld-Token, Personen, die die Zulassung solcher Kryptowerte zum Handel beantragen, oder Betreiber einer Handelsplattform für Kryptowerte müssen ihre veröffentlichten Kryptowerte-Whitepaper und etwaige veröffentlichte Marketingmitteilungen immer dann ändern, wenn ein wesentlicher neuer Faktor, ein wesentlicher Fehler oder eine wesentliche Ungenauigkeit aufgetreten ist, der bzw. die die Bewertung der Kryptowerte beeinflussen kann. Diese Anforderung gilt für die Dauer des öffentlichen Angebots oder für die Dauer der Zulassung des Kryptowerts zum Handel.

(2) Anbieter von anderen Kryptowerten als vermögenswertereferenzierten Token oder E-Geld-Token, Personen, die die Zulassung solcher Kryptowerte zum Handel beantragen, oder Betreiber einer Handelsplattform für Kryptowerte müssen der zuständigen Behörde ihres Herkunftsmitgliedstaats ihre geänderten Kryptowerte-Whitepaper und ihre etwaigen geänderten Marketingmitteilungen, einschließlich der Gründe für diese Änderung, und den geplanten Veröffentlichungsdatum spätestens sieben Arbeitstage vor ihrer Veröffentlichung übermitteln.

(3) Am Tag der Veröffentlichung – oder früher, falls die zuständige Behörde dies verlangt – muss der Anbieter, die Person, die die Zulassung zum Handel beantragt, oder der Betreiber der Handelsplattform die Öffentlichkeit auf seiner bzw. ihrer Website umgehend über die Übermittlung eines geänderten Kryptowerte-Whitepapers an die zuständige Behörde seines bzw. ihres Herkunftsmitgliedstaats informieren und eine Zusammenfassung der Gründe liefern, aus denen er bzw. sie ein geändertes Kryptowerte-Whitepaper übermittelt hat.

(4) Die Reihenfolge der Informationen in einem geänderten Kryptowerte-Whitepaper und in etwaigen geänderten Marketingmitteilungen muss mit der Reihenfolge der Informationen in dem gemäß Artikel 9 veröffentlichten Kryptowerte-Whitepaper bzw. in den Marketingmitteilungen übereinstimmen.

(5) Innerhalb von fünf Arbeitstagen nach Eingang des geänderten Kryptowerte-Whitepapers und etwaiger geänderter Marketingmitteilungen übermittelt die zuständige Behörde des Herkunftsmitgliedstaats der in Artikel 8 Absatz 6 genannten zuständigen Behörde der Aufnahmemitgliedstaaten das geänderte Kryptowerte-Whitepaper und die etwaigen geänderten Marketingmitteilungen und unterrichtet die ESMA über die Übermittlung und den Tag der Veröffentlichung.

Die ESMA stellt das geänderte Kryptowerte-Whitepaper bei der Veröffentlichung gemäß Artikel 109 Absatz 2 im Register zur Verfügung.

(6) Anbieter von anderen Kryptowerten als vermögenswertereferenzierten Token oder E-Geld-Token, Personen, die die Zulassung solcher Kryptowerte zum Handel beantragen, oder Betreiber von Handelsplattformen für solche Kryptowerte müssen das geänderte Kryptowerte-Whitepaper und die etwaigen geänderten Marketingmitteilungen, einschließlich der Gründe für diese Änderung, gemäß Artikel 9 auf ihrer Website veröffentlichen.

(7) Das geänderte Kryptowerte-Whitepaper und die etwaigen geänderten Marketingmitteilungen sind mit einem Zeitstempel zu versehen. Das zuletzt geänderte Kryptowerte-Whitepaper und die etwaigen zuletzt geänderten Marketingmitteilungen sind als gültige Fassung zu kennzeichnen. Alle geänderten Kryptowerte-Whitepaper und die etwaigen geänderten Marketingmitteilungen müssen so lange verfügbar bleiben, wie die Kryptowerte vom Publikum gehalten werden.

(8) Betrifft das öffentliche Angebot Utility-Token für einen Dienst, der Zugang zu Waren und Dienstleistungen bietet, die es noch nicht gibt bzw. die noch nicht erbracht werden, so bewirken Änderungen im geänderten Kryptowerte-Whitepaper und in den etwaigen geänderten Marketingmitteilungen keine Verlängerung der in Artikel 4 Absatz 6 genannten Frist von zwölf Monaten.

(9) Ältere Versionen des Kryptowerte-Whitepapers und der Marketingmitteilungen müssen nach dem Tag der Veröffentlichung dieser älteren Versionen mindestens zehn Jahre lang auf der Website der Anbieter, der Personen, die die Zulassung zum Handel beantragen, oder der Betreiber von Handelsplattformen öffentlich zugänglich bleiben, wobei ein deutlich erkennbarer Hinweis darauf anzubringen ist, dass sie nicht mehr gültig sind, dem ein Hyperlink zu dem gesonderten Bereich der Website, in dem die neueste Fassung dieser Dokumente veröffentlicht wird, beizufügen ist.

Artikel 13
Widerrufsrecht

(1) Kleinanleger, die andere Kryptowerte als vermögenswertereferenzierte Token und E-Geld-Token entweder direkt von einem Anbieter oder von einem Anbieter von Kryptowerte-Dienstleistungen, der Kryptowerte für diesen Anbieter platziert, erwirbt, genießen ein Widerrufsrecht.

Kleinanleger haben eine Frist von 14 Kalendertagen, um ihre Zustimmung zum Kauf von anderen Kryptowerten als vermögenswertereferenzierten Token und E-Geld-Token gebührenfrei und kostenlos sowie ohne Angabe von Gründen zu widerrufen. Die Widerrufsfrist läuft ab dem Tag der Zustimmung des Kleinanlegers zum Kauf dieser Kryptowerte.

(2) Sämtliche von einem Kleinanleger erhaltene Zahlungen, einschließlich etwaiger Gebühren, werden unverzüglich und in jedem Fall spätestens 14 Tage nach dem Tag erstattet, an dem der Anbieter oder der Anbieter von Kryptowerte-Dienstleistungen, der Kryptowerte für diesen Anbieter platziert, über die Entscheidung des Kleinanlegers, von der Zustimmung zum Kauf dieser Kryptowerte zurückzutreten, unterrichtet wird.

Solche Rückzahlungen erfolgen mittels desselben Zahlungsmittels, das der Kleinanleger beim ursprünglichen Geschäft verwendet hat, es sei denn, mit dem Kleinanleger wird ausdrücklich etwas anderes vereinbart, und vorausgesetzt, für den Kleinanleger fallen infolge einer solchen Rückzahlung keine Gebühren oder Kosten an.

(3) Die Anbieter von Kryptowerten informieren in ihrem Kryptowerte-Whitepaper über das in Absatz 1 genannte Widerrufsrecht.

(4) Das in Absatz 1 genannte Widerrufsrecht gilt nicht, wenn die Kryptowerte bereits vor ihrem Kauf durch den Kleinanleger zum Handel zugelassen waren.

(5) Haben Anbieter für ihr öffentliches Angebot dieser Kryptowerte gemäß Artikel 10 eine Frist gesetzt, so kann das Widerrufsrecht nach Ablauf der Zeichnungsfrist nicht mehr ausgeübt werden.

Artikel 14
Pflichten von Anbietern anderer Kryptowerte als vermögenswertereferenzierter Token oder E-Geld-Token und von Personen, die die Zulassung solcher Kryptowerte zum Handel beantragen

(1) Anbieter von anderen Kryptowerten als vermögenswertereferenzierten Token oder E-Geld-Token und Personen, die die Zulassung solcher Kryptowerte zum Handel beantragen, müssen

a) ehrlich, redlich und professionell handeln,

b) mit den Inhabern und potenziellen Inhabern von Kryptowerten auf redliche, eindeutige und nicht irreführende Weise kommunizieren,

c) mögliche Interessenkonflikte ermitteln, vermeiden, handhaben und offenlegen,

d) ihre Systeme und Protokolle zur Gewährleistung der Zugriffssicherheit entsprechend den einschlägigen Standards der Union pflegen.

Für die Zwecke von Unterabsatz 1 Buchstabe d gibt die ESMA in Zusammenarbeit mit der EBA bis zum 30. Dezember 2024 Leitlinien gemäß Artikel 16 der Verordnung (EU) Nr. 1095/2010 heraus, in denen diese Standards der Union spezifiziert werden.

(2) Anbieter von anderen Kryptowerten als vermögenswertereferenzierten Token oder E-Geld-Token und Personen, die die Zulassung solcher Kryptowerte zum Handel beantragen, handeln im besten Interesse der Inhaber solcher Kryptowerte und behandeln sie gleich, es sei denn, im Kryptowerte-Whitepaper und in den etwaigen Marketingmitteilungen sind eine Vorzugsbehandlung bestimmter Inhaber und die Gründe für diese Vorzugsbehandlung ausgewiesen.

(3) Wird ein öffentliches Angebot eines anderen Kryptowerts als eines vermögenswertereferenzierten Token oder eines E-Geld-Token annulliert, so stellen die Anbieter solcher Kryptowerte sicher, dass alle von Inhabern oder potenziellen Inhabern gesammelten Geldbeträge diesen spätestens 25 Kalendertage nach dem Tag der Annullierung ordnungsgemäß zurückerstattet werden.

Artikel 15
Haftung für die in einem Kryptowerte-Whitepaper enthaltenen Informationen

(1) Hat ein Anbieter, eine Person, die die Zulassung zum Handel beantragt, oder der Betreiber einer Handelsplattform in einem Kryptowerte-Whitepaper oder einem geänderten Kryptowerte-Whitepaper unvollständige, unredliche, unverständliche oder irreführende Informationen zur Verfügung gestellt und damit gegen Artikel 6 verstoßen, so sind der Anbieter, die Person, die die Zulassung zum Handel beantragt, oder der Betreiber einer Handelsplattform und die Mitglieder ihres Verwaltungs-, Leitungs- oder Aufsichtsorgans gegenüber dem Inhaber des Kryptowerts für aufgrund dieses Verstoßes erlittene Schäden haftbar.

(2) Ein vertraglicher Ausschluss oder eine vertragliche Beschränkung der zivilrechtlichen Haftung gemäß Absatz 1 hat keine Rechtswirkung.

(3) Werden das Kryptowerte-Whitepaper und die Marketingmitteilungen vom Betreiber der Handelsplattform gemäß Artikel 5 Absatz 3 erstellt, so ist die Person, die die Zulassung zum Handel beantragt, auch verantwortlich, wenn sie dem Betreiber der Handelsplattform unvollständige, unredliche, unverständliche oder irreführende Informationen zur Verfügung stellt.

(4) Es obliegt dem Inhaber des Kryptowerts, den Nachweis dafür zu erbringen, dass der Anbieter von anderen Kryptowerten als vermögenswertereferenzierten Token oder E-Geld-Token, die Person, die die Zulassung zum Handel von Kryptowerten beantragt, oder der Betreiber der Handelsplattform für solche Kryptowerte gegen Artikel 6 verstoßen hat, indem er bzw. sie unvollständige, unredliche, unverständliche oder irreführende Informationen zur Verfügung gestellt hat und dass sich das Verlassen auf diese Informationen auf die Entscheidung des Inhabers, diesen Kryptowert zu kaufen, zu verkaufen oder zu tauschen, ausgewirkt hat.

(5) Der Anbieter, die Person, die die Zulassung zum Handel beantragt, oder der Betreiber der Handelsplattform und die Mitglieder ihres Verwaltungs-, Leitungs- oder Aufsichtsorgans haften einem Inhaber eines Kryptowerts nicht für Verluste, die durch den Verlass auf Informationen entstehen, die in einer Zusammenfassung gemäß Artikel 6 Absatz 7, einschließlich deren Übersetzung, zur Verfügung gestellt werden, es sei denn, die Zusammenfassung

a) ist, wenn sie zusammen mit den anderen Teilen des Kryptowerte-Whitepapers gelesen wird, irreführend, unrichtig oder widersprüchlich oder

b) enthält, wenn sie zusammen mit den anderen Teilen des Kryptowerte-Whitepapers gelesen wird, nicht die wesentlichen Informationen, die potenziellen Inhabern von des Kryptowerts bei der Entscheidung über den Kauf solcher Kryptowerte helfen sollen.

(6) Dieser Artikel lässt jede sonstige zivilrechtliche Haftung gemäß dem nationalen Recht unberührt.

TITEL III
VERMÖGENSWERTEREFERENZIERTE TOKEN

KAPITEL 1
Zulassungspflicht für ein öffentliches Angebot vermögenswertereferenzierter Token und für die Beantragung von deren Zulassung zum Handel

Artikel 16
Zulassung

(1) Eine Person, darf einen vermögenswertereferenzierten Token in der Union nicht öffentlich anbieten oder die Zulassung vermögenswertereferenzierter Token zum Handel beantragen, sofern sie nicht Emittent dieses vermögenswertereferenzierten Token ist und

a) eine juristische Person oder ein anderes Unternehmen ist, die bzw. das in der Union niedergelassen ist und von der zuständigen Behörde ihres bzw. seines Herkunftsmitgliedstaats gemäß Artikel 21 hierzu eine Zulassung erhalten hat, oder

b) ein Kreditinstitut ist, das Artikel 17 einhält.

Ungeachtet des Unterabsatzes 1 können mit schriftlicher Zustimmung des Emittenten eines vermögenswertereferenzierten Token andere Personen diesen vermögenswertreferenzierten Token öffentlich anbieten oder dessen Zulassung zum Handel beantragen. Diese Personen müssen die Artikel 27, 29 und 40 einhalten.

Für die Zwecke von Unterabsatz 1 Buchstabe a dürfen andere Unternehmen vermögenswertereferenzierte Token nur dann ausgeben, wenn ihre Rechtsform ein Schutzniveau in Bezug auf die Interessen Dritter sicherstellt, das dem durch juristische Personen gewährten Schutzniveau gleichwertig ist, und wenn sie einer gleichwertigen, ihrer Rechtsform entsprechenden Aufsicht unterliegen.

(2) Absatz 1 findet keine Anwendung, wenn

a) über einen Zeitraum von zwölf Monaten, berechnet am Ende jedes Kalendertags, der durchschnittliche ausstehende Wert des vermögenswertereferenzierten Token, der von einem Emittenten ausgegeben wurde, 5 000 000 EUR oder den Gegenwert in einer anderen amtlichen Währung niemals überstiegen hat und der Emittent nicht mit einem Netzwerk anderer ausgenommener Emittenten in Verbindung steht oder

b) sich das öffentliche Angebot des vermögenswertereferenzierten Token ausschließlich an qualifizierte Anleger richtet, und der vermögenswertereferenzierten Token nur von solchen qualifizierten Anlegern gehalten werden kann.

Findet dieser Absatz Anwendung, so erstellen die Emittenten vermögenswertereferenzierter Token ein Kryptowerte-Whitepaper gemäß Artikel 19 und übermitteln dieses Kryptowerte-Whitepaper und, auf Antrag, sämtliche Marketingmitteilungen der zuständigen Behörde ihres Herkunftsmitgliedstaats.

(3) Die einer in Absatz 1 Unterabsatz 1 Buchstabe a genannten Person von der zuständigen Behörde erteilte Zulassung gilt für die gesamte Union und erlaubt es einem Emittenten eines vermögenswertreferenzierten Token, den vermögenswertereferenzierten Token, für den er die Zulassung erhalten hat, in der gesamten Union öffentlich anzubieten oder eine Zulassung des vermögenswertereferenzierten Token zum Handel zu beantragen.

(4) Die von der zuständigen Behörde gemäß Artikel 17 Absatz 1 oder Artikel 21 Absatz 1 erteilte Genehmigung des Kryptowerte-Whitepapers eines Emittenten oder gemäß Artikel 25 erteilte Genehmigung eines geänderten Kryptowerte-Whitepapers gilt für die gesamte Union.

Artikel 17
Anforderungen an Kreditinstitute

(1) Ein von einem Kreditinstitut ausgegebener vermögenswertereferenzierter Token kann öffentlich angeboten oder zum Handel zugelassen werden, wenn das Kreditinstitut

a) für den vermögenswertreferenzierten Token ein Kryptowerte-Whitepaper gemäß Artikel 19 erstellt und dieses Kryptowerte-Whitepaper der zuständigen Behörde seines Herkunftsmitgliedstaats gemäß dem Verfahren, das in den nach Absatz 8 des vorliegenden Artikels angenommenen technischen Regulierungsstandards festgelegt ist, zur Genehmigung vorlegen und das Kryptowerte-Whitepaper von der zuständigen Behörde genehmigt wird;

b) die jeweils zuständige Behörde mindestens 90 Arbeitstage vor der erstmaligen Ausgabe des vermögenswertereferenzierten Token benachrichtigt, indem es folgende Informationen übermittelt:

i) einen Geschäftsplan mit Angabe des Geschäftsmodells, das das Kreditinstitut zu befolgen beabsichtigt;

ii) ein Rechtsgutachten, dem zufolge der vermögenswertereferenzierte Token nicht als eines der Folgenden einzustufen ist:

– ein Kryptowert, der gemäß Artikel 2 Absatz 4 vom Anwendungsbereich dieser Verordnung ausgenommen ist;

– ein E-Geld-Token;

iii) eine detaillierte Beschreibung der Regelungen zur Unternehmensführung nach Artikel 34 Absatz 1;

iv) die in Artikel 34 Absatz 5 Unterabsatz 1 aufgeführten Strategien und Verfahren;

v) eine Beschreibung der in Artikel 34 Absatz 5 Unterabsatz 2 genannten vertraglichen Vereinbarungen mit Drittunternehmen;

vi) eine Beschreibung der in Artikel 34 Absatz 9 genannten Strategie zur Fortführung des Geschäftsbetriebs;

vii) eine Beschreibung der in Artikel 34 Absatz 10 genannten Mechanismen für die interne Kontrolle und Risikomanagementverfahren;

viii) eine Beschreibung der in Artikel 34 Absatz 11 genannten Systeme und Verfahren zum Schutz der Verfügbarkeit, Authentizität, Integrität und Vertraulichkeit von Daten.

(2) Ein Kreditinstitut, das die zuständigen Behörden im Einklang mit Absatz 1 Buchstabe b zuvor bei der Ausgabe anderer vermögenswertereferenzierter Token benachrichtigt hat, ist nicht verpflichtet, der zuständigen Behörde die zuvor von ihr übermittelten Informationen erneut zu übermitteln, wenn diese Informationen identisch wären. Bei der Übermittlung der in Absatz 1 Buchstabe b aufgeführten Informationen bestätigt das Kreditinstitut ausdrücklich, dass alle nicht erneut übermittelten Informationen noch aktuell sind.

(3) Die zuständige Behörde, bei der eine Übermittlung nach Absatz 1 Buchstabe b eingeht, prüft innerhalb von 20 Arbeitstagen nach Eingang der darin aufgeführten Informationen, ob alle gemäß diesem Buchstaben erforderlichen Informationen bereitgestellt wurden. Gelangt die zuständige Behörde zu dem Schluss, dass eine Mitteilung aufgrund fehlender Informationen nicht vollständig ist, so teilt sie dies dem übermittelnden Kreditinstitut sofort mit und legt eine Frist fest, innerhalb deren das Kreditinstitut die fehlenden Informationen bereitstellen muss.

Die Frist für die Bereitstellung der fehlenden Informationen darf 20 Arbeitstage ab dem Tag des Antrags nicht überschreiten. Bis zum Ablauf dieser Frist wird der in Absatz 1 Buchstabe b festgelegte Zeitraum ausgesetzt. Die Anforderung weiterer Ergänzungen oder Klarstellungen zu den Informationen liegt im Ermessen der zuständigen Behörde, führt jedoch nicht zu einer Aussetzung des in Absatz 1 Buchstabe b festgelegten Zeitraums.

Das Kreditinstitut darf der vermögenswertereferenzierte Token nicht öffentlich anbieten oder die Zulassung zum Handel beantragen, solange die Übermittlung unvollständig ist.

(4) Ein Kreditinstitut, das vermögenswertereferenzierte Token, einschließlich signifikanter vermögenswertereferenzierter Token, ausgibt, unterliegt nicht den Artikeln 16, 18, 20, 21, 24, 35, 41 und 42.

(5) Die zuständige Behörde übermittelt die vollständigen erhaltenen Informationen nach Absatz 1 unverzüglich der EZB und, wenn das Kreditinstitut in einem Mitgliedstaat niedergelassen ist, dessen amtliche Währung nicht der Euro ist, oder wenn eine amtliche Währung eines Mitgliedstaats, die nicht der Euro ist, als Bezugsgröße für den vermögenswertereferenzierte Token gilt, auch der Zentralbank des betreffenden Mitgliedstaats.

Die EZB und gegebenenfalls die Zentralbank des Mitgliedstaats gemäß Unterabsatz 1 geben innerhalb von 20 Arbeitstagen nach Erhalt der vollständigen Informationen eine Stellungnahme zu diesen Informationen ab und übermitteln diese Stellungnahme der zuständigen Behörde.

Die zuständige Behörde verpflichtet das Kreditinstitut, den vermögenswertereferenzierten Token nicht öffentlich anzubieten oder die Zulassung zum Handel nicht zu beantragen, wenn die EZB oder gegebenenfalls die Zentralbank des Mitgliedstaats gemäß Unterabsatz 1 aus Gründen eines Risikos für das reibungslose Funktionieren der Zahlungssysteme, der geldpolitischen Transmission oder der Währungshoheit eine ablehnende Stellungnahme abgibt.

(6) Die zuständige Behörde teilt der ESMA die in Artikel 109 Absatz 3 genannten Informationen mit, nachdem sie die Vollständigkeit der gemäß Absatz 1 des vorliegenden Artikels eingegangenen Informationen überprüft hat.

Die ESMA stellt diese Informationen ab dem Startdatum des öffentlichen Angebots oder der Zulassung zum Handel gemäß Artikel 109 Absatz 3 in dem Register zur Verfügung.

(7) Die jeweils zuständige Behörde unterrichtet die ESMA innerhalb von zwei Arbeitstagen ab dem Entzug der Zulassung über den Entzug der Zulassung eines Kreditinstituts, der vermögenswertereferenzierte Token ausgibt. Die ESMA stellt die Informationen über den Entzug gemäß Artikel 109 Absatz 3 unverzüglich in dem Register zur Verfügung.

(8) Die EBA arbeitet in enger Zusammenarbeit mit der ESMA und der EZB Entwürfe technischer Regulierungsstandards zur näheren Spezifizierung des Verfahrens für die Genehmigung eines Kryptowerte-Whitepapers nach Absatz 1 Buchstabe a aus.

Die EBA übermittelt der Kommission die in Unterabsatz 1 genannten Entwürfe technischer Regulierungsstandards spätestens am 30. Juni 2024.

Der Kommission wird die Befugnis übertragen, diese Verordnung durch die Annahme der in Unterabsatz 1 dieses Absatzes genannten technischen Regulierungsstandards gemäß den Artikeln 10 bis 14 der Verordnung (EU) Nr. 1093/2010 zu ergänzen.

Artikel 18
Beantragung der Zulassung

(1) Juristische Personen oder andere Unternehmen, die beabsichtigen, vermögenswertereferen-

zierte Token öffentlich anzubieten oder deren Zulassung zum Handel zu beantragen, stellen ihren Antrag auf Zulassung nach Artikel 16 bei der zuständigen Behörde ihres Herkunftsmitgliedstaats.

(2) Der in Absatz 1 genannte Antrag muss alle folgenden Informationen enthalten:

a) Anschrift des antragstellenden Emittenten;

b) Rechtsträgerkennung des antragstellenden Emittenten;

c) Satzung des antragstellenden Emittenten, sofern zutreffend;

d) Geschäftsplan mit Angabe des Geschäftsmodells, das der antragstellende Emittent zu befolgen beabsichtigt;

e) Rechtsgutachten, dem zufolge der vermögenswertereferenzierte Token nicht als eines der Folgenden einzustufen ist:

i) ein Kryptowert, der gemäß Artikel 2 Absatz 4 vom Anwendungsbereich dieser Verordnung ausgenommen ist, oder

ii) ein E-Geld-Token;

f) detaillierte Beschreibung der Regelungen des antragstellenden Emittenten zur Unternehmensführung nach Artikel 34 Absatz 1;

g) wenn Kooperationsvereinbarungen mit konkreten Anbietern von Kryptowerte-Dienstleistungen bestehen, eine Beschreibung der Mechanismen und Verfahren für die interne Kontrolle, mit denen die Einhaltung der Verpflichtungen im Zusammenhang mit der Verhinderung von Geldwäsche und Terrorismusfinanzierung gemäß der Richtlinie (EU) 2015/849 sichergestellt wird;

h) Identität der Mitglieder des Leitungsorgans des antragstellenden Emittenten;

i) Nachweis, dass die unter Buchstabe h genannten Personen ausreichend gut beleumundet sind und über die angemessenen Kenntnisse, Fähigkeiten und Erfahrungen verfügen, um den antragstellenden Emittenten zu führen;

j) Nachweis, dass Anteilseigner oder Gesellschafter, die direkt oder indirekt qualifizierte Beteiligungen an dem antragstellenden Emittenten halten, ausreichend gut beleumundet sind;

k) das in Artikel 19 genannte Kryptowerte-Whitepaper;

l) die in Artikel 34 Absatz 5 Unterabsatz 1 genannten Strategien und Verfahren;

m) Beschreibung der in Artikel 34 Absatz 5 Unterabsatz 2 genannten vertraglichen Vereinbarungen mit Drittunternehmen;

n) Beschreibung der in Artikel 34 Absatz 9 genannten Strategie zur Fortführung des Geschäftsbetriebs des antragstellenden Emittenten;

o) Beschreibung der in Artikel 34 Absatz 10 genannten Mechanismen für die interne Kontrolle und Risikomanagementverfahren;

p) Beschreibung der in Artikel 34 Absatz 11 genannten Systeme und Verfahren zum Schutz der Verfügbarkeit, Authentizität, Integrität und Vertraulichkeit von Daten;

q) Beschreibung der in Artikel 31 genannten Beschwerdeverfahren des antragstellenden Emittenten;

r) gegebenenfalls eine Liste der Aufnahmemitgliedstaaten, in denen der antragstellende Emittent beabsichtigt, den vermögenswertereferenzierten Token öffentlich anzubieten oder die Zulassung des vermögenswertereferenzierten Token zum Handel zu beantragen.

(3) Emittenten, die bereits eine Zulassung zur Ausgabe eines vermögenswertreferenzierten Token erhalten haben, sind nicht verpflichtet, der zuständigen Behörde bereits von ihnen übermittelte Informationen zur Zulassung eines anderen vermögenswertreferenzierten Token erneut zu übermitteln, wenn diese Informationen identisch wären. Bei der Übermittlung der in Absatz 2 aufgeführten Informationen bestätigt der Emittent ausdrücklich, dass alle nicht erneut übermittelten Informationen noch aktuell sind.

(4) Die zuständige Behörde bestätigt dem antragstellenden Emittenten den Eingang des Antrags gemäß Absatz 1 umgehend, in jedem Fall aber innerhalb von zwei Arbeitstagen schriftlich.

(5) Für die Zwecke von Absatz 2 Buchstaben i und j liefert der antragstellende Emittent des vermögenswertreferenzierten Token Nachweise dafür,

a) dass es für Mitglieder des Leitungsorgans keine Einträge im Strafregister in Bezug auf Verurteilungen oder Strafen nach dem geltenden Handelsrecht, Insolvenzrecht und Finanzdienstleistungsrecht, oder im Zusammenhang mit der Bekämpfung von Geldwäsche und Terrorismusfinanzierung, Betrug oder Berufshaftpflicht gibt;

b) dass die Mitglieder des Leitungsorgans des antragstellenden Emittenten vermögenswertereferenzierter Token kollektiv über die angemessene Kenntnisse, Fähigkeiten und Erfahrungen verfügen, um den Emittenten des vermögenswertreferenzierten Token zu verwalten, und dass diese Personen verpflichtet sind, ausreichend Zeit für die Wahrnehmung ihrer Aufgaben aufzuwenden.

c) dass es für keine Anteilseigner oder Gesellschafter, die direkt oder indirekt qualifizierte Beteiligungen an dem antragstellenden Emittenten halten, Einträge im Strafregister in Bezug auf Verurteilungen oder Strafen nach dem geltenden Handelsrecht, dem Insolvenzrecht und dem Finanzdienstleistungsrecht, oder im Zusammenhang mit der Bekämpfung von Geldwäsche und Terrorismusfinanzierung, Betrug oder Berufshaftpflicht gibt.

(6) Die EBA arbeitet in enger Zusammenarbeit mit der ESMA und der EZB Entwürfe technischer

Regulierungsstandards aus, um die in Absatz 2 genannten Informationen näher zu präzisieren.

Die EBA übermittelt der Kommission die in Unterabsatz 1 genannten Entwürfe technischer Regulierungsstandards spätestens am 30. Juni 2024.

Der Kommission wird die Befugnis übertragen, diese Verordnung durch die Annahme der in Unterabsatz 1 dieses Absatzes genannten technischen Regulierungsstandards gemäß den Artikeln 10 bis 14 der Verordnung (EU) Nr. 1093/2010 zu ergänzen.

(7) Die EBA arbeitet in enger Zusammenarbeit mit der ESMA Entwürfe technischer Durchführungsstandards zur Festlegung von Standardformularen, Mustertexten und Verfahren für die in den Antrag aufzunehmenden Informationen aus, um im Gebiet der Union für Einheitlichkeit zu sorgen.

Die EBA übermittelt der Kommission die in Unterabsatz 1 genannten Entwürfe technischer Durchführungsstandards spätestens am 30. Juni 2024.

Der Kommission wird die Befugnis übertragen, die in Unterabsatz 1 genannten technischen Durchführungsstandards gemäß Artikel 15 der Verordnung (EU) Nr. 1093/2010 zu erlassen.

Artikel 19
Inhalt und Form des Kryptowerte-Whitepapers für vermögenswertereferenzierte Token

(1) Ein Kryptowerte-Whitepaper für einen vermögenswertereferenzierten Token muss alle folgenden Informationen enthalten, die in Anhang II näher präzisiert sind:

a) Informationen über den Emittenten des vermögenswertreferenzierten Token,

b) Informationen über den vermögenswertereferenzierten Token,

c) Informationen über das öffentliche Angebot des vermögenswertreferenzierten Token oder dessen Zulassung zum Handel,

d) Informationen über die mit dem vermögenswertereferenzierten Token verbundenen Rechte und Pflichten,

e) Informationen über die zugrunde liegende Technologie,

f) Informationen über die Risiken,

g) Informationen über die Vermögenswertreserve,

h) Informationen über die wichtigsten nachteiligen Auswirkungen des für die Ausgabe des vermögenswertereferenzierten Token verwendeten Konsensmechanismus auf das Klima sowie andere umweltbezogene nachteilige Auswirkungen.

Das Kryptowerte-Whitepaper enthält auch die Identität der Person, bei der es sich nicht um den Emittenten handelt und die gemäß Artikel 16 Absatz 1 Unterabsatz 2 vermögenswertereferenzierte Token öffentlich anbietet oder deren Zulassung zum Handel beantragt, sowie den Grund, warum diese bestimmte Person diesen vermögenswertereferenzierten Token anbietet oder dessen Zulassung zum Handel beantragt. Wird das Kryptowerte-Whitepaper nicht vom Emittenten erstellt, enthält das Kryptowerte-Whitepaper auch die Identität der Person, die das Kryptowerte-Whitepaper erstellt hat, und den Grund, warum diese Person dieses erstellt hat.

(2) Die in Absatz 1 aufgeführten Informationen müssen redlich und eindeutig sein und dürfen nicht irreführend sein. Das Kryptowerte-Whitepaper darf keine wesentlichen Auslassungen enthalten und ist in knapper und verständlicher Form vorzulegen.

(3) Das Kryptowerte-Whitepaper darf außer der in Absatz 4 genannten Erklärung keine Aussagen über den künftigen Wert der Kryptowerte enthalten.

(4) Das Kryptowerte-Whitepaper muss eine klare und eindeutige Erklärung enthalten, dass

a) der vermögenswertereferenzierte Token seinen Wert ganz oder teilweise verlieren kann;

b) der vermögenswertereferenzierte Token möglicherweise nicht immer übertragbar ist;

c) der vermögenswertereferenzierte Token möglicherweise nicht liquide ist;

d) der vermögenswertereferenzierte Token nicht unter die Systeme für die Entschädigung der Anleger gemäß der Richtlinie 97/9/EG fällt;

e) dass der vermögenswertereferenzierte Token nicht unter die Einlagensicherungssysteme gemäß der Richtlinie 2014/49/EU fällt.

(5) Das Kryptowerte-Whitepaper enthält eine Erklärung des Leitungsorgans des Emittenten des vermögenswertereferenzierten Token. In dieser Erklärung wird bestätigt, dass das Kryptowerte-Whitepaper diesem Titel entspricht, dass die in ihm enthaltenen Informationen nach bestem Wissen des Leitungsorgans redlich, eindeutig und nicht irreführend sind und dass das Kryptowerte-Whitepaper keine Auslassungen aufweist, die seine Aussagekraft beeinträchtigen könnten.

(6) Das Kryptowerte-Whitepaper enthält eine Zusammenfassung, die nach der Erklärung gemäß Absatz 5 eingefügt wird und in knapper und nicht fachsprachlicher Ausdrucksweise wesentliche Informationen über das öffentliche Angebot des vermögenswertereferenzierten Token oder über die beabsichtigte Zulassung des vermögenswertreferenzierten Token zum Handel liefert. Die Zusammenfassung muss in leicht verständlicher Sprache und in klarer und verständlicher Form dargestellt und gestaltet sein, wobei eine leserli-

che Schriftgröße zu verwenden ist. Die Zusammenfassung des Kryptowerte-Whitepapers bietet geeignete Informationen über die Merkmale des betreffenden vermögenswertereferenzierten Token, um potenziellen Inhabern des vermögenswertereferenzierten Token beim Treffen einer fundierten Entscheidung zu helfen.

Die Zusammenfassung muss einen Warnhinweis darauf enthalten, dass

a) sie als Einführung in das Kryptowerte-Whitepaper zu lesen ist;

b) potenzielle Inhaber ihre Entscheidung zum Kauf des vermögenswertereferenzierten Token auf der Grundlage des Inhalts des gesamten Kryptowerte-Whitepapers und nicht allein auf der Grundlage der Zusammenfassung treffen sollten;

c) das öffentliche Angebot des vermögenswertreferenzierten Token kein Angebot und keine Aufforderung zum Kauf von Finanzinstrumenten darstellt und dass ein solches Angebot oder eine solche Aufforderung nur mittels eines Prospekts oder anderer Angebotsunterlagen gemäß den nationalen Rechtsvorschriften erfolgen kann;

d) das Kryptowerte-Whitepaper keinen Prospekt im Sinne der Verordnung (EU) 2017/1129 und kein anderes Angebotsdokument im Sinne von Unionsrecht oder nationalem Recht darstellt.

In der Zusammenfassung wird darauf hingewiesen, dass die Inhaber vermögenswertereferenzierter Token jederzeit ein Recht auf Rücktausch haben, und die Bedingungen für einen solchen Rücktausch werden dargelegt.

(7) Das Kryptowerte-Whitepaper enthält das Datum seiner Übermittlung und ein Inhaltsverzeichnis.

(8) Das Kryptowerte-Whitepaper ist in einer Amtssprache des Herkunftsmitgliedstaats oder in einer in der internationalen Finanzwelt gebräuchlichen Sprache abzufassen.

Wird der vermögenswertereferenzierte Token auch in einem anderen Mitgliedstaat als dem Herkunftsmitgliedstaat angeboten, ist das Kryptowerte-Whitepaper auch in einer Amtssprache des Aufnahmemitgliedstaats des Emittenten oder in einer in der internationalen Finanzwelt gebräuchlichen Sprache abzufassen.

(9) Das Kryptowerte-Whitepaper wird in einem maschinenlesbaren Format zur Verfügung gestellt.

(10) Die ESMA arbeitet in Zusammenarbeit mit der EBA Entwürfe technischer Durchführungsstandards zur Festlegung von Standardformularen, Standardformaten und Mustertexten für die Zwecke des Absatzes 9 aus.

Die ESMA übermittelt der Kommission die in Unterabsatz 1 genannten Entwürfe technischer Durchführungsstandards spätestens am 30. Juni 2024.

Der Kommission wird die Befugnis übertragen, die in Unterabsatz 1 genannten technischen Durchführungsstandards gemäß Artikel 15 der Verordnung (EU) Nr. 1095/2010 zu erlassen.

(11) Die ESMA arbeitet in Zusammenarbeit mit der EBA Entwürfe technischer Regulierungsstandards für den Inhalt, die Methoden und die Darstellung der in Absatz 1 Unterabsatz 1 Buchstabe h genannten Informationen über die Nachhaltigkeitsindikatoren in Bezug auf nachteilige Auswirkungen auf das Klima und andere umweltbezogene nachteilige Auswirkungen aus.

Bei der Ausarbeitung der in Unterabsatz 1 genannten Entwürfe technischer Regulierungsstandards berücksichtigt die ESMA die verschiedenen Arten von Konsensmechanismen, die bei der Validierung von Transaktionen mit Kryptowerten zum Einsatz kommen, deren Anreizstrukturen und die Nutzung von Energie, Energie aus erneuerbaren Quellen und natürlichen Ressourcen, die Erzeugung von Abfällen und Treibhausgasemissionen. Die ESMA aktualisiert diese technischen Regulierungsstandards unter Berücksichtigung rechtlicher und technischer Entwicklungen.

Die ESMA übermittelt der Kommission die in Unterabsatz 1 genannten Entwürfe technischer Regulierungsstandards spätestens am 30. Juni 2024.

Der Kommission wird die Befugnis übertragen, diese Verordnung durch Annahme der in Unterabsatz 1 dieses Absatzes genannten technischen Regulierungsstandards gemäß den Artikeln 10 bis 14 der Verordnung (EU) Nr. 1095/2010 zu ergänzen.

Artikel 20
Prüfung des Zulassungsantrags

(1) Zuständige Behörden, bei denen gemäß Artikel 18 eine Zulassung beantragt wird, prüfen innerhalb von 25 Arbeitstagen nach Eingang des Antrags, ob dieser, einschließlich des in Artikel 19 genannten Kryptowerte-Whitepapers, alle erforderlichen Informationen enthält. Sie teilen dem antragstellenden Emittenten umgehend mit, ob im Antrag, einschließlich des Kryptowerte-Whitepapers, erforderliche Informationen fehlen. Ist der Antrag, einschließlich des Kryptowerte-Whitepapers, nicht vollständig, setzen die zuständigen Behörden dem antragstellenden Emittenten eine Frist, bis zu der er etwaige fehlende Informationen vorlegen muss.

(2) Die zuständigen Behörden prüfen innerhalb von 60 Arbeitstagen nach Eingang eines vollständigen Antrags, ob der antragstellende Emittent die Anforderungen dieses Titels erfüllt, und erstellen einen umfassend begründeten Entwurf einer Entscheidung über die Erteilung oder Ablehnung der Zulassung. Innerhalb dieser 60 Arbeitstage kann die zuständige Behörde vom antragstellenden Emittenten weitere Informationen über den

Antrag anfordern, einschließlich Informationen über das in Artikel 19 genannte Kryptowerte-Whitepaper.

Während des Prüfungsverfahrens können die zuständigen Behörden mit den für die Bekämpfung von Geldwäsche und Terrorismusfinanzierung zuständigen Behörden, den Zentralstellen für Geldwäsche-Verdachtsanzeigen oder anderen öffentlichen Stellen zusammenarbeiten.

(3) Die Prüfungsfrist gemäß den Absätzen 1 und 2 ist für den Zeitraum zwischen dem Tag der Anforderung der fehlenden Information durch die zuständigen Behörden und dem Eingang einer Antwort des antragstellenden Emittenten bei diesen ausgesetzt. Die Aussetzung darf 20 Arbeitstage nicht überschreiten. Es liegt im Ermessen der zuständigen Behörden, weitere Ergänzungen oder Klarstellungen zu den Informationen anzufordern, doch dies führt Die Anforderung weiterer Ergänzungen oder Klarstellungen zu den Informationen liegt im Ermessen der zuständigen Behörde, führt jedoch nicht zu einer Aussetzung der Prüfungsfrist gemäß den Absätzen 1 und 2.

(4) Die zuständigen Behörden übermitteln nach Ablauf des in Absatz 2 genannten Zeitraums von 60 Arbeitstagen ihren Entwurf einer Entscheidung zusammen mit dem Antrag an die EBA, ESMA und EZB. Ist der antragstellende Emittent in einem Mitgliedstaat niedergelassen, dessen amtliche Währung nicht der Euro ist, oder wenn eine amtliche Währung eines Mitgliedstaats, die nicht der Euro ist, als Bezugsgröße für die vermögenswertereferenzierten Token, so übermitteln die zuständigen Behörden ihren Entwurf einer Entscheidung und den Antrag auch der Zentralbank des betreffenden Mitgliedstaats.

(5) Die EBA und die ESMA geben auf Ersuchen der zuständigen Behörde innerhalb von 20 Arbeitstagen nach Eingang des Entwurfs der Entscheidung und des Antrags eine Stellungnahme zu ihrer Bewertung des in Artikel 18 Absatz 2 Buchstabe e genannten Rechtsgutachtens ab und übermitteln ihre jeweiligen Stellungnahmen der betroffenen zuständigen Behörde.

Die EZB oder gegebenenfalls die in Absatz 4 genannte Zentralbank gibt innerhalb von 20 Arbeitstagen nach Eingang des Entwurfs einer Entscheidung und des Antrags eine Stellungnahme zu ihrer Bewertung der Risiken, die die Ausgabe dieses vermögenswertereferenzierten Token für die Finanzstabilität, das reibungslose Funktionieren der Zahlungssysteme, die geldpolitische Transmission und die Währungshoheit mit sich bringen könnte, ab und übermittelt ihre Stellungnahme der betroffenen zuständigen Behörde.

Unbeschadet von Artikel 21 Absatz 4 sind die in den Unterabsätzen 1 und 2 des vorliegenden Absatzes genannten Stellungnahmen nicht verbindlich.

Die in den Unterabsätzen 1 und 2 des vorliegenden Absatzes genannten Stellungnahmen müssen von der zuständigen Behörde jedoch gebührend berücksichtigt werden.

Artikel 21
Erteilung oder Verweigerung der Zulassung

(1) Die zuständigen Behörden treffen innerhalb von 25 Arbeitstagen nach Eingang der in Artikel 20 Absatz 5 genannten Stellungnahmen eine umfassend begründete Entscheidung über die Erteilung oder Verweigerung der Zulassung an den antragstellenden Emittenten und teilen sie dem antragstellenden Emittenten innerhalb von fünf Arbeitstagen, nachdem die Entscheidung getroffen wurde, mit. Wird ein antragstellender Emittent zugelassen, so gilt sein Kryptowerte-Whitepaper als genehmigt.

(2) Die zuständigen Behörden verweigern die Zulassung, wenn objektive und Anhaltspunkte dafür vorliegen, dass

a) das Leitungsorgan des antragstellenden Emittenten eine Gefahr für die wirksame, solide und umsichtige Führung und Fortführung des Geschäftsbetriebs sowie die angemessene Berücksichtigung der Interessen seiner Kunden und die Integrität des Marktes darstellen könnte;

b) die Mitglieder des Leitungsorgans die in Artikel 34 Absatz 2 festgelegten Kriterien nicht erfüllen;

c) Anteilseigner oder Gesellschafter, die qualifizierte Beteiligungen halten, die Kriterien des ausreichend guten Leumunds nach Artikel 34 Absatz 4 nicht erfüllen;

d) der antragstellende Emittent eine der Anforderungen dieses Titels nicht erfüllt oder wahrscheinlich nicht erfüllt;

e) das Geschäftsmodell des antragstellenden Emittenten eine ernsthafte Bedrohung für die Marktintegrität, die Finanzstabilität und das reibungslose Funktionieren der Zahlungssysteme darstellen könnte oder den Emittenten oder den Sektor ernsten Risiken der Geldwäsche und Terrorismusfinanzierung aussetzt.

(3) Die EBA und die ESMA geben bis zum 30. Juni 2024 gemäß Artikel 16 der Verordnung (EU) Nr. 1093/2010 beziehungsweise Artikel 16 der Verordnung (EU) Nr. 1095/2010 gemeinsam Leitlinien heraus für die Bewertung der Eignung der Mitglieder des Leitungsorgans von Emittenten vermögenswertereferenzierter Token und der Anteilseigner oder Gesellschafter, die direkt oder indirekt qualifizierte Beteiligungen an Emittenten vermögenswertereferenzierter Token halten.

(4) Die zuständigen Behörden lehnen die Zulassung ab, wenn die EZB oder gegebenenfalls die Zentralbank im Einklang mit Artikel 20 Absatz 5 eine ablehnende Stellungnahme aufgrund eines Risikos für das reibungslose Funktionieren

der Zahlungssysteme, der geldpolitischen Transmission oder der Währungshoheit abgibt.

(5) Die zuständigen Behörden übermitteln der zentralen Kontaktstelle der Aufnahmemitgliedstaaten, der ESMA, der EBA, der EZB und gegebenenfalls den in Artikel 20 Absatz 4 genannten Zentralbanken innerhalb von zwei Arbeitstagen nach Erteilung der Zulassung die in Artikel 109 Absatz 3 genannten Informationen.

Die ESMA stellt diese Informationen ab dem Startdatum des öffentlichen Angebots oder der Zulassung zum Handel gemäß Artikel 109 Absatz 3 in dem genannten Register zur Verfügung.

(6) Die zuständigen Behörden unterrichten die EBA, die ESMA und die EZB sowie gegebenenfalls die in Artikel 20 Absatz 4 genannte Zentralbank über alle abgelehnten Anträge auf Zulassung und legen die Gründe für die Entscheidung und gegebenenfalls eine Begründung für Abweichungen von den in Artikel 20 Absatz 5 genannten Stellungnahmen vor.

Artikel 22
Berichterstattung über vermögenswertereferenzierte Token

(1) Bei jedem vermögenswertereferenzierten Token mit einem Ausgabewert von mehr als 100 000 000 EUR berichtet der Emittent der zuständigen Behörde vierteljährlich folgende Informationen:

a) die Zahl der Inhaber;

b) den Wert des ausgegebenen vermögenswertereferenzierten Token und den Umfang der Vermögenswertreserve;

c) die durchschnittliche Zahl und den durchschnittlichen aggregierten Wert der Transaktionen pro Tag im entsprechenden Quartal;

d) eine Schätzung der durchschnittlichen Zahl und des durchschnittlichen aggregierten Werts der Transaktionen pro Tag im entsprechenden Quartal, die mit ihrer Verwendung als Tauschmittel innerhalb eines einheitlichen Währungsraums zusammenhängen.

Für die Zwecke von Unterabsatz 1 Buchstaben c und d ist unter „Transaktion" eine Änderung der natürlichen oder juristischen Person zu verstehen, die infolge der Übertragung des vermögenswertereferenzierten Token von einer Distributed-Ledger-Adresse auf eine andere oder von einem Distributed-Ledger-Konto auf ein anderes Anspruch auf der vermögenswertereferenzierte Token hat.

Transaktionen, die mit dem Tausch gegen einen Geldbetrag oder andere Kryptowerte bei dem Emittenten oder bei einem Anbieter von Kryptowerte-Dienstleistungen zusammenhängen, gelten nicht als mit der Verwendung des vermögenswertereferenzierten Token als Tauschmittel in Zusammenhang stehend, es sei denn, es gibt Belege dafür, dass der vermögenswertereferenzierte Token für die Abwicklung von Transaktionen mit anderen Kryptowerten verwendet wird.

(2) Die zuständige Behörde kann von Emittenten vermögenswertereferenzierter Token verlangen, der Berichterstattungspflicht nach Absatz 1 in Bezug auf vermögenswertereferenzierte Token nachzukommen, die mit einem Wert von weniger als 100 000 000 EUR ausgegeben wurden.

(3) Anbieter von Kryptowerte-Dienstleistungen, die Dienstleistungen im Zusammenhang mit vermögenswertereferenzierten Token anbieten, stellen dem Emittenten des vermögenswertreferenzierten Token die für die Vorbereitung der Meldung gemäß Absatz 1 erforderlichen Informationen zur Verfügung, unter anderem durch die Meldung von Transaktionen außerhalb des Distributed Ledgers.

(4) Die zuständige Behörde leitet die erhaltenen Informationen an die EZB und gegebenenfalls an die Zentralbank nach Artikel 20 Absatz 4 sowie an die zuständigen Behörden der Aufnahmemitgliedstaaten weiter.

(5) Die EZB und gegebenenfalls die Zentralbank nach Artikel 20 Absatz 4 können der zuständigen Behörde für ein Quartal ihre eigenen Schätzungen der durchschnittlichen Zahl und des durchschnittlichen aggregierten Wertes der Transaktionen pro Tag im Zusammenhang mit der Verwendung vermögenswertereferenzierter Token als Tauschmittel in ihrem jeweiligen Währungsraum vorlegen.

(6) Die EBA erarbeitet in enger Zusammenarbeit mit der EZB Entwürfe technischer Regulierungsstandards zur Spezifizierung der Methodik für die Schätzung für ein Quartal der durchschnittlichen Zahl und des durchschnittlichen aggregierten Werts der Transaktionen pro Tag im Zusammenhang mit der Verwendung des wertereferenzierten Token als Tauschmittel in einem einzelnen einheitlichen Währungsraum.

Die EBA übermittelt der Kommission die in Unterabsatz 1 genannten Entwürfe technischer Regulierungsstandards spätestens am 30. Juni 2024.

Der Kommission wird die Befugnis übertragen, diese Verordnung durch die Annahme der in Unterabsatz 1 dieses Absatzes genannten technischen Regulierungsstandards gemäß den Artikeln 10 bis 14 der Verordnung (EU) Nr. 1093/2010 zu ergänzen.

(7) Die EBA arbeitet Entwürfe technischer Durchführungsstandards aus, um Standardformulare, Standardformate und Mustertexte für die Zwecke der Berichterstattung gemäß Absatz 1 und das Zurverfügungstellen der Information gemäß Absatz 3 festzulegen.

Die EBA übermittelt der Kommission die in Unterabsatz 1 genannten Entwürfe technischer Durchführungsstandards spätestens am 30. Juni 2024.

Der Kommission wird die Befugnis übertragen, die in Unterabsatz 1 dieses Absatzes genannten technischen Durchführungsstandards gemäß Artikel 15 der Verordnung (EU) Nr. 1093/2010 zu erlassen.

Artikel 23
Beschränkungen der Ausgabe vermögenswertereferenzierter Token, die gemeinhin als Tauschmittel verwendet werden

(1) Übersteigen bei einem bestimmten vermögenswertereferenzierten Token die geschätzte durchschnittliche Zahl und der geschätzte durchschnittliche aggregierte Wert der Transaktionen pro Tag im Zusammenhang mit der Verwendung als Tauschmittel für ein Quartal innerhalb eines einheitlichen Währungsraums eine Million Transaktionen bzw. 200 000 000 EUR, so muss der Emittent

a) die Ausgabe dieses vermögenswertereferenzierten Token einstellen und

b) der zuständigen Behörde innerhalb von 40 Arbeitstagen nach Erreichen dieses Schwellenwerts einen Plan vorlegen, um sicherzustellen, dass die geschätzte durchschnittliche Zahl und der durchschnittliche aggregierte Wert dieser Transaktionen pro Tag unter einer Million Transaktionen bzw. 200 000 000 EUR gehalten werden.

(2) Um zu beurteilen, ob der in Absatz 1 genannte Schwellenwert erreicht wird, verwendet die zuständige Behörde die vom Emittenten bereitgestellten Informationen, ihre eigenen Schätzungen oder die Schätzungen der EZB oder gegebenenfalls der in Artikel 20 Absatz 4 genannten Zentralbank, je nachdem, welcher Wert höher ist.

(3) Geben mehrere Emittenten denselben vermögenswertereferenzierten Token aus, so werden die in Absatz 1 genannten Kriterien nach Aggregation der Daten aller Emittenten von der zuständigen Behörde bewertet.

(4) Der Emittent legt der zuständigen Behörde den in Absatz 1 Buchstabe b genannten Plan zur Genehmigung vor. Die zuständige Behörde verlangt erforderlichenfalls Änderungen, etwa die Festlegung einer Mindeststückelung, um einen zügigen Rückgang der Verwendung des vermögenswertereferenzierten Token als Tauschmittel sicherzustellen.

(5) Die zuständige Behörde darf es dem Emittenten nur dann gestatten, den vermögenswertereferenzierten Token erneut auszugeben, wenn sie über Belege verfügt, dass die geschätzte durchschnittliche Zahl und der durchschnittliche aggregierte Wert der Transaktionen pro Tag im Zusammenhang mit seiner Verwendung als Tauschmittel innerhalb eines einheitlichen Währungsraums weniger als eine Million Transaktionen bzw. 200 000 000 EUR betragen.

Artikel 24
Entzug der Zulassung

(1) In folgenden Situationen entziehen die zuständigen Behörden dem Emittenten eines vermögenswertreferenzierten Token die Zulassung:

a) der Emittent hat seine Geschäftstätigkeit sechs aufeinanderfolgende Monate lang eingestellt oder von seiner Zulassung binnen zwölf aufeinanderfolgenden Monaten keinen Gebrauch gemacht;

b) der Emittent hat seine Zulassung auf unrechtmäßige Weise erhalten, z. B. durch Falschangaben in dem in Artikel 18 genannten Zulassungsantrag oder in einem gemäß Artikel 25 geänderten Kryptowerte-Whitepaper;

c) der Emittent erfüllt nicht mehr die Voraussetzungen, unter denen die Zulassung erteilt wurde;

d) der Emittent hat in schwerwiegender Weise gegen die Bestimmungen dieses Titels verstoßen;

e) der Emittent befand sich in einem Insolvenzverfahren;

f) der Emittent hat ausdrücklich auf seine Zulassung verzichtet oder beschlossen, seine Tätigkeit einzustellen;

g) die Tätigkeit des Emittenten stellt eine ernsthafte Bedrohung für die Marktintegrität, die Finanzstabilität und das reibungslose Funktionieren der Zahlungssysteme dar oder setzt den Emittenten oder den Sektor ernsten Risiken der Geldwäsche und Terrorismusfinanzierung aus.

Der Emittent des vermögenswertreferenzierten Token melden der für ihn zuständigen Behörde jede der in Unterabsatz 1 Buchstaben e und f genannten Situationen.

(2) Die zuständigen Behörden entziehen einem Emittenten eines vermögenswertreferenzierten Token ebenfalls die Zulassung, wenn die EZB oder gegebenenfalls die Zentralbank nach Artikel 20 Absatz 4 eine Stellungnahme abgibt, wonach der vermögenswertereferenzierte Token eine ernsthafte Bedrohung für das reibungslose Funktionieren der Zahlungssysteme, die geldpolitische Transmission oder die Währungshoheit darstellt.

(3) Die zuständigen Behörden begrenzen die Menge eines auszugebenden vermögenswertereferenzierten Token oder schreiben eine Mindeststückelung des vermögenswertereferenzierten Token vor, wenn die EZB oder gegebenenfalls die Zentralbank nach Artikel 20 Absatz 4 eine Stellungnahme abgibt, wonach der vermögenswertereferenzierte Token eine Bedrohung für das reibungslose Funktionieren der Zahlungssysteme, die geldpolitische Transmission oder die Währungshoheit darstellt, und legen die anzuwendende Obergrenze oder Mindeststückelung fest.

(4) Die jeweils zuständigen Behörden informieren die zuständige Behörde eines Emittenten eines

vermögenswertreferenzierten Token unverzüglich über folgende Situationen:

a) ein in Artikel 34 Absatz 5 Unterabsatz 1 Buchstabe h dieser Verordnung. genanntes Drittunternehmen hat seine Zulassung als Kreditinstitut gemäß Artikel 8 der Richtlinie 2013/36/EU, als Anbieter von Kryptowerte-Dienstleistungen gemäß Artikel 59 dieser Verordnung, als Zahlungsinstitut oder als E-Geld-Institut verloren;

b) die Mitglieder des Leitungsorgans des Emittenten oder Anteilseigner oder Gesellschafter, die qualifizierte Beteiligungen an dem Emittenten halten, haben gegen nationale Vorschriften zur Umsetzung der Richtlinie (EU) 2015/849 verstoßen.

(5) Die zuständigen Behörden entziehen einem Emittenten eines vermögenswertreferenzierten Token die Zulassung, wenn sie der Auffassung sind, dass die in Absatz 4 genannten Situationen den guten Leumund der Mitglieder des Leitungsorgans dieses Emittenten oder eines Anteilseigners oder Gesellschafters, der eine qualifizierte Beteiligung an dem Emittenten hält beeinträchtigen oder auf ein Versagen der in Artikel 34 genannten Regelungen zur Unternehmensführung oder Mechanismen für die interne Kontrolle hindeuten.

Wird die Zulassung entzogen, führt der Emittent des vermögenswertreferenzierten Token das Verfahren nach Artikel 47 durch.

(6) Die zuständigen Behörden unterrichten die ESMA innerhalb von zwei Arbeitstagen nach dem Entzug der Zulassung über den Entzug der Zulassung des Emittenten des vermögenswertreferenzierten Token. Die ESMA stellt die Informationen über den Entzug gemäß Artikel 109 unverzüglich in dem Register zur Verfügung.

Artikel 25
Änderung veröffentlichter Kryptowerte-Whitepaper für vermögenswertereferenzierte Token

(1) Emittenten vermögenswertereferenzierter Token unterrichten die zuständige Behörde ihres Herkunftsmitgliedstaats über jede beabsichtigte Änderung ihres Geschäftsmodells, die nach der Erteilung der in Artikel 21 genannten Zulassung oder nach der Genehmigung des Kryptowerte-Whitepapers gemäß Artikel 17 sowie im Zusammenhang mit Artikel 23 erfolgt und geeignet ist, die Kaufentscheidung eines Inhabers oder eines potenziellen Inhabers vermögenswertereferenzierter Token signifikant zu beeinflussen. Zu solchen Änderungen gehören unter anderem alle wesentlichen Änderungen in Bezug auf

a) die Regelungen zur Unternehmensführung, einschließlich der Berichterstattungspflichten gegenüber dem Leitungsorgan und des Rahmens für das Risikomanagement;

b) das Reservevermögen und die Verwahrung des Reservevermögens;

c) die Rechte, die den Inhabern vermögenswertereferenzierter Token gewährt werden;

d) den Mechanismus für die Ausgabe und den Rücktausch eines vermögenswertreferenzierten Token;

e) die Protokolle für die Validierung der Transaktionen mit vermögenswertereferenzierten Token;

f) die Funktionsweise der unternehmenseigenen Distributed-Ledger-Technologie der Emittenten, wenn die vermögenswertereferenzierten Token mittels einer solchen Distributed-Ledger-Technologie ausgegeben, übertragen und gespeichert werden;

g) die Mechanismen zur Gewährleistung der Liquidität vermögenswertereferenzierter Token, einschließlich der in Artikel 45 genannten Strategien und Verfahren für das Liquiditätsmanagement für Emittenten signifikanter vermögenswertereferenzierter Token;

h) die Vereinbarungen mit Drittunternehmen, einschließlich Vereinbarungen über Verwaltung und Anlage des Reservevermögens, Verwahrung des Reservevermögens und gegebenenfalls den Vertrieb der vermögenswertereferenzierten Token an die Öffentlichkeit;

i) die Beschwerdeverfahren;

j) die Risikobewertung in Bezug auf Geldwäsche und Terrorismusfinanzierung sowie die damit verbundenen allgemeinen Strategien und Verfahren.

Die Emittenten vermögenswertereferenzierter Token unterrichten die zuständige Behörde ihres Herkunftsmitgliedstaats mindestens 30 Arbeitstage vor dem Wirksamwerden der beabsichtigten Änderungen entsprechend.

(2) Wurde der zuständigen Behörde eine beabsichtigte Änderung nach Absatz 1 mitgeteilt, so erstellt der Emittent eines vermögenswertreferenzierten Token den Entwurf eines geänderten Kryptowerte-Whitepapers und stellt dabei sicher, dass die Reihenfolge der dort erscheinenden Informationen mit der des ursprünglichen Kryptowerte-Whitepapers übereinstimmt.

Der Emittent des vermögenswertereferenzierten Token übermittelt den Entwurf des geänderten Kryptowerte-Whitepapers der zuständigen Behörde des Herkunftsmitgliedstaats.

Die zuständige Behörde bestätigt den Eingang des Entwurfs eines geänderten Kryptowerte-Whitepapers umgehend, spätestens jedoch innerhalb von fünf Arbeitstagen nach Erhalt, auf elektronischem Weg.

Die zuständige Behörde erteilt innerhalb von 30 Arbeitstagen nach der Bestätigung des Eingangs die Genehmigung des Entwurfs des geänderten Kryptowerte-Whitepapers oder lehnt die

Genehmigung ab. Die zuständige Behörde kann im Laufe der Prüfung des Entwurfs des geänderten Kryptowerte-Whitepapers zusätzliche Informationen, Erläuterungen oder Begründungen zum Entwurf des geänderten Kryptowerte-Whitepapers anfordern. Stellt die zuständige Behörde einen solchen Antrag, so läuft die Frist von 30 Arbeitstagen erst, wenn die zuständige Behörde die angeforderten zusätzlichen Informationen erhalten hat.

(3) Ist die zuständige Behörde der Auffassung, dass die Änderungen an einem Kryptowerte-Whitepaper möglicherweise für das reibungslose Funktionieren der Zahlungssysteme, die geldpolitische Transmission oder die Währungshoheit relevant sind, konsultiert sie die EZB und gegebenenfalls die Zentralbank gemäß Artikel 20 Absatz 4. Die zuständige Behörde kann in solchen Fällen auch die EBA und die ESMA konsultieren.

Die EZB oder die betreffende Zentralbank und gegebenenfalls die EBA und die ESMA geben innerhalb von 20 Arbeitstagen nach Eingang der in Unterabsatz 1 genannten Konsultation eine Stellungnahme ab.

(4) Genehmigt die zuständige Behörde das geänderte Kryptowerte-Whitepaper, so kann sie den Emittenten des vermögenswertreferenzierten Token auffordern,

a) Mechanismen einzuführen, die den Schutz der Inhaber des vermögenswertreferenzierten Token sicherstellen, wenn eine potenzielle Änderung der Geschäftstätigkeit des Emittenten signifikante Auswirkungen auf Wert, Stabilität oder Risiken des vermögenswertereferenzierten Token oder des Reservevermögens haben kann;

b) geeignete Korrekturmaßnahmen zu ergreifen, um Bedenken hinsichtlich der Marktintegrität, der Finanzstabilität oder des reibungslosen Funktionierens der Zahlungssysteme auszuräumen.

Die zuständige Behörde fordert den Emittenten des vermögenswertreferenzierten Token auf, geeignete Korrekturmaßnahmen zu ergreifen, um Bedenken hinsichtlich des reibungslosen Funktionierens der Zahlungssysteme, der geldpolitischen Transmission oder der Währungshoheit auszuräumen, wenn solche Korrekturmaßnahmen von der EZB oder gegebenenfalls von der in Artikel 20 Absatz 4 genannten Zentralbank im Rahmen von Konsultationen nach Absatz 3 dieses Artikels vorgeschlagen werden.

Haben die EZB oder die in Artikel 20 Absatz 4 in Bezug genommene Zentralbank andere Maßnahmen als die von der zuständigen Behörde geforderten vorgeschlagen, so werden die vorgeschlagenen Maßnahmen kombiniert oder, falls dies nicht möglich ist, wird die strengste Maßnahme vorgeschrieben.

(5) Die zuständige Behörde übermittelt das geänderte Kryptowerte-Whitepaper innerhalb von zwei Arbeitstagen nach Erteilung der Genehmigung an die ESMA, die zentralen Kontaktstellen des Aufnahmemitgliedstaats, die EBA, die EZB und gegebenenfalls die Zentralbank des betreffenden Mitgliedstaats.

Die ESMA stellt das geänderte Kryptowerte-Whitepaper in dem in Artikel 109 genannten Register unverzüglich zur Verfügung.

Artikel 26
Haftung von Emittenten vermögenswertereferenzierter Token für die in einem Kryptowerte-Whitepaper enthaltenen Informationen

(1) Hat ein Emittent in einem Kryptowerte-Whitepaper oder in einem geänderten Kryptowerte-Whitepaper unvollständige, unredliche, nicht eindeutige oder irreführende Informationen zur Verfügung gestellt und damit gegen Artikel 19 verstoßen, so sind der Emittent und die Mitglieder von dessen Verwaltungs-, Leitungs- oder Aufsichtsorgan gegenüber einem Inhaber eines solchen vermögenswertreferenzierten Token für aufgrund dieses Verstoßes erlittene Verluste haftbar.

(2) Ein vertraglicher Ausschluss oder eine vertragliche Beschränkung der zivilrechtlichen Haftung gemäß Absatz 1 hat keine Rechtswirkung.

(3) Es obliegt dem Inhaber des vermögenswertreferenzierten Token, den Nachweis dafür zu erbringen, dass der Emittent dieses vermögenswertereferenzierten Token gegen Artikel 19 verstoßen hat, indem er in seinem Kryptowerte-Whitepaper oder in einem geänderten Kryptowerte-Whitepaper unvollständige, unredliche, nicht eindeutige oder irreführende Informationen zur Verfügung gestellt hat, und sich das Verlassen auf diese Informationen auf die Entscheidung des Inhabers, diesen vermögenswertereferenzierten Token zu kaufen, zu verkaufen oder zu tauschen, ausgewirkt hat.

(4) Der Emittent und die Mitglieder seines Verwaltungs-, Leitungs- oder Aufsichtsorgans haften nicht für Verluste, die durch den Verlass auf Informationen entstehen, die in einer Zusammenfassung gemäß Artikel 19, einschließlich deren Übersetzung, zur Verfügung gestellt werden, es sei denn, die Zusammenfassung

a) ist, wenn sie zusammen mit den anderen Teilen des Kryptowerte-Whitepapers gelesen wird, irreführend, unrichtig oder widersprüchlich oder

b) enthält, wenn sie zusammen mit den anderen Teilen des Kryptowerte-Whitepapers gelesen wird, nicht die wesentlichen Informationen, die potenziellen Inhabern bei der Entscheidung über den Kauf des vermögenswertereferenzierten Token helfen sollen.

(5) Dieser Artikel lässt jede sonstige zivilrechtliche Haftung gemäß dem nationalen Recht unberührt.

KAPITEL 2
Pflichten von Emittenten vermögenswertereferenzierter Token

Artikel 27
Pflicht zu ehrlichem, redlichem und professionellem Handeln im besten Interesse der Inhaber vermögenswertereferenzierter Token

(1) Die Emittenten vermögenswertereferenzierter Token handeln ehrlich, redlich und professionell und kommunizieren mit den Inhabern und potenziellen Inhabern vermögenswertereferenzierter Token auf redliche, eindeutige und nicht irreführende Weise.

(2) Emittenten vermögenswertereferenzierter Token handeln im besten Interesse der Inhaber solcher Token und behandeln sie gleich, es sei denn, im Kryptowerte-Whitepaper und, falls relevant, in den Marketingmitteilungen ist eine Vorzugsbehandlung vorgesehen.

Artikel 28
Veröffentlichung des Kryptowerte-Whitepapers

Ein Emittent eines vermögenswertreferenzierten Token veröffentlicht auf seiner Website das in Artikel 17 Absatz 1 oder Artikel 21 Absatz 1 genannte, genehmigte Kryptowerte-Whitepaper und, falls vorhanden, das in Artikel 25 genannte, geänderte Kryptowerte-Whitepaper. Das genehmigte Kryptowerte-Whitepaper wird bis zum Startdatum des öffentlichen Angebots des vermögenswertereferenzierten Token bzw. zum Startdatum der Zulassung dieser Token zum Handel öffentlich zugänglich gemacht. Das genehmigte Kryptowerte-Whitepaper und, falls vorhanden, das geänderte Kryptowerte-Whitepaper bleibt auf der Website des Emittenten solange verfügbar, wie die vermögenswertereferenzierten Token vom Publikum gehalten werden.

Artikel 29
Marketingmitteilungen

(1) Marketingmitteilungen zu einem öffentlichen Angebot eines vermögenswertereferenzierten Token oder zur Zulassung eines solchen vermögenswertereferenzierter Token zum Handel müssen jede der folgenden Anforderungen erfüllen:

a) Die Marketingmitteilungen sind eindeutig als solche erkennbar;

b) die Informationen in den Marketingmitteilungen sind redlich, eindeutig und nicht irreführend;

c) die Informationen in den Marketingmitteilungen stimmen mit den Angaben im Kryptowerte-Whitepaper überein;

d) in den Marketingmitteilungen wird eindeutig darauf hingewiesen, dass ein Kryptowerte-Whitepaper veröffentlicht wurde, und es wird eindeutig die Adresse der Website des Emittenten des vermögenswertereferenzierten Token angegeben, sowie eine Telefonnummer und E-Mail-Adresse des Emittenten für die Kontaktaufnahme.

(2) In den Marketingmitteilungen wird klar und eindeutig angegeben, dass Inhaber des vermögenswertreferenzierten Token beim Emittenten jederzeit ein Recht auf Rücktausch haben.

(3) Marketingmitteilungen und jegliche sie betreffende Änderungen werden auf der Website des Emittenten veröffentlicht.

(4) Die zuständigen Behörden verlangen keine Vorabgenehmigung von Marketingmitteilungen vor ihrer Veröffentlichung.

(5) Marketingmitteilungen werden den zuständigen Behörden auf Anfrage übermittelt.

(6) Vor der Veröffentlichung des Kryptowerte-Whitepapers dürfen keine Marketingmitteilungen verbreitet werden. Diese Beschränkung hindert den Emittenten des vermögenswertreferenzierten Token nicht daran, Marktsondierungen durchzuführen.

Artikel 30
Kontinuierliche Unterrichtung der Inhaber vermögenswertereferenzierter Token

(1) Emittenten vermögenswertereferenzierter Token legen auf ihrer Website an einer öffentlich und leicht zugänglichen Stelle auf klare, präzise und transparente Weise den Betrag der in Umlauf befindlichen vermögenswertereferenzierten Token sowie den Wert und die Zusammensetzung der in Artikel 36 genannten Vermögenswertreserve offen. Diese Informationen müssen mindestens monatlich aktualisiert werden.

(2) Emittenten vermögenswertereferenzierter Token veröffentlichen auf ihrer Website an einer öffentlich und leicht zugänglichen Stelle schnellstmöglich eine kurze, klare, präzise und transparente Zusammenfassung des Prüfberichts und den vollständigen und unbearbeiteten Prüfbericht in Bezug auf die in Artikel 36 genannte Vermögenswertreserve.

(3) Unbeschadet des Artikels 88 legen Emittenten vermögenswertereferenzierter Token auf ihrer Website an einer öffentlich und leicht zugänglichen Stelle so schnell wie möglich und in klarer, präziser und transparenter Weise alle Ereignisse offen, die signifikante Auswirkungen auf den

Wert der vermögenswertereferenzierten Token oder auf die in Artikel 36 genannte Vermögenswertreserve haben oder wahrscheinlich haben werden.

Artikel 31
Beschwerdeverfahren

(1) Emittenten vermögenswertereferenzierter Token führen wirksame und transparente Verfahren für eine umgehende, redliche und einheitliche Bearbeitung von Beschwerden von Inhabern vermögenswertereferenzierter Token und von anderen interessierten Parteien, einschließlich Verbraucherverbänden, die Inhaber von vermögenswertereferenzierten Token vertreten, ein und erhalten sie aufrecht; außerdem veröffentlichen sie Erläuterungen dieser Verfahren. Werden die vermögenswertereferenzierten Token ganz oder teilweise von in Artikel 34 Absatz 5 Unterabsatz 1 Buchstabe h genannten Drittunternehmen vertrieben, so legen die Emittenten des vermögenswertereferenzierten Token Verfahren fest, um auch die Bearbeitung von Beschwerden zwischen Inhabern des vermögenswertereferenzierten Token und solchen Drittunternehmen zu erleichtern.

(2) Die Inhaber vermögenswertereferenzierter Token haben die Möglichkeit, bei den Emittenten ihrer vermögenswertereferenzierten Token oder gegebenenfalls bei den in Absatz 1 genannten Drittunternehmen unentgeltlich Beschwerde einzureichen.

(3) Emittenten vermögenswertereferenzierter Token und gegebenenfalls die in Absatz 1 genannten Drittunternehmen erstellen ein Muster für die Einreichung von Beschwerden, das sie den Inhabern vermögenswertereferenzierter Token zur Verfügung stellen, und führen Aufzeichnungen über alle eingegangenen Beschwerden und daraufhin getroffene Maßnahmen.

(4) Emittenten vermögenswertereferenzierter Token sorgen für eine zeitnahe und redliche Behandlung sämtlicher Beschwerden und teilen den Inhabern ihrer vermögenswertereferenzierten Token die Ergebnisse ihrer Untersuchungen innerhalb eines angemessenen Zeitraums mit.

(5) Die EBA arbeitet in enger Abstimmung mit der ESMA Entwürfe technischer Regulierungsstandards zur Präzisierung der Anforderungen, Standardformate und Beschwerdeverfahren aus.

Die EBA übermittelt der Kommission die in Unterabsatz 1 genannten Entwürfe technischer Regulierungsstandards spätestens am 30. Juni 2024.

Der Kommission wird die Befugnis übertragen, diese Verordnung durch die Annahme der in Unterabsatz 1 genannten technischen Regulierungsstandards gemäß den Artikeln 10 bis 14 der Verordnung (EU) Nr. 1093/2010 zu ergänzen.

Artikel 32
Ermittlung, Vermeidung, Regelung und Offenlegung von Interessenkonflikten

(1) Emittenten vermögenswertereferenzierter Token führen wirksame Strategien und Verfahren zur Ermittlung, Vermeidung, Regelung und Offenlegung von Interessenkonflikten ein und erhalten diese aufrecht, und zwar in Bezug auf Interessenkonflikte zwischen ihnen und

a) ihren Anteilseignern oder Gesellschaftern;

b) jedem Anteilseigner oder Gesellschafter, der direkt oder indirekt eine qualifizierte Beteiligung an ihnen hält;

c) den Mitgliedern ihres Leitungsorgans;

d) ihren Beschäftigten;

e) den Inhabern vermögenswertereferenzierter Token, oder

f) Dritten, die eine der in Artikel 34 Absatz 5 Unterabsatz 1 Buchstabe h genannten Aufgaben wahrnehmen.

(2) Die Emittenten vermögenswertereferenzierter Token ergreifen insbesondere alle geeigneten Maßnahmen zur Ermittlung, Vermeidung, Regelung und Offenlegung von Interessenkonflikten, die sich aus der Verwaltung und Anlage des in Artikel 36 genannten Reservevermögens ergeben.

(3) Die Emittenten vermögenswertereferenzierter Token legen den Inhabern ihrer vermögenswertereferenzierten Token an gut sichtbarer Stelle auf ihrer Website die allgemeine Art und die Quellen von den in Absatz 1 genannten Interessenkonflikten sowie die zur Begrenzung dieser Risiken getroffenen Vorkehrungen offen.

(4) Die Offenlegung nach Absatz 3 muss so präzise sein, dass die potenziellen Inhaber der vermögenswertereferenzierten Token eine fundierte Entscheidung über den Kauf vermögenswertereferenzierter Token treffen können.

(5) Die EBA arbeitet Entwürfe technischer Regulierungsstandards aus, in denen Folgendes präzisiert wird:

a) die Anforderungen bezüglich der in Absatz 1 genannten Strategien und Verfahren;

b) die Einzelheiten und das Verfahren betreffend den Inhalt der Offenlegung nach Absatz 3.

Die EBA übermittelt der Kommission die in Unterabsatz 1 genannten Entwürfe technischer Regulierungsstandards spätestens am 30. Juni 2024.

Der Kommission wird die Befugnis übertragen, diese Verordnung durch die Annahme der in Unterabsatz 1 des vorliegenden Absatzes genannten technischen Regulierungsstandards gemäß den Artikeln 10 bis 14 der Verordnung (EU) Nr. 1093/2010 zu ergänzen.

Artikel 33
Mitteilung von Änderungen im Leitungsorgan

Die Emittenten vermögenswertereferenzierter Token unterrichten ihre zuständige Behörde sofort über jede Änderung in ihrem Leitungsorgan und stellen ihr alle Informationen zur Verfügung, die erforderlich sind, um die Einhaltung von Artikel 34 Absatz 2 zu bewerten.

Artikel 34
Regelungen zur Unternehmensführung

(1) Die Emittenten vermögenswertereferenzierter Token legen solide Regelungen zur Unternehmensführung fest, einschließlich einer klaren Organisationsstruktur mit genau abgegrenzten, transparenten und kohärenten Verantwortungsbereichen, wirksamer Verfahren für die Ermittlung, Regelung, Überwachung und Meldung der Risiken, denen sie ausgesetzt sind oder ausgesetzt sein könnten, sowie angemessener Mechanismen interner Kontrollen mit soliden Verwaltungs- und Rechnungslegungsverfahren.

(2) Die Mitglieder des Leitungsorgans von Emittenten vermögenswertereferenzierter Token müssen hinreichend gut beleumundet sein und sowohl einzeln als auch gemeinsam über die angemessenen Kenntnisse, Fähigkeiten und Erfahrung verfügen, um ihre Aufgaben wahrnehmen zu können. Insbesondere dürfen sie nicht wegen Straftaten im Zusammenhang mit Geldwäsche oder Terrorismusfinanzierung oder anderen Straftaten verurteilt worden sein, die ihren guten Leumund beeinträchtigen würden. Sie müssen ferner nachweisen, dass sie in der Lage sind, ausreichend Zeit für die wirksame Wahrnehmung ihrer Aufgaben aufzuwenden.

(3) Das Leitungsorgan der Emittenten vermögenswertereferenzierter Token bewertet und überprüft regelmäßig die Wirksamkeit der Strategien und Verfahren, die zur Erfüllung der Kapitel 2, 3, 5 und 6 dieses Titels eingeführt wurden, und ergreift geeignete Maßnahmen zur Behebung etwaiger diesbezüglicher Mängel.

(4) Anteilseigner oder Gesellschafter, die direkt oder indirekt qualifizierte Beteiligungen an Emittenten vermögenswertereferenzierter Token halten, müssen hinreichend gut beleumundet sein und dürfen insbesondere nicht für Straftaten im Zusammenhang mit Geldwäsche oder Terrorismusfinanzierung oder für andere Straftaten, die ihrem guten Leumund schaden würden, verurteilt worden sein.

(5) Die Emittenten vermögenswertereferenzierter Token legen Strategien und Verfahren fest, die hinreichend wirksam sind, um die Einhaltung dieser Verordnung sicherzustellen. Die Emittenten vermögenswertereferenzierter Token müssen insbesondere Strategien und Verfahren festlegen, aufrechterhalten und umsetzen in Bezug auf:

a) die in Artikel 36 genannte Vermögenswertreserve;

b) die Verwahrung des Reservevermögens, einschließlich der Trennung der Vermögenswerte, gemäß Artikel 37;

c) die Rechte, die Inhabern vermögenswertereferenzierter Token gemäß Artikel 39 gewährt werden;

d) den Mechanismus für die Ausgabe und den Rücktausch vermögenswertereferenzierter Token;

e) die Protokolle für die Validierung von Geschäften mit vermögenswertereferenzierten Token;

f) die Funktionsweise der unternehmenseigenen Distributed-Ledger-Technologie des Emittenten, wenn die vermögenswertereferenzierten Token mittels einer solchen von Emittenten oder von einem für sie handelnden Dritten betriebene Distributed-Ledger-Technologie oder vergleichbare Technologie ausgegeben, übertragen und gespeichert werden;

g) die Mechanismen zur Gewährleistung der Liquidität vermögenswertereferenzierter Token, einschließlich der in Artikel 45 genannten Strategien und Verfahren für das Liquiditätsmanagement für Emittenten signifikanter vermögenswertereferenzierter Token;

h) Vereinbarungen mit Drittunternehmen über die Verwaltung der Vermögenswertreserve, die Anlage und Verwahrung des Reservevermögens und, falls vorhanden, den öffentlichen Vertrieb der vermögenswertereferenzierten Token;

i) die schriftliche Zustimmung, die Emittenten vermögenswertereferenzierter Token anderen Personen erteilt haben, die die vermögenswertereferenzierten Token öffentlich anbieten oder deren Zulassung zum Handel beantragen;

j) die Bearbeitung von Beschwerden gemäß Artikel 31;

k) Interessenkonflikte gemäß Artikel 32.

Schließen Emittenten vermögenswertereferenzierter Token Vereinbarungen gemäß Unterabsatz 1 Buchstabe h ab, so werden diese Vereinbarungen in einem Vertrag mit den Drittunternehmen festgelegt. In diesen vertraglichen Vereinbarungen werden die Aufgaben, Zuständigkeiten, Rechte und Pflichten sowohl der Emittenten vermögenswertereferenzierter Token als auch der Drittunternehmen festgelegt. Bei vertraglichen Vereinbarungen mit rechtsordnungsübergreifenden Auswirkungen ist eine eindeutige Auswahl des anzuwendenden Rechts zu treffen.

(6) Sofern die Emittenten vermögenswertereferenzierter Token keinen Rücktauschplan gemäß Artikel 47 aufgestellt haben, wenden sie geeignete und verhältnismäßige Systeme, Ressourcen und Verfahren zur Sicherstellung einer kontinuierlichen und regelmäßigen Erbringung ihrer Dienstleistungen und Tätigkeiten an. Zu diesem Zweck

führen die Emittenten vermögenswertereferenzierter Token all ihre Systeme und Protokolle zur Wahrung der Zugriffssicherheit im Einklang mit den einschlägigen Standards der Union.

(7) Beschließt der Emittent eines vermögenswertreferenzierten Token, die Erbringung seiner verbundener Dienstleistungen und Tätigkeiten einzustellen, auch indem er die Ausgabe dieses vermögenswertereferenzierten Token einstellt, so legt er der zuständigen Behörde einen Plan zur Genehmigung dieser Einstellung vor.

(8) Die Emittenten vermögenswertereferenzierter Token ermitteln Quellen operationeller Risiken und minimieren diese Risiken durch Entwicklung geeigneter Systeme, Kontrollen und Verfahren.

(9) Die Emittenten vermögenswertereferenzierter Token legen eine Strategie zur Fortführung des Geschäftsbetriebs und Pläne fest, mit denen im Falle der Unterbrechung ihrer IKT-Systeme und Verfahren die Bewahrung wesentlicher Daten und Funktionen und die Aufrechterhaltung ihrer Tätigkeiten oder, wenn dies nicht möglich ist, zeitnah die Wiederherstellung dieser Daten und Funktionen und die Wiederaufnahme ihrer Tätigkeiten sichergestellt werden.

(10) Die Emittenten vermögenswertereferenzierter Token müssen über interne Kontrollmechanismen und wirksame Verfahren für Risikomanagement, einschließlich wirksamer Kontroll- und Schutzvorkehrungen für das Management von IKT-Systemen gemäß der Verordnung (EU) 2022/2554 des Europäischen Parlaments und des Rates[1] verfügen. In diesen Verfahren ist eine umfassende Bewertung der Inanspruchnahme von Drittunternehmen gemäß Absatz 5 Unterabsatz 1 Buchstabe h des vorliegenden Artikels vorzusehen. Emittenten vermögenswertereferenzierter Token überwachen und bewerten regelmäßig die Angemessenheit und Wirksamkeit der Mechanismen der internen Kontrolle und der Verfahren für die Risikobewertung und ergreifen geeignete Maßnahmen zur Behebung etwaiger diesbezüglicher Mängel.

(11) Die Emittenten vermögenswertereferenzierter Token richten angemessene Systeme und Verfahren ein, um die Verfügbarkeit, Authentizität, Integrität und Vertraulichkeit der Daten gemäß der Verordnung (EU) 2022/2554 und der Verordnung (EU) 2016/679 zu schützen. Über diese Systeme werden relevante Daten und Informationen, die im Rahmen der Tätigkeiten der Emittenten erhoben und generiert werden, erfasst und gesichert.

(12) Die Emittenten vermögenswertereferenzierter Token stellen sicher, dass sie regelmäßig von unabhängigen Prüfern geprüft werden. Die Ergebnisse dieser Prüfungen werden dem Leitungsorgan des betreffenden Emittenten mitgeteilt und der zuständigen Behörde zur Verfügung gestellt.

(13) Bis zum 30. Juni 2024 gibt die EBA in enger Zusammenarbeit mit der ESMA und der EZB Leitlinien gemäß Artikel 16 der Verordnung (EU) Nr. 1093/2010 heraus, in denen die inhaltlichen Mindestanforderungen an die Regelungen zur Unternehmensführung im Hinblick auf folgende Elemente spezifiziert werden:

a) die Instrumente zur Überwachung der Risiken nach Absatz 8;

b) den in Absatz 9 genannten Plan zur Fortführung des Geschäftsbetriebs;

c) den in Absatz 10 genannten internen Kontrollmechanismus;

d) die in Absatz 12 genannten Prüfungen, einschließlich der Unterlagen, die mindestens bei der Prüfung zu verwenden sind.

Beim Herausgeben der in Unterabsatz 1 genannten Leitlinien berücksichtigt die EBA die Bestimmungen über die Anforderungen an die Unternehmensführung aus anderen Gesetzgebungsakten der Union über Finanzdienstleistungen, einschließlich der Richtlinie 2014/65/EU.

Artikel 35
Eigenmittelanforderungen

(1) Die Emittenten vermögenswertereferenzierter Token verfügen jederzeit über Eigenmittel in Höhe eines Betrags, der mindestens dem höchsten der folgenden Beträge entspricht:

a) EUR 350 000;

b) 2 % des Durchschnittsbetrags des in Artikel 36 genannten Reservevermögens;

c) einem Viertel der fixen Gemeinkosten des Vorjahres.

Für die Zwecke von Unterabsatz 1 Buchstabe b gilt als Durchschnittsbetrag des Reservevermögens der über die vorangegangenen sechs Monate berechnete Durchschnittsbetrag des Reservevermögens am Ende jeden Kalendertages.

Bietet ein Emittent mehr als einen vermögenswertreferenzierten Token an, so entspricht der unter Unterabsatz 1 Buchstabe b genannte Betrag der Summe des Durchschnittsbetrags des Reservevermögens für jeden vermögenswertreferenzierten Token.

Der in Unterabsatz 1 Buchstabe c genannte Betrag wird jährlich überprüft und gemäß Artikel 67 Absatz 3 berechnet.

Zu Artikel 34:

[1] Verordnung (EU) 2022/2554 des Europäischen Parlaments und des Rates vom 14. Dezember 2022 über die Betriebsstabilität digitaler Systeme im Finanzsektor und zur Änderung der Verordnungen (EG) Nr. 1060/2009, (EU) Nr. 648/2012, (EU) Nr. 600/2014 und (EU) Nr. 909/2014 und (EU) 2016/1011 (ABl. L 333 vom 27.12.2022, S. 1).

(2) Die in Absatz 1 dieses Artikels genannten Eigenmittel bestehen aus den in den Artikeln 26 bis 30 der Verordnung (EU) Nr. 575/2013 genannten Posten und Instrumenten des harten Kernkapitals nach den vollständig erfolgten Abzügen gemäß Artikel 36 der genannten Verordnung und ohne Anwendung der Schwellenwerte für Ausnahmen nach Artikel 46 Absatz 4 und Artikel 48 der genannten Verordnung.

(3) Die zuständige Behörde des Herkunftsmitgliedstaats kann einem Emittenten eines vermögenswertreferenzierten Token vorschreiben, Eigenmittel in einer Höhe vorzuhalten, die um bis zu 20 % über dem Betrag liegen, der sich aus der Anwendung von Absatz 1 Unterabsatz 1 Buchstabe b ergibt, wenn aufgrund einer Bewertung eines der folgenden Faktoren auf ein höheres Risiko zu schließen ist:

a) Evaluierung der in Artikel 34 Absätze 1, 8 und 10 genannten Verfahren des Risikomanagements und der Mechanismen der internen Kontrolle des Emittenten des vermögenswertreferenzierten Token;

b) Qualität und Volatilität des in Artikel 36 genannten Reservevermögens;

c) Arten von Rechten, die der Emittent des vermögenswertreferenzierten Token Inhabern vermögenswertereferenzierter Token gemäß Artikel 39 gewährt;

d) falls die Vermögenswertreserve Anlagen umfasst, Risiken, die sich aus der Anlagepolitik für die Vermögenswertreserve ergeben;

e) Gesamtwert und Gesamtzahl der Transaktionen, die mit dem vermögenswertereferenzierten Token getätigt wurden;

f) Bedeutung der Märkte, auf denen der vermögenswertereferenzierten Token angeboten und vertrieben werden;

g) falls vorhanden, Marktkapitalisierung des vermögenswertereferenzierten Token.

(4) Die zuständige Behörde des Herkunftsmitgliedstaats kann einem Emittenten eines nicht signifikanten vermögenswertereferenzierten Token verpflichten, die in Artikel 45 festgelegten Anforderungen zu erfüllen, wenn dies zur Bewältigung des gemäß Absatz 3 des vorliegenden Artikels ermittelten höheren Risikos oder anderer gemäß Artikel 45 berücksichtigter Risiken – etwa Liquiditätsrisiken – erforderlich ist.

(5) Unbeschadet Absatz 3 führen Emittenten vermögenswertereferenzierter Token regelmäßig Stresstests durch, bei denen schwere, aber plausible finanzielle Stressszenarien wie Zinsschocks und nichtfinanzielle Stressszenarien wie operationelle Risiken berücksichtigt werden. Auf der Grundlage der Ergebnisse solcher Stresstests schreibt die zuständige Behörde des Herkunftsmitgliedstaats den Emittenten vermögenswertereferenzierter Token vor, dass sie unter bestimmten Umständen hinsichtlich der Risikoprognose und der Stresstestergebnisse einen Betrag an Eigenmitteln halten, der zwischen 20 % und 40 % höher ist als der Betrag, der sich aus der Anwendung von Absatz 1 Unterabsatz 1 Buchstabe b ergibt.

(6) Die EBA arbeitet in enger Zusammenarbeit mit der ESMA und der EZB Entwürfe technischer Regulierungsstandards aus, in denen Folgendes präzisiert wird:

a) das Verfahren und die Fristen für die Anpassung eines Emittenten eines signifikanten vermögenswertreferenzierten Token an höhere Eigenmittelanforderungen gemäß Absatz 3;

b) die Kriterien für die Forderung eines höheren Eigenmittelbetrags gemäß Absatz 3;

c) die Mindestanforderungen an die Gestaltung von Stresstests unter Berücksichtigung des Volumens, der Komplexität und Art des vermögenswertereferenzierten Token, einschließlich, aber nicht beschränkt auf:

i) die Arten von Stresstests und ihre wichtigsten Ziele und Anwendungen;

ii) die Häufigkeit der verschiedenen Stresstests;

iii) die internen Regelungen zur Unternehmensführung;

iv) die entsprechende Dateninfrastruktur;

v) die Methodik und Plausibilität der Annahmen;

vi) die Anwendung des Grundsatzes der Verhältnismäßigkeit auf alle quantitativen oder qualitativen Mindestanforderungen und

vii) die Mindesthäufigkeit der Stresstests und die gemeinsamen Referenzparameter der Stresstestszenarien.

Die EBA übermittelt der Kommission die in Unterabsatz 1 genannten Entwürfe technischer Regulierungsstandards spätestens am 30. Juni 2024.

Der Kommission wird die Befugnis übertragen, diese Verordnung durch die Annahme der in Unterabsatz 1 des vorliegenden Absatzes genannten technischen Regulierungsstandards gemäß den Artikeln 10 bis 14 der Verordnung (EU) Nr. 1093/2010 zu ergänzen.

KAPITEL 3

Vermögenswertreserve

Artikel 36
Pflicht zum Halten einer Vermögenswertreserve sowie Zusammensetzung und Verwaltung dieser Vermögenswertreserve

(1) Die Emittenten vermögenswertereferenzierter Token bilden und halten jederzeit eine Vermögenswertreserve. Die Vermögenswertreserve sollte so zusammengesetzt sein und verwaltet werden, dass

a) die Risiken im Zusammenhang mit den Vermögenswerten, auf die sich die vermögenswertereferenzierten Token beziehen, abgedeckt sind und

b) die Liquiditätsrisiken, die mit den dauerhaften Rücktauschrechten der Inhaber verbunden sind, beachtet werden.

(2) Die Vermögenswertreserve wird im Interesse der Inhaber vermögenswertereferenzierter Token nach geltendem Recht vom Vermögen des Emittenten und von der Vermögenswertreserve anderer vermögenswertereferenzierter Token in einer Weise rechtlich getrennt, dass die Gläubiger des Emittenten – insbesondere bei Insolvenz – keinen Zugriff auf die Vermögenswertreserve haben.

(3) Die Emittenten vermögenswertereferenzierter Token stellen sicher, dass die Vermögenswertreserve operativ von ihrem Vermögen und von der Vermögenswertreserve anderer Token getrennt ist.

(4) Die EBA arbeitet in enger Zusammenarbeit mit der ESMA und der EZB Entwürfe technischer Regulierungsstandards aus, in denen die Liquiditätsanforderungen unter Berücksichtigung des Umfangs, der Komplexität und der Art der Vermögenswertreserve und des vermögenswertereferenzierten Token weiter präzisiert werden.

In dem technischen Regulierungsstandard wird insbesondere Folgendes festgelegt:

a) der jeweilige Prozentsatz der Vermögenswertreserve aus täglich fällig werdenden Vermögenswerten, einschließlich umgekehrten Rückkaufsvereinbarungen, die mit einer Frist von einem Arbeitstag gekündigt werden können, oder der Prozentsatz der Barmittel, der unter Einhaltung einer Frist von einem Arbeitstag abgehoben werden kann;

b) der jeweilige Prozentsatz der Vermögenswertreserve aus wöchentlich fällig werdenden Vermögenswerten, einschließlich umgekehrten Rückkaufsvereinbarungen, die mit einer Frist von fünf Arbeitstagen gekündigt werden können, oder der Prozentsatz der Barmittel, der unter Einhaltung einer Frist von fünf Arbeitstagen abgehoben werden kann;

c) sonstige relevante Fälligkeiten und allgemeine Techniken für das Liquiditätsmanagement;

d) die Mindestbeträge in jeder referenzierten amtlichen Währung, die als Einlagen bei Kreditinstituten gehalten werden sollen, die nicht unter 30 % des in den einzelnen amtlichen Währungen referenzierten Betrags liegen dürfen.

Für die Zwecke von Unterabsatz 2 Buchstaben a, b und c berücksichtigt die EBA unter anderem die in Artikel 52 der Richtlinie 2009/65/EG festgelegten einschlägigen Schwellenwerte.

Die EBA übermittelt der Kommission die in Unterabsatz 1 genannten Entwürfe technischer Regulierungsstandards spätestens am 30. Juni 2024.

Der Kommission wird die Befugnis übertragen, diese Verordnung durch die Annahme der in Unterabsatz 1 des vorliegenden Absatzes genannten technischen Regulierungsstandards gemäß den Artikeln 10 bis 14 der Verordnung (EU) Nr. 1093/2010 zu ergänzen.

(5) Emittenten, die zwei oder mehr vermögenswertereferenzierter Token öffentlich anbieten, bilden und halten getrennt für jeden vermögenswertreferenzierten Token Vermögenswertreserven. Jede dieser Vermögenswertreserven wird getrennt verwaltet.

Bieten verschiedene Emittenten vermögenswertereferenzierter Token denselben vermögenswertreferenzierten Token öffentlich an, so bilden und halten diese Emittenten nur eine Vermögenswertreserve für diesen vermögenswertreferenzierten Token.

(6) Die Leitungsorgane von Emittenten vermögenswertereferenzierter Token gewährleisten die wirksame und umsichtige Verwaltung der Vermögenswertreserve. Die Emittenten stellen sicher, dass der Ausgabe und dem Rücktausch vermögenswertereferenzierter Token stets eine entsprechende Erhöhung oder Verminderung der Vermögenswertreserve gegenübersteht.

(7) Der Emittent eines vermögenswertreferenzierten Token ermittelt den aggregierten Wert der Vermögenswertreserve anhand von Marktpreisen. Ihr aggregierter Wert entspricht mindestens dem aggregierten Wert der Ansprüche der Inhaber des im Umlauf befindlichen vermögenswertereferenzierten Tokens gegen den Emittenten.

(8) Die Emittenten vermögenswertereferenzierter Token verfügen über eine klare und detaillierte Strategie und beschreiben darin den Stabilisierungsmechanismus für diese Token. Diese Strategie umfasst insbesondere Folgendes:

a) eine Liste der Vermögenswerte, auf die sich die vermögenswertereferenzierten Token beziehen, und die Zusammensetzung dieser Vermögenswerte;

b) eine Beschreibung der Art der Vermögenswerte und die genaue Zuordnung der Vermögenswerte, die Teil der Vermögenswertreserve sind;

c) eine detaillierte Bewertung der Risiken, einschließlich des Kreditrisikos, Marktrisikos, Konzentrationsrisikos und Liquiditätsrisikos, die sich aus dem Reservevermögen ergeben;

d) eine Beschreibung des Verfahrens für die Emission und den Rücktausch der vermögenswertereferenzierten Token sowie des Verfahrens, nach dem eine solche Emission oder ein solcher Rücktausch zu einer entsprechenden Erhöhung oder Verminderung der Vermögenswertreserve führt;

e) die Angabe, ob ein Teil der Vermögenswertreserve gemäß Artikel 38 angelegt ist;

f) wenn Emittenten vermögenswertereferenzierter Token einen Teil der Vermögenswertreserve gemäß Artikel 38 anlegen, eine ausführliche Beschreibung der Anlagepolitik und eine Bewertung möglicher Auswirkungen dieser Anlagepolitik auf den Wert der Vermögenswertreserve;

g) eine Beschreibung des Verfahrens für den Kauf vermögenswertereferenzierter Token und den Rücktausch dieser Token gegen die Vermögenswertreserve und eine Liste der dazu berechtigten Personen oder Kategorien von Personen.

(9) Unbeschadet des Artikels 34 Absatz 12, müssen Emittenten vermögenswertereferenzierter Token ab dem Tag ihrer Zulassung gemäß Artikel 21 oder ab dem Tag der Genehmigung des Kryptowerte-Whitepapers gemäß Artikel 17 alle sechs Monate eine unabhängige Prüfung der Vermögenswertreserve in Auftrag geben, in der die Einhaltung dieses Kapitels geprüft wird.

(10) Der Emittent teilt der zuständigen Behörde das Ergebnis der in Absatz 9 genannten Prüfung der zuständigen Behörde unverzüglich, spätestens jedoch sechs Wochen nach dem Referenzdatum der Bewertung mit. Der Emittent veröffentlicht das Ergebnis der Prüfung binnen zweier Wochen nach der Benachrichtigung der zuständigen Behörde. Die zuständige Behörde kann den Emittenten anweisen, die Veröffentlichung der Ergebnisse der Prüfung aufzuschieben, wenn

a) der Emittent aufgefordert wurde, eine oder mehrere Sanierungsmaßnahmen gemäß Artikel 46 Absatz 3 umzusetzen;

b) der Emittent aufgefordert wurde, einen Rücktauschplan gemäß Artikel 47 umzusetzen;

c) es für notwendig erachtet wird, um die wirtschaftlichen Interessen der Inhaber der vermögenswertereferenzierten Token zu schützen;

d) es für notwendig erachtet wird, um erhebliche nachteilige Auswirkungen auf das Finanzsystem des Herkunftsmitgliedstaats oder eines anderen Mitgliedstaats zu verhindern.

(11) Die Bewertung zu Marktpreisen gemäß Absatz 7 des vorliegenden Artikels erfolgt nach Möglichkeit im Sinne von Artikel 2 Nummer 8 der Verordnung (EU) 2017/1131 des Europäischen Parlaments und des Rates[1)].

Bei der Bewertung zu Marktpreisen wird das Reservevermögen auf der vorsichtigen Seite des Geld-/Briefkurses bewertet, es sei denn, das Reservevermögen kann zum Mittelkurs glattgestellt werden. Für die Bewertung zu Marktpreisen werden nur Marktdaten von guter Qualität verwendet, und diese Daten werden auf der Grundlage aller folgenden Faktoren bewertet:

a) Anzahl und Qualität der Gegenparteien;

b) Marktvolumen des Reservevermögenswerts und damit erzielter Marktumsatz;

c) Umfang der Vermögenswertreserve.

(12) Ist die Bewertung zu Marktpreisen gemäß Absatz 11 des vorliegenden Artikels nicht möglich oder sind die Marktdaten nicht von ausreichender Qualität, so wird das Reservevermögen konservativ zu Modellpreisen im Sinne von Artikel 2 Nummer 9 der Verordnung (EU) 2017/1131 bewertet.

Das Modell muss eine präzise Schätzung des dem Reservevermögen inhärenten Wertes liefern und sich auf alle folgenden aktuellen Schlüsselfaktoren stützen:

a) Marktvolumen des Reservevermögens und damit erzielter Marktumsatz;

b) Umfang der Vermögenswertreserve;

c) Marktrisiko, Zinsrisiko und mit dem Reservevermögen verbundenes Kreditrisiko.

Bei der Bewertung zu Modellpreisen wird nicht die Methode der Bewertung zu fortgeführten Anschaffungskosten gemäß Artikel 2 Nummer 10 der Verordnung (EU) 2017/1131 angewandt.

Artikel 37
Verwahrung des Reservevermögens

(1) Die Emittenten vermögenswertereferenzierter Token müssen Strategien und Verfahren sowie vertragliche Vereinbarungen für die Verwahrung festlegen, aufrechterhalten und umsetzen, um jederzeit sicherzustellen, dass

a) das Reservevermögen weder belastet noch als „Finanzsicherheit" im Sinne von Artikel 2 Absatz 1 Buchstabe a der Richtlinie 2002/47/EG des Europäischen Parlaments und des Rates[1)] verpfändet wird;

b) das Reservevermögen gemäß Absatz 6 des vorliegenden Artikels verwahrt wird;

c) die Emittenten vermögenswertereferenzierter Token umgehend Zugang zum Reservevermögen haben, um etwaige Rücktauschforderungen der Inhaber vermögenswertereferenzierter Token bedienen zu können;

d) Konzentrationen hinsichtlich der Verwahrstellen des Reservevermögens vermieden werden;

e) das Risiko einer Konzentration des Reservevermögens vermieden wird.

(2) Emittenten vermögenswertereferenzierter Token, die in der Union zwei oder mehr vermö-

Zu Artikel 36:

[1)] Verordnung (EU) 2017/1131 des Europäischen Parlaments und des Rates vom 14. Juni 2017 über Geldmarktfonds (ABl. L 169 vom 30.6.2017, S. 8).

Zu Artikel 37:

[1)] Richtlinie 2002/47/EG des Europäischen Parlaments und des Rates vom 6. Juni 2002 über Finanzsicherheiten (ABl. L 168 vom 27.6.2002, S. 43).

genswertereferenzierter Token ausgeben, legen für jede Vermögenswertreserve eine eigene Strategie für deren Verwahrung fest. Verschiedene Emittenten vermögenswertereferenzierter Token, die den gleichen vermögenswertereferenzierten Token ausgeben, legen nur eine Verwahrstrategie fest und erhalten diese aufrecht.

(3) Das Reservevermögen wird bis höchstens fünf Arbeitstage nach Emission des vermögenswertereferenzierten Token von einer oder mehreren der folgenden Stellen verwahrt:

a) einem Anbieter von Kryptowerte-Dienstleistungen, der Kryptowerte für Kunden verwahrt oder verwaltet, sofern es sich bei dem Reservevermögen um Kryptowerte handelt;

b) einem Kreditinstitut bei allen Arten von Reservevermögen;

c) einer Wertpapierfirma, die die Nebendienstleistung der Verwahrung und Verwaltung von Finanzinstrumenten für Rechnung von Kunden gemäß Anhang I Abschnitt B Nummer 1 der Richtlinie 2014/65/EU erbringt, wenn das Reservevermögen die Form von Finanzinstrumenten hat.

(4) Die Emittenten vermögenswertereferenzierter Token gehen bei der Auswahl, Bestellung und Überprüfung der gemäß Absatz 3 als Verwahrstelle für das Reservevermögen bestellten Anbieter von Kryptowerte-Dienstleistungen, Kreditinstitute und Wertpapierfirmen mit der erforderlichen Sachkenntnis, Sorgfalt und Gewissenhaftigkeit vor. Die Verwahrstelle muss eine vom Emittenten verschiedene juristische Person sein.

Die Emittenten vermögenswertereferenzierter Token stellen sicher, dass die als Verwahrstelle für das Reservevermögen gemäß Absatz 3 bestellten Anbieter von Kryptowerte-Dienstleistungen, Kreditinstitute und Wertpapierfirmen über die erforderliche Sachkenntnis und Marktreputation verfügen, um als Verwahrstelle für ein solches Reservevermögen zu fungieren, wobei die Rechnungslegungsverfahren, die Verfahren für die sichere Aufbewahrung und die internen Kontrollmechanismen dieser Anbieter von Kryptowerte-Dienstleistungen, Kreditinstitute und Wertpapierfirmen zu berücksichtigen sind. Durch die vertraglichen Vereinbarungen zwischen den Emittenten vermögenswertereferenzierter Token und den Verwahrstellen wird sichergestellt, dass das verwahrte Reservevermögen gegen Forderungen der Gläubiger der Verwahrstellen geschützt ist.

(5) In den Strategien und Verfahren für die Verwahrung nach Absatz 1 werden die Auswahlkriterien für die Bestellung von Anbietern von Kryptowerte-Dienstleistungen, Kreditinstituten oder Wertpapierfirmen als Verwahrstellen für das Reservevermögen und das Verfahren zur Überprüfung einer solcher Bestellung festgelegt.

Die Emittenten vermögenswertereferenzierter Token überprüfen regelmäßig die Bestellung von Anbietern von Kryptowerte-Dienstleistungen, Kreditinstituten oder Wertpapierfirmen als Verwahrstellen für das Reservevermögen. für die Zwecke dieser Bewertung bewerten die Emittenten vermögenswertereferenzierter Token ihre Risikopositionen gegenüber solchen Verwahrstellen unter Berücksichtigung ihrer gesamten Beziehungen zu ihnen und überwachen fortlaufend die finanzielle Lage dieser Verwahrstellen.

(6) Die Verwahrstellen für das Reservevermögen gemäß Absatz 4 stellen sicher, dass die Verwahrung dieses Reservevermögens folgendermaßen erfolgt:

a) Kreditinstitute verwahren Geldbeträge auf einem Konto, das in den Büchern des Kreditinstituts eröffnet wurde;

b) im Falle verwahrbarer Finanzinstrumente nehmen die Kreditinstitute oder Wertpapierfirmen alle Finanzinstrumente, die auf einem in den Büchern der Kreditinstitute oder Wertpapierfirmen eröffneten Konto für Finanzinstrumente verbucht werden können, sowie alle Finanzinstrumente, die physisch an diese Kreditinstitute oder Wertpapierfirmen geliefert werden können, in Verwahrung;

c) im Fall verwahrbarer Kryptowerte nehmen die Anbieter von Kryptowerte-Dienstleistungen die Kryptowerte, die Teil des Reservevermögens sind, oder die Mittel für den Zugang zu solchen Kryptowerten, gegebenenfalls in Form privater kryptografischer Schlüssel, in Verwahrung;

d) im Fall anderer Vermögenswerte überprüfen die Kreditinstitute die Eigentumsverhältnisse der Emittenten der vermögenswertereferenzierten Token und führen Aufzeichnungen über das Reservevermögen, bei dem sie sich davon überzeugt haben, dass sein Eigentümer die Emittenten der vermögenswertereferenzierten Token sind.

Für die Zwecke von Unterabsatz 1 Buchstabe a stellen die Kreditinstitute sicher, dass Geldbeträge in den Büchern der Kreditinstitute gemäß den nationalen Rechtsvorschriften zur Umsetzung des Artikels 16 der Richtlinie 2006/73/EG der Kommission[2)] auf getrennten Konten verbucht werden. Dieses Konto wird für die Zwecke der Verwaltung des Reservevermögens jeden vermögenswertereferenzierten Token auf den Namen des Emittenten der vermögenswertereferenzierten Token eröffnet, sodass die verwahrten Geldbeträge eindeutig als Teil jeder Vermögenswertreserve identifiziert werden können.

[2)] Richtlinie 2006/73/EG der Kommission vom 10. August 2006 zur Durchführung der Richtlinie 2004/39/EG des Europäischen Parlaments und des Rates in Bezug auf die organisatorischen Anforderungen an Wertpapierfirmen und die Bedingungen für die Ausübung ihrer Tätigkeit sowie in Bezug auf die Definition bestimmter Begriffe für die Zwecke der genannten Richtlinie (ABl. L 241 vom 2.9.2006, S. 26).

Für die Zwecke von Unterabsatz 1 Buchstabe b stellen die Kreditinstitute und Wertpapierfirmen sicher, dass alle Finanzinstrumente, die auf einem in den Büchern des Kreditinstituts und Wertpapierfirmen eröffneten Konto für Finanzinstrumente verbucht werden können, in den Büchern der Kreditinstitute und Wertpapierfirmen gemäß den nationalen Rechtsvorschriften zur Umsetzung des Artikels 16 der Richtlinie 2006/73/EG auf getrennten Konten verbucht werden. Die Konten für Finanzinstrumente werden für die Zwecke der Verwaltung des Reservevermögens jedes vermögenswertereferenzierten Token auf den Namen der Emittenten der vermögenswertereferenzierten Token eröffnet, sodass die verwahrten Finanzinstrumente eindeutig als Teil jeder Vermögenswertreserve identifiziert werden können.

Für die Zwecke von Unterabsatz 1 Buchstabe c öffnen die Anbieter von Kryptowerte-Dienstleistungen zur Verwaltung des Reservevermögens jedes vermögenswertereferenzierten Token ein Register der Risikopositionen auf den Namen der Emittenten der vermögenswertereferenzierten Token, sodass die verwahrten Kryptowerte eindeutig als Teil jeder Vermögenswertreserve identifiziert werden können

Für die Zwecke von Unterabsatz 1 Buchstabe d stützt sich die Bewertung, ob Emittenten vermögenswertereferenzierter Token Eigentümer des Reservevermögens sind, auf Informationen oder Unterlagen, die die Emittenten der vermögenswertereferenzierten Token zur Verfügung stellen, und, soweit verfügbar, auf externe Nachweise.

(7) Die Bestellung von Anbietern von Kryptowerte-Dienstleistungen, Kreditinstituten oder Wertpapierfirmen als Verwahrstellen für das Reservevermögen gemäß Absatz 4 des vorliegenden Artikels wird durch den in Artikel 34 Absatz 5 Unterabsatz 2 genannten schriftlichen Vertrag belegt. In diesen vertraglichen Vereinbarungen wird unter anderem geregelt, welcher Informationsfluss als notwendig erachtet wird, damit die Emittenten vermögenswertereferenzierter Token sowie die Anbieter von Kryptowerte-Dienstleistungen, die Kreditinstitute und die Wertpapierfirmen ihre Aufgaben als Verwahrstellen erfüllen können.

(8) Anbieter von Kryptowerte-Dienstleistungen, Kreditinstitute und Wertpapierfirmen, die gemäß Absatz 4 als Verwahrstellen bestellt werden, handeln ehrlich, redlich, professionell, unabhängig und im Interesse der Emittenten und der Inhaber der vermögenswertereferenzierten Token.

(9) Anbieter von Kryptowerte-Dienstleistungen, Kreditinstitute und Wertpapierfirmen, die gemäß Absatz 4 als Verwahrstellen bestellt werden, unterlassen im Umgang mit Emittenten vermögenswertereferenzierter Token jede Tätigkeit, die zu Interessenkonflikten zwischen diesen Emittenten, den Inhabern der vermögenswertereferenzierten Token und ihnen selbst führen könnte, es sei denn, alle folgenden Bedingungen sind erfüllt:

a) Die Anbieter von Kryptowerte-Dienstleistungen, Kreditinstitute oder Wertpapierfirmen haben die Wahrnehmung ihrer Verwahraufgaben in funktionaler und hierarchischer Hinsicht von potenziell kollidierenden Aufgaben getrennt;

b) die potenziellen Interessenkonflikte werden von den Emittenten der vermögenswertereferenzierten Token gemäß Artikel 32 ordnungsgemäß ermittelt, überwacht, geregelt und den Inhabern der vermögenswertereferenzierten Token offengelegt.

(10) Im Falle des Verlusts eines nach Absatz 6 verwahrten Finanzinstruments oder Kryptowerts sorgen der Anbieter von Kryptowerte-Dienstleistungen, das Kreditinstitut oder die Wertpapierfirma, die das Finanzinstrument oder den Kryptowert verloren haben, unverzüglich für die Entschädigung oder Rückerstattung durch ein Finanzinstrument oder einen Kryptowert derselben Art oder des entsprechenden Wertes an den Emittenten des vermögenswertereferenzierten Token. Die betreffenden Anbieter von Kryptowerte-Dienstleistungen, Kreditinstitute oder Wertpapierfirmen müssen keine Entschädigung oder Rückerstattung leisten, wenn sie nachweisen können, dass der Verlust auf ein äußeres Ereignis zurückzuführen ist, das sich nach vernünftigem Ermessen ihrer Kontrolle entzieht und dessen Folgen trotz aller zumutbaren Anstrengungen nicht vermieden werden konnten.

Artikel 38
Anlage der Vermögenswertreserve

(1) Emittenten vermögenswertereferenzierter Token, die einen Teil der Vermögenswertreserve anlegen, investieren diese Vermögenswerte nur in hochliquide Finanzinstrumente mit minimalem Marktrisiko, Kreditrisiko und Konzentrationsrisiko. Die Anlagen müssen schnell und mit minimalem negativem Preiseffekt liquidierbar sein.

(2) Anteile an einem Organismus für gemeinsame Anlagen in Wertpapieren (OGAW) gelten für die Zwecke des Absatzes 1 als Vermögenswerte mit minimalem Markt-, Kredit- und Konzentrationsrisiko, wenn dieser OGAW ausschließlich in von der EBA gemäß Absatz 5 näher spezifizierte Vermögenswerte investiert und wenn der Emittent des vermögenswertereferenzierten Token sicherstellt, dass die Vermögenswertreserve so angelegt wird, dass das Konzentrationsrisiko minimiert wird.

(3) Die Finanzinstrumente, in die die Vermögenswertreserve investiert wird, werden gemäß Artikel 37 verwahrt.

(4) Alle Gewinne oder Verluste, einschließlich der Wertschwankungen der in Absatz 1 genannten Finanzinstrumente, sowie etwaige Gegenparteiri-

siken oder operationelle Risiken, die sich aus der Anlage der Vermögenswertreserve ergeben, werden vom Emittenten des vermögenswertereferenzierten Token getragen.

(5) Die EBA arbeitet gemeinsam mit der ESMA und der EZB Entwürfe technischer Regulierungsstandards zur Spezifizierung der Finanzinstrumente aus, die als hochliquide betrachtet werden können und mit minimalem Markt-, Kredit- und Konzentrationsrisiko nach Absatz 1 verbunden sind. Bei Spezifizierung dieser Finanzinstrumente berücksichtigt die EBA:

a) die verschiedenen Arten von Vermögenswerten, auf die sich ein vermögenswertereferenzierter Token beziehen kann;

b) die Korrelation zwischen den Vermögenswerten, auf die sich der vermögenswertereferenzierte Token bezieht, und den hochliquiden Finanzinstrumenten, in die der Emittent investieren könnte;

c) die Liquiditätsdeckungsanforderung gemäß Artikel 412 der Verordnung (EU) Nr. 575/2013 und nach Maßgabe der Delegierten Verordnung (EU) 2015/61 der Kommission[1];

d) Konzentrationsbeschränkungen, die den Emittenten daran hindern,

i) mehr als einen bestimmten Prozentsatz des Reservevermögens in hochliquide Finanzinstrumente mit minimalem Marktrisiko, Kreditrisiko und Konzentrationsrisiko, die von einem einzigen Unternehmen begeben werden, anzulegen;

ii) mehr als einen bestimmten Prozentsatz von Kryptowerten oder Vermögenswerten befindlich bei Anbietern von Kryptowerte-Dienstleistungen oder Kreditinstituten, die derselben Gruppe im Sinne von Artikel 2 Absatz 11 der Richtlinie 2013/34/EU des Europäischen Parlaments und des Rates[2] angehören, oder Wertpapierfirmen zu verwahren.

Für die Zwecke von Unterabsatz 1 Buchstabe d Ziffer i legt die EBA geeignete Grenzwerte zur Festlegung der Konzentrationsanforderungen fest. Diese Grenzwerte tragen unter anderem den in Artikel 52 der Richtlinie 2009/65/EG festgelegten einschlägigen Schwellenwerten Rechnung.

Die EBA übermittelt der Kommission die in Unterabsatz 1 des vorliegenden Absatzes genannten Entwürfe technischer Regulierungsstandards bis zum 30. Juni 2024.

Der Kommission wird die Befugnis übertragen, diese Verordnung durch die Annahme der in Unterabsatz 1 des vorliegenden Absatzes genannten technischen Regulierungsstandards gemäß den Artikeln 10 bis 14 der Verordnung (EU) Nr. 1093/2010 zu ergänzen.

Artikel 39
Recht auf Rücktausch

(1) Die Inhaber vermögenswertereferenzierter Token haben jederzeit das Recht auf Rücktausch gegenüber den Emittenten der vermögenswertereferenzierten Token und in Bezug auf das Reservevermögen, wenn die Emittenten ihren in Kapitel 6 dieses Titels genannten Verpflichtungen nicht nachkommen können. Die Emittenten legen klare und detaillierte Strategien und Verfahren in Bezug auf solche dauerhaften Rücktauschrechte fest, halten diese aufrecht und setzen sie um.

(2) Auf Wunsch eines Inhabers eines vermögenswertreferenzierten Token muss ein Emittent eines solchen Token den Rücktausch entweder im Wege der Zahlung eines dem Marktwert der Vermögenswerte, auf die die vermögenswertereferenzierten Token Bezug nehmen, entsprechenden Geldbetrags, wobei es sich nicht um elektronisches Geld handelt, oder im Wege der Bereitstellung der Vermögenswerte, auf die den Token Bezug nehmen, vornehmen. Emittenten legen eine Strategie für ein solches dauerhaftes Recht auf Rücktausch fest, in der Folgendes geregelt ist:

a) die Modalitäten, einschließlich einschlägiger Schwellenwerte, Fristen und Zeitrahmen, nach denen Inhaber vermögenswertereferenzierter Token ein solches Recht auf Rücktausch ausüben können;

b) die Mechanismen und Verfahren, durch die der Rücktausch der vermögenswertereferenzierten Token gewährleistet wird, auch unter angespannten Marktbedingungen sowie im Zusammenhang mit der Durchführung des Sanierungsplans gemäß Artikel 46 oder im Falle eines geordneten Rücktausches vermögenswertereferenzierter Token gemäß Artikel 47;

c) die Bewertung oder die Grundsätze für die Bewertung der vermögenswertereferenzierten Token und des Reservevermögens bei Ausübung des Rechts auf Rücktausch durch den Inhaber vermögenswertereferenzierter Token, auch unter Anwendung der Bewertungsmethode gemäß Artikel 36 Absatz 11;

d) die Bedingungen für die Abwicklung des Rücktausches und

e) Maßnahmen, die die Emittenten ergreifen, um Erhöhungen oder Rückgänge der Reserve

***

Zu Artikel 38:

[1] Delegierte Verordnung (EU) 2015/61 der Kommission vom 10. Oktober 2014 zur Ergänzung der Verordnung (EU) Nr. 575/2013 des Europäischen Parlaments und des Rates in Bezug auf die Liquiditätsdeckungsanforderung an Kreditinstitute (ABl. L 11 vom 17.1.2015, S. 1).

[2] Richtlinie 2013/34/EU des Europäischen Parlaments und des Rates vom 26. Juni 2013 über den Jahresabschluss, den konsolidierten Abschluss und damit verbundene Berichte von Unternehmen bestimmter Rechtsformen und zur Änderung der Richtlinie 2006/43/EG des Europäischen Parlaments und des Rates und zur Aufhebung der Richtlinien 78/660/EWG und 83/349/EWG des Rates (ABl. L 182 vom 29.6.2013, S. 19).

angemessen zu verwalten, damit nachteilige Auswirkungen der in der Reserve enthaltenen Vermögenswerte auf den Markt der Reservevermögen vermieden werden.

Akzeptieren Emittenten beim Verkauf eines vermögenswertereferenzierten Token eine Zahlung eines Geldbetrags, bei dem es sich nicht um elektronisches Geld handelt und der auf eine bestimmte amtliche Währung eines Landes lautet, so müssen sie stets die Möglichkeit einräumen, den Token in einen Geldbetrag, bei dem es sich nicht um elektronisches Geld handelt und der auf dieselbe amtliche Währung lautet, zurückzutauschen.

(3) Unbeschadet des Artikels 46 ist der Rücktausch von vermögenswertereferenzierten Token nicht gebührenpflichtig.

Artikel 40
Verbot der Gewährung von Zinsen

(1) Emittenten vermögenswertereferenzierter Token gewähren keine Zinsen im Zusammenhang mit vermögenswertereferenzierten Token.

(2) Bei der Erbringung von Kryptowerte-Dienstleistungen im Zusammenhang mit vermögenswertereferenzierten Token gewähren die Anbieter von Kryptowerte-Dienstleistungen keine Zinsen.

(3) Für die Zwecke der Absätze 1 und 2 gelten alle Vergütungen oder sonstigen Vorteile, die mit der Zeitspanne zusammenhängen, in der ein Inhaber vermögenswertereferenzierter Token diese vermögenswertereferenzierten Token hält, als Zinsen. Dazu gehören Nettovergütungen oder -abschläge, die einer vom Inhaber vermögenswertereferenzierter Token erhaltenen Verzinsung gleichkommen, unabhängig davon, ob sie unmittelbar vom Emittenten stammen oder durch Dritte gewährt werden, und unabhängig davon, ob sie unmittelbar im Zusammenhang mit den vermögenswertereferenzierten Token stehen oder durch die Vergütung oder Preisgestaltung anderer Produkte gewährt werden.

KAPITEL 4

Übernahme von Emittenten vermögenswertereferenzierter Token

Artikel 41
Prüfung der geplanten Übernahme eines Emittenten vermögenswertereferenzierter Token

(1) Natürliche oder juristische Personen oder gemeinsam handelnde natürliche oder juristische Personen, die direkt oder indirekt eine qualifizierte Beteiligung an einem Emittenten eines vermögenswertreferenzierten Token zu erwerben oder eine solche qualifizierte Beteiligung direkt oder indirekt weiter zu erhöhen beabsichtigen (im Folgenden „interessierter Erwerber"), sodass ihr Anteil an den Stimmrechten oder dem Kapital 20 %, 30 % oder 50 % erreichen oder überschreiten oder der Emittent des vermögenswertreferenzierten Token ihr Tochterunternehmen würde, teilen dies der für den betreffenden Emittenten zuständigen Behörde schriftlich unter Angabe des Umfangs der geplanten Beteiligung und zusammen mit den Informationen, die nach den von der Kommission gemäß Artikel 42 Absatz 4 verabschiedeten technischen Regulierungsstandards erforderlich sind, mit.

(2) Eine natürliche oder juristische Person, die entschieden hat, ihre an einem Emittenten eines vermögenswertreferenzierten Token gehaltene qualifizierte Beteiligung direkt oder indirekt zu veräußern, übermittelt vor der Veräußerung dieser Beteiligung unter Angabe des Umfangs der betreffenden Beteiligung der zuständigen Behörde ihre Entscheidung schriftlich. Die betreffende natürliche oder juristische Person übermittelt der zuständigen Behörde auch ihre Entscheidung, ihre an einem Emittenten vermögenswertereferenzierter Token gehaltene qualifizierte Beteiligung so zu verringern, dass ihr Anteil an den Stimmrechten oder am Kapital 10 %, 20 %, 30 % oder 50 % unterschreiten würde oder der Emittent des vermögenswertreferenzierten Token nicht mehr ihr Tochterunternehmen wäre.

(3) Die zuständige Behörde bestätigt umgehend, in jedem Fall aber innerhalb von zwei Arbeitstagen nach Eingang einer Mitteilung gemäß Absatz 1, schriftlich deren Eingang.

(4) Die zuständige Behörde prüfen die in Absatz 1 des vorliegenden Artikels genannte geplante Übernahme und die Informationen, die nach den von der Kommission gemäß Artikel 42 Absatz 4 verabschiedeten technischen Regulierungsstandards erforderlich sind, innerhalb von 60 Arbeitstagen ab dem Tag der schriftlichen Empfangsbestätigung nach Absatz 3 des vorliegenden Artikels. Bei Bestätigung des Eingangs der Mitteilung teilt die zuständige Behörde dem interessierten Erwerber mit, an welchem Tag die Prüfungsfrist abläuft.

(5) Bei der Prüfung nach Absatz 4 kann die zuständige Behörde den interessierten Erwerber um zusätzliche Informationen ersuchen, die für den Abschluss dieser Prüfung erforderlich sind. Ein solches Ersuchen muss vor Abschluss der Prüfung, spätestens jedoch am 50. Arbeitstag nach dem Tag der schriftlichen Empfangsbestätigung nach Absatz 3 ergehen. Diese Ersuchen ergehen schriftlich unter Angabe der zusätzlich benötigten Informationen.

Die zuständige Behörde setzt die in Absatz 4 genannte Prüfungsfrist aus, bis sie die in Unterabsatz 1 des vorliegenden Absatzes genannten zusätzlichen Informationen erhalten hat. Die Aussetzung darf 20 Arbeitstage nicht überschreiten. Weitere Ersuchen der zuständigen Behörde um zusätzliche Informationen oder um Klarstellung der erhaltenen Informationen bewirken keine erneute Aussetzung der Prüfungsfrist.

Die zuständige Behörde kann die Aussetzung nach Unterabsatz 2 des vorliegenden Absatzes auf bis zu 30 Arbeitstage ausdehnen, wenn der interessierte Erwerber außerhalb der Union ansässig ist oder nach dem Recht eines Drittstaats reguliert wird.

(6) Eine zuständige Behörde, die nach Abschluss der Prüfung gemäß Absatz 4 entscheidet, Einspruch gegen die geplante Übernahme nach Absatz 1 zu erheben, teilt dies dem interessierten Erwerber innerhalb von zwei Arbeitstagen, und in jedem Fall vor dem in Absatz 4 genannten Tag, mit, wobei etwaige Fristverlängerungen gemäß Absatz 5 Unterabsätze 2 und 3 zu berücksichtigen sind. In dieser Mitteilung sind die Gründe für die getroffene Entscheidung anzugeben.

(7) Erhebt die zuständige Behörde bis zu dem in Absatz 4 genannten Tag unter Berücksichtigung etwaiger Fristverlängerungen gemäß Absatz 5 Unterabsätze 2 und 3 keine Einwände gegen die geplante Übernahme nach Absatz 1, so gilt die geplante Übernahme als genehmigt.

(8) Die zuständige Behörde kann für den Abschluss der in Absatz 1 genannten geplanten Übernahme eine Maximalfrist festlegen, die unter Umständen verlängert werden kann.

Artikel 42
Inhalt der Prüfung der geplanten Übernahme eines Emittenten vermögenswertereferenzierter Token

(1) Bei der in Artikel 41 Absatz 4 genannten Prüfung beurteilt die zuständige Behörde die Eignung des interessierten Erwerbers und die finanzielle Solidität der geplanten Übernahme gemäß Artikel 41 Absatz 1 anhand aller folgenden Kriterien:

a) des Leumunds des interessierten Erwerbers,

b) des Leumunds, der Kenntnisse, der Fähigkeiten und der Erfahrung der Personen, die die Geschäfte des Emittenten des vermögenswertreferenzierten Token infolge der geplanten Übernahme leiten sollen,

c) der finanziellen Solidität des interessierten Erwerbers, insbesondere in Bezug auf die Art der geplanten und tatsächlichen Geschäfte des Emittenten des vermögenswertreferenzierten Token, dessen Übernahme geplant ist,

d) der Fähigkeit des Emittenten des vermögenswertreferenzierten Token, die Bestimmungen dieses Titels dauerhaft einzuhalten,

e) der Frage, ob ein hinreichend begründeter Verdacht besteht, dass im Zusammenhang mit der geplanten Übernahme Geldwäsche oder Terrorismusfinanzierung im Sinne von Artikel 1 Absatz 3 bzw. Absatz 5 der Richtlinie (EU) 2015/849 stattfinden oder stattgefunden haben könnten oder ob diese Straftaten versucht wurden und ob die geplante Übernahme das Risiko eines solchen Verhaltens erhöhen könnte.

(2) Die zuständige Behörde können gegen die geplante Übernahme nur dann Einspruch erheben, wenn dies auf der Grundlage der in Absatz 1 des vorliegenden Artikels genannten Kriterien hinreichend begründet ist oder wenn die gemäß Artikel 41 Absatz 4 beigebrachten Informationen unvollständig oder falsch sind.

(3) Die Mitgliedstaaten dürfen weder Vorbedingungen an die Höhe der gemäß dieser Verordnung für den Erwerb erforderliche qualifizierte Beteiligung knüpfen noch den für sie zuständigen Behörden gestatten, bei der Prüfung der geplanten Übernahme auf die wirtschaftlichen Bedürfnisse des Marktes abzustellen.

(4) Die EBA arbeitet in enger Zusammenarbeit mit der ESMA Entwürfe technischer Regulierungsstandards aus, in denen ausführlich der Inhalt der Informationen festgelegt wird, die für die Durchführung der in Artikel 41 Absatz 4 Unterabsatz 1 genannten Prüfung erforderlich sind. Die beizubringenden Informationen müssen für eine aufsichtsrechtliche Beurteilung relevant und ihrem Umfang nach der Art des interessierten Erwerbers und der geplanten Übernahme nach Artikel 41 Absatz 1 angemessen und angepasst sein.

Die EBA übermittelt der Kommission die in Unterabsatz 1 genannten Entwürfe technischer Regulierungsstandards spätestens am 30. Juni 2024.

Der Kommission wird die Befugnis übertragen, diese Verordnung durch die Annahme der in Unterabsatz 1 des vorliegenden Absatzes genannten technischen Regulierungsstandards gemäß den Artikeln 10 bis 14 der Verordnung (EU) Nr. 1093/2010 zu ergänzen.

KAPITEL 5
Signifikante vermögenswertereferenzierte Token

Artikel 43
Einstufung vermögenswertereferenzierter Token als signifikante vermögenswertereferenzierte Token

(1) Für die Einstufung vermögenswertereferenzierter Token als signifikante vermögenswertereferenzierte Token gelten folgende Kriterien, die in den gemäß Absatz 11 erlassenen delegierten Rechtsakten näher ausgeführt werden:

a) die Anzahl der Inhaber des vermögenswertereferenzierten Token übersteigt 10 Mio.,

b) der Wert der ausgegebenen vermögenswertereferenzierten Token, deren Marktkapitalisierung oder der Umfang der Vermögenswertreserve des Emittenten der vermögenswertereferenzierten Token beträgt mehr als 5 000 000 000 EUR,

c) die durchschnittliche Zahl und der geschätzte aggregierte Wert der Geschäfte mit diesen vermögenswertereferenzierten Token pro Tag im relevanten Zeitraum liegen über 2,5 Mio. Transaktionen bzw. 500 000 000 EUR,

d) der Emittent des vermögenswertereferenzierten Token ist ein Betreiber zentraler Plattformdienste, der gemäß der Verordnung (EU) 2022/1925 des Europäischen Parlaments und des Rates[1] als Torwächter benannt wurde,

e) Bedeutung der Tätigkeiten des Emittenten des vermögenswertereferenzierten Token auf internationaler Ebene, einschließlich der Verwendung der vermögenswertereferenzierten Token für Zahlungen und Überweisungen,

f) Verflechtung des vermögenswertereferenzierten Token oder seines Emittenten mit dem Finanzsystem,

g) derselbe Emittent gibt mindestens einen zusätzlichen vermögenswertereferenzierten Token oder E-Geld-Token aus und erbringt mindestens eine Krypto-Dienstleistung.

(2) Die EBA stuft vermögenswertereferenzierte Token als signifikante vermögenswertereferenzierte Token ein, sofern zumindest drei der in Absatz 1 des vorliegenden Artikels festgelegten Kriterien erfüllt sind:

a) in dem vom ersten Bericht mit Informationen gemäß Absatz 4 des vorliegenden Artikels abgedeckten Zeitraum nach der Zulassung gemäß Artikel 21 oder nach Genehmigung des Kryptowerte-Whitepapers gemäß Artikel 17 oder

b) in dem Zeitraum, der von mindestens zwei aufeinanderfolgenden Berichten mit Informationen abgedeckt ist.

(3) Geben mehrere Emittenten dasselbe vermögenswertereferenzierte Token aus, so wird die Erfüllung der in Absatz 1 festgelegten Kriterien nach Aggregation der Daten dieser Emittenten bewertet.

(4) Die zuständigen Behörden des Herkunftsmitgliedstaats des Emittenten berichten der EBA und der EZB mindestens zweimal jährlich die Informationen, die zur Bewertung der Erfüllung der in Absatz 1 des vorliegenden Artikels genannten Kriterien dienlich sind, einschließlich einschlägigen falls der gemäß Absatz 22 eingegangenen Informationen.

Ist der Emittent in einem Mitgliedstaat niedergelassen, dessen amtliche Währung nicht der Euro ist, oder gilt eine andere amtliche Währung als der Euro in einem Mitgliedstaat als Bezugsgröße für die vermögenswertereferenzierten Token, so übermitteln die zuständigen Behörden die Informationen gemäß Unterabsatz 1 auch der Zentralbank des betreffenden Mitgliedstaats.

(5) Gelangt die EBA zu der Auffassung, dass ein vermögenswertereferenzierter Token die in Absatz 1 genannten Kriterien gemäß Absatz 2 erfüllt, so erstellt sie einen entsprechenden Entwurf eines Beschlusses zur Einstufung vermögenswertereferenzierter Token als signifikante vermögenswertereferenzierte Token und übermittelt diesen Entwurf eines Beschlusses dem Emittenten dieses vermögenswertereferenzierten Token und der zuständigen Behörde des Herkunftsmitgliedstaats des Emittenten, der EZB und in den in Absatz 4 Unterabsatz 2 genannten Fällen der Zentralbank des betreffenden Mitgliedstaats.

Die Emittenten dieser vermögenswertereferenzierten Token, die für sie zuständigen Behörden, die EZB und gegebenenfalls die Zentralbank des betreffenden Mitgliedstaats haben ab dem Tag der Übermittlung des Entwurfs des Beschlusses der EBA 20 Arbeitstage Zeit, um schriftlich Stellung zu nehmen und Bemerkungen vorzubringen. Die EBA trägt diesen Stellungnahmen und Bemerkungen vor der Annahme eines endgültigen Beschlusses gebührend Rechnung.

(6) Die EBA fasst innerhalb von 60 Arbeitstagen nach dem Tag der in Absatz 5 genannten Übermittlung, ihren endgültigen Beschluss darüber, ob sie den vermögenswertereferenzierten Token als signifikanten vermögenswertreferenzierten Token einstuft, und übermittelt diesen Beschluss umgehend den Emittenten dieses vermögenswertereferenzierten Token und der für diesen zuständigen Behörde.

(7) Wurde ein vermögenswertereferenzierter Token gemäß einem Beschluss der EBA nach Absatz 6 als signifikant eingestuft, so wird die Zuständigkeit für die Beaufsichtigung in Bezug auf einen Emittenten dieses signifikanten vermögenswertereferenzierten Token innerhalb von 20 Arbeitstagen ab dem Tag der Übermittlung dieses Beschlusses von der zuständigen Behörde des Herkunftsmitgliedstaats des Emittenten auf die EBA übertragen.

Die EBA und die zuständige Behörde arbeiten zusammen, um einen reibungslosen Übergang der Aufsichtsbefugnisse sicherzustellen.

(8) Die EBA bewertet jährlich erneut die Einstufung der signifikanten vermögenswertereferenzierten Token auf der Grundlage der zur Verfügung stehenden Informationen einschließlich der in Absatz 4 genannten Berichte oder der gemäß Artikel 22 erhaltenen Informationen.

Zu Artikel 43:

[1] Verordnung (EU) 2022/1925 des Europäischen Parlaments und des Rates vom 14. September 2022 über bestreitbare und faire Märkte im digitalen Sektor und zur Änderung der Richtlinien (EU) 2019/1937 und (EU) 2020/1828 (Gesetz über digitale Märkte) (ABl. L 265 vom 12.10.2022, S. 1).

Gelangt die EBA der Auffassung, dass gewisse vermögenswertereferenzierte Token die in Absatz 1 festgelegten Kriterien gemäß Absatz 2 nicht mehr erfüllen, so erstellt sie einen Entwurf eines Beschlusses, die vermögenswertereferenzierte Token nicht länger als signifikant einzustufen, und übermittelt diesen Entwurf eines Beschlusses den Emittenten dieser vermögenswertereferenzierten Token und der zuständigen Behörde des Herkunftsmitgliedstaats des Emittenten, der EZB oder in den in Absatz 4 Unterabsatz 2 genannten Fällen der Zentralbank des betreffenden Mitgliedstaats.

Die Emittenten dieser vermögenswertereferenzierten Token, die für sie zuständigen Behörden, die EZB und die in Absatz 4 genannte Zentralbank haben ab dem Tag der Übermittlung dieses Entwurfs eines Beschlusses 20 Arbeitstage Zeit, um schriftlich Stellung zu nehmen und Bemerkungen vorzubringen. Die EBA trägt diesen Stellungnahmen und Bemerkungen vor der Annahme eines endgültigen Beschlusses gebührend Rechnung.

(9) Die EBA fasst innerhalb von 60 Arbeitstagen nach der in Absatz 8 genannten Übermittlung ihren endgültigen Beschluss darüber, ob ein vermögenswertereferenzierter Token nicht mehr als signifikant eingestuft wird, und übermittelt diesen Beschluss sofort den Emittenten dieser vermögenswertereferenzierten Token und den für sie zuständigen Behörden.

(10) Ist ein vermögenswertereferenzierter Token gemäß einem Beschluss der EBA gemäß Absatz 9 nicht mehr als signifikant eingestuft, so wird die Zuständigkeit für die Beaufsichtigung in Bezug auf einen Emittenten dieses vermögenswertereferenzierten Token innerhalb von 20 Arbeitstagen nach dem Tag der Übermittlung dieses Beschlusses von der EBA auf die zuständige Behörde des Herkunftsmitgliedstaats des Emittenten übertragen.

Die EBA und die zuständige Behörde arbeiten zusammen, um einen reibungslosen Übergang der Aufsichtsbefugnisse sicherzustellen.

(11) Die Kommission erlässt gemäß Artikel 139 delegierte Rechtsakte zur Ergänzung dieser Verordnung, indem sie die in Absatz 1 genannten Kriterien für die Einstufung als signifikanter vermögenswertereferenzierter Token spezifiziert und Folgendes festlegt:

a) die Umstände, unter denen die Tätigkeiten des Emittenten des vermögenswertreferenzierten Token auf internationaler Ebene außerhalb der Union als signifikant gelten,

b) die Umstände, unter denen vermögenswertereferenzierte Token und ihre Emittenten als mit dem Finanzsystem verflochten zu betrachten sind,

c) Inhalt und Format der Informationen, die die zuständigen Behörden der EBA und der EZB gemäß Absatz 4 des vorliegenden Artikels und Artikel 56 Absatz 3 übermitteln.

Artikel 44
Freiwillige Einstufung vermögenswertereferenzierter Token als signifikante vermögenswertereferenzierte Token

(1) Antragstellende Emittenten vermögenswertereferenzierter Token können in ihrem Zulassungsantrag gemäß Artikel 18 oder in ihrer Übermittlung gemäß Artikel 17 angeben, dass sie ihre vermögenswertereferenzierten Token als signifikante vermögenswertereferenzierte Token einstufen lassen möchten. In diesem Fall übermittelt die zuständige Behörde der EBA, der EZB und in den in Artikel 43 Absatz 4 genannten Fällen der Zentralbank des betreffenden Mitgliedstaats sofort den Antrag des antragstellenden Emittenten.

Damit ein vermögenswertereferenzierter Token gemäß dem vorliegenden Artikel als signifikant eingestuft werden kann, muss der antragstellende Emittent des vermögenswertreferenzierten Token durch einen detaillierten Geschäftsplan gemäß Artikel 17 Absatz 1 Buchstaben b und i und Artikel 18 Absatz 2 Buchstabe d nachweisen, dass er voraussichtlich mindestens drei der in Artikel 43 Absatz 1 festgelegten Kriterien erfüllt.

(2) Die EBA erstellt innerhalb von 20 Arbeitstagen nach Übermittlung gemäß Absatz 1 des vorliegenden Artikels einen Entwurf eines Beschlusses, der ihre auf dem Geschäftsplan des potenziellen Emittenten beruhende Stellungnahme dazu enthält, ob der vermögenswertereferenzierte Token tatsächlich oder voraussichtlich zumindest drei der in Artikel 43 Absatz 1 festgelegten Kriterien erfüllt, und übermittelt der zuständigen Behörde des Herkunftsmitgliedstaats des antragstellenden Emittenten, der EZB und in den in Artikel 43 Absatz 4 Unterabsatz 2 genannten Fällen der Zentralbank des betreffenden Mitgliedstaats diesen Entwurf eines Beschlusses.

Die für die Emittenten dieser vermögenswertereferenzierten Token zuständigen Behörden, die EZB und gegebenenfalls die Zentralbank des betreffenden Mitgliedstaats haben ab dem Tag der Übermittlung des Entwurfs eines Beschlusses 20 Arbeitstage Zeit, um schriftlich Stellung zu nehmen und Bemerkungen vorzubringen. Die EBA trägt diesen Stellungnahmen und Bemerkungen vor der Annahme eines endgültigen Beschlusses gebührend Rechnung.

(3) Die EBA fasst innerhalb von 60 Arbeitstagen nach der in Absatz 1 genannten Übermittlung ihren endgültigen Beschluss darüber, ob es sich bei einem vermögenswertereferenzierten Token um einen signifikanten vermögenswertereferenzierten Token handelt, und übermittelt diesen Beschluss sofort dem antragstellenden Emittenten

dieses vermögenswertereferenzierten Token und seiner zuständigen Behörde.

(4) Wurden vermögenswertereferenzierte Token gemäß einem Beschluss der EBA nach Absatz 3 des vorliegenden Artikels als signifikant eingestuft, so wird die Zuständigkeit für die Beaufsichtigung der Emittenten dieser vermögenswertereferenzierten Token zu dem Zeitpunkt des Beschlusses der zuständigen Behörde, die in Artikel 21 Absatz 1 genannte Zulassung zu erteilen, oder zu dem Zeitpunkt der Genehmigung des Kryptowerte-Whitepapers gemäß Artikel 17 von der zuständigen Behörde auf die EBA übertragen.

Artikel 45
Spezifische zusätzliche Pflichten von Emittenten signifikanter vermögenswertereferenzierter Token

(1) Die Emittenten signifikanter vermögenswertereferenzierter Token legen eine Vergütungspolitik fest, die dem soliden und wirksamen Risikomanagement dieser Emittenten förderlich ist und mit der keine Anreize für eine Lockerung der Risikostandards geschaffen werden, setzen diese Vergütungspolitik um und erhalten sie aufrecht.

(2) Die Emittenten signifikanter vermögenswertereferenzierter Token stellen sicher, dass diese Token von verschiedenen Anbietern von Kryptowerte-Dienstleistungen, die für die Verwahrung und Verwaltung von Kryptowerten für Kunden zugelassen sind, einschließlich Anbietern von Kryptowerte-Dienstleistungen, die nicht derselben Gruppe im Sinne von Artikel 2 Nummer 11 der Richtlinie 2013/34/EU angehören, auf redliche, angemessene und nichtdiskriminierende Weise verwahrt werden können.

(3) Die Emittenten signifikanter vermögenswertereferenzierter Token bewerten und überwachen den Liquiditätsbedarf für die Erfüllung von Rücktauschforderungen durch Inhaber vermögenswertereferenzierter Token. Die Emittenten signifikanter vermögenswertereferenzierter Token führen zu diesem Zweck Strategien und Verfahren für das Liquiditätsmanagement ein, erhalten sie aufrecht und setzen sie um. Mit diesen Strategien und Verfahren wird ein robustes Liquiditätsprofil des Reservevermögens sichergestellt, das es Emittenten signifikanter vermögenswertereferenzierter Token ermöglicht, auch bei Liquiditätsengpässen den normalen Betrieb fortzusetzen.

(4) Emittenten signifikanter vermögenswertereferenzierter Token führen regelmäßig Liquiditätsstresstests durch. Je nach Ergebnis dieser Tests kann die EBA beschließen, die in Absatz 7 Unterabsatz 1 Buchstabe b des vorliegenden Artikels und in Artikel 36 Absatz 6 genannten Liquiditätsanforderungen zu verschärfen.

Bieten Emittenten signifikanter vermögenswertereferenzierter Token zwei oder mehr vermögenswertereferenzierten Token an oder erbringen sie Kryptowerte-Dienstleistungen, so müssen die Stresstests all diese Tätigkeiten vollständig und allumfassend abdecken.

(5) Der in Artikel 35 Absatz 1 Unterabsatz 1 Buchstabe b genannte Prozentsatz wird für Emittenten signifikanter vermögenswertereferenzierter Token auf 3 % des durchschnittlichen Betrags des Reservevermögens festgelegt.

(6) Bieten mehrere Emittenten denselben als signifikant eingestuften vermögenswertereferenzierten Token an, so gelten die Absätze 1 bis 5 für jeden Emittenten.

Bietet ein Emittent in der Union zwei oder mehr vermögenswertereferenzierter Token an und ist mindestens einer dieser vermögenswertereferenzierten Token als signifikant eingestuft, so gelten für diesen Emittenten die Absätze 1 bis 5.

(7) Die EBA arbeitet in enger Zusammenarbeit mit der ESMA Entwürfe technischer Regulierungsstandards aus, in denen Folgendes präzisiert wird:

a) die in den Regelungen für die Unternehmensführung festzulegenden Mindestvorgaben hinsichtlich der in Absatz 1 genannten Vergütungspolitik,

b) der Mindestinhalt der Strategien und Verfahren für das in Absatz 3 festgelegte Liquiditätsmanagement sowie Liquiditätsanforderungen, einschließlich durch Klarstellung des Mindestbetrags der Einlagen in jeder genannten amtlichen Währung, der nicht unter 60 % des in den einzelnen amtlichen Währungen genannten Betrags liegen darf,

c) das Verfahren und die Fristen für einen Emittenten eines signifikanten vermögenswertereferenzierten Token, die Höhe seiner Eigenmittel gemäß Absatz 5 anzupassen.

Im Fall von Kreditinstituten kalibriert die EBA die technischen Standards unter Berücksichtigung etwaiger Wechselwirkungen zwischen den durch diese Verordnung festgelegten regulatorischen Anforderungen und den durch andere Gesetzgebungsakte der Union festgelegten regulatorischen Anforderungen.

Die EBA übermittelt der Kommission die in Unterabsatz 1 genannten Entwürfe technischer Regulierungsstandards spätestens am 30. Juni 2024.

Der Kommission wird die Befugnis übertragen, diese Verordnung durch die Annahme der in Unterabsatz 1 des vorliegenden Absatzes genannten technischen Regulierungsstandards gemäß den Artikeln 10 bis 14 der Verordnung (EU) Nr. 1093/2010 zu ergänzen.

(8) Die EBA gibt in enger Zusammenarbeit mit der ESMA und der EZB Leitlinien zur Festlegung der gemeinsamen Referenzparamater der Stresstestszenarien gemäß Artikel 16 der Verordnung (EU) Nr. 1093/2010 heraus, die in die in Absatz 4 des vorliegenden Artikels genannten Stresstests einzubeziehen sind. Diese Leitlinien

werden unter Berücksichtigung der jüngsten Marktentwicklungen regelmäßig aktualisiert.

KAPITEL 6

Sanierungs- und Rücktauschpläne

Artikel 46
Sanierungsplan

(1) Ein Emittent eines vermögenswertreferenzierten Token muss einen Sanierungsplan erstellen und aufrechterhalten, der Maßnahmen vorsieht, die der Emittent zu ergreifen hat, um die Einhaltung der für die Vermögenswertreserve geltenden Anforderungen wiederherzustellen, wenn der Emittent diese Anforderungen nicht einhält.

Der Sanierungsplan muss auch die Aufrechterhaltung der Dienstleistungen des Emittenten im Zusammenhang mit dem vermögenswertereferenzierten Token, die rasche Sanierung des Geschäftsbetriebs und die Erfüllung der Pflichten des Emittenten im Fall von Ereignissen, die ein beträchtliches Risiko einer Störung des Geschäftsbetriebs bergen, umfassen.

Der Sanierungsplan muss geeignete Voraussetzungen und Verfahren enthalten mit denen sichergestellt wird, dass die Sanierungsmaßnahmen rasch durchgeführt werden können, und eine breite Palette von Sanierungsoptionen umfassen, darunter

a) Liquiditätsgebühren bei Rücktausch,

b) Begrenzungen der Menge der an einem Arbeitstag rücktauschbaren vermögenswertereferenzierten Token,

c) Aussetzung des Rücktauschs.

(2) Der Emittent des vermögenswertreferenzierten Token muss der zuständigen Behörde den Sanierungsplan innerhalb von sechs Monaten ab dem Tag der Zulassung gemäß Artikel 21 oder innerhalb von sechs Monaten ab dem Tag der Genehmigung des Kryptowerte-Whitepapers gemäß Artikel 17 übermitteln. Die zuständige Behörde verlangt erforderlichenfalls Änderungen am Sanierungsplan, um für dessen ordnungsgemäße Umsetzung zu sorgen, und übermittelt dem Emittenten ihre Entscheidung, mit der diese Änderungen verlangt werden, innerhalb von 40 Arbeitstagen ab dem Tag der Übermittlung des Sanierungsplans. Diese Entscheidung ist vom Emittenten innerhalb von 40 Arbeitstagen ab dem Tag der Übermittlung dieser Entscheidung umzusetzen. Der Emittent muss den Sanierungsplan regelmäßig überprüfen und aktualisieren.

Der Emittent muss den Sanierungsplan neben der zuständigen Behörde auch den etwaigen für ihn zuständigen Abwicklungs- und Aufsichtsbehörden übermitteln.

(3) Erfüllt der Emittent die für die in Kapitel 3 des vorliegenden Titels genannte Vermögenswertreserve geltenden Anforderungen nicht oder aufgrund einer sich rasch verschlechternden Finanzlage in naher Zukunft wahrscheinlich nicht, so ist die zuständige Behörde zur Sicherstellung der Erfüllung der geltenden Anforderungen befugt, von dem Emittenten zu verlangen, eine oder mehrere der im Sanierungsplan festgelegten Vorkehrungen oder Maßnahmen zu treffen oder den Sanierungsplan zu aktualisieren, wenn sich die Umstände von den im ursprünglichen Sanierungsplan festgelegten Annahmen unterscheiden, und eine oder mehrere der im Sanierungsplan festgelegten Vorkehrungen oder Maßnahmen innerhalb einer bestimmten Frist umzusetzen.

(4) Unter den in Absatz 3 genannten Umständen ist die zuständige Behörde befugt, den Rücktausch vermögenswertereferenzierter Token vorübergehend auszusetzen, sofern die Aussetzung unter Berücksichtigung der Interessen der Inhaber vermögenswertereferenzierter Token und der Finanzstabilität gerechtfertigt ist.

(5) Die zuständige Behörde benachrichtigt die für den Emittenten zuständigen Abwicklungs- und Aufsichtsbehörden über alle etwaigen gemäß den Absätzen 3 und 4 ergriffenen Maßnahmen.

(6) Die EBA gibt nach Konsultation mit der ESMA Leitlinien gemäß Artikel 16 der Verordnung (EU) Nr. 1093/2010 zur Spezifizierung des Formats des Sanierungsplans und der Informationen, die in ihm gegeben werden müssen, heraus.

Artikel 47
Rücktauschplan

(1) Ein Emittent eines vermögenswertreferenzierten Token muss einen operativen Plan zur Unterstützung des geordneten Rücktauschs jedes vermögenswertereferenzierten Token erstellen und aufrechterhalten, der umzusetzen ist, wenn die zuständige Behörde feststellt, dass der Emittent seine Verpflichtungen nicht oder wahrscheinlich nicht erfüllen kann, auch im Fall einer Insolvenz oder einer etwaigen Abwicklung oder im Fall des Entzugs der Zulassung des Emittenten, unbeschadet der Ergreifung von Krisenpräventions- oder Krisenmanagementmaßnahmen im Sinne von Artikel 2 Absatz 1 Nummern 101 bzw. 102 der Richtlinie 2014/59/EU oder einer Abwicklungsmaßnahme im Sinne von Artikel 2 Nummer 11 der Verordnung (EU) 2021/23 des Europäischen Parlaments und des Rates[1].

Zu Artikel 47:

[1] Verordnung (EU) 2021/23 des Europäischen Parlaments und des Rates vom 16. Dezember 2020 über einen Rahmen für die Sanierung und Abwicklung zentraler Gegenparteien und zur Änderung der Verordnungen (EU) Nr. 1095/2010, (EU) Nr. 648/2012, (EU) Nr. 600/2014, (EU) Nr. 806/2014 und (EU) 2015/2365 sowie der Richtlinien 2002/47/EG, 2004/25/EG, 2007/36/EG, 2014/59/EU und (EU) 2017/1132 (ABl. L 22 vom 22.1.2021, S. 1).

(2) Im Rücktauschplan ist zu belegen, dass der Emittent des vermögenswertreferenzierten Token zum Rücktausch des ausstehenden ausgegebenen vermögenswertreferenzierten Token in der Lage ist, ohne seinen Inhabern oder der Stabilität der Märkte des Reservevermögens unangemessenen wirtschaftlichen Schaden zuzufügen.

Der Rücktauschplan muss vertragliche Vereinbarungen, Verfahren und Systeme einschließlich der Benennung eines vorläufigen Verwalters gemäß dem anwendbaren Recht enthalten, mit denen sichergestellt wird, dass alle Inhaber vermögenswertereferenzierter Token gerecht behandelt werden und dass die Erlöse aus dem Verkauf des verbleibenden Reservevermögens fristgerecht den Inhabern der vermögenswertereferenzierten Token ausgezahlt werden.

Im Rücktauschplan muss die Kontinuität kritischer Tätigkeiten sichergestellt werden, die für den geordneten Rücktausch erforderlich sind und die von Emittenten oder von Drittunternehmen durchgeführt werden.

(3) Der Emittent des vermögenswertreferenzierten Token muss der zuständigen Behörde den Rücktauschplan innerhalb von sechs Monaten ab dem Tag der Zulassung gemäß Artikel 21 oder innerhalb von sechs Monaten ab dem Tag der Genehmigung des Kryptowerte-Whitepapers gemäß Artikel 17 übermitteln Die zuständige Behörde verlangt erforderlichenfalls Änderungen am Rücktauschplan, um für dessen ordnungsgemäße Umsetzung zu sorgen, und teilt dem Emittenten ihre Entscheidung, mit der diese Änderungen verlangt werden, innerhalb von 40 Arbeitstagen ab dem Tag der Übermittlung dieses Plans mit. Diese Entscheidung ist vom Emittenten innerhalb von 40 Arbeitstagen ab dem Tag der Übermittlung dieser Entscheidung umzusetzen. Der Emittent muss den Rücktauschplan regelmäßig überprüfen und aktualisieren.

(4) Die zuständige Behörde übermittelt den Rücktauschplan gegebenenfalls den für den Emittenten zuständigen Abwicklungs- und Aufsichtsbehörden.

Die Abwicklungsbehörde kann den Rücktauschplan prüfen, um Maßnahmen in dem Rücktauschplan zu ermitteln, die sich nachteilig auf die Abwicklungsfähigkeit des Emittenten auswirken können, und der zuständigen Behörde diesbezüglich Empfehlungen geben.

(5) Die EBA gibt zu folgenden Sachverhalten Leitlinien gemäß Artikel 16 der Verordnung (EU) Nr. 1093/2010 heraus:

a) zu dem Inhalt des Rücktauschplans und der Regelmäßigkeit der Überprüfung, wobei sie den Umfang, die Komplexität und die Art des vermögenswertereferenzierten Token und das damit verbundene Geschäftsmodell des Emittenten berücksichtigt, und

b) zu den Elementen, durch die die Umsetzung des Rücktauschplans ausgelöst wird.

TITEL IV
E-GELD-TOKEN

KAPITEL 1
Anforderungen an alle Emittenten von E-Geld-Token

Artikel 48
Anforderungen für das öffentliche Angebot von E-Geld-Token und ihre Zulassung zum Handel

(1) Personen, darf E-Geld-Token in der Union nicht öffentlich anbieten oder die Zulassung von E-Geld-Token zum Handel beantragen, wenn es sich bei der Person nicht um einen Emittenten solcher E-Geld-Token und sie

a) als Kreditinstitut oder als E-Geld-Institut zugelassen ist und

b) der zuständigen Behörde ein Kryptowerte-Whitepaper übermittelt hat und dieses Kryptowerte-Whitepaper gemäß Artikel 51 veröffentlicht hat.

Ungeachtet des Unterabsatzes 1 können mit schriftlicher Zustimmung des Emittenten andere Personen E-Geld-Token öffentlich anbieten oder deren Zulassung zum Handel beantragen. Diese Personen müssen die Artikel 50 und 53 einhalten.

(2) E-Geld-Token gelten als E-Geld.

Beziehen sich E-Geld-Token auf eine amtliche Währung eines Mitgliedstaats, wird von einem öffentlichen Angebot dieser Token in der Union ausgegangen.

(3) Die Titel II und III der Richtlinie 2009/110/EG gelten für E-Geld-Token, sofern in dem vorliegenden Titel nichts anderes bestimmt ist.

(4) Absatz 1 des vorliegenden Artikels gilt nicht für Emittenten von E-Geld-Token, die gemäß Artikel 9 Absatz 1 der Richtlinie 2009/110/EG ausgenommen sind.

(5) Mit Ausnahme von Absatz 7 des vorliegenden Artikels und von Artikel 51 gilt dieser Titel nicht für Emittenten von E-Geld-Token, die gemäß Artikel 1 Absätze 4 und 5 der Richtlinie 2009/110/EG unter die Ausnahmeregelung fallen.

(6) Wenn Emittenten von E-Geld-Token beabsichtigen, diese E-Geld-Token öffentlich anzubieten oder ihre Zulassung zum Handel zu beantragen, müssen sie der für sie zuständigen Behörde diese Absicht mindestens 40 Arbeitstage vor dem betreffenden Tag mitteilen.

(7) In den Fällen, in denen Absatz 4 oder 5 Anwendung findet, müssen die Emittenten von E-Geld-Token ein Kryptowerte-Whitepaper erstel-

len und der zuständigen Behörde gemäß Artikel 51 übermitteln.

Artikel 49
Ausgabe und Rücktauschbarkeit von E-Geld-Token

(1) Abweichend von Artikel 11 der Richtlinie 2009/110/EG gelten für Emittenten von E-Geld-Token im Hinblick auf Ausgabe und Rücktauschbarkeit von E-Geld-Token lediglich die in dem vorliegenden Artikel aufgeführten Anforderungen.

(2) Den Inhabern von E-Geld-Token steht gegen den Emittenten der betreffenden E-Geld-Token ein Forderungsanspruch zu.

(3) Emittenten von E-Geld-Token geben E-Geld-Token zum Nennwert des entgegengenommenen Geldbetrags aus.

(4) Auf Verlangen des Inhabers eines E-Geld-Token zahlt der Emittent den monetären Wert dieses E-Geld-Token dem Inhaber dieses E-Geld-Token jederzeit und zum Nennwert zurück.

(5) Die Emittenten von E-Geld-Token geben in dem in Artikel 51 Unterabsatz 1 Absatz 1 Buchstabe d genannten Kryptowerte-Whitepaper an gut erkennbarer Stelle die Bedingungen für den Rücktausch an.

(6) Unbeschadet des Artikels 46 ist der Rücktausch von E-Geld-Token nicht gebührenpflichtig.

Artikel 50
Verbot der Gewährung von Zinsen

(1) Abweichend von Artikel 12 der Richtlinie 2009/110/EG gewähren Emittenten von E-Geld-Token keine Zinsen in Bezug auf E-Geld-Token.

(2) Bei der Erbringung von Kryptowerte-Dienstleistungen im Zusammenhang mit E-Geld-Token dürfen die Anbieter von Kryptowerte-Dienstleistungen keine Zinsen gewähren.

(3) Für die Zwecke der Absätze 1 und 2 gelten alle Vergütungen oder sonstigen Vorteile, die mit der Zeitspanne zusammenhängen, in der ein Inhaber eines E-Geld-Token diesen E-Geld-Token hält, als Zinsen. Dazu gehören Nettovergütungen oder -abschläge, die einer vom Inhaber eines E-Geld-Token erhaltenen Verzinsung gleichkommen, unabhängig davon, ob sie unmittelbar vom Emittenten stammen oder durch Dritte gewährt werden, und unabhängig davon, ob sie unmittelbar im Zusammenhang mit dem E-Geld-Token stehen oder durch die Vergütung oder Preisgestaltung anderer Produkte gewährt werden.

Artikel 51
Inhalt und Form des Kryptowerte-Whitepapers für E-Geld-Token

(1) Ein Kryptowerte-Whitepaper für einen E-Geld-Token muss alle folgenden Informationen enthalten, die in Anhang III näher präzisiert sind:

a) Informationen über den Emittenten des E-Geld-Token,

b) Informationen über den E-Geld-Token,

c) Informationen über das öffentliche Angebot des E-Geld-Token oder dessen Zulassung zum Handel,

d) Informationen über die mit dem E-Geld-Token verbundenen Rechte und Pflichten,

e) Informationen über die zugrunde liegende Technologie,

f) Informationen über die Risiken,

g) Informationen über die wichtigsten nachteiligen Auswirkungen des für die Ausgabe des E-Geld-Token verwendeten Konsensmechanismus auf das Klima und andere umweltbezogene nachteilige Auswirkungen des E-Geld-Token.

Das Kryptowerte-Whitepaper muss auch die Identität der Person enthalten, bei der es sich nicht um den Emittenten handelt, der gemäß Artikel 48 Absatz 1 Unterabsatz 2 den E-Geld-Token öffentlich anbietet oder seine Zulassung zum Handel beantragt, sowie den Grund, warum diese bestimmte Person diesen E-Geld-Token anbietet oder dessen Zulassung zum Handel beantragt.

(2) Alle in Absatz 1 aufgeführten Informationen müssen redlich und eindeutig und dürfen nicht irreführend sein. Das Kryptowerte-Whitepaper darf keine wesentlichen Auslassungen enthalten und ist in knapper und verständlicher Form vorzulegen.

(3) Das Kryptowerte-Whitepaper muss auf der ersten Seite die folgende eindeutige und deutlich erkennbare Erklärung enthalten:

„Dieses Kryptowerte-Whitepaper wurde von keiner zuständigen Behörde eines Mitgliedstaats der Europäischen Union genehmigt. Der Emittent des Kryptowerts trägt die alleinige Verantwortung für den Inhalt dieses Kryptowerte-Whitepapers."

(4) Das Kryptowerte-Whitepaper muss einen klaren Warnhinweis enthalten, dass

a) der E-Geld-Token nicht unter die Systeme für die Entschädigung der Anleger gemäß der Richtlinie 97/9/EG fällt,

b) der E-Geld-Token nicht unter die Einlagensicherungssysteme gemäß der Richtlinie 2014/49/EU fällt.

(5) Das Kryptowerte-Whitepaper enthält eine Erklärung des Leitungsorgans des Emittenten des E-Geld-Token. In dieser Erklärung, die nach der in Absatz 3 genannten Erklärung einzufügen ist, wird bestätigt, dass das Kryptowerte-Whitepaper

die Anforderungen des vorliegenden Titels erfüllt, dass die in ihm enthaltenen Informationen nach bestem Wissen des Leitungsorgans vollständig, redlich, eindeutig und nicht irreführend sind und dass das Kryptowerte-Whitepaper keine Auslassungen aufweist, die seine Aussagekraft beeinträchtigen könnten.

(6) Das Kryptowerte-Whitepaper enthält eine Zusammenfassung, die nach der in Absatz 5 genannten Erklärung eingefügt wird und in knapper und nicht fachsprachlicher Ausdrucksweise wesentliche Informationen über das öffentliche Angebot des E-Geld-Token oder über die beabsichtigte Zulassung eines solchen E-Geld-Token zum Handel liefert. Die Zusammenfassung ist in leicht verständlicher Sprache und in eindeutiger und verständlicher Form darzustellen und zu gestalten, wobei eine leserliche Schriftgröße zu verwenden ist. Die Zusammenfassung des Kryptowerte-Whitepapers bietet geeignete Informationen über die Merkmale der betreffenden Kryptowerte, um potenziellen Inhabern der Kryptowerte beim Treffen einer fundierten Entscheidung zu helfen.

Die Zusammenfassung muss einen Warnhinweis enthalten,

a) dass sie als Einführung in das Kryptowerte-Whitepaper zu lesen ist,

b) dass potenzielle Inhaber ihre Entscheidung zum Kauf des E-Geld-Token auf der Grundlage des Inhalts des gesamten Kryptowerte-Whitepapers und nicht allein auf der Grundlage der Zusammenfassung treffen sollten,

c) dass das öffentliche Angebot des E-Geld-Token kein Angebot und keine Aufforderung zum Kauf von Finanzinstrumenten darstellt und dass ein solches Angebot oder eine solche Aufforderung nur mittels eines Prospekts oder anderer Angebotsunterlagen gemäß den nationalen Rechtsvorschriften erfolgen kann,

d) dass das Kryptowerte-Whitepaper keinen Prospekt im Sinne der Verordnung (EU) 2017/1129 und kein anderes Angebotsdokument im Sinne des Unionsrecht oder des nationalen Recht darstellt.

In der Zusammenfassung ist darauf hinzuweisen, dass der Inhaber des E-Geld-Token jederzeit ein Recht auf Rücktausch zum Nennwert hat, und es sind die Bedingungen für den Rücktausch anzugeben.

(7) Das Kryptowerte-Whitepaper muss das Datum seiner Übermittlung und ein Inhaltsverzeichnis enthalten.

(8) Das Kryptowerte-Whitepaper ist in einer Amtssprache des Herkunftsmitgliedstaats oder in einer in der internationalen Finanzwelt gebräuchlichen Sprache abzufassen.

Wird der E-Geld-Token auch in einem anderen Mitgliedstaat als dem Herkunftsmitgliedstaat angeboten, so ist das Kryptowerte-Whitepaper auch in einer Amtssprache des Aufnahmemitgliedstaats oder in einer in der internationalen Finanzwelt gebräuchlichen Sprache abzufassen.

(9) Das Kryptowerte-Whitepaper ist in einem maschinenlesbaren Format zur Verfügung zu stellen.

(10) Die ESMA arbeitet in Zusammenarbeit mit der EBA Entwürfe technischer Durchführungsstandards zur Festlegung von Standardformularen, Standardformaten und Mustertexten für die Zwecke des Absatzes 9 aus.

Die ESMA übermittelt der Kommission die in Unterabsatz 1 genannten Entwürfe technischer Durchführungsstandards spätestens am 30. Juni 2024.

Der Kommission wird die Befugnis übertragen, die in Unterabsatz 1 des vorliegenden Absatzes genannten technischen Durchführungsstandards gemäß Artikel 15 der Verordnung (EU) Nr. 1095/2010 zu erlassen.

(11) Die Emittenten von E-Geld-Token müssen ihr Kryptowerte-Whitepaper der für sie zuständigen Behörde spätestens 20 Arbeitstage vor der Veröffentlichung übermitteln.

Die zuständigen Behörden verlangen keine Vorabgenehmigung von Kryptowerte-Whitepapers vor ihrer Veröffentlichung.

(12) Jeder wesentliche neue Faktor, jeder wesentliche Fehler oder jede wesentliche Ungenauigkeit, der bzw. die die Bewertung des E-Geld-Token beeinträchtigen kann, ist in einem geänderten Kryptowerte-Whitepaper zu beschreiben, das die Emittenten erstellen, der zuständigen Behörde übermitteln und auf den Websites der Emittenten veröffentlichten.

(13) Bevor der E-Geld-Token in der Union öffentlich angeboten wird oder eine Zulassung des E-Geld-Token zum Handel beantragt wird, muss der Emittent des E-Geld-Token auf seiner Website ein Kryptowerte-Whitepaper veröffentlichen.

(14) Der Emittent des E-Geld-Token übermittelt der zuständigen Behörde zusammen mit der Übermittlung des Kryptowerte-Whitepapers gemäß Absatz 11 des vorliegenden Artikels die in Artikel 109 Absatz 4 genannten Informationen. Die zuständige Behörde übermittelt der ESMA innerhalb von fünf Arbeitstagen nach Eingang der Angaben des Emittenten die in Artikel 109 Absatz 4 genannten Informationen.

Die zuständige Behörde unterrichtet die ESMA ebenfalls über geänderte Kryptowerte-Whitepaper und den Entzug der Zulassung des Emittenten des E-Geld-Token.

Die ESMA stellt diese Informationen in dem Register gemäß Artikel 109 Absatz 4 ab dem Startdatum des öffentlichen Angebots oder der Zulassung zum Handel oder im Falle eines geänderten Kryptowerte-Whitepapers oder des Entzugs der Zulassung unverzüglich zur Verfügung.

(15) Die ESMA arbeitet in Zusammenarbeit mit der EBA Entwürfe technischer Regulierungs-

standards für den Inhalt, die Methoden und die Darstellung der in Absatz 1 Buchstabe g genannten Informationen über die Nachhaltigkeitsindikatoren in Bezug auf nachteilige Auswirkungen auf das Klima und andere umweltbezogene nachteilige Auswirkungen aus.

Bei der Ausarbeitung der in Unterabsatz 1 genannten Entwürfe technischer Regulierungsstandards berücksichtigt die ESMA die verschiedenen Arten von Konsensmechanismen, die bei der Validierung von Transaktionen mit Kryptowerten zum Einsatz kommen, deren Anreizstrukturen und die Nutzung von Energie, Energie aus erneuerbaren Quellen und natürlichen Ressourcen, die Erzeugung von Abfällen und Treibhausgasemissionen. Die ESMA aktualisiert die technischen Regulierungsstandards unter Berücksichtigung rechtlicher und technischer Entwicklungen.

Die ESMA übermittelt der Kommission die in Unterabsatz 1 genannten Entwürfe technischer Regulierungsstandards spätestens am 30. Juni 2024.

Der Kommission wird die Befugnis übertragen, diese Verordnung durch Erlass der in Unterabsatz 1 des vorliegenden Absatzes genannten technischen Regulierungsstandards gemäß den Artikeln 10 bis 14 der Verordnung (EU) Nr. 1095/2010 zu ergänzen.

Artikel 52
Haftung von Emittenten von E-Geld-Token für die in einem Kryptowerte-Whitepaper enthaltenen Informationen

(1) Hat ein Emittent eines E-Geld-Token gegen Artikel 51 verstoßen, indem er in einem Kryptowerte-Whitepaper oder in einem geänderten Kryptowerte-Whitepaper unvollständige, unredliche, nicht eindeutige oder irreführende Informationen zur Verfügung gestellt hat, so sind der Emittent und die Mitglieder seines Verwaltungs-, Leitungs- oder Aufsichtsorgans einem Inhaber solcher E-Geld-Token für aufgrund dieses Verstoßes erlittene Verluste haftbar.

(2) Ein vertraglicher Ausschluss oder eine vertragliche Beschränkung der zivilrechtlichen Haftung gemäß Unterabsatz 1 hat keine Rechtswirkung.

(3) Es obliegt den Inhabern des E-Geld-Token, den Nachweis dafür zu erbringen, dass der Emittent dieses E-Geld-Token gegen Artikel 51 verstoßen hat, indem er in seinem Kryptowerte-Whitepaper oder in einem geänderten Kryptowerte-Whitepaper unvollständige, unredliche, nicht eindeutige oder irreführende Informationen zur Verfügung gestellt hat, und sich das Verlassen auf diese Informationen auf die Entscheidung des Inhabers, diesen E-Geld-Token zu kaufen, zu verkaufen oder zu tauschen, ausgewirkt hat.

(4) Der Emittent und die Mitglieder seines Verwaltungs-, Leitungs- oder Aufsichtsorgans haften nicht für Verluste, die durch den Verlass auf Informationen entstehen, die in einer Zusammenfassung gemäß Artikel 51 Absatz 6, einschließlich deren Übersetzung, zur Verfügung gestellt werden, es sei denn, die Zusammenfassung

a) ist, wenn sie zusammen mit den anderen Teilen des Kryptowerte-Whitepapers gelesen wird, irreführend, unrichtig oder widersprüchlich oder

b) enthält, wenn sie zusammen mit den anderen Teilen des Kryptowerte-Whitepapers gelesen wird, nicht die wesentlichen Informationen, die potenziellen Inhabern bei der Entscheidung über den Kauf solcher E-Geld-Token helfen sollen.

(5) Dieser Artikel lässt jede sonstige zivilrechtliche Haftung gemäß dem nationalen Recht unberührt.

Artikel 53
Marketingmitteilungen

(1) Marketingmitteilungen zu einem öffentlichen Angebot eines E-Geld-Token oder zur Zulassung eines E-Geld-Token zum Handel müssen alle folgenden Anforderungen erfüllen:

a) die Marketingmitteilungen sind eindeutig als solche erkennbar,

b) die Informationen in den Marketingmitteilungen sind redlich, eindeutig und nicht irreführend,

c) die Informationen in den Marketingmitteilungen stimmen mit den Angaben im Kryptowerte-Whitepaper überein,

d) in den Marketingmitteilungen wird eindeutig darauf hingewiesen, dass ein Kryptowerte-Whitepaper veröffentlicht wurde, und es wird eindeutig die Adresse der Website des Emittenten des E-Geld-Token sowie eine Telefonnummer und E-Mail-Adresse des Emittenten für die Kontaktaufnahme angegeben.

(2) In den Marketingmitteilungen ist klar und eindeutig anzugeben, dass Inhaber eines E-Geld-Token beim Emittenten jederzeit ein Recht auf Rücktausch zum Nennwert haben.

(3) Marketingmitteilungen und jegliche sie betreffende Änderungen sind auf der Website des Emittenten zu veröffentlichen.

(4) Die zuständigen Behörden verlangen keine Vorabgenehmigung von Marketingmitteilungen vor ihrer Veröffentlichung.

(5) Marketingmitteilungen sind den zuständigen Behörden auf Aufforderung zu übermitteln.

(6) Vor der Veröffentlichung des Kryptowerte-Whitepapers dürfen keine Marketingmitteilungen verbreitet werden. Diese Beschränkung hindert

den Emittenten eines E-Geld-Token nicht daran, Marktsondierungen durchzuführen.

Artikel 54
Anlage von im Tausch gegen E-Geld-Token entgegengenommenen Geldbeträgen

Geldbeträge, die Emittenten von E-Geld-Token im Tausch gegen E-Geld-Token entgegengenommen haben und die gemäß Artikel 7 Absatz 1 der Richtlinie 2009/110/EG besichert sind, müssen das Folgende einhalten:

a) Mindestens 30 % der erhaltenen Geldbeträge sind stets auf gesonderten Konten bei Kreditinstituten zu hinterlegen.

b) Die übrigen Geldbeträge müssen in sichere Aktiva mit niedrigem Risiko investiert werden, die gemäß Artikel 38 Absatz 1 dieser Verordnung als hochliquide Finanzinstrumente mit minimalem Marktrisiko, Kreditrisiko und Konzentrationsrisiko gelten, die auf dieselbe amtliche Währung lauten, auf die sich der E-Geld-Token bezieht.

Artikel 55
Sanierungs- und Rücktauschplan

Titel III Kapitel 6 gilt entsprechend für Emittenten von E-Geld-Token.

Abweichend von Artikel 46 Absatz 2 muss der Zeitpunkt, bis zu dem der Sanierungsplan der zuständigen Behörde mitzuteilen ist, in Bezug auf Emittenten von E-Geld-Token innerhalb von sechs Monaten nach dem öffentlichen Angebot oder der Zulassung zum Handel liegen.

Abweichend von Artikel 47 Absatz 3 muss der Zeitpunkt, bis zu dem der Rücktauschplan der zuständigen Behörde mitzuteilen ist, in Bezug auf Emittenten von E-Geld-Token innerhalb von sechs Monaten nach dem Zeitpunkt des öffentlichen Angebots oder der Zulassung zum Handel liegen.

KAPITEL 2

Signifikante E-Geld-Token

Artikel 56
Einstufung von E-Geld-Token als signifikante E-Geld-Token

(1) Die EBA stuft E-Geld-Token gemäß Artikel 43 Absatz 1 als signifikante E-Geld-Token ein, wenn mindestens drei der in Artikel 43 Absatz 1 festgelegten Kriterien erfüllt sind:

a) in dem vom ersten Bericht mit Informationen gemäß Absatz 3 des vorliegenden Artikels abgedeckten Zeitraum nach dem öffentlichen Angebot oder dem Antrag auf Zulassung zum Handel dieser Token, oder

b) in dem Zeitraum, der von mindestens zwei aufeinanderfolgenden Berichten mit Informationen gemäß Absatz 3 des vorliegenden Artikels abgedeckt ist.

(2) Geben mehrere Emittenten denselben E-Geld-Token aus, so wird die Erfüllung der in Artikel 43 Absatz 1 festgelegten Kriterien nach Aggregation der Daten dieser Emittenten bewertet.

(3) Die zuständigen Behörden des Herkunftsmitgliedstaats des Emittenten übermitteln der EBA und der EZB mindestens zweimal im Jahr die Informationen, die für die Bewertung der Erfüllung der in Artikel 43 Absatz 1 genannten Kriterien erheblich sind, gegebenenfalls einschließlich der gemäß Artikel 22 eingegangenen Informationen.

Ist der Emittent in einem Mitgliedstaat niedergelassen, dessen amtliche Währung nicht der Euro ist, oder gilt eine andere amtliche Währung als der Euro in einem Mitgliedstaat als Bezugsgröße für die E-Geld-Token, so übermitteln die zuständigen Behörden die Informationen gemäß Unterabsatz 1 auch der Zentralbank des betreffenden Mitgliedstaats.

(4) Gelangt die EBA zu der Auffassung, dass ein E-Geld-Token gemäß Absatz 1 des vorliegenden Artikels die in Artikel 43 Absatz 1 genannten Kriterien gemäß Absatz 1 des vorliegenden Artikels erfüllt, so erstellt sie einen Entwurf eines Beschlusses zur Einstufung des E-Geld-Token als signifikanten E-Geld-Token und übermittelt diesen Entwurf eines Beschlusses dem Emittenten des E-Geld-Token und der zuständigen Behörde des Herkunftsmitgliedstaats des Emittenten, der EZB und in den in Absatz 3 Unterabsatz 2 des vorliegenden Artikels genannten Fällen der Zentralbank des betreffenden Mitgliedstaats.

Die Emittenten dieser E-Geld-Token, die für sie zuständigen Behörden, die EZB und gegebenenfalls die Zentralbank des betreffenden Mitgliedstaats haben ab dem Tag der Übermittlung des Entwurfs eines Beschlusses 20 Arbeitstage Zeit, um schriftlich Stellung zu nehmen und Bemerkungen vorzubringen. Die EBA trägt diesen Stellungnahmen und Bemerkungen vor der Annahme eines endgültigen Beschlusses gebührend Rechnung.

(5) Die EBA trifft innerhalb von 60 Arbeitstagen ab dem Tag der in Absatz 4 genannten Übermittlung ihren endgültigen Beschluss darüber, ob ein E-Geld-Token als signifikanter E-Geld-Token eingestuft wird, und übermittelt dem Emittenten dieses E-Geld-Token und der für ihn zuständigen Behörde umgehend diesen Beschluss.

(6) Wurde ein E-Geld-Token gemäß einem Beschluss der EBA nach Absatz 5 als signifikant eingestuft, so wird gemäß Artikel 117 Absatz 4 die Zuständigkeit für die Beaufsichtigung des Emittenten dieses E-Geld-Token innerhalb von 20 Arbeitstagen nach dem Tag der Übermittlung dieses Beschlusses von der zuständigen Behörde

des Herkunftsmitgliedstaats des Emittenten auf die EBA übertragen.

Die EBA und die zuständige Behörde arbeiten zusammen, um einen reibungslosen Übergang der Aufsichtsbefugnisse sicherzustellen.

(7) Abweichend von Absatz 6 wird die Zuständigkeit für die Beaufsichtigung der Emittenten von signifikanten E-Geld-Token, die auf eine andere amtliche Währung eines Mitgliedstaats als den Euro lauten, nicht der EBA übertragen, wenn mindestens 80 % der Anzahl der Inhaber und des Volumens der Geschäfte mit diesen signifikanten E-Geld-Token im Herkunftsmitgliedstaat konzentriert sind.

Die zuständige Behörde des Herkunftsmitgliedstaats des Emittenten stellt der EBA jährlich Informationen über die Fälle zur Verfügung, in denen die in Unterabsatz 1 genannte Ausnahmeregelung angewendet wird.

Für die Zwecke von Unterabsatz 1 wird bei einer Transaktion davon ausgegangen, dass sie im Herkunftsmitgliedstaat stattfindet, wenn der Zahler oder der Zahlungsempfänger in diesem Mitgliedstaat niedergelassen sind.

(8) Die EBA bewertet jährlich erneut die Einstufung der signifikanten vermögenswertereferenzierten Token auf der Grundlage der zur Verfügung stehenden Information, einschließlich solcher aus den in Absatz 3 des vorliegenden Artikels genannten Berichten oder der gemäß Artikel 22 erhaltenen Informationen.

Gelangt die EBA zu der Auffassung, dass gewisse E-Geld-Token gemäß Absatz 1 des vorliegenden Artikels die in Artikel 43 Absatz 1 genannten Kriterien nicht mehr erfüllen, so erstellt sie einen entsprechenden Entwurf eines Beschlusses, den E-Geld-Token nicht länger als signifikant einzustufen und übermittelt diesen Entwurf eines Beschlusses den Emittenten dieser E-Geld-Token, der zuständigen Behörde des Herkunftsmitgliedstaats des Emittenten, der EZB und in den in Absatz 3 Unterabsatz 2 des vorliegenden Artikels genannten Fällen der Zentralbank des betreffenden Mitgliedstaats.

Die Emittenten dieser E-Geld-Token, die für sie zuständigen Behörden, die EZB und die Zentralbank des betreffenden Mitgliedstaats haben ab dem Tag der Übermittlung des Entwurfs eines Beschlusses 20 Arbeitstage Zeit, um schriftlich Stellung zu nehmen und Bemerkungen vorzubringen. Die EBA trägt diesen Stellungnahmen und Bemerkungen vor der Annahme eines endgültigen Beschlusses gebührend Rechnung.

(9) Die EBA trifft innerhalb von 60 Arbeitstagen nach dem Tag der Übermittlung der in Absatz 8 genannten Informationen liegt, ihren endgültigen Beschluss darüber, ob der E-Geld-Token nicht länger als signifikant eingestuft wird, und übermittelt diesen Beschluss unverzüglich dem Emittenten dieses E-Geld-Token und der für ihn zuständigen Behörde.

(10) Ist ein E-Geld-Token gemäß einem Beschluss der EBA nach Absatz 9 nicht mehr als signifikant eingestuft, so wird die Zuständigkeit für die Beaufsichtigung in Bezug auf einen Emittenten dieses E-Geld-Token innerhalb von 20 Arbeitstagen nach dem Tag der Übermittlung dieses Beschlusses von der EZB auf die zuständige Behörde des Herkunftsmitgliedstaats des Emittenten übertragen.

Die EBA und die zuständige Behörde arbeiten zusammen, um einen reibungslosen Übergang der Aufsichtsbefugnisse sicherzustellen.

Artikel 57
Freiwillige Einstufung von E-Geld-Token als signifikante E-Geld-Token

(1) Ein Emittent eines E-Geld-Token, der als Kreditinstitut oder als E-Geld-Institut zugelassen ist oder eine solche Zulassung beantragt, kann mitteilen, dass er seinen E-Geld-Token als signifikanten E-Geld-Token einstufen möchten. In diesem Fall übermittelt die zuständige Behörde der EBA, der EZB und in den in Artikel 56 Absatz 3 Unterabsatz 2 genannten Fällen der Zentralbank des betreffenden Mitgliedstaats sofort den Antrag des potenziellen Emittenten.

Damit der E-Geld-Token gemäß dem vorliegenden Artikel als signifikant eingestuft werden kann, muss der potenzielle Emittent des E-Geld-Token durch einen detaillierten Geschäftsplan nachweisen, dass er voraussichtlich mindestens drei der in Artikel 43 Absatz 1 festgelegten Kriterien erfüllt.

(2) Die EBA erstellt innerhalb von 20 Tagen ab dem Tag der Übermittlung gemäß Absatz 1 des vorliegenden Artikels einen Entwurf eines Beschlusses, der ihre auf dem Geschäftsplan des Emittenten beruhende Stellungnahme dazu enthält, ob der E-Geld-Token tatsächlich oder voraussichtlich zumindest 3 der in Artikel 43 Absatz 1 festgelegten Kriterien erfüllt, und übermittelt der zuständigen Behörde des Herkunftsmitgliedstaats des Emittenten, der EZB und in den in Artikel 56 Absatz 3 Unterabsatz 2 genannten Fällen der Zentralbank des betreffenden Mitgliedstaats diesen Entwurf eines Beschlusses.

Die für die Emittenten dieser E-Geld-Token zuständigen Behörden, die EZB und gegebenenfalls die Zentralbank des betroffenen Mitgliedstaats haben ab dem Tag der Übermittlung dieses Entwurfs eines Beschlusses 20 Arbeitstage Zeit, um schriftlich Stellung zu nehmen und Bemerkungen vorzubringen. Die EBA trägt diesen Stellungnahmen und Bemerkungen vor der Annahme eines endgültigen Beschlusses gebührend Rechnung.

(3) Die EBA trifft innerhalb von 60 Arbeitstagen nach dem Tag der in Absatz 1 genannten Übermittlung ihren endgültigen Beschluss darüber, ob ein E-Geld-Token als signifikanter E-

Geld-Token einzustufen ist, und übermittelt dem Emittenten dieses E-Geld-Token und der für ihn zuständigen Behörde sofort diesen Beschluss.

(4) Wurden ein E-Geld-Token gemäß einem Beschluss der EBA nach Absatz 3 als signifikant eingestuft, so wird gemäß Artikel 117 Absatz 4 die Zuständigkeit für die Beaufsichtigung der Emittenten dieser E-Geld-Token innerhalb von 20 Arbeitstagen ab dem Tag der Übermittlung dieses Beschlusses von der zuständigen Behörde auf die EBA übertragen.

Die EBA und die zuständigen Behörden arbeiten zusammen, um einen reibungslosen Übergang der Aufsichtsbefugnisse sicherzustellen.

(5) Abweichend von Absatz 4 wird die Zuständigkeit für die Beaufsichtigung der Emittenten von signifikanten E-Geld-Token, die auf eine andere amtliche Währung eines Mitgliedstaats als den Euro lauten, nicht auf die EBA übertragen, wenn davon ausgegangen wird, dass mindestens 80 % der Anzahl der Inhaber und des Volumens der Geschäfte mit den signifikanten E-Geld-Token im Herkunftsmitgliedstaat konzentriert sind.

Die zuständige Behörde des Herkunftsmitgliedstaats des Emittenten stellt der EBA jährlich Informationen über die Anwendung der in Unterabsatz 1 genannten Ausnahme zur Verfügung.

Für die Zwecke von Unterabsatz 1 wird bei einer Transaktion davon ausgegangen, dass sie im Herkunftsmitgliedstaat stattfindet, der Zahler oder der Zahlungsempfänger in diesem Mitgliedstaat niedergelassen sind.

Artikel 58
Spezifische zusätzliche Pflichten von Emittenten von E-Geld-Token

(1) Für E-Geld-Institute, die signifikante E-Geld-Token ausgeben, gelten

a) die in Artikel 36, 37, 38 und 45 Absätze 1 bis 4 der vorliegenden Verordnung genannten Anforderungen anstelle von Artikel 7 der Richtlinie 2009/110/EG;

b) die in Artikel 35 Absätze 2, 3 und 5 und Artikel 45 Absatz 5 der vorliegenden Verordnung genannten Anforderungen anstelle von Artikel 5 der Richtlinie 2009/110/EG.

Abweichend von Artikel 36 Absatz 9 wird die unabhängige Prüfung in Bezug auf Emittenten signifikanter E-Geld-Token alle sechs Monate ab dem Tag des vorgeschrieben, an dem der Beschluss gemäß Artikel 56 oder 57 angenommen wurde, einen Token als signifikant einzustufen.

(2) Die zuständigen Behörden der Herkunftsmitgliedstaaten können E-Geld-Institute, die nicht signifikante E-Geld-Token ausgeben, verpflichten, die in Absatz 1 genannten Anforderungen zu erfüllen, wenn dies erforderlich ist, um den Risiken entgegenzuwirken, die mit diesen Bestimmungen angegangen werden sollen, etwa Liquiditätsrisiken, operationelle Risiken oder Risiken aus der unterlassenen Einhaltung der Anforderungen an die Verwaltung von Vermögenswertreserven.

(3) Artikel 22, Artikel 23 und Artikel 24 Absatz 3 gelten für E-Geld-Token, die auf eine Währung lauten, die keine amtliche Währung eines Mitgliedstaats ist.

TITEL V
ZULASSUNG UND BEDINGUNGEN FÜR DIE AUSÜBUNG DER TÄTIGKEIT EINES ANBIETERS VON KRYPTOWERTE-DIENSTLEISTUNGEN

KAPITEL 1
Zulassung von Anbietern von Kryptowerte-Dienstleistungen

Artikel 59
Zulassung

(1) Eine Person, darf in der Union Kryptowerte-Dienstleistungen nicht anbieten, sofern diese Person nicht

a) eine juristische Person oder ein anderes Unternehmen ist, die bzw. das gemäß Artikel 63 als Anbieter von Kryptowerte-Dienstleistungen zugelassen wurde, oder

b) ein Kreditinstitut, ein Zentralverwahrer, eine Wertpapierfirma, ein Marktteilnehmer, ein E-Geld-Institut, eine OGAW-Verwaltungsgesellschaft oder ein Verwalter alternativer Investmentfonds ist, dem bzw. der es gemäß Artikel 60 gestattet ist, Kryptowerte-Dienstleistungen zu erbringen.

(2) Anbieter von Kryptowerte-Dienstleistungen, die nach Artikel 63 zugelassen wurden, müssen einen Sitz in einem Mitgliedstaat haben, in dem sie zumindest einen Teil ihrer Krypto-Dienstleistungsgeschäfte ausführen. Sie müssen ihren Ort der tatsächlichen Geschäftsführung in der Union haben, und mindestens einer der Geschäftsführer muss in der Union ansässig sein.

(3) Für die Zwecke von Absatz 1 Buchstabe a dürfen andere Unternehmen, bei denen es sich nicht um juristische Personen handelt, Kryptowerte-Dienstleistungen nur dann erbringen, wenn durch ihre Rechtsform ein Schutzniveau in Bezug auf die Interessen Dritter gewährleistet ist, das dem durch juristische Personen gewährten Schutzniveau gleichwertig ist, und wenn sie einer gleichwertigen, ihrer Rechtsform entsprechenden prudentiellen Aufsicht unterliegen.

(4) Nach Artikel 63 zugelassene Anbieter von Kryptowerte-Dienstleistungen müssen die Voraussetzungen für ihre Zulassung jederzeit erfüllen.

(5) Eine Person, die kein Anbieter von Krypto-werte-Dienstleistungen ist, darf keinen Namen

oder Firmennamen verwenden bzw. keine Marketingmitteilungen veröffentlichen oder keine sonstigen Prozesse anwenden, die nahelegen, dass sie ein Anbieter von Kryptowerte-Dienstleistungen ist, oder die in dieser Hinsicht Verwirrung stiften könnten.

(6) Die zuständigen Behörden, die Zulassungen nach Artikel 63 erteilen, stellen sicher, dass in diesen Zulassungen genau angegeben ist, welche Kryptowerte-Dienstleistungen Anbieter von Kryptowerte-Dienstleistungen erbringen dürfen.

(7) Anbieter von Kryptowerte-Dienstleistungen dürfen Kryptowerte-Dienstleistungen in der gesamten Union erbringen; dies kann entweder im Rahmen der Niederlassungsfreiheit, einschließlich der Errichtung einer Zweigniederlassung, oder im Rahmen des freien Dienstleistungsverkehrs geschehen. Anbieter von Kryptowerte-Dienstleistungen, die Kryptowerte-Dienstleistungen grenzüberschreitend erbringen, brauchen im Hoheitsgebiet eines Aufnahmemitgliedstaats nicht physisch präsent zu sein.

(8) Anbieter von Kryptowerte-Dienstleistungen, die ihre Zulassung um weitere Kryptowerte-Dienstleistungen auf die in Artikel 63 genannte Art und Weise erweitern wollen, beantragen bei den zuständigen Behörden, die ihnen die Erstzulassung erteilt haben, eine Erweiterung ihrer Zulassung und ergänzen und aktualisieren zu diesem Zweck die in Artikel 62 genannten Informationen. Der Antrag auf Erweiterung der Zulassung wird gemäß Artikel 63 bearbeitet.

Artikel 60
Erbringung von Kryptowerte-Dienstleistungen durch bestimmte Finanzunternehmen

(1) Ein Kreditinstitut darf Kryptowerte-Dienstleistungen erbringen, wenn es der zuständigen Behörde seines Herkunftsmitgliedstaats spätestens 40 Arbeitstage vor der erstmaligen Erbringung dieser Dienstleistungen die in Absatz 7 genannten Informationen übermittelt.

(2) Ein gemäß der Verordnung (EU) Nr. 909/2014 des Europäischen Parlaments und des Rates[1] zugelassener Zentralverwahrer darf Kryptowerte für Kunden nur dann verwahren und verwalten, wenn er der zuständigen Behörde seines Herkunftsmitgliedstaats spätestens 40 Arbeitstage vor der erstmaligen Erbringung dieser Dienstleistungen die in Absatz 7 genannten Informationen übermittelt.

Für die Zwecke von Unterabsatz 1 gilt die Verwahrung und Verwaltung von Kryptowerten für Kunden als dem Angebot, der Führung oder dem Betrieb von Depotkonten in Bezug auf die in Abschnitt B Nummer 3 des Anhangs der Verordnung (EU) Nr. 909/2014 genannte Abwicklungsdienstleistung gleichwertig.

(3) Eine Wertpapierfirma darf in der Union Kryptowerte-Dienstleistungen, die den Wertpapierdienstleistungen und Anlagetätigkeiten gleichwertig sind, für die sie nach der Richtlinie 2014/65/EU eigens zugelassen ist, erbringen, wenn sie der zuständigen Behörde des Herkunftsmitgliedstaats spätestens 40 Arbeitstage vor der erstmaligen Erbringung dieser Dienstleistungen die in Absatz 7 des vorliegenden Artikels angegebenen Informationen übermittelt.

Für die Zwecke dieses Absatzes

a) gelten die Verwahrung und Verwaltung von Kryptowerten für Kunden als den in Anhang I Abschnitt B Nummer 1 der Richtlinie 2014/65/EU genannten verbundenen Dienstleistungen gleichwertig;

b) gilt der Betrieb einer Handelsplattform für Kryptowerte als dem in Anhang I Abschnitt A Nummern 8 und 9 der Richtlinie 2014/65/EU genannten Betrieb eines multilateralen Handelssystems bzw. Betrieb eines organisierten Handelssystems gleichwertig;

c) gilt der Tausch von Kryptowerten gegen einen Geldbetrag oder andere Kryptowerte als dem in Anhang I Abschnitt A Nummer 3 der Richtlinie 2014/65/EU genannten Handel für eigene Rechnung gleichwertig;

d) gilt die Ausführung von Aufträgen über Kryptowerte für Kunden als der in Anhang I Abschnitt A Nummer 2 der Richtlinie 2014/65/EU genannten Ausführung von Aufträgen im Namen von Kunden gleichwertig;

e) gilt die Platzierung von Kryptowerten als der in Anhang I Abschnitt A Nummern 6 und 7 der Richtlinie 2014/65/EU genannten Übernahme oder Platzierung von Finanzinstrumenten mit fester Übernahmeverpflichtung bzw. Platzierung von Finanzinstrumenten ohne feste Übernahmeverpflichtung gleichwertig;

f) gelten die Annahme und Übermittlung von Aufträgen über Kryptowerte für Kunden als der in Anhang I Abschnitt A Nummer 1 der Richtlinie 2014/65/EU genannten Annahme und Übermittlung von Aufträgen über ein oder mehrere Finanzinstrumente gleichwertig;

g) gilt die Beratung zu Kryptowerten als der in Anhang I Abschnitt A Nummer 5 der Richtlinie 2014/65/EU genannten Anlageberatung gleichwertig;

Zu Artikel 60:

[1] Verordnung (EU) Nr. 909/2014 des Europäischen Parlaments und des Rates vom 23. Juli 2014 zur Verbesserung der Wertpapierlieferungen und -abrechnungen in der Europäischen Union und über Zentralverwahrer sowie zur Änderung der Richtlinien 98/26/EG und 2014/65/EU und der Verordnung (EU) Nr. 236/2012 (ABl. L 257 vom 28.8.2014, S. 1).

h) gilt die Portfolioverwaltung von Kryptowerten als der in Anhang I Abschnitt A Nummer 4 der Richtlinie 2014/65/EU genannten Portfolioverwaltung gleichwertig.

(4) Ein gemäß der Richtlinie 2009/110/EG zugelassenes E-Geld-Institut darf im Hinblick auf die von ihm ausgegebenen E-Geld-Token die Verwahrung und Verwaltung von Kryptowerten im Namen von Kunden und Transferdienstleistungen für Kryptowerte im Namen von Kunden erbringen, wenn es der zuständigen Behörde des Herkunftsmitgliedstaats spätestens 40 Arbeitstage vor der erstmaligen Erbringung dieser Dienstleistungen die in Absatz 7 des vorliegenden Artikels genannten Informationen übermittelt.

(5) Eine OGAW-Verwaltungsgesellschaft oder ein Verwalter alternativer Investmentfonds darf Kryptowerte-Dienstleistungen, die der individuellen Verwaltung einzelner Portfolios und den Nebendienstleistungen gleichwertig sind, für die sie bzw. er nach der Richtlinie 2009/65/EG bzw. der Richtlinie 2011/61/EU zugelassen ist, erbringen, wenn sie bzw. er der zuständigen Behörde des Herkunftsmitgliedstaats spätestens 40 Arbeitstage vor der erstmaligen Erbringung dieser Dienstleistungen die in Absatz 7 des vorliegenden Artikels genannten Informationen übermittelt.

Für die Zwecke dieses Absatzes

a) gelten die Annahme und Übermittlung von Aufträgen über Kryptowerte für Kunden als der in Artikel 6 Absatz 4 Buchstabe b Ziffer iii der Richtlinie 2011/61/EU genannten Annahme und Übermittlung von Aufträgen über Finanzinstrumente gleichwertig;

b) gilt die Beratung zu Kryptowerten als der in Artikel 6 Absatz 4 Buchstabe b Ziffer i der Richtlinie 2011/61/EU und in Artikel 6 Absatz 3 Buchstabe b Ziffer i der Richtlinie 2009/65/EG genannten Anlageberatung gleichwertig;

c) gilt die Portfolioverwaltung von Kryptowerten als der in Artikel 6 Absatz 4 Buchstabe a der Richtlinie 2011/61/EU und in Artikel 6 Absatz 3 Buchstabe a der Richtlinie 2009/65/EG genannten Portfolioverwaltung gleichwertig.

(6) Ein gemäß der Richtlinie 2014/65/EU zugelassener Marktbetreiber darf eine Handelsplattform für Kryptowerte betreiben, wenn er der zuständigen Behörde des Herkunftsmitgliedstaats spätestens 40 Arbeitstage vor der erstmaligen Erbringung dieser Dienstleistung die in Absatz 7 des vorliegenden Artikels genannten Informationen übermittelt.

(7) Für die Zwecke der Absätze 1 bis 6 müssen folgende Informationen übermittelt werden:

a) Ein Geschäftsplan, aus dem hervorgeht, welche Arten von Kryptowerte-Dienstleistungen der antragstellende Anbieter von Kryptowerte-Dienstleistungen zu erbringen beabsichtigt, einschließlich Ort und Art der Vermarktung dieser Dienstleistungen;

b) eine Beschreibung

i) der Mechanismen, Strategien und Verfahren für die interne Kontrolle, um die Einhaltung der Bestimmungen des nationalen Rechts über die Umsetzung der Richtlinie (EU) 2015/849 sicherzustellen;

ii) der Risikobewertungsrahmen für die Eindämmung von Geldwäsche- und Terrorismusfinanzierungsrisiken; und

iii) des Plans zur Aufrechterhaltung des Geschäftsbetriebs;

c) die technische Dokumentation der IKT-Systeme und der Sicherheitsvorkehrungen und deren nicht fachsprachliche Beschreibung;

d) eine Beschreibung des Verfahrens für die Trennung von Kryptowerten und Geldbeträgen der Kunden;

e) eine Beschreibung der Verwahrungs- und Verwaltungsgrundsätze sofern beabsichtigt ist, Kryptowerte für Kunden zu verwahren und zu verwalten;

f) eine Beschreibung der Betriebsvorschriften der Handelsplattform und der Verfahren und des Systems zur Aufdeckung von Marktmissbrauch sofern beabsichtigt ist, eine Handelsplattform für Kryptowerte zu betreiben;

g) eine Beschreibung der nichtdiskriminierenden Geschäftspolitik hinsichtlich der Beziehung zu den Kunden sowie eine Beschreibung der Methode für die Festlegung des Kurses der Kryptowerte, die für einen Tausch gegen einen Geldbetrag oder gegen andere Kryptowerte angeboten werden, sofern beabsichtigt ist, Kryptowerte gegen einen Geldbetrag oder gegen andere Kryptowerte zu tauschen;

h) eine Beschreibung der Grundsätze der Auftragsausführung, sofern beabsichtigt ist, Aufträge über Kryptowerte für Kunden auszuführen;

i) Belege dafür, dass die natürlichen Personen, die im Namen des antragstellenden Anbieters von Kryptowerte-Dienstleistungen Beratungsdienste leisten oder Portfolioverwaltung erbringen, über die erforderlichen Kenntnisse und die erforderliche Fachkompetenz verfügen, um ihren Verpflichtungen nachzukommen, sofern beabsichtigt ist, Beratungsdienste zu Kryptowerten zu leisten oder Portfolioverwaltung von Kryptowerten zu erbringen;

j) ob sich die Kryptowerte-Dienstleistung auf vermögenswertereferenzierte Token, E-Geld-Token oder andere Kryptowerte bezieht.

k) Informationen zur Art und Weise der Ausführung dieser Transferdienstleistungen, sofern beabsichtigt ist, Transferdienstleistungen für Kryptowerte für Kunden auszuführen;

(8) Eine zuständige Behörde, bei der eine in den Absätzen 1 bis 6 genannte Mitteilung eingeht, prüft innerhalb von 20 Arbeitstagen nach Eingang

dieser Mitteilung, ob alle erforderlichen Informationen bereitgestellt wurden. Gelangt die zuständige Behörde zu dem Schluss, dass eine Mitteilung nicht vollständig ist, so teilt sie dies dem mitteilenden Rechtsträger sofort mit und legt eine Frist fest, bis zu deren Ablauf der Rechtsträger die fehlenden Informationen bereitstellen muss.

Die Frist für die Bereitstellung der fehlenden Informationen darf 20 Arbeitstage ab dem Tag der Anforderung nicht überschreiten. Bis zum Ablauf dieser Frist werden die jeweiligen in den Absätzen 1 bis 6 festgelegten Zeiträume ausgesetzt. Die Anforderung weiterer Ergänzungen oder Klarstellungen zu den Informationen liegt im Ermessen der zuständigen Behörde, führt jedoch nicht zu einer Aussetzung des in den Absätzen 1 bis 6 festgelegten Zeiträume.

Der Anbieter von Kryptowerte-Dienstleistungen darf die Erbringung der Kryptowerte-Dienstleistungen nicht beginnen, solange die Mitteilung unvollständig ist.

(9) Die in den Absätzen 1 bis 6 genannten Rechtsträger sind nicht verpflichtet, in Absatz 7 genannte Informationen, die sie der zuständigen Behörde bereits übermittelt haben, erneut zu übermitteln, sofern diese Informationen identisch sind. Bei der Übermittlung der in Absatz 7 genannten Informationen müssen die in den Absätzen 1 bis 6 genannten Rechtsträger ausdrücklich darauf hinweisen, dass alle bereits übermittelten Informationen noch aktuell sind.

(10) Erbringen die in den Absätzen 1 bis 6 des vorliegenden Artikels genannten Rechtsträger Kryptowerte-Dienstleistungen, so finden die Artikel 62, 63, 64, 67, 83 und 84 auf sie keine Anwendung.

(11) Das Recht zur Erbringung der in den Absätzen 1 bis 6 genannten Kryptowerte-Dienstleistungen erlischt mit dem Entzug der einschlägigen Zulassung, die es dem betreffenden Rechtsträger ermöglicht hat, die Kryptowerte-Dienstleistungen zu erbringen, ohne eine Zulassung gemäß Artikel 59 beantragen zu müssen.

(12) Die zuständigen Behörden teilen der ESMA die in Artikel 109 Absatz 5 genannten Informationen Kryptowerte-Dienstleistungen mit, nachdem sie die Vollständigkeit der in Absatz 7 des vorliegenden Artikels genannten Informationen überprüft haben.

Die ESMA stellt diese Informationen ab dem Startdatum der beabsichtigten Erbringung von Kryptowerte-Dienstleistungen in dem in Artikel 109 genannten Register zur Verfügung.

(13) Die ESMA arbeitet in enger Zusammenarbeit mit der EBA Entwürfe technischer Regulierungsstandards aus, um die in Absatz 7 genannten Informationen zu präzisieren.

Die ESMA übermittelt der Kommission die in Unterabsatz 1 genannten Entwürfe technischer Regulierungsstandards spätestens am 30. Juni 2024.

Der Kommission wird die Befugnis übertragen, diese Verordnung durch Erlass der in Unterabsatz 1 genannten technischen Regulierungsstandards gemäß den Artikeln 10 bis 14 der Verordnung (EU) Nr. 1095/2010 zu ergänzen.

(14) Die ESMA arbeitet in enger Zusammenarbeit mit der EBA Entwürfe technischer Durchführungsstandards zur Festlegung von Standardformularen, Mustertexten und Verfahren für die Mitteilung gemäß Absatz 7 aus.

Die ESMA übermittelt der Kommission die in Unterabsatz 1 genannten Entwürfe technischer Durchführungsstandards spätestens am 30. Juni 2024.

Der Kommission wird die Befugnis übertragen, die in Unterabsatz 1 genannten technischen Durchführungsstandards gemäß Artikel 15 der Verordnung (EU) Nr. 1095/2010 zu erlassen.

Artikel 61
Erbringung von Kryptowerte-Dienstleistungen auf ausschließlich eigenes Betreiben des Kunden

(1) Beginnt ein Kunde, der in der Union ansässig oder niedergelassen ist, auf ausschließlich eigenes Betreiben durch ein Unternehmen aus einem Drittland damit, eine Kryptowerte-Dienstleistung zu erbringen oder eine Tätigkeit im Zusammenhang mit Kryptowerten auszuüben, so gilt die Anforderung einer Zulassung nach Artikel 59 nicht für die Erbringung dieser Kryptowerte-Dienstleistung oder die Ausübung dieser Tätigkeit für diesen Kunden und auch nicht für Beziehungen, die in direktem Zusammenhang mit der Erbringung dieser Kryptowerte-Dienstleistung oder der Ausübung dieser Tätigkeit stehen.

Unbeschadet konzerninterner Beziehungen gilt unabhängig von den für die Akquise, die Absatzförderung oder die Werbung in der Union verwendeten Kommunikationsmitteln eine Dienstleistung nicht als auf ausschließlich eigenes Betreiben des Kunden erbrachte Dienstleistung, wenn ein Unternehmen aus einem Drittland, auch über einen Rechtsträger, der in seinem Namen handelt oder enge Beziehungen zu diesem Unternehmen aus einem Drittland oder einer anderen im Namen dieses Rechtsträgers handelnden Person unterhält, Kunden oder potenzielle Kunden in der Union akquiriert.

Unterabsatz 2 gilt unbeschadet etwaiger Vertrags- oder Ausschlussklauseln, die etwas anderes besagen, darunter auch etwaige Vertrags- oder Ausschlussklauseln, wonach die Erbringung von Dienstleistungen durch ein Unternehmen aus einem Drittland als auf ausschließlich eigenes Betreiben des Kunden erbrachte Dienstleistung gilt.

(2) Ein in Absatz 1 genanntes Ersuchen eines Kunden auf ausschließlich eigenes Betreiben be-

rechtigt ein Unternehmen aus einem Drittland nicht, diesem Kunden neue Arten von Kryptowerten oder Kryptowerte-Dienstleistungen zu vermarkten.

(3) Die ESMA gibt bis zum 30. Dezember 2024 Leitlinien gemäß Artikel 16 der Verordnung (EU) Nr. 1095/2010 heraus, in denen festgelegt wird, in welchen Fällen davon ausgegangen wird, dass ein Unternehmen aus einem Drittland in der Union niedergelassene oder ansässige Kunden akquiriert.

Im Interesse der Angleichung und der kohärenten Beaufsichtigung bezüglich des Risikos von Verstößen gegen den vorliegenden Artikel gibt die ESMA auch Leitlinien gemäß Artikel 16 der Verordnung (EU) Nr. 1095/2010 für die Aufsichtspraxis im Hinblick auf die Aufdeckung und Verhinderung der Umgehung dieser Verordnung heraus.

Artikel 62
Antrag auf Zulassung als Anbieter von Kryptowerte-Dienstleistungen

(1) Juristische Personen oder andere Unternehmen, die beabsichtigen, Kryptowerte-Dienstleistungen zu erbringen, beantragen bei der zuständigen Behörde ihres Herkunftsmitgliedstaats eine Zulassung als Anbieter von Kryptowerte-Dienstleistungen.

(2) Der in Absatz 1 genannte Antrag muss alle folgenden Informationen enthalten:

a) den Namen einschließlich des eingetragenen Namens und sonstiger zu verwendender Firmennamen, die Rechtsträgerkennung des antragstellenden Anbieters von Kryptowerte-Dienstleistungen, die von diesem Anbieter betriebene Website, eine E-Mail-Adresse und eine Telefonnummer zur Kontaktaufnahme sowie die physische Adresse des Anbieters;

b) die Rechtsform des antragstellenden Anbieters von Kryptowerte-Dienstleistungen;

c) die etwaige Satzung des antragstellenden Anbieters von Kryptowerte-Dienstleistungen;

d) den Geschäftsplan, aus dem hervorgeht, welche Arten von Kryptowerte-Dienstleistungen der antragstellende Anbieter von Kryptowerte-Dienstleistungen zu erbringen beabsichtigt, einschließlich Ort und Art der Vermarktung dieser Dienstleistungen;

e) den Nachweis, dass der antragstellende Anbieter von Kryptowerte-Dienstleistungen die aufsichtsrechtlichen Anforderungen gemäß Artikel 67 einhält;

f) die Beschreibung der Regelungen für die Unternehmensführung des antragstellenden Anbieters von Kryptowerte-Dienstleistungen;

g) den Nachweis, dass die Mitglieder des Leitungsorgans des antragstellenden Anbieters von Kryptowerte-Dienstleistungen ausreichend gut beleumundet sind und über angemessene Kenntnisse, Fähigkeiten und Berufserfahrung verfügen, um diesen Anbieter zu leiten;

h) die Identität aller Anteilseigner oder Gesellschafter, die direkt oder indirekt qualifizierte Beteiligungen an dem antragstellenden Anbieter von Kryptowerte-Dienstleistungen halten, und die Höhe dieser Beteiligungen sowie den Nachweis, dass diese Personen ausreichend gut beleumundet sind;

i) eine Beschreibung der Mechanismen für die interne Kontrolle und der Strategien und Verfahren des antragstellenden Anbieters von Kryptowerte-Dienstleistungen zur Ermittlung, Bewertung und Eindämmung von Risiken einschließlich Geldwäsche- und Terrorismusfinanzierungsrisiken und eine Beschreibung der Strategie zur Fortführung des Geschäftsbetriebs;

j) die technische Dokumentation der IKT-Systeme und der Sicherheitsvorkehrungen und deren nicht fachsprachliche Beschreibung;

k) eine Beschreibung des Verfahrens für die Trennung von Kryptowerten und Geldbeträgen der Kunden;

l) eine Beschreibung der Beschwerdeverfahren des antragstellenden Anbieters von Kryptowerte-Dienstleistungen;

m) falls der antragstellende Anbieter von Kryptowerte-Dienstleistungen beabsichtigt, Kryptowerte für Kunden zu verwahren und zu verwalten, eine Beschreibung der Verwahrungs- und Verwaltungsgrundsätze;

n) falls der antragstellende Anbieter von Kryptowerte-Dienstleistungen beabsichtigt, eine Handelsplattform für Kryptowerte zu betreiben, eine Beschreibung der Betriebsvorschriften der Handelsplattform und des Verfahrens und Systems zur Aufdeckung von Marktmissbrauch;

o) falls der antragstellende Anbieter von Kryptowerte-Dienstleistungen beabsichtigt, Kryptowerte gegen einen Geldbetrag oder gegen andere Kryptowerte zu tauschen, eine Beschreibung der Geschäftspolitik, die die Beziehung zu den Kunden regelt und nichtdiskriminierend ist, sowie eine Beschreibung der Methode für die Festlegung des Kurses der Kryptowerte, die der antragstellende Anbieter von Kryptowerte-Dienstleistungen für einen Tausch gegen einen Geldbetrag oder gegen andere Kryptowerte anbietet;

p) falls der antragstellende Anbieter von Kryptowerte-Dienstleistungen beabsichtigt, Aufträge über Kryptowerte für Kunden auszuführen, eine Beschreibung der Grundsätze der Auftragsausführung;

q) falls der antragstellende Anbieter von Kryptowerte-Dienstleistungen beabsichtigt, Beratungsdienste zu Kryptowerten zu leisten oder

Portfolioverwaltung von Kryptowerten zu erbringen, den Nachweis, dass die natürlichen Personen, die im Namen des antragstellenden Anbieters von Kryptowerte-Dienstleistungen Beratungsdienste leisten oder Portfolioverwaltung erbringen, über die erforderlichen Kenntnisse und Fachkompetenz verfügen, um ihren Verpflichtungen nachzukommen;

r) falls der antragstellende Anbieter von Kryptowerte-Dienstleistungen beabsichtigt, Transferdienstleistungen für Kryptowerte für Kunden auszuführen, eine Beschreibung der Art und Weise der Ausführung dieser Transferdienstleistungen;

s) die Art der Kryptowerte, auf die sich die Kryptowerte-Dienstleistung bezieht;

(3) Für die Zwecke von Absatz 2 Buchstaben g und h liefert ein antragstellender Anbieter von Kryptowerte-Dienstleistungen Nachweise dafür,

a) dass es für Mitglieder des Leitungsorgans des antragstellenden Anbieters von Kryptowerte-Dienstleistungen keine Einträge im Strafregister in Bezug auf Verurteilungen oder Strafen nach dem geltenden Handelsrecht, dem Insolvenzrecht und der Rechtsvorschriften über Finanzdienstleistungen, oder im Zusammenhang mit der Bekämpfung von Geldwäsche und Terrorismusfinanzierung, Betrug oder Berufshaftpflicht gibt;

b) dass die Mitglieder des Leitungsorgans des antragstellenden Anbieters von Kryptowerte-Dienstleistungen kollektiv über die angemessenen Kenntnisse, Fähigkeiten und Erfahrung verfügen, um den Anbieter von Kryptowerte-Dienstleistungen zu leiten, und dass diese Personen verpflichtet sind, ausreichend Zeit für die Wahrnehmung ihrer Aufgaben aufzuwenden;

c) dass es für Anteilseigner oder Gesellschafter, die direkt oder indirekt qualifizierte Beteiligungen an dem antragstellenden Anbieter von Kryptowerte-Dienstleistungen halten, keine Einträge im Strafregister in Bezug auf Verurteilungen oder Strafen nach dem geltenden Handelsrecht, dem Insolvenzrecht und der Rechtsvorschriften über Finanzdienstleistungen, oder im Zusammenhang mit der Bekämpfung von Geldwäsche und Terrorismusfinanzierung, Betrug oder Berufshaftpflicht gibt.

(4) Die zuständigen Behörden verlangen von einem antragstellenden Anbieter von Kryptowerte-Dienstleistungen keine der in den Absätzen 2 und 3 des vorliegenden Artikels genannten Informationen, die sie bereits im Zuge des jeweiligen Zulassungsverfahrens gemäß der Richtlinie 2009/110/EG, 2014/65/EU, (EU) 2015/2366 oder gemäß den für Kryptowerte bis zum 29. Juni 2023 geltenden nationalen Recht erhalten haben, vorausgesetzt, die bereits übermittelten Informationen oder Unterlagen sind nach wie vor aktuell.

(5) Die ESMA arbeitet in enger Zusammenarbeit mit der EBA Entwürfe technischer Regulierungsstandards aus, um die in den Absätzen 2 und 3 genannten Informationen zu präzisieren.

Die ESMA übermittelt der Kommission die in Unterabsatz 1 genannten Entwürfe technischer Regulierungsstandards spätestens am 30. Juni 2024.

Der Kommission wird die Befugnis übertragen, diese Verordnung durch Erlass der in Unterabsatz 1 des vorliegenden Absatzes genannten technischen Regulierungsstandards gemäß den Artikeln 10 bis 14 der Verordnung (EU) Nr. 1095/2010 zu ergänzen.

(6) Die ESMA arbeitet in enger Zusammenarbeit mit der EBA Entwürfe technischer Durchführungsstandards zur Festlegung von Standardformularen, Mustertexten und Verfahren für die Informationen, die dem Antrag auf Zulassung als Anbieter von Kryptowerte-Dienstleistungen beizufügen sind, aus.

Die ESMA übermittelt der Kommission die in Unterabsatz 1 genannten Entwürfe technischer Durchführungsstandards spätestens am 30. Juni 2024.

Der Kommission wird die Befugnis übertragen, die in Unterabsatz 1 des vorliegenden Absatzes genannten technischen Durchführungsstandards gemäß Artikel 15 der Verordnung (EU) Nr. 1095/2010 zu erlassen.

Artikel 63
Prüfung des Zulassungsantrags und Erteilung oder Verweigerung der Zulassung

(1) Die zuständigen Behörden bestätigen dem antragstellenden Anbieter von Kryptowerte-Dienstleistungen den Eingang des Antrags nach Artikel 62 Absatz 1 umgehend, in jedem Fall aber innerhalb von fünf Arbeitstagen schriftlich.

(2) Die zuständigen Behörden prüfen innerhalb von 25 Arbeitstagen nach Eingang eines Antrags gemäß Artikel 62 Absatz 1, ob er vollständig ist, und überprüfen zu diesem Zweck, ob die in Artikel 62 Absatz 2 aufgeführten Informationen übermittelt wurden.

Ist der Antrag unvollständig, so setzen die zuständigen Behörden dem antragstellenden Anbieter von Kryptowerte-Dienstleistungen eine Frist, bis zu deren Ablauf er sämtliche fehlenden Informationen vorlegen muss.

(3) Die zuständigen Behörden können die Bearbeitung von Anträgen ablehnen, wenn ein Antrag nach Ablauf der von ihnen gemäß Absatz 2 Unterabsatz 2 gesetzten Frist weiterhin unvollständig ist.

(4) Sobald ein Antrag vollständig ist, teilen die zuständigen Behörden dies dem antragstellenden Anbieter von Kryptowerte-Dienstleistungen umgehend mit.

(5) Vor Erteilung oder Verweigerung der Zulassung als Anbieter von Kryptowerte-Dienstleis-

tungen konsultieren die zuständigen Behörden die zuständigen Behörden eines anderen Mitgliedstaats, wenn der antragstellende Anbieter von Kryptowerte-Dienstleistungen in einem der folgenden Verhältnisse zu einem Kreditinstitut, einer Wertpapierfirma, einem Marktbetreiber, einer OGAW-Verwaltungsgesellschaft, einem Verwalter alternativer Investmentfonds, einem Zahlungsinstitut, einem Versicherungsunternehmen, einem E-Geld-Instituts oder einer Einrichtung der betrieblichen Altersversorgung mit Zulassung in diesem anderen Mitgliedstaat steht:

a) er ist ein Tochterunternehmen;

b) er ist ein Tochterunternehmen dieses Rechtsträgers oder

c) er wird durch die gleichen natürlichen oder juristischen Personen kontrolliert wie diese Rechtsträger.

(6) Vor der Erteilung oder Verweigerung der Zulassung als Anbieter von Kryptowerte-Dienstleistungen

a) können die zuständigen Behörden die für die Bekämpfung von Geldwäsche und Terrorismusfinanzierung zuständigen Behörden und die Zentralstellen für Geldwäsche-Verdachtsanzeigen konsultieren, um überprüfen zu lassen, ob gegen den antragstellenden Anbieter von Kryptowerte-Dienstleistungen keine Ermittlungen wegen Handlungen im Zusammenhang mit Geldwäsche oder Terrorismusfinanzierung eingeleitet wurden;

b) müssen die zuständigen Behörden sicherstellen, dass der antragstellende Anbieter von Kryptowerte-Dienstleistungen, der in gemäß Artikel 9 der Richtlinie (EU) 2015/849 ermittelten Drittländern mit hohem Risiko Niederlassungen betreibt oder sich auf dort niedergelassene Dritte stützt, die Bestimmungen des nationalen Rechts zur Umsetzung von Artikel 26 Absatz 2, Artikel 45 Absatz 3 und Artikel 45 Absatz 5 der genannten Richtlinie einhält;

c) müssen die zuständigen Behörden sicherstellen, dass der antragstellende Anbieter von Kryptowerte-Dienstleistungen zur Einhaltung etwaiger Bestimmungen des nationalen Rechts zur Umsetzung von Artikel 18a Absätze 1 und 3 der Richtlinie (EU) 2015/849 geeignete Verfahren eingeführt hat.

(7) Bestehen zwischen dem antragstellenden Anbieter von Kryptowerte-Dienstleistungen und anderen natürlichen oder juristischen Personen enge Verbindungen, so erteilen die zuständigen Behörden die Zulassung nur dann, wenn diese Verbindungen sie nicht an der ordnungsgemäßen Wahrnehmung ihrer Aufsichtsfunktionen hindern.

(8) Die zuständigen Behörden verweigern die Zulassung, wenn sie bei der ordnungsgemäßen Wahrnehmung ihrer Aufsichtsfunktionen durch die Rechts- oder Verwaltungsvorschriften eines Drittlands, denen eine oder mehrere natürliche oder juristische Personen unterliegen, zu denen der Anbieter von Kryptowerte-Dienstleistungen enge Verbindungen hat, oder durch Schwierigkeiten bei deren Anwendung behindert werden.

(9) Die zuständigen Behörden prüfen innerhalb von 40 Arbeitstagen nach dem Tag des Eingangs eines vollständigen Antrags, ob der antragstellende Anbieter von Kryptowerte-Dienstleistungen die Anforderungen dieses Titels erfüllt, und erlassen eine umfassend begründete Entscheidung über die Erteilung oder Verweigerung der Zulassung als Anbieter von Kryptowerte-Dienstleistungen. Die zuständigen Behörden teilen dem Antragsteller ihre Entscheidung innerhalb von fünf Arbeitstagen ab dem Tag der genannten Entscheidung mit. Bei dieser Prüfung ist zu berücksichtigen, welcher Art, wie umfangreich und wie komplex die Kryptowerte-Dienstleistungen, die der antragstellende Anbieter von Kryptowerte-Dienstleistungen zu erbringen beabsichtigt, sind.

(10) Die zuständigen Behörden verweigern die Zulassung als Anbieter von Kryptowerte-Dienstleistungen, wenn objektive und nachweisbare Anhaltspunkte dafür vorliegen, dass

a) das Leitungsorgan des antragstellenden Anbieters von Kryptowerte-Dienstleistungen eine Gefahr für die wirksame, solide und umsichtige Führung und Fortführung des Geschäftsbetriebs und die angemessene Berücksichtigung der Interessen seiner Kunden und die Integrität des Marktes darstellen kann oder den Anbieter von Kryptowerte-Dienstleistungen einem schwerwiegenden Risiko der Geldwäsche oder der Terrorismusfinanzierung aussetzt;

b) die Mitglieder des Leitungsorgans des Anbieters von Kryptowerte-Dienstleistungen die in Artikel 68 Absatz 1 festgelegten Kriterien nicht erfüllen;

c) die Anteilseigner oder Gesellschafter, die direkt oder indirekt qualifizierte Beteiligungen an dem Anbieter von Kryptowerte-Dienstleistungen halten, die in Artikel 68 Absatz 2 festgelegten Kriterien des ausreichend guten Leumunds nicht erfüllen;

d) der antragstellende Anbieter von Kryptowerte-Dienstleistungen eine der Anforderungen dieses Titels nicht erfüllt oder wahrscheinlich nicht erfüllt.

(11) Die ESMA und die EBA geben gemeinsam Leitlinien gemäß Artikel 16 der Verordnung (EU) Nr. 1095/2010 beziehungsweise Artikel 16 der Verordnung (EU) Nr. 1093/2010, für die Beurteilung der Eignung der Mitglieder des Leitungsorgans von Anbietern von Kryptowerte-Dienstleistungen und der Anteilseigner oder Gesellschafter, die direkt oder indirekt qualifizierte Beteiligungen an dem jeweiligen Anbieter von Kryptowerte-Dienstleistungen halten, heraus.

Die ESMA und die EBA geben die in Unterabsatz 1 genannten Leitlinien bis zum 30. Juni 2024 heraus.

(12) Die zuständigen Behörden können bis spätestens am 20. Arbeitstag der in Absatz 9 genannten Prüfungsfrist weitere Informationen anfordern, die für den Abschluss der Beurteilung notwendig sind. Solche Ersuchen werden dem antragstellenden Anbieter von Kryptowerte-Dienstleistungen unter Angabe der zusätzlich benötigten Informationen schriftlich übermittelt.

Die Prüfungsfrist gemäß Absatz 9 wird für den Zeitraum zwischen dem Tag der Anforderung der fehlenden Informationen durch die zuständigen Behörden und dem Eingang einer diesbezüglichen Antwort des antragstellenden Anbieters von Kryptowerte-Dienstleistungen ausgesetzt. Die Aussetzung darf 20 Arbeitstage nicht überschreiten. Die Anforderung weiterer Ergänzungen oder Klarstellungen zu den Informationen liegt im Ermessen der zuständigen Behörde, führt jedoch nicht zu einer Aussetzung der Prüfungsfrist gemäß Absatz 9.

(13) Die zuständigen Behörden teilen der ESMA innerhalb von zwei Arbeitstagen nach Erteilung der Zulassung die in Artikel 109 Absatz 5 genannten Informationen mit. Die zuständigen Behörden unterrichten die ESMA auch über alle verweigerten Zulassungen. Die ESMA stellt die in Artikel 109 Absatz 5 aufgeführten Informationen ab dem Startdatum der Erbringung von Kryptowerte-Dienstleistungen in dem dort genannten Register zur Verfügung.

Artikel 64
Entzug der Zulassung eines Anbieters von Kryptowerte-Dienstleistungen

(1) Die zuständigen Behörden entziehen einem Anbieter von Kryptowerte-Dienstleistungen die Zulassung, falls er

a) seine Zulassung innerhalb von zwölf Monaten nach dem Tag ihrer Erteilung nicht in Anspruch genommen hat;

b) ausdrücklich auf seine Zulassung verzichtet;

c) neun aufeinanderfolgende Monate lang keine Kryptowerte-Dienstleistungen erbracht hat;

d) die Zulassung auf rechtswidrige Weise, etwa durch Falschangaben in seinem Zulassungsantrag, erlangt hat;

e) nicht mehr die Voraussetzungen erfüllt, unter denen die Zulassung erteilt wurde, und die von der zuständigen Behörde geforderten Abhilfemaßnahmen nicht innerhalb der gesetzten Frist getroffen hat;

f) nicht über Systeme, Verfahren und Vorkehrungen verfügt, mit denen Geldwäsche und Terrorismusfinanzierung gemäß der Richtlinie (EU) 2015/849 aufgedeckt und verhindert werden;

g) in schwerwiegender Weise gegen diese Verordnung verstoßen hat, etwa auch gegen die Bestimmungen über den Schutz der Inhaber von Kryptowerten, der Kunden von Anbietern von Kryptowerte-Dienstleistungen oder der Marktintegrität.

(2) Die zuständigen Behörden sind ferner befugt, in folgenden Fällen die Zulassung als Anbieter von Kryptowerte-Dienstleistungen zu entziehen:

a) Der Anbieter von Kryptowerte-Dienstleistungen hat gegen nationale Rechtsvorschriften zur Umsetzung der Richtlinie (EU) 2015/849 verstoßen;

b) der Anbieter von Kryptowerte-Dienstleistungen hat seine Zulassung als Zahlungsinstitut oder als E-Geld-Institut verloren und er hat es versäumt, innerhalb von 40 Kalendertagen Abhilfe zu schaffen.

(3) Bei Entzug einer Zulassung als Anbieter von Kryptowerte-Dienstleistungen durch eine zuständige Behörde teilt diese Behörde dies der ESMA und den zentralen Kontaktstellen der Aufnahmemitgliedstaaten unverzüglich mit. Die ESMA stellt diese Informationen in dem in Artikel 109 genannten Register zur Verfügung.

(4) Die zuständigen Behörden können die Zulassung auch nur in Bezug auf eine bestimmte Kryptowerte-Dienstleistung entziehen.

(5) Vor dem Entzug einer Zulassung als Anbieter von Kryptowerte-Dienstleistungen konsultieren die zuständigen Behörden die zuständige Behörde eines anderen Mitgliedstaats, wenn der betreffende Anbieter von Kryptowerte-Dienstleistungen

a) ein Tochterunternehmen eines in diesem anderen Mitgliedstaat zugelassenen Anbieters von Kryptowerte-Dienstleistungen ist;

b) ein Tochterunternehmen des Mutterunternehmens eines in diesem anderen Mitgliedstaat zugelassenen Anbieters von Kryptowerte-Dienstleistungen ist;

c) durch die gleichen natürlichen oder juristischen Personen kontrolliert wird wie ein in diesem anderen Mitgliedstaat zugelassener Anbieter von Kryptowerte-Dienstleistungen.

(6) Vor dem Entzug einer Zulassung als Anbieter von Kryptowerte-Dienstleistungen können die zuständigen Behörden die für die Überwachung der Einhaltung der Vorschriften über die Bekämpfung von Geldwäsche und Terrorismusfinanzierung durch den Anbieter von Kryptowerte-Dienstleistungen zuständige Behörde konsultieren.

(7) Die EBA, die ESMA und jede zuständige Behörde eines Aufnahmemitgliedstaats können jederzeit verlangen, dass die zuständige Behörde des Herkunftsmitgliedstaats prüft, ob der Anbieter von Kryptowerte-Dienstleistungen die Bedingun-

gen, unter denen die Zulassung erteilt wurde, noch erfüllt, wenn Grund zu dem Verdacht besteht, dass dies möglicherweise nicht mehr der Fall ist.

(8) Die Anbieter von Kryptowerte-Dienstleistungen müssen geeignete Verfahren einrichten, umsetzen und aufrechterhalten, mit denen sie sicherstellen, dass Kryptowerte und Geldbeträge ihrer Kunden bei Entzug einer Zulassung zeitnah und ordnungsgemäß auf einen anderen Anbieter von Kryptowerte-Dienstleistungen übertragen werden.

Artikel 65
Grenzüberschreitende Erbringung von Kryptowerte-Dienstleistungen

(1) Ein Anbieter von Kryptowerte-Dienstleistungen, der beabsichtigt, Kryptowerte-Dienstleistungen in mehr als einem Mitgliedstaat zu erbringen, übermitteln der zuständigen Behörde des Herkunftsmitgliedstaats die folgenden Informationen:

a) eine Liste der Mitgliedstaaten, in denen der Anbieter von Kryptowerte-Dienstleistungen beabsichtigt, Kryptowerte-Dienstleistungen zu erbringen;

b) die Kryptowerte-Dienstleistungen, die der Anbieter von Kryptowerte-Dienstleistungen grenzüberschreitend zu erbringen beabsichtigt;

c) das Startdatum für die beabsichtigte Erbringung der Kryptowerte-Dienstleistungen;

d) eine Liste aller sonstigen Tätigkeiten des Anbieters von Kryptowerte-Dienstleistungen, die nicht unter diese Verordnung fallen.

(2) Die zuständige Behörde des Herkunftsmitgliedstaats teilt die in Absatz 1 genannten Informationen innerhalb von zehn Arbeitstagen nach deren Eingang den zentralen Kontaktstellen der Aufnahmemitgliedstaaten, der ESMA und der EBA mit.

(3) Die zuständige Behörde des Mitgliedstaats, der die Zulassung erteilt hat, unterrichtet den betreffenden Anbieter von Kryptowerte-Dienstleistungen unverzüglich über die in Absatz 2 genannte Mitteilung.

(4) Der Anbieter von Kryptowerte-Dienstleistungen kann ab dem Tag des Eingangs der in Absatz 3 genannten Mitteilung, spätestens aber ab dem15. Kalendertag nach Vorlage der in Absatz 1 genannten Informationen mit der Erbringung von Kryptowerte-Dienstleistungen in einem anderen Mitgliedstaat als ihrem Herkunftsmitgliedstaat beginnen.

KAPITEL 2
Pflichten aller Anbieter von Kryptowerte-Dienstleistungen

Artikel 66
Pflicht zu ehrlichem, redlichem und professionellem Handeln im besten Interesse der Kunden

(1) Die Anbieter von Kryptowerte-Dienstleistungen müssen ehrlich, redlich und professionell und im besten Interesse ihrer Kunden und potenziellen Kunden handeln.

(2) Die Anbieter von Kryptowerte-Dienstleistungen müssen ihren Kunden Informationen zur Verfügung stellen, die redlich, eindeutig und nicht irreführend sind, auch in Marketingmitteilungen, die als solche zu kennzeichnen sind. Die Anbieter von Kryptowerte-Dienstleistungen dürfen Kunden in Bezug auf die tatsächlichen oder vermeintlichen Vorteile von Kryptowerten nicht vorsätzlich oder fahrlässig irreführen.

(3) Die Anbieter von Kryptowerte-Dienstleistungen warnen die Kunden vor Risiken im Zusammenhang mit Transaktionen mit Kryptowerten.

Beim Betrieb einer Handelsplattform für Kryptowerte, beim Tausch von Kryptowerten gegen einen Geldbetrag oder andere Kryptowerte, bei der Beratung zu Kryptowerten oder bei der Portfolioverwaltung von Kryptowerten stellen die Anbieter von Kryptowerte-Dienstleistungen ihren Kunden Hyperlinks zu allen Kryptowerte-Whitepapers für die Kryptowerte zur Verfügung, in Bezug auf die sie diese Dienstleistungen erbringen.

(4) Die Anbieter von Kryptowerte-Dienstleistungen machen ihre Preis-, Kosten- und Gebührenpolitik auf ihrer Website an gut erkennbarer Stelle öffentlich zugänglich.

(5) Die Anbieter von Kryptowerte-Dienstleistungen machen Informationen, die sich auf die wichtigsten nachteiligen Auswirkungen auf das Klima und andere umweltbezogene nachteilige Auswirkungen des Konsensmechanismus beziehen, der für die Ausgabe jedes Kryptowerts, in Bezug auf den sie Dienstleistungen erbringen, verwendet wird, auf ihrer Website an gut erkennbarer Stelle öffentlich zugänglich. Diese Informationen dürfen aus den Kryptowerte-Whitepapers stammen.

(6) Die ESMA arbeitet in Zusammenarbeit mit der EBA Entwürfe technischer Regulierungsstandards zu Inhalt, Methoden und Darstellung der in Absatz 5 genannten Informationen über die Nachhaltigkeitsindikatoren in Bezug auf nachteilige Auswirkungen auf das Klima und andere umweltbezogene nachteilige Auswirkungen aus.

Bei der Ausarbeitung der in Unterabsatz 1 genannten Entwürfe technischer Regulierungsstandards berücksichtigt die ESMA die verschiedenen

Arten von Konsensmechanismen, die bei der Validierung von Transaktionen mit Kryptowerten verwendet werden, deren Anreizstrukturen und die Nutzung von Energie, Energie aus erneuerbaren Quellen und natürlichen Ressourcen, die Erzeugung von Abfällen und die Treibhausgasemissionen. Die ESMA aktualisiert die technischen Regulierungsstandards unter Berücksichtigung rechtlicher und technischer Entwicklungen.

Die ESMA übermittelt der Kommission die in Unterabsatz 1 genannten Entwürfe technischer Regulierungsstandards spätestens am 30. Juni 2024.

Der Kommission wird die Befugnis übertragen, diese Verordnung durch Erlass der in Unterabsatz 1 des vorliegenden Absatzes genannten technischen Regulierungsstandards gemäß den Artikeln 10 bis 14 der Verordnung (EU) Nr. 1095/2010 zu ergänzen.

Artikel 67
Aufsichtsrechtliche Anforderungen

(1) Die Anbieter von Kryptowerte-Dienstleistungen verfügen jederzeit über prudentielle aufsichtsrechtliche Sicherheitsvorkehrungen in Höhe eines Betrags, der mindestens dem höheren der folgenden Beträge entspricht:

a) dem Betrag der in Anhang IV aufgeführten permanenten Mindestkapitalanforderungen entsprechend der Art der erbrachten Kryptowerte-Dienstleistungen;

b) einem Viertel der jährlich neu berechneten fixen Gemeinkosten des Vorjahres.

(2) Anbieter von Kryptowerte-Dienstleistungen, die ab dem Datum, zu dem sie mit der Erbringung der Dienstleistungen begonnen haben, ein Jahr lang nicht tätig gewesen sind, verwenden für die Berechnung gemäß Absatz 1 Buchstabe b die projizierten fixen Gemeinkosten aus ihren Prognosen für die ersten zwölf Monate der Erbringung der Dienstleistungen, die sie mit ihrem Zulassungsantrag vorgelegt haben.

(3) Für die Zwecke von Absatz 1 Buchstabe b legen die Anbieter von Kryptowerte-Dienstleistungen bei der Berechnung ihrer fixen Gemeinkosten des Vorjahres die Zahlen des geltenden Rechnungslegungsrahmens zugrunde und ziehen von den Gesamtaufwendungen nach Ausschüttung von Gewinnen an die Aktionäre oder Gesellschafter in ihrem jüngsten geprüften Jahresabschluss oder, falls nicht vorhanden, in dem von nationalen Aufsichtsbehörden geprüften Jahresabschluss folgende Posten ab:

a) Boni für die Beschäftigten und sonstige Vergütungen, soweit sie von einem Nettogewinn des Anbieters von Kryptowerte-Dienstleistungen im betreffenden Jahr abhängen;

b) Gewinnbeteiligungen der Beschäftigten, Geschäftsführer und Gesellschafter;

c) sonstige Gewinnausschüttungen und variablen Vergütungen, soweit sie vollständig diskretionär sind;

d) einmalige Aufwendungen aus unüblichen Tätigkeiten.

(4) Die in Absatz 1 genannten prudentiellen aufsichtsrechtlichen Sicherheitsvorkehrungen können wie folgt oder in einer Kombination daraus getroffen werden:

a) in Form von Eigenmitteln, bestehend aus den in den Artikeln 26 bis 30 der Verordnung (EU) Nr. 575/2013 genannten Posten und Instrumenten des harten Kernkapitals nach vollständiger Anwendung der Abzüge gemäß Artikel 36 der genannten Verordnung und ohne Anwendung der Schwellenwerte für Ausnahmen gemäß den Artikeln 46 und 48 der genannten Verordnung;

b) in Form einer Versicherungspolice für die Gebiete der Union, in denen Kryptowerte-Dienstleistungen erbracht werden, oder in Form einer vergleichbaren Garantie.

(5) Die in Absatz 4 Buchstabe b genannte Versicherungspolice wird auf der Website des Anbieters von Kryptowerte-Dienstleistungen öffentlich zugänglich gemacht und muss mindestens die folgenden Merkmale aufweisen:

a) Die Anfangslaufzeit beträgt mindestens ein Jahr;

b) die Kündigungsfrist beträgt mindestens 90 Tage;

c) sie wird bei einem Unternehmen abgeschlossen, das gemäß dem Unionsrecht oder dem nationalen Recht zum Versicherungsgeschäft zugelassen ist;

d) sie wird von einem Drittunternehmen bereitgestellt.

(6) Die in Absatz 4 Buchstabe b genannte Versicherungspolice umfasst die Deckung aller folgenden Risiken

a) des Verlusts von Unterlagen;

b) von Fehldarstellungen oder irreführenden Aussagen;

c) von Handlungen, Fehlern oder Auslassungen, aufgrund deren gegen Folgendes verstoßen wird:

i) gesetzliche Pflichten und Verwaltungsvorgaben;

ii) die Pflicht zu ehrlichem, redlichem und professionellem Handeln gegenüber den Kunden;

iii) die Pflicht zur Vertraulichkeit;

d) des Versäumnisses, angemessene Verfahren zur Prävention von Interessenkonflikten zu schaffen, umzusetzen und aufrechtzuerhalten;

e) von Verlusten aufgrund von Betriebsunterbrechungen oder Systemausfällen;

f) sofern für das Geschäftsmodell relevant, grober Fahrlässigkeit bei der sicheren Aufbewahrung der Kryptowerte und Geldbeträge der Kunden;

g) der Haftung des Anbieters von Kryptowerte-Dienstleistungen gegenüber Kunden gemäß Artikel 75 Absatz 8.

Artikel 68
Regelungen zur Unternehmensführung

(1) Die Mitglieder des Leitungsorgans von Anbietern von Kryptowerte-Dienstleistungen müssen ausreichend gut beleumundet sein und sowohl einzeln als auch gemeinsam über die angemessenen Kenntnisse, Fähigkeiten, Erfahrung verfügen, um ihre Aufgaben wahrnehmen zu können. Insbesondere dürfen die Mitglieder des Leitungsorgans von Anbietern von Kryptowerte-Dienstleistungen nicht für Straftaten im Zusammenhang mit Geldwäsche oder Terrorismusfinanzierung oder für andere Straftaten, die ihrem guten Leumund schaden würden, verurteilt worden sein. Sie müssen ferner nachweisen, dass sie in der Lage sind, ausreichend Zeit für die wirksame Wahrnehmung ihrer Aufgaben aufzuwenden.

(2) Anteilseigner oder Gesellschafter, die direkt oder indirekt qualifizierte Beteiligungen an Anbietern von Kryptowerte-Dienstleistungen halten, müssen ausreichend gut beleumundet sein und dürfen insbesondere nicht für Straftaten im Zusammenhang mit Geldwäsche oder Terrorismusfinanzierung oder für andere Straftaten, die ihrem guten Leumund schaden würden, verurteilt worden sein.

(3) Ist der Einfluss, den Anteilseigner oder Gesellschafter, die qualifizierte Beteiligungen an Anbietern von Kryptowerte-Dienstleistungen halten, direkt oder indirekt ausüben, der soliden und umsichtigen Geschäftsführung dieses Anbieters von Kryptowerte-Dienstleistungen voraussichtlich abträglich, so ergreifen die zuständigen Behörden geeignete Maßnahmen, um diesem Risiko zu begegnen.

Diese Maßnahmen können Anträge auf richterliche Anordnungen, die Verhängung von Sanktionen gegen die Geschäftsführer und die Geschäftsführung oder die Aussetzung des Stimmrechts im Zusammenhang mit den Aktien und Anteilen umfassen, die von den Anteilseignern oder Gesellschaftern direkt oder indirekt gehalten werden, die qualifizierte Beteiligungen halten.

(4) Die Anbieter von Kryptowerte-Dienstleistungen führen Strategien und Verfahren ein, die hinreichend wirksam sind, um die Einhaltung dieser Verordnung sicherzustellen.

(5) Die Anbieter von Kryptowerte-Dienstleistungen beschäftigen Personal, das über die für die Wahrnehmung der ihnen übertragenen Aufgaben erforderlichen Kenntnisse, Fähigkeiten und Fachkenntnisse verfügt, wobei Umfang, Art und Bandbreite der erbrachten Kryptowerte-Dienstleistungen zu berücksichtigen sind.

(6) Das Leitungsorgan der Anbieter von Kryptowerte-Dienstleistungen bewertet und überprüft regelmäßig die Wirksamkeit der Strategien und Verfahren, die zur Erfüllung der Kapitel 2 und 3 dieses Titels eingeführt wurden, und ergreift geeignete Maßnahmen zur Behebung etwaiger diesbezüglicher Mängel.

(7) Die Anbieter von Kryptowerte-Dienstleistungen ergreifen alle angemessenen Maßnahmen, um für die Kontinuität und Regelmäßigkeit der Erbringung ihrer Kryptowerte-Dienstleistungen zu sorgen. Zu diesem Zweck setzen die Anbieter von Kryptowerte-Dienstleistungen angemessene und verhältnismäßige Ressourcen und Verfahren ein, einschließlich widerstandsfähiger und sicherer IKT-Systeme gemäß den Anforderungen der Verordnung (EU) 2022/2554.

Die Anbieter von Kryptowerte-Dienstleistungen legen eine Strategie für die Fortführung des Geschäftsbetriebs fest, die IKT-Geschäftsfortführungspläne sowie IKT-Reaktions- und Wiederherstellungspläne gemäß den Artikeln 11 und 12 der Verordnung (EU) 2022/2554 umfasst, mit denen im Falle einer Unterbrechung ihrer IKT-Systeme und -Verfahren die Bewahrung wesentlicher Daten und Funktionen und die Aufrechterhaltung der Kryptowerte-Dienstleistungen oder, wenn dies nicht möglich ist, zeitnah die Wiederherstellung dieser Daten und Funktionen und die Wiederaufnahme der Kryptowerte-Dienstleistungen sichergestellt werden soll.

(8) Die Anbieter von Kryptowerte-Dienstleistungen verfügen über Mechanismen, Systeme und Verfahren gemäß den Anforderungen der Verordnung (EU) 2022/2554 sowie über wirksame Verfahren und Vorkehrungen für die Risikobewertung, um den nationalen Rechtsvorschriften zur Umsetzung der Richtlinie (EU) 2015/849 nachzukommen. Sie überwachen und bewerten regelmäßig die Angemessenheit und Wirksamkeit dieser Mechanismen, Systeme und Verfahren, berücksichtigen dabei Umfang, Art und Bandbreite der erbrachten Kryptowerte-Dienstleistungen und ergreifen geeignete Maßnahmen zur Behebung etwaiger diesbezüglicher Mängel.

Die Anbieter von Kryptowerte-Dienstleistungen richten Systeme und Verfahren ein, um die Verfügbarkeit, Authentizität, Integrität und Vertraulichkeit von Daten gemäß der Verordnung (EU) 2022/2554 zu schützen.

(9) Die Anbieter von Kryptowerte-Dienstleistungen sorgen dafür, dass Aufzeichnungen über ihre sämtlichen Kryptowerte-Dienstleistungen, Tätigkeiten, Aufträge und Geschäfte geführt werden. Diese Aufzeichnungen müssen ausreichen, um den zuständigen Behörden die Wahrnehmung ihrer Aufsichtsaufgaben und die Ergreifung von Durchsetzungsmaßnahmen zu ermöglichen

und sie insbesondere in die Lage zu versetzen, festzustellen, ob die Anbieter von Kryptowerte-Dienstleistungen alle Verpflichtungen erfüllen, einschließlich der Pflichten gegenüber Kunden oder potenziellen Kunden und der Pflichten zur Erhaltung der Integrität des Markts.

Die im Einklang mit Unterabsatz 1 geführten Aufzeichnungen werden den Kunden auf Anfrage zur Verfügung gestellt und fünf Jahre lang aufbewahrt; wenn dies von der zuständigen Behörde vor Ablauf des Zeitraums von fünf Jahren verlangt wird, werden sie bis zu sieben Jahre lang aufbewahrt.

(10) Die ESMA arbeitet Entwürfe technischer Regulierungsstandards aus, in denen Folgendes präzisiert wird:

a) die in Absatz 7 genannten Maßnahmen zur Sicherstellung der Kontinuität und Regelmäßigkeit bei der Erbringung der Kryptowerte-Dienstleistungen,

b) die in Absatz 9 genannten Aufzeichnungen über alle Kryptowerte-Dienstleistungen, Tätigkeiten, Aufträge und Geschäfte.

Die ESMA übermittelt der Kommission die in Unterabsatz 1 genannten Entwürfe technischer Regulierungsstandards spätestens am 30. Juni 2024.

Der Kommission wird die Befugnis übertragen, diese Verordnung durch Annahme der in Unterabsatz 1 dieses Absatzes genannten technischen Regulierungsstandards gemäß den Artikeln 10 bis 14 der Verordnung (EU) Nr. 1095/2010 zu ergänzen.

Artikel 69
Unterrichtung der zuständigen Behörden

Die Anbieter von Kryptowerte-Dienstleistungen unterrichten die für sie zuständige Behörde unverzüglich über jede Änderung in ihrem Leitungsorgan, bevor etwaige neue Mitglieder ihre Tätigkeit aufnehmen, und stellen ihr alle Informationen zur Verfügung, die erforderlich sind, um die Einhaltung von Artikel 68 zu bewerten.

Artikel 70
Sichere Aufbewahrung der Kryptowerte und Geldbeträge von Kunden

(1) Anbieter von Kryptowerte-Dienstleistungen, die Kryptowerte von Kunden oder die Mittel für den Zugang zu solchen Kryptowerten halten, treffen angemessene Vorkehrungen, um insbesondere im Falle der Insolvenz des Anbieters von Kryptowerte-Dienstleistungen die Eigentumsrechte der Kunden zu schützen und zu verhindern, dass die Kryptowerte von Kunden für eigene Rechnung verwendet werden.

(2) Erfordern das Geschäftsmodell oder die Kryptowerte-Dienstleistungen das Halten von Geldbeträgen von Kunden, bei denen es sich nicht um E-Geld-Token handelt, so treffen die Anbieter von Kryptowerte-Dienstleistungen angemessene Vorkehrungen, um die Eigentumsechte der Kunden zu schützen und zu verhindern, dass Geldbeträge von Kunden für eigene Rechnung verwendet werden.

(3) Die Anbieter von Kryptowerte-Dienstleistungen zahlen diese Geldbeträge bis zum Ende des Werktags, der auf den Tag folgt, an dem die Geldbeträge der Kunden, bei denen es sich nicht um E-Geld-Token handelt, eingegangen sind, bei einem Kreditinstitut oder einer Zentralbank ein.

Die Anbieter von Kryptowerte-Dienstleistungen treffen alle erforderlichen Maßnahmen, um sicherzustellen, dass die einem Kreditinstitut oder bei einer Zentralbank gehaltenen Geldbeträge von Kunden, bei denen es sich nicht um E-Geld-Token handelt, auf Konten geführt werden, die separat von Konten identifizierbar sind, auf denen Geldbeträge der Anbieter von Kryptowerte-Dienstleistungen geführt werden.

(4) Die Anbieter von Kryptowerte-Dienstleistungen können selbst oder über einen Dritten Zahlungsdienste im Zusammenhang mit den von ihnen angebotenen Kryptowerte-Dienstleistungen erbringen, sofern der Anbieter von Kryptowerte-Dienstleistungen selbst oder der Dritte im Einklang mit der Richtlinie (EU) 2015/2366 für die Erbringung dieser Dienstleistungen zugelassen ist.

Werden Zahlungsdienste erbracht, unterrichten die Anbieter von Kryptowerte-Dienstleistungen ihre Kunden über Folgendes:

a) die Art dieser Dienste und die dafür geltenden Geschäftsbedingungen, einschließlich Verweisen auf das geltende nationale Recht und die Rechte der Kunden;

b) darüber, ob diese Dienste unmittelbar von ihnen oder von einem Dritten erbracht werden.

(5) Die Absätze 2 und 3 gelten nicht für Anbieter von Kryptowerte-Dienstleistungen, bei denen es sich um E-Geld-Institute, Zahlungsinstitute oder Kreditinstitute handelt.

Artikel 71
Beschwerdeverfahren

(1) Die Anbieter von Kryptowerte-Dienstleistungen führen wirksame und transparente Verfahren für die umgehende, redliche und einheitliche Bearbeitung von Kundenbeschwerden ein, erhalten sie aufrecht und veröffentlichen Beschreibungen dieser Verfahren.

(2) Die Kunden können Beschwerden bei den Anbietern von Kryptowerte-Dienstleistungen unentgeltlich einreichen.

(3) Die Anbieter von Kryptowerte-Dienstleistungen unterrichten die Kunden über die Möglichkeit, eine Beschwerde einzureichen. Die Anbieter

von Kryptowerte-Dienstleistungen stellen den Kunden ein Muster für die Einreichung von Beschwerden zur Verfügung und führen Aufzeichnungen über alle eingegangenen Beschwerden sowie die daraufhin getroffenen Maßnahmen.

(4) Die Anbieter von Kryptowerte-Dienstleistungen sorgen für eine zeitnahe und redliche Untersuchung sämtlicher Beschwerden und teilen ihren Kunden die Ergebnisse ihrer Untersuchungen innerhalb eines angemessenen Zeitraums mit.

(5) Die ESMA arbeitet in enger Abstimmung mit der EBA Entwürfe technischer Regulierungsstandards zur Präzisierung der Anforderungen, Muster und Verfahren für die Bearbeitung von Beschwerden aus.

Die ESMA übermittelt der Kommission die in Unterabsatz 1 genannten Entwürfe technischer Regulierungsstandards spätestens am 30. Juni 2024.

Der Kommission wird die Befugnis übertragen, diese Verordnung durch Annahme der in Unterabsatz 1 dieses Absatzes genannten technischen Regulierungsstandards gemäß den Artikeln 10 bis 14 der Verordnung (EU) Nr. 1095/2010 zu ergänzen.

Artikel 72
Ermittlung, Vermeidung, Regelung und Offenlegung von Interessenkonflikten

(1) Die Anbieter von Kryptowerte-Dienstleistungen entwickeln und verfolgen unter Berücksichtigung des Umfangs, der Art und der Bandbreite der erbrachten Kryptowerte-Dienstleistungen wirksame Strategien und Verfahren zur Ermittlung, Vermeidung, Regelung und Offenlegung von Interessenkonflikten zwischen

a) ihnen und

i) ihren Anteilseignern oder Gesellschaftern,

ii) Personen, die durch Kontrolle eine direkte oder indirekte Verbindung zu den Anbietern von Kryptowerte-Dienstleistungen oder ihren Anteilseignern oder Gesellschaftern aufweisen,

iii) den Mitgliedern ihrer Führungsgremien,

iv) ihren Beschäftigten oder

v) ihren Kunden oder

b) zwei oder mehr Kunden, zwischen denen ein Interessenkonflikt besteht.

(2) Die Anbieter von Kryptowerte-Dienstleistungen legen ihren Kunden und potenziellen Kunden an gut sichtbarer Stelle auf ihrer Website die allgemeine Art und die Quellen von Interessenkonflikten gemäß Absatz 1 sowie die zur Begrenzung dieser Interessenkonflikte getroffenen Vorkehrungen offen.

(3) Die in Absatz 2 genannte Offenlegung muss in elektronischem Format erfolgen und je nach Status des Kunden hinreichend Details enthalten, um es jedem Kunden zu ermöglichen, Entscheidungen über die Kryptowerte-Dienstleistung, in deren Zusammenhang der Interessenkonflikt auftritt, in Kenntnis der Sachlage zu treffen.

(4) Die Anbieter von Kryptowerte-Dienstleistungen bewerten und überprüfen zumindest einmal jährlich ihre Strategie für den Umgang mit Interessenkonflikten und ergreifen alle geeigneten Maßnahmen, um etwaige diesbezügliche Mängel zu beheben.

(5) Die ESMA arbeitet in enger Abstimmung mit der EBA Entwürfe technischer Regulierungsstandards aus, in denen Folgendes präzisiert wird:

a) die Anforderungen an die in Absatz 1 genannten Strategien und Verfahren, wobei Umfang, Art und Bandbreite der erbrachten Kryptowerte-Dienstleistungen zu berücksichtigen sind,

b) die Einzelheiten und das Verfahren betreffend den Inhalt der Offenlegung nach Absatz 2.

Die ESMA übermittelt der Kommission die in Unterabsatz 1 genannten Entwürfe technischer Regulierungsstandards spätestens am 30. Juni 2024.

Der Kommission wird die Befugnis übertragen, diese Verordnung durch Annahme der in Unterabsatz 1 dieses Absatzes genannten technischen Regulierungsstandards gemäß den Artikeln 10 bis 14 der Verordnung (EU) Nr. 1095/2010 zu ergänzen.

Artikel 73
Auslagerung

(1) Anbieter von Kryptowerte-Dienstleistungen, die bei der Wahrnehmung betrieblicher Aufgaben Dienstleistungen oder Tätigkeiten an Dritte auslagern, treffen alle angemessenen Vorkehrungen, um zusätzliche operationelle Risiken zu vermeiden. Sie tragen weiterhin die volle Verantwortung für die Erfüllung all ihrer Verpflichtungen aus diesem Titel und stellen jederzeit sicher, dass die folgenden Bedingungen erfüllt sind:

a) Die Auslagerung führt nicht zur Übertragung der Verantwortung der Anbieter von Kryptowerte-Dienstleistungen.

b) Die Auslagerung ändert weder die Beziehung zwischen den Anbietern von Kryptowerte-Dienstleistungen und ihren Kunden noch die Pflichten der Anbieter von Kryptowerte-Dienstleistungen gegenüber ihren Kunden.

c) Die Auslagerung führt zu keiner Veränderung der Voraussetzungen für die Zulassung der Anbieter von Kryptowerte-Dienstleistungen.

d) An der Auslagerung beteiligte Dritte arbeiten mit der zuständigen Behörde des Herkunftsmitgliedstaats des Anbieters von Kryptowerte-Dienstleistungen zusammen, und die Auslagerung steht der Wahrnehmung der Aufsichtsfunktionen zuständiger Behörden, einschließlich des Zugangs vor Ort zur Erlangung aller relevanten Informationen, die für die Erfüllung dieser Aufgaben erforderlich sind, nicht entgegen.

e) Die Anbieter von Kryptowerte-Dienstleistungen verfügen über das Fachwissen und die Ressourcen, die erforderlich sind, um die Qualität der erbrachten Dienstleistungen zu bewerten, die ausgelagerten Dienstleistungen wirksam zu überwachen und die mit der Auslagerung verbundenen Risiken kontinuierlich zu steuern.

f) Die Anbieter von Kryptowerte-Dienstleistungen haben direkten Zugang zu relevanten Informationen über die ausgelagerten Dienstleistungen.

g) Die Anbieter von Kryptowerte-Dienstleistungen stellen sicher, dass an der Auslagerung beteiligte Dritte die Datenschutzstandards der Union erfüllen.

Für die Zwecke von Unterabsatz 1 Buchstabe g sind die Anbieter von Kryptowerte-Dienstleistungen dafür verantwortlich, sicherzustellen, dass die Datenschutzstandards in der in Absatz 3 genannten schriftlichen Vereinbarung aufgeführt sind.

(2) Die Anbieter von Kryptowerte-Dienstleistungen verfügen über eine Auslagerungsstrategie, einschließlich Notfallplänen und Ausstiegsstrategien, wobei Umfang, Art und Bandbreite der erbrachten Kryptowerte-Dienstleistungen zu berücksichtigen sind.

(3) Die Anbieter von Kryptowerte-Dienstleistungen legen in einer schriftlichen Vereinbarung ihre Rechte und Pflichten sowie die Rechte und Pflichten der Dritten fest, an die sie Dienstleistungen oder Tätigkeiten auslagern. In Vereinbarungen über die Auslagerung wird den Anbietern von Kryptowerte-Dienstleistungen das Recht gewährt, diese Vereinbarungen zu kündigen.

(4) Die Anbieter von Kryptowerte-Dienstleistungen und die Dritten stellen den zuständigen und anderen maßgeblichen Behörden auf Anfrage alle Informationen zur Verfügung, die diese Behörden benötigen, um beurteilen zu können, ob die ausgelagerten Tätigkeiten den Anforderungen dieses Titels entsprechen.

Artikel 74
Geordnete Abwicklung von Anbietern von Kryptowerte-Dienstleistungen

Anbieter von Kryptowerte-Dienstleistungen, die die in den Artikeln 75 bis 79 genannte Dienstleistungen erbringen, stellen einen angemessenen Plan zur Unterstützung einer geordneten Abwicklung ihrer Tätigkeiten nach geltendem nationalem Recht auf, der Vorkehrungen für die Fortführung oder Wiederaufnahme kritischer Tätigkeiten dieser Dienstleistungsanbieter umfasst. Dieser Plan muss belegen, dass Anbieter von Kryptowerte-Dienstleistungen zu einer geordneten Abwicklung in der Lage sind, die ihren Kunden keinen ungebührlichen wirtschaftlichen Schaden zufügt.

KAPITEL 3
Pflichten in Bezug auf spezifische Kryptowerte-Dienstleistungen

Artikel 75
Verwahrung und Verwaltung von Kryptowerten für Kunden

(1) Anbieter von Kryptowerte-Dienstleistungen, die Kryptowerte für Kunden verwahren oder verwalten, schließen mit ihren Kunden eine Vereinbarung, in der ihre Pflichten und Aufgaben festgelegt werden. Eine solche Vereinbarung muss zumindest Folgendes enthalten:

a) Angaben zur Identität der Vertragspartner,

b) Angaben zur Art der erbrachten Kryptowerte-Dienstleistung und eine Beschreibung dieser Dienstleistung,

c) die Verwahrstrategie,

d) Angaben zu den Mitteln für die Kommunikation zwischen dem Anbieter von Kryptowerte-Dienstleistungen und dem Kunden, einschließlich des Authentifizierungssystems des Kunden,

e) eine Beschreibung der vom Anbieter von Kryptowerte-Dienstleistungen verwendeten Sicherheitssysteme,

f) Angaben zu den vom Anbieter von Kryptowerte-Dienstleistungen erhobenen Gebühren, Kosten und Entgelten,

g) einen Hinweis auf das anwendbare Recht.

(2) Anbieter von Kryptowerte-Dienstleistungen, die Kryptowerte für Kunden verwahren oder verwalten, führen ein Register der im Namen jedes Kunden eröffneten Positionen, die dem Kunden Rechte an den Kryptowerten verleihen. Sofern relevant, erfassen die Anbieter von Kryptowerte-Dienstleistungen in diesem Register umgehend alle Bewegungen infolge von Anweisungen ihrer Kunden. In diesen Fällen stellen sie durch ihre internen Verfahren sicher, dass jede Bewegung, die sich auf die Registrierung der Kryptowerte auswirkt, durch ein regelmäßig im Register der Positionen des Kunden registriertes Geschäft belegt wird.

(3) Anbieter von Kryptowerte-Dienstleistungen, die Kryptowerte für Kunden verwahren oder verwalten, legen eine Verwahrstrategie mit internen Vorschriften und Verfahren fest, anhand derer die sichere Aufbewahrung oder Kontrolle solcher Kryptowerte oder der Mittel für den Zugang zu den Kryptowerten sichergestellt wird.

Mit der in Unterabsatz 1 genannten Verwahrstrategie wird das Risiko des Verlusts der Kryptowerte der Kunden, der mit diesen Kryptowerten verbundenen Rechte oder der Mittel für den Zugang zu den Kryptowerten aufgrund von Betrug, Cyberbedrohungen oder Fahrlässigkeit minimiert.

Den Kunden wird auf Anfrage eine Zusammenfassung der Verwahrstrategie in elektronischem Format zur Verfügung gestellt.

(4) Sofern relevant, erleichtern die Anbieter von Kryptowerte-Dienstleistungen, die Kryptowerte für Kunden verwahren oder verwalten, die Ausübung der mit den Kryptowerten verbundenen Rechte. Jedes Ereignis, das voraussichtlich Rechte eines Kunden begründet oder verändert, wird sofort in das Register der Positionen des Kunden eingetragen.

Im Falle von Änderungen der zugrunde liegenden Distributed-Ledger-Technologie oder anderen Ereignissen, die voraussichtlich Rechte eines Kunden begründen oder verändern, stehen dem Kunden sämtliche Kryptowerte oder Rechte zu, die auf der Grundlage und entsprechend der Positionen des Kunden zum Zeitpunkt des Eintritts der Veränderung oder des Ereignisses neu begründet werden, es sei denn, in einer gültigen Vereinbarung, die gemäß Absatz 1 vor dem Ereignis mit dem Anbieter von Kryptowerte-Dienstleistungen, der Kryptowerte für Kunden verwahrt oder verwaltet, unterzeichnet wurde, ist ausdrücklich etwas anderes vorgesehen.

(5) Anbieter von Kryptowerte-Dienstleistungen, die Kryptowerte für Kunden verwahren oder verwalten, stellen ihren Kunden mindestens einmal alle drei Monate und auf Verlangen des betreffenden Kunden eine Aufstellung der Positionen der im Namen dieser Kunden verbuchten Kryptowerte zur Verfügung. Diese Aufstellung der Positionen ist in elektronischem Format bereitzustellen. In der Aufstellung der Positionen sind die betreffenden Kryptowerte, ihr Saldo, ihr Wert und die Übertragung von Kryptowerten während des betreffenden Zeitraums anzugeben.

Anbieter von Kryptowerte-Dienstleistungen, die Kryptowerte für Kunden verwahren oder verwalten, informieren ihre Kunden umgehend über Tätigkeiten im Zusammenhang mit Kryptowerten, die eine Reaktion dieser Kunden erfordern.

(6) Anbieter von Kryptowerte-Dienstleistungen, die Kryptowerte für Kunden verwahren oder verwalten, stellen sicher, dass die erforderlichen Verfahren vorhanden sind, damit die im Namen ihrer Kunden gehaltenen Kryptowerte oder Mittel für den entsprechenden Zugang diesen Kunden umgehend zurückgegeben werden können.

(7) Anbieter von Kryptowerte-Dienstleistungen, die Kryptowerte für Kunden verwahren oder verwalten, sorgen für eine Trennung der für Kunden gehaltenen Beteiligungen an Kryptowerten von ihren eigenen Beteiligungen und stellen sicher, dass die Mittel für den Zugang zu den Kryptowerten ihrer Kunden eindeutig als solche gekennzeichnet sind. Sie stellen sicher, dass Kryptowerte ihrer Kunden auf dem Distributed Ledger getrennt von ihren eigenen Kryptowerten geführt werden.

Die verwahrten Kryptowerte werden im Einklang mit dem geltenden Recht im Interesse der Kunden des Anbieters von Kryptowerte-Dienstleistungen rechtlich vom Vermögen des Anbieters von Kryptowerte-Dienstleistungen getrennt, sodass Gläubiger des Anbieters von Kryptowerte-Dienstleistungen – insbesondere im Falle einer Insolvenz – nicht auf Kryptowerte zurückgreifen können, die vom Anbieter von Kryptowerte-Dienstleistungen verwahrt werden.

Die Anbieter von Kryptowerte-Dienstleistungen stellen sicher, dass die verwahrten Kryptowerte operativ vom Vermögen des Anbieters von Kryptowerte-Dienstleistungen getrennt sind.

(8) Anbieter von Kryptowerte-Dienstleistungen, die Kryptowerte für Kunden verwahren oder verwalten, haften ihren Kunden für Verluste von Kryptowerten oder der Mittel für den Zugang zu diesen Kryptowerten, die infolge von Vorfällen erlitten werden, die diesen Anbietern von Kryptowerte-Dienstleistungen zuzuschreiben sind. Die Haftung der Anbieter von Kryptowerte-Dienstleistungen ist auf den Marktwert der verloren gegangenen Kryptowerte zum Zeitpunkt des Verlusts begrenzt.

Zu den nicht dem Anbieter von Kryptowerte-Dienstleistungen zuzuschreibenden Vorfällen gehören alle Ereignisse, bei denen der Anbieter von Kryptowerte-Dienstleistungen nachweist, dass sie unabhängig von der Erbringung der betreffenden Dienstleistung oder von den Tätigkeiten des Anbieters von Kryptowerte-Dienstleistungen aufgetreten sind, etwa ein mit dem Betrieb des Distributed Ledger verbundenes Problem, über das der Anbieter von Kryptowerte-Dienstleistungen keine Kontrolle hat.

(9) Wenn Anbieter von Kryptowerte-Dienstleistungen, die Kryptowerte für Kunden verwahren und verwalten, für diesen Dienst andere Anbieter von Kryptowerte-Dienstleistungen in Anspruch nehmen, dürfen sie nur Anbieter von Kryptowerte-Dienstleistungen in Anspruch nehmen, die gemäß Artikel 59 zugelassen sind.

Anbieter von Kryptowerte-Dienstleistungen, die Kryptowerte für Kunden verwahren und verwalten und für diesen Dienst andere Anbieter von Kryptowerte-Dienstleistungen in Anspruch nehmen, setzen ihre Kunden davon in Kenntnis.

Artikel 76
Betrieb einer Handelsplattform für Kryptowerte

(1) Anbieter von Kryptowerte-Dienstleistungen, die eine Handelsplattform für Kryptowerte betreiben, legen klare und transparente Betriebsvorschriften für die Handelsplattform fest, halten diese aufrecht und wenden sie an. In diesen Be-

triebsvorschriften muss mindestens Folgendes festgelegt werden:

a) Genehmigungsverfahren, einschließlich der Sorgfaltspflichten gegenüber Kunden, die dem vom Antragsteller ausgehenden Risiko der Geldwäsche oder Terrorismusfinanzierung gemäß der Richtlinie (EU) 2015/849 entsprechen und vor Zulassung von Kryptowerten an der Handelsplattform anzuwenden sind,

b) gegebenenfalls Ausschlusskategorien hinsichtlich der Arten von Kryptowerten, die nicht zum Handel zugelassen werden,

c) Strategien und Verfahren in Bezug auf etwaige Gebühren für die Zulassung zum Handel und deren Höhe,

d) objektive, nichtdiskriminierende Vorschriften und verhältnismäßige Kriterien für die Teilnahme an den Handelstätigkeiten mit dem Ziel der Förderung eines redlichen und offenen Zugangs von Kunden, die Handel treiben wollen, zur Handelsplattform,

e) ermessensunabhängige Regeln und Verfahren für die Sicherstellung eines redlichen und ordnungsgemäßen Handels sowie objektive Kriterien für die wirksame Ausführung von Aufträgen,

f) Bedingungen zur Sicherstellung der Handelbarkeit von Kryptowerten, einschließlich Liquiditätsschwellen und periodischen Offenlegungspflichten,

g) Bedingungen für die mögliche Aussetzung des Handels mit Kryptowerten,

h) Verfahren zur Sicherstellung einer wirksamen Abrechnung sowohl von Kryptowerten als auch von Geldbeträgen.

Für die Zwecke von Unterabsatz 1 Buchstabe a wird in den Betriebsvorschriften eindeutig festgelegt, dass Kryptowerte nicht zum Handel zugelassen werden, wenn in den von dieser Verordnung vorgeschriebenen Fällen kein entsprechendes Kryptowerte-Whitepaper veröffentlicht wurde.

(2) Vor der Zulassung von Kryptowerten zum Handel stellen Anbieter von Kryptowerte-Dienstleistungen, die eine Handelsplattform für Kryptowerte betreiben, sicher, dass die Kryptowerte den Betriebsvorschriften der Handelsplattform entsprechen, und bewerten die Eignung des betreffenden Kryptowerts. Bei der Bewertung der Eignung eines Kryptowerts bewerten die Anbieter von Kryptowerte-Dienstleistungen, die eine Handelsplattform betreiben, insbesondere die Zuverlässigkeit der verwendeten technischen Lösungen und die potenzielle Verbindung zu illegalen oder betrügerischen Tätigkeiten, und berücksichtigen dabei die Erfahrung, die Erfolgsbilanz und den Leumund des Emittenten dieser Kryptowerte und seines Entwicklungsteams. Die Anbieter von Kryptowerte-Dienstleistungen, die eine Handelsplattform betreiben, bewerten auch die Eignung der in Artikel 4 Absatz 3 Unterabsatz 1 Buchstaben a bis d genannten Kryptowerte, bei denen es sich nicht um vermögenswertereferenzierte Token oder E-Geld-Token handelt.

(3) In den Betriebsvorschriften der Handelsplattform für Kryptowerte wird die Zulassung von Kryptowerten mit eingebauter Anonymisierungsfunktion zum Handel ausgeschlossen, es sei denn, die Anbieter von Kryptowerte-Dienstleistungen, die eine Handelsplattform für Kryptowerte betreiben, können die Inhaber dieser Kryptowerte und ihre Transaktionshistorie identifizieren.

(4) Die in Absatz 1 genannten Betriebsvorschriften werden in einer Amtssprache des Herkunftsmitgliedstaats oder in einer in der internationalen Finanzwelt gebräuchlichen Sprache abgefasst.

Wird eine Handelsplattform für Kryptowerte in einem anderen Mitgliedstaat betrieben, werden die in Absatz 1 genannten Betriebsvorschriften in einer Amtssprache des Aufnahmemitgliedstaats oder in einer in der internationalen Finanzwelt gebräuchlichen Sprache abgefasst.

(5) Anbieter von Kryptowerte-Dienstleistungen, die eine Handelsplattform für Kryptowerte betreiben, handeln auf der von ihnen betriebenen Handelsplattform für Kryptowerte nicht für eigene Rechnung, selbst wenn sie den Tausch von Kryptowerten gegen einen Geldbetrag oder gegen andere Kryptowerte anbieten.

(6) Anbieter von Kryptowerte-Dienstleistungen, die eine Handelsplattform für Kryptowerte betreiben, dürfen nur dann auf die Zusammenführung sich deckender Kundenaufträge zurückgreifen, wenn der Kunde dem zugestimmt hat. Die Anbieter von Kryptowerte-Dienstleistungen stellen der zuständigen Behörde Informationen zur Erläuterung ihres Rückgriffs auf die Zusammenführung sich deckender Kundenaufträge zur Verfügung. Die zuständige Behörde überwacht den Rückgriff von Anbietern von Kryptowerte-Dienstleistungen auf die Zusammenführung sich deckender Kundenaufträge und stellt sicher, dass die der Rückgriff auf die Zusammenführung sich deckender Kundenaufträge die Definition eines solchen Handels weiterhin erfüllt und nicht zu Interessenkonflikten zwischen den Anbietern von Kryptowerte-Dienstleistungen und ihren Kunden führt.

(7) Anbieter von Kryptowerte-Dienstleistungen, die eine Handelsplattform für Kryptowerte betreiben, müssen über wirksame Systeme, Verfahren und Vorkehrungen verfügen, um sicherzustellen, dass ihre Handelssysteme

a) widerstandsfähig sind,

b) über ausreichende Kapazitäten verfügen, um Spitzenvolumina an Aufträgen und Mitteilungen zu bewältigen,

c) in der Lage sind, unter extremen Stressbedingungen auf den Märkten einen ordnungsgemäßen Handel sicherzustellen,

d) in der Lage sind, Aufträge abzulehnen, die vorab festgelegte Volumen- und Preisschwellen überschreiten oder eindeutig fehlerhaft sind,

e) vollständig geprüft werden, um sicherzustellen, dass die Bedingungen gemäß den Buchstaben a bis d erfüllt sind,

f) wirksamen Vorkehrungen zur Sicherstellung der Fortführung des Geschäftsbetriebs unterliegen, um im Falle eines Ausfalls des Handelssystems die Kontinuität ihrer Dienstleistungen sicherzustellen,

g) in der Lage sind, Marktmissbrauch zu verhindern oder aufzudecken,

h) hinreichend robust sind, um zu verhindern, dass sie zum Zwecke der Geldwäsche und der Terrorismusfinanzierung missbraucht werden.

(8) Anbieter von Kryptowerte-Dienstleistungen, die eine Handelsplattform für Kryptowerte betreiben, unterrichten die für sie zuständige Behörde, wenn sie Fälle von Marktmissbrauch oder versuchtem Marktmissbrauch in ihren Handelssystemen oder über ihre Handelssysteme aufdecken.

(9) Anbieter von Kryptowerte-Dienstleistungen, die eine Handelsplattform für Kryptowerte betreiben, veröffentlichen alle Geld- und Briefkurse sowie die Tiefe der Handelsinteressen zu diesen Preisen, die über ihre Handelsplattformen angezeigt werden. Die betreffenden Anbieter von Kryptowerte-Dienstleistungen machen diese Informationen während der Handelszeiten kontinuierlich öffentlich zugänglich.

(10) Anbieter von Kryptowerte-Dienstleistungen, die eine Handelsplattform für Kryptowerte betreiben, veröffentlichen Kurs, Volumen und Zeitpunkt der Geschäfte mit auf ihren Handelsplattformen gehandelten Kryptowerten. Sie veröffentlichen diese Einzelheiten für alle Transaktionen, soweit technisch möglich, in Echtzeit.

(11) Anbieter von Kryptowerte-Dienstleistungen, die eine Handelsplattform für Kryptowerte betreiben, machen die gemäß den Absätzen 9 und 10 veröffentlichten Informationen zu angemessenen kaufmännischen Bedingungen öffentlich zugänglich und sorgen für einen nichtdiskriminierenden Zugang zu diesen Informationen. Diese Informationen werden 15 Minuten nach ihrer Veröffentlichung in maschinenlesbarem Format kostenlos zur Verfügung gestellt und bleiben mindestens zwei Jahre lang veröffentlicht.

(12) Anbieter von Kryptowerte-Dienstleistungen, die eine Handelsplattform für Kryptowerte betreiben, leiten die endgültige Abwicklung einer Transaktion mit Kryptowerten auf dem Distributed Ledger innerhalb von 24 Stunden nach Ausführung der Geschäfte auf der Handelsplattform oder – im Falle von außerhalb des Distributed Ledger abgewickelten Transaktionen – spätestens bis Börsenschluss ein.

(13) Anbieter von Kryptowerte-Dienstleistungen, die eine Handelsplattform für Kryptowerte betreiben, stellen sicher, dass ihre Gebührenstrukturen transparent, redlich und nichtdiskriminierend sind und dass sie keine Anreize schaffen, Aufträge so zu platzieren, zu ändern oder zu stornieren oder Geschäfte in einer Weise auszuführen, dass dies zu marktstörenden Handelsbedingungen oder Marktmissbrauch nach Titel VI beiträgt.

(14) Anbieter von Kryptowerte-Dienstleistungen, die eine Handelsplattform für Kryptowerte betreiben, müssen über Ressourcen und Backup-Einrichtungen verfügen, die es ihnen ermöglichen, der für sie zuständigen Behörde jederzeit Bericht zu erstatten.

(15) Anbieter von Kryptowerte-Dienstleistungen, die eine Handelsplattform betreiben, halten die einschlägigen Daten zu sämtlichen Aufträgen über Kryptowerte, die über ihre Systeme gehandelt werden, mindestens fünf Jahre lang für die zuständige Behörde bereit oder gewähren der zuständigen Behörde Zugang zum Auftragsbuch, damit die zuständige Behörde die Handelstätigkeit überwachen kann. Diese einschlägigen Daten enthalten die Merkmale des Auftrags, darunter diejenigen, die einen Auftrag mit den Transaktionen verknüpfen, die sich aus diesem Auftrag ergeben.

(16) Die ESMA arbeitet Entwürfe technischer Regulierungsstandards aus, in denen Folgendes präzisiert wird:

a) die Art, in der Daten zur Transparenz, darunter der Grad der Aufschlüsselung der gemäß den Absätzen 1, 9 und 10 zu veröffentlichenden Daten, darzustellen sind,

b) der Inhalt und das Format der Einträge in dem gemäß Absatz 15 zu führenden Auftragsbuch.

Die ESMA übermittelt der Kommission die in Unterabsatz 1 genannten Entwürfe technischer Regulierungsstandards spätestens am 30. Juni 2024.

Der Kommission wird die Befugnis übertragen, diese Verordnung durch Annahme der in Unterabsatz 1 dieses Absatzes genannten technischen Regulierungsstandards gemäß den Artikeln 10 bis 14 der Verordnung (EU) Nr. 1095/2010 zu ergänzen.

Artikel 77
Tausch von Kryptowerten gegen einen Geldbetrag oder gegen andere Kryptowerte

(1) Anbieter von Kryptowerte-Dienstleistungen, die Kryptowerte gegen einen Geldbetrag oder gegen andere Kryptowerte tauschen, verfol-

gen eine nichtdiskriminierende Geschäftspolitik, mit der insbesondere festgelegt wird, welche Art von Kunden sie akzeptieren und welche Bedingungen diese Kunden zu erfüllen haben.

(2) Anbieter von Kryptowerte-Dienstleistungen, die Kryptowerte gegen einen Geldbetrag oder gegen andere Kryptowerte tauschen, veröffentlichen einen festen Preis der Kryptowerte oder eine Methode zur Bestimmung des Preises der Kryptowerte, die sie zum Tausch gegen einen Geldbetrag oder gegen andere Kryptowerte vorschlagen, sowie die von diesem Anbieter für Kryptowerte-Dienstleistungen festgelegte anzuwendende Obergrenze für den zu tauschenden Betrag.

(3) Anbieter von Kryptowerte-Dienstleistungen, die Kryptowerte gegen einen Geldbetrag oder gegen andere Kryptowerte tauschen, führen Kundenaufträge zu den zum Zeitpunkt des endgültigen Tauschauftrags angezeigten Preisen aus. Die Anbieter von Kryptowerte-Dienstleistungen unterrichten ihre Kunden über die Voraussetzungen, unter denen ihr Auftrag als endgültig gilt.

(4) Anbieter von Kryptowerte-Dienstleistungen, die Kryptowerte gegen einen Geldbetrag oder gegen andere Kryptowerte tauschen, veröffentlichen Informationen über die von ihnen abgeschlossenen Geschäfte, einschließlich Transaktionsvolumen und -preisen.

Artikel 78
Ausführung von Aufträgen über Kryptowerte für Kunden

(1) Anbieter von Kryptowerte-Dienstleistungen, die Aufträge über Kryptowerte für Kunden ausführen, ergreifen alle erforderlichen Maßnahmen, um bei der Ausführung von Aufträgen das bestmögliche Ergebnis für ihre Kunden zu erzielen, und berücksichtigen dabei die Faktoren Preis, Kosten, Schnelligkeit, Wahrscheinlichkeit der Ausführung und Abwicklung, Umfang, Art der Auftragsausführung und Bedingungen der Verwahrung von Kryptowerten sowie jegliche sonstigen für die Auftragsausführung relevanten Faktoren.

Ungeachtet des Unterabsatzes 1 sind Anbieter von Kryptowerte-Dienstleistungen, die Aufträge über Kryptowerte für Kunden ausführen, nicht verpflichtet, die in Unterabsatz 1 genannten erforderlichen Maßnahmen zu ergreifen, wenn sie Aufträge über Kryptowerte nach den spezifischen Anweisungen ihrer Kunden ausführen.

(2) Um die Einhaltung von Absatz 1 sicherzustellen, müssen Anbieter von Kryptowerte-Dienstleistungen, die Aufträge über Kryptowerte für Kunden ausführen, wirksame Vorkehrungen für die Auftragsausführung treffen und umsetzen. Sie legen insbesondere Grundsätze der Auftragsausführung fest, die es ihnen erlauben, Absatz 1 einzuhalten, und setzen diese Grundsätze um. Die Grundsätze der Auftragsausführung sehen unter anderem eine umgehende, redliche und zügige Ausführung von Kundenaufträgen vor und verhindern den Missbrauch von Informationen über Kundenaufträge durch Mitarbeiter der Anbieter von Kryptowerte-Dienstleistungen.

(3) Anbieter von Kryptowerte-Dienstleistungen, die Aufträge über Kryptowerte für Kunden ausführen, stellen ihren Kunden angemessene und eindeutige Informationen über ihre in Absatz 2 genannten Grundsätze der Auftragsausführung und jegliche wesentlichen Änderungen dieser Grundsätze zur Verfügung. In diesen Informationen wird klar, ausführlich und auf eine für Kunden verständliche Weise erläutert, wie die Kundenaufträge von den Anbietern von Kryptowerte-Dienstleistungen auszuführen sind. Die Anbieter von Kryptowerte-Dienstleistungen holen die vorherige Zustimmung jedes Kunden zu den Grundsätzen der Auftragsausführung ein.

(4) Anbieter von Kryptowerte-Dienstleistungen, die Aufträge über Kryptowerte für Kunden ausführen, müssen in der Lage sein, ihren Kunden auf Anfrage nachzuweisen, dass sie ihre Aufträge im Einklang mit ihren Grundsätzen der Auftragsausführung ausgeführt haben, und der zuständigen Behörde auf Antrag nachzuweisen, dass sie die Bedingungen dieses Artikels erfüllen.

(5) Wenn die Grundsätze der Auftragsausführung vorsehen, dass Kundenaufträge außerhalb einer Handelsplattform ausgeführt werden könnten, informieren die Anbieter von Kryptowerte-Dienstleistungen, die Aufträge über Kryptowerte für Kunden ausführen, ihre Kunden über diese Möglichkeit und holen vor der Ausführung ihrer Aufträge außerhalb einer Handelsplattform die vorherige ausdrückliche Zustimmung ihrer Kunden in Form entweder einer allgemeinen Zustimmung oder einer Zustimmung in Bezug auf einzelne Geschäfte ein.

(6) Anbieter von Kryptowerte-Dienstleistungen, die Aufträge über Kryptowerte für Kunden ausführen, müssen die Wirksamkeit ihrer Vorkehrungen zur Auftragsausführung und ihrer Grundsätze der Auftragsausführung überwachen, damit sie etwaige diesbezügliche Mängel ermitteln und bei Bedarf beheben können. Insbesondere prüfen sie regelmäßig, ob die in den Grundsätzen der Auftragsausführung genannten Handelsplätze das bestmögliche Ergebnis für die Kunden erbringen oder ob die Vorkehrungen zur Auftragsausführung geändert werden müssen. Anbieter von Kryptowerte-Dienstleistungen, die Aufträge über Kryptowerte für Kunden ausführen, informieren ihre Kunden, mit denen sie Geschäftsbeziehungen unterhalten, über alle wesentlichen Änderungen ihrer Vorkehrungen zur Auftragsausführung oder ihrer Grundsätze der Auftragsausführung.

Artikel 79
Platzierung von Kryptowerten

(1) Anbieter von Kryptowerte-Dienstleistungen, die Kryptowerte platzieren, übermitteln Anbietern, Personen, die die Zulassung zum Handel beantragen, oder in ihrem Namen handelnden Dritten vor Abschluss einer Vereinbarung mit ihnen folgende Informationen:

a) Art der in Betracht gezogenen Platzierung, einschließlich der etwaigen Garantie eines Mindestkaufbetrags,

b) Angabe der Höhe der Transaktionsgebühren im Zusammenhang mit der vorgeschlagenen Platzierung,

c) voraussichtlicher Zeitplan, voraussichtliches Verfahren und voraussichtlicher Preis des vorgeschlagenen Vorhabens,

d) Informationen über die Käuferzielgruppe.

Anbieter von Kryptowerte-Dienstleistungen, die Kryptowerte platzieren, holen vor der Platzierung der betreffenden Kryptowerte die Zustimmung der Emittenten dieser Kryptowerte oder in ihrem Namen handelnder Dritter zu den unter Unterabsatz 1 genannten Informationen ein.

(2) Die in Artikel 72 Absatz 1 genannten Vorschriften der Anbieter von Kryptowerte-Dienstleistungen für Interessenkonflikte enthalten spezifische und angemessene Verfahren zur Ermittlung, Vermeidung, Regelung und Offenlegung jeglicher Interessenkonflikte, die sich aus folgenden Situationen ergeben:

a) Die Anbieter von Kryptowerte-Dienstleistungen platzieren die Kryptowerte bei ihren eigenen Kunden.

b) Der vorgeschlagene Preis für die Platzierung von Kryptowerten wurde zu hoch oder zu niedrig angesetzt.

c) Der Anbieter zahlt oder gewährt den Anbietern von Kryptowerte-Dienstleistungen Anreize, auch nicht monetäre Anreize.

Artikel 80
Annahme und Übermittlung von Aufträgen über Kryptowerte für Kunden

(1) Anbieter von Kryptowerte-Dienstleistungen, die Aufträge über Kryptowerte für Kunden annehmen und übermitteln, legen Verfahren und Vorkehrungen für eine umgehende und ordnungsgemäße Übermittlung von Kundenaufträgen zur Ausführung über eine Handelsplattform für Kryptowerte oder an einen anderen Anbieter von Kryptowerte-Dienstleistungen fest und setzen diese um.

(2) Anbieter von Kryptowerte-Dienstleistungen, die Aufträge über Kryptowerte für Kunden annehmen und übermitteln, erhalten für die Weiterleitung von Kundenaufträgen an eine bestimmte Handelsplattform für Kryptowerte oder an einen anderen Anbieter von Kryptowerte-Dienstleistungen weder eine Vergütung noch Rabatte oder sonstige nicht monetäre Vorteile.

(3) Anbieter von Kryptowerte-Dienstleistungen, die Aufträge über Kryptowerte für Kunden annehmen und übermitteln, dürfen Informationen über noch nicht ausgeführte Kundenaufträge nicht missbrauchen und treffen alle angemessenen Maßnahmen zur Verhinderung eines Missbrauchs dieser Informationen durch ihre Mitarbeiter.

Artikel 81
Beratung zu Kryptowerten Portfolioverwaltung von Kryptowerten

(1) Anbieter von Kryptowerte-Dienstleistungen, die eine Beratung zu Kryptowerten erbringen oder eine Portfolioverwaltung von Kryptowerten anbieten, beurteilen, ob die Kryptowerte-Dienstleistungen oder Kryptowerte für ihre Kunden oder potenziellen Kunden geeignet sind, und berücksichtigen dabei ihre Kenntnisse und Erfahrung mit Investitionen in Kryptowerte, ihre Anlageziele, einschließlich ihrer Risikotoleranz, und ihre finanziellen Verhältnisse, einschließlich ihrer Fähigkeit, Verluste zu tragen.

(2) Anbieter von Kryptowerte-Dienstleistungen, die eine Beratung zu Kryptowerten erbringen, informieren potenzielle Kunden rechtzeitig vor dieser Beratung darüber, ob die Beratung

a) unabhängig erbracht wird,

b) auf einer umfangreichen oder einer eher beschränkten Analyse verschiedener Kryptowerte beruht und insbesondere auf Kryptowerte beschränkt ist, die von Rechtsträgern emittiert oder angeboten werden, die enge Verbindungen zum Anbieter von Kryptowerte-Dienstleistungen haben oder andere rechtliche oder wirtschaftliche Beziehungen, wie etwa Vertragsbeziehungen, zu diesem unterhalten, die die Unabhängigkeit der Beratung beeinträchtigen können.

(3) Teilt ein Anbieter von Kryptowerte-Dienstleistungen, der eine Beratung zu Kryptowerten erbringt, dem potenziellen Kunden mit, dass die Beratung unabhängig erbracht wird, so

a) bewertet er eine ausreichende Palette von auf dem Markt angebotenen Kryptowerten, die hinreichend divers sein müssen, damit die Anlageziele des Kunden in geeigneter Form erreicht werden können, und die nicht auf Kryptowerte beschränkt sein dürfen, die

i) von diesem Anbieter von Kryptowerte-Dienstleistungen emittiert oder angeboten werden,

ii) von Rechtsträgern emittiert oder angeboten werden, die enge Verbindungen zu diesem Anbieter von Kryptowerte-Dienstleistungen haben, oder

iii) von anderen Rechtsträgern emittiert oder angeboten werden, zu denen dieser Anbieter von

Kryptowerte-Dienstleistungen so enge rechtliche oder wirtschaftliche Beziehungen, wie etwa Vertragsbeziehungen, unterhält, dass das Risiko besteht, dass die Unabhängigkeit der Beratung beeinträchtigt wird,

b) ist es ihm nicht gestattet, für die Erbringung der Dienstleistung für die Kunden Gebühren, Provisionen oder andere monetäre und nicht monetäre Vorteile anzunehmen oder zu behalten, die von einem Dritten oder einer im Namen eines Dritten handelnden Person gezahlt oder gewährt werden.

Ungeachtet des Unterabsatzes 1 Buchstabe b sind geringfügige nichtmonetäre Vorteile, durch die die Qualität der einem Kunden erbrachten Kryptowerte-Dienstleistungen verbessert werden kann und die so geringfügig und so beschaffen sind, dass sie die Erfüllung der Pflicht eines Anbieters von Kryptowerte-Dienstleistungen, im besten Interesse seines Kunden zu handeln, nicht beeinträchtigen, zulässig, sofern sie dem Kunden eindeutig offengelegt werden.

(4) Anbieter von Kryptowerte-Dienstleistungen, die eine Beratung zu Kryptowerten erbringen, stellen potenziellen Kunden auch Informationen zu sämtlichen Kosten und Nebenkosten zur Verfügung, einschließlich gegebenenfalls der Beratungskosten, der Kosten der dem Kunden empfohlenen oder an ihn vermarkteten Kryptowerte und der diesbezüglichen Zahlungsmöglichkeiten des Kunden sowie etwaiger Zahlungen durch Dritte.

(5) Anbieter von Kryptowerte-Dienstleistungen, die eine Portfolioverwaltung von Kryptowerten anbieten, dürfen im Zusammenhang mit der Portfolioverwaltung von Kryptowerten für ihre Kunden keine Gebühren, Provisionen oder anderen monetären oder nichtmonetären Vorteile annehmen und behalten, die von Emittenten, Anbietern, Personen, die die Zulassung zum Handel beantragen, Dritten oder im Namen eines Dritten handelnden Personen gezahlt oder gewährt werden.

(6) Teilt ein Anbieter von Kryptowerte-Dienstleistungen einem potenziellen Kunden mit, dass seine Beratung nicht unabhängig erbracht wird, darf er Anreize entgegennehmen, sofern die Zahlung oder der Vorteil

a) dazu bestimmt ist, die Qualität der jeweiligen Dienstleistung für den Kunden zu verbessern, und

b) die Erfüllung der Pflicht des Anbieters von Kryptowerte-Dienstleistungen, ehrlich, redlich und professionell sowie im bestmöglichen Interesse seiner Kunden zu handeln, nicht beeinträchtigt.

Die Existenz, die Art und der Betrag der in Absatz 4 genannten Zahlung oder des dort genannten Vorteils oder – wenn der Betrag nicht feststellbar ist – die Methode für die Berechnung dieses Betrags werden dem Kunden vor Erbringung der betreffenden Kryptowerte-Dienstleistung in umfassender, zutreffender und verständlicher Weise unmissverständlich offengelegt.

(7) Anbieter von Kryptowerte-Dienstleistungen, die eine Beratung zu Kryptowerten erbringen, stellen sicher, dass natürliche Personen, die in ihrem Namen eine Beratung zu Kryptowerten oder zu einer Kryptowerte-Dienstleistung anbieten oder einschlägige Informationen erteilen, über die erforderlichen Kenntnisse und Kompetenzen verfügen, um ihren Verpflichtungen nachzukommen. Die Mitgliedstaaten veröffentlichen die Kriterien, anhand derer diese Kenntnisse und Kompetenzen zu beurteilen sind.

(8) Für die Zwecke der in Absatz 1 genannten Beurteilung der Eignung holen die Anbieter von Kryptowerte-Dienstleistungen, die eine Beratung zu Kryptowerten erbringen oder eine Portfolioverwaltung von Kryptowerten anbieten, von ihren Kunden oder potenziellen Kunden die erforderlichen Informationen über ihre Kenntnisse und Erfahrungen in Bezug auf Investitionen, auch in Kryptowerte, ihre Anlageziele, einschließlich ihrer Risikotoleranz, ihre Finanzlage, einschließlich ihrer Fähigkeit, Verluste zu tragen, und ihr grundlegendes Verständnis der mit dem Erwerb von Kryptowerten verbundenen Risiken ein, damit die Anbieter von Kryptowerte-Dienstleistungen Kunden oder potenziellen Kunden empfehlen können, ob die Kryptowerte für sie geeignet sind und insbesondere ihrer Risikotoleranz und ihrer Fähigkeit, Verluste zu tragen, entsprechen.

(9) Anbieter von Kryptowerte-Dienstleistungen, die eine Beratung zu Kryptowerten erbringen oder eine Portfolioverwaltung von Kryptowerten anbieten, machen die Kunden und potenziellen Kunden darauf aufmerksam, dass

a) der Wert von Kryptowerten schwanken kann,

b) die Kryptowerte ihren Wert ganz oder teilweise verlieren können,

c) die Kryptowerte möglicherweise nicht liquide sind,

d) die Kryptowerte eventuell nicht unter die Systeme für die Entschädigung der Anleger gemäß der Richtlinie 97/9/EG fallen,

e) die Kryptowerte nicht unter die Einlagensicherungssysteme gemäß der Richtlinie 2014/49/EU fallen.

(10) Anbieter von Kryptowerte-Dienstleistungen, die eine Beratung zu Kryptowerten erbringen oder eine Portfolioverwaltung von Kryptowerten anbieten, müssen Strategien und Verfahren festlegen, aufrechterhalten und umsetzen, die es ihnen ermöglichen, alle für die in Absatz 1 genannte Beurteilung jedes Kunden erforderlichen Informationen zu sammeln und zu bewerten. Sie müssen alle angemessenen Schritte unternehmen, um si-

cherzustellen, dass die über ihre Kunden oder potenziellen Kunden gesammelten Informationen zuverlässig sind.

(11) Wenn Kunden die gemäß Absatz 8 erforderlichen Informationen nicht bereitstellen, oder wenn Anbieter von Kryptowerte-Dienstleistungen, die eine Beratung zu Kryptowerten erbringen oder eine Portfolioverwaltung für Kryptowerte anbieten, zu der Auffassung gelangen, dass die Kryptowerte-Dienstleistungen oder Kryptowerte für ihre Kunden nicht geeignet sind, dürfen sie diese Kryptowerte-Dienstleistungen oder Kryptowerte nicht empfehlen und nicht mit der Portfolioverwaltung in Bezug auf diese Kryptowerte beginnen.

(12) Anbieter von Kryptowerte-Dienstleistungen, die eine Beratung zu Kryptowerten erbringen oder eine Portfolioverwaltung von Kryptowerten anbieten, müssen für jeden Kunden die in Absatz 1 genannte Beurteilung der Eignung regelmäßig mindestens alle zwei Jahre nach der gemäß jenem Absatz vorgenommenen ersten Beurteilung überprüfen.

(13) Sobald die Beurteilung der Eignung nach Absatz 1 oder deren Überprüfung nach Absatz 12 abgeschlossen ist, übermitteln die Anbieter von Kryptowerte-Dienstleistungen, die eine Beratung zu Kryptowerten erbringen, den Kunden einen Bericht über die Eignung, in dem die erteilte Beratung enthalten ist und dargelegt wird, wie diese Beratung den Präferenzen, Zielen und anderen Merkmalen der Kunden entspricht. Dieser Bericht wird in elektronischem Format erstellt und den Kunden in diesem Format übermittelt. Dieser Bericht enthält mindestens

a) aktualisierte Informationen über die Beurteilung gemäß Absatz 1,

b) einen Überblick über die geleistete Beratung.

Aus dem in Unterabsatz 1 genannten Bericht über die Eignung geht eindeutig hervor, dass die Beratung auf den Kenntnissen und Erfahrungen des Kunden in Bezug auf Investitionen in Kryptowerte, den Anlagezielen des Kunden, seiner Risikotoleranz, seiner Finanzlage und seiner Fähigkeit, Verluste zu tragen, beruht.

(14) Anbieter von Kryptowerte-Dienstleistungen, die eine Portfolioverwaltung von Kryptowerten anbieten, müssen ihren Kunden regelmäßig Erklärungen in elektronischem Format über die in ihrem Namen ausgeführten Tätigkeiten der Portfolioverwaltung bereitstellen. Diese regelmäßigen Erklärungen enthalten eine redliche und ausgewogene Überprüfung der ausgeführten Tätigkeiten und der Wertentwicklung des Portfolios während des Berichtszeitraums, eine aktualisierte Erklärung darüber, wie die ausgeführten Tätigkeiten den Präferenzen, Zielen und sonstigen Merkmalen des Kunden entsprechen, sowie aktualisierte Informationen über die Beurteilung der Eignung gemäß Absatz 1 oder deren Überprüfung nach Absatz 12.

Die in Unterabsatz 1 des vorliegenden Absatzes genannte regelmäßige Erklärung wird alle drei Monate vorgelegt, es sei denn, der Kunde hat Zugang zu einem Online-System, auf dem aktuelle Bewertungen des Kundenportfolios und aktualisierte Informationen über die Beurteilung der Eignung nach Absatz 1 zugänglich sind, und der Anbieter von Kryptowerte-Dienstleistungen hat einen Nachweis darüber, dass der Kunde mindestens einmal im betreffenden Quartal auf eine Bewertung zugegriffen hat. Ein solches Online-System gilt als elektronisches Format.

(15) Die ESMA gibt bis zum 30. Dezember 2024 Leitlinien gemäß Artikel 16 der Verordnung (EU) Nr. 1095/2010 heraus, in denen Folgendes präzisiert wird:

a) die Kriterien für die Bewertung der Kenntnisse und Kompetenzen des Kunden gemäß Absatz 2,

b) die Informationen nach Absatz 8 und

c) das Format der regelmäßigen Erklärung nach Absatz 14.

Artikel 82
Erbringung von Transferdienstleistungen für Kryptowerte für Kunden

(1) Anbieter von Kryptowerte-Dienstleistungen, die Transferdienstleistungen für Kryptowerte für Kunden erbringen, müssen mit ihren Kunden eine Vereinbarung schließen, in der ihre Pflichten und Aufgaben festgelegt werden. Eine solche Vereinbarung muss zumindest Folgendes enthalten:

a) die Identität der Vertragspartner,

b) eine Beschreibung der Modalitäten der erbrachten Transferdienstleistung,

c) eine Beschreibung der vom Anbieter von Kryptowerte-Dienstleistungen verwendeten Sicherheitssysteme,

d) die vom Anbieter von Kryptowerte-Dienstleistungen erhobenen Gebühren und

e) das anwendbare Recht.

(2) Die ESMA gibt in enger Zusammenarbeit mit der EBA Leitlinien gemäß Artikel 16 der Verordnung (EU) Nr. 1095/2010 heraus für Anbieter von Kryptowerte-Dienstleistungen, die Transferdienstleistungen für Kryptowerte für Kunden erbringen, in Bezug auf Verfahren und Grundsätze, einschließlich der Rechte der Kunden, im Zusammenhang mit Transferdienstleistungen für Kryptowerte.

KAPITEL 4

Übernahme eines Anbieters von Kryptowerte-Dienstleistungen

Artikel 83

Bewertung der geplanten Übernahme eines Anbieters von Kryptowerte-Dienstleistungen

(1) Eine natürliche oder juristische Person oder gemeinsam handelnde natürliche oder juristische Personen, die entschieden haben, direkt oder indirekt eine qualifizierte Beteiligung an einem Anbieter von Kryptowerte-Dienstleistungen zu erwerben (im Folgenden „interessierte Erwerber") oder eine solche qualifizierte Beteiligung direkt oder indirekt zu erhöhen, sodass ihr Anteil an den Stimmrechten oder dem Kapital 20 %, 30 % oder 50 % erreichen oder überschreiten würde oder der Anbieter von Kryptowerte-Dienstleistungen ihr Tochterunternehmen würde, teilen dies der für den betreffenden Anbieter von Kryptowerte-Dienstleistungen zuständigen Behörde schriftlich unter Angabe des Umfangs der geplanten Beteiligung und zusammen mit den Informationen, die nach den von der Kommission gemäß Artikel 84 Absatz 4 verabschiedeten technischen Regulierungsstandards erforderlich sind, mit.

(2) Eine natürliche oder juristische Person, die entschieden hat, ihre an einem Anbieter von Kryptowerte-Dienstleistungen gehaltene qualifizierte Beteiligung direkt oder indirekt zu veräußern, unterrichtet vor der Veräußerung dieser Beteiligung die zuständige Behörde schriftlich über ihre Entscheidung und gibt dabei den Umfang der betreffenden Beteiligung an. Die betreffende natürliche oder juristische Person teilt der zuständigen Behörde auch ihre Entscheidung mit, eine qualifizierte Beteiligung so zu verringern, dass ihr Anteil an den Stimmrechten oder am Kapital 10 %, 20 %, 30 % oder 50 % unterschreiten würde oder der Anbieter von Kryptowerte-Dienstleistungen nicht mehr ihr Tochterunternehmen wäre.

(3) Die zuständige Behörde bestätigt umgehend, in jedem Fall aber innerhalb von zwei Arbeitstagen nach Eingang einer Mitteilung gemäß Absatz 1, schriftlich deren Eingang.

(4) Die zuständige Behörde bewertet die in Absatz 1 des vorliegenden Artikels genannte geplante Übernahme und die Informationen, die aufgrund der von der Kommission gemäß Artikel 84 Absatz 4 verabschiedeten technischen Regulierungsstandards erforderlich sind, innerhalb von 60 Arbeitstagen ab dem Tag der schriftlichen Empfangsbestätigung nach Absatz 3 des vorliegenden Artikels. Bei Bestätigung des Eingangs der Mitteilung teilt die zuständige Behörde dem interessierten Erwerber mit, zu welchem Zeitpunkt der Bewertungszeitraum abläuft.

(5) Für die Zwecke der in Absatz 4 genannten Bewertung kann die zuständige Behörde die für die Bekämpfung von Geldwäsche und Terrorismusfinanzierung zuständigen Behörden sowie die Zentralstellen für Geldwäsche-Verdachtsanzeigen konsultieren, wobei sie deren Standpunkten gebührend Rechnung trägt.

(6) Bei der Bewertung nach Absatz 4 kann die zuständige Behörde den interessierten Erwerber um zusätzliche Informationen ersuchen, die für den Abschluss dieser Bewertung erforderlich sind. Ein solches Ersuchen muss vor Abschluss der Bewertung, spätestens jedoch am 50. Arbeitstag nach dem Tag der schriftlichen Empfangsbestätigung nach Absatz 3 ergehen. Solche Ersuchen ergehen schriftlich unter Angabe der zusätzlich benötigten Informationen.

Die zuständige Behörde setzt den in Absatz 4 genannten Bewertungszeitraum aus, bis sie die in Unterabsatz 1 dieses Absatzes genannten zusätzlichen Informationen erhalten hat. Die Aussetzung darf 20 Arbeitstage nicht überschreiten. Weitere Ersuchen der zuständigen Behörde um zusätzliche Informationen oder um Klarstellung der erhaltenen Informationen bewirken keine erneute Aussetzung des Bewertungszeitraums.

Die zuständige Behörde kann die Aussetzung nach Unterabsatz 2 dieses Absatzes auf bis zu 30 Arbeitstage ausdehnen, wenn der interessierte Erwerber außerhalb der Union ansässig ist oder nach dem Recht eines Drittstaats reguliert wird.

(7) Eine zuständige Behörde, die nach Abschluss der Bewertung gemäß Absatz 4 entscheidet, Einspruch gegen die geplante Übernahme nach Absatz 1 zu erheben, teilt dies dem interessierten Erwerber innerhalb von zwei Arbeitstagen, und in jedem Fall vor dem in Absatz 4 genannten Tag, mit, wobei etwaige Fristverlängerungen gemäß Absatz 6 Unterabsätze 2 und 3 zu berücksichtigen sind. In dieser Mitteilung sind die Gründe für die getroffene Entscheidung anzugeben.

(8) Erhebt die zuständige Behörde bis zu dem in Absatz 4 genannten Tag unter Berücksichtigung etwaiger Fristverlängerungen gemäß Absatz 6 Unterabsätze 2 und 3 keine Einwände gegen die geplante Übernahme nach Absatz 1, so gilt die geplante Übernahme als genehmigt.

(9) Die zuständige Behörde kann für den Abschluss der in Absatz 1 genannten geplanten Übernahme eine Maximalfrist festlegen, die gegebenenfalls verlängert werden kann.

Artikel 84

Inhalt der Bewertung der geplanten Übernahme eines Anbieters von Kryptowerte-Dienstleistungen

(1) Bei der Bewertung nach Artikel 83 Absatz 4 prüft die zuständige Behörde die Eignung des interessierten Erwerbers und die finanzielle

Solidität der in Artikel 83 Absatz 1 genannten geplanten Übernahme anhand aller folgenden Kriterien:

a) Leumund des interessierten Erwerbers;

b) Leumund und Erfahrung aller Personen, die die Geschäfte des Anbieters von Kryptowerte-Dienstleistungen infolge der geplanten Übernahme führen werden;

c) finanzielle Solidität des interessierten Erwerbers, insbesondere in Bezug auf die Art der tatsächlichen und geplanten Geschäfte des Anbieters von Kryptowerte-Dienstleistungen, dessen Übernahme geplant ist;

d) die Frage, ob der Anbieter von Kryptowerte-Dienstleistungen in der Lage sein und bleiben wird, die Bestimmungen dieses Titels einzuhalten;

e) die Frage, ob ein hinreichender Verdacht besteht, dass im Zusammenhang mit der geplanten Übernahme Geldwäsche oder Terrorismusfinanzierung im Sinne von Artikel 1 Absatz 3 bzw. Artikel 1 Absatz 5 der Richtlinie (EU) 2015/849 stattfinden oder stattgefunden haben könnte oder ob diese Straftaten versucht wurden und ob die geplante Übernahme das Risiko eines solchen Verhaltens erhöhen könnte.

(2) die zuständige Behörde kann gegen die geplante Übernahme nur dann Einspruch erheben, wenn es dafür vernünftige Gründe auf der Grundlage der in Absatz 1 des vorliegenden Artikels genannten Kriterien gibt oder wenn die gemäß Artikel 83 Absatz 4 beigebrachten Informationen unvollständig oder falsch sind.

(3) Die Mitgliedstaaten dürfen weder Vorbedingungen an die Höhe der gemäß der vorliegenden Verordnung zu erwerbenden qualifizierten Beteiligung knüpfen noch ihren zuständigen Behörden gestatten, bei der Prüfung der geplanten Übernahme auf die wirtschaftlichen Bedürfnisse des Marktes abzustellen.

(4) Die ESMA arbeitet in enger Zusammenarbeit mit der EBA Entwürfe technischer Regulierungsstandards aus, in denen ausführlich der Inhalt der Informationen festgelegt wird, die für die Durchführung der in Artikel 83 Absatz 4 Unterabsatz 1 genannten Prüfung erforderlich sind. Die beizubringenden Informationen müssen für eine aufsichtsrechtliche Beurteilung relevant und ihrem Umfang nach der Art des interessierten Erwerbers und der geplanten Übernahme nach Artikel 83 Absatz 1 angemessen und angepasst sein.

Die ESMA übermittelt der Kommission die in Unterabsatz 1 genannten Entwürfe technischer Regulierungsstandards spätestens am 30. Juni 2024.

Der Kommission wird die Befugnis übertragen, diese Verordnung durch den Erlass der in Unterabsatz 1 dieses Absatzes genannten technischen Regulierungsstandards gemäß den Artikeln 10 bis 14 der Verordnung (EU) Nr. 1095/2010 zu ergänzen.

KAPITEL 5

Signifikante Anbieter von Kryptowerte-Dienstleistungen

Artikel 85
Ermittlung signifikanter Anbieter von Kryptowerte-Dienstleistungen

(1) Ein Anbieter von Kryptowerte-Dienstleistungen gilt als signifikant, wenn er in der Union durchschnittlich mindestens 15 Mio. aktive Nutzer in einem Kalenderjahr hat, wobei der Durchschnitt als Durchschnitt der täglichen Zahl aktiver Nutzer im vorangegangenen Kalenderjahr berechnet wird.

(2) Anbieter von Kryptowerte-Dienstleistungen benachrichtigen die für sie zuständigen Behörden innerhalb von zwei Monaten ab dem Erreichen der in Absatz 1 festgelegten Anzahl der aktiven Nutzer. Stimmt die zuständige Behörde zu, dass der in Absatz 1 genannte Schwellenwert erreicht ist, teilt sie dies der ESMA mit.

(3) Unbeschadet der Zuständigkeiten der zuständigen Behörden nach dieser Verordnung unterrichten die zuständigen Behörden der Herkunftsmitgliedstaaten den Rat der Aufseher der ESMA jährlich über den neuesten Stand bei den folgenden aufsichtlichen Entwicklungen in Bezug auf signifikante Anbieter von Kryptowerte-Dienstleistungen:

a) laufende oder abgeschlossene Zulassungen nach Artikel 59,

b) laufende oder abgeschlossene Verfahren zum Entzug von Zulassungen nach Artikel 64,

c) die Ausübung der Aufsichtsbefugnisse nach Artikel 94 Absatz 1 Unterabsatz1 Buchstaben b, c, e, f, g, y und aa.

Die zuständige Behörde des Herkunftsmitgliedstaats kann den Rat der Aufseher der ESMA häufiger über den aktuellen Stand unterrichten oder ihn benachrichtigen, bevor die zuständige Behörde des Herkunftsmitgliedstaats eine Entscheidung in Bezug auf Unterabsatz 1 Buchstaben a, b oder c trifft.

(4) Auf die in Absatz 3 Unterabsatz 2 genannte Unterrichtung über den aktuellen Stand kann im Rat der Aufseher der ESMA ein Meinungsaustausch folgen.

(5) Die ESMA kann gegebenenfalls von ihren Befugnissen nach den Artikeln 29, 30, 31 und 31b der Verordnung (EU) Nr. 1095/2010 Gebrauch machen.

TITEL VI
VERHINDERUNG UND VERBOT VON MARKTMISSBRAUCH IM ZUSAMMENHANG MIT KRYPTOWERTEN

Artikel 86
Geltungsbereich der Vorschriften über Marktmissbrauch

(1) Dieser Titel gilt für von jedweden Personen vorgenommene Handlungen im Zusammenhang mit Kryptowerten, die zum Handel zugelassen sind oder deren Zulassung zum Handel beantragt wurde.

(2) Dieser Titel gilt auch für alle Geschäfte, Aufträge und Handlungen, die in Absatz 1 genannte Kryptowerte betreffen, unabhängig davon, ob ein solches Geschäft, ein solcher Auftrag oder eine solche Handlung auf einer Handelsplattform getätigt wurde.

(3) Dieser Titel gilt für Handlungen und Unterlassungen in der Union und in Drittländern im Zusammenhang mit den in Absatz 1 genannten Kryptowerten.

Artikel 87
Insiderinformationen

(1) Für die Zwecke dieser Verordnung umfasst der Begriff „Insiderinformationen" folgende Arten von Informationen:

a) nicht öffentlich bekannte präzise Informationen, die direkt oder indirekt einen oder mehrere Emittenten, Anbieter oder Personen, die die Zulassung zum Handel beantragen, oder einen oder mehrere Kryptowerte betreffen und die, wenn sie öffentlich bekannt würden, geeignet wären, den Kurs dieser Kryptowerte oder den Kurs eines damit verbundenen Kryptowerts erheblich zu beeinflussen;

b) für Personen, die mit der Ausführung von Aufträgen über Kryptowerte für Kunden beauftragt sind, bezeichnet der Begriff auch präzise Informationen, die von einem Kunden mitgeteilt wurden und sich auf die noch nicht ausgeführten Aufträge des Kunden über Kryptowerte beziehen, die direkt oder indirekt einen oder mehrere Emittenten, Anbieter oder Personen, die die Zulassung von Kryptowerten zum Handel beantragen, oder einen oder mehrere Kryptowerte betreffen und die, wenn sie öffentlich bekannt würden, geeignet wären, den Kurs dieser Kryptowerte oder den Kurs eines damit verbundenen Kryptowerts erheblich zu beeinflussen.

(2) Für die Zwecke des Absatzes 1 sind Informationen dann als präzise anzusehen, wenn damit eine Reihe von Umständen gemeint ist, die bereits gegeben sind oder bei denen man vernünftigerweise erwarten kann, dass sie in Zukunft gegeben sein werden, oder ein Ereignis, das bereits eingetreten ist oder von dem man vernünftigerweise erwarten kann, dass es in Zukunft eintreten wird, und diese Informationen darüber hinaus spezifisch genug sind, um einen Schluss auf die mögliche Auswirkung dieser Reihe von Umständen oder dieses Ereignisses auf die Kurse der Kryptowerte zuzulassen. So können im Fall eines zeitlich gestreckten Vorgangs, der einen bestimmten Umstand oder ein bestimmtes Ereignis herbeiführen soll oder hervorbringt, dieser betreffende zukünftige Umstand bzw. das betreffende zukünftige Ereignis und auch die Zwischenschritte in diesem Vorgang, die mit der Herbeiführung oder Hervorbringung dieses zukünftigen Umstandes oder Ereignisses verbunden sind, in dieser Hinsicht als präzise Information betrachtet werden.

(3) Ein Zwischenschritt in einem zeitlich gestreckten Vorgang wird als eine Insiderinformation betrachtet, falls er für sich genommen die Kriterien für Insiderinformationen gemäß Absatz 2 erfüllt.

(4) Für die Zwecke des Absatzes 1 sind unter „Informationen, die, wenn sie öffentlich bekannt würden, geeignet wären, den Kurs von Kryptowerten erheblich zu beeinflussen" Informationen zu verstehen, die ein verständiger Inhaber von Kryptowerten wahrscheinlich als Teil der Grundlage seiner Anlageentscheidungen nutzen würde.

Artikel 88
Offenlegung von Insiderinformationen

(1) Emittenten, Anbieter und Personen, die die Zulassung zum Handel beantragen, geben der Öffentlichkeit Insiderinformationen im Sinne des Artikels 87, die sie unmittelbar betreffen, unverzüglich in einer Art und Weise bekannt, die der Öffentlichkeit einen schnellen Zugang und eine vollständige, korrekte und rechtzeitige Bewertung ermöglicht. Emittenten, Anbieter und Personen, die die Zulassung zum Handel beantragen, dürfen die Offenlegung von Insiderinformationen an die Öffentlichkeit nicht mit der Vermarktung ihrer Tätigkeiten verbinden. Emittenten, Anbieter oder Personen, die die Zulassung zum Handel beantragen, veröffentlichen alle Insiderinformationen, die sie veröffentlichen müssen, auf ihrer Website und halten sie mindestens fünf Jahre lang bereit.

(2) Emittenten, Anbieter und Personen, die die Zulassung zum Handel beantragen, können auf eigene Verantwortung die Offenlegung von Insiderinformationen im Sinne des Artikel 87 gegenüber der Öffentlichkeit aufschieben, sofern alle nachfolgenden Bedingungen erfüllt sind:

a) Bei einer sofortigen Offenlegung ist davon auszugehen, dass sie die berechtigten Interessen der Emittenten, Anbieter oder Personen, die die Zulassung zum Handel beantragen, beeinträchtigt;

b) der Aufschub der Offenlegung wäre nicht geeignet, die Öffentlichkeit irrezuführen;

c) die Emittenten, Anbieter oder Personen, die die Zulassung zum Handel beantragen, können die Geheimhaltung dieser Informationen sicherstellen.

(3) Haben Emittenten, Anbieter oder Personen, die die Zulassung zum Handel beantragen, die Offenlegung von Insiderinformationen gemäß Absatz 2 aufgeschoben, so informieren sie die zuständige Behörde unmittelbar nach der Offenlegung der Informationen über den Aufschub der Offenlegung und erläutern schriftlich, inwieweit die in Absatz 2 festgelegten Bedingungen erfüllt waren. Alternativ können die Mitgliedstaaten festlegen, dass die Aufzeichnung einer solchen Erläuterung nur auf Ersuchen der zuständigen Behörde übermittelt werden muss.

(4) Um für die Anwendung dieses Artikels einheitliche Bedingungen sicherzustellen, erarbeitet die ESMA Entwürfe technischer Durchführungsstandards der technischen Mittel für

a) die angemessene Offenlegung von Insiderinformationen im Sinne von Absatz 1 und

b) den Aufschub der Offenlegung von Insiderinformationen im Sinne der Absätze 2 und 3.

Die ESMA übermittelt der Kommission die in Unterabsatz 1 genannten Entwürfe technischer Durchführungsstandards spätestens am 30. Juni 2024.

Der Kommission wird die Befugnis übertragen, die in Unterabsatz 1 dieses Absatzes genannten technischen Durchführungsstandards gemäß Artikel 15 der Verordnung (EU) Nr. 1095/2010 zu erlassen.

Artikel 89
Verbot von Insidergeschäften

(1) Für die Zwecke dieser Verordnung liegt ein Insidergeschäft vor, wenn eine Person über Insiderinformationen verfügt und unter Nutzung derselben für eigene oder fremde Rechnung direkt oder indirekt Kryptowerte, auf die sich diese Informationen beziehen, erwirbt oder veräußert. Die Nutzung von Insiderinformationen in Form der Stornierung oder Änderung eines Auftrags in Bezug auf einen Kryptowert, auf den sich die Informationen beziehen, gilt auch als Insidergeschäft, wenn der Auftrag vor Erlangen der Insiderinformationen erteilt wurde. Die Nutzung von Insiderinformationen schließt auch die Übermittlung, Änderung oder Zurücknahme eines Gebots durch eine Person für eigene Rechnung oder für Rechnung eines Dritten ein.

(2) Niemand darf Insidergeschäfte tätigen oder versuchen, Insidergeschäfte zu tätigen, oder Insiderinformationen über Kryptowerte nutzen, um diese Kryptowerte, direkt oder indirekt, für eigene Rechnung oder für Rechnung eines Dritten, zu erwerben oder zu veräußern. Niemand darf Dritten empfehlen, Insidergeschäfte zu tätigen, oder Dritte dazu zu verleiten, Insidergeschäfte zu tätigen.

(3) Niemand, der im Besitz von Insiderinformationen über Kryptowerte ist, darf auf der Grundlage dieser Insiderinformationen Dritten empfehlen oder sie dazu verleiten,

a) Kryptowerte zu erwerben oder zu veräußern oder

b) einen Auftrag, der diese Kryptowerte betrifft, zu stornieren oder zu ändern.

(4) Die Nutzung von Empfehlungen oder Verleitungen gemäß Absatz 3 erfüllt den Tatbestand des Insidergeschäfts im Sinne dieses Artikels, wenn die Person, die die Empfehlung nutzt oder der Anstiftung folgt, weiß oder wissen sollte, dass diese auf Insiderinformationen beruht.

(5) Dieser Artikel gilt für jede Person, die über Insiderinformationen verfügt, weil sie

a) einem Verwaltungs-, Leitungs- oder Aufsichtsorgan des Emittenten, des Anbieters oder der Person, die die Zulassung zum Handel beantragt, angehört,

b) am Kapital des Emittenten, des Anbieters oder der Person, die die Zulassung zum Handel beantragt, beteiligt ist,

c) aufgrund der Ausübung einer Arbeit oder eines Berufs, der Erfüllung von Aufgaben oder im Zusammenhang mit ihrer Rolle im Bereich Distributed-Ledger-Technologie oder einer ähnlichen Technologie Zugang zu den betreffenden Informationen hat oder

d) an kriminellen Handlungen beteiligt ist.

Dieser Artikel gilt auch für jede Person, die Insiderinformationen unter anderen Umständen als nach Unterabsatz 1 besitzt und weiß oder wissen müsste, dass es sich dabei um Insiderinformationen handelt.

(6) Handelt es sich bei der in Absatz 1 genannten Person um eine juristische Person, so gilt dieser Artikel nach Maßgabe des nationalen Rechts auch für die natürlichen Personen, die an der Entscheidung, den Erwerb, die Veräußerung, die Stornierung oder Änderung eines Auftrags für Rechnung der betreffenden juristischen Person zu tätigen, beteiligt sind oder diesen beeinflussen.

Artikel 90
Verbot der unrechtmäßigen Offenlegung von Insiderinformationen

(1) Niemand, der über Insiderinformationen verfügt, darf diese Insiderinformationen unrechtmäßig Dritten offenlegen, es sei denn, diese Offenlegung erfolgt im Zuge der normalen Ausübung einer Beschäftigung oder eines Berufs oder der normalen Erfüllung von Aufgaben.

(2) Die Weitergabe von Empfehlungen oder das Verleiten anderer gemäß Artikel 89 Absatz 4 gilt als unrechtmäßige Offenlegung von Insiderinformationen, wenn die Person, die die Empfehlung weitergibt oder andere verleitet, weiß oder wissen sollte, dass die Empfehlung bzw. Verleitung auf Insiderinformationen beruht.

Artikel 91
Verbot der Marktmanipulation

(1) Niemand darf Marktmanipulation betreiben oder einen entsprechenden Versuch unternehmen.

(2) Für die Zwecke dieser Verordnung umfasst der Begriff „Marktmanipulation" folgende Handlungen:

a) – sofern keine legitimen Gründe vorliegen – den Abschluss eines Geschäfts, die Erteilung eines Handelsauftrags oder jede andere Handlung, die

i) falsche oder irreführende Signale hinsichtlich des Angebots oder des Kurses von Kryptowerten oder der Nachfrage danach gibt oder bei der dies wahrscheinlich ist;

ii) für einen oder mehrere Kryptowerte ein anormales oder künstliches Kursniveau herbeiführt oder bei denen dies wahrscheinlich ist;

b) der Abschluss eines Geschäfts, die Erteilung eines Handelsauftrags oder eine andere Tätigkeit oder Handlung, die unter Vorspiegelung falscher Tatsachen oder unter Verwendung sonstiger Kunstgriffe oder Formen der Täuschung den Kurs eines oder mehrerer Kryptowerte beeinflusst oder hierzu geeignet ist;

c) die Verbreitung von Informationen über die Medien, einschließlich des Internets oder auf anderem Wege, die falsche oder irreführende Signale hinsichtlich des Angebots oder des Kurses eines oder mehrerer Kryptowerte oder der Nachfrage danach geben oder bei denen dies wahrscheinlich ist oder die für einen oder mehrere Kryptowerte ein anormales oder künstliches Kursniveau herbeiführen oder bei denen dies wahrscheinlich ist, einschließlich der Verbreitung von Gerüchten, wenn die Person, die diese Informationen verbreitet hat, wusste oder hätte wissen müssen, dass sie falsch oder irreführend waren.

(3) Als Marktmanipulation gelten unter anderem die folgenden Handlungen:

a) die Sicherung einer marktbeherrschenden Stellung in Bezug auf das Angebot an einem Kryptowert oder die Nachfrage danach, die eine unmittelbare oder mittelbare Festsetzung des Kauf- oder Verkaufskurses oder andere unlautere Handelsbedingungen bewirkt oder hierzu geeignet ist;

b) die Erteilung von Aufträgen an eine Handelsplattform für Kryptowerte, einschließlich deren Stornierung oder Änderung, mittels aller zur Verfügung stehenden Handelsmethoden, die eine der in Absatz 2 Buchstabe a genannten Auswirkungen hat, durch

i) Störung oder Verzögerung des Betriebs der Handelsplattform für Kryptowerte oder Ausübung von Tätigkeiten, die wahrscheinlich eine solche Wirkung haben;

ii) Erschwerung der Ermittlung echter Aufträge auf der Handelsplattform für Kryptowerte durch Dritte oder Ausübung von Tätigkeiten, die wahrscheinlich eine solche Wirkung haben, einschließlich der Erteilung von Aufträgen, die zur Destabilisierung des normalen Betriebs der Handelsplattform für Kryptowerte führen;

iii) das Setzen falscher oder irreführender Signale hinsichtlich des Angebots oder des Preises eines Kryptowerts oder der Nachfrage danach, insbesondere durch Erteilung von Aufträgen zur Einleitung oder Verschärfung eines Trends oder durch Ausübung von Tätigkeiten, die wahrscheinlich eine solche Wirkung haben;

c) Ausnutzung des gelegentlichen oder regelmäßigen Zugangs zu traditionellen oder elektronischen Medien durch Veröffentlichung von Stellungnahmen zu einem Kryptowert, nachdem zuvor Positionen in diesem Kryptowert eingegangen wurden und anschließend aus den Auswirkungen der Stellungnahme auf den Kurs dieses Kryptowerts Nutzen gezogen wird, ohne dass der Öffentlichkeit gleichzeitig dieser Interessenkonflikt ordnungsgemäß und wirksam bekannt gegeben wird.

Artikel 92
Vorbeugung und Aufdeckung von Marktmissbrauch

(1) Eine Person, die beruflich Geschäfte mit Kryptowerten vermittelt oder ausführt, muss über wirksame Vorkehrungen, Systeme und Verfahren für die Vorbeugung und Aufdeckung von Marktmissbrauch verfügen. Diese Person unterliegt den Meldepflichten des Mitgliedstaats, in dem sie registriert ist oder ihre Hauptniederlassung hat, oder – im Falle einer Zweigniederlassung – des Mitgliedstaats, in dem sich die Zweigniederlassung befindet, und meldet der zuständigen Behörde unverzüglich jeden begründeten Verdacht in Bezug auf einen Auftrag oder ein Geschäft, einschließlich einer Stornierung oder Änderung desselben, und anderer Aspekte der Funktionsweise der Distributed-Ledger-Technologie wie des Konsensmechanismus, wenn Umstände vorliegen könnten, die darauf hindeuten, dass Marktmissbrauch begangen wurde, begangen wird oder wahrscheinlich begangen wird.

Die zuständigen Behörden, denen verdächtige Aufträge oder Geschäfte gemeldet werden, übermitteln diese Informationen unverzüglich den zuständigen Behörden der betreffenden Handelsplattformen.

(2) Die ESMA arbeitet Entwürfe technischer Regulierungsstandards aus, in denen Folgendes präzisiert wird:

a) geeignete Vorkehrungen, Systeme und Verfahren mittels derer Personen die Anforderungen des Absatzes 1 einhalten können;

b) der Mustertext, der von Personen zur Einhaltung des Absatzes 1 zu verwenden ist;

c) für Fälle von grenzüberschreitendem Marktmissbrauch Verfahren für die Abstimmung zwischen den jeweils zuständigen Behörden bei der Aufdeckung von Marktmissbrauch und dessen Belegung mit Sanktionen.

Die ESMA übermittelt der Kommission die in Unterabsatz 1 genannten Entwürfe technischer Regulierungsstandards spätestens am 30. Dezember 2024.

(3) Um die Kohärenz der Aufsichtspraktiken nach diesem Artikel sicherzustellen, gibt die ESMA bis zum 30. Juni 2025 Leitlinien gemäß Artikel 16 der Verordnung (EU) Nr. 1095/2010 für die Aufsichtspraktiken der zuständigen Behörden zur Verhinderung und Aufdeckung von Marktmissbrauch heraus, sofern diese nicht bereits durch die in Absatz 2 genannten technischen Regulierungsstandards abgedeckt sind.

TITEL VII
ZUSTÄNDIGE BEHÖRDEN, DIE EBA UND DIE ESMA

KAPITEL 1
Befugnisse der zuständigen Behörden und Zusammenarbeit zwischen den zuständigen Behörden, der EBA und der ESMA

Artikel 93
Zuständige Behörden

(1) Die Mitgliedstaaten benennen die zuständigen Behörden, die für die Wahrnehmung der in dieser Verordnung vorgesehenen Funktionen und Aufgaben verantwortlich sind. Die Mitgliedstaaten teilen der EBA und der ESMA diese zuständigen Behörden mit.

(2) Benennen die Mitgliedstaaten mehr als eine zuständige Behörde nach Absatz 1, so legen sie deren jeweilige Aufgaben fest und benennen eine zuständige Behörde als zentrale Kontaktstelle für die grenzüberschreitende Verwaltungszusammenarbeit zwischen den zuständigen Behörden sowie mit der EBA und der ESMA. Die Mitgliedstaaten können eine getrennte zentrale Kontaktstelle für jede dieser Arten der Verwaltungszusammenarbeit benennen.

(3) Die ESMA veröffentlicht auf ihrer Website eine Liste der gemäß den Absätzen 1 und 2 benannten zuständigen Behörden.

Artikel 94
Befugnisse der zuständigen Behörden

(1) Zur Wahrnehmung ihrer Aufgaben gemäß den Titeln II bis VI der vorliegenden Verordnung müssen die zuständigen Behörden gemäß dem nationalen Recht zumindest über die folgenden Aufsichts- und Untersuchungsbefugnisse verfügen:

a) von jeder Person Informationen und Unterlagen zu verlangen, die nach Ansicht der zuständigen Behörden für die Ausführung ihrer Aufgaben von Belang sein könnten;

b) die Erbringung von Kryptowerte-Dienstleistungen für jeweils höchstens 30 aufeinanderfolgende Arbeitstage auszusetzen oder von den betreffenden Anbietern von Kryptowerte-Dienstleistungen die Aussetzung der Kryptowerte-Dienstleistungen für jeweils höchstens 30 aufeinanderfolgende Arbeitstage zu verlangen, wenn ein hinreichend begründeter Verdacht besteht, dass gegen diese Verordnung verstoßen wurde;

c) die Erbringung von Kryptowerte-Dienstleistungen zu untersagen, wenn sie feststellen, dass gegen diese Verordnung verstoßen wurde;

d) zur Gewährleistung des Schutzes der Interessen der Kunden, insbesondere der Kleinanleger, oder des reibungslosen Funktionierens des Marktes alle wesentlichen Informationen, die die Erbringung der betreffenden Kryptowerte-Dienstleistungen beeinflussen könnten, bekannt zu machen oder vom Anbieter der Kryptowerte-Dienstleistungen die Bekanntmachung dieser Informationen zu verlangen;

e) öffentlich bekannt zu machen, dass ein Anbieter von Kryptowerte-Dienstleistungen seinen Verpflichtungen nicht nachkommt;

f) die Erbringung von Kryptowerte-Dienstleistungen auszusetzen oder von einem Anbieter von Kryptowerte-Dienstleistungen die Aussetzung der Kryptowerte-Dienstleistungen zu verlangen, wenn die zuständigen Behörden der Auffassung sind, dass die Erbringung der Kryptowerte-Dienstleistungen angesichts der Lage des Anbieters von Kryptowerte-Dienstleistungen den Interessen der Kunden, insbesondere der Kleinanleger, abträglich wäre;

g) die Übertragung von bestehenden Verträgen vorbehaltlich der Zustimmung der Kunden und des Anbieters von Kryptowerte-Dienstleistungen, an den die Verträge übertragen werden sollen, auf einen anderen Anbieter von Kryptowerte-Dienstleistungen zu verlangen, falls dem Anbieter von Kryptowerte-Dienstleistungen nach Artikel 64 die Zulassung entzogen wurde;

h) wenn Grund zu der Annahme besteht, dass Kryptowerte-Dienstleistungen ohne Zulassung erbracht werden, die sofortige Einstellung der Tätigkeit ohne vorherige Warnung oder Fristsetzung anzuordnen;

i) von Anbietern, Personen, die die Zulassung von Kryptowerten zum Handel beantragen oder von Emittenten vermögenswertereferenzierter Token oder E-Geld-Token zu verlangen, ihr Kryptowerte-Whitepaper zu ändern oder ihr geändertes Kryptowerte-Whitepaper weiter zu ändern, wenn sie feststellen, dass das Kryptowerte-Whitepaper oder das geänderte Kryptowerte-Whitepaper nicht die nach den Artikeln 6, 19 oder 51 erforderlichen Informationen enthält;

j) von Anbietern, Personen, die die Zulassung von Kryptowerten zum Handel beantragen, oder von Emittenten vermögenswertereferenzierter Token oder E-Geld-Token zu verlangen, ihre Marketingmitteilungen zu ändern, wenn sie feststellen, dass die Marketingmitteilungen nicht den Anforderungen der Artikel 7, 29 oder 53 der vorliegenden Verordnung entsprechen;

k) von Anbietern, von Personen, die die Zulassung von Kryptowerten zum Handel beantragen, oder von Emittenten von vermögenswertereferenzierten Token und E-Geld-Token die Aufnahme zusätzlicher Informationen in ihre Kryptowerte-Whitepaper zu verlangen, wenn die Finanzstabilität oder der Schutz der Interessen der Inhaber von Kryptowerten, insbesondere der Kleinanleger, dies gebieten;

l) ein öffentliches Angebot oder eine Zulassung von Kryptowerten zum Handel für jeweils höchstens 30 aufeinanderfolgende Arbeitstage auszusetzen, wenn ein hinreichend begründeter Verdacht besteht, dass gegen die Bestimmungen dieser Verordnung verstoßen wurde;

m) ein öffentliches Angebot oder eine Zulassung von Kryptowerten zum Handel zu untersagen, wenn sie feststellen, dass gegen diese Verordnung verstoßen wurde, oder ein hinreichend begründeter Verdacht besteht, dass gegen diese Verordnung verstoßen würde;

n) den Handel mit Kryptowerten für jeweils höchstens 30 aufeinanderfolgende Arbeitstage auszusetzen oder von einem Anbieter von Kryptowerte-Dienstleistungen, der eine Handelsplattform für Kryptowerte betreibt, die Aussetzung des Handels mit Kryptowerten für jeweils höchstens 30 aufeinanderfolgende Arbeitstage zu verlangen, wenn ein hinreichend begründeter Verdacht besteht, dass gegen diese Verordnung verstoßen wurde;

o) den Handel mit Kryptowerten auf einer Handelsplattform für Kryptowerte zu untersagen, wenn sie feststellen, dass gegen diese Verordnung verstoßen wurde, oder ein hinreichend begründeter Verdacht besteht, dass gegen sie verstoßen werden wird;

p) Marketingmitteilungen auszusetzen oder zu verbieten, wenn ein hinreichend begründeter Verdacht besteht, dass gegen diese Verordnung verstoßen wurde;

q) Anbieter, Personen, die eine Zulassung von Kryptowerten zum Handel beantragen, Emittenten von vermögenswertereferenzierten Token oder E-Geld-Token oder entsprechende Anbieter von Kryptowerte-Dienstleistungen aufzufordern, die Marketingmitteilungen für maximal 30 aufeinanderfolgende Arbeitstage einzustellen oder auszusetzen, wenn der begründete Verdacht besteht, dass ein Verstoß gegen diese Verordnung vorliegt;

r) öffentlich bekannt zu machen, dass ein Anbieter, eine Person, die die Zulassung eines Kryptowerts zum Handel beantragt oder ein Emittent eines vermögenswertereferenzierten Token oder E-Geld-Token seinen bzw. ihren Verpflichtungen nach dieser Verordnung nicht nachkommt;

s) zur Wahrung des Schutzes der Interessen der Inhaber von Kryptowerten, insbesondere der Kleinanleger, oder eines reibungslosen Funktionierens des Marktes alle wesentlichen Informationen, die die Bewertung der öffentlich angebotenen oder zum Handel zugelassenen Kryptowerte beeinflussen könnten, offenzulegen oder eine derartige Offenlegung von einem Anbieter, einer Person, die die Zulassung eines Kryptowerts zum Handel beantragt, oder einem Emittenten eines vermögenswertereferenzierten Token oder E-Geld-Token zu verlangen;

t) den Handel mit Kryptowerten auf einer Handelsplattform für Kryptowerte auszusetzen oder eine solche Aussetzung von dem betreffenden Anbieter von Kryptowerte-Dienstleistungen, der Kryptowerte-Dienstleistungen eine Handelsplattform für Kryptowerte betreibt, zu verlangen, wenn sie der Auffassung sind, dass der Handel angesichts der Lage des Anbieters, der Person, die die Zulassung eines Kryptowerts zum Handel beantragt, oder des Emittenten eines vermögenswertereferenzierten Token oder eines E-Geld-Token den Interessen der Inhaber von Kryptowerten, insbesondere der Kleinanleger, abträglich wäre;

u) wenn Grund zu der Annahme besteht, dass vermögenswertereferenzierte Token oder E-Geld-Token ohne Zulassung ausgegeben werden oder die Zulassung zum Handel für andere Kryptowerte als vermögenswertereferenzierte Token oder E-Geld-Token ohne ein gemäß Artikel 8 übermitteltes Kryptowerte-Whitepaper angeboten oder beantragt wird, die sofortige Einstellung der Tätigkeit ohne vorherige Warnung oder Fristsetzung anzuordnen;

v) jede Art von Maßnahmen zu ergreifen, um sicherzustellen, dass ein Anbietereine Personen, die die Zulassung von Kryptowerten zum Handel beantragt, die Emittenten eines vermögenswertereferenzierten Token oder eines E-Geld-Token oder ein Anbieter von Kryptowerte-Dienstleistungen diese Verordnung einhalten, wozu auch die vorübergehende Einstellung von Handlungen und Verhaltensweisen verlangt werden kann, die nach Auffassung der zuständigen Behörden gegen diese Verordnung verstoßen;

w) Überprüfungen oder Untersuchungen vor Ort an anderen Standorten als den privaten Wohnräumen natürlicher Personen durchzuführen und zu jenem Zweck Zugang zu Räumlichkeiten zu erhalten, um Unterlagen und Daten gleich welcher Form einzusehen;

x) Überprüfungen oder Untersuchungen an Wirtschaftsprüfer oder Sachverständige auszulagern;

y) die Abberufung einer natürlichen Person aus dem Leitungsorgan eines Emittenten eines vermögenswertereferenzierten Token oder eines Anbieters von Kryptowerte-Dienstleistungen zu verlangen;

z) jede Person aufzufordern, Maßnahmen zu ergreifen, um den Umfang ihrer Position oder ihrer Risikoposition in Bezug auf Kryptowerte zu verringern;

aa) wenn keine anderen wirksamen Mittel zur Verfügung stehen, um die Einstellung des Verstoßes gegen diese Verordnung zu bewirken, und um das Risiko einer schwerwiegenden Schädigung der Interessen von Kunden oder von Inhabern von Kryptowerten zu verhindern, alle erforderlichen Maßnahmen, auch durch Aufforderung an Dritte oder Behörden, diese Maßnahmen durchzuführen, zu ergreifen, um

i) Inhalte zu entfernen oder den Zugang zu einer Online-Schnittstelle zu beschränken oder anzuordnen, dass beim Zugriff auf die Online-Schnittstelle ein ausdrücklicher Warnhinweis angezeigt wird, der an die Kunden und Inhaber von Kryptowerten gerichtet ist,

ii) anzuordnen, dass Hostingdiensteanbieter den Zugang zu einer Online-Schnittstelle entfernen, sperren oder beschränken oder

iii) anzuordnen, dass Register oder Registrierungsstellen für Domänennamen einen vollständigen Domänennamen entfernen und der betreffenden zuständigen Behörde seine Registrierung zu gestatten;

ab) von einem Emittenten von vermögenswertereferenzierten Token oder E-Geld-Token gemäß Artikel 23 Absatz 4, Artikel 24 Absatz 3 oder Artikel 58 Absatz 3 zu verlangen, dass er eine Mindeststückelung oder eine Obergrenze für das Ausgabevolumen einführt.

(2) Die in Bezug auf die Anbieter, die Personen, die die Zulassung von Kryptowerten zum Handel beantragen, die Emittenten sowie die Anbieter von Kryptowerte-Dienstleistungen ausgeübten Aufsichts- und Untersuchungsbefugnisse lassen die Befugnisse, die denselben oder anderen Aufsichtsbehörden in Bezug auf diese Unternehmen übertragen werden, einschließlich der Befugnisse, die den jeweils zuständigen Behörden nach den Bestimmungen nationaler Rechtsvorschriften zur Umsetzung der Richtlinie 2009/110/EG übertragen werden, und die Aufsichtsbefugnisse, die der EZB im Rahmen der Verordnung (EU) Nr. 1024/2013 übertragen werden, unberührt.

(3) Zur Wahrnehmung ihrer Aufgaben gemäß Titel VI müssen die zuständigen Behörden im Einklang mit dem nationalen Recht zusätzlich zu den in Absatz 1 genannten Befugnissen zumindest über die erforderlichen Aufsichts- und Untersuchungsbefugnisse verfügen, um

a) auf Unterlagen und Daten jeglicher Form zuzugreifen und Kopien davon zu erhalten oder anzufertigen;

b) von jeder Person, auch von solchen, die nacheinander an der Übermittlung von Aufträgen oder an der Ausführung der betreffenden Tätigkeiten beteiligt sind, sowie von deren Auftraggebern Auskünfte zu verlangen oder zu fordern und erforderlichenfalls zum Erhalt von Informationen eine Person vorzuladen und zu befragen;

c) die Räumlichkeiten natürlicher und juristischer Personen zu betreten, um Unterlagen und Daten jeglicher Form zu beschlagnahmen, wenn der begründete Verdacht besteht, dass Unterlagen oder Daten, die sich auf den Gegenstand der Prüfung oder Untersuchung beziehen, für den Nachweis von Insidergeschäften oder Marktmanipulation relevant sein könnten;

d) eine Sache zwecks strafrechtlicher Verfolgung zu verweisen;

e) soweit dies nach nationalem Recht zulässig ist, bestehende Datenverkehrsaufzeichnungen im Besitz einer Telekommunikationsgesellschaft anzufordern, wenn der begründete Verdacht eines Verstoßes besteht und wenn diese Aufzeichnungen für die Untersuchung eines Verstoßes gegen die Artikel 88 bis 91 relevant sein könnten;

f) das Einfrieren oder die Beschlagnahme von Vermögenswerten oder beides zu beantragen;

g) ein vorübergehendes Berufsverbot zu verhängen;

h) alle erforderlichen Maßnahmen zu ergreifen, damit die Öffentlichkeit ordnungsgemäß informiert wird, unter anderem durch die Richtigstellung falscher oder irreführender offengelegter Informationen, insbesondere auch, indem sie einen Anbieter, eine Person, die die Zulassung zum Handel beantragt, oder einen Emittenten oder eine andere Person, die falsche oder irreführende

Informationen veröffentlicht oder verbreitet hat, verpflichten, eine Berichtigung zu veröffentlichen.

(4) Sofern das nationale Recht dies erfordert, kann die zuständige Behörde das zuständige Gericht ersuchen, über die Ausübung der in den Absätzen 1 und 2 genannten Befugnisse zu entscheiden.

(5) Die zuständigen Behörden nehmen die in den Absätzen 1 und 2 genannten Befugnisse auf eine der folgenden Arten wahr:

a) unmittelbar;

b) in Zusammenarbeit mit anderen Behörden, einschließlich der für die Verhinderung und Bekämpfung von Geldwäsche und Terrorismusfinanzierung zuständigen Behörden;

c) unter eigener Verantwortung durch Befugnisübertragung an die unter Buchstabe b genannten Behörden;

d) durch Antragstellung bei den zuständigen Gerichten.

(6) Die Mitgliedstaaten stellen durch geeignete Maßnahmen sicher, dass die zuständigen Behörden die zur Wahrnehmung ihrer Aufgaben erforderlichen Aufsichts- und Untersuchungsbefugnisse wahrnehmen können.

(7) Meldet eine Person der zuständigen Behörde gemäß dieser Verordnung Informationen, so gilt dies nicht als Verstoß gegen eine etwaige vertraglich oder durch Rechts- oder Verwaltungsvorschriften geregelte Einschränkung der Offenlegung von Informationen und hat keine diesbezügliche Haftung zur Folge.

Artikel 95
Zusammenarbeit der zuständigen Behörden

(1) Die zuständigen Behörden arbeiten für die Zwecke dieser Verordnung zusammen. Die zuständigen Behörden leisten den zuständigen Behörden anderer Mitgliedstaaten, der EBA und der ESMA Amtshilfe. Sie tauschen Informationen unverzüglich aus und arbeiten bei ihrer Untersuchungs-, Aufsichts- und Durchsetzungstätigkeit zusammen.

Mitgliedstaaten, die nach Artikel 111 Absatz 1 Unterabsatz 2 strafrechtliche Sanktionen für Verstöße gegen diese Verordnung gemäß nach Artikel 111 Absatz 1 Unterabsatz 1 festgelegt haben, stellen durch geeignete Maßnahmen sicher, dass die zuständigen Behörden über alle notwendigen Befugnisse verfügen, um sich mit den Justiz-, Strafverfolgungs- oder Strafjustizbehörden in ihrem Hoheitsgebiet ins Benehmen zu setzen und im Zusammenhang mit strafrechtlichen Ermittlungen oder Verfahren, die wegen Verstößen gegen diese Verordnung eingeleitet wurden, spezifische Informationen zu erhalten und anderen zuständigen Behörden sowie der EBA und der ESMA zur Verfügung zu stellen, um ihre Pflicht zur Zusammenarbeit für die Zwecke dieser Verordnung zu erfüllen.

(2) Eine zuständige Behörde kann es nur dann ablehnen, einem Ersuchen um Informationen oder einer Anfrage in Bezug auf die Zusammenarbeit bei einer Untersuchung zu entsprechen, wenn einer der folgenden Fälle gegeben ist:

a) wenn die Weitergabe der relevanten Informationen die Sicherheit des ersuchten Mitgliedstaats beeinträchtigen könnte, insbesondere in Bezug auf die Bekämpfung von Terrorismus und anderen schwerwiegenden Straftaten;

b) wenn ein Stattgeben geeignet wäre, ihre eigene Untersuchung, ihre eigenen Durchsetzungsmaßnahmen oder gegebenenfalls eine strafrechtliche Ermittlung zu beeinträchtigen;

c) wenn aufgrund derselben Tat gegen dieselben natürlichen oder juristischen Personen bereits ein Verfahren vor einem Gericht des ersuchten Mitgliedstaats anhängig ist;

d) wenn aufgrund derselben Tat und gegen die selben natürlichen oder juristischen Personen bereits ein rechtskräftiges Urteil in dem ersuchten Mitgliedstaat ergangen ist.

(3) Die zuständigen Behörden geben auf Ersuchen unverzüglich alle Informationen, die für die Zwecke dieser Verordnung erforderlich sind.

(4) Eine zuständige Behörde kann im Hinblick auf Prüfungen vor Ort oder Untersuchungen vor Ort die zuständige Behörde eines anderen Mitgliedstaats um Amtshilfe ersuchen.

Die ersuchende zuständige Behörde setzt die EBA und die ESMA über jedes Ersuchen nach Unterabsatz 1 in Kenntnis. Erhält eine zuständige Behörde ein Ersuchen einer zuständigen Behörde eines anderen Mitgliedstaats auf Durchführung von Prüfungen vor Ort oder Untersuchungen vor Ort, so hat sie folgende Möglichkeiten:

a) die Prüfung oder Untersuchung selbst durchführen;

b) der ersuchenden zuständigen Behörde gestatten, sich an der Prüfung vor Ort oder Untersuchung vor Ort zu beteiligen;

c) der ersuchenden zuständigen Behörde gestatten, die Prüfung vor Ort oder Untersuchung vor Ort selbst durchzuführen;

d) sich bestimmte mit der Wahrnehmung der Aufsichtstätigkeiten zusammenhängende Aufgaben mit den anderen zuständigen Behörden teilen.

(5) Im Falle einer in Absatz 4 genannten Überprüfung oder Untersuchung vor Ort koordiniert die ESMA auf Ersuchen einer der zuständigen Behörden die Überprüfung oder Untersuchung.

Betrifft die in Absatz 4 genannte Überprüfung oder Untersuchung vor Ort einen Emittenten eines vermögenswertereferenzierten Token oder eines E-Geld-Token oder Kryptowerte-Dienstleistungen im Zusammenhang mit vermögenswertereferenzierten Token oder E-Geld-Token, so koordiniert die EBA auf Ersuchen einer der zuständigen Behörden die Überprüfung oder Untersuchung.

(6) Wurde ein Ersuchen um Zusammenarbeit, insbesondere um Informationsaustausch, zurückgewiesen oder hat es innerhalb einer angemessenen Frist zu keiner Reaktion geführt, so können die zuständigen Behörden die Angelegenheit der ESMA zur Kenntnis bringen. In diesen Fällen gilt Artikel 19 Absatz 4 der Verordnung (EU) Nr. 1095/2010 entsprechend.

(7) Abweichend von Absatz 6 des vorliegenden Artikels können die zuständigen Behörden die Angelegenheit der EBA zur Kenntnis bringen, sofern ein Ersuchen um Zusammenarbeit, insbesondere um Informationen, in Bezug auf einen Emittenten eines vermögenswertereferenzierten Token oder E-Geld-Token oder in Bezug auf Kryptowerte-Dienstleistungen im Zusammenhang mit vermögenswertereferenzierten Token oder E-Geld-Token zurückgewiesen wurde oder innerhalb einer angemessenen Frist zu keiner Reaktion geführt hat. In diesen gilt Fällen Artikel 19 Absatz 4 der Verordnung (EU) Nr. 1093/2010 entsprechend.

(8) Die zuständigen Behörden stimmen ihre Aufsichtstätigkeit eng miteinander ab, um Verstöße gegen diese Verordnung festzustellen und diesen Verstößen abzuhelfen, bewährte Verfahren zu entwickeln und zu fördern, die Zusammenarbeit zu erleichtern, eine kohärente Auslegung zu fördern und bei Uneinigkeit rechtsordnungsübergreifende Bewertungen abzugeben.

Für die Zwecke des Unterabsatzes 1 dieses Absatzes nehmen die EBA und die ESMA eine Koordinierungsfunktion zwischen den zuständigen Behörden und den in Artikel 119 genannten Aufsichtskollegien, damit eine gemeinsame Aufsichtskultur und kohärente Aufsichtspraktiken geschaffen werden und einheitliche Verfahren sichergestellt werden.

(9) Stellt eine zuständige Behörde fest, dass eine der Anforderungen dieser Verordnung nicht erfüllt wurde oder hat Gründe für die Annahme, dass dies der Fall sei, so unterrichtet sie die Behörde, die für den oder die Urheber des Verstoßes zuständig ist, hinreichend genau über ihre Feststellungen.

(10) Die ESMA arbeitet in enger Zusammenarbeit mit der EBA Entwürfe technischer Regulierungsstandards zur Präzisierung der gemäß Absatz 1 zwischen den zuständigen Behörden auszutauschenden Informationen aus.

Die ESMA übermittelt der Kommission die in Unterabsatz 1 genannten Entwürfe technischer Regulierungsstandards spätestens am 30. Juni 2024.

Der Kommission wird die Befugnis übertragen, diese Verordnung durch den Erlass der in Unterabsatz 1 dieses Absatzes genannten technischen Regulierungsstandards gemäß den Artikeln 10 bis 14 der Verordnung (EU) Nr. 1095/2010 zu ergänzen.

(11) Die ESMA arbeitet in enger Zusammenarbeit mit der EBA Entwürfe technischer Durchführungsstandards aus, um die Standardformulare, Mustertexte und Verfahren für den Informationsaustausch zwischen den zuständigen Behörden festzulegen.

Die ESMA übermittelt der Kommission die in Unterabsatz 1 genannten Entwürfe technischer Durchführungsstandards spätestens am 30. Juni 2024.

Der Kommission wird die Befugnis übertragen, die in Unterabsatz 1 dieses Absatzes genannten technischen Durchführungsstandards gemäß Artikel 15 der Verordnung (EU) Nr. 1095/2010 zu erlassen.

Artikel 96
Zusammenarbeit mit EBA und ESMA

(1) Für die Zwecke dieser Verordnung arbeiten die zuständigen Behörden im Einklang mit der Verordnung (EU) Nr. 1095/2010 eng mit der ESMA und im Einklang mit der Verordnung (EU) Nr. 1093/2010 eng mit der EBA zusammen. Zur Wahrnehmung ihrer Aufgaben im Rahmen dieses Kapitels und der Kapitel 2 und 3 dieses Titels tauschen sie Informationen aus.

(2) Die zuständigen Behörden stellen der EBA und der ESMA gemäß Artikel 35 der Verordnung (EU) Nr. 1093/2010 und Artikel 35 der Verordnung (EU) Nr. 1095/2010 alle für die Ausführung ihrer Aufgaben erforderlichen Informationen unverzüglich zur Verfügung.

(3) Die ESMA arbeitet in enger Zusammenarbeit mit der EBA Entwürfe für technische Durchführungsstandards aus, um die Standardformulare, Mustertexte und Verfahren für die Zusammenarbeit und den Informationsaustausch zwischen den zuständigen Behörden und der EBA und der ESMA festzulegen.

Die ESMA übermittelt der Kommission die in Unterabsatz 1 genannten Entwürfe technischer Durchführungsstandards spätestens am 30. Juni 2024.

Der Kommission wird die Befugnis übertragen, die in Unterabsatz 1 genannten technischen Durchführungsstandards gemäß Artikel 15 der Verordnung (EU) Nr. 1095/2010 zu erlassen.

Artikel 97
Förderung der Konvergenz bei der Einstufung von Kryptowerten

(1) Bis zum 30. Dezember 2024 geben die ESA gemeinsam Leitlinien gemäß Artikel 16 der Verordnung (EU) Nr. 1093/2010, Artikel 16 der Verordnung (EU) Nr. 1094/2010 and Artikel 16

der Verordnung (EU) Nr. 1095/2010 heraus, in denen Inhalt und Form der dem Kryptowerte-Whitepaper gemäß Artikel 8 Absatz 4 beigefügten Erklärung und der Rechtsgutachten zur Einstufung vermögenswertereferenzierter Token gemäß Artikel 17 Absatz 1 Buchstabe b Ziffer ii und Artikel 18 Absatz 2 Buchstabe e präzisiert werden. Die Leitlinien enthalten ein Muster für die Erklärung und das Gutachten sowie einen standardisierten Test für die Einstufung von Kryptowerten.

(2) Die ESA fördern im Einklang mit Artikel 29 der Verordnung (EU) Nr. 1093/2010, Artikel 29 der Verordnung (EU) Nr. 1094/2010 bzw. Artikel 29 der Verordnung (EU) Nr. 1095/2010 Diskussionen zwischen den zuständigen Behörden über die Einstufung der Kryptowerte, einschließlich über die Einstufung der Kryptowerte, die gemäß Artikel 2 Absatz 3 vom Anwendungsbereich dieser Verordnung ausgenommen sind. Die ESA ermitteln auch die Ursachen möglicher Unterschiede bei den Ansätzen der zuständigen Behörden für die Einstufung dieser Kryptowerte und fördern, soweit möglich, einen gemeinsamen diesbezüglichen Ansatz.

(3) Die zuständigen Behörden des Herkunfts- oder Aufnahmemitgliedstaats können die ESMA, die EIOPA oder die EBA gegebenenfalls um eine Stellungnahme zur Einstufung von Kryptowerten ersuchen, einschließlich der Kryptowerte, die gemäß Artikel 2 Absatz 3 vom Anwendungsbereich dieser Verordnung ausgenommen sind. Ja nach Fall legt die ESMA, die EIOPA oder die EBA eine solche Stellungnahme gemäß Artikel 29 der Verordnung (EU) Nr. 1093/2010, Artikel 29 der Verordnung (EU) Nr. 1094/2010 bzw. Artikel 29 der Verordnung (EU) Nr. 1095/2010 innerhalb von 15 Arbeitstagen nach Eingang des Ersuchens der zuständigen Behörden vor.

(4) Die ESA erstellen auf der Grundlage der in dem in Artikel 109 genannten Register enthaltenen Informationen und der Ergebnisse ihrer in den Absätzen 2 und 3 des vorliegenden Artikels genannten Arbeit gemeinsam einen Jahresbericht, in dem Schwierigkeiten bei der Einstufung von Kryptowerten und Unterschiede bei den Ansätzen der zuständigen Behörden aufgezeigt werden.

Artikel 98
Zusammenarbeit mit anderen Behörden

Übt ein Anbieter, eine Person, die die Zulassung zum Handel beantragt, ein Emittent eines vermögenswertereferenzierten Token oder eines E-Geld-Token oder ein Anbieter von Kryptowerte-Dienstleistungen andere als die unter diese Verordnung fallenden Tätigkeiten aus, so arbeiten die zuständigen Behörden mit den Behörden zusammen, die gemäß den einschlägigen Rechtsvorschriften der Union oder der Mitgliedstaaten für die Beaufsichtigung oder Kontrolle dieser anderen Tätigkeiten zuständig sind, einschließlich der Steuerbehörden und der einschlägigen Aufsichtsbehörden von Drittländern.

Artikel 99
Übermittlungspflicht

Die Mitgliedstaaten übermitteln der Kommission, der EBA und der ESMA bis zum 30. Juni 2025 die Rechts- und Verwaltungsvorschriften, einschließlich der einschlägigen strafrechtlichen Vorschriften, zur Umsetzung dieses Titels. Die Mitgliedstaaten teilen der Kommission, der EBA und der ESMA spätere Änderungen dieser Vorschriften unverzüglich mit.

Artikel 100
Wahrung des Berufsgeheimnisses

(1) Alle im Rahmen dieser Verordnung zwischen zuständigen Behörden ausgetauschten Informationen, die Geschäfts- oder Betriebsbedingungen und andere wirtschaftliche oder persönliche Angelegenheiten betreffen, gelten als vertraulich und unterliegen den Anforderungen des Berufsgeheimnisses, es sei denn, ihre Weitergabe wird von den zuständigen Behörden zum Zeitpunkt der Übermittlung für zulässig erklärt oder ist für Gerichtsverfahren oder Fälle aus dem Bereich des nationalen Steuerrechts oder des Strafrechts erforderlich.

(2) Die Pflicht zur Wahrung des Berufsgeheimnisses gilt für alle natürlichen oder juristischen Personen, die für die zuständigen Behörden tätig sind oder tätig waren. Die unter das Berufsgeheimnis fallenden Informationen dürfen nicht an andere natürliche oder juristische Personen oder an Behörden weitergegeben werden, es sei denn, dies geschieht aufgrund von Gesetzgebungsakten der Union oder nationalem Recht.

Artikel 101
Datenschutz

In Bezug auf die Verarbeitung personenbezogener Daten im Rahmen dieser Verordnung führen die zuständigen Behörden ihre Aufgaben im Sinne dieser Verordnung im Einklang mit der Verordnung (EU) 2016/679 aus.

Die Verarbeitung personenbezogener Daten für die Zwecke dieser Verordnung durch die EBA und die ESMA erfolgt im Einklang mit der Verordnung (EU) 2018/1725.

Artikel 102
Vorsorgliche Maßnahmen

(1) Hat die zuständige Behörde eines Aufnahmemitgliedstaats eindeutige und nachweisbare Gründe für den Verdacht, dass es bei den Tätigkeiten eines Anbieters oder einer Person, die die

Zulassung eines Kryptowerts zum Handel beantragt, oder eines Emittenten eines vermögenswertereferenzierten Token oder eines E-Geld-Token oder eines Anbieters von Kryptowerte-Dienstleistungen Unregelmäßigkeiten gibt, so setzt sie die zuständige Behörde des Herkunftsmitgliedstaats und die ESMA davon in Kenntnis.

Betreffen die Unregelmäßigkeiten gemäß Unterabsatz 1 einen Emittenten eines vermögenswertereferenzierten Token oder eines E-Geld-Token oder eine Kryptowerte-Dienstleistung im Zusammenhang mit vermögenswertereferenzierten Token oder E-Geld-Token, so setzt die zuständige Behörde des Aufnahmemitgliedstaats die EBA ebenfalls in Kenntnis.

(2) Dauern die Unregelmäßigkeiten, auf die in Absatz 1 Bezug genommen wird, trotz der von der zuständigen Behörde des Herkunftsmitgliedstaats ergriffenen Maßnahmen an, was einen Verstoß gegen diese Verordnung darstellt, so ergreift die zuständige Behörde des Aufnahmemitgliedstaats nach vorheriger Unterrichtung der zuständigen Behörde des Herkunftsmitgliedstaats, der ESMA und gegebenenfalls der EBA alle für den Schutz der Kunden von Anbietern von Kryptowerte-Dienstleistungen und der Inhaber von Kryptowerten, insbesondere Kleinanleger, erforderlichen Maßnahmen. Zu diesen Maßnahmen gehört es, den Anbieter, die Person, die die Zulassung zum Handel beantragt, den Emittenten des vermögenswertereferenzierten Token oder des E-Geld-Token oder den Anbieter von Kryptowerte-Dienstleistungen daran zu hindern, weitere Tätigkeiten im Aufnahmemitgliedstaat auszuüben. Die zuständige Behörde unterrichtet die ESMA und gegebenenfalls die EBA unverzüglich darüber. Die ESMA und, sofern beteiligt, die EBA setzen die Kommission unverzüglich davon in Kenntnis.

(3) Ist eine zuständige Behörde des Herkunftsmitgliedstaats mit einer von einer zuständigen Behörde des Aufnahmemitgliedstaats nach Absatz 2 getroffenen Maßnahme nicht einverstanden, so kann sie die Angelegenheit der ESMA zur Kenntnis bringen. In diesen Fällen gilt Artikel 19 Absatz 4 der Verordnung (EU) Nr. 1095/2010 entsprechend.

Betreffen die Maßnahmen nach Absatz 2 einen Emittenten eines vermögenswertereferenzierten Token oder eines E-Geld-Token oder eine Kryptowerte-Dienstleistung im Zusammenhang mit vermögenswertereferenzierten Token oder E-Geld-Token, so kann die zuständige Behörde des Aufnahmemitgliedstaats die Angelegenheit abweichend von Unterabsatz 1 der EBA zur Kenntnis bringen. In diesen Fällen gilt Artikel 19 Absatz 4 der Verordnung (EU) Nr. 1093/2010 entsprechend.

Artikel 103
Befugnisse der ESMA zur vorübergehenden Intervention

(1) Gemäß Artikel 9 Absatz 5 der Verordnung (EU) Nr. 1095/2010 kann die ESMA, wenn die Bedingungen der Absätze 2 und 3 des vorliegenden Artikels erfüllt sind, Folgendes vorübergehend verbieten oder beschränken:

a) Vermarktung, Vertrieb oder Verkauf bestimmter anderer Kryptowerte als vermögenswertereferenzierter Token oder E-Geld-Token oder anderer Kryptowerte als vermögenswertereferenzierter Token oder E-Geld-Token mit bestimmten Merkmalen oder

b) eine Art der Tätigkeit oder Praxis im Zusammenhang mit anderen Kryptowerten als vermögenswertereferenzierten Token oder E-Geld-Token.

Ein Verbot oder eine Beschränkung kann unter bestimmten von der ESMA festgelegten Bedingungen oder vorbehaltlich von der ESMA festgelegter Ausnahmen gelten.

(2) Die ESMA ergreift eine Maßnahme gemäß Absatz 1 nur, wenn alle folgenden Bedingungen erfüllt sind:

a) Mit dem vorgeschlagenen Verbot bzw. der vorgeschlagenen Beschränkung wird erheblichen Bedenken hinsichtlich des Anlegerschutzes oder einer Gefahr für das ordnungsgemäße Funktionieren und die Integrität der Märkte für Kryptowerte oder für die Stabilität des Finanzsystems in der Union als Ganzes oder von Teilen dieses Finanzsystems begegnet;

b) die Regulierungsanforderungen nach dem Unionsrecht, die auf die jeweiligen Kryptowerte und Kryptowerte-Dienstleistungen anwendbar sind, werden der betreffenden Bedrohung nicht gerecht;

c) eine zuständige Behörde hat keine Maßnahmen ergriffen, um der betreffenden Bedrohung zu begegnen, oder die ergriffenen Maßnahmen werden der Bedrohung nicht ausreichend gerecht.

(3) Ergreift die ESMA eine Maßnahme gemäß Absatz 1, so stellt sie sicher, dass die Maßnahme

a) keine nachteiligen Auswirkungen auf die Effizienz der Märkte für Kryptowerte oder auf die Inhaber von Kryptowerten oder Kunden, die Kryptowerte-Dienstleistungen erhalten, hat, die in keinem Verhältnis zu den Vorteilen der Maßnahme stehen, und

b) kein Risiko einer Aufsichtsarbitrage birgt.

Haben zuständige Behörden eine Maßnahme nach Artikel 105 ergriffen, kann die ESMA jede der in Absatz 1 genannten Maßnahmen ergreifen, ohne eine Stellungnahme gemäß Artikel 106 Absatz 2 abzugeben.

(4) Bevor die ESMA beschließt, eine Maßnahme gemäß Absatz 1 zu ergreifen, unterrichtet sie

die jeweils zuständigen Behörden über die Maßnahme, die sie zu ergreifen beabsichtigt.

(5) Die ESMA veröffentlicht auf ihrer Website eine Mitteilung über jeden Beschluss zur Ergreifung einer Maßnahme gemäß Absatz 1. In dieser Mitteilung werden die Einzelheiten des verhängten Verbots oder der verhängten Beschränkung erläutert und ein Zeitpunkt nach der Veröffentlichung der Mitteilung genannt, ab dem die Maßnahmen wirksam werden. Ein Verbot oder eine Beschränkung gilt nur für Tätigkeiten nach dem Wirksamwerden der Maßnahme.

(6) Die ESMA überprüft ein verhängtes Verbot oder eine verhängte Beschränkung gemäß Absatz 1 in geeigneten Zeitabständen, mindestens alle sechs Monate. Nach mindestens zwei aufeinanderfolgenden Verlängerungen und auf der Grundlage einer ordnungsgemäßen Analyse zur Bewertung der Auswirkungen auf die Verbraucher kann die ESMA die jährliche Verlängerung des Verbots oder der Beschränkung beschließen.

(7) Die von der ESMA gemäß diesem Artikel ergriffenen Maßnahmen haben Vorrang vor allen früheren Maßnahmen, die die jeweils zuständigen Behörden in derselben Angelegenheit ergriffen haben.

(8) Die Kommission erlässt gemäß Artikel 139 delegierte Rechtsakte zur Ergänzung dieser Verordnung durch Festlegung der Kriterien und Faktoren, die von der ESMA bei der Feststellung, ob erhebliche Bedenken hinsichtlich des Anlegerschutzes oder eine Gefahr für das ordnungsgemäße Funktionieren und die Integrität der Märkte für Kryptowerte oder für die Stabilität des Finanzsystems der Union als Ganzes oder von Teilen dieses Finanzsystems bestehen, für die Zwecke von Absatz 2 Buchstabe a des vorliegenden Artikels zu berücksichtigen sind.

Artikel 104
Befugnisse der EBA zur vorübergehenden Intervention

(1) Gemäß Artikel 9 Absatz 5 der Verordnung (EU) Nr. 1093/2010 kann die EBA, wenn die Bedingungen der Absätze 2 und 3 des vorliegenden Artikels erfüllt sind, Folgendes vorübergehend verbieten oder beschränken:

a) Vermarktung, Vertrieb oder Verkauf bestimmter vermögenswertereferenzierter Token oder E-Geld-Token oder vermögenswertereferenzierter Token oder E-Geld-Token mit bestimmten Merkmalen oder

b) eine Art der Tätigkeit oder Praxis im Zusammenhang mit vermögenswertereferenzierten Token oder E-Geld-Token.

Ein Verbot oder eine Beschränkung kann unter bestimmten von der EBA festgelegten Bedingungen oder vorbehaltlich von der EBA festgelegter Ausnahmen gelten.

(2) Die EBA ergreift eine Maßnahme gemäß Absatz 1 nur, wenn alle folgenden Bedingungen erfüllt sind:

a) Mit dem vorgeschlagenen Verbot bzw. der vorgeschlagenen Beschränkung wird erheblichen Bedenken hinsichtlich des Anlegerschutzes oder einer Bedrohung für das ordnungsgemäße Funktionieren und die Integrität der Märkte für Kryptowerte oder für die Stabilität des Finanzsystems in der Union als Ganzes oder von Teilen dieses Finanzsystems begegnet;

b) die Regulierungsanforderungen nach dem Unionsrecht, die auf die jeweiligen vermögenswertereferenzierten Token, E-Geld-Token und damit verbundenen Kryptowerte-Dienstleistungen anwendbar sind, werden der betreffenden Bedrohung nicht gerecht;

c) eine zuständige Behörde hat keine Maßnahmen ergriffen, um der betreffenden Bedrohung zu begegnen, oder die ergriffenen Maßnahmen werden der Bedrohung nicht ausreichend gerecht.

(3) Ergreift die EBA eine Maßnahme gemäß Absatz 1, so stellt sie sicher, dass die Maßnahme

a) keine nachteiligen Auswirkungen auf die Effizienz der Märkte für Kryptowerte oder auf die Inhaber von vermögenswertereferenzierten Token oder E-Geld-Token oder auf Kunden, die Kryptowerte-Dienstleistungen erhalten, die in keinem Verhältnis zu den Vorteilen der Maßnahme stehen, und

b) kein Risiko einer Aufsichtsarbitrage birgt.

Haben zuständige Behörden eine Maßnahme nach Artikel 105 ergriffen, so kann die EBA jeder der in Absatz 1 genannten Maßnahmen ergreifen, ohne eine in Artikel 106 Absatz 2 vorgesehene Stellungnahme abzugeben.

(4) Bevor die EBA beschließt, eine Maßnahme gemäß Absatz 1 zu ergreifen, unterrichtet sie die jeweils zuständigen Behörden über die Maßnahme, die sie zu ergreifen beabsichtigt.

(5) Die EBA veröffentlicht auf ihrer Website eine Mitteilung über jeden Beschluss zur Ergreifung einer Maßnahme gemäß Absatz 1. In dieser Mitteilung werden die Einzelheiten des verhängten Verbots oder der verhängten Beschränkung erläutert und ein Zeitpunkt nach der Veröffentlichung der Mitteilung genannt, ab dem die Maßnahmen wirksam werden. Ein Verbot oder eine Beschränkung gilt nur für Tätigkeiten nach dem Wirksamwerden der Maßnahme.

(6) Die EBA überprüft ein verhängtes Verbot oder eine verhängte Beschränkung gemäß Absatz 1 in geeigneten Zeitabständen, mindestens alle sechs Monate. Nach mindestens zwei aufeinanderfolgenden Verlängerungen und auf der Grundlage einer ordnungsgemäßen Analyse zur Bewertung der Auswirkungen auf die Verbraucher kann die EBA die jährliche Verlängerung des Verbots oder der Beschränkung beschließen.

(7) Die von der EBA gemäß diesem Artikel ergriffenen Maßnahmen haben Vorrang vor allen früheren Maßnahmen, die die jeweils zuständige Behörde in derselben Angelegenheit ergriffen hat.

(8) Die Kommission erlässt gemäß Artikel 139 delegierte Rechtsakte zur Ergänzung dieser Verordnung durch Festlegung der Kriterien und Faktoren, die von der EBA bei der Feststellung, ob erhebliche Bedenken hinsichtlich des Anlegerschutzes oder eine Gefahr für das ordnungsgemäße Funktionieren und die Integrität der Märkte für Kryptowerte oder für die Stabilität des Finanzsystems der Union als Ganzes oder von Teilen dieses Finanzsystems bestehen, für die Zwecke von Absatz 2 Buchstabe a des vorliegenden Artikels zu berücksichtigen sind.

Artikel 105
Produktintervention seitens der zuständigen Behörden

(1) Eine zuständige Behörde kann in oder aus diesem Mitgliedstaat Folgendes verbieten oder beschränken:

a) Vermarktung, Vertrieb oder Verkauf bestimmter Kryptowerte oder Kryptowerte mit bestimmten Merkmalen oder

b) eine Art der Tätigkeit oder Praxis im Zusammenhang mit Kryptowerten.

(2) Eine zuständige Behörde kann die in Absatz 1 genannte Maßnahme nur ergreifen, wenn sie sich begründetermaßen vergewissert hat, dass

a) ein Kryptowert erhebliche Bedenken für den Anlegerschutz aufwirft oder eine Gefahr für das ordnungsgemäße Funktionieren und die Integrität der Märkte für Kryptowerte oder für die Stabilität des Finanzsystems in der Union als Ganzes oder von Teilen dieses Finanzsystems darstellt;

b) bestehende regulatorische Anforderungen nach Unionsrecht, die auf den betreffenden Kryptowert oder die betreffende Kryptowerte-Dienstleistung anwendbar sind, den unter Buchstabe a genannten Risiken nicht hinreichend begegnen und das Problem durch eine stärkere Aufsicht oder Durchsetzung der vorhandenen Anforderungen nicht besser gelöst würde;

c) die Maßnahme verhältnismäßig ist, wenn man die Wesensart der ermittelten Risiken, das Kenntnisniveau der betreffenden Anleger oder Marktteilnehmer und die wahrscheinliche Wirkung der Maßnahme auf Anleger und Marktteilnehmer berücksichtigt, die den betreffenden Kryptowert oder die betreffende Kryptowerte-Dienstleistung eventuell halten bzw. nutzen oder davon profitieren;

d) die zuständige Behörde die zuständigen Behörden anderer Mitgliedstaaten, die von der Maßnahme erheblich betroffen sein könnten, ordnungsgemäß angehört hat und

e) die Maßnahme sich nichtdiskriminierend auf Dienstleistungen oder Tätigkeiten auswirkt, die von einem anderen Mitgliedstaat aus erbracht werden.

Sind die Bedingungen nach Unterabsatz 1 des vorliegenden Absatzes erfüllt, so kann die zuständige Behörde das Verbot oder die Beschränkung nach Absatz 1 vorsorglich aussprechen, bevor ein Kryptowert vermarktet, vertrieben oder an Kunden verkauft wird.

Die zuständige Behörde kann beschließen, das Verbot oder die Beschränkung nach Absatz 1 nur unter bestimmten Umständen oder vorbehaltlich Ausnahmen anzuwenden.

(3) Die zuständige Behörde verhängt keine Verbote oder Beschränkungen gemäß diesem Artikel, wenn sie nicht spätestens einen Monat, bevor die Maßnahme wirksam werden soll, allen anderen beteiligten zuständigen Behörden und der ESMA oder EBA schriftlich oder auf einem anderen von den Behörden vereinbarten Weg für vermögenswertereferenzierte Token oder E-Geld-Token folgende Einzelheiten mitgeteilt hat:

a) den Kryptowert oder die Tätigkeit oder Praxis, auf den bzw. die sich die vorgeschlagene Maßnahme bezieht;

b) die genaue Art des vorgeschlagenen Verbots oder der vorgeschlagenen Beschränkung sowie den geplanten Zeitpunkt des Inkrafttretens und

c) die Nachweise, auf die sie ihren Beschluss gestützt hat und die als Grundlage für die Feststellung dienen, dass die Bedingungen von Absatz 2 Unterabsatz 1 erfüllt sind.

(4) In Ausnahmefällen, in denen die zuständige Behörde es für notwendig hält, um nachteilige Auswirkungen, die durch den Kryptowert oder die Tätigkeit oder Praxis nach Absatz 1 entstehen könnten, abzuwenden, kann die zuständige Behörde frühestens 24 Stunden, nachdem sie alle anderen zuständigen Behörden und die ESMA von dem geplanten Inkrafttreten der Maßnahme unterrichtet hat, eine vorläufige dringende Maßnahmen ergreifen, sofern alle in diesem Artikel aufgeführten Kriterien erfüllt sind und außerdem eindeutig nachgewiesen ist, dass auf die konkreten Bedenken oder die konkrete Gefahr bei einer einmonatigen Mitteilungsfrist nicht angemessen reagiert werden kann. Die Dauer der vorläufigen Maßnahmen darf drei Monate nicht überschreiten.

(5) Die zuständige Behörde veröffentlicht auf ihrer Website eine Mitteilung über einen Beschluss zur Verhängung eines Verbots oder einer Beschränkung nach Absatz 1. In dieser Mitteilung werden die Einzelheiten des verhängten Verbots oder der verhängten Beschränkung sowie ein Zeitpunkt nach der Veröffentlichung der Mitteilung, ab dem die Maßnahmen wirksam werden, sowie die Nachweise, auf die die zuständige Behörde ihre Entscheidung gestützt hat und aufgrund derer sie davon überzeugt ist, dass jede der in

Absatz 2 Unterabsatz 1 genannten Bedingungen erfüllt ist, angegeben. Das Verbot oder die Beschränkung gilt nur für Tätigkeiten nach dem Wirksamwerden der Maßnahme.

(6) Die zuständige Behörde widerruft ein Verbot oder eine Beschränkung, wenn die Bedingungen nach Absatz 2 nicht mehr erfüllt sind.

(7) Die Kommission erlässt gemäß Artikel 139 delegierte Rechtsakte zur Ergänzung dieser Verordnung durch Festlegung der Kriterien und Faktoren, die von den zuständigen Behörden bei der Feststellung, ob erhebliche Bedenken hinsichtlich des Anlegerschutzes oder eine Gefahr für das ordnungsgemäße Funktionieren oder die Integrität der Märkte für Kryptowerte oder für die Stabilität des Finanzsystems als Ganzes oder von Teilen davon in mindestens einem Mitgliedstaat bestehen, für die Zwecke von Absatz 2 Unterabsatz 1 Buchstabe a zu berücksichtigen sind.

Artikel 106

Koordinierung mit der ESMA oder der EBA

(1) Die ESMA oder – bei vermögenswertereferenzierten Token und E-Geld-Token – die EBA nimmt eine unterstützende und koordinierende Rolle in Bezug auf Maßnahmen wahr, die von den zuständigen Behörden gemäß Artikel 105 ergriffen werden. Die ESMA oder – bei vermögenswertereferenzierten Token und E-Geld-Token – die EBA stellt sicher, dass die von einer zuständigen Behörde ergriffenen Maßnahmen gerechtfertigt und verhältnismäßig sind und dass die zuständigen Behörden gegebenenfalls einen kohärenten Ansatz verfolgen.

(2) Nach Eingang der Mitteilung gemäß Artikel 105 Absatz 3 über eine nach dem genannten Artikel zu ergreifende Maßnahme gibt die ESMA oder – bei vermögenswertereferenzierten Token und E-Geld-Token – die EBA eine Stellungnahme dazu ab, ob das Verbot oder die Beschränkung gerechtfertigt und verhältnismäßig ist. Hält die ESMA oder – bei vermögenswertereferenzierten Token und E-Geld-Token – die EBA Maßnahmen anderer zuständiger Behörden für notwendig, um das Risiko zu bewältigen, gibt sie dies in ihrer Stellungnahme an. Die Stellungnahme wird auf der Website der ESMA oder – bei vermögenswertereferenzierten Token und E-Geld-Token – der EBA veröffentlicht.

(3) Wenn eine zuständige Behörde im Widerspruch zu einer von der ESMA oder EBA gemäß Absatz 2 abgegebenen Stellungnahme Maßnahmen vorschlägt, so veröffentlicht die betreffende zuständige Behörde auf ihrer Website umgehend eine Mitteilung, in der sie ihre Gründe umfassend darlegt.

Artikel 107

Zusammenarbeit mit Drittländern

(1) Die zuständigen Behörden der Mitgliedstaaten treffen erforderlichenfalls mit den Aufsichtsbehörden von Drittländern Kooperationsvereinbarungen über den Informationsaustausch mit diesen Aufsichtsbehörden von Drittländern und die Durchsetzung von Verpflichtungen, die sich aus dieser Verordnung in diesen Drittländern ergeben. Diese Kooperationsvereinbarungen stellen zumindest einen wirksamen Informationsaustausch sicher, der den zuständigen Behörden die Wahrnehmung ihrer Aufgaben im Rahmen dieser Verordnung ermöglicht.

Beabsichtigt eine zuständige Behörde den Abschluss einer derartigen Vereinbarung, setzt sie die EBA, die ESMA und die anderen zuständigen Behörden davon in Kenntnis.

(2) In enger Zusammenarbeit mit der EBA unterstützt und koordiniert die ESMA nach Möglichkeit die Ausarbeitung von Kooperationsvereinbarungen zwischen den zuständigen Behörden und den jeweils zuständigen Aufsichtsbehörden von Drittländern.

(3) Die ESMA arbeitet in enger Zusammenarbeit mit der EBA Entwürfe technischer Regulierungsstandards mit einem Muster für Kooperationsvereinbarungen gemäß Absatz 1 aus, das nach Möglichkeit von den zuständigen Behörden der Mitgliedstaaten verwendet wird.

Die ESMA übermittelt der Kommission die in Unterabsatz 1 genannten Entwürfe technischer Regulierungsstandards spätestens am 30. Juni 2024.

Der Kommission wird die Befugnis übertragen, diese Verordnung durch den Erlass der in Unterabsatz 1 genannten technischen Regulierungsstandards gemäß den Artikeln 10 bis 14 der Verordnung (EU) Nr. 1095/2010 zu ergänzen.

(4) In enger Zusammenarbeit mit der EBA erleichtert und koordiniert die ESMA nach Möglichkeit auch den Informationsaustausch zwischen den zuständigen Behörden bei Informationen von Aufsichtsbehörden aus Drittländern, die für das Ergreifen von Maßnahmen nach Kapitel 3 dieses Titels von Belang sein könnten.

(5) Die zuständigen Behörden schließen Kooperationsvereinbarungen über den Informationsaustausch mit den Aufsichtsbehörden von Drittländern nur dann, wenn die Garantien zum Schutz des Berufsgeheimnisses in Bezug auf die offengelegten Informationen jenen nach Artikel 100 mindestens gleichwertig sind. Ein derartiger Informationsaustausch dient der Wahrnehmung der Aufgaben dieser zuständigen Behörden im Rahmen dieser Verordnung.

Artikel 108
Bearbeitung von Beschwerden durch die zuständigen Behörden

(1) Die zuständigen Behörden richten Verfahren ein, die es den Kunden und anderen interessierten Kreisen, insbesondere auch Verbraucherverbänden, ermöglichen, bei den zuständigen Behörden Beschwerde einzulegen, wenn Anbieter, Personen, die die Zulassung zum Handel beantragen, Emittenten von vermögenswertereferenzierten Token oder E-Geld-Token oder Anbieter von Kryptowerte-Dienstleistungen mutmaßlich gegen diese Verordnung verstoßen. Beschwerden können in schriftlicher, einschließlich elektronischer, Form und in einer Amtssprache des Mitgliedstaats, in dem sie eingereicht werden, oder in einer von den zuständigen Behörden dieses Mitgliedstaats akzeptierten Sprache eingereicht werden.

(2) Informationen über die Beschwerdeverfahren nach Absatz 1 stehen auf der Website jeder zuständigen Behörde zur Verfügung und werden der EBA und der ESMA übermittelt. Die ESMA veröffentlicht in ihrem in Artikel 109 genannten Register der Anbieter von Kryptowerte-Dienstleistungen Hyperlinks zu den die Beschwerdeverfahren betreffenden Abschnitten der Websites der zuständigen Behörden.

KAPITEL 2

BRESMA-Register

Artikel 109
Register von Kryptowerte-Whitepapers, Emittenten von vermögenswertereferenzierten Token und E-Geld-Token und Anbietern von Kryptowerte-Dienstleistungen

(1) Die ESMA erstellt ein Register der

a) Kryptowerte-Whitepaper für andere Kryptowerte als vermögenswertereferenzierte Token oder E-Geld-Token,

b) Emittenten vermögenswertereferenzierter Token,

c) Emittenten von E-Geld-Token und

d) Anbieter von Kryptowerte-Dienstleistungen.

Die ESMA stellt dieses Register auf ihrer Website öffentlich zur Verfügung und aktualisiert es regelmäßig. Um diese Aktualisierung zu erleichtern, teilen die zuständigen Behörden der ESMA alle Änderungen mit, die ihnen in Bezug auf die in den Absätzen 2 bis 5 genannten Informationen gemeldet werden.

Die zuständigen Behörden stellen der ESMA die Daten zur Verfügung, die für die Klassifizierung von Kryptowerte-Whitepapers im Register gemäß Absatz 8 erforderlich sind.

(2) In Bezug auf Kryptowerte-Whitepaper für andere Kryptowerte als vermögenswertereferenzierte Token oder E-Geld-Token enthält das Register die Kryptowerte-Whitepaper und alle geänderten Kryptowerte-Whitepaper. Alle veralteten Versionen der Kryptowerte-Whitepaper werden in einem gesonderten Archiv aufbewahrt und deutlich als veraltete Versionen gekennzeichnet.

(3) In Bezug auf Emittenten vermögenswertereferenzierter Token enthält das Register folgende Angaben:

a) den Namen, die Rechtsform und die Unternehmenskennung des Emittenten,

b) den Handelsnamen, die Anschrift, die Telefonnummer, die E-Mail-Adresse und die Website des Emittenten,

c) die Kryptowerte-Whitepaper und alle geänderten Kryptowerte-Whitepaper, wobei die veralteten Versionen des Kryptowerte-Whitepapers in einem gesonderten Archiv aufbewahrt und deutlich als veraltet gekennzeichnet werden,

d) die Liste der Mitgliedstaaten, in denen der antragstellende Emittent beabsichtigt, einen vermögenswertereferenzierten Token öffentlich anzubieten oder die Zulassung des vermögenswertereferenzierten Token zum Handel zu beantragen,

e) das Startdatum oder, falls zum Zeitpunkt der Benachrichtigung durch die zuständige Behörde nicht verfügbar, das beabsichtigte Startdatum des öffentlichen Angebots oder der Zulassung zum Handel,

f) alle sonstigen vom Emittenten erbrachten Dienstleistungen, die nicht unter diese Verordnung fallen, mit Verweis auf das geltende Unionsrecht oder nationale Recht,

g) das Datum der Zulassung eines vermögenswertereferenzierten Token zum öffentlichen Anbieten oder das Datum, an dem die Zulassung eines vermögenswertereferenzierten Token zum Handel beantragt werden konnte oder das Datum der Zulassung als Kreditinstitut oder gegebenenfalls des Entzugs einer dieser Zulassungen.

(4) In Bezug auf Emittenten von E-Geld-Token enthält das Register folgende Angaben:

a) den Namen, die Rechtsform und die Unternehmenskennung des Emittenten,

b) den Handelsnamen, die Anschrift, die Telefonnummer, die E-Mail-Adresse und die Website des Emittenten,

c) die Kryptowerte-Whitepaper und alle geänderten Kryptowerte-Whitepaper, wobei die veralteten Versionen des Kryptowerte-Whitepapers in einem gesonderten Archiv aufbewahrt und deutlich als veraltet gekennzeichnet werden,

d) das Startdatum des öffentlichen Angebots oder der Zulassung zum Handel oder, falls zum Zeitpunkt der Meldung durch die zuständige Behörde nicht verfügbar, das Startdatum des geplanten Angebots oder der geplanten Zulassung zum Handel,

e) alle sonstigen vom Emittenten erbrachten Dienstleistungen, die nicht unter diese Verordnung fallen, mit Verweis auf das geltende Unionsrecht oder nationale Recht,

f) das Datum der Zulassung als Kreditinstitut oder als E-Geld-Institut und gegebenenfalls des Entzugs dieser Zulassung.

(5) In Bezug auf Anbieter von Kryptowerte-Dienstleistungen enthält das Register folgende Angaben:

a) den Namen, die Rechtsform und die Unternehmenskennung des Anbieters von Kryptowerte-Dienstleistungen sowie gegebenenfalls der Zweigniederlassungen des Anbieters von Kryptowerte-Dienstleistungen,

b) den Handelsnamen, die Anschrift, die Telefonnummer, die E-Mail-Adresse und die Website des Anbieters von Kryptowerte-Dienstleistungen sowie gegebenenfalls der Handelsplattform für Kryptowerte, die vom Anbieter von Kryptowerte-Dienstleistungen betrieben wird,

c) den Namen, die Anschrift und die Kontaktdaten der zuständigen Behörde, die die Zulassung erteilt hat,

d) die Liste der Kryptowerte-Dienstleistungen, die der Anbieter von Kryptowerte-Dienstleistungen erbringt,

e) die Liste der Aufnahmemitgliedstaaten, in denen der Anbieter von Kryptowerte-Dienstleistungen beabsichtigt, Kryptowerte-Dienstleistungen zu erbringen,

f) das Startdatum der Erbringung von Kryptowerte-Dienstleistungen oder, falls zum Zeitpunkt der Meldung durch die zuständige Behörde nicht verfügbar, das Startdatum der geplanten Erbringung von Kryptowerte-Dienstleistungen,

g) alle sonstigen vom Anbieter von Kryptowerte-Dienstleistungen erbrachten Dienstleistungen, die nicht unter diese Verordnung fallen, mit Verweis auf das geltende Unionsrecht oder nationale Recht,

h) das Datum der Zulassung und gegebenenfalls des Entzugs der Zulassung.

(6) Die zuständigen Behörden melden der ESMA unverzüglich die in Artikel 94 Absatz 1 Unterabsatz 1 Buchstabe b, c, f, l, m, n, o oder t aufgeführten Maßnahmen und alle gemäß Artikel 102 ergriffenen öffentlichen Vorsichtsmaßnahmen, die sich auf die Erbringung von Kryptowerte-Dienstleistungen oder die Emission, das öffentliche Angebot oder die Nutzung von Kryptowerten auswirken. Die ESMA nimmt diese Informationen in das Register auf.

(7) Jeder Entzug der Zulassung eines Emittenten eines vermögenswertereferenzierten Token, eines Emittenten eines E-Geld-Token oder eines Anbieters von Kryptowerte-Dienstleistungen und jede gemäß Absatz 6 gemeldete Maßnahme bleibt fünf Jahre lang im Register veröffentlicht.

(8) Die ESMA arbeitet Entwürfe technischer Regulierungsstandards aus, in denen die für die Einstufung, nach Art von Kryptowerten, von Kryptowerte-Whitepapers im Register erforderlichen Daten einschließlich der Unternehmenskennung des Emittenten näher festgelegt sind und in denen die praktischen Vorkehrungen festgelegt sind, mit denen sichergestellt wird, dass diese Daten maschinenlesbar sind.

Die ESMA übermittelt der Kommission die in Unterabsatz 1 genannten Entwürfe technischer Regulierungsstandards spätestens am 30. Juni 2024.

Der Kommission wird die Befugnis übertragen, diese Verordnung durch den Erlass der in Unterabsatz 1 genannten technischen Regulierungsstandards gemäß den Artikeln 10 bis 14 der Verordnung (EU) Nr. 1095/2010 zu ergänzen.

Artikel 110
Register der nicht konformen Unternehmen, die Kryptowerte-Dienstleistungen erbringen

(1) Die ESMA erstellt ein nicht erschöpfendes Register von Unternehmen, die unter Verstoß gegen Artikel 59 oder 61 Kryptowerte-Dienstleistungen erbringen.

(2) Das Register enthält mindestens den Handelsnamen oder die Website eines nicht konformen Unternehmens und den Namen der zuständigen Behörde, die die Informationen übermittelt hat.

(3) Das Register ist auf der Website der ESMA in maschinenlesbarem Format öffentlich zugänglich und wird regelmäßig aktualisiert, um etwaigen Änderungen der Umstände oder sonstigen Informationen, die der ESMA in Bezug auf die registrierten nicht konformen Unternehmen zur Kenntnis gebracht werden, Rechnung zu tragen. Das Register ermöglicht einen zentralisierten Zugang zu Informationen, die von den zuständigen Behörden der Mitgliedstaaten oder von Drittländern sowie von der EBA übermittelt werden.

(4) Die ESMA aktualisiert das Register, um Informationen über jeden Verstoß gegen diese Verordnung aufzunehmen, den sie auf eigene Initiative gemäß Artikel 17 der Verordnung (EU) Nr. 1095/2010 festgestellt hat und zu dem sie einen an ein nicht konformes Unternehmen, das Kryptowerte-Dienstleistungen erbringt, gerichteten Beschluss nach Absatz 6 des genannten Artikels erlassen hat, sowie Informationen über Unternehmen, die Kryptowerte-Dienstleistungen erbringen, ohne über die erforderliche Zulassung oder Registrierung zu verfügen, die von den zuständigen Aufsichtsbehörden von Drittländern vorgelegt wurde.

(5) In den in Absatz 4 des vorliegenden Artikels genannten Fällen kann die ESMA die ein-

schlägigen Aufsichts- und Untersuchungsbefugnisse der zuständigen Behörden nach Artikel 94 Absatz 1 auf nicht konforme Unternehmen, die Kryptowerte-Dienstleistungen erbringen, anwenden.

KAPITEL 3

Verwaltungsrechtliche Sanktionen und andere verwaltungsrechtliche Maßnahmen der zuständigen Behörden

Artikel 111

Verwaltungsrechtliche Sanktionen und andere verwaltungsrechtliche Maßnahmen

(1) Unbeschadet strafrechtlicher Sanktionen und unbeschadet der Aufsichts- und Untersuchungsbefugnisse der in Artikel 94 aufgeführten zuständigen Behörden übertragen die Mitgliedstaaten im Einklang mit nationalem Recht den zuständigen Behörden die Befugnis, angemessene verwaltungsrechtliche Sanktionen und andere verwaltungsrechtliche Maßnahmen in Bezug auf mindestens die folgenden Verstöße zu ergreifen:

a) Verstöße gegen die Artikel 4 bis 14;

b) Verstöße gegen die Artikel 16, 17, 19, 22, 23 und 25, die Artikel 27 bis 41 und die Artikel 46 und 47;

c) Verstöße gegen die Artikel 48 bis 51, 53, 54 und 55;

d) Verstöße gegen die Artikel 59, 60, 64 und die Artikel 65 bis 83;

e) Verstöße gegen die Artikel 88 bis 92;

f) Verweigerung der Zusammenarbeit bei einer Untersuchung, einer Prüfung oder einem Ersuchen gemäß Artikel 94 Absatz 3.

Die Mitgliedstaaten können beschließen, keine Regelungen für verwaltungsrechtliche Sanktionen festzulegen, sofern die in Unterabsatz 1 Buchstaben a, b, c, d oder e genannten Verstöße zum 30. Juni 2024 gemäß dem nationalen Recht bereits strafrechtlichen Sanktionen unterliegen. Im Falle eines solchen Beschlusses teilen die Mitgliedstaaten der Kommission, der ESMA und der EBA die entsprechenden Bestimmungen ihres Strafrechts im Detail mit.

Die Mitgliedstaaten teilen der Kommission, der EBA und der ESMA die in den Unterabsätzen 1 und 2 genannten Regelungen im Detail bis zum 30. Juni 2024 mit. Außerdem teilen sie der Kommission, der ESMA und der EBA jede spätere Änderung dieser Regelungen unverzüglich mit.

(2) Die Mitgliedstaaten stellen im Einklang mit ihrem nationalen Recht sicher, dass die zuständigen Behörden die Befugnis haben, bei den in Absatz 1 Unterabsatz 1 Buchstaben a bis d genannten Verstößen zumindest die folgenden verwaltungsrechtlichen Sanktionen und anderen verwaltungsrechtlichen Maßnahmen zu verhängen:

a) öffentliche Bekanntgabe der für den Verstoß verantwortlichen natürlichen oder juristischen Person und der Art des Verstoßes;

b) Anordnung an die verantwortliche natürliche oder juristische Person, das den Verstoß darstellende Verhalten einzustellen und von einer Wiederholung abzusehen;

c) maximale Verwaltungsgeldbußen in mindestens zweifacher Höhe der infolge des Verstoßes erzielten Gewinne oder vermiedenen Verluste, soweit sich diese beziffern lassen, auch wenn sie über die in Buchstabe d dieses Absatzes und in Absatz 3 für juristische Personen genannten Maximalbeträge hinausgehen;

d) im Falle einer natürlichen Person maximale Verwaltungsgeldbußen von mindestens 700 000 EUR bzw. in den Mitgliedstaaten, deren amtliche Währung nicht der Euro ist, dem Gegenwert in der Landeswährung am 29. Juni 2023;

(3) Die Mitgliedstaaten stellen im Einklang mit ihrem nationalen Recht sicher, dass die zuständigen Behörden die Befugnis haben, bei Verstößen, die von juristischen Personen begangen werden, maximale Verwaltungsgeldbußen mindestens in folgender Höhe zu verhängen:

a) 5 000 000 EUR oder in den Mitgliedstaaten, deren amtliche Währung nicht der Euro ist, der Gegenwert in der amtlichen Währung am 29. Juni 2023 für Verstöße gemäß Absatz 1 Unterabsatz 1 Buchstaben a bis d;

b) 3 % des jährlichen Gesamtumsatzes der juristischen Person gemäß dem letzten verfügbaren vom Leitungsorgan gebilligten Abschluss für Verstöße gemäß Absatz 1 Unterabsatz 1 Buchstabe a;

c) 5 % des jährlichen Gesamtumsatzes der juristischen Person gemäß dem letzten verfügbaren vom Leitungsorgan gebilligten Abschluss für Verstöße gemäß Absatz 1 Unterabsatz 1 Buchstabe d;

d) 12,5 % des jährlichen Gesamtumsatzes der juristischen Person gemäß dem letzten verfügbaren vom Leitungsorgan gebilligten Abschluss für Verstöße gemäß Absatz 1 Unterabsatz 1 Buchstaben b und c.

Handelt es sich bei der juristischen Person gemäß Unterabsatz 1 Buchstaben a bis d um ein Mutterunternehmen oder ein Tochterunternehmen eines Mutterunternehmens, das nach der Richtlinie 2013/34/EU einen konsolidierten Abschluss aufzustellen hat, so ist der relevante jährliche Gesamtumsatz der jährliche Gesamtumsatz oder die entsprechende Einkunftsart nach dem geltenden Unionsrecht für die Rechnungslegung, der/die im letzten verfügbaren konsolidierten Abschluss ausgewiesen ist, der vom Leitungsorgan des Mutterunternehmens an der Spitze gebilligt wurde.

(4) Zusätzlich zu den verwaltungsrechtlichen Sanktionen und anderen verwaltungsrechtlichen Maßnahmen gemäß den Absätzen 2 und 3 stellen die Mitgliedstaaten im Einklang mit dem nationalen Recht sicher, dass die zuständigen Behörden die Befugnis haben, im Falle der in Absatz 1 Unterabsatz 1 Buchstabe d genannten Verstöße ein vorübergehendes Verbot zu verhängen, das ein Mitglied des Leitungsorgans des Anbieters von Kryptowerte-Dienstleistungen oder jede andere natürliche Person, die für den Verstoß verantwortlich gemacht wird, daran hindert, bei einem Anbieter von Kryptowerte-Dienstleistungen Leitungsaufgaben wahrzunehmen.

(5) Die Mitgliedstaaten stellen im Einklang mit den nationalen Recht sicher, dass die zuständigen Behörden die Befugnis haben, bei den in Absatz 1 Unterabsatz 1 Buchstabe e genannten Verstößen zumindest die folgenden verwaltungsrechtlichen Sanktionen und anderen verwaltungsrechtlichen Maßnahmen zu verhängen:

a) öffentliche Bekanntgabe der verantwortlichen natürlichen oder juristischen Person und der Art des Verstoßes;

b) Anordnung an die verantwortliche natürliche oder juristische Person, das den Verstoß darstellende Verhalten einzustellen und von einer Wiederholung abzusehen;

c) Einzug der durch den Verstoß erzielten Gewinne oder vermiedenen Verluste, sofern diese sich beziffern lassen;

d) Entzug oder Aussetzung der Zulassung eines Anbieters von Kryptowerte-Dienstleistungen;

e) vorübergehendes Verbot für die Mitglieder des Leitungsorgans des Anbieters von Kryptowerte-Dienstleistungen oder für andere natürliche Person, die für den Verstoß verantwortlich gemacht werden, bei dem Anbieter von Kryptowerte-Dienstleistungen Leitungsaufgaben wahrzunehmen;

f) bei wiederholten Verstößen gegen die Artikel 89, 90, 91 oder 92 ein für mindestens zehn Jahre geltendes Verbot für ein Mitglied des Leitungsorgans des Anbieters von Kryptowerte-Dienstleistungen oder für andere natürliche Person, die für den Verstoß verantwortlich gemacht werden, bei einem Anbieter von Kryptowerte-Dienstleistungen Leitungsaufgaben wahrzunehmen;

g) vorübergehendes Verbot für die Mitglieder des Leitungsorgans des Anbieters von Kryptowerte-Dienstleistungen oder für andere natürliche Personen, die für den Verstoß verantwortlich gemacht werden, Eigengeschäfte zu tätigen;

h) maximale Verwaltungsgeldbußen in mindestens dreifacher Höhe der infolge des Verstoßes erzielten Gewinne oder vermiedenen Verluste, soweit sich diese beziffern lassen, auch wenn sie – ja nach Fall – über die unter Buchstabe i oder j, genannten Maximalbeträge hinausgehen;

i) bei natürlichen Personen maximale Verwaltungsgeldbußen in Höhe von mindestens 1 000 000 EUR für Verstöße gegen Artikel 88 und 5 000 000 EUR für Verstöße gegen die Artikel 89 bis 92 bzw. in den Mitgliedstaaten, deren amtliche Währung nicht der Euro ist, dem Gegenwert in der Landeswährung zum 29. Juni 2023;

j) bei juristischen Personen maximale Verwaltungsgeldbußen in Höhe von mindestens 2 500 000 EUR für Verstöße gegen Artikel 88 und 15 000 000 EUR für Verstöße gegen die Artikel 89 bis 92 oder 2 % für Verstöße gegen Artikel 88 und 15 % für Verstöße gegen die Artikel 89 bis 92 des jährlichen Gesamtumsatzes der juristischen Person gemäß dem letzten verfügbaren durch das Leitungsorgan gebilligten Abschluss bzw. in den Mitgliedstaaten, deren amtliche Währung nicht der Euro ist, dem Gegenwert in der Landeswährung zum 29. Juni 2023.

Für die Zwecke von Unterabsatz 1 Buchstabe j ist, wenn es sich bei der juristischen Person um ein Mutterunternehmen oder ein Tochterunternehmen eines Mutterunternehmens handelt, das nach der Richtlinie 2013/34/EU einen konsolidierten Abschluss aufzustellen hat, der relevante jährliche Gesamtumsatz der jährliche Gesamtumsatz oder die entsprechende Einkunftsart nach dem geltenden Unionsrecht für die Rechnungslegung, der/die im letzten verfügbaren konsolidierten Abschluss ausgewiesen ist, der vom Leitungsorgan des Mutterunternehmens an der Spitze gebilligt wurde.

(6) Die Mitgliedstaaten können den zuständigen Behörden zusätzlich zu den in den Absätzen 2 bis 5 genannten Befugnissen weitere Befugnisse übertragen und sowohl gegen natürliche als auch gegen juristische Personen, die für den Verstoß verantwortlich sind, höhere als die in jenen Absätzen genannten Sanktionen vorsehen.

Artikel 112
Wahrnehmung der Aufsichts- und Sanktionsbefugnisse

(1) Bei der Festlegung von Art und Umfang einer nach Artikel 111 zu verhängenden verwaltungsrechtlichen Sanktion oder sonstigen verwaltungsrechtlichen Maßnahme berücksichtigen die zuständigen Behörden alle relevanten Umstände, gegebenenfalls einschließlich

a) der Schwere und Dauer des Verstoßes;

b) ob der Verstoß vorsätzlich oder fahrlässig begangen wurde;

c) des Grads an Verantwortung der für den Verstoß verantwortlichen natürlichen oder juristischen Person;

d) der Finanzkraft der für den Verstoß verantwortlichen natürlichen oder juristischen Person, wie sie sich aus dem Gesamtumsatz der verantwortlichen juristischen Person oder den Jahreseinkünften und dem Nettovermögen der verantwortlichen natürlichen Person ablesen lässt;

e) der Höhe der durch den Verstoß von der für den Verstoß verantwortlichen natürlichen oder juristischen Person erzielten Gewinne oder vermiedenen Verluste, sofern sich diese beziffern lassen;

f) der Verluste, die Dritten durch den Verstoß entstanden sind, sofern sich diese beziffern lassen;

g) des Ausmaßes der Zusammenarbeit der für den Verstoß verantwortlichen natürlichen oder juristischen Person mit der zuständigen Behörde, unbeschadet des Erfordernisses, die erzielten Gewinne oder vermiedenen Verluste dieser Person einzuziehen;

h) früherer Verstöße gegen diese Verordnung der für den Verstoß verantwortlichen natürlichen oder juristischen Person;

i) der Maßnahmen, die von der für den Verstoß verantwortlichen Person ergriffen wurden, um eine Wiederholung des Verstoßes zu verhindern;

j) der Auswirkungen des Verstoßes auf die Interessen der Inhaber von Kryptowerten und der Kunden von Anbietern von Kryptowerte-Dienstleistungen, insbesondere Kleinanleger.

(2) Bei der Wahrnehmung ihrer Befugnisse zur Verhängung von verwaltungsrechtlichen Sanktionen oder anderen verwaltungsrechtlichen Maßnahmen nach Artikel 111 arbeiten die zuständigen Behörden eng zusammen, um sicherzustellen, dass die Wahrnehmung ihrer Aufsichts- und Untersuchungsbefugnisse sowie die von ihnen verhängten verwaltungsrechtlichen Sanktionen und anderen verwaltungsrechtlichen Maßnahmen wirksam und angemessen sind. Sie stimmen ihre Maßnahmen ab, um Doppelarbeit und Überschneidungen bei der Wahrnehmung ihrer Aufsichts- und Untersuchungsbefugnisse und bei der Verhängung von verwaltungsrechtlichen Sanktionen und anderen verwaltungsrechtlichen Maßnahmen in grenzüberschreitenden Fällen zu vermeiden.

Artikel 113
Rechtsmittel

(1) Die Mitgliedstaaten stellen sicher, dass Entscheidungen der zuständigen Behörden im Rahmen dieser Verordnung ordnungsgemäß begründet werden und gegen sie Rechtsmittel bei einem Gericht eingelegt werden können. Rechtsmittel bei einem Gericht können ebenfalls eingelegt werden, wenn über einen Zulassungsantrag, der alle nach den geltenden Vorschriften erforderlichen Angaben enthält, nicht binnen sechs Monaten nach seinem Eingang entschieden worden ist.

(2) Die Mitgliedstaaten sorgen dafür, dass eine oder mehrere der folgenden nach nationalem Recht bestimmten Stellen gemäß dem nationalen Recht die Gerichte oder die zuständigen Verwaltungsinstanzen im Interesse von Verbrauchern anrufen kann bzw. können, damit die Anwendung dieser Verordnung sichergestellt ist:

a) öffentliche Einrichtungen oder ihre Vertreter,

b) Verbraucherverbände, die ein berechtigtes Interesse am Schutz der Inhaber von Kryptowerten haben, und

c) Berufsverbände, die ein berechtigtes Interesse daran haben, sich für den Schutz ihrer Mitglieder einzusetzen.

Artikel 114
Öffentliche Bekanntmachung von Entscheidungen

(1) Eine Entscheidung, wegen eines Verstoßes gegen diese Verordnung gemäß Artikel 111 verwaltungsrechtliche Sanktionen und andere verwaltungsrechtliche Maßnahmen zu verhängen, wird von den zuständigen Behörden auf ihren offiziellen Websites veröffentlicht, unverzüglich nachdem die von der Entscheidung betroffene natürliche oder juristische Person über die Entscheidung informiert wurde. Diese Bekanntmachung umfasst zumindest Angaben zu Art und Charakter des Verstoßes sowie zur Identität der verantwortlichen natürlichen oder juristischen Personen. Entscheidungen, durch die Maßnahmen mit Ermittlungscharakter verfügt werden, müssen nicht veröffentlicht werden.

(2) Ist die zuständige Behörde nach einer einzelfallbezogenen Bewertung zu der Ansicht gelangt, dass die Bekanntmachung der Identität der juristischen Personen oder der Identität oder der personenbezogenen Daten der natürlichen Personen unverhältnismäßig wäre, oder würde eine solche Bekanntmachung eine laufende Untersuchung gefährden, so verfahren die zuständigen Behörden auf eine der folgenden Weisen:

a) Sie machen die Entscheidung, mit der eine verwaltungsrechtliche Sanktion oder eine sonstige verwaltungsrechtliche Maßnahme verhängt wird, erst dann bekannt, wenn die Gründe für die Nichtbekanntmachung weggefallen sind;

b) sie machen die Entscheidung, mit der eine verwaltungsrechtliche Sanktion oder eine sonstige verwaltungsrechtliche Maßnahme verhängt wird, in einer mit dem nationalen Recht in Einklang stehenden Weise in anonymisierter Form bekannt, sofern durch diese anonymisierte Bekanntmachung der wirksame Schutz der betreffenden personenbezogenen Daten sichergestellt wird;

c) sie sehen davon ab, die Entscheidung über die Verhängung einer verwaltungsrechtlichen Sanktion oder sonstigen verwaltungsrechtlichen Maßnahme bekannt zu machen, wenn die unter den Buchstaben a und b vorgesehenen Möglichkeiten ihrer Ansicht nach nicht ausreichen, um zu gewährleisten, dass

i) die Stabilität der Finanzmärkte nicht gefährdet wird, und

ii) die Bekanntmachung einer derartigen Entscheidung auch bei geringfügigen Maßnahmen verhältnismäßig ist.

Im Falle einer Entscheidung, eine verwaltungsrechtliche Sanktion oder sonstige verwaltungsrechtliche Maßnahme nach Unterabsatz 1 Buchstabe b in anonymisierter Form bekannt zu machen, kann die Bekanntmachung der relevanten Daten für eine vertretbare Zeitspanne zurückgestellt werden, wenn abzusehen ist, dass die Gründe für die anonymisierte Bekanntmachung nach Ablauf dieser Zeitspanne wegfallen werden.

(3) Werden gegen eine Entscheidung zur Verhängung einer verwaltungsrechtlichen Sanktion oder einer sonstigen Maßnahme Rechtsmittel bei den zuständigen Gerichten oder Verwaltungsinstanzen eingelegt, geben die zuständigen Behörden dies auf ihrer offiziellen Website sofort bekannt und informieren dort auch über den Ausgang dieses Verfahrens. Bekannt gegeben wird auch jede Entscheidung, mit der eine frühere Entscheidung über die Verhängung einer verwaltungsrechtlichen Sanktion oder sonstigen verwaltungsrechtlichen Maßnahme aufgehoben wird.

(4) Die zuständigen Behörden stellen sicher, dass Bekanntmachungen nach diesem Artikel ab dem Zeitpunkt ihrer Veröffentlichung mindestens fünf Jahre lang auf ihrer offiziellen Website zugänglich bleiben. Enthält die Bekanntmachung personenbezogene Daten, so bleiben diese nur so lange auf der offiziellen Website der zuständigen Behörde einsehbar, wie dies nach den geltenden Datenschutzbestimmungen erforderlich ist.

Artikel 115
Berichterstattung über verwaltungsrechtliche Sanktionen und sonstige verwaltungsrechtliche Maßnahmen an die ESMA und die EBA

(1) Die zuständige Behörde übermittelt der ESMA und der EBA alljährlich aggregierte Informationen über alle gemäß Artikel 111 verhängten verwaltungsrechtlichen Sanktionen und sonstigen verwaltungsrechtlichen Maßnahmen. Die ESMA veröffentlicht diese Informationen in einem Jahresbericht.

Haben die Mitgliedstaaten gemäß Artikel 111 Absatz 1 Unterabsatz 2 strafrechtliche Sanktionen für Verstöße gegen die darin genannten Bestimmungen festgelegt, so übermitteln ihre zuständigen Behörden der EBA und der ESMA jedes Jahr anonymisierte und aggregierte Informationen über alle einschlägigen durchgeführten strafrechtlichen Ermittlungen und verhängten strafrechtlichen Sanktionen. Die ESMA veröffentlicht die Angaben zu den verhängten strafrechtlichen Sanktionen in einem Jahresbericht.

(2) Hat die zuständige Behörde verwaltungsrechtliche Sanktionen oder andere verwaltungsrechtliche Maßnahmen oder strafrechtliche Sanktionen öffentlich gemacht, so meldet sie diese gleichzeitig der ESMA.

(3) Die zuständigen Behörden unterrichten die EBA und die ESMA über alle verwaltungsrechtlichen Sanktionen oder anderen verwaltungsrechtlichen Maßnahmen, die verhängt, aber nicht veröffentlicht wurden, einschließlich aller in diesem Zusammenhang eingelegten Rechtsmittel und der Ergebnisse der Rechtsmittelverfahren. In Bezug auf verhängte strafrechtliche Sanktionen stellen die Mitgliedstaaten sicher, dass die zuständigen Behörden Informationen und das rechtskräftige Urteil erhalten und der ESMA und der EBA übermitteln. Die ESMA betreibt eine zentrale Datenbank der ihr gemeldeten verwaltungsrechtlichen Sanktionen und Maßnahmen, die einzig dem Informationsaustausch zwischen den zuständigen Behörden dient. Diese Datenbank ist nur der EBA, der ESMA und den zuständigen Behörden zugänglich und wird anhand der von den zuständigen Behörden übermittelten Informationen aktualisiert.

Artikel 116
Meldung von Verstößen und Schutz von Hinweisgebern

Für die Meldung von Verstößen gegen diese Verordnung und den Schutz von Personen, die solche Verstöße melden, gilt die Richtlinie (EU) 2019/1937.

KAPITEL 4
Aufsichtsaufgaben der EBA in Bezug auf Emittenten signifikanter vermögenswertereferenzierter Token und signifikanter E-Geld-Token und Aufsichtskollegien

Artikel 117
Aufsichtsaufgaben der EBA in Bezug auf Emittenten signifikanter vermögenswertereferenzierter Token und Emittenten signifikanter E-Geld-Token

(1) Wurde ein vermögenswertereferenzierter Token nach Artikel 43 oder Artikel 44 als signifikant eingestuft, wird die Tätigkeit des Emittenten des betreffenden vermögenswertereferenzierten Token von der EBA beaufsichtigt.

Unbeschadet der Befugnisse der zuständigen nationalen Behörden gemäß Absatz 2 dieses Artikels werden die in den Artikeln 22 bis 25, 29, 33, in Artikel 34 Absätze 7 und 12, Artikel 35 Absätze 3 und 5, Artikel 36 Absatz 10 und in den Artikeln 41, 42, 46 und 47 vorgesehenen Befugnisse der zuständigen Behörden bei Emittenten signifikanter vermögenswertereferenzierter Token von der EBA ausgeübt.

(2) Erbringt ein Emittent eines signifikanten vermögenswertereferenzierten Token auch Kryptowerte-Dienstleistungen oder gibt er Kryptowerte aus, die keine signifikanten vermögenswertereferenzierten Token sind, so werden diese Dienstleistungen und Tätigkeiten weiterhin von der zuständigen Behörde des Herkunftsmitgliedstaats beaufsichtigt.

(3) Wurde ein vermögenswertereferenzierter Token gemäß Artikel 43 als signifikant eingestuft, führt die EBA eine aufsichtliche Neubewertung durch, um sicherzustellen, dass der Emittent die Anforderungen des Titels III erfüllt.

(4) Wurde ein von einem E-Geld-Institut ausgegebener E-Geld-Token nach den Artikeln 56 oder 57 als signifikant eingestuft, so beaufsichtigt die EBA die Einhaltung der Artikel 55 und 58 durch den Emittenten des betreffenden signifikanten E-Geld-Token.

Für die Zwecke der Beaufsichtigung der Einhaltung der Artikel 55 und 58 übt die EBA die Befugnisse der zuständigen Behörden aus, die diesen in Bezug auf E-Geld-Institute, die signifikante E-Geld-Token ausgeben, durch die Artikel 22 und 23, Artikel 24 Absatz 3, Artikel 35 Absätze 3 und 5, Artikel 36 Absatz 10, und die Artikel 46 und 47 übertragen wurden.

(5) Die EBA übt ihre Aufsichtsbefugnisse gemäß den Absätzen 1 bis 4 in enger Zusammenarbeit mit den anderen zuständigen Behörden aus, die mit der Beaufsichtigung des Emittenten betraut sind, insbesondere

a) der Aufsichtsbehörde, einschließlich der EZB gemäß der Verordnung (EU) Nr. 1024/2013, soweit zutreffend,

b) den nach den nationalen Rechtsvorschriften zur Umsetzung der Richtlinie 2009/110/EG zuständigen Behörden, soweit zutreffend, und

c) den in Artikel 20 Absatz 1 genannten zuständigen Behörden.

Artikel 118
Ausschuss der EBA für Kryptowerte

(1) Die EBA setzt gemäß Artikel 41 der Verordnung (EU) Nr. 1093/2010 einen ständigen internen Ausschuss ein, damit dieser die Beschlüsse der EBA vorbereitet, die im Einklang mit Artikel 44 der genannten Verordnung zu fassen sind, einschließlich der Beschlüsse, die sich auf Aufsichtsaufgaben beziehen, mit denen die EBA mit der vorliegenden Verordnung betraut wird.

(2) Der Ausschuss für Kryptowerte kann auch Beschlüsse betreffend Entwürfe technischer Regulierungsstandards und Entwürfe technischer Durchführungsstandards vorbereiten, die sich auf Aufsichtsaufgaben beziehen, mit denen die EBA mit der vorliegenden Verordnung betraut wird.

(3) Die EBA stellt sicher, dass der Ausschuss für Kryptowerte nur den in den Absätzen 1 und 2 genannten Tätigkeiten nachgeht sowie jegliche sonstigen Aufgaben erfüllt, die für die Ausführung seiner Tätigkeiten in Bezug auf Kryptowerte erforderlich sind.

Artikel 119
Kollegien für Emittenten signifikanter vermögenswertereferenzierter Token und Emittenten signifikanter E-Geld-Token

(1) Innerhalb von 30 Kalendertagen nach einem Beschluss über die Einstufung eines vermögenswertereferenzierten Token oder eines E-Geld-Token als signifikant gemäß Artikel 43 44, 56 oder 57 richtet die EBA für jeden Emittenten eines signifikanten vermögenswertereferenzierter Token oder eines signifikanten E-Geld-Token ein beratendes Aufsichtskollegium ein und übernimmt dessen Management und Vorsitz, um im Rahmen dieser Verordnung die Wahrnehmung der Aufsichtsaufgaben zu erleichtern und als Vehikel für die Koordinierung der Aufsichtstätigkeiten zu dienen.

(2) Dem Kollegium nach Absatz 1 gehören an:

a) die EBA,

b) die ESMA,

c) die zuständigen Behörden des Herkunftsmitgliedstaats, in dem der Emittent des signifikanten vermögenswertereferenzierten Token oder des signifikanten E-Geld-Token niedergelassen ist,

d) die zuständigen Behörden der wichtigsten Anbieter von Kryptowerte-Dienstleistungen, Kreditinstitute oder Wertpapierfirmen, die die Verwahrung des Reservevermögens gemäß Artikel 37 oder des Geldbetrags, der im Tausch gegen die signifikanten E-Geld-Token eingenommen wurde, sicherstellen,

e) sofern anwendbar, die zuständigen Behörden der wichtigsten Handelsplattformen für Kryptowerte, auf denen die signifikanten vermögenswertereferenzierten Token oder die signifikanten E-Geld-Token zum Handel zugelassen sind,

f) die zuständigen Behörden der wichtigsten zugelassenen Zahlungsdienstleister, die Zahlungsdienste im Zusammenhang mit den signifikanten E-Geld-Token erbringen,

g) sofern anwendbar, die zuständigen Behörden der Rechtsträger, die die in Artikel 34 Absatz 5 Unterabsatz 1 Buchstabe h genannten Aufgaben wahrnehmen,

h) sofern anwendbar, die Behörden, die für die wichtigsten Anbieter von Kryptowerte-Dienstleistungen für die Verwahrung und Verwaltung von Kryptowerten für Kunden in Bezug auf die signifikanten vermögenswertereferenzierten Token oder signifikanten E-Geld-Token zuständig sind,

i) die EZB,

j) wenn der Emittent des signifikanten vermögenswertereferenzierten Token in einem Mitgliedstaat niedergelassen ist, dessen amtliche Währung nicht der Euro ist, oder wenn eine amtliche Währung, die nicht der Euro ist, als Bezugsgröße für den signifikanten vermögenswertereferenzierten Token gilt, die Zentralbank des betreffenden Mitgliedstaats,

k) wenn der Emittent des signifikanten E-Geld-Token in einem Mitgliedstaat niedergelassen ist, dessen amtliche Währung nicht der Euro ist, oder wenn eine Währung, die nicht der Euro ist, als Bezugsgröße für den signifikanten E-Geld-Token gilt, die Zentralbank des betreffenden Mitgliedstaats,

l) zuständige Behörden der Mitgliedstaaten, in denen der vermögenswertereferenzierte Token oder der E-Geld-Token in großem Maßstab verwendet wird, auf deren Ersuchen,

m) einschlägige Aufsichtsbehörden von Drittländern, mit denen die EBA Verwaltungsvereinbarungen nach Artikel 126 geschlossen hat.

(3) Die EBA kann andere Behörden einladen, Mitglieder des in Absatz 1 genannten Kollegiums zu werden, wenn die von ihnen beaufsichtigten Rechtsträger für die Arbeit des Kollegiums von Bedeutung sind.

(4) Eine zuständige Behörde eines Mitgliedstaats, die nicht dem Kollegium angehört, kann vom Kollegium jedwede Auskunft verlangen, die sie für die Ausübung ihrer Aufsichtspflichten im Rahmen dieser Verordnung benötigt.

(5) Das in Absatz 1 dieses Artikels genannte Kollegium nimmt – unbeschadet der Verantwortlichkeiten zuständiger Behörden im Rahmen dieser Verordnung – folgende Aufgaben wahr:

a) Ausarbeitung der unverbindlichen Stellungnahme gemäß Artikel 120;

b) Informationsaustausch gemäß dieser Verordnung;

c) Einigung über die freiwillige Übertragung von Aufgaben unter seinen Mitgliedern.

Um die Durchführung der dem Kollegium in Unterabsatz 1 dieses Absatzes zugewiesenen Aufgaben zu erleichtern, haben die in Absatz 2 genannten Mitglieder des Kollegiums das Recht, sich an der Festlegung der Tagesordnung für die Sitzungen des Kollegiums zu beteiligen, insbesondere durch das Hinzufügen von Punkten zur Tagesordnung einer Sitzung.

(6) Grundlage für die Einrichtung und die Arbeitsweise des in Absatz 1 genannten Kollegiums ist eine schriftliche Vereinbarung zwischen allen Mitgliedern des Kollegiums.

In der in Unterabsatz 1 genannten Vereinbarung werden die praktischen Modalitäten der Arbeitsweise des Kollegiums festgelegt, einschließlich detaillierter Regelungen für

a) die Abstimmungsverfahren nach Artikel 120 Absatz 3,

b) die Verfahren für die Festlegung der Tagesordnung von Sitzungen des Kollegiums,

c) die Häufigkeit der Sitzungen des Kollegiums,

d) die angemessenen Mindestfristen für die Bewertung der einschlägigen Unterlagen durch die Mitglieder des Kollegiums,

e) die Modalitäten für die Kommunikation zwischen den Mitgliedern des Kollegiums,

f) die Einrichtung mehrerer Kollegien, jeweils eines für jeden konkreten Kryptowert oder jede Gruppe von Kryptowerten.

In der Vereinbarung können auch Aufgaben festgelegt werden, die der EBA oder einem anderen Mitglied des Kollegiums übertragen werden sollen.

(7) Als Vorsitz eines jeden Kollegiums ist die EBA dafür zuständig,

a) schriftliche Vereinbarungen und Verfahren für die Arbeitsweise des Kollegiums nach Konsultation der anderen Mitglieder des Kollegiums festzulegen,

b) alle Tätigkeiten des Kollegiums zu koordinieren,

c) dessen Sitzungen einzuberufen, in diesen Sitzungen den Vorsitz zu führen und die Mitglieder des Kollegiums vorab umfassend über die Anberaumung der Sitzungen des Kollegiums, die wichtigsten Tagesordnungspunkte und die zu erörternden Fragen zu informieren,

d) den Mitgliedern des Kollegiums mitzuteilen, welche Sitzungen geplant sind, damit diese um Teilnahme ersuchen können, und

e) die Mitglieder des Kollegiums über die in den betreffenden Sitzungen gefassten Beschlüsse und ihre Ergebnisse rechtzeitig zu unterrichten.

(8) Um die einheitliche und kohärente Arbeitsweise der Kollegien sicherzustellen, erarbeitet die EBA in Zusammenarbeit mit der ESMA und der EZB Entwürfe für technische Regulierungsstandards zur Festlegung

a) der Bedingungen, unter denen die in Absatz 2 Buchstaben d, e, f und h genannten Unternehmen als die wichtigsten anzusehen sind,

b) der Bedingungen, bei deren Vorliegen angenommen wird, dass vermögenswertereferenzierte Token oder E-Geld-Token in großem Maßstab im Sinne von Absatz 2 Buchstabe L verwendet werden, und

c) der Einzelheiten der in Absatz 6 genannten praktischen Modalitäten.

Die EBA übermittelt der Kommission die in Unterabsatz 1 genannten Entwürfe technischer Regulierungsstandards bis 30. Juni 2024.

Der Kommission wird die Befugnis übertragen, diese Verordnung durch die Annahme der in Unterabsatz 1 dieses Absatzes genannten technischen Regulierungsstandards gemäß den Artikeln 10 bis 14 der Verordnung (EU) Nr. 1093/2010 zu ergänzen.

Artikel 120
Unverbindliche Stellungnahmen der Kollegien für Emittenten signifikanter vermögenswertereferenzierter Token und signifikanter E-Geld-Token

(1) Das in Artikel 119 Absatz 1 genannte Kollegium kann eine unverbindliche Stellungnahme zu Folgendem abgeben:

a) zur aufsichtlichen Neubewertung nach Artikel 117 Absatz 3;

b) zu jedem Beschluss, von einem Emittenten eines signifikanten vermögenswertereferenzierten Token oder eines E-Geld-Token einen höheren Eigenmittelbetrag je nach Einschlägigkeit gemäß Artikel 35 Absätze 2, 3 und 5, Artikel 45 Absatz 5 und Artikel 58 Absatz 1 zu verlangen;

c) zu jeder Aktualisierung des Sanierungsplans oder Rücktauschplans eines Emittenten eines signifikanten vermögenswertereferenzierten Token oder eines Emittenten eines signifikanten E-Geld-Token je nach Einschlägigkeit nach den Artikeln 46, 47 und 55;

d) zu jeder Veränderung des Geschäftsmodells des Emittenten eines signifikanten vermögenswertereferenzierten Token nach Artikel 25 Absatz 1;

e) zum Entwurf eines geänderten Kryptowerte-Whitepapers, der gemäß Artikel 25 Absatz 2 ausgearbeitet wurde;

f) zu jeder geplanten angemessenen Korrekturmaßnahme nach Artikel 25 Absatz 4;

g) zu jeder geplanten Aufsichtsmaßnahme nach Artikel 130;

h) zu jeder geplanten Verwaltungsvereinbarung über den Informationsaustausch mit der Aufsichtsbehörde eines Drittlands nach Artikel 126;

i) zu jeder Übertragung von Aufsichtsaufgaben von der EBA auf eine zuständige Behörde nach Artikel 138;

j) zu jeder geplanten Veränderung bei der Zulassung der in Artikel 119 Absatz 2 Buchstaben d bis h genannten Mitglieder des Kollegiums oder einer in Bezug auf diese Mitglieder geplanten Aufsichtsmaßnahme;

k) zum Entwurf eines geänderten Kryptowerte-Whitepapers, das gemäß Artikel 51 Absatz 12 ausgearbeitet wurde.

(2) Gibt das Kollegium eine Stellungnahme nach Absatz 1 ab, so kann die Stellungnahme auf Antrag eines Mitglieds des Kollegiums und nach Annahme durch eine Mehrheit des Kollegiums nach Absatz 3 Empfehlungen für die Behebung von Mängeln bei der von der EBA oder den zuständigen Behörden geplanten Maßnahme enthalten.

(3) Eine Stellungnahme des Kollegiums wird mit einfacher Mehrheit der Stimmen seiner Mitglieder verabschiedet.

Wird ein Mitgliedstaat im Kollegium durch mehrere Mitglieder vertreten, so ist nur eines dieser Mitglieder stimmberechtigt.

Hat das die EZB vertretende Mitglied des Kollegiums mehrere Funktionen, einschließlich Aufsichtsfunktionen, so verfügt es über nur eine Stimme.

Die in Artikel 119 Absatz 2 Buchstabe m genannten Aufsichtsbehörden von Drittländern sind bei Stellungnahmen des Kollegiums nicht stimmberechtigt.

(4) Die EBA bzw. die zuständigen Behörden tragen der gemäß Absatz 3 erarbeiteten Stellungnahme des Kollegiums gebührend Rechnung, einschließlich etwaiger Empfehlungen zur Behebung von Mängeln bei der Aufsichtsmaßnahme in Bezug auf einen Emittenten eines signifikanten vermögenswertereferenzierten Token, einen Emittenten eines signifikanten E-Geld-Token oder in Bezug auf die in Artikel 119 Absatz 2 Buchstaben d bis h genannten Unternehmen und Anbieter von Kryptowerte-Dienstleistungen. Folgen die EBA oder eine zuständige Behörde der Stellungnahme des Kollegiums einschließlich etwaiger darin enthaltener Empfehlungen für die Behebung von Mängeln bei der geplanten Aufsichtsmaßnahme nicht, so muss ihr Beschluss eine Begründung und eine Erläuterung jeder signifikanten Abweichung von dieser Stellungnahme oder diesen Empfehlungen enthalten.

KAPITEL 5

Befugnisse und Zuständigkeiten der EBA hinsichtlich Emittenten signifikanter vermögenswertereferenzierter Token und Emittenten signifikanter E-Geld-Token

Artikel 121

Rechtsprivileg

Die der EBA oder Bediensteten der EBA oder sonstigen von ihr bevollmächtigten Personen nach den Artikeln 122 bis 125 übertragenen Befugnisse dürfen nicht genutzt werden, um die Offenlegung von Informationen zu verlangen, die einem Rechtsprivileg unterliegen.

Artikel 122
Informationsersuchen

(1) Zur Wahrnehmung ihrer Aufsichtsaufgaben nach Artikel 117 kann die EBA durch einfaches Ersuchen oder im Wege eines Beschlusses von folgenden Personen die Vorlage sämtlicher Informationen verlangen, die sie für die Wahrnehmung ihrer Aufgaben im Rahmen dieser Verordnung benötigt:

a) von einem Emittenten eines signifikanten vermögenswertereferenzierten Token oder einer Person, die einen Emittenten eines signifikanten vermögenswertereferenzierten Token kontrolliert oder direkt oder indirekt von einem Emittenten eines signifikanten vermögenswertereferenzierten Token kontrolliert wird;

b) von einem Drittunternehmen im Sinne von Artikel 34 Absatz 5 Unterabsatz 1 Buchstabe h, mit denen der Emittent eines signifikanten vermögenswertereferenzierten Token eine vertragliche Vereinbarung geschlossen hat;

c) von Anbietern von Kryptowerte-Dienstleistungen, Kreditinstituten oder Wertpapierfirmen, die die Verwahrung des Reservevermögens gemäß Artikel 37 sicherstellen;

d) von einem Emittenten eines signifikanten E-Geld-Token oder einer Person, die einen Emittenten eines signifikanten E-Geld-Token kontrolliert oder direkt oder indirekt von einem Emittenten eines signifikanten E-Geld-Token kontrolliert wird;

e) von einem Zahlungsdienstleister, der Zahlungsdienste im Zusammenhang mit signifikanten E-Geld-Token erbringt;

f) von einer natürlichen oder juristischen Person, die damit beauftragt wurde, signifikante E-Geld-Token für einen Emittenten signifikanter E-Geld-Token zu vertreiben;

g) von einem Anbieter von Kryptowerte-Dienstleistungen für die Verwahrung und Verwaltung von Kryptowerten für Kunden in Bezug auf signifikante vermögenswertereferenzierte Token oder signifikante E-Geld-Token;

h) von einem Betreiber einer Handelsplattform für Kryptowerte, der einen signifikanten vermögenswertereferenzierten Token oder einen signifikanten E-Geld-Token zum Handel zugelassen hat;

i) vom Leitungsorgan der unter den Buchstaben a bis h genannten Personen.

(2) Ein einfaches Informationsersuchen gemäß Absatz 1 enthält

a) eine Bezugnahme auf diesen Artikel als Rechtsgrundlage des Ersuchens,

b) den Zweck des Ersuchens,

c) nähere Angaben zu den verlangten Informationen,

d) die Frist für die Vorlage der Informationen,

e) eine Unterrichtung der Person, die um Informationen ersucht wird, darüber, dass sie nicht zu deren Übermittlung verpflichtet ist, dass aber die übermittelten Informationen im Falle einer freiwilligen Beantwortung des Ersuchens nicht falsch und nicht irreführend sein dürfen, und

f) Angaben zu der Geldbuße, die in Artikel 131 für den Fall vorgesehen ist, dass die Antworten auf gestellte Fragen falsch oder irreführend sind.

(3) Fordert die EBA die Vorlage von Informationen im Wege eines Beschlusses nach Absatz 1 an, so enthält der Beschluss

a) eine Bezugnahme auf diesen Artikel als Rechtsgrundlage des Ersuchens,

b) den Zweck des Ersuchens,

c) nähere Angaben zu den verlangten Informationen,

d) die Frist für die Vorlage der Informationen,

e) Angaben zu den Zwangsgeldern, die nach Artikel 132 verhängt werden, falls Informationen beizubringen sind,

f) Angaben zu der Geldbuße, die in Artikel 131 für den Fall vorgesehen ist, dass die Antworten auf gestellte Fragen falsch oder irreführend sind, und

g) den Hinweis auf das Recht, nach den Artikeln 60 und 61 der Verordnung (EU) Nr. 1093/2010 vor dem Beschwerdeausschuss der EBA Beschwerde gegen den Beschluss einzulegen und den Beschluss durch den Gerichtshof überprüfen zu lassen.

(4) Die in Absatz 1 genannten Personen oder deren Vertreter und bei juristischen Personen und nicht rechtsfähigen Vereinen die nach Gesetz zur Vertretung berufenen Personen stellen die geforderten Informationen zur Verfügung.

(5) Die EBA übermittelt der zuständigen Behörde des Mitgliedstaats, in dem die von dem Informationsersuchen betroffenen Personen ansässig oder niedergelassen sind, unverzüglich eine Kopie des einfachen Ersuchens oder ihres Beschlusses.

Artikel 123
Allgemeine Untersuchungsbefugnisse

(1) Zur Wahrnehmung ihrer Aufsichtsaufgaben nach Artikel 117 kann die EBA Untersuchungen in Bezug auf Emittenten signifikanter vermögenswertereferenzierter Token und Emittenten signifikanter E-Geld-Token durchführen. Zu diesem Zweck haben die Bediensteten der EBA und sonstige von ihr bevollmächtigte Personen die Befugnis,

a) Aufzeichnungen, Daten, Verfahren und sonstiges für die Erfüllung ihrer Aufgaben relevantes Material unabhängig davon, in welcher Form sie gespeichert sind, zu prüfen;

b) beglaubigte Kopien oder Auszüge dieser Aufzeichnungen, Daten und Verfahren und des sonstigen Materials anzufertigen oder zu verlangen;

c) jeden Emittenten eines signifikanten vermögenswertereferenzierten Token oder Emittenten eines signifikanten E-Geld-Token oder ihr Leitungsorgan oder ihre Mitarbeiter vorzuladen und zur Abgabe mündlicher oder schriftlicher Erklärungen von Sachverhalten oder Unterlagen aufzufordern, die mit Gegenstand und Zweck der Untersuchung in Zusammenhang stehen, und die Antworten aufzuzeichnen;

d) jede andere natürliche oder juristische Person zu befragen, die einer Befragung zum Zweck der Einholung von Informationen über einen Gegenstand der Untersuchung zustimmt;

e) Aufzeichnungen von Telefongesprächen und Datenübermittlungen anzufordern.

Ein Kollegium im Sinne von Artikel 119 Absatz 1 wird unverzüglich über alle Erkenntnisse unterrichtet, die für die Erfüllung seiner Aufgaben relevant sein könnten.

(2) Die Bediensteten der EBA und sonstige von ihr zur Untersuchung gemäß Absatz 1 bevollmächtigte Personen üben ihre Befugnisse unter Vorlage einer schriftlichen Vollmacht aus, in der Gegenstand und Zweck der Untersuchung angegeben werden. Darüber hinaus wird in der Vollmacht angegeben, welche Zwangsgelder gemäß Artikel 132 verhängt werden, wenn die angeforderten Aufzeichnungen, Daten, Verfahren und das sonstige Material oder die Antworten auf die Fragen, die den Emittenten signifikanter vermögenswertereferenzierter Token oder den Emittenten signifikanter E-Geld-Token gestellt wurden, nicht oder unvollständig bereitgestellt beziehungsweise erteilt werden, und welche Geldbußen gemäß Artikel 131 verhängt werden, wenn die Antworten auf die Fragen, die den Emittenten signifikanter vermögenswertereferenzierter Token oder den Emittenten signifikanter E-Geld-Token gestellt wurden, sachlich falsch oder irreführend sind.

(3) Die Emittenten signifikanter vermögenswertereferenzierter Token und die Emittenten signifikanter E-Geld-Token sind verpflichtet, sich den durch Beschluss der EBA eingeleiteten Untersuchungen zu unterziehen. In dem Beschluss wird Folgendes angegeben: Gegenstand und Zweck der Untersuchung, die in Artikel 132 vorgesehenen Zwangsgelder, die nach der Verordnung (EU) Nr. 1093/2010 möglichen Rechtsbehelfe sowie das Recht, den Beschluss durch den Gerichtshof überprüfen zu lassen.

(4) Die EBA unterrichtet die zuständige Behörde des Mitgliedstaats, in dem die Untersuchung gemäß Absatz 1 erfolgen soll, rechtzeitig über die bevorstehende Untersuchung und die Identität der bevollmächtigten Personen. Auf Antrag der EBA unterstützen Bedienstete der zuständigen Behörde die bevollmächtigten Personen bei der Durchführung ihrer Aufgaben. Die Bediensteten der betreffenden zuständigen Behörde können auf Antrag auch an den Untersuchungen teilnehmen.

(5) Setzt die Anforderung von Aufzeichnungen von Telefongesprächen oder Datenübermittlungen gemäß Absatz 1 Unterabsatz 1 Buchstabe e nach geltendem nationalem Recht eine gerichtliche Genehmigung voraus, so muss die EBA eine solche beantragen. Die Genehmigung kann auch vorsorglich beantragt werden.

(6) Geht bei einem Gericht eines Mitgliedstaats ein Antrag auf Genehmigung einer Anforderung von Aufzeichnungen von Telefongesprächen oder Datenübermittlungen nach Absatz 1 Unterabsatz 1 Buchstabe e ein, so prüft das Gericht,

a) ob der in Absatz 3 genannte Beschluss der EBA echt ist, und

b) ob die zu ergreifenden Maßnahmen angemessen und weder willkürlich noch unverhältnismäßig sind.

(7) Für die Zwecke von Absatz 6 Buchstabe b kann das Gericht die EBA um detaillierte Erläuterungen ersuchen, insbesondere in Bezug auf die Gründe, warum die EBA einen Verstoß gegen diese Verordnung vermutet, in Bezug auf die Schwere des mutmaßlichen Verstoßes und die Art der Beteiligung der Person, gegen die sich die Zwangsmaßnahmen richten. Das Gericht darf jedoch weder die Notwendigkeit der Untersuchung prüfen noch die Übermittlung der in den Akten der EBA enthaltenen Informationen verlangen. Die Rechtmäßigkeit des Beschlusses der EBA unterliegt ausschließlich der Prüfung durch den Gerichtshof nach dem in der Verordnung (EU) Nr. 1093/2010 vorgesehenen Verfahren.

Artikel 124
Prüfungen vor Ort

(1) Zur Wahrnehmung ihrer Aufsichtsaufgaben nach Artikel 117 kann die EBA alle notwendigen Prüfungen vor Ort in sämtlichen Geschäftsräumen der Emittenten signifikanter vermögenswertereferenzierter Token und der Emittenten signifikanter E-Geld-Token durchführen.

Das in Artikel 119 genannte Kollegium wird unverzüglich über alle Erkenntnisse unterrichtet, die für die Erfüllung seiner Aufgaben relevant sein könnten.

(2) Die Bediensteten der EBA und sonstige von ihr zur Durchführung der Prüfungen vor Ort bevollmächtigte Personen sind befugt, die Geschäftsräume der Personen, die Gegenstand des Beschlusses der EBA über die Einleitung einer Untersuchung sind, zu betreten, und verfügen über sämtliche in Artikel 123 Absatz 1 genannten Befugnisse. Darüber hinaus sind sie befugt, die

Geschäftsräume und Bücher oder Aufzeichnungen jeder Art für die Dauer der Prüfung und in dem für die Prüfung erforderlichen Ausmaß zu versiegeln.

(3) Die EBA unterrichtet die zuständige Behörde des Mitgliedstaats, in dem die Prüfung erfolgen soll, rechtzeitig über die bevorstehende Prüfung. Wenn die ordnungsgemäße Durchführung und die Wirksamkeit der Prüfung dies erfordern, kann die EBA die Prüfung vor Ort ohne vorherige Unterrichtung des Emittenten des signifikanten vermögenswertereferenzierten Token oder des Emittenten des signifikanten E-Geld-Token durchführen, sofern sie die zuständige Behörde zuvor entsprechend informiert hat.

(4) Die Bediensteten der EBA und sonstige von ihr zur Durchführung der Prüfungen vor Ort bevollmächtigte Personen üben ihre Befugnisse unter Vorlage einer schriftlichen Vollmacht aus, in der der Gegenstand und der Zweck der Prüfung genannt werden und angegeben wird, welche Zwangsgelder gemäß Artikel 132 verhängt werden, wenn sich die betreffenden Personen nicht der Prüfung unterziehen.

(5) Der Emittent des signifikanten vermögenswertereferenzierten Token oder der Emittent des signifikanten E-Geld-Token unterzieht sich den durch Beschluss der EBA angeordneten Prüfungen vor Ort. In dem Beschluss wird Folgendes angegeben: Gegenstand, Zweck und Zeitpunkt des Beginns der Prüfung, die in Artikel 132 festgelegten Zwangsgelder, die nach der Verordnung (EU) Nr. 1093/2010 möglichen Rechtsbehelfe sowie das Recht, den Beschluss durch den Gerichtshof überprüfen zu lassen.

(6) Auf Antrag der EBA unterstützen Bedienstete der zuständigen Behörde des Mitgliedstaats, in dem die Prüfung vorgenommen werden soll, sowie von dieser Behörde entsprechend ermächtigte oder bestellte Personen die Bediensteten der EBA und sonstige von ihr bevollmächtigte Personen aktiv. Bedienstete der zuständigen Behörde des betreffenden Mitgliedstaats können ebenfalls an den Prüfungen vor Ort teilnehmen.

(7) Die EBA kann auch die zuständigen Behörden ersuchen, in ihrem Namen im Sinne dieses Artikels und des Artikels 123 Absatz 1 spezifische Untersuchungsaufgaben wahrzunehmen und Prüfungen vor Ort durchzuführen.

(8) Stellen die Bediensteten der EBA oder andere von ihr bevollmächtigte Begleitpersonen fest, dass sich eine Person einer nach Maßgabe dieses Artikels angeordneten Prüfung widersetzt, so gewährt die zuständige Behörde des betreffenden Mitgliedstaats gegebenenfalls unter Einsatz von Polizeikräften oder einer entsprechenden vollziehenden Behörde die erforderliche Unterstützung, damit die Prüfung vor Ort durchgeführt werden kann.

(9) Setzt die Prüfung vor Ort gemäß Absatz 1 oder die Unterstützung gemäß Absatz 7 nach nationalem Recht eine gerichtliche Genehmigung voraus, so beantragt die EBA eine solche Genehmigung. Die Genehmigung kann auch vorsorglich beantragt werden.

(10) Geht bei einem Gericht in einem Mitgliedstaat ein Antrag auf Genehmigung einer Prüfung vor Ort gemäß Absatz 1 oder einer Unterstützung gemäß Artikel 7 ein, so prüft dieses Gericht,

a) ob der in Absatz 4 genannte Beschluss der EBA echt ist, und

b) ob die zu ergreifenden Maßnahmen angemessen und weder willkürlich noch unverhältnismäßig sind.

(11) Für die Zwecke von Absatz 10 Buchstabe b kann das Gericht die EBA um detaillierte Erläuterungen ersuchen, insbesondere in Bezug auf die Gründe, warum die EBA einen Verstoß gegen diese Verordnung vermutet, in Bezug auf die Schwere des mutmaßlichen Verstoßes und die Art der Beteiligung der Person, gegen die sich die Zwangsmaßnahmen richten. Das Gericht darf jedoch weder die Notwendigkeit der Untersuchung prüfen noch die Übermittlung der in den Akten der EBA enthaltenen Informationen verlangen. Die Rechtmäßigkeit des Beschlusses der EBA unterliegt ausschließlich der Prüfung durch den Gerichtshof nach dem in der Verordnung (EU) Nr. 1093/2010 vorgesehenen Verfahren.

Artikel 125
Informationsaustausch

(1) Zur Wahrnehmung der Aufsichtsaufgaben der EBA gemäß Artikel 117 und unbeschadet des Artikels 96 übermitteln die EBA und die zuständigen Behörden einander unverzüglich die zur Wahrnehmung ihrer Aufgaben im Rahmen dieser Verordnung erforderlichen Informationen. Hierzu tauschen die zuständigen Behörden und die EBA alle Informationen aus, die Folgendes betreffen:

a) Einen Emittenten eines signifikanten vermögenswertereferenzierten Token oder eine Person, die einen Emittenten eines signifikanten vermögenswertereferenzierter Token kontrolliert oder direkt oder indirekt von einem Emittenten eines signifikanten vermögenswertereferenzierten Token kontrolliert wird;

b) ein Drittunternehmen im Sinne von Artikel 34 Absatz 5 Unterabsatz 1 Buchstabe h, mit denen der Emittent eines signifikanten vermögenswertereferenzierten Token eine vertragliche Vereinbarung geschlossen hat;

c) Anbieter von Kryptowerte-Dienstleistungen, Kreditinstitute oder Wertpapierfirmen, die die Verwahrung des Reservevermögens gemäß Artikel 37 sicherstellen;

d) einen Emittenten eines signifikanten E-Geld-Token oder eine Person, die einen Emittenten signifikanter E-Geld-Token kontrolliert oder direkt oder indirekt von einem Emittenten eines signifikanten E-Geld-Token kontrolliert wird;

e) einen Zahlungsdienstleister, der Zahlungsdienste im Zusammenhang mit signifikanten E-Geld-Token erbringt;

f) eine natürliche oder juristische Person, die damit beauftragt wurde, signifikante E-Geld-Token für einen Emittenten der signifikanten E-Geld-Token zu vertreiben;

g) einen Anbieter von Kryptowerte-Dienstleistungen für die Verwahrung und Verwaltung von Kryptowerten für Kunden in Bezug auf signifikante vermögenswertereferenzierte Token oder signifikante E-Geld-Token;

h) eine Handelsplattform für Kryptowerte, auf der ein signifikanter vermögenswertereferenzierter Token oder ein signifikanter E-Geld-Token zum Handel zugelassen wurde;

i) das Leitungsorgan der unter den Buchstaben a bis h genannten Personen.

(2) Eine zuständige Behörde kann sich nur dann weigern, einem Antrag auf Informationsaustausch gemäß Absatz 1 des vorliegenden Artikels oder einem Antrag auf Kooperation bei der Durchführung einer Untersuchung oder einer Prüfung vor Ort, wie in den Artikeln 123 bzw. 124 vorgesehen, nachzukommen,

a) wenn ein Stattgeben geeignet wäre, ihre eigene Untersuchung, ihre eigenen Durchsetzungsmaßnahmen oder, falls zutreffend, eine strafrechtliche Ermittlung zu beeinträchtigen;

b) wenn aufgrund derselben Tat gegen dieselben natürlichen oder juristischen Personen bereits ein Verfahren vor einem Gericht des ersuchten Mitgliedstaats anhängig ist;

c) wenn gegen die genannten natürlichen oder juristischen Personen aufgrund derselben Tat bereits ein rechtskräftiges Urteil in dem ersuchten Mitgliedstaat ergangen ist.

Artikel 126

Verwaltungsvereinbarungen über den Informationsaustausch zwischen der EBA und Drittländern

(1) Zur Wahrnehmung ihrer Aufsichtsaufgaben gemäß Artikel 117 darf die EBA Verwaltungsvereinbarungen über den Informationsaustausch mit den Aufsichtsbehörden von Drittländern nur schließen, wenn die Garantien zum Schutz des Berufsgeheimnisses in Bezug auf die offengelegten Informationen jenen nach Artikel 129 mindestens gleichwertig sind.

(2) Der Informationsaustausch dient der Wahrnehmung der Aufgaben der EBA oder der in Absatz 1 genannten Aufsichtsbehörden.

(3) Bei der Übermittlung personenbezogener Daten an ein Drittland wendet die EBA die Verordnung (EU) 2018/1725 an.

Artikel 127

Weitergabe von Informationen aus Drittländern

(1) Die EBA darf die von den Aufsichtsbehörden eines Drittlands erhaltenen Informationen nur dann weitergeben, wenn die EBA oder die zuständige Behörde, die der EBA die Informationen zur Verfügung gestellt hat, die ausdrückliche Zustimmung der Aufsichtsbehörde eines Drittlands, die die Informationen übermittelt hat, erhalten hat und die Informationen gegebenenfalls nur für die Zwecke, für die diese Aufsichtsbehörde ihre Zustimmung erteilt hat, weitergegeben werden oder wenn die Weitergabe für ein gerichtliches Verfahren erforderlich ist.

(2) Das Erfordernis einer ausdrücklichen Zustimmung gemäß Absatz 1 gilt nicht für sonstige Aufsichtsbehörden innerhalb der Union, wenn die von ihnen angeforderten Informationen für die Erfüllung ihrer Aufgaben erforderlich sind, und gilt nicht für Gerichte, wenn die von ihnen angeforderten Informationen für Untersuchungen oder Verfahren erforderlich sind, die Verstöße betreffen, die strafrechtlichen Sanktionen unterliegen.

Artikel 128

Zusammenarbeit mit anderen Behörden

Übt ein Emittent eines signifikanten vermögenswertereferenzierten Token oder ein Emittent eines signifikanten E-Geld-Token andere als die unter diese Verordnung fallenden Tätigkeiten aus, so arbeitet die EBA mit den Behörden zusammen, die gemäß den einschlägigen Vorschriften des Unionsrechts oder des nationalen Rechts für die Beaufsichtigung dieser anderen Tätigkeiten zuständig sind, einschließlich der Steuerbehörden und der einschlägigen Aufsichtsbehörden von Drittländern, die keine Mitglieder des Kollegiums gemäß Artikel 119 Absatz 2 Buchstabe m sind.

Artikel 129

Wahrung des Berufsgeheimnisses

Die EBA und alle Personen, die bei der EBA oder einer sonstigen Person, der die EBA Aufgaben übertragen hat, tätig sind oder tätig waren, einschließlich der von der EBA beauftragten Prüfer und Sachverständigen, sind zur Wahrung des Berufsgeheimnisses verpflichtet.

Artikel 130
Aufsichtsmaßnahmen der EBA

(1) Stellt die EBA fest, dass ein Emittent eines signifikanten vermögenswertereferenzierten Token einen in Anhang V aufgeführten Verstoß begangen hat, kann sie eine oder mehrere der folgenden Maßnahmen ergreifen:

a) Erlass eines Beschlusses, mit dem der Emittent des signifikanten vermögenswertereferenzierten Token aufgefordert wird, das den Verstoß darstellende Verhalten einzustellen;

b) Erlass eines Beschlusses über die Verhängung von Geldbußen oder Zwangsgeldern gemäß den Artikeln 131 und 132;

c) Erlass eines Beschlusses, mit dem der Emittent des signifikanten vermögenswertereferenzierten Token aufgefordert wird, zusätzliche Informationen zu übermitteln, wenn dies für den Schutz der Inhaber des vermögenswertereferenzierten Token, insbesondere der Kleinanleger, erforderlich ist;

d) Erlass eines Beschlusses, mit dem der Emittent des signifikanten vermögenswertereferenzierten Token aufgefordert wird, ein öffentliches Angebot von Kryptowerten für jeweils höchstens 30 aufeinanderfolgende Arbeitstage auszusetzen, wenn sie einen hinreichend begründeten Verdacht hat, dass gegen diese Verordnung verstoßen wurde;

e) Erlass eines Beschlusses, mit dem ein öffentliches Angebot eines signifikanten vermögenswertereferenzierten Token untersagt wird, wenn sie feststellt, dass gegen diese Verordnung verstoßen wurde, oder sie einen hinreichend begründeten Verdacht hat, dass gegen sie verstoßen werden wird;

f) Erlass eines Beschlusses, mit dem der Anbieter von Kryptowerte-Dienstleistungen, der eine Handelsplattform für Kryptowerte betreibt, die den signifikanten vermögenswertereferenzierten Token zum Handel zugelassen hat, aufgefordert wird, den Handel mit diesen Kryptowerten für jeweils höchstens 30 aufeinanderfolgende Arbeitstage auszusetzen, wenn sie einen hinreichend begründeten Verdacht hat, dass gegen diese Verordnung verstoßen wurde;

g) Erlass eines Beschlusses, mit dem der Handel mit dem signifikanten vermögenswertereferenzierten Token auf einer Handelsplattform für Kryptowerte untersagt wird, wenn sie feststellt, dass gegen diese Verordnung verstoßen wurde;

h) Erlass eines Beschlusses, mit dem der Emittent des signifikanten vermögenswertereferenzierten Token aufgefordert wird, seine Marketingmitteilungen zu ändern, wenn sie feststellt, dass die Marketingmitteilungen nicht mit Artikel 29 im Einklang stehen;

i) Erlass eines Beschlusses über die Aussetzung oder das Verbot von Marketingmitteilungen, wenn ein hinreichend begründeter Verdacht besteht, dass gegen diese Verordnung verstoßen wurde;

j) Erlass eines Beschlusses, mit dem der Emittent des signifikanten vermögenswertereferenzierten Token aufgefordert wird, zur Gewährleistung des Verbraucherschutzes oder des reibungslosen Funktionierens des Marktes alle wesentlichen Informationen, die die Bewertung des öffentlich angebotenen oder zum Handel zugelassenen signifikanten vermögenswertereferenzierten Token beeinflussen könnten, offenzulegen;

k) Abgabe von Warnungen, dass ein Emittent eines signifikanten vermögenswertereferenzierten Token seinen Verpflichtungen gemäß dieser Verordnung nicht nachkommt;

l) Entzug der Zulassung des Emittenten eines signifikanten vermögenswertereferenzierten Token;

m) Erlass eines Beschlusses über die Abberufung einer natürlichen Person aus dem Leitungsorgan eines Emittenten eines signifikanten vermögenswertereferenzierten Token;

n) Aufforderung des unter ihrer Aufsicht stehenden Emittenten des signifikanten vermögenswertereferenzierten Token, gemäß Artikel 23 Absatz 4 und Artikel 24 Absatz 3 eine Mindeststückelung im Hinblick auf diesen signifikanten vermögenswertereferenzierten Token einzuführen oder die Menge der ausgegebenen signifikanten vermögenswertereferenzierten Token einzuschränken.

(2) Stellt die EBA fest, dass ein Emittent eines signifikanten E-Geld-Token einen in Anhang VI aufgeführten Verstoß begangen hat, kann sie eine oder mehrere der folgenden Maßnahmen ergreifen:

a) Erlass eines Beschlusses, mit dem der Emittent des signifikanten E-Geld-Token aufgefordert wird, das den Verstoß darstellende Verhalten einzustellen;

b) Erlass eines Beschlusses über die Verhängung von Geldbußen oder Zwangsgeldern gemäß den Artikeln 131 und 132;

c) Erlass eines Beschlusses, mit dem der Emittent des signifikanten E-Geld-Token aufgefordert wird, zusätzliche Informationen zu übermitteln, wenn dies für den Schutz der Inhaber des signifikanten E-Geld-Token, insbesondere der Kleinanleger, erforderlich ist;

d) Erlass eines Beschlusses, mit dem der Emittent des signifikanten E-Geld-Token aufgefordert wird, ein öffentliches Angebot von Kryptowerten für jeweils höchstens 30 aufeinanderfolgende Arbeitstage auszusetzen, wenn sie einen hinreichend begründeten Verdacht hat, dass gegen diese Verordnung verstoßen wurde;

e) Erlass eines Beschlusses, mit dem ein öffentliches Angebot signifikanter E-Geld-Token untersagt wird, wenn sie feststellt, dass gegen diese

Verordnung verstoßen wurde, oder sie einen hinreichend begründeten Verdacht hat, dass gegen sie verstoßen würde;

f) Erlass eines Beschlusses, mit dem der jeweilige Anbieter von Kryptowerte-Dienstleistungen, der eine Handelsplattform für Kryptowerte betreibt, die die signifikanten E-Geld-Token zum Handel zugelassen hat, aufgefordert wird, den Handel mit diesen Kryptowerten für jeweils höchstens 30 aufeinanderfolgende Arbeitstage auszusetzen, wenn sie einen hinreichend begründeten Verdacht hat, dass gegen diese Verordnung verstoßen wurde;

g) Erlass eines Beschlusses, mit dem der Handel mit dem signifikanten E-Geld-Token auf einer Handelsplattform für Kryptowerte untersagt wird, wenn sie feststellt, dass gegen diese Verordnung verstoßen wurde;

h) Erlass eines Beschlusses, mit dem der Emittent des signifikanten E-Geld-Token aufgefordert wird, zur Gewährleistung des Verbraucherschutzes oder des reibungslosen Funktionierens des Marktes alle wesentlichen Informationen, die die Bewertung der öffentlich angebotenen oder zum Handel zugelassenen signifikanten E-Geld-Token beeinflussen könnten, offenzulegen;

i) Abgabe von Warnungen, dass der Emittent des signifikanten E-Geld-Token seinen Verpflichtungen gemäß dieser Verordnung nicht nachkommt;

j) Aufforderung des unter ihrer Aufsicht stehenden Emittenten des signifikanten E-Geld-Token, in Anwendung von Artikel 58 Absatz 3 eine Mindeststückelung im Hinblick auf diesen signifikanten E-Geld-Token einzuführen oder die Menge der ausgegebenen signifikanten E-Geld-Token einzuschränken.

(3) Wenn sie die in den Absätzen 1 und 2 genannten Maßnahmen ergreift, berücksichtigt die EBA Art und Schwere des Verstoßes anhand der folgenden Kriterien:

a) Dauer und Häufigkeit des Verstoßes;

b) ob Finanzkriminalität verursacht oder erleichtert wurde oder anderweitig mit dem Verstoß in Verbindung steht;

c) ob der Verstoß schwerwiegende oder systemische Schwächen in den Verfahren, Strategien und Risikomanagementverfahren des Emittenten des signifikanten vermögenswertereferenzierten Token oder des Emittenten signifikanter E-Geld-Token aufgedeckt hat;

d) ob der Verstoß vorsätzlich oder fahrlässig begangen wurde;

e) Grad an Verantwortung des für den Verstoß verantwortlichen Emittenten des signifikanten vermögenswertereferenzierten Token oder Emittenten des signifikanten E-Geld-Token;

f) Finanzkraft des für den Verstoß verantwortlichen Emittenten des signifikanten vermögenswertereferenzierten Token oder Emittenten des signifikanten E-Geld-Token, wie sie sich aus dem Gesamtumsatz der verantwortlichen juristischen Person oder den Jahreseinkünften und dem Nettovermögen der verantwortlichen natürlichen Person ablesen lässt;

g) Auswirkungen des Verstoßes auf die Interessen der Inhaber der signifikanten vermögenswertereferenzierten Token oder der signifikanten E-Geld-Token;

h) Höhe der durch den Verstoß von dem für den Verstoß verantwortlichen Emittenten des signifikanten vermögenswertereferenzierten Token oder des signifikanten E-Geld-Token erzielten Gewinne bzw. vermiedenen Verluste oder Höhe der Dritten entstandenen Verluste, soweit diese sich beziffern lassen;

i) Ausmaß der Zusammenarbeit des für den Verstoß verantwortlichen Emittenten des signifikanten vermögenswertereferenzierten Token oder des Emittenten des signifikanten E-Geld-Token mit der EBA, unbeschadet der Notwendigkeit, den Einzug der von dieser Person erzielten Gewinne oder vermiedenen Verluste sicherzustellen;

j) frühere Verstöße des für den Verstoß verantwortlichen Emittenten des signifikanten vermögenswertereferenzierten Token oder Emittenten des signifikanten E-Geld-Token;

k) Maßnahmen, die der Emittent des signifikanten vermögenswertereferenzierten Token oder der Emittent des signifikanten E-Geld-Token nach dem Verstoß ergriffen hat, um eine Wiederholung zu verhindern.

(4) Bevor sie eine der in Absatz 1 Buchstaben d bis g und Buchstabe j genannten Maßnahmen ergreift, unterrichtet die EBA die ESMA und, wenn die signifikanten vermögenswertereferenzierten Token auf den Euro oder eine amtliche Währung eines Mitgliedstaats, die nicht der Euro ist, Bezug nehmen, die EZB bzw. die Zentralbank des betroffenen Mitgliedstaats, die die betreffende Währung ausgibt.

(5) Bevor sie eine der in Absatz 2 genannten Maßnahmen ergreift, unterrichtet die EBA die für den Emittenten des signifikanten E-Geld-Token zuständige Behörde und die Zentralbank des Mitgliedstaats, auf dessen amtliche Währung der signifikante E-Geld-Token Bezug nimmt.

(6) Die EBA teilt dem für den Verstoß verantwortlichen Emittenten des signifikanten vermögenswertereferenzierten Token oder Emittenten des signifikanten E-Geld-Token unverzüglich jede gemäß Absatz 1 oder 2 ergriffene Maßnahme mit und setzt die betroffenen zuständigen Behörden sowie die Kommission unverzüglich von dieser Maßnahme in Kenntnis. Die EBA veröffentlicht jeden derartigen Beschluss innerhalb von zehn Arbeitstagen ab dem Tag der Annahme des Beschlusses auf ihrer Website, sofern dies die Stabilität der Finanzmärkte nicht ernsthaft gefährdet

und den Beteiligten daraus kein unverhältnismäßiger Schaden erwächst. Diese Veröffentlichung darf keine personenbezogenen Daten enthalten.

(7) Die in Absatz 6 genannte Veröffentlichung umfasst die folgenden Hinweise:

a) Den Hinweis, dass die für den Verstoß verantwortliche Person das Recht hat, beim Gerichtshof Beschwerde gegen den Beschluss einzulegen;

b) gegebenenfalls den Hinweis, dass Beschwerde eingelegt wurde, diese jedoch keine aufschiebende Wirkung hat;

c) den Hinweis, dass der Beschwerdeausschuss der EBA die Möglichkeit hat, die Anwendung eines angefochtenen Beschlusses nach Artikel 60 Absatz 3 der Verordnung (EU) Nr. 1093/2010 auszusetzen.

Artikel 131
Geldbußen

(1) Die EBA erlässt einen Beschluss zur Verhängung einer Geldbuße gemäß Absatz 3 oder Absatz 4 des vorliegenden Artikels, wenn sie gemäß Artikel 134 Absatz 8 feststellt, dass

a) ein Emittent eines signifikanten vermögenswertereferenzierten Token oder ein Mitglied seines Leitungsorgans vorsätzlich oder fahrlässig einen der in Anhang V aufgeführten Verstöße begangen hat;

b) ein Emittent eines signifikanten E-Geld-Token oder ein Mitglied seines Leitungsorgans vorsätzlich oder fahrlässig einen der in Anhang VI aufgeführten Verstöße begangen hat;

Ein Verstoß gilt als vorsätzlich begangen, wenn die EBA anhand objektiver Faktoren nachweisen kann, dass ein Emittent oder ein Mitglied seines Leitungsorgans den Verstoß absichtlich begangen hat.

(2) Erlässt die EBA einen Beschluss gemäß Absatz 1, so berücksichtigt sie die Art und die Schwere des Verstoßes anhand der folgenden Kriterien:

a) Dauer und Häufigkeit des Verstoßes;

b) ob Finanzkriminalität verursacht oder erleichtert wurde oder anderweitig mit dem Verstoß in Verbindung steht;

c) ob der Verstoß schwerwiegende oder systemische Schwächen in den Verfahren, Strategien und Risikomanagementverfahren des Emittenten des signifikanten vermögenswertereferenzierten Token oder des Emittenten des signifikanten E-Geld-Token aufgedeckt hat;

d) ob der Verstoß vorsätzlich oder fahrlässig begangen wurde;

e) Grad an Verantwortung des für den Verstoß des verantwortlichen Emittenten des signifikanten vermögenswertereferenzierten Token oder des Emittenten des signifikanten E-Geld-Token;

f) Finanzkraft des für den Verstoß verantwortlichen Emittenten des signifikanten vermögenswertereferenzierten Token oder Emittenten des signifikanten E-Geld-Token, wie sie sich aus dem Gesamtumsatz der verantwortlichen juristischen Person oder den Jahreseinkünften und dem Nettovermögen der verantwortlichen natürlichen Person ablesen lässt;

g) Auswirkungen des Verstoßes auf die Interessen der Inhaber der signifikanten vermögenswertereferenzierten Token oder der signifikanten E-Geld-Token;

h) Höhe der durch den Verstoß von dem für den Verstoß verantwortlichen Emittenten des signifikanten vermögenswertereferenzierten Token oder des signifikanten E-Geld-Token erzielten Gewinne bzw. vermiedenen Verluste oder Höhe der Dritten entstandenen Verluste, soweit diese sich beziffern lassen;

i) Ausmaß der Zusammenarbeit des für den Verstoß verantwortlichen Emittenten des signifikanten vermögenswertereferenzierten Token oder des signifikanten E-Geld-Token mit der EBA, unbeschadet der Notwendigkeit, den Einzug der von dieser Person erzielten Gewinne oder vermiedenen Verluste sicherzustellen;

j) frühere Verstöße des für den Verstoß verantwortlichen Emittenten des signifikanten vermögenswertereferenzierten Token oder Emittenten des signifikanten E-Geld-Token;

k) Maßnahmen, die der Emittent des signifikanten vermögenswertereferenzierten Token oder der Emittent des signifikanten E-Geld-Token nach dem Verstoß ergriffen hat, um eine Wiederholung zu verhindern.

(3) Bei Emittenten signifikanter vermögenswertereferenzierter Token beträgt die in Absatz 1 genannte Geldbuße bis zu 12,5 % ihres jeweiligen Jahresumsatzes im vorangegangenen Geschäftsjahr oder den zweifachen Betrag der infolge des Verstoßes erzielten Gewinne oder vermiedenen Verluste, sofern diese sich beziffern lassen.

(4) Bei Emittenten signifikanter E-Geld-Token beträgt die in Absatz 1 genannte Geldbuße bis zu 10 % ihres jeweiligen Jahresumsatzes im vorangegangenen Geschäftsjahr oder den zweifachen Betrag der infolge des Verstoßes erzielten Gewinne oder vermiedenen Verluste, sofern diese sich beziffern lassen.

Artikel 132
Zwangsgelder

(1) Die EBA erlässt einen Beschluss zur Verhängung von Zwangsgeldern, um

a) eine Person im Einklang mit einem Beschluss gemäß Artikel 130 dazu zu verpflichten, das Verhalten, das einen Verstoß darstellt, abzustellen;

b) eine in Artikel 122 Absatz 1 genannte Person dazu zu verpflichten,

i) Informationen, die per Beschluss nach Artikel 122 angefordert wurden, vollständig zu erteilen;

ii) sich einer Untersuchung zu unterziehen und insbesondere vollständige Aufzeichnungen, Daten, Verfahren und sonstiges angefordertes Material vorzulegen sowie sonstige im Rahmen einer per Beschluss nach Artikel 123 angeordneten Untersuchung vorzulegende Informationen zu vervollständigen oder zu berichtigen;

iii) eine Prüfung vor Ort zu dulden, die mit Beschluss gemäß Artikel 124 angeordnet wurde.

(2) Ein Zwangsgeld muss wirksam und verhältnismäßig sein. Die Zahlung des Zwangsgelds wird für jeden Tag des Verzugs angeordnet.

(3) Unbeschadet des Absatzes 2 beträgt das Zwangsgeld 3 % des durchschnittlichen Tagesumsatzes im vorangegangenen Geschäftsjahr bzw. bei natürlichen Personen 2 % des durchschnittlichen Tageseinkommens im vorausgegangenen Kalenderjahr. Es wird ab dem im Beschluss der EBA über die Verhängung des Zwangsgelds genannten Termin berechnet.

(4) Ein Zwangsgeld wird für einen Zeitraum von höchstens sechs Monaten ab der Übermittlung des Beschlusses der EBA verhängt. Am Ende dieses Zeitraums überprüft die EBA diese Maßnahme.

Artikel 133
Offenlegung, Art, Vollstreckung und Zuweisung der Geldbußen und Zwangsgelder

(1) Die EBA veröffentlicht sämtliche gemäß den Artikeln 131 und 132 verhängten Geldbußen und Zwangsgelder, sofern dies die Finanzstabilität nicht ernsthaft gefährdet oder den Beteiligten daraus kein unverhältnismäßiger Schaden erwächst. Diese Veröffentlichung darf keine personenbezogenen Daten enthalten.

(2) Gemäß den Artikeln 131 und 132 verhängte Geldbußen und Zwangsgelder sind verwaltungsrechtlicher Art.

(3) Die gemäß den Artikeln 131 und 132 verhängten Geldbußen und Zwangsgelder sind vollstreckbar gemäß den Vorschriften des Zivilprozessrechts des Staates, in dessen Hoheitsgebiet die Vollstreckung der Geldbuße oder des Zwangsgelds stattfindet.

(4) Die Geldbußen und Zwangsgelder werden dem Gesamthaushaltsplan der Union zugewiesen.

(5) Beschließt die EBA ungeachtet der Artikel 131 und 132, keine Geldbußen oder Zwangsgelder zu verhängen, so informiert sie das Europäische Parlament, den Rat, die Kommission und die zuständigen Behörden des betreffenden Mitgliedstaats darüber und legt die Gründe für ihren Beschluss dar.

Artikel 134
Verfahrensvorschriften für Aufsichtsmaßnahmen und Geldbußen

(1) Bestehen im Rahmen der Wahrnehmung der Aufsichtsaufgaben der EBA nach Artikel 117 eindeutige und nachweisbare Gründe für die Annahme, dass einer der in den Anhängen V oder VI aufgeführten Verstöße vorliegt oder vorliegen wird, benennt die EBA aus dem Kreis ihrer Bediensteten einen unabhängigen Untersuchungsbeauftragten zur Untersuchung des Sachverhalts. Der Untersuchungsbeauftragte darf nicht direkt oder indirekt in die Beaufsichtigung der betreffenden Emittenten signifikanter vermögenswertereferenzierter Token oder signifikanter E-Geld-Token einbezogen sein oder gewesen sein und nimmt seine Aufgaben unabhängig von der EBA wahr.

(2) Der Untersuchungsbeauftragte untersucht die mutmaßlichen Verstöße, wobei er alle Bemerkungen der Personen, die Gegenstand der Untersuchung sind, berücksichtigt, und legt der EBA eine vollständige Verfahrensakte mit seinen Feststellungen vor.

(3) Zur Erfüllung seiner Aufgaben kann der Untersuchungsbeauftragte von der Befugnis, nach Artikel 122 Informationen anzufordern, und von der Befugnis, nach den Artikeln 123 und 124 Untersuchungen und Vor-Ort-Prüfungen durchzuführen, Gebrauch machen. Bei der Ausübung dieser Befugnisse muss der Untersuchungsbeauftragte Artikel 121 einhalten.

(4) Bei der Erfüllung seiner Aufgaben hat der Untersuchungsbeauftragte Zugang zu allen Unterlagen und Informationen, die die EBA bei ihren Aufsichtstätigkeiten zusammengetragen hat.

(5) Beim Abschluss seiner Untersuchung gibt der Untersuchungsbeauftragte den Personen, die Gegenstand der Untersuchung sind, Gelegenheit, zu den untersuchten Fragen angehört zu werden, bevor er der EBA die Verfahrensakte mit seinen Feststellungen vorlegt. Der Untersuchungsbeauftragte stützt seine Feststellungen nur auf Tatsachen, zu denen sich die betreffenden Personen äußern konnten.

(6) Während der Untersuchungen nach diesem Artikel sind die Verteidigungsrechte der betreffenden Personen in vollem Umfang zu wahren.

(7) Wenn der Untersuchungsbeauftragte der EBA die Verfahrensakte mit seinen Feststellungen vorlegt, setzt er die Personen, die Gegenstand der Untersuchung sind, davon in Kenntnis. Vorbehaltlich des berechtigten Interesses anderer Personen an der Wahrung ihrer Geschäftsgeheimnisse haben die Personen, die Gegenstand der Untersuchungen sind, das Recht auf Einsicht in die Ver-

fahrensakte. Vom Recht auf Akteneinsicht ausgenommen sind Dritte betreffende vertrauliche Informationen sowie interne vorbereitende Unterlagen der EBA.

(8) Anhand der Verfahrensakte mit den Feststellungen des Untersuchungsbeauftragten und – wenn die Personen, die Gegenstand der Untersuchung sind, darum ersuchen – nach der gemäß Artikel 135 erfolgten Anhörung dieser Personen, entscheidet die EBA darüber, ob der Emittent des signifikanten vermögenswertereferenzierten Token oder der Emittent des signifikanten E-Geld-Token, der Gegenstand der Untersuchung ist, einen der in den Anhängen V oder VI aufgeführten Verstöße begangen hat; ist dies der Fall, ergreift sie eine Aufsichtsmaßnahme nach Artikel 130 oder verhängt eine Geldbuße nach Artikel 131.

(9) Der Untersuchungsbeauftragte nimmt nicht an den Beratungen der EBA teil und greift auch nicht in anderer Weise in den Beschlussfassungsprozess der EBA ein.

(10) Die Kommission erlässt bis zum 30. Juni 2024 delegierte Rechtsakte nach Artikel 139 zur Ergänzung dieser Verordnung durch Verfahrensvorschriften für die Ausübung der Befugnis zur Verhängung von Geldbußen oder Zwangsgeldern, einschließlich Bestimmungen zu den Verteidigungsrechten, zu Zeitpunkten und Fristen, zur Einziehung der Geldbußen und Zwangsgelder und zur Verjährung bezüglich der Verhängung und Vollstreckung von Buß- und Zwangsgeldzahlungen.

(11) Stößt die EBA bei der Wahrnehmung ihrer Aufgaben nach dieser Verordnung auf ernsthafte Anhaltspunkte für das Vorliegen von Tatsachen, die Straftaten darstellen könnten, bringt sie diese Sachverhalte zur Untersuchung und gegebenenfalls zur strafrechtlichen Verfolgung den zuständigen nationalen Behörden zur Kenntnis. Ferner sieht die EBA davon ab, Geldbußen oder Zwangsgelder zu verhängen, wenn sie Kenntnis davon hat, dass ein früherer Freispruch oder eine frühere Verurteilung aufgrund identischer oder im Wesentlichen gleichartiger Tatsachen als Ergebnis eines Strafverfahrens nach nationalem Recht bereits Rechtskraft erlangt hat.

Artikel 135
Anhörung der betreffenden Personen

(1) Vor einem Beschluss gemäß Artikel 130, 131 oder 132 gibt die EBA den Personen, die Gegenstand einer Untersuchung sind, Gelegenheit, zu ihren Feststellungen angehört zu werden. Die EBA stützt ihre Beschlüsse nur auf Feststellungen, zu denen sich die Personen, die Gegenstand der betreffenden Untersuchung sind, äußern konnten.

(2) Absatz 1 gilt nicht, wenn dringende Maßnahmen ergriffen werden müssen, um erheblichen und unmittelbar drohenden Schaden für die Finanzstabilität oder die Inhaber von Kryptowerten, insbesondere Kleinanleger, abzuwenden. In einem solchen Fall kann die EBA einen Interimsbeschluss fassen und muss den betreffenden Personen die Gelegenheit geben, so bald wie möglich nach Erlass ihres Beschlusses gehört zu werden.

(3) Die Verteidigungsrechte der Personen, die Gegenstand einer Untersuchung sind, müssen in vollem Umfang gewahrt werden. Diese Personen haben vorbehaltlich des berechtigten Interesses anderer Personen an der Wahrung ihrer Geschäftsgeheimnisse Recht auf Einsicht in die Akten der EBA. Vom Recht auf Einsicht in die Akten der EBA ausgenommen sind vertrauliche Informationen sowie interne vorbereitende Unterlagen der EBA.

Artikel 136
Überprüfung durch den Gerichtshof

Der Gerichtshof hat die unbeschränkte Befugnis zur Überprüfung von Beschlüssen, mit denen die EBA eine Geldbuße, ein Zwangsgeld oder eine verwaltungsrechtliche Sanktion oder sonstige Verwaltungsmaßnahme gemäß dieser Verordnung verhängt hat. Er kann die verhängten Geldbußen oder Zwangsgelder aufheben, herabsetzen oder erhöhen.

Artikel 137
Aufsichtsgebühren

(1) Die EBA stellt Emittenten signifikanter vermögenswertereferenzierter Token und Emittenten signifikanter E-Geld-Token Gebühren in Rechnung. Diese Gebühren decken die Aufwendungen der EBA im Zusammenhang mit Beaufsichtigungsaufgaben in Bezug auf Emittenten signifikanter vermögenswertereferenzierter Token und Emittenten signifikanter E-Geld-Token nach Artikeln 117 und 119 sowie die Erstattung der Kosten, die den zuständigen Behörden bei der Durchführung von Tätigkeiten im Rahmen dieser Verordnung, insbesondere infolge einer Übertragung von Aufgaben nach Artikel 138, entstehen könnten.

(2) Die Gebühr, die einem einzelnen Emittenten eines signifikanten vermögenswertereferenzierten Token in Rechnung gestellt wird, steht im Verhältnis zur Größe seines Reservevermögens und deckt alle Kosten, die der EBA durch die Wahrnehmung ihrer Aufsichtsaufgaben im Rahmen dieser Verordnung entstehen.

Die Gebühr, die einem einzelnen Emittenten eines signifikanten E-Geld-Token in Rechnung gestellt wird, steht im Verhältnis zum Umfang des im Tausch gegen einen Geldbetrag ausgegebenen E-Geld-Token und deckt alle Kosten, die der EBA durch die Wahrnehmung ihrer Aufsichtsaufgaben im Rahmen dieser Verordnung entstehen, einschließlich der Erstattung von Kosten, die bei der Wahrnehmung dieser Aufgaben anfallen.

(3) Die Kommission erlässt bis zum 30. Juni 2024 einen delegierten Rechtsakt nach Artikel 139 zur Ergänzung dieser Verordnung durch die Präzisierung der Gebührenarten, der Gebührenanlässe, der Gebührenhöhe und Zahlungsweise sowie der Methode zur Berechnung des in Absatz 2 dieses Artikels genannten Höchstbetrags, den die EBA einem einzelnen Rechtsträger in Rechnung stellen kann.

Artikel 138
Übertragung von Aufgaben durch die EBA an die zuständigen Behörden

(1) Soweit es für die ordnungsgemäße Erfüllung einer Aufsichtsaufgabe in Bezug auf Emittenten signifikanter vermögenswertereferenzierter Token oder Emittenten signifikanter E-Geld-Token erforderlich ist, kann die EBA einer zuständigen Behörde spezifische Aufsichtsaufgaben übertragen. Zu diesen spezifischen Aufsichtsaufgaben kann die Befugnis zur Anforderung von Informationen gemäß Artikel 122 und zur Durchführung von Untersuchungen und Vor-Ort-Prüfungen gemäß den Artikeln 123 oder 124 zählen.

(2) Bevor die EBA Aufgaben im Sinne von Absatz 1 überträgt, konsultiert sie die jeweils zuständige Behörde in Bezug auf:

a) den Umfang der zu übertragenden Aufgabe,

b) den Zeitplan für die Ausführung der Aufgabe und

c) die Übermittlung erforderlicher Informationen durch und an die EBA.

(3) Gemäß dem von der Kommission nach Artikel 137 Absatz 3 und Artikel 139 erlassenen delegierten Rechtsakt zu den Gebühren erstattet die EBA einer zuständigen Behörde die Kosten, die dieser bei der Durchführung übertragener Aufgaben entstanden sind.

(4) Die EBA überprüft die Übertragung von Aufgaben in angemessenen Zeitabständen. Eine Aufgabenübertragung kann jederzeit widerrufen werden.

TITEL VIII

DELEGIERTE RECHTSAKTE

Artikel 139
Ausübung der Befugnisübertragung

(1) Die Befugnis zum Erlass delegierter Rechtsakte wird der Kommission unter den in diesem Artikel festgelegten Bedingungen übertragen.

(2) Die Befugnis zum Erlass delegierter Rechtsakte gemäß Artikel 3 Absatz 2, Artikel 43 Absatz 11, Artikel 103 Absatz 8, Artikel 104 Absatz 8, Artikel 105 Absatz 7, Artikel 134 Absatz 10 und Artikel 137 Absatz 3 wird der Kommission für einen Zeitraum von 36 Monaten ab dem 29. Juni 2023 übertragen. Die Kommission erstellt spätestens neun Monate vor Ablauf des Zeitraums von 36 Monaten einen Bericht über die Befugnisübertragung. Die Befugnisübertragung verlängert sich stillschweigend um Zeiträume gleicher Länge, es sei denn, das Europäische Parlament oder der Rat widersprechen einer solchen Verlängerung spätestens drei Monate vor Ablauf des jeweiligen Zeitraums ab.

(3) Die Befugnisübertragung gemäß Artikel 3 Absatz 2, Artikel 43 Absatz 11, Artikel 103 Absatz 8, Artikel 104 Absatz 8 Artikel 105 Absatz 7, Artikel 134 Absatz 10 und Artikel 137 Absatz 3 kann vom Europäischen Parlament oder vom Rat jederzeit widerrufen werden. Der Beschluss über den Widerruf beendet die Übertragung der in diesem Beschluss angegebenen Befugnis. Er wird am Tag nach seiner Veröffentlichung im *Amtsblatt der Europäischen Union* oder zu einem im Beschluss über den Widerruf angegebenen späteren Zeitpunkt wirksam. Die Gültigkeit von delegierten Rechtsakten, die bereits in Kraft sind, wird von dem Beschluss über den Widerruf nicht berührt.

(4) Vor dem Erlass eines delegierten Rechtsakts konsultiert die Kommission die von den einzelnen Mitgliedstaaten benannten Sachverständigen im Einklang mit den in der Interinstitutionellen Vereinbarung vom 13. April 2016 über bessere Rechtsetzung enthaltenen Grundsätzen.

(5) Sobald die Kommission einen delegierten Rechtsakt erlässt, übermittelt sie ihn gleichzeitig dem Europäischen Parlament und dem Rat.

(6) Ein delegierter Rechtsakt, der gemäß Artikel 3 Absatz 2, Artikel 43 Absatz 11, Artikel 103 Absatz 8, Artikel 104 Absatz 8, Artikel 105 Absatz 7, Artikel 134 Absatz 10 und Artikel 137 Absatz 3 erlassen wurde, tritt nur in Kraft, wenn weder das Europäische Parlament noch der Rat innerhalb einer Frist von drei Monaten nach Übermittlung dieses Rechtsakts an das Europäische Parlament und den Rat Einwände erhoben haben oder wenn vor Ablauf dieser Frist das Europäische Parlament und der Rat beide der Kommission mitgeteilt haben, dass sie keine Einwände erheben werden. Auf Initiative des Europäischen Parlaments oder des Rates wird diese Frist um drei Monate verlängert.

TITEL IX
ÜBERGANGS- UND SCHLUSSBESTIMMUNGEN

Artikel 140
Berichte über die Anwendung dieser Verordnung

(1) Bis zum 30. Juni 2027 legt die Kommission nach Anhörung der EBA und der ESMA dem Europäischen Parlament und dem Rat einen Bericht über die Anwendung dieser Verordnung vor, dem gegebenenfalls ein Gesetzgebungsvorschlag beigefügt ist. Bis zum 30. Juni 2025 wird ein Zwischenbericht vorgelegt, dem gegebenenfalls ein Gesetzgebungsvorschlag beigefügt ist.

(2) Die Berichte gemäß Absatz 1 enthalten Folgendes:

a) die Anzahl der Emissionen von Kryptowerten in der Union, die Anzahl der den zuständigen Behörden vorgelegten und übermittelten Kryptowerte-Whitepaper, die Art der ausgegebenen Kryptowerte und ihre Marktkapitalisierung und die Anzahl der zum Handel zugelassenen Kryptowerte;

b) eine Beschreibung der Erfahrungen mit der Einstufung von Kryptowerten, einschließlich möglicher Unterschiede bei den Ansätzen der zuständigen Behörden;

c) eine Bewertung, ob die Einführung eines Genehmigungsverfahrens für Krypotwerte-Whitepaper für andere Kryptowerte als vermögenswertereferenzierte Token oder E-Geld-Token notwendig ist;

d) eine Schätzung der Zahl der in der Union ansässigen Personen, die in der Union ausgegebene Kryptowerte nutzen oder in diese investieren;

e) wenn möglich eine Schätzung der Zahl der in der Union ansässigen Personen, die außerhalb der Union ausgegebene Kryptowerte nutzen oder in diese investieren, und eine Erklärung zur Verfügbarkeit von Daten hierzu;

f) die Anzahl und den Wert der in der Union gemeldeten Fälle von größeren und kleineren Betrugsdelikten, Hacking, der Nutzung von Kryptowerten für Zahlungen im Zusammenhang mit Ransomware-Angriffen, Cyber-Angriffen, des Diebstahls, des Verlusts im Zusammenhang mit Kryptowerten, die Arten von betrügerischem Verhalten, die Anzahl von bei Anbietern von Kryptowerte-Dienstleistungen und Emittenten vermögenswertereferenzierter Token eingegangenen Beschwerden, die Anzahl von bei den zuständigen Behörden eingegangenen Beschwerden und den Gegenstand der eingegangenen Beschwerden;

g) die Anzahl der zugelassenen Emittenten vermögenswertereferenzierter Token und eine Analyse der Arten des Reservevermögens, der Höhe der Vermögenswertreserve und des Volumens der Zahlungen mit vermögenswertereferenzierten Token;

h) die Anzahl der zugelassenen Emittenten signifikanter vermögenswertereferenzierter Token und eine Analyse Arten des Reservevermögens, der Höhe der Vermögenswertreserve und des Volumens der mit signifikanten vermögenswertereferenzierten Token getätigten Zahlungen;

i) die Anzahl der Emittenten von E-Geld-Token und eine Analyse der amtlichen Währungen, auf die sich die E-Geld-Token beziehen, der Zusammensetzung und Höhe der gemäß Artikel 54 hinterlegten und investierten Vermögenswertreserven und des Volumens der mit E-Geld-Token getätigten Zahlungen;

j) die Anzahl der Emittenten signifikanter E-Geld-Token und eine Analyse der amtlichen Währungen, auf die sich die E-Geld-Token beziehen und für E-Geld-Institute, die signifikante E-Geld-Token ausgeben, eine Analyse der Arten von Reservevermögen, der Höhe der Vermögenswertreserven und des Volumens der mit signifikanten E-Geld-Token getätigten Zahlungen;

k) die Anzahl der nach dieser Verordnung zugelassenen signifikanten Anbieter von Kryptowerte-Dienstleistungen;

l) eine Bewertung des Funktionierens der Märkte für Kryptowerte in der Union, einschließlich Marktentwicklung und -trends, unter Berücksichtigung der Erfahrungen der Aufsichtsbehörden, der Anzahl der zugelassenen Anbieter von Kryptowerte-Dienstleistungen und ihres jeweiligen durchschnittlichen Marktanteils;

m) eine Bewertung des Schutzniveaus, das den Inhabern von Kryptowerten und den Kunden von Anbietern von Kryptowerte-Dienstleistungen, insbesondere den Kleinanlegern, geboten wird;

n) eine Bewertung von betrügerischen Marketingmitteilungen und kleineren Betrugsdelikten im Zusammenhang mit Kryptowerten über Netzwerke der sozialen Medien;

o) eine Bewertung der Anforderungen, die für Emittenten von Kryptowerten und Anbieter von Kryptowerte-Dienstleistungen gelten, und ihrer Auswirkungen auf die Betriebsstabilität, die Marktintegrität, die Finanzstabilität und den Schutz der Kunden sowie der Inhaber von Kryptowerten;

p) eine Bewertung der Anwendung des Artikels 81 und der Möglichkeit, in die Artikel 78, 79 und 80 Angemessenheitsprüfungen aufzunehmen, um Kunden von Anbietern von Kryptowerte-Dienstleistungen, insbesondere Kleinanleger, besser zu schützen;

q) eine Bewertung, ob durch diese Verordnung eine angemessene Bandbreite von Kryptowerte-Dienstleistungen erfasst wird und ob eine Anpassung der in dieser Verordnung enthaltenen Begriffsbestimmungen erforderlich ist sowie ob zusätzliche innovative Formen von Kryptowerten in den Anwendungsbereich dieser Verordnung aufgenommen werden sollen;

r) eine Bewertung, ob die Aufsichtsanforderungen für Anbieter von Kryptowerte-Dienstleistungen ausreichend sind und ob sie an die nach der Verordnung (EU) 2019/2033 des Europäischen Parlaments und des Rates[1] und der Richtlinie (EU) 2019/2034 des Europäischen Parlaments und des Rates[2] für Wertpapierfirmen geltenden Anforderungen in Bezug auf das Anfangskapital und die Eigenmittel angeglichen werden sollten;

s) eine Bewertung der Angemessenheit der in Artikel 43 Absatz 1 Buchstaben a, b und c festgelegten Schwellenwerte zur Einstufung von vermögenswertereferenzierten Token oder E-Geld-Token und eine Bewertung, ob die Schwellenwerte regelmäßig überprüft werden sollten;

t) eine Bewertung der Entwicklung des dezentralen Finanzsektors auf den Märkten für Kryptowerte und der angemessenen regulatorischen Behandlung dezentraler Krypto-Systeme;

u) eine Bewertung der Angemessenheit der Schwellenwerte gemäß Artikel 85, ab denen Anbieter von Kryptowerte-Dienstleistungen als signifikant gelten, und eine Bewertung, ob die Schwellenwerte regelmäßig überprüft werden sollten;

v) eine Bewertung, ob im Rahmen dieser Verordnung für Unternehmen, die Kryptowerte-Dienstleistungen erbringen, Emittenten vermögenswertereferenzierter Token oder Emittenten von E-Geld-Token aus Drittländern eine Gleichwertigkeitsregelung eingeführt werden sollte;

w) eine Bewertung, ob die Freistellungen nach den Artikeln 4 und 16 angemessen sind;

x) eine Bewertung der Auswirkungen dieser Verordnung auf das reibungslose Funktionieren des Binnenmarkts in Bezug auf Kryptowerte, einschließlich etwaiger Auswirkungen auf den Zugang von KMU zu Finanzmitteln und auf die Entwicklung neuer Zahlungsmittel, einschließlich Zahlungsinstrumenten;

y) eine Beschreibung der Entwicklungen bei Geschäftsmodellen und Technologien auf den Märkten für Kryptowerte, wobei besonderes Augenmerk auf die Umweltauswirkungen neuer Technologien zu legen ist, sowie eine Bewertung der Strategieoptionen und erforderlichenfalls zusätzlicher Maßnahmen, die gerechtfertigt sein könnten, um die nachteiligen Auswirkungen auf das Klima und andere umweltbezogene Auswirkungen der auf den Märkten für Kryptowerte eingesetzten Technologien und insbesondere der Konsensmechanismen, die bei der Validierung von Transaktionen mit Kryptowerten zum Einsatz kommen, abzumildern;

z) eine Bewertung, ob die in dieser Verordnung vorgesehenen Maßnahmen verändert werden müssen, um den Schutz der Kunden und der Inhaber von Kryptowerten, die Marktintegrität und die Finanzstabilität zu gewährleisten;

aa) die Anwendung verwaltungsrechtlicher Sanktionen und anderer verwaltungsrechtlicher Maßnahmen;

ab) eine Bewertung der Zusammenarbeit zwischen den zuständigen Behörden, der EBA, der ESMA, den Zentralbanken und sonstigen einschlägigen Behörden, auch im Hinblick auf das Zusammenspiel zwischen ihren Zuständigkeiten oder Aufgaben, sowie eine Bewertung der Vor- und Nachteile der Verantwortlichkeit der zuständigen Behörden der Mitgliedstaaten bzw. der EBA für die Beaufsichtigung im Rahmen dieser Verordnung;

ac) eine Bewertung der Zusammenarbeit zwischen den zuständigen Behörden und der ESMA im Hinblick auf die Beaufsichtigung signifikanter Anbieter von Kryptowerte-Dienstleistungen sowie eine Bewertung der Vor- und Nachteile der Verantwortlichkeit der zuständigen Behörden der Mitgliedstaaten bzw. der ESMA für die Beaufsichtigung signifikanter Anbieter von Kryptowerte-Dienstleistungen im Rahmen dieser Verordnung;

ad) die Befolgungskosten, die Emittenten von anderen Kryptowerten als vermögenswertereferenzierten Token und E-Geld-Token durch diese Verordnung prozentual zu dem durch die Ausgabe von Kryptowerten eingenommenen Betrag entstehen;

ae) die Befolgungskosten, die Emittenten vermögenswertereferenzierter Token und Emittenten von E-Geld-Token durch diese Verordnung prozentual zu ihren Betriebskosten entstehen;

af) die Befolgungskosten, die Anbietern von Kryptowerte-Dienstleistungen durch diese Verordnung prozentual zu ihren Betriebskosten entstehen;

ag) Anzahl und Höhe der von den zuständigen Behörden und der EBA wegen Verstößen gegen diese Verordnung verhängten Verwaltungsgeldbußen und strafrechtlichen Sanktionen.

Zu Artikel 140:

[1] Verordnung (EU) 2019/2033 des Europäischen Parlaments und des Rates vom 27. November 2019 über Aufsichtsanforderungen an Wertpapierfirmen und zur Änderung der Verordnungen (EU) Nr. 1093/2010, (EU) Nr. 575/2013, (EU) Nr. 600/2014 und (EU) Nr. 806/2014 (ABl. L 314 vom 5.12.2019, S. 1).

[2] Richtlinie (EU) 2019/2034 des Europäischen Parlaments und des Rates vom 27. November 2019 über die Beaufsichtigung von Wertpapierfirmen und zur Änderung der Richtlinien 2002/87/EG, 2009/65/EG, 2011/61/EU, 2013/36/EU, 2014/59/EU und 2014/65/EU (ABl. L 314 vom 5.12.2019, S. 64).

(3) Gegebenenfalls werden in den in Absatz 1 des vorliegenden Artikels genannten Berichten auch die Themen weiterverfolgt, die in den in den Artikeln 141 bzw. 142 genannten Berichten behandelt werden.

Artikel 141
Jahresbericht der ESMA über Marktentwicklungen

Bis zum 31. Dezember 2025 und danach jährlich legt die ESMA in enger Zusammenarbeit mit der EBA dem Europäischen Parlament und dem Rat einen Bericht über die Anwendung dieser Verordnung und die Entwicklungen auf den Märkten für Kryptowerte vor. Dieser Bericht wird veröffentlicht.

Der Bericht enthält Folgendes:

a) die Anzahl der Emissionen von Kryptowerten in der Union, die Anzahl der den zuständigen Behörden vorgelegten oder übermittelten Krypto-Whitepaper, die Art der ausgegebenen Kryptowerte und ihre Marktkapitalisierung und die Anzahl der zum Handel zugelassenen Kryptowerte;

b) die Anzahl der Emittenten vermögenswertereferenzierter Token und eine Analyse der Reservevermögen, der Höhe der Vermögenswertreserve und des Volumens der Geschäfte mit vermögenswertereferenzierten Token;

c) die Anzahl der Emittenten signifikanter vermögenswertereferenzierter Token und eine Analyse der Arten des Reservevermögens, der Höhe der Vermögenswertreserve und des Volumens der Geschäfte mit signifikanten vermögenswertereferenzierten Token;

d) die Anzahl der Emittenten von E-Geld-Token und eine Analyse der zugrunde liegenden amtlichen Währungen, auf die sich der E-Geld-Token, bezieht, der Zusammensetzung und der Höhe der gemäß Artikel 54 hinterlegten und investierten Vermögenswertreserven und des Volumens der Zahlungen mit E-Geld-Token;

e) die Anzahl der Emittenten signifikanter E-Geld-Token und eine Analyse der Währungen, auf die sich der signifikante E-Geld-Token bezieht, und für E-Geld-Institute, die signifikante E-Geld-Token ausgeben, eine Analyse der Arten von Reservevermögen, der Höhe der Vermögenswertreserven und des Volumens der Zahlungen mit signifikanten E-Geld-Token;

f) die Anzahl der Anbieter von Kryptowerte-Dienstleistungen und die Anzahl der signifikanten Anbieter von Kryptowerte-Dienstleistungen;

g) eine Schätzung der Zahl der in der Union ansässigen Personen, die in der Union ausgegebene Kryptowerte nutzen oder in diese investieren;

h) wenn möglich eine Schätzung der Zahl der in der Union ansässigen Personen, die außerhalb der Union ausgegebene Kryptowerte nutzen oder in diese investieren, und eine diesbezügliche Erklärung zur Verfügbarkeit von Daten;

i) eine Darstellung der geografischen Standorte und des Niveaus der Verfahren zur Feststellung der Kundenidentität und der Kundensorgfaltspflicht von nicht zugelassenen Handelsplattformen, die Kryptowerte-Dienstleistungen für in der Union ansässige Personen erbringen, einschließlich der Anzahl der Handelsplattformen ohne eindeutigen Sitz und der Anzahl der Handelsplattformen, die ihren Sitz in Ländern und Gebieten haben, die auf der Liste der Länder mit hohem Risiko für die Zwecke der Rechtsvorschriften der Union für die Bekämpfung von Geldwäsche und Terrorismusfinanzierung oder auf der Liste nicht kooperativer Länder und Gebiete für Steuerzwecke aufgeführt sind, aufgeschlüsselt nach dem Grad der Einhaltung der angemessenen Verfahren zur Feststellung der Kundenidentität;

j) den Anteil der Geschäfte mit Kryptowerten, die über einen Anbieter von Kryptowerte-Dienstleistungen oder einen nicht zugelassenen Dienstleister oder Peer-to-Peer-Netzwerke erfolgen, sowie das entsprechende Transaktionsvolumen;

k) die Anzahl und den Wert der in der Union gemeldeten Fälle von größeren und kleineren Betrugsdelikten, Hacking, der Nutzung von Kryptowerten für Zahlungen im Zusammenhang mit Ransomware-Angriffen, Cyberangriffen, des Diebstahls und des Verlusts von Kryptowerten, die Arten von betrügerischem Verhalten, die Anzahl von bei Anbietern von Kryptowerte-Dienstleistungen und Emittenten vermögenswertereferenzierter Token eingegangenen Beschwerden, die Anzahl von bei den zuständigen Behörden eingegangenen Beschwerden und den Gegenstand der eingegangenen Beschwerden;

l) die Anzahl der Beschwerden, die bei Anbietern von Kryptowerte-Dienstleistungen, Emittenten und den zuständigen Behörden im Zusammenhang mit falschen und irreführenden Angaben in Kryptowerte-Whitepaper oder in Marketingmitteilungen, auch über Plattformen der sozialen Medien, eingegangen sind;

m) mögliche Ansätze und Optionen, die sich auf bewährte Verfahren und Berichte einschlägiger internationaler Organisationen stützen, um das Risiko der Umgehung dieser Verordnung, auch im Zusammenhang mit der Erbringung von Kryptowerte-Dienstleistungen in der Union durch Akteure aus Drittländern, die über keine Genehmigung verfügen, zu verringern.

Die zuständigen Behörden übermitteln der ESMA die für die Ausarbeitung des Berichts erforderlichen Informationen. Für die Zwecke des Berichts kann die ESMA Informationen von Strafverfolgungsbehörden anfordern.

Artikel 142
Bericht über die jüngsten Entwicklungen bei Kryptowerten

(1) Bis zum 30. Dezember 2024 und nach Anhörung der EBA und der ESMA legt die Kommission dem Europäischen Parlament und dem Rat einen Bericht über die neuesten Entwicklungen im Zusammenhang mit Kryptowerten, insbesondere zu Sachverhalten, die in dieser Verordnung nicht behandelt werden, vor, dem gegebenenfalls ein Gesetzgebungsvorschlag beigefügt ist.

(2) Der Bericht nach Absatz 1 enthält mindestens Folgendes:

a) eine Bewertung der Entwicklung des dezentralen Finanzsektors auf den Märkten für Kryptowerte und der angemessenen regulatorischen Behandlung dezentraler Krypto-Systeme ohne Emittenten oder Anbieter von Kryptowerte-Dienstleistungen, einschließlich einer Bewertung der Notwendigkeit und Durchführbarkeit einer Regulierung des dezentralen Finanzsektors;

b) eine Bewertung der Notwendigkeit und Durchführbarkeit der Regulierung der Kreditvergabe und Kreditaufnahme mit Kryptowerten;

c) eine Bewertung der Behandlung von Dienstleistungen im Zusammenhang mit der Übertragung von E-Geld-Token, sofern dies nicht im Rahmen der Überprüfung der Richtlinie (EU) 2015/2366 erfolgte;

d) eine Bewertung der Entwicklung von Märkten für einmalige und nicht fungible Kryptowerte und der angemessenen regulatorischen Behandlung solcher Kryptowerte, einschließlich einer Bewertung der Notwendigkeit und Durchführbarkeit einer Regulierung der Anbieter einmaliger und nicht fungibler Kryptowerte sowie der Anbieter von Dienstleistungen im Zusammenhang mit solchen Kryptowerten.

Artikel 143
Übergangsmaßnahmen

(1) Die Artikel 4 bis 15 gelten nicht für öffentliche Angebote von Kryptowerten, die vor dem 30. Dezember 2024 abgelaufen sind.

(2) Abweichend von Titel II gelten für andere Kryptowerte als vermögenswertereferenzierte Token und E-Geld-Token, die vor dem 30. Dezember 2024 zum Handel zugelassen wurden, nur die folgenden Anforderungen:

a) Die Artikel 7 und 9 gelten für Marketingmitteilungen, die nach dem 30. Dezember 2024 veröffentlicht werden;

b) Betreiber von Handelsplattformen stellen bis zum 31. Dezember 2027 sicher, dass in den in dieser Verordnung vorgeschriebenen Fällen ein Kryptowerte-Whitepaper gemäß den Artikeln 6, 8 und 9 erstellt, übermittelt und veröffentlicht und gemäß Artikel 12 aktualisiert wird.

(3) Anbieter von Kryptowerte-Dienstleistungen, die ihre Dienste nach geltendem Recht vor dem 30. Dezember 2024 erbracht haben, dürfen damit bis zum 1. Juli 2026 oder bis zu dem Zeitpunkt fortfahren, zu dem sie eine Zulassung oder Verweigerung nach Artikel 63 erhalten, je nachdem, welcher Zeitpunkt zuerst eintritt.

Die Mitgliedstaaten können beschließen, die in Unterabsatz 1 vorgesehene Übergangsregelung für Anbieter von Kryptowerte-Dienstleistungen nicht in Anspruch zu nehmen oder ihre Geltungsdauer zu verkürzen, wenn sie der Auffassung sind, dass ihr vor dem 30. Dezember 2024 geltender nationaler Rechtsrahmen weniger streng ist als diese Verordnung.

Bis zum 30. Juni 2024 teilen die Mitgliedstaaten der Kommission und der ESMA mit, ob sie von der in Unterabsatz 2 vorgesehenen Möglichkeit Gebrauch gemacht haben, und geben die Dauer der Ausnahmeregelung an.

(4) Emittenten vermögenswertereferenzierter Token, die keine Kreditinstitute sind und vermögenswertereferenzierte Token nach geltendem Recht vor dem 30. Juni 2024 ausgegeben haben, dürfen damit fortfahren, bis ihnen eine Zulassung gemäß Artikel 21 erteilt oder verweigert wird, sofern sie vor dem 30. Juli 2024 eine Zulassung beantragen.

(5) Kreditinstitute, die vermögenswertereferenzierte Token nach geltendem Recht vor dem 30. Juni 2024 ausgegeben haben, dürfen damit fortfahren, bis das Kryptowerte-Whitepaper gemäß Artikel 17 genehmigt oder nicht genehmigt wurde, sofern sie die für sie zuständige Behörde gemäß Absatz 1 jenes Artikels vor dem 30. Juli 2024 darüber benachrichtigen.

(6) Abweichend von den Artikeln 62 und 63 dürfen die Mitgliedstaaten bei Zulassungsanträgen, die zwischen dem 30. Dezember 2024 und dem 1. Juli 2026 von Unternehmen gestellt werden, die am 30. Dezember 2024 nach nationalem Recht für die Erbringung von Kryptowerte-Dienstleistungen zugelassen waren, ein vereinfachtes Verfahren anwenden. Bevor sie eine Zulassung nach diesen vereinfachten Verfahren erteilen, stellen die zuständigen Behörden sicher, dass Kapitel 2 und 3 des Titels V erfüllt sind.

(7) Die EBA nimmt ihre Aufsichtsaufgaben nach Artikel 117 ab dem Geltungsbeginn der in Artikel 43 Absatz 11 genannten delegierten Rechtsakte wahr.

Artikel 149
Inkrafttreten und Anwendung

(1) Diese Verordnung tritt am zwanzigsten Tag nach ihrer Veröffentlichung im *Amtsblatt der Europäischen Union* in Kraft.

(2) Diese Verordnung gilt ab 30. Dezember 2024.

(3) Abweichend von Absatz 2 gelten die Titel III und IV ab 30. Juni 2024.

(4) Abweichend von Absatz 2 und 3 des vorliegenden Artikels gelten Artikel 2 Absatz 5, Artikel 3 Absatz 2 Artikel 6 Absätze 11 und 12, Artikel 14 Absatz 1 Unterabsatz 2, Artikel 17 Absatz 8, Artikel 18 Absätze 6 und 7, Artikel 19 Absätze 10 und 11, Artikel 21 Absatz 3, Artikel 22 Absätze 6 und 7, Artikel 31 Absatz 5, Artikel 32 Absatz 5, Artikel 34 Absatz 13, Artikel 35 Absatz 6, Artikel 36 Absatz 4, Artikel 38 Absatz 5, Artikel 42 Absatz 4, Artikel 43 Absatz 11, Artikel 45 Absätze 7 und 8, Artikel 46 Absatz 6, Artikel 47 Absatz 5, Artikel 51 Absätze 10 und 15, Artikel 60 Absätze 13 und 14, Artikel 61 Absatz 3, Artikel 62 Absätze 5 und 6, Artikel 63 Absatz 11, Artikel 66 Absatz 6, Artikel 68 Absatz 10, Artikel 71 Absatz 5, Artikel 72 Absatz 5, Artikel 76 Absatz 16, Artikel 81 Absatz 15, Artikel 82 Absatz 2, Artikel 84 Absatz 4, Artikel 88 Absatz 4, Artikel 92 Absätze 2 und 3, Artikel 95 Absätze 10 und 11, Artikel 96 Absatz 3, Artikel 97 Absatz 1, Artikel 103 Absatz 8, Artikel 104 Absatz 8, Artikel 105 Absatz 7, Artikel 107 Absätze 3 und 4, Artikel 109 Absatz 8 und Artikel 119 Absatz 8, Artikel 134 Absatz 10, Artikel 137 Absatz 3 und Artikel 139 gelten ab dem 29. Juni 2023.

Diese Verordnung ist in allen ihren Teilen verbindlich und gilt unmittelbar in jedem Mitgliedstaat.

Geschehen zu Brüssel am 31. Mai 2023.

Im Namen des Europäischen Parlaments	*Im Namen des Rates*
Die Präsidentin	*Der Präsident*
R. METSOLA	P. KULLGREN

ANHANG I

ANHANG I

IM WHITEPAPER FÜR ANDERE KRYPTOWERTE ALS VERMÖGENSWERTEREFERENZIERTE TOKEN ODER E-GELD-TOKEN OFFENZULEGENDE ANGABEN

Teil A: Informationen über den Anbieter oder die Person, die die Zulassung zum Handel beantragt

1. Name,
2. Rechtsform,
3. Eingetragene Anschrift und Sitz, falls abweichend,
4. Tag der Registrierung,
5. Unternehmenskennung oder eine andere nach geltendem nationalem Recht erforderliche Kennung,
6. eine Telefonnummer zur Kontaktaufnahme und eine E-Mail-Adresse des Anbieters oder der Person, die die Zulassung zum Handel beantragt, sowie die Anzahl der Tage, innerhalb deren ein Anleger, der den Anbieter oder die Person, die die Zulassung zum Handel beantragt, über diese Telefonnummer oder E-Mail-Adresse kontaktiert, eine Antwort erhält,
7. gegebenenfalls Name des Mutterunternehmens,
8. Name, Geschäftsanschrift und Funktion der Mitglieder des Leitungsorgans des Anbieters oder der Person, die die Zulassung zum Handel beantragt,
9. geschäftliche oder gewerbliche Tätigkeit des Anbieters oder der Person, die die Zulassung zum Handel beantragt, und gegebenenfalls des Mutterunternehmens,
10. Finanzlage des Anbieters oder der Person, die die Zulassung zum Handel beantragt, in den vergangenen drei Jahren oder, falls der Anbieter oder die Person, die die Zulassung zum Handel beantragt, noch keine drei Jahre niedergelassen ist, seine bzw. ihre Finanzlage seit dem Zeitpunkt seiner bzw. ihrer Registrierung.

    Die Finanzlage wird auf der Grundlage eines redlichen Berichts über den Geschäftsverlauf und das Geschäftsergebnis des Anbieters oder der Person, die die Zulassung zum Handel beantragt, und seine bzw. ihrer Lage für jedes Jahr und jeden Übergangszeitraum, für den historische Finanzinformationen benötigt werden, einschließlich der Gründe für wesentliche Änderungen, bewertet.

    Der Bericht besteht aus einer ausgewogenen und umfassenden Analyse des Geschäftsverlaufs, des Geschäftsergebnisses und der Lage des Anbieters oder der Person, die die Zulassung zum Handel beantragt, die dem Umfang und der Komplexität der Geschäftstätigkeit angemessen ist.

Teil B: Informationen über den Emittenten, wenn es sich hierbei nicht um den Anbieter oder die Person handelt, die die Zulassung zum Handel beantragt

1. Name,
2. Rechtsform,
3. Eingetragene Anschrift und Sitz, falls abweichend,
4. Tag der Registrierung,
5. Unternehmenskennung oder eine andere nach dem geltenden nationalen Recht erforderliche Kennung,
6. gegebenenfalls Name des Mutterunternehmens,
7. Name, Geschäftsanschrift und Funktion der Mitglieder des Leitungsorgans des Emittenten,
8. geschäftliche oder gewerbliche Tätigkeit des Emittenten und gegebenenfalls des Mutterunternehmens.

Teil C: Informationen über den Betreiber der Handelsplattform in den Fällen, in denen er das Kryptowerte-Whitepaper erstellt

1. Name,
2. Rechtsform,
3. eingetragene Anschrift und Sitz, falls abweichend,
4. Tag der Registrierung,
5. Unternehmenskennung oder eine andere nach dem geltenden nationalen Recht erforderliche Kennung,
6. gegebenenfalls Name des Mutterunternehmens,
7. Grund, warum dieser Betreiber das Kryptowerte-Whitepaper erstellt hat,
8. Name, Geschäftsanschrift und Funktion der Mitglieder des Leitungsorgans des Betreibers,
9. geschäftliche oder gewerbliche Tätigkeit des Betreibers und gegebenenfalls des Mutterunternehmens.

Teil D: Informationen über das Kryptowert-Projekt

1. Name des Kryptowert-Projekts und der Kryptowerte, falls abweichend vom Namen des Anbieters oder der Person, die die Zulassung zum Handel beantragt, und Kürzel oder Ticker-Handler,
2. kurze Beschreibung des Kryptowert-Projekts,
3. genaue Angaben zu allen natürlichen oder juristischen Personen (einschließlich Geschäftsanschrift oder Sitz des Unternehmens), die an der Durchführung des Kryptowert-Projekts beteiligt sind, wie Berater, Entwickler und Anbieter von Kryptowerte-Dienstleistungen,
4. wenn das Kryptowert-Projekt Utility-Token betrifft: Hauptmerkmale der Waren oder Dienstleistungen, die entwickelt werden sollen,
5. Angaben zum Kryptowert-Projekt, insbesondere die bisherigen und künftigen Projekt-Etappen, und gegebenenfalls zu den bereits zugewiesenen Ressourcen für das Projekt,
6. gegebenenfalls die geplante Verwendung der Mittel oder anderer entgegengenommener Kryptowerte.

Teil E: Informationen über das öffentliche Angebot von Kryptowerten oder deren Zulassung zum Handel

1. Angabe, ob das Kryptowerte-Whitepaper ein öffentliches Angebot von Kryptowerten oder deren Zulassung zum Handel betrifft,
2. Gründe für das öffentliche Angebot oder den Antrag auf Zulassung zum Handel,
3. gegebenenfalls der Betrag, der mit dem öffentlichen Angebot in Form von Geldbeträgen oder anderen Kryptowerten beschafft werden soll, gegebenenfalls einschließlich etwaiger Mindest- und Höchstziele für die Zeichnung, die für das öffentliche Angebot von Kryptowerten festgelegt wurden, und der Hinweis, ob Überzeichnungen akzeptiert werden und wie sie zugewiesen werden,
4. Ausgabepreis des öffentlich angebotenen Kryptowerts (in einer amtlichen Währung oder anderen Kryptowerten), etwaige geltende Zeichnungsgebühren oder die Methode, nach der der Angebotspreis bestimmt wird,

5. gegebenenfalls Gesamtzahl der Kryptowerte, die öffentlich angeboten oder zum Handel zugelassen werden sollen,
6. Angabe der potenziellen Inhaber, auf die das öffentliche Angebot von Kryptowerten oder die Zulassung dieser Kryptowerte zum Handel ausgerichtet ist, einschließlich etwaiger Beschränkungen bezüglich der Art der Inhaber der betreffenden Kryptowerte,
7. ausdrücklicher Hinweis, dass Käufer, die sich an dem öffentlichen Angebot von Kryptowerten beteiligen, eine Rückerstattung erhalten können, wenn das Mindestziel für die Zeichnung am Ende der Zeichnungsfrist nicht erreicht ist, wenn sie ihr in Artikel 13 vorgesehenes Widerrufsrecht ausüben oder wenn das Angebot annulliert wird, sowie eine ausführliche Beschreibung des Rückerstattungsmechanismus, einschließlich des voraussichtlichen Zeitplans, bis wann diese Erstattungen abgeschlossen sein werden,
8. Informationen über die verschiedenen Phasen des Angebots von Kryptowerten, einschließlich Informationen über Kaufpreisnachlässe für Frühkäufe von Kryptowerten („Pre-Public-Verkäufe"); falls Kaufpreisnachlässe für bestimmte Käufer gewährt werden, eine Erklärung, warum die Kaufpreise unterschiedlich sein können, sowie eine Beschreibung der Folgen für die anderen Anleger,
9. bei befristeten Angeboten: Zeichnungsfrist für das öffentliche Angebot,
10. Vorkehrungen für die sichere Aufbewahrung der Geldbeträge oder anderen Kryptowerte im Sinne von Artikel 10 während des befristeten öffentlichen Angebots oder während der Widerrufsfrist,
11. mögliche Zahlungsmethoden für den Kauf der angebotenen Kryptowerte und Methoden der Übermittlung des Werts an die Käufer, wenn sie rückerstattungsberechtigt sind,
12. im Fall von öffentlichen Angeboten: Informationen über das Widerrufsrecht nach Artikel 13,
13. Informationen darüber, wie und wann die erworbenen Kryptowerte den Inhabern übertragen werden,
14. Informationen über die technischen Anforderungen, die der Käufer erfüllen muss, um die Kryptowerte zu halten,
15. gegebenenfalls Name des Anbieters von Kryptowerte-Dienstleistungen, der mit der Platzierung der Kryptowerte beauftragt wurde, und Art der Platzierung (mit oder ohne feste Übernahmeverpflichtung),
16. gegebenenfalls der Name der Handelsplattform für Kryptowerte, auf der die Zulassung zum Handel beantragt wird, und Informationen darüber, wie Anleger auf diese Handelsplattformen zugreifen können, sowie über die damit verbundenen Kosten,
17. Ausgaben im Zusammenhang mit dem öffentlichen Angebot von Kryptowerten,
18. potenzielle Interessenkonflikte der Personen, die an dem öffentlichen Angebot oder der Zulassung zum Handel beteiligt sind, die sich aus dem Angebot oder der Zulassung zum Handel ergeben,
19. für das öffentliche Angebot von Kryptowerten geltendes Recht, einschließlich des zuständigen Gerichts.

Teil F: Informationen über die Kryptowerte

1. Art des Kryptowerts, der öffentlich angeboten werden soll oder dessen Zulassung zum Handel beantragt wird,
2. Beschreibung der Merkmale, einschließlich der Daten, die für die Einstufung des Kryptowerte-Whitepaper im Register gemäß Artikel 109 nach Maßgabe von dessen Absatz 8 notwendig sind, und Funktionen der Kryptowerte, die angeboten oder zum Handel zugelassen werden, einschließlich Angaben dazu, wann die Funktionen wirksam werden sollen.

Teil G: Informationen über die mit den Kryptowerten verbundenen Rechte und Pflichten

1. Beschreibung der Rechte und (etwaigen) Pflichten des Käufers und des Verfahrens und der Bedingungen für die Ausübung dieser Rechte,
2. Beschreibung der Bedingungen, unter denen die Rechte und Pflichten geändert werden können,
3. gegebenenfalls Angaben zu künftigen öffentlichen Angeboten des Kryptowerte-Emittenten und zur Anzahl der vom Emittenten selbst behaltenen Kryptowerte,

4. wenn das Angebot von Kryptowerten oder deren Zulassung zum Handel Utility-Token betrifft: Angaben zur Qualität und Quantität der Waren oder Dienstleistungen, zu denen die Utility-Token Zugang bieten,
5. wenn das öffentliche Angebot von Kryptowerten oder die Zulassung zum Handel Utility-Token betrifft: Informationen darüber, wie die Utility-Token für die entsprechenden Waren oder Dienstleistungen eingelöst werden können,
6. wenn keine Zulassung zum Handel beantragt wird: Informationen darüber, wie und wo die Kryptowerte im Anschluss an das öffentliche Angebot gekauft oder verkauft werden können,
7. Beschränkungen der Übertragbarkeit der angebotenen oder zum Handel zugelassenen Kryptowerte,
8. bei Kryptowerten mit Protokollen für die Erhöhung oder Verringerung des Angebots in Reaktion auf Nachfrageveränderungen: Beschreibung der Funktionsweise dieser Protokolle,
9. gegebenenfalls eine Beschreibung der Sicherungssysteme zum Schutz des Werts der Kryptowerte und der Entschädigungssysteme,
10. für die Kryptowerte geltendes Recht, einschließlich des zuständigen Gerichts.

Teil H: Informationen über die zugrunde liegende Technologie

1. Informationen über die eingesetzte Technologie, einschließlich Distributed-Ledger-Technologie, Protokollen und verwendeter technischer Standards,
2. Konsensmechanismus, sofern anwendbar,
3. Anreizmechanismen zur Absicherung von Transaktionen und gegebenenfalls geltende Gebühren,
4. wenn die Kryptowerte in einem Distributed-Ledger ausgegeben, übertragen und gespeichert werden, der vom Emittenten, vom Anbieter oder von einem in ihrem Namen handelnden Dritten betrieben wird: ausführliche Beschreibung der Funktionsweise dieses Distributed-Ledger,
5. Angaben zum Ergebnis der Prüfung der eingesetzten Technologie (falls eine derartige Prüfung durchgeführt wurde).

Teil I: Informationen über die Risiken

1. Beschreibung der mit dem öffentlichen Angebot von Kryptowerten oder deren Zulassung zum Handel verbundenen Risiken
2. Beschreibung der von dem Emittenten ausgehenden Risiken, wenn es sich hierbei nicht um den Anbieter oder die Person handelt, die die Zulassung zum Handel beantragt,
3. Beschreibung der mit den Kryptowerten verbundenen Risiken,
4. Beschreibung der mit der Projektdurchführung verbundenen Risiken,
5. Beschreibung der mit der eingesetzten Technologie verbundenen Risiken sowie (gegebenenfalls) Maßnahmen zur Risikominderung.

ANHANG II

ANHANG II

IM KRYPTOWERTE-WHITEPAPER FÜR EINEN VERMÖGENSWERTEREFERENZIERTEN TOKEN OFFENZULEGENDE ANGABEN

Teil A: Informationen über den Emittenten des vermögenswertereferenzierten Token

1. Name,
2. Rechtsform,
3. eingetragene Anschrift und Sitz, falls abweichend,
4. Tag der Registrierung,
5. Unternehmenskennung oder eine andere nach dem geltenden nationalen Recht erforderliche Kennung,
6. gegebenenfalls Identität des Mutterunternehmens,
7. Name, Geschäftsanschrift und Funktion der Mitglieder des Leitungsorgans des Emittenten,

8. geschäftliche oder gewerbliche Tätigkeit des Emittenten und gegebenenfalls des Mutterunternehmens,
9. Finanzlage des Emittenten in den vergangenen drei Jahren oder, falls der Emittent noch keine drei Jahre niedergelassen ist, seine Finanzlage seit dem Zeitpunkt seiner Registrierung.

   Die Finanzlage wird auf der Grundlage eines redlichen Berichts über den Geschäftsverlauf und das Geschäftsergebnis des Emittenten und seine Lage für jedes Jahr und jeden Übergangszeitraum, für den historische Finanzinformationen benötigt werden, einschließlich der Gründe für wesentliche Änderungen, bewertet.

   Der Bericht besteht aus einer ausgewogenen und umfassenden Analyse des Geschäftsverlaufs, des Geschäftsergebnisses und seiner Lage, die dem Umfang und der Komplexität der Geschäftstätigkeit angemessen ist.
10. ausführliche Beschreibung der Regelungen des Emittenten zur Unternehmensführung,
11. außer bei Emittenten vermögenswertereferenzierter Token, die nach Artikel 17 von der Zulassungspflicht befreit sind: genaue Angaben zur Zulassung als Emittent eines vermögenswertereferenzierten Token und Name der zuständigen Behörde, die die Zulassung erteilt hat;

    bei Kreditinstituten: Name der zuständigen Behörde des Herkunftsmitgliedstaats,
12. falls der Emittent des vermögenswertereferenzierten Token auch andere Kryptowerte ausgibt oder auch Tätigkeiten im Zusammenhang mit anderen Kryptowerten ausübt, sollte dies eindeutig angegeben werden; der Emittent sollte auch angeben, ob zwischen dem Emittenten und dem Unternehmen, das die Distributed-Ledger-Technologie betreibt, die für die Ausgabe des Kryptowerts verwendet wird, eine Verbindung besteht, auch wenn die Protokolle von einer Person verwaltet oder kontrolliert werden, die eng mit den an dem Projekt beteiligten Akteuren verbunden ist.

Teil B: Informationen über den vermögenswertereferenzierten Token

1. Name und Kürzel oder Ticker-Handler des vermögenswertereferenzierten Token,
2. Beschreibung der Merkmale des vermögenswertreferenzierten Token, einschließlich der Daten, die für die Einstufung des Kryptowerte-Whitepaper im Register gemäß Artikel 109 nach Maßgabe von dessen Absatz 8 notwendig sind,
3. genaue Angaben zu allen natürlichen oder juristischen Personen (einschließlich Geschäftsanschrift oder Sitz des Unternehmens), die an der Operationalisierung des vermögenswertereferenzierten Token beteiligt sind, wie Berater, Entwickler und Anbieter von Kryptowerte-Dienstleistungen,
4. Beschreibung der Rolle, der Zuständigkeiten und der Rechenschaftspflicht etwaiger Drittunternehmen nach Artikel 34 Absatz 5 Unterabsatz 1 Buchstabe h,
5. Angaben zu den Plänen für die vermögenswertereferenzierten Token, einschließlich einer Beschreibung der bisherigen und künftigen Etappen und gegebenenfalls der bereits zugewiesenen Ressourcen.

Teil C: Informationen über das öffentliche Angebot des vermögenswertereferenzierten Token oder dessen Zulassung zum Handel

1. Angabe, ob das Kryptowerte-Whitepaper ein öffentliches Angebot des vermögenswertereferenzierten Token oder seine Zulassung zum Handel betrifft,
2. gegebenenfalls der Betrag, der mit dem öffentlichen Angebot des vermögenswertereferenzierten Token in Form von Geldbeträgen oder anderen Kryptowerten beschafft werden soll, gegebenenfalls einschließlich etwaiger Mindest- und Höchstziele für die Zeichnung, die für das öffentliche Angebot des vermögenswertereferenzierten Token festgelegt wurden, und die Angabe, ob Überzeichnungen akzeptiert werden und wie sie zugewiesen werden,
3. gegebenenfalls Gesamtzahl der Anteile des vermögenswertereferenzierten Token, die angeboten oder zum Handel zugelassen werden sollen,
4. Angabe der potenziellen Inhaber, auf die das öffentliche Angebot des vermögenswertereferenzierten Token oder die Zulassung dieses vermögenswertereferenzierten Token zum Handel ausgerichtet ist, einschließlich etwaiger Beschränkungen bezüglich der Art der Inhaber des betreffenden vermögenswertereferenzierten Token,
5. ausdrücklicher Hinweis, dass Käufer, die sich an dem öffentlichen Angebot des vermögenswertereferenzierten Token beteiligen, rückerstattungsberechtigt sind, wenn das Mindestziel für die Zeichnung am Ende der Zeichnungsfrist nicht erreicht ist, einschließlich des voraussichtlichen

Zeitplans, bis wann diese Erstattungen abgeschlossen sein werden; die Folgen der Überschreitung des Höchstziels für die Zeichnung sollten deutlich gemacht werden,

6. Informationen über die verschiedenen Phasen des öffentlichen Angebots des vermögenswertereferenzierten Token, einschließlich Informationen über Kaufpreisnachlässe für Frühkäufe des vermögenswertereferenzierten Token („Pre- Public-Verkäufe") und, im Falle eines Kaufpreisnachlasses für einige Frühkäufe, eine Erklärung, warum die Kaufpreise unterschiedlich sein können, sowie eine Beschreibung der Folgen für die die anderen Anleger,
7. bei befristeten Angeboten: Zeichnungsfrist für das öffentliche Angebot,
8. Zahlungsmethoden für den Kauf und den Rücktausch des angebotenen vermögenswertereferenzierten Token,
9. Informationen darüber, wie und wann der erworbene vermögenswertereferenzierte Token den Inhabern übertragen werden,
10. Informationen über die technischen Anforderungen, die der Käufer erfüllen muss, um die vermögenswertereferenzierten Token zu halten,
11. gegebenenfalls Name des Anbieters von Kryptowerte-Dienstleistungen, der mit der Platzierung des vermögenswertereferenzierten Token beauftragt wurde, und Art der Platzierung (mit oder ohne feste Übernahmeverpflichtung),
12. gegebenenfalls Name der Handelsplattform für Kryptowerte, auf der die Zulassung zum Handel beantragt wird, und Informationen darüber, wie Anleger auf diese Handelsplattformen zugreifen können, sowie über die damit verbundenen Kosten,
13. Ausgaben im Zusammenhang mit dem öffentlichen Angebot des vermögenswertereferenzierten Token,
14. potenzielle Interessenkonflikte der Personen, die an dem öffentlichen Angebot oder der Zulassung zum Handel beteiligt sind, die sich aus dem Angebot oder der Zulassung zum Handel ergeben,
15. für das öffentliche Angebot des vermögenswertereferenzierten Token geltendes Recht, einschließlich des zuständigen Gerichts.

Teil D: Informationen über die mit dem vermögenswertereferenzierten Token verbundenen Rechte und Pflichten

1. Beschreibung der Merkmale und Funktionen des vermögenswertereferenzierten Token, der angeboten oder zum Handel zugelassen wird, einschließlich Angaben dazu, wann die Funktionen wirksam werden sollen,
2. Beschreibung der Rechte und (etwaigen) Pflichten des Käufers und des Verfahrens und der Bedingungen für die Ausübung dieser Rechte,
3. Beschreibung der Bedingungen, unter denen die Rechte und Pflichten geändert werden können,
4. gegebenenfalls Angaben zu künftigen öffentlichen Angeboten des vermögenswertereferenzierter Token durch den Emittenten und zur Anzahl der vom Emittenten selbst behaltenen Anteile des vermögenswertereferenzierten Token,
5. wenn keine Zulassung zum Handel beantragt wird: Informationen darüber, wie und wo der vermögenswertereferenzierte Token im Anschluss an das öffentliche Angebot gekauft oder verkauft werden können,
6. etwaige Beschränkungen der Übertragbarkeit des angebotenen oder zum Handel zugelassenen vermögenswertereferenzierten Token,
7. wenn der vermögenswertereferenzierte Token Protokolle für die Erhöhung oder Verringerung seines Angebots in Reaktion auf Nachfrageveränderungen hat: Beschreibung der Funktionsweise dieser Protokolle,
8. gegebenenfalls eine Beschreibung der Sicherungssysteme zum Schutz des Werts des vermögenswertereferenzierten Token und der Entschädigungssysteme,
9. Informationen über die Art und Durchsetzbarkeit der Rechte, einschließlich der dauerhaften Rücktauschrechte und etwaiger Forderungen, die Inhaber und jede juristische oder natürliche Person im Sinne von Artikel 39 Absatz 2 gegen den Emittenten haben können, einschließlich Informationen darüber, wie diese Rechte im Falle von Insolvenzverfahren behandelt werden, Informationen darüber, ob verschiedenen Inhabern unterschiedliche Rechte zugestanden werden, sowie die nichtdiskriminierenden Gründe für eine solche unterschiedliche Behandlung,

10. detaillierte Beschreibung des Anspruchs, den der vermögenswertereferenzierte Token für die Inhaber darstellt, was Folgendes umfasst:
    a) Beschreibung jedes referenzierten Vermögenswerts und bestimmter Anteile an jedem dieser Vermögenswerte,
    b) Verhältnis zwischen dem Wert der referenzierten Vermögenswerte und dem Betrag der Forderung und der Vermögenswertreserve und
    c) Beschreibung, wie eine redliche und transparente Bewertung der Bestandteile der Forderung vorgenommen wird, wobei gegebenenfalls unabhängige Parteien benannt werden,
11. gegebenenfalls Angaben zu den Vorkehrungen, die der Emittent getroffen hat, um die Liquidität des vermögenswertereferenzierten Token zu gewährleisten, einschließlich Namen der Rechtsträger, die mit der Gewährleistung der Liquidität beauftragt wurden,
12. Kontaktangaben für die Einreichung von Beschwerden und Beschreibung des Beschwerdeverfahrens und etwaiger Streitbeilegungsmechanismen oder Rechtsbehelfsverfahren, die der Emittent des vermögenswertereferenzierten Token eingerichtet hat,
13. Beschreibung der Rechte der Inhaber, wenn der Emittent nicht in der Lage ist, seine Pflichten zu erfüllen, auch bei Insolvenz,
14. Beschreibung der Rechte im Zusammenhang mit der Durchführung des Sanierungsplans,
15. Beschreibung der Rechte im Zusammenhang mit der Durchführung des Rücktauschplans,
16. detaillierte Informationen darüber, wie die vermögenswertereferenzierten Token rückgetauscht werden, auch ob der Inhaber die Möglichkeit haben wird, die Form des Rücktauschs, die Form der Übertragung oder die amtliche Währung des Rücktauschs zu wählen,
17. das für den vermögenswertereferenzierten Token geltende Recht, sowie das zuständige Gericht.

Teil E: Informationen über die zugrunde liegende Technologie

1. Informationen über die eingesetzte Technologie, einschließlich Distributed-Ledger-Technologie, sowie Protokollen und verwendeter technischer Standards, die Halten, Speichern und Übertragung der wertereferenzierten Token ermöglichen,
2. Konsensmechanismus, sofern anwendbar,
3. Anreizmechanismen zur Absicherung von Transaktionen und gegebenenfalls geltende Gebühren,
4. wenn die vermögenswertereferenzierten Token unter Verwendung einer Distributed-Ledger-Technologieausgegeben, übertragen und gespeichert werden, der vom Emittenten oder von einem im Namen des Emittenten handelnden Dritten betrieben wird: ausführliche Beschreibung der Funktionsweise dieser Distributed-Ledger-Technologie,
5. Angaben zum Ergebnis der Prüfung der eingesetzten Technologie (falls eine derartige Prüfung durchgeführt wurde).

Teil F: Informationen über die Risiken

1. Risiken im Zusammenhang mit der Vermögenswertreserve, wenn der Emittent nicht in der Lage ist, seine Pflichten zu erfüllen,
2. Beschreibung der vom Emittenten des vermögenswertereferenzierten Token ausgehenden Risiken,
3. Beschreibung der mit dem öffentlichen Angebot des vermögenswertereferenzierten Token oder dessen Zulassung zum Handel verbundenen Risiken,
4. Beschreibung der mit den dem vermögenswertereferenzierten Token verbundenen Risiken, insbesondere im Hinblick auf die referenzierten Werte,
5. Beschreibung der Risiken im Zusammenhang mit der Operationalisierung des Projekts für den vermögenswertereferenzierten Token,
6. Beschreibung der mit der eingesetzten Technologie verbundenen Risiken sowie (gegebenenfalls) Maßnahmen zur Risikominderung.

Teil G: Informationen über die Vermögenswertreserve

1. ausführliche Beschreibung des Mechanismus zur Angleichung des Wertes der Vermögenswertreserve an die Ansprüche im Zusammenhang mit dem vermögenswertereferenzierten Token, einschließlich rechtlicher und technischer Aspekte,
2. ausführliche Beschreibung der Vermögenswertreserve und ihrer Zusammensetzung,

3. Beschreibung der Mechanismen für die Ausgabe und den Rücktausch vermögenswertereferenzierter Token,
4. Informationen darüber, ob ein Teil des Reservevermögens angelegt wird, und gegebenenfalls Beschreibung der Anlagepolitik für das Reservevermögen,
5. Beschreibung der Verwahrungsvereinbarungen für das Reservevermögen, einschließlich seiner Trennung, und die Namen der Anbieter von Kryptowerte-Dienstleistungen, die die Verwahrung und Verwaltung von Kryptowerten für Kunden anbieten, Kreditinstitute oder Wertpapierfirmen, die als Verwahrstellen für das Reservevermögen bestellt sind.

ANHANG III

ANHANG III

IM KRYPTOWERTE-WHITEPAPER FÜR EINEN E-GELD-TOKEN OFFENZULEGENDE ANGABEN

Teil A: Informationen über den Emittenten des E-Geld-Token

1. Name,
2. Rechtsform,
3. eingetragene Anschrift und Sitz, falls abweichend,
4. Tag der Registrierung,
5. Unternehmenskennung oder eine andere nach dem geltenden nationalen Recht erforderliche Kennung,
6. eine Telefonnummer zur Kontaktaufnahme und eine E-Mail-Adresse des Emittenten sowie die Anzahl der Tage, innerhalb deren ein Anleger, der den Emittenten über diese Telefonnummer oder E-Mail-Adresse kontaktiert, eine Antwort erhält,
7. gegebenenfalls Identität des Mutterunternehmens,
8. Name, Geschäftsanschrift und Funktion der Mitglieder des Leitungsorgans des Emittenten,
9. geschäftliche oder gewerbliche Tätigkeit des Emittenten und gegebenenfalls des Mutterunternehmens,
10. potenzielle Interessenkonflikte,
11. falls der Emittent des E-Geld-Token auch andere Kryptowerte ausgibt oder auch Tätigkeiten im Zusammenhang mit Kryptowerten ausübt, sollte dies eindeutig angegeben werden; der Emittent sollte auch angeben, ob zwischen dem Emittenten und dem Unternehmen, das die Distributed-Ledger-Technologie betreibt, die für die Ausgabe des Kryptowerts verwendet wird, eine Verbindung besteht, auch wenn die Protokolle von einer Person verwaltet oder kontrolliert werden, die eng mit den an dem Projekt beteiligten Akteuren verbunden ist,
12. Finanzlage des Emittenten in den vergangenen drei Jahren oder, falls der Emittent noch keine drei Jahre niedergelassen ist, seine Finanzlage seit dem Zeitpunkt seiner Registrierung;

    die Finanzlage wird auf der Grundlage eines redlichen Berichts über den Geschäftsverlauf und das Geschäftsergebnis des Emittenten und seine Lage für jedes Jahr und jeden Übergangszeitraum, für den historische Finanzinformationen benötigt werden, einschließlich der Gründe für wesentliche Änderungen, bewertet;

    der Bericht besteht aus einer ausgewogenen und umfassenden Analyse des Geschäftsverlaufs, des Geschäftsergebnisses und der Lage des Emittenten, die dem Umfang und der Komplexität der Geschäftstätigkeit angemessen ist,
13. außer bei Emittenten von E-Geld-Token, die nach Artikel 48 Absätze 4 und 5 von der Zulassungspflicht befreit sind: genaue Angaben zur Zulassung als Emittent des E-Geld-Token und Name der zuständigen Behörde, die die Zulassung erteilt hat.

Teil B: Informationen über den E-Geld-Token

1. Name und Kürzel,
2. Beschreibung der Merkmale des vermögenswertreferenzierten Token, einschließlich der Daten, die für die Einstufung des Kryptowerte-Whitepaper im Register gemäß Artikel 109 nach Maßgabe von dessen Absatz 8 notwendig sind,

3. genaue Angaben zu allen natürlichen oder juristischen Personen (einschließlich Geschäftsanschrift und/oder Sitz des Unternehmens), die an der Gestaltung und Entwicklung beteiligt sind, wie Berater, Entwickler und Anbieter von Kryptowerte-Dienstleistungen.

Teil C: Informationen über das öffentliche Angebot des E-Geld-Token oder dessen Zulassung zum Handel

1. Angabe, ob das Kryptowerte-Whitepaper ein öffentliches Angebot des E-Geld-Token oder dessen Zulassung zum Handel betrifft,
2. gegebenenfalls Gesamtzahl der Anteile des E-Geld-Token, die öffentlich angeboten oder zum Handel zugelassen werden sollen,
3. gegebenenfalls Name der Handelsplattformen für Kryptowerte, auf denen die Zulassung des E-Geld-Token zum Handel beantragt wird,
4. für das öffentliche Angebot des E-Geld-Token geltendes Recht, sowie das zuständige Gericht.

Teil D: Informationen über die mit den E-Geld-Token verbundenen Rechte und Pflichten

1. genaue Beschreibung der Rechte und (etwaigen) Pflichten des Inhabers des E-Geld-Token, einschließlich des Rechts auf Rücktausch zum Nennwert sowie des Verfahrens und der Bedingungen für die Ausübung dieser Rechte,
2. Beschreibung der Bedingungen, unter denen die Rechte und Pflichten geändert werden können,
3. Beschreibung der Rechte der Inhaber, wenn der Emittent nicht in der Lage ist, seine Pflichten zu erfüllen, auch bei Insolvenz,
4. Beschreibung der Rechte im Zusammenhang mit der Durchführung des Sanierungsplans,
5. Beschreibung der Rechte im Zusammenhang mit der Durchführung des Rücktauschplans,
6. Kontaktangaben für die Einreichung von Beschwerden und Beschreibung der Beschwerdeverfahren und etwaiger Streitbeilegungsmechanismen oder Rechtsbehelfsverfahren, die der Emittent des E-Geld-Token eingerichtet hat,
7. gegebenenfalls eine Beschreibung der Sicherungssysteme zum Schutz des Werts des Kryptowerts und der Entschädigungssysteme,
8. für den E-Geld-Token geltendes Recht, sowie das zuständige Gericht.

Teil E: Informationen über die zugrunde liegende Technologie

1. Informationen über die eingesetzte Technologie, einschließlich Distributed-Ledger Technologie, sowie Protokollen und verwendeter technischer Standards, die Halten, Speichern und Übertragung von E-Geld-Token ermöglichen,
2. Informationen über die technischen Anforderungen, die der Käufer erfüllen muss, um die Kontrolle über den E-Geld-Token zu erlangen,
3. Konsensmechanismus, sofern anwendbar,
4. Anreizmechanismen zur Absicherung von Transaktionen und gegebenenfalls geltende Gebühren,
5. wenn der E-Geld-Token unter Verwendung einer Distributed-Ledger-Technologie ausgegeben, übertragen und gespeichert wird, der vom Emittenten oder einem in seinem Namen handelnden Dritten betrieben wird: ausführliche Beschreibung der Funktionsweise dieser Distributed-Ledger-Technologie,
6. Angaben zum Ergebnis der Prüfung der eingesetzten Technologie (falls eine derartige Prüfung durchgeführt wurde).

Teil F: Informationen über die Risiken

1. Beschreibung der vom Emittenten des E-Geld-Token ausgehenden Risiken,
2. Beschreibung der mit dem E-Geld-Token verbundenen Risiken,
3. Beschreibung der mit der eingesetzten Technologie verbundenen Risiken sowie gegebenenfalls Maßnahmen zur Risikominderung.

ANHANG IV

ANHANG IV

MINDESTKAPITALANFORDERUNGEN FÜR ANBIETER VON KRYPTOWERTE-DIENSTLEISTUNGEN

Zulassung von Anbietern von Kryptowerte-Dienstleistungen	Art der Kryptowerte-Dienstleistungen	Mindestkapitalanforderungen nach Artikel 67 Absatz 1 Buchstabe a
Klasse 1	Anbieter von Kryptowerte-Dienstleistungen mit einer Zulassung für folgende Kryptowerte-Dienstleistungen: – Auftragsausführung für Kunden, – Platzierung von Kryptowerten, – Transferdienstleistungen für Kryptowerte für Kunden, – Annahme und Übermittlung von Aufträgen über Kryptowerte für Kunden – Beratung zu Kryptowerten und/oder – Portfolioverwaltung von Kryptowerten.	50 000 EUR
Klasse 2	Anbieter von Kryptowerte-Dienstleistungen mit einer Zulassung für die Kryptowerte-Dienstleistungen der Klasse 1 und für – Verwahrung und Verwaltung von Kryptowerten für Kunden, – Tausch von Kryptowerten gegen Geldbeträge und/oder – Tausch von Kryptowerten gegen andere Kryptowerte.	125 000 EUR
Klasse 3	Anbieter von Kryptowerte-Dienstleistungen mit einer Zulassung für die Kryptowerte-Dienstleistungen der Klasse 2 und für – Betrieb einer Handelsplattform für Kryptowerte.	150 000 EUR

ANHANG V

ANHANG V

LISTE DER IN TITEL III UND TITEL VI GENANNTEN VERSTÖßE VON EMITTENTEN SIGNIFIKANTER VERMÖGENSWERTEREFERENZIERTER TOKEN

1. Der Emittent verstößt gegen Artikel 22 Absatz 1, wenn er der EBA für jeden vermögenswertereferenzierten Token mit einem Ausgabewert von mehr als 100 000 000 EUR nicht vierteljährlich die in Unterabsatz 1 Buchstaben a bis d des genannten Absatzes genannten Informationen übermittelt.
2. Der Emittent verstößt gegen Artikel 23 Absatz 1, wenn er die Ausgabe eines vermögenswertereferenzierten Token nicht mit Erreichen der in dem genannten Absatz genannten Schwellenwerte einstellt oder wenn er der EBA nicht innerhalb von 40 Arbeitstagen nach Erreichen dieser Schwellenwerte einen Plan vorlegt, um sicherzustellen, dass die geschätzte durchschnittliche Zahl und der geschätzte durchschnittliche aggregierte Wert der Transaktionen pro Tag für ein Quartal unter diesen Schwellenwerten gehalten werden.
3. Der Emittent verstößt gegen Artikel 23 Absatz 4, wenn er den von der EBA geforderten Änderungen des in Absatz 1 Buchstabe b jenes Artikels genannten Plans nicht nachkommt.

4. Der Emittent verstößt gegen Artikel 25, wenn er der EBA nicht jede beabsichtigte Änderung seines Geschäftsmodells mitteilt, die geeignet ist, die Kaufentscheidung von Inhabern oder potenziellen Inhabern signifikanter vermögenswertereferenzierter Token erheblich zu beeinflussen, oder wenn er es versäumt, eine solche Änderung in seinem Krypto-Whitepaper zu beschreiben.
5. Der Emittent verstößt gegen Artikel 25, wenn er einer von der EBA gemäß Artikel 25 Absatz 4 verlangten Maßnahme nicht Folge leistet.
6. Der Emittent verstößt gegen Artikel 27 Absatz 1, wenn er nicht ehrlich, redlich und professionell handelt.
7. Der Emittent verstößt gegen Artikel 27 Absatz 1, wenn er mit den Inhabern und potenziellen Inhabern des signifikanten vermögenswertereferenzierten Token nicht in einer redlichen, eindeutigen und nicht irreführenden Weise kommuniziert.
8. Der Emittent verstößt gegen Artikel 27 Absatz 2, wenn er es versäumt, im besten Interesse der Inhaber des signifikanten vermögenswertereferenzierten Token zu handeln, oder wenn er bestimmten Inhabern eine Vorzugsbehandlung zukommen lässt, die im Kryptowerte-Whitepaper des Emittenten oder gegebenenfalls den Marketingmitteilungen nicht offengelegt wird.
9. Der Emittent verstößt gegen Artikel 28, wenn er es versäumt, auf seiner Website das in Artikel 21 Absatz 1 genannte genehmigte Kryptowerte-Whitepaper und gegebenenfalls das in Artikel 25 genannte geänderte Kryptowerte-Whitepaper zu veröffentlichen.
10. Der Emittent verstößt gegen Artikel 28, wenn er das Kryptowerte-Whitepaper nicht spätestens zum Startdatum des öffentlichen Angebots des signifikanten vermögenswertereferenzierten Token bzw. zum Startdatum der Zulassung dieses Token zum Handel öffentlich zugänglich macht.
11. Der Emittent verstößt gegen Artikel 28, wenn er das Kryptowerte-Whitepaper und gegebenenfalls das modifizierte Kryptowerte-Whitepaper nicht so lange auf seiner Website verfügbar hält, wie der signifikante vermögenswertereferenzierte Token vom Publikum gehalten wird.
12. Der Emittent verstößt gegen Artikel 29 Absätze 1 und 2, wenn er in Bezug auf ein öffentliches Angebot eines signifikanten vermögenswertereferenzierten Token oder die Zulassung eines solchen signifikanten vermögenswertereferenzierten Token zum Handel Marketingmitteilungen veröffentlicht, die die Anforderungen des Artikel 29 Absatz 1 Buchstaben a bis d und Absatz 2 nicht erfüllen.
13. Der Emittent verstößt gegen Artikel 29 Absatz 3, wenn er Marketingmitteilungen und etwaige diesbezügliche Änderungen nicht auf seiner Website veröffentlicht.
14. Der Emittent verstößt gegen Artikel 29 Absatz 5, wenn er der EBA Marketingmitteilungen nicht auf Antrag übermittelt.
15. Der Emittent verstößt gegen Artikel 29 Absatz 6, wenn er Marketingmitteilungen vor der Veröffentlichung des Kryptowerte-Whitepapers verbreitet.
16. Der Emittent verstößt gegen Artikel 30 Absatz 1, wenn er es versäumt, auf klare, präzise und transparente Weise an öffentlich und leicht zugänglicher Stelle auf seiner Website den Betrag des in Umlauf befindlichen signifikanten vermögenswertereferenzierten Token sowie den Wert und die Zusammensetzung der in Artikel 36 genannten Vermögenswertreserve anzugeben oder die erforderlichen Informationen mindestens monatlich zu aktualisieren.
17. Der Emittent verstößt gegen Artikel 30 Absatz 2, wenn er es versäumt, umgehend an öffentlich und leicht zugänglicher Stelle auf seiner Website eine kurze, klare, präzise und transparente Zusammenfassung des Prüfberichts sowie den vollständigen und unbearbeiteten Prüfbericht in Bezug auf die in Artikel 36 genannte Vermögenswertreserve zu veröffentlichen.
18. Der Emittent verstößt gegen Artikel 30 Absatz 3, wenn er es versäumt, umgehend und in klarer, präziser und transparenter Weise an öffentlich und leicht zugänglicher Stelle auf seiner Website alle Ereignisse offenzulegen, die signifikante Auswirkungen auf den Wert des signifikanten vermögenswertereferenzierten Token oder der in Artikel 36 genannten Vermögenswertreserve haben oder wahrscheinlich haben werden.
19. Der Emittent verstößt gegen Artikel 31 Absatz 1, wenn er keine wirksamen und transparenten Verfahren für eine umgehende, redliche und einheitliche Bearbeitung von Beschwerden von Inhabern des signifikanten vermögenswertereferenzierten Token und anderen interessierten Parteien, einschließlich Verbraucherverbänden, die Inhaber des signifikanten wertereferenzierter Token vertreten, einführt und aufrechterhält und keine Beschreibungen dieser Verfahren veröffentlicht, oder, wenn der signifikante wertereferenzierte Token ganz oder teilweise von Drittunternehmen vertrieben werden, keine Verfahren festlegt, um die Bearbeitung von Beschwerden

zwischen Inhabern des signifikanten Token und den in Artikel 34 Absatz 5 Unterabsatz 1 Buchstabe h genannten Drittunternehmen zu erleichtern.

20. Der Emittent verstößt gegen Artikel 31 Absatz 2, wenn er es den Inhabern des signifikanten vermögenswertereferenzierten Token nicht ermöglicht, Beschwerden unentgeltlich einzureichen.

21. Der Emittent verstößt gegen Artikel 31 Absatz 3, wenn er es versäumt, ein Muster für die Einreichung von Beschwerden zu erstellen, und dieses den Inhabern des signifikanten vermögenswertereferenzierten Token zur Verfügung zu stellen und über alle eingegangenen Beschwerden und daraufhin getroffene Maßnahmen Aufzeichnungen zu führen.

22. Der Emittent verstößt gegen Artikel 31 Absatz 4, wenn er es versäumt, sämtliche Beschwerden zeitnah und redlich zu prüfen oder den Inhabern seines signifikanten vermögenswertereferenzierten Token die Ergebnisse dieser Prüfung innerhalb eines angemessenen Zeitraums mitzuteilen.

23. Der Emittent verstößt gegen Artikel 32 Absatz 1, wenn er versäumt, wirksame Strategien und Verfahren umzusetzen und aufrechtzuerhalten, um Interessenkonflikte zwischen ihm und seinen Anteilseigern oder Gesellschaftern, zwischen ihm und jedem Anteilseigner oder Gesellschafter, der direkt oder indirekt eine qualifizierte Beteiligung an ihm hält und zwischen ihm und den Mitgliedern seines Leitungsorgans, zwischen ihm und seinen Beschäftigten, zwischen ihm und den Inhabern des signifikanten vermögenswertereferenzierten Token oder zwischen ihm und jedem Dritten, der eine der in Artikel 34 Absatz 5 Buchstabe h genannten Aufgaben wahrnimmt, zu ermitteln, zu vermeiden, zu regeln und offenzulegen.

24. Der Emittent verstößt gegen Artikel 32 Absatz 2, wenn er es versäumt, alle geeigneten Maßnahmen zur Ermittlung, Vermeidung, Regelung und Offenlegung von Interessenkonflikten zu ergreifen, die sich aus der Verwaltung und Anlage der in Artikel 36 genannten Vermögenswertreserve ergeben.

25. Der Emittent verstößt gegen Artikel 32 Absätze 3 und 4, wenn er es versäumt, den Inhabern seines signifikanten vermögenswertereferenzierten Token die allgemeine Art und die Quellen von Interessenkonflikten sowie die zur Begrenzung dieser Risiken getroffenen Vorkehrungen an gut sichtbarer Stelle auf seiner Website offenzulegen, oder wenn er bei dieser Offenlegung nicht so präzise ist, dass die potenziellen Inhaber des signifikanten vermögenswertereferenzierten Token eine fundierte Kaufentscheidung über diesen Token treffen können.

26. Der Emittent verstößt gegen Artikel 33, wenn er der EBA nicht umgehend alle Veränderungen in seinem Leitungsorgan meldet oder wenn er der EBA nicht alle Informationen übermittelt, die erforderlich sind, um die Einhaltung von Artikel 34 Absatz 2 zu bewerten.

27. Der Emittent verstößt gegen Artikel 34 Absatz 1, wenn er nicht über solide Regelungen zur Unternehmensführung verfügt, wozu eine klare Organisationsstruktur mit einer genau abgegrenzten, transparenten und kohärenten Hierarchie, wirksamen Verfahren für die Ermittlung, Steuerung, Überwachung und Meldung von Risiken, denen er ausgesetzt ist oder ausgesetzt sein könnte, sowie angemessene Mechanismen für die interne Kontrolle, einschließlich solider Verwaltungs- und Rechnungslegungsverfahren, gehören.

28. Der Emittent verstößt gegen Artikel 34 Absatz 2, wenn die Mitglieder seines Leitungsorgans nicht über die ausreichende Zuverlässigkeit oder nicht über angemessene Kenntnisse, Fähigkeiten und Erfahrung verfügen – individuell oder kollektiv –, um ihre Aufgaben wahrnehmen zu können, oder nicht nachweisen, dass sie in der Lage sind, ausreichend Zeit für die wirksame Wahrnehmung ihrer Aufgaben aufzuwenden.

29. Der Emittent verstößt gegen Artikel 34 Absatz 3, wenn sein Leitungsorgan die Wirksamkeit der Strategien und Verfahren, die zur Erfüllung der Kapitel 2, 3, 5 und 6 des Titels III eingeführt wurden, regelmäßig bewertet und überprüft oder keine geeigneten Maßnahmen zur Behebung etwaiger diesbezüglicher Mängel ergreift.

30. Der Emittent verstößt gegen Artikel 34 Absatz 4, wenn Anteilseigner oder Gesellschafter direkt oder indirekt qualifizierte Beteiligungen halten, die nicht hinreichend gut beleumundet sind.

31. Der Emittent verstößt gegen Artikel 34 Absatz 5, wenn er keine Strategien und Verfahren einführt, die hinreichend wirksam sind, um die Einhaltung dieser Verordnung sicherzustellen, insbesondere wenn er keine der in Unterabsatz 1 Buchstaben a bis k des genannten Absatzes genannten Strategien und Verfahren festlegt, aufrechterhält und umsetzt.

32. Der Emittent verstößt gegen Artikel 34 Absatz 5, wenn er keine vertraglichen Vereinbarungen mit Drittunternehmen im Sinne von Unterabsatz1 Buchstabe h des genannten Absatzes eingeht, in denen die Aufgaben, Zuständigkeiten, Rechte und Pflichten sowohl des Emittenten als auch

des betreffenden Drittunternehmens festgelegt sind, oder wenn er keine eindeutige Auswahl des anzuwendenden Rechts trifft.

33. Der Emittent verstößt, sofern er keinen Plan gemäß Artikel 47 aufgestellt habt, gegen Artikel 34 Absatz 6, wenn er keine geeigneten und verhältnismäßigen Systeme, Ressourcen und Verfahren zur Gewährleistung einer kontinuierlichen und regelmäßigen Erbringung seiner Dienstleistungen und Tätigkeiten anwendet und es versäumt, alle seine Systeme und Protokolle zur Gewährleistung der Zugriffssicherheit unter Beachtung der einschlägigen Standards der Union zu pflegen.

34. Der Emittent verstößt gegen Artikel 34 Absatz 7, wenn er der EBA keinen Plan für die Einstellung der Erbringung von Dienstleistungen und Tätigkeiten zur Genehmigung übermittelt.

35. Der Emittent verstößt gegen Artikel 34 Absatz 8, wenn er die Quellen operationeller Risiken nicht ermittelt und diese Risiken nicht durch Entwicklung geeigneter Systeme, Kontrollen und Verfahren minimiert.

36. Der Emittent verstößt gegen Artikel 34 Absatz 9, wenn er keine Strategie zur Fortführung des Geschäftsbetriebs und keine Pläne festlegt, um im Falle der Unterbrechung seiner IKT-Systeme und Verfahren die Bewahrung wesentlicher Daten und Funktionen und die Aufrechterhaltung seiner Tätigkeiten oder, wenn dies nicht möglich ist, zeitnah die Wiederherstellung dieser Daten und Funktionen und die Wiederaufnahme seiner Tätigkeiten sicherzustellen.

37. Der Emittent verstößt gegen Artikel 34 Absatz 10, wenn er nicht über Mechanismen für die interne Kontrolle und wirksame Verfahren für das Risikomanagement, einschließlich wirksamer Kontroll- und Schutzvorkehrungen für das Management von IKT-Systemen gemäß der Verordnung (EU) 2022/2554, verfügt.

38. Der Emittent verstößt gegen Artikel 34 Absatz 11, wenn er nicht über Systeme und Verfahren verfügt, die geeignet sind, die Verfügbarkeit, Authentizität, Integrität und Vertraulichkeit von Daten gemäß der Verordnung (EU) 2022/2554 und im Einklang mit der Verordnung (EU) 2016/679 zu gewährleisten.

39. Der Emittent verstößt gegen Artikel 34 Absatz 12, wenn er nicht sicherstellt, dass der Emittent regelmäßig von unabhängigen Prüfern geprüft wird.

40. Der Emittent verstößt gegen Artikel 35 Absatz 1, wenn er nicht jederzeit Eigenmittel in Höhe mindestens eines Betrags vorhält, der dem höchsten der in Buchstabe a oder c des genannten Absatzes oder in Artikel 45 Absatz 5 festgelegten Beträge entspricht.

41. Der Emittent verstößt gegen Artikel 35 Absatz 2 dieser Verordnung, wenn seine Eigenmittel nicht aus den in den Artikeln 26 bis 30 der Verordnung (EU) Nr. 575/2013 genannten Posten und Instrumenten des harten Kernkapitals nach den vollständig erfolgten Abzügen gemäß Artikel 36 der genannten Verordnung und ohne Anwendung der Schwellenwerte für Ausnahmen nach Artikel 46 Absatz 4 und Artikel 48 der genannten Verordnung bestehen.

42. Der Emittent verstößt gegen Artikel 35 Absatz 3, wenn er die Anforderungen der EBA, nach der Bewertung gemäß den Buchstaben a bis g des genannten Absatzes einen höheren Betrag an Eigenmitteln vorzuhalten, nicht erfüllt.

43. Der Emittent verstößt gegen Artikel 35 Absatz 5, wenn er nicht regelmäßig Stresstests durchführt, die schwere, aber plausible finanzielle Stressszenarien wie Zinsschocks und nichtfinanzielle Stressszenarien wie operationelle Risiken berücksichtigen.

44. Der Emittent verstößt gegen Artikel 35 Absatz 5, wenn er die Anforderung der EBA, auf der Grundlage der Ergebnisse der Stresstests einen höheren Betrag an Eigenmitteln vorzuhalten, nicht erfüllt.

45. Der Emittent verstößt gegen Artikel 36 Absatz 1, wenn er keine Vermögenswertreserve bildet und jederzeit hält.

46. Der Emittent verstößt gegen Artikel 36 Absatz 1, wenn er nicht sicherstellt, dass die Vermögenswertreserve so zusammengesetzt ist und verwaltet wird, dass die mit den Vermögenswerten, auf die sich der signifikante vermögenswertereferenzierte Token bezieht, verbundenen Risiken abgedeckt sind.

47. Der Emittent verstößt gegen Artikel 36 Absatz 1, wenn er nicht sicherstellt, dass die Vermögenswertreserve so zusammengesetzt ist und verwaltet wird, dass die mit den dauerhaften Rücktauschrechten der Inhaber verbundenen Liquiditätsrisiken angegangen werden.

48. Der Emittent verstößt gegen Artikel 36 Absatz 3, wenn er nicht sicherstellt, dass die Vermögenswertreserve operativ vom Vermögen des Emittenten und von der Vermögenswertreserve anderer vermögenswertereferenzierter Token getrennt ist.

49. Der Emittent verstößt gegen Artikel 36 Absatz 6, wenn sein Leitungsorgan keine wirksame und umsichtige Verwaltung der Vermögenswertreserve gewährleistet.
50. Der Emittent verstößt gegen Artikel 36 Absatz 6, wenn er nicht sicherstellt, dass der Ausgabe und dem Rücktausch des signifikanten vermögenswertereferenzierten Token stets eine entsprechende Erhöhung oder Verminderung der Vermögenswertreserve gegenübersteht.
51. Der Emittent verstößt gegen Artikel 36 Absatz 7, wenn er den aggregierten Wert der Vermögenswertreserve nicht unter Rückgriff auf die Marktpreise ermittelt und ihr aggregierter Wert nicht jederzeit mindestens dem aggregierten Wert der Ansprüche der Inhaber von in Umlauf befindlichen signifikanten vermögenswertereferenzierten Token gegen den Emittenten entspricht.
52. Der Emittent verstößt gegen Artikel 36 Absatz 8, wenn er nicht über eine klare und detaillierte Strategie verfügt, in der der Stabilisierungsmechanismus des signifikanten vermögenswertereferenzierten Token beschrieben ist und die die in Buchstaben a bis g des genannten Absatzes genannten Bedingungen erfüllt.
53. Der Emittent verstößt gegen Artikel 36 Absatz 9, wenn er ab dem Tag seiner Zulassung oder ab dem Tag der Genehmigung des Kryptowerte-Whitepapers gemäß Artikel 17 nicht alle sechs Monate eine unabhängige Prüfung der Vermögenswertreserve in Auftrag gibt.
54. Der Emittent verstößt gegen Artikel 36 Absatz 10, wenn er der EBA das Ergebnis der Prüfung nicht gemäß dem genannten Absatzmitteilt oder das Ergebnis der Prüfung nicht innerhalb von zwei Wochen ab dem Tag der Mitteilung an die EBA veröffentlicht.
55. Der Emittent verstößt gegen Artikel 37 Absatz 1, wenn er keine Strategien und Verfahren und keine vertraglichen Vereinbarungen für die Verwahrung festlegt, aufrechterhält und umsetzt, um zu gewährleisten, dass die in Unterabsatz 1 Buchstaben a bis e des genannten Absatzes genannten Bedingungen jederzeit erfüllt sind.
56. Der Emittent verstößt gegen Artikel 37 Absatz 2, wenn er bei der Ausgabe von zwei oder mehr signifikanten vermögenswertereferenzierten Token für jeden Pool von Vermögenswertreserven eine eigene Verwahrstrategie festlegt.
57. Der Emittent verstößt gegen Artikel 37 Absatz 3, wenn er nicht sicherstellt, dass das Reservevermögen spätestens fünf Geschäftstage nach dem Tag der Ausgabe des signifikanten vermögenswertereferenzierten Token bei einem Anbieter von Kryptowerte-Dienstleistungen, der Kryptowerte für Kunden verwahrt oder verwaltet, einem Kreditinstitut oder einer Wertpapierfirma in Verwahrung gegeben wird.
58. Der Emittent verstößt gegen Artikel 37 Absatz 4, wenn er bei der Auswahl, Bestellung und Überprüfung der als Verwahrstelle für das Reservevermögen bestellten Kreditinstitute und Wertpapierfirmen nicht mit der erforderlichen Sachkenntnis, Sorgfalt und Gewissenhaftigkeit vorgeht oder wenn er nicht sicherstellt, dass es sich bei der Verwahrstelle um eine vom Emittenten verschiedene juristische Person handelt.
59. Der Emittent verstößt gegen Artikel 37 Absatz 4, wenn er nicht sicherstellt, dass die als Verwahrstelle für das Reservevermögen bestellten Anbieter von Kryptowerte-Dienstleistungen, Kreditinstitute und Wertpapierfirmen über die erforderliche Sachkenntnis und Marktreputation verfügen, um als Verwahrstelle für ein solches Reservevermögen zu fungieren.
60. Der Emittent verstößt gegen Artikel 37 Absatz 4, wenn er nicht durch vertragliche Vereinbarungen mit den Verwahrstellen sicherstellt, dass das verwahrte Reservevermögen gegen Forderungen der Gläubiger der Verwahrstellen geschützt ist.
61. Der Emittent verstößt gegen Artikel 37 Absatz 5, wenn er nicht in den Strategien und Verfahren für die Verwahrung die Auswahlkriterien für die Bestellung von Anbietern von Kryptowerte-Dienstleistungen, Kreditinstituten oder Wertpapierfirmen als Verwahrstellen für das Reservevermögen oder das Verfahren zur Überprüfung solcher Bestellungen festlegt.
62. Der Emittent verstößt gegen Artikel 37 Absatz 5, wenn er die Bestellung von Anbietern von Kryptowerte-Dienstleistungen, Kreditinstituten oder Wertpapierfirmen als Verwahrstellen für das Reservevermögen nicht regelmäßig überprüft, wenn er seine Risikopositionen gegenüber solchen Verwahrstellen nicht bewertet oder wenn er die finanzielle Lage dieser Verwahrstellen nicht fortlaufend überwacht.
63. Der Emittent verstößt gegen Artikel 37 Absatz 6, wenn er nicht sicherstellt, dass die Verwahrung des Reservevermögens gemäß Unterabsatz 1 Buchstaben a bis d des genannten Absatzes erfolgt.
64. Der Emittent verstößt gegen Artikel 37 Absatz 7, wenn die Bestellung eines Anbieters von Kryptowerte-Dienstleistungen, eines Kreditinstituts oder einer Wertpapierfirma als Verwahrstelle für das Reservevermögen nicht durch eine vertragliche Vereinbarung belegt wird, oder wenn er

nicht mittels einer derartigen vertraglichen Vereinbarung den Informationsfluss regelt, der notwendig ist, damit der Emittent des signifikanten vermögenswertereferenzierten Token, der Anbieter von Kryptowerte-Dienstleistungen, das Kreditinstitut und die Wertpapierfirma ihre Aufgaben als Verwahrstelle erfüllen können.

65. Der Emittent verstößt gegen Artikel 38 Absatz 1, wenn er die Vermögenswertreserve in Produkte investiert, bei denen es sich nicht um hochliquide Finanzinstrumente mit minimalem Marktrisiko, Kreditrisiko und Konzentrationsrisiken handelt, oder wenn die betreffenden Anlagen nicht schnell und mit minimalem negativem Preiseffekt liquidierbar sind.

66. Der Emittent verstößt gegen Artikel 38 Absatz 3, wenn er die Finanzinstrumente, in der die Vermögenswertreserve angelegt ist, nicht im Einklang mit Artikel 37 in Verwahrung hält.

67. Der Emittent verstößt gegen Artikel 38 Absatz 4, wenn er nicht alle Gewinne und Verluste sowie etwaige Gegenparteirisiken oder operationelle Risiken trägt, die sich aus der Anlage der Vermögenswertreserve ergeben.

68. Der Emittent verstößt gegen Artikel 39 Absatz 1, wenn er in Bezug auf die dauerhaften Rücktauschrechte der Inhaber des signifikanten vermögenswertereferenzierten Token keine klaren und detaillierten Strategien und Verfahren schafft, aufrechterhält und anwendet.

69. Der Emittent verstößt gegen Artikel 39 Absatz 1 und Absatz 2, wenn er nicht sicherstellt, dass die Inhaber des signifikanten vermögenswertereferenzierten Token über dauerhafte Rücktauschrechte gemäß den genannten Absätzen verfügen, und wenn er keine Strategie für diese dauerhaften Rücktauschrechte festlegt, die die in Artikel 39 Absatz 2 Unterabsatz 1 Buchstaben a bis e genannten Bedingungen erfüllt.

70. Der Emittent verstößt gegen Artikel 39 Absatz 3, wenn er beim Rücktausch des signifikanten vermögenswertereferenzierten Token Gebühren erhebt.

71. Der Emittent verstößt gegen Artikel 40, wenn er im Zusammenhang mit dem signifikanten vermögenswertereferenzierten Token Zinsen gewährt.

72. Der Emittent verstößt gegen Artikel 45 Absatz 1, wenn er keine Vergütungspolitik festlegt, umsetzt und aufrechterhält, die dem soliden und effektiven Risikomanagement der Emittenten signifikanter vermögenswertereferenzierter Token förderlich ist und die keine Anreize für eine Lockerung der Risikostandards schafft.

73. Der Emittent verstößt gegen Artikel 45 Absatz 2, wenn er nicht sicherstellt, dass sein signifikanter vermögenswertereferenzierter Token von verschiedenen Anbietern von Kryptowerte-Dienstleistungen, die für die Verwahrung und Verwaltung von Kryptowerten für Kunden zugelassen sind, auf redliche, angemessene und nichtdiskriminierende Weise verwahrt werden kann.

74. Der Emittent verstößt gegen Artikel 45 Absatz 3, wenn er den Liquiditätsbedarf für die Erfüllung von Rücktauschforderungen durch die Inhaber vermögenswertereferenzierter Token nicht bewertet und überwacht.

75. Der Emittent verstößt gegen Artikel 45 Absatz 3, wenn er keine Strategien und Verfahren für das Liquiditätsmanagement festlegt, aufrechterhält oder umsetzt, oder wenn er nicht mit diesen Strategien und Verfahren dafür sorgt, dass das Reservevermögen über ein robustes Liquiditätsprofil verfügt, das es dem Emittenten des signifikanten vermögenswertereferenzierten Token ermöglicht, auch bei Liquiditätsengpässen den normalen Betrieb fortzusetzen.

76. Der Emittent verstößt gegen Artikel 45 Absatz 4, wenn er keine regelmäßigen Liquiditätsstresstests durchführt oder die Liquiditätsanforderungen nicht verschärft, wenn die EBA dies auf der Grundlage der Ergebnisse derartiger Tests verlangt.

77. Der Emittent verstößt gegen Artikel 46 Absatz 1, wenn er keinen Sanierungsplan erstellt und führt, der Maßnahmen vorsieht, die der Emittent des signifikanten vermögenswertereferenzierten Token zu ergreifen hat, um die Erfüllung der für die Vermögenswertreserve geltenden Anforderungen wiederherzustellen, falls der Emittent diesen Anforderungen nicht nachkommt, einschließlich der Aufrechterhaltung seiner Dienstleistungen im Zusammenhang mit dem signifikanten vermögenswertereferenzierten Token, der raschen Sanierung des Geschäftsbetriebs und der Erfüllung der Pflichten des Emittenten bei Ereignissen, die ein beträchtliches Risiko einer Störung des Geschäftsbetriebs bergen.

78. Der Emittent verstößt gegen Artikel 46 Absatz 1, wenn er keinen Sanierungsplan erstellt und führt, der angemessene Bedingungen und Verfahren zur Gewährleistung der raschen Durchführung von Sanierungsmaßnahmen sowie eine breite Palette von Sanierungsoptionen umfasst, wie in Unterabsatz 3 jenes Absatzes aufgeführt.

79. Der Emittent verstößt gegen Artikel 46 Absatz 2, wenn er der EBA und gegebenenfalls den für ihn zuständigen Abwicklungs- und Aufsichtsbehörden den Sanierungsplan nicht innerhalb von sechs Monaten nach dem Tag der Zulassung gemäß Artikel 21 oder nach dem Tag der Genehmigung des Kryptowerte-Whitepapers gemäß Artikel 17 übermittelt.
80. Der Emittent verstößt gegen Artikel 46 Absatz 2, wenn er den Sanierungsplan nicht regelmäßig überprüft oder aktualisiert.
81. Der Emittent verstößt gegen Artikel 47 Absatz 1, wenn er keinen operativen Plan zur Unterstützung des geordneten Rücktauschs jedes signifikanten vermögenswertereferenzierten Token erstellt und führt.
82. Der Emittent verstößt gegen Artikel 47 Absatz 2, wenn er nicht über einen Rücktauschplan verfügt, der belegt, dass der Emittent des signifikanten vermögenswertereferenzierten Token zum Rücktausch des ausstehenden ausgegebenen vermögenswertereferenzierten Token in der Lage ist, ohne seinen Inhabern oder der Stabilität der Märkte des Reservevermögens ungebührlichen wirtschaftlichen Schaden zuzufügen.
83. Der Emittent verstößt gegen Artikel 47 Absatz 2, wenn er nicht über einen Rücktauschplan verfügt, der vertragliche Vereinbarungen, Verfahren und Systeme, einschließlich der Benennung eines vorläufigen Verwalters, umfasst, die sicherstellen, dass alle Inhaber des signifikanten vermögenswertereferenzierten Token gerecht behandelt werden und dass die Erlöse aus dem Verkauf des verbleibenden Reservevermögens fristgerecht an die Inhaber des signifikanten vermögenswertereferenzierten Token gezahlt werden.
84. Der Emittent verstößt gegen Artikel 47 Absatz 2, wenn er nicht über einen Rücktauschplan verfügt, der die Kontinuität kritischer Tätigkeiten des Emittenten oder jedes Drittunternehmens sicherstellt, die für den geordneten Rücktausch erforderlich sind.
85. Der Emittent verstößt gegen Artikel 47 Absatz 3, wenn er der EBA den Rücktauschplan nicht innerhalb von sechs Monaten nach dem Tag der Zulassung gemäß Artikel 21 oder nach dem Tag der Genehmigung des Kryptowerte-Whitepapers gemäß Artikel 17 übermittelt.
86. Der Emittent verstößt gegen Artikel 47 Absatz 3, wenn er den Rücktauschplan nicht regelmäßig überprüft oder aktualisiert.
87. Wenn die Bedingungen von Artikel 88 Absatz 2 nicht erfüllt sind, verstößt der Emittent gegen Artikel 88 Absatz 1, wenn er die Öffentlichkeit über Insiderinformationen im Sinne des Artikels 87, die diesen Emittenten unmittelbar betreffen, nicht umgehend und in einer Weise informiert, die einen schnellen Zugang und eine vollständige, korrekte und zeitnahe Bewertung der Informationen durch die Öffentlichkeit ermöglicht.

ANHANG VI

ANHANG VI

LISTE DER VERSTÖßE GEGEN BESTIMMUNGEN DES TITELS IV IN VERBINDUNG MIT TITEL III FÜR EMITTENTEN SIGNIFIKANTER E-GELD-TOKEN

1. Der Emittent verstößt gegen Artikel 22 Absatz 1, wenn er der EBA für jeden signifikanten E-Geld-Token, der auf eine Währung lautet, die keine amtliche Währung eines Mitgliedstaats ist, mit einem Ausgabewert von mehr als 100 000 000 EUR nicht vierteljährlich die in Unterabsatz 1 Buchstaben a bis d des genannten Absatzes genannten Informationen übermittelt.
2. Der Emittent verstößt gegen Artikel 23 Absatz 1, wenn er die Ausgabe eines signifikanten E-Geld-Token, der auf eine Währung lautet, die keine amtliche Währung eines Mitgliedstaats ist, nicht mit Erreichen der in jenem Absatz genannten Schwellenwerte einstellt oder wenn er der EBA nicht innerhalb von 40 Arbeitstagen nach Erreichen dieser Schwellenwerte einen Plan vorlegt, um sicherzustellen, dass die geschätzte durchschnittliche Zahl und der geschätzte durchschnittliche aggregierte Wert der Transaktionen pro Tag für ein Quartal unter diesen Schwellenwerten gehalten werden.
3. Der Emittent verstößt gegen Artikel 23 Absatz 4, wenn er den von der EBA verlangten Änderungen des in Absatz 1 Buchstabe b jenes Artikels genannten Plans nicht nachkommt.
4. Der Emittent verstößt gegen Artikel 35 Absatz 2 dieser Verordnung, wenn seine Eigenmittel nicht aus den in den Artikeln 26 bis 30 der Verordnung (EU) Nr. 575/2013 genannten Posten und Instrumenten des harten Kernkapitals nach den vollständig erfolgten Abzügen gemäß Arti-

kel 36 der genannten Verordnung und ohne Anwendung der Schwellenwerte für Ausnahmen nach Artikel 46 Absatz 4 und Artikel 48 der genannten Verordnung bestehen.

5. Der Emittent verstößt gegen Artikel 35 Absatz 3, wenn er die Anforderungen der EBA, nach der Bewertung gemäß den Buchstaben a bis g des genannten Absatzes einen höheren Betrag an Eigenmitteln vorzuhalten, nicht erfüllt.

6. Der Emittent verstößt gegen Artikel 35 Absatz 5, wenn er nicht regelmäßig Stresstests durchführt, die schwere, aber plausible finanzielle Stressszenarien wie Zinsschocks und nichtfinanzielle Stressszenarien wie operationelle Risiken berücksichtigen.

7. Der Emittent verstößt gegen Artikel 35 Absatz 5, wenn er die Anforderung der EBA, auf der Grundlage der Ergebnisse der Stresstests einen höheren Betrag an Eigenmitteln vorzuhalten, nicht erfüllt.

8. Der Emittent verstößt gegen Artikel 36 Absatz 1, wenn er keine Vermögenswertreserve bildet und jederzeit hält.

9. Der Emittent verstößt gegen Artikel 36 Absatz 1, wenn er nicht sicherstellt, dass die Vermögenswertreserve so zusammengesetzt ist und verwaltet wird, dass die mit der amtlichen Währung, auf die sich der signifikante E-Geld-Token bezieht, verbundenen Risiken abgedeckt sind.

10. Der Emittent verstößt gegen Artikel 36 Absatz 1, wenn er nicht sicherstellt, dass die Vermögenswertreserve so zusammengesetzt ist und verwaltet wird, dass die mit den dauerhaften Rücktauschrechten der Inhaber verbundenen Liquiditätsrisiken angegangen werden.

11. Der Emittent verstößt gegen Artikel 36 Absatz 3, wenn er nicht sicherstellt, dass die Vermögenswertreserve operativ vom Vermögen des Emittenten und von der Vermögenswertreserve anderer E-Geld-Token getrennt ist.

12. Der Emittent verstößt gegen Artikel 36 Absatz 6, wenn sein Leitungsorgan keine wirksame und umsichtige Verwaltung der Vermögenswertreserve gewährleistet.

13. Der Emittent verstößt gegen Artikel 36 Absatz 6, wenn er nicht sicherstellt, dass der Ausgabe und dem Rücktausch des signifikanten E-Geld-Token stets eine entsprechende Erhöhung oder Verminderung der Vermögenswertreserve gegenübersteht.

14. Der Emittent verstößt gegen Artikel 36 Absatz 7, wenn er nichtunter Rückgriff auf die Marktpreise den aggregierten Wert der Vermögenswertreserve ermittelt und ihren aggregierten Wert nicht jederzeit auf mindestens dem aggregierten Wert der Ansprüche der Inhaber des in Umlauf befindlichen signifikanten E-Geld-Token gegen den Emittenten hält.

15. Der Emittent verstößt gegen Artikel 36 Absatz 8, wenn er nicht über eine klare und detaillierte Strategie verfügt, in der der Stabilisierungsmechanismus des signifikanten E-Geld-Token beschrieben ist und die die in Buchstaben a bis g des genannten Absatzes genannten Bedingungen erfüllt.

16. Der Emittent verstößt gegen Artikel 36 Absatz 9, wenn er nicht nach dem Tag des öffentlichen Angebots oder der Zulassung zum Handel alle sechs Monate eine unabhängige Prüfung der Vermögenswertreserve in Auftrag gibt.

17. Der Emittent verstößt gegen Artikel 36 Absatz 10, wenn er der EBA das Ergebnis der Prüfung nicht gemäß dem genannten Absatz mitteilt oder das Ergebnis der Prüfung nicht innerhalb von zwei Wochen ab dem Tag der Mitteilung an die EBA veröffentlicht.

18. Der Emittent verstößt gegen Artikel 37 Absatz 1, wenn er keine Strategien und Verfahren und keine vertraglichen Vereinbarungen für die Verwahrung festlegt, aufrechterhält und umsetzt, um zu gewährleisten, dass die in Unterabsatz 1 Buchstaben a bis e des genannten Absatzes genannten Bedingungen jederzeit erfüllt sind.

19. Der Emittent verstößt gegen Artikel 37 Absatz 2, wenn er bei der Ausgabe von zwei oder mehr signifikanten E-Geld-Token nicht für jeden Pool von Vermögenswertreserven eine eigene Verwahrstrategie festlegt.

20. Der Emittent verstößt gegen Artikel 37 Absatz 3, wenn er nicht sicherstellt, dass das Reservevermögen spätestens fünf Geschäftstage nach Ausgabe des signifikanten E-Geld-Token bei einem Anbieter von Kryptowerte-Dienstleistungen, der Kryptowerte für Kunden verwahrt oder verwaltet, einem Kreditinstitut oder einer Wertpapierfirma in Verwahrung gegeben wird.

21. Der Emittent verstößt gegen Artikel 37 Absatz 4, wenn er bei der Auswahl, Bestellung und Überprüfung der als Verwahrstelle für das Reservevermögen bestellten Kreditinstitute und Wertpapierfirmen nicht mit der erforderlichen Sachkenntnis, Sorgfalt und Gewissenhaftigkeit

vorgeht oder wenn er nicht sicherstellt, dass es sich bei der Verwahrstelle und beim Emittenten um zwei verschiedene juristische Personen handelt.

22. Der Emittent verstößt gegen Artikel 37 Absatz 4, wenn er nicht sicherstellt, dass die als Verwahrstelle für das Reservevermögen bestellten Anbieter von Kryptowerte-Dienstleistungen, Kreditinstitute und Wertpapierfirmen über die erforderliche Sachkenntnis und Marktreputation verfügen, um als Verwahrstelle für ein solches Reservevermögen zu fungieren.

23. Der Emittent verstößt gegen Artikel 37 Absatz 4, wenn er nicht durch vertragliche Vereinbarungen mit den Verwahrstellen sicherstellt, dass das verwahrte Reservevermögen gegen Forderungen der Gläubiger der Verwahrstellen geschützt ist.

24. Der Emittent verstößt gegen Artikel 37 Absatz 5, wenn er in den Strategien und Verfahren für die Verwahrung nicht die Auswahlkriterien für die Bestellung von Anbietern von Kryptowerte-Dienstleistungen, Kreditinstituten oder Wertpapierfirmen als Verwahrstellen für das Reservevermögen oder das Verfahren zur Überprüfung einer solcher Bestellung festlegt.

25. Der Emittent verstößt gegen Artikel 37 Absatz 5, wenn er die Bestellung von Anbietern von Kryptowerte-Dienstleistungen, Kreditinstituten oder Wertpapierfirmen als Verwahrstellen für das Reservevermögen nicht regelmäßig überprüft, wenn er seine Risikopositionen gegenüber solchen Verwahrstellen nicht bewertet oder wenn er die finanzielle Lage dieser Verwahrstellen nicht fortlaufend überwacht.

26. Der Emittent verstößt gegen Artikel 37 Absatz 6, wenn er nicht sicherstellt, dass die Verwahrung des Reservevermögens gemäß Unterabsatz 1 Buchstaben a bis d des genannten Absatzes erfolgt.

27. Der Emittent verstößt gegen Artikel 37 Absatz 7, wenn die Bestellung eines Anbieters von Kryptowerte-Dienstleistungen, eines Kreditinstituts oder einer Wertpapierfirma als Verwahrstelle für das Reservevermögen nicht durch eine vertragliche Vereinbarung belegt wird, oder wenn er nicht mittels einer derartigen vertraglichen Vereinbarung den Informationsfluss regelt, der notwendig ist, damit der Emittenten des signifikanten E-Geld-Token, Anbieter von Kryptowerte-Dienstleistungen, Kreditinstitut und Wertpapierfirma ihre Aufgaben als Verwahrstellen erfüllen können.

28. Der Emittent verstößt gegen Artikel 38 Absatz 1, wenn er die Vermögenswertreserve in Produkte investiert, bei denen es sich nicht um hochliquide Finanzinstrumente mit minimalem Marktrisiko, Kreditrisiko und Konzentrationsrisiken handelt, oder wenn die betreffenden Anlagen nicht schnell und mit minimalem negativem Preiseffekt liquidierbar sind.

29. Der Emittent verstößt gegen Artikel 38 Absatz 3, wenn er die Finanzinstrumente, in der die Vermögenswertreserve angelegt ist, nicht im Einklang mit Artikel 37 in Verwahrung hält.

30. Der Emittent verstößt gegen Artikel 38 Absatz 4, wenn er nicht alle Gewinne und Verluste sowie etwaige Gegenparteirisiken oder operationelle Risiken trägt, die sich aus der Anlage der Vermögenswertreserve ergeben.

31. Der Emittent verstößt gegen Artikel 45 Absatz 1, wenn er keine Vergütungspolitik festlegt, umsetzt und aufrechterhält, die dem soliden und effektiven Risikomanagement der Emittenten von signifikanten E-Geld-Token förderlich ist und die keine Anreize für eine Lockerung der Risikostandards schafft.

32. Der Emittent verstößt gegen Artikel 45 Absatz 2, wenn er nicht sicherstellt, dass sein signifikanter E-Geld-Token von verschiedenen Anbietern von Kryptowerte-Dienstleistungen, die für die Verwahrung und Verwaltung von Kryptowerten für Kunden zugelassen sind, auf redliche, angemessene und nichtdiskriminierende Weise verwahrt werden kann.

33. Der Emittent verstößt gegen Artikel 45 Absatz 3, wenn er den Liquiditätsbedarf für die Erfüllung von Rücktauschforderungen durch die Inhaber des signifikanten E-Geld-Token nicht bewertet und überwacht.

34. Der Emittent verstößt gegen Artikel 45 Absatz 3, wenn er keine Strategien und Verfahren für das Liquiditätsmanagement festlegt, aufrechterhält oder umsetzt, oder wenn er nicht mit diesen Strategien und Verfahren dafür sorgt, dass das Reservevermögen über ein robustes Liquiditätsprofil verfügt, das es dem Emittenten des signifikanten E-Geld-Token ermöglicht, auch bei Liquiditätsengpässen den normalen Betrieb fortzusetzen.

35. Der Emittent verstößt gegen Artikel 45 Absatz 4, wenn er keine regelmäßigen Liquiditätsstresstests durchführt oder die Liquiditätsanforderungen nicht verschärft, wenn die EBA dies auf der Grundlage der Ergebnisse derartiger Tests verlangt.

36. Der Emittent verstößt gegen Artikel 45 Absatz 5, wenn er die Eigenmittelanforderung nicht jederzeit erfüllt.

37. Der Emittent verstößt gegen Artikel 46 Absatz 1, wenn er keinen Sanierungsplan erstellt und führt, der Maßnahmen vorsieht, die der Emittent signifikanter E-Geld-Token zu ergreifen hat, um die Erfüllung der für die Vermögenswertreserve geltenden Anforderungen wiederherzustellen, falls der Emittent diesen Anforderungen nicht nachkommt, einschließlich der Aufrechterhaltung seiner Dienstleistungen im Zusammenhang mit dem signifikanten E-Geld-Token, der raschen Sanierung des Geschäftsbetriebs und der Erfüllung der Pflichten des Emittenten bei Ereignissen, die ein beträchtliches Risiko einer Störung des Geschäftsbetriebs bergen.
38. Der Emittent verstößt gegen Artikel 46 Absatz 1, wenn er über keinen Sanierungsplan erstellt und führt, der angemessene Bedingungen und Verfahren zur Gewährleistung der zeitnahen Durchführung von Sanierungsmaßnahmen sowie eine breite Palette von Sanierungsoptionen umfasst, wie in Unterabsatz 3 Buchstaben a, b und c des genannten Absatzes aufgeführt.
39. Der Emittent verstößt gegen Artikel 46 Absatz 2, wenn er der EBA und gegebenenfalls den für ihn zuständigen Abwicklungs- und Aufsichtsbehörden den Sanierungsplan nicht innerhalb von sechs Monaten nach dem Tag des öffentlichen Angebots oder der Zulassung zum Handel übermittelt.
40. Der Emittent verstößt gegen Artikel 46 Absatz 2, wenn er den Sanierungsplan nicht regelmäßig überprüft oder aktualisiert.
41. Der Emittent verstößt gegen Artikel 47 Absatz 1, wenn er keinen operativen Plan zur Unterstützung des geordneten Rücktauschs des signifikanten E-Geld-Token erstellt und führt.
42. Der Emittent verstößt gegen Artikel 47 Absatz 2, wenn er nicht über einen Rücktauschplan verfügt, der belegt, dass der Emittent des signifikanten E-Geld-Token zum Rücktausch ausstehender ausgegebener E-Geld-Token in der Lage ist, ohne seinen Inhabern oder der Stabilität der Märkte des Reservevermögens ungebührlichen wirtschaftlichen Schaden zuzufügen.
43. Der Emittent verstößt gegen Artikel 47 Absatz 2, wenn er nicht über einen Rücktauschplan verfügt, der vertragliche Vereinbarungen, Verfahren und Systeme, einschließlich der Benennung eines vorläufigen Verwalters, umfasst, die sicherstellen, dass alle Inhaber des signifikanten E-Geld-Token gerecht behandelt werden und dass die Erlöse aus dem Verkauf des verbleibenden Reservevermögens fristgerecht an die Inhaber des signifikanten E-Geld-Token gezahlt werden.
44. Der Emittent verstößt gegen Artikel 47 Absatz 2, wenn er nicht über einen Rücktauschplan verfügt, der die Kontinuität kritischer Tätigkeiten des Emittenten oder etwaiger Drittunternehmen sicherstellt, die für den geordneten Rücktausch erforderlich sind.
45. Der Emittent verstößt gegen Artikel 47 Absatz 3, wenn er der EBA den Rücktauschplan nicht innerhalb von sechs Monaten nach dem Tag des öffentlichen Angebots oder der Zulassung zum Handel übermittelt.
46. Der Emittent verstößt gegen Artikel 47 Absatz 3, wenn er den Rücktauschplan nicht regelmäßig überprüft oder aktualisiert.

Verordnung (EU) 2022/858 des Europäischen Parlaments und des Rates vom 30. Mai 2022 über eine Pilotregelung für auf Distributed-Ledger-Technologie basierende Marktinfrastrukturen und zur Änderung der Verordnungen (EU) Nr. 600/2014 und (EU) Nr. 909/2014 sowie der Richtlinie 2014/65/EU

ABl L 151 vom 2. 6. 2022, S 1

DAS EUROPÄISCHE PARLAMENT UND DER RAT DER EUROPÄISCHEN UNION –

gestützt auf den Vertrag über die Arbeitsweise der Europäischen Union, insbesondere auf Artikel 114,

auf Vorschlag der Kommission,

nach Zuleitung des Entwurfs des Gesetzgebungsakts an die nationalen Parlamente,

nach Stellungnahme der Europäischen Zentralbank[1)],

nach Stellungnahme des Europäischen Wirtschafts- und Sozialausschusses[2)],

gemäß dem ordentlichen Gesetzgebungsverfahren[3)],

Erwägung nachstehender Gründe:

(1) Es ist wichtig, sicherzustellen, dass die Rechtsvorschriften der Union über Finanzdienstleistungen gut für das digitale Zeitalter gerüstet sind und zu einer zukunftsfähigen Wirtschaft beitragen, die im Dienste der Bürger steht, unter anderem indem der Einsatz innovativer Technologien ermöglicht wird. Die Union hat ein politisches Interesse an der Erforschung, Entwicklung und Förderung der Einführung transformativer Technologien im Finanzsektor wie der Blockchain- und der Distributed-Ledger-Technologie (DLT). Kryptowerte sind eine der wesentlichen Anwendungen der Distributed-Ledger-Technologie im Finanzsektor.

(2) Die Mehrheit der Kryptowerte liegt nicht im Geltungsbereich der Rechtsvorschriften der Union über Finanzdienstleistungen und bringt Herausforderungen in Bezug auf Anlegerschutz, Marktintegrität, Energieverbrauch und Finanzstabilität mit sich. Solche Kryptowerte erfordern daher einen eigenen Rechtsrahmen auf Unionsebene. Andere Kryptowerte wiederum gelten als Finanzinstrumente im Sinne der Richtlinie 2014/65/EU des Europäischen Parlaments und des Rates[4)]. Sofern Kryptowerte als Finanzinstrumente im Sinne jener Richtlinie gelten, gilt für Emittenten solcher Kryptowerte und für Firmen, die mit solchen Kryptowerten verbundene Tätigkeiten ausüben, potentiell ein umfassendes Paket an Rechtsvorschriften der Unionüber Finanzdienstleistungen, unter anderem die Verordnungen (EU) Nr. 236/2012[5)], (EU) Nr. 596/2014[6)], (EU) Nr. 909/2014[7)] und (EU) 2017/1129[8)] sowie die

[1)] ABl. C 244 vom 22.6.2021, S. 4

[2)] ABl. C 155 vom 30.4.2021, S. 31.

[3)] Standpunkt des Europäischen Parlaments vom 24. März 2022 (noch nicht im Amtsblatt veröffentlicht) und Beschluss des Rates vom 12. April 2022.

Zu Abs. 2:

[4)] Richtlinie 2014/65/EU des Europäischen Parlaments und des Rates vom 15. Mai 2014 über Märkte für Finanzinstrumente sowie zur Änderung der Richtlinien 2002/92/EG und 2011/61/EU (ABl. L 173 vom 12.6.2014, S. 349).

[5)] Verordnung (EU) Nr. 236/2012 des Europäischen Parlaments und des Rates vom 14. März 2012 über Leerverkäufe und bestimmte Aspekte von Credit Default Swaps (ABl. L 86 vom 24.3.2012, S. 1).

[6)] Verordnung (EU) Nr. 596/2014 des Europäischen Parlaments und des Rates vom 16. April 2014 über Marktmissbrauch (Marktmissbrauchsverordnung) und zur Aufhebung der Richtlinie 2003/6/EG des Europäischen Parlaments und des Rates und der Richtlinien 2003/124/EG, 2003/125/EG und 2004/72/EG der Kommission (ABl. L 173 vom 12.6.2014, S. 1).

[7)] Verordnung (EU) Nr. 909/2014 des Europäischen Parlaments und des Rates vom 23. Juli 2014 zur Verbesserung der Wertpapierlieferungen und -abrechnungen in der Europäischen Union und über Zentralverwahrer sowie zur Änderung der Richtlinien 98/26/EG und 2014/65/EU und der Verordnung (EU) Nr. 236/2012 (ABl. L 257 vom 28.8.2014, S. 1).

[8)] Verordnung (EU) 2017/1129 des Europäischen Parlaments und des Rates vom 14. Juni 2017 über den Prospekt, der beim öffentlichen Angebot von Wertpapieren oder bei deren Zulassung zum Handel an einem geregelten Markt zu veröffentlichen ist und zur Aufhebung der Richtlinie 2003/71/EG (ABl. L 168 vom 30.6.2017, S. 12).

Richtlinien 98/26/EG[9] und 2013/50/EU[10] des Europäischen Parlaments und des Rates.

(3) Die sogenannte Tokenisierung von Finanzinstrumenten, d. h. die digitale Darstellung von Finanzinstrumenten auf Distributed Ledgern oder die Emission traditioneller Anlageklassen in tokenisierter Form, damit sie über einen Distributed Ledger emittiert, gespeichert und übertragen werden können, soll Möglichkeiten für Effizienzsteigerungen im Handels- und Nachhandelsbereich eröffnen. Da jedoch grundlegende Kompromisse in Bezug auf das Kreditrisiko und die Liquidität auch in einer tokenisierten Welt bestehen bleiben, wird der Erfolg von tokenbasierten Systemen davon abhängen, wie gut sie mit traditionellen kontobasierten Systemen interagieren, zumindest in der Übergangszeit.

(4) Bei der Ausgestaltung der Rechtsvorschriften der Union über Finanzdienstleistungen wurden die Distributed-Ledger-Technologie und Kryptowerte noch nicht berücksichtigt, und sie enthalten Bestimmungen, die den Einsatz der Distributed-Ledger-Technologie bei der Emission, beim Handel und bei der Abwicklung von als Finanzinstrumente geltenden Kryptowerten potenziell ausschließen oder einschränken. Darüber hinaus mangelt es derzeit an zugelassenen Finanzmarktinfrastrukturen, die die Distributed-Ledger-Technologie verwenden, um Handels- oder Abwicklungsdienstleistungen oder eine Kombination derartiger Dienstleistungen für Kryptowerte, die als Finanzinstrumente gelten, anzubieten. Die Entwicklung eines Sekundärmarktes für solche Kryptowerte könnte zahlreiche Vorteile mit sich bringen, wie z. B. höhere Effizienz, größere Transparenz und einen verstärkten Wettbewerb bei Handels- und Abwicklungstätigkeiten.

(5) Gleichzeitig bestehen aufgrund der rechtlichen, technologischen und operativen Besonderheiten des Einsatzes der Distributed-Ledger-Technologie und als Finanzinstrumente geltenden Kryptowerten aufsichtsrechtliche Lücken. So gelten beispielsweise keine Transparenz-, Zuverlässigkeits- oder Sicherheitsanforderungen für die Protokolle und „intelligenten Verträge", die den als Finanzinstrumente geltenden Kryptowerten zugrunde liegen. Ferner könnte die zugrunde liegende Technologie eine Reihe von neuartigen Risiken mit sich bringen, die in den bestehenden Vorschriften nicht angemessen berücksichtigt werden. In der Union wurden bereits mehrere Projekte für den Handel und Nachhandel mit als Finanzinstrumente geltenden Kryptowerten entwickelt, doch nur wenige von ihnen sind bereits angelaufen, und diejenigen, die angelaufen sind, haben einen begrenzten Projektumfang. Außerdem würde der Einsatz der Distributed-Ledger-Technologie, wie von den beratenden Gruppe der Europäischen Zentralbank (EZB) zu Marktinfrastrukturen für Wertpapiere und Sicherheiten sowie von der beratenden Gruppe der EZB für den Zahlungsverkehr hervorgehoben wurde, ähnliche Herausforderungen mit sich bringen wie der Einsatz herkömmlicher Technologie, z. B. Fragen der Fragmentierung und Interoperabilität, und gleichzeitig potenziell neue Herausforderungen schaffen, z. B. in Bezug auf die rechtliche Gültigkeit von Token. Angesichts dessen, dass es bislang nur wenig Erfahrung mit dem Handel mit als Finanzinstrumenten geltenden Kryptowerten und den damit verbundenen Nachhandel und Transaktionen gibt, ist es derzeit verfrüht, die Rechtsvorschriften der Union über Finanzdienstleistungen wesentlich zu ändern, um einen umfassenden Einsatz solcher Kryptowerte und der ihnen zugrunde liegenden Technologie zu ermöglichen. Gleichzeitig wird die Schaffung von Finanzmarktinfrastrukturen für Kryptowerte, die als Finanzinstrumente gelten, derzeit durch in den Rechtsvorschriften der Union über Finanzdienstleistungen enthaltene Anforderungen behindert, die nicht gut an als Finanzinstrumente geltende Kryptowerte und den Einsatz der Distributed-Ledger-Technologie angepasst sind. So gewähren beispielsweise Plattformen für den Handel mit Kryptowerten Kleinanlegern in der Regel direkten Zugang, während traditionelle Handelsplätze Kleinanlegern für gewöhnlich nur über Finanzintermediäre zugänglich sind.

(6) Um die Entwicklung von als Finanzinstrumenten geltenden Kryptowerten und Distributed-Ledger-Technologie zu ermöglichen und gleichzeitig ein hohes Maß an Anlegerschutz, Marktintegrität, Finanzstabilität und Transparenz zu wahren und Aufsichtsarbitrage und Schlupflöcher zu vermeiden, wäre es sinnvoll, eine Pilotregelung für auf Distributed-Ledger-Technologie basierende Marktinfrastrukturen zu schaffen, um DLT-Marktinfrastrukturen zu testen (im Folgenden: „Pilotregelung"). Die Pilotregelung sollte es ermöglichen, bestimmte DLT-Marktinfrastrukturen

---

[9] *Richtlinie 98/26/EG des Europäischen Parlaments und des Rates vom 19. Mai 1998 über die Wirksamkeit von Abrechnungen in Zahlungs- sowie Wertpapierliefer- und -abrechnungssystemen (ABl. L 166 vom 11.6.1998, S. 45).*

[10] *Richtlinie 2013/50/EU des Europäischen Parlaments und des Rates vom 22. Oktober 2013 zur Änderung der Richtlinie 2004/109/EG des Europäischen Parlaments und des Rates zur Harmonisierung der Transparenzanforderungen in Bezug auf Informationen über Emittenten, deren Wertpapiere zum Handel auf einem geregelten Markt zugelassen sind, der Richtlinie 2003/71/EG des Europäischen Parlaments und des Rates betreffend den Prospekt, der beim öffentlichen Angebot von Wertpapieren oder bei deren Zulassung zum Handel zu veröffentlichen ist, sowie der Richtlinie 2007/14/EG der Kommission mit Durchführungsbestimmungen zu bestimmten Vorschriften der Richtlinie 2004/109/EG (ABl. L 294 vom 6.11.2013, S. 13).*

vorübergehend von einigen spezifischen Anforderungen der Rechtsvorschriften der Union über Finanzdienstleistungen auszunehmen, die die Betreiber ansonsten daran hindern könnten, Lösungen für den Handel und die Abwicklung von Transaktionen mit als Finanzinstrumente geltenden Kryptowerten zu entwickeln, ohne die bestehenden Anforderungen und Schutzmaßnahmen, die für traditionelle Marktinfrastrukturen gelten, zu schwächen. DLT-Marktinfrastrukturen und ihre Betreiber sollten über angemessene Sicherheitsvorkehrungen im Zusammenhang mit der Nutzung der Distributed-Ledger-Technologie verfügen, um die Anleger wirksam zu schützen, einschließlich klarer Haftungsketten gegenüber den Kunden für Verluste aufgrund von Betriebsausfällen. Darüber hinaus sollten die durch die Verordnung (EU) Nr. 1095/2010 des Europäischen Parlaments und des Rates[11)] eingerichtete europäische Aufsichtsbehörde (Europäische Wertpapier- und Marktaufsichtsbehörde, ESMA) und die zuständigen Behörden durch diese Pilotregelung in der Lage sein, Lehren aus der Pilotregelung zu ziehen und Erfahrungen hinsichtlich der Chancen und spezifischen Risiken zu sammeln, die im Zusammenhang mit als Finanzinstrumente geltende Kryptowerten und der ihnen zugrunde liegenden Technologie entstehen. Die mit der Pilotregelung gewonnenen Erfahrungen sollten dazu beitragen, mögliche praktische Vorschläge für einen geeigneten Rechtsrahmen zu ermitteln, um gezielte Anpassungen des Unionsrechts vorzunehmen, die die Emission, die Verwahrung und die Vermögensverwaltung, den Handel und die Abwicklung von DLT-Finanzinstrumenten betreffen.

(7) Um die Ziele der Pilotregelung zu erreichen, sollte ein neuer Unionsstatus für DLT-Marktinfrastrukturen geschaffen werden, mit dem sichergestellt wird, dass die Union in der Lage ist, eine Führungsrolle bei Finanzinstrumenten in tokenisierter Form zu spielen und zur Entwicklung eines Sekundärmarkts für solche Vermögenswerte beizutragen. Der Status der DLT-Marktinfrastruktur sollte fakultativ sein und Finanzmarktinfrastrukturen wie Handelsplätze, Zentralverwahrer und zentrale Gegenparteien nicht daran hindern, im Einklang mit den bestehenden Rechtsvorschriften der Union über Finanzdienstleistungen Handels- und Nachhandelsdienstleistungen und -tätigkeiten für Kryptowerte zu entwickeln, die als Finanzinstrumente gelten oder auf der Distributed-Ledger-Technologie basieren.

(8) DLT-Marktinfrastrukturen sollten nur DLT-Finanzinstrumente zum Handel über einen Distributed Ledger zulassen oder in einem Distributed Ledger verbuchen. Als DLT-Finanzinstrumente sollten Kryptowerte gelten, die als Finanzinstrumente gelten und über einen Distributed Ledger emittiert, übertragen und gespeichert werden.

(9) Die Rechtsvorschriften der Union über Finanzdienstleistungen sollen in Bezug auf den Einsatz einer bestimmten Technologie gegenüber einer anderen neutral sein. Deshalb sollten Verweise auf eine bestimmte Art von Distributed-Ledger-Technologie vermieden werden. Die Betreiber von DLT-Marktinfrastrukturen sollten sicherstellen, dass sie unabhängig von der verwendeten Technologie alle geltenden Anforderungen erfüllen können.

(10) Bei der Anwendung dieser Verordnung sollten die Grundsätze der Technologieneutralität, der Verhältnismäßigkeit und der gleichen Wettbewerbsbedingungen sowie der Grundsatz „gleiche Tätigkeit, gleiche Risiken, gleiche Regeln" berücksichtigt werden, um sicherzustellen, dass die Marktteilnehmer den regulatorischen Spielraum für Innovationen haben, um die Werte Transparenz, Fairness, Stabilität, Anlegerschutz, Rechenschaftspflicht und Marktintegrität zu wahren und um den Schutz der Privatsphäre und personenbezogener Daten, wie sie in den Artikeln 7 und 8 der Charta der Grundrechte der Europäischen Union garantiert sind, sicherzustellen.

(11) Der Zugang zur Pilotregelung sollte nicht auf etablierte Unternehmen beschränkt sein, sondern auch neuen Marktteilnehmern offen stehen. Eine Stelle, die nicht gemäß der Verordnung (EU) Nr. 909/2014 oder der Richtlinie 2014/65/EU zugelassen ist, könnte eine Zulassung gemäß der genannten Verordnung bzw. gemäß der genannten Richtlinie und gleichzeitig eine besondere Genehmigung nach der vorliegenden Verordnung beantragen. In solchen Fällen sollte die zuständige Behörde nicht bewerten, ob eine solche Stelle die Anforderungen der Verordnung (EU) Nr. 909/2014 oder der Richtlinie 2014/65/EU erfüllt, für die eine Ausnahme nach der vorliegenden Verordnung beantragt wurde. Solche Stellen sollten nur in der Lage sein, DLT-Marktinfrastrukturen im Einklang mit dieser Verordnung zu betreiben, und ihre Zulassung sollte widerrufen werden, sobald ihre besondere Genehmigung abgelaufen ist, es sei denn, die Stellen stellen einen vollständigen Antrag auf Zulassung gemäß der Verordnung (EU) Nr. 909/2014 oder gemäß der Richtlinie 2014/65/EU.

Zu Abs. 6:

[11)] Verordnung (EU) Nr. 1095/2010 des Europäischen Parlaments und des Rates vom 24. November 2010 zur Errichtung einer Europäischen Aufsichtsbehörde (Europäische Wertpapier- und Marktaufsichtsbehörde), zur Änderung des Beschlusses Nr. 716/2009/EG und zur Aufhebung des Beschlusses 2009/77/EG der Kommission (ABl. L 331 vom 15.12.2010, S. 84).

(12) Das Konzept der DLT-Marktinfrastruktur umfasst multilaterale DLT-Handelssysteme (DLT-MTF), DLT-Abwicklungssysteme (DLT-SS) und DLT-Handels- und -Abwicklungssysteme (DLT-TSS). DLT-Marktinfrastrukturen sollten in der Lage sein, mit anderen Marktteilnehmern zu kooperieren, um in verschiedenen Segmenten der Wertschöpfungskette der Finanzdienstleistungen innovative Lösungen, die auf der Distributed-Ledger-Technologie basieren, zu testen.

(13) Als DLT-MTF sollte ein multilaterales Handelssystem gelten, das von einer Wertpapierfirma oder einem Marktbetreiber betrieben wird, die bzw. der gemäß der Richtlinie 2014/65/EU zugelassen ist und gemäß der vorliegenden Verordnung eine besondere Genehmigung erhalten hat. Ein gemäß der Richtlinie 2013/36/EU zugelassenes Kreditinstitut, das Wertpapierdienstleistungen erbringt oder Anlagetätigkeiten ausübt, sollte der Betrieb eines DLT-MTF nur gestattet werden, wenn es als Wertpapierfirma oder Marktbetreiber gemäß der Richtlinie 2014/65/EU zugelassen ist. DLT-MTF und ihre Betreiber sollten allen Anforderungen unterliegen, die im Rahmen der Verordnung (EU) Nr. 600/2014 des Europäischen Parlaments und des Rates[12)], der Richtlinie 2014/65/EU oder sonstiger anwendbarer Rechtsvorschriften der Union über Finanzdienstleistungen für multilaterale Handelssysteme und ihre Betreiber gelten, es sei denn, es handelt sich um Anforderungen, von denen die zuständige nationale Behörde gemäß der vorliegenden Verordnung eine Ausnahme erteilt hat.

(14) Durch den Einsatz der Distributed-Ledger-Technologie, bei der sämtliche Transaktionen in einem Distributed Ledger erfasst werden, können Handel und Abwicklung auf nahezu Echtzeit beschleunigt und kombiniert werden und könnte die Zusammenlegung von Handels- und Nachhandelsdienstleistungen und -tätigkeiten möglich werden. Die Kombination von Handels- und Nachhandelstätigkeiten innerhalb einer einzigen Stelle ist jedoch durch die derzeitigen Vorschriften unabhängig von der genutzten Technologie aufgrund politischer Entscheidungen im Zusammenhang mit der Risikospezialisierung und der Entflechtung, durch die der Wettbewerb gefördert werden soll, nicht vorgesehen. Die Pilotregelung sollte kein Präzedenzfall sein, mit dem eine grundlegende Überarbeitung der Trennung von Handels- und Nachhandelstätigkeiten sowie des Bereichs der Finanzmarktinfrastrukturen begründet wird. Angesichts der potenziellen Vorteile der Distributed-Ledger-Technologie in Bezug auf die Kombination von Handel und Abwicklung ist es jedoch gerechtfertigt, in der Pilotregelung eine spezielle DLT-Marktinfrastruktur vorzusehen, nämlich das DLT-TSS, bei dem die normalerweise von multilateralen Handelssystemen und Wertpapierliefer- und -abrechnungssystemen ausgeführten Tätigkeiten kombiniert werden.

(15) Ein DLT-TSS sollte entweder ein DLT-MTF sein, bei dem die von einem DLT-MTF und einem DLT-SS erbrachten Dienstleistungen kombiniert sind und das von einer Wertpapierfirma oder einem Marktbetreiber betrieben wird, die bzw. der eine besondere Genehmigung für den Betrieb eines DLT-TSS gemäß dieser Verordnung erhalten hat, oder ein DLT-SS sein, bei dem die von einem DLT-MTF und einer DLT-SS erbrachten Dienstleistungen kombiniert sind und das von einem Zentralverwahrer betrieben wird, der eine besondere Genehmigung für den Betrieb eines DLT-TSS gemäß dieser Verordnung erhalten hat. Ein gemäß der Richtlinie 2013/36/EU zugelassenes Kreditinstitut, das Wertpapierdienstleistungen erbringt oder Anlagetätigkeiten ausübt, sollte der Betrieb eines DLT-TSS nur gestattet werden, wenn es als Wertpapierfirma oder Marktbetreiber gemäß der Richtlinie 2014/65/EU zugelassen ist. Eine Wertpapierfirma oder ein Marktbetreiber, die bzw. der ein DLT-TSS betreibt, sollte den Anforderungen unterliegen, die für ein DLT-MTF gelten, und ein Zentralverwahrer, der ein DLT-TSS betreibt, sollte den Anforderungen unterliegen, die für ein DLT-SS gelten. Da ein DLT-TSS einer Wertpapierfirma oder einem Marktbetreiber ermöglichen würde, auch Abwicklungsdienstleistungen zu erbringen, und einem Zentralverwahrer auch die Erbringung von Handelsdienstleistungen ermöglichen würde, ist es erforderlich, dass die Wertpapierfirmen und Marktbetreiber auch Anforderungen erfüllen, die für ein DLT-SS gelten und die Zentralverwahrer die Anforderungen für ein DLT-MTF erfüllen. Da Zentralverwahrer bei der Erbringung von Wertpapierdienstleistungen oder Anlagetätigkeiten gemäß Verordnung (EU) Nr. 909/2014 keinen bestimmten Zulassungs- und organisatorischen Anforderungen gemäß der Richtlinie 2014/65/EU unterliegen, ist es angemessen, bei der Pilotregelung sowohl in Bezug auf Wertpapierfirmen als auch in Bezug auf Marktbetreiber und Zentralverwahrer, die ein DLT-TSS betreiben, einen ähnlichen Ansatz zu verfolgen. Deshalb sollte eine Wertpapierfirma oder ein Marktbetreiber, die bzw. der ein DLT-TSS betreibt, von einer begrenzten Anzahl von Zulassungsanforderungen und organisatorischen Anforderungen gemäß der Verordnung (EU) Nr. 909/2014 ausgenommen werden, da die Wertpapierfirma oder der Marktbetreiber die Zulassungsanforderungen und orga-

Zu Abs. 13:

[12)] Verordnung (EU) Nr. 600/2014 des Europäischen Parlaments und des Rates vom 15. Mai 2014 über Märkte für Finanzinstrumente und zur Änderung der Verordnung (EU) Nr. 648/2012 (ABl. L 173 vom 12.6.2014, S. 84).

nisatorischen Anforderungen gemäß der Richtlinie 2014/65/EU erfüllen muss. Umgekehrt sollte ein Zentralverwahrer, der ein DLT-TSSS betreibt, von einer begrenzten Anzahl von Zulassungsanforderungen und organisatorischen Anforderungen gemäß der Richtlinie 2014/65/EU ausgenommen werden, da er die Zulassungsanforderungen und organisatorischen Anforderungen der Verordnung (EU) Nr. 909/2014 erfüllen muss. Solche Ausnahmen sollten vorübergehend sein und nicht für DLT-Marktinfrastrukturen gelten, die außerhalb der Pilotregelung betrieben werden. Die ESMA sollte die gemäß der Verordnung (EU) Nr. 909/2014 erlassenen technischen Standards für die Führung von Aufzeichnungen und die operationellen Risiken bewerten können, um sicherzustellen, dass sie auf Wertpapierfirmen oder Marktbetreiber, die ein DLT-TSS betreiben, verhältnismäßig angewandt werden.

(16) Die Betreiber von DLT-TSS sollten dieselben Ausnahmen beantragen können wie die Betreiber von DLT-MTF und DLT-SS, sofern sie die mit den Ausnahmen verbundenen Bedingungen erfüllen und alle von den zuständigen Behörden geforderten Ausgleichsmaßnahmen umsetzen. Für die Ausnahmen, die von DLT-TSS in Anspruch genommen werden können, für die mit diesen Ausnahmen verbundenen Bedingungen und für Ausgleichsmaßnahmensollten ähnliche Erwägungen wie für DLT-MTF und DLT-SS gelten.

(17) Um Anforderungen der Verordnung (EU) Nr. 909/2014 flexibler auf Wertpapierfirmen oder Marktbetreiber, die ein DLT-TSS betreiben, anwenden zu können und gleichzeitig für gleiche Wettbewerbsbedingungen wie bei Zentralverwahrern, die im Rahmen der Pilotregelung Abwicklungsdienstleistungen erbringen, zu sorgen, sollten bestimmte Ausnahmen von den Anforderungen der genannten Verordnung in Bezug auf Maßnahmen zur Verhinderung und Lösung gescheiterter Abwicklungen, von Anforderungen an die Teilnahme und an Transparenz sowie von den Anforderungen, bestimmte Kommunikationsverfahren mit den Teilnehmern und anderen Marktinfrastrukturen zu nutzen, sollten für Zentralverwahrer, die ein DLT-SS oder DLT-TSS betreiben, sowie Wertpapierfirmen und Marktbetreibern, die ein DLT-TSS betreiben, zur Verfügung stehen. Diese Ausnahmen sollten an Bedingungen geknüpft sein einschließlich bestimmter Mindestanforderungen und etwaiger Ausgleichsmaßnahmen, die von der zuständigen Behörde gefordert werden, damit die Ziele der Bestimmungen der Verordnung (EU) Nr 909/2014, für die eine Ausnahme beantragt wird, erreicht werden, oder damit Anlegerschutz, Marktintegrität oder Finanzstabilität sichergestellt sind. Der Betreiber eines DLT-TSS sollte nachweisen, dass die beantragte Ausnahme verhältnismäßig und durch den Einsatz der Distributed-Ledger-Technologie gerechtfertigt ist.

(18) Als DLT-SS sollte ein Abwicklungssystem sein, das von einem gemäß der Verordnung (EU) Nr. 909/2014 zugelassenen Zentralverwahrer betrieben wird, der eine besondere Genehmigung zum Betrieb eines DLT-SS gemäß der vorliegenden Verordnung erhalten hat. Ein DLT-SS und der Zentralverwahrer, der es betreibt, sollten sämtlichen Anforderungen der Verordnung (EU) Nr. 909/2014 und aller anderen geltenden Rechtsvorschriften der Union über Finanzdienstleistungen unterliegen, mit Ausnahme der Anforderungen, für die gemäß der vorliegenden Verordnung eine Ausnahme erteilt wurde.

(19) Wenn die Europäische Zentralbank und die nationalen Zentralbanken oder andere von Mitgliedstaaten betriebene Einrichtungen, die ähnliche Aufgaben wahrnehmen, oder andere öffentliche Stellen, die mit der Verwaltung von Staatsschulden in der Union betraut sind oder in diese eingreifen, ein DLT-SS betreiben, dann sollten sie nicht verpflichtet sein, bei einer zuständigen Behörde eine besondere Genehmigung zu beantragen, um in den Genuss einer Ausnahme gemäß dieser Verordnung zu kommen, da solche Stellen nicht verpflichtet sind, den zuständigen Behörden Bericht zu erstatten oder deren Anordnungen zu befolgen, und gemäß der Verordnung (EU) Nr. 909/2014 einer begrenzten Anzahl von Anforderungen unterliegen.

(20) Die Einrichtung der Pilotregelung sollte die im Vertrag über die Arbeitsweise der Europäischen Union und im Protokoll Nr. 4 über die Satzung des Europäischen Systems der Zentralbanken und der Europäischen Zentralbank festgelegten Aufgaben und Zuständigkeiten der EZB und der nationalen Zentralbanken im Europäischen System der Zentralbanken unberührt lassen, um das reibungslose Funktionieren der Zahlungssysteme zu fördern und effiziente und zuverlässige Verrechnungs- und Zahlungssysteme innerhalb der Union und im Verkehr mit Drittländern sicherzustellen.

(21) Die in dieser Verordnung vorgesehene Zuweisung von Aufsichtsaufgaben ist durch die besonderen Merkmale und Risiken der Pilotregelung gerechtfertigt. Daher sollte die Aufsichtsstruktur der Pilotregelung nicht als Präzedenzfall für künftige Rechtsvorschriften der Union über Finanzdienstleistungen verstanden werden.

(22) Betreiber von DLT-Marktinfrastrukturen sollten im Falle eines Verlusts von Geldern, Sicherheiten oder DLT-Finanzinstrumenten haftbar sein. Die Haftung des Betreibers einer DLT-

Marktinfrastruktur sollte auf den Marktwert des verlorenen Vermögenswerts zu dem Zeitpunkt beschränkt werden, zu dem der Verlust entstanden ist. Der Betreiber einer DLT-Marktinfrastruktur sollte nicht für Ereignisse haftbar sein, die dem Betreiber nicht zuzurechnen sind, insbesondere für Ereignisse, für die der Betreiber nachweist, dass sie unabhängig von seinem Betrieb entstanden sind, einschließlich Problemen, die sich aus einem externen Ereignis ergeben, das sich seiner vernünftigen Kontrolle entzogen hat.

(23) Um Innovationen und eine experimentelle Erprobung in einem soliden rechtlichen Umfeld zu ermöglichen und dabei Anlegerschutz, Marktintegrität und Finanzstabilität zu wahren, sollte die Art der Finanzinstrumente, die zum Handel auf einer DLT-Marktinfrastruktur zugelassen sind oder dort verbucht werden, auf Aktien, Anleihen und Anteile an Organismen für gemeinsame Anlagen beschränkt werden, die unter die Ausnahme für reine Ausführungsgeschäfte gemäß der Richtlinie 2014/65/EU fallen. In der vorliegenden Verordnung sollte eine Reihe von Schwellenwerten festgelegt werden, die in bestimmten Situationen gesenkt werden könnten. Um zu verhindern, dass Risiken für die Finanzstabilität entstehen, sollte insbesondere der Gesamtmarktwert der zum Handel auf einer DLT-Marktinfrastruktur zugelassenen oder dort verbuchten DLT-Finanzinstrumente begrenzt werden.

(24) Um in Bezug auf Finanzinstrumente, die zum Handel an einem traditionellen Handelsplatz im Sinne der Richtlinie 2014/65/EU zugelassen sind, für stärker angeglichene Wettbewerbsbedingungen und ein hohes Maß an Anlegerschutz, Marktintegrität und Finanzstabilität zu sorgen, sollten die zum Handel über ein DLT-MTF oder ein DLT-TSS zugelassenen DLT-Finanzinstrumente den Bestimmungen zum Verbot des Marktmissbrauchs gemäß der Verordnung (EU) Nr. 596/2014 unterliegen.

(25) Um neuartigen Risiken im Zusammenhang mit dem Einsatz der Distributed-Ledger-Technologie begegnen zu können, sollten die zuständigen Behörden auf Antrag eines Betreibers eines DLT-MTF eine oder mehrere befristete Ausnahmen erteilen können, wenn er die an derartige Ausnahmen geknüpften Bedingungen sowie jegliche zusätzlichen Anforderungen nach Maßgabe der vorliegenden Verordnung erfüllt. Der Betreiber des DLT-MTF sollte zudem sämtliche Ausgleichsmaßnahmen durchführen, die von der zuständigen Behörde verlangt werden, um die Ziele der Bestimmung, für die eine Ausnahme beantragt worden ist, zu erreichen, oder um Anlegerschutz, Marktintegrität oder Finanzstabilität sicherzustellen.

(26) Auf Antrag eines Betreibers eines DLT-MTF sollten die zuständigen Behörden eine Befreiung von der Vermittlungspflicht gemäß der Richtlinie 2014/65/EU erteilen können. Herkömmliche multilaterale Handelssysteme dürfen als Mitglieder oder Teilnehmer nur Wertpapierfirmen, Kreditinstitute und andere Personen zulassen, die über ausreichende Fähigkeiten und Kompetenzen in Bezug auf den Handel sowie über die erforderlichen organisatorischen Grundlagen und Ressourcen verfügen. Viele Plattformen für den Handel mit Kryptowerten hingegen bieten einen Zugang ohne Vermittlung und ermöglichen Kleinanlegern direkten Zugang. Eine potenzielle regulatorische Hürde für die Entwicklung von multilateralen Handelssystemen für DLT-Finanzinstrumente könnte daher die in der Richtlinie 2014/65/EU vorgesehene Vermittlungspflicht darstellen. Auf Antrag eines Betreibers eines DLT-MTF sollten die zuständigen Behörden daher eine befristete Ausnahme von einer solchen Vermittlungspflicht erteilen können, um Kleinanlegern Zugang zu gewähren und ihnen den Handel für eigene Rechnung zu ermöglichen, vorausgesetzt, dass angemessene Vorkehrungen in Bezug auf den Anlegerschutz getroffen werden und dass diese Kleinanleger bestimmte Bedingungen erfüllen und dass dieser Betreiber sämtliche möglichen zusätzlichen Anlegerschutzmaßnahmen einhält, die die zuständige Behörde verlangt. Kleinanleger, die als Mitglieder oder Teilnehmer, für die eine Ausnahme von der Vermittlungspflicht gilt, direkten Zugang zu einem DLT-MTF haben, sollten nicht allein deshalb als Wertpapierfirmen im Sinne der Richtlinie 2014/65/EU gelten, weil sie Mitglieder oder Teilnehmer eines DLT-MTF sind.

(27) Auf Antrag eines Betreibers eines DLT-MTF sollten die zuständigen Behörden auch eine Ausnahme von den Meldepflichten für Geschäfte gemäß der Verordnung (EU) Nr. 600/2014 erteilen können, sofern das DLT-MTF bestimmte Bedingungen und zusätzliche von der zuständigen Behörde auferlegte Anlegerschutzmaßnahmen erfüllt.

(28) Um eine Ausnahme gemäß der vorliegenden Verordnung zu erhalten, sollte das DLT-MTF nachweisen, dass die beantragte Ausnahme verhältnismäßig und auf die Verwendung von Distributed-Ledger-Technologie, wie in seinem Geschäftsplan beschrieben, beschränkt ist und dass die beantragte Ausnahme auf das DLT-MTF beschränkt ist und sich nicht auf ein anderes multilaterales Handelssystem ausdehnt, das von derselben Wertpapierfirma oder demselben Marktbetreiber betrieben wird.

(29) Auf Antrag eines Zentralverwahrer, der ein DLT-SS betreibt, sollten die zuständigen Be-

hörden eine oder mehrere befristete Ausnahmen erteilen können, wenn er die an derartige Ausnahmen geknüpften Bedingungen und alle zusätzliche Anforderungen gemäß der vorliegenden Verordnung erfüllt hat, um neuartigen Risiken im Zusammenhang mit dem Einsatz der Distributed Ledger Technologie begegnen zu können. Der Zentralverwahrer, der ein DLT-SS betreibt, sollte zudem sämtliche Ausgleichsmaßnahmen einhalten, die von der zuständigen Behörde verhängt werden, um die Ziele der Bestimmung, für die eine Ausnahme beantragt wurde, zu erreichen oder um Anlegerschutz, Marktintegrität oder Finanzstabilität sicherzustellen.

(30) Es sollte zulässig sein, Zentralverwahrer, die ein DLT-SS betreiben, von bestimmten Bestimmungen der Verordnung (EU) Nr. 909/2014 auszunehmen, die die Gefahr von regulatorischen Hindernissen für die Entwicklung von DLT-SS bergen. Beispielsweise sollten Ausnahmen insoweit möglich sein, als die für Zentralverwahrer geltenden Vorschriften der genannten Verordnung, die sich etwa auf die Begriffe „dematerialisierte Form", „Depotkonto" oder „Zahlungs- bzw. Übertragungsaufträge" beziehen, nicht für Zentralverwahrer gelten, die ein DLT-SS betreiben, mit Ausnahme der Anforderungen für Zentralverwahrer-Verbindungen, die entsprechend gelten sollten. In Bezug auf den Begriff „Depotkonto" würde die Ausnahme die Vorschriften über die Verbuchung von Wertpapieren, die Integrität einer Emission und die Trennung von Konten abdecken. Während Zentralverwahrer Wertpapierliefer- und -abrechnungssysteme durch Gutschrift und Belastung der Depotkonten ihrer Teilnehmer betreiben, kann es sein, dass in einem DLT-SS nicht immer Depotkonten mit doppelter oder mehrfacher Buchführung möglich sind. Daher sollte für einen Zentralverwahrer, der ein DLT-SS betreibt, auch eine Ausnahme von den Vorschriften der genannten Verordnung, die sich auf den Begriff „Einbuchung im Effektengiro" beziehen, möglich sein, falls eine solche Ausnahme notwendig ist, um die Verbuchung von DLT-Finanzinstrumenten in einem Distributed Leder zu ermöglichen. Ein Zentralverwahrer, der ein DLT-SS betreibt, sollte jedoch dessen ungeachtet die Integrität der Emission von DLT-Finanzinstrumenten im Distributed Ledger sowie die Trennung der DLT-Finanzinstrumente der verschiedenen Teilnehmer sicherstellen.

(31) Ein Zentralverwahrer, der ein DLT-SS betreibt, sollte stets den Bestimmungen der Verordnung (EU) Nr. 909/2014 unterliegen, nach der ein Zentralverwahrer, der Dienstleistungen oder Tätigkeiten an einen Dritten auslagert, uneingeschränkt für die Erfüllung all seiner Verpflichtungen nach dieser Verordnung verantwortlich bleibt und sicherstellen muss, dass eine Auslagerung nicht zu einer Delegation seiner Verantwortung führt. Die Verordnung (EU) Nr. 909/2014 erlaubt es Zentralverwahrern, die ein DLT SS betreiben, eine Kerndienstleistung oder Kerntätigkeit nur auszulagern, wenn sie eine Genehmigung der zuständigen Behörde erhalten haben. Ein Zentralverwahrer, der ein DLT-SS betreibt, sollte deshalb eine Befreiung von dieser Genehmigungspflicht beantragen können, wenn der Zentralverwahrer nachweist, dass die Anforderung nicht mit dem in seinem Geschäftsplan vorgesehenen Einsatz der Distributed-Ledger-Technologie vereinbar ist. Die Übertragung von Aufgaben im Zusammenhang mit dem Betrieb eines DLT-SS oder der Nutzung von Distributed-Ledger-Technologie zur Abwicklung sollte nicht als Auslagerung im Sinne der Verordnung (EU) Nr. 909/2014 betrachtet werden.

(32) Die Verpflichtung zur Vermittlung durch ein Kreditinstitut oder eine Wertpapierfirma, aufgrund derer Kleinanleger keinen direkten Zugang zu den von einem Zentralverwahrer betriebenen Abrechnungs- und Liefersystemen erhalten können, könnte möglicherweise ein regulatorisches Hindernis für die Entwicklung alternativer Abwicklungsmodelle auf der Grundlage von Distributed-Ledger-Technologien darstellen, die einen direkten Zugang für Kleinanleger ermöglichen. Daher sollten für Zentralverwahrer, die ein DLT-SS betreiben, eine Ausnahme in dem Sinne zugelassen werden, dass der Begriff „Teilnehmer" in der Richtlinie 98/26/EG unter bestimmten Bedingungen auch andere als die in dieser Richtlinie genannten Personen umfasst. Wenn ein Zentralverwahrer, der ein DLT-SS betreibt, eine Ausnahme von der Vermittlungspflicht gemäß der Verordnung (EU) Nr. 909/2014 beantragt, sollte er sicherstellen, dass die Personen, die als Teilnehmer zugelassen werden sollen, bestimmte Voraussetzungen erfüllen. Der Zentralverwahrer, der das DLT-SS betreibt, sollte sicherstellen, dass dessen Teilnehmer über ausreichende Fähigkeiten, Kompetenzen, Erfahrungen und Kenntnisse in Bezug auf Nachhandelstätigkeiten und die Funktionsweise der Distributed-Ledger-Technologie verfügen.

(33) Die Stellen, die zur Teilnahme bei einem Zentralverwahrer im Sinne der Verordnung (EU) Nr. 909/2014 berechtigt sind, entsprechen den Stellen, die zur Teilnahme an einem Wertpapierliefer- und -abrechnungssystem berechtigt sind, das gemäß der Richtlinie 98/26/EG als System benannt und gemeldet wird, da die Verordnung (EU) Nr. 909/2014 vorsieht, dass von Zentralverwahrern betriebene Wertpapierliefer- und -abrechnungssysteme gemäß der Richtlinie 98/26/EG als System benannt und gemeldet werden müssen. Dementsprechend würde der Betreiber eines auf der Distributed-Ledger-Technologie beruhenden

Wertpapierliefer- und -abrechnungssystems, der eine Ausnahme von den Teilnahmeanforderungen der Verordnung (EU) Nr. 909/2014 beantragt, die Teilnahmeanforderungen der Richtlinie 98/26/EG nicht erfüllen. Folglich kann ein solches Wertpapierliefer- und -abrechnungssystem nicht im Rahmen dieser Richtlinie als System benannt und gemeldet werden und wird daher in dieser Verordnung nicht als „DLT-Wertpapierliefer- und -abrechnungssystem", sondern als DLT-SS bezeichnet. Diese Verordnung sollte es einem Zentralverwahrer ermöglichen, ein DLT-SS zu betreiben, das nicht als gemäß der Richtlinie 98/26/EG benanntes Wertpapierliefer- und -abrechnungssystem gilt, und vorbehaltlich bestimmter Ausgleichsmaßnahmen, einschließlich bestimmter Ausgleichsmaßnahmen zur Minderung der Risiken, die sich aus einer Insolvenz ergeben, da Insolvenzschutzmaßnahmen gemäß der Richtlinie 98/26/EG nicht gelten, sollte eine Ausnahme von den Vorschriften hinsichtlich der Wirksamkeit der Lieferung und Abrechnung in der Verordnung (EU) Nr. 909/2014 möglich sein. Dies würde jedoch nicht ausschließen, dass ein DLT-SS, das alle Anforderungen der Richtlinie 98/26/EG erfüllt, auf diese Weise als Wertpapierliefer- und -abrechnungssystem gemäß jener Richtlinie benannt und gemeldet wird.

(34) In der Verordnung (EU) Nr. 909/2014 wird die Abwicklung von Transaktionen in Zentralbankgeld gefördert. Ist jedoch die Abwicklung von Barzahlungen in Zentralbankgeld nicht praktisch und verfügbar, sollte diese Abwicklung über eigene Konten des Zentralverwahrers gemäß der genannten Verordnung oder über Konten bei einem Kreditinstitut (im Folgenden: „Geschäftsbankgeld") erfolgen können. Diese Bestimmung ist für einen Zentralverwahrer, der ein DLT-SS betreibt, jedoch unter Umständen schwierig anzuwenden, da der Zentralverwahrer gleichzeitig mit der Lieferung von über die Distributed Ledger verbuchten Wertpapieren auch Bewegungen auf Geldkonten vornehmen müsste. Ein Zentralverwahrer, der ein DLT-SS betreibt, sollte deshalb die Möglichkeit haben, eine zeitlich begrenzte Ausnahme von den Vorschriften der genannten Verordnung über den Barausgleich zu beantragen, damit er im Rahmen der Pilotregelung innovative Lösungen entwickeln kann, indem der Zugang zu Geschäftsbankgeld oder die Verwendung von „E-Geld-Token" erleichtert wird. Eine Abwicklung in Zentralbankgeld könnte als nicht praktisch und verfügbar angesehen werden, wenn die Abwicklung in Zentralbankgeld über ein Distributed Ledger nicht verfügbar ist.

(35) Abgesehen von den Anforderungen, die sich bei einer Distributed-Ledger-Technologie als nicht praktikabel erwiesen haben, gelten die Anforderungen im Zusammenhang mit der Barabwicklung gemäß der Verordnung (EU) Nr. 909/2014 außerhalb der Pilotregelung weiterhin. Betreiber von DLT-Marktinfrastrukturen sollten daher in ihren Geschäftsplänen beschreiben, wie sie Titel IV der Verordnung (EU) Nr. 909/2014 einhalten wollen, wenn sie die Pilotregelung letztendlich verlassen.

(36) Gemäß der Verordnung (EU) Nr. 909/2014 muss ein Zentralverwahrer einem anderen Zentralverwahrer oder zu anderen Marktinfrastrukturen in nicht-diskriminierender und transparenter Weise Zugang gewähren. Der Zugang zu einem Zentralverwahrer, der ein DLT-SS betreibt, kann technisch aufwändiger sein, da die Interoperabilität der bereits vorhandenen Systeme mit Distributed-Ledger-Technologie noch nicht getestet wurde. Einem DLT-SS sollte deshalb zudem eine Ausnahme von dieser Anforderung erteilt werden können, wenn es nachweist, dass die Erfüllung dieser Anforderung in keinem Verhältnis zum Umfang der Tätigkeiten des DLT-SS steht.

(37) Unabhängig davon, für welche Anforderung eine Ausnahme beantragt worden ist, sollte ein Zentralverwahrer, der ein DLT-SS betreibt, nachweisen, dass die beantragte Ausnahme verhältnismäßig und durch den Einsatz von Distributed-Ledger-Technologie gerechtfertigt ist. Die Ausnahme sollte auf das DLT-SS beschränkt sein und sich nicht auf andere Abwicklungssysteme erstrecken, die von demselben Zentralverwahrer betrieben werden.

(38) Ferner sollten DLT-Marktinfrastrukturen und ihre Betreiber im Vergleich zu herkömmlichen Marktinfrastrukturen zusätzlichen Anforderungen unterliegen. Die zusätzlichen Anforderungen sind notwendig, um Risiken im Zusammenhang mit der Nutzung der Distributed-Ledger-Technologie oder der Funktionsweise der DLT-Marktinfrastruktur zu vermeiden. Daher sollte der Betreiber einer DLT-Marktinfrastruktur einen klaren Geschäftsplan erstellen, in dem dargelegt ist, wie die Distributed-Ledger-Technologie genutzt werden soll und welche rechtlichen Bedingungen gelten.

(39) Betreiber von DLT-Marktinfrastrukturen sollten die Regeln bezüglich der Funktionsweise der von ihnen verwendeten Distributed-Ledger-Technologie festlegen bzw. dokumentieren, einschließlich der Regeln für den Zugang und die Zulassung zum Distributed Ledger, für die Beteiligung der validierenden Knotenpunkte und für den Umgang mit potenziellen Interessenkonflikten sowie der Maßnahmen zum Risikomanagement.

(40) Der Betreiber einer DLT-Marktinfrastruktur sollte verpflichtet sein, Mitglieder, Teilnehmer, Emittenten und Kunden darüber zu informieren, wie er seine Tätigkeiten durchzuführen gedenkt und inwieweit es durch den Einsatz von Distributed-Ledger-Technologie zu Abweichungen gegenüber der Art und Weise kommt, in der die Dienstleistung normalerweise von einem herkömmlichen multilateralen Handelssystem oder einem Zentralverwahrer, der ein Wertpapierliefer- und -abrechnungssystem betreibt, erbracht wird.

(41) Eine DLT-Marktinfrastruktur sollte über spezifische und robuste IT- und Cyber-Strukturen für den Einsatz von Distributed-Ledger-Technologie verfügen. Diese Strukturen sollten der Art, dem Umfang und der Komplexität des Geschäftsplans des Betreibers der DLT-Marktinfrastruktur angemessen sein. Zudem sollten diese Strukturen die Kontinuität und dauerhafte Transparenz, Verfügbarkeit, Zuverlässigkeit und Sicherheit der erbrachten Dienstleistungen sicherstellen, einschließlich der Zuverlässigkeit der genutzten intelligenten Verträge, unabhängig davon, ob diese intelligenten Verträge von der DLT-Marktinfrastruktur selbst oder von einem Dritten unter Beachtung des Auslagerungsverfahrens erstellt werden. Des Weiteren sollten DLT-Marktinfrastrukturen die Integrität, Sicherheit, Vertraulichkeit, Verfügbarkeit und Zugänglichkeit der im Distributed Ledger gespeicherten Daten sicherstellen. Die für eine DLT-Marktinfrastruktur zuständige Behörde sollte die Möglichkeit haben, eine Prüfung zu beantragen, um sicherzustellen, dass die allgemeinen IT- und Cyber-Strukturen der DLT-Marktinfrastruktur zweckmäßig sind. Die Kosten einer solchen Prüfung sollten von dem Betreiber der DLT-Marktinfrastruktur getragen werden.

(42) Umfasst der Geschäftsplan eines Betreibers einer DLT-Marktinfrastruktur die Verwahrung von Geldern, wie Bargeld oder Bargeldäquivalenten, oder von DLT-Finanzinstrumenten der Kunden oder die Mittel für den Zugang zu solchen DLT-Finanzinstrumenten, einschließlich in Form von kryptografischen Schlüsseln, sollte die DLT-Marktinfrastruktur über angemessene Strukturen zum Schutz dieser Vermögenswerte verfügen. Die Betreiber von DLT-Marktinfrastrukturen sollten die Vermögenswerte ihrer Kunden ohne deren ausdrückliche vorherige schriftliche Zustimmung nicht für eigene Rechnung dieser Betreiber verwenden. Die DLT-Marktinfrastrukturen sollten die Gelder und die DLT-Finanzinstrumente der Kunden oder die Mittel für den Zugang zu solchen Vermögenswerten von ihren eigenen Vermögenswerten oder den Vermögenswerten anderer Kunden trennen. DLT-Marktinfrastrukturen sollten durch ihre allgemeinen IT- und Cyber-Strukturen sicherstellen, dass die Vermögenswerte der Kunden vor Betrug, Cyber- Bedrohungen oder anderen Fehlfunktionen geschützt sind.

(43) Zum Zeitpunkt der Erteilung einer besonderen Genehmigung sollten die Betreiber von DLT-Marktinfrastrukturen zudem über eine glaubwürdige Ausstiegsstrategie verfügen, falls die Pilotregelung aufgehoben wird, die besondere Genehmigung oder einige der erteilten Ausnahmen entzogen werden oder die in dieser Verordnung festgelegten Schwellenwerten überschritten werden sollten. Diese Strategie sollte die Umstellung bzw. Rückführung ihrer auf der Distributed-Ledger-Technologie beruhenden Tätigkeiten auf traditionelle Marktinfrastrukturen umfassen. Zu diesem Zweck sollten neue Marktteilnehmer oder Betreiber von DLT-TSS, die keine traditionelle Marktinfrastruktur betreiben, auf die sie DLT-Finanzinstrumente übertragen könnten, versuchen, Vereinbarungen mit Betreibern traditioneller Marktinfrastrukturen zu schließen. Das ist von besonderer Bedeutung für die Verbuchung von DLT-Finanzinstrumenten. Daher sollten Zentralverwahrer bestimmten Anforderungen unterliegen, nach denen solche Vereinbarungen zu treffen sind. Darüber hinaus sollten Zentralverwahrer solche Vereinbarungen in nichtdiskriminierender Weise schließen und in der Lage sein, eine angemessene kommerzielle Gebühr auf der Grundlage der tatsächlichen Kosten zu erheben.

(44) Die dem Betreiber einer DLT-Marktinfrastruktur erteilte besondere Genehmigung sollte im Allgemeinen auf den gleichen Verfahren basieren wie die Zulassung gemäß der Verordnung (EU) Nr. 909/2014 oder der Richtlinie 2014/65/EU. Bei der Beantragung einer besonderen Genehmigung sollte die antragstellende DLT-Marktinfrastruktur jedoch angeben, welche Ausnahmen sie zu beantragen gedenkt. Bevor die zuständige Behörde einer DLT-Marktinfrastruktur eine besondere Genehmigung erteilt, sollte sie der ESMA sämtliche relevanten Informationen zur Verfügung stellen. Erforderlichenfalls sollte die ESMA eine unverbindliche Stellungnahme zu den beantragten Ausnahmen oder zur Angemessenheit der Distributed-Ledger-Technologie für die Zwecke dieser Verordnung abgeben. Eine solche unverbindliche Stellungnahme sollte nicht als Stellungnahme im Sinne der Verordnung (EU) Nr. 1095/2010 angesehen werden. Die ESMA sollte bei der Ausarbeitung ihrer Stellungnahme die zuständigen Behörden anderer Mitgliedstaaten konsultieren. Bei der Abgabe ihrer unverbindlichen Stellungnahme sollte die ESMA die Ziele des Anlegerschutzes, der Marktintegrität und der Finanzstabilität verfolgen. Um gleiche Wettbewerbsbedingungen und einen fairen Wettbewerb im gesamten Binnenmarkt zu gewährleisten, sollte ein Ziel der unverbindlichen Stellungnahme

und der Leitlinien der ESMA auch darin bestehen, die Kohärenz und Verhältnismäßigkeit der von verschiedenen zuständigen Behörden in der Union erteilten Ausnahmen sicherzustellen, auch im Zusammenhang mit der Bewertung der Angemessenheit der verschiedenen Arten von Distributed-Ledger-Technologien, die von den Betreibern für die Zwecke dieser Verordnung verwendet werden.

(45) Die Verbuchung von Wertpapieren, die Führung von Depotkonten und die Verwaltung von Abrechnungssystemen sind Tätigkeiten, die auch unter nicht harmonisierte nationale Rechtsvorschriften wie das Gesellschafts- und das Wertpapierrecht fallen. Es ist daher wichtig, dass die Betreiber von DLT-Marktinfrastrukturen alle geltenden Vorschriften einhalten und auch ihre Nutzer in die Lage versetzen, dies zu tun.

(46) Die zuständige Behörde, die einen Antrag eines Betreibers einer DLT-Marktinfrastruktur prüft, sollte die Möglichkeit haben, die Erteilung einer besonderen Genehmigung zu verweigern, wenn Grund zu der Annahme besteht, dass die DLT-Marktinfrastruktur nicht in der Lage wäre, geltende Bestimmungen des Unionsrechts oder Bestimmungen des nationalen Rechts, die nicht in den Anwendungsbereich des Unionsrechts fallen, einzuhalten, wenn Grund zu der Annahme besteht, dass die DLT-Marktinfrastruktur eine Gefahr für den Anlegerschutz, die Marktintegrität oder die Finanzstabilität darstellen würde, oder wenn mit dem Antrag versucht wird, bestehende Anforderungen zu umgehen.

(47) In einer besonderen Genehmigung, die eine zuständige Behörde dem Betreiber einer DLT-Marktinfrastruktur erteilt, sollte angegeben sein, welche Ausnahmen dieser DLT-Marktinfrastruktur erteilt werden. Eine solche Genehmigung sollte in der gesamten Union gültig sein, jedoch nur für die Dauer der Pilotregelung. Die ESMA sollte auf ihrer Website eine Liste der DLT-Marktinfrastrukturen und eine Liste der für jede dieser Infrastrukturen erteilten Ausnahmen veröffentlichen.

(48) Die besonderen Genehmigungen und die Ausnahmensollten vorübergehend für einen Zeitraum von bis zu sechs Jahren ab dem Datum der Erteilung der besonderen Genehmigung erteilt werden und nur für die Dauer der Pilotregelung gelten. In diesem Zeitraum von sechs Jahren sollten die Betreiber der DLT-Marktinfrastrukturen ausreichend Zeit haben, ihre Geschäftsmodelle an etwaige Änderungen der Pilotregelung anzupassen und im Rahmen der Pilotregelung wirtschaftlich rentabel ihren Tätigkeiten nachzugehen. Auch hätten die ESMA und die Kommission die Möglichkeit, einen nützlichen Datensatz zur Anwendung der Pilotregelung nach der Gewährung einer kritischen Masse von besonderen Genehmigungen und damit verbundenen Ausnahmen zu sammeln; im Anschluss könnten die ESMA und die Kommission darüber Bericht erstatten. Und schließlich hätten die DLT-Marktinfrastrukturen Zeit, die notwendigen Schritte zu unternehmen, um nach den Berichten der ESMA und der Kommission entweder ihren Geschäftsbetrieb einzustellen oder zu einem neuen Rechtsrahmen überzugehen.

(49) Unbeschadet der einschlägigen Bestimmungen der Verordnung (EU) Nr. 909/2014 und der Richtlinie 2014/65/EU sollten die zuständigen Behörden befugt sein, eine besondere Genehmigung oder Ausnahmen, die einer DLT-Marktinfrastruktur erteilt wurden, zu entziehen, wenn eine Schwachstelle in der zugrunde liegenden Technologie oder den von dem Betreiber der DLT-Marktinfrastruktur erbrachten Dienstleistungen oder Tätigkeiten entdeckt wurde, sofern diese Schwachstelle schwerer wiegt als die Vorteile, die mit der betreffenden Dienstleistung bzw. den betreffenden Tätigkeiten einhergehen, oder wenn der Betreiber der DLT-Marktinfrastruktur gegen eine der Verpflichtungen verstoßen hat, die an die von der zuständigen Behörde erteilte Genehmigungen oder Ausnahmen geknüpft waren, oder wenn der Betreiber der DLT-Marktinfrastruktur Finanzinstrumente verbucht hat, die die in der vorliegenden Verordnung festgelegten Schwellenwerten überschreiten oder andere für DLT-Finanzinstrumente geltende Bedingungen gemäß der vorliegenden Verordnung nicht erfüllen. Im Zuge ihrer Tätigkeit sollte der Betreiber einer DLT-Marktinfrastruktur die Möglichkeit haben, zusätzlich zu den zum Zeitpunkt der ersten Genehmigung beantragten Ausnahmen noch weitere Ausnahmen zu beantragen. In diesem Fall sollten diese zusätzlichen Ausnahmen bei den zuständigen Behörden beantragt werden, und zwar auf die gleiche Weise wie die Ausnahmen, die zum Zeitpunkt der ursprünglichen Genehmigung der DLT-Marktinfrastruktur beantragt wurden.

(50) Da den Betreibern von DLT-Marktinfrastrukturen im Rahmen der Pilotregelung zeitlich begrenzte Ausnahmen von bestimmten Bestimmungen der bestehenden Rechtsvorschriften der Union erhalten konnten, sollten sie während der Zeit, in der ihre besondere Genehmigung gilt, eng mit den zuständigen Behörden und der ESMA zusammenarbeiten. Die Betreiber von DLT-Marktinfrastrukturen sollten die zuständigen Behörden über wesentliche Änderungen ihrer Geschäftspläne und ihrer kritischen Mitarbeiter, über mögliche Hinweise auf Cyber-Bedrohungen oder -Angriffe, Betrug oder schwerwiegendes Fehlverhalten, über Änderungen der zum Zeitpunkt des ursprünglichen Antrags auf besondere Genehmi-

gung vorgelegten Informationen, über technische oder betriebliche Schwierigkeiten, insbesondere im Zusammenhang mit dem Einsatz der Distributed-Leder-Technologie, sowie über Risiken für den Anlegerschutz, die Marktintegrität oder die Finanzstabilität, die zum Zeitpunkt der Erteilung der besonderen Genehmigung nicht absehbar waren, in Kenntnis setzen. Wenn ihr eine solche wesentliche Änderung gemeldet wird, sollte die zuständige Behörde, um für Anlegerschutz, Marktintegrität und Finanzstabilität zu sorgen, die DLT-Marktinfrastruktur auffordern können, eine neue besondere Genehmigung oder Ausnahme zu beantragen, oder Abhilfemaßnahmen ergreifen, die sie für angemessen hält. Darüber hinaus sollten die Betreiber von DLT-Marktinfrastrukturen der zuständigen Behörde alle sachdienlichen Informationen zur Verfügung stellen, wann immer solche Informationen angefordert werden. Die zuständigen Behörden sollten die von den Betreibern von DLT-Marktinfrastrukturen erhaltenen Informationen und die Informationen über Abhilfemaßnahmen an die ESMA weiterleiten.

(51) Die Betreiber von DLT-Marktinfrastrukturen sollten den für sie zuständigen Behörden zudem regelmäßig Bericht erstatten. Die ESMA sollte Diskussionen über diese Berichte organisieren, damit alle zuständigen Behörden in der gesamten Union Erkenntnisse darüber erlangen können, welche Auswirkungen der Einsatz der Distributed-Ledger-Technologie hat, und welche Änderungen von Rechtsvorschriften der Union über Finanzdienstleistungen erforderlich sein könnten, um den Einsatz der Distributed-Ledger-Technologie in größerem Umfang zu ermöglichen.

(52) Während der Laufzeit der Pilotregelung ist es wichtig, dass der Rahmen und seine Funktionsweise häufig überprüft und bewertet werden, damit die Betreiber von DLT-Marktinfrastrukturen möglichst viele Informationen erhalten. Die ESMA sollte Jahresberichte veröffentlichen, um den Marktteilnehmern ein besseres Verständnis der Funktionsweise und der Entwicklung der Märkte zu vermitteln und Klarheit über die Anwendung der Pilotregelung zu schaffen. Diese Jahresberichte sollten aktuelle Informationen über die wichtigsten Entwicklungen und Risiken enthalten. Die Jahresberichte werden dem Europäischen Parlament, dem Rat und der Kommission übermittelt.

(53) Drei Jahre nach Beginn der Anwendung dieser Verordnung sollte die ESMA der Kommission über ihre Bewertung der Pilotregelung Bericht erstatten. Auf der Grundlage des Berichts der ESMA sollte die Kommission dem Europäischen Parlament und dem Rat Bericht erstatten. In diesem Bericht sollten die Kosten und der Nutzen bewertet werden, die mit einer Verlängerung der Pilotregelung um einen weiteren Zeitraum, einer Ausdehnung der Pilotregelung auf andere Arten von Finanzinstrumenten, sonstigen Änderungen der Pilotregelung, einer dauerhaften Einführung der Pilotregelung, indem entsprechende Änderungen der Rechtsvorschriften der Union über Finanzdienstleistungen vorgeschlagen werden, oder einer Beendigung der Pilotregelung verbunden wären. Es wäre nicht wünschenswert, wenn zwei parallele Regelungen für DLT-basierte und nicht-DLT-basierte Marktinfrastrukturen existierten. Wenn die Pilotregelung erfolgreich ist, könnte sie durch eine Änderung der einschlägigen Rechtsvorschriften der Union über Finanzdienstleistungen, durch die ein einheitlicher, kohärenter Rahmen geschaffen wird, dauerhaft gemacht werden.

(54) In den bestehenden Rechtsvorschriften der Union über Finanzdienstleistungen wurden bereits einige mögliche Lücken im Hinblick auf ihre Anwendung auf Kryptowerte, die als Finanzinstrumente gelten, ermittelt. So sind insbesondere die technischen Regulierungsstandards im Rahmen der Verordnung (EU) Nr. 600/2014 für bestimmte Pflichten zur Datenübermittelung sowie Vor- und Nachhandelstransparenzanforderungen unzureichend auf Finanzinstrumente abgestimmt, die mittels der Distributed-Ledger-Technologie emittiert werden. Die Sekundärmärkte für Finanzinstrumente, die mittels der Distributed-Ledger-Technologie oder einer ähnlichen Technologie emittiert werden, sind noch im Entstehen begriffen, weshalb sie möglicherweise andere Merkmale aufweisen als Märkte für Finanzinstrumente, die über eine herkömmliche Technologie emittiert werden. Die in diesen technischen Regulierungsstandards festgelegten Vorschriften sollten – unabhängig von der verwendeten Technologie – für alle Finanzinstrumente gelten. Daher sollte die ESMA im Einklang mit den bestehenden Mandaten in der Verordnung (EU) Nr. 600/2014 zum Erlass technischer Regulierungsstandards eine umfassende Bewertung dieser technischen Regulierungsstandards entwickeln und gegebenenfalls erforderliche Änderungen vorschlagen, um sicherzustellen, dass die darin festgelegten Vorschriften wirksam auf DLT-Finanzinstrumente angewandt werden können. Bei der Durchführung dieser Bewertung sollte die ESMA die Besonderheiten von DLT-Finanzinstrumenten berücksichtigen und prüfen, ob diese Besonderheiten erfordern, dass Standards angepasst werden, damit die Entwicklung dieser Finanzinstrumente ermöglicht werden kann, ohne die Ziele der Vorschriften zu untergraben, die in den gemäß der Verordnung (EU) Nr. 600/2014 erlassenen technischen Regulierungsstandards festgelegt sind.

(55) Da die Ziele der vorliegenden Verordnung auf Ebene der Mitgliedstaaten nicht ausreichend verwirklicht werden können, sondern aufgrund dessen, dass die regulatorischen Hindernisse für die Entwicklung von DLT-Marktinfrastrukturen für als Finanzinstrumente geltende Kryptowerte in Rechtsvorschriften der Union über Finanzdienstleistungen enthalten sind, besser auf Unionsebene erreicht werden können, kann die Union im Einklang mit dem in Artikel 5 des Vertrags über die Europäische Union niedergelegten Subsidiaritätsprinzip tätig werden. Entsprechend dem in demselben Artikel genannten Grundsatz der Verhältnismäßigkeit geht diese Verordnung nicht über das für die Verwirklichung dieser Ziele erforderliche Maß hinaus.

(56) Diese Verordnung lässt die Richtlinie (EU) 2019/1937 des Europäischen Parlaments und des Rates unberührt[13]. Gleichzeitig sollten in Bezug auf Stellen, die nach der Richtlinie 2014/65/EU zugelassen sind, die in der der genannten Richtlinie festgelegten Mechanismen für die Meldung von Verstößen gegen die Verordnung (EU) Nr. 600/2014 oder die Richtlinie 2014/65/EU genutzt werden. In Bezug auf nach der Verordnung (EU) Nr. 909/2014 zugelassene Stellen sollten die in der genannten Verordnung festgelegten Mechanismen für die Meldung von Verstößen gegen die genannte Verordnung genutzt werden.

(57) Der Betrieb von DLT-Marktinfrastrukturen könnte die Verarbeitung personenbezogener Daten einschließen. Sofern es für die Zwecke dieser Verordnung erforderlich ist, personenbezogene Daten zu verarbeiten, sollte diese Verarbeitung im Einklang mit dem geltenden EU-Recht zum Schutz personenbezogener Daten erfolgen. Die Bestimmungen dieser Verordnung lassen die Bestimmungen der Verordnungen (EU) 2016/679[14] und (EU) 2018/1725[15] des Europäischen Parlaments und des Rates unberührt. Der Europäische Datenschutzbeauftragte wurde gemäß Artikel 42 Absatz 1 der Verordnung (EU) 2018/1725 angehört und hat am 23. April 2021 seine Stellungnahme abgegeben.

(58) In der Verordnung (EU) Nr. 600/2014 ist ein Übergangszeitraum vorgesehen, in dem der diskriminierungsfreie Zugang zu einer CCP oder zu einem Handelsplatz gemäß der genannten Verordnung nicht für CCP oder Handelsplätze gilt, die bei ihren zuständigen Behörden einen Antrag auf Inanspruchnahme von Übergangsregelungen für börsengehandelte Derivate gestellt haben. Der Zeitraum, in dem eine CCP oder ein Handelsplatz von der jeweils zuständigen Behörde in Bezug auf börsengehandelte Derivate von den Vorschriften über den diskriminierungsfreien Zugang ausgenommen werden konnte, ist am 3. Juli 2020 abgelaufen. In der Folge wirkte sich die erhöhte Unsicherheit und Volatilität der Märkte negativ auf die operationellen Risiken von CCP und Handelsplätzen aus, weshalb der Geltungsbeginn der neuen Regelung des offenen Zugangs zu CCP und Handelsplätzen, die Handels- und Clearingdienste für börsengehandelte Derivate anbieten, durch Artikel 95 der Verordnung (EU) 2021/23 des Europäischen Parlaments und des Rates[16] um ein Jahr auf den 3. Juli 2021 verschoben wurde. Die Gründe für die Verschiebung des Geltungsbeginns der neuen Regelung des offenen Zugangs bestehen fort. Darüber hinaus könnte das System des offenen Zugangs den parallelen politischen Zielen der Förderung von Handel und Innovation in der Union zuwiderlaufen, da es Innovationen bei börsengehandelten Derivaten verhindern könnte, indem es Wettbewerbern, die einen offenen Zugang genießen, ermöglicht, sich auf die Infrastruktur und Investitionen der etablierten Betreiber zu stützen, um konkurrierende Produkte mit niedrigen Vorlaufkosten anzubieten. Die Aufrechterhaltung eines Systems, bei dem Derivate in einer vertikal integrierten Stelle gecleart und gehandelt werden, steht auch im Einklang mit langjährigen internationalen Entwicklungen. Der Geltungsbeginn der neuen Regelung für den offenen Zugang sollte daher um zwei weitere Jahre auf den 3. Juli 2023 verschoben werden.

Zu Abs. 56:

[13] Richtlinie (EU) 2019/1937 des Europäischen Parlaments und des Rates vom 23. Oktober 2019 zum Schutz von Personen, die Verstöße gegen das Unionsrecht melden (ABl. L 305 vom 26.11.2019, S. 17).

Zu Abs. 57:

[14] Verordnung (EU) 2016/679 des Europäischen Parlaments und des Rates vom 27. April 2016 zum Schutz natürlicher Personen bei der Verarbeitung personenbezogener Daten, zum freien Datenverkehr und zur Aufhebung der Richtlinie 95/46/EG (Datenschutz-Grundverordnung) (ABl. L 119 vom 4.5.2016, S. 1).

[15] Verordnung (EU) 2018/1725 des Europäischen Parlaments und des Rates vom 23. Oktober 2018 zum Schutz natürlicher Personen bei der Verarbeitung personenbezogener Daten durch die Organe, Einrichtungen und sonstigen Stellen der Union, zum freien Datenverkehr und zur Aufhebung der Verordnung (EG) Nr. 45/2001 und des Beschlusses Nr. 1247/2002/EG (ABl. L 295 vom 21.11.2018, S. 39).

Zu Abs. 58:

[16] Verordnung (EU) 2021/23 des Europäischen Parlaments und des Rates vom 16. Dezember 2020 über einen Rahmen für die Sanierung und Abwicklung zentraler Gegenparteien und zur Änderung der Verordnungen (EU) Nr. 1095/2010, (EU) Nr. 648/2012, (EU) Nr. 600/2014, (EU) Nr. 806/2014 und (EU) 2015/2365 und der Richtlinien 2002/47/EG, 2004/25/EG, 2007/36/EG, 2014/59/EU und (EU) 2017/1132 (ABl. L 22 vom 22.1.2021, S. 1).

(59) Gegenwärtig schließt die in der Richtlinie 2014/65/EU vorgenommene Begriffsbestimmung von „Finanzinstrument" Finanzinstrumente, die mittels einer Klasse von Technologien – nämlich der Distributed-Ledger-Technologie – emittiert werden, die die dezentrale Aufzeichnung verschlüsselter Daten unterstützen, nicht ausdrücklich ein. Damit solche Finanzinstrumente gemäß den bestehenden Rechtsvorschriften gehandelt werden können, sollte die Begriffsbestimmung von „Finanzinstrument" in der Richtlinie 2014/65/EU so geändert werden, dass sie diese Finanzinstrumente einschließt.

(60) Während in dieser Verordnung der Rechtsrahmen für DLT-Marktinfrastrukturen, einschließlich solcher, die Abwicklungsdienste erbringen, festgelegt wird, ist der allgemeine Rechtsrahmen für von Zentralverwahrern betriebene Wertpapierliefer- und -abrechnungssysteme in der Verordnung (EU) Nr. 909/2014 festgelegt, die Bestimmungen über die Abwicklungsdisziplin enthält. Die Regelung zur Abwicklungsdisziplin umfasst Vorschriften für die Meldung gescheiterter Abwicklungen, die Einziehung und Verteilung von Geldstrafen und obligatorische Eindeckungen. Gemäß der gemäß der Verordnung (EU) Nr. 909/2014 erlassenen technischen Regulierungsstandards gelten die Bestimmungen zur Abwicklungsdisziplin ab dem 1. Februar 2022. Die Beteiligten haben jedoch Hinweise darauf gegeben, dass obligatorische Eindeckungen den Liquiditätsdruck und die Kosten von Wertpapieren, bei denen die Gefahr besteht, dass eine Eindeckung erfolgt, erhöhen könnten. Diese Auswirkungen könnten sich bei Marktvolatilität noch verschärfen. Vor diesem Hintergrund könnte sich die Anwendung der in der Verordnung (EU) Nr. 909/2014 festgelegten Vorschriften über obligatorische Eindeckungen negativ auf die Effizienz und Wettbewerbsfähigkeit der Kapitalmärkte in der Union auswirken. Diese Auswirkungen könnten wiederum zu größeren Geld-Brief-Spannen, einer geringeren Markteffizienz und einem geringeren Anreiz zur Kreditvergabe an den Wertpapierleih- und Repomärkten und zur Abwicklung von Geschäften mit in der Union niedergelassenen Zentralverwahrern führen. Die Kosten der Anwendung der Vorschriften über obligatorische Eindeckungen dürften daher den potenziellen Nutzen überwiegen. Unter Berücksichtigung dieser potenziellen negativen Auswirkungen sollte die Verordnung (EU) Nr. 909/2014 dahingehend geändert werden, dass für jede Maßnahme zur Abwicklungsdisziplin ein anderer Geltungsbeginn vorgesehen wird, sodass der Geltungsbeginn der Vorschriften über obligatorische Eindeckungen weiter verschoben werden kann. Diese Verschiebung würde es der Kommission ermöglichen, im Rahmen des anstehenden Legislativvorschlags zur Überarbeitung der Verordnung (EU) Nr. 909/2014 zu bewerten, wie der Rahmen für die Abwicklungsdisziplin und insbesondere die Vorschriften über obligatorische Eindeckungen geändert werden sollten, um den genannten Fragen Rechnung zu tragen und sie anzugehen. Darüber hinaus würde mit einer solchen Verschiebung sichergestellt, dass den Marktteilnehmern, einschließlich der DLT-Marktinfrastrukturen, die der Regelung der Abwicklungsdisziplin unterliegen würden, nicht erneut Durchführungskosten entstehen, falls diese Vorschriften infolge der Überprüfung der Verordnung (EU) Nr. 909/2014 geändert werden.

(61) Der Betrieb einer DLT-Marktinfrastruktur sollte die Klimapolitik der Mitgliedstaaten nicht untergraben. Daher ist es wichtig, die Entwicklung emissionsarmer oder emissionsfreier Distributed-Ledger-Technologien und Investitionen in diese Technologien weiter zu fördern –

HABEN FOLGENDE VERORDNUNG ERLASSEN:

Artikel 1
Gegenstand und Anwendungsbereich

In dieser Verordnung werden Anforderungen hinsichtlich der DLT-Marktinfrastrukturen und ihrer Betreiber in Bezug auf Folgendes festgelegt:

a) die Erteilung und den Entzug einer besonderen Genehmigung für den Betrieb von DLT-Marktinfrastrukturen gemäß der vorliegenden Verordnung;

b) die Erteilung, die Änderung und der Entzug der mit einer besonderen Genehmigung verbundenen Ausnahmen;

c) die Festlegung, die Änderung und der Entzug der mit einer Genehmigung verbundenen Bedingungen sowie die Festlegung, die Änderung und der Entzug von Ausgleichs- oder Abhilfemaßnahmen;

d) den Betrieb von DLT-Marktinfrastrukturen;

e) die Beaufsichtigung von DLT-Marktinfrastrukturen und

f) die Zusammenarbeit zwischen Betreibern von DLT-Marktinfrastrukturen, zuständigen Behörden und der durch die Verordnung (EU) Nr. 1095/2010 errichteten Europäischen Aufsichtsbehörde (Europäische Wertpapier- und Marktaufsichtsbehörde) (ESMA).

Artikel 2
Begriffsbestimmungen

Für die Zwecke dieser Verordnung bezeichnet der Ausdruck

1. „Distributed-Ledger-Technologie" oder „DLT" eine Technologie, die den Betrieb und die Nutzung von Distributed Ledger ermöglicht;

2. „Distributed Ledger" einen Informationsspeicher, der Aufzeichnungen über Transaktionen enthält und der unter Verwendung eines Konsensmechanismus auf eine Reihe von DLT-Netzwerkknoten verteilt und zwischen diesen synchronisiert wird;

3. „Konsensmechanismus" die Regeln und Verfahren, durch die eine Übereinstimmung unter DLT-Netzwerkknoten dahin gehend erzielt wird, dass eine Transaktion validiert ist;

4. „DLT-Netzwerkknoten" ein Gerät oder Prozess, das bzw. der Teil eines Netzwerks ist und das bzw. der eine vollständige oder teilweise Kopie von Aufzeichnungen aller Transaktionen in einem Distributed-Ledger enthält;

5. „DLT-Marktinfrastruktur" ein „multilaterales DLT-Handelssystem", ein „DLT-Abwicklungssystem" oder ein „DLT-Handels- und Abwicklungssystem";

6. „multilaterales DLT-Handelssystem" oder „DLT-MTF" ein multilaterales Handelssystem, das nur DLT-Finanzinstrumenten zum Handel zulässt;

7. „DLT-Abwicklungssystem" oder „DLT-SS" ein Abwicklungssystem, mit dem Transaktionen mit DLT-Finanzinstrumenten gegen Zahlung oder Lieferung abgewickelt werden, unabhängig davon, ob dieses Abwicklungssystem gemäß der Richtlinie 98/26/EG benannt und gemeldet wurde, und das die erstmalige Erfassung von DLT-Finanzinstrumenten oder die Erbringung von Verwahrungsdienstleistungen in Bezug auf DLT-Finanzinstrumente ermöglicht;

8. „Lieferung und Abrechnung" bzw. „Abwicklung" eine Lieferung und Abrechnung bzw. Abwicklung im Sinne von Artikel 2 Absatz 1 Nummer 7 der Verordnung (EU) Nr. 909/2014;

9. „gescheiterte Abwicklung" eine gescheiterte Abwicklung im Sinne von Artikel 2 Absatz 1 Nummer 15 der Verordnung (EU) Nr. 909/2014;

10. „DLT-Handels- und Abwicklungssystem" oder „DLT-TSS" ein DLT-MTF oder ein DLT-SS, das die von einem DLT-MTF und einem DLT-SS erbrachten Dienstleistungen kombiniert;

11. „DLT-Finanzinstrument" ein Finanzinstrument, das mittels Distributed-Ledger-Technologie emittiert, verbucht, übertragen und gespeichert wird;

12. „Finanzinstrument" ein Finanzinstrument im Sinne von Artikel 4 Absatz 1 Nummer 15 der Richtlinie 2014/65/EU;

13. „multilaterales Handelssystem" ein multilaterales Handelssystem im Sinne von Artikel 4 Absatz 1 Nummer 22 der Richtlinie 2014/65/EU;

14. „Zentralverwahrer" einen Zentralverwahrer im Sinne von Artikel 2 Absatz 1 Nummer 1 der Verordnung (EU) Nr. 909/2014;

15. „Wertpapierliefer- und -abrechnungssystem" ein Wertpapierliefer- und -abrechnungssystem im Sinne von Artikel 2 Absatz 1 Nummer 10 der Verordnung (EU) Nr. 909/2014;

16. „Geschäftstag" einen Geschäftstag im Sinne von Artikel 2 Absatz 1 Nummer 14 der Verordnung (EU) Nr. 909/2014;

17. „Lieferung gegen Zahlung" eine Lieferung gegen Zahlung im Sinne von Artikel 2 Absatz 1 Nummer 27 der Verordnung (EU) Nr. 909/2014;

18. „Kreditinstitut" ein Kreditinstitut im Sinne von Artikel 4 Absatz 1 Nummer 1 der Verordnung (EU) Nr. 575/2013 des Europäischen Parlaments und des Rates[1)];

19. „Wertpapierfirma" eine Wertpapierfirma im Sinne von Artikel 4 Absatz 1 Nummer 1 der Richtlinie 2014/65/EU;

20. „Marktbetreiber" einen Marktbetreiber im Sinne von Artikel 4 Absatz 1 Nummer 18 der Richtlinie 2014/65/EU;

21. „zuständige Behörde" eine oder mehrere zuständige Behörden, die

a) gemäß Artikel 67 der Richtlinie 2014/65/EU benannt wurde bzw. wurden;

b) gemäß Artikel 11 der Verordnung (EU) Nr. 909/2014 benannt wurde bzw. wurden; oder

c) auf sonstige Weise von einem Mitgliedstaat zum Zwecke der Überwachung der Anwendung dieser Verordnung benannt wurde bzw. wurden;

Artikel 3
Beschränkungen in Bezug auf Finanzinstrumente, die zum Handel über eine DLT-Marktinfrastruktur zugelassen oder von einer DLT-Marktinfrastruktur verbucht werden können

(1) DLT-Finanzinstrumente werden nur zum Handel über eine DLT-Marktinfrastruktur oder zur Verbuchung auf einer DLT-Marktinfrastruktur zugelassen, wenn sie zum Zeitpunkt der Zulassung zum Handel oder zum Zeitpunkt der Verbuchung in einem Distributed Ledger

a) Aktien sind, deren Emittent eine Marktkapitalisierung oder eine voraussichtliche Marktkapitalisierung von weniger als 500 Mio. EUR aufweist;

b) Anleihen, andere Formen verbriefter Schuldtitel, einschließlich Hinterlegungsscheine in Bezug auf solche Wertpapiere, oder Geldmarktinstrumente mit einem Emissionsvolumen von

---

Zu Artikel 2:

[1)] Verordnung (EU) Nr. 575/2013 des Europäischen Parlaments und des Rates vom 26. Juni 2013 über Aufsichtsanforderungen an Kreditinstitute und zur Änderung der Verordnung (EU) Nr. 648/2012 (ABl. L 176 vom 27.6.2013, S. 1).

weniger als 1 Mrd. EUR, wobei Instrumente ausgeschlossen sind, die ein Derivat oder eine Struktur enthalten, die es dem Kunden erschwert, das mit ihnen verbundene Risiko zu verstehen, sind; oder

c) Anteile an Organismen für gemeinsame Anlagen in Wertpapieren im Sinne von Artikel 25 Absatz 4 Buchstabe a Ziffer iv der Richtlinie 2014/65/EU mit einem Marktwert der verwalteten Vermögenswerte von weniger als 500 Mio. EUR sind.

Unternehmensanleihen, die von Emittenten emittiert wurden, deren Marktkapitalisierung zum Zeitpunkt ihrer Emission 200 Mio. EUR nicht überstieg, sind von der Berechnung des Schwellenwerts gemäß Unterabsatz 1 Buchstabe b ausgenommen.

(2) Der Gesamtmarktwert aller DLT-Finanzinstrumente, die zum Handel auf einer DLT-Marktinfrastruktur zugelassen sind oder in einer DLT-Marktinfrastruktur verbucht werden, darf zum Zeitpunkt der Zulassung eines neuen DLT-Finanzinstruments zum Handel oder der erstmaligen Verbuchung 6 Mrd. EUR nicht überschreiten.

Würde die Zulassung zum Handel oder die erste Verbuchung eines neuen DLT-Finanzinstruments dazu führen, dass der in Unterabsatz 1 genannte Gesamtmarktwert 6 Mrd. EUR erreicht, so lässt die DLT-Marktinfrastruktur das DLT-Finanzinstrument nicht für den Handel zu oder verbucht es nicht.

(3) Wenn der Gesamtmarktwert aller DLT-Finanzinstrumente, die zum Handel auf einer DLT-Marktinfrastruktur zugelassen sind oder in einer DLT-Marktinfrastruktur verbucht werden, 9 Mrd. EUR erreicht, leitet der Betreiber der DLT-Marktinfrastruktur die Übergangsstrategie nach Maßgabe von Artikel 7 Absatz 7 ein. Der Betreiber der DLT-Marktinfrastruktur teilt der zuständigen Behörde in seinem Monatsbericht gemäß Absatz 5 die Einleitung seiner Übergangsstrategie und den Zeitplan für den Übergang mit.

(4) Der Betreiber einer DLT-Marktinfrastruktur berechnet den monatlichen durchschnittlichen Gesamtmarktwert der in dieser DLT-Marktinfrastruktur gehandelten oder verbuchten DLT-Finanzinstrumente. Dieser monatliche Durchschnitt wird berechnet als Durchschnitt der täglichen Abschlusskurse jedes DLT-Finanzinstruments, multipliziert mit der Anzahl der DLT-Finanzinstrumente, die in dieser DLT-Marktinfrastruktur mit derselben Internationalen Wertpapier-Identifikationsnummer (ISIN) gehandelt oder verbucht werden.

Der Betreiber der DLT-Marktinfrastruktur verwendet diesen monatlichen Durchschnitt

a) bei der Bewertung, ob die Zulassung zum Handel oder die Verbuchung eines neuen DLT-Finanzinstruments im Folgemonat dazu führen würde, dass der Gesamtmarktwert der DLT-Finanzinstrumente den in Absatz 2 dieses Artikels genannten Schwellenwert erreicht und

b) bei der Entscheidung zur Einleitung der Übergangsstrategie gemäß Artikel 7 Absatz 7.

(5) Der Betreiber einer DLT-Marktinfrastruktur legt seiner zuständigen Behörde monatliche Berichte vor, aus denen hervorgeht, dass alle DLT-Finanzinstrumente, die in der DLT-Marktinfrastruktur zum Handel zugelassen sind oder verbucht werden, die in den Absätzen 2 und 3 genannten Schwellenwerte nicht überschreiten.

(6) Eine zuständige Behörde kann niedrigere Schwellenwerte als die in den Absätzen 1 und 2 festgelegten Werte festlegen. Senkt eine zuständige Behörde den in Absatz 2 genannten Schwellenwert, so gilt der in Absatz 3 festgelegte Wert als proportional herabgesetzt.

Für die Zwecke des Unterabsatzes 1 dieses Absatzes berücksichtigt die zuständige Behörde die Marktgröße und die durchschnittliche Kapitalisierung von DLT-Finanzinstrumenten einer bestimmten Art, die auf Handelsplattformen in den Mitgliedstaaten zugelassen wurden, in denen die Dienstleistungen und Tätigkeiten ausgeführt werden, und sie berücksichtigen die Risiken, die mit den Emittenten, der Art der verwendeten Distributed-Ledger-Technologie und den Dienstleistungen und Tätigkeiten der DLT-Marktinfrastruktur verbunden sind.

(7) Die Verordnung (EU) Nr. 596/2014 gilt für DLT-Finanzinstrumente, die zum Handel über ein DLT-MTF oder über ein DLT-TSS zugelassen sind.

Artikel 4
Anforderungen und Ausnahmen im Zusammenhang mit DLT-MTF

(1) Ein DLT-MTF unterliegt den Anforderungen, die gemäß der Verordnung (EU) Nr. 600/2014 und der Richtlinie 2014/65/EU für ein multilaterales Handelssystem gelten.

Unterabsatz 1 gilt nicht in Bezug auf die Anforderungen, für die der Wertpapierfirma oder dem Marktbetreiber, die bzw. der das DLT-MTF betreibt, eine Ausnahme gemäß den Absätzen 2 und 3 dieses Artikels erteilt wurde, wenn die Wertpapierfirma oder der Marktbetreiber, die bzw. der das DLT-MTF betreibt, folgende Anforderungen erfüllt:

a) Artikel 7;

b) die Absätze 2, 3 und 4 dieses Artikels und

c) alle Ausgleichsmaßnahmen, die die zuständige Behörde für angemessen hält, um die Ziele der Bestimmungen zu erreichen, von denen eine Ausnahme beantragt worden ist, oder um den Anlegerschutz, die Marktintegrität oder die Finanzstabilität zu gewährleisten.

(2) Zusätzlich zu den in Artikel 53 Absatz 3 der Richtlinie 2014/65/EU bezeichneten Personen kann die zuständige Behörde auf Antrag eines Betreibers eines DLT-MTF diesem Betreiber gestatten, natürliche und juristische Personen zum Handel für eigene Rechnung als Mitglieder oder Teilnehmer zuzulassen, sofern diese Personen die folgenden Anforderungen erfüllen:

a) Sie sind ausreichend gut beleumundet;

b) sie verfügen über ein ausreichendes Maß an Handelsfähigkeiten, Kompetenz und Erfahrung, einschließlich Kenntnissen über die Funktionsweise der Distributed-Ledger-Technologie;

c) sie sind keine Market-Maker in dem DLT-MTF;

d) sie verwenden in dem DLT-MTF keine hochfrequente algorithmische Handelstechnik;

e) sie gewähren anderen Personen keinen direkten elektronischen Zugang zu dem DLT-MTF;

f) sie handeln bei der Ausführung von Kundenaufträgen über die DLT-Marktinfrastruktur nicht für eigene Rechnung und

g) sie haben in Kenntnis der Sachlage dem Handel in dem DLT-MTF als Mitglieder oder Teilnehmer zugestimmt und wurden von dem DLT-MTF über die potenziellen Risiken informiert, die mit der Nutzung seiner Systeme für den Handel mit DLT-Finanzinstrumenten verbunden sind.

Erteilt die zuständige Behörde die in Unterabsatz 1 genannte Ausnahme, kann sie zusätzliche Maßnahmen zum Schutz natürlicher Personen vorschreiben, die als Mitglieder oder Teilnehmer des DLT-MTF zugelassen sind. Diese Maßnahmen müssen dem Risikoprofil dieser Mitglieder oder Teilnehmer angemessen sein.

(3) Auf Antrag eines Betreibers eines DLT-MTF kann die zuständige Behörde diesen Betreiber oder seine Mitglieder oder Teilnehmer von Artikel 26 der Verordnung (EU) Nr. 600/2014 ausnehmen.

Erteilt die zuständige Behörde eine in Unterabsatz 1 dieses Absatzes genannte Ausnahme, führt das DLT-MTF Aufzeichnungen über alle über seine Systeme ausgeführten Geschäfte. Die Aufzeichnungen enthalten alle in Artikel 26 Absatz 3 der Verordnung (EU) Nr. 600/2014 genannten Angaben, die für das von dem DLT-MTF und dem die Transaktion ausführenden Mitglied oder Teilnehmer verwendete System relevant sind. Das DLT-MTF stellt ferner sicher, dass die zuständigen Behörden, die berechtigt sind, die Daten direkt vom multilateralen Handelssystem gemäß Artikel 26 der genannten Verordnung zu empfangen, direkten und unmittelbaren Zugang zu diesen Angaben haben. Um Zugang zu diesen Aufzeichnungen zu erhalten, wird diese zuständige Behörde als teilnehmender regulatorischer Beobachter zum DLT-MTF zugelassen.

Die zuständige Behörde stellt der ESMA alle Informationen, auf die sie gemäß diesem Artikel zugegriffen hat, unverzüglich zur Verfügung.

(4) Beantragt der Betreiber eines DLT-MTF eine Ausnahme gemäß Absatz 2 oder 3, weist er nach, dass die beantragte Ausnahme

a) in Bezug auf den Einsatz einer Distributed-Ledger-Technologie verhältnismäßig und durch den Einsatz einer Distributed-Ledger-Technologie gerechtfertigt ist und

b) auf das DLT-MTF beschränkt ist und sich nicht auf ein anderes multilaterales Handelssystem erstreckt, das von dem betreffenden Betreiber betrieben wird.

(5) Die Absätze 2, 3 und 4 des vorliegenden Artikels gelten entsprechend für einen Zentralverwahrer, der ein DLT-TSS gemäß Artikel 6 Absatz 2 betreibt.

(6) Die ESMA arbeitet Leitlinien für die Ausgleichsmaßnahmen nach Absatz 1 Unterabsatz 2 Buchstabe c aus.

Artikel 5
Anforderungen und Ausnahmen im Zusammenhang mit dem DLT-SS

(1) Ein Zentralverwahrer, der ein DLT-SS betreibt, unterliegt den für einen Zentralverwahrer, der ein Wertpapierliefer- und -abrechnungssystem betreibt, gemäß der Verordnung (EU) Nr. 909/2014 geltenden Anforderungen.

Unterabsatz 1 gilt nicht in Bezug auf die Anforderungen, für die dem Zentralverwahrer, der das DLT-SS betreibt, eine Ausnahme gemäß den Absätzen 2 bis 9 dieses Artikels erteilt wurde, und wenn der Zentralverwahrer folgende Anforderungen erfüllt:

a) Artikel 7

b) Absätze 2 bis 10 des vorliegenden Artikels und

c) alle Ausgleichsmaßnahmen, welche die zuständige Behörde für angemessen hält, um die Ziele der Bestimmungen zu erreichen, von denen eine Ausnahme beantragt worden ist, oder um den Anlegerschutz, die Marktintegrität oder die Finanzstabilität zu gewährleisten.

(2) Auf Antrag eines Zentralverwahrers, der ein DLT-SS betreibt, kann eine zuständige Behörde diesen Zentralverwahrer von Artikel 2 Absatz 1 Nummern 4, 9 oder 28 oder von den Artikeln 3, 37 oder 38 der Verordnung (EU) Nr. 909/2014 ausnehmen, sofern der Zentralverwahrer

a) nachweist, dass die Verwendung eines „Depotkontos" im Sinne von Artikel 2 Absatz 1 Nummer 28 der genannten Verordnung oder die Einbuchung im Effektengiro gemäß Artikel 3 jener Verordnung nicht mit der Verwendung der verwendeten Distributed-Ledger-Technologie vereinbar ist;

b) Ausgleichsmaßnahmen vorschlägt, um die Ziele der Bestimmungen zu erreichen, von denen eine Ausnahme beantragt worden ist, und zumindest sicherstellt, dass

i) die DLT-Finanzinstrumente im Distributed Ledger verbucht werden;

ii) die Anzahl der DLT-Finanzinstrumente einer Emission oder eines Teils einer Emission, die von dem Zentralverwahrer, der das DLT-SS betreibt, verbucht wurden, zu jedem beliebigen Zeitpunkt der Gesamtanzahl der DLT-Finanzinstrumente entspricht, aus denen diese Emission oder ein Teil dieser Emission besteht und die in dem Distributed Ledger verbucht sind, und

iii) er Aufzeichnungen führt, anhand deren der Zentralverwahrer, der das DLT-SS betreibt, zu jedem beliebigen Zeitpunkt unverzüglich die DLT-Finanzinstrumente eines Mitglieds, Teilnehmers, Emittenten oder Kunden von denen eines anderen Mitglieds, Teilnehmers, Emittenten oder Kunden trennen kann und

iv) er keine Wertpapierkredite, Sollsalden oder die unrechtmäßige Schaffung oder Löschung von Wertpapieren zulässt.

(3) Auf Antrag eines Zentralverwahrers, der ein DLT-SS betreibt, kann die zuständige Behörde diesen Zentralverwahrer von Artikel 6 oder 7 der Verordnung (EU) Nr. 909/2014 ausnehmen, sofern dieser Zentralverwahrer mindestens mittels solider Verfahren und Vorkehrungen sicherstellt, dass das DLT-SS

a) eine klare, genaue und rechtzeitige Bestätigung der Einzelheiten von Transaktionen mit DLT-Finanzinstrumenten, einschließlich aller im Zusammenhang mit DLT-Instrumenten geleisteten Zahlungen, sowie die Freigabe von Sicherheiten in Bezug auf DLT-Instrumente oder die Einforderung von Sicherheiten in Bezug auf diese ermöglicht und

b) entweder gescheiterten Abwicklungen vorbeugt oder gescheiterte Abwicklungen angeht, wenn sie nicht verhindert werden können.

(4) Auf Antrag eines Zentralverwahrers, der ein DLT-SS betreibt, kann die zuständige Behörde diesen Zentralverwahrer von Artikels 19 der Verordnung (EU) Nr. 909/2014 nur in Bezug auf die Auslagerung einer Kerndienstleistung an einen Dritten ausnehmen, sofern die Anwendung des genannten Artikels mit dem Einsatz der Distributed-Ledger-Technologie, wie sie in dem von diesem Zentralverwahrer betriebenen DLT-SS vorgesehen ist, unvereinbar ist.

(5) Auf Antrag eines Zentralverwahrers, der ein DLT-SS betreibt, kann die zuständige Behörde diesem Zentralverwahrer gestatten, natürliche und juristische Personen zusätzlich zu den in Artikel 2 Buchstabe f der Richtlinie 98/26/EG aufgeführten als Teilnehmer zu dem DLT-SS zuzulassen, sofern diese Personen

a) ausreichend gut beleumundet sind,

b) über ausreichende Fähigkeiten, Kompetenzen, Erfahrungen und Kenntnisse in Bezug auf Abwicklung, die Funktionsweise der Distributed-Ledger-Technologie und Risikobewertung verfügen und

c) ihre in Kenntnis der Sachlage erteilte Zustimmung zur Teilnahme an der Pilotregelung gemäß dieser Verordnung gegeben haben und angemessen über deren experimentellen Charakter und die damit verbundenen potenziellen Risiken informiert sind.

(6) Auf Antrag eines Zentralverwahrers, der ein DLT-SS betreibt, kann eine zuständige Behörde diesen Zentralverwahrer von Artikel 33, 34 oder 35 der Verordnung (EU) Nr. 909/2014 ausnehmen, sofern der Zentralverwahrer Ausgleichsmaßnahmen vorschlägt, um die Ziele dieser Artikel zu erreichen, und zumindest sicherstellt, dass

a) das DLT-SS Teilnahmekriterien veröffentlicht, die allen Personen, die Teilnehmer werden wollen, einen fairen und offenen Zugang ermöglichen, und dass diese Kriterien transparent, objektiv und diskriminierungsfrei sind und

b) das DLT-SS Preise und Gebühren im Zusammenhang mit den von ihm erbrachten Abwicklungsdiensten veröffentlicht.

(7) Auf Antrag eines Zentralverwahrers, der ein DLT-SS betreibt, kann eine zuständige Behörde diesen Zentralverwahrer von Artikel 39 der Verordnung (EU) Nr. 909/2014 ausnehmen, sofern der Zentralverwahrer Ausgleichsmaßnahmen vorschlägt, um die Ziele dieser Artikel zu erreichen, und mittels solider Verfahren und Vorkehrungen zumindest sicherstellt, dass

a) das DLT-SS Transaktionen mit DLT-Finanzinstrumenten in nahezu Echtzeit oder innerhalb eines Tages, in jedem Fall jedoch spätestens am zweiten Geschäftstag nach Abschluss des Geschäfts abwickelt,

b) das DLT-SS die für das Abwicklungssystem geltenden Regeln veröffentlicht und

c) mit dem DLT-SS alle Risiken gemindert werden, die sich daraus ergeben, dass das DLT-SS nicht als System im Sinne der Richtlinie 98/26/EG benannt wird, insbesondere im Hinblick auf Insolvenzverfahren.

Für die Zwecke des Betriebs eines DLT-SS darf die Bestimmung des Begriffs des „Zentralverwahrers" in der Verordnung (EU) Nr. 909/2014 als juristische Person, die ein Wertpapierabwicklungssystem betreibt, nicht dazu führen, dass die Mitgliedstaaten ein DLT-SS als Wertpapierliefer- und -abrechnungssystem gemäß der Richtlinie 98/26/EG benennen und melden müssen. Die Mitgliedstaaten werden jedoch nicht daran gehindert, ein DLT-SS als Wertpapierliefer- und -abrechnungssystem gemäß der Richtlinie 98/26/EG zu benennen und zu melden, wenn das DLT-SS die Anforderungen dieser Richtlinie erfüllt.

Wird ein DLT-SS nicht als Wertpapierliefer- und -abrechnungssystem gemäß der Richtlinie 98/26/EG benannt und gemeldet, so schlägt der Zentralverwahrer, der dieses DLT-SS betreibt, Ausgleichsmaßnahmen zur Minderung der Risiken vor, die sich aus einer Insolvenz ergeben.

(8) Auf Antrag eines Zentralverwahrers, der ein DLT-SS betreibt, kann ein Zentralverwahrer von der zuständigen Behörde von Artikel 40 der Verordnung (EU) Nr. 909/2014 ausgenommen werden, sofern der Zentralverwahrer auf der Grundlage von Lieferung gegen Zahlung abwickelt.

Die Abwicklung von Zahlungen erfolgt, sofern praktisch und verfügbar, über Zentralbankgeld, auch in tokenisierter Form, oder, sofern dies nicht praktisch und verfügbar ist, über das Konto des Zentralverwahrers gemäß Titel IV der Verordnung (EU) Nr. 909/2014 oder über Geschäftsbankgeld, auch in tokenisierter Form gemäß jenem Titel oder unter Verwendung von E-Geld-Tokens.

Abweichend von Unterabsatz 2 des vorliegenden Absatzes gilt Titel IV der Verordnung (EU) Nr. 909/2014 nicht für ein Kreditinstitut, wenn es Zahlungen unter Verwendung von Geschäftsbankgeld für eine DLT-Marktinfrastruktur abwickelt, die DLT-Finanzinstrumente verbucht, deren Gesamtmarktwert zum Zeitpunkt der erstmaligen Verbuchung eines neuen DLT-Finanzinstruments 6 Mrd. EUR nicht übersteigt, wie gemäß Artikel 3 Absatz 4 der vorliegenden Verordnung berechnet.

Erfolgt die Abwicklung unter Verwendung von Geschäftsbankgeld, das von einem Kreditinstitut bereitgestellt wird, für das Titel IV der Verordnung (EU) Nr. 909/2014 gemäß Unterabsatz 3 des vorliegenden Absatzes nicht gilt, oder erfolgt die Abwicklung von Zahlungen unter Verwendung von E-Geld-Token, identifiziert, misst, überwacht, kontrolliert und minimiert der Zentralverwahrer, der das DLT-SS betreibt, alle Risiken, die sich aus der Nutzung dieser Mittel ergeben.

Dienstleistungen im Zusammenhang mit E-Geld-Token, die den in Abschnitt C Buchstaben b und c des Anhangs der Verordnung (EU) Nr. 909/2014 aufgeführten Dienstleistungen gleichwertig sind, werden von dem Zentralverwahrer, der das DLT-SS betreibt, gemäß Titel IV der Verordnung (EU) Nr. 909/2014 erbracht oder von einem Kreditinstitut erbracht.

(9) Auf Antrag kann ein Zentralverwahrer, der ein DLT-SS betreibt, von der zuständigen Behörde von der Anwendung von Artikel 50, 51 oder 53 der Verordnung (EU) Nr. 909/2014 ausgenommen werden, sofern der Zentralverwahrer nachweist, dass der Einsatz einer Distributed-Ledger-Technologie mit den bereits vorhandenen Systemen anderer Zentralverwahrer oder anderer Marktinfrastrukturen nicht vereinbar ist oder dass die Gewährung des Zugangs durch andere Zentralverwahrer oder durch andere Marktinfrastruktur, die bereits vorhandene Systeme verwenden, angesichts des Umfangs der Tätigkeiten des DLT-SS unverhältnismäßig hohe Kosten verursachen würde.

Wurde einem Zentralverwahrer, der ein DLT-SS betreibt, eine Ausnahme gemäß Unterabsatz 1 dieses Absatzes erteilt, so gewährt er anderen Betreibern von DLT-SS oder anderen Betreibern von DLT-TSS Zugang zu seinem DLT-SS. Der Zentralverwahrer, der das DLT-SS betreibt, muss die zuständige Behörde über seine Absicht, einen derartigen Zugang zu gewähren, informieren. Die zuständige Behörde kann einen derartigen Zugang verbieten, soweit dieser Zugang der Stabilität des Finanzsystems der Union oder des Finanzsystems des betreffenden Mitgliedstaats abträglich wäre.

(10) Beantragt ein Zentralverwahrer, der ein DLT-SS betreibt, eine Ausnahme gemäß den Absätzen 2 bis 9, weist er nach, dass die beantragte Ausnahme

a) in Bezug auf den Einsatz einer DLT verhältnismäßig und durch den Einsatz einer Distributed-Ledger-Technologie gerechtfertigt ist und

b) sich auf das DLT-SS beschränkt und sich nicht auf ein Wertpapierliefer- und -abrechnungssystem erstreckt, das von demselben Zentralverwahrer betrieben wird.

(11) Die Absätze 2 bis 10 dieses Artikels gelten entsprechend für eine Wertpapierfirma oder einen Marktbetreiber, die bzw. der ein DLT-TSS gemäß Artikel 6 Absatz 1 betreibt.

(12) Die ESMA arbeitet Leitlinien für die Ausgleichsmaßnahmen nach Absatz 1 Unterabsatz 2 Buchstabe c dieses Artikels aus.

Artikel 6
Anforderungen und Ausnahmen im Zusammenhang mit DLT-TSS

(1) Eine Wertpapierfirma oder ein Marktbetreiber, der ein DLT-TSS betreibt, unterliegt

a) den Anforderungen, die für ein multilaterales Handelssystem gemäß der Verordnung (EU) Nr. 600/2014 und der Richtlinie 2014/65/EU gelten, und

b) entsprechend den Anforderungen, die gemäß der Verordnung (EU) Nr. 909/2014 für einen Zentralverwahrer gelten, mit Ausnahme der Artikel 9, 16, 17, 18, 20, 26, 27, 28, 31, 42, 43, 44, 46 und 47 der genannten Verordnung.

Unterabsatz 1 gilt nicht in Bezug auf die Anforderungen, für die der Wertpapierfirma oder dem Marktbetreiber, die bzw. der das DLT-TSS betreibt, eine Ausnahme gemäß Artikel 4 Absätze 2 und 3 sowie Artikel 5 Absätze 2 bis 9 erteilt wurde, wenn diese Wertpapierfirma oder dieser Marktbetreiber folgende Anforderungen erfüllt:

a) Artikel 7;

b) Artikel 4 Absätze 2, 3 und 4 und Artikel 5 Absätze 2 bis 10 und

c) alle Ausgleichsmaßnahmen, welche die zuständige Behörde für angemessen hält, um die Ziele der Bestimmungen zu erreichen, von denen eine Ausnahme beantragt worden ist, oder um den Anlegerschutz, die Marktintegrität oder die Finanzstabilität zu gewährleisten.

(2) Ein Zentralverwahrer, der ein DLT-TSS betreibt, unterliegt

a) den Anforderungen, die für einen Zentralverwahrer gemäß der Verordnung (EU) Nr. 909/2014 gelten, und

b) entsprechend den Anforderungen, die für ein multilaterales Handelssystem gemäß der Verordnung (EU) Nr. 600/2014 und der Richtlinie 2014/65/EU gelten, mit Ausnahme der Artikel 5 bis 13 der genannten Richtlinie.

Unterabsatz 1 dieses Absatzes gilt nicht in Bezug auf die Anforderungen, für die dem Zentralverwahrer, der das DLT-TSS betreibt, eine Ausnahme gemäß Artikel 4 Absätze 2 und 3 sowie Artikel 5 Absätze 2 bis 9 erteilt wurde, wenn dieser Zentralverwahrer folgende Anforderungen erfüllt:

a) Artikel 7,

b) Artikel 4 Absätze 2, 3 und 4 und Artikel 5 Absätze 2 bis 10 und

c) alle Ausgleichsmaßnahmen, welche die zuständige Behörde für angemessen hält, um die Ziele der Bestimmungen zu erreichen, von denen eine Ausnahme beantragt worden ist, oder um den Anlegerschutz, die Marktintegrität oder die Finanzstabilität zu gewährleisten.

Artikel 7
Zusätzliche Anforderungen an DLT-Marktinfrastrukturen

(1) Betreiber von DLT-Marktinfrastrukturen erstellen klare und detaillierte Geschäftspläne, aus denen hervorgeht, wie sie ihre Dienstleistungen zu erbringen und ihre Tätigkeiten durchzuführen beabsichtigen, einschließlich einer Beschreibung der kritischen Mitarbeiter, der technischen Aspekte und des Einsatzes der Distributed-Ledger-Technologie sowie der gemäß Absatz 3 geforderten Informationen.

Betreiber von DLT-Marktinfrastrukturen machen darüber hinaus machen eine aktuelle, klare und detaillierte schriftliche Dokumentation öffentlich zugänglich, in der die Regeln festgelegt sind, nach denen die DLT-Marktinfrastrukturen betrieben werden und deren Betreiber agieren sollen, einschließlich der damit verbundenen rechtlichen Bedingungen, mit denen die Rechte, Pflichten, Verantwortlichkeiten und Haftung des Betreibers der DLT-Marktinfrastrukturen sowie der Mitglieder, Teilnehmer, Emittenten und Kunden, die ihre betreffenden DLT-Marktinfrastrukturen nutzen, festgelegt werden. In diesen rechtlichen Bedingungen werden das anwendbare Recht, etwaige vorprozessuale Streitbeilegungsverfahren, etwaige Insolvenzschutzmaßnahmen gemäß der Richtlinie 98/26/EG und die Gerichtsstände für den Rechtsweg festgelegt. Betreiber von DLT-Marktinfrastrukturen können ihre schriftliche Dokumentation in elektronischer Form zur Verfügung stellen.

(2) Betreiber von DLT-Marktinfrastrukturen legen Regeln für die Funktionsweise der von ihnen verwendeten Distributed-Ledger-Technologie fest bzw. dokumentieren diese, einschließlich Regeln für den Zugang zu dem Distributed Ledger, für die Beteiligung der validierenden Knotenpunkte, für den Umgang mit potenziellen Interessenkonflikten sowie für das Risikomanagement einschließlich etwaiger Maßnahmen zur Risikominderung, um Anlegerschutz, Marktintegrität und Finanzstabilität zu gewährleisten.

(3) Betreiber von DLT-Marktinfrastrukturen stellen ihren Mitgliedern, Teilnehmern, Emittenten und Kunden auf ihrer Website klare und unmissverständliche Informationen darüber zur Verfügung, wie die Betreiber ihre Funktionen, Dienstleistungen und Tätigkeiten ausüben und inwieweit diese Ausübung von Funktionen, Dienstleistungen und Tätigkeiten von denen abweicht, die von einem multilateralen Handelssystem oder Wertpapierliefer- und -abrechnungssystem ausgeübt werden, das nicht auf der Distributed-Ledger-Technologie beruht. Diese Informationen umfassen auch die Art der verwendeten Distributed-Ledger-Technologie.

(4) Betreiber von DLT-Marktinfrastrukturen stellen sicher, dass die allgemeinen IT- und Cyber-Strukturen im Zusammenhang mit der Nutzung ihrer Distributed-Ledger-Technologie der Art, dem Umfang und der Komplexität ihres Geschäfts angemessen sind. Diese Strukturen gewährleisten die Kontinuität und kontinuierliche Transparenz, Verfügbarkeit, Zuverlässigkeit und Sicherheit ihrer Dienstleistungen und Tätigkeiten, unter anderem auch die Zuverlässigkeit der in der DLT-Marktinfrastruktur verwendeten intelligenten Verträgen. Diese Strukturen gewährleisten zudem die Integrität, Sicherheit und Vertraulichkeit der von diesen Betreibern gespeicherten Daten und gewährleisten, dass diese Daten verfügbar und zugänglich sind.

Betreiber von DLT-Marktinfrastrukturen verfügen über ein spezifisches Verfahren für das Management operationeller Risiken für die Risiken, die durch den Einsatz von Distributed-Ledger-Technologie und von Kryptowerten entstehen, und legen dar, wie diesen Risiken im Falle ihres Eintretens begegnet wird.

Um die Zuverlässigkeit der allgemeinen IT- und Cyber-Strukturen einer DLT-Marktinfrastruktur zu bewerten, kann die zuständige Behörde eine

Prüfung dieser Strukturen verlangen. Verlangt die zuständige Behörde eine Prüfung, benennt sie einen unabhängigen Prüfer, der die Prüfung durchführt. Die Kosten der Prüfung werden von der DLT-Marktinfrastruktur getragen.

(5) Übernimmt der Betreiber einer DLT-Marktinfrastruktur die Verwahrung von Geldern, Sicherheiten und DLT-Finanzinstrumenten von Mitgliedern, Teilnehmern, Emittenten oder Kunden und stellt er die Mittel für den Zugang zu diesen Vermögenswerten, einschließlich in Form von kryptografischen Schlüsseln, sicher, so verfügt dieser Betreiber über angemessene Regelungen, um die Verwendung jener Vermögenswerte für eigene Rechnung des Betreibers zu verhindern, ohne dass eine ausdrückliche vorherige, schriftliche Zustimmung des betreffenden Teilnehmers, Mitglieds, Emittenten oder Kunden vorliegt, die auf elektronischem Wege erfolgen kann.

Betreiber einer DLT-Marktinfrastruktur führen sichere, genaue, zuverlässige und abrufbare Aufzeichnungen über die Gelder, Sicherheiten und DLT-Finanzinstrumente, die von ihrer DLT-Marktinfrastruktur für ihre Mitglieder, Teilnehmer, Emittenten oder Kunden gehalten werden, sowie über die Mittel für den Zugang zu diesen Geldern, Sicherheiten und DLT-Finanzinstrumenten.

Betreiber einer DLT-Marktinfrastruktur trennen die Gelder, Sicherheiten und DLT-Finanzinstrumente der Mitglieder, Teilnehmer, Emittenten oder Kunden, die ihre DLT-Marktinfrastruktur nutzen, und die Mittel für den Zugang zu diesen Vermögenswerten, von denen des Betreibers sowie von denjenigen anderer Mitglieder, Teilnehmer, Emittenten und Kunden.

Durch die in Absatz 4 genannten allgemeinen IT- und Cyber-Strukturen wird sichergestellt, dass diese Gelder, Sicherheiten und DLT-Finanzinstrumente, die von einer DLT-Marktinfrastruktur für ihre Mitglieder, Teilnehmer, Emittenten oder Kunden gehalten werden, sowie die Mittel für den Zugang zu diesen vor den Risiken eines unbefugten Zugriffs, eines Hackerangriffs, einer Werteinbuße, eines Verlusts, eines Cyber-Angriffs, eines Diebstahls, eines Betrugs, eines fahrlässigen Verhaltens und sonstiger schwerwiegender operativer Fehlfunktionen geschützt sind.

(6) Im Falle eines Verlusts von Geldern, eines Verlusts von Sicherheiten oder eines Verlusts eines DLT-Finanzinstruments haftet der Betreiber einer DLT-Marktinfrastruktur, der die Gelder, Sicherheiten oder DLT-Finanzinstrumente verloren hat, für den Verlust bis zum Marktwert des verlorenen Vermögenswerts. Der Betreiber der DLT-Marktinfrastruktur haftet nicht für den Verlust, wenn er nachweist, dass der Verlust auf ein externes Ereignis zurückzuführen ist, das sich seiner vernünftigen Kontrolle entzogen hat und dessen Folgen trotz aller zumutbaren Anstrengungen unvermeidbar waren.

Betreiber einer DLT-Marktinfrastruktur treffen transparente und angemessene Vorkehrungen, um den Anlegerschutz zu gewährleisten, und richten Mechanismen für die Behandlung von Kundenbeschwerden sowie Entschädigungs- und Abhilfeverfahren für den Fall von Verlusten für einen Anleger infolge eines der in Unterabsatz 1 dieses Absatzes genannten Umstände oder infolge der Einstellung der Geschäftstätigkeit aufgrund eines der Umstände gemäß Artikel 8 Absatz 13, Artikel 9 Absatz 11 und Artikel 10 Absatz 10 ein.

Um den Anlegerschutz zu gewährleisten, können eine zuständige Behörde im Einzelfall beschließen, vom Betreiber einer DLT-Marktinfrastruktur zusätzliche aufsichtsrechtliche Schutzvorkehrungen in Form von Eigenmitteln oder einer Versicherungspolice zu verlangen, wenn die zuständige Behörde feststellt, dass potenzielle Verbindlichkeiten aufgrund von Schäden, die Kunden des Betreibers der DLT-Marktinfrastruktur durch einen der in Unterabsatz 1 dieses Absatzes genannten Umstände entstanden sind, von den Aufsichtsanforderungen der Verordnung (EU) Nr. 909/2014, der Verordnung (EU) 2019/2033 des Europäischen Parlaments und des Rates[1], der Richtlinie 2014/65/EU oder der Richtlinie (EU) 2019/2034 des Europäischen Parlaments und des Rates[2] nicht angemessen abgedeckt werden.

(7) Ein Betreiber einer DLT-Marktinfrastruktur legt eine klare, detaillierte Strategie für die Einschränkung der Tätigkeit einer bestimmten DLT-Marktinfrastruktur oder für den Ausstieg aus einer bestimmten DLT-Marktinfrastruktur oder die Einstellung ihres Betriebs (im Folgenden „Übergangsstrategie"), einschließlich des Übergangs oder der Rückführung ihres Distributed-Ledger-Technologie-Betriebs zu traditionellen Marktinfrastrukturen, fest und macht diese öffentlich zugänglich für den Fall, dass

a) der in Artikel 3 Absatz 3 festgelegte Schwellenwert überschritten wurde;

b) eine gemäß dieser Verordnung erteilte besondere Genehmigung oder Ausnahme entzogen oder auf andere Weise beendet werden soll, auch wenn die besondere Genehmigung oder Ausnahme

---

Zu Artikel 7:

[1] Verordnung (EU) 2019/2033 des Europäischen Parlaments und des Rates vom 27. November 2019 über Aufsichtsanforderungen an Wertpapierfirmen und zur Änderung der Verordnungen (EU) Nr. 1093/2010, (EU) Nr. 575/2013, (EU) Nr. 600/2014 und (EU) Nr. 806/2014 (ABl. L 314 vom 5.12.2019, S. 1).

[2] Richtlinie (EU) 2019/2034 des Europäischen Parlaments und des Rates vom 27. November 2019 über die Beaufsichtigung von Wertpapierfirmen und zur Änderung der Richtlinien 2002/87/EG, 2009/65/EG, 2011/61/EU, 2013/36/EU, 2014/59/EU und 2014/65/EU (ABl. L 314 vom 5.12.2019, S. 64).

aufgrund eines der in Artikel 14 Absatz 2 vorgesehenen Ereignisse beendet wird, oder

c) der Betrieb der DLT-Marktinfrastruktur freiwillig oder unfreiwillig eingestellt wird.

Die Übergangsstrategie muss zeitnah umgesetzt werden können.

In der Übergangsstrategie ist dargelegt, wie Mitglieder, Teilnehmer, Emittenten und Kunden im Falle eines Entzugs oder einer Beendigung einer besonderen Genehmigung oder der Einstellung des Betriebs im Sinne von Unterabsatz 1 dieses Absatzes behandelt werden sollen. In der Übergangsstrategie wird festgelegt, wie Kunden, insbesondere Kleinanleger, vor unverhältnismäßigen Auswirkungen eines Entzugs oder einer Beendigung einer besonderen Genehmigung oder der Einstellung des Betriebs zu schützen sind. Die Übergangsstrategie wird vorbehaltlich der vorherigen Genehmigung durch die zuständige Behörde laufend aktualisiert.

In der Übergangsstrategie wird festgelegt, was zu tun ist, wenn der in Artikel 3 Absatz 3 genannte Schwellenwert überschritten wird.

(8) Wertpapierfirmen oder Marktbetreiber, die nur zum Betrieb eines DLT-MTF gemäß Artikel 8 Absatz 2 der vorliegenden Verordnung zugelassen sind und die in ihren Übergangsstrategien nicht angeben, dass sie beabsichtigen, eine Zulassung für den Betrieb eines multilateralen Handelssystems gemäß der Richtlinie 2014/65/EU zu erhalten, sowie Zentralverwahrer, die ein DLT-TSS betreiben, bemühen sich nach besten Kräften, mit Wertpapierfirmen oder Marktbetreibern, die ein multilaterales Handelssystem gemäß der Richtlinie 2014/65/EU betreiben, Vereinbarungen zur Übernahme ihres Betriebs zu schließen, und beschreiben diese Regelungen in ihren Übergangsstrategien.

(9) Zentralverwahrer, die ein DLT-SS betreiben, die nur zum Betrieb eines DLT-SS gemäß Artikel 9 Absatz 2 der vorliegenden Verordnung zugelassen sind und die in ihren Übergangsstrategien nicht angeben, dass sie beabsichtigen, eine Genehmigung für den Betrieb eines Wertpapierliefer- und -abrechnungssystems gemäß der Verordnung (EU) Nr. 909/2014 zu erhalten, und Wertpapierfirmen oder Marktbetreiber, die ein DLT-TSS betreiben, bemühen sich nach besten Kräften, mit Zentralverwahrern, die ein Wertpapierliefer- und -abrechnungssystem betreiben, Vereinbarungen über die Übernahme ihres Betriebs zu schließen, und beschreiben diese Regelungen in ihren Übergangsstrategien.

Zentralverwahrer, die ein Wertpapierliefer- und -abrechnungssystem betreiben und einen Antrag auf Abschluss der in Unterabsatz 1 dieses Absatzes genannten Vereinbarungen erhalten, antworten innerhalb von drei Monaten nach Eingang des Antrags. Der Zentralverwahrer, der das Wertpapierliefer- und -abrechnungssystem betreibt, schließt die Vereinbarungen in diskriminierungsfreier Weise ab und kann eine angemessene Geschäftsgebühr auf der Grundlage der tatsächlichen Kosten in Rechnung stellen. Er lehnt einen solchen Antrag nur ab, wenn er der Auffassung ist, dass die Vereinbarung das reibungslose und ordnungsgemäße Funktionieren der Finanzmärkte beeinträchtigen oder ein Systemrisiko darstellen würden. Er lehnt einen Antrag nicht aufgrund möglicher Marktanteileinbußen ab. Lehnt er einen Antrag ab, unterrichtet er den Betreiber der DLT-Marktinfrastruktur, der den Antrag gestellt hat, schriftlich über seine Gründe.

(10) Die in den Absätzen 8 und 9 genannten Vereinbarungen müssen spätestens fünf Jahre ab dem Datum der Erteilung der besonderen Genehmigung in Kraft treten, oder zu einem früheren Zeitpunkt, wenn die zuständige Behörde dies verlangt, um einem Risiko einer vorzeitigen Beendigung der besonderen Genehmigung entgegenzuwirken.

Artikel 8
Besondere Genehmigung für den Betrieb eines DLT-MTF

(1) Eine juristische Person, die gemäß der Richtlinie 2014/65/EU als Wertpapierfirma oder für den Betrieb eines geregelten Marktes zugelassen ist, kann eine besondere Genehmigung für den Betrieb eines DLT-MTF gemäß dieser Verordnung beantragen.

(2) Beantragt eine juristische Person die Zulassung als Wertpapierfirma oder für den Betrieb eines geregelten Marktes im Sinne der Richtlinie 2014/65/EU und beantragt sie zugleich eine besondere Genehmigung gemäß diesem Artikel zu dem einzigen Zweck, ein DLT-MTF zu betreiben, prüft die zuständige Behörde nicht, ob der Antragsteller die Anforderungen der Richtlinie 2014/65/EU erfüllt, für die der Antragsteller eine Ausnahme gemäß Artikel 4 der vorliegenden Verordnung beantragt hat.

(3) Beantragt eine juristische Person, wie in Absatz 2 dieses Artikels beschrieben, gleichzeitig die Zulassung als Wertpapierfirma, oder für den Betrieb eines geregelten Marktes, und eine besondere Genehmigung, so legt sie in ihrem Antrag die nach Artikel 7 der Richtlinie 2014/65/EU erforderlichen Informationen vor, mit Ausnahme von Informationen, die notwendig wären, um die Erfüllung der Anforderungen zu belegen, für die der Antragsteller eine Ausnahme gemäß Artikel 4 der vorliegenden Verordnung beantragt hat.

(4) Einem Antrag auf eine besondere Genehmigung für den Betrieb eines DLT-MTF gemäß dieser Verordnung sind folgende Informationen beizufügen:

a) der Geschäftsplan des Antragstellers, die Regeln des DLT-MTF und die rechtlichen Bedingungen gemäß Artikel 7 Absatz 1 sowie die Informationen über die Funktionsweise, die Dienstleistungen und die Tätigkeiten des DLT-MTF gemäß Artikel 7 Absatz 3;

b) eine Beschreibung über die Funktionsweise der verwendeten Distributed-Ledger-Technologie gemäß Artikel 7 Absatz 2;

c) eine Beschreibung über die allgemeinen IT- und Cyber-Strukturen des Antragstellers gemäß Artikel 7 Absatz 4;

d) einen Nachweis darüber, dass der Antragsteller für ausreichende aufsichtsrechtliche Sicherheitsvorkehrungen gesorgt hat, um seinen Verbindlichkeiten nachzukommen und seine Kunden zu entschädigen, wie in Artikel 7 Absatz 6 Unterabsatz 3 ausgeführt;

e) gegebenenfalls eine Beschreibung der Strukturen für die Verwahrung der DLT-Finanzinstrumente für Kunden gemäß Artikel 7 Absatz 5;

f) eine Beschreibung der Vorkehrungen zur Gewährleistung des Anlegerschutzes sowie der Mechanismen für die Behandlung von Beschwerden von Verbrauchern und für Abhilfeverfahren gemäß Artikel 7 Absatz 6 Unterabsatz 2;

g) die Übergangsstrategie des Antragstellers und

h) Angaben zu den Ausnahmen, die der Antragsteller gemäß Artikel 4 beantragt, den Gründen für jede beantragte Ausnahme, den etwaigen vorgeschlagenen Ausgleichsmaßnahmen sowie den vorgesehenen Mitteln, um die an diese Ausnahmen geknüpften Bedingungen zu erfüllen.

(5) Bis zum 23. März 2023 arbeitet die ESMA Leitlinien zur Festlegung von Standardformularen, Standardformaten und Mustertexten für die Zwecke von Absatz 4 aus.

(6) Die zuständige Behörde prüft innerhalb von 30 Arbeitstagen nach Eingang des Antrags auf eine besondere Genehmigung für den Betrieb eines DLT-MTF, ob der Antrag vollständig ist. Ist der Antrag unvollständig, legt die zuständige Behörde eine Frist fest, innerhalb deren der Antragsteller die fehlenden oder etwaige zusätzliche Angaben vorlegen muss. Die zuständige Behörde informiert den Antragsteller, wenn sie den Antrag als vollständig erachtet.

Sobald die zuständige Behörde den Antrag für vollständig erachtet, übermittelt sie eine Kopie des Antrags an die ESMA.

(7) Wenn dies zur Förderung der Kohärenz und Verhältnismäßigkeit der Ausnahmen oder zur Gewährleistung des Anlegerschutzes, der Marktintegrität und der Finanzstabilität erforderlich ist, übermittelt die ESMA der zuständigen Behörde innerhalb von 30 Kalendertagen nach Eingang einer Kopie dieses Antrags eine unverbindliche Stellungnahme zu den vom Antragsteller beantragten Ausnahmen oder zur Angemessenheit der für die Zwecke dieser Verordnung verwendeten Art der Distributed-Ledger-Technologie.

Bevor die ESMA eine unverbindliche Stellungnahme abgibt, konsultiert sie die zuständigen Behörden der anderen Mitgliedstaaten und trägt deren Standpunkten in ihrer Stellungnahme weitestgehend Rechnung.

Gibt die ESMA eine unverbindliche Stellungnahme ab, so berücksichtigt die zuständige Behörde diese Stellungnahme gebührend und übermittelt der ESMA eine Erklärung zu etwaigen erheblichen Abweichungen von dieser Stellungnahme, wenn die ESMA darum ersucht. Die Stellungnahme der ESMA und die Erklärung der zuständigen Behörde werden nicht veröffentlicht.

(8) Bis zum 24. März 2025 arbeitet die ESMA Leitlinien zur Förderung der Kohärenz und Verhältnismäßigkeit der folgenden Elemente aus:

a) den Betreibern von DLT-MTF in der gesamten Union erteilte Ausnahmen, auch im Zusammenhang mit der Bewertung der Angemessenheit der verschiedenen Arten von Distributed-Ledger-Technologien, die von den Betreibern von DLT-MTF für die Zwecke dieser Verordnung verwendet werden, und

b) der Rückgriff auf die Option gemäß Artikel 3 Absatz 6.

Mit den Leitlinien werden der Anlegerschutz, die Marktintegrität und die Finanzstabilität gewährleistet.

Die ESMA aktualisiert die Leitlinien regelmäßig.

(9) Die zuständige Behörde führt innerhalb von 90 Arbeitstagen nach Eingang eines vollständigen Antrags auf eine besondere Genehmigung für den Betrieb eines DLT-MTF eine Überprüfung des Antrags durch und entscheidet, ob die besondere Genehmigung erteilt wird. Beantragt der Antragsteller gleichzeitig eine Zulassung gemäß der Richtlinie 2014/65/EU und eine besondere Genehmigung gemäß dieser Verordnung, so kann der Bewertungszeitraum um einen weiteren Zeitraum bis zu dem in Artikel 7 Absatz 3 der Richtlinie 2014/65/EU genannten Zeitraum verlängert werden.

(10) Unbeschadet der Artikel 7 und 44 der Richtlinie 2014/65/EU verweigert die zuständige Behörde eine besondere Genehmigung zum Betrieb eines DLT-MTF, wenn Gründe dafür vorliegen, Folgendes anzunehmen:

a) Erhebliche Risiken für den Anlegerschutz, die Marktintegrität oder die Finanzstabilität werden vom Antragsteller nicht angemessen angegangen und abgemildert;

b) die besondere Genehmigung für den Betrieb eines DLT-MTF und die beantragten Ausnahmen sollen dazu dienen, rechtliche oder regulatorische Anforderungen zu umgehen, oder

c) der Betreiber des DLT-MTF wird nicht in der Lage sein, die geltenden Bestimmungen des Unionsrechts oder die Bestimmungen der nationalen Rechtsvorschriften, die nicht in den Anwendungsbereich des Unionsrechts fallen, zu erfüllen, bzw. wird es seinen Nutzern nicht ermöglichen, diese Bestimmungen zu erfüllen.

(11) Eine besondere Genehmigung gilt in der gesamten Union für einen Zeitraum von bis zu sechs Jahren ab dem Ausstellungsdatum. In der besonderen Genehmigung werden die gemäß Artikel 4 erteilten Ausnahmen, etwaige Ausgleichsmaßnahmen und niedrigere Schwellenwerte, die von der zuständigen Behörde gemäß Artikel 3 Absatz 6 festgelegt wurden, aufgeführt.

Die zuständige Behörde unterrichtet die ESMA unverzüglich über die Erteilung, die Verweigerung oder den Entzug einer besonderen Genehmigung gemäß diesem Artikel, einschließlich aller in Unterabsatz 1 des vorliegenden Absatzes genannten Informationen.

Die ESMA veröffentlicht auf ihrer Website:

a) die Liste der DLT-MTF, das Anfangs- und Enddatum ihrer besonderen Genehmigungen, die Liste der für jedes dieser DLT-MTF erteilten Ausnahmen und die für jedes dieser DLT-MTF von den zuständigen Behörden festgelegten niedrigeren Schwellenwerte und

b) die Gesamtzahl der nach Artikel 4 gestellten Anträge auf Ausnahmen mit Angabe der Anzahl und der Art der erteilten und der verweigerten Ausnahmen sowie der Begründung der Ablehnungen.

Die in Unterabsatz 3 Buchstabe b genannten Informationen werden anonym veröffentlicht.

(12) Unbeschadet der Artikel 8 und 44 der Richtlinie 2014/65/EU entzieht die zuständige Behörde eine besondere Genehmigung oder damit verbundene Ausnahmen, wenn

a) in der Funktionsweise der verwendeten Distributed-Ledger-Technologie oder den vom Betreiber des DLT-MTF erbrachten Dienstleistungen und durchgeführten Tätigkeiten eine Schwachstelle entdeckt wurde, die ein Risiko für den Anlegerschutz, die Marktintegrität oder die Finanzstabilität darstellt und das Risiko schwerer wiegt als die Vorteile der zu erprobenden Dienstleistungen und Tätigkeiten;

b) der Betreiber des DLT-MTF gegen die Bedingungen verstoßen hat, die an die Ausnahmen geknüpft sind;

c) der Betreiber des DLT-MTF Finanzinstrumente zum Handel zugelassen hat, die nicht die Bedingungen gemäß Artikel 3 Absatz 1 erfüllen;

d) der Betreiber des DLT-MTF einen in Artikel 3 Absatz 2 festgelegten Schwellenwert überschritten hat;

e) der Betreiber des DLT-MTF die in Artikel 3 Absatz 3 festgelegten Schwellenwerte überschritten und die Übergangsstrategie nicht aktiviert hat oder

f) der Betreiber des DLT-MTF die besondere Genehmigung oder die damit verbundenen Ausnahmen auf der Grundlage irreführender Informationen oder einer wesentlichen Auslassung erhalten hat.

(13) Beabsichtigt ein Betreiber eines DLT-MTF, eine wesentliche Änderung der Funktionsweise der verwendeten Distributed-Ledger-Technologie oder der Dienstleistungen oder Tätigkeiten dieses Betreibers vorzunehmen, und erfordert diese wesentliche Änderung eine neue besondere Genehmigung, eine neue Ausnahme oder die Änderung einer oder mehrerer bestehender Ausnahmen des Betreibers oder von an eine Ausnahme geknüpften Bedingungen, so beantragt der Betreiber des DLT-MTF eine neue besondere Genehmigung, Ausnahme oder Änderung.

Beantragt ein Betreiber eines DLT-MTF eine neue besondere Genehmigung, Ausnahme oder Änderung, findet das Verfahren nach Artikel 4 Anwendung. Dieser Antrag wird von der zuständigen Behörde gemäß dem vorliegenden Artikel bearbeitet.

Artikel 9

Besondere Genehmigungen zum Betrieb von DLT-SS

(1) Eine juristische Person, die gemäß der Verordnung (EU) Nr. 909/2014 als Zentralverwahrer zugelassen ist, kann eine besondere Genehmigung für den Betrieb eines DLT-SS gemäß der vorliegenden Verordnung beantragen.

(2) Beantragt eine juristische Person die Zulassung als Zentralverwahrer im Sinne der Verordnung (EU) Nr. 909/2014 und beantragt sie zugleich eine besondere Genehmigung gemäß diesem Artikel zu dem einzigen Zweck, ein DLT-SS zu betreiben, prüft die zuständige Behörde nicht, ob der Antragsteller die Anforderungen der Verordnung (EU) Nr. 909/2014 erfüllt, für die der Antragsteller eine Ausnahme gemäß Artikel 5 der vorliegenden Verordnung beantragt hat.

(3) Beantragt eine juristische Person, wie in Absatz 2 dieses Artikels beschrieben, gleichzeitig die Zulassung als Zentralverwahrer und eine besondere Genehmigung, so legt sie in ihrem Antrag die Informationen nach Artikel 17 Absatz 2 der Verordnung (EU) Nr. 909/2014 vor, mit Ausnahme von Informationen, die notwendig wären, um die Erfüllung der Anforderungen zu belegen, für die der Antragsteller eine Ausnahme gemäß Artikel 5 der vorliegenden Verordnung beantragt hat.

(4) Einem Antrag auf eine besondere Genehmigung für den Betrieb eines DLT-SS gemäß dieser Verordnung sind folgende Informationen beizufügen:

a) der Geschäftsplan des Antragstellers, die Regeln des DLT-SS und die rechtlichen Bedingungen gemäß Artikel 7 Absatz 1 sowie die Informationen über die Funktionsweise, die Dienstleistungen und die Tätigkeiten des DLT-SS gemäß Artikel 7 Absatz 3;

b) eine Beschreibung der Funktionsweise der verwendeten Distributed-Ledger-Technologie gemäß Artikel 7 Absatz 2;

c) eine Beschreibung der allgemeinen IT- und Cyber-Strukturen des Antragstellers gemäß Artikel 7 Absatz 4;

d) ein Nachweis darüber, dass der Antragsteller für ausreichende aufsichtsrechtliche Sicherheitsvorkehrungen gesorgt hat, um seinen Verbindlichkeiten nachzukommen und seine Kunden zu entschädigen, wie in Artikel 7 Absatz 6 Unterabsatz 3 ausgeführt;

e) gegebenenfalls eine Beschreibung der Strukturen für die Verwahrung der DLT-Finanzinstrumente für Kunden gemäß Artikel 7 Absatz 5;

f) eine Beschreibung der Vorkehrungen zur Gewährleistung des Anlegerschutzes sowie der Mechanismen für die Behandlung von Beschwerden von Verbrauchern und für Abhilfeverfahren für Verbraucher gemäß Artikel 7 Absatz 6 Unterabsatz 2;

g) die Übergangsstrategie des Antragstellers;

h) Angaben zu den Ausnahmen, die der Antragsteller gemäß Artikel 5 beantragt, den Gründen für jede beantragte Ausnahme, den etwaigen vorgeschlagenen Ausgleichsmaßnahmen sowie den Mitteln, durch die er beabsichtig, die an diese Ausnahmen geknüpften Bedingungen zu erfüllen.

(5) Bis zum 23. März 2023 arbeitet die ESMA Leitlinien zur Festlegung von Standardformularen, Standardformaten und Mustertexten für die Zwecke von Absatz 4 aus.

(6) Die zuständige Behörde prüft innerhalb von 30 Arbeitstagen nach Eingang des Antrags auf eine besondere Genehmigung für den Betrieb eines DLT-SS, ob der Antrag vollständig ist. Ist der Antrag unvollständig, legt die zuständige Behörde eine Frist fest, innerhalb deren der Antragsteller die fehlenden oder etwaige zusätzliche Angaben vorlegen muss. Die zuständige Behörde informiert den Antragsteller, wenn sie den Antrag als vollständig erachtet.

Sobald die zuständige Behörde den Antrag für vollständig erachtet, übermittelt sie eine Kopie dieses Antrags an:

a) die ESMA und

b) die in Artikel 12 der Verordnung (EU) Nr. 909/2014 genannten betreffenden Behörden.

(7) Wenn dies zur Förderung der Kohärenz und Verhältnismäßigkeit der Ausnahmen oder zur Gewährleistung des Anlegerschutzes, der Marktintegrität und der Finanzstabilität erforderlich ist, übermittelt die ESMA der zuständigen Behörde innerhalb von 30 Kalendertagen nach Eingang einer Kopie dieses Antrags eine unverbindliche Stellungnahme zu den beantragten Ausnahmen oder zur Angemessenheit der für die Zwecke dieser Verordnung verwendeten Art der Distributed-Ledger-Technologie.

Bevor die ESMA eine unverbindliche Stellungnahme abgibt, konsultiert sie die zuständigen Behörden der anderen Mitgliedstaaten und trägt deren Standpunkten in ihrer Stellungnahme weitestgehend Rechnung.

Gibt die ESMA eine unverbindliche Stellungnahme ab, so berücksichtigt die zuständige Behörde diese Stellungnahme gebührend und übermittelt der ESMA eine Erklärung zu etwaigen erheblichen Abweichungen von dieser Stellungnahme, wenn die ESMA darum ersucht. Die Stellungnahme der ESMA und die Erklärung der zuständigen Behörde werden nicht veröffentlicht.

Die in Artikel 12 der Verordnung (EU) Nr. 909/2014 genannten betreffenden Behörden übermitteln der zuständigen Behörde innerhalb von 30 Kalendertagen nach Eingang einer Kopie dieses Antrags eine unverbindliche Stellungnahme zu den Merkmalen des vom Antragsteller betriebenen DLT-SS.

(8) Bis zum 24. März 2025 arbeitet die ESMA Leitlinien zur Förderung der Kohärenz und Verhältnismäßigkeit der folgenden Elemente aus:

a) den Zentralverwahrern, die DLT-SS betreiben, in der gesamten Union erteilte Ausnahmen, auch im Zusammenhang mit der Bewertung der Angemessenheit der verschiedenen Arten von Distributed-Ledger-Technologien, die von den Marktbetreibern für die Zwecke dieser Verordnung verwendet werden, und

b) der Rückgriff auf die Option gemäß Artikel 3 Absatz 6.

Mit den Leitlinien werden der Anlegerschutz, die Marktintegrität und die Finanzstabilität gewährleistet.

Die ESMA aktualisiert diese Leitlinien regelmäßig.

(9) Innerhalb von 90 Arbeitstagen nach Eingang eines vollständigen Antrags auf eine besondere Genehmigung für den Betrieb eines DLT-SS, führt die zuständige Behörde eine Überprüfung des Antrags durch und entscheidet, ob die besondere Genehmigung erteilt wird. Beantragt der Antragsteller gleichzeitig eine Zulassung als Zentralverwahrer gemäß der Verordnung (EU) Nr. 909/2014 und eine besondere Genehmigung nach dieser Verordnung, so kann der Bewertungszeitraum um einen weiteren Zeitraum bis zu dem in Artikel 17 Absatz 8 der Verordnung (EU) Nr. 909/2014 genannten Zeitraum verlängert werden.

(10) Unbeschadet des Artikels 17 der Verordnung (EU) Nr. 909/2014 verweigert die zuständi-

ge Behörde dem Antragsteller eine besondere Genehmigung zum Betrieb eines DLT-SS, wenn Gründe dafür vorliegen, Folgendes anzunehmen:

a) Erhebliche Risiken für den Anlegerschutz, die Marktintegrität oder die Finanzstabilität werden vom Antragsteller nicht angemessen angegangen und abgemildert;

b) die besondere Genehmigung für den Betrieb eines DLT-SS und die beantragten Ausnahmen sollen dazu dienen, rechtliche oder regulatorische Anforderungen zu umgehen, oder

c) der Zentralverwahrer wird nicht in der Lage sein, die geltenden Bestimmungen des Unionsrechts oder die Bestimmungen der nationalen Rechtsvorschriften, die nicht in den Anwendungsbereich des Unionsrechts fallen, zu erfüllen, bzw. wird es seinen Nutzern nicht ermöglichen, diese Bestimmungen zu erfüllen.

(11) Eine besondere Genehmigung gilt in der gesamten Union für einen Zeitraum von bis zu sechs Jahren ab dem Ausstellungsdatum. In der besonderen Genehmigung werden die gemäß Artikel 5 erteilten Ausnahmen, etwaige Ausgleichsmaßnahmen und niedrigere Schwellenwerte, die von der zuständigen Behörde gemäß Artikel 3 Absatz 6 festgelegt wurden, aufgeführt.

Die zuständige Behörde unterrichtet die ESMA und die in Absatz 7 dieses Artikels genannten betreffenden Behörden unverzüglich über die Erteilung, die Verweigerung oder den Entzug einer besonderen Genehmigung gemäß diesem Artikel, einschließlich aller in Unterabsatz 1 des vorliegenden Absatzes genannten Informationen.

Die ESMA veröffentlicht auf ihrer Website:

a) die Liste der DLT-SS, das Anfangs- und Enddatum ihrer besonderen Genehmigungen, die Liste der für jedes dieser DLT-SS erteilten Ausnahmen und die für jedes dieser DLT-SS von den zuständigen Behörden festgelegten niedrigeren Schwellenwerte und

b) die Gesamtzahl der nach Artikel 5 gestellten Anträge auf Ausnahmen mit Angabe der Anzahl und der Art der erteilten und der verweigerten Ausnahmen sowie der Begründung der Ablehnungen.

Die in Unterabsatz 3 Buchstabe b genannten Informationen werden anonym veröffentlicht.

(12) Unbeschadet von Artikel 20 der Verordnung (EU) Nr. 909/2014 entzieht die zuständige Behörde eine besondere Genehmigung oder alle damit verbundenen Ausnahmen, wenn

a) in der Funktionsweise der verwendeten Distributed-Ledger-Technologie oder den vom Zentralverwahrer, der das DLT-SS betreibt, erbrachten Dienstleistungen und durchgeführten Tätigkeiten eine Schwachstelle entdeckt wurde, die ein Risiko für den Anlegerschutz, die Marktintegrität oder die Finanzstabilität darstellt und das Risiko schwerer wiegt als die Vorteile der zu erprobenden Dienstleistungen und Tätigkeiten;

b) der Zentralverwahrer, der das DLT-SS betreibt, gegen die Bedingungen verstoßen hat, die an die Ausnahmen geknüpft sind;

c) der Zentralverwahrer, der das DLT-SS betreibt, Finanzinstrumente zum Handel verbucht hat, die nicht die Bedingungen gemäß Artikel 3 Absatz 1 erfüllen;

d) der Zentralverwahrer, der das DLT-SS betreibt, einen in Artikel 3 Absatz 2 festgelegten Schwellenwert überschritten hat;

e) der Zentralverwahrer, der das DLT-SS betreibt, den in Artikel 3 Absatz 3 genannten Schwellenwert überschritten und die Übergangsstrategie nicht aktiviert hat, oder

f) der Zentralverwahrer, der das DLT-SS betreibt, die besondere Genehmigung oder die damit verbundenen Ausnahmen auf der Grundlage irreführender Informationen oder einer wesentlichen Auslassung erhalten hat.

(13) Beabsichtigt ein Zentralverwahrer, der ein DLT-SS betreibt, eine wesentliche Änderung der Funktionsweise der verwendeten Distributed-Ledger-Technologie oder der Dienstleistungen oder Tätigkeiten dieses Zentralverwahrers vorzunehmen, und erfordert diese wesentliche Änderung eine neue besondere Genehmigung, eine neue Ausnahme oder die Änderung einer oder mehrerer bestehender Ausnahmen des Zentralverwahrers oder von an eine Ausnahme geknüpften Bedingungen, so beantragt der Zentralverwahrer, der das DLT-SS betreibt, eine neue besondere Genehmigung, Ausnahme oder Änderung.

Beantragt ein Zentralverwahrer, der ein DLT-SS betreibt, eine neue Genehmigung, Ausnahme oder Änderung, findet das Verfahren nach Artikel 5 Anwendung. Dieser Antrag wird von der zuständigen Behörde gemäß dem vorliegenden Artikel bearbeitet.

Artikel 10
Besondere Genehmigungen zum Betrieb von DLT-TSS

(1) Eine juristische Person, die gemäß der Richtlinie 2014/65/EU als Wertpapierfirma oder für den Betrieb eines geregelten Marktes zugelassen ist oder gemäß der Verordnung (EU) Nr. 909/2014 als Zentralverwahrer zugelassen ist, kann eine besondere Genehmigung für den Betrieb eines DLT-TSS gemäß der vorliegenden Verordnung beantragen.

(2) Beantragt eine juristische Person die Zulassung als Wertpapierfirma oder für den Betrieb eines geregelten Marktes im Sinne der Richtlinie 2014/65/EU oder als Zentralverwahrer im Sinne der Verordnung (EU) Nr. 909/2014 und beantragt sie zugleich eine besondere Genehmigung gemäß diesem Artikel zu dem einzigen Zweck, ein DLT-

TSS zu betreiben, prüft die zuständige Behörde nicht, ob der Antragsteller die Anforderungen der Richtlinie 2014/65/EU oder die der Verordnung (EU) Nr. 909/2014 erfüllt, für die der Antragsteller eine Ausnahme gemäß Artikel 6 der vorliegenden Verordnung beantragt hat.

(3) Beantragt eine juristische Person, wie in Absatz 2 des vorliegenden Artikels beschrieben, gleichzeitig die Zulassung als Wertpapierfirma oder für den Betrieb eines geregelten Marktes oder als Zentralverwahrer und eine besondere Genehmigung, so legt sie in ihrem Antrag die nach Artikel 7 der Richtlinie 2014/65/EU bzw. Artikel 17 der Verordnung (EU) Nr. 909/2014 erforderlichen Informationen vor, mit Ausnahme von Informationen, die notwendig wären, um die Erfüllung der Anforderungen zu belegen, für die der Antragsteller eine Ausnahme gemäß Artikel 6 der vorliegenden Verordnung beantragt hat.

(4) Ein Antrag auf eine besondere Genehmigung für den Betrieb eines DLT-TSS gemäß dieser Verordnung muss folgende Informationen enthalten:

a) der Geschäftsplan des Antragstellers, die Regeln des DLT-TSS und die rechtlichen Bedingungen gemäß Artikel 7 Absatz 1 sowie die Informationen über die Funktionsweise, die Dienstleistungen und die Tätigkeiten des DLT-TSS gemäß Artikel 7 Absatz 3;

b) eine Beschreibung der Funktionsweise der verwendeten Distributed-Ledger-Technologie gemäß Artikel 7 Absatz 2;

c) eine Beschreibung der allgemeinen IT- und Cyber-Strukturen des Antragstellers gemäß Artikel 7 Absatz 4;

d) ein Nachweis darüber, dass der Antragsteller für ausreichende aufsichtsrechtliche Sicherheitsvorkehrungen gesorgt hat, um seinen Verbindlichkeiten nachzukommen und seine Kunden zu entschädigen, wie in Artikel 7 Absatz 6 ausgeführt;

e) gegebenenfalls eine Beschreibung der Strukturen für die Verwahrung der DLT-Finanzinstrumente für Kunden gemäß Artikel 7 Absatz 5;

f) eine Beschreibung der Vorkehrungen zur Gewährleistung des Anlegerschutzes sowie der Mechanismen für die Behandlung von Beschwerden von Verbrauchern und für Abhilfeverfahren für Verbraucher gemäß Artikel 7 Absatz 6 Unterabsatz 2;

g) die Übergangsstrategie des Antragstellers und

h) Angaben zu den Ausnahmen, die der Antragsteller gemäß Artikel 6 beantragt, den Gründen für jede beantragte Ausnahme, den etwaigen vorgeschlagenen Ausgleichsmaßnahmen sowie den vorgesehenen Mitteln, um die an diese Ausnahmen geknüpften Bedingungen zu erfüllen.

(5) Zusätzlich zu den in Absatz 4 des vorliegenden Artikels genannten Informationen übermittelt ein Antragsteller, der beabsichtigt, ein DLT-TSS als Wertpapierfirma oder Marktbetreiber zu betreiben, die Informationen darüber, wie er die in Artikel 6 Absatz 1 der vorliegenden Verordnung genannten geltenden Anforderungen der Verordnung (EU) Nr. 909/2014 zu erfüllen gedenkt, mit Ausnahme von Informationen, die notwendig wären, um die Erfüllung der Anforderungen zu belegen, für die der Antragsteller eine Ausnahme gemäß dem genannten Artikel beantragt hat.

Zusätzlich zu den in Absatz 4 des vorliegenden Artikels genannten Informationen legt ein Antragsteller, der beabsichtigt, ein DLT-TSS als Zentralverwahrer zu betreiben, die Informationen darüber vor, wie er die in Artikel 6 Absatz 2 der vorliegenden Verordnung genannten geltenden Anforderungen der Richtlinie 2014/65/EU zu erfüllen gedenkt, mit Ausnahme von Informationen, die notwendig wären, um die Erfüllung der Anforderungen zu belegen, für die der Antragsteller eine Ausnahme gemäß dem genannten Artikel beantragt hat.

(6) Bis zum 23. März 2023 arbeitet die ESMA Leitlinien zur Festlegung von Standardformularen, Standardformaten und Mustertexten für die Zwecke von Absatz 4 aus.

(7) Die zuständige Behörde prüft innerhalb von 30 Arbeitstagen nach Eingang des Antrags auf eine besondere Genehmigung für den Betrieb eines DLT-TSS, ob der Antrag vollständig ist. Ist der Antrag unvollständig, legt die zuständige Behörde eine Frist fest, innerhalb deren der Antragsteller die fehlenden oder etwaige zusätzliche Angaben vorlegen muss. Die zuständige Behörde informiert den Antragsteller, wenn sie den Antrag als vollständig erachtet.

Sobald die zuständige Behörde den Antrag für vollständig erachtet, übermittelt sie eine Kopie des Antrags an

a) die ESMA und

b) die in Artikel 12 der Verordnung (EU) Nr. 909/2014 genannten betreffenden Behörden.

(8) Wenn dies zur Förderung der Kohärenz und Verhältnismäßigkeit der Ausnahmen oder zur Gewährleistung des Anlegerschutzes, der Marktintegrität und der Finanzstabilität erforderlich ist, übermittelt die ESMA der zuständigen Behörde innerhalb von 30 Kalendertagen nach Eingang einer Kopie dieses Antrags eine unverbindliche Stellungnahme zu den beantragten Ausnahmen oder zur Angemessenheit der für die Zwecke dieser Verordnung verwendeten Art der Distributed-Ledger-Technologie.

Bevor die ESMA eine unverbindliche Stellungnahme abgibt, konsultiert sie die zuständigen Behörden der anderen Mitgliedstaaten und trägt deren Standpunkten in ihrer Stellungnahme weitestgehend Rechnung.

Gibt die ESMA eine unverbindliche Stellungnahme ab, so berücksichtigt die zuständige Behörde diese Stellungnahme gebührend und übermittelt der ESMA eine Erklärung zu etwaigen erheblichen Abweichungen von dieser Stellungnahme, wenn die ESMA darum ersucht. Die Stellungnahme der ESMA und die Erklärung der zuständigen Behörde werden nicht veröffentlicht.

Die in Artikel 12 der Verordnung (EU) Nr. 909/2014 genannten betreffenden Behörden übermitteln der zuständigen Behörde innerhalb von 30 Kalendertagen nach Eingang einer Kopie dieses Antrags eine unverbindliche Stellungnahme zu den Merkmalen des vom Antragsteller betriebenen DLT-TSS.

(9) Die zuständige Behörde führt innerhalb von 90 Arbeitstagen nach Eingang eines vollständigen Antrags auf eine besondere Genehmigung für den Betrieb eines DLT-TSS eine Überprüfung des Antrags durch und entscheidet, ob die besondere Genehmigung erteilt wird. Beantragt der Antragsteller gleichzeitig eine Zulassung gemäß der Richtlinie 2014/65/EU oder der Verordnung (EU) Nr. 909/2014 und eine besondere Genehmigung nach diesem Artikel, so kann der Bewertungszeitraum um einen weiteren Zeitraum bis zu dem in Artikel 7 Absatz 3 der Richtlinie 2014/65/EU bzw. Artikel 17 Absatz 8 der Verordnung (EU) Nr. 909/2014 genannten Zeitraum verlängert werden.

(10) Unbeschadet der Artikel 7 und 44 der Richtlinie 2014/65/EU und des Artikels 17 der Verordnung (EU) Nr. 909/2014 verweigert die zuständige Behörde eine besondere Genehmigung zum Betrieb eines DLT-TSS, wenn Gründe dafür vorliegen, Folgendes anzunehmen

a) erhebliche Risiken für den Anlegerschutz, die Marktintegrität oder die Finanzstabilität bestehen, die vom Antragsteller nicht angemessen angegangen und abgemildert werden;

b) die besondere Genehmigung für den Betrieb eines DLT-TSS und die beantragten Ausnahmen dazu dienen sollen, rechtliche oder regulatorische Anforderungen zu umgehen, oder

c) der Betreiber des DLT-TSS nicht in der Lage sein wird, die geltenden Bestimmungen des Unionsrechts oder die Bestimmungen der nationalen Rechtsvorschriften, die nicht in den Anwendungsbereich des Unionsrechts fallen, zu erfüllen, bzw. es seinen Nutzern nicht ermöglichen wird, diese Bestimmungen zu erfüllen.

(11) Eine besondere Genehmigung gilt in der gesamten Union für einen Zeitraum von bis zu sechs Jahren ab dem Ausstellungsdatum. In der besonderen Genehmigung sind die gemäß Artikel 6 erteilten Ausnahmen, etwaige Ausgleichsmaßnahmen und niedrigere Schwellenwerte, die von der zuständigen Behörde gemäß Artikel 3 Absatz 6 festgelegt wurden, anzugeben.

Die zuständige Behörde unterrichtet die ESMA und die in Artikel 12 der Verordnung (EU) Nr. 909/2014 genannten betreffenden Behörden unverzüglich über die Erteilung, die Verweigerung oder den Entzug einer besonderen Genehmigung gemäß diesem Artikel, einschließlich aller in Unterabsatz 1 des vorliegenden Absatzes genannten Informationen.

Die ESMA veröffentlicht auf ihrer Website

a) die Liste der DLT-TSS, das Anfangs- und Enddatum ihrer besonderen Genehmigungen, die Liste der für jedes dieser DLT-TSS erteilten Ausnahmen und die für jedes dieser DLT-TSS von den zuständigen Behörden festgelegten niedrigeren Schwellenwerte und

b) die Gesamtzahl der nach Artikel 6 gestellten Anträge auf Ausnahmen mit Angabe der Anzahl und der Art der erteilten und der verweigerten Ausnahmen sowie der Begründung der Ablehnungen.

Die in Unterabsatz 3 Buchstabe b genannten Informationen werden anonym veröffentlicht.

(12) Unbeschadet der Artikel 8 und 44 der Richtlinie 2014/65/EU und des Artikels 20 der Verordnung (EU) Nr. 909/2014 entzieht die zuständige Behörde eine besondere Genehmigung oder alle damit verbundenen Ausnahmen, wenn

a) in der Funktionsweise der verwendeten Distributed-Ledger-Technologie oder den vom Betreiber des DLT-TSS erbrachten Dienstleistungen und durchgeführten Tätigkeiten eine Schwachstelle entdeckt wurde, die ein Risiko für den Anlegerschutz, die Marktintegrität oder die Finanzstabilität darstellt und das Risiko schwerer wiegt als die Vorteile der zu erprobenden Dienstleistungen und Tätigkeiten;

b) der Betreiber des DLT-TSS gegen die Bedingungen verstoßen hat, die an die Ausnahmen geknüpft sind;

c) der Betreiber des DLT-TSS Finanzinstrumente zum Handel zugelassen oder verbucht hat, die nicht die Bedingungen gemäß Artikel 3 Absatz 1 erfüllen;

d) der Betreiber des DLT-TSS einen in Artikel 3 Absatz 2 festgelegten Schwellenwert überschritten hat;

e) der Betreiber des DLT-TSS den in Artikel 3 Absatz 3 genannten Schwellenwert überschritten und die Übergangsstrategie nicht aktiviert hat oder

f) der Betreiber des DLT-TSS die besondere Genehmigung oder die damit verbundenen Ausnahmen auf der Grundlage irreführender Informationen oder einer wesentlichen Auslassung erhalten hat.

(13) Beabsichtigt ein Betreiber eines DLT-TSS, eine wesentliche Änderung der Funktionsweise der verwendeten Distributed-Ledger-Technologie oder der Dienstleistungen oder Tätigkeiten dieses

Betreibers vorzunehmen, und erfordert diese wesentliche Änderung eine neue besondere Genehmigung, eine neue Ausnahme oder die Änderung einer oder mehrerer bestehender Ausnahmen des Betreibers oder von an eine Ausnahme geknüpften Bedingungen, so beantragt der Betreiber des DLT-TSS eine neue besondere Genehmigung, Ausnahme oder Änderung.

Beantragt ein Betreiber eines DLT-TSS eine neue Genehmigung, Ausnahme oder Änderung, findet das Verfahren nach Artikel 6 Anwendung. Dieser Antrag wird von der zuständigen Behörde gemäß diesem Artikel bearbeitet.

Artikel 11
Zusammenarbeit zwischen Betreibern von DLT-Marktinfrastrukturen, zuständigen Behörden und der ESMA

(1) Unbeschadet der Verordnung (EU) Nr. 909/2014 und der Richtlinie 2014/65/EU arbeiten die Betreiber von DLT-Marktinfrastrukturen mit den zuständigen Behörden zusammen.

Insbesondere benachrichtigen die Betreiber von DLT-Marktinfrastrukturen ihre zuständigen Behörden unverzüglich, sobald sie Kenntnis von einem der nachstehend aufgeführten Sachverhalte erlangen:

a) bei einer geplanten wesentlichen Änderung des Geschäftsplans, einschließlich der kritischen Mitarbeiter, der Regeln der DLT-Marktinfrastruktur und der rechtlichen Bedingungen;

b) bei Hinweisen auf unbefugten Zugriff, wesentliche Fehlfunktionen, Verlust, Cyber-Angriffe oder andere Cyber-Bedrohungen, Betrug, Diebstahl oder anderes schwerwiegendes Fehlverhalten im Zusammenhang mit dem Betreiber der DLT-Marktinfrastruktur;

c) bei einer wesentlichen Änderung der Informationen, die der zuständigen Behörde zur Verfügung gestellt wurden;

d) bei technischen oder betrieblichen Schwierigkeiten bei der Durchführung der Tätigkeiten oder Erbringung der Dienstleistungen, die der besonderen Genehmigung unterliegen, unter anderem bei Schwierigkeiten im Zusammenhang mit der Entwicklung oder Verwendung der Distributed-Ledger-Technologie und der DLT-Finanzinstrumente; oder

e) bei Risiken für den Anlegerschutz, die Marktintegrität oder die Finanzstabilität, die sich ergeben haben und die in dem Antrag auf Erteilung der besonderen Genehmigung oder zum Zeitpunkt der Erteilung der besonderen Genehmigung nicht vorhergesehen wurden.

Änderungen gemäß Unterabsatz 2 Buchstabe a sind mindestens vier Monate vor der geplanten Änderung mitzuteilen, ungeachtet dessen, ob die vorgeschlagene wesentliche Änderung eine Änderung der besonderen Genehmigung oder der damit verbundenen Ausnahmen oder Bedingungen gemäß Artikel 8, 9 oder 10 erfordert.

Werden der zuständigen Behörde Sachverhalte im Sinne von Unterabsatz 2 Buchstaben a bis e mitgeteilt, kann sie vom Betreiber der betreffenden DLT-Infrastruktur verlangen, einen Antrag gemäß Artikel 8 Absatz 13, Artikel 9 Absatz 13 oder Artikel 10 Absatz 13 zu stellen, oder vom Betreiber der betreffenden DLT-Marktinfrastruktur verlangen, alle erforderlichen Abhilfemaßnahmen gemäß Absatz 3 ergreifen.

(2) Der Betreiber der DLT-Marktinfrastrukturen stellt der zuständigen Behörde alle relevanten Informationen zur Verfügung, die sie benötigt.

(3) Die zuständige Behörde kann Abhilfemaßnahmen in Bezug auf den Geschäftsplan des Betreibers der DLT-Marktinfrastruktur, die Regeln der DLT-Marktinfrastruktur und die rechtlichen Bedingungen verlangen, um Anlegerschutz, Marktintegrität oder Finanzstabilität zu gewährleisten. Der Betreiber der DLT-Marktinfrastruktur berichtet in seinen Berichten gemäß Absatz 4 über die Umsetzung der von der zuständigen Behörde geforderten Abhilfemaßnahmen.

(4) Alle sechs Monate ab dem Tag der Erteilung der besonderen Genehmigung übermittelt der Betreiber einer DLT-Marktinfrastruktur der zuständigen Behörde einen Bericht. Dieser Bericht enthält unter anderem Folgendes:

a) eine Zusammenfassung der in Absatz 1 Unterabsatz 2 aufgeführten Informationen;

b) die Anzahl und den Wert der DLT-Finanzinstrumente, die zum Handel über das DLT-MTF oder DLT-TSS zugelassen wurden, und die Anzahl und den Wert der DLT-Finanzinstrumente, die vom Betreiber des DLT-SS oder DLT-TSS verbucht wurden;

c) die Anzahl und den Wert der Transaktionen, die über das DLT-MTF oder DLT-TSS gehandelt und vom Betreiber des DLT-SS oder DLT-TSS abgewickelt wurden;

d) eine mit Gründen versehene Bewertung etwaiger Schwierigkeiten bei der Anwendung der Rechtsvorschriften der Union über Finanzdienstleistungen oder des nationalen Rechts und

e) alle Maßnahmen zur Umsetzung der an die Ausnahmen geknüpften Bedingungen oder von etwaigen von der zuständigen Behörde geforderten Ausgleichs- oder Abhilfemaßnahmen.

(5) Die ESMA fungiert als Koordinator zwischen den zuständigen Behörden, um ein gemeinsames Verständnis der Distributed-Ledger-Technologie und von DLT-Marktinfrastrukturen zu entwickeln, eine gemeinsame Aufsichtskultur einzuführen und die Aufsichtspraktiken einander anzunähern und somit für eine kohärente Vorgehensweise und einheitliche Aufsichtsergebnisse zu sorgen.

Die zuständigen Behörden übermitteln der ESMA rechtzeitig die Informationen und Berichte, die sie von Betreibern von DLT-Marktinfrastrukturen gemäß den Absätzen 1, 2 und 4 dieses Artikels erhalten haben, und unterrichten die ESMA über alle gemäß Absatz 3 dieses Artikels ergriffenen Maßnahmen.

Die ESMA informiert die zuständigen Behörden regelmäßig über

a) die gemäß Absatz 4 dieses Artikels übermittelten Berichte;

b) die besonderen Genehmigungen und Ausnahmen, die gemäß dieser Verordnung erteilt wurden, sowie die an die Ausnahmen geknüpften Bedingungen;

c) jede Weigerung einer zuständigen Behörde, eine besondere Genehmigung oder eine Ausnahme zu erteilen, jeden Entzug einer besonderen Genehmigung oder Ausnahme und jede Einstellung der Geschäftstätigkeit durch eine DLT-Marktinfrastruktur.

(6) Die ESMA beobachtet die Anwendung der besonderen Genehmigungen und aller damit verbundenen Ausnahmen und Bedingungen sowie alle von den zuständigen Behörden geforderten Ausgleichs- oder Abhilfemaßnahmen. Die ESMA legt der Kommission jährlich einen Bericht über die Anwendungen dieser besonderen Genehmigungen, Ausnahmen, Bedingungen und Ausgleichs- oder Abhilfemaßnahmen in der Praxis vor.

Artikel 12
Benennung der zuständigen Behörden

(1) Die für eine Wertpapierfirma, die ein DLT-MTF oder DLT-TSS betreibt, zuständige Behörde ist die durch den Mitgliedstaat, der gemäß Artikel 4 Absatz 1 Nummer 55 Buchstabe a Ziffern ii und iii der Richtlinie 2014/65/EU bestimmt wurde, benannte zuständige Behörde;

(2) Die für einen Marktbetreiber, der ein DLT-MTF oder DLT-TSS betreibt, zuständige Behörde ist die durch den Mitgliedstaat, in dem der satzungsmäßige Sitz des Marktbetreibers, der ein DLT-MTF oder DLT-TSS betreibt, sich befindet, oder – sofern er nach dem Recht dieses Mitgliedstaats dort keinen satzungsmäßigen Sitz unterhält – den Mitgliedstaat, in dem sich die Hauptverwaltung des Marktbetreibers der ein DLT-MTF oder DLT-TSS betreibt, befindet, benannte zuständige Behörde;

(3) Die für einen Zentralverwahrer, der ein DLT-SS oder DLT-TSS betreibt, zuständige Behörde ist die durch den Mitgliedstaat, der gemäß Artikel 2 Absatz 1 Ziffer 23 der Verordnung (EU) Nr. 909/2014 bestimmt wurde, benannte zuständige Behörde.

Artikel 13
Mitteilung der zuständigen Behörden

Die Mitgliedstaaten teilen der ESMA und der Kommission ihre zuständigen Behörden im Sinne von Artikel 2 Nummer 21 Buchstabe c mit. Die ESMA veröffentlicht eine Liste dieser zuständigen Behörden auf ihrer Website.

Artikel 14
Berichterstattung und Überprüfung

(1) Bis zum 24. März 2026 legt die ESMA der Kommission einen Bericht über Folgendes vor:

a) die Funktionsweise der DLT-Marktinfrastrukturen in der gesamten Union;

b) die Anzahl der DLT-Marktinfrastrukturen;

c) die Arten der von den DLT-Marktinfrastrukturen beantragten Ausnahme und die Arten der erteilten Ausnahme;

d) die Anzahl und den Wert der DLT-Finanzinstrumente, die zum Handel zugelassen wurden und die auf DLT-Marktinfrastrukturen verbucht wurden;

e) die Anzahl und den Wert der Transaktionen, die über DLT-Marktinfrastrukturen gehandelt oder abgewickelt wurden;

f) die Arten der verwendeten Distributed-Ledger-Technologie und technische Aspekte im Zusammenhang mit der Verwendung von Distributed-Ledger-Technologie, einschließlich der in Artikel 11 Absatz 1 Unterabsatz 2 Buchstabe b genannten Sachverhalte, und die Auswirkungen der Nutzung von Distributed-Ledger-Technologie auf die klimapolitischen Ziele der Union;

g) die von Betreibern eines DLT-SS oder DLT-TSS gemäß Artikel 5 Absatz 3 Buchstabe b eingerichteten Verfahren;

h) etwaige Risiken, Schwachstellen und Ineffizienzen in Bezug auf den Anlegerschutz, die Marktintegrität oder die Finanzstabilität, die mit dem Einsatz einer Distributed-Ledger-Technologie verbunden sind, einschließlich sämtlicher neuen Arten von rechtlichen, systemischen und operationellen Risiken, denen im Rahmen der Rechtsvorschriften der Union über Finanzdienstleistungen nicht ausreichend begegnet wird, sowie sämtlicher weiteren unbeabsichtigten Auswirkungen auf Liquidität, Volatilität, Anlegerschutz, Marktintegrität oder Finanzstabilität;

i) Risiken von Aufsichtsarbitrage oder Probleme in Bezug auf gleiche Wettbewerbsbedingungen zwischen DLT-Marktinfrastrukturen innerhalb der in dieser Verordnung vorgesehenen Pilotregelung und zwischen DLT-Marktinfrastrukturen und anderen Marktinfrastrukturen, die bereits vorhandene Systeme verwenden;

j) etwaige Probleme bezüglich der Interoperabilität zwischen DLT-Marktinfrastrukturen und anderen Infrastrukturen, die bereits vorhandene Systeme verwenden;

k) sämtliche sich aus dem Einsatz einer Distributed-Ledger-Technologie ergebenden Vorteile und Kosten im Hinblick auf zusätzliche Liquidität und Finanzierung für Start-up-Unternehmen und kleine und mittlere Unternehmen, mehr Sicherheit und Effizienz, Energieeinsparungen und Risikominderung in der gesamten Handels- und Nachhandelskette, unter anderem in Bezug auf die Einbuchung und Verwahrung von DLT-Finanzinstrumenten, die Rückverfolgbarkeit von Transaktionen und die bessere Einhaltung von Verfahren zur Legitimationsprüfung („Know your customer") und zur Bekämpfung von Geldwäsche, Kapitalmaßnahmen und die unmittelbare Wahrnehmung von Anlegerrechten mithilfe intelligenter Verträge, Berichts- und Aufsichtsfunktionen auf Ebene der DLT-Marktinfrastruktur;

l) jede Weigerung besondere Genehmigungen oder Ausnahmen zu erteilen, sowie Änderungen oder Entzüge dieser besonderen Genehmigungen oder Ausnahmen sowie von Ausgleichs- oder Abhilfemaßnahmen;

m) jede Einstellung der Geschäftstätigkeit durch eine DLT-Marktinfrastruktur und die Gründe für diesen Schritt;

n) die Angemessenheit der in Artikel 3 und in Artikel 5 Absatz 8 festgelegten Schwellenwerte, einschließlich der potenziellen Auswirkungen einer Erhöhung dieser Schwellenwerte unter Berücksichtigung insbesondere systemischer Erwägungen und verschiedener Arten von Distributed-Ledger-Technologien;

o) eine Gesamtbewertung der Kosten und der Vorteile der in dieser Verordnung vorgesehenen Pilotregelung sowie eine Empfehlung zur der Frage, ob und unter welchen Bedingungen diese Pilotregelung fortgeführt werden soll.

(2) Auf der Grundlage des in Absatz 1 genannten Berichts legt die Kommission innerhalb von drei Monaten nach Erhalt dieses Berichts dem Europäischen Parlament und dem Rat einen Bericht vor. Dieser Bericht enthält eine Kosten-Nutzen-Analyse dahin gehend, ob die Pilotregelung im Rahmen dieser Verordnung

a) um einen weiteren Zeitraum von bis zu drei Jahren verlängert werden sollte;

b) auf andere Arten von Finanzinstrumenten ausgedehnt werden sollte, die mittels einer Distributed-Ledger-Technologie emittiert, verbucht, übertragen oder gespeichert werden können;

c) geändert werden sollte;

d) durch geeignete Änderungen der einschlägigen Rechtsvorschriften der Union über Finanzdienstleistungen dauerhaft eingeführt werden sollte oder

e) einschließlich aller besonderen Genehmigungen, die gemäß dieser Verordnung erteilt wurden, beendet werden sollte.

In ihrem Bericht kann die Kommission geeignete Änderungen des Rechtsrahmens der Union für Finanzdienstleistungen oder eine Harmonisierung der nationalen Rechtsvorschriften vorschlagen, die den Einsatz der Distributed-Ledger-Technologie im Finanzsektor erleichtern würden; ferner kann sie Maßnahmen vorschlagen, die erforderlich sind, um den Ausstieg von DLT-Marktinfrastrukturen aus der in dieser Verordnung vorgesehenen Pilotregelung zu erleichtern.

Wird diese Pilotregelung gemäß Unterabsatz 1 Buchstabe a des vorliegenden Absatzes um einen weiteren Zeitraum verlängert, ersucht die Kommission die ESMA, spätestens drei Monate vor Ablauf des Verlängerungszeitraums einen zusätzlichen Bericht gemäß Absatz 1 vorzulegen. Nach Erhalt dieses Berichts legt die Kommission dem Europäischen Parlament und dem Rat einen zusätzlichen Bericht gemäß diesem Absatz vor.

Artikel 15
Zwischenberichte

Die ESMA veröffentlicht jährliche Zwischenberichte, um den Marktteilnehmern Informationen über die Funktionsweise der Märkte zur Verfügung zu stellen, Fehlverhalten von Betreibern von DLT-Marktinfrastrukturen anzugehen, Erläuterungen zur Anwendung dieser Verordnung zu geben und frühere Angaben auf der Grundlage der Entwicklung der Distributed-Ledger-Technologie zu aktualisieren. Diese Berichte enthalten zudem eine allgemeine Beschreibung der Anwendung der in dieser Verordnung vorgesehenen Pilotregelung, wobei der Schwerpunkt auf Entwicklungen und aufkommenden Risiken liegt, und werden dem Europäischen Parlament, dem Rat und der Kommission übermittelt. Der erste Bericht wird bis zum 24. März 2024 veröffentlicht.

Artikel 16
Änderung der Verordnung (EU) Nr. 600/2014

Artikel 54 Absatz 2 Unterabsatz 1 der Verordnung (EU) Nr. 600/2014 erhält folgende Fassung:

„Wenn die Kommission zu der Einschätzung gelangt, dass börsengehandelte Derivate nicht gemäß Artikel 52 Absatz 12 vom Anwendungsbereich der Artikel 35 und 36 ausgenommen werden müssen, kann eine zentrale Gegenpartei oder ein Handelsplatz vor 22. Juni 2022 bei der zuständigen Behörde Antrag auf Inanspruchnahme von Übergangsregelungen stellen. Aufgrund der Risiken für ein ordnungsgemäßes Funktionieren der zentralen Gegenpartei oder des Handelsplatzes, die sich durch Inanspruchnahme der Zugangsrechte nach Artikel 35 oder 36 bei börsengehandelten Derivaten ergeben, kann die zuständige Behörde entscheiden, dass Artikel 35 oder 36 bei börsengehandelten Derivaten für diese zentrale Gegenpartei oder diesen Handelsplatz für einen Übergangszeitraum bis zum 3. Juli 2023 nicht zur Anwendung kommt. Wenn die zuständige Behörde beschließt, einen solchen Übergangszeitraum zu genehmigen, darf die zentrale Gegenpartei oder der Handelsplatz die Zugangsrechte nach Artikel 35 oder 36 bei börsengehandelten Derivaten innerhalb des Übergangszeitraums nicht in Anspruch nehmen. Die zuständige Behörde unterrichtet die ESMA und im Fall einer zentralen Gegenpartei das Kollegium der zuständigen Behörden für diese zentrale Gegenpartei, wenn sie einen Übergangszeitraum genehmigt hat."

Artikel 17
Änderung der Verordnung (EU) Nr. 909/2014

Artikel 76 Absatz 5 Unterabsatz 1 der Verordnung (EU) Nr. 909/2014 erhält folgende Fassung:

„Jede der in Artikel 7 Absätze 1 bis 13 genannten Maßnahmen zur Abwicklungsdisziplin gilt ab dem Datum der Anwendung, das für jede Maßnahme zur Abwicklungsdisziplin in dem von der Kommission gemäß Artikel 7 Absatz 15 erlassenen delegierten Rechtsakt angegeben ist."

Artikel 18
Änderungen der Richtlinie 2014/65/EU

Die Richtlinie 2014/65/EU wird wie folgt geändert:

1. Artikel 4 Absatz 1 Nummer 15 erhält folgende Fassung:

„15. ‚Finanzinstrument' die in Anhang I Abschnitt C genannten Instrumente, einschließlich mittels Distributed-Ledger-Technologie emittierter Instrumente;"

2. In Artikel 93 wird folgender Absatz eingefügt:

„3a. Bis zum 23. März 2023 verabschieden und veröffentlichen die Mitgliedstaaten die erforderlichen Vorschriften zur Erfüllung von Artikel 4 Absatz 1 Nummer 15 und teilen sie der Kommission mit. Sie wenden diese Vorschriften ab dem 23. März 2023 an.

Abweichend von Unterabsatz 1 wird den Mitgliedstaaten, die nicht in der Lage sind, die erforderlichen Vorschriften zur Erfüllung von Artikel 4 Absatz 1 Nummer 15 bis zum 23. März 2023 zu verabschieden, da ihre Gesetzgebungsverfahren mehr als neun Monate in Anspruch nehmen, eine Verlängerung von höchstens sechs Monaten ab dem 23. März 2023 gewährt, sofern sie der Kommission bis zum 23. März 2023 mitteilen, dass sie diese Verlängerung in Anspruch nehmen müssen."

Artikel 19
Inkrafttreten und Geltungsbeginn

(1) Diese Verordnung tritt am zwanzigsten Tag nach ihrer Veröffentlichung im *Amtsblatt der Europäischen Union* in Kraft.

(2) Sie gilt ab dem 23. März 2023, mit Ausnahme von:

a) Artikel 8 Absatz 5, Artikel 9 Absatz 5, Artikel 10 Absatz 6 und Artikel 17, die ab dem 22. Juni 2022 gelten, und

b) Artikel 16, der ab dem 4. Juli 2021 gilt.

Diese Verordnung ist in allen ihren Teilen verbindlich und gilt unmittelbar in jedem Mitgliedstaat.

Geschehen zu Brüssel am 30. Mai 2022.

Im Namen des Europäischen Parlaments	*Im Namen des Rates*
Die Präsidentin	*Der Präsident*
R. METSOLA	*B. LE MAIRE*

Bundesgesetz über das Wirksamwerden der Verordnung (EU) 2022/858 über eine Pilotregelung für auf Distributed-Ledger-Technologie basierende Marktinfrastrukturen (DLT-Verordnung-Vollzugsgesetz – DLT-VVG)

BGBl I 2023/63

Inhaltsverzeichnis

Zuständige Behörde

§ 1. (1) Die Finanzmarktaufsichtsbehörde (FMA) ist die für Österreich zuständige Behörde gemäß Art. 12 Abs. 1 bis 3 der Verordnung (EU) 2022/858 über eine Pilotregelung für auf Distributed-Ledger-Technologie basierende Marktinfrastrukturen und zur Änderung der Verordnungen (EU) Nr. 600/2014 und (EU) Nr. 909/2014 sowie der Richtlinie 2014/65/EU, ABl. Nr. L 151 vom 02.06.2022 S. 1. Sie nimmt unbeschadet der ihr in anderen Bundesgesetzen zugewiesenen Aufgaben die den zuständigen Behörden gemäß Art. 12 Abs. 1 bis 3 der Verordnung (EU) 2022/858 zukommenden Aufgaben und Befugnisse wahr und hat die Einhaltung der Vorschriften dieses Bundesgesetzes und der Verordnung (EU) 2022/858 zu überwachen.

(2) Die FMA hat bei der Vollziehung dieses Bundesgesetzes und der Verordnung (EU) 2022/858 der europäischen Konvergenz der Aufsichtsinstrumente und Aufsichtsverfahren Rechnung zu tragen. Zu diesem Zweck hat die FMA die Leitlinien, Empfehlungen und andere von der ESMA (European Securities and Markets Authority) beschlossenen Maßnahmen im Anwendungsbereich der Verordnung (EU) 2022/858 anzuwenden. Die FMA kann von diesen Leitlinien und Empfehlungen abweichen, sofern dafür ein berechtigter Grund, insbesondere Widerspruch zu bundesgesetzlichen Vorschriften, vorliegt.

(3) § 1 Abs. 2 und 4 des Zentralverwahrer-Vollzugsgesetzes – ZvVG, BGBl. I Nr. 69/2015, ist im Rahmen der Aufsicht über Zentralverwahrer gemäß Art. 12 Abs. 3 der Verordnung (EU) 2022/858, die ein DLT-Abwicklungssystem gemäß Art. 2 Nr. 7 der Verordnung (EU) 2022/858 oder ein DLT-Handels- und Abwicklungssystem gemäß Art. 2 Nr. 10 der Verordnung (EU) 2022/858 betreiben, sinngemäß anzuwenden, wobei die jeweiligen Aufgaben, Rechte und Pflichten gemäß diesem Bundesgesetz und dem ZvVG maßgebend sind und diese sinngemäße Anwendung in Bezug auf ein DLT-Handels- und Abwicklungssystem gemäß Art. 2 Nr. 10 der Verordnung (EU) 2022/858 nur im Hinblick auf die von einem DLT-Abwicklungssystem gemäß Art. 2 Nr. 7 der Verordnung (EU) 2022/858 zu erbringenden Dienstleistungen gilt.

(4) § 1 Abs. 2 und 4 des ZvVG ist im Rahmen der Aufsicht über Wertpapierfirmen gemäß Art. 12 Abs. 1 der Verordnung (EU) 2022/858 und Marktbetreiber gemäß Art. 12 Abs. 2 der Verordnung (EU) 2022/858, die ein DLT-Handels- und Abwicklungssystem gemäß Art. 2 Nr. 10 der Verordnung (EU) 2022/858 betreiben, sinngemäß anzuwenden, wobei die jeweiligen Aufgaben, Rechte und Pflichten gemäß diesem Bundesgesetz und dem ZvVG maßgebend sind und diese sinngemäße Anwendung in Bezug auf ein DLT-Handels- und Abwicklungssystem gemäß Art. 2 Nr. 10 der Verordnung (EU) 2022/858 nur im Hinblick auf die von einem DLT-Abwicklungssystem gemäß Art. 2 Nr. 7 der Verordnung (EU) 2022/858 zu erbringenden Dienstleistungen gilt.

Aufsicht

§ 2. (1) Die FMA ist im Rahmen der Überwachung der Einhaltung der Vorschriften dieses Bundesgesetzes und der Verordnung (EU) 2022/858 durch Betreiber von DLT-Marktinfrastrukturen gemäß Art 12 Abs. 1 bis 3 der Verordnung (EU) 2022/858 jederzeit berechtigt,

1. in die Bücher, Schriftstücke und Datenträger eines Betreibers einer DLT-Marktinfrastruktur Einsicht zu nehmen und Kopien von ihnen zu erhalten,

2. von einem Betreiber einer DLT-Marktinfrastruktur und seinen Organen Auskünfte zu verlangen, Personen vorzuladen und zu befragen,

3. durch Wirtschaftsprüfer und Wirtschaftsprüfungsgesellschaften, durch eigene Prüfer oder

durch sonstige Sachverständige Vor-Ort-Prüfungen durchzuführen,

4. die Oesterreichische Nationalbank mit der Prüfung eines Zentralverwahrers gemäß Art. 12 Abs. 3 der Verordnung (EU) 2022/858, der ein DLT-Abwicklungssystem gemäß Art. 2 Nr. 7 der Verordnung (EU) 2022/858 oder ein DLT-Handels- und Abwicklungssystem gemäß Art. 2 Nr. 10 der Verordnung (EU) 2022/858 betreibt oder mit der Prüfung einer Wertpapierfirma gemäß Art. 12 Abs. 1 der Verordnung (EU) 2022/858 oder eines Marktbetreibers gemäß Art. 12 Abs. 2 der Verordnung (EU) 2022/858, die ein DLT-Handels- und Abwicklungssystem gemäß Art. 2 Nr. 10 der Verordnung (EU) 2022/858 betreiben, zu beauftragen; die Kompetenz der Oesterreichischen Nationalbank zur Vor-Ort-Prüfung im Bereich der Aufsicht über solche Zentralverwahrer, Wertpapierfirmen und Marktbetreiber erstreckt sich dabei nur auf die Prüfung jener Geschäftsfelder und Risikoarten, die mit den von einem DLT-Abwicklungssystem gemäß Art. 2 Nr. 7 der Verordnung (EU) 2022/858 zu erbringenden Dienstleistungen verbunden sind, unabhängig davon, ob diese Dienstleistungen im Rahmen eines DLT-Abwicklungssystems gemäß Art. 2 Nr. 7 der Verordnung (EU) 2022/858 oder im Rahmen eines DLT-Handels- und Abwicklungssystems gemäß Art. 2 Nr. 10 der Verordnung (EU) 2022/858 zu erbringen sind; die Oesterreichische Nationalbank hat dafür zu sorgen, dass sie über ausreichende personelle und organisatorische Ressourcen zur Durchführung der genannten Prüfungen verfügt; die FMA ist berechtigt, eigene Mitarbeiter an Prüfungen der Oesterreichischen Nationalbank teilnehmen zu lassen,

5. von einem Betreiber einer DLT-Marktinfrastruktur bereits existierende Aufzeichnungen von Telefongesprächen und Datenübermittlungen anzufordern und

6. von den Abschlussprüfern eines Betreibers einer DLT-Marktinfrastruktur Auskünfte einzuholen.

(2) Bei einer Prüfung gemäß Abs. 1 Z 3 und 4 sind die Prüfungsorgane mit einem schriftlichen Prüfungsauftrag zu versehen und haben sich vor Beginn der Prüfung unaufgefordert auszuweisen sowie den Prüfungsauftrag vorzuweisen. Im Übrigen ist § 71 Abs. 1 bis 6 des Bankwesengesetzes – BWG, BGBl. Nr. 532/1993, sinngemäß anzuwenden. Hinsichtlich der Zusammenarbeit der FMA mit der Oesterreichischen Nationalbank und der Vornahme von Prüfungen durch diese sind § 70 Abs. 1a bis 1c und § 79 Abs. 1 bis 4a, 4b Z 4 und Abs. 5 BWG anzuwenden.

(3) Zur Abwendung einer Gefahr für die Erfüllung der Verpflichtungen eines Betreibers einer DLT-Marktinfrastruktur kann die FMA befristete Maßnahmen durch Bescheid anordnen, die spätestens 18 Monate nach Wirksamkeitsbeginn außer Kraft treten. Die FMA kann durch Bescheid insbesondere,

1. Kapital- und Gewinnentnahmen sowie Kapital- und Gewinnausschüttungen ganz oder teilweise untersagen,

2. eine fachkundige Aufsichtsperson (Regierungskommissär) bestellen, die dem Berufsstand der Rechtsanwälte oder der Wirtschaftsprüfer angehört; die Aufsichtsperson, der alle Rechte gemäß § 2 Abs. 1 zustehen, hat

a) dem Betreiber einer DLT-Marktinfrastruktur alle Geschäfte zu untersagen, die geeignet sind, die obige Gefahr zu vergrößern, und

b) im Falle, dass dem Betreiber einer DLT-Marktinfrastruktur die Fortführung der Geschäfte ganz oder teilweise untersagt wurde, einzelne Geschäfte zu erlauben, die die obige Gefahr nicht vergrößern,

3. Geschäftsleitern des Betreibers einer DLT-Marktinfrastruktur unter gleichzeitiger Verständigung des zur Bestellung der Geschäftsleiter zuständigen Organs die Führung des Unternehmens ganz oder teilweise untersagen; das zuständige Organ hat binnen eines Monats die entsprechende Anzahl von Geschäftsleitern neu zu bestellen; die Bestellung bedarf zu ihrer Rechtswirksamkeit der Zustimmung der FMA, die zu versagen ist, wenn die neu bestellten Geschäftsleiter nicht geeignet scheinen, eine Abwendung der obigen Gefahr herbeiführen zu können,

4. die Fortführung des Geschäftsbetriebes ganz oder teilweise untersagen.

(4) Die FMA kann auf Antrag des Regierungskommissärs einen Stellvertreter bestellen, wenn und solange dies aus wichtigen Gründen, insbesondere wegen vorübergehender Verhinderung des Regierungskommissärs, erforderlich ist. Für die Bestellung des Stellvertreters sowie für dessen Rechte und Pflichten sind die für den Regierungskommissär geltenden Bestimmungen anzuwenden. Der Regierungskommissär kann sich mit Genehmigung der FMA zur Erfüllung seiner Aufgaben fachlich geeigneter Personen bedienen, soweit dies nach Umfang und Schwierigkeit der Aufgaben erforderlich ist. Die Genehmigung der FMA hat diese Personen namentlich zu benennen und ist auch dem Betreiber einer DLT-Marktinfrastruktur zuzustellen. Diese Personen handeln auf Weisung und im Namen des Regierungskommissärs oder seines Stellvertreters.

(5) Die FMA hat vom Österreichischen Rechtsanwaltskammertag und von der Kammer der Wirtschaftstreuhänder Meldungen über geeignete Regierungskommissäre einzuholen. Ist ein Regierungskommissär gemäß Abs. 3 Z 2 oder ein Stellvertreter gemäß Abs. 4 zu bestellen und ist keine Bestellung auf Grund dieser Meldungen möglich, so hat die FMA die nach dem Sitz oder der Hauptverwaltung des Betreibers einer DLT-Marktinfrastruktur zuständige Rechtsanwaltskam-

mer oder die Kammer der Wirtschaftstreuhänder zu benachrichtigen, damit diese einen fachlich geeigneten Rechtsanwalt oder Wirtschaftsprüfer als Regierungskommissär namhaft machen. Bei Gefahr in Verzug kann die FMA

1. einen Rechtsanwalt oder

2. einen Wirtschaftsprüfer

vorläufig als Regierungskommissär bestellen. Diese Bestellung tritt mit der Bestellung eines Rechtsanwaltes oder Wirtschaftsprüfers gemäß dem ersten Satz oder gemäß Abs. 3 Z 2 außer Kraft.

(6) Dem Regierungskommissär ist von der FMA eine Vergütung (Funktionsgebühr) zu leisten, die in einem angemessenen Verhältnis zu der mit der Aufsicht verbundenen Arbeit und den Aufwendungen hiefür steht. Der Regierungskommissär ist zur Rechnungslegung über das jeweils vorangegangene Quartal sowie nach Beendigung seiner Tätigkeit berechtigt. Die FMA hat die Vergütung unverzüglich nach Rechnungsprüfung zu leisten.

(7) Bescheide, mit denen Geschäftsleitern die Führung eines Betreibers einer DLT-Marktinfrastruktur ganz oder teilweise untersagt wird (Abs. 3 Z 3 und Abs. 8), sind, wie auch eine allfällige Aufhebung dieser Maßnahme, von der FMA dem Firmenbuchgericht zur Eintragung in das Firmenbuch zu übermitteln.

(8) Verletzt ein Betreiber einer DLT-Marktinfrastruktur Bestimmungen dieses Bundesgesetzes, einer aufgrund dieses Bundesgesetzes erlassenen Verordnung oder der Verordnung (EU) 2022/858, so kann die FMA

1. dem Betreiber einer DLT-Marktinfrastruktur unter Androhung einer Zwangsstrafe auftragen, den rechtmäßigen Zustand binnen jener Frist herzustellen, die im Hinblick auf die Umstände des Falles angemessen ist, und

2. im Wiederholungs- oder Fortsetzungsfall den Geschäftsleitern des Betreibers einer DLT-Marktinfrastruktur die Geschäftsführung ganz oder teilweise untersagen, es sei denn, dass dies nach Art und Schwere des Verstoßes unangemessen wäre und die Wiederherstellung des rechtmäßigen Zustandes durch nochmaliges Vorgehen gemäß Z 1 erwartet werden kann; in diesem Fall ist die erstverhängte Zwangsstrafe zu vollziehen und der Auftrag unter Androhung einer höheren Zwangsstrafe zu wiederholen.

(9) Die FMA ist zur Verarbeitung personenbezogener Daten ermächtigt, soweit dies eine wesentliche Voraussetzung zur Wahrnehmung der ihr gemäß § 1 bis 3 dieses Bundesgesetzes übertragenen Aufgaben und Befugnisse ist.

(10) Die FMA kann mit Behörden aus Drittstaaten zu Zwecken der Erfüllung von Aufgaben, die den Aufgaben der FMA nach diesem Gesetz entsprechen, zusammenarbeiten. Diese Zusammenarbeit umfasst insbesondere auch den Informationsaustausch einschließlich der Übermittlung von Daten gemäß Abs. 9 durch die FMA an Behörden aus Drittstaaten.

(11) Auf die Zusammenarbeit mit Behörden aus Drittstaaten gemäß Abs. 10 sind hinsichtlich der Wertpapierfirmen gemäß Art. 12 Abs. 1 der Verordnung (EU) 2022/858 und der Marktbetreiber gemäß Art. 12 Abs. 2 der Verordnung (EU) 2022/858 § 90 Abs. 6 und Abs. 7 sowie § 111 des Wertpapieraufsichtsgesetzes 2018 – WAG 2018, BGBl. I Nr. 107/2017, sinngemäß anzuwenden.

(12) Auf die Zusammenarbeit mit Behörden aus Drittstaaten gemäß Abs. 10 ist hinsichtlich der Zentralverwahrer gemäß Art. 12 Abs. 3 der Verordnung (EU) 2022/858 § 2 Abs. 9 ZvVG sinngemäß anzuwenden, wobei Zentralbanken aus Drittstaaten auch als Behörden aus Drittstaaten gelten. Die Übermittlung von Daten an Behörden aus Drittstaaten ist in Ergänzung zu den Vorgaben in § 2 Abs. 9 ZvVG nur zulässig, soweit ein begründetes Ersuchen vorliegt und die übermittelten Daten bei diesen Behörden einem dem Berufsgeheimnis gemäß § 14 des Finanzmarktaufsichtsbehördengesetzes – FMABG, BGBl. I Nr. 97/2001, entsprechenden Berufsgeheimnis unterliegen und die Übermittlung von Daten im Einklang mit Kapitel V der Verordnung (EU) 2016/679 steht.

Kosten

§ 3. (1) Die Kosten der FMA aus ihrer Tätigkeit als zuständige Behörde für die Erteilung einer besonderen Genehmigung für den Betrieb von DLT-Marktinfrastrukturen und die Beaufsichtigung von Betreibern von DLT-Marktinfrastrukturen sind Kosten des Rechnungskreises Wertpapieraufsicht (§ 19 Abs. 1 Z 3 und Abs. 4 FMABG).

(2) Für die Zuordnung der Kosten der FMA aus ihrer Tätigkeit als zuständige Behörde für Wertpapierfirmen gemäß Art. 12 Abs. 1 der Verordnung (EU) 2022/858 ist § 89 WAG 2018, einschließlich der Aufgabe der FMA, nähere Regelung mit einer Verordnung gemäß § 89 Abs. 2 WAG 2018 festzusetzen, sinngemäß und mit der Maßgabe anzuwenden, dass

1. Wertpapierfirmen gemäß Art. 12 Abs. 1 der Verordnung (EU) 2022/858 kostenpflichtig sind und

2. die Kosten ihrer Beaufsichtigung nach diesem Bundesgesetz dem gemeinsamen Subrechnungskreis zuzuordnen sind, der gemäß § 89 Abs. 1 WAG 2018 für die Kosten der Aufsicht über Wertpapierfirmen, Wertpapierdienstleistungsunternehmen und Wertpapierfirmen gemäß § 19 Abs. 1 WAG 2018 sowie Drittlandfirmen gemäß § 21 Abs. 1 WAG 2018, die in Österreich Wertpapierdienstleistungen oder Anlagetätigkeiten über eine Zweigstelle ausüben, zu bilden ist.

(3) Für die Zuordnung der Kosten der FMA aus ihrer Tätigkeit als zuständige Behörde für Marktbetreiber gemäß Art. 12 Abs. 2 der Verordnung (EU) 2022/858 ist § 94 des Börsegesetzes 2018 – BörseG 2018, BGBl. I Nr. 107/2017, sinngemäß und mit der Maßgabe anzuwenden, dass

1. Marktbetreiber gemäß Art. 12 Abs. 2 der Verordnung (EU) 2022/858 kostenpflichtig sind und

2. die Kosten ihrer Beaufsichtigung nach diesem Bundesgesetz dem gemeinsamen Subrechnungskreis zuzuordnen sind, der gemäß § 94 Abs. 1 BörseG 2018 für die Kosten der Aufsicht über Marktinfrastrukturen zu bilden ist.

(4) Für die Zuordnung der Kosten der FMA aus ihrer Tätigkeit als zuständige Behörde für Zentralverwahrer gemäß Art. 12 Abs. 3 der Verordnung (EU) 2022/858 ist § 11 ZvVG sinngemäß und mit der Maßgabe anzuwenden, dass

1. Zentralverwahrer gemäß Art. 12 Abs. 3 der Verordnung (EU) 2022/858 kostenpflichtig sind und

2. Kosten ihrer Beaufsichtigung nach diesem Bundesgesetz dem gemeinsamen Subrechnungskreis zuzuordnen sind, der gemäß § 11 Abs. 1 ZvVG für die Kosten der Aufsicht über Marktinfrastrukturen zu bilden ist.

(5) Betreiber von DLT-Marktinfrastrukturen haben der FMA alle erforderlichen Auskünfte über die Grundlagen der Kostenbemessung zu erteilen.

Sprachliche Gleichbehandlung

§ 4. Die Bezeichnungen natürlicher Personen in diesem Bundesgesetz beziehen sich auf Personen jeglichen Geschlechts.

Vollziehung

§ 5. Mit der Vollziehung dieses Bundesgesetzes ist der Bundesminister für Finanzen betraut.

Verweise

§ 6. Soweit in diesem Bundesgesetz auf andere Bundesgesetze verwiesen wird, sind diese in ihrer jeweils geltenden Fassung anzuwenden.

Inkrafttreten

§ 7. Dieses Bundesgesetz tritt mit 1. Juli 2023 in Kraft.

Richtlinie (EU) 2023/1113 des Europäischen Parlaments und des Rates vom 31. Mai 2023 über die Übermittlung von Angaben bei Geldtransfers und Transfers bestimmter Kryptowerte und zur Änderung der Richtlinie (EU) 2015/849*)**)

**) Die „Richtlinie (EU) 2023/1113" ist eine direkt anwendbare Verordnung, auch wenn sie fälschlicherweise im EU-ABl in der Überschrift als Richtlinie bezeichnet wird, dann aber im Text als direkt anwendbare Verordnung.*
***) Diese VO tritt mit 30. 12. 2024 in Kraft.*

ABl L 150 vom 9. 6. 2023, S 1

DAS EUROPÄISCHE PARLAMENT UND DER RAT DER EUROPÄISCHEN UNION –

gestützt auf den Vertrag über die Arbeitsweise der Europäischen Union, insbesondere auf Artikel 114,

auf Vorschlag der Europäischen Kommission,

nach Zuleitung des Entwurfs des Gesetzgebungsakts an die nationalen Parlamente,

nach Stellungnahme der Europäischen Zentralbank[1)],

nach Stellungnahme des Europäischen Wirtschafts- und Sozialausschusses[2)],

gemäß dem ordentlichen Gesetzgebungsverfahren[3)],

in Erwägung nachstehender Gründe:

(1) Die Verordnung (EU) 2015/847 des Europäischen Parlaments und des Rates[4)] wurde erheblich geändert[5)]. Aus Gründen der Klarheit empfiehlt es sich, im Rahmen der anstehenden Änderungen die genannte Verordnung neu zu fassen.

(2) Die Verordnung (EU) 2015/847 wurde erlassen, um sicherzustellen, dass die Anforderungen der Arbeitsgruppe „Bekämpfung der Geldwäsche und der Terrorismusfinanzierung" (FATF) an Dienstleister im Bereich des elektronischen Zahlungsverkehrs und insbesondere die Verpflichtung für Zahlungsdienstleister, bei Geldtransfers Angaben zum Zahler und zum Zahlungsempfänger zu übermitteln, in der gesamten Union einheitlich angewandt werden. Die im Juni 2019 vorgenommen jüngsten Änderungen der FATF-Standards zu neuen Technologien, deren Ziel in der Regulierung von virtuellen Vermögenswerten und Anbietern von Dienstleistungen für virtuelle Vermögenswerte bestand, sehen neue und ähnliche Pflichten für Anbieter von Dienstleistungen für virtuelle Vermögenswerte vor, mit denen die Rückverfolgbarkeit von Transfers virtueller Vermögenswerte erleichtert werden soll. Über diese Änderungen hinaus müssen Anbieter von Dienstleistungen für virtuelle Vermögenswerte bei Transfers virtueller Vermögenswerte Angaben zu den Originatoren und den Begünstigten dieser Transfers übermitteln. Anbieter von Dienstleistungen für virtuelle Vermögenswerte müssen außerdem diese Angaben einholen, aufbewahren sowie diese Angaben an die Gegenpartei am anderen Ende des Transfers virtueller Vermögenswerte weitergeben und sie auf Anfrage den zuständigen Behörden zur Verfügung stellen.

(3) Da die Verordnung (EU) 2015/847 derzeit nur für Transfers von Geldbeträgen, also Banknoten und Münzen, Giralgeld und E-Geld im Sinne von Artikel 2 Nummer 2 der Richtlinie 2009/110/EG des Europäischen Parlaments und des Rates[6)] gilt, sollte der Geltungsbereich der Verordnung (EU) 2015/847 auf Transfers virtueller Vermögenswerte ausgedehnt werden.

(4) Ströme von illegalem Geld mittels Geld- und Transfers virtueller Vermögenswerte können

1) ABl. C 68 vom 9.2.2022, S. 2.

2) ABl. C 152 vom 6.4.2022, S. 89.

3) Standpunkt des Europäischen Parlaments vom 20. April 2023 (noch nicht im Amtsblatt veröffentlicht) und Beschluss des Rates vom 16. Mai 2023.

Zu Abs. 1:

4) Verordnung (EU) 2015/847 des Europäischen Parlaments und des Rates vom 20. Mai 2015 über die Übermittlung von Angaben bei Geldtransfers und zur Aufhebung der Verordnung (EU) Nr. 1781/2006 (ABl. L 141 vom 5.6.2015, S. 1).

5) Siehe Anhang I.

Zu Abs. 3:

6) Richtlinie 2009/110/EG des Europäischen Parlaments und des Rates vom 16. September 2009 über die Aufnahme, Ausübung und Beaufsichtigung der Tätigkeit von E-Geld-Instituten, zur Änderung der Richtlinien 2005/60/EG und 2006/48/EG sowie zur Aufhebung der Richtlinie 2000/46/EG (ABl. L 267 vom 10.10.2009, S. 7).

die Integrität, die Stabilität und das Ansehen des Finanzsektors schädigen und eine Bedrohung für den Binnenmarkt der Union sowie die internationale Entwicklung darstellen. Geldwäsche, Terrorismusfinanzierung und organisierte Kriminalität sind nach wie vor bedeutende Probleme, die auf Ebene der Union angegangen werden sollten. Die Solidität, Integrität und Stabilität des Systems für Geldtransfers und Transfers virtueller Vermögenswerte sowie das Vertrauen in das Finanzsystem insgesamt könnten ernsthaft Schaden nehmen, wenn Straftäter und ihre Mittelsmänner versuchen, die Herkunft von Erlösen aus Straftaten zu verschleiern oder Geld oder virtuelle Vermögenswerte für kriminelle Aktivitäten oder terroristische Zwecke zu transferieren.

(5) Ohne eine Koordinierung auf Unionsebene ist es wahrscheinlich, dass Geldwäscher und Geldgeber des Terrorismus die Freiheit des Kapitalverkehrs im einheitlichen Finanzraum in der Union ausnutzen, um ihren kriminellen Aktivitäten leichter nachgehen zu können. Die internationale Zusammenarbeit im Rahmen der FATF und die globale Umsetzung ihrer Empfehlungen zielen auf die Vermeidung von Geldwäsche und Terrorismusfinanzierung bei Geldtransfers und Transfers virtueller Vermögenswert ab.

(6) Wegen des Umfangs der vorzunehmenden Maßnahmen sollte die Union gewährleisten, dass die am 16. Februar 2012 angenommenen und am 21. Juni 2019 überarbeiteten internationalen Standards zur Bekämpfung von Geldwäsche, Terrorismus- und Proliferationsfinanzierung der FATF (im Folgenden „überarbeitete FATF-Empfehlungen") und insbesondere die Empfehlung 15 der FATF zu neuen Technologien, die Empfehlung 16 der FATF zum elektronischen Zahlungsverkehr und die überarbeiteten Anmerkungen zur Auslegung dieser Empfehlungen in der gesamten Union einheitlich angewandt werden und dass insbesondere eine Ungleich- oder Andersbehandlung von Zahlungen mit oder Transfers von virtuellen Vermögenswerten innerhalb eines Mitgliedstaats einerseits und grenzüberschreitenden Zahlungen mit oder Transfers von virtuellen Vermögenswerten zwischen den Mitgliedstaaten andererseits verhindert wird. Unkoordinierte Maßnahmen einzelner Mitgliedstaaten in Bezug auf grenzüberschreitende Geldtransfers und Transfers virtueller Vermögenswerte könnten die Funktionsweise von Zahlungssystemen und Dienstleistungen für virtuelle Vermögenswerte auf Unionsebene erheblich beeinträchtigen und so dem Finanzdienstleistungsbinnenmarkt schaden.

(7) Um im internationalen Kontext einen kohärenten Ansatz zu fördern und die Wirksamkeit der Bekämpfung der Geldwäsche und der Terrorismusfinanzierung zu erhöhen, sollten die weiteren Maßnahmen der Union den Entwicklungen auf der internationalen Ebene, insbesondere den überarbeiteten FATF-Empfehlungen, Rechnung tragen.

(8) Aufgrund der globalen Reichweite der Transaktionen, der Geschwindigkeit, in der diese abgewickelt werden können, und der beim Transfer gebotenen Anonymität können virtuelle Vermögenswerte – auch grenzüberschreitend – besonders leicht zu kriminellen Zwecken missbraucht werden. Um den Risiken eines Missbrauchs von virtuellen Vermögenswerten zu Zwecken der Geldwäsche und der Terrorismusfinanzierung wirksam zu begegnen, sollte die Union die globale Anwendung der mit dieser Verordnung umgesetzten Normen und die Entwicklung der internationalen und länderübergreifenden Dimension des Regulierungs- und Aufsichtsrahmens für Transfers virtueller Vermögenswerte in Bezug auf Geldwäsche und Terrorismusfinanzierung vorantreiben.

(9) Mit der Richtlinie (EU) 2015/849 des Europäischen Parlaments und des Rates[7)] wurde, als Folge ihrer Änderung durch die Richtlinie (EU) 2018/843 des Europäischen Parlaments und des Rates[8)], eine Definition des Begriffs „virtuelle Währungen" eingeführt und wurden Dienstleistungsanbieter, die den Umtausch zwischen virtuellen Währungen und Nominalgeldwährungen anbieten, sowie Anbieter von elektronischen Geldbörsen als Akteure anerkannt, die den nach Unionsrecht geltenden Anforderungen zur Bekämpfung von Geldwäsche und Terrorismusfinanzierung unterliegen. Die jüngsten internationalen Entwicklungen, insbesondere im Rahmen der FATF, erfordern nun die Regulierung weiterer Kategorien bislang nicht erfasster Anbieter von Dienstleistungen für virtuelle Vermögenswerte und die Ausweitung der geltenden Definition des Begriffs „virtuelle Währungen".

Zu Abs. 9:

[7)] Richtlinie (EU) 2015/849 des Europäischen Parlaments und des Rates vom 20. Mai 2015 zur Verhinderung der Nutzung des Finanzsystems zum Zwecke der Geldwäsche und der Terrorismusfinanzierung, zur Änderung der Verordnung (EU) Nr. 648/2012 des Europäischen Parlaments und des Rates und zur Aufhebung der Richtlinie 2005/60/EG des Europäischen Parlaments und des Rates und der Richtlinie 2006/70/EG der Kommission (ABl. L 141 vom 5.6.2015, S. 73).

[8)] Richtlinie (EU) 2018/843 des Europäischen Parlaments und des Rates vom 30. Mai 2018 zur Änderung der Richtlinie (EU) 2015/849 zur Verhinderung der Nutzung des Finanzsystems zum Zwecke der Geldwäsche und der Terrorismusfinanzierung und zur Änderung der Richtlinien 2009/138/EG und 2013/36/EU (ABl. L 156 vom 19.6.2018, S. 43).

(10) Die Definition des Begriffs „Kryptowert" in der Verordnung (EU) 2023/1114 des Europäischen Parlaments und des Rates[9)] entspricht der in den überarbeiteten FATF-Empfehlungen enthaltenen Definition des Begriffs „virtueller Vermögenswert", und die in der genannten Verordnung enthaltene Liste der Krypto-Dienstleistungen und Anbieter von Krypto-Dienstleistungen umfasst die Anbieter von Dienstleistungen für virtuelle Vermögenswerte, die von der FATF als solche eingestuft wurden und im Hinblick auf Geldwäsche und Terrorismusfinanzierung Anlass zu Bedenken geben könnten. Damit für die Kohärenz des Unionsrechts in diesem Bereich gesorgt ist, sollten in der vorliegenden Verordnung dieselben Definitionen für die Begriffe „Kryptowert", „Krypto-Dienstleistung" und „Anbieter von Krypto-Dienstleistungen" wie in der Verordnung (EU) 2023/1114 verwendet werden.

(11) Die Umsetzung und die Durchsetzung dieser Verordnung stellen sachdienliche und wirksame Mittel zur Vermeidung und Bekämpfung von Geldwäsche und Terrorismusfinanzierung dar.

(12) Diese Verordnung soll Zahlungsdienstleistern, Anbietern von Krypto-Dienstleistungen oder Personen, die deren Dienste in Anspruch nehmen, keine unnötigen Lasten oder Kosten auferlegen. Deshalb sollte der präventive Ansatz zielgerichtet und verhältnismäßig sein und in völliger Übereinstimmung mit dem in der gesamten Union garantierten freien Verkehr von Kapital stehen.

(13) Gemäß der überarbeiteten Strategie der Union gegen die Terrorismusfinanzierung vom 17. Juli 2008 (im Folgenden „überarbeitete Strategie") sind weiterhin Anstrengungen zu unternehmen, um die Terrorismusfinanzierung zu verhindern und zu kontrollieren, wie mutmaßliche Terroristen ihre eigenen finanziellen Mittel nutzen. In der Strategie wird anerkannt, dass sich die FATF ständig um die Verbesserung ihrer Empfehlungen bemüht und sich dafür einsetzt, dass ihre Umsetzung auf einer gemeinsamen Basis erfolgt. In der überarbeiteten Strategie heißt es, dass die Umsetzung der überarbeiteten FATF-Empfehlungen durch alle FATF-Mitglieder und Mitglieder FATF-ähnlicher regionaler Gremien regelmäßig beurteilt wird und daher ein gemeinsamer Ansatz für die Umsetzung durch die Mitgliedstaaten wichtig ist.

(14) Darüber hinaus werden in der Mitteilung der Kommission vom 7. Mai 2020 zu einem Aktionsplan für eine umfassende Politik der Union zur Verhinderung von Geldwäsche und Terrorismusfinanzierung sechs vorrangige Bereiche genannt, in denen dringend Maßnahmen zur Verbesserung des Systems der Union zur Bekämpfung von Geldwäsche und Terrorismusfinanzierung getroffen werden müssen, einschließlich der Schaffung eines kohärenten Rechtsrahmens für dieses System in der Union mit dem Ziel, detailliertere und einheitlichere Vorschriften zu erhalten, insbesondere um den Auswirkungen technologischer Innovationen und Entwicklungen bei internationalen Standards Rechnung zu tragen und eine unterschiedliche Umsetzung bestehender Vorschriften zu vermeiden. Die Arbeiten auf internationaler Ebene lassen erkennen, dass der Kreis der Wirtschaftsbereiche oder Unternehmen, die unter die Vorschriften zur Bekämpfung dieses Systems fallen, erweitert werden muss und dass es zu prüfen gilt, in welcher Weise diese Vorschriften für bislang nicht erfasste Anbieter von Krypto-Dienstleistungen gelten sollten.

(15) Um Terrorismusfinanzierung zu unterbinden, wurden, unter anderem mit den Verordnungen (EG) Nr. 2580/2001[10)], (EG) Nr. 881/2002[11)] und (EU) Nr. 356/2010[12)] des Rates, Maßnahmen zum Einfrieren der Gelder und wirtschaftlichen Ressourcen bestimmter Personen, Gruppen und Organisationen getroffen. Mit dem gleichen Ziel wurden darüber hinaus Maßnahmen ergriffen, deren Zweck es ist, das Finanzsystem vor der Durchleitung von Geldern und anderen wirtschaftlichen Ressourcen für terroristische Zwecke zu

Zu Abs. 10:

[9)] Verordnung (EU) 2023/1114 des Europäischen Parlaments und des Rates vom 31 Mai 2023 über Märkte für Kryptowerte und zur Änderung der Verordnungen (EU) Nr. 1093/2010 und (EU) Nr. 1095/2010 sowie der Richtlinien 2013/36/EU und (EU) 2019/1937 (ABl. L 150 vom 9.6.2023, S. 40).

Zu Abs. 15:

[10)] Verordnung (EG) Nr. 2580/2001 des Rates vom 27. Dezember 2001 über spezifische, gegen bestimmte Personen und Organisationen gerichtete restriktive Maßnahmen zur Bekämpfung des Terrorismus (ABl. L 344 vom 28.12.2001, S. 70).

[11)] Verordnung (EG) Nr. 881/2002 des Rates vom 27. Mai 2002 über die Anwendung bestimmter spezifischer restriktiver Maßnahmen gegen bestimmte Personen und Organisationen, die mit Osama bin Laden, dem Al-Qaida-Netzwerk und den Taliban in Verbindung stehen, und zur Aufhebung der Verordnung (EG) Nr. 467/2001 des Rates über das Verbot der Ausfuhr bestimmter Waren und Dienstleistungen nach Afghanistan, über die Ausweitung des Flugverbots und des Einfrierens von Geldern und anderen Finanzmitteln betreffend die Taliban von Afghanistan (ABl. L 139 vom 29.5.2002, S. 9).

[12)] Verordnung (EU) Nr. 356/2010 des Rates vom 26. April 2010 über die Anwendung bestimmter spezifischer restriktiver Maßnahmen gegen bestimmte natürliche oder juristische Personen, Organisationen oder Einrichtungen aufgrund der Lage in Somalia (ABl. L 105 vom 27.4.2010, S. 1).

schützen. Die Richtlinie (EU) 2015/849 enthält eine Reihe solcher Maßnahmen. Diese Maßnahmen vermögen nicht, Terroristen oder anderen Straftätern den Zugang zu Zahlungssystemen gänzlich zu versperren und den Transfer von Geldern auf diesem Weg vollständig zu unterbinden.

(16) Die Rückverfolgbarkeit von Geldtransfers und Kryptowertetransfers kann bei der Verhinderung, Aufdeckung und Ermittlung von Geldwäsche und Terrorismusfinanzierung sowie bei der Umsetzung von restriktiven Maßnahmen, insbesondere derjenigen, die aufgrund der Verordnungen (EG) Nr. 2580/2001, (EG) Nr. 881/2002 und (EU) Nr. 356/2010 verhängt wurden, äußerst wichtig und hilfreich sein. Um zu gewährleisten, dass die Angaben während der gesamten Zahlungs- oder Kryptowertetransferkette weitergeleitet werden, sollte ein System eingeführt werden, in dessen Rahmen Zahlungsdienstleister bei einem Geldtransfer zur Übermittlung von Angaben zum Zahler und zum Zahlungsempfänger bzw. Anbieter von Krypto-Dienstleistungen bei einem Kryptowertetransfer zur Übermittlung von Angaben zum Originator und zum Begünstigten verpflichtet sind.

(17) Bestimmte Kryptowertetransfers, insbesondere Transfers im Zusammenhang mit Produkten, Transaktionen oder Technologien, die – wie privatsphärenfokussierte Wallets (Privacy Wallets), Mixer oder Tumbler – auf mehr Anonymität ausgerichtet sind, sind in Bezug auf Goldwäsche, Terrorismusfinanzierung und andere kriminelle Aktivitäten mit spezifischen Hochrisikofaktoren verbunden. Um die Rückverfolgbarkeit solcher Transfers zu gewährleisten, sollte die mit der Verordnung (EU) Nr. 1093/2010 des Europäischen Parlaments und des Rates[13)] eingesetzte Europäische Aufsichtsbehörde (Europäische Bankenaufsichtsbehörde – EBA) klarstellen, wie die in Anhang III der Richtlinie (EU) 2015/849 aufgeführten Risikofaktoren von Anbietern von Krypto-Dienstleistungen zu berücksichtigen sind, und zwar auch, wenn die betreffenden Transaktionen mit außerhalb der Union ansässigen Einrichtungen, die im Drittland nicht reguliert, eingetragen oder zugelassen sind, oder über selbst gehostete Adressen erfolgen. Bei Ermittlung von Situationen mit erhöhtem Risiko sollte die EBA Leitlinien herausgeben, in denen die Sorgfaltspflichten festgelegt sind, deren Durchführung die Verpflichteten zur Minderung dieser Risiken in Betracht ziehen sollten, und die auch die Festlegung geeigneter Verfahren, darunter die Nutzung von Analysetools der Distributed-Ledger-Technologie (DLT), zur Feststellung von Ursprung oder Ziel der Kryptowerte umfassen.

(18) Diese Verordnung sollte unbeschadet der nationalen restriktiven Maßnahmen und der restriktiven Maßnahmen der Union aufgrund von Verordnungen gelten, die sich auf Artikel 215 des Vertrags über die Arbeitsweise der Europäischen Union stützen, wie beispielsweise die Verordnungen (EG) Nr. 2580/2001, (EG) Nr. 881/2002 und (EU) Nr. 356/2010 sowie der Verordnungen (EU) Nr. 267/2012[14)], (EU) 2016/1686[15)] und (EU) 2017/1509[16)] des Rates, die vorschreiben können, dass Zahlungsdienstleister von Zahlern und von Zahlungsempfängern, Anbieter von Krypto-Dienstleistungen von Originatoren und Begünstigten, zwischengeschaltete Zahlungsdienstleister sowie zwischengeschaltete Anbieter von Krypto-Dienstleistungen angemessene Maßnahmen ergreifen, um bestimmte Mittel und Kryptowerte einzufrieren, oder dass sie spezifische Beschränkungen für bestimmte Geld- oder Kryptowertetransfers beachten. Zahlungsdienstleister und Anbieter von Krypto-Dienstleistungen sollten über interne Strategien, Verfahren und Kontrollen verfügen, um die Umsetzung dieser restriktiven Maßnahmen sicherzustellen, einschließlich Maßnahmen zur Überprüfung der Unionslisten und der nationalen Listen der benannten Personen. Die EBA sollte Leitlinien herausgeben, in denen diese internen Strategien, Verfahren und Kontrollen spezifiziert werden. Die Anforderungen dieser Verordnung in Bezug auf interne Strategien, Verfahren und Kontrollen im Zusammenhang mit restriktiven Maßnahmen sollen in naher Zukunft durch eine Verordnung des Europäischen Parlaments und des Rates zur Verhinderung der Nutzung des Finanzsystems zum Zwecke der Geldwäsche und der Terrorismusfinanzierung aufgehoben werden.

Zu Abs. 17:

13) Verordnung (EU) Nr. 1093/2010 des Europäischen Parlaments und des Rates vom 24. November 2010 zur Errichtung einer Europäischen Aufsichtsbehörde (Europäische Bankenaufsichtsbehörde), zur Änderung des Beschlusses Nr. 716/2009/EG und zur Aufhebung des Beschlusses 2009/78/EG der Kommission (ABl. L 331 vom 15.12.2010, S. 12).

Zu Abs. 18:

14) Verordnung (EU) Nr. 267/2012 des Rates vom 23. März 2012 über restriktive Maßnahmen gegen Iran und zur Aufhebung der Verordnung (EU) Nr. 961/2010 (ABl. L 88 vom 24.3.2012, S. 1).

15) Verordnung (EU) 2016/1686 des Rates vom 20. September 2016 zur Verhängung zusätzlicher restriktiver Maßnahmen gegen ISIL (Da'esh) und Al-Qaida und der mit ihnen verbundenen natürlichen oder juristischen Personen, Organisationen und Einrichtungen (ABl. L 255 vom 21.9.2016, S. 1).

16) Verordnung (EU) 2017/1509 des Rates vom 30. August 2017 über restriktive Maßnahmen gegen die Demokratische Volksrepublik Korea und zur Aufhebung der Verordnung (EG) Nr. 329/2007 (ABl. L 224 vom 31.8.2017, S. 1).

(19) Die Verarbeitung personenbezogener Daten nach dieser Verordnung sollte in voller Übereinstimmung mit der Verordnung (EU) 2016/679 des Europäischen Parlaments und des Rates[17] erfolgen. Die Weiterverarbeitung personenbezogener Daten für kommerzielle Zwecke sollte strengstens untersagt sein. Die Bekämpfung der Geldwäsche und der Terrorismusfinanzierung wird von allen Mitgliedstaaten als wichtiges öffentliches Interesse anerkannt. Bei der Anwendung dieser Verordnung muss die Übermittlung personenbezogener Daten an ein Drittland im Einklang mit Kapitel V der Verordnung (EU) 2016/679 erfolgen. Es ist wichtig, dass Zahlungsdienstleister und Anbieter von Krypto-Dienstleistungen, die ihr Geschäft über Tochtergesellschaften oder Niederlassungen in verschiedenen Ländern außerhalb der Union betreiben, nicht daran gehindert werden sollten, Informationen über verdächtige Transaktionen innerhalb derselben Organisation weiterzuleiten, sofern sie angemessene Sicherungsmaßnahmen anwenden. Zusätzlich sollten die Anbieter von Krypto-Dienstleistungen des Originators und des Begünstigten, die Zahlungsdienstleister des Zahlers und des Zahlungsempfängers, die zwischengeschalteten Zahlungsdienstleister und die zwischengeschalteten Anbieter von Krypto-Dienstleistungen über geeignete technische und organisatorische Maßnahmen zum Schutz personenbezogener Daten vor versehentlichem Verlust, Veränderung, unbefugter Weitergabe oder unbefugtem Zugriff verfügen.

(20) Personen, die ausschließlich in Papierform vorliegende Dokumente in elektronische Daten umwandeln und im Rahmen eines Vertrags mit einem Zahlungsdienstleister tätig sind, und Personen, die Zahlungsdienstleistern lediglich Systeme zur Übermittlung von Nachrichten oder sonstige Systeme zur Unterstützung der Übermittlung von Finanzmitteln oder ein Clearing- und Abwicklungssystem zur Verfügung stellen, sollten nicht in den Geltungsbereich dieser Verordnung fallen.

(21) Personen, die lediglich ergänzende Infrastruktur bereitstellen, wie Anbieter von Internet-, Netzwerk und Infrastrukturdiensten, Anbieter von Cloud-Diensten oder Softwareentwickler, die einer anderen Einrichtung ermöglicht, Dienstleistungen im Zusammenhang mit Kryptowertetransfers zu erbringen, sollten nicht in den Geltungsbereich dieser Verordnung fallen, es sei denn, sie führen Kryptowertetransfers durch.

(22) Diese Verordnung sollte nicht für Kryptowertetransfers von Person zu Person gelten, die ohne Beteiligung eines Anbieters von Krypto-Dienstleistungen erfolgen, oder für Fälle, in denen sowohl der Originator als auch der Begünstigte Anbieter von Kryptowertetransfers sind und im eigenen Namen handeln.

(23) Geldtransfers, die den in Artikel 3 Buchstaben a bis m und o der Richtlinie (EU) 2015/2366 des Europäischen Parlaments und des Rates[18] genannten Diensten entsprechen, fallen nicht in den Geltungsbereich dieser Verordnung. Auch Geldtransfers und Transfers von E-Geld-Token im Sinne von Artikel 3 Absatz 1 Nummer 7 der Verordnung (EU) 2023/1114, bei denen das Risiko von Geldwäsche oder Terrorismusfinanzierung gering ist, sollten vom Geltungsbereich dieser Verordnung ausgenommen werden. Solche Ausnahmen sollten für Zahlungskarten, E-Geld-Instrumente, Mobiltelefone oder andere im Voraus oder im Nachhinein bezahlte digitale oder Informationstechnologie-(IT-)Geräte mit ähnlichen Merkmalen gelten, soweit diese ausschließlich zum Erwerb von Waren oder Dienstleistungen verwendet werden und bei allen Geldtransfers die Nummer der Karte, des Instruments oder des Geräts übermittelt wird. Die Verwendung einer Zahlungskarte, eines E-Geld-Instruments, eines Mobiltelefons oder eines anderen im Voraus oder im Nachhinein bezahlten digitalen oder IT-Geräts mit ähnlichen Merkmalen für einen Geldtransfer oder einen Transfer von E-Geld-Token zwischen natürlichen Personen, die zu anderen Zwecken als in Ausübung einer gewerblichen, geschäftlichen oder beruflichen Tätigkeit als Verbraucher handeln, fällt dagegen in den Geltungsbereich dieser Verordnung. Darüber hinaus sind Abhebungen von Geldautomaten, Zahlungen von Steuern, Bußgeldern oder anderen Abgaben, Austausch von eingelesenen Schecks, einschließlich beleglosem Scheckeinzug, oder Wechsel und Geldtransfers, bei denen sowohl der Zahler als auch der Zahlungsempfänger im eigenen Namen handelnde Zahlungsdienstleister sind, vom Geltungsbereich dieser Verordnung ausgenommen.

(24) Für einmalige, nicht fungible Kryptowerte gelten die Anforderungen der vorliegenden Verordnung nur, wenn sie nach der Verordnung (EU) 2023/1114 als Kryptowerte oder Gelder eingestuft sind.

Zu Abs. 19:

[17] Verordnung (EU) 2016/679 des Europäischen Parlaments und des Rates vom 27. April 2016 zum Schutz natürlicher Personen bei der Verarbeitung personenbezogener Daten, zum freien Datenverkehr und zur Aufhebung der Richtlinie 95/46/EG (Datenschutz-Grundverordnung) (ABl. L 119 vom 4.5.2016, S. 1).

Zu Abs. 23:

[18] Richtlinie (EU) 2015/2366 des Europäischen Parlaments und des Rates vom 25. November 2015 über Zahlungsdienste im Binnenmarkt, zur Änderung der Richtlinien 2002/65/EG, 2009/110/EG, 2013/36/EU und der Verordnung (EU) Nr. 1093/2010 sowie zur Aufhebung der Richtlinie 2007/64/EG (ABl. L 337 vom 23.12.2015, S. 35).

(25) An Krypto-Geldautomaten können Nutzer Kryptowerte an eine Adresse für Kryptowerte transferieren, indem sie Bargeld einzahlen, wobei häufig keinerlei Feststellung und Überprüfung der Kundenidentität erfolgt. Bei Krypto-Geldautomaten sind die Risiken der Geldwäsche und Terrorismusfianzierung besonders hoch, da sie Anonymität bieten und die Verwendung von Bargeld unbekannten Ursprungs ermöglichen und dadurch ein ideales Medium für illegale Aktivitäten sind. Angesichts der Rolle, die Krypto-Geldautomaten bei der Durchführung oder aktiven Ermöglichung von Kryptowertetransfers spielen, sollten mit Krypto-Geldautomaten verbundene Kryptowertetransfers in den Geltungsbereich dieser Verordnung fallen.

(26) Zur Berücksichtigung der Besonderheiten nationaler Zahlungssysteme und sofern es jederzeit möglich ist, den Geldtransfer bis zum Zahler zurückzuverfolgen, sollten die Mitgliedstaaten bestimmte innerstaatliche Geldtransfers von geringem Wert, einschließlich elektronischer Girozahlungen, die für den Erwerb von Waren oder Dienstleistungen verwendet werden, vom Geltungsbereich der vorliegenden Verordnung ausnehmen können.

(27) Da Kryptowertetransfers und die Erbringung von Krypto-Dienstleistungen naturgemäß ohne Berücksichtigung von Grenzen erfolgen und globale Reichweite haben, gibt es keinen objektiven Grund dafür, bezüglich des Risikos der Geldwäsche und der Terrorismusfinanzierung zwischen nationalen und grenzüberschreitenden Transfers zu unterscheiden. Um diesen Besonderheiten Rechnung zu tragen, sollten innerstaatliche Kryptowertetransfers von geringem Wert im Einklang mit der Vorgabe der FATF, alle Kryptowertetransfers als grenzüberschreitende Transfers zu behandeln, nicht aus dem Geltungsbereich dieser Verordnung ausgenommen werden.

(28) Zahlungsdienstleister und Anbieter von Krypto-Dienstleistungen sollten sicherstellen, dass die Angaben zum Zahler und zum Zahlungsempfänger bzw. zum Originator und zum Begünstigten nicht fehlen oder unvollständig sind.

(29) Um die Effizienz der Zahlungssysteme nicht zu beeinträchtigen und das Risiko, dass Zahlungen aufgrund zu strenger Identifikationspflichten außerhalb des regulären Zahlungsverkehrs getätigt werden, gegen die mit kleinen Geldtransfers oder Kryptowertetransfers verbundene potenzielle terroristische Bedrohung abwägen zu können, sollte bei Geldtransfers, bei denen die Überprüfung noch nicht ausgeführt worden ist, die Pflicht zur Überprüfung der Richtigkeit der Angaben zum Zahler und zum Zahlungsempfänger nur bei Einzelgeldtransfers, die 1 000 EUR übersteigen, bestehen, es sei denn, dass es Anhaltspunkte dafür gibt, dass eine Verbindung zu anderen Geldtransfers besteht, die zusammen 1 000 EUR übersteigen würden, dass das Geld als Bargeld oder anonymes E-Geld entgegengenommen oder ausgezahlt wurde, oder dass hinreichende Gründe für einen Verdacht auf Geldwäsche oder Terrorismusfinanzierung vorliegen.

(30) Kryptowertetransfers können im Vergleich zu Geldtransfers aufgrund ihrer globalen Reichweite und technologischen Merkmale länderübergreifend in größerem Umfang und mit höherer Geschwindigkeit durchgeführt werden. Neben der Pseudoanonymität der Kryptowerte sind es diese Merkmale der Kryptowertetransfers, die es Straftätern ermöglichen, mit hoher Geschwindigkeit umfangreiche illegale Transfers durchzuführen und dabei die Rückverfolgbarkeitsauflagen zu umgehen und unentdeckt zu bleiben, indem sie große Transaktionen in kleinere Beträge aufteilen und dabei mehrere scheinbar nicht miteinander verbundene DLT-Adressen – einschließlich Adressen für den einmaligen Gebrauch – und automatisierte Prozesse verwenden. Die meisten Kryptowerte sind zudem hochvolatil, das heißt, ihr Wert kann innerhalb eines sehr kurzen Zeitraums erheblich schwanken, sodass die Berechnung verbundener Transaktionen ungenauer wird. Um diesen Besonderheiten Rechnung zu tragen, sollten für alle Kryptowertetransfers unabhängig von deren Betrag sowie davon, ob es sich um innerstaatliche oder grenzüberschreitende Transfers handelt, dieselben Anforderungen gelten.

(31) Bei Geldtransfers oder Kryptowertetransfers, bei denen die Überprüfung als ausgeführt gilt, sollten die Zahlungsdienstleister und Anbieter von Krypto-Dienstleistungen nicht verpflichtet sein, bei jedem Geldtransfer die Richtigkeit der Angaben zum Zahler und zum Zahlungsempfänger bzw. bei jedem Kryptowertetransfer die Richtigkeit der Angaben zum Originator und zum Begünstigten zu überprüfen, sofern die in der Richtlinie (EU) 2015/849 niedergelegten Verpflichtungen erfüllt wurden.

(32) Angesichts der Rechtsakte der Union über Zahlungsdienste, insbesondere der Verordnung (EG) Nr. 260/2012 des Europäischen Parlaments und des Rates[19], der Richtlinie (EU)

Zu Abs. 32:

[19] *Verordnung (EU) Nr. 260/2012 des Europäischen Parlaments und des Rates vom 14. März 2012 zur Festlegung der technischen Vorschriften und der Geschäftsanforderungen für Überweisungen und Lastschriften in Euro und zur Änderung der Verordnung (EG) Nr. 924/2009 (ABl. L 94 vom 30.3.2012, S. 22).*

Nr. 2015/2366 des Europäischen Parlaments und des Rates und der Verordnung (EU) 2021/1230 des Europäischen Parlaments und des Rates[20] sollte es ausreichen, für Geldtransfers innerhalb der Union lediglich die Übermittlung vereinfachter Datensätze, wie die Nummer von Zahlungskonten oder eine individuelle Transaktionskennziffer, vorzusehen.

(33) Damit die für die Bekämpfung der Geldwäsche oder der Terrorismusfinanzierung zuständigen Behörden in Drittländern die für diese Zwecke genutzten Gelder oder Kryptowerte bis zu ihrem Ursprung zurückverfolgen können, sollte bei Geldtransfers bzw. Kryptowertetransfers aus der Union in Drittländer die Übermittlung der vollständigen Datensätze zum Zahler und zum Zahlungsempfänger bzw. zum Originator und zum Begünstigten vorgeschrieben werden. Vollständige Angaben zum Zahler und zum Zahlungsempfänger sollten auch die Rechtsträgerkennung (legal entity identifier, im Folgenden „LEI") oder eine andere gleichwertige amtliche Kennung einschließen, für den Fall, dass der Zahler diese Kennung seinem Zahlungsdienstleister zur Verfügung stellt, da dies eine bessere Identifizierung der an einem Geldtransfer beteiligten Parteien ermöglichen würde und in bestehenden Formaten für Zahlungsnachrichten wie dem von der Internationalen Organisation für Normung entwickelten Format für den Austausch elektronischer Daten zwischen Finanzinstituten leicht umgesetzt werden könnte. Den für die Bekämpfung von Geldwäsche und Terrorismusfinanzierung in Drittländern verantwortlichen Behörden sollte nur für Zwecke der Verhinderung, Aufdeckung und Ermittlung von Geldwäsche und Terrorismusfinanzierung Zugang zu vollständigen Datensätzen zum Zahler und zum Zahlungsempfänger oder gegebenenfalls zum Originator und zum Begünstigten gewährt werden.

(34) Kryptowerte existieren in einer grenzenlosen virtuellen Realität und können unabhängig davon, ob ein Anbieter von Krypto-Dienstleistungen in einem Land eingetragen ist, an jeden solcher Anbieter transferiert werden. In vielen Ländern außerhalb der Union gelten andere Vorschriften für Datenschutz und dessen Durchsetzung als in der Union. Wenn Kryptowerte im Auftrag eines Kunden an einen nicht in der Union eingetragenen Anbieter von Krypto-Dienstleistungen transferiert werden, sollte der Anbieter von Krypto-Dienstleistungen des Originators bewerten, ob der Anbieter von Krypto-Dienstleistungen des Begünstigten in der Lage ist, die gemäß dieser Verordnung vorgeschriebenen Angaben im Einklang mit der Verordnung (EU) 2016/679 zu erhalten und aufzubewahren, und dabei gegebenenfalls von den in Kapitel V der Verordnung (EU) 2016/679 vorgesehenen Möglichkeiten Gebrauch machen. Der Europäische Datenschutzausschuss sollte nach Konsultation der EBA Leitlinien für die praktische Umsetzung der Datenschutzanforderungen herausgeben, die bei Kryptowertetransfers für die Übermittlung personenbezogener Daten an Drittländer gelten. Es kann vorkommen, dass personenbezogene Daten nicht übermittelt werden können, weil die Anforderungen der Verordnung (EU) 2016/679 nicht erfüllt werden können. Die EBA sollte Leitlinien zu geeigneten Verfahren herausgeben, mit deren Hilfe festgestellt werden kann, ob der Kryptowertetransfer in solchen Fällen ausgeführt, zurückgewiesen oder ausgesetzt werden sollte.

(35) Die für die Bekämpfung der Geldwäsche und der Terrorismusfinanzierung verantwortlichen Stellen der Mitgliedstaaten und die zuständigen Justiz- und Strafverfolgungsbehörden in den Mitgliedstaaten und auf Unionsebene sollten die Zusammenarbeit untereinander und mit den entsprechenden Stellen in Drittländern, einschließlich in Entwicklungsländern, verstärken, um die Transparenz zu erhöhen und den Austausch von Informationen und bewährten Verfahren weiter auszubauen.

(36) Der Anbieter von Krypto-Dienstleistungen des Originators sollte sicherstellen, dass bei Kryptowertetransfers folgende Informationen übermittelt werden: der Name des Originators, die Distributed-Ledger-Adresse des Originators, sofern ein Kryptowertetransfer in einem Netz registriert ist, das DLT oder eine vergleichbare Technologie nutzt, die Kontonummer des Kryptowertekontos des Originators, sofern ein solches Konto vorhanden ist und für die Abwicklung der Transaktion verwendet wird, sowie die Anschrift des Originators, einschließlich der Angabe des Landes, der Nummer eines amtlichen persönlichen Dokuments des Originators und der Kundennummer oder des Geburtsdatums und des Geburtsorts des Originators, sowie die aktuelle LEI des Originators oder, in Ermangelung dessen, eine verfügbare gleichwertige amtliche Kennung des Originators, sofern das erforderliche Feld im entsprechenden Format der Nachricht vorhanden ist und der Originator sie seinem Anbieter von Krypto-Dienstleistungen zur Verfügung gestellt hat. Die Informationen sollten vor dem Kryptowertetransfer, zeitgleich damit oder parallel dazu auf sichere Weise übermittelt werden.

(37) Der Anbieter von Krypto-Dienstleistungen des Originators sollte zudem sicherstellen, dass bei Kryptowertetransfers folgende Informationen

[20] *Verordnung (EG) Nr. 2021/1230 des Europäischen Parlaments und des Rates vom 14. Juli 2021 über grenzüberschreitende Zahlungen in der Union(ABl. L 274 vom 30.7.2021, S. 20).*

übermittelt werden: der Name des Begünstigten, die Distributed-Ledger-Adresse des Begünstigten, sofern ein Kryptowertetransfer in einem Netz registriert ist, das DLT oder eine vergleichbare Technologie nutzt, die Kontonummer des Kryptowertekontos des Begünstigten, sofern ein solches Konto vorhanden ist und für die Abwicklung der Transaktion verwendet wird, sowie die aktuelle LEI des Begünstigten oder, in Ermangelung dessen, eine verfügbare gleichwertige amtliche Kennung des Begünstigten, sofern das erforderliche Feld im entsprechenden Format der Nachricht vorhanden ist und der Originator sie seinem Anbieter von Krypto-Dienstleistungen zur Verfügung gestellt hat. Die Informationen sollten auf sichere Weise und vor dem Kryptowertetransfer, zeitgleich damit oder parallel dazu übermittelt werden.

(38) Was den Transfer von Kryptowerten anbelangt, so sollten die Anforderungen dieser Verordnung für alle Transfers, einschließlich Kryptowertetransfers an oder von selbst gehostete(n) Adresse(n), gelten, solange ein Anbieter von Krypto-Dienstleistungen beteiligt ist.

(39) Im Falle von Transfers an oder von selbst gehostete(n) Adresse(n) sollte der Anbieter von Krypto-Dienstleistungen – in der Regel bei seinem Kunden – die Angaben sowohl zum Originator als auch zum Begünstigten erheben. Ein Anbieter von Krypto-Dienstleistungen sollte grundsätzlich nicht dazu verpflichtet sein, die Angaben zum Nutzer der selbst gehosteten Adresse zu überprüfen. Bei Transfers, deren Betrag 1 000 EUR übersteigt, die im Auftrag des Kunden eines Anbieters von Krypto-Dienstleistungen an eine selbst gehostete Adresse gesendet oder von einer solchen Adresse empfangen werden, sollte der betreffende Anbieter von Krypto-Dienstleistungen dennoch überprüfen, ob diese selbst gehostete Adresse tatsächlich im Eigentum oder unter der Kontrolle dieses Kunden steht.

(40) Im Hinblick auf Geldtransfers eines einzigen Zahlers an mehrere Zahlungsempfänger, die in Form eines Sammeltransfers erfolgen, sollte vorgesehen werden, dass die in solchen Sammeltransfers enthaltenen Einzeltransfers aus der Union in Drittländer nur die Nummer des Zahlungskontos des Zahlers oder die individuelle Transaktionskennziffer sowie vollständige Angaben zum Zahlungsempfänger enthalten müssen, sofern in dem Sammeltransfer selbst alle erforderlichen Angaben zum Zahler, die auf ihre Richtigkeit überprüft wurden, sowie alle erforderlichen Angaben zum Zahlungsempfänger, die vollständig rückverfolgbar sind, enthalten sind.

(41) Bei Sammeltransfers von Kryptowerten sollte die Übermittlung von Angaben zum Originator und zum Begünstigten in mehreren Einzelschritten akzeptiert werden, solange diese Übermittlung als Ganzes unverzüglich und sicher erfolgt. Eine nachträgliche Übermittlung der vorgeschriebenen Angaben sollte nicht gestattet sein, da die Übermittlung vor oder zeitgleich mit der Durchführung der Transaktion erfolgen muss; Anbieter von Krypto-Dienstleistungen oder andere Verpflichtete sollten die vorgeschriebenen Angaben zeitgleich mit dem Sammeltransfer von Kryptowerten übermitteln.

(42) Um überprüfen zu können, ob bei Geldtransfers die vorgeschriebenen Angaben zum Zahler und zum Zahlungsempfänger übermittelt werden, und um verdächtige Transaktionen leichter ermitteln zu können, sollten der Zahlungsdienstleister des Zahlungsempfängers und der zwischengeschaltete Zahlungsdienstleister über wirksame Verfahren verfügen, mit deren Hilfe sie das Fehlen oder die Unvollständigkeit von Angaben zum Zahler oder zum Zahlungsempfänger feststellen können. Diese Verfahren sollten eine Überwachung nach den oder während der Transfers umfassen, soweit dies angemessen ist. Die zuständigen Behörden sollten sicherstellen, dass Zahlungsdienstleister die vorgeschriebenen Transaktionsangaben dem elektronischen Zahlungsverkehr oder einer damit in Zusammenhang stehenden Nachricht während der gesamten Zahlungskette beifügen.

(43) Der Anbieter von Krypto-Dienstleistungen des Begünstigten sollte wirksame Verfahren für Kryptowertetransfers einrichten, um feststellen zu können, ob die Angaben zum Originator oder zum Begünstigten fehlen oder unvollständig sind. Diese Verfahren sollten gegebenenfalls eine Überwachung nach den oder während der Transfers einschließen. Es sollte nicht verlangt werden, dass die Angaben direkt dem Kryptowertetransfer selbst beigefügt werden, solange sie vor dem Kryptowertetransfer, zeitgleich damit oder parallel dazu übermittelt und auf Anfrage den zuständigen Behörden zur Verfügung gestellt werden.

(44) In Anbetracht des Risikos der Geldwäsche und der Terrorismusfinanzierung, das mit anonymen Geldtransfers verbunden sein kann, sollten Zahlungsdienstleister zur Einholung von Angaben zum Zahler und zum Zahlungsempfänger und Anbieter von Krypto-Dienstleistungen zur Einholung von Angaben zum Originator und zum Begünstigten verpflichtet sein. Gemäß dem von der FATF entwickelten risikobasierten Ansatz sollten mit Blick auf eine gezieltere Bekämpfung des Risikos von Geldwäsche und Terrorismusfinanzierung Bereiche mit höherem und Bereiche mit geringerem Risiko ermittelt werden. Dementspre-

chend sollten der Anbieter von Krypto-Dienstleistungen des Begünstigten, der Zahlungsdienstleister des Zahlungsempfängers, der zwischengeschaltete Zahlungsdienstleister und der zwischengeschaltete Anbieter von Krypto-Dienstleistungen über wirksame risikobasierte Verfahren verfügen, die zur Anwendung kommen, wenn die erforderlichen Angaben zum Zahler oder zum Zahlungsempfänger bzw. – bei Kryptowertetransfers – zum Originator oder zum Begünstigten fehlen, damit diese Dienstleister entscheiden können, ob der betreffende Transfer ausgeführt, zurückgewiesen oder ausgesetzt wird und welche Folgemaßnahmen angemessenerweise zu treffen sind.

(45) Anbieter von Krypto-Dienstleistungen sollten wie alle Verpflichteten das mit ihren Kunden, Produkten und Lieferkanälen verbundene Risiko bewerten und überwachen. Anbieter von Krypto-Dienstleistungen sollten zudem das mit ihren Transaktionen verbundene Risiko bewerten, und zwar auch, wenn sie Transfers an oder von selbst gehostete(n) Adressen durchführen. Wenn ein Anbieter von Krypto-Dienstleistungen feststellt oder festgestellt hat, dass die Angaben zu einem eine selbst gehostete Adresse verwendenden Originator oder Begünstigten falsch sind, oder wenn ein Anbieter von Krypto-Dienstleistungen bei Transaktionen oder in Situationen, in deren Fall das mit Transfers unter Beteiligung selbst gehosteter Adressen verbundene Risiko der Geldwäsche und der Terrorismusfinanzierung höher ist, auf ungewöhnliche oder verdächtige Muster stößt, sollte dieser Anbieter von Krypto-Dienstleistungen gegebenenfalls verstärkte Sorgfaltspflichten anwenden, um die Risiken entsprechend zu beherrschen und zu mindern. Der Anbieter von Krypto-Dienstleistungen sollte diesem Umstand bei der Beurteilung, ob ein Kryptowertetransfer oder eine damit verbundene Transaktion ungewöhnlich ist und der zentralen Meldestelle (FIU) gemäß der Richtlinie (EU) 2015/849 zu melden ist, Rechnung tragen.

(46) Die vorliegende Verordnung sollte im Zusammenhang mit dem Erlass einer Verordnung des Europäischen Parlaments und des Rates zur Verhinderung der Nutzung des Finanzsystems zum Zwecke der Geldwäsche und der Terrorismusfinanzierung, einer Richtlinie des Europäischen Parlaments und des Rates zur Festlegung der Mechanismen, die die Mitgliedstaaten einführen sollten, um die Nutzung des Finanzsystems zu Zwecken der Geldwäsche und der Terrorismusfinanzierung zu verhindern, sowie zur Aufhebung der Richtlinie (EU) 2015/849 und einer Verordnung des Europäischen Parlaments und des Rates zur Errichtung der Behörde zur Bekämpfung der Geldwäsche und Terrorismusfinanzierung und zur Änderung der Verordnungen (EU) Nr. 1093/2010, (EU) Nr. 1094/2010 und (EU) Nr. 1095/2010 überarbeitet werden, um die Kohärenz mit den einschlägigen Bestimmungen zu gewährleisten.

(47) Sobald der Zahlungsdienstleister des Zahlungsempfängers, der zwischengeschaltete Zahlungsdienstleister, der Anbieter von Krypto-Dienstleistungen des Begünstigten oder der zwischengeschaltete Anbieter von Krypto-Dienstleistungen feststellen, dass Angaben zum Zahler oder zum Zahlungsempfänger oder gegebenenfalls zum Originator oder zum Begünstigten ganz oder teilweise fehlen, oder wenn ein Kryptowertetransfer aufgrund seines Ursprungs oder seines Ziels als verdächtig gelten muss, sollten sie im Rahmen ihrer Risikoeinschätzung besondere Vorsicht walten lassen und verdächtige Transaktionen gemäß den Meldepflichten der Richtlinie (EU) 2015/849 den zuständigen Behörden melden.

(48) Ähnlich wie Geldtransfers zwischen Zahlungsdienstleistern könnten auch Kryptowertetransfers mit zwischengeschalteten Anbietern von Krypto-Dienstleistungen Transfers als Zwischenglied in einer Kette von Kryptowertetransfers erleichtern. Im Einklang mit den internationalen Standards sollten solche zwischengeschalteten Anbieter ebenso den in dieser Verordnung festgelegten Anforderungen unterliegen, wie Verpflichtungen für zwischengeschaltete Zahlungsdienstleister gelten.

(49) Die Bestimmungen über Geldtransfers und Kryptowertetransfers, in deren Fall die Angaben zum Zahler oder zum Zahlungsempfänger bzw. zum Originator oder zum Begünstigten fehlen oder unvollständig sind und Kryptowertetransfers aufgrund ihres Ursprungs oder ihres Ziels als verdächtig gelten müssen, gelten unbeschadet aller etwaigen Verpflichtungen der Zahlungsdienstleister, zwischengeschalteten Zahlungsdienstleister, Anbieter von Krypto-Dienstleistungen und zwischengeschalteten Anbieter von Krypto-Dienstleistungen, Geldtransfers und Kryptowertetransfers, die zivil-, verwaltungs- oder strafrechtliche Bestimmungen verletzen, zurückzuweisen oder auszusetzen.

(50) Um Technologieneutralität zu gewährleisten, sollte in dieser Verordnung keine bestimmte Technologie für die Übermittlung von Transaktionsinformationen durch Anbieter von Krypto-Dienstleistungen vorgeschrieben werden. Standardsetzungsinitiativen unter Beteiligung oder Leitung der Krypto-Branche werden für die Gewährleistung einer wirksamen Umsetzung der Anforderungen, die nach dieser Verordnung für Anbieter von Krypto-Dienstleistungen gelten, ausschlaggebend sein. Die dabei entwickelten Lösungen sollten durch Verwendung internatio-

naler oder unionsweiter Standards interoperabel sein, damit Informationen zügig ausgetauscht werden können.

(51) Mit dem Ziel, die Zahlungsdienstleister und Anbieter von Krypto-Dienstleistungen dabei zu unterstützen, wirksame Verfahren zur Aufdeckung von Fällen einzuführen, in denen sie Geldtransfers oder Kryptowertetransfers mit fehlenden oder unvollständigen Angaben zum Zahler, zum Zahlungsempfänger, zum Originator oder zum Begünstigten erhalten, und wirksame Folgemaßnahmen zu ergreifen, sollten die EBA, Leitlinien erstellen.

(52) Damit bei der Bekämpfung von Geldwäsche und Terrorismusfinanzierung rasch gehandelt werden kann, sollten Zahlungsdienstleister und Anbieter von Krypto-Dienstleistungen Auskunftsersuchen zum Zahler und zum Zahlungsempfänger bzw. zum Originator und zum Begünstigten, die von den für die Bekämpfung von Geldwäsche oder Terrorismusfinanzierung zuständigen Behörden des Mitgliedstaats, in dem diese Zahlungsdienstleister ansässig sind oder diese Anbieter von Krypto-Dienstleistungen ihren Sitz haben, stammen, unverzüglich beantworten.

(53) Die Anzahl der Tage, über die ein Zahlungsdienstleister verfügt, um einem Auskunftsersuchen zum Zahler nachzukommen, richtet sich nach der Anzahl der vergehenden Arbeitstage im Mitgliedstaat des Zahlungsdienstleisters des Zahlers.

(54) Da bei strafrechtlichen Ermittlungen die erforderlichen Daten oder beteiligten Personen unter Umständen erst viele Monate oder sogar Jahre nach dem ursprünglichen Geldtransfer oder Kryptowertetransfer ermittelt werden können und um bei Ermittlungen Zugang zu wesentlichen Beweismitteln zu haben, sollten Zahlungsdienstleister und Anbieter von Krypto-Dienstleistungen verpflichtet werden, die Angaben zum Zahler und zum Zahlungsempfänger bzw. zum Originator und zum Begünstigten zu Zwecken der Verhinderung, Aufdeckung und Ermittlung von Geldwäsche und Terrorismusfinanzierung eine Zeit lang aufzubewahren. Die Dauer der Aufbewahrung sollte fünf Jahre nicht überschreiten, nach deren Ablauf sämtliche personenbezogenen Daten vorbehaltlich anderer Vorgaben nationalen Rechts gelöscht werden sollten. Wenn dies zu Zwecken der Verhinderung, Aufdeckung oder Ermittlung von Geldwäsche oder Terrorismusfinanzierung erforderlich ist, sollten die Mitgliedstaaten nach Durchführung einer Prüfung der Erforderlichkeit und Verhältnismäßigkeit der Maßnahme die Aufbewahrung für einen weiteren Zeitraum von nicht mehr als fünf Jahren gestatten oder vorschreiben können; dies gilt unbeschadet der Beweisregelungen im nationalen Strafrecht, die auf laufende strafrechtliche Ermittlungen und Gerichtsverfahren Anwendung finden und vollständig im Einklang mit der Richtlinie (EU) 2016/680 des Europäischen Parlaments und des Rates[21)] stehen. Diese Maßnahmen könnten im Zusammenhang mit dem Erlass einer Verordnung des Europäischen Parlaments und des Rates zur Verhinderung der Nutzung des Finanzsystems zum Zwecke der Geldwäsche und der Terrorismusfinanzierung überarbeitet werden.

(55) Um die Einhaltung dieser Verordnung zu verbessern, sollten im Einklang mit der Mitteilung der Kommission vom 9. Dezember 2010 „Stärkung der Sanktionsregelungen im Finanzdienstleistungssektor" die Befugnisse der zuständigen Behörden zum Erlass von Aufsichtsmaßnahmen und zur Verhängung von Sanktionen gestärkt werden. Es sollten verwaltungsrechtliche Sanktionen und Maßnahmen vorgesehen werden, und die Mitgliedstaaten sollten angesichts der Bedeutung der Bekämpfung von Geldwäsche und Terrorismusfinanzierung wirksame, verhältnismäßige und abschreckende Sanktionen und Maßnahmen festlegen. Die Mitgliedstaaten sollten die Kommission und den in Artikel 9a Buchstabe 7 der Verordnung (EU) Nr. 1093/2010 genannten ständigen internen Ausschuss für die Bekämpfung von Geldwäsche und Terrorismusfinanzierung über diese Sanktionen unterrichten.

(56) Um einheitliche Bedingungen für die Durchführung dieser Verordnung zu gewährleisten, sollten der Kommission Durchführungsbefugnisse übertragen werden. Diese Befugnisse sollten im Einklang mit der Verordnung (EU) Nr. 182/2011 des Europäischen Parlaments und des Rates[22)] ausgeübt werden.

(57) Eine Reihe von Ländern und Gebieten, die nicht dem Unionsgebiet angehören, sind mit einem Mitgliedstaat in einer Währungsunion

Zu Abs. 54:

21) Richtlinie (EU) 2016/680 des Europäischen Parlaments und des Rates vom 27. April 2016 zum Schutz natürlicher Personen bei der Verarbeitung personenbezogener Daten durch die zuständigen Behörden zum Zwecke der Verhütung, Ermittlung, Aufdeckung oder Verfolgung von Straftaten oder der Strafvollstreckung sowie zum freien Datenverkehr und zur Aufhebung des Rahmenbeschlusses 2008/977/JI des Rates (ABl. L 119 vom 4.5.2016, S. 89).

Zu Abs. 56:

22) Verordnung (EU) Nr. 182/2011 des Europäischen Parlaments und des Rates vom 16. Februar 2011 zur Festlegung der allgemeinen Regeln und Grundsätze, nach denen die Mitgliedstaaten die Wahrnehmung der Durchführungsbefugnisse durch die Kommission kontrollieren (ABl. L 55 vom 28.2.2011, S. 13).

verbunden oder Teil des Währungsgebiets eines Mitgliedstaats oder haben mit der durch einen Mitgliedstaat vertretenen Union eine Währungsvereinbarung unterzeichnet und verfügen über Zahlungsdienstleister, die unmittelbar oder mittelbar an den Zahlungs- und Abwicklungssystemen dieses Mitgliedstaats teilnehmen. Um zu vermeiden, dass die Anwendung dieser Verordnung auf Geldtransfers zwischen den betreffenden Mitgliedstaaten und diesen Ländern oder Gebieten für die Volkswirtschaften dieser Länder erhebliche Nachteile mit sich bringt, sollte die Möglichkeit eröffnet werden, derartige Geldtransfers wie Geldtransfers innerhalb der betreffenden Mitgliedstaaten zu behandeln.

(58) Angesichts der hohen Risiken, die mit selbst gehosteten Adressen verbunden sein können, und der technischen und regulatorischen Komplexität dieser Adressen, auch im Zusammenhang mit der Überprüfung von Angaben zum Eigentümer, sollte die Kommission bis zum 1 Juli 2026 bewerten, ob zur Minderung der mit Transfers von oder an selbst gehostete(n) Adressen oder von oder an außerhalb der Union ansässigen Einrichtungen verbundenen Risiken zusätzliche Sondermaßnahmen, wie die Einführung etwaiger Beschränkungen, erforderlich sind und wie wirksam und verhältnismäßig die Mechanismen sind, die zur Überprüfung der Richtigkeit der Angaben zum Eigentümer selbst gehosteter Adressen verwendet werden.

(59) Derzeit gilt die Richtlinie (EU) 2015/849 nur für zwei Kategorien von Anbietern von Krypto-Dienstleistungen: Anbieter elektronischer Geldbörsen) und am Umtausch von virtuellen Währungen in Fiatgeld beteiligte Anbieter. Um Schlupflöcher im Rechtsrahmen zur Bekämpfung von Geldwäsche und Terrorismusfinanzierung zu schließen und das Unionsrecht internationalen Empfehlungen anzupassen, sollte die Richtlinie (EU) 2015/849 dahingehend geändert werden, dass alle Kategorien von Anbietern von Krypto-Dienstleistungen im Sinne der Verordnung (EU) 2023/1114, die für ein breiteres Spektrum von Anbietern von Krypto-Dienstleistungen gilt, erfasst sind. Gerade um sicherzustellen, dass Anbieter von Krypto-Dienstleistungen denselben Anforderungen und demselben Maß an Aufsicht wie Kredit- und Finanzinstitute unterliegen, sollte die Liste der Verpflichteten dahingehend aktualisiert werden, dass auch Anbieter von Krypto-Dienstleistungen für die Zwecke der Richtlinie (EU) 2015/849 in die Kategorie der Finanzinstitute fallen. Herkömmliche Finanzinstitute fallen ebenfalls unter die Definition des Begriffs „Anbieter von Krypto-Dienstleistungen", sobald sie entsprechende Dienstleistungen anbieten, und wenn Anbieter von Krypto-Dienstleistungen als Finanzinstitute behandelt werden, besteht die Möglichkeit, für sowohl herkömmliche Finanzdienstleistungen als auch Krypto-Dienstleistungen erbringende Akteure ein einheitliches Regelwerk anzuwenden. Die Richtlinie (EU) 2015/849 sollte auch dahingehend geändert werden, dass sichergestellt ist, dass Anbieter von Krypto-Dienstleistungen in der Lage sind, die Risiken zu mindern, denen sie im Hinblick auf Geldwäsche und Terrorismusfinanzierung ausgesetzt sind.

(60) Die Beziehungen, die für die Zwecke der Durchführung von Kryptowertetransfers oder der Erbringung vergleichbarer Krypto-Dienstleistungen zwischen Anbietern von Krypto-Dienstleistungen und in Drittländern ansässigen Anbietern aufgebaut werden, weisen Ähnlichkeiten mit den Beziehungen von Korrespondenzbanken zu in Drittländern ansässigen Respondenzinstituten auf. Da es sich dabei um laufende und wiederkehrende Beziehungen handelt, sollten sie als eine Art Korrespondenzbankbeziehung betrachtet werden und besonderen, verstärkten Sorgfaltspflichten unterliegen, die im Prinzip mit den im Bereich Bank- und Finanzdienstleistungen geltenden Maßnahmen vergleichbar sind. Insbesondere sollten Anbieter von Krypto-Dienstleistungen bei der Aufnahme einer neuen Korrespondenzbankbeziehung zu einer Respondenzeinrichtung besondere, verstärkte Sorgfaltspflichten anwenden, um die Risikoexposition der Respondenzeinrichtung auf der Grundlage ihres Rufs, der Qualität der Aufsicht und ihrer Kontrollen zur Bekämpfung von Geldwäsche und Terrorismusfinanzierung zu ermitteln und zu bewerten. Auf der Grundlage der gesammelten Informationen sollten die Korrespondenzanbieter von Krypto-Dienstleistungen geeignete Maßnahmen zur Risikominderung ergreifen, mit denen insbesondere dem höheren Risiko der Geldwäsche und Terrorismusfinanzierung Rechnung getragen werden sollte, das mit nicht eingetragenen und nicht zugelassenen Einrichtungen verbunden sein kann. Dies ist vor allem wichtig, solange die FATF-Standards für Kryptowerte noch auf globaler Ebene uneinheitlich umgesetzt werden, da dadurch zusätzliche Risiken und Herausforderungen entstehen. Die EBA sollte Leitlinien dazu herausgeben, wie Anbieter von Krypto-Dienstleistungen die verstärkten Maßnahmen der Sorgfaltsprüfung durchführen sollten, und die geeigneten Maßnahmen zur Risikominderung festlegen, einschließlich der Mindestmaßnahmen, die bei Interaktionen mit nicht eingetragenen oder nicht zugelassenen Anbietern von Krypto-Dienstleistungen zu treffen sind.

(61) Mit der Verordnung (EU) 2023/1114 wurde ein umfassender Rechtsrahmen für Anbieter von Krypto-Dienstleistungen geschaffen, der die Bestimmungen über die Zulassung und die Tätigkeiten von Anbietern von Krypto-Dienstleis-

tungen in der gesamten Union harmonisiert. Um Überschneidungen bei den Anforderungen zu vermeiden, sollte die Richtlinie (EU) 2015/849 dahingehend geändert werden, dass die Anforderungen für die Eintragung bei Kategorien von Anbietern von Krypto-Dienstleistungen entfallen, die einem einheitlichen Zulassungssystem gemäß der Verordnung (EU) 2023/1114 unterliegen werden.

(62) Da die Ziele dieser Verordnung, nämlich die Bekämpfung von Geldwäsche und Terrorismusfinanzierung, einschließlich durch die Umsetzung internationaler Standards und die Gewährleistung der Verfügbarkeit grundlegender Angaben zu Zahlern und Zahlungsempfängern bei Geldtransfers bzw. zu Originatoren und Begünstigten bei Kryptowertetransfers, von den Mitgliedstaaten nicht ausreichend verwirklicht werden können, sondern vielmehr wegen des Umfangs oder der Wirkungen der Maßnahme auf Unionsebene besser zu verwirklichen sind, kann die Union im Einklang mit dem in Artikel 5 des Vertrags über die Europäische Union verankerten Subsidiaritätsprinzip tätig werden. Entsprechend dem in demselben Artikel genannten Grundsatz der Verhältnismäßigkeit geht diese Verordnung nicht über das für die Verwirklichung dieser Ziele erforderliche Maß hinaus.

(63) Diese Verordnung unterliegt den Verordnungen (EU) 2016/679 und (EU) 2018/1725 des Europäischen Parlaments und des Rates[23]. Sie steht im Einklang mit den Grundrechten und Grundsätzen, die mit der Charta der Grundrechte der Europäischen Union anerkannt wurden, insbesondere mit dem Recht auf Achtung des Privat- und Familienlebens (Artikel 7), dem Recht auf den Schutz personenbezogener Daten (Artikel 8), dem Recht auf einen wirksamen Rechtsbehelf und auf ein unparteiisches Gericht (Artikel 47) und dem Grundsatz ne bis in idem.

(64) Zur Gewährleistung der Kohärenz mit der Verordnung (EU) 2023/1114 sollte die vorliegende Verordnung ab dem Geltungsbeginn der erstgenannten Verordnung gelten. Bis zu diesem Zeitpunkt sollten die Mitgliedstaaten auch die Änderungen der Richtlinie (EU) 2015/849 umsetzen.

Zu Abs. 63:

[23] *Verordnung (EU) 2018/1725 des Europäischen Parlaments und des Rates vom 23. Oktober 2018 zum Schutz natürlicher Personen bei der Verarbeitung personenbezogener Daten durch die Organe, Einrichtungen und sonstigen Stellen der Union, zum freien Datenverkehr und zur Aufhebung der Verordnung (EG) Nr. 45/2001 und des Beschlusses Nr. 1247/2002/EG (ABl. L 295 vom 21.11.2018, S. 39).*

(65) Der Europäische Datenschutzbeauftragte wurde gemäß Artikel 42 Absatz 1 der Verordnung (EU) 2018/1725 angehört und hat am 22. September 2021 eine Stellungnahme abgegeben[24] –

HABEN FOLGENDE VERORDNUNG ERLASSEN:

KAPITEL I

Gegenstand, Geltungsbereich und Begriffsbestimmungen

Artikel 1
Gegenstand

In dieser Verordnung werden Vorschriften zu den Angaben zu Zahlern und Zahlungsempfängern und zu den Angaben zu Originatoren und Begünstigten festgelegt, die für die Zwecke der Verhinderung, Aufdeckung und Ermittlung von Geldwäsche und Terrorismusfinanzierung bei Geldtransfers gleich welcher Währung bzw. Kryptowertetransfers zu übermitteln sind, wenn mindestens einer der am Geldtransfer bzw. Kryptowertetransfer beteiligten Zahlungsdienstleister bzw. Anbieter von Krypto-Dienstleistungen in der Union ansässig ist oder gegebenenfalls dort seinen Sitz hat. Darüber hinaus werden in dieser Verordnung Vorschriften für interne Strategien, Verfahren und Kontrollen festgelegt, mit denen die Umsetzung restriktiver Maßnahmen gewährleistet werden soll, wenn mindestens einer der am Geldtransfer oder Kryptowertetransfer beteiligten Anbieter von Zahlungs- oder Krypto-Dienstleistungen in der Union ansässig ist oder gegebenenfalls dort seinen Sitz hat.

Artikel 2
Geltungsbereich

(1) Diese Verordnung gilt für Geldtransfers gleich welcher Währung von oder an in der Union ansässige(n) Zahlungsdienstleister(n) oder zwischengeschaltete(n) Zahlungsdienstleister(n). Sie gilt auch für Kryptowertetransfers, einschließlich über Krypto-Geldautomaten abgewickelte Kryptowertetransfers, bei denen der Anbieter von Krypto-Dienstleistungen oder der zwischengeschaltete Anbieter von Krypto-Dienstleistungen des Originators oder des Begünstigten seinen Sitz in der Union hat.

(2) Diese Verordnung gilt nicht für die in Artikel 3 Buchstaben a bis m und o der Richtlinie (EU) 2015/2366 aufgeführten Dienste.

(3) Diese Verordnung gilt nicht für Geldtransfers oder Transfers von E-Geld-Token im Sinne von Artikel 3 Absatz 1 Nummer 7 der Verordnung

Zu Abs. 65:

[24] *ABl. C 524 vom 29.12.2021, S. 10.*

(EU) 2023/1114, die mit einer Zahlungskarte, einem E-Geld-Instrument oder einem Mobiltelefon oder einem anderen im Voraus oder im Nachhinein bezahlten digitalen oder IT-Gerät mit ähnlichen Merkmalen durchgeführt werden, sofern die folgenden Bedingungen erfüllt sind:

a) Die Karte, das Instrument oder das Gerät wird ausschließlich zur Bezahlung von Waren oder Dienstleistungen verwendet, und

b) bei allen im Zuge der Transaktion durchgeführten Transfers wird die Nummer der Karte, des Instruments oder des Geräts übermittelt.

Diese Verordnung gilt jedoch, wenn eine Zahlungskarte, ein E-Geld-Instrument, ein Mobiltelefon oder ein anderes im Voraus oder im Nachhinein bezahltes digitales oder IT-Gerät mit ähnlichen Merkmalen verwendet wird, um einen Geldtransfer oder einen Transfer von E-Geld-Token zwischen natürlichen Personen, die als Verbraucher handeln, für andere Zwecke als gewerbliche, geschäftliche oder berufliche Tätigkeiten durchzuführen.

(4) Diese Verordnung gilt nicht für Personen, die lediglich Papierdokumente in elektronische Daten umwandeln und im Rahmen eines Vertrags mit einem Zahlungsdienstleister tätig sind, oder Personen, die Zahlungsdienstleistern lediglich ein System zur Übermittlung von Nachrichten oder sonstige Systeme zur Unterstützung der Übermittlung von Finanzmitteln oder ein Clearing- und Abwicklungssystem zur Verfügung stellen.

Diese Verordnung gilt nicht für Geldtransfers, wenn dabei eine der folgenden Bedingungen erfüllt ist:

a) Der Zahler hebt dabei Bargeld von seinem eigenen Zahlungskonto ab;

b) es handelt sich dabei um einen Geldtransfer, der zur Begleichung von Steuern, Bußgeldern oder anderen Abgaben innerhalb eines Mitgliedstaats an Behörden erfolgt;

c) sowohl der Zahler als auch der Zahlungsempfänger sind in eigenem Namen handelnde Zahlungsdienstleister;

d) der Geldtransfer mittels eines Austauschs von eingelesenen Schecks, einschließlich beleglosem Scheckeinzug, durchgeführt wird.

Diese Verordnung gilt nicht für einen Kryptowertetransfer, wenn dabei eine der folgenden Bedingungen erfüllt ist:

a) Sowohl der Originator als auch der Begünstigte sind in eigenem Namen handelnde Anbieter von Krypto-Dienstleistungen;

b) bei dem Transfer handelt es sich um einen Kryptowertetransfer von Person zu Person, der ohne die Beteiligung eines Anbieters von Krypto-Dienstleistungen abgewickelt wird.

E-Geld-Token im Sinne von Artikel 3 Absatz 1 Nummer 7 der Verordnung (EU) 2023/1114, werden für die Zwecke dieser Verordnung als Kryptowerte behandelt.

(5) Ein Mitgliedstaat kann entscheiden, diese Verordnung nicht auf Inlandsgeldtransfers auf ein Zahlungskonto eines Zahlungsempfängers anzuwenden, auf das ausschließlich Zahlungen für die Lieferung von Gütern oder Dienstleistungen vorgenommen werden können, wenn alle folgenden Bedingungen erfüllt sind:

a) Der Zahlungsdienstleister des Zahlungsempfängers unterliegt der Richtlinie (EU) 2015/849,

b) der Zahlungsdienstleister des Zahlungsempfängers ist in der Lage, anhand einer individuellen Transaktionskennziffer über den Zahlungsempfänger den Geldtransfer bis zu der Person zurückzuverfolgen, die mit dem Zahlungsempfänger eine Vereinbarung über die Lieferung von Gütern oder Dienstleistungen getroffen hat,

c) der überwiesene Betrag beträgt höchstens 1 000 EUR.

Artikel 3
Begriffsbestimmungen

Für die Zwecke dieser Verordnung bezeichnet der Ausdruck

1. „Terrorismusfinanzierung" die Terrorismusfinanzierung im Sinne des Artikels 1 Absatz 5 der Richtlinie (EU) 2015/849;

2. „Geldwäsche" die in Artikel 1 Absätze 3 und 4 der Richtlinie (EU) 2015/849 genannten Geldwäscheaktivitäten;

3. „Zahler" eine Person, die als Zahlungskontoinhaber den Geldtransfer von diesem Zahlungskonto gestattet, oder, wenn kein Zahlungskonto vorhanden ist, die den Auftrag zu einem Geldtransfer erteilt;

4. „Zahlungsempfänger" eine Person, die den Geldtransfer als Empfänger erhalten soll;

5. „Zahlungsdienstleister" die Kategorien von Zahlungsdienstleistern nach Artikel 1 Absatz 1 der Richtlinie (EU) 2015/2366, natürliche oder juristische Personen, für die eine Ausnahmeregelung gemäß Artikel 32 jener Richtlinie gilt, und juristische Personen, für die eine Ausnahmeregelung gemäß Artikel 9 der Richtlinie 2009/110/EG gilt, die Geldtransferdienstleistungen erbringen;

6. „zwischengeschalteter Zahlungsdienstleister" einen Zahlungsdienstleister, der nicht Zahlungsdienstleister des Zahlers oder des Zahlungsempfängers ist und der im Auftrag des Zahlungsdienstleisters des Zahlers oder des Zahlungsempfängers oder eines anderen zwischengeschalteten Zahlungsdienstleisters einen Geldtransfer entgegennimmt und übermittelt;

7. „Zahlungskonto" ein Zahlungskonto im Sinne des Artikels 4 Nummer 12 der Richtlinie (EU) 2015/2366;

8. „Geldbetrag" einen Geldbetrag im Sinne des Artikels 4 Nummer 25 der Richtlinie (EU) 2015/2366;

9. „Geldtransfer" jede Transaktion, die im Auftrag eines Zahlers zumindest teilweise auf elektronischem Wege über einen Zahlungsdienstleister mit dem Ziel durchgeführt wird, einem Zahlungsempfänger über einen Zahlungsdienstleister einen Geldbetrag zur Verfügung zu stellen, unabhängig davon, ob es sich bei Zahler und Zahlungsempfänger um dieselbe Person handelt, und unabhängig davon, ob es sich beim Zahlungsdienstleister des Zahlers und dem Zahlungsdienstleister des Zahlungsempfängers um ein und denselben handelt, einschließlich

a) Überweisungen im Sinne des Artikels 4 Nummer 24 der Richtlinie (EU) 2015/2366;

b) Lastschriften im Sinne des Artikels 4 Nummer 23 der Richtlinie (EU) 2015/2366;

c) nationale oder grenzüberschreitende Finanztransfers im Sinne des Artikels 4 Nummer 22 der Richtlinie (EU) 2015/2366;

d) Transfers, die mit einer Zahlungskarte, einem E-Geld-Instrument, einem Mobiltelefon oder einem anderen im Voraus oder im Nachhinein bezahlten digitalen oder IT-Gerät mit ähnlichen Merkmalen durchgeführt werden;

10. „Kryptowertetransfer" jede Transaktion, die zum Ziel hat, Kryptowerte von einer Distributed-Ledger-Adresse, einem Kryptowertekonto oder einem anderen zur Speicherung von Kryptowerten verwendeten Gerät auf ein(e) andere(s) zu transferieren, und die von mindestens einem Anbieter von Krypto-Dienstleistungen durchgeführt wird, der im Auftrag eines Originators oder eines Begünstigten handelt, unabhängig davon, ob es sich bei Originator und Begünstigtem um dieselbe Person handelt, und unabhängig davon, ob es sich beim Anbieter von Krypto-Dienstleistungen des Originators und dem Anbieter von Krypto-Dienstleistungen des Begünstigen um ein und denselben Anbieter handelt;

11. „Sammeltransfer" eine Reihe von Einzelgeldtransfers oder Einzeltransfers von Kryptowerten, die für die Übermittlung gebündelt werden;

12. „individuelle Transaktionskennziffer" eine Buchstaben-, Zahlen- oder Zeichenkombination, die vom Zahlungsdienstleister gemäß den Protokollen der zur Ausführung des Geldtransfers verwendeten Zahlungs- und Abwicklungs- oder Nachrichtensysteme oder von einem Anbieter von Krypto-Dienstleistungen festgelegt wird und die Rückverfolgung der Transaktion bis zum Zahler und zum Zahlungsempfänger oder die Rückverfolgung des Kryptowertetransfers bis zum Originator und zum Begünstigten ermöglicht;

13. „Kryptowertetransfer von Person zu Person" ein Transfer von Kryptowerten ohne Beteiligung etwaiger Anbieter von Krypto-Dienstleistungen;

14. „Kryptowert" einen Kryptowert im Sinne von Artikel 3 Absatz 1 Nummer 5 der Verordnung (EU) 2023/1114 es sei denn, der Kryptowert fällt unter eine in Artikel 2 Absätze 2, 3 und 4 jener Verordnung genannte Kategorie oder gilt anderweitig als Geldbetrag;

15. „Anbieter von Krypto-Dienstleistungen" einen Anbieter von Krypto-Dienstleistungen im Sinne von Artikel 3 Absatz 1 Nummer 15 der Verordnung (EU) 2023/1114 sofern er eine oder mehrere Krypto-Dienstleistungen im Sinne von Artikel 3 Absatz 1 Nummer 16 jener Verordnung erbringt;

16. „zwischengeschalteter Anbieter von Krypto-Dienstleistungen" einen Anbieter von Krypto-Dienstleistungen, der nicht der Anbieter von Krypto-Dienstleistungen des Originators oder des Begünstigten ist und der im Auftrag des Anbieters von Krypto-Dienstleistungen des Originators oder des Begünstigten oder eines anderen zwischengeschalteten Anbieters von Krypto-Dienstleistungen einen Kryptowertetransfer entgegennimmt und übermittelt;

17. „Krypto-Geldautomat" einen physischen oder virtuellen elektronischen Terminal, an dem Anbieter von Krypto-Dienstleistungen insbesondere Dienstleistungen für Kryptowertetransfers im Sinne von Artikel 3 Absatz 1 Nummer 16 Buchstabe j der Verordnung (EU) 2023/1114 durchführen können;

18. „Distributed-Ledger-Adresse" einen alphanumerischen Code, der in einem Netz, das die Distributed-Ledger-Technologie (DLT) oder eine vergleichbare Technologie nutzt, eine Adresse ausweist, von der Kryptowerte gesendet oder empfangen werden können;

19. „Kryptowertekonto" ein Konto, das von einem Anbieter von Krypto-Dienstleistungen im Auftrag einer oder mehrerer natürlicher oder juristischer Personen geführt wird und das zur Ausführung von Kryptowertetransfers verwendet werden kann;

20. „selbst gehostete Adresse" eine Distributed-Ledger-Adresse, die keine Verbindung zu

a) einem Anbieter von Krypto-Dienstleistungen oder

b) einer außerhalb der Union ansässigen Einrichtung aufweist, die den Dienstleistungen eines Anbieters von Krypto-Dienstleistungen vergleichbare Dienstleistungen erbringt;

21. „Originator" eine Person, die Inhaber eines Kryptowertekontos bei einem Anbieter von Krypto-Dienstleistungen, einer Distributed-Ledger-Adresse oder eines zur Speicherung von Kryptowerten verwendeten Geräts ist und den Kryptowertetransfer von diesem Konto, dieser Distributed-Ledger-Adresse oder diesem Gerät

gestattet, oder die, wenn kein solches Konto, keine solche Distributed-Ledger-Adresse oder kein solches Gerät vorhanden ist, den Kryptowertetransfer anordnet oder veranlasst;

22. „Begünstigter" eine Person, an die der Kryptowertetransfer gerichtet ist;

23. „Rechtsträgerkennung" oder „LEI" einen einer juristischen Person zugewiesenen eindeutigen alphanumerischen Referenzcode gemäß der Norm ISO 17442;

24. „Distributed-Ledger-Technologie" oder „DLT" eine Distributed-Ledger-Technologie im Sinne von Artikel 3 Absatz 1 Nummer 1 der Verordnung (EU) 2023/1114.

KAPITEL II

Pflichten der Zahlungsdienstleister

Abschnitt 1

Pflichten des zahlungsdienstleisters des zahlers

Artikel 4
Bei Geldtransfers zu übermittelnde Angaben

(1) Der Zahlungsdienstleister des Zahlers stellt sicher, dass bei Geldtransfers folgende Angaben zum Zahler übermittelt werden:

a) der Name des Zahlers,

b) die Nummer des Zahlungskontos des Zahlers,

c) die Anschrift des Zahlers, einschließlich der Angabe des Landes, der Nummer eines amtlichen persönlichen Dokuments des Zahlers und der Kundennummer oder alternativ hierzu das Geburtsdatum und der Geburtsort des Zahlers; und

d) die aktuelle LEI des Zahlers oder, in Ermangelung dessen, eine verfügbare gleichwertige amtliche Kennung, sofern das erforderliche Feld im entsprechenden Format der Zahlungsnachricht vorhanden ist und sofern der Zahler sie seinem Zahlungsdienstleister zur Verfügung gestellt hat.

(2) Der Zahlungsdienstleister des Zahlers stellt sicher, dass bei Geldtransfers folgende Angaben zum Zahlungsempfänger übermittelt werden:

a) der Name des Zahlungsempfängers,

b) die Nummer des Zahlungskontos des Zahlungsempfängers; und

c) die aktuelle LEI des Zahlers oder, in Ermangelung dessen, eine verfügbare gleichwertige amtliche Kennung, sofern das erforderliche Feld im entsprechenden Format der Zahlungsnachricht vorhanden ist und sofern der Zahler sie seinem Zahlungsdienstleister zur Verfügung gestellt hat.

(3) Abweichend von Absatz 1 Buchstabe b und Absatz 2 Buchstabe b stellt der Zahlungsdienstleister des Zahlers im Falle, dass ein Geldtransfer nicht auf ein Zahlungskonto oder von einem Zahlungskonto erfolgt, sicher, dass anstelle der Nummer des Zahlungskontos bzw. der Zahlungskonten eine individuelle Transaktionskennziffer übermittelt wird.

(4) Vor Durchführung von Geldtransfers überprüft der Zahlungsdienstleister des Zahlers die Richtigkeit der in Absatz 1 und gegebenenfalls in Absatz 3 genannten Angaben anhand von Dokumenten, Daten oder Informationen aus einer verlässlichen und unabhängigen Quelle.

(5) Die in Absatz 4 dieses Artikels genannte Überprüfung gilt als ausgeführt, wenn eine der folgenden Bedingungen erfüllt ist:

a) Die Identität des Zahlers wurde gemäß Artikel 13 der Richtlinie (EU) 2015/849 überprüft, und die bei dieser Überprüfung ermittelten Daten wurden gemäß Artikel 40 jener Richtlinie aufbewahrt,

b) Artikel 14 Absatz 5 der Richtlinie (EU) 2015/849 findet auf den Zahler Anwendung.

(6) Unbeschadet der in den Artikeln 5 und 6 vorgesehenen Ausnahmen führt der Zahlungsdienstleister des Zahlers keine Geldtransfers durch, bevor die uneingeschränkte Einhaltung dieses Artikels sichergestellt wurde.

Artikel 5
Geldtransfers innerhalb der Union

(1) Abweichend von Artikel 4 Absätze 1 und 2 werden bei Geldtransfers, bei denen alle am Zahlungsvorgang beteiligten Zahlungsdienstleister in der Union ansässig sind, zumindest die Nummern der Zahlungskonten des Zahlers und des Zahlungsempfängers oder, wenn Artikel 4 Absatz 3 zur Anwendung kommt, die individuelle Transaktionskennziffer übermittelt; dies gilt gegebenenfalls unbeschadet der in der Verordnung (EU) Nr. 260/2012 enthaltenen Informationspflichten.

(2) Ungeachtet des Absatzes 1 stellt der Zahlungsdienstleister des Zahlers dem Zahlungsdienstleister des Zahlungsempfängers oder dem zwischengeschalteten Zahlungsdienstleister auf dessen Antrag auf Übermittlung von Angaben innerhalb von drei Arbeitstagen nach Erhalt des Antrags Folgendes zur Verfügung:

a) bei Geldtransfers von mehr als 1 000 EUR, unabhängig davon, ob solche Transfers in einem einzigen Transfer oder in mehreren Transfers, die verbunden zu sein scheinen, erfolgen, Angaben zum Zahler oder zum Zahlungsempfänger gemäß Artikel 4;

b) bei Geldtransfers von bis zu 1 000 EUR, bei denen es keine Anhaltspunkte dafür gibt, dass eine Verbindung zu anderen Geldtransfers besteht, die zusammen mit dem fraglichen Geldtransfer 1 000 EUR übersteigen, zumindest:

i) die Namen des Zahlers und des Zahlungsempfängers und

ii) die Nummern der Zahlungskonten des Zahlers und des Zahlungsempfängers oder, wenn Artikel 4 Absatz 3 zur Anwendung kommt, die individuelle Transaktionskennziffer.

(3) Abweichend von Artikel 4 Absatz 4 braucht der Zahlungsdienstleister des Zahlers bei Geldtransfers nach Absatz 2 Buchstabe b dieses Artikels die Angaben zum Zahler nicht zu überprüfen, es sei denn, der Zahlungsdienstleister des Zahlers hat

a) die zu transferierenden Gelder in Form von Bargeld oder anonymem E-Geld entgegengenommen oder

b) hinreichende Gründe für einen Verdacht auf Geldwäsche oder Terrorismusfinanzierung.

Artikel 6
Geldtransfers nach außerhalb der Union

(1) Bei einem Sammeltransfer eines einzigen Zahlers an Zahlungsempfänger, deren Zahlungsdienstleister außerhalb der Union ansässig sind, findet Artikel 4 Absatz 1 keine Anwendung auf die in diesem Sammeltransfer gebündelten Einzeltransfers, sofern der Sammeltransfer die in Artikel 4 Absätze 1, 2 und 3 enthaltenen Angaben enthält, diese Angaben gemäß Artikel 4 Absätze 4 und 5 überprüft wurden und die Einzeltransfers mit der Nummer des Zahlungskontos des Zahlers oder, wenn Artikel 4 Absatz 3 zur Anwendung kommt, der individuellen Transaktionskennziffer versehen sind.

(2) Abweichend von Artikel 4 Absatz 1 und gegebenenfalls unbeschadet der gemäß der Verordnung (EU) Nr. 260/2012 erforderlichen Angaben, werden in Fällen, in denen der Zahlungsdienstleister des Zahlungsempfängers außerhalb der Union ansässig ist, bei Geldtransfers von bis zu 1 000 EUR, bei denen es keine Anhaltspunkte dafür gibt, dass eine Verbindung zu anderen Geldtransfers besteht, die zusammen mit dem fraglichen Geldtransfer 1 000 EUR übersteigen, zumindest folgende Angaben übermittelt:

a) die Namen des Zahlers und des Zahlungsempfängers und

b) die Nummern der Zahlungskonten des Zahlers und des Zahlungsempfängers oder, wenn Artikel 4 Absatz 3 zur Anwendung kommt, die individuelle Transaktionskennziffer.

Abweichend von Artikel 4 Absatz 4 braucht der Zahlungsdienstleister des Zahlers die in diesem Absatz genannten Angaben zum Zahler nicht auf ihre Richtigkeit zu überprüfen, es sei denn, der Zahlungsdienstleister des Zahlers hat

a) die zu transferierenden Gelder in Form von Bargeld oder anonymem E-Geld entgegengenommen oder

b) hat hinreichende Gründe für einen Verdacht auf Geldwäsche oder Terrorismusfinanzierung.

Abschnitt 2

Pflichten des zahlungsdienstleisters des zahlungsempfängers

Artikel 7
Feststellung fehlender Angaben zum Zahler oder zum Zahlungsempfänger

(1) Der Zahlungsdienstleister des Zahlungsempfängers richtet wirksame Verfahren ein, mit deren Hilfe er feststellen kann, ob die Felder für Angaben zum Zahler und zum Zahlungsempfänger in dem zur Ausführung des Geldtransfers verwendeten Nachrichten- oder Zahlungs- und Abwicklungssystem unter Verwendung der im Einklang mit den Übereinkünften über das betreffende System zulässigen Buchstaben oder Einträge ausgefüllt wurden.

(2) Der Zahlungsdienstleister des Zahlungsempfängers richtet wirksame Verfahren ein, einschließlich – soweit angebracht – einer Überwachung nach den oder während der Transfers, mit deren Hilfe er feststellen kann, ob folgende Angaben zum Zahler oder zum Zahlungsempfänger fehlen:

a) im Falle von Geldtransfers, bei denen der Zahlungsdienstleister des Zahlers in der Union ansässig ist, die in Artikel 5 genannten Angaben;

b) im Falle von Geldtransfers, bei denen der Zahlungsdienstleister des Zahlers seinen Sitz außerhalb der Union hat, die in Artikel 4 Absatz 1 Buchstaben a, b und c und in Artikel 4 Absatz 2 Buchstaben a und b genannten Angaben;

c) im Falle von Sammeltransfers, bei denen der Zahlungsdienstleister des Zahlers außerhalb der Union ansässig ist, die in Artikel 4 Absatz 1 Buchstaben a, b und c und in Artikel 4 Absatz 2 Buchstaben a und b genannten Angaben in Bezug auf den Sammeltransfer.

(3) Im Falle von Geldtransfers von mehr als 1 000 EUR, unabhängig davon, ob diese Transfers in einem einzigen Transfer oder in mehreren Transfers, die verbunden zu sein scheinen, erfolgen, überprüft der Zahlungsdienstleister des Zahlungsempfängers vor Ausführung der Gutschrift auf dem Zahlungskonto des Zahlungsempfängers oder Bereitstellung des Geldbetrags an den Zahlungsempfänger die Richtigkeit der in Absatz 2 dieses Artikels genannten Angaben zum Zahlungsempfänger anhand von Dokumenten, Daten oder Informationen aus einer verlässlichen und unabhängigen Quelle, unbeschadet der in den Artikeln 83 und 84 der Richtlinie (EU) 2015/2366 festgelegten Anforderungen.

(4) Im Falle von Geldtransfers von bis zu 1 000 EUR, bei denen es keine Anhaltspunkte dafür gibt, dass eine Verbindung zu anderen Geldtransfers besteht, die zusammen mit dem fraglichen Geldtransfer 1 000 EUR übersteigen, braucht der Zahlungsdienstleister des Zahlungsempfängers die Richtigkeit der Angaben zum

Zahlungsempfänger nicht zu überprüfen, es sei denn, der Zahlungsdienstleister des Zahlungsempfängers

a) zahlt den Geldbetrag in Form von Bargeld oder anonymem E-Geld aus oder

b) hat hinreichende Gründe für einen Verdacht auf Geldwäsche oder Terrorismusfinanzierung.

(5) Die in den Absätzen 3 und 4 dieses Artikels genannte Überprüfung gilt als ausgeführt, wenn eine der folgenden Bedingungen erfüllt ist:

a) Die Identität des Zahlungsempfängers wurde gemäß Artikel 13 der Richtlinie (EU) 2015/849 überprüft, und die bei dieser Überprüfung ermittelten Daten wurden gemäß Artikel 40 jener Richtlinie aufbewahrt,

b) Artikel 14 Absatz 5 der Richtlinie (EU) 2015/849 findet auf den Zahlungsempfänger Anwendung.

Artikel 8
Geldtransfers mit fehlenden oder unvollständigen Angaben zum Zahler oder zum Zahlungsempfänger

(1) Der Zahlungsdienstleister des Zahlungsempfängers richtet wirksame risikobasierte Verfahren ein, einschließlich Verfahren, die sich auf die in Artikel 13 der Richtlinie (EU) 2015/849 genannte risikoorientierte Grundlage stützen, mit deren Hilfe festgestellt werden kann, ob ein Geldtransfer, bei dem die vorgeschriebenen vollständigen Angaben zum Zahler und zum Zahlungsempfänger fehlen, auszuführen, zurückzuweisen oder auszusetzen ist, und welche Folgemaßnahmen angemessenerweise zu treffen sind.

Stellt der Zahlungsdienstleister des Zahlungsempfängers bei Erhalt eines Geldtransfers fest, dass die in Artikel 4 Absatz 1 Buchstaben a, b und c, Artikel 4 Absatz 2 Buchstaben a und b, Artikel 5 Absatz 1 oder Artikel 6 genannten Angaben fehlen oder unvollständig sind oder nicht, wie in Artikel 7 Absatz 1 vorgegeben, unter Verwendung der im Einklang mit den Übereinkünften über das Nachrichten- oder Zahlungs- und Abwicklungssystem zulässigen Buchstaben oder Einträge ausgefüllt wurden, so verfährt der Zahlungsdienstleister des Zahlungsempfängers auf risikoorientierter Grundlage wie folgt:

a) Er weist den Transferauftrag zurück oder

b) fordert die vorgeschriebenen Angaben zum Zahler und zum Zahlungsempfänger an, bevor oder nachdem er die Gutschrift zugunsten des Zahlungskontos des Zahlungsempfängers ausführt oder dem Zahlungsempfänger den Geldbetrag zur Verfügung stellt.

(2) Versäumt es ein Zahlungsdienstleister wiederholt, die vorgeschriebenen Angaben zum Zahler oder zum Zahlungsempfänger vorzulegen, so verfährt der Zahlungsdienstleister des Zahlungsempfängers wie folgt:

a) er ergreift Maßnahmen, die anfänglich Verwarnungen und Fristsetzungen umfassen können, bevor er zu einer Zurückweisung, Beschränkung oder Beendigung im Sinne von Buchstabe b übergeht, sofern die erforderlichen Informationen weiterhin nicht vorgelegt wurden, oder

b) er weist alle künftigen Transferaufträge dieses Zahlungsdienstleisters direkt zurück oder beschränkt oder beendet die Geschäftsbeziehungen zu diesem Zahlungsdienstleister.

Der Zahlungsdienstleister des Zahlungsempfängers meldet dieses Versäumnis sowie die ergriffenen Maßnahmen der für die Überwachung der Einhaltung der Vorschriften über die Bekämpfung von Geldwäsche und Terrorismusfinanzierung zuständigen Behörde.

Artikel 9
Bewertung und Verdachtsmeldung

Bei der Bewertung, ob ein Geldtransfer oder eine damit verbundene Transaktion verdächtig ist und der zentralen Meldestelle gemäß der Richtlinie (EU) 2015/849 zu melden ist, berücksichtigt der Zahlungsdienstleister des Zahlungsempfängers als einen Faktor, ob Angaben zum Zahler oder zum Zahlungsempfänger fehlen oder unvollständig sind.

Abschnitt 3
Pflichten zwischengeschalteter zahlungsdienstleister

Artikel 10
Aufbewahrung der beim Transfer übermittelten Angaben zum Zahler und zum Zahlungsempfänger

Zwischengeschaltete Zahlungsdienstleister sorgen dafür, dass alle bei einem Geldtransfer erhaltenen Angaben zum Zahler und zum Zahlungsempfänger mit dem Transfer aufbewahrt werden.

Artikel 11
Feststellung fehlender Angaben zum Zahler oder zum Zahlungsempfänger

(1) Der zwischengeschaltete Zahlungsdienstleister richtet wirksame Verfahren ein, mit deren Hilfe er feststellen kann, ob die Felder für Angaben zum Zahler und zum Zahlungsempfänger in dem zur Ausführung des Geldtransfers verwendeten Nachrichten- oder Zahlungs- und Abwicklungssystem unter Verwendung der im Einklang mit den Übereinkünften über das betreffende System zulässigen Buchstaben oder Einträge ausgefüllt wurden.

(2) Der zwischengeschaltete Zahlungsdienstleister richtet wirksame Verfahren ein, einschließlich – soweit angebracht – einer Überwachung nach den oder während der Transfers, mit deren Hilfe er feststellen kann, ob folgende Angaben zum Zahler oder zum Zahlungsempfänger fehlen:

a) im Falle von Geldtransfers, bei denen die Zahlungsdienstleister des Zahlers und des Zahlungsempfängers in der Union ansässig sind, die in Artikel 5 genannten Angaben;

b) im Falle von Geldtransfers, bei denen der Zahlungsdienstleister des Zahlers oder des Zahlungsempfängers außerhalb der Union ansässig sind, die in Artikel 4 Absatz 1 Buchstaben a, b und c und in Artikel 4 Absatz 2 Buchstaben a und b genannten Angaben;

c) im Falle von Sammeltransfers, bei denen der Zahlungsdienstleister des Zahlers oder des Zahlungsempfängers außerhalb der Union ansässig ist, die in Artikel 4 Absatz 1 Buchstaben a, b und c und in Artikel 4 Absatz 2 Buchstaben a und b genannten Angaben in Bezug auf den Sammeltransfer.

Artikel 12
Geldtransfers mit fehlenden Angaben zum Zahler oder zum Zahlungsempfänger

(1) Der zwischengeschaltete Zahlungsdienstleister richtet wirksame risikobasierte Verfahren ein, mit deren Hilfe festgestellt werden kann, ob ein Geldtransfer, bei dem die vorgeschriebenen Angaben zum Zahler oder zum Zahlungsempfänger fehlen, auszuführen, zurückzuweisen oder auszusetzen ist, und welche Folgemaßnahmen angemessenerweise zu treffen sind.

Stellt der zwischengeschaltete Zahlungsdienstleister bei Erhalt eines Geldtransfers fest, dass die in Artikel 4 Absatz 1 Buchstaben a, b und c, Artikel 4 Absatz 2 Buchstaben a und b, Artikel 5 Absatz 1 oder Artikel 6 genannten Angaben fehlen oder nicht, wie in Artikel 7 Absatz 1 vorgegeben, unter Verwendung der im Einklang mit den Übereinkünften über das Nachrichten- oder Zahlungs- und Abwicklungssystem zulässigen Buchstaben oder Einträge ausgefüllt wurden, so verfährt dieser zwischengeschaltete Zahlungsdienstleister auf risikoorientierter Grundlage wie folgt:

a) Er weist den Transferauftrag zurück oder

b) fordert die vorgeschriebenen Angaben zum Zahler und zum Zahlungsempfänger an, bevor oder nachdem er den Geldtransfer übermittelt.

(2) Versäumt es ein Zahlungsdienstleister wiederholt, die vorgeschriebenen Angaben zum Zahler oder zum Zahlungsempfänger vorzulegen, so verfährt der zwischengeschaltete Zahlungsdienstleister wie folgt:

a) er ergreift Maßnahmen, die anfänglich Verwarnungen und Fristsetzungen umfassen können, bevor er zu einer Zurückweisung, Beschränkung oder Beendigung im Sinne von Buchstabe b übergeht, sofern die erforderlichen Informationen weiterhin nicht vorgelegt wurden, oder

b) er weist alle künftigen Transferaufträge dieses Zahlungsdienstleisters direkt zurück oder beschränkt oder beendet die Geschäftsbeziehungen zu diesem Zahlungsdienstleister.

Der zwischengeschaltete Zahlungsdienstleister meldet dieses Versäumnis sowie die ergriffenen Maßnahmen der für die Überwachung der Einhaltung der Vorschriften über die Bekämpfung von Geldwäsche und Terrorismusfinanzierung zuständigen Behörde.

Artikel 13
Bewertung und Verdachtsmeldung

Bei der Bewertung, ob ein Geldtransfer oder eine damit verbundene Transaktion verdächtig ist und ob diese(r) der zentralen Meldestelle gemäß der Richtlinie (EU) 2015/849 zu melden ist, berücksichtigt der zwischengeschaltete Zahlungsdienstleister als einen Faktor, ob Angaben zum Zahler oder zum Zahlungsempfänger fehlen.

KAPITEL III
Pflichten der Anbieter von Krypto-Dienstleistungen

Abschnitt 1
Pflichten des anbieters von krypto-dienstleistungen des originators

Artikel 14
Bei Kryptowertetransfers zu übermittelnde Angaben

(1) Der Anbieter von Krypto-Dienstleistungen des Originators stellt sicher, dass bei Kryptowertetransfers folgende Angaben zum Originator übermittelt werden:

a) der Name des Originators,

b) die Distributed-Ledger-Adresse des Originators, sofern ein Kryptowertetransfer in einem Netz registriert wird, das DLT oder eine vergleichbare Technologie nutzt, und die Kontonummer des Kryptowertekontos des Originators, sofern ein solches Konto vorhanden ist und für die Abwicklung der Transaktion verwendet wird;

c) die Kontonummer des Kryptowertekontos des Originators, sofern ein Kryptowertetransfer nicht in einem Netz registriert wird, das DLT oder eine vergleichbare Technologie nutzt;

d) die Anschrift des Originators, einschließlich der Angabe des Landes, der Nummer eines amtlichen persönlichen Dokuments des Originators und der Kundennummer oder alternativ hierzu das Geburtsdatum und der Geburtsort des Originators; und

e) die aktuelle LEI des Originators oder, in Ermangelung dessen, eine verfügbare gleichwertige amtliche Kennung des Originators, sofern das erforderliche Feld im entsprechenden Format der Nachricht vorhanden ist und sofern der Originator sie seinem Anbieter von Krypto-Dienstleistungen zur Verfügung gestellt hat.

(2) Der Anbieter von Krypto-Dienstleistungen des Originators stellt sicher, dass bei Kryptowertetransfers folgende Angaben zum Begünstigten übermittelt werden:

a) der Name des Begünstigten,

b) die Distributed-Ledger-Adresse des Begünstigten, sofern ein Kryptowertetransfer in einem Netz registriert wird, das DLT oder eine vergleichbare Technologie nutzt, und die Kontonummer des Kryptowertekontos des Begünstigten, sofern ein solches Konto vorhanden ist und für die Abwicklung der Transaktion verwendet wird;

c) die Kontonummer des Kryptowertekontos des Begünstigten, sofern ein Kryptowertetransfer nicht in einem Netz registriert wird, das DLT oder eine vergleichbare Technologie nutzt; und

d) die aktuelle LEI des Begünstigten oder, in Ermangelung dessen, eine verfügbare gleichwertige amtliche Kennung des Begünstigten, sofern das erforderliche Feld im entsprechenden Format der Nachricht vorhanden ist und sofern der Originator sie seinem Anbieter von Krypto-Dienstleistungen zur Verfügung gestellt hat.

(3) Abweichend von Absatz 1 Buchstabe c und Absatz 2 Buchstabe c stellt der Anbieter von Krypto-Dienstleistungen des Originators im Falle, dass ein Kryptowertetransfer, der nicht in einem Netz registriert wird, das DLT oder eine vergleichbare Technologie nutzt, und nicht auf ein Kryptowertekonto oder von einem Kryptowertekonto erfolgt, sicher, dass mit dem Kryptowertetransfer eine individuelle Transaktionskennziffer übermittelt wird.

(4) Die in den Absätzen 1 und 2 genannten Angaben werden vor dem Kryptowertetransfer, zeitgleich damit oder parallel dazu auf sichere Weise und gemäß der Verordnung (EU) 2016/679 übermittelt.

Die in den Absätzen 1 und 2 genannten Angaben müssen dem Kryptowertetransfer nicht direkt beigefügt oder darin enthalten sein.

(5) Im Falle eines Kryptowertetransfers an eine selbst gehostete Adresse, holt der Anbieter von Krypto-Dienstleistungen des Originators die in den Absätzen 1 und 2 genannten Informationen ein, bewahrt sie auf und stellt sicher, dass der Kryptowertetransfer individuell identifizierbar ist.

Unbeschadet der speziellen gemäß Artikel 19b der Richtlinie (EU) 2015/849 getroffenen risikomindernden Maßnahmen ergreift der Anbieter von Krypto-Dienstleistungen des Originators bei einem Transfer an eine selbst gehostete Adresse, dessen Betrag 1 000 EUR übersteigt, geeignete Maßnahmen, um festzustellen, ob diese Adresse im Eigentum oder unter der Kontrolle des Originators steht.

(6) Vor Durchführung eines Kryptowertetransfers überprüft der Anbieter von Krypto-Dienstleistungen des Originators die Richtigkeit der in Absatz 1 genannten Angaben anhand von Dokumenten, Daten oder Informationen aus einer verlässlichen und unabhängigen Quelle.

(7) Die in Absatz 6 dieses Artikels genannte Überprüfung gilt als ausgeführt, wenn eine der folgenden Bedingungen erfüllt ist:

a) Die Identität des Originators wurde gemäß Artikel 13 der Richtlinie (EU) 2015/849 überprüft, und die bei dieser Überprüfung ermittelten Daten wurden gemäß Artikel 40 jener Richtlinie aufbewahrt,

b) Artikel 14 Absatz 5 der Richtlinie (EU) 2015/849 findet auf den Originator Anwendung.

(8) Der Anbieter von Krypto-Dienstleistungen des Originators gestattet die Einleitung oder Ausführung von Kryptowertetransfers nicht, bevor die uneingeschränkte Einhaltung dieses Artikels sichergestellt wurde.

Artikel 15
Sammeltransfer von Kryptowerten

Bei einem Sammeltransfer von Kryptowerten eines einzigen Originators findet Artikel 14 Absatz 1 keine Anwendung auf die in diesem Sammeltransfer gebündelten Einzeltransfers, sofern der Sammeltransfer die in Artikel 14 Absätze 1, 2 und 3 enthaltenen Angaben enthält, diese Angaben gemäß Artikel 14 Absätze 6 und 7 überprüft wurden und die Einzeltransfers, wenn Artikel 14 Absatz 2 Buchstabe b zur Anwendung kommt, mit der Distributed-Ledger-Adresse des Originators, wenn Artikel 14 Absatz 2 Buchstabe c zur Anwendung kommt, mit der Kontonummer des Kryptowertekontos des Originators oder, wenn Artikel 14 Absatz 3 zur Anwendung kommt, mit der individuellen Transaktionskennziffer versehen sind.

Abschnitt 2

Pflichten des anbieters von krypto-dienstleistungen des begünstigten

Artikel 16
Feststellung fehlender Angaben zum Originator oder zum Begünstigten

(1) Der Anbieter von Krypto-Dienstleistungen des Begünstigten richtet wirksame Verfahren ein, einschließlich – soweit angebracht – einer Über-

wachung nach den oder während der Transfers, mit deren Hilfe er feststellen kann, ob die in Artikel 14 Absätze 1 und 2 genannten Angaben zum Originator und zum Begünstigten in dem Transfer bzw. in dem Sammeltransfer von Kryptowerten enthalten sind oder im Anschluss daran übermittelt werden.

(2) Im Falle eines Kryptowertetransfers von einer selbst gehosteten Adresse holt der Anbieter von Krypto-Dienstleistungen des Begünstigten die in Artikel 14 Absätze 1 und 2 genannten Informationen ein und bewahrt sie auf, und er stellt sicher, dass der Kryptowertetransfer individuell identifizierbar ist.

Unbeschadet der speziellen, gemäß Artikel 19b der Richtlinie (EU) 2015/849 getroffenen risikomindernden Maßnahmen ergreift der Anbieter von Krypto-Dienstleistungen des Begünstigten bei einem Transfer von einer selbst gehosteten Adresse, dessen Betrag 1 000 EUR übersteigt, geeignete Maßnahmen, um festzustellen, ob diese Adresse im Eigentum oder unter der Kontrolle des Begünstigten steht.

(3) Bevor der Anbieter von Krypto-Dienstleistungen des Begünstigten dem Begünstigten die Kryptowerte zur Verfügung stellt, überprüft er die Richtigkeit der in Artikel 14 Absatz 2 genannten Angaben zum Begünstigten anhand von Dokumenten, Daten oder Informationen aus einer verlässlichen und unabhängigen Quelle.

(4) Die in den Absätzen 2 und 3 dieses Artikels genannte Überprüfung gilt als ausgeführt, wenn eine der folgenden Bedingungen erfüllt ist:

a) Die Identität des Begünstigten wurde gemäß Artikel 13 der Richtlinie (EU) 2015/849 überprüft und die bei dieser Überprüfung ermittelten Daten wurden gemäß Artikel 40 jener Richtlinie aufbewahrt,

b) Artikel 14 Absatz 5 der Richtlinie (EU) 2015/849 findet auf den Begünstigten Anwendung.

Artikel 17

Kryptowertetransfers mit fehlenden oder unvollständigen Angaben zum Originator oder zum Begünstigten

(1) Der Anbieter von Krypto-Dienstleistungen des Begünstigten richtet wirksame risikobasierte Verfahren ein, einschließlich Verfahren, die sich auf die in Artikel 13 der Richtlinie (EU) 2015/849 genannte risikoorientierte Grundlage stützen, mit deren Hilfe festgestellt werden kann, ob im Falle eines Kryptowertetransfers, bei dem die vorgeschriebenen vollständigen Angaben zum Originator und zum Begünstigten fehlen, der Kryptowertetransfer auszuführen oder zurückzuweisen ist, die Kryptowerte zurückzuüberweisen sind oder der Kryptowertetransfer auszusetzen ist, und welche Folgemaßnahmen angemessenerweise zu treffen sind.

Stellt der Anbieter von Krypto-Dienstleistungen des Begünstigten fest, dass die in Artikel 14 Absatz 1 oder Absatz 2 oder Artikel 15 genannten Angaben fehlen oder unvollständig sind, so verfährt dieser Anbieter von Krypto-Dienstleistungen auf risikoorientierter Grundlage und ohne ungebührliche Verzögerung wie folgt:

a) Er weist den Transfer zurück oder überweist die transferierten Kryptowerte auf das Kryptowertekonto des Originators zurück, oder

b) er fordert die vorgeschriebenen Angaben zum Originator und zum Begünstigten an, bevor er dem Begünstigten die Kryptowerte zur Verfügung stellt.

(2) Versäumt es ein Anbieter von Krypto-Dienstleistungen wiederholt, die vorgeschriebenen Angaben zum Originator oder zum Begünstigten vorzulegen, so verfährt der Anbieter von Krypto-Dienstleistungen des Begünstigten wie folgt:

a) er ergreift Maßnahmen, die anfänglich Verwarnungen und Fristsetzungen umfassen können, bevor er zu einer Zurückweisung, Beschränkung oder Beendigung im Sinne von Buchstabe b übergeht, sofern die erforderlichen Informationen weiterhin nicht vorgelegt wurden, oder

b) er weist alle künftigen Transfers von Kryptowerten von diesem oder an diesen Anbieter von Krypto-Dienstleistungen direkt zurück oder beschränkt oder beendet die Geschäftsbeziehungen zu diesem Anbieter von Krypto-Dienstleistungen.

Der Anbieter von Krypto-Dienstleistungen des Begünstigten meldet dieses Versäumnis sowie die ergriffenen Maßnahmen der für die Überwachung der Einhaltung der Vorschriften über die Bekämpfung von Geldwäsche und Terrorismusfinanzierung zuständigen Behörde.

Artikel 18

Bewertung und Verdachtsmeldung

Bei der Bewertung, ob ein Kryptowertetransfer oder eine damit verbundene Transaktion verdächtig ist und der zentralen Meldestelle gemäß der Richtlinie (EU) 2015/849 zu melden ist, berücksichtigt der Anbieter von Kryptowertetransfers des Begünstigten als einen Faktor, ob Angaben zum Originator oder zum Begünstigten fehlen oder unvollständig sind.

Abschnitt 3
Pflichten zwischengeschalteter anbieter von krypto-dienstleistungen

Artikel 19
Aufbewahrung der beim Transfer übermittelten Angaben zum Originator und zum Begünstigten

Zwischengeschaltete Anbieter von Krypto-Dienstleistungen sorgen dafür, dass die Übermittlung aller bei einem Kryptowertetransfer erhaltenen Angaben zum Originator und zum Begünstigten im Zuge des Transfers erfolgt sowie Aufzeichnungen dieser Angaben aufbewahrt und den zuständigen Behörden auf Anfrage zur Verfügung gestellt werden.

Artikel 20
Feststellung fehlender Angaben zum Originator oder zum Begünstigten

Der zwischengeschaltete Anbieter von Krypto-Dienstleistungen richtet wirksame Verfahren ein, einschließlich – soweit angebracht – einer Überwachung nach den oder während der Transfers, mit deren Hilfe er feststellen kann, ob die in Artikel 14 Absatz 1 Buchstaben a, b und c sowie in Artikel 14 Absatz 2 Buchstaben a, b und c genannten Angaben zum Originator bzw. zum Begünstigten vor dem Transfer bzw. Sammeltransfer von Kryptowerten, während des Transfers bzw. Sammeltransfers von Kryptowerten oder im Anschluss daran übermittelt wurden, sowie wohin der Transfer erfolgt oder ob er von einer selbst gehosteten Adresse stammt.

Artikel 21
Kryptowertetransfers mit fehlenden Angaben zum Originator oder zum Begünstigten

(1) Der zwischengeschaltete Anbieter von Krypto-Dienstleistungen richtet wirksame risikobasierte Verfahren ein, einschließlich Verfahren, die sich auf die in Artikel 13 der Richtlinie (EU) 2015/849 genannte risikoorientierte Grundlage stützen, mit deren Hilfe festgestellt werden kann, ob im Falles eines Kryptowertetransfers, bei dem die vorgeschriebenen Angaben zum Originator und zum Begünstigten fehlen, der Kryptowertetransfer auszuführen oder zurückzuweisen ist, die Kryptowerte zurückzuüberweisen sind oder der Kryptowertetransfer auszusetzen ist, und welche Folgemaßnahmen angemessenerweise zu treffen sind.

Stellt der zwischengeschaltete Anbieter von Krypto-Dienstleistungen bei Erhalt eines Kryptowertetransfers fest, dass die in Artikel 14 Absatz 1 Buchstaben a, b und c und Artikel 14 Absatz 2 Buchstaben a, b und c oder Artikel 15 Absatz 1 genannten Angaben fehlen oder unvollständig sind, so verfährt dieser zwischengeschaltete Anbieter von Krypto-Dienstleistungen auf risikoorientierter Grundlage und ohne ungebührliche Verzögerung wie folgt:

a) Er weist den Transfer zurück oder überweist die transferierten Kryptowerte zurück, oder

b) er fordert die vorgeschriebenen Angaben zum Originator und zum Begünstigten an, bevor er den Kryptowertetransfer übermittelt.

(2) Versäumt es der Anbieter von Krypto-Dienstleistungen wiederholt, die vorgeschriebenen Angaben zum Originator oder zum Begünstigten vorzulegen, so verfährt der zwischengeschaltete Anbieter von Krypto-Dienstleistungen wie folgt:

a) er ergreift Maßnahmen, die anfänglich Verwarnungen und Fristsetzungen umfassen können, bevor er zu einer Zurückweisung, Beschränkung oder Beendigung im Sinne von Buchstabe b übergeht, sofern die erforderlichen Informationen weiterhin nicht vorgelegt wurden, oder

b) er weist alle künftigen Transfers von Kryptowerten von diesem oder an diesen Anbieter von Krypto-Dienstleistungen direkt zurück oder beschränkt oder beendet die Geschäftsbeziehungen zu diesem Anbieter von Krypto-Dienstleistungen.

Der zwischengeschaltete Anbieter von Krypto-Dienstleistungen meldet dieses Versäumnis sowie die ergriffenen Maßnahmen der für die Überwachung der Einhaltung der Vorschriften über die Bekämpfung von Geldwäsche und Terrorismusfinanzierung zuständigen Behörde.

Artikel 22
Bewertung und Verdachtsmeldung

Bei der Bewertung, ob ein Kryptowertetransfer oder eine damit verbundene Transaktion verdächtig ist und der zentralen Meldestelle gemäß der Richtlinie (EU) 2015/849 zu melden ist, berücksichtigt der zwischengeschaltete Anbieter von Kryptowertetransfers als einen Faktor, ob Angaben zum Originator oder zum Begünstigten fehlen.

KAPITEL IV

Von Zahlungsdienstleistern und Anbietern von Krypto-Dienstleistungen anzuwendende gemeinsame Maßnahmen

Artikel 23
Interne Strategien, Verfahren und Kontrollen zur Gewährleistung der Umsetzung restriktiver Maßnahmen

Zahlungsdienstleister und Anbieter von Krypto-Dienstleistungen verfügen über interne Strategien, Verfahren und Kontrollen, die die Umsetzung restriktiver Maßnahmen der Union und der Mitgliedstaaten bei der Durchführung von

Geldtransfers und Transfers von Kryptowerten im Rahmen dieser Verordnung sicherstellen.

Die Europäische Bankenaufsichtsbehörde (EBA) gibt bis zum 30 Dezember 2024 Leitlinien zur Präzisierung der in diesem Artikel genannten Maßnahmen heraus.

KAPITEL V

Informationen, Datenschutz und Aufbewahrung von Aufzeichnungen

Artikel 24
Erteilung von Informationen

Zahlungsdienstleister und Anbieter von Krypto-Dienstleistungen beantworten vollständig und unverzüglich, auch über eine zentrale Kontaktstelle gemäß Artikel 45 Absatz 9 der Richtlinie (EU) 2015/849, falls eine solche Kontaktstelle benannt wurde, und unter Einhaltung der Verfahrensvorschriften des Rechts des Mitgliedstaats, in dem sie ansässig sind oder gegebenenfalls ihren Sitz haben, ausschließlich Anfragen der für die Verhinderung und die Bekämpfung von Geldwäsche oder Terrorismusfinanzierung zuständigen Behörden dieses Mitgliedstaats zu den nach dieser Verordnung vorgeschriebenen Angaben.

Artikel 25
Datenschutz

(1) Für die Verarbeitung personenbezogener Daten im Rahmen der vorliegenden Verordnung gilt die Verordnung (EU) 2016/679. Für die Verarbeitung personenbezogener Daten im Rahmen der vorliegenden Verordnung durch die Kommission oder die EBA gilt die Verordnung (EU) 2018/1725.

(2) Personenbezogene Daten dürfen von Zahlungsdienstleistern und Anbietern von Krypto-Dienstleistungen auf der Grundlage dieser Verordnung ausschließlich für die Zwecke der Verhinderung von Geldwäsche und Terrorismusfinanzierung verarbeitet werden und nicht in einer Weise weiterverarbeitet werden, die mit diesen Zwecken unvereinbar ist. Es ist untersagt, personenbezogene Daten auf der Grundlage dieser Verordnung für kommerzielle Zwecke zu verarbeiten.

(3) Zahlungsdienstleister und Anbieter von Krypto-Dienstleistungen stellen neuen Kunden die nach Artikel 13 der Verordnung (EU) 2016/679 vorgeschriebenen Informationen zur Verfügung, bevor sie eine Geschäftsbeziehung begründen oder gelegentliche Transaktionen ausführen. Diese Informationen werden in präziser, transparenter, verständlicher und leicht zugänglicher Form nach Maßgabe des Artikels 12 der Verordnung (EU) 2016/679 übermittelt und umfassen insbesondere einen allgemeinen Hinweis zu den rechtlichen Pflichten der Zahlungsdienstleister und Anbieter von Krypto-Dienstleistungen bei der Verarbeitung personenbezogener Daten zu Zwecken der Verhinderung von Geldwäsche und Terrorismusfinanzierung gemäß dieser Verordnung.

(4) Zahlungsdienstleister und Anbieter von Krypto-Dienstleistungen stellen jederzeit sicher, dass die Übermittlung personenbezogener Daten zu den an einem Geldtransfer oder einem Kryptowertetransfer beteiligten Parteien im Einklang mit der Verordnung (EU) 2016/679 erfolgt.

Der Europäische Datenschutzausschuss gibt nach Konsultation der EBA Leitlinien für die praktische Umsetzung der Datenschutzanforderungen für die Übermittlung personenbezogener Daten an Drittländer im Zusammenhang mit Kryptowertetransfers heraus. Die EBA gibt Leitlinien zu geeigneten Verfahren heraus, mit deren Hilfe festgestellt werden kann, ob ein Kryptowertetransfer auszuführen oder zurückzuweisen ist, die Kryptowerte zurückzuüberweisen sind oder der Kryptowertetransfer auszusetzen ist, wenn die Einhaltung der Datenschutzanforderungen für die Übermittlung personenbezogener Daten an Drittländer nicht gewährleistet werden kann.

Artikel 26
Aufbewahrung von Aufzeichnungen

(1) Angaben zum Zahler oder zum Zahlungsempfänger bzw. zum Originator und zum Begünstigten dürfen nicht länger als unbedingt erforderlich aufbewahrt werden. Die Zahlungsdienstleister des Zahlers und des Zahlungsempfängers bewahren Aufzeichnungen der in den Artikeln 4 bis 7 genannten Angaben und die Anbieter von Krypto-Dienstleistungen des Originators und des Begünstigten Aufzeichnungen der in den Artikeln 14 bis 16 genannten Angaben fünf Jahre lang auf.

(2) Nach Ablauf der in Absatz 1 genannten Aufbewahrungsfrist stellen die Zahlungsdienstleister und die Anbieter von Krypto-Dienstleistungen sicher, dass die personenbezogenen Daten gelöscht werden, es sei denn, das nationale Recht enthält andere Bestimmungen, die regeln, unter welchen Umständen Zahlungsdienstleister und Anbieter von Krypto-Dienstleistungen diese Daten länger aufbewahren dürfen oder müssen. Die Mitgliedstaaten dürfen eine weitere Aufbewahrung nur nach einer eingehenden Prüfung der Erforderlichkeit und Verhältnismäßigkeit einer solchen weiteren Aufbewahrung gestatten oder vorschreiben, wenn sie dies für die Verhinderung, Aufdeckung oder Ermittlung von Geldwäsche oder Terrorismusfinanzierung für erforderlich halten. Die Frist für diese weitere Aufbewahrung darf einen Zeitraum von fünf Jahren nicht überschreiten.

(3) Ist in einem Mitgliedstaat am 25. Juni 2015 ein Gerichtsverfahren betreffend die Verhinderung, Aufdeckung, Ermittlung oder Verfolgung

von mutmaßlicher Geldwäsche oder Terrorismusfinanzierung anhängig und besitzt ein Zahlungsdienstleister Informationen oder Unterlagen im Zusammenhang mit diesem anhängigen Verfahren, so darf der Zahlungsdienstleister diese Informationen oder Unterlagen im Einklang mit den nationalen Rechtsvorschriften ab dem 25. Juni 2015 fünf Jahre lang aufbewahren. Die Mitgliedstaaten können unbeschadet ihrer Beweisregelungen im nationalen Strafrecht, die auf laufende strafrechtliche Ermittlungen und Gerichtsverfahren Anwendung finden, die Aufbewahrung dieser Informationen oder Unterlagen für weitere fünf Jahre gestatten oder vorschreiben, sofern die Erforderlichkeit und Verhältnismäßigkeit dieser weiteren Aufbewahrung für die Verhinderung, Aufdeckung, Ermittlung oder Verfolgung mutmaßlicher Geldwäsche oder Terrorismusfinanzierung festgestellt wurde.

Artikel 27
Zusammenarbeit zwischen zuständigen Behörden

Der Informationsaustausch zwischen den zuständigen Behörden und den entsprechenden Stellen in Drittländern im Rahmen dieser Verordnung unterliegt der Richtlinie (EU) 2015/849.

KAPITEL VI

Sanktionen und Überwachung

Artikel 28
Verwaltungsrechtliche Sanktionen und Maßnahmen

(1) Unbeschadet ihres Rechts, strafrechtliche Sanktionen vorzusehen und zu verhängen, erlassen die Mitgliedstaaten die Vorschriften über verwaltungsrechtliche Sanktionen und Maßnahmen, die bei Verstößen gegen die Bestimmungen dieser Verordnung zu verhängen sind und ergreifen alle für die Anwendung der Sanktionen erforderlichen Maßnahmen. Die vorgesehenen Sanktionen und Maßnahmen müssen wirksam, verhältnismäßig und abschreckend sein und mit denen des Kapitels VI Abschnitt 4 der Richtlinie (EU) 2015/849 im Einklang stehen.

Die Mitgliedstaaten können beschließen, für Verstöße gegen die Vorschriften dieser Verordnung, die nach ihrem nationalen Recht strafrechtlichen Sanktionen unterliegen, keine Vorschriften für verwaltungsrechtliche Sanktionen oder Maßnahmen festzulegen. In diesem Fall teilen sie der Kommission die einschlägigen strafrechtlichen Vorschriften mit.

(2) Die Mitgliedstaaten stellen sicher, dass bei für Zahlungsdienstleister und Anbieter von Krypto-Dienstleistungen geltenden Verpflichtungen im Falle von Verstößen gegen die Bestimmungen dieser Verordnung nach dem nationalen Recht Sanktionen oder Maßnahmen gegen die Mitglieder des Leitungsorgans des betreffenden Dienstleisters und jede andere natürliche Person, die nach nationalem Recht für den Verstoß verantwortlich ist, verhängt werden können.

(3) Die Mitgliedstaaten teilen der Kommission und dem in Artikel 9a Buchstabe 7 der Verordnung (EU) Nr. 1093/2010 genannten ständigen internen Ausschuss für die Bekämpfung von Geldwäsche und Terrorismusfinanzierung die Vorschriften gemäß Absatz 1 mit. Die Mitgliedstaaten teilen der Kommission und dem ständigen internen Ausschuss unverzüglich jegliche Änderung dieser Vorschriften mit.

(4) Die zuständigen Behörden sind gemäß Artikel 58 Absatz 4 der Richtlinie (EU) 2015/849 mit allen für die Wahrnehmung ihrer Aufgaben erforderlichen Aufsichts- und Ermittlungsbefugnissen ausgestattet. Um zu gewährleisten, dass die verwaltungsrechtlichen Sanktionen oder Maßnahmen die gewünschten Ergebnisse erzielen, arbeiten die zuständigen Behörden bei der Wahrnehmung ihrer Befugnis zur Auferlegung von verwaltungsrechtlichen Sanktionen und Maßnahmen eng zusammen und koordinieren ihre Maßnahmen in grenzüberschreitenden Fällen.

(5) Die Mitgliedstaaten stellen sicher, dass juristische Personen für Verstöße im Sinne des Artikels 29 verantwortlich gemacht werden können, die zu ihren Gunsten von einer Person begangen wurden, die allein oder als Teil eines Organs der juristischen Person gehandelt hat und die aufgrund einer der folgenden Befugnisse eine Führungsposition innerhalb der juristischen Person innehat:

a) Befugnis zur Vertretung der juristischen Person;

b) Befugnis, Entscheidungen im Auftrag der juristischen Person zu treffen;

c) Kontrollbefugnis innerhalb der juristischen Person.

(6) Die Mitgliedstaaten stellen ferner sicher, dass juristische Personen verantwortlich gemacht werden können, wenn mangelnde Überwachung oder Kontrolle durch eine Person im Sinne des Absatzes 5 dieses Artikels das Begehen eines der in Artikel 29 genannten Verstöße zugunsten der juristischen Person durch eine ihr unterstellte Person ermöglicht hat.

(7) Die zuständigen Behörden üben ihre Befugnis zum Verhängen von verwaltungsrechtlichen Sanktionen und Maßnahmen gemäß dieser Verordnung wie folgt aus:

a) unmittelbar;

b) in Zusammenarbeit mit anderen Behörden;

c) in eigener Verantwortung durch Übertragung von Aufgaben an solche anderen Behörden;

d) durch Antragstellung bei den zuständigen Justizbehörden.

Um zu gewährleisten, dass die verwaltungsrechtlichen Sanktionen oder Maßnahmen die gewünschten Ergebnisse erzielen, arbeiten die zuständigen Behörden bei der Wahrnehmung ihrer Befugnis zum Verhängen von verwaltungsrechtlichen Sanktionen und Maßnahmen eng zusammen und koordinieren ihre Maßnahmen in grenzüberschreitenden Fällen.

Artikel 29
Besondere Bestimmungen

Die Mitgliedstaaten gewährleisten, dass ihre verwaltungsrechtlichen Sanktionen und Maßnahmen zumindest die verwaltungsrechtlichen Sanktionen und Maßnahmen nach Artikel 59 Absätze 2 und 3 der Richtlinie (EU) 2015/849 umfassen, wenn folgende Verstöße gegen diese Verordnung vorliegen:

a) wiederholte oder systematische Nichtübermittlung vorgeschriebener Angaben zum Zahler oder zum Zahlungsempfänger – bei einem Geldtransfer – durch einen Zahlungsdienstleister unter Verstoß gegen die Artikel 4, 5 oder 6 bzw. wiederholte oder systematische Nichtübermittlung vorgeschriebener Angaben zum Originator oder zum Begünstigten – bei einem Kryptowertetransfer – durch einen Anbieter von Krypto-Dienstleistungen unter Verstoß gegen die Artikel 14 oder 15;

b) wiederholtes, systematisches oder schweres Versäumnis eines Zahlungsdienstleisters oder eines Anbieters von Krypto-Dienstleistungen, die Aufbewahrung von Aufzeichnungen gemäß Artikel 26 sicherzustellen;

c) Versäumnis eines Zahlungsdienstleisters, wirksame risikobasierte Verfahren einzuführen, unter Verstoß gegen Artikel 8 oder 12 bzw. eines Anbieters von Krypto-Dienstleistungen, wirksame risikobasierte Verfahren einzuführen, unter Verstoß gegen Artikel 17;

d) schwerwiegender Verstoß eines zwischengeschalteten Zahlungsdienstleisters gegen Artikel 11 oder 12 bzw. eines zwischengeschalteten Anbieters von Krypto-Dienstleistungen gegen Artikel 19, 20 oder 21.

Artikel 30
Bekanntmachung von Sanktionen und Maßnahmen

Im Einklang mit Artikel 60 Absätze 1, 2 und 3 der Richtlinie (EU) 2015/849 machen die zuständigen Behörden verwaltungsrechtliche Sanktionen und Maßnahmen, die in den in den Artikeln 28 und 29 dieser Verordnung genannten Fällen verhängt werden, unverzüglich unter Nennung der Art und des Wesens des Verstoßes und der Identität der für den Verstoß verantwortlichen Personen öffentlich bekannt, falls dies nach einer Prüfung im Einzelfall erforderlich und verhältnismäßig ist.

Artikel 31
Anwendung von Sanktionen und Maßnahmen durch zuständige Behörden

(1) Bei der Festlegung der Art der verwaltungsrechtlichen Sanktionen oder Maßnahmen und der Höhe der Geldbußen berücksichtigen die zuständigen Behörden alle maßgeblichen Umstände, darunter auch die in Artikel 60 Absatz 4 der Richtlinie (EU) 2015/849 genannten.

(2) In Bezug auf gemäß dieser Verordnung verhängte verwaltungsrechtliche Sanktionen und Maßnahmen gilt Artikel 62 der Richtlinie (EU) 2015/849.

Artikel 32
Meldung von Verstößen

(1) Die Mitgliedstaaten richten wirksame Mechanismen ein, um die Meldung von Verstößen gegen diese Verordnung an die zuständigen Behörden zu fördern.

Diese Mechanismen umfassen zumindest die in Artikel 61 Absatz 2 der Richtlinie (EU) 2015/849 genannten.

(2) Die Zahlungsdienstleister und Anbieter von Krypto-Dienstleistungen richten in Zusammenarbeit mit den zuständigen Behörden angemessene interne Verfahren ein, über die ihre Mitarbeiter oder Personen in einer vergleichbaren Position Verstöße intern über einen sicheren, unabhängigen, spezifischen und anonymen Weg melden können und der in Bezug auf die Art und die Größe des betreffenden Zahlungsdienstleisters oder Anbieters von Krypto-Dienstleistungen verhältnismäßig ist.

Artikel 33
Überwachung

(1) Die Mitgliedstaaten schreiben vor, dass die zuständigen Behörden eine wirksame Überwachung durchführen und die erforderlichen Maßnahmen treffen, um die Einhaltung dieser Verordnung sicherzustellen, und fördern durch wirksame Mechanismen die Meldung von Verstößen gegen die Bestimmungen dieser Verordnung an die zuständigen Behörden.

(2) Bis zum 31 Dezember 2026 und danach alle drei Jahre übermittelt die Kommission dem Europäischen Parlament und dem Rat einen Bericht über die Anwendung des Kapitels VI, insbesondere im Hinblick auf grenzüberschreitende Fälle.

KAPITEL VII
Durchführungsbefugnisse

Artikel 34
Ausschussverfahren

(1) Die Kommission wird vom Ausschuss zur Verhinderung der Geldwäsche und der Terrorismusfinanzierung unterstützt. Dieser Ausschuss ist ein Ausschuss im Sinne der Verordnung (EU) Nr. 182/2011.

(2) Wird auf diesen Absatz Bezug genommen, so gilt Artikel 5 der Verordnung (EU) Nr. 182/2011.

KAPITEL VIII
Ausnahmeregelungen

Artikel 35
Vereinbarungen mit Ländern und Gebieten, die nicht Teil des Unionsgebiets sind

(1) Die Kommission kann jedem Mitgliedstaat gestatten, mit einem Land oder Gebiet, das nicht zum räumlichen Geltungsbereich des Vertrags über die Europäische Union und des Vertrag über die Arbeitsweise der Europäischen Union (AEUV) im Sinne des Artikels 355 AEUV gehört (im Folgenden „betreffendes Land oder Gebiet"), eine Vereinbarung mit Ausnahmeregelungen zu dieser Verordnung zu schließen, um zu ermöglichen, dass Geldtransfers zwischen diesem Land oder Gebiet und dem betreffenden Mitgliedstaat wie Geldtransfers innerhalb dieses Mitgliedstaats behandelt werden.

Solche Vereinbarungen können nur gestattet werden, wenn alle nachfolgenden Bedingungen erfüllt sind:

a) Das betreffende Land oder Gebiet ist mit dem betreffenden Mitgliedstaat in einer Währungsunion verbunden oder Teil seines Währungsgebiets oder hat eine Währungsvereinbarung mit der durch einen Mitgliedstaat vertretenen Union unterzeichnet;

b) Zahlungsdienstleister in dem betreffenden Land oder Gebiet nehmen unmittelbar oder mittelbar an den Zahlungs- und Abwicklungssystemen in dem betreffenden Mitgliedstaat teil;

c) das betreffende Land oder Gebiet schreibt den in seinen Zuständigkeitsbereich fallenden Zahlungsdienstleistern vor, dieselben Bestimmungen wie nach dieser Verordnung anzuwenden.

(2) Will ein Mitgliedstaat eine Vereinbarung gemäß Absatz 1 schließen, so richtet er einen entsprechenden Antrag an die Kommission und liefert ihr alle Informationen, die für die Beurteilung des Antrags erforderlich sind.

(3) Sobald ein solcher Antrag bei der Kommission eingeht, werden Geldtransfers zwischen diesem Mitgliedstaat und dem betreffenden Land oder Gebiet bis zu einer Entscheidung nach dem Verfahren dieses Artikels vorläufig wie Geldtransfers innerhalb dieses Mitgliedstaats behandelt.

(4) Ist die Kommission innerhalb von zwei Monaten nach Eingang des Antrags der Ansicht, dass sie nicht über alle für die Beurteilung des Antrags erforderlichen Informationen verfügt, so nimmt sie mit dem betreffenden Mitgliedstaat Kontakt auf und teilt ihm mit, welche Informationen sie darüber hinaus benötigt.

(5) Innerhalb von einem Monat, nachdem die Kommission alle Informationen erhalten hat, die sie für eine Beurteilung des Antrags für erforderlich hält, teilt sie dies dem antragstellenden Mitgliedstaat mit und leitet den anderen Mitgliedstaaten Kopien des Antrags weiter.

(6) Innerhalb von drei Monaten nach der Mitteilung nach Absatz 5 dieses Artikels entscheidet die Kommission im Wege eines Durchführungsrechtsakts gemäß Artikel 34 Absatz 2, ob sie dem betreffenden Mitgliedstaat den Abschluss der Vereinbarung, die Gegenstand des Antrags ist, gestattet.

Die Kommission erlässt auf jeden Fall innerhalb von 18 Monaten nach Eingang des Antrags eine Entscheidung nach Unterabsatz 1 dieses Absatzes.

KAPITEL IX
Sonstige Bestimmungen

Artikel 36
Leitlinien

Die EBA gibt für die zuständigen Behörden und Zahlungsdienstleister gemäß Artikel 16 der Verordnung (EU) Nr. 1093/2010 Leitlinien zu den gemäß der vorliegenden Verordnung zu ergreifenden Maßnahmen heraus, insbesondere hinsichtlich der Anwendung der Artikel 7, 8, 11 und 12 der vorliegenden Verordnung. Bis zum 30 Juni 2024 gibt die EBA an die zuständigen Behörden und die Anbieter von Krypto-Dienstleistungen gerichtete Leitlinien zu den Maßnahmen heraus, die zur Umsetzung der Artikel 14 bis 17 und der Artikel 19 bis 22 dieser Verordnung zu ergreifen sind.

Die EBA gibt Leitlinien heraus, in denen die technischen Aspekte der Anwendung dieser Verordnung auf Lastschriften sowie die nach dieser Verordnung von Zahlungsauslösedienstleistern gemäß Artikel 4 Nummer 18 der Richtlinie (EU) 2015/2366 zu ergreifenden Maßnahmen unter Berücksichtigung ihrer begrenzten Rolle bei Zahlungsvorgängen festgelegt werden.

Die EBA gibt an die zuständigen Behörden gerichtete Leitlinien zu den Merkmalen eines risikobasierten Ansatzes für die Aufsicht über Anbieter von Krypto-Dienstleistungen sowie zu den

Schritten heraus, nach denen bei dieser Art der Aufsicht zu verfahren ist.

Die EBA sorgt für einen regelmäßigen Dialog mit den Interessenträgern über die Entwicklung technisch interoperabler Lösungen, um die Umsetzung der in dieser Verordnung festgelegten Anforderungen zu erleichtern.

Artikel 37
Überprüfung

(1) Innerhalb von 12 Monate nach Inkrafttreten einer Verordnung zur Verhinderung der Nutzung des Finanzsystems zu Zwecken der Geldwäsche und der Terrorismusfinanzierung überprüft die Kommission die vorliegende Verordnung und schlägt gegebenenfalls Änderungen vor, um eine kohärente Vorgehensweise sowie eine Angleichung an die Verordnung zur Verhinderung der Nutzung des Finanzsystems zu Zwecken der Geldwäsche und der Terrorismusfinanzierung sicherzustellen.

(2) Bis zum 1 Juli 2026 gibt die Kommission nach Konsultation der EBA einen Bericht heraus, in dem die Risiken, die mit Transfers an selbst gehostete Adressen oder außerhalb der Union ansässige Unternehmen oder von solchen Adressen oder Unternehmen stammenden Transfers verbunden sind, sowie die Notwendigkeit spezifischer Maßnahmen zur Minderung dieser Risiken bewertet werden, und schlägt gegebenenfalls Änderungen an der vorliegenden Verordnung vor.

(3) Bis zum 30 Juni 2027 übermittelt die Kommission dem Europäischen Parlament und dem Rat einen Bericht über die Anwendung und Durchsetzung der vorliegenden Verordnung und fügt diesem gegebenenfalls einen Legislativvorschlag bei.

Der in Unterabsatz 1 genannte Bericht umfasst

a) eine Bewertung der Wirksamkeit der in der vorliegenden Verordnung vorgesehenen Maßnahmen und der Einhaltung der vorliegenden Verordnung durch Zahlungsdienstleister und Anbieter von Krypto-Dienstleistungen;

b) eine Bewertung der technischen Lösungen für die Erfüllung der Verpflichtungen, denen Anbieter von Krypto-Dienstleistungen gemäß der vorliegenden Verordnung unterliegen, einschließlich der aktuellen Entwicklungen im Hinblick auf technisch ausgereifte, interoperable Lösungen für die Einhaltung dieser Verordnung und die Nutzung von DLT-Analysetools zur Ermittlung von Ursprung und Ziel der transferierten Kryptowerte und für die Durchführung von „Know-your-Transaction"-Prozessen (KYT);

c) eine Bewertung der Wirksamkeit und der Eignung der für Geldtransfers geltenden Geringfügigkeitsgrenzen, insbesondere im Hinblick auf den Anwendungsbereich und die beim Transfer zu übermittelnden Angaben, sowie eine Bewertung der Frage, ob diese Grenzwerte heruntergesetzt oder abgeschafft werden müssen;

d) eine Bewertung der Kosten und des Nutzens der Einführung von Geringfügigkeitsgrenzen in Bezug auf die bei Kryptowertetransfers zu übermittelnden Angaben, einschließlich einer Bewertung der damit verbundenen Risiken von Geldwäsche und Terrorismusfinanzierung;

e) eine Analyse der Entwicklungstrends bei der Verwendung selbst gehosteter Adressen zur Durchführung von Transfers ohne Beteiligung Dritter in Verbindung mit einer Bewertung der damit verbundenen Risiken von Geldwäsche und Terrorismusfinanzierung und einer Bewertung der Notwendigkeit, Wirksamkeit und Durchsetzbarkeit zusätzlicher Maßnahmen zur Minderung dieser Risiken, wie besondere Verpflichtungen für Anbieter von Hardware und Software Wallets und die Beschränkung, die Kontrolle oder das Verbot von Transfers mit selbst gehosteten Adressen.

Dieser Bericht trägt neuen Entwicklungen im Bereich der Bekämpfung von Geldwäsche und Terrorismusfinanzierung sowie in diesem Bereich angesiedelten, einschlägigen Evaluierungen, Bewertungen und Berichten von internationalen Organisationen und Einrichtungen für die Festlegung von Standards, Strafverfolgungsbehörden und Nachrichtendiensten, Anbietern von Krypto-Dienstleistungen oder aus anderen zuverlässigen Quellen Rechnung.

KAPITEL X

Schlussbestimmungen

Artikel 38
Änderungen der Richtlinie (EU) 2015/849

eingearbeitet

Artikel 39
Aufhebung

Die Verordnung (EU) 2015/847 wird mit Wirkung vom Tag des Geltungsbeginns der vorliegenden Verordnung aufgehoben.

Bezugnahmen auf die aufgehobene Verordnung gelten als Bezugnahmen auf die vorliegende Verordnung und sind nach Maßgabe der Entsprechungstabelle in Anhang II zu lesen.

Artikel 40
Inkrafttreten

Diese Verordnung tritt am zwanzigsten Tag nach ihrer Veröffentlichung im *Amtsblatt der*

Europäischen Union in Kraft. Sie gilt ab dem 30 Dezember 2024.

Anhänge: *Nicht abgedruckt. (Die Anhänge sind im Volltext auf www.lexisnexis.at unter dem Menüpunkt „Service", Unterpunkt „Downloads & Updates" abrufbar.)*

Diese Verordnung ist in allen ihren Teilen verbindlich und gilt unmittelbar in jedem Mitgliedstaat.

Geschehen zu Brüssel am 31 Mai 2023.

Im Namen des Europäischen Parlaments	*Im Namen des Rates*
Die Präsidentin	*Der Präsident*
R. METSOLA	P. KULLGREN

Finanzmarkt-Geldwäsche-Gesetz

BGBl I 2016/118 idF

1 BGBl I 2017/107
2 BGBl I 2017/136
3 BGBl I 2018/17
4 BGBl I 2018/37
5 BGBl I 2019/62
6 BGBl I 2021/25
7 BGBl I 2021/98

STICHWORTVERZEICHNIS

Stichwortverzeichnis

Inhaltsverzeichnis

1. Abschnitt

Anwendungsbereich und Begriffsbestimmungen

Anwendungsbereich

§ 1. „(1)“ Dieses Bundesgesetz ist auf Kredit- und Finanzinstitute „sowie auf Dienstleister in Bezug auf virtuelle Währungen“ (Verpflichtete) anzuwenden. Davon ausgenommen sind die in anderen Mitgliedstaaten gelegenen Zweigstellen bzw. Zweigniederlassungen von Kredit- und Finanzinstituten mit Sitz im Inland. *(BGBl I 2019/62)*

(2) Dieses Bundesgesetz dient ferner der Regelung des Koordinierungsgremiums zur Entwicklung von Maßnahmen und Strategien zur Verhinderung der Geldwäscherei und Terrorismusfinanzierung, der von diesem Gremium zu erstellenden nationalen Risikoanalyse und der Besorgung der damit im Zusammenhang erforderlichen Statistik- und Analyseaufgaben. *(BGBl I 2019/62)*

Begriffsbestimmungen

§ 2. Für die Zwecke dieses Bundesgesetzes bezeichnet der Ausdruck:

1. Kreditinstitut: ein Kreditinstitut gemäß § 1 Abs. 1 BWG und ein CRR-Kreditinstitut gemäß § 9 BWG, das Tätigkeiten im Inland über eine Zweigstelle erbringt.

2. Finanzinstitut:

a) ein Finanzinstitut gemäß § 1 Abs. 2 Z 1 bis 6 BWG;

b) ein Versicherungsunternehmen gemäß § 1 Abs. 1 Z 1 VAG 2016 und ein kleines Versicherungsunternehmen gemäß § 1 Abs. 1 Z 2 VAG 2016 jeweils im Rahmen des Betriebes der Lebensversicherung (Zweige 19 bis 22 gemäß Anlage A zum VAG 2016);

c) eine Wertpapierfirma gemäß § 3 Abs. 1 WAG 2018 und ein Wertpapierdienstleistungsunternehmen gemäß § 4 Abs. 1 WAG 2018; *(BGBl I 2017/107)*

d) einen AIFM gemäß § 1 Abs. 5 und § 4 Abs. 1 AIFMG und einen Nicht-EU-AIFM gemäß § 39 Abs. 3 AIFMG;

e) ein E-Geldinstitut gemäß § 3 Abs. 2 E-Geldgesetz 2010;

f) ein Zahlungsinstitut gemäß „§ 10 ZaDiG 2018“; g) die Post hinsichtlich ihres Geldverkehrs; *(BGBl I 2018/17)*

h) Finanzinstitute gemäß Art. 3 Z 2 lit. a bis d der Richtlinie (EU) 2015/849 mit Sitz in einem anderen Mitgliedstaat mit dem über im Inland gelegene Zweigstellen bzw. Zweigniederlassungen ausgeübten Geschäftsbetrieb sowie im Inland gelegene Zweigstellen bzw. Zweigniederlassungen von solchen Finanzinstituten, die in Drittländern zugelassen sind.

3. wirtschaftlicher Eigentümer: ein wirtschaftlicher Eigentümer gemäß § 2 WiEReG. § 2 Z 1 WiEReG ist nicht auf börsenotierte Gesellschaften anzuwenden, deren Wertpapiere zum Handel auf einem geregelten Markt in einem oder mehreren Mitgliedstaaten zugelassen sind, oder börsenotierte Gesellschaften aus Drittländern, die gemäß einer auf Grund des „§ 122 Abs. 10 BörseG 2018“ durch die FMA zu erlassenden Verordnung Offenlegungsanforderungen unterliegen, die dem Uni-

onsrecht entsprechen oder mit diesem vergleichbar sind. *(BGBl I 2017/136; BGBl I 2018/37)*

4. Dienstleister für Trusts oder Gesellschaften: jede Person, die gewerbsmäßig eine der folgenden Dienstleistungen für Dritte erbringt:

a) Gründung von Gesellschaften oder anderen juristischen Personen;

b) Ausübung der Leitungs- oder Geschäftsführungsfunktion einer Gesellschaft, der Funktion eines Gesellschafters einer Personengesellschaft oder einer vergleichbaren Funktion bei einer anderen juristischen Person oder Bestellung einer anderen Person für die zuvor genannten Funktionen;

c) Bereitstellung eines Sitzes, einer Geschäfts-, Post- oder Verwaltungsadresse und anderer damit zusammenhängender Dienstleistungen für eine Gesellschaft, eine Personengesellschaft oder eine andere juristische Person oder Rechtsvereinbarung;

d) Ausübung der Funktion eines Trustees eines Express Trusts oder einer ähnlichen Rechtsvereinbarung oder Bestellung einer anderen Person für die zuvor genannten Funktionen;

e) Ausübung der Funktion eines nominellen Anteilseigners für eine andere Person, bei der es sich nicht um eine an einem geregelten Markt notierte Gesellschaft handelt, die dem Unionsrecht entsprechenden Offenlegungsanforderungen oder gleichwertigen internationalen Standards unterliegt, oder Bestellung einer anderen Person für die zuvor genannten Funktionen.

5. Korrespondenzbank-Beziehung:

a) die Erbringung von Bankdienstleistungen durch ein Kreditinstitut als Korrespondenzbank für ein anderes Kreditinstitut als Respondenzbank; hierzu zählen unter anderem die Unterhaltung eines Kontokorrent- oder eines anderen Bezugskontos und die Erbringung damit verbundener Leistungen wie Verwaltung von Barmitteln, internationale Geldtransfers, Scheckverrechnung, Dienstleistungen im Zusammenhang mit Durchlaufkonten und Devisengeschäfte;

b) die Beziehungen zwischen Kreditinstituten und Finanzinstituten, sowohl mit- als auch untereinander, wenn ähnliche Leistungen durch ein Korrespondenzinstitut für ein Respondenzinstitut erbracht werden; dies umfasst unter anderem Beziehungen, die für Wertpapiergeschäfte oder Geldtransfers aufgenommen wurden.

6. politisch exponierte Person: eine natürliche Person, die wichtige öffentliche Ämter ausübt oder ausgeübt hat; hierzu zählen insbesondere:

a) Staatschefs, Regierungschefs, Minister, stellvertretende Minister und Staatssekretäre; im Inland betrifft dies insbesondere den Bundespräsidenten, den Bundeskanzler und die Mitglieder der Bundesregierung und der Landesregierungen;

b) Parlamentsabgeordnete oder Mitglieder vergleichbarer Gesetzgebungsorgane; im Inland betrifft dies insbesondere die Abgeordneten des Nationalrates und des Bundesrates;

c) Mitglieder der Führungsgremien politischer Parteien; im Inland betrifft dies insbesondere Mitglieder der Führungsgremien von im Nationalrat vertretenen politischen Parteien;

d) Mitglieder von obersten Gerichtshöfen, Verfassungsgerichtshöfen oder sonstigen hohen Gerichten, gegen deren Entscheidungen, von außergewöhnlichen Umständen abgesehen, kein Rechtsmittel mehr eingelegt werden kann; im Inland betrifft dies insbesondere Richter des Obersten Gerichtshofs, des Verfassungsgerichtshofs und des Verwaltungsgerichtshofs;

e) Mitglieder von Rechnungshöfen oder der Leitungsorgane von Zentralbanken; im Inland betrifft dies insbesondere den Präsidenten des Bundesrechnungshofes sowie die Direktoren der Landesrechnungshöfe und Mitglieder des Direktoriums der Oesterreichischen Nationalbank;

f) Botschafter, Geschäftsträger und hochrangige Offiziere der Streitkräfte; im Inland sind hochrangige Offiziere der Streitkräfte insbesondere Militärpersonen ab dem Dienstgrad Generalleutnant;

g) Mitglieder der Verwaltungs-, Leitungs- oder Aufsichtsorgane staatseigener Unternehmen; im Inland betrifft dies insbesondere Unternehmen bei denen der Bund mit mindestens 50 vH des Stamm-, Grund- oder Eigenkapitals beteiligt ist oder die der Bund alleine betreibt oder die der Bund durch finanzielle oder sonstige wirtschaftliche oder organisatorische Maßnahmen tatsächlich beherrscht; bei Unternehmen an denen ein Land mit mindestens 50 vH des Stamm-, Grund- oder Eigenkapitals beteiligt ist oder die ein Land alleine betreibt oder die ein Land durch finanzielle oder sonstige wirtschaftliche oder organisatorische Maßnahmen tatsächlich beherrscht – sofern der jährliche Gesamtumsatz eines solchen Unternehmens 1 000 000 Euro übersteigt – der Vorstand bzw. die Geschäftsführung. Der jährliche Gesamtumsatz bestimmt sich nach den jährlichen Umsatzerlösen aus dem letzten festgestellten Jahresabschluss. *(BGBl I 2017/136)*

h) Direktoren, stellvertretende Direktoren und Mitglieder des Leitungsorgans oder eine vergleichbare Funktion bei einer internationalen Organisation.

Keine der unter lit. a bis h genannten öffentlichen Funktionen umfasst Funktionsträger mittleren oder niedrigeren Ranges.

7. Familienmitglieder: insbesondere

a) den Ehegatten einer politisch exponierten Person, eine dem Ehegatten einer politisch exponierten Person gleichgestellte Person oder den Lebensgefährten im Sinne von § 72 Abs. 2 StGB,

b) die Kinder (einschließlich Wahl- und Pflegekinder) einer politisch exponierten Person und deren Ehegatten, den Ehegatten gleichgestellte Personen oder Lebensgefährten im Sinne von § 72 Abs. 2 StGB,

c) die Eltern einer politisch exponierten Person.

8. bekanntermaßen nahestehende Personen:

a) natürliche Personen, die bekanntermaßen gemeinsam mit einer politisch exponierten Person wirtschaftliche Eigentümer von juristischen Personen oder Rechtsvereinbarungen sind oder sonstige enge Geschäftsbeziehungen zu einer politisch exponierten Person unterhalten;

b) natürliche Personen, die alleiniger wirtschaftlicher Eigentümer einer juristischen Person oder einer Rechtsvereinbarung sind, welche bekanntermaßen de facto zugunsten einer politisch exponierten Person errichtet wurde.

9. Führungsebene: Führungskräfte oder Beschäftigte der Verpflichteten mit ausreichendem Wissen über die Risiken, die für das Institut in Bezug auf Geldwäscherei und Terrorismusfinanzierung bestehen, und ausreichender Seniorität, um Entscheidungen mit Auswirkungen auf die Risikolage treffen zu können, wobei es sich nicht in jedem Fall um ein Mitglied des Leitungsorgans handeln muss.

10. Geschäftsbeziehung: jede geschäftliche, berufliche oder gewerbliche Beziehung, die mit den gewerblichen Tätigkeiten eines Verpflichteten in Verbindung steht und bei der bei Zustandekommen des Kontakts davon ausgegangen wird, dass sie von gewisser Dauer sein wird.

11. Gruppe: eine Gruppe von Unternehmen, die aus einem Mutterunternehmen, seinen Tochterunternehmen und den Unternehmen, an denen das Mutterunternehmen oder seine Tochterunternehmen eine Beteiligung halten, besteht, sowie Unternehmen, die untereinander durch eine Beziehung im Sinne von Art. 22 der Richtlinie 2013/34/EU verbunden sind.

12. E-Geld: E-Geld gemäß § 1 Abs. 1 E-Geldgesetz 2010.

13. Bank-Mantelgesellschaft (shell bank): ein Kreditinstitut, ein Finanzinstitut oder ein Institut, das Tätigkeiten ausübt, die denen eines Kreditinstituts oder eines Finanzinstituts gleichwertig sind, das in einem Land eingetragen ist, in dem es nicht physisch präsent ist, so dass eine echte Leitung und Verwaltung stattfinden könnte, und das keiner regulierten Finanzgruppe angeschlossen ist.

14. Geldwäschemeldestelle: die Geldwäschemeldestelle gemäß § 4 Abs. 2 Z 1 und 2 BKA-G.

15. Kunde: jede Person, die mit dem Verpflichteten eine Geschäftsbeziehung begründet hat oder begründen will, sowie jede Person für die der Verpflichtete eine Transaktion durchführt oder durchführen soll, die nicht in den Rahmen einer Geschäftsbeziehung fällt (gelegentliche Transaktion).

16. Drittländer mit hohem Risiko: Drittländer, die in ihren nationalen Systemen zur Bekämpfung von Geldwäscherei und Terrorismusfinanzierung strategische Mängel aufweisen, die wesentliche Risiken für das Finanzsystem der Union darstellen und dies von der Europäischen Kommission mit einer delegierten Verordnung gemäß Art. 9 der Richtlinie (EU) 2015/849 festgestellt wurde.

17. Mitgliedstaat: einen Mitgliedstaat der Europäischen Union oder einen anderen Vertragsstaat des Abkommens über den Europäischen Wirtschaftsraum, BGBl. Nr. 909/1993 in der Fassung des Anpassungsprotokolls BGBl. Nr. 910/1993 (EWR).

18. Drittland: jeden Staat, der kein Mitgliedstaat gemäß Z 17 ist.

19. Lebensversicherungsverträge: Lebensversicherungsverträge (Zweige 19 bis 22 gemäß Anlage A zum VAG 2016) und Lebensversicherungsverträge und andere Versicherungen mit Anlagezweck, sofern diese im Wege der Niederlassungsfreiheit im Inland vertrieben werden.

20. Europäische Bankenaufsichtsbehörde: die Europäische Bankenaufsichtsbehörde gemäß Verordnung (EU) Nr. 1093/2010 *(BGBl I 2021/25)*

21. Virtuelle Währungen: eine digitale Darstellung eines Werts, die von keiner Zentralbank oder öffentlichen Stelle emittiert wurde oder garantiert wird und nicht zwangsläufig an eine gesetzlich festgelegte Währung angebunden ist und die nicht den gesetzlichen Status einer Währung oder von Geld besitzt, aber von natürlichen oder juristischen Personen als Tauschmittel akzeptiert wird und die auf elektronischem Wege übertragen, gespeichert und gehandelt werden kann. *(BGBl I 2019/62)*

22. Dienstleister in Bezug auf virtuelle Währungen: alle Dienstleister, die eine oder mehrere der folgenden Dienstleistungen anbieten

a) Dienste zur Sicherung privater kryptografischer Schlüssel, um virtuelle Währungen im Namen eines Kunden zu halten, zu speichern und zu übertragen (Anbieter von elektronischen Geldbörsen);

b) den Tausch von virtuellen Währungen in Fiatgeld und umgekehrt;

c) den Tausch einer oder mehrerer virtueller Währungen untereinander;

d) die Übertragung von virtuellen Währungen;

e) die Zurverfügungstellung von Finanzdienstleistungen für die Ausgabe und den Verkauf von virtuellen Währungen.
(BGBl I 2019/62)

2. Abschnitt
Risikoanalyse

Nationale Zusammenarbeit und Erstellung der Risikoanalyse

§ 3. (1) Zur Ermittlung, zur Bewertung, zum Verständnis und zur Minderung der im Inland bestehenden Risiken der Geldwäscherei und Terrorismusfinanzierung sowie aller Datenschutzprobleme in diesem Zusammenhang ist beim Bundesminister für Finanzen ein Koordinierungsgremium zur Entwicklung von Maßnahmen und Strategien zur Verhinderung der Geldwäscherei und Terrorismusfinanzierung einzurichten. Die Bundesminister „für Verfassung, Reformen, Deregulierung und Justiz", für Inneres, „für Digitalisierung und Wirtschaftsstandort", für Europa, Integration und Äußeres sowie die FMA und die Oesterreichische Nationalbank haben zumindest ein Mitglied und einen Stellvertreter zu nominieren. Der Vorsitzende und sein Stellvertreter sind vom Bundesminister für Finanzen zu nominieren. Der Vorsitzende hat das Koordinierungsgremium zumindest zweimal im Kalenderjahr einzuberufen. Die Mitglieder des Koordinierungsgremiums können bei Vorliegen wichtiger Gründe eine Einberufung verlangen. *(BGBl I 2019/62)*

(2) Das Koordinierungsgremium hat eine nationale Risikoanalyse zu erstellen und laufend zu aktualisieren. Die Grundlage der nationalen Risikoanalyse stellen die Beiträge der in Abs. 1 genannten Mitglieder dar, die diese im Rahmen ihrer jeweiligen Zuständigkeit zu erstellen haben. Die in dem Koordinierungsgremium vertretenen Bundesminister haben bei der Erstellung ihrer Beiträge jeweils die zuständigen Aufsichtsbehörden, die Geldwäschemeldestelle und andere relevante Behörden, insbesondere die Finanzämter und die Strafverfolgungsbehörden, in ihrem Vollzugsbereich in geeigneter Weise einzubinden und deren Erkenntnisse zu berücksichtigen. Der Bundesminister für Finanzen hat darüber hinaus die zuständigen Landesbehörden im Rahmen der Aufsicht über Landesbewilligte für Glücksspielautomaten und Wettunternehmer anzuhören, soweit deren diesbezügliche Aufgaben betroffen sind. Bei der Erstellung der nationalen Risikoanalyse sind die Ergebnisse des Berichts der Europäischen Kommission über die Risiken der Geldwäscherei und Terrorismusfinanzierung im Binnenmarkt gemäß Art. 6 Abs. 1 der Richtlinie (EU) 2015/849 zu berücksichtigen. Ebenso können gegebenenfalls einschlägige zusätzliche Informationen von anderen Mitgliedstaaten berücksichtigt werden. Der Vorsitzende des Koordinierungsgremiums hat die Erstellung zu koordinieren. Der Bericht darf keine vertraulichen Informationen enthalten. *(BGBl I 2019/62)*

(3) Die nationale Risikoanalyse dient folgenden Zwecken:

1. der Verbesserung des Systems zur Bekämpfung von Geldwäscherei und Terrorismusfinanzierung, insbesondere zur Ermittlung aller etwaigen Bereiche, in denen die Verpflichteten verstärkte Maßnahmen anwenden müssen und zur Empfehlung der zu treffenden Maßnahmen;

2. der Identifikation von Sektoren oder Bereichen mit geringem oder erhöhtem Risiko für Geldwäscherei und Terrorismusfinanzierung;

3. der Identifikation von Risiken der Geldwäscherei und Terrorismusfinanzierung in Bezug auf die Entwicklung von neuen Produkten und neuen Geschäftspraktiken inklusive neuen Vertriebsmechanismen und der Nutzung von neuen oder sich entwickelnden Technologien sowohl für neue als auch bereits existierenden Produkte;

4. der Zuteilung von Ressourcen und zur Prioritätensetzung bei den Ressourcen für die Bekämpfung von Geldwäscherei und Terrorismusfinanzierung;

5. der Sicherstellung, dass für jeden Sektor oder Bereich den Risiken der Geldwäscherei und Terrorismusfinanzierung entsprechende angemessene Regelungen festgelegt werden „;" *(BGBl I 2019/62)*

6. der umgehenden Versorgung der Verpflichteten mit angemessenen Informationen, damit diese ihre eigene Bewertung des Risikos der Geldwäscherei und Terrorismusfinanzierung leichter vornehmen können „;" *(BGBl I 2019/62)*

7. der Beschreibung der institutionellen Struktur und der Grundzüge der Systeme zur Bekämpfung der Geldwäscherei und Terrorismusfinanzierung im Inland, unter anderem in Bezug auf die Geldwäschemeldestelle, die Aufsichtsbehörden (§ 12 Abs. 1 Z 3 WiEReG), die Registerbehörde (§ 14 WiEReG), die Finanzämter und die Strafverfolgungsbehörden, sowie der zugewiesenen Human- und Finanzressourcen, soweit diese Informationen zur Verfügung stehen und *(BGBl I 2019/62)*

8. der Beschreibung der nationalen Anstrengungen und Ressourcen (Arbeitskräfte und Finanzmittel), die zur Bekämpfung der Geldwäscherei und Terrorismusfinanzierung zur Verfügung gestellt werden. *(BGBl I 2019/62)*

Die Bundesminister für Finanzen, „für Verfassung, Reformen, Deregulierung und Justiz", für Inneres, „für Digitalisierung und Wirtschaftsstandort", für Europa, Integration und Äußeres sowie die FMA und die Oesterreichische Nationalbank haben im Rahmen ihrer Zuständigkeit entsprechende Maßnahmen zur Verwirklichung dieser Zwecke zu setzen. *(BGBl I 2019/62)*

(4) Die Oesterreichische Nationalbank und die FMA haben im Rahmen ihrer Zuständigkeit dem Bundesminister für Finanzen auf Anfrage unver-

züglich alle für die Erstellung der nationalen Risikoanalyse erforderlichen, den Finanzmarkt betreffenden Daten, Informationen, Analysen und Bewertungen zu übermitteln. Die Oesterreichische Nationalbank hat der FMA jene Daten zu übermitteln, die sie gemäß § 8 Abs. 2 des SanktG ermittelt und verarbeitet hat, soweit diese für die Wahrnehmung der Aufgaben der FMA nach diesem Bundesgesetz erforderlich sind.

(5) Der Bundesminister für Finanzen hat die Ergebnisse der nationalen Risikoanalyse „, einschließlich der zugehörigen Aktualisierungen," der Europäischen Kommission zu übermitteln und auf der Homepage des Bundesministeriums für Finanzen zu veröffentlichen. *(BGBl I 2019/62)*

(6) Das Koordinierungsgremium hat weiters Strategien und Maßnahmen zur Bekämpfung von Geldwäscherei und Terrorismusfinanzierung auf nationaler Ebene zu entwickeln, regelmäßig auf ihre Aktualität zu überprüfen und Umsetzungsempfehlungen auszusprechen. „Abs. 2 ist sinngemäß anzuwenden." *(BGBl I 2019/62)*

(7) Um die wirksame Zusammenarbeit und insbesondere den Informationsaustausch zu erleichtern und zu fördern, hat der Bundesminister für Finanzen der Europäischen Kommission eine Liste der für die Beaufsichtigung der Verpflichteten (§ 9 Abs. 1 Z 1 bis 14 WiEReG) zuständigen Behörden einschließlich ihrer Kontaktdaten zu übermitteln. Der Bundesminister für Finanzen hat diese Liste laufend aktuell zu halten. „Die in der Liste genannten Behörden sind innerhalb ihrer Befugnisse die Kontaktstelle für die entsprechenden zuständigen Behörden der anderen Mitgliedstaaten. Die FMA ist die Kontaktstelle für die Europäische Bankenaufsichtsbehörde." *(BGBl I 2019/62; BGBl I 2021/25)*

(8) Die Bundesminister für Finanzen, für Verfassung, Reformen, Deregulierung und Justiz, für Inneres, für Digitalisierung und Wirtschaftsstandort, für Europa, Integration und Äußeres sowie die FMA und die Oesterreichische Nationalbank haben im Rahmen ihrer Zuständigkeit für die Verhinderung der Geldwäscherei und Terrorismusfinanzierung als Beitrag zur Vorbereitung der Nationalen Risikoanalyse und für die Zwecke der Überprüfung der Wirksamkeit der nationalen Systeme zur Bekämpfung von Geldwäscherei und Terrorismusfinanzierung umfassende Statistiken über Faktoren, die für die Wirksamkeit solcher Systeme relevant sind, zu führen. Diese Statistiken haben zu umfassen:

1. Daten zur Messung von Größe und Bedeutung der verschiedenen Sektoren, die in den Anwendungsbereich der Richtlinie (EU) 2015/849 fallen, einschließlich der Anzahl der natürlichen Personen und der Einheiten sowie der wirtschaftlichen Bedeutung jedes Sektors,

2. Daten zur Messung von Verdachtsmeldungen, Untersuchungen und Gerichtsverfahren im Rahmen des nationalen Systems zur Bekämpfung von Geldwäscherei und Terrorismusfinanzierung, einschließlich der Anzahl der bei der Geldwäschemeldestelle erstatteten Verdachtsmeldungen, der im Anschluss daran ergriffenen Maßnahmen und – auf Jahresbasis – der Anzahl der untersuchten Fälle, der verfolgten Personen und der wegen § 165 StGB verurteilten Personen, der Arten der Vortaten, wenn derartige Informationen vorliegen, sowie des Werts des eingefrorenen, beschlagnahmten oder eingezogenen Vermögens in Euro,

3. sofern vorhanden, Daten über die Zahl und den Anteil der Verdachtsmeldungen, die zu weiteren Untersuchungen führen, zusammen mit einem Jahresbericht für die Verpflichteten, in dem der Nutzen ihrer Verdachtsmeldungen und die daraufhin ergriffenen Maßnahmen erläutert werden,

4. Daten über die Zahl der grenzüberschreitenden Informationsersuchen, die von der zentralen Meldestelle gestellt wurden, bei ihr eingingen, von ihr abgelehnt oder teilweise bzw. vollständig beantwortet wurden, aufgeschlüsselt nach ersuchendem Mitgliedstaat oder Drittland,

5. das Personal, das den für die Aufsicht über die Bekämpfung von Geldwäscherei und Terrorismusfinanzierung zuständigen Behörden zugewiesen wurde, sowie das der Geldwäschemeldestelle für die Ausübung ihrer Aufgaben zugewiesene Personal,

6. die Anzahl der Maßnahmen der Aufsichtsbehörden vor Ort und anderswo, die Anzahl der auf der Grundlage der Maßnahmen der Aufsichtsbehörden (§ 12 Abs. 1 Z 3 WiEReG) und der Registerbehörde (§ 14 Abs. 1 WiEReG) festgestellten Verstöße und die Anzahl der von den Aufsichtsbehörden angewandten Sanktionen/Verwaltungsmaßnahmen.

(BGBl I 2019/62)

(9) Das Koordinierungsgremium hat auf Jahresbasis die Statistiken gemäß Abs. 8 zu konsolidieren und eine Zusammenfassung zu erstellen. Hierbei sind auch die Statistiken der zuständigen Landesbehörden im Rahmen der Aufsicht über Landesbewilligte für Glücksspielautomaten und Wettunternehmer zu berücksichtigen. Der Bundesminister für Finanzen hat die Zusammenfassung auf der Homepage des Bundesministeriums für Finanzen zu veröffentlichen und hat die konsolidierten Statistiken jährlich an die Europäische Kommission zu übermitteln. *(BGBl I 2019/62)*

(10) Das Bundesministerium für Europa, Integration und Äußeres hat eine Liste, in der die genauen Funktionen angegeben sind, die gemäß § 2 Z 6 lit. h als wichtige öffentliche Ämter anzusehen sind, zu erstellen, aktuell zu halten und zumindest jährlich dem Koordinierungsgremium zu übermitteln. Nach Behandlung im Koordinierungsgremium ist diese Liste „und die Liste jener Funktionen, die gemäß § 2 Z 6 als wichtige öffent-

liche Ämter anzusehen sind" vom Bundesminister für Finanzen an die Europäische Kommission zu übermitteln. *(BGBl I 2019/62; BGBl I 2021/25)*

(11) Der Bundesminister für Finanzen hat der Europäischen Kommission, der Europäischen Bankenaufsichtsbehörde und den anderen Mitgliedstaten eine Beschreibung des auf Basis dieser Bestimmung eingerichteten Mechanismus gemäß Art. 7 der Richtlinie (EU) 2015/849 zu übermitteln. *(BGBl I 2021/25)*

Risikoanalyse auf Unternehmensebene

§ 4. (1) Die Verpflichteten haben die potentiellen Risiken der Geldwäscherei und Terrorismusfinanzierung, denen ihr Unternehmen ausgesetzt ist, auf Basis von Daten und Informationen unter Berücksichtigung von sämtlichen relevanten Risikofaktoren, insbesondere jene in Bezug auf Kunden, Länder oder geografische Gebiete, Produkte, Dienstleistungen, Transaktionen und Vertriebskanäle sowie sonstigen neuen oder sich entwickelnden Technologien sowohl für neue als auch bereits existierenden Produkte, zu ermitteln und zu bewerten. Dabei haben sie die Ergebnisse der nationalen Risikoanalyse (§ 3) und des Berichts der Europäischen Kommission über die Risiken der Geldwäscherei und Terrorismusfinanzierung im Binnenmarkt (Art. 6 Abs. 1 der Richtlinie (EU) 2015/849) zu berücksichtigen. Die Ermittlung und Bewertung in Bezug auf neue Produkte, Praktiken und Technologien hat jedenfalls vor der Einführung dieser zu erfolgen. Die Ermittlungs- und Bewertungsschritte haben in einem angemessenen Verhältnis zu Art und Größe der Verpflichteten zu stehen.

(2) Die Verpflichteten haben die gemäß Abs. 1 durchgeführten Ermittlungs- und Bewertungsschritte und deren Ergebnis nachvollziehbar aufzuzeichnen, die Aufzeichnung auf aktuellem Stand zu halten und der FMA auf Anfrage in einem allgemein gebräuchlichen elektronischen Format zur Verfügung zu stellen. Die FMA kann mit Verordnung festlegen, dass die Aufzeichnung einer Risikoanalyse gemäß Abs. 1 für bestimmte Arten von Verpflichteten eines Sektors nicht erforderlich ist, wenn die in dem Sektor bestehenden konkreten Risiken klar erkennbar sind und von den Verpflichteten dieses Sektors verstanden werden.

3. Abschnitt

Sorgfaltspflichten gegenüber Kunden

Anwendung der Sorgfaltspflichten

§ 5. Die Verpflichteten haben in folgenden Fällen Sorgfaltspflichten gegenüber Kunden gemäß § 6 anzuwenden:

1. bei Begründung einer Geschäftsbeziehung; Spareinlagengeschäfte nach § 31 Abs. 1 BWG und Geschäfte nach § 12 Depotgesetz gelten stets als Geschäftsbeziehung;

2. bei Durchführung von allen nicht in den Rahmen einer Geschäftsbeziehung fallenden Transaktionen (gelegentliche Transaktionen),

a) deren Betrag sich auf mindestens 15 000 Euro oder Euro-Gegenwert beläuft, und zwar unabhängig davon, ob die Transaktion in einem einzigen Vorgang oder in mehreren Vorgängen, zwischen denen eine Verbindung offenkundig gegeben ist, getätigt wird, oder

b) bei denen es sich um Geldtransfers im Sinne des Art. 3 Z 9 der Verordnung (EU) 2015/847 von mehr als 1 000 Euro handelt;

ist der Betrag in den Fällen der lit. a vor Beginn der Transaktion nicht bekannt, so sind die Sorgfaltspflichten dann anzuwenden, sobald der Betrag bekannt ist und festgestellt wird, dass er mindestens 15 000 Euro oder Euro-Gegenwert beträgt;

3. bei jeder Einzahlung auf Spareinlagen und bei jeder Auszahlung von Spareinlagen, wenn der ein- oder auszuzahlende Betrag mindestens 15 000 Euro oder Euro-Gegenwert beträgt;

4. wenn der Verdacht oder der berechtigte Grund zu der Annahme besteht, dass der Kunde einer terroristischen Vereinigung (§ 278b StGB) angehört oder dass der Kunde objektiv an Transaktionen mitwirkt, die der Geldwäscherei (§ 165 StGB – unter Einbeziehung von Vermögensbestandteilen, die aus einer strafbaren Handlung des Täters selbst herrühren) oder der Terrorismusfinanzierung (§ 278d StGB) dienen;

5. bei Zweifeln an der Echtheit oder der Angemessenheit zuvor erhaltener Kundenidentifikationsdaten.

Umfang der Sorgfaltspflichten

§ 6. (1) Die Sorgfaltspflichten gegenüber Kunden umfassen:

1. Feststellung der Identität des Kunden und Überprüfung der Identität auf der Grundlage von Dokumenten, Daten oder Informationen, die von einer glaubwürdigen und unabhängigen Quelle stammen „, einschließlich elektronischer Mittel für die Identitätsfeststellung und einschlägiger Vertrauensdienste gemäß der Verordnung (EU) Nr. 910/2014 und anderer sicherer Verfahren zur Identifizierung aus der Ferne oder auf elektronischem Weg nach Maßgabe des Abs. 4;" *(BGBl I 2019/62)*

2. Feststellung der Identität des wirtschaftlichen Eigentümers und Ergreifung angemessener Maßnahmen zur Überprüfung seiner Identität, so dass die Verpflichteten davon überzeugt sind zu wissen, wer der wirtschaftliche Eigentümer ist; im Falle von juristischen Personen, Trusts, Gesellschaften, Stiftungen und ähnlichen Rechtsverein-

barungen schließt dies ein, dass angemessene Maßnahmen ergriffen werden, um die Eigentums- und Kontrollstruktur des Kunden zu verstehen „. Wenn der ermittelte wirtschaftliche Eigentümer ein Angehöriger der obersten Führungsebene gemäß § 2 Z 1 lit. b WiEReG ist, haben die Verpflichteten die erforderlichen angemessenen Maßnahmen zu ergreifen, um die Identität der natürlichen Personen, die der obersten Führungsebene angehören, zu überprüfen, und haben Aufzeichnungen über die ergriffenen Maßnahmen sowie über etwaige während des Überprüfungsvorgangs aufgetretene Schwierigkeiten zu führen. Eine angemessene Maßnahme ist die Einsicht in das Register der wirtschaftlichen Eigentümer nach Maßgabe des § 11 WiEReG;“ *(BGBl I 2019/62)*

3. Bewertung und Einholung von Informationen über den Zweck und die angestrebte Art der Geschäftsbeziehung;

4. Einholung und Überprüfung von Informationen über die Herkunft der eingesetzten Mittel; solche Informationen können unter anderem die Berufs- bzw. Geschäftstätigkeit, das Einkommen bzw. das Geschäftsergebnis oder die allgemeinen Vermögensverhältnisse des Kunden und seiner wirtschaftlichen Eigentümer umfassen;

5. Feststellung und Überprüfung der Identität des Treugebers und des Treuhänders gemäß Abs. 3;

6. kontinuierliche Überwachung der Geschäftsbeziehung, einschließlich einer Überprüfung der im Verlauf der Geschäftsbeziehung ausgeführten Transaktionen, um sicherzustellen, dass diese mit den Kenntnissen der Verpflichteten über den Kunden, seine Geschäftstätigkeit und sein Risikoprofil, einschließlich erforderlichenfalls der Herkunft der Mittel, übereinstimmen;

7. regelmäßige Überprüfung des Vorhandenseins sämtlicher aufgrund dieses Bundesgesetzes erforderlichen Informationen, Daten und Dokumente sowie Aktualisierung dieser Informationen, Daten und Dokumente.

Die Identität jeder Person, die angibt im Namen des Kunden handeln zu wollen (vertretungsbefugte natürliche Person) ist gemäß Z 1 festzustellen und zu überprüfen. Die Vertretungsbefugnis ist auf geeignete Art und Weise zu überprüfen. Der Kunde hat Änderungen der Vertretungsbefugnis während aufrechter Geschäftsbeziehung von sich aus unverzüglich bekannt zu geben.

(2) Die Überprüfung der Identität gemäß Abs. 1 Z 1 hat bei

1. einer natürlichen Person durch die persönliche Vorlage eines amtlichen Lichtbildausweises zu erfolgen. Als amtlicher Lichtbildausweis in diesem Sinn gelten von einer staatlichen Behörde ausgestellte Dokumente, die mit einem nicht austauschbaren erkennbaren Kopfbild der betreffenden Person versehen sind, und den Namen, das Geburtsdatum und die Unterschrift der Person sowie die ausstellende Behörde enthalten; bei Reisedokumenten von Fremden muss die Unterschrift und das vollständige Geburtsdatum dann nicht im Reisedokument enthalten sein, wenn dies dem Recht des ausstellenden Staates entspricht. Von den Kriterien des amtlichen Lichtbildausweises können einzelne Kriterien entfallen, wenn auf Grund des technischen Fortschritts andere gleichwertige Kriterien eingeführt werden, wie beispielsweise biometrische Daten, die den entfallenen Kriterien in ihrer Legitimationswirkung zumindest gleichwertig sind. Das Kriterium der Ausstellung durch eine staatliche Behörde muss jedoch immer gegeben sein;

2. einer juristischen Person anhand von beweiskräftigen Urkunden zu erfolgen, die gemäß dem am Sitz der juristischen Personen landesüblichen Rechtsstandard verfügbar sind. Jedenfalls zu überprüfen sind der aufrechte Bestand, der Name, die Rechtsform, die Vertretungsbefugnis und der Sitz der juristischen Person.

(3) Die Verpflichteten haben den Kunden aufzufordern, Folgendes bekannt zu geben:

1. ob er die Geschäftsbeziehung (§ 5 Abs. 1 Z 1) oder die gelegentliche Transaktion (§ 5 Abs. 1 Z 2) auf eigene oder fremde Rechnung bzw. im fremden Auftrag betreiben will und

2. die Identität seines oder seiner wirtschaftlichen Eigentümer.

Der Kunde hat der Aufforderung zu entsprechen und diesbezügliche Änderungen während aufrechter Geschäftsbeziehung von sich aus unverzüglich bekannt zu geben. Gibt der Kunde bekannt, dass er auf fremde Rechnung bzw. im fremden Auftrag handeln will (Z 1), so hat er dem Verpflichten auch die Identität des Treugebers nachzuweisen und die Verpflichteten haben die Identität des Treugebers festzustellen und zu überprüfen. Die Identität des Treuhänders ist gemäß Abs. 2 Z 1 und zwar ausschließlich bei physischer Anwesenheit des Treuhänders festzustellen. Eine Identifizierung des Treuhänders durch Dritte ist ebenfalls ausgeschlossen. Die Feststellung und Überprüfung der Identität des Treugebers hat bei natürlichen Personen durch Vorlage des Originals oder einer Kopie des amtlichen Lichtbildausweises (Abs. 2 Z 1) des Treugebers zu erfolgen, bei juristischen Personen durch beweiskräftige Urkunden (Abs. 2 Z 2). Der Treuhänder hat weiters eine schriftliche Erklärung gegenüber dem Verpflichteten abzugeben, dass er sich persönlich oder durch verlässliche Gewährspersonen von der Identität des Treugebers überzeugt hat. Verlässliche Gewährspersonen in diesem Sinn sind Gerichte und sonstige staatliche Behörden, Notare, Rechtsanwälte und Dritte im Sinne § 13.

(4) Die persönliche Vorlage des amtlichen Lichtbildausweises im Sinne Abs. 2 kann bei Geschäftsbeziehungen oder Transaktionen ohne persönliche Kontakte durch Sicherungsmaßnah-

men ersetzt werden. Den Verpflichteten müssen jedenfalls Name, Geburtsdatum und Adresse des Kunden, bei juristischen Personen die Firma und der Sitz bekannt sein. Als Sicherungsmaßnahmen sind zulässig:

1. die Vorlage des amtlichen Lichtbildausweises im Rahmen eines videogestützten elektronischen Verfahrens (Online-Identifikation),

2. ein gesetzlich vorgesehenes Verfahren, das gesichert dieselbe Information wie mit der Vorlage eines amtlichen Lichtbildausweises zur Verfügung stellt (elektronischer Ausweis),

3. die Abgabe der rechtsgeschäftliche Erklärung des Kunden in Form einer qualifizierten elektronischen Signatur gemäß Art. 3 Z 12 der Verordnung (EU) Nr. 910/2014 oder die Zustellung der rechtsgeschäftlichen Erklärung des Verpflichteten mit eingeschriebener Postzustellung an diejenige Kundenadresse, die als Wohnsitz oder Sitz des Kunden angegeben worden ist, wenn zusätzlich

a) bei juristischen Personen der Sitz zugleich der Sitz der zentralen Verwaltung ist, worüber der Kunde eine schriftliche Erklärung abzugeben hat,

b) eine Kopie des amtlichen Lichtbildausweises des Kunden oder seines gesetzlichen Vertreters oder bei juristischen Personen des vertretungsbefugten Organs dem Verpflichteten vor dem Zeitpunkt des Vertragsabschlusses vorliegt, sofern nicht das Rechtsgeschäft elektronisch an Hand einer qualifizierten elektronischen Signatur abgeschlossen wird und

c) bei Kunden mit Sitz oder Wohnsitz in einem Drittland, eine schriftliche Bestätigung eines anderen Kreditinstitutes, mit dem der Kunde eine dauernde Geschäftsverbindung hat, vorliegt, dass die Identität des Kunde im Sinne dieses Bundesgesetzes festgestellt und überprüft wurde und dass die dauernde Geschäftsverbindung aufrecht ist. Hat das bestätigende Kreditinstitut seinen Sitz in einem Drittland, so muss dieses Drittland die Anforderungen gemäß § 13 Abs. 4 erfüllen. An Stelle einer Identifizierung und Bestätigung durch ein Kreditinstitut ist auch eine Identifizierung und schriftliche Bestätigung durch die österreichische Vertretungsbehörde im betreffenden Drittland oder einer anerkannten Beglaubigungsstelle zulässig,

oder

4. die erste Zahlung im Rahmen der Transaktionen über ein Konto abgewickelt wird, das im Namen des Kunden bei einem Kreditinstitut im Sinne des § 13 eröffnet wurde und ihnen Kopien von Dokumenten des Kunden vorliegen, aufgrund derer die Angaben des Kunden bzw. seiner vertretungsbefugten natürlichen Person glaubhaft nachvollzogen werden können. Anstelle dieser Kopien ist es ausreichend, wenn eine schriftliche Bestätigung des Kreditinstitutes vorliegt, über das die erste Zahlung abgewickelt werden soll, dass die Identität des Kunden im Sinne dieses Bundesgesetzes oder der Richtlinie (EU) 2015/849 festgestellt und überprüft wurde.

Die FMA hat mit Zustimmung des Bundesministers für Finanzen mit Verordnung festzulegen, welche Maßnahmen bei der Online-Identifikation zum Ausgleich des erhöhten Risikos erforderlich sind und dabei insbesondere Anforderungen an die Datensicherheit, Fälschungssicherheit und an jene Personen, die die Online-Identifikation durchführen festzulegen.

(5) Die Verpflichteten können den Umfang der in Abs. 1 bis 3 genannten Sorgfaltspflichten auf risikoorientierter Grundlage bestimmen. Bei der Bewertung der Risiken von Geldwäscherei und Terrorismusfinanzierung sind zumindest die in Anlage I aufgeführten Variablen zu berücksichtigen. Als Ergebnis dieser Bewertung ist jeder Kunde in eine Risikoklasse einzustufen. Die Verpflichteten müssen der FMA gegenüber nachweisen können, dass die von ihnen getroffenen Maßnahmen angesichts der ermittelten Risiken von Geldwäscherei und Terrorismusfinanzierung angemessen sind.

Zeitpunkt der Anwendung der Sorgfaltspflichten

§ 7. (1) Die Feststellung und Überprüfung der Identität des Kunden, des wirtschaftlichen Eigentümers, des Treugebers und des Treuhänders (§ 6 Abs. 1 Z 1, 2 und 5) und die Einholung und Überprüfung von Informationen über den Zweck und die angestrebte Art der Geschäftsbeziehung und über die Herkunft der eingesetzten Mittel (§ 6 Abs. 1 Z 3 und 4) hat vor Begründung einer Geschäftsbeziehung und vor Ausführung einer gelegentlichen Transaktion zu erfolgen. Die Feststellung und Überprüfung der Identität einer vertretungsbefugten natürlichen Person (§ 6 Abs. 1 Schlussteil) hat zu erfolgen, wenn sich diese auf ihre Vertretungsbefugnis beruft. „Zu Beginn einer neuen Geschäftsbeziehung mit einem Rechtsträger gemäß § 1WiEReG haben die Verpflichteten einen Auszug aus dem Register der wirtschaftlichen Eigentümer gemäß § 9 oder § 10 WiEReG als Nachweis der Registrierung der wirtschaftlichen Eigentümer einzuholen. Zu Beginn einer neuen Geschäftsbeziehung mit einer Gesellschaft, einem Trust, einer Stiftung, einer mit einer Stiftung vergleichbaren juristischen Person oder mit einer trustähnlichen Rechtsvereinbarung mit Sitz in einem anderen Mitgliedstaat oder in einem Drittland, die mit einem Rechtsträger im Sinne des § 1 WiEReG vergleichbar sind, haben die Verpflichteten einen Nachweis der Registrierung oder einen Auszug einzuholen, sofern dessen wirtschaftliche Eigentümer in einem den Anforderungen der Art. 30 oder 31 der Richtlinie (EU)

2015/849 entsprechendem Register registriert werden müssen.“ *(BGBl I 2019/62)*

(2) Abweichend von Abs. 1 können die Verpflichteten die Überprüfung der Identität des Kunden, des wirtschaftlichen Eigentümers und des Treugebers erst während der Begründung einer Geschäftsbeziehung abschließen, wenn dies notwendig ist, um den normalen Geschäftsablauf nicht zu unterbrechen und ein geringes Risiko der Geldwäscherei oder Terrorismusfinanzierung besteht. In diesem Fall werden die betreffenden Verfahren so bald wie möglich nach dem ersten Kontakt abgeschlossen.

(3) Abweichend von Abs. 1 ist die Eröffnung eines Bankkontos – einschließlich Konten, über die Wertpapiertransaktionen vorgenommen werden können – bei einem Verpflichteten zulässig, sofern ausreichend sichergestellt ist, dass Transaktionen von dem Kunden oder für den Kunden erst vorgenommen werden, wenn die Sorgfaltspflichten gemäß § 6 Abs. 1 Z 1 bis 5 vollständig erfüllt sind.

(4) Bei Lebensversicherungsverträgen haben Versicherungsunternehmen neben den Sorgfaltspflichten gegenüber Kunden und wirtschaftlichen Eigentümern auch hinsichtlich der Begünstigten von Lebensversicherungsverträgen die folgenden Sorgfaltspflichten zu erfüllen:

1. bei Begünstigten, deren Identität als namentlich genannte Person oder Rechtsvereinbarung festgestellt wurde, hält das Versicherungsunternehmen die Namen der betreffenden Personen fest;

2. bei Begünstigten, die nach Merkmalen, Gattung oder auf andere Weise bestimmt werden, haben Versicherungsunternehmen ausreichende Informationen über diese Begünstigten einzuholen, um sicherzugehen, dass sie zum Zeitpunkt der Auszahlung in der Lage sein werden, deren Identität festzustellen.

Die Versicherungsunternehmen haben in den in Z 1 und 2 genannten Fällen die Identität der Begünstigten vor der Auszahlung zu überprüfen. Wird der Lebensversicherungsvertrag ganz oder teilweise von einen Dritten übernommen oder wird ein Anspruch aus diesem Vertrag ganz oder teilweise an einen Dritten abgetreten, so haben die über diese Übernahme oder Abtretung unterrichteten Versicherungsunternehmen die Identität des neuen Kunden bzw. des wirtschaftlichen Eigentümers zu dem Zeitpunkt festzustellen und zu überprüfen, zu dem die Ansprüche aus dem Vertrag an die natürliche oder juristische Person oder die Rechtsvereinbarung abgetreten werden oder von dieser übernommen werden.

(5) Wenn die Begünstigten von Trusts oder von ähnlichen Rechtsvereinbarungen nach besonderen Merkmalen oder nach der Gattung bestimmt werden, haben die Verpflichteten ausreichende Informationen über die Begünstigten einzuholen, um sicherzugehen, dass sie zum Zeitpunkt der Auszahlung oder zu dem Zeitpunkt, zu dem ein Begünstigter seine erworbenen Rechte wahrnimmt, in der Lage sein werden, die Identität des Begünstigten festzustellen. Die Identität der Begünstigten ist jedenfalls vor der Auszahlung zu überprüfen.

(6) Die Verpflichteten haben die Sorgfaltspflichten gegenüber Kunden nicht nur auf alle neuen Kunden, sondern zu geeigneter Zeit auch auf die bestehende Kundschaft auf risikobasierter Grundlage anzuwenden. „Dies ist insbesondere dann der Fall, wenn sich bei einem Kunden maßgebliche Umstände ändern oder wenn der Verpflichtete rechtlich verpflichtet ist, den Kunden im Laufe des betreffenden Kalenderjahres zu kontaktieren, um etwaige einschlägige Informationen über den oder die wirtschaftlichen Eigentümer zu überprüfen, oder wenn der Verpflichtete gemäß der Richtlinie 2011/16/EU des Rates dazu verpflichtet ist.“ *(BGBl I 2019/62)*

(7) Wenn die Verpflichteten ihren Sorgfaltspflichten gegenüber einem Kunden, mit Ausnahme von § 6 Abs. 1 Z 6 und 7 nicht nachkommen oder nachkommen können, dürfen sie keine Transaktion über ein Bankkonto vornehmen, keine Geschäftsbeziehung begründen und keine Transaktionen ausführen. Zudem müssen sie eine bereits bestehende Geschäftsbeziehung beenden. Versicherungsunternehmen dürfen bei Lebensversicherungsverträgen keine Geschäftsbeziehung begründen und keine Transaktion durchführen, wenn sie ihren Sorgfaltspflichten gegenüber einem Kunden oder einem Begünstigten nicht nachkommen oder nachkommen können. Betriebliche Mitarbeitervorsorgekassen dürfen keine Transaktion durchführen, wenn sie ihren Sorgfaltspflichten gegenüber einem Kunden nicht nachkommen oder nachkommen können. In Fällen des § 6 Abs. 1 Z 6 kann eine Transaktion bis zum Abschluss der erforderlichen Prüfschritte aufgehalten werden. In allen Fällen haben die Verpflichteten in Erwägung zu ziehen, in Bezug auf den Kunden eine Verdachtsmeldung gemäß § 16 an die Geldwäschemeldestelle zu erstatten.

(8) Die Entgegennahme und der Erwerb von Wertpapieren für

1. Wertpapierkonten (§ 11 Depotgesetz) und

2. Geschäftsbeziehungen gemäß § 12 Depotgesetz,

die vor dem 1. August 1996 eröffnet oder eingegangen worden sind, sind nur dann zulässig, wenn zuvor die Sorgfaltspflichten gegenüber Kunden gemäß § 6 angewandt worden sind. Die Veräußerung von Wertpapieren und die Auszahlung von Guthaben und Erträgen von Wertpapierkonten (§ 11 Depotgesetz) und aus Geschäftsbeziehungen gemäß § 12 Depotgesetz darf nur dann erfolgen, wenn zuvor die Sorgfaltspflichten gegenüber Kunden gemäß § 6 angewandt worden sind.

(9) Auf bestehende Sparkonten gemäß § 31 BWG dürfen, sofern die Sorgfaltspflichten gegenüber Kunden gemäß § 6 noch nicht angewandt worden sind, weder Einzahlungen geleistet noch entgegengenommen werden oder Beträge aus Überweisungen auf solche Sparkonten gutgeschrieben werden.

(10) Sparkonten, bei denen die Sorgfaltspflichten gegenüber Kunden gemäß § 6 noch nicht angewandt worden sind, sind als besonders gekennzeichnete Konten zu führen. Ein- und Auszahlungen auf und von diesen Konten dürfen erst durchgeführt und Überweisungen erst gutgeschrieben werden, wenn die Sorgfaltspflichten gegenüber Kunden gemäß § 6 angewandt worden sind.

(11) Bestehende anonyme Schließfächer dürfen, sofern die Sorgfaltspflichten gegenüber Kunden gemäß § 6 noch nicht angewandt worden sind, nicht verwendet werden und sind als besonders gekennzeichnet zu führen. Diese dürfen erst in irgendeiner Weise verwendet werden, wenn die Sorgfaltspflichten gegenüber Kunden gemäß § 6 angewandt worden sind. *(BGBl I 2019/62)*

Transaktionsmonitoring unter Verwendung eines auf künstlicher Intelligenz basierenden Ansatzes

§ 7a. (1) Das aufgrund der Bestimmungen dieses Bundesgesetzes zu implementierende Transaktionsmonitoring kann unter Verwendung eines auf künstlicher Intelligenz oder anderen fortschrittlichen Technologien basierenden Ansatzes durchgeführt oder ergänzt werden, wenn die Voraussetzungen des Abs. 2 eingehalten werden.

(2) Die Verwendung eines Ansatzes gemäß Abs. 1 ist entsprechend § 6 Abs. 1 Z 6 zulässig, wenn

1. die Funktionsweise des Ansatzes gemäß Abs. 1 so entwickelt und umgesetzt wird, dass dieser auf Basis der verwendeten Szenarien, Parameter, Schwellenwerte und anderen Mechanismen die Anforderungen des § 6 Abs. 1 Z 6 und § 9 Abs. 3 risikobasiert unter Berücksichtigung der jeweiligen Risikoanalyse auf Unternehmensebene (§ 4) sowie auf Kundenebene (§ 6 Abs. 5) erfüllt,

2. der Ansatz gemäß Abs. 1 auf aktuellem Stand gehalten und anlassbezogen aktualisiert und auf Basis der Informationen, erstatteten Rückmeldungen der Geldwäschemeldestelle und Daten gemäß § 16 Abs. 4 und Abs. 6 angepasst wird und

3. die Entwicklung und die Umsetzung der Funktionsweise des Ansatzes gemäß Abs. 1 hinreichend dokumentiert ist, damit die Funktionsweise nachvollzogen und der FMA gegenüber entsprechend belegt werden kann.

(3) Bei der Entwicklung und Durchführung des Transaktionsmonitorings dürfen von Verpflichteten für die Zwecke dieses Bundesgesetzes verarbeitete Daten und Daten aus öffentlich verfügbaren Datenquellen automationsunterstützt verarbeitet werden, soweit dies für die Verhinderung der Geldwäscherei und der Terrorismusfinanzierung angemessen und erforderlich ist.

(BGBl I 2021/25)

Vereinfachte Sorgfaltspflichten

§ 8. (1) Wenn ein Verpflichteter aufgrund seiner Risikoanalyse (§ 4) feststellt, dass in bestimmten Bereichen nur ein geringes Risiko der Geldwäscherei oder Terrorismusfinanzierung besteht, so kann er vereinfachte Sorgfaltspflichten gegenüber Kunden anwenden. Hierbei sind die Risiken von Geldwäscherei und Terrorismusfinanzierung für bestimmte Arten von Kunden, geografische Gebiete und für bestimmte Produkte, Dienstleistungen, Transaktionen oder Vertriebskanäle zu bewerten und zumindest die in Anlage II dargelegten Faktoren für ein potenziell geringes Risiko zu berücksichtigen.

(2) Bevor die Verpflichteten vereinfachte Sorgfaltspflichten gegenüber einem Kunden anwenden, haben sie sich zu vergewissern, dass die konkrete Geschäftsbeziehung oder Transaktion tatsächlich mit einem geringen Risiko verbunden ist. Insbesondere dürfen sie nicht von einem geringen Risiko der Geldwäscherei oder der Terrorismusfinanzierung ausgehen, wenn die ihnen vorliegenden Informationen darauf schließen lassen, dass das Risiko der Geldwäscherei oder der Terrorismusfinanzierung möglicherweise nicht gering ist.

(3) Auch in jenen Bereichen, in denen die Verpflichteten vereinfachte Sorgfaltspflichten anwenden, haben sie die Transaktionen und die Geschäftsbeziehungen in ausreichendem Umfang zu überwachen, um die Aufdeckung ungewöhnlicher oder verdächtiger Transaktionen zu ermöglichen.

(4) Die Verpflichteten haben ausreichende Informationen aufzubewahren, um nachweisen zu können, dass die Voraussetzungen für die Anwendung der vereinfachten Sorgfaltspflichten vorliegen.

(5) Die FMA kann mit Zustimmung des Bundesministers für Finanzen mit Verordnung festlegen, in welchen Bereichen ein geringes Risiko der Geldwäscherei oder Terrorismusfinanzierung besteht, wenn dies in der nationalen Risikoanalyse (§ 3) festgestellt wurde oder die FMA selbst das Vorliegen eines geringen Risikos unter Berücksichtigung von Abs. 1 zweiter Satz festgestellt hat. In einer Verordnung gemäß diesem Absatz hat die FMA soweit erforderlich den konkreten Umfang der vereinfachten Sorgfaltspflichten gegenüber Kunden festzulegen.

(6) Die Verordnung (EU) 2015/847 findet keine Anwendung auf Inlandsgeldtransfers auf ein

Konto eines Begünstigten, auf das Zahlungen für die Lieferung von Gütern oder Dienstleistungen vorgenommen werden können, wenn

1. der Zahlungsverkehrsdienstleister des Begünstigten den Verpflichtungen der Richtlinie (EU) 2015/849 unterliegt,

2. der Zahlungsverkehrsdienstleister des Begünstigten in der Lage ist, anhand einer kundenbezogenen Referenznummer über den Begünstigten den Geldtransfer bis zu der natürlichen oder juristischen Person zurückzuverfolgen, die mit dem Begünstigten eine Vereinbarung über die Lieferung von Gütern und Dienstleistungen getroffen hat, und

3. der überwiesene Betrag 1 000 Euro oder weniger beträgt.

Verstärkte Sorgfaltspflichten

§ 9. (1) In den in § 9a bis § 12 genannten Fällen, sowie wenn ein Verpflichteter aufgrund seiner Risikoanalyse (§ 4) oder auf andere Weise feststellt, dass ein erhöhtes Risiko der Geldwäscherei oder Terrorismusfinanzierung besteht, hat er verstärkte Sorgfaltspflichten gegenüber Kunden zur angemessenen Steuerung und Minderung dieser Risiken anzuwenden. Hierbei sind die Risiken von Geldwäscherei und Terrorismusfinanzierung für bestimmte Arten von Kunden, geografische Gebiete und für bestimmte Produkte, Dienstleistungen, Transaktionen oder Vertriebskanäle zu bewerten und zumindest die in Anlage III dargelegten Faktoren für ein potenziell erhöhtes Risiko zu berücksichtigen. *(BGBl I 2019/62)*

(2) Wenn Verpflichtete über Zweigstellen bzw. Zweigniederlassungen oder Tochterunternehmen mit Sitz in Drittländern mit hohem Risiko verfügen, müssen sie in diesen nicht automatisch verstärkte Sorgfaltspflichten gegenüber Kunden anwenden, wenn sich diese Zweigstellen bzw. Zweigniederlassungen oder Tochterunternehmen uneingeschränkt an die gruppenweit anzuwendenden Strategien und Verfahren (§ 24) halten. Diesfalls haben die Verpflichteten auf risikoorientierter Grundlage zu beurteilen, ob die Anwendung verstärkter Sorgfaltspflichten erforderlich ist.

(3) Die Verpflichteten haben, soweit dies im angemessenen Rahmen möglich ist, Hintergrund und Zweck aller Transaktionen zu untersuchen, die eine der folgenden Bedingungen erfüllen:

1. es handelt sich um komplexe Transaktionen;

2. die Transaktionen sind ungewöhnlich groß;

3. die Transaktionen folgen einem ungewöhnlichen Transaktionsmuster;

4. die Transaktionen haben keinen offensichtlichen wirtschaftlichen oder rechtmäßigen Zweck.

Um zu bestimmen, ob diese Transaktionen oder Tätigkeiten verdächtig sind, haben die Verpflichteten insbesondere den Umfang und die Art der Überwachung der Geschäftsbeziehung zu verstärken. *(BGBl I 2019/62)*

(4) Die FMA kann mit Zustimmung des Bundesministers für Finanzen mit Verordnung festlegen, in welchen Bereichen, neben den in diesem Bundesgesetz genannten, ein erhöhtes Risiko der Geldwäscherei oder Terrorismusfinanzierung besteht, wenn dies in der nationalen Risikoanalyse (§ 3) festgestellt wurde oder die FMA selbst das Vorliegen eines erhöhten Risikos unter Berücksichtigung von Abs. 1 zweiter Satz festgestellt hat. In einer Verordnung gemäß diesem Absatz hat die FMA soweit erforderlich den konkreten Umfang der verstärkten Sorgfaltspflichten gegenüber Kunden festzulegen.

Geschäftsbeziehungen und Transaktionen mit Bezug zu Drittländern mit hohem Risiko

§ 9a. (1) In Bezug auf Geschäftsbeziehungen oder Transaktionen, an denen Drittländer mit hohem Risiko beteiligt sind, haben die Verpflichteten jedenfalls die folgenden verstärkten Sorgfaltsmaßnahmen gegenüber Kunden anzuwenden:

1. Einholung und angemessene Überprüfung zusätzlicher Informationen über den Kunden und seine wirtschaftlichen Eigentümer;

2. Einholung zusätzlicher Informationen über den Zweck und die angestrebte Art der Geschäftsbeziehung;

3. Einholung von zusätzlichen Informationen für die Überprüfung der Herkunft der eingesetzten Mittel und Einholung von zusätzlichen Informationen über die Vermögensverhältnisse des Kunden und seiner wirtschaftlichen Eigentümer;

4. Einholung von Informationen über die Gründe für die geplanten oder durchgeführten Transaktionen;

5. Einholung der Zustimmung ihrer Führungsebene, bevor sie Geschäftsbeziehungen zu diesen Kunden aufnehmen oder fortführen und

6. verstärkte kontinuierliche Überwachung der Geschäftsbeziehung durch eine weitere Erhöhung der Häufigkeit und der Intervalle der Kontrollen und durch die zusätzliche Auswahl von Transaktionsmustern, die einer weiteren Prüfung bedürfen.

(2) Zusätzlich zu den in Abs. 1 vorgesehenen verstärkten Sorgfaltsmaßnahmen kann die FMA mit Zustimmung des Bundesministers für Finanzen in Bezug auf Geschäftsbeziehungen oder Transaktionen, an denen Drittländer mit hohem Risiko beteiligt sind, mit Verordnung im Einklang mit den internationalen Pflichten der Union eine oder mehrere zusätzliche risikomindernde Maßnahmen hinsichtlich aller oder bestimmter Dritt-

länder mit hohem Risiko anordnen. Diese Maßnahmen haben aus einem oder mehreren der folgenden Elemente zu bestehen:

1. der Anwendung zusätzlicher verstärkter Sorgfaltsmaßnahmen;

2. der Einführung verstärkter relevanter Meldemechanismen oder einer systematischen Meldepflicht für Finanztransaktionen;

3. der Beschränkung der geschäftlichen Beziehungen oder Transaktionen mit natürlichen oder juristischen Personen aus Drittländern mit hohem Risiko.

(3) Im Umgang mit Drittländern mit hohem Risiko kann der Bundesminister für Finanzen mit Verordnung gegebenenfalls zusätzlich zu den in Abs. 1 genannten Maßnahmen und im Einklang mit den internationalen Pflichten der Union eine oder mehrere der folgenden Maßnahmen in Bezug auf alle oder bestimmte Drittländer mit hohem Risiko anordnen:

1. Verwehrung der Gründung von Tochterunternehmen, Zweigstellen bzw. Zweigniederlassungen oder Repräsentanzen von Verpflichteten aus dem betreffenden Drittland oder anderweitige Berücksichtigung der Tatsache, dass der betreffende Verpflichtete aus einem Drittland mit hohem Risiko stammt;

2. Einführung des für Verpflichtete geltenden Verbots der Gründung von Zweigstellen bzw. Zweigniederlassungen oder Repräsentanzen in dem betreffenden Drittland oder anderweitige Berücksichtigung der Tatsache, dass sich die betreffende Zweigstelle bzw. Zweigniederlassung beziehungsweise die betreffende Repräsentanz in einem Drittland mit hohem Risiko befinden würde;

3. Einführung einer verstarkten Überprüfung von Zweigstellen bzw. Zweigniederlassungen und Tochterunternehmen von Verpflichteten in dem betreffenden Drittland durch die FMA oder Einführung einer Verpflichtung eine verstärkte externe Überprüfung vorzusehen;

4. Einführung verschärfter Anforderungen in Bezug auf die Jahresabschlussprüfung von in dem betreffenden Land befindlichen Zweigstellen bzw. Zweigniederlassungen und Tochterunternehmen von Finanzgruppen, deren Mutterunternehmen seinen Sitz im Inland hat;

5. Einführung der für Kredit- und Finanzinstitute geltenden Pflicht, Korrespondenzbankbeziehungen zu Respondenzinstituten in dem betreffenden Drittland zu überprüfen und zu ändern oder erforderlichenfalls zu beenden.

(4) Die FMA und der Bundesminister für Finanzen haben beim Erlass oder bei der Anwendung der in den Abs. 2 und 3 genannten Maßnahmen gegebenenfalls einschlägige Evaluierungen, Bewertungen oder Berichte internationaler Organisationen oder von Einrichtungen für die Festlegung von Standards mit Kompetenzen im Bereich der Verhinderung von Geldwäscherei und der Bekämpfung der Terrorismusfinanzierung hinsichtlich der von einzelnen Drittländern ausgehenden Risiken gebührend zu berücksichtigen.

(5) Der Bundesminister für Finanzen unterrichtet die Europäische Kommission vor dem Erlass einer Verordnung gemäß Abs. 2 oder 3.

(BGBl I 2019/62)

Korrespondenzbankbeziehungen

§ 10. Bei grenzüberschreitenden Korrespondenzbankbeziehungen „die die Ausführung von Zahlungen mit einem Respondenzinstitut mit Sitz in einem Drittland umfassen," haben „Kredit- und Finanzinstitute" zusätzlich zu den in § 6 festgelegten Sorgfaltspflichten gegenüber Kunden „bei Aufnahme einer Geschäftsbeziehung" *(BGBl I 2019/62)*

1. ausreichende Informationen über ein Respondenzinstitut zu sammeln, um die Art seiner Geschäftstätigkeit in vollem Umfang zu verstehen und sich auf der Grundlage öffentlich verfügbarer Informationen von seinem Ruf und der Qualität der Beaufsichtigung überzeugen zu können,

2. sich von der Angemessenheit der Kontrollen zur Bekämpfung der Geldwäscherei und der Terrorismusfinanzierung zu überzeugen, die das Respondenzinstitut vornimmt,

3. die Zustimmung der Führungsebene einzuholen, bevor sie neue Korrespondenzbankbeziehungen eingehen,

4. die jeweiligen Verantwortlichkeiten eines jeden Instituts zu dokumentieren und

5. sich im Falle von Durchlaufkonten („payable-through accounts") zu vergewissern, dass das Respondenzinstitut die Identität der Kunden, die direkten Zugang zu den Konten des Respondenzinstituts haben, überprüft hat und diese Kunden ferner einer kontinuierlichen Überwachung unterzogen sind; sowie dass das Respondenzinstitut in der Lage ist, dem Verpflichteten auf dessen Ersuchen entsprechende Daten in Bezug auf diese Sorgfaltspflichten gegenüber Kunden vorzulegen.

Transaktionen und Geschäftsbeziehungen mit politisch exponierten Personen

§ 11. (1) Die Verpflichteten haben zusätzlich zu den in § 6 festgelegten Sorgfaltspflichten gegenüber Kunden

1. über angemessene Risikomanagementsysteme, einschließlich risikobasierter Verfahren, zu verfügen, um feststellen zu können, ob es sich bei dem Kunden, dem wirtschaftlichen Eigentümer des Kunden oder dem Treugeber des Kunden um eine politisch exponierte Person handelt und

diese Verfahren vor Begründung der Geschäftsbeziehung sowie in angemessenen regelmäßigen Abständen während aufrechter Geschäftsbeziehung anzuwenden.

2. im Falle von Geschäftsbeziehungen zu politisch exponierten Personen

a) die Zustimmung ihrer Führungsebene einzuholen, bevor sie Geschäftsbeziehungen zu diesen Personen aufnehmen oder fortführen,

b) angemessene Maßnahmen zu ergreifen, um die Herkunft des Vermögens und der Gelder, die im Rahmen von Geschäftsbeziehungen oder Transaktionen mit diesen Personen eingesetzt werden, zu bestimmen und

c) die Geschäftsbeziehung einer verstärkten kontinuierlichen Überwachung zu unterziehen.

„Wenn die wirtschaftlichen Eigentümer des Kunden gemäß § 2 Z 1 lit. b sublit. cc WiEReG ermittelt wurden, ist Z 2 im Falle von inländischen politisch exponierten Personen nicht anzuwenden, wenn keine Risikofaktoren vorliegen, die ein erhöhtes Risiko indizieren.“ *(BGBl I 2017/136)*

(2) Versicherungsunternehmen haben angemessene Maßnahmen zu treffen, um zu bestimmen, ob es sich bei dem Begünstigten aus einem Lebensversicherungsvertrag und/oder, sofern erforderlich, bei dem wirtschaftlichen Eigentümer des Begünstigten um eine politisch exponierte Personen handelt. Diese Maßnahmen sind spätestens vor der Auszahlung oder zum Zeitpunkt der vollständigen oder teilweisen Abtretung des Lebensversicherungsvertrages zu treffen. Falls erhöhte Risiken ermittelt wurden, haben die Verpflichteten zusätzlich zu den in § 6 festgelegten Sorgfaltspflichten gegenüber Kunden

1. ihre Führungsebene vor der Auszahlung zu unterrichten und

2. die gesamte Geschäftsbeziehung zu dem Versicherungsnehmer einer verstärkten Überprüfung zu unterziehen.

(3) Wenn eine politisch exponierte Person nicht mehr mit einem wichtigen öffentlichen Amt in einem Mitgliedstaat oder Drittland oder mit einem wichtigen öffentlichen Amt bei einer internationalen Organisation betraut ist, so haben die Verpflichteten für mindestens zwölf Monate das von dieser Person weiterhin ausgehende Risiko zu berücksichtigen und so lange angemessene und risikoorientierte Maßnahmen zu treffen, bis davon auszugehen ist, dass diese Person kein Risiko mehr darstellt, das spezifisch für politisch exponierte Personen ist.

(4) Die in diesem Paragraphen genannten Maßnahmen gelten auch für Familienmitglieder oder Personen, die politisch exponierten Personen bekanntermaßen nahestehen.

Unzulässige Geschäftsbeziehungen und Maßnahmen bei Nicht-Kooperationsstaaten

§ 12. (1) Die Verpflichteten haben die Aufnahme oder Fortführung einer Korrespondenzbankbeziehung mit einer Bank-Mantelgesellschaft zu unterlassen und haben angemessene Maßnahmen zu ergreifen, um dafür zu sorgen, dass sie keine Korrespondenzbankbeziehung mit einem Kredit- oder Finanzinstitut eingehen oder fortführen, das bekanntermaßen zulässt, dass seine Konten von einer Bank-Mantelgesellschaft genutzt werden.

(2) Den Verpflichteten ist jedenfalls das Führen anonymer Konten, anonymer Sparbücher oder anonymer Schließfächer untersagt; § 7 Abs. 8 bis 11 ist entsprechend anzuwenden. *(BGBl I 2019/62)*

(3) Die Bundesregierung hat im Einvernehmen mit dem Hauptausschuss des Nationalrates durch Verordnung jene Staaten als Nicht-Kooperationsstaaten zu bezeichnen, die auf ihrem Territorium oder in ihrem sonstigen Hoheitsbereich nicht die nach internationalen Standards erforderlichen Maßnahmen gegen Geldwäscherei ergreifen. Eine Verletzung internationaler Standards ist insbesondere dann anzunehmen, wenn der Rat der Europäischen Union oder die Financial Action Task Force on Money Laundering entsprechende Beschlüsse gefasst haben.

(4) Im Zusammenhang mit Nicht-Kooperationsstaaten gelten folgende Bestimmungen:

1. Personen mit Sitz oder Wohnsitz in einem Nicht-Kooperationsstaat gelten, sofern nicht das Gegenteil bewiesen wird, jedenfalls als Personen, welche den im Interesse einer soliden und umsichtigen Führung eines Verpflichteten zu stellenden Ansprüchen nicht genügen.

2. Eine Konzession darf an einen Verpflichteten nicht erteilt werden, wenn eine oder mehrere Personen, die eine qualifizierte Beteiligung an dem Antragsteller halten, ihren Sitz oder Wohnsitz in einem Nicht-Kooperationsstaat haben, es sei denn, der Antragsteller beweist, dass der Verpflichtete nicht zu Zwecken der Geldwäsche benutzt wird und keine Geschäfte entgegen völkerrechtlich verbindlichen Entscheidungen der Vereinten Nationen tätigt.

3. Die FMA hat den Erwerb einer qualifizierten Beteiligung durch Personen mit Sitz oder Wohnsitz in einem Nicht-Kooperationsstaat an einem Verpflichteten zu untersagen.

4. Die Feststellung der Identität eines Kunden mit Sitz oder Wohnsitz in einem Nicht-Kooperationsstaat darf ausschließlich dadurch erfolgen, dass der Kunde persönlich beim Verpflichteten erscheint und sich durch einen amtlichen Lichtbildausweis im Original ausweist, wobei diese Erfordernisse bei Geschäften auf fremde Rechnung sowohl für den Treuhänder als auch für den Treugeber gelten; die Verpflichteten haben von

den Lichtbildausweisen Kopien herzustellen und gemäß § 21 aufzubewahren.

5. Alle Transaktionen,

a) deren Auftraggeber oder Empfänger eine Person mit Sitz oder Wohnsitz in einem Nicht-Kooperationsstaat ist, oder

b) die auf ein Konto oder von einem Konto bei einem ausländischen Kredit- oder Finanzinstitut mit Sitz in einem Nicht-Kooperationsstaat getätigt werden,

sind, sofern der Betrag sich auf mindestens 100 000 Euro oder Euro-Gegenwert beläuft, von Kredit- und Finanzinstituten unverzüglich der Geldwäschemeldestelle zu melden; § 16 ist anzuwenden. Die Meldepflicht gilt unabhängig davon, ob die Transaktion in einem einzigen Vorgang oder in mehreren Vorgängen, zwischen denen eine Verbindung offenkundig gegeben ist, getätigt wird; ist der Betrag zu Beginn der Transaktion nicht bekannt, so ist die Meldung zu erstatten, sobald der Betrag bekannt ist und festgestellt wird, dass er mindestens 100 000 Euro oder Euro-Gegenwert beträgt.

4. Abschnitt
Ausführung durch Dritte

Zulässigkeit der Ausführung durch Dritte

§ 13. (1) Die Verpflichteten können zur Erfüllung der in § 6 Abs. 1 Z 1 bis 5 und 7 genannten Sorgfaltspflichten gegenüber Kunden auf Dritte zurückgreifen, soweit ihnen nicht Hinweise vorliegen, die eine gleichwertige Erfüllung der genannten Pflichten bezweifeln lassen. Die endgültige Verantwortung für die Erfüllung dieser Anforderungen verbleibt jedoch bei dem Verpflichteten, der auf den Dritten zurückgreift.

(2) Die Verpflichteten haben bei dem Dritten, auf den sie zurückgreifen, die notwendigen Informationen zu den in § 6 Abs. 1 Z 1 bis 5 und 7 genannten Sorgfaltspflichten gegenüber Kunden unverzüglich einzuholen. Sie haben weiters angemessene Schritte zu unternehmen, um zu gewährleisten, dass der Dritte ihnen unverzüglich auf ihr Ersuchen Kopien der bei der Erfüllung dieser Sorgfaltspflichten verwendeten Unterlagen sowie anderer maßgeblicher Unterlagen über die Identität des Kunden oder des wirtschaftlichen Eigentümers weiterleiten kann. „Dies umfasst auch elektronische Mittel für die Identitätsfeststellung und Vertrauensdienste gemäß der Verordnung (EU) Nr. 910/2014 sowie andere sichere Verfahren zur Identifizierung aus der Ferne oder auf elektronischem Weg nach Maßgabe des § 6 Abs. 4.“ *(BGBl I 2019/62)*

(3) Als Dritte im Sinne dieses Paragraphen gelten Kredit- und Finanzinstitute mit Sitz im Inland, sofern sie nicht ausschließlich über eine Berechtigung für die Durchführung des Wechselstubengeschäfts (§ 1 Abs. 1 Z 22 BWG) verfügen, die in Art. 2 Abs. 1 Z 3 lit. a und b der Richtlinie (EU) 2015/849 genannten Personen und Versicherungsvermittler gemäß „§ 365m1 Abs. 2 Z 4 GewO 1994“ mit Sitz im Inland. *(BGBl I 2021/25)*

(4) Als Dritte im Sinne dieses Paragraphen gelten auch Kredit- und Finanzinstitute gemäß Art. 3 Z 1 und 2 der Richtlinie (EU) 2015/849, sofern sie nicht ausschließlich über eine Berechtigung für die Durchführung des Wechselstubengeschäfts verfügen, und die in Art. 2 Abs. 1 Z 3 lit. a und b der Richtlinie (EU) 2015/849 genannten Personen jeweils mit Sitz in einem anderen Mitgliedstaat und diesen entsprechende Verpflichtete mit Sitz in einem Drittland

1. deren Sorgfalts- und Aufbewahrungspflichten den in der Richtlinie (EU) 2015/849 festgelegten entsprechen und

2. sie einer Aufsicht in Bezug auf die Einhaltung dieser Anforderungen unterliegen, die dem 2. Abschnitt des Kapitel VI der Richtlinie (EU) 2015/849 entspricht.

Auf Dritte, die in Drittländern mit hohem Risiko niedergelassen sind, dürfen Verpflichtete nicht zurückgreifen. Dies gilt nicht für Zweigstellen bzw. Zweigniederlassungen von Dritten mit Sitz im Inland oder einem anderen Mitgliedstaat und deren Tochterunternehmen, wenn sich diese Zweigstellen bzw. Zweigniederlassungen und Tochterunternehmen uneingeschränkt an die gruppenweit anzuwendenden Strategien und Verfahren halten.

Ausführung durch Dritte bei Gruppen

§ 14. Die Anforderungen gemäß § 13 können durch die Umsetzung eines Gruppenprogramms (gruppenweit anzuwendende Strategien und Verfahren gemäß § 24) erfüllt werden, bei dem alle folgenden Voraussetzungen erfüllt sind:

1. der Verpflichtete zieht Informationen eines Dritten heran, der derselben Gruppe angehört;

2. die in dieser Gruppe angewandten Sorgfaltspflichten, Aufbewahrungsvorschriften und Programme zur Bekämpfung von Geldwäscherei und Terrorismusfinanzierung stehen mit diesem Bundesgesetz bzw. der Richtlinie (EU) 2015/849 oder gleichwertigen Vorschriften in Einklang;

3. die effektive Umsetzung der unter Z 2 genannten Anforderungen wird auf Gruppenebene von einer zuständigen Behörde des Herkunftsmitgliedstaats oder des Drittlandes beaufsichtigt.

Auslagerungen und Vertretungsverhältnisse

§ 15. Dieser Abschnitt gilt nicht für Auslagerungs- oder Vertretungsverhältnisse, bei denen auf der Grundlage eines Vertrages der Auslagerungsdienstleister oder Vertreter als Teil des Verpflichteten anzusehen ist.

5. Abschnitt

Meldepflichten

Meldungen an die Geldwäschemeldestelle

§ 16. (1) Die Verpflichteten haben unverzüglich von sich aus mittels einer Verdachtsmeldung die Geldwäschemeldestelle zu informieren, wenn sie Kenntnis davon erhalten, den Verdacht oder berechtigten Grund zu der Annahme haben, dass

1. eine versuchte, bevorstehende, laufende oder bereits erfolgte Transaktion im Zusammenhang mit Vermögensbestandteilen, die aus einer in § 165 StGB aufgezählten strafbaren Handlung herrühren (unter Einbeziehung von Vermögensbestandteilen, die aus einer strafbaren Handlung des Täters selbst herrühren), steht,

2. ein Vermögensbestandteil aus einer in § 165 StGB aufgezählten strafbaren Handlung herrührt (unter Einbeziehung von Vermögensbestandteilen, die aus einer strafbaren Handlung des Täters selbst herrühren),

3. der Kunde der Verpflichtung zur Offenlegung von Treuhandbeziehungen gemäß § 6 Abs. 3 zuwidergehandelt hat oder

4. die versuchte, bevorstehende, laufende oder bereits erfolgte Transaktion oder der Vermögensbestandteil im Zusammenhang mit einer kriminellen Organisation gemäß § 278a StGB, einer terroristischen Vereinigung gemäß § 278b StGB, einer terroristischen Straftat gemäß § 278c StGB oder der Terrorismusfinanzierung gemäß § 278d StGB steht.

Die Verdachtsmeldung ist in einem geläufigen elektronischen Format unter Verwendung der durch die Geldwäschemeldestelle festgelegten, sicheren Kommunikationskanäle zu übermitteln.

(2) Die Verpflichteten und gegebenenfalls deren Beschäftigte haben mit der Geldwäschemeldestelle in vollem Umfang zusammenzuarbeiten, indem sie der Geldwäschemeldestelle unabhängig von einer Verdachtsmeldung gemäß Abs. 1, „auf Verlangen unmittelbar alle erforderlichen Auskünfte erteilen“, die dieser zur Verhinderung oder zur Verfolgung von Geldwäscherei oder von Terrorismusfinanzierung erforderlich scheinen. *(BGBl I 2019/62)*

(3) Kreditinstitute haben die Geldwäschemeldestelle unverzüglich von allen Anträgen auf Auszahlungen von Spareinlagen in Kenntnis zu setzen, wenn

1. für die Spareinlage noch keine Identitätsfeststellung gemäß § 6 Abs. 1 erfolgt ist und

2. die Auszahlung von einer Spareinlage erfolgen soll, deren Guthabensstand mindestens 15 000 Euro oder Euro-Gegenwert beträgt.

Auszahlungen von solchen Spareinlagen dürfen erst nach Ablauf von sieben Kalendertagen ab dem Auszahlungsantrag erfolgen, es sei denn, dass die Geldwäschemeldestelle gemäß § 17 Abs. 4 eine längere Frist anordnet.

(4) Die Geldwäschemeldestelle hat den Verpflichteten Zugang zu aktuellen Informationen über Methoden der Geldwäscherei und der Terrorismusfinanzierung und über Anhaltspunkte zu verschaffen, an denen sich verdächtige Transaktionen erkennen lassen. Ebenso hat sie dafür zu sorgen, dass eine zeitgerechte Rückmeldung in Bezug auf die Wirksamkeit von Verdachtsmeldungen bei Geldwäscherei oder Terrorismusfinanzierung und die daraufhin getroffenen Maßnahmen erfolgt.

(5) Zur Verhinderung oder zur Verfolgung von Geldwäscherei oder von Terrorismusfinanzierung ist die Geldwäschemeldestelle ermächtigt, die erforderlichen Daten von natürlichen und juristischen Personen sowie von sonstigen Einrichtungen mit Rechtspersönlichkeit zu ermitteln und gemeinsam mit Daten, die sie in Vollziehung von Bundes- oder Landesgesetzen verarbeitet hat oder verarbeiten darf „mittels operativer oder strategischer Analyse“**, „zu verarbeiten“*. Die Daten sind zu löschen, sobald sie für die Erfüllung der Aufgaben nicht mehr benötigt werden, längstens jedoch nach fünf Jahren. Übermittlungen sind nach Maßgabe des § 4 Abs. 2 Z 1 und 2 BKA-G zulässig. *(*BGBl I 2018/37; **BGBl I 2019/62)*

(6) Die Geldwäschemeldestelle kann an Verpflichtete und an andere nach Bundes- und Landesgesetzen für die Prävention von Geldwäscherei und Terrorismusfinanzierung zuständige Behörden im elektronischen Weg über einen sicheren Kommunikationskanal (Abs. 1) die folgenden Daten, Kopien, Szenarien, Parameter und Schwellenwerte übermitteln:

1. Daten über und Kopien von falschen, verfälschten oder unterdrückten Ausweisdokumenten, von anderen Dokumenten und Lichtbildern, die für die Erfüllung der Sorgfaltspflichten gegenüber Kunden verwendet werden können, soweit dies für die Verhinderung der Geldwäscherei oder Terrorismusfinanzierung angemessen und erforderlich ist,

2. Szenarien, Parameter und Schwellenwerte, die im Rahmen der kontinuierlichen Überwachung von Geschäftsbeziehungen von Verpflichteten zur Verhinderung der Geldwäscherei und Terrorismusfinanzierung verwendet werden können und

3. bei natürlichen Personen den Namen, das Geburtsdatum, den Geburtsort, die Staatsbürgerschaft, das Geschlecht und den Wohnsitz, bei juristischen Personen den Namen, den Sitz, das

Stammregister und die Stammzahl oder bei Konten die internationale Kontonummer (International Bank Account Number, IBAN), soweit erforderlich die Internationale Bankleitzahl (Bank Identifier Code, BIC) oder die Kontonummer und die Bankleitzahl, wenn bei diesen der Verdacht besteht, dass diese in einem Zusammenhang mit einem Sachverhalt gemäß § 16 Abs. 1 stehen und die Übermittlung angemessen und unbedingt erforderlich ist, um Geldwäscherei oder Terrorismusfinanzierung zu verhindern.

Wenn die Gründe für eine Übermittlung nach Z 1 und 3 nicht mehr vorliegen, so ist diese unverzüglich zu widerrufen. Die Daten und Kopien sind von der Geldwäschemeldestelle, soweit sie nicht mehr für Zwecke der Verhinderung der Geldwäscherei oder Terrorismusfinanzierung erforderlich sind, möglichst rasch, jedenfalls aber längstens nach fünf Jahren zu löschen. Die gemäß Z 2 übermittelten Szenarien, Parameter und Schwellenwerte dürfen keinen Rückschluss auf konkrete natürliche oder juristische Personen erlauben. Die von der Geldwäschemeldestelle gemäß diesem Absatz übermittelten Daten, Kopien, Szenarien, Parameter und Schwellenwerte dürfen von den Verpflichteten nur für die Zwecke der Verhinderung der Geldwäscherei oder Terrorismusfinanzierung verarbeitet werden, soweit dies angemessen und erforderlich ist. *(BGBl I 2021/25)*

(7) Die Geldwäschemeldestelle hat mit

1. der FMA,

2. den zuständigen Behörden gemäß Art. 4 Abs. 1 Nr. 40 der Verordnung (EU) Nr. 575/2013,

3. den Behörden, die im öffentlichen Auftrag mit der Beaufsichtigung der in Art. 2 Abs. 1 Nr. 1 und 2 der Richtlinie (EU) 2015/849 angeführten Verpflichteten bezüglich der Einhaltung der genannten Richtlinie betraut sind, und

4. anderen zentralen Meldestellen

eng zusammenzuarbeiten und diesen Informationen zur Verfügung zu stellen, die für ihre jeweiligen Aufgaben gemäß diesem Bundesgesetz, der Richtlinie 2013/36/EU, der Verordnung (EU) Nr. 575/2013 und der Richtlinie (EU) 2015/849 von Relevanz sind, sofern diese Zusammenarbeit und dieser Informationsaustausch keine laufenden Untersuchungen, Ermittlungen oder Verfahren nach dem österreichischen Straf- oder Verwaltungsrecht beeinträchtigen würden. *(BGBl I 2021/98)*

Nichtabwicklung von Transaktionen

§ 17. (1) Die Verpflichteten haben nach Abgabe einer Verdachtsmeldung (§ 16 Abs. 1) jede weitere Abwicklung von diesbezüglichen Transaktionen zu unterlassen und allen weiteren besonderen Anweisungen der Geldwäschemeldestelle Folge zu leisten. Diese hat hierbei zu berücksichtigen, ob die Gefahr besteht, dass die Verzögerung oder Unterlassung der Transaktion die Ermittlung des Sachverhalts oder die Verfolgung der Nutznießer einer verdächtigen Transaktion erschweren oder verhindern könnte.

(2) Falls eine Unterlassung der Abwicklung der in Abs. 1 genannten Transaktionen nicht möglich ist oder die Unterlassung oder Verzögerung die Verfolgung der Nutznießer einer verdächtigen Transaktion behindern könnte, haben die Verpflichteten die Verdachtsmeldung (§ 16 Abs. 1) an die Geldwäschemeldestelle umgehend im Anschluss daran abzugeben. Im Zweifel dürfen Aufträge über Geldeingänge durchgeführt werden und sind Aufträge über Geldausgänge zu unterlassen.

(3) Die Verpflichteten sind berechtigt, von der Geldwäschemeldestelle zu verlangen, dass diese entscheidet, ob gegen die unverzügliche Abwicklung einer Transaktion Bedenken bestehen; äußert sich die Geldwäschemeldestelle bis zum Ende des folgenden Bankarbeitstages nicht, so darf die Transaktion unverzüglich abgewickelt werden.

(4) Die Geldwäschemeldestelle ist ermächtigt anzuordnen, dass eine laufende oder bevorstehende Transaktion, die gemäß § 16 Abs. 1 meldepflichtig ist, unterbleibt oder vorläufig aufgeschoben wird und dass Aufträge des Kunden über Geldausgänge nur mit Zustimmung der Geldwäschemeldestelle durchgeführt werden dürfen. Die Geldwäschemeldestelle hat die Staatsanwaltschaft ohne unnötigen Aufschub von der Anordnung zu verständigen. Der Kunde ist ebenfalls zu verständigen, wobei die Verständigung des Kunden längstens für fünf Bankarbeitstage aufgeschoben werden kann, wenn diese ansonsten die Verfolgung der Begünstigten einer verdächtigen Transaktion behindern könnte. Die Verpflichteten sind über den Aufschub der Verständigung des Kunden zu informieren. Die Verständigung des Kunden hat den Hinweis zu enthalten, dass er oder ein sonst Betroffener berechtigt sei, Beschwerde wegen Verletzung seiner Rechte an das zuständige Verwaltungsgericht zu erheben.

(5) Die Geldwäschemeldestelle hat die Anordnung nach Abs. 4 aufzuheben, sobald die Voraussetzungen für die Erlassung weggefallen sind oder die Staatsanwaltschaft erklärt, dass die Voraussetzungen für eine Beschlagnahme gemäß § 109 Z 2 und § 115 Abs. 1 Z 3 StPO nicht bestehen. Die Anordnung tritt im Übrigen außer Kraft,

1. wenn seit ihrer Erlassung sechs Monate vergangen sind oder

2. sobald das Gericht über einen Antrag auf Beschlagnahme gemäß § 109 Z 2 und § 115 Abs. 1 Z 3 StPO rechtskräftig entschieden hat.

Verdachtsmeldung der Behörden an die Geldwäschemeldestelle

§ 18. (1) Ergibt sich der FMA oder der Oesterreichischen Nationalbank bei Ausübung ihrer Aufsichtstätigkeit der Verdacht, dass eine Transaktion der Geldwäscherei oder der Terrorismusfinanzierung dient, so haben sie die Geldwäschemeldestelle hiervon unverzüglich in Kenntnis zu setzen. Dies gilt sinngemäß auch für den Bundesminister für Finanzen als Registerbehörde gemäß § 14 Abs. 1 WiEReG und die Abgabenbehörden des Bundes bei Wahrnehmung ihrer Aufgaben.

(2) Die FMA hat, wenn sie Informationen von der Geldwäschemeldestelle im Wege der Amtshilfe oder des Informationsaustausches erhält, der Geldwäschemeldestelle eine Rückmeldung über die Verwendung dieser Informationen und die Ergebnisse der auf Grundlage der bereitgestellten Informationen durchgeführten Ermittlungen oder Prüfungen zu geben.

(BGBl I 2019/62)

Ausschluss von Schadenersatzansprüchen und Schutz vor Bedrohungen

§ 19. (1) Schadenersatzansprüche können aus dem Umstand, dass Verpflichtete bzw. deren Beschäftigte in fahrlässiger Unkenntnis, dass der Verdacht auf Geldwäscherei oder der Terrorismusfinanzierung oder der Verdacht auf ein Zuwiderhandeln im Sinne des § 6 Abs. 3 falsch war, eine Transaktion verspätet oder nicht durchgeführt haben, nicht erhoben werden.

(2) Die Verpflichteten haben sicherzustellen, dass Einzelpersonen, einschließlich Beschäftigte und Vertreter der Verpflichteten, die intern oder der Geldwäschemeldestelle einen Verdacht auf Geldwäscherei oder Terrorismusfinanzierung melden, „vor Bedrohungen, Vergeltungsmaßnahmen" oder Anfeindungen und insbesondere vor nachteiligen oder diskriminierenden Maßnahmen im Beschäftigungsverhältnis geschützt werden. *(BGBl I 2019/62)*

(3) Die FMA hat zu gewährleisten, dass Einzelpersonen, die Bedrohungen, Vergeltungsmaßnahmen oder Anfeindungen oder nachteiligen oder diskriminierenden Maßnahmen im Beschäftigungsverhältnis ausgesetzt sind, weil sie intern oder der Geldwäschemeldestelle einen Verdacht auf Geldwäscherei oder Terrorismusfinanzierung gemeldet haben, bei der FMA auf sichere Weise den gemeldeten Verdacht sowie weitere Hinweise auf die Nichteinhaltung der Vorschriften dieses Bundesgesetzes oder der Verordnung (EU) 2015/847 gemäß § 40 Abs. 2 bis 4 melden können. *(BGBl I 2019/62)*

Verbot der Informationsweitergabe

§ 20. (1) Die Verpflichteten haben alle Vorgänge, die der Wahrnehmung der § 16 und § 17 dienen, gegenüber Kunden und Dritten geheim zu halten. Zudem haben die Verpflichteten, wenn sie Kenntnis davon erhalten, den Verdacht oder berechtigten Grund zu der Annahme haben, dass ein meldepflichtiger Sachverhalt gemäß § 16 Abs. 1 vorliegt und sie vernünftigerweise davon ausgehen können, dass die Anwendung der Sorgfaltspflichten gegenüber Kunden die Verfolgung der Begünstigten einer verdächtigen Transaktion behindern könnte, die Anwendung der Sorgfaltspflichten gegenüber Kunden auszusetzen und haben stattdessen die Geldwäschemeldestelle umgehend mittels Verdachtsmeldung zu informieren.

(2) Sobald der Kunde von der Geldwäschemeldestelle von der Anordnung nach § 17 Abs. 4 verständigt wurde, sind die Verpflichteten jedoch ermächtigt, den Kunden – jedoch nur auf dessen Nachfrage – zur Geldwäschemeldestelle zu verweisen; mit Zustimmung der Geldwäschemeldestelle sind sie außerdem ermächtigt, den Kunden selbst von der Anordnung zu informieren.

(3) Das Verbot gemäß diesem Paragraph

1. steht einer Weitergabe von Informationen an die FMA, die Oesterreichische Nationalbank oder einer Weitergabe von Informationen zu Zwecken der Strafverfolgung nicht entgegen;

2. steht einer Informationsweitergabe zwischen derselben Unternehmensgruppe angehörenden Kredit- und Finanzinstituten mit Sitz in Mitgliedstaaten oder zwischen diesen und ihren Zweigstellen bzw. Zweigniederlassungen und ihren Tochterunternehmen in Drittländern nicht entgegen, sofern sich diese uneingeschränkt an die gruppenweit anzuwendenden Strategien und Verfahren (§ 24) halten und die gruppenweit anzuwendenden Strategien und Verfahren die Anforderungen der Richtlinie (EU) 2015/849 erfüllen; *(BGBl I 2019/62)*

3. steht einer Informationsweitergabe gemäß § 22 Abs. 2 in jenen Fällen, die sich auf denselben Kunden und dieselbe Transaktion beziehen, an der zwei oder mehr Verpflichtete beteiligt sind, nicht entgegen. *(BGBl I 2021/25)*

6. Abschnitt

Aufbewahrung von Aufzeichnungen, Datenschutz, Informationsaustausch und Anforderungen an die interne Organisation

Aufbewahrungspflichten und Datenschutz

§ 21. (1) Die Verpflichteten haben aufzubewahren:

1. Kopien der erhaltenen Dokumente und Informationen, die für die Erfüllung der Sorgfaltspflichten gegenüber Kunden erforderlich sind, „einschließlich elektronischer Mittel für die Identitätsfeststellung und einschlägiger Vertrauensdienste gemäß der Verordnung (EU) Nr. 910/2014 sowie anderer sicherer Verfahren zur Identifizierung aus der Ferne oder auf elektronischem Weg nach Maßgabe des § 6 Abs. 4," für die Dauer von „zehn" Jahren nach Beendigung der Geschäftsbeziehung mit dem Kunden oder nach dem Zeitpunkt einer gelegentlichen Transaktion; *(BGBl I 2019/62)*

2. die Transaktionsbelege und -aufzeichnungen, die für die Ermittlung von Transaktionen erforderlich sind, für die Dauer von „zehn" Jahren nach Beendigung der Geschäftsbeziehung mit dem Kunden oder nach einer gelegentlichen Transaktion. *(BGBl I 2019/62)*

(2) Die Verpflichteten haben alle personenbezogenen Daten, die sie ausschließlich für die Zwecke dieses Bundesgesetzes verarbeitet haben, nach Ablauf der Aufbewahrungsfristen nach Abs. 1 zu löschen, es sei denn, Vorschriften anderer Bundesgesetze erfordern oder berechtigen zu einer längeren Aufbewahrungsfrist. Keine Löschung der Daten darf bis zur rechtskräftigen Beendigung eines anhängigen Ermittlungs-, Haupt- oder Rechtsmittelverfahrens wegen § 165, § 278a, § 278b, § 278c, § 278d oder § 278e StGB erfolgen, wenn der Verpflichtete davon nachweislich Kenntnis erlangt hat.

(3) *(entfällt, BGBl I 2019/62)*

(4) Personenbezogene Daten, die von den Verpflichteten ausschließlich auf der Grundlage dieses Bundesgesetzes für die Zwecke der Verhinderung von Geldwäscherei und Terrorismusfinanzierung verarbeitet werden, dürfen nicht in einer Weise weiterverarbeitet werden, die mit diesen Zwecken unvereinbar ist. Diese personenbezogenen Daten dürfen nicht für andere Zwecke, wie beispielsweise für kommerzielle Zwecke, verarbeitet werden.

(5) Die Verpflichteten haben neuen Kunden die nach „Art. 13 und 14 der Verordnung (EU) 2016/679" vorgeschriebenen Informationen zur Verfügung zu stellen, bevor sie eine Geschäftsbeziehung begründen oder gelegentliche Transaktionen ausführen. Diese Informationen haben insbesondere einen allgemeinen Hinweis zu den rechtlichen Pflichten der Verpflichteten gemäß diesem Bundesgesetz bei der Verarbeitung personenbezogener Daten zu Zwecken der Verhinderung von Geldwäscherei und Terrorismusfinanzierung zu enthalten. *(BGBl I 2018/37)*

(6) „Die Verarbeitung personenbezogener Daten auf Grundlage dieses Bundesgesetzes, zu Zwecken der Verhinderung von Geldwäscherei und Terrorismusfinanzierung ist als Angelegenheit von öffentlichem Interesse gemäß der Verordnung (EU) 2016/679 anzusehen." Die Sicherstellung öffentlicher Interessen gemäß Art. 23 Abs. 1 der Verordnung (EU) 2016/679 kann dann vorliegen, wenn die Verweigerung einer Auskunft (§ 20 Abs. 1) zur Geheimhaltung von Vorgängen, die der Wahrnehmung des § 16 und des § 17 dienen, erforderlich ist, um *(BGBl I 2019/62)*

1. dem Verpflichteten oder der FMA die ordnungsgemäße Wahrnehmung seiner oder ihrer Aufgaben für die Zwecke dieses Bundesgesetzes zu ermöglichen oder

2. behördliche oder gerichtliche Ermittlungen, Analysen, Untersuchungen oder Verfahren für die Zwecke dieses Bundesgesetzes nicht zu behindern und zu gewährleisten, dass die Verhinderung, Ermittlung und Aufdeckung von Geldwäscherei und Terrorismusfinanzierung nicht gefährdet wird.

(BGBl I 2018/37)

Informationsaustausch

§ 22. „(1)" Die Verpflichteten haben über Systeme zu verfügen, die es ihnen ermöglichen, über sichere Kommunikationskanäle und auf eine Art und Weise, die die vertrauliche Behandlung der Anfragen sicherstellt, auf Anfragen der Geldwäschemeldestelle oder der FMA, die diesen zur Verhinderung oder Verfolgung von Geldwäscherei oder Terrorismusfinanzierung erforderlich erscheinen, vollständig und rasch Auskunft darüber zu geben, ob sie mit bestimmten Personen eine Geschäftsbeziehung unterhalten oder während eines Zeitraums von fünf Jahren vor der Anfrage unterhalten haben, sowie über die Art dieser Geschäftsbeziehung. *(BGBl I 2021/25)*

(2) Verpflichtete dürfen in Fällen, die sich auf denselben Kunden oder dieselbe Transaktion beziehen, an der zwei oder mehr Verpflichtete beteiligt sind, Informationen austauschen, wenn dies für die Zwecke der Verhinderung der Geldwäscherei und der Terrorismusfinanzierung angemessen und erforderlich ist; dies gilt auch für

1. Kredit- und Finanzinstitute gemäß Art. 3 Z 1 und 2 der Richtlinie (EU) 2015/849 mit Sitz in einem anderen Mitgliedstaat, welche nicht ausschließlich über eine Berechtigung für die Durchführung des Wechselstubengeschäfts verfügen und

2. Art. 3 Z 1 und 2 der Richtlinie (EU) 2015/849 entsprechenden Verpflichteten mit Sitz in einem Drittland, in dem der Richtlinie (EU) 2015/849 gleichwertige Anforderungen gelten, wenn diese Verpflichteten gleichwertigen Verpflichtungen in Bezug auf das Berufsgeheimnis und den Schutz personenbezogener Daten unterliegen.

Die ausgetauschten Informationen dürfen ausschließlich für die Zwecke der Verhinderung der

Geldwäscherei und der Terrorismusfinanzierung verwendet werden. *(BGBl I 2021/25)*

Anforderungen an die interne Organisation und Schulungen

§ 23. (1) Die Verpflichteten haben Strategien, Kontrollen und Verfahren zur wirksamen Minderung und Steuerung der auf Unionsebene, auf nationaler Ebene und auf Unternehmensebene ermittelten Risiken von Geldwäscherei und Terrorismusfinanzierung einzurichten, die in einem angemessenen Verhältnis zu Art und Größe des Verpflichteten zu stehen haben. Dabei haben sie den Bericht der Europäischen Kommission gemäß Art. 6 Abs. 1 der Richtlinie (EU) 2015/849, die nationale Risikoanalyse (§ 3) und die Risikoanalyse auf Unternehmensebene (§ 4) zu berücksichtigen. Die Strategien, Kontrollen und Verfahren haben insbesondere Folgendes zu umfassen:

1. die Risikoklassifizierung auf Kundenebene (§ 6 Abs. 5),

2. die Risikomanagementsysteme (§ 11 Abs. 1 Z 1),

3. die Sorgfaltspflichten gegenüber Kunden; dies beinhaltet auch Maßnahmen in Bezug auf neue Produkte, Praktiken und Technologien zum Ausgleich der damit in Zusammenhang stehenden Risiken,

4. die Verdachtsmeldungen,

5. die Aufbewahrung von Unterlagen und

6. die Vorkehrungen zur Einhaltung des Abs. 6

(2) Die Strategien, Kontrollen und Verfahren (Abs. 1) sind in schriftlicher Form festzulegen und vom Leitungsorgan zu genehmigen; sie sind laufend anzuwenden und sofern erforderlich entsprechend anzupassen. Die laufende Einhaltung der internen Vorschriften, die Teil der Strategien, Kontrollen und Verfahren sind, durch die diesen unterworfenen Mitarbeiter, ist durch den besonderen Beauftragten (Abs. 3) zu überwachen. Dieser ist insbesondere auch für die Einhaltung der gruppenweiten Strategien und Verfahren gemäß § 24 verantwortlich. Darüber hinaus hat eine risikobasierte unabhängige Prüfung der Strategien, Verfahren und Kontrollen sowie deren laufenden Anwendung durch die interne Revision zu erfolgen. Sofern Verpflichtete zur Einrichtung einer internen Revision nicht verpflichtet sind und eine unabhängige Prüfung im Hinblick auf Art und Umfang der Geschäftstätigkeit erforderlich ist, hat die Prüfung durch eine unabhängige Stelle zu erfolgen.

(3) Die Verpflichteten haben „ “ einen besonderen Beauftragten zur Sicherstellung der Einhaltung der Bestimmungen dieses Bundesgesetzes zu bestellen. Die Position des besonderen Beauftragten ist so einzurichten, dass dieser lediglich dem Leitungsorgan gegenüber verantwortlich ist und dem Leitungsorgan direkt – ohne Zwischenebenen – zu berichten hat. Weiters ist ihm freier Zugang zu sämtlichen Informationen, Daten, Aufzeichnungen und Systemen, die in irgendeinem möglichen Zusammenhang mit Geldwäscherei und Terrorismusfinanzierung stehen könnten, sowie ausreichende Befugnisse zur Durchsetzung der Einhaltung der Bestimmungen dieses Bundesgesetzes einzuräumen. Verpflichtete haben durch entsprechende organisatorische Vorkehrungen sicherzustellen, dass die Aufgaben des besonderen Beauftragten jederzeit vor Ort erfüllt werden können. Die Verpflichteten haben sicherzustellen, dass der besondere Beauftragte jederzeit über ausreichende Berufsqualifikationen, Kenntnisse und Erfahrungen verfügt (fachliche Qualifikation) und zuverlässig und integer ist (persönliche Zuverlässigkeit). *(BGBl I 2017/136)*

(4) Die Verpflichteten haben ein Mitglied des Leitungsorgans zu bestimmen, das für die Einhaltung der Bestimmungen, die der Verhinderung oder der Bekämpfung der Geldwäscherei oder der Terrorismusfinanzierung dienen, zuständig ist.

(5) Die Verpflichteten haben durch Maßnahmen, die in angemessenem Verhältnis zu ihren Risiken, ihrer Art und ihrer Größe stehen, sicherzustellen, dass ihre Beschäftigten die Bestimmungen, die der Verhinderung oder der Bekämpfung der Geldwäscherei oder der Terrorismusfinanzierung dienen, in dem Ausmaß kennen, das für die Erfüllung ihrer Aufgaben erforderlich ist. Diese Maßnahmen haben unter anderem die Teilnahme der zuständigen Beschäftigten an besonderen fortlaufenden Fortbildungsprogrammen einzuschließen, bei denen sie lernen, möglicherweise mit Geldwäscherei oder Terrorismusfinanzierung zusammenhängende Transaktionen zu erkennen und sich in solchen Fällen richtig zu verhalten.

(6) Im Übrigen haben die Verpflichteten bei der Auswahl ihrer Beschäftigten auf Zuverlässigkeit in Bezug auf deren Verbundenheit mit den rechtlichen Werten zu achten; ebenso ist vor der Wahl ihrer Aufsichtsräte auf deren Verbundenheit mit den rechtlichen Werten zu achten.

(7) E-Geld-Emittenten im Sinne des Art. 2 Z 3 der Richtlinie 2009/110/EG und Zahlungsdienstleister im Sinne des Art. 4 Z 11 der Richtlinie (EU) 2015/2366, die ihren Sitz in einem anderen Mitgliedstaat haben und im Inland in anderer Form als einer Zweigstelle niedergelassen sind, haben im Inland eine zentrale Kontaktstelle zu benennen, wenn sie die in dem Delegierten Rechtsakt gemäß Art. 45 Abs. 10 der Richtlinie (EU) 2015/849 genannten Kriterien erfüllen, die dafür zuständig ist, im Auftrag des benennenden Instituts die Einhaltung der Vorschriften zur Bekämpfung von Geldwäsche und Terrorismusfinanzierung zu gewährleisten und die Aufsicht durch die FMA zu erleichtern, indem sie unter anderem

der FMA auf Ersuchen Dokumente und Informationen zur Verfügung stellt.

Strategien und Verfahren bei Gruppen

§ 24. (1) Verpflichtete, die Teil einer Gruppe sind, haben gruppenweit anzuwendende Strategien und Verfahren für die Zwecke der Bekämpfung von Geldwäscherei und Terrorismusfinanzierung, darunter Datenschutzstrategien sowie Strategien und Verfahren für den Informationsaustausch innerhalb der Gruppe, einzurichten, in schriftlicher Form festzulegen und laufend anzuwenden. Diese Strategien und Verfahren sind auf Ebene der Zweigstellen bzw. Zweigniederlassungen und Tochterunternehmen in Mitgliedstaaten und Drittländern wirksam umzusetzen.

(2) Verpflichtete haben sicherzustellen, dass ihre Zweigstellen bzw. Zweigniederlassungen in anderen Mitgliedstaaten den zur Umsetzung der Richtlinie (EU) 2015/849 verabschiedeten nationalen Rechtsvorschriften des betreffenden Mitgliedstaats Folge leisten.

(3) Verpflichtete haben sicherzustellen, dass ihre Zweigstellen bzw. Zweigniederlassungen und ihre Tochterunternehmen in Drittländern, deren Mindestanforderungen an die Bekämpfung der Geldwäscherei und Terrorismusfinanzierung weniger streng als jene gemäß diesem Bundesgesetz sind, die Anforderungen dieses Bundesgesetzes anwenden, soweit das Recht des Drittlandes dies zulässt.

(4) Die Verpflichteten haben in Fällen, in denen die Umsetzung der gemäß Abs. 1 erforderlichen gruppenweit anzuwendenden Strategien und Verfahren nach dem Recht eines Drittlandes nicht zulässig ist, die FMA zu informieren. Zudem haben die Verpflichteten sicherzustellen, dass ihre Zweigstellen bzw. Zweigniederlassungen und ihre Tochterunternehmen in diesem Drittland zusätzliche Maßnahmen anwenden, um dem Risiko der Geldwäscherei oder Terrorismusfinanzierung wirksam zu begegnen. Reichen die zusätzlichen Maßnahmen nicht aus, so hat die FMA zusätzliche Aufsichtsmaßnahmen zu treffen. Die FMA kann unter anderem vorschreiben, dass die Gruppe in dem Drittland keine Geschäftsbeziehungen eingehen darf oder diese zu beenden hat und keine Transaktionen in dem Drittland vornehmen darf oder dass die Gruppe ihre Geschäfte in dem Drittland erforderlichenfalls einzustellen hat.

(5) Die FMA hat „die Europäische Bankenaufsichtsbehörde“** über Fälle zu unterrichten, in denen die Umsetzung der gemäß Abs. 1 erforderlichen Strategien und Verfahren nach dem Recht eines Drittlandes nicht zulässig ist. In solchen Fällen kann im Rahmen eines abgestimmten Vorgehens eine Lösung angestrebt werden. „Bei der Beurteilung, welche Drittländer die Umsetzung der gemäß Abs. 1 erforderlichen Strategien und Verfahren nicht gestatten, hat die FMA etwaige rechtliche Beschränkungen zu berücksichtigen, durch die die ordnungsgemäße Umsetzung dieser Strategien und Verfahren behindert werden kann, einschließlich Beschränkungen in Bezug auf Geheimhaltungspflicht oder Datenschutz und andere Beschränkungen, die den Austausch von Informationen, die für diese Zweck relevant sein können, behindern.“* *(*BGBl I 2019/62; **BGBl I 2021/25)*

(6) Ein Informationsaustausch, einschließlich personenbezogener Daten von Kunden, innerhalb der Gruppe für die Zwecke der Bekämpfung von Geldwäscherei und Terrorismusfinanzierung ist zulässig; insbesondere können die Dokumente und Informationen, die für die Erfüllung der Sorgfaltspflichten gegenüber Kunden erforderlich sind innerhalb der Gruppe weitergegeben werden, um die gruppenweit anzuwendenden Strategien und Verfahren gemäß Abs. 1 zu erfüllen. Die mit einer Verdachtsmeldung übermittelten Informationen sind innerhalb der Gruppe weiterzugeben, es sei denn die Geldwäschemeldestelle oder die zentrale Meldestelle eines anderen Mitgliedstaates oder eines Drittlandes erteilt andere Anweisungen. *(BGBl I 2019/62)*

7. Abschnitt
Aufsicht

Ziele und Grundsätze der Beaufsichtigung

§ 25. (1) Die FMA hat die Einhaltung der Vorschriften dieses Bundesgesetzes und der Verordnung (EU) 2015/847 durch

1. Kreditinstitute gemäß § 2 Z 1,

2. Finanzinstitute gemäß § 2 Z 2 lit. a, die einer Kreditinstitutsgruppe gemäß § 30 BWG oder einer von der FMA gemäß § 197 Abs. 1 VAG 2016 zu beaufsichtigenden Gruppe angehören „,“ *(BGBl I 2019/62)*

3. Finanzinstitute gemäß § 2 Z 2 lit. b bis h „und“ *(BGBl I 2019/62)*

4. Dienstleister gemäß § 2 Z 22 *(BGBl I 2019/62)*

mit dem Ziel zu überwachen, die Nutzung des Finanzsystems zum Zwecke der Geldwäscherei und der Terrorismusfinanzierung zu verhindern. Dabei hat sie auf das volkswirtschaftliche Interesse an einem funktionsfähigen Finanzsystem zu achten. Abweichend von § 1 gelten als Verpflichtete im Sinne dieses Abschnittes nur die in „Z 1 bis 4“ genannten. *(BGBl I 2021/25)*

(2) Die FMA hat bei der Ausübung ihrer Aufgaben und Aufsichtsbefugnisse gemäß diesem Bundesgesetz nach einem risikobasierten Ansatz vorzugehen. Sie hat

1. die im Inland bestehenden Risiken der Geldwäscherei und Terrorismusfinanzierung des Finanzsystems zu analysieren und zu bewerten,

2. sich hinsichtlich der Häufigkeit und Intensität von Prüfungen vor Ort und außerhalb der Räumlichkeiten von Verpflichteten an deren Risikoprofil und den im Inland vorhandenen Risiken von Geldwäscherei und Terrorismusfinanzierung zu orientieren,

3. das Risikoprofil der Verpflichteten im Hinblick auf Geldwäscherei und Terrorismusfinanzierung, einschließlich der Risiken der Nichteinhaltung einschlägiger Vorschriften, in regelmäßigen Abständen und bei Eintritt wichtiger Ereignisse oder Entwicklungen in der Geschäftsleitung und Geschäftstätigkeit des Verpflichteten neu zu bewerten und

4. den Ermessensspielräumen, die den Verpflichteten zustehen, Rechnung zu tragen und die Risikobewertungen, die diesem Ermessensspielraum zugrunde liegen, sowie die Eignung und Umsetzung der internen Strategien, Kontrollen und Verfahren der Verpflichteten in angemessener Weise zu überprüfen.

(3) Die FMA hat bei der Vollziehung der Bestimmungen dieses Bundesgesetzes, einschließlich der Erlassung von Verordnungen auf Grund dieses Bundesgesetzes und deren Vollziehung, und der Verordnung (EU) 2015/847 der europäischen Konvergenz der Aufsichtsinstrumente und Aufsichtsverfahren Rechnung zu tragen. Zu diesem Zweck hat sich die FMA an den Tätigkeiten „der Europäischen Bankenaufsichtsbehörde“ zu beteiligen, die Leitlinien und die Empfehlungen und andere von den europäischen Aufsichtsbehörden beschlossenen Maßnahmen anzuwenden. Die FMA kann von „den vorgenannten Leitlinien und Empfehlungen““ abweichen, sofern dafür berechtigte Gründe, insbesondere Widerspruch zu bundesgesetzlichen Vorschriften, vorliegen. *(BGBl I 2021/25)*

(4) Die FMA hat „nach Maßgabe der Verordnung (EU) Nr. 1093/2010 mit der Europäischen Bankenaufsichtsbehörde“ und mit den anderen Teilnehmern des Europäischen Finanzaufsichtssystems – ESFS gemäß Art. 1 Abs. 3 der Verordnung (EU) Nr. 1092/2010 zusammenarbeiten und diesen unverzüglich alle zur Wahrnehmung ihrer Aufgaben nach den vorgenannten Verordnungen erforderlichen Informationen zur Verfügung stellen, die diese aufgrund der Richtlinie (EU) 2015/849 benötigen. *(BGBl I 2021/25)*

(5) Die FMA kann mit Behörden in Mitgliedstaaten und Drittländern, die den Aufgaben der FMA entsprechende Aufgaben wahrzunehmen haben, wechselseitig zusammenarbeiten und alle Informationen übermitteln, soweit die Übermittlung der Informationen für die Zwecke der Aufsicht über den Finanzmarkt dienlich ist. Darunter fallen auch Informationen über die Aktionäre, die Mitglieder des Vorstands, des Aufsichtsrats, des Verwaltungsrats und die geschäftsführenden Direktoren der Verpflichteten sowie Informationen in Bezug auf die Kunden der Verpflichteten. Die FMA kann von ihren bundesgesetzlichen Befugnissen auch ausschließlich für die Zwecke einer Zusammenarbeit oder eines Informationsaustausches nach diesem Absatz Gebrauch machen, auch wenn die Verhaltensweise, die Gegenstand der Ermittlung ist, keinen Verstoß gegen eine im Inland geltende Vorschrift darstellt.

(6) Die Übermittlung von Informationen an Behörden in Drittländern gemäß Abs. 5 ist nur zulässig, wenn diese einem dem Berufsgeheimnis gemäß der jeweiligen europäischen Rechtsakte, die die Tätigkeit von Verpflichteten regeln, gleichwertigen Berufsgeheimnis unterliegen oder sich zu einem solchen verpflichtet haben „und die Übermittlung personenbezogener Daten im Einklang mit Kapitel V der Verordnung (EU) 2016/679 steht“. Wenn Informationen betroffen sind, die der FMA von der zuständigen Behörde eines anderen Mitgliedstaats übermittelt wurden, dürfen diese nur mit der ausdrücklichen Zustimmung dieser Behörde und nur für Zwecke weitergegeben werden, denen diese Behörde zugestimmt hat. Zudem ist die Übermittlung nur auf Grund von einer Gegenseitigkeitserklärung oder tatsächlich geleisteter Gegenseitigkeit zulässig. *(BGBl I 2018/37)*

(7) Bei Kredit- und Finanzinstituten, die Teil einer Gruppe sind, deren Mutterunternehmen seinen Sitz im Inland hat, hat die FMA die wirksame Umsetzung der gruppenweiten Strategien und Verfahren gemäß § 24 Abs. 1 zu beaufsichtigen. Zu diesem Zweck und in dem Fall, dass Kredit- und Finanzinstitute mit Sitz im Inland Teil einer Gruppe mit einem Mutterunternehmen mit Sitz in einem anderen Mitgliedstaat sind, hat die FMA mit den zuständigen Behörden der Mitgliedstaaten zusammenzuarbeiten. Dies gilt auch im Hinblick auf Zweigstellen bzw. Zweigniederlassungen von Kredit- und Finanzinstituten, die Teil einer Gruppe sind. *(BGBl I 2019/62)*

(8) Die FMA ist im sachlichen Anwendungsbereich der Bekämpfung der Geldwäscherei und Terrorismusfinanzierung zum Informationsaustausch und zur Amtshilfe mit anderen Behörden in Mitgliedstaaten und Drittländern, die den Aufgaben der FMA entsprechende Aufgaben wahrzunehmen haben, ermächtigt. Die FMA darf ein Ersuchen auf Informationsaustausch oder Amtshilfe im sachlichen Anwendungsbereich der Bekämpfung der Geldwäscherei und Terrorismusfinanzierung nicht aus einem der folgenden Gründe ablehnen:

1. das Ersuchen berührt nach Ansicht der FMA auch steuerliche Belange;

2. die Verpflichteten, von denen diese Informationen stammen, unterliegen Geheimhaltungs-

pflichten oder sind verpflichtet die Vertraulichkeit zu wahren, außer in den Fällen, in denen die Informationen, auf die sich das Ersuchen bezieht, durch ein Zeugnisverweigerungsrecht geschützt werden oder in denen eine Verschwiegenheitspflicht von Notaren, Rechtsanwälten, Verteidigern in Strafsachen, Wirtschaftsprüfern, Bilanzbuchhaltern, Steuerberatern, Wirtschaftstreuhändern oder sonstigen rechtsberatenden Berufen, sofern für diese eine Verschwiegenheitsverpflichtung gesetzlich vorgesehen ist, zur Anwendung kommt;

3. im Inland ist eine Ermittlung, eine Untersuchung oder ein Verfahren anhängig, es sei denn, die Ermittlung, die Untersuchung oder das Verfahren würde durch den Informationsaustausch oder die Amtshilfe beeinträchtigt;

4. Art und Stellung der ersuchenden zuständigen Behörde unterscheiden sich von Art und Stellung der FMA.
(BGBl I 2019/62)

(9) Um zu gewährleisten, dass die Aufsichtsmaßnahmen der FMA, die Ahndung von Pflichtverletzungen und die Veröffentlichungen die gewünschten Ergebnisse erzielen, hat die FMA mit den anderen zuständigen Behörden im Inland und in grenzüberschreitenden Fällen mit den zuständigen Behörden in Mitgliedstaaten und Drittländern bei der Wahrnehmung ihrer diesbezüglichen Befugnisse gemäß den Bestimmungen dieses Bundesgesetzes eng zusammen zu arbeiten und ihre Maßnahmen zu koordinieren. *(BGBl I 2019/62)*

(10) Die FMA hat sicherzustellen, dass ihr Personal, das für die FMA in Vollziehung dieses Bundesgesetzes tätig ist – auch in Fragen der Vertraulichkeit, des Datenschutzes und der Standards im Umgang mit Interessenkonflikten – in Bezug auf seine Integrität hohen Maßstäben genügt und entsprechend qualifiziert ist und mit hohem professionellen Standard arbeitet. *(BGBl I 2019/62)*

Ermächtigung zur Verarbeitung von personenbezogenen Daten

§ 26. Die FMA ist zur Verarbeitung von personenbezogenen Daten im Sinne der Verordnung (EU) 2016/679 ermächtigt, soweit dies für die Wahrnehmung ihrer Aufgaben nach diesem Bundesgesetz erforderlich ist.

(BGBl I 2018/37)

Mitwirkung der Bundesrechnungszentrum GmbH

§ 27. Die Bundesrechenzentrum GmbH hat bei der Besorgung der Geschäfte, die der FMA nach diesem Bundesgesetz und der Verordnung (EU) 2015/847 obliegen, mitzuwirken, soweit eine solche Mitwirkung im Interesse der Einfachheit, Zweckmäßigkeit und Kostenersparnis gelegen ist.

Kosten der Aufsicht

§ 28. (1) Die Kosten der FMA für die Beaufsichtigung der Verpflichteten nach diesem Bundesgesetz „sind Kosten der Rechnungskreise Bankenaufsicht, Versicherungsaufsicht, Wertpapieraufsicht und Pensionskassenaufsicht gemäß § 19 Abs. 1 Z 1 bis 4 FMABG und sind nach Maßgabe der in Abs. 2 bis 6" festgelegten Zuordnung zu den Rechnungskreisen oder, soweit innerhalb der Rechnungskreise gemäß Bundesgesetz Subrechnungskreise einzurichten sind, zu den Subrechnungskreisen, zu erstatten. *(BGBl I 2019/62)*

(2) Die Kosten für die Beaufsichtigung der Kreditinstitute gemäß § 1 Abs. 1 BWG mit Ausnahme der Kreditinstitute gemäß § 1 Abs. 1 Z 13, 13a und 21 BWG, die Kosten für die Beaufsichtigung der CRR-Kreditinstitute gemäß § 9 BWG, die Tätigkeiten im Inland über eine Zweigstelle erbringen, der Finanzinstitute gemäß § 1 Abs. 2 Z 1 bis 6 BWG, die Teil einer Kreditinstitutsgruppe gemäß § 30 BWG sind, der CRR-Finanzinstitute gemäß § 11 und § 13 BWG, die Tätigkeiten im Inland über eine Zweigstelle erbringen, der E-Geldinstitute gemäß § 3 Abs. 2 E-Geldgesetz 2010, der Zweigstellen gemäß § 9 des E-Geld-Gesetzes 2010, der Zahlungsinstitute gemäß „§ 10 ZaDiG 2018" und der Zweigstellen gemäß „§ 27 ZaDiG 2018", sind dem gemäß § 69a Abs. 1 BWG einzurichtenden Subrechnungskreis innerhalb des Rechnungskreises Bankenaufsicht gemäß § 19 Abs. 1 Z 1 FMABG zuzuordnen. *(BGBl I 2018/17)*

(3) Die Kosten für die Beaufsichtigung der Versicherungsunternehmen gemäß § 5 Z 1 VAG 2016, der kleinen Versicherungsunternehmen gemäß § 5 Z 3 VAG 2016, der Zweigniederlassungen von EWR-Versicherungsunternehmen gemäß § 5 Z 7 VAG 2016, der Zweigniederlassungen von DrittlandVersicherungsunternehmen gemäß § 5 Z 5 VAG 2016 und der Finanzinstitute gemäß § 1 Abs. 2 Z 1 bis 6 BWG, die Teil einer gemäß § 197 VAG 2016 von der FMA zu beaufsichtigenden Gruppe sind, sind dem Rechnungskreis Versicherungsaufsicht gemäß § 19 Abs. 1 Z 2 FMABG zuzuordnen.

(4) Die Kosten für die Beaufsichtigung der Wertpapierfirmen gemäß § 3 Abs. 1 WAG 2018, der Wertpapierdienstleistungsunternehmen gemäß § 4 Abs. 1 WAG 2018 und der Wertpapierfirmen gemäß Art. 4 Abs. 1 Nr. 1 der Richtlinie 2014/65/EU, die in einem anderen Mitgliedstaat zugelassen sind und Tätigkeiten im Inland gemäß § 17 WAG 2018 über eine Zweigstelle erbringen, sind dem gemäß § 89 Abs. 1 WAG 2018 einzurichtenden Subrechnungskreis Erbringer von Wertpapierdienstleistungen innerhalb des Rech-

nungskreises Wertpapieraufsicht gemäß § 19 Abs. 1 Z 3 FMABG zuzuordnen. *(BGBl I 2017/107)*

(5) Die Kosten für die Beaufsichtigung der AIFM gemäß § 4 Abs. 1 AIFMG, der gemäß § 33 AIFMG errichteten Zweigstellen, der Nicht-EU-AIFM gemäß § 39 Abs. 3 AIFMG, der Verwaltungsgesellschaften gemäß § 5 Abs. 1 InvFG 2011, der gemäß § 36 Abs. 2 InvFG 2011 errichteten Zweigstellen, der Kapitalanlagegesellschaften für Immobilien gemäß § 2 Abs. 1 ImmoInvFG und der Betrieblichen Vorsorgekassen gemäß § 18 Abs. 1 BMSVG sind dem gemäß § 45a Abs. 1 BMSVG, § 56 Abs. 5 AIFMG, § 2 Abs. 12 ImmoInvFG und § 144 Abs. 1 InvFG 2011 einzurichtenden Subrechnungskreis innerhalb des Rechnungskreises Wertpapieraufsicht gemäß § 19 Abs. 1 Z 3 FMABG zuzuordnen.

(6) Die Kosten für die Beaufsichtigung der Dienstleister gemäß § 2 Z 22 sind Kosten gemäß § 19 Abs. 2 Satz 2 FMABG. Registrierte Dienstleister gemäß § 32a Abs. 1 haben als Ersatz für die Aufwendungen aus der Aufsicht einen Kostenbeitrag zu leisten, der von der FMA mit Bescheid vorzuschreiben ist; die Festsetzung von Pauschalbeträgen ist zulässig. Die FMA hat nähere Regelungen über diese Kostenaufteilung und ihre Vorschreibung mit Verordnung festzusetzen. Hierbei sind insbesondere zu regeln:

1. Die Bemessungsgrundlagen der einzelnen Arten von Kostenvorschreibungen, wobei die Festsetzung von Pauschalbeträgen zulässig ist;

2. die Termine für die Kostenbescheide und die Fristen für die Zahlungen der Kostenpflichtigen.

Die kostenpflichtigen Dienstleister haben der FMA alle erforderlichen Auskünfte über die Grundlagen der Kostenbemessung zu erteilen. *(BGBl I 2019/62)*

Auskunfts- und Vorlagepflichten

§ 29. (1) Die FMA kann von den Verpflichteten jederzeit Auskünfte über alle Angelegenheiten verlangen, die von diesem Bundesgesetz und der Verordnung (EU) 2015/847 umfasst sind und die Vorlage entsprechender Unterlagen verlangen und festlegen, auf welche Art und Weise die Unterlagen vorzulegen sind.

(2) Die FMA kann, um die Rechtmäßigkeit des Versicherungsvertriebes sicher zu stellen, auch von Versicherungsvermittlern gemäß § 365m Abs. 3 Z 4 GewO 1994 jederzeit Auskunft und die Vorlage von Unterlagen, insbesondere Informationen über von diesen gehaltene Verträge oder Verträge mit Dritten, verlangen und sie vor Ort prüfen; § 30 Abs. 1 bis 3 gilt sinngemäß.

(3) Die FMA kann im Rahmen der ihr nach diesem Bundesgesetz auferlegten Überwachungspflichten von jedermann Auskunft über Angelegenheiten verlangen, die von diesem Bundesgesetz umfasst sind. Eine nach anderen gesetzlichen Bestimmungen bestehende Verschwiegenheitspflicht wird dadurch nicht berührt. Der Abschlussprüfer des Verpflichteten kann sich jedoch nicht auf seine Verschwiegenheitspflicht berufen.

(4) Die Verpflichtung zur Auskunftserteilung schließt die Verbindlichkeit in sich, Urkunden und andere schriftliche Unterlagen vorzulegen oder die Einsichtnahme in diese zu gestatten.

Prüfung vor Ort

§ 30. (1) Die Prüforgane der FMA können die Einhaltung der Bestimmungen dieses Bundesgesetzes bei den Verpflichteten jederzeit vor Ort prüfen.

(2) Zur Überprüfung der wirksamen Umsetzung der Strategien und Verfahren gemäß § 24 kann die FMA mit Zustimmung der zuständigen Behörde des Aufnahmestaates Prüfungen von Zweigstellen bzw. Zweigniederlassungen und Tochterunternehmen von Verpflichteten mit Sitz im Inland in Mitgliedstaaten und Drittländern vornehmen. Abs. 3 bis 8 sind entsprechend anzuwenden. Die FMA kann die zuständige Behörde des Aufnahmestaates um die Vornahme der Prüfung ersuchen, wenn dies das Verfahren vereinfacht oder beschleunigt oder wenn dies im Interesse der Zweckmäßigkeit, Einfachheit, Raschheit oder Kostenersparnis gelegen ist.

(3) Soweit erforderlich, kann die FMA Prüfungsorgane bestellen, die nicht der FMA angehören. Ihnen ist von der FMA eine Vergütung zu leisten, die in einem angemessenen Verhältnis zu der mit der Prüfung verbundenen Arbeit und zu den Aufwendungen hiefür steht.

(4) Die Prüfung ist zumindest eine Woche vor Beginn anzukündigen, sofern dadurch der Zweck der Prüfung nicht vereitelt wird. Die Prüfungsorgane sind mit einem schriftlichen Prüfungsauftrag zu versehen und haben sich vor Beginn der Prüfung unaufgefordert auszuweisen sowie den Prüfungsauftrag vorzuweisen. Der Prüfungsauftrag hat den Gegenstand der Prüfung zu umschreiben.

(5) Die Verpflichteten haben den Prüfungsorganen die für die Prüfung erforderlichen Unterlagen zur Verfügung zu stellen und ihnen Einsicht in die Bücher, Belege und Schriften zu gewähren sowie Auskünfte zu erteilen. Sie haben den Prüfungsorganen überdies innerhalb der üblichen Geschäfts- und Arbeitszeit jederzeit Zutritt zu den Geschäfts- und Arbeitsräumen zu gewähren.

(6) Die Prüfungsorgane können die für die Prüfung erforderlichen Auskünfte und Geschäftsunterlagen unmittelbar von jeder beim Verpflichteten beschäftigten Person in deren Wirkungsbereich verlangen.

(7) Zur Durchführung der Prüfung sind den Prüfungsorganen geeignete Räumlichkeiten und

Hilfsmittel zur Verfügung zu stellen. Sind Eintragungen oder Aufbewahrungen unter Verwendung von Datenträgern vorgenommen worden, so sind vom Verpflichteten auf seine Kosten innerhalb angemessener Frist diejenigen Hilfsmittel zur Verfügung zu stellen, die notwendig sind, um die Unterlagen lesbar zu machen und, soweit erforderlich, ohne Hilfsmittel lesbare dauerhafte Wiedergaben in der benötigten Anzahl beizubringen.

(8) Die in der Prüfung getroffenen Feststellungen sind schriftlich festzuhalten. Dem betroffenen Verpflichteten ist Gelegenheit zur Stellungnahme zu geben.

(9) Die Abs. 1 bis 8 sind sinngemäß auf Dienstleister anzuwenden, auf die Funktionen oder Geschäftstätigkeiten von Verpflichteten ausgelagert worden sind, und zwar unabhängig davon, ob die Übertragung der Genehmigung bedarf. Wenn der Dienstleister seinen Sitz in einem anderen Mitgliedstaat oder einem Drittland hat, hat die FMA die Zustimmung der zuständigen Behörde des Aufnahmestaates einzuholen, bevor eine Prüfung vor Ort vorgenommen wird. Im Falle eines nicht beaufsichtigten Unternehmens ist die zuständige Behörde des Aufnahmestaats, in dem der Dienstleister seinen Sitz hat, die zuständige Behörde. Die FMA kann eine Prüfung vor Ort an die zuständige Behörde des Aufnahmestaats delegieren, in dem der Dienstleister seinen Sitz hat.

(10) Ein Dienstleister mit Sitz im Inland, auf den von einem Kredit- und Finanzinstitut gemäß Art. 3 Z 1 und 2 lit. a bis d der Richtlinie (EU) 2015/849 mit Sitz in einem anderen Mitgliedstaat oder einem vergleichbaren Unternehmen aus einem Drittland Funktionen oder Geschäftstätigkeiten ausgelagert wurden, darf von der zuständigen Behörde des betreffenden Mitgliedstaats oder Drittlands oder von ihr beauftragten Personen mit Zustimmung der FMA vor Ort geprüft werden. Die FMA kann sich an dieser Prüfung selbst oder durch von ihr gemäß Abs. 3 bestellte Prüfungsorgane beteiligen. Abs. 4 bis 8 sind sinngemäß anzuwenden. Die FMA kann auf Ersuchen der Behörden des Herkunftsstaates die Prüfung vornehmen, wenn dies das Verfahren vereinfacht oder beschleunigt oder wenn dies im Interesse der Zweckmäßigkeit, Einfachheit, Raschheit oder Kostenersparnis gelegen ist.

(11) Inländische Zweigstellen bzw. Zweigniederlassungen und Tochterunternehmen von Kredit- und Finanzinstituten gemäß Art. 3 Z 1 und 2 lit. a bis d der Richtlinie (EU) 2015/849 mit Sitz in einem anderen Mitgliedstaat oder diesen vergleichbare Unternehmen aus Drittländern können von den zuständigen Behörden des Herkunftsstaates oder von ihnen beauftragten Personen auf die wirksame Umsetzung der Strategien und Verfahren im Sinne des Art. 45 Abs. 1 Richtlinie (EU) 2015/849 mit Zustimmung der FMA geprüft werden. Die FMA kann sich an einer solchen Prüfung selbst oder durch von ihr gemäß Abs. 3 bestellte Prüfungsorgane beteiligen. Abs. 4 bis 8 sind sinngemäß anzuwenden. Die FMA kann auf Ersuchen der Behörden des Herkunftsstaates die Prüfung vornehmen, wenn dies das Verfahren vereinfacht oder beschleunigt oder wenn dies im Interesse der Zweckmäßigkeit, Einfachheit, Raschheit oder Kostenersparnis gelegen ist.

Aufsichtsmaßnahmen der FMA

§ 31. (1) Die FMA hat alle Anordnungen zu treffen, die erforderlich und geeignet sind, um den Geschäftsbetrieb von Verpflichteten mit diesem Bundesgesetz und der Verordnung (EU) 2015/847 in Einklang zu halten. „Insbesondere hat die FMA anzuordnen, dass der Verpflichtete oder die betreffende natürliche Person ihre Verhaltensweise einzustellen und von einer Wiederholung abzusehen hat.“ *(BGBl I 2019/62)*

(2) Anordnungen nach Abs. 1 können, wenn ihr Zweck es verlangt, außer an den Verpflichteten selbst, auch an

1. die Mitglieder des Leitungsorgans des Verpflichteten, sowie an die den Verpflichteten kontrollierenden Personen oder

2. Dienstleister, auf die Funktionen oder Geschäftstätigkeiten ausgelagert wurden, und zwar unabhängig davon, ob die Auslagerung der Genehmigung bedarf,

gerichtet werden.

(3) Bei Pflichtverletzungen gemäß § 34 Abs. 2 und 3 kann die FMA:

1. jeder für die Verletzung der Bestimmungen verantwortlich gemachten Person, unabhängig davon ob diese Leitungsaufgaben bei dem Verpflichteten bereits wahrgenommen hat, durch eine Anordnung vorübergehend untersagen, bei Verpflichteten Leitungsaufgaben wahrzunehmen „,“ *(BGBl I 2019/62)*

2. die von der FMA erteilte Konzession gemäß den in § 9 Abs. 1 Z 4 AIFMG, § 6 Abs. 2 Z 3 iVm § 70 Abs. 4 BWG, § 26 Abs. 7 E-GeldG, § 148 Abs. 5 InvFG 2011, § 285 VAG 2016, „§ 90 Abs. 3 Z 5 iVm § 92 Abs. 8 WAG 2018“* oder „§ 94 Abs. 7 ZaDiG 2018“** festgelegten Verfahren widerrufen „und“*** *(*BGBl I 2017/107; **BGBl I 2018/17; ***BGBl I 2019/62)*

3. die von der FMA vorgenommene Registrierung gemäß § 32a widerrufen. *(BGBl I 2019/62)*

Beaufsichtigung im Rahmen der Niederlassungs- und Dienstleistungsfreiheit

§ 32. (1) Verletzt ein Kredit- oder Finanzinstitut „Art. 3 Z 1 und 2 der Richtlinie (EU) 2015/849“ mit Sitz in einem anderen Mitgliedstaat, das im Inland einen Geschäftsbetrieb ausübt, die Bestimmungen dieses Bundesgesetzes oder der Verordnung (EU) 2015/847, so hat die FMA dieses Unternehmen aufzufordern, diese Mängel zu beheben. Diese Aufforderung ergeht nicht in Form eines Bescheides. Gleichzeitig hat die FMA der zuständigen Behörde des Herkunftsmitgliedstaats ihre Erkenntnisse mitzuteilen. *(BGBl I 2018/37)*

(2) Kommt das Kredit- oder Finanzinstitut „Art. 3 Z 1 und 2 der Richtlinie (EU) 2015/849" mit Sitz in einem anderen Mitgliedstaat der Aufforderung gemäß Abs. 1 nicht nach, so hat die FMA dies der zuständigen Behörde des Herkunftsmitgliedstaats mitzuteilen und diese zu ersuchen, die geeigneten Maßnahmen zur Behebung der Mängel zu ergreifen. *(BGBl I 2018/37)*

(3) Ergreift die zuständige Behörde des Herkunftsmitgliedstaats keine Maßnahmen oder erweisen sich ihre Maßnahmen als unzureichend oder unwirksam, so hat die FMA unter Anwendung des § 31 die erforderlichen und geeigneten Anordnungen gegen das Kredit- oder Finanzinstitut „Art. 3 Z 1 und 2 der Richtlinie (EU) 2015/849" mit Sitz in einem anderen Mitgliedstaat zu treffen. Vor Anordnung einer Maßnahme nach diesem Absatz ist die zuständige Behörde des Herkunftsmitgliedstaats zu verständigen. *(BGBl I 2018/37)*

(4) Ist eine Maßnahme zur Verhinderung der Nutzung des Finanzsystems zum Zwecke der Geldwäscherei und Terrorismusfinanzierung dringend erforderlich, so hat die FMA ohne Verfahren gemäß Abs. 1 bis 3 unter Anwendung des § 31 die erforderlichen und geeigneten Anordnungen gegen das Kredit- oder Finanzinstitut „Art. 3 Z 1 und 2 der Richtlinie (EU) 2015/849" mit Sitz in einem anderen Mitgliedstaat zu treffen. Nach Anordnung einer Maßnahme nach diesem Absatz ist die zuständige Behörde des Herkunftsmitgliedstaats zu verständigen. *(BGBl I 2018/37)*

Registrierung von Dienstleistern von virtuellen Währungen

§ 32a. (1) Beabsichtigt ein Dienstleister gemäß § 2 Z 22 im Inland seine Tätigkeit zu erbringen oder vom Inland aus seine Tätigkeiten anzubieten, so hat er zuvor bei der FMA eine Registrierung zu beantragen. Dem Antrag sind folgende Angaben und Unterlagen anzuschließen:

1. Der Name oder die Firma des Dienstleisters und sofern vorhanden der oder die Geschäftsleiter;

2. der Sitz des Unternehmens und die für Zustellungen maßgebliche Geschäftsanschrift;

3. eine Beschreibung des Geschäftsmodells, aus dem insbesondere die Art der beabsichtigten Dienstleistungen hervorgeht;

4. eine Beschreibung des internen Kontrollsystems, das der Antragsteller einzuführen beabsichtigt, sowie eine Beschreibung der geplanten Strategien und Verfahren, um die Anforderungen dieses Bundesgesetzes und der Verordnung (EU) 2015/847 zu erfüllen und

5. bei juristischen Personen zusätzlich die Identität und die Höhe des Beteiligungsbetrages der Eigentümer, die direkt oder indirekt eine qualifizierte Beteiligung gemäß Art. 4 Abs. 1 Nr. 36 der Verordnung (EU) Nr. 575/2013 am Antragsteller halten.

(2) Verfügt die FMA aufgrund der Angaben und Unterlagen gemäß Abs. 1 über konkrete Anhaltspunkte, dass die Anforderungen dieses Bundesgesetzes nicht erfüllt werden können oder hat die FMA Zweifel an der persönlichen Zuverlässigkeit des oder der Geschäftsleiter, der natürlichen Person, die eine qualifizierte Beteiligung hält (Abs. 1 Z 5) oder der natürlichen Person, die beabsichtigt als Dienstleister gemäß § 2 Z 22 tätig zu werden, hat die FMA die Registrierung nicht vorzunehmen.

(3) Änderungen der in Abs. 1 genannten Angaben hat der Dienstleister der FMA unverzüglich anzuzeigen.

(4) Die Angaben gemäß Abs. 1 Z 1, 2 und 3 hat die FMA auf ihrer offiziellen Website zu veröffentlichen und laufend aktuell zu halten.

(BGBl I 2019/62)

§ 32b. Die FMA hat die Tätigkeit von Dienstleistern gemäß § 2 Z 22 ohne Registrierung gemäß § 32a Abs. 1 zu untersagen. Zu diesem Zweck stehen der FMA die Befugnisse gemäß §§ 22b bis 22e FMABG zu.

(BGBl I 2019/62)

Berufsgeheimnis und Zusammenarbeit zwischen der FMA und anderen Behörden im Rahmen der Bekämpfung der Geldwäscherei und Terrorismusfinanzierung

§ 33. (1) Unbeschadet von § 14 Abs. 2 FMABG unterliegen alle Personen, die für die FMA tätig sind oder waren und von der FMA beauftragte Wirtschaftsprüfer und Sachverständige mit den Informationen, die sie in Ausübung ihrer Pflichten nach diesem Bundesgesetz erhalten haben, dem Berufsgeheimnis. Mit Ausnahme der vom Strafrecht erfassten Fälle dürfen vertrauliche Informationen, die die im ersten Satz genannten Personen in Ausübung ihrer Pflichten nach diesem Bundesgesetz erhalten, nur in zusammengefasster oder aggregierter Form weitergegeben werden, sodass einzelne „Verpflichtete" nicht identifiziert werden können. *(BGBl I 2021/25)*

(2) Abs. 1 steht einem Informationsaustausch und einer wechselseitigen Zusammenarbeit der FMA mit anderen Behörden in Mitgliedstaaten und Drittländern, die der FMA entsprechende Aufgaben wahrnehmen, insbesondere gemäß § 25

Abs. 4 bis 6 und § 30, soweit dies für die Erfüllung der Aufgaben zur Verhinderung der Geldwäscherei und Terrorismusfinanzierung oder für andere gesetzliche Aufgaben im Rahmen der Aufsicht über den Finanzmarkt dienlich ist, nicht entgegen. Dies gilt ebenso für die Europäische Zentralbank, wenn sie im Einklang mit der Verordnung (EU) 1024/2013 tätig wird. Die FMA kann mit den anderen zuständigen Behörden, die Kredit- und Finanzinstitute gemäß der Richtlinie (EU) 2015/849 im Einklang mit dieser Richtlinie überwachen, und mit Unterstützung „die Europäische Bankenaufsichtsbehörde", mit der Europäischen Zentralbank, wenn diese gemäß Art. 27 Abs. 2 der Verordnung (EU) 1024/2013 und Art. 56 Unterabsatz 1 lit. g der Richtlinie 2013/36/EU handelt, eine Vereinbarung über die praktischen Modalitäten für den Informationsaustausch abschließen. *(BGBl I 2021/25)*

(3) Die FMA darf vertrauliche Informationen, die sie im Rahmen des Informationsaustausches mit anderen Behörden gemäß Art. 57a Abs. 1 der Richtlinie (EU) 2015/849 erhält, nur für die folgenden Zwecke verwenden:

1. zur Ausübung ihrer Pflichten nach diesem Bundesgesetz oder anderen nationalen oder europäischen Rechtsakten im Bereich der Bekämpfung der Geldwäsche und der Terrorismusfinanzierung, der Finanzdienstleistungsaufsicht und der Beaufsichtigung von Kredit- und Finanzinstituten, einschließlich der Verhängung von Verwaltungsstrafen;

2. im Rahmen eines Verfahrens über ein Rechtsmittel gegen eine Entscheidung der FMA, einschließlich damit zusammenhängender Gerichtsverfahren;

3. im Rahmen eines Gerichtsverfahrens, das aufgrund besonderer Bestimmungen des Unionsrechts im Bereich der Richtlinie (EU) 2015/849 oder im Bereich der Finanzdienstleistungsaufsicht beziehungsweise Beaufsichtigung von Kredit- und Finanzinstituten eingeleitet wird.

(4) Die FMA hat bei Beaufsichtigung der Kredit- und Finanzinstitute mit anderen zur Beaufsichtigung von Kredit- und Finanzinstituten zuständigen Behörden in anderen Mitgliedstaaten im größtmöglichen Umfang zusammenzuarbeiten. Eine solche Zusammenarbeit darf auch die Durchführung von Untersuchungen, innerhalb der Befugnisse der zuständigen Behörde, um deren Unterstützung ersucht wurde, im Namen der ersuchenden zuständigen Behörde und den anschließenden Austausch der im Rahmen solcher Untersuchungen gewonnen Informationen einschließen.

(5) Die FMA kann im Rahmen der Beaufsichtigung der Kredit- und Finanzinstitute, vom Bundesminister für Finanzen ermächtigt werden, mit den zuständigen Behörden von Drittländern, die den Aufgaben der FMA entsprechende Aufgaben wahrzunehmen haben, Kooperationsvereinbarungen zwecks Zusammenarbeit und Austausch vertraulicher Informationen abzuschließen, soweit dies für die Zwecke der Aufsicht über den Finanzmarkt dienlich ist. Solche Kooperationsvereinbarungen dürfen nur auf Basis der Gegenseitigkeit geschlossen werden und nur dann, wenn gewährleistet ist, dass die zuständigen Behörden von Drittländern, an die Informationen übermittelt werden, zumindest den Anforderungen des Berufsgeheimnisses gemäß Abs. 1 unterliegen. Die gemäß diesen Kooperationsvereinbarungen ausgetauschten Informationen müssen der Erfüllung der aufsichtsrechtlichen Aufgaben dieser Behörden dienen. Informationen, die die FMA von einem anderen Mitgliedstaat oder Drittland erhalten hat, darf sie nur mit ausdrücklicher Zustimmung der zuständigen Behörde, die diese Informationen mitgeteilt hat, und gegebenenfalls nur für Zwecke, denen diese Behörde zugestimmt hat, an eine Behörde in einem Drittland weitergeben.

(6) Unter Berücksichtigung der Anwendung der Bestimmungen dieses Bundesgesetzes und unter Berücksichtigung von beruflichen Verschwiegenheitsverpflichtungen kann die FMA für die Zwecke der Verhinderung von Geldwäscherei und der Terrorismusfinanzierung Informationen mit folgenden Behörden austauschen:

1. dem Bundesminister für Finanzen im Rahmen der Aufsicht über Bundeskonzessionäre gemäß § 14 und § 21 GSpG und als Registerbehörde gemäß § 14 Abs. 1 WiEReG;

2. den zuständigen Landesbehörden im Rahmen der Aufsicht über Landesbewilligte für Glücksspielautomaten und Wettunternehmer nach Maßgabe landesrechtlicher Vorschriften;

3. den Rechtsanwaltskammern im Rahmen der Aufsicht über Rechtsanwälte;

4. der Notariatskammer im Rahmen der Aufsicht über Notare;

5. der Kammer der Steuerberater und Wirtschaftsprüfer im Rahmen der Aufsicht über Steuerberater und Wirtschaftsprüfer;

6. dem Präsident der Wirtschaftskammer Österreich im Rahmen der Aufsicht über Bilanzbuchhalter, Buchhalter und Personalverrechner gemäß § 1 BiBuG 2014;

7. den Behörden gemäß § 333 GewO im Rahmen der Aufsicht über Verpflichtete gemäß § 365m1 Abs. 2 GewO „;" *(BGBl I 2021/25; BGBl I 2021/98)*

8. der Geldwäschemeldestelle, wobei die FMA zu einer engen Zusammenarbeit mit der Geldwäschemeldestelle und einem Austausch von Informationen, die für die Geldwäschemeldestelle für ihre Aufgaben nach diesem Bundesgesetz von Relevanz sind, verpflichtet ist, sofern diese Zusammenarbeit und dieser Informationsaustausch keine laufenden Untersuchungen, Ermittlungen

oder Verfahren im Einklang mit dem österreichischen Straf- oder Verwaltungsrecht beeinträchtigen würden. *(BGBl I 2021/98)*

Ebenso ist ein Austausch von Informationen mit Behörden in anderen Mitgliedstaaten oder Drittländern, die mit den in „Z 1 bis 8" genannten Behörden vergleichbare Aufgaben wahrnehmen, zulässig, wenn gewährleistet ist, dass diese Behörden Anforderungen an eine berufliche Geheimhaltungspflicht unterliegen, die jener gemäß Abs. 1 zumindest gleichwertig ist. *(BGBl I 2021/98)*

(7) Ungeachtet des Abs. 1 und Abs. 3 kann die FMA Informationen mit Strafverfolgungsbehörden, den Staatsanwaltschaften und den Gerichten für strafrechtliche Zwecke und für die Zwecke der Verhinderung von Geldwäscherei und der Terrorismusfinanzierung austauschen. Gemäß diesem Absatz ausgetauschte vertrauliche Informationen dürfen aber nur der Erfüllung der gesetzlichen Aufgaben der betreffenden Behörden dienen. Personen, die Zugang zu diesen Informationen haben, müssen den Anforderungen an eine berufliche Geheimhaltungspflicht unterliegen, die den in Abs. 1 genannten Anforderungen mindestens gleichwertig sind.

(BGBl I 2019/62)

8. Abschnitt
Strafbestimmungen und Veröffentlichungen

Pflichtverletzungen

§ 34. (1) Wer als Verantwortlicher (§ 9 VStG) eines Verpflichteten, die Pflichten gemäß

1. § 4 (Durchführung, Aufzeichnung und Aktualisierung der Risikoanalyse),

2. § 5 bis § 12 (Sorgfaltspflichten gegenüber Kunden) und der aufgrund von § 6 Abs. 4, § 8 Abs. 5 und § 9 Abs. 4 erlassenen Verordnungen der FMA,

3. § 13 bis § 15 (Ausführung durch Dritte),

4. § 16 bis § 17 (Meldepflichten),

5. § 19 Abs. 2 (Schutz vor Bedrohungen oder Anfeindungen im Beschäftigungsverhältnis),

6. § 20 (Verbot der Informationsweitergabe),

7. § 21 Abs. 1 bis 3 (Aufbewahrungspflichten) und der aufgrund von § 21 Abs. 3 erlassenen Verordnungen der FMA,

8. § 23 Abs. 1 bis 3 oder 6 (interne Organisation),

9. § 23 Abs. 4, 5 oder 7 (Schulungen, Verantwortlichkeit des Leitungsorgans und Benennung der zentralen Kontaktstelle) „," *(BGBl I 2019/62)*

10. § 24 (Strategien und Verfahren bei Gruppen) „oder" *(BGBl I 2019/62)*

11. § 11 Abs. 1 dritter Satz WiEReG (Sorgfaltspflichten bei der Feststellung und Überprüfung von wirtschaftlichen Eigentümern in Bezug auf Trusts und trustähnliche Vereinbarungen) *(BGBl I 2019/62)*

verletzt, begeht eine Verwaltungsübertretung und ist von der FMA mit einer Geldstrafe bis zu 150 000 Euro zu bestrafen.

(2) Wenn es sich bei den Pflichtverletzungen gemäß Abs. 1 Z 2, 4, 7, 9 und 10 um schwerwiegende, wiederholte oder systematische Verstöße oder eine Kombination davon handelt, beträgt die Geldstrafe bis zu 5 000 000 Euro oder bis zu dem Zweifachen des aus der Pflichtverletzung gezogenen Nutzens, soweit sich dieser beziffern lässt.

(3) Wer als Verantwortlicher (§ 9 VStG) eines Verpflichteten

1. wiederholt oder systematisch vorgeschriebene Angaben zum Auftraggeber oder zum Begünstigten unter Verstoß gegen Art. 4 bis 6 der Verordnung (EU) 2015/847 nicht übermittelt,

2. die Aufbewahrung von Aufzeichnungen gemäß Art. 16 der Verordnung (EU) 2015/847 nicht sicherstellt und dies ein wiederholtes, systematisches und schweres Versäumnis darstellt,

3. es verabsäumt wirksame risikobasierte Verfahren unter Verstoß gegen Art. 8 oder 12 der Verordnung (EU) 2015/847 einzuführen oder

4. sofern der Verpflichtete ein zwischengeschalteter Zahlungsdienstleister gemäß Art. 3 Z 5 ist, in schwerwiegender Weise gegen Art. 11 oder 12 der Verordnung (EU) 2015/847 verstößt,

begeht eine Verwaltungsübertretung und ist von der FMA mit einer Geldstrafe bis zu 5 000 000 Euro oder bis zu dem Zweifachen des aus der Pflichtverletzung gezogenen Nutzens, soweit sich dieser beziffern lässt, zu bestrafen.

(4) Wer Dienstleistungen in Bezug auf virtuelle Währungen gemäß § 2 Z 22 ohne die erforderliche Registrierung gemäß § 32a Abs. 1 anbietet, begeht eine Verwaltungsübertretung und ist von der FMA mit einer Geldstrafe bis zu 200 000 Euro zu bestrafen. *(BGBl I 2017/107; BGBl I 2019/62)*

(5) Wer als Treuhänder seiner Offenlegungsverpflichtung gemäß § 6 Abs. 3 nicht nachkommt, begeht eine Verwaltungsübertretung und ist von der FMA mit einer Geldstrafe bis zu 60 000 Euro zu bestrafen.

Strafbarkeit von juristischen Personen

§ 35. (1) Die FMA kann Geldstrafen gegen juristische Personen verhängen, wenn eine Pflichtverletzung gemäß § 34 Abs. 1 bis 3 zu ihren Gunsten von einer Person begangen wurde, die allein oder als Teil eines Organs der juristischen Person gehandelt hat und die aufgrund einer der folgenden Befugnisse eine Führungsposition innerhalb der juristischen Person innehat:

1. Befugnis zur Vertretung der juristischen Person,

2. Befugnis, Entscheidungen im Namen der juristischen Person zu treffen oder

3. Kontrollbefugnis innerhalb der juristischen Person.

(2) Juristische Personen können wegen Pflichtverletzungen gemäß § 34 Abs. 1 bis 3 auch dann verantwortlich gemacht werden, wenn mangelnde Überwachung oder Kontrolle durch eine in Abs. 1 genannte Person die Begehung einer in § 34 Abs. 1 bis 3 genannten Pflichtverletzungen zugunsten der juristischen Person durch eine für sie tätige Person ermöglicht hat.

(3) Die Geldstrafe gemäß Abs. 1 und 2 beträgt bei Pflichtverletzungen gemäß § 34 Abs. 1 bis zu 150 000 Euro und bei Pflichtverletzungen gemäß § 34 Abs. 2 und 3 bis zu 5 000 000 Euro oder 10 vH des jährlichen Gesamtumsatzes. Der jährliche Gesamtumsatz bestimmt sich nach den jährlichen Umsatzerlösen aus dem letzten festgestellten Jahresabschluss. Wenn es sich bei dem Verpflichteten um ein Kreditinstitut, ein E-Geld-Institut gemäß § 3 Abs. 2 und § 9 Abs. 1 E-Geldgesetz 2010, das ein CRR-Finanzinstitut gemäß Art. 4 Abs. 1 Nr. 26 der Verordnung (EU) Nr. 575/2013 ist, ein Zahlungsinstitut gemäß „§ 4 Z 4 ZaDiG 2018“**, das ein CRR-Finanzinstitut gemäß Art. 4 Abs. 1 Nr. 26 der Verordnung (EU) Nr. 575/2013 ist, einen AIFM gemäß § 2 Abs. 1 Z 2 AIFMG oder eine Wertpapierfirma gemäß „§ 1 Z 1 WAG 2018“* handelt, ist der jährliche Gesamtumsatz die Summe der in Z 1 bis 7 der Anlage 2 zu § 43 BWG angeführten Erträge abzüglich der dort angeführten Aufwendungen. Wenn es sich bei dem Verpflichteten um ein Versicherungsunternehmen gemäß § 5 Z 1 VAG 2016 oder um ein kleines Versicherungsunternehmen gemäß § 5 Z 3 VAG 2016 handelt, ist der jährliche Gesamtumsatz die Summe der in § 146 Abs. 4 Z 1 bis 8 und 10 bis 11 VAG 2016 angeführten Erträge abzüglich der dort angeführten Aufwendungen. Wenn es sich bei dem Verpflichteten um eine Muttergesellschaft oder die Tochtergesellschaft einer Muttergesellschaft handelt, die einen konsolidierten Abschluss nach Art. 22 der Richtlinie 2013/34/EU aufzustellen hat, so bestimmt sich der jährliche Gesamtumsatz nach den jährlichen Umsatzerlösen oder der entsprechenden Einkunftsart gemäß den einschlägigen Rechnungslegungsrichtlinien, die im letzten verfügbaren festgestellten konsolidierten Abschluss ausgewiesen sind. Soweit die FMA die Grundlagen für den Gesamtumsatz nicht ermitteln oder berechnen kann, hat sie diese zu schätzen. Dabei sind alle Umstände zu berücksichtigen, die für die Schätzung von Bedeutung sind. *(*BGBl I 2017/107; **BGBl I 2018/17)*

(4) *(aufgehoben, BGBl I 2017/107)*

Verlängerung der Verjährungsfrist

§ 36. Bei Verwaltungsübertretungen gemäß diesem Bundesgesetz gilt anstelle der Frist für die Verfolgungsverjährung (§ 31 Abs. 1 VStG) eine Frist von drei Jahren. Die Frist für die Strafbarkeitsverjährung (§ 31 Abs. 2 VStG) beträgt in diesen Fällen fünf Jahre.

Veröffentlichungen

§ 37. (1) Die FMA kann den Namen der natürlichen Person oder juristischen Person bei einer Pflichtverletzung gemäß § 34 Abs. 2 und 3 und § 35 in Verbindung mit § 34 Abs. 2 und 3 unter Anführung der begangenen Pflichtverletzung auf ihrer Homepage veröffentlichen, sofern eine solche Veröffentlichung die Stabilität der Finanzmärkte nicht ernstlich gefährdet oder den Beteiligten keinen unverhältnismäßig hohen Schaden zufügt.

(2) Die FMA hat rechtskräftig verhängte Geldstrafen wegen Pflichtverletzungen gemäß § 34 Abs. 2 und 3 und § 35 in Verbindung mit § 34 Abs. 2 und 3 und rechtskräftige Aufsichtsmaßnahmen wegen Verstößen gegen die in § 34 Abs. 2 und 3 angeführten Pflichten mitsamt der Identität der sanktionierten beziehungsweise von der Aufsichtsmaßnahme betroffenen natürlichen oder juristischen Person und den Informationen zu Art und Charakter der zu Grunde liegenden Pflichtverletzung unverzüglich, nachdem die betroffene Person von der Rechtskraft der Geldstrafe oder Aufsichtsmaßnahme informiert wurde, auf ihrer Homepage zu veröffentlichen.

(3) Wenn die FMA nach einer fallbezogenen Prüfung der Verhältnismäßigkeit der Veröffentlichung der Identität oder personenbezogener Daten der in Abs. 2 genannten betroffenen natürlichen oder juristischen Person die Veröffentlichung dieser Daten für unverhältnismäßig hält, die Veröffentlichung dieser Daten die Stabilität der Finanzmärkte eines Mitgliedstaats oder mehrerer Mitgliedstaaten oder die Durchführung laufender Ermittlungen gefährden würde, so hat die FMA die Entscheidung (Abs. 2):

1. erst dann zu veröffentlichen, wenn die Gründe für ihre Nichtveröffentlichung weggefallen sind,

2. auf anonymer Basis zu veröffentlichen, wenn diese anonymisierte Veröffentlichung einen wirksamen Schutz der betreffenden personenbezogenen Daten gewährleistet; wird die Veröffentlichung auf anonymer Basis beschlossen, so kann die FMA die Veröffentlichung der diesbezüglichen Daten um einen angemessenen Zeitraum verschieben, wenn davon auszugehen ist, dass die Gründe für eine anonymisierte Veröffentlichung innerhalb dieses Zeitraums wegfallen werden oder

3. nicht zu veröffentlichen, wenn die Möglichkeiten nach Z 1 und 2 nicht ausreichen, um zu gewährleisten,

a) dass die Stabilität von Finanzmärkten nicht gefährdet wird, oder

b) dass bei Maßnahmen, die als geringfügig angesehen werden, bei der Bekanntmachung der Entscheidungen die Verhältnismäßigkeit gewahrt ist.

(4) Der von einer Veröffentlichung Betroffene kann eine Überprüfung der Rechtmäßigkeit der Veröffentlichung gemäß Abs. 1, 2 oder 3 in einem bescheidmäßig zu erledigenden Verfahren bei der FMA beantragen. Die FMA hat in diesem Falle die Einleitung eines solchen Verfahrens in gleicher Weise wie die ursprüngliche Veröffentlichung bekannt zu machen. Wird im Rahmen der Überprüfung die Rechtswidrigkeit der Veröffentlichung festgestellt, so hat die FMA die Veröffentlichung richtig zu stellen oder gemäß dem Antrag des Betroffenen entweder zu widerrufen oder aus dem Internetauftritt zu entfernen.

(5) Wird ein Rechtsmittel gegen den der Veröffentlichung gemäß Abs. 1 bis 3 zugrunde liegenden Bescheid erhoben, so ist dies sowie das Ergebnis dieses Verfahrens in gleicher Weise wie die ursprüngliche Veröffentlichung bekannt zu machen. Wird einem solchen Rechtsmittel in einem gerichtlichen Verfahren aufschiebende Wirkung zuerkannt, so hat die FMA dies ebenso bekannt zu machen. Wird einem Rechtsmittel gegen eine der Veröffentlichung gemäß Abs. 1 bis 3 zugrunde liegende Entscheidung stattgegeben, kann die Veröffentlichung auf Antrag des Betroffenen aus dem Internetauftritt entfernt werden.

(6) Ist eine Veröffentlichung nicht aufgrund einer Entscheidung gemäß Abs. 4 und 5 zu widerrufen oder aus den Internetauftritt zu entfernen, so ist sie für fünf Jahre aufrecht zu erhalten. Dabei ist die Veröffentlichung personenbezogener Daten jedoch nur so lange aufrecht zu erhalten, so lange nicht die Kriterien für eine anonymisierte Veröffentlichung vorliegen.

Wirksame Ahndung von Pflichtverletzungen

§ 38. „(1)“ Bei der Festsetzung einer Aufsichtsmaßnahme gemäß § 31 Abs. 3 oder der Verhängung einer Geldstrafe gemäß § 34 oder § 35 hat die FMA alle maßgeblichen Umstände zu berücksichtigen, darunter gegebenenfalls

1. die Schwere und Dauer der Pflichtverletzung,

2. den Verschuldensgrad der verantwortlich gemachten natürlichen oder juristischen Person,

3. die Finanzkraft der verantwortlich gemachten natürlichen oder juristischen Person, wie sie sich beispielsweise aus dem Gesamtumsatz der verantwortlich gemachten juristischen Person oder den Jahreseinkünften der verantwortlich gemachten natürlichen Person ableiten lässt,

4. die von der verantwortlich gemachten natürlichen oder juristischen Person durch die Pflichtverletzung erzielten Gewinne, sofern sich diese beziffern lassen,

5. die Verluste, die Dritten durch die Pflichtverletzung entstanden sind, sofern sich diese beziffern lassen,

6. der Bereitwilligkeit der verantwortlich gemachten natürlichen oder juristischen Person, mit der zuständigen Behörde zusammenzuarbeiten und

7. frühere Pflichtverletzungen der verantwortlich gemachten natürlichen oder juristischen Person „und Verurteilungen wegen § 165 StGB (Geldwäscherei), § 278a StGB (kriminelle Organisation), § 278b StGB (terroristischen Vereinigung), § 278c StGB (terroristischen Straftat) oder der § 278d StGB (Terrorismusfinanzierung) bei natürlichen Personen oder Verurteilungen wegen vergleichbarer Straftaten in anderen Mitgliedstaaten oder Drittstaaten“.

Die Bestimmungen des VStG bleiben durch diesen Absatz unberührt.
(BGBl I 2019/62)
(BGBl I 2019/62)

(2) Die FMA hat vor Verhängung einer Geldstrafe gemäß § 34 oder § 35 eine Strafregisterauskunft von der beschuldigten natürlichen Person oder von der oder den natürlichen Personen, die gemäß § 35 allein oder als Teil eines Organs der juristischen Person gehandelt haben, einzuholen. Bestehen Anhaltspunkte, die einen Eintrag in einem Strafregister eines anderen Mitgliedstaates nahelegen, dann hat die FMA die Landespolizeidirektion Wien um die Einholung von Strafregisterauskünften aus dem oder den betreffenden Mitgliedstaaten zu ersuchen. *(BGBl I 2019/62)*

Verwendung von eingenommenen Geldstrafen

§ 39. Die von der FMA gemäß diesem Bundesgesetz verhängten Geldstrafen fließen dem Bund zu.

Schutz von Hinweisgebern

§ 40. (1) Die Verpflichteten haben über angemessene Verfahren zu verfügen, die es ihren Beschäftigten unter Wahrung der Vertraulichkeit ihrer Identität ermöglichen, betriebsinterne Verstöße gegen dieses Bundesgesetz, gegen auf Grund dieses Bundesgesetzes erlassene Verordnungen oder Bescheide, gegen die Bestimmungen der Verordnung (EU) 2015/847 oder eines auf Basis dieser Verordnung erlassenen Bescheides an eine geeignete Stelle zu melden. Die Verfahren nach diesem Absatz müssen den Anforderungen des Abs. 3 Z 2 bis 5 entsprechen.

(2) Die FMA hat über wirksame Mechanismen zu verfügen, die dazu ermutigen, Verstöße oder den Verdacht eines Verstoßes gegen die Bestimmungen dieses Bundesgesetzes, gegen auf Grund dieses Bundesgesetzes erlassene Verordnungen oder Bescheide, gegen die Bestimmungen der Verordnung (EU) 2015/847 oder eines auf Basis dieser Verordnung erlassenen Bescheides anzuzeigen.

(3) Die in Abs. 2 genannten Mechanismen umfassen zumindest Folgendes:

1. spezielle Verfahren für die Entgegennahme der Meldung von Verstößen und diesbezüglicher Folgemaßnahmen;

2. einen angemessenen Schutz für Beschäftigte der Verpflichteten, die Verstöße innerhalb des Verpflichteten melden;

3. einen angemessenen Schutz für die beschuldigte Person;

4. den Schutz personenbezogener Daten gemäß den Grundsätzen „der Verordnung (EU) 2016/679" sowohl für die Person, die die Verstöße meldet, als auch für die natürliche Person, die mutmaßlich für einen Verstoß verantwortlich ist; *(BGBl I 2018/37)*

5. klare Regeln, welche die Geheimhaltung der Identität der Person, die die Verstöße anzeigt, gewährleisten, soweit nicht die Offenlegung der Identität im Rahmen eines staatsanwaltschaftlichen, gerichtlichen oder verwaltungsrechtlichen Verfahrens zwingend zu erfolgen hat.

(4) Die FMA hat ein Verfahren zum Informationsaustausch und zur Zusammenarbeit gegen Bedrohungen, Vergeltungsmaßnahmen oder Anfeindungen oder nachteilige oder diskriminierende Maßnahmen im Beschäftigungsverhältnis, wie sie aufgrund der Meldung eines Verstoßes gegen Vorschriften dieses Bundesgesetzes oder der Verordnung (EU) 2015/847 entstehen können, mit anderen relevanten Behörden, denen eine Rolle beim Schutz von Einzelpersonen zukommt, die der FMA entsprechende Verdachtsfälle melden, einzurichten. Das Verfahren zum Informationsaustausch und zur Zusammenarbeit hat mindestens Folgendes zu gewährleisten:

1. meldenden Personen haben umfassende Informationen und Beratungen zu den nach nationalem Recht verfügbaren Rechtsbehelfen und Verfahren zum Schutz vor Bedrohungen, Vergeltungsmaßnahmen oder Anfeindungen oder nachteiligen oder diskriminierenden Maßnahmen im Beschäftigungsverhältnis zur Verfügung zu stehen, einschließlich der Verfahren zur Einforderung einer finanziellen Entschädigung;

2. meldende Personen haben von den zuständigen Behörden wirksame Unterstützung gegenüber anderen relevanten Behörden zu erhalten, die an ihrem Schutz vor Benachteiligung beteiligt sind, einschließlich der Bestätigung bei arbeitsrechtlichen Streitigkeiten, dass die Einzelperson als Informant auftritt.
(BGBl I 2019/62)

Meldungen an die Europäischen Aufsichtsbehörden

§ 41. Die FMA hat alle wegen Pflichtverletzungen gemäß den § 34 Abs. 2 und 3 und § 35 in Verbindung mit § 34 Abs. 2 und 3 verhängten Geldstrafen sowie gemäß § 31 Abs. 3 festgesetzten Aufsichtsmaßnahmen an die „Europäische Bankenaufsichtsbehörde" zu melden. Wurde ein Rechtsmittelverfahren eingeleitet, so ist sowohl diese Tatsache als auch der Ausgang des Rechtsmittelverfahrens ebenfalls an die „Europäische Bankenaufsichtsbehörde" zu melden. *(BGBl I 2021/25)*

9. Abschnitt
Schlussbestimmungen

Inkrafttreten

§ 42. (1) Dieses Bundesgesetz tritt mit Ausnahme von § 8 Abs. 6 und § 34 bis § 38 mit 1. Jänner 2017 in Kraft. § 34 Abs. 1, 2, 4 und 5 sowie § 35 bis § 38 in der Fassung des Bundesgesetzes BGBl. I Nr. 118/2016 treten mit Ablauf des Tages der Kundmachung im Bundesgesetzblatt, frühestens jedoch mit 1. Jänner 2017 in Kraft. § 8 Abs. 6 und § 34 Abs. 3 treten mit 26. Juni 2017 in Kraft.

(2) § 46 mitsamt Überschrift tritt mit Ablauf des 25. Juni 2017 außer Kraft.

(3) Die FMA kann Verordnungen auf Grund der Ermächtigungen in diesem Bundesgesetz bereits von dem seiner Kundmachung folgenden Tag an erlassen. Diese Verordnungen dürfen frühestens mit dem Inkrafttreten der entsprechenden Ermächtigungen in Kraft gesetzt werden.

(4) § 2 Abs. 1 lit. f, § 28 Abs. 2, § 31 Abs. 3 Z 2, § 35 Abs. 3 und § 44 Abs. 1 Z 17 in der Fassung des Bundesgesetzes BGBl. I Nr. 17/2018 treten mit 1. Juni 2018 in Kraft. *(BGBl I 2018/17)*

Inkrafttreten von Änderungen

§ 43. (1) § 46 samt Überschrift in der Fassung des Bundesgesetzes BGBl. I Nr. 107/2017 tritt mit 26. Juni 2017 in Kraft.

(2) § 2 Z 2 lit. c, § 28 Abs. 4, § 31 Abs. 3 Z 2, § 35 Abs. 3 und § 44 Abs. 1 Z 16 in der Fassung des Bundesgesetzes BGBl. I Nr. 107/2017 treten mit 3. Jänner 2018 in Kraft. § 33 samt Überschrift, § 34 Abs. 4 und § 35 Abs. 4 treten mit Ablauf des 2. Jänner 2018 außer Kraft.

(3) § 2 Z 3, Z 6 lit. g, § 11 Abs. 1 Schlussteil, § 23 Abs. 3 und § 44 Abs. 1 Z 22 in der Fassung des Bundesgesetzes BGBl. I Nr. 136/2017 treten

mit dem der Kundmachung folgenden Tag in Kraft. *(BGBl I 2017/136)*

(4) § 1, § 3 Abs. 1 bis 3 und 5 bis 9, § 16 Abs. 5, § 18, § 21 Abs. 6, § 24 Abs. 6, § 25 Abs. 9, § 31 Abs. 1 und § 38 treten mit 1. August 2019 in Kraft. § 2 Z 21, § 6 Abs. 1 Z 1 und 2, § 7 Abs. 1, 6 und 11, § 9 Abs. 1 und 3, § 9a samt Überschrift, § 10, § 12 Abs. 2, § 13 Abs. 2, § 16 Abs. 2, § 19 Abs. 2 und 3, § 20 Abs. 3 Z 2, § 21 Abs. 1, § 24 Abs. 5, § 25 Abs. 1 Z 2 bis 4, Abs. 7 und 8, § 28 Abs. 1 und 6, § 31 Abs. 3 Z 1 bis 3, § 32b, § 33 samt Überschrift, § 34 Abs. 1 Z 9 bis 11, § 34 Abs. 4, § 40 Abs. 4 und § 44 Abs. 1 Z 23 und 24, Abs. 2 Z 4 bis 7, Abs. 3 Z 5, 6 und 8 bis 10 sowie Z 3 in Anlage II und Z 1 lit. f und g, Z 2 lit. c, e und f in Anlage III sowie die Änderungen des Inhaltsverzeichnisses zu § 9a, § 32a und § 33 treten mit 10. Jänner 2020 in Kraft. § 46 samt Überschrift in der Fassung des Bundesgesetzes BGBl. I Nr. 37/2018 sowie der Eintrag zu § 46 im Inhaltsverzeichnis treten mit Ablauf des 31. Dezember 2019 außer Kraft. § 21 Abs. 3 tritt mit Ablauf des 9. Jänner 2020 außer Kraft. § 2 Z 22 und § 32a samt Überschrift treten am 1. Oktober 2019 mit der Maßgabe in Kraft, dass die Verpflichtung zur Registrierung mit 10. Jänner 2020 eintritt. *(BGBl I 2019/62)*

(5) § 2 Z 20, § 3 Abs. 7, 10 und 11, § 7a mitsamt Überschrift, § 13 Abs. 3, § 16 Abs. 6, § 20 Abs. 3 Z 3, die Bezeichnung des 6. Abschnitts, § 22 samt Überschrift, § 24 Abs. 5, § 25 Abs. 1, 3 und 4, § 33 Abs. 1, 2 und 6 Z 7, § 41, § 44 Abs. 3 Z 3 und Z 4 bis 8, § 47 Z 2 sowie die Änderung des Inhaltsverzeichnisses zu § 7a, zum 6. Abschnitt und zu § 22 in der Fassung des Bundesgesetzes BGBl. I Nr. 25/2021, treten mit 1. März 2021 in Kraft. § 44 Abs. 3 Z 4 und 5 tritt mit Ablauf des 28. Februar 2021 außer Kraft. *(BGBl I 2021/25)*

(BGBl I 2017/107)

Verweisungen

§ 44. (1) Soweit in diesem Bundesgesetz auf folgende Gesetze verwiesen wird, sind diese, wenn nicht Anderes angeordnet ist, in ihrer jeweils geltenden Fassung anzuwenden:

1. Depotgesetz, BGBl. Nr. 424/1969;

2. Strafgesetzbuch (StGB), BGBl. Nr. 60/1974;

3. Strafprozeßordnung 1975 (StPO), BGBl. Nr. 631/1975;

4. Verwaltungsstrafgesetz 1991 (VStG), BGBl. Nr. 52/1991;

5. Verwaltungsvollstreckungsgesetz 1991 (VVG), BGBl. Nr. 53/1991;

6. Bankwesengesetz (BWG), BGBl. Nr. 532/1993;

7. Privatstiftungsgesetz (PSG), BGBl. I Nr. 694/1993;

8. Gewerbeordnung 1994 (GewO 1994), BGBl. Nr. 194/1994;

9. Genossenschaftsrevisionsgesetz 1997 (GenRevG 1997), BGBl. I Nr. 127/1997;

10. „Börsegesetz 2018 (BörseG 2018), BGBl. I Nr. 107/2017“ *(BGBl I 2018/37)*

11. Finanzmarktaufsichtsbehördengesetz (FMABG), BGBl. I Nr. 97/2001

12. Bundeskriminalamt-Gesetz (BKA-G), BGBl. I Nr. 22/2002;

13. Vereinsgesetz 2002 (VerG), BGBl. I Nr. 66/2002;

14. Betriebliches Mitarbeiter- und Selbständigenvorsorgegesetz (BMSVG), BGBl. I Nr. 100/2002;

15. Immobilien-Investmentfondsgesetz (ImmoInvFG), BGBl. I Nr. 80/2003;

16. Wertpapieraufsichtsgesetz 2018 – WAG 2018, BGBl. I Nr. 107/2017; *(BGBl I 2017/107)*

17. Zahlungsdienstegesetz 2018 – ZaDiG 2018, BGBl. I Nr. 17/2018; *(BGBl I 2018/17)*

18. E-Geldgesetz 2010, BGBl. I Nr. 107/2010;

19. Investmentfondsgesetz 2011 (InvFG 2011), BGBl. I Nr. 77/2011;

20. Alternative Investmentfonds Manager-Gesetz (AIFMG), BGBl. I Nr. 135/2013;

21. Versicherungsaufsichtsgesetz 2016 (VAG 2016), BGBl. I Nr. 34/2015;

22. Wirtschaftliche Eigentümer Registergesetz (WiEReG), BGBl. I Nr. 136/2017 „;“ *(BGBl I 2017/136; BGBl I 2019/62)*

23. Glücksspielgesetz (GSpG), BGBl. Nr. 620/1989; *(BGBl I 2019/62)*

24. Bilanzbuchhaltungsgesetz 2014 (BiBuG 2014), BGBl. I Nr. 191/2013. *(BGBl I 2019/62)*

(2) Soweit in diesem Bundesgesetz auf Richtlinien der Europäischen Union verwiesen wird, sind diese, wenn nicht Anderes angeordnet ist, in der nachfolgend genannten Fassung anzuwenden:

1. Richtlinie 2007/64/EG über Zahlungsdienste im Binnenmarkt, zur Änderung der Richtlinien 97/7/EG, 2002/65/EG, 2005/60/EG und 2006/48/EG sowie zur Aufhebung der Richtlinie 97/5/EG, ABl. Nr. L 319 vom 5.12.2007, S. 1, zuletzt geändert durch die Richtlinie 2009/111/EG ABl. Nr. L 302 vom 17.11.2009, S. 97;

2. Richtlinie 2009/110/EG über die Aufnahme, Ausübung und Beaufsichtigung der Tätigkeit von E-Geld-Instituten, zur Änderung der Richtlinien 2005/60/EG und 2006/48/EG sowie zur Aufhebung der Richtlinie 2000/46/EG, ABl. Nr. L 267 vom 10.10.2009, S. 7;

3. Richtlinie 2013/34/EU über den Jahresabschluss, den konsolidierten Abschluss und damit verbundene Berichte von Unternehmen bestimm-

ter Rechtsformen und zur Änderung der Richtlinie 2006/43/EG und zur Aufhebung der Richtlinien 78/660/EWG und 83/349/EWG, ABl. Nr. L 182, 29.06.2013, S.19, zuletzt geändert durch die Richtlinie 2014/102/EU, ABl. Nr. L 334 vom 21.11.2014, S. 86 „;“ *(BGBl I 2017/107)*

4. Richtlinie (EU) 2015/849 zur Verhinderung der Nutzung des Finanzsystems zum Zwecke der Geldwäsche und der Terrorismusfinanzierung, zur Änderung der Verordnung (EU) Nr. 648/2012 des Europäischen Parlaments und des Rates und zur Aufhebung der Richtlinie 2005/60/EG des Europäischen Parlaments und des Rates und der Richtlinie 2006/70/EG der Kommission, ABl. Nr. L 141 vom 05.06.2015, S. 73 „;“ *(BGBl I 2019/62)*

5. Richtlinie 2014/65/EU über Märkte für Finanzinstrumente sowie zur Änderung der Richtlinien 2002/92/EG und 2011/61/EU, ABl. Nr. L 173 vom 12.06.2014 S. 349, zuletzt geändert durch die Richtlinie (EU) 2016/1034, ABl. Nr. L 175 vom 23.06.2016 S. 8, in der Fassung der Berichtigung, ABl. Nr. L 64 vom 10.03.2017 S. 116 „;“ *(BGBl I 2017/107; BGBl I 2019/62)*

6. Richtlinie 2013/36/EU über den Zugang zur Tätigkeit von Kreditinstituten und die Beaufsichtigung von Kreditinstituten und Wertpapierfirmen, zur Änderung der Richtlinie 2002/87/EG und zur Aufhebung der Richtlinien 2006/48/EG und 2006/49/EG, ABl. Nr. L 176 vom 27.06.2013 S. 338, zuletzt geändert durch die Richtlinie (EU) 2018/843, ABl. Nr. L 156 vom 19.06.2018, S. 43 und *(BGBl I 2019/62)*

7. Richtlinie 2011/16/EU über die Zusammenarbeit der Verwaltungsbehörden im Bereich der Besteuerung und zur Aufhebung der Richtlinie 77/799/EWG, ABl. Nr. L 64 vom 11.03.2011 S. 1, zuletzt geändert durch die Richtlinie (EU) 2018/822, ABl. Nr. L 139 vom 05.06.2018 S. 1. *(BGBl I 2019/62)*

(3) Soweit in diesem Bundesgesetz auf Verordnungen der Europäischen Union Bezug genommen wird, sind diese, wenn nicht Anderes angeordnet ist, in der nachfolgend genannten Fassung maßgeblich:

1. Verordnung (EG) Nr. 1781/2006 über die Übermittlung von Angaben zum Auftraggeber bei Geldtransfers, ABl. Nr. L 345 vom 08.12.2006 S. 1;

2. Verordnung (EU) Nr. 1092/2010 über die Finanzaufsicht der Europäischen Union auf Makroebene und zur Errichtung eines Europäischen Ausschusses für Systemrisiken, ABl. L 331 vom 15.12.2010 S. 1;

3. Verordnung (EU) Nr. 1093/2010 zur Errichtung einer Europäischen Aufsichtsbehörde (Europäische Bankenaufsichtsbehörde), zur Änderung des Beschlusses Nr. 716/2009/EG und zur Aufhebung des Beschlusses 2009/78/EG, ABl. Nr. L 331 vom 15.12.2010 S. 12, zuletzt geändert durch die Verordnung (EU) Nr. 2019/2175, ABl. Nr. L 334 vom 27.12.2019 S. 1; *(BGBl I 2021/25)*

„4.“ Verordnung (EU) Nr. 575/2013 über Aufsichtsanforderungen an Kreditinstitute und Wertpapierfirmen und zur Änderung der Verordnung (EU) Nr. 646/2012, ABl. Nr. L 176 vom 27.06.2013, S. 1, zuletzt geändert durch die Delegierte Verordnung (EU) 2018/405 ABl. Nr. L 74 vom 16.03.2018. *(BGBl I 2019/62; BGBl I 2021/25)*

„5.“** Verordnung (EU) 2015/847 über die Übermittlung von Angaben bei Geldtransfers und zur Aufhebung der Verordnung (EU) Nr. 1781/2006, ABl. Nr. L 141 vom 05.06.2015 S. 1 „;“* *(*BGBl I 2018/37; **BGBl I 2021/25)*

„6.“** Verordnung (EU) 2016/679 zum Schutz natürlicher Personen bei der Verarbeitung personenbezogener Daten, zum freien Datenverkehr und zur Aufhebung der Richtlinie 95/46/EG (Datenschutz-Grundverordnung), ABl. Nr. L 119 vom 04.05.2016 S. 1 „;“* *(BGBl I 2018/37; *BGBl I 2019/62; **BGBl I 2021/25)*

„7.“ Verordnung (EU) Nr. 910/2014 über elektronische Identifizierung und Vertrauensdienste für elektronische Transaktionen im Binnenmarkt und zur Aufhebung der Richtlinie 1999/93/EG, ABl. Nr. L 257 vom 28.8.2014 S. 73 und *(BGBl I 2019/62; BGBl I 2021/25)*

„8.“ Verordnung (EU) Nr. 1024/2013 zur Übertragung besonderer Aufgaben im Zusammenhang mit der Aufsicht über Kreditinstitute auf die Europäische Zentralbank, ABl. Nr. L 287 vom 29.10.2013 S. 63, in der Fassung der Berichtigung ABl. Nr. L 218 vom 19.08.2015 S. 82. *(BGBl I 2019/62; BGBl I 2021/25)*

Sprachliche Gleichbehandlung

§ 45. Soweit in diesem Bundesgesetz personenbezogene Bezeichnungen nur in männlicher Form angeführt sind, beziehen sie sich auf Frauen und Männer in gleicher Weise. Bei der Anwendung auf bestimmte Personen ist die jeweils geschlechtsspezifische Form zu verwenden.

§ 46. *(entfällt samt Überschrift, BGBl I 2019/62)*

Vollzugsklausel

§ 47. Mit der Vollziehung dieses Bundesgesetzes ist betraut

1. hinsichtlich § 19, der Bundesminister für Justiz;

2. hinsichtlich § 16 Abs. 4 bis 7 und § 17 Abs. 4 und 5 der Bundesminister für Inneres; *(BGBl I 2021/25; BGBl I 2021/98)*

3. hinsichtlich § 16 Abs. 1 und 2, § 17 Abs. 1 bis 3 und § 22 der Bundesminister für Finanzen

im Einvernehmen mit dem Bundesminister für Inneres und

4. hinsichtlich der übrigen Bestimmungen der Bundesminister für Finanzen.

Anlagen

Anlage I

Zu (§ 6):

Die nachstehende Liste ist eine nicht erschöpfende Aufzählung von Risikovariablen, denen die Verpflichteten bei der Festlegung der zur Anwendung der Sorgfaltspflichten nach § 6 Abs. 5 zu ergreifenden Maßnahmen Rechnung tragen müssen:

1. Zweck eines Kontos oder einer Geschäftsbeziehung,
2. Höhe der von einem Kunden eingezahlten Vermögenswerte oder Umfang der ausgeführten Transaktionen,
3. Regelmäßigkeit oder Dauer der Geschäftsbeziehung.

Anlage II

Zu (§ 8):

Die nachstehende Liste ist eine nicht erschöpfende Aufzählung von Faktoren und möglichen Anzeichen für ein potenziell geringes Risiko nach § 8 Abs. 1:

1. Risikofaktoren bezüglich Kunden:
   a) börsennotierte Gesellschaften, deren Wertpapiere zum Handel auf einem geregelten Markt in einem oder mehreren Mitgliedstaaten zugelassen sind, oder börsennotierte Gesellschaften aus Drittländern, die gemäß einer auf Grund des „§ 122 Abs. 10 BörseG 2018“ durch die FMA zu erlassenden Verordnung Offenlegungsanforderungen unterliegen, die dem Unionsrecht entsprechen oder mit diesem vergleichbar sind *(BGBl I 2018/37)*
   b) öffentliche Verwaltungen oder Unternehmen,
   c) Kunden mit Wohnsitz in geografischen Gebieten mit geringem Risiko nach Z 3.
2. Risikofaktoren bezüglich Produkte, Dienstleistungen, Transaktionen oder Vertriebskanäle:
   a) Lebensversicherungsverträge mit niedriger Prämie,
   b) Versicherungspolicen für Rentenversicherungsverträge, sofern die Verträge weder eine Rückkaufklausel enthalten noch als Sicherheit für Darlehen dienen können,
   c) Rentensysteme und Pensionspläne beziehungsweise vergleichbare Systeme, wie beispielsweise die Hereinnahme und Veranlagung von Abfertigungsbeiträgen und Selbstständigenvorsorgebeiträgen durch Betriebliche Vorsorgekassen, die den Arbeitnehmern Altersversorgungsleistungen bieten, wobei die Beiträge vom Gehalt abgezogen werden und die Regeln des Systems es den Begünstigten nicht gestatten, ihre Rechte zu übertragen,
   d) Finanzprodukte oder -dienste, die bestimmten Kunden angemessen definierte und begrenzte Dienstleistungen mit dem Ziel der Einbindung in das Finanzsystem („financial inclusion”) anbieten,
   e) Produkte, bei denen die Risiken der Geldwäscherei und Terrorismusfinanzierung durch andere Faktoren wie etwa Beschränkungen der elektronischen Geldbörse oder die Transparenz der Eigentumsverhältnisse gesteuert werden (z. B. bestimmten Arten von E-Geld).
3. Risikofaktoren in geographischer Hinsicht „ – Registrierung, Niederlassung, Wohnsitz in“: *(BGBl I 2019/62)*
   a) Mitgliedstaaten,
   b) Drittländer mit gut funktionierenden Systemen zur Bekämpfung von Geldwäscherei und Terrorismusfinanzierung,
   c) Drittländer, in denen Korruption und andere kriminelle Tätigkeiten laut glaubwürdigen Quellen schwach ausgeprägt sind,
   d) Drittländer, deren Anforderungen an die Bekämpfung von Geldwäscherei und Terrorismusfinanzierung laut glaubwürdigen Quellen (z. B. gegenseitige Evaluierungen, detaillierte Be-

wertungsberichte oder veröffentlichte Follow-up-Berichte) den überarbeiteten FATF-Empfehlungen entsprechen und die diese Anforderungen wirksam umsetzen.

Anlage III

Zu (§ 9):

Die nachstehende Liste ist eine nicht erschöpfende Aufzählung von Faktoren und möglichen Anzeichen für ein potenziell erhöhtes Risiko nach § 9 Abs. 1:

1. Risikofaktoren bezüglich Kunden:
   a) außergewöhnliche Umstände der Geschäftsbeziehung,
   b) Kunden, die in geografischen Gebieten mit hohem Risiko gemäß Z 3 ansässig sind,
   c) juristische Personen oder Rechtsvereinbarungen, die als Instrumente für die private Vermögensverwaltung dienen,
   d) Unternehmen mit nominellen Anteilseignern oder als Inhaberpapieren emittierten Aktien,
   e) bargeldintensive Unternehmen,
   f) angesichts der Art der Geschäftstätigkeit als ungewöhnlich oder übermäßig kompliziert erscheinende Eigentumsstruktur des Unternehmens „," *(BGBl I 2019/62)*
   g) „der Kunde ist ein Drittstaatsangehöriger, der Aufenthaltsrechte oder die Staatsbürgerschaft eines Mitgliedstaats im Austausch gegen die Übertragung von Kapital, den Kauf von Immobilien oder Staatsanleihen oder Investitionen in Gesellschaften in diesem Mitgliedstaat beantragt;" *(BGBl I 2019/62)*
2. Risikofaktoren bezüglich Produkten, Dienstleistungen, Transaktionen oder Vertriebskanälen:
   a) Banken mit Privatkundengeschäft,
   b) Produkte oder Transaktionen, die Anonymität begünstigen könnten,
   c) Geschäftsbeziehungen oder Transaktionen ohne persönliche Kontakte und ohne bestimmte Sicherungsmaßnahmen „einschließlich elektronischer Mittel für die Identitätsfeststellung und einschlägiger Vertrauensdienste gemäß der Verordnung (EU) Nr. 910/2014 und anderer sicherer Verfahren zur Identifizierung aus der Ferne oder auf elektronischem Weg nach Maßgabe des § 6 Abs. 4", *(BGBl I 2019/62)*
   d) Eingang von Zahlungen unbekannter oder nicht verbundener Dritter,
   e) neue Produkte und neue Geschäftsmodelle einschließlich neuer Vertriebsmechanismen sowie Nutzung neuer oder in der Entwicklung begriffener Technologien für neue oder bereits bestehende Produkte „," *(BGBl I 2019/62)*
   f) „Transaktionen in Bezug auf Öl, Waffen, Edelmetalle, Tabakerzeugnisse, Kulturgüter und andere Artikel von archäologischer, historischer, kultureller oder religiöser Bedeutung oder von außergewöhnlichem wissenschaftlichen Wert sowie Elfenbein und geschützte Arten;" *(BGBl I 2019/62)*
3. Risikofaktoren in geographischer Hinsicht:
   a) unbeschadet des § 2 Z 17, ermittelte Länder, deren Finanzsysteme laut glaubwürdigen Quellen (z. B. gegenseitige Evaluierungen, detaillierte Bewertungsberichte oder veröffentlichte Follow-up-Berichte) nicht über hinreichende Systeme zur Bekämpfung von Geldwäscherei und Terrorismusfinanzierung verfügen,
   b) Drittländer, in denen Korruption oder andere kriminelle Tätigkeiten laut glaubwürdigen Quellen signifikant stark ausgeprägt sind,
   c) Länder, gegen die beispielsweise die Union oder die Vereinten Nationen Sanktionen, Embargos oder ähnliche Maßnahmen verhängt hat/haben,
   d) Länder, die terroristische Aktivitäten finanziell oder anderweitig unterstützen oder in denen bekannte terroristische Organisationen aktiv sind.

FMABG

Finanzmarktaufsichtsbehördengesetz

BGBl I 2001/97 idF

1 BGBl I 2002/45
2 BGBl I 2002/100
3 BGBl I 2003/33
4 BGBl I 2003/35
5 BGBl I 2003/80
6 BGBl I 2004/70
7 BGBl I 2005/32
8 BGBl I 2005/33
9 BGBl I 2005/78
10 BGBl I 2005/120 (HGB durch UGB ersetzt)
11 BGBl I 2006/48 (FAM-ÄG 2005)
12 BGBl I 2006/141
13 BGBl I 2007/56
14 BGBl I 2007/60 (WAG 2007)
15 BGBl I 2007/108
16 BGBl I 2008/2 (1. BVRBG)
17 BGBl I 2008/136
18 BGBl I 2009/22
19 BGBl I 2009/66
20 BGBl I 2010/37
21 BGBl I 2010/68
22 BGBl I 2010/107
23 BGBl I 2011/50
24 BGBl I 2011/77
25 BGBl I 2011/145
26 BGBl I 2012/97
27 BGBl I 2013/21
28 BGBl I 2013/70
29 BGBl I 2013/135
30 BGBl I 2013/160
31 BGBl I 2013/184
32 BGBl I 2014/51 (HypoSanG)
33 BGBl I 2014/59 (SSM)
34 BGBl I 2014/98
35 BGBl I 2015/34 (VAG 2016)
36 BGBl I 2015/69
37 BGBl I 2015/117
38 BGBl I 2015/159
39 BGBl I 2016/35
40 BGBl I 2016/73
41 BGBl I 2016/118
42 BGBl I 2017/93
43 BGBl I 2017/107
44 BGBl I 2017/136
45 BGBl I 2017/149
46 BGBl I 2018/11 (VfGH)
47 BGBl I 2018/15
48 BGBl I 2018/17
49 BGBl I 2018/37
50 BGBl I 2018/76
51 BGBl I 2018/112
52 BGBl I 2019/62 (EU-FinAnpG 2019)
53 BGBl I 2019/104 (FORG)
54 BGBl I 2020/23 (3. COVID-19-Gesetz)
55 BGBl I 2020/89
56 BGBl I 2021/25
57 BGBl I 2021/199
58 BGBl I 2021/225
59 BGBl I 2022/36
60 BGBl I 2022/74
61 BGBl I 2022/237
62 BGBl I 2023/63

Bundesgesetz über die Errichtung und Organisation der Finanzmarktaufsichtsbehörde (Finanzmarktaufsichtsbehördengesetz – FMABG)

Finanzmarktaufsichtsbehörde

§ 1. (1) **(Verfassungsbestimmung)** Zur Durchführung der Bankenaufsicht, der Versicherungsaufsicht, der Wertpapieraufsicht und der Pensionskassenaufsicht wird unter der Bezeichnung „Finanzmarktaufsichtsbehörde" (FMA) eine Anstalt des öffentlichen Rechts mit eigener Rechtspersönlichkeit eingerichtet. Diese ist in Ausübung ihres Amtes an keine Weisungen gebunden. *(BGBl I 2002/45)*

(2) Der Sitz der FMA ist Wien. Ihr Wirkungsbereich erstreckt sich auf das gesamte Bundesgebiet. Sie ist berechtigt, das Bundeswappen zu führen.

(3) Die Bestimmungen der Gewerbeordnung 1994 – GewO 1994, BGBl. Nr. 194/1994, sind auf die FMA nicht anzuwenden.

§ 2. (1) Zur Bankenaufsicht zählt die Wahrnehmung der behördlichen Aufgaben und Befugnisse, die

1. im Bankwesengesetz – BWG, BGBl. Nr. 532/1993 Art. I,

2. im Sparkassengesetz – SpG, BGBl. Nr. 64/1979,

3. im Bausparkassengesetz – BSpG, BGBl. Nr. 532/1993 Art. III,

4. „im Pfandbriefgesetz – PfandBG, BGBl. I Nr. 199/2021," *(BGBl I 2021/199)*

5. bis 7. *(aufgehoben, BGBl I 2021/199)*

8. im Depotgesetz, BGBl. Nr. 424/1969,

9. im Finanzkonglomerategesetz, BGBl. I Nr. 70/2004,

10. im Zahlungsdienstegesetz 2018 – ZaDiG 2018, BGBl. I Nr. 17/2018, *(BGBl I 2018/17)*

11. im E-Geldgesetz 2010, BGBl. I Nr. 107/2010,

12. im Ratingagenturenvollzugsgesetz – RAVG, BGBl. I Nr. 68/2010,

13. im Gesetz zur Schaffung einer Abbaueinheit – GSA, BGBl. I Nr. 51/2014

14. im Bundesgesetz über die Sanierung und Abwicklung von Banken – BaSAG, BGBl. I Nr. 98/2014,

15. im Einlagensicherungs- und Anlegerentschädigungsgesetz – ESAEG, BGBl. I Nr. 117/2015,

16. im 2. Teil des Zentralverwahrer-Vollzugsgesetzes – ZvVG, BGBl. I Nr. 69/2015,

17. im Verbraucherzahlungskontogesetz – VZKG, BGBl. I Nr. 35/2016,

18. im SFT-Vollzugsgesetz, BGBl. I Nr. 73/2016,

19. im Finanzmarkt-Geldwäschegesetz – FM-GwG, BGBl. I Nr. 118/2016, *(BGBl I 2016/118)*

20. im PRIIP-Vollzugsgesetz, BGBl. I Nr. 15/2017, *(BGBl I 2018/15)*

21. im STS-Verbriefungsvollzugsgesetz – STS-VVG, BGBl. I Nr. 76/2018, *(BGBl I 2018/76)*

22. im PEPP-Vollzugsgesetz, BGBl. I Nr. 74/2022, *(BGBl I 2022/74)*

geregelt und der FMA zugewiesen sind. *(BGBl I 2002/100; BGBl I 2005/32; BGBl I 2007/108; BGBl I 2009/66; BGBl I 2010/107; BGBl I 2011/145; BGBl I 2013/135; BGBl I 2016/35; BGBl I 2016/73)*

(2) Zur Versicherungsaufsicht zählt die Wahrnehmung der behördlichen Aufgaben und Befugnisse, die

1. im Versicherungsaufsichtsgesetz 2016 (VAG 2016), BGBl. I Nr. 34/2015,

2. im Kraftfahrzeug-Haftpflichtversicherungsgesetz 1994, BGBl. Nr. 651/1994,

3. im Bundesgesetz über die Entschädigung von Verkehrsopfern (Verkehrsopfer-Entschädigungsgesetz – VOEG), BGBl. I Nr. 37/2007,

4. im Bundesgesetz über die zivilrechtliche Haftung für Schäden durch Radioaktivität (Atomhaftungsgesetz 1999, AtomHG 1999), BGBl. I Nr. 170/1998,

5. im Finanzkonglomerategesetz, BGBl. I Nr. 70/2004,

6. im Ratingagenturenvollzugsgesetz – RAVG, BGBl. I Nr. 68/2010,

7. im SFT-Vollzugsgesetz, BGBl. I Nr. 73/2016,

8. im FM-GwG, *(BGBl I 2016/118)*

9. im PRIIP-Vollzugsgesetz, *(BGBl I 2018/15)*

10. im STS-VVG, *(BGBl I 2018/76)*

11. im PEPP-Vollzugsgesetz, *(BGBl I 2022/74)*

geregelt und der FMA zugewiesen sind. *(BGBl I 2003/33; BGBl I 2004/70; BGBl I 2016/73)*

(3) Zur Wertpapieraufsicht zählt die Wahrnehmung der behördlichen Aufgaben und Befugnisse, die

1. im Wertpapieraufsichtsgesetz 2018 – WAG 2018, BGBl. I Nr. 107/2017, *(BGBl I 2017/107)*

2. im Börsegesetz 2018 – BörseG 2018, BGBl. I Nr. 107/2017, *(BGBl I 2017/107)*

3. im Kapitalmarktgesetz 2019, BGBl. I Nr. 62/2019, *(BGBl I 2019/62)*

4. im Betrieblichen Mitarbeiter- und Selbständigenvorsorgegesetz – BMSVG, BGBl. I Nr. 100/2002,

5. im Immobilien-Investmentfondsgesetz – ImmoInvFG, BGBl. I Nr. 80/2003,

6. im Finanzkonglomerategesetz, BGBl. I Nr. 70/2004,

7. im Ratingagenturenvollzugsgesetz – RAVG, BGBl. I Nr. 68/2010,

8. im Investmentfondsgesetz 2011 – InvFG 2011, BGBl. I Nr. 77/2011 Art. II,

9. im Zentrale Gegenparteien-Vollzugsgesetz – ZGVG, BGBl. I Nr. 97/2012,

10. im Rechnungslegungs-Kontrollgesetz – RL-KG, BGBl. I Nr. 21/2013,

11. im Alternative Investmentfonds Manager-Gesetz – AIFMG, BGBl. I Nr. 135/2013,

12. im 1. Teil des ZvVG,

13. im SFT-Vollzugsgesetz, BGBl. I Nr. 73/2016,

14. im FM-GwG, *(BGBl I 2016/118)*

15. Referenzwerte-Vollzugsgesetz – RW-VG, BGBl. I Nr. 93/2017, *(BGBl I 2017/93)*

16. im PRIIP-Vollzugsgesetz, *(BGBl I 2018/15)*

17. im STS-VVG, *(BGBl I 2018/76)*

18. im Schwarmfinanzierung-Vollzugsgesetz, BGBl. I Nr. 225/2021, *(BGBl I 2021/225)*

19. im PEPP-Vollzugsgesetz, *(BGBl I 2022/74)*

20. im DLT-Verordnung-Vollzugsgesetz – DLT-VVG, BGBl. I Nr. 63/2023 *(BGBl I 2023/63)*

23. im Wertpapierfirmengesetz – WPFG, BGBl. I Nr. 237/2022, *(BGBl I 2022/237)*

geregelt und der FMA zugewiesen sind. *(BGBl I 2013/135; BGBl I 2016/73)*

(4) Zur Pensionskassenaufsicht zählt die Wahrnehmung der behördlichen Aufgaben und Befugnisse, die

1. im Pensionskassengesetz – PKG, BGBl. Nr. 281/1990,

2. im Betriebspensionsgesetz – BPG, BGBl. Nr. 282/1990,

3. im SFT-Vollzugsgesetz, BGBl. I Nr. 73/2016,

4. im STS-VVG, *(BGBl I 2018/76)*

geregelt und der FMA zugewiesen sind. *(BGBl I 2016/73)*

(5) Wenn die FMA erkennt, dass im Bezug auf einen Rechtsträger gemäß § 1 Finanzmarktstabilitätsgesetz (FinStaG), BGBl. I Nr. 136/2008, die Voraussetzungen des § 1 FinStaG vorliegen könnten, hat sie dies dem Bundesminister für Finanzen umgehend mitzuteilen. *(BGBl I 2008/136)*

(6) Unbeschadet § 70 Abs. 1b BWG hat die FMA für jeden der in den Abs. 1 bis 4 angeführten Aufsichtsbereiche jährliche Prüfungsschwerpunkte festzulegen und diese auf ihrer Internetseite zu veröffentlichen; ebenso hat die FMA die gemäß § 70 Abs. 1b Z 4 BWG gemeinsam mit der Oesterreichischen Nationalbank im Rahmen des jährlichen Prüfungsprogramms festgelegten themenmäßigen Prüfungsschwerpunkte auf ihrer Internetseite zu veröffentlichen. *(BGBl I 2017/149)*

Haftung für die Tätigkeit der FMA

§ 3. (1) Für die von Organen und Bediensteten der FMA in Vollziehung der in § 2 genannten Bundesgesetze zugefügten Schäden, einschließlich Schäden gemäß § 29 Abs. 1 DSG 2018, haftet der Bund nach den Bestimmungen des Amtshaftungsgesetzes – AHG, BGBl. Nr. 20/1949. Schäden im Sinne dieser Bestimmung sind solche, die Rechtsträgern unmittelbar zugefügt wurden, die der Aufsicht nach diesem Bundesgesetz unterliegen. Die FMA sowie deren Bedienstete und Organe haften dem Geschädigten nicht. *(BGBl I 2018/37)*

(2) Die FMA hat bei ihrer Tätigkeit nach pflichtgemäßem Ermessen alle nach den Umständen des Einzelfalls erforderlichen, zweckmäßigen und angemessenen Aufsichtsmaßnahmen zu ergreifen. Sie hat dabei auf die Wahrung der Finanzmarktstabilität zu achten. Sie kann bei der Wahrnehmung ihrer Aufgaben die Prüfungsberichte der Abschlussprüfer und Organe der ihrer Aufsicht unterliegenden Unternehmen sowie die Prüfungsberichte der Oesterreichischen Nationalbank im Rahmen ihrer gesetzlichen Prüfungsbefugnisse nach dem BWG zu Grunde legen, es sei denn, dass sie begründete Zweifel an der Richtigkeit oder Vollständigkeit dieser Prüfungsberichte oder an der Fachkunde oder Sorgfalt der Prüfer hat oder solche Zweifel bei entsprechender Sorgfalt hätte haben müssen. Gleiches gilt für die Prüfungsberichte der von der FMA selbst beauftragten Prüfer hinsichtlich der Prüfungshandlungen gemäß den in § 2 genannten Bundesgesetzen.

(3) Hat der Bund einem Geschädigten den Schaden gemäß Abs. 1 ersetzt, so kann er von den Organen oder Bediensteten der FMA Rückersatz nach den Bestimmungen des AHG begehren.

(4) Die FMA hat den Bund im Amtshaftungs- und Rückersatzverfahren nach den Abs. 1 und 2 in jeder zweckdienlichen Weise zu unterstützen. Sie hat insbesondere alle Informationen und Unterlagen, die das Amtshaftungs- oder Rückersatzverfahren betreffen, zur Verfügung zu stellen sowie dafür zu sorgen, dass der Bund das Wissen und die Kenntnisse der Organe und Bediensteten der FMA über die verfahrensgegenständlichen Aufsichtmaßnahmen in Anspruch nehmen kann.

(5) Die von den der Aufsicht unterliegenden Unternehmen bestellten Abschlussprüfer sind nicht Organe im Sinne des § 1 Abs. 1 AHG, es sei denn, dass sie im gesonderten Auftrag der FMA für diese Prüfungen nach den in § 2 genannten Bundesgesetzen durchführen. Gleiches gilt für die Prüfungsorgane gesetzlich zuständiger Prüfungseinrichtungen.

(6) Ein auf bundesgesetzlicher Regelung beruhender Ersatzanspruch aus Handlungen der FMA, ihrer Bediensteten oder ihrer Organe, die im Rahmen der Verordnung (EU) Nr. 1024/2013 zur Übertragung besonderer Aufgaben im Zusammenhang mit der Aufsicht über Kreditinstitute auf die Europäische Zentralbank, ABl. Nr. L 287 vom 29.10.2013 S. 63, tätig werden, ist in folgenden Fällen ausgeschlossen:

1. Handlungen in Vollziehung einer Weisung oder Erfüllung eines Auftrages der Europäischen Zentralbank;

2. Handlungen in Vorbereitung oder Durchführung von Entscheidungen der Europäischen Zentralbank;

3. Zusammenarbeit, Informationsaustausch oder sonstige Unterstützung der Europäischen Zentralbank.

(BGBl I 2014/59)

(7) Ein auf bundesgesetzlicher Vorschrift beruhender Ersatzanspruch aus Handlungen der FMA, ihrer Organe oder ihrer Bediensteten sowie Handlungen der Abwicklungsbehörde oder ihrer Bediensteten, die im Rahmen der Verordnung (EU) Nr. 806/2014 zur Festlegung einheitlicher Vorschriften und eines einheitlichen Verfahrens für die Abwicklung von Kreditinstituten und bestimmten Wertpapierfirmen im Rahmen eines einheitlichen Abwicklungsmechanismus und eines einheitlichen Abwicklungsfonds sowie zur Änderung der Verordnung (EU) Nr. 1093/2010, ABl. Nr. L 225 vom 30.07.2014, S. 1, tätig werden, ist in folgenden Fällen ausgeschlossen:

1. Handlungen aufgrund einer Weisung des Ausschusses gemäß § 2 Z 18a BaSAG,

2. Handlungen in Vorbereitung oder Durchführung von Beschlüssen des Ausschusses gemäß § 2 Z 18a BaSAG;

3. Handlungen im Bereich Zusammenarbeit, Informationsaustausch oder sonstige Unterstützung des Ausschusses gemäß § 2 Z 18a BaSAG. *(BGBl I 2015/159)*

(BGBl I 2005/33)

Organe

§ 4. Organe der FMA sind:

1. der Vorstand,

2. der Aufsichtsrat.

Vorstand

§ 5. (1) Der Vorstand der FMA besteht aus zwei Mitgliedern.

(2) Die Mitglieder des Vorstandes werden auf Vorschlag der Bundesregierung vom Bundespräsidenten bestellt; die Wiederbestellung ist zulässig. Die Funktionsperiode beträgt fünf Jahre. *(BGBl I 2007/108)*

(3) Vor der Bestellung von Mitgliedern des Vorstandes hat der Bundesminister für Finanzen eine Ausschreibung zu veranlassen; das Stellenbesetzungsgesetz 1998, BGBl. I Nr. 26/1998, ist anzuwenden. Auf Grund der Ergebnisse des Ausschreibungsverfahrens haben für den Vorschlag der Bundesregierung gemäß Abs. 2 aus dem Kreis der Bewerber namhaft zu machen:

1. Bei der Bestellung des ersten Vorstandes der FMA der Bundesminister für Finanzen und die Oesterreichische Nationalbank je eine Person,

2. bei jeder weiteren Bestellung von Mitgliedern des Vorstandes jene Institution, die das Mitglied des Vorstandes namhaft gemacht hat, dessen Funktionsbeendigung (§ 7 Abs. 1) die Bestellung eines neuen Vorstandsmitglieds erfordert, eine Person.

Die Einbringung des Antrags zur Beschlussfassung der Bundesregierung über die von ihr zur Bestellung vorzuschlagenden Personen obliegt dem Bundesminister für Finanzen; dieser ist hinsichtlich des von der Oesterreichischen Nationalbank namhaft gemachten Vorstandsmitglieds an den Vorschlag der Oesterreichischen Nationalbank gebunden. *(BGBl I 2007/60)*

(4) Zu Mitgliedern des Vorstandes dürfen nur Personen bestellt werden, die zumindest in einem der in § 2 genannten Aufsichtsbereiche fachkundig sind und die nicht vom Wahlrecht in den Nationalrat ausgeschlossen sind. Sie dürfen ihre Funktion nur hauptberuflich ausüben.

§ 6. (1) Der Vorstand hat den gesamten Dienstbetrieb zu leiten und die Geschäfte der FMA zu führen. Der Vorstand vertritt die FMA gerichtlich und außergerichtlich.

(2) Der Vorstand hat eine Geschäftsordnung zu erlassen, diese bedarf der Genehmigung des Aufsichtsrates. In der Geschäftsordnung ist dafür Vorsorge zu treffen, dass die FMA ihre Aufgaben in gesetzmäßiger, zweckmäßiger, wirtschaftlicher und sparsamer Weise besorgt und die bei der FMA beschäftigten Bediensteten sachgerecht verwendet werden. In der Geschäftsordnung ist insbesondere auch zu regeln, inwieweit der Vorstand unbeschadet seiner Verantwortlichkeit für die Tätigkeit der FMA sich bei den zu treffenden Entscheidungen oder Verfügungen oder sonstigen Amtshandlungen durch Bedienstete der FMA vertreten lassen kann. Im organisatorischen Aufbau und in der Geschäftsordnung sind die fachlichen Besonderheiten und unterschiedlichen Zielsetzungen verschiedener Aufsichtsbereiche angemessen zu berücksichtigen. Auf sektorale Besonderheiten ist möglichst Bedacht zu nehmen.

(3) Die Geschäftsordnung gemäß Abs. 2 ist in der jeweils geltenden Fassung gemeinsam mit einem Unterschriftenverzeichnis der auf Grund der Geschäftsordnung ermächtigten Bediensteten in den Räumlichkeiten der FMA zur öffentlichen Einsicht aufzulegen. Die Geschäftsordnung ist auch in die Homepage der FMA einzustellen.

(4) Der Vorstand hat eine Compliance-Ordnung zu erstellen, die der Genehmigung des Aufsichtsrates bedarf. In der Compliance-Ordnung sind Richtlinien für die Vorgangsweise beim Abschluss von privaten Rechtsgeschäften zwischen den Mitgliedern des Vorstandes und des Aufsichtsrates sowie FMA-Bediensteten einerseits mit den beaufsichtigten Instituten andererseits zu erstellen.

(5) Der Vorstand hat dem Aufsichtsrat vierteljährlich einen Bericht über die allgemeine Entwicklung des Finanzmarktes und über die Aufsichtsführung im Berichtszeitraum zu geben. Weiters ist dem Aufsichtsrat über die geplante Aufsichtspolitik und die für die folgende Berichtsperiode zu setzenden Tätigkeitsschwerpunkte zu berichten.

§ 7. (1) Die Funktion eines Mitgliedes des Vorstandes der FMA endet

1. mit Ablauf der Funktionsperiode,

2. mit der Zustimmung des Aufsichtsrates zur Zurücklegung der Funktion aus wichtigen Gründen,

3. mit der Abberufung gemäß Abs. 3.

(2) Die beabsichtigte Zurücklegung der Funktion ist vom betreffenden Mitglied des Vorstandes dem Aufsichtsrat, dem Bundesminister für Finanzen und der Oesterreichischen Nationalbank frühestmöglich unter Nennung der Gründe schriftlich bekannt zu geben. Erteilt der Aufsichtsrat seine Zustimmung, so hat er diese unverzüglich unter Angabe des Zeitpunkts der Wirksamkeit der Zurücklegung der Funktion des betreffenden Vorstandsmitgliedes dem Bundesminister für Finanzen und der Oesterreichischen Nationalbank

schriftlich mitzuteilen. Der Bundesminister für Finanzen hat die Bestellung eines neuen Mitgliedes des Vorstandes gemäß § 5 zu veranlassen. Für den Fall, dass der Funktionsantritt des neu bestellten Mitgliedes des Vorstandes nach dem Zeitpunkt des Ausscheidens des ehemaligen Mitgliedes erfolgt, ist für die Dauer der Vakanz ein geeignetes Ersatzmitglied vom Bundesminister für Finanzen auf Vorschlag des Aufsichtsrates unverzüglich zu bestellen; § 5 findet hierbei keine Anwendung. Die vorstehenden Bestimmungen über die Bestellung eines neuen Mitgliedes des Vorstandes sowie für die Bestellung eines Ersatzmitgliedes gelten in gleicher Weise für den Fall der Abberufung gemäß Abs. 3.

(3) Der Bundesminister für Finanzen hat ein Mitglied des Vorstandes abzuberufen, wenn ein wichtiger Grund vorliegt, wie insbesondere

1. Wegfall einer Bestellungsvoraussetzung oder

2. nachträgliches Hervorkommen, dass eine Bestellungsvoraussetzung nicht gegeben war, oder

3. grobe Pflichtverletzung oder

4. dauernde Dienstunfähigkeit oder wenn das betreffende Mitglied infolge Krankheit, Unfall oder eines Gebrechens länger als ein halbes Jahr vom Dienst abwesend ist oder

5. wenn trotz gemäß § 11 Abs. 2 durchgeführter Aufsichtsmaßnahmen Pflichtverletzungen nicht oder nicht nachhaltig beseitigt wurden.

Der Bundesminister für Finanzen hat die Oesterreichische Nationalbank vor der Abberufung eines von ihr namhaft gemachten Mitglieds anzuhören; bei Gefahr in Verzug ist jedoch unter gleichzeitiger Verständigung der Oesterreichischen Nationalbank das betreffende Mitglied des Vorstandes sofort abzuberufen.

Aufsichtsrat

§ 8. (1) Der Aufsichtsrat der FMA besteht aus dem Vorsitzenden, dem Stellvertreter des Vorsitzenden, sechs weiteren Mitgliedern sowie zwei kooptierten Mitgliedern. Der Vorsitzende, der Stellvertreter und die weiteren Mitglieder des Aufsichtsrates, ausgenommen die kooptierten Mitglieder, sind vom Bundesminister für Finanzen zu bestellen. Für die Funktion des Stellvertreters des Vorsitzenden sowie dreier weiterer Mitglieder des Aufsichtsrates sind von der Oesterreichischen Nationalbank Personen namhaft zu machen. Der Aufsichtsrat hat zusätzlich zwei von der Wirtschaftskammer Österreich namhaft gemachte Mitglieder zu kooptieren, denen jedoch kein Stimmrecht zukommt. Zu Mitgliedern des Aufsichtsrates dürfen nur geeignete und zuverlässige Personen bestellt oder kooptiert werden, die nicht vom Wahlrecht in den Nationalrat ausgeschlossen sind. *(BGBl I 2017/149)*

(2) Die Dauer der Funktionsperiode der Mitglieder des Aufsichtsrates beträgt fünf Jahre; die Wiederbestellung ist zulässig.

(3) Die Funktion eines Mitgliedes des Aufsichtsrates endet:

1. mit Ablauf der Funktionsperiode,

2. durch Zurücklegung der Funktion,

3. durch Abberufung gemäß Abs. 4.

Im Fall der Z 2 und 3 ist unverzüglich ein neues Mitglied für die Dauer der restlichen Funktionsperiode des ausgeschiedenen Mitgliedes zu bestellen oder zu kooptieren; scheidet ein von der Oesterreichischen Nationalbank oder der Wirtschaftskammer Österreich namhaft gemachtes Mitglied vorzeitig aus seiner Funktion aus, so haben diese unverzüglich ein neues Mitglied namhaft zu machen.

(4) Der Bundesminister für Finanzen hat Mitglieder des Aufsichtsrates abzuberufen, wenn

1. eine Voraussetzung für die Bestellung wegfällt,

2. nachträglich hervorkommt, dass eine Bestellungsvoraussetzung nicht gegeben war,

3. dauernde Unfähigkeit zur Ausübung der Funktion eintritt oder

4. grobe Pflichtverletzung vorliegt.

Der Bundesminister für Finanzen hat vor der Abberufung eines von der Oesterreichischen Nationalbank oder der Wirtschaftskammer Österreich namhaft gemachten Mitgliedes die betreffende Institution anzuhören; bei Gefahr in Verzug ist jedoch unter gleichzeitiger Verständigung der Oesterreichischen Nationalbank oder der Wirtschaftskammer Österreich das betreffende Mitglied des Aufsichtsrates sofort abzuberufen.

§ 9. (1) Der Vorsitzende des Aufsichtsrates (Stellvertreter) hat unter Angabe der Tagesordnung mindestens einmal in jedem Kalendervierteljahr sowie bei wichtigem Anlass unverzüglich eine Sitzung des Aufsichtsrates einzuberufen. Die Sitzung muss binnen zwei Wochen nach der Einberufung stattfinden. Kooptierte Mitglieder haben jedoch das Recht auf Teilnahme an den Sitzungen nur insoweit, als Angelegenheiten gemäß § 10 Abs. 2 Z 1 bis 4, 8 oder 9 zur Beratung oder Beschlussfassung gelangen.

(2) Jedes stimmberechtigte Mitglied des Aufsichtsrates, der Vorstand sowie der Bundesminister für Finanzen können aus wichtigem Anlass die unverzügliche Einberufung des Aufsichtsrates verlangen.

(3) Der Aufsichtsrat ist beschlussfähig, wenn mindestens vier stimmberechtigte Mitglieder, darunter der Vorsitzende oder dessen Stellvertreter, anwesend sind. Der Aufsichtsrat fasst seine Beschlüsse mit einfacher Stimmenmehrheit. Bei Gleichheit der abgegebenen Stimmen entscheidet

die Stimme des Vorsitzführenden. Eine Stimmenthaltung ist nicht zulässig.

(4) Über die Sitzungen des Aufsichtsrates ist ein Protokoll zu führen. Dieses ist vom Vorsitzführenden zu unterzeichnen; nähere Anordnungen sind in der Geschäftsordnung des Aufsichtsrates zu treffen.

(5) Umlaufbeschlüsse sind nur in begründeten Ausnahmefällen, und wenn kein Mitglied des Aufsichtsrates widerspricht, zulässig. Die kooptierten Mitglieder des Aufsichtsrates können der Beschlussfassung im Umlaufweg nur dann widersprechen, wenn Beschlüsse in Angelegenheiten gemäß § 10 Abs. 2 Z 1 bis 4, 8 oder 9 gefasst werden sollen und nicht die Beschlussfassung im Umlaufweg zur Abwehr eines schwerwiegenden Schadens erforderlich ist. Umlaufbeschlüsse können nur mit der Stimmenmehrheit aller stimmberechtigten Mitglieder des Aufsichtsrates gefasst werden. Eine Stimmenthaltung ist nicht zulässig. Umlaufbeschlüsse sind vom Vorsitzenden (Stellvertreter) schriftlich festzuhalten, über das Ergebnis der Beschlussfassung ist in der nächstfolgenden Sitzung des Aufsichtsrates Bericht zu erstatten.

§ 10. (1) Der Aufsichtsrat hat die Leitung und Geschäftsführung der FMA zu überwachen. § 95 Abs. 2 und 3 Aktiengesetz 1965 – AktG, BGBl. Nr. 98/1965, ist anzuwenden.

(2) Maßnahmen der Leitung und Geschäftsführung der FMA können dem Aufsichtsrat nicht übertragen werden. Der Genehmigung des Aufsichtsrates bedürfen jedoch:

1. der vom Vorstand zu erstellende Finanzplan einschließlich des Investitions- und Stellenplans;

2. Investitionen, soweit sie nicht durch den Investitionsplan genehmigt sind, und Kreditaufnahmen, die jeweils 75 000 € überschreiten;

3. der Erwerb, die Veräußerung und die Belastung von Liegenschaften;

4. der vom Vorstand zu erstellende Jahresabschluss;

5. die Geschäftsordnung gemäß § 6 Abs. 2 sowie deren Änderung;

6. die Compliance-Ordnung gemäß § 6 Abs. 4 sowie deren Änderung;

7. die Ernennung von FMA-Bediensteten in unmittelbar dem Vorstand nachgeordnete Leitungsfunktionen (zweite Führungsebene) sowie deren Abberufung und Kündigung;

8. der gemäß „§ 16 Abs. 3“ zu erstellende Jahresbericht; *(BGBl I 2007/60)*

9. der Abschluss von Kollektivverträgen und Betriebsvereinbarungen.

(3) Vor der Beschlussfassung über Kollektivverträge und Betriebsvereinbarungen (Abs. 2 Z 9) ist die für die Arbeitnehmervertretung der FMA-Bediensteten zuständige Einrichtung zu hören.

(4) Den stimmberechtigten Mitgliedern des Aufsichtsrates gebührt eine angemessene Vergütung, die aus Mitteln der FMA zu erstatten ist. Die Höhe der Vergütung wird vom Bundesminister für Finanzen nach Anhörung der Oesterreichischen Nationalbank festgesetzt.

§ 11. (1) Der Aufsichtsrat hat, wenn er Kenntnis vom Eintritt eines Abberufungsgrundes bei einem Mitglied des Vorstandes gemäß § 7 Abs. 3 erlangt, dies dem Bundesminister für Finanzen unverzüglich mitzuteilen, sofern nicht nach Abs. 2 vorzugehen ist.

(2) Verletzt ein Mitglied des Vorstandes Bestimmungen dieses Bundesgesetzes, der der FMA zur Vollziehung übertragenen Bundesgesetze gemäß § 2 oder der Geschäftsordnung, ohne dass bereits eine grobe Pflichtverletzung gemäß § 7 Abs. 3 Z 3 vorliegt, so hat der Aufsichtsrat das betreffende Mitglied schriftlich aufzufordern, unverzüglich den rechtmäßigen Zustand wieder herzustellen und künftig Pflichtverletzungen zu unterlassen. Im Wiederholungs- oder Fortsetzungsfall hat der Aufsichtsrat den Bundesminister für Finanzen im Hinblick auf § 7 Abs. 3 zu verständigen, es sei denn, dass dies nach Art und Schwere des Vergehens unangemessen wäre.

§ 12. Der Aufsichtsrat hat sich eine Geschäftsordnung zu geben, die der Genehmigung des Bundesministers für Finanzen bedarf. Der Aufsichtsrat hat die Dienstverträge mit den Vorstandsmitgliedern abzuschließen und den Abschlussprüfer zu bestellen. Der Aufsichtsrat ist weiters für die Entlastung der Mitglieder des Vorstandes im Zusammenhang mit der Genehmigung des Jahresabschlusses (§ 10 Abs. 2 Z 4) zuständig.

Finanzmarktstabilitätsgremium

§ 13. (1) „Zur Stärkung der Finanzmarktstabilität und Reduzierung des systemischen und prozyklisch wirkenden Risikos wird beim Bundesministerium für Finanzen ein Finanzmarktstabilitätsgremium eingerichtet.“ Die Mitglieder und deren Stellvertreter sind durch die Bundesregierung auf Vorschlag des Bundesministers für Finanzen zu bestellen. Der Bundesminister für Finanzen hat dabei die Nominierungsrechte gemäß Abs. 4 zu beachten. *(BGBl I 2015/159)*

(2) „Für die Zwecke der §§ 13 bis 13b dieses Bundesgesetzes und des § 44c des Nationalbankgesetzes 1984, BGBl. Nr. 50/1984, gilt als:“ *(BGBl I 2014/59)*

1. systemisches Risiko: Risiko gemäß § 2 Z 41 BWG;

2. prozyklisch wirkendes Risiko: Risiko im Sinne von Art. 136 der Richtlinie 2013/36/EU;

3. und 4. *(entfallen, BGBl I 2015/159)*

(3) Zu den Aufgaben des Finanzmarktstabilitätsgremiums gehören insbesondere

1. die Erörterung der für die Finanzmarktstabilität maßgeblichen Sachverhalte,

2. die Förderung der Zusammenarbeit und des Meinungsaustausches der im Ausschuss vertretenen Institutionen in Normal- und Krisenzeiten,

3. gutachterliche Äußerungen, Empfehlungen und Aufforderungen im Zusammenhang mit merklichen Änderungen in der Intensität des systemischen Risikos (§ 2 Z 41 BWG) oder von prozyklisch wirkenden Risiken (Art. 136 der Richtlinie 2013/36/EU) und zur Einschätzung möglicher erheblicher Auswirkungen auf die Finanzstabilität gemäß § 48 Abs. 2 Z 2 BaSAG oder Art. 14 Abs. 2 lit. b der Verordnung (EU) Nr. 806/2014, *(BGBl I 2015/159)*

4. die Abgabe von Risikohinweisen und Empfehlungen gemäß § 13a Abs. 1 und 2 sowie deren Veröffentlichung gemäß § 13a Abs. 4,

5. die Beratung über den Umgang mit Warnungen und Empfehlungen des Europäischen Ausschusses für Systemrisiken,

6. eine jährliche Berichterstattung an den Nationalrat.

(4) Das Finanzmarktstabilitätsgremium besteht aus

1. zwei im Sinne des Abs. 3 fachlich geeigneten Vertretern des Bundesministeriums für Finanzen aus den Bereichen Wirtschaftspolitik und Finanzmarktaufsichtslegistik, von denen eine Person als Vorsitzender und eine Person als stellvertretender Vorsitzender des Ausschusses nominiert wird; die Vertreter müssen gemeinsam die für diese Aufgabe nötigen Erfahrungen mit makroökonomischen, makroprudenziellen und finanzmarktaufsichtslegistischen Fragestellungen aufweisen;

2. einem im Sinne des Abs. 3 fachlich geeigneten Vertreter der FMA;

3. einem im Sinne des Abs. 3 fachlich geeigneten Vertreter der Oesterreichischen Nationalbank;

4. dem Vorsitzenden des Fiskalrates und

5. einem weiteren Mitglied des Fiskalrates, das vom Bundesminister für Finanzen aus dem Kreis der von der Bundesregierung entsandten Mitglieder des Fiskalrates zu nominieren ist.

Für jeden Vertreter haben die genannten Institutionen einen im Sinne des Abs. 3 fachlich geeigneten Stellvertreter zu benennen. Die Stellvertreter der Mitglieder des Fiskalrates sind vom Bundesminister für Finanzen aus dem Kreis der von der Bundesregierung entsandten Mitglieder des Fiskalrates und der für diese gemäß § 1 Abs. 6 des Bundesgesetzes über die Errichtung des Fiskalrates entsandten Ersatzmitglieder zu nominieren. Die Vertreter und ihre Stellvertreter sind bei der Ausübung ihres Mandats an keine Weisungen der sie entsendenden Institutionen gebunden.

(5) Der Vorsitzende des Finanzmarktstabilitätsgremiums hat das Finanzmarktstabilitätsgremium mindestens viermal im Kalenderjahr einzuberufen. Die Mitglieder des Finanzmarktstabilitätsgremiums können bei Vorliegen wichtiger Gründe die kurzfristige Einberufung des Ausschusses verlangen. Zu den Sitzungen kann der Vorsitzende auch externe Sachverständige nach Maßgabe des Verhandlungsgegenstandes oder der Tagesordnung als Berater hinzuziehen.

(6) Beschlüsse des Finanzmarktstabilitätsgremiums erfolgen mit einfacher Stimmenmehrheit. Bei Stimmengleichheit entscheidet der Vorsitzführende. Beschlüsse über vorzulegende Berichte gemäß Abs. 10 sind einstimmig zu fassen.

(7) Das Finanzmarktstabilitätsgremium hat sich nach seiner Konstituierung einstimmig eine Geschäftsordnung zu geben. Mitglieder des Finanzmarktstabilitätsgremiums werden für die Dauer von drei Jahren bestellt, die Wiederbestellung ist zulässig.

(8) „Die Mitglieder des Finanzmarktstabilitätsgremiums, die beigezogenen Sachverständigen und das dem Finanzmarktstabilitätsgremium gemäß Abs. 11 beigestellte Personal“ *(BGBl I 2017/136)*

1. sind über alle ihnen ausschließlich aus ihrer Tätigkeit im Finanzmarktstabilitätsgremium bekannt gewordenen Tatsachen, deren Geheimhaltung im Interesse der Aufrechterhaltung der öffentlichen Ruhe, Ordnung und Sicherheit, der auswärtigen Beziehungen, im wirtschaftlichen Interesse einer Körperschaft des öffentlichen Rechts, zur Vorbereitung einer Entscheidung oder im überwiegenden Interesse der Parteien eines Verwaltungsverfahrensgeboten ist, gegenüber jedermann zur Verschwiegenheit verpflichtet;

2. unterliegen der Verpflichtung zur Wahrung des Bankgeheimnisses als Amtsgeheimnis gemäß § 38 Abs. 1 BWG. Die Entbindung von der Verschwiegenheitspflicht obliegt dem Bundesminister für Finanzen; § 46 Abs. 2, 3 und 4 des Beamten-Dienstrechtsgesetzes 1979, BGBl. Nr. 333/1979 sind anzuwenden.

(9) Der Vertreter der FMA, einschließlich in ihrer Eigenschaft als Abwicklungsbehörde, unterrichtet das Finanzmarktstabilitätsgremium regelmäßig über Beschlüsse und sonstige Entscheidungen mit Relevanz für die Finanzmarktstabilität, die Identifizierung systemischer und prozyklisch wirkender Risiken und Hinweise auf erhebliche Auswirkungen auf die Finanzstabilität gemäß § 48 Abs. 2 Z 2 BaSAG oder Art. 14 Abs. 2 lit. b der Verordnung (EU) Nr. 806/2014 und stellt auf Verlangen die erforderlich erscheinenden sachlichen Aufklärungen, Daten und Unterlagen zur Verfügung. *(BGBl I 2015/159)*

(10) Das Finanzmarktstabilitätsgremium hat dem Finanzausschuss des Nationalrats und dem Bundesminister für Finanzen binnen vier Monaten nach Ende jedes Kalenderjahres einen Bericht in aggregierter Form über die Lage und Entwicklung der Finanzmarktstabilität sowie über seine Tätigkeiten im abgelaufenen Kalenderjahr zu erstatten.

(11) Die Kosten des Finanzmarktstabilitätsgremiums werden von der Oesterreichischen Nationalbank getragen, die auch das erforderliche Personal und den Sachaufwand zur organisatorischen Unterstützung und inhaltlichen Koordinierung des Finanzmarktstabilitätsgremiums (Sekretariat) zur Verfügung zu stellen hat. Für die Mitgliedschaft im Finanzmarktstabilitätsgremium erfolgt kein Aufwandersatz. *(BGBl I 2017/136)*

(BGBl I 2013/184)

Risikohinweise und Empfehlungen

§ 13a. (1) Stellt das Finanzmarktstabilitätsgremium Risiken im Finanzsektor fest, die eine nachteilige Rückwirkung auf die Finanzmarktstabilität haben können, hat es diese in Risikohinweisen zu adressieren. „Gefahrenmomente für die Finanzmarktstabilität sind unter anderem der Aufbau und die Änderung des systemischen Risikos (§ 2 Z 41 BWG), prozyklisch wirkender Risiken (Art. 136 der Richtlinie 2013/36/EU) oder erheblicher Auswirkungen auf die Finanzstabilität gemäß § 48 Abs. 2 Z 2 BaSAG oder Art. 14 Abs. 2 lit. b der Verordnung (EU) Nr. 806/2014.“ *(BGBl I 2015/159)*

(2) Das Finanzmarktstabilitätsgremium kann die FMA in Empfehlungen auf Risiken gemäß Abs. 1 hinweisen und Maßnahmen aufzeigen, deren Durchführung für geeignet und erforderlich erachtet werden, um Gefahren für die Finanzmarktstabilität abzuwenden und das Entstehen von Risiken gemäß Abs. 1 einzudämmen.

(3) Die FMA hat dem Finanzmarktstabilitätsgremium baldigst möglich, längstens innerhalb von drei Monaten mitzuteilen, auf welche Weise sie beabsichtigt, eine Empfehlung gemäß Abs. 2 umzusetzen. Die FMA hat das Finanzmarktstabilitätsgremium regelmäßig über den Stand der Umsetzung zu unterrichten. Sofern die FMA nicht beabsichtigt, die Empfehlung umzusetzen, hat sie dies eingehend zu begründen.

(4) Das Finanzmarktstabilitätsgremium kann beschließen, Empfehlungen an die FMA und Risikohinweise zu veröffentlichen. Über die beabsichtigte Veröffentlichung einer Empfehlung hat es die FMA vorab zu informieren und der FMA Gelegenheit zur Stellungnahme zu geben. Von einer Veröffentlichung ist abzusehen, wenn diese die Stabilität der Finanzmärkte ernsthaft gefährden würde.

(BGBl I 2013/184)

Meldungen

§ 13b. (1) Die FMA hat der Oesterreichischen Nationalbank die zur Wahrnehmung der Aufgaben gemäß § 44c Nationalbankgesetz 1984 – NBG, BGBl. I 1984/50 relevanten Daten aller Unternehmen der Finanzbranche (§ 2 Z 7 Finanzkonglomerategesetz – FKG, BGBl. I Nr. 70/2004) auf Verlangen zur Verfügung zu stellen. Die Oesterreichische Nationalbank hat diese Daten in die Datenbank gemäß § 79 Abs. 4a BWG einzustellen und kann diese auch verarbeiten. Soweit dies zweckmäßig ist, können diese Daten seitens der FMA auch direkt in die Datenbank aufgenommen werden.

(2) Sind die von der Oesterreichischen Nationalbank angeforderten Daten bei der FMA nicht verfügbar, so kann die FMA für die Zwecke des Abs. 1 im Einvernehmen mit der Oesterreichischen Nationalbank mit Zustimmung des Bundesministers für Finanzen eine Verordnung erlassen, in dem folgende Aspekte näher geregelt werden:

1. Der Kreis der für die jeweiligen Daten Meldepflichtigen;

2. Meldestichtage, Gliederungen, Inhalte der Meldungen und Meldeintervalle unter Berücksichtigung relevanter Empfehlungen und Leitlinien der Europäischen Bankaufsichtsbehörde (EBA) oder des Europäischen Ausschusses für Systemrisiken (ESRB).

(3) Die Meldungen gemäß Abs. 2 sind in standardisierter Form mittels elektronischer Übermittlung zu erstatten. Die Übermittlung hat bestimmten, von der FMA nach Anhörung der Oesterreichischen Nationalbank bekannt zu gebenden Mindestanforderungen, zu entsprechen.

(BGBl I 2013/184)

Personal

§ 14. (1) Der Vorstand der FMA ist berechtigt, Arbeitnehmer in der erforderlichen Anzahl durch Dienstvertrag einzustellen. Auf das Dienstverhältnis der Arbeitnehmer sind, soweit sich aus § 15 nicht anderes ergibt, das Angestelltengesetz, BGBl. Nr. 292/1921, und die für Arbeitnehmer in der privaten Wirtschaft geltenden sonstigen Rechtsvorschriften anzuwenden. Der Vorstand ist weiters berechtigt, Dienstverhältnisse nach den arbeitsrechtlichen Bestimmungen, insbesondere durch Kündigung, zu beenden. Die Kündigung und Funktionsenthebung von Funktionsträgern der zweiten Führungsebene bedarf der Genehmigung des Aufsichtsrates. Bei Entlassung von Funktionsträgern der zweiten Führungsebene ist gleichzeitig der Vorsitzende des Aufsichtsrates zu verständigen.

(1a) Vorbehaltlich Abs. 1b hat der Vorstand der FMA hat vor Bestellung von FMA-Bediensteten in unmittelbar dem Vorstand nachgeordneten Leitungsfunktionen (zweite Führungsebene) eine Ausschreibung zu veranlassen, bei der das Stellenbesetzungsgesetz mit der Maßgabe anzuwenden ist, dass es sich anstatt auf die Bestellung von Mitgliedern des Leitungsorgans auf die Bestellung von Mitgliedern der zweiten Führungsebene der FMA bezieht. Vorbehaltlich Abs. 1b hat der Vorstand der FMA vor der Bestellung von FMA-Bediensteten in unmittelbar der zweiten Führungsebene nachgeordneten Leitungsfunktionen (dritte Führungsebene) zumindest eine interne Ausschreibung zu veranlassen. Bei der Bestellung von FMA-Bediensteten der zweiten Führungsebene hat der Vorstand der FMA den Aufsichtsrat über die Ergebnisse des Ausschreibungsverfahrens rechtzeitig vor der Genehmigung der Ernennung (§ 10 Abs. 2 Z 7) zu informieren. *(BGBl I 2017/149)*

(1b) In folgenden Fällen kann der Vorstand der FMA von der Veranlassung einer Ausschreibung bei der Bestellung von FMA-Bediensteten der zweiten und dritten Führungsebene absehen:

1. Bei der Bestellung des FMA-Bediensteten handelt es sich lediglich um eine kurzfristige, vertretungsweise Bestellung in eine Funktion der zweiten oder dritten Führungsebene.

2. Bei der Bestellung des FMA-Bediensteten handelt es sich um eine Wiederbestellung in dieselbe Leitungsfunktion der zweiten oder dritten Führungsebene und die betroffene Person hat in ihrer vorhergehenden Funktionsperiode jederzeit dem mit der betroffenen Funktion verknüpften Anforderungsprofil entsprochen und sich bei der Erfüllung der an sie gestellten Aufgaben dauerhaft bewährt.

In jenen Fällen, in denen der Vorstand der FMA von der Veranlassung einer Ausschreibung bei der Bestellung von FMA-Bediensteten der zweiten Führungsebene gemäß Z 2 abzusehen gedenkt, hat er den Aufsichtsrat rechtzeitig im Vorhinein darüber zu informieren und diesem gegenüber gleichzeitig zu begründen, warum die in Z 2 genannten Voraussetzungen für ein Absehen von einer Ausschreibung vorliegen. *(BGBl I 2017/149)*

(2) Die Arbeitnehmer der FMA sind über alle ihnen ausschließlich aus ihrer dienstlichen Tätigkeit bekannt gewordenen Tatsachen, deren Geheimhaltung im Interesse der Aufrechterhaltung der öffentlichen Ruhe, Ordnung und Sicherheit, der umfassenden Landesverteidigung, der auswärtigen Beziehungen, im wirtschaftlichen Interesse einer Körperschaft des öffentlichen Rechts, zur Vorbereitung einer Entscheidung oder im überwiegenden Interesse der Parteien geboten ist, gegenüber jedermann, dem sie über solche Tatsachen nicht eine behördliche Mitteilung zu machen haben, zur Verschwiegenheit verpflichtet. Die Organe der FMA und ihre Arbeitnehmer unterliegen ferner der Verpflichtung zur Wahrung des Bankgeheimnisses als Amtsgeheimnis gemäß § 38 Abs. 1 BWG. Die Entbindung von Arbeitnehmern der FMA von der Verschwiegenheitspflicht obliegt dem Vorstand der FMA; § 46 Abs. 2, 3 und 4 des Beamten-Dienstrechtsgesetzes 1979, BGBl. Nr. 333/1979, sind anzuwenden.

(3) Die FMA hat für einen angemessenen Rechtsschutz für ihre mit Aufsichtstätigkeiten betrauten Bediensteten für den Fall von deren schadenersatzrechtlicher Inanspruchnahme aus der Aufsichtstätigkeit vorzusorgen.

(4) Für die Arbeitnehmer der Gesellschaft ist das Bundes-Gleichbehandlungsgesetz, BGBl. Nr. 100/1993, anzuwenden. *(BGBl I 2013/184)*

Überleitung von Bediensteten des Bundesministeriums für Finanzen

§ 15. (1) Für die Bediensteten des Bundes, die am 1. März 2002 der Gruppe V/D sowie den Abteilungen V/4, V/5, V/6, V/10, V/12 und V/13 und den jeweils zugehörigen Kanzleistellen des Bundesministeriums für Finanzen zur Dienstverrichtung zugewiesen sind, gilt ab 1. April 2002 folgende Regelung:

1. Beamte sind der FMA mit Wirksamkeit vom 1. April 2002 zur dauernden Dienstverrichtung zugewiesen;

2. Vertragsbedienstete sind vom Bundesminister für Finanzen innerhalb eines Monats ab dem 1. März 2002 mittels Dienstgebererklärung der FMA zur dauernden Dienstverrichtung ab dem 1. April 2002 zuzuweisen und werden hiedurch Arbeitnehmer der FMA.

(2) Für Beamte gemäß Abs. 1 Z 1 wird bei der FMA ein Personalamt als deren Dienststelle eingerichtet. Diese Dienststelle ist dem Bundesministerium für Finanzen unmittelbar nachgeordnet und wird von dem Mitglied des Vorstandes der FMA geleitet, das vom Bundesminister für Finanzen gemäß § 5 Abs. 3 namhaft gemacht wurde. Dieses Vorstandsmitglied ist in dieser Funktion an die Weisungen des Bundesministers für Finanzen gebunden.

(3) Die in Abs. 1 Z 1 bezeichneten Beamten haben, wenn sie bis zum 31. März 2007 ihren Austritt aus dem Bundesdienst erklären, Anspruch auf Aufnahme in ein Dienstverhältnis zur FMA, und zwar mit Wirksamkeit von dem dem Austritt folgenden Monatsersten an und nach den zu diesem Zeitpunkt für neu eintretende Arbeitnehmer geltenden Bestimmungen. Die beim Bund verbrachte Dienstzeit ist dabei jedoch für alle dienstzeitabhängigen Ansprüche anzurechnen.

(4) Für die im Abs. 1 Z 1 genannten Beamten hat die FMA dem Bund den gesamten Aktivitätsaufwand samt Nebenkosten zu ersetzen sowie einen Beitrag zur Deckung des Pensionsaufwandes zu leisten. Dieser Beitrag beträgt 31,8 vH des Aufwandes an Aktivbezügen. Als Aktivbezüge gelten alle Geldleistungen, von denen ein Pensi-

onsbeitrag zu entrichten ist. Die von den Beamten einbehaltenen Pensionsbeiträge sind anzurechnen. Im Falle einer künftigen Änderung der Höhe des Pensionsbeitrages der Bundesbeamten gemäß § 22 des Gehaltsgesetzes 1956, BGBl. Nr. 54, ändert sich der Prozentsatz des Deckungsbeitrages im gleichen Ausmaß. Nach dem 31. März 2002 an die FMA geleistete besondere Pensionsbeiträge und Überweisungsbeiträge sind umgehend in voller Höhe an den Bund zu überweisen. Überweisungsbeiträge gemäß § 311 ASVG sind durch die FMA zu tragen. Die sonstigen Zahlungen an den Bund sind jeweils am 10. des betreffenden Monats fällig.

(5) Für Arbeitnehmer gemäß Abs. 1 Z 2 gelten die für vertragliche Dienstverhältnisse zum Bund anzuwendenden Rechtsvorschriften, insbesondere das Vertragsbedienstetengesetz 1948, BGBl. Nr. 86, weiter; der Abschluss sondervertraglicher Regelungen nach § 36 des Vertragsbedienstetengesetzes 1948 ist nicht mehr zulässig. Arbeitnehmer gemäß Abs. 1 Z 2 haben, wenn sie innerhalb eines Jahres nach dem Wirksamwerden des für neu eintretende Arbeitnehmer geltenden Kollektivvertrages oder einer auf diesen gestützten Betriebs- oder Einzelvereinbarung ihre Bereitschaft zum Ausscheiden aus dem Arbeitsverhältnis nach den auf sie weiter anzuwendenden Rechtsvorschriften erklären, Anspruch auf gleichzeitige Aufnahme in ein Arbeitsverhältnis zur FMA nach den für neu Eintretende geltenden Rechtsgrundlagen. Ein Anspruch auf Abfertigung besteht im Zusammenhang mit diesem Ausscheiden nicht. Die im vorangegangenen Arbeitsverhältnis verbrachte Dienstzeit ist in diesem Fall für alle zeitabhängigen Ansprüche anzurechnen.

(6) Für die Befriedigung der bezugsrechtlichen Ansprüche von Arbeitnehmern gemäß Abs. 1 Z 2 und Abs. 3 hat der Bund wie ein Ausfallsbürge (§ 1356 ABGB) zu haften. Die Höhe der Haftung ist mit jenem Betrag begrenzt, der sich am Tag vor der Wirksamkeit des Ausscheidens aus dem Bundesdienst aus der für die genannten Bediensteten maßgeblich gewesenen besoldungsrechtlichen Stellung unter Berücksichtigung ihrer Verwendung zu diesem Zeitpunkt zuzüglich der nach diesem Zeitpunkt zurückgelegten Dienstzeit und der vorgesehenen regelmäßigen Vorrückungen ergibt.

(7) Forderungen des Bundes gegenüber Bediensteten, die gemäß Abs. 1 Z 2 oder Abs. 3 Arbeitnehmer der FMA werden, gehen mit dem Zeitpunkt der Begründung dieses Dienstverhältnisses auf die FMA über und sind von dieser dem Bund zu refundieren.

(8) Anwartschaften auf Abfertigungen und Jubiläumszuwendungen von Bediensteten, die gemäß Abs. 1 Z 2 oder Abs. 3 Arbeitnehmer der FMA werden, werden von der FMA übernommen.

(9) Die FMA ist verpflichtet, dem Bundesministerium für Finanzen alle Unterlagen zur Verfügung zu stellen, die für die Erstellung des Bundesvoranschlages und des Bundesrechnungsabschlusses bezüglich des Beitrages nach Abs. 4 erforderlich sind.

(10) Die FMA ist als Dienstgeber für ihre Arbeitnehmer kollektivvertragsfähig.

Aufsicht über die FMA

§ 16. (1) Der Bundesminister für Finanzen hat die Aufsicht über die FMA dahin auszuüben, dass die FMA die ihr gesetzlich obliegenden Aufgaben erfüllt, bei Besorgung ihrer Aufgaben die Gesetze und Verordnungen nicht verletzt und ihren Aufgabenbereich nicht überschreitet.

(2) Der Bundesminister für Finanzen ist berechtigt, zu dem in Abs. 1 genannten Zweck, Auskünfte der FMA über alle Angelegenheiten der Finanzmarktaufsicht einzuholen. Die FMA hat dem Bundesminister für Finanzen die geforderten Auskünfte ohne unnötigen Verzug, längstens aber binnen zwei Wochen zu erteilen. Im Fall der Erlassung von Verordnungen der FMA hat sie das Vorhaben dem Bundesminister für Finanzen zur Kenntnis zu bringen und Verordnungen vor deren Erlassung samt dem Ergebnis der Anhörung der Oesterreichischen Nationalbank dem Bundesminister für Finanzen zu übermitteln.

(2a) Die FMA hat dem Bundesminister für Finanzen auf Anfrage unverzüglich diejenigen Daten und Informationen zu übermitteln, die für die Erstellung von Regelungsvorhaben und für die Erfüllung der §§ 17 und 18 des Bundeshaushaltsgesetzes 2013, BGBl. I Nr. 139/2009, erforderlich sind. *(BGBl I 2013/184)*

(3) Die FMA hat dem Finanzausschuss des Nationalrates und dem Bundesminister für Finanzen binnen vier Monaten nach Ende jedes Kalenderjahres einen Bericht über das abgelaufene Kalenderjahr zu erstatten. In diesen Bericht sind insbesondere ein Überblick über die aufsichtliche Tätigkeit und über die Lage der Finanzwirtschaft aufzunehmen. Der Finanzausschuss ist berechtigt, den Vorstand der FMA zu Sitzungen des Ausschusses zu laden und Auskünfte einzuholen, soweit nicht gesetzliche Verschwiegenheitspflichten entgegenstehen.

(4) Der Bundesminister für Finanzen ist berechtigt, der FMA die Durchführung von Prüfungen gemäß den in § 2 genannten Bundesgesetzen aufzutragen, worüber vom Vorstand dem Aufsichtsrat unverzüglich Bericht zu erstatten ist. Der Vorstand hat über die durchgeführten Prüfungshandlungen und über die Prüfungsergebnisse dem Bundesminister für Finanzen und dem Aufsichtsrat unverzüglich zu berichten.

(BGBl I 2002/45)

Interne Revision

§ 16a. (1) Die FMA hat eine interne Revision einzurichten, die unmittelbar dem Vorstand untersteht und ausschließlich der laufenden und umfassenden Prüfung der Gesetzmäßigkeit, Ordnungsmäßigkeit und Zweckmäßigkeit des Handelns der FMA dient. Die interne Revision muss unter Bedachtnahme auf den Tätigkeitsumfang der FMA so ausgestattet sein, dass sie ihre Aufgaben zweckentsprechend erfüllen kann. Mit Aufgaben der internen Revision dürfen Personen, bei denen Ausschließungsgründe vorliegen, nicht betraut werden.

(2) Als Ausschließungsgründe sind Umstände anzusehen, die die ordnungsgemäße Wahrnehmung der Aufgaben der internen Revision nicht wahrscheinlich erscheinen lassen. Ausschließungsgründe liegen insbesondere vor, wenn

1. den betroffenen Personen die erforderliche Sachkenntnis und Erfahrung in den Aufsichtsbereichen der FMA gemäß § 1 Abs. 1 fehlt oder

2. die objektive Wahrnehmung der Funktion beeinträchtigt sein kann, insbesondere wenn die betroffenen Personen gleichzeitig zur Prüfung des Jahresabschlusses der FMA bestellt sind.

(3) Die interne Revision betreffende Verfügungen müssen von beiden Mitgliedern des Vorstandes gemeinsam getroffen werden. Die interne Revision hat beiden Mitgliedern des Vorstandes zu berichten. Sie hat über die Prüfungsgebiete und wesentliche Prüfungsfeststellungen auf Grund durchgeführter Prüfungen quartalsweise auch dem Vorsitzenden des Aufsichtsrates und dessen Stellvertreter Bericht zu erstatten. Der Vorsitzende des Aufsichtsrates hat in der nächstfolgenden Sitzung des Aufsichtsrates diesem über die Prüfungsgebiete und die wesentlichen Prüfungsfeststellungen zu berichten. Die Interne Revision ist zumindest einmal jährlich zu einer Sitzung des Aufsichtsrates zur Berichterstattung einzuladen.

(4) Die interne Revision hat einen jährlichen Revisionsplan aufzustellen und die Prüfungen danach durchzuführen, wobei die Prüfung der effizienten Wirkungsweise der FMA bei jedem dieser Revisionspläne ein fixes Prüfungsgebiet sein muss. Die interne Revision hat weiters anlassbezogen ungeplante Prüfungen vorzunehmen.

Finanzplan

§ 17. (1) Der Vorstand der FMA hat für jedes Geschäftsjahr einen Finanzplan einschließlich des Investitions- und Stellenplanes aufzustellen, der dem Aufsichtsrat zur Genehmigung vorzulegen ist und bei der Haushaltsführung und Personalbewirtschaftung eine bindende Grundlage darstellt.

(2) Im Finanzplan sind sämtliche im folgenden Geschäftsjahr zu erwartenden Einnahmen und voraussichtlich zu leistenden Ausgaben der FMA voneinander getrennt in voller Höhe (brutto) aufzunehmen. Die Voranschlagsbeträge sind zu errechnen, wenn dies nicht möglich ist, zu schätzen.

(3) Durch den Stellenplan des jährlichen Finanzplanes ist die zulässige Anzahl der Bediensteten der FMA festzulegen. Hierbei dürfen Planstellen nur in der Art und Anzahl vorgesehen werden, die zur Bewältigung der Aufgaben der FMA erforderlich sind.

(4) Der Finanzplan für das nächste Geschäftsjahr einschließlich des Investitionsund Stellenplanes ist samt Erläuterung dem Aufsichtsrat bis längstens 31. Oktober des laufenden Geschäftsjahres zur Genehmigung vorzulegen. Der Aufsichtsrat hat über den Finanzplan ehestmöglich, jedoch spätestens bis 15. Dezember des laufenden Geschäftsjahres über die Genehmigung des Finanzplanes zu beschließen.

(5) Der Vorstand hat dem Aufsichtsrat vierteljährlich über die Einhaltung des Finanzplanes einschließlich des Investitionsund Stellenplanes zu berichten. Ergeben sich voraussichtlich Überschreitungen der Planwerte im Ausmaß von mehr als 5 vH pro Rechnungskreis, so dürfen die entsprechenden Maßnahmen nur nach Genehmigung des Aufsichtsrates getroffen werden.

(6) Durch eine im Finanzplan, Investitions- oder Stellenplan angeführte bindende Grundlage werden Ansprüche oder Verbindlichkeiten weder begründet noch aufgehoben.

(7) Der Vorstand hat den Mitgliedern des Aufsichtsrates und den kostenpflichtigen Institutionen im Wege von deren gesetzlicher Interessensvertretung aussagekräftige Informationen über die wesentlichen Positionen des Finanzplans und des Investitions- und Stellenplans ehestmöglich, in der Regel zwei Wochen vor der betreffenden Sitzung des Aufsichtsrates, zu übermitteln. Der Vorstand hat hierbei erforderlichenfalls jene Informationen zu bezeichnen, über die die Amtsverschwiegenheit zu wahren ist. Die kostenpflichtigen Institutionen sind berechtigt, zu den übermittelten Informationen im Wege ihrer gesetzlichen Interessensvertretung sowie durch innerhalb dieser Interessensvertretung bestehende Fachorganisationen Stellung zu nehmen. Der Vorstand ist verpflichtet, solche Stellungnahmen dem Aufsichtsrat unverzüglich zur Kenntnis zu bringen.

Jahresabschluss

§ 18. (1) Die FMA hat für das vergangene Geschäftsjahr den Jahresabschluss in Form der Jahresbilanz und der Gewinn- und Verlustrechnung unter Beachtung der Fristen gemäß Abs. 3 aufzustellen. Im Übrigen sind die Bestimmungen des dritten Buches des „Unternehmensgesetzbuches – UGB“*, DRGBl. 1897 S 219, auf den Jahresabschluss anzuwenden, sofern in diesem Bundesgesetz nichts anderes bestimmt ist. „Die von der Oesterreichischen Nationalbank mitgeteilten „“***** Kosten der Bankenaufsicht gemäß § 79 Abs. 4b BWG, soweit sie acht Millionen Euro nicht übersteigen, „sowie gemäß § 3 Abs. 5 BaSAG in Verbindung mit § 79 Abs. 4b BWG, soweit sie zwei Millionen Euro nicht übersteigen“***, sowie gemäß § 6 Abs. 6 ESAEG, soweit sie 500 000 Euro nicht übersteigen, und der Versicherungsaufsicht gemäß § 182 Abs. 7 VAG 2016, soweit sie 500 000 Euro nicht übersteigen, sind in der Gewinn- und Verlustrechnung der FMA unter den sonstigen betrieblichen Aufwendungen gesondert auszuweisen.“** *(BGBl I 2005/120; *BGBl I 2013/184; **BGBl I 2015/117; ***BGBl I 2016/73; ****BGBl I 2017/149)*

(2) Der Jahresabschluss und die Kostenabrechnung gemäß § 19 Abs. 1 sind von einem Wirtschaftsprüfer oder einer Wirtschaftsprüfungsgesellschaft zu prüfen. „§ 273 UGB“ ist anzuwenden. *(BGBl I 2005/120; BGBl I 2013/184)*

(3) Der geprüfte Jahresabschluss samt Kostenabrechnung ist vom Vorstand dem Aufsichtsrat innerhalb von fünf Monaten nach Ablauf des vorangegangenen Geschäftsjahres zur Genehmigung vorzulegen. Die Beschlussfassung des Aufsichtsrates über die Genehmigung des Jahresabschlusses samt Kostenabrechnung hat so rechtzeitig zu erfolgen, dass der Vorstand den Jahresabschluss samt Kostenabrechnung dem Bundesminister für Finanzen innerhalb von sechs Monaten nach Ablauf des vorangegangenen Geschäftsjahres übermitteln und gemäß Abs. 6 veröffentlichen kann.

(4) Der Aufsichtsrat hat die Mitglieder des Vorstandes zu entlasten, wenn der Jahresabschluss und die Kostenabrechnung genehmigt wurde, die Geschäftsführung im abgelaufenen Geschäftsjahr jeweils ordnungsgemäß erfolgt ist und der Entlastung keine im abgelaufenen Geschäftsjahr gesetzte Pflichtverletzung entgegensteht, die einen Abberufungsgrund gemäß § 7 Abs. 3 Z 3 oder 5 darstellt.

(5) Das Geschäftsjahr der FMA ist das Kalenderjahr.

(6) Der Vorstand hat den geprüften und vom Aufsichtsrat genehmigten Jahresabschluss in der Internet-Homepage der FMA zu veröffentlichen und eine Hinweisbekanntmachung mit Angabe der Internet-Adresse der FMA in der Wiener Zeitung oder einem anderen im gesamten Bundesgebiet erhältlichen Bekanntmachungsblatt zu veranlassen. Der Jahresabschluss ist jeweils bis zur Veröffentlichung des nächstfolgenden Jahresabschlusses zur Einsicht im Internet bereit zu halten.

Kosten der Aufsicht

§ 19. (1) Die FMA hat für jeden der in § 2 Abs. 1 bis 4 genannten Aufsichtsbereiche einen eigenen Rechnungskreis zu bilden. Sie hat bei der internen Organisation für die weitestmögliche direkte Zuordnung der Aufsichtskosten (Personal- und Sachaufwand, Abschreibungen und sonstige Aufwendungen) zu diesen Rechnungskreisen Vorsorge zu treffen. Jene Kosten, die einem bestimmten Rechnungskreis nicht direkt zugeordnet werden können, sind gemäß Abs. 2 auf die einzelnen Rechnungskreise aufzuteilen. Diese Rechnungskreise sind:

1. Rechnungskreis 1 für die Kosten der Bankenaufsicht;

2. Rechnungskreis 2 für die Kosten der Versicherungsaufsicht;

3. Rechnungskreis 3 für die Kosten der Wertpapieraufsicht;

4. Rechnungskreis 4 für die Kosten der Pensionskassenaufsicht.

Mit dem Jahresabschluss gemäß § 18 ist auch eine rechnungskreisbezogene Kostenabrechnung zu erstellen. „Die von der Oesterreichischen Nationalbank mitgeteilten Kosten der Bankenaufsicht gemäß § 79 Abs. 4b BWG, soweit sie acht Millionen Euro nicht übersteigen, „und gemäß § 3 Abs. 5 BaSAG in Verbindung mit § 79 Abs. 4b BWG, soweit sie zwei Millionen Euro nicht übersteigen“****, und gemäß § 6 Abs. 6 ESAEG, soweit sie 500 000 Euro nicht übersteigen, sind dem Rechnungskreis 1 zuzuordnen.“*** „Die von der Oesterreichischen Nationalbank „gemäß § 182 Abs. 7 VAG 2016“** mitgeteilten „ “6* Kosten der Versicherungsaufsicht sind dem Rechnungskreis 2 zuzuordnen, soweit sie 500 000 Euro nicht übersteigen.“* „Die von der Oesterreichischen Nationalbank mitgeteilten Kosten der Wertpapieraufsicht gemäß § 26 Abs. 4 WPFG sind dem Rechnungskreis 1 zuzuordnen, soweit sie 500 000 Euro nicht übersteigen.“6* *(*BGBl I 2011/145; **BGBl I 2015/34; ***BGBl I 2015/117; ****BGBl I 2015/159; *****BGBl I 2017/149; 6*BGBl I 2022/237)*

(2) Die FMA hat auf Grund der für die Rechnungskreise 1 bis 4 ermittelten direkt zurechenbaren Kosten die Verhältniszahlen der Kosten je Rechnungskreis zueinander zu ermitteln. Unter Anwendung dieser Verhältniszahlen sind die nicht gemäß Abs. 1 direkt einem Rechnungskreis zuordenbaren Kosten auf die einzelnen Rechnungskreise aufzuteilen. Zu den nicht direkt zuordenbaren Kosten zählt auch die gemäß § 20 erlaubte Rücklagendotierung.

(3) Die Summe der gemäß Abs. 1 direkt und Abs. 2 verhältnismäßig einem Rechnungskreis zugeordneten Kosten bilden die Gesamtkosten des Rechnungskreises. Die Summe der Gesamt-

kosten der Rechnungskreise 1 bis 4 bilden die Gesamtkosten der FMA.

(4) Der Bund leistet pro Geschäftsjahr der FMA einen Beitrag von „4 600 000 Euro“**. Dieser Beitrag sowie Erträge, die nicht auf Grund des Ersatzes von Aufsichtskosten oder diesbezüglichen Vorauszahlungen oder gemäß Abs. 10 der FMA zufließen, sind von den Gesamtkosten der FMA abzuziehen. Der verbleibende Differenzbetrag ist in Anwendung der Verhältniszahlen gemäß Abs. 2 auf die Rechnungskreise 1 bis 4 aufzuteilen. Die sich hieraus je Rechnungskreis ergebenden Beträge stellen nach Abzug der auf Grund von Abs. 10 erhaltenen Bewilligungsgebühren jene Kosten dar, die von den der Aufsicht der FMA unterliegenden natürlichen und juristischen Personen „gemäß den jeweiligen Kostenbestimmungen in den in § 2 genannten Gesetzen“* nach Vorschreibung durch die FMA zu ersetzen sind. *(BGBl I 2011/50; BGBl I 2015/69; *BGBl I 2017/107; **BGBl I 2022/36)*

(5) Die FMA hat auf der Grundlage eines jeden Jahresabschlusses unverzüglich die auf die einzelnen Kostenpflichtigen gemäß Abs. 4 letzter Satz entfallenden Kosten für das vorangegangene Geschäftsjahr zu errechnen. Der errechnete Betrag ist mit den erhaltenen Vorauszahlungen für das vorangegangene Geschäftsjahr gegenzurechnen. Der Differenzbetrag hieraus ist zur Zahlung vorzuschreiben, sofern sich nicht ein Guthaben zugunsten des Kostenpflichtigen ergibt; Guthaben sind auszuzahlen. „Für das nächstfolgende FMA-Geschäftsjahr sind den Kostenpflichtigen Vorauszahlungen in Höhe von 105 vH des gemäß dem ersten Satz jeweils errechneten Betrages vorzuschreiben; sofern die von der Oesterreichischen Nationalbank gemäß § 79 Abs. 4b BWG mitgeteilten und im Jahresabschluss der FMA gesondert ausgewiesenen „“**** Kosten der Bankenaufsicht den Betrag von acht Millionen Euro „oder die von der Oesterreichischen Nationalbank gemäß § 3 Abs. 5 BaSAG in Verbindung mit § 79 Abs. 4b BWG mitgeteilten und im Jahresabschluss der FMA gesondert ausgewiesenen „“**** Kosten der Bankenaufsicht den Betrag von zwei Millionen Euro erreicht haben“** oder die von der Oesterreichischen Nationalbank gemäß § 6 Abs. 6 ESAEG mitgeteilten und im Jahresabschluss der FMA gesondert ausgewiesenen „“**** Kosten der Bankenaufsicht den Betrag von 500 000 Euro erreicht haben, oder die gemäß § 182 Abs. 7 VAG 2016 mitgeteilten und im Jahresabschluss der FMA gesondert ausgewiesenen „“**** Kosten der Versicherungsaufsicht den Betrag von 500 000 Euro erreicht haben, ist abweichend vom ersten Satzteil dieser Teilbetrag in der Vorauszahlung mit 100 vH vorzuschreiben.“* Auf Grund dieser Vorschreibungen haben die Kostenpflichtigen den vorgeschriebenen Betrag in vier gleichen Teilen jeweils bis spätestens 15. Jänner, April, Juli und Oktober des betreffenden Jahres zu leisten. *(BGBl I 2011/145; *BGBl I 2015/117; **BGBl I 2015/159; ***BGBl I 2017/149)*

(5a) Die FMA hat der Oesterreichischen Nationalbank für die Kosten ihrer Aufgaben und Tätigkeiten nach dem BWG sowie der Verordnung (EU) Nr. 1024/2013 Erstattungsbeträge zu leisten. Die Erstattungsbeträge sind auf Grund der für das jeweils vorangegangene Geschäftsjahr gemäß § 79 Abs. 4b BWG mitgeteilten Kosten der Bankenaufsicht zu bemessen und betragen höchstens acht Millionen Euro. Die Erstattung erfolgt bis spätestens Ende März des nächstfolgenden Geschäftsjahres. *(BGBl I 2007/108; BGBl I 2017/149)*

(5b) Die FMA hat der Oesterreichischen Nationalbank für die „ “** Kosten der gutachtlichen Äußerungen gemäß „§ 182 Abs. 5 VAG 2016“* Erstattungsbeträge zu leisten. Die Erstattungsbeträge sind auf Grund der für das jeweils vorangegangene Geschäftsjahr gemäß „§ 182 Abs. 7 VAG 2016“* mitgeteilten „ “** Kosten zu bemessen und betragen höchstens 500 000 Euro. Die Erstattung erfolgt bis spätestens Ende März des nächstfolgenden Geschäftsjahres. *(BGBl I 2011/145; *BGBl I 2015/34; **BGBl I 2017/149)*

(5c) Die FMA hat der Oesterreichischen Nationalbank für die „ “*** Kosten ihrer Tätigkeit für den Bereich der Sanierung und Abwicklung von Unternehmen gemäß § 3 Abs. 5 BaSAG in Verbindung mit § 79 BWG Erstattungsbeiträge zu leisten. Die Erstattungsbeiträge sind auf Grund der für das jeweils vorausgegangene Geschäftsjahr gemäß § 3 Abs. 5 BaSAG in Verbindung mit „§ 79 Abs. 4b BWG“* mitgeteilten „ “*** Kosten der Aufsicht nach dem BaSAG zu bemessen „und betragen höchstens zwei Millionen Euro“**. Die Erstattung erfolgt bis spätestens Ende März des nächstfolgenden Geschäftsjahres. *(BGBl I 2014/98; *BGBl I 2015/117; **BGBl I 2016/73; ***BGBl I 2017/149)*

(5d) Die FMA hat der Oesterreichischen Nationalbank für die „ “ Kosten ihrer Tätigkeit für den Bereich der Beaufsichtigung der Sicherungseinrichtungen gemäß § 5 Abs. 2 Z 4 ESAEG und § 6 ESAEG Erstattungsbeiträge zu leisten. Die Erstattungsbeiträge sind auf Grund der für das jeweils vorausgegangene Geschäftsjahr gemäß § 6 Abs. 6 ESAEG mitgeteilten „ “ Kosten der Aufsicht nach dem ESAEG zu bemessen und betragen höchstens 500 000 Euro. Die Erstattung erfolgt bis spätestens Ende März des nächstfolgenden Geschäftsjahres. *(BGBl I 2015/117; BGBl I 2017/149)*

(5e) Die FMA hat der Oesterreichischen Nationalbank für die Kosten ihrer Tätigkeiten gemäß § 26 Abs. 2 WPFG Erstattungsbeiträge zu leisten. Die Erstattungsbeiträge sind auf Grund der für das jeweils vorausgegangene Geschäftsjahr mitgeteilten Kosten der Aufsicht nach dem WPFG zu bemessen und betragen höchstens 500 000

Euro. Die Erstattung erfolgt bis spätestens Ende März des nächstfolgenden Geschäftsjahres. *(BGBl I 2022/237)*

(6) Die FMA hat in den Kostenbescheiden gemäß Abs. 5 abzusprechen über:

1. die Höhe der auf den einzelnen Kostenpflichtigen im jeweiligen Rechnungskreis entfallenden Kosten aus der Jahresabrechnung für das vorangegangene Geschäftsjahr;

2. die für das vorangegangene Geschäftsjahr von ihm geleisteten Vorauszahlungen;

3. die Höhe des negativen oder positiven Differenzbetrages, der zur Zahlung vorgeschrieben oder zur Auszahlung freigegeben wird;

4. die Vorauszahlungen für das nächstfolgende Geschäftsjahr im Ausmaß von 105 vH des Betrages gemäß Z 1.

(7) Die FMA hat nähere Regelungen über die Durchführung der Vorauszahlungen und der Kostenerstattung, insbesondere die Termine für die Vorschreibung und Fristen für die Zahlung, sofern nicht Abs. 5 oder § 26 anderes anordnen, durch Verordnung festzusetzen.

(8) Für den Finanzplan gemäß § 17 ist eine rechnungskreisbezogene Kostenschätzung zu erstellen, hierbei ist gemäß Abs. 1 bis 4 vorzugehen.

(9) Zusätzlich zum Beitrag gemäß Abs. 4 kann der Bund nach Maßgabe der im jährlichen Bundesfinanzgesetz für diesen Zweck vorgesehenen Mittel einen weiteren Kostenbeitrag leisten, wenn dies trotz wirtschaftlicher, sparsamer und zweckmäßiger Gebarung der FMA zur Abdeckung notwendiger Aufsichtskosten erforderlich ist. Auch dieser Beitrag ist von den Gesamtkosten der FMA vor Aufteilung der FMA-Kosten auf die Rechnungskreise (Abs. 4) abzuziehen.

(10) Für die Bewilligung von Tatbeständen gemäß den Tarifposten 44, 45 und 50 bis 59 der Bundesverwaltungsabgabenverordnung 1983, BGBl. Nr. 24/1983, in der Fassung des BGBl. II Nr. 146/2000 sind an Stelle der Bundesverwaltungsabgaben Bewilligungsgebühren entsprechend der von der FMA zu erlassenden Gebührenverordnung an die FMA zu entrichten. Dies gilt ebenso für die Amtshandlungen gemäß den Tarifposten 1 bis 5, soweit diese Amtshandlungen in den Zuständigkeitsbereich der FMA fallen. Die Gebühren dürfen die durch die Bewilligung oder sonstige Amtshandlung durchschnittlich entstehenden Kosten, unter Berücksichtigung eines Fixkostenanteiles, nicht überschreiten. „Die Bewilligungsgebühren sind rechnungskreisbezogen zuzuordnen „und im jeweiligen Rechnungskreis unter Berücksichtigung von in den jeweiligen Kostenbestimmungen vorgesehenen Subrechnungskreise in den in § 2 genannten Gesetzen kostenmindernd anzusetzen“**; die näheren Regelungen über die Durchführung sind in der Verordnung gemäß Abs. 7 festzusetzen.“* *(*BGBl I 2013/135; **BGBl I 2017/107)*

§ 20. (1) Die FMA ist berechtigt, nach Maßgabe der Abs. 2 und 3 eine Rücklage für unvorhergesehene Belastungen zu bilden. Diese Rücklage darf nur zur Bedeckung von außergewöhnlichen Aufsichtsaufwendungen verwendet werden.

(2) Die Dotierung der Rücklage darf je Geschäftsjahr der FMA im Ausmaß von höchstens 1 vH der Gesamtkosten der FMA auf Basis des zuletzt festgestellten Jahresabschlusses so lange und insoweit erfolgen, als die Rücklage insgesamt ein Ausmaß von 5 vH der jeweils im letzten Jahresabschluss festgestellten Gesamtkosten nicht erreicht hat.

(3) Die Rücklage ist im Jahresabschluss offen als Rücklage auszuweisen.

(4) Im Finanzplan ist die Rücklage und deren Dotierung entsprechend vorzusehen.

Amtshilfe

§ 21. (1) Alle Organe des Bundes, der Länder und der Gemeinden sind im Rahmen ihres gesetzlichen Wirkungsbereiches zur Hilfeleistung an die FMA verpflichtet. Dies gilt auch für den Hauptverband der Sozialversicherungsträger, soweit die von diesem erteilten Auskünfte für die von der FMA zu führenden Verwaltungsverfahren und Verwaltungsstrafverfahren erforderlich sind. „Amtshilfeleistungen nach dieser Bestimmung haben auch ohne vorhergehendes Ersuchen zu erfolgen.“ *(BGBl I 2021/25)*

(2) Es arbeiten unbeschadet anderer bundesgesetzlicher Bestimmungen mit der FMA in wechselseitiger Hilfeleistung zusammen:

1. die Gerichte,

2. der Bundesminister für Finanzen im Rahmen seiner Aufgaben nach den in § 2 genannten Bundesgesetzen,

3. der Bundesminister für Digitalisierung und Wirtschaftsstandort und die Bezirksverwaltungsbehörden bei der Vollziehung der aufsichtsrechtlichen Bestimmungen überm die Kreditvermittlung, die Versicherungsvermittlung und die Wertpapiervermittlung,

4. die Österreichische Nationalbank im Rahmen ihrer bundesgesetzlichen Aufgaben sowie ihrer Aufgaben im Rahmen des Europäischen Systems der Zentralbanken (ESZB),

5. die Übernahmekommission,

6. die E-Control GmbH,

7. die Bundeswettbewerbsbehörde,

8. das zuständige Börseunternehmen nach dem BörseG 2018 „,“ *(BGBl I 2021/25)*

9. die Abgabenbehörden des Bundes, *(BGBl I 2021/25)*

10. die Abschlussprüferaufsichtsbehörde. *(BGBl I 2021/25)*
(BGBl I 2018/112)

(3) Eine Amtshilfeleistung der FMA an Abgabenbehörden des Bundes hat durch Erteilung von Auskünften zu erfolgen und nur in folgenden Fällen stattzufinden:

1. bei Vorliegen substantiierter Hinweise auf Praktiken, Modelle oder Szenarien, die steuerschädliche Verhaltensweisen indizieren, ermöglichen oder vereinfachen und im Zusammenhang mit konkreten Finanzinstrumenten oder -dienstleistungen sowie deren Emittenten, Anbietern, Intermediären und sonstigen Finanzdienstleistern stehen;

2. bei Rechtsfragen im Zusammenhang mit Bundesgesetzen, welche in § 2 Abs. 1 bis 4 angeführt sind.

Im Rahmen der Amtshilfe nach Z 1 sind neben einer Zusammenfassung des Sachverhalts möglichst genaue und umfassende Angaben über die betroffenen natürlichen und juristischen Personen sowie die Finanzinstrumente oder -dienstleistungen zu übermitteln. *(BGBl I 2019/104; BGBl I 2021/25)*

(3a) Die gemäß § 194a Finanzstrafgesetz – FinStrG, BGBl. Nr. 129/1958, zuständige Behörde ist verpflichtet, der FMA im Einzelfall Auskünfte aus dem Finanzstrafregister über rechtskräftige, noch nicht getilgte Bestrafungen zu erteilen. Auskünfte können von der FMA ausschließlich im Zusammenhang mit der Prüfung geordneter wirtschaftlicher Verhältnisse im Rahmen der Eignungsprüfung von Geschäftsleitern, Aufsichtsratsmitgliedern und Inhabern von Schlüsselfunktionen („Fit & Proper Verfahren") oder Eigentümerkontrollverfahren angefordert werden. Die Daten sind unverzüglich zu löschen, wenn sie für die Erfüllung des konkreten Zwecks nicht mehr benötigt werden. *(BGBl I 2021/25)*

(4) Die Organe des öffentlichen Sicherheitsdienstes haben der FMA über deren Ersuchen zur Sicherung der Aufsichtsbefugnisse gemäß § 2 im Rahmen ihres gesetzlichen Wirkungsbereiches Hilfe zu leisten, wenn ansonsten die Vereitelung der angeordneten Maßnahmen droht.

(5) Die Finanzprokuratur kann die FMA über deren Ersuchen entgeltlich vertreten.

(6) Die Oesterreichische Nationalbank kann sich zur Vornahme der ihr gemeinschaftsrechtlich übertragenen, in den Aufgabenbereich des Europäischen Systems der Zentralbanken (ESZB) fallenden Überprüfungen im Einvernehmen mit der FMA auch der Prüforgane der FMA bedienen, wenn hierdurch das Verfahren wesentlich vereinfacht oder beschleunigt wird oder wenn dies im Interesse der Zweckmäßigkeit, Einfachheit, Raschheit oder Kostenersparnis gelegen ist.

Zusammenarbeit mit der Europäischen Aufsichtsbehörde

§ 21a. (1) Die FMA ist zur umfassenden wechselseitigen Zusammenarbeit mit

1. der Europäischen Bankaufsichtsbehörde – EBA (Verordnung (EU) Nr. 1093/2010 vom 24. November 2010 zur Errichtung einer Europäischen Aufsichtsbehörde (Europäischen Bankenaufsichtsbehörde), zur Änderung des Beschlusses Nr. 716/2009/EG und zur Aufhebung des Beschlusses 2009/78/EG der Kommission – ABl. Nr. L 331 vom 15.12.2010, S. 12),

2. der Europäischen Wertpapier- und Marktaufsichtsbehörde – ESMA (Verordnung (EU) Nr. 1095/2010 vom 24. November 2010 zur Errichtung einer Europäischen Aufsichtsbehörde (Europäische Wertpapier- und Marktaufsichtsbehörde), zur Änderung des Beschlusses Nr. 716/2009/EG und zur Aufhebung des Beschlusses 2009/77/EG der Kommission – ABl. Nr. L 331 vom 15.12.2010, S. 84) und

3. der Europäischen Versicherungsaufsichtsbehörde – EIOPA (Verordnung (EU) Nr. 1094/2010 vom 24. November 2010 zur Errichtung einer Europäischen Aufsichtsbehörde (Europäische Aufsichtsbehörde für das Versicherungswesen und die betriebliche Altersversorgung), zur Änderung des Beschlusses Nr. 716/2009/EG und zur Aufhebung des Beschlusses 2009/79/EG der Kommission – ABl. Nr. L 331 vom 15.12.2010, S. 48) und

4. den anderen Teilnehmern des Europäischen Finanzaufsichtssystems ESFS (Art. 1 Abs. 3 der Verordnung (EU) Nr. 1092/2010 vom 24. November 2010 über die Finanzaufsicht der Europäischen Union auf Makroebene und zur Errichtung eines Europäischen Ausschusses für Systemrisiken)

berechtigt und verpflichtet.

(2) Für die Zwecke des Abs. 1 hat die FMA den Teilnehmern des ESFS auf Anfrage alle Informationen zur Verfügung zu stellen, die zur Wahrnehmung der Aufgaben im Rahmen des ESFS erforderlich sind. Die FMA kann für die Zwecke der Zusammenarbeit nach diesem Absatz oder gemäß der Verordnung (EU) Nr. 1092/2010 von ihren Befugnissen auch ausschließlich für die Zwecke einer solchen Zusammenarbeit Gebrauch machen; dies auch dann, wenn die Verhaltensweise, die Gegenstand der Ermittlung ist, nicht gegen eine in Österreich geltende Vorschrift verstößt.

(BGBl I 2011/77)

Einschränkung der Rechtskraft von Bescheiden der FMA

§ 21b. (1) Sobald eine Europäische Aufsichtsbehörde einen Beschluss gemäß Art. 17 Abs. 6,

18 Abs. 4 oder 19 Abs. 4. der Verordnungen (EU) Nr. 1093/2010, (EU) Nr. 1094/2010 oder (EU) Nr. 1095/2010 erlässt, der direkt an ein Finanzinstitut im Sinne der Art. 17, 18 oder 19 der Verordnungen (EU) Nr. 1093/2010, (EU) Nr. 1094/2010 oder (EU) Nr. 1095/2010 gerichtet ist, treten in diesem Zeitpunkt in der gleichen Sache erlassene Bescheide der FMA insoweit außer Kraft.

(2) Insofern die FMA eine Empfehlung, eine Aufforderung oder einen Beschluss der Europäischen Aufsichtsbehörde oder der Europäischen Kommission gemäß Art. 17, 18 oder 19 der Verordnungen (EU) Nr. 1093/2010, (EU) Nr. 1094/2010 oder (EU) Nr. 1095/2010 befolgt, kann sie den Bescheid abweichend von § 68 Abs. 3 AVG unter den in Art. 17, 18 oder 19 vorgesehenen Voraussetzungen auch zum Nachteil der Partei oder von Beteiligten abändern.

(BGBl I 2011/77)

Verfahrensbestimmungen

§ 22. (1) Die FMA ist zur Vollstreckung der von ihr erlassenen Bescheide, mit Ausnahme der Verwaltungsstrafbescheide, zuständig. Weiters ist die FMA zur Vollstreckung sämtlicher Entscheidungen, ausgenommen Verwaltungsstrafen, der Teilnehmer des ESFS im Rahmen jeweils des Art. 28 der Verordnungen (EU) Nr. 1093/2010, (EU) Nr. 1094/2010 oder (EU) Nr. 1095/2010 befugt. Das Verwaltungsvollstreckungsgesetz 1991 – VVG, BGBl. Nr. 53, ist, soweit sich aus Abs. 2 „und Abs. 11"** nichts anderes ergibt, anzuwenden. „An die Stelle der Behörde in § 53 Abs. 1 erster Satz VStG und § 53a erster Satz VStG tritt die gemäß dem VVG zuständige Vollstreckungsbehörde."* *(BGBl I 2011/77; *BGBl I 2016/118; **BGBl I 2017/107)*

(2) *(BGBl I 2013/70; BGBl I 2018/11 (VfGH))*

(2a) Über Beschwerden gegen Bescheide der FMA entscheidet das Bundesverwaltungsgericht durch Senat, ausgenommen in Verwaltungsstrafsachen bei Bescheiden bei denen weder eine primäre Freiheitsstrafe noch eine 600 Euro übersteigende Geldstrafe verhängt wurde. Über eine Beschwerde ist, ausgenommen in Verwaltungsstrafsachen, innerhalb der Frist zu erkennen, innerhalb der in erster Instanz zu entscheiden ist, spätestens jedoch nach sechs Monaten; die Frist beginnt mit Einlangen der Beschwerde beim Bundesverwaltungsgericht zu laufen. *(BGBl I 2013/70)*

(2b) Vor Erlassung eines Bescheids kann ein Verzicht auf die Einbringung einer Beschwerde rechtswirksam nur abgegeben werden, wenn aus der schriftlichen Verzichtserklärung hervorgeht, dass dem Verzichtenden im Zeitpunkt ihrer Abgabe der Inhalt des Spruches des zu erwartenden Bescheides bekannt war. Wird die Verzichtserklärung mittels Niederschrift festgehalten, ist diese dem Verzichtenden auszufolgen. Eine Begründung des Bescheids kann diesfalls entfallen. Eine trotz Verzichts eingebrachte Beschwerde ist unzulässig. *(BGBl I 2017/149)*

(2c) Auf Bescheide, die gemäß § 57 AVG und § 116 BaSAG erlassen werden, ist Abs. 2b nicht anwendbar. *(BGBl I 2017/149)*

(3) Verordnungen der FMA sind im Bundesgesetzblatt kundzumachen.

(3a) Die FMA hat für Entwürfe von Verordnungen, Rundschreiben, Leitfäden und Mindeststandards ein öffentliches Begutachtungsverfahren durchzuführen, um interessierten Personen Gelegenheit zur Stellungnahme zu geben. Die FMA hat den Zeitpunkt des Beginns und der Beendigung des Begutachtungsverfahrens auf ihrer Internetseite zu veröffentlichen und dabei die Frist zur Stellungnahme jeweils so festzulegen, dass sie in einem angemessenen Verhältnis zu Regelungsgegenstand, Regelungsumfang und Dringlichkeit des geplanten Vorhabens steht. Die FMA hat die im Rahmen eines Begutachtungsverfahrens erhaltenen Stellungnahmen auf ihrer Internet-Homepage zu veröffentlichen. In Fällen besonderer Dringlichkeit kann die FMA vor Erlass einer Verordnung gänzlich von der Durchführung eines öffentlichen Begutachtungsverfahrens absehen; die FMA hat in diesen Fällen die Gründe für das Absehen von einer Begutachtung in der Begründung der Verordnung zu erläutern. *(BGBl I 2017/149)*

(4) Die FMA hat Unterlagen und Aufzeichnungen von allgemeiner oder grundsätzlicher Bedeutung dauernd aufzubewahren. Der dauernden Aufbewahrungspflicht unterliegen jedenfalls die von ihr erlassenen Bescheide. Sonstige Unterlagen und Aufzeichnungen sind mindestens sieben Jahre aufzubewahren; diese Frist beginnt mit Ablauf des Kalenderjahres, in dem

1. bei Dauerrechtsverhältnissen das Rechtsverhältnis geendet hat;

2. in den übrigen Fällen die FMA letztmalig in der betreffenden Angelegenheit tätig gewesen ist.

(5) Abweichend von § 9 Abs. 2 VStG wird die Bestellung von verantwortlichen Beauftragten für die Einhaltung der Bestimmungen der in § 2 genannten Gesetze, die mit Verwaltungsstrafe bedroht sind, erst rechtswirksam, nachdem bei der FMA eine schriftliche Mitteilung über die Bestellung samt einem Nachweis der Zustimmung des Bestellten eingelangt ist. Dies gilt nicht für die Bestellung von verantwortlichen Beauftragten auf Verlangen der Behörde gemäß § 9 Abs. 2 VStG. *(BGBl I 2013/184)*

(5a) Die FMA kann durch Verordnung vorschreiben, dass die schriftliche Mitteilung gemäß Abs. 5 erster Satz ausschließlich in elektronischer Form zu erfolgen sowie bestimmten Gliederungen, technischen Mindestanforderungen und

Übermittlungsmodalitäten zu entsprechen hat. Die FMA hat sich dabei an den Grundsätzen der Wirtschaftlichkeit und Zweckmäßigkeit zu orientieren und dafür zu sorgen, dass die jederzeitige elektronische Verfügbarkeit der Daten für die FMA gewährleistet bleibt und Aufsichtsinteressen nicht beeinträchtigt werden. Die FMA hat geeignete Vorkehrungen dafür zu treffen, dass sich die Meldepflichtigen oder gegebenenfalls ihre Einbringungsverantwortlichen während eines angemessenen Zeitraums im System über die Richtigkeit und Vollständigkeit der von ihnen oder ihren Einbringungsverantwortlichen erstatteten Meldedaten vergewissern können. *(BGBl I 2017/107)*

(6) Die FMA kann

1. von der Verhängung einer Geldstrafe gegen eine natürliche oder juristische Person oder von beidem absehen, wenn es sich um keinen bedeutenden Verstoß handelt,

2. von der Bestrafung eines Verantwortlichen gemäß § 9 des Verwaltungsstrafgesetzes 1991 – VStG, BGBl. I Nr. 52/1991, absehen, wenn für denselben Verstoß bereits eine Verwaltungsstrafe gegen die juristische Person verhängt wird und keine besonderen Umstände vorliegen, die einem Absehen von der Bestrafung entgegenstehen. *(BGBl I 2017/107)*

(7) Für Verwaltungsübertretungen nach den in § 2 genannten Bundesgesetzen gilt anstelle der Verjährungsfrist des § 31 Abs. 1 VStG eine Verjährungsfrist von 18 Monaten, sofern in diesen Bundesgesetzen nichts anderes bestimmt ist. *(BGBl I 2017/107)*

(8) Wenn durch eine Tat oder durch mehrere selbständige Taten mehrere Verwaltungsübertretungen gemäß einem oder mehreren der in § 2 genannten Bundesgesetze begangen wurden oder fällt eine Tat unter mehrere einander nicht ausschließende Strafdrohungen, so ist eine einzige Verwaltungsstrafe zu verhängen. Diese Verwaltungsstrafe ist jeweils nach der Strafdrohung zu bestimmen, die die höchste Strafe androht. *(BGBl I 2017/107)*

(9) Wurde gemäß Abs. 8 eine Verwaltungsstrafe verhängt und soll nunmehr eine weitere Verwaltungsstrafe verhängt werden, die nach der Zeit der Begehung schon in dem früheren Verfahren hätte verhängt werden können, so ist eine Zusatzstrafe zu verhängen. Diese darf das Höchstmaß der Strafe nicht übersteigen, die für die nun zu bestrafende Tat angedroht ist. Die Summe der Strafen darf jeweils die Strafen nicht übersteigen, die nach Abs. 8 zulässig und bei gemeinsamer Bestrafung zu verhängen wären. Wäre bei gemeinsamer Bestrafung keine höhere Strafe als die in dem früheren Verfahren ausgesprochene Strafe zu verhängen, so ist von einer Zusatzstrafe abzusehen. *(BGBl I 2017/107)*

(10) Ein Erschwerungsgrund für die Zumessung der Strafe ist es, wenn mehrere Verwaltungsübertretungen derselben oder verschiedener Art begangen worden sind. *(BGBl I 2017/107)*

(11) Für die Vollstreckung eines Bescheides nach den in § 2 genannten Bundesgesetzen tritt an die Stelle des in § 5 Abs. 3 VVG vorgesehenen Betrags der Betrag von 30 000 Euro, sofern in diesen Gesetzen nichts anderes bestimmt ist. *(BGBl I 2017/107)*

(12) Die FMA hat dem Bundesminister für Finanzen und der Oesterreichischen Nationalbank Beobachtungen grundsätzlicher Art oder besonderer Bedeutung in ihren Aufsichtsbereichen mitzuteilen. Darüber hinaus hat sie der Oesterreichischen Nationalbank jene Bescheide zu übermitteln, deren Kenntnis zur Erfüllung der gesetzlichen Aufgaben der Oesterreichischen Nationalbank erforderlich ist. *(BGBl I 2017/149)*

(13) Soweit in den in § 2 Abs. 1 bis 4 genannten Gesetzen oder in einer aufgrund der genannten Gesetze erlassenen Verordnung Fristen für

1. Anzeige-, Melde-, Vorlage- und sonstige Einbringungspflichten,

2. Veröffentlichungen oder

3. sonstige Informationspflichten

geregelt sind, können diese auf begründeten Antrag durch die FMA verlängert werden. Soweit es dem Antragsteller zumutbar ist, ist der Antrag im Wege des elektronischen Verkehrs zu stellen. Sofern dies im Interesse der Finanzmarktstabilität oder der Verwaltungsökonomie zweckmäßig ist, kann die FMA auch ohne Antrag durch Verordnung bestimmte Fristen verlängern und nähere Bestimmungen zur Antragstellung vorsehen. Soweit in Unionsrechtsakten, für die die FMA gemäß den in § 2 Abs. 1 bis 4 genannten Gesetzen die zuständige Behörde ist, Fristen im Sinne des ersten Satzes geregelt sind, kann die FMA diese Fristen unter denselben Bedingungen durch Verordnung verlängern. *(BGBl I 2020/23, außer Kraft mit 31.12.2020)*

Säumnisgebühr

§ 22a. Kommt ein der Aufsicht der FMA gemäß § 1 unterliegendes Unternehmen oder eine sonstige Person oder Einrichtung

1. den Pflichten oder Anordnungen gemäß

a) § 44 BWG,

b) § 71 Abs. 2 und 4 WAG 2018, *(BGBl I 2017/107)*

c) § 72 Abs. 2 und 4 WAG 2018, *(BGBl I 2017/107)*

d) § 21 Abs. 8 PKG,

e) § 30a Abs. 1 PKG,

f) § 36 Abs. 2 und 3 PKG,

g) § 116 Abs. 3 zweiter Satz VAG 2016, *(BGBl I 2015/34)*

h) § 248 Abs. 1 bis 5 VAG 2016, *(BGBl I 2007/56; BGBl I 2015/34)*

i) § 249 Abs. 1 zweiter Satz VAG 2016, *(BGBl I 2015/34)*

2. den Vorlagepflichten auf Grund einer Anordnung gemäß

a) § 70 Abs. 1 Z 1 und 2 BWG,

b) § 90 Abs. 3 Z 1 bis 4 und 9 WAG 2018, *(BGBl I 2017/107)*

c) § 33 Abs. 3 Z 1 und 2 PKG,

d) § 79 Abs. 3 Z 3 VAG 2016, *(BGBl I 2007/56; BGBl I 2015/34)*

e) § 248 Abs. 8 VAG 2016 oder *(BGBl I 2007/56; BGBl I 2015/34)*

f) *(aufgehoben, BGBl I 2015/34)*

3. einer mit einer Fristsetzung verbundenen Anordnung gemäß

a) § 33b PKG,

b) § 275 VAG 2016,

c) § 277 VAG 2016,

d) § 278 bis § 280 VAG 2016,

e) § 282 Abs. 2 VAG 2016,

f) § 283 VAG 2016
(BGBl I 2015/34)

nicht rechtzeitig nach, so kann die FMA dem Unternehmen oder der sonstigen Person oder Einrichtung gleichzeitig mit der Aufforderung zur Nachholung für den Fall, dass sie erfolglos bleibt, oder nach vorangegangener erfolgloser Aufforderung die Zahlung einer Säumnisgebühr bis 7 000 Euro an den Bund vorschreiben. Hiebei ist auf das Ausmaß der Verspätung sowie auf die Behinderung der Überwachung der Geschäftsgebarung und die Mehrkosten Bedacht zu nehmen, die durch die verspätete Vorlage verursacht werden. Der Vorgang der Vorschreibung der Säumnisgebühr kann bis zum Wegfall der Säumnis mehrmals wiederholt werden.

(BGBl I 2006/48)

Unerlaubter Geschäftsbetrieb und Verstöße im Zusammenhang mit der Bekämpfung von Geldwäscherei und Terrorismusfinanzierung

§ 22b. (1) Zur Verfolgung der in § 98 Abs. 1 und 1a BWG, § 99 Abs. 1 ZaDiG 2018, § 29 Abs. 1 EGeldgesetz 2010, § 60 Abs. 1 Z 1 AIFMG, § 94 WAG 2018, § 105 Abs. 1 Z 1 und 2 und § 107 Abs. 8 BörseG 2018, § 4 Abs. 1 Z 1 ZvVG, § 47 PKG, „§ 4 Abs. 2 Schwarmfinanzierung-Vollzugsgesetz," § 4 Abs. 1 RW-VG und § 329 VAG 2016 genannten Übertretungen ist die FMA berechtigt, von natürlichen und juristischen Personen sowie von sonstigen Einrichtungen mit Rechtspersönlichkeit die erforderlichen Auskünfte einzuholen und die erforderlichen Daten zu verarbeiten; dieses Recht umfasst auch die Befugnis, in Bücher, Schriftstücke und EDV-Datenträger vor Ort Einsicht zu nehmen und sich Auszüge davon herstellen zu lassen. *(BGBl I 2013/184; BGBl I 2016/118; BGBl I 2018/17; BGBl I 2021/225)*

(2) Nach anderen als in Abs. 1 genannten Bundesgesetzen bestehende Vorschriften über das Berufsgeheimnis bleiben von den Bestimmungen dieses Bundesgesetzes unberührt. *(BGBl I 2010/107)*

(BGBl I 2006/48)

§ 22c. (1) „Die FMA kann Maßnahmen oder Sanktionen, die wegen Verstößen gemäß § 98 Abs. 1a BWG, § 99 Abs. 1 ZaDiG 2018, § 29 Abs. 1 E-Geldgesetz 2010, § 60 Abs. 1 Z 1 AIFMG, § 94 WAG 2018, § 105 Abs. 1 Z 1 und 2 und § 107 Abs. 8 BörseG 2018, § 47 PKG, „§ 4 Abs. 2 Schwarmfinanzierung-Vollzugsgesetz,"** § 329 VAG 2016 gesetzt wurden, nur nach Maßgabe der Z 1 bis 3 beauskunften oder öffentlich bekannt geben:"* *(BGBl I 2014/59; BGBl I 2015/34; BGBl I 2016/118; BGBl I 2017/107; *BGBl I 2018/17; **BGBl I 2021/225)*

1. Im Falle einer Amtshandlung in einem laufenden Verfahren hat die FMA die Nennung der Namen der betroffenen Beteiligten zu unterlassen, es sei denn, diese sind bereits öffentlich bekannt oder es besteht ein überwiegendes Interesse der Öffentlichkeit an der Kenntnis dieser Namen.

2. Im Falle der Verhängung einer Sanktion kann die FMA die Namen der Personen oder Unternehmen, gegen die die Sanktion verhängt wurde, die Namen der Unternehmen, für die Personen verantwortlich sind, gegen die eine Sanktion verhängt wurde, sowie die verhängte Sanktion beauskunften oder veröffentlichen. Als Sanktionen im Sinne dieser Bestimmung gelten alle von der FMA nach Abschluss eines Verfahrens mit Bescheid gesetzten Rechtsakte.

3. Die FMA hat von der Erteilung einer Auskunft über Amtshandlungen oder einer diesbezüglichen Veröffentlichung abzusehen, wenn

a) die Erteilung der Auskunft oder die Veröffentlichung die Stabilität der Finanzmärkte ernsthaft gefährden würde, oder

b) die Erteilung der Auskunft oder die Veröffentlichung zu einem unverhältnismäßigen Schaden bei einem von der Auskunft oder der Veröffentlichung betroffenen Beteiligten führen würde, oder

c) durch die Erteilung der Auskunft die Durchführung eines Verfahrens oder Maßnahmen, die im öffentlichen Interesse liegen, vereitelt, erschwert, verzögert oder gefährdet werden könnten.
(BGBl I 2013/184)

(2) Der von der Veröffentlichung oder Beauskunftung Betroffene kann eine Überprüfung der

Rechtmäßigkeit der Veröffentlichung oder Beauskunftung gemäß Abs. 1 in einem bescheidmäßig zu erledigenden Verfahren bei der FMA beantragen. Die FMA hat diesfalls die Einleitung eines solchen Verfahrens in gleicher Weise bekannt zu machen. Wird im Rahmen der Überprüfung die Rechtswidrigkeit der Veröffentlichung oder Beauskunftung festgestellt, so hat die FMA die Veröffentlichung oder Beauskunftung richtig zu stellen oder auf Antrag des Betroffenen entweder zu widerrufen oder aus dem Internetauftritt zu entfernen. Wird einer Beschwerde gegen einen Bescheid, der gemäß Abs. 1 bekannt gemacht worden ist, in einem Verfahren vor den Gerichtshöfen öffentlichen Rechts aufschiebende Wirkung zuerkannt, so hat die FMA dies in gleicher Weise bekannt zu machen. Die Veröffentlichung oder Beauskunftung ist richtig zu stellen oder auf Antrag des Betroffenen entweder zu widerrufen oder aus dem Internetauftritt zu entfernen, wenn der Bescheid aufgehoben wird. *(BGBl I 2013/21)*

(BGBl I 2006/48)

§ 22d. (1) Besteht der Verdacht einer Übertretung gemäß „§ 98 Abs. 1 und 1a BWG“*, „§ 99 Abs. 1 ZaDiG 2018“6*, „§ 29 Abs. 1 E-Geldgesetz 2010“*, § 60 Abs. 1 Z 1 AIFMG, „§ 94 WAG 2018, § 105 Abs. 1 Z 1 und 2 BörseG 2018,“***** „§ 4 Abs. 1 Z 1 ZvVG“***, § 4 Abs. 1 Z 1 ZvVG, § 47 PKG „„ „§ 4 Abs. 2 Schwarmfinanzierung-Vollzugsgesetz,“7* § 4 Abs. 1 RW-VG“**** oder „§ 329 VAG 2016“**, so hat die FMA unabhängig von der Einleitung eines Strafverfahrens die den verdächtigen Geschäftsbetrieb ausübenden Unternehmen mit Verfahrensanordnung zur Herstellung des der Rechtsordnung entsprechenden Zustandes innerhalb einer angemessenen, von der FMA zu bestimmenden Frist aufzufordern. Kommt ein aufgefordertes Unternehmen dieser Aufforderung innerhalb der gesetzten Frist nicht nach, so hat die FMA mit Bescheid die zur Herstellung des der Rechtsordnung entsprechenden Zustandes jeweils notwendigen Maßnahmen, wie die Schließung von Teilen des Betriebes oder die Schließung des gesamten Betriebes zu verfügen. *(BGBl I 2007/60; BGBl I 2009/66; BGBl I 2011/145; BGBl I 2013/135; *BGBl I 2013/184; **BGBl I 2015/34; ***BGBl I 2015/69; ****BGBl I 2017/93; *****BGBl I 2017/107; 6*BGBl I 2018/17; 7*BGBl I 2021/225)*

(2) Liegen die Voraussetzungen für die Erlassung eines Bescheides gemäß Abs. 1 zweiter Satz nicht mehr vor und ist zu erwarten, dass in Hinkunft jene konzessionsrechtlichen Vorschriften, deren Nichteinhaltung für die Maßnahmen nach Abs. 1 zweiter Satz bestimmend waren, von dem Unternehmen eingehalten werden, das die Tätigkeit ausüben will, so hat die FMA auf Antrag dieses Unternehmens die mit Bescheid gemäß Abs. 1 zweiter Satz getroffenen Maßnahmen ehestens zu widerrufen.

(BGBl I 2006/48)

§ 22e. Die FMA handelt in Vollziehung der §§ 22b bis 22d im öffentlichen Interesse.

(BGBl I 2006/48)

§ 22f. Das Recht auf Widerspruch gemäß Art. 21 der Verordnung (EU) 2016/679 zum Schutz natürlicher Personen bei der Verarbeitung personenbezogener Daten, zum freien Datenverkehr und zur Aufhebung der Richtlinie 95/46/EG (Datenschutz-Grundverordnung), ABl. Nr. L 119 vom 04.05.2016 S. 1 einer natürlichen Person gegen eine Veröffentlichung personenbezogener Daten durch die FMA, die in Vollziehung eines der in § 2 genannten Bundesgesetze erfolgt, ist ausgeschlossen, wenn bei der Entscheidung über die Art und Weise der Veröffentlichung die schutzwürdigen Interessen der natürlichen Person verpflichtend zu berücksichtigen sind und der natürlichen Person das Recht auf eine Überprüfung der Rechtmäßigkeit der Veröffentlichung in einem bescheidmäßig zu erledigenden Verfahren zukommt.

(BGBl I 2018/37)

Auskunftsbescheide

§ 23. (1) Soweit die rechtliche Beurteilung von bestimmten Sachverhalten nicht der Europäischen Zentralbank oder dem Einheitlichen Abwicklungsausschuss vorbehalten ist, hat die FMA auf Antrag (Abs. 4) mit Auskunftsbescheid über die aufsichtsrechtliche Beurteilung von bestimmten Sachverhalten (Abs. 2) abzusprechen, wenn daran in Hinblick auf die erheblichen aufsichtsrechtlichen Auswirkungen ein besonderes Interesse besteht. Bis zum Abschluss des Verwaltungsverfahrens zur Erlassung eines Auskunftsbescheides verbleibt die Verantwortung für eine richtige rechtliche Beurteilung des verfahrensgegenständlichen Sachverhalts, insbesondere bezüglich die Anwendbarkeit oder Nichtanwendbarkeit bestimmter gesetzlicher Vorgaben, vollumfänglich beim Antragsteller selbst.

(2) Gegenstand von Auskunftsbescheiden sind Rechtsfragen zu Sachverhalten im Zusammenhang mit den in § 2 Abs. 1 bis 4 angeführten Bundesgesetzen, insbesondere betreffend neuartige Geschäftsmodelle und damit gegebenenfalls im Zusammenhang stehende Konzessionspflichten. Bei den Sachverhalten handelt es sich um

1. Sachverhalte, die zum Zeitpunkt der Antragstellung noch nicht verwirklicht wurden, oder

2. Sachverhalte, die zum Zeitpunkt der Antragstellung zwar bereits verwirklicht wurden, der Antrag sich jedoch auf die Beurteilung anhand

einer künftig wesentlich geänderten Rechtslage bezieht, soweit diese zum Zeitpunkt der Antragstellung bereits kundgemacht wurde.

(3) Zur Stellung des Antrages (Abs. 1) befugt sind:

1. natürliche oder juristische Personen,

2. Personenvereinigungen (Personengemeinschaften) ohne eigene Rechtspersönlichkeit,

3. wenn der dem Antrag zugrunde liegende Sachverhalt durch eine im Zeitpunkt der Antragstellung noch nicht rechtlich existente juristische Person oder Personenvereinigung (Personengemeinschaft) ohne eigene Rechtspersönlichkeit verwirklicht werden soll, Personen, die ein eigenes berechtigtes Interesse an der Zusage der aufsichtsrechtlichen Beurteilung haben.

(4) Der Antrag hat zu enthalten:

1. eine vollständige und in sich abgeschlossene Darstellung des zum Zeitpunkt der Antragstellung noch nicht verwirklichten Sachverhaltes;

2. die Darlegung des besonderen Interesses des Antragstellers;

3. die Darlegung des Rechtsproblems;

4. die Formulierung konkreter Rechtsfragen;

5. die Darlegung einer eingehend begründeten Rechtsansicht zu den formulierten Rechtsfragen.

(5) Der Auskunftsbescheid hat zu enthalten:

1. den der aufsichtsrechtlichen Beurteilung zugrunde gelegten Sachverhalt,

2. die aufsichtsrechtliche Beurteilung,

3. die der Beurteilung zugrunde gelegten Vorschriften.

(6) Es besteht ein Rechtsanspruch darauf, dass die im Auskunftsbescheid vorgenommene aufsichtsrechtliche Beurteilung bei der Beurteilung des zu einem späteren Zeitpunkt tatsächlich verwirklichten Sachverhalts zugrunde gelegt wird, wenn der verwirklichte Sachverhalt von jenem, der dem Auskunftsbescheid zugrunde gelegt worden ist, nicht oder nur unwesentlich abweicht. Dieser Anspruch besteht für:

1. Antragsteller gemäß Abs. 3 Z 1 und 2 und ihre Gesamtrechtsnachfolger,

2. Gesellschafter von Personenvereinigungen (Personengemeinschaften) ohne eigene Rechtspersönlichkeit und deren Gesamtrechtsnachfolger betreffend Auskunftsbescheide, die an dic Personenvereinigungen (Personengemeinschaften) ergangen sind,

3. die juristische Person oder die Personenvereinigung (Personengemeinschaft) ohne eigene Rechtspersönlichkeit, die dies binnen einem Monat ab Beginn ihrer rechtlichen Existenz beantragt, wenn der Antrag von einer Person gemäß Abs. 3 Z 3 gestellt wurde.

(7) Der Rechtsanspruch (Abs. 6) erlischt insoweit, als sich in Folge der Aufhebung oder Änderung der dem Auskunftsbescheid zugrunde gelegten aufsichtsrechtlichen Vorschriften einschließlich der zur Sicherstellung der kohärenten Anwendung verbindlicher Rechtsakte der Union getroffenen Auslegungen der Europäischen Aufsichtsbehörden die rechtliche Beurteilung der FMA ändert. Die aufsichtsrechtliche Beurteilung (Abs. 5 Z 2) ist nicht bindend, soweit sie sich zum Nachteil der Partei als nicht richtig erweist.

(8) Antragsteller haben für die Bearbeitung des Antrages (Abs. 1) einen Verwaltungskostenbeitrag zu entrichten. Die Leistungsverpflichtung des Antragstellers entsteht mit Einlangen des Antrages. Die FMA hat den Verwaltungskostenbeitrag einzuheben und nähere Regelungen über die jeweilige Höhe und die Fristen zur Leistung des Verwaltungskostenbeitrags durch Verordnung festzusetzen; in der Verordnung ist die Höhe des Verwaltungskostenbeitrags mittels Pauschalbeträgen nach Maßgabe der Komplexität des zu beurteilenden Sachverhaltes und dem damit verbundenen Aufwand für die rechtliche Beurteilung in zumindest drei Unterkategorien zwischen 1 500 Euro und 10 000 Euro festzusetzen. Wird der Antrag von mehreren Parteien gestellt, so sind sie Gesamtschuldner.

(9) Der Verwaltungskostenbeitrag beträgt lediglich 500 Euro, wenn der Antrag

1. gemäß § 13 Abs. 3 AVG zurückgewiesen,

2. gemäß § 13 Abs. 4 AVG zurückgenommen wird oder

3. vor Beginn der Bearbeitung zurückgenommen wird.

(BGBl I 2017/149)

Regulatory Sandbox

§ 23a. (1) Die FMA hat eine Regulatory Sandbox einzurichten. In der Sandbox kann ein Teilnehmer unter Rechtsbelehrung der FMA erproben, wie ein in Entwicklung befindliches, innovatives Geschäftsmodell (Sandboxgeschäftsmodell) unter Einhaltung der in § 2 Abs. 1 bis 4 angeführten und jeweils anwendbaren Bundesgesetze realisiert werden kann.

(2) Die Aufnahme in die Sandbox ist bei der FMA zu beantragen. Für eine Aufnahme in die Sandbox gelten folgende Voraussetzungen:

1. Für das Sandboxgeschäftsmodell des Antragstellers, welches auf Informations- und Kommunikationstechnologie basiert,

a) ist eine Beurteilung als konzessions-, genehmigungs-, zulassungs- oder registrierungspflichtige Tätigkeit nach einem der in § 2 Abs. 1 bis 4 angeführten Bundesgesetze oder gemäß der Verordnung (EU) Nr. 1024/2013 zumindest denkmöglich oder

b) wurde dem Antragsteller bereits eine Konzession, Genehmigung, Zulassung oder Registrierung nach einem der in § 2 Abs. 1 bis 4 angeführten Bundesgesetze erteilt, wobei dieser auch gemeinsam mit nicht nach einem der in § 2 Abs. 1 bis 4 angeführten Bundesgesetze konzessions-, genehmigungs-, zulassungs- oder registrierungspflichtigen Unternehmen einen Antrag stellen kann;

2. die Ausführung des Sandboxgeschäftsmodells

a) erfordert eine aufsichtsrechtliche Beurteilung der FMA nach den in § 2 Abs. 1 bis 4 angeführten Bundesgesetzen und

b) ist nicht der ausschließlichen Beurteilung der Europäischen Zentralbank, des Einheitlichen Abwicklungsausschusses oder einer europäischen Aufsichtsbehörde gemäß § 21a Abs. 1 Z 1 bis 4 dieses Bundesgesetzes vorbehalten und

c) liegt insbesondere auf Grund erhöhten Innovationswerts im volkswirtschaftlichen Interesse an einem innovativen Finanzplatz und

d) lässt keine Gefährdung der Finanzmarktstabilität oder des Verbraucherschutzes erwarten;

3. für die Umsetzung des Sandboxgeschäftsmodells bestehen keine grundlegenden technischen oder rechtlichen Hindernisse (Testreife), mit Ausnahme der in der Sandbox abzuklärenden rechtlichen Voraussetzungen aus den in § 2 Abs. 1 bis 4 angeführten und jeweils anwendbaren Bundesgesetzen;

4. es ist zu erwarten, dass die Marktreife des Sandboxgeschäftsmodells aufgrund der Aufnahme in die Sandbox beschleunigt wird;

5. es ist zu erwarten, dass offene aufsichtsrechtliche Fragen im Rahmen der Sandbox abgeklärt werden können.

Die Antragsteller haben der FMA alle zur Beurteilung der in Z 1 und 2 genannten Kriterien erforderlichen Unterlagen, insbesondere Geschäftspläne, zu übermitteln, Auskünfte zu erteilen und Nachweise vorzulegen. Das Vorliegen der Voraussetzungen gemäß Z 2 lit. c ist gesondert vom Antragsteller zu begründen. Weiters hat der Antragsteller eine begründete Erklärung abzugeben, wonach aus seiner Sicht die Testreife gemäß Z 3 vorliegt. Die Voraussetzung gemäß Z 4 hat der Antragsteller glaubhaft zu machen, die Fragen gemäß Z 5 hat er möglichst konkret zu benennen.

(3) Die FMA hat dem Bundesminister für Finanzen Anträge gemäß Abs. 2 zur Kenntnis zu bringen, die bis auf die einzuholende Stellungnahme vollständig sind. Zur Begutachtung der Auswirkungen des Sandboxgeschäftsmodells ist ein Beirat (Regulatory Sandbox Beirat) beim Bundesministerium für Finanzen einzurichten, dessen Geschäftsordnung vom Bundesminister für Finanzen festgelegt wird. Der Regulatory Sandbox Beirat hat zum Vorliegen des volkswirtschaftlichen Interesses gemäß Abs. 2 Z 2 lit. c aus gesamtwirtschaftlicher und standortpolitischer Sicht sowie zur Beurteilung der Test- (Abs. 2 Z 3) und Marktreife (Abs. 2 Z 4) eine Stellungnahme an die FMA abzugeben. Die FMA hat über vollständige Anträge zur Aufnahme in die Sandbox unter Berücksichtigung der Stellungnahme zu entscheiden. Mitglieder des Beirats sind:

1. Ein Vertreter des Bundesministeriums für Finanzen als Vorsitzender,

2. ein Vertreter des Bundeskanzleramtes,

3. ein Vertreter der FMA,

4. ein Vertreter der OeNB sowie

5. bis zu sechs weitere vom Bundesminister für Finanzen zu ernennende Mitglieder, die aufgrund beruflicher Erfahrungen oder sonstiger einschlägiger Fachkenntnisse geeignet sind, zur sachverständigen Prüfung einen Beitrag zu leisten.

Die Mitglieder des Beirats üben ihre Funktion ehrenamtlich aus. Die Geschäfte des Beirates werden vom Bundesministerium für Finanzen geführt. Alle Personen, die mit einer Stellungnahme befasst sind, sind verpflichtet, über alle ihnen in Ausübung dieser Tätigkeit bekanntgewordenen Amts-, Geschäfts- und Betriebsgeheimnisse Verschwiegenheit zu bewahren.

(4) Teilnehmer der Sandbox ist ein Unternehmen, welches die FMA mit Bescheid in die Sandbox zugewiesen hat. Die Teilnehmer haben am Verfahren in der Sandbox aktiv mitzuwirken. Insbesondere haben Teilnehmer der FMA auf Verlangen Auskünfte zu erteilen, Unterlagen vorzulegen und einen Zugang zu der dem Geschäftsmodell zugrundeliegenden Informations- und Kommunikationstechnologie zu geben. Diese Mitwirkungspflicht besteht, soweit sie zur aufsichtsrechtlichen Beurteilung der Tätigkeit des Teilnehmers erforderlich ist und unbeschadet allfälliger Pflichten des Teilnehmers aufgrund der in § 2 Abs. 1 bis 4 angeführten Bundesgesetze. Werbung von Teilnehmern der Sandbox darf nicht den Eindruck erwecken, dass die Teilnahme an der Sandbox einen Vorteil für Kunden darstellt. Die FMA hat die Teilnehmer mit einer kurzen Darstellung ihrer Sandboxgeschäftsmodelle unter Wahrung allfälliger Betriebs- und Geschäftsgeheimnisse ab Beginn des Tests unter Marktbedingungen gemäß Abs. 6 auf ihrer Homepage zu veröffentlichen. Die Teilnahme ist entsprechend den Erfordernissen des Sandboxgeschäftsmodells auf höchstens zwei Jahre zu befristen. Eine Beendigung der Teilnahme hat die FMA auf Antrag des Teilnehmers zu verfügen oder von Amts wegen, wenn die Voraussetzungen zur Teilnahme wegfallen, wenn anzunehmen ist, dass der angestrebte Zweck der Teilnahme an der Sandbox nicht erreicht werden kann oder nach Ablauf von zwei Jahren.

(5) Die FMA kann einem Teilnehmer der Sandbox auf einen gesondert zu stellenden Antrag eine beschränkte Konzession, Genehmigung, Zulassung oder Registrierung nach den in § 2

Abs. 1 bis 4 angeführten und jeweils anwendbaren Bundesgesetzen für Tätigkeiten mit Bescheid erteilen, welche nicht der Zuständigkeit der Europäischen Zentralbank, dem Einheitlichen Abwicklungsausschuss oder einer europäischen Aufsichtsbehörde gemäß § 21a Abs. 1 Z 1 bis 4 vorbehalten sind. Die FMA kann unbeschadet anderer gesetzlicher Bestimmungen darin angemessene Auflagen, Bedingungen und Befristungen vorschreiben.

(6) Gleichzeitig mit Erteilung der beschränkten Konzession, Genehmigung, Zulassung oder Registrierung gemäß Abs. 5 oder, falls eine solche nicht erforderlich ist, ohne unnötigen Aufschub nach Aufnahme in die Sandbox hat die FMA nach Anhörung und unter Mitwirkung des Teilnehmers die Bedingungen für eine Testphase einschließlich geeigneter Testparameter und messbarer Ziele zur Bewertung der Umsetzung des Sandboxgeschäftsmodells zu gestalten.

(7) Die FMA hat dem Bundesminister für Finanzen vierteljährlich über die Entwicklungen in der Sandbox schriftlich zu berichten. Der Bundesminister für Finanzen hat diese Berichte auch dem gemäß Abs. 3 eingerichteten Beirat zur Verfügung zu stellen. Weiters hat die FMA auf Anfrage dem Bundesminister für Finanzen Auskünfte über die Sandbox und ihre Teilnehmer zu erteilen, um die Einschätzung gesamtwirtschaftlicher oder standortpolitischer Auswirkungen von Sandboxgeschäftsmodellen gemäß Abs. 3 zu ermöglichen.

(8) Zur Finanzierung der Sandbox leistet der Bund einen zweckgebundenen Beitrag von 500 000 Euro pro Geschäftsjahr, der von der FMA für die Kosten der Sandbox zu verwenden ist. Direkt zurechenbarer Personal- und Sachaufwand, der bei der FMA im Rahmen der Beurteilung der Sandbox-Eignung gemäß Abs. 2, der Entwicklung von Zielen und Testparametern gemäß Abs. 6 sowie den Berichten an den Bundesminister für Finanzen gemäß Abs. 7 entsteht, ist ausschließlich aus diesem Beitrag des Bundes zu bedecken. Eine Zuordnung von Kosten der Sandbox zu den Rechnungskreisen gemäß § 19 Abs. 1 findet diesbezüglich nicht statt. Davon ausgenommen ist je Geschäftsjahr der FMA ein etwaiger geringfügiger Fehlbetrag von höchstens 5 vH des zweckgebundenen Beitrages gemäß dem ersten Satz. Ein solcher geringfügiger Fehlbetrag ist mittels Verhältniszahl gemäß § 19 Abs. 2 auf die einzelnen Rechnungskreise aufzuteilen. Ein etwaiger Überschuss ist einer Rücklage zuzuführen. Die Gebühren gemäß § 19 Abs. 10 für die Erteilung der Konzession, Genehmigung, Zulassung und Registrierung gemäß Abs. 5 haben die Unternehmen selbst zu tragen. Eine allfällige Aufhebung und Änderung von Auflagen, Bedingungen und Befristungen der beschränkten Konzession, Genehmigung oder Zulassung führt zu keinen zusätzlichen Gebühren. Die Kostenpflicht gemäß § 19 Abs. 5 bleibt unberührt.

(BGBl I 2020/89)

Gebühren- und Abgabenbefreiung

§ 24. Die FMA ist von den Stempel- und Rechtsgebühren, den Bundesverwaltungsabgaben und den Gerichts- und Justizverwaltungsgebühren befreit. Für Zwecke der Umsatzsteuer und der Kapitalertragsteuer gilt die FMA als Kreditinstitut.

Übergangs- und Schlussbestimmungen

§ 25.

1. (zu § 1)

Die FMA gilt mit der Wirksamkeit der Bestellung des ersten Vorstandes und Aufsichtsrates als errichtet. Die behördliche Zuständigkeit der FMA beginnt mit 1. April 2002. Der Bundesminister für Finanzen hat der FMA alle Akten über die Vollziehung der in § 2 genannten Bundesgesetze, soweit die Zuständigkeit vom Bundesminister für Finanzen auf die FMA übergegangen ist, zu übergeben; soweit und solange eine Übergabe noch nicht erfolgt ist, hat der Bundesminister für Finanzen ab dem 1. April 2002 den Zugang der FMA zu diesen Akten sicherzustellen. Vom Bundesminister für Finanzen im Bereich der Vollziehung der im § 2 genannten Bundesgesetze abgeschlossene und zum 31. März 2002 aufrechte Mietund Werkverträge gehen vom Bundesminister für Finanzen auf die FMA über.

2. (zu § 5)

Der Bundesminister für Finanzen hat ehestmöglich die für die Bestellung des ersten Vorstandes der FMA erforderlichen Veranlassungen zu treffen.

3. (zu § 6)

Der erste Vorstand hat ehestmöglich, spätestens bis zum 28. Februar 2002, eine Geschäftsordnung zu erlassen und dem Aufsichtsrat zur Genehmigung vorzulegen. Bei Säumigkeit des Vorstandes hat der Aufsichtsrat ehestmöglich die Geschäftsordnung zu erlassen.

4. (zu § 8)

Der Bundesminister für Finanzen hat bis spätestens vier Wochen nach der Kundmachung dieses Bundesgesetzes die Mitglieder des ersten Aufsichtsrates zu bestellen; die Oesterreichische Nationalbank hat bis spätestens zwei Wochen nach der Kundmachung dieses Bundesgesetzes die Namhaftmachungen gemäß § 8 Abs. 1 vorzunehmen.

5. (zu §§ 10, 14 und 15)

Dem zum 31. März 2002 im Bundesministerium für Finanzen eingerichteten Dienststellenausschuss obliegt bis zur Wahl eines Betriebsrates, längstens jedoch bis zum 31. Dezember 2002, die

Funktion des Betriebsrates. Die der FMA zur dauernden Dienstverrichtung zugewiesenen Beamten (§ 15 Abs. 1 Z 1) gehören darüber hinaus weiterhin dem Wirkungsbereich des Zentralausschusses beim Bundesministerium für Finanzen an.

6. (zu § 12)

Der erste Aufsichtsrat hat sich unverzüglich eine Geschäftsordnung zu geben sowie für den Abschluss der Dienstverträge mit den ersten Vorstandsmitgliedern zu sorgen.

7. (zu § 17)

Der Finanzplan für das FMA-Geschäftsjahr 2002 ist unverzüglich, spätestens jedoch bis zum 28. Februar 2002, zu erstellen.

§ 26. (zu § 19)

(1) Die Kostenpflichtigen haben für die FMA-Geschäftsjahre 2002 und 2003 Vorauszahlungen zu leisten. Hierbei sind jene natürlichen und juristischen Personen zahlungspflichtig, die jeweils am 30. November 2001 und am 31. Oktober 2002 über die Berechtigung zum Betrieb des Bankgeschäftes, Versicherungsgeschäftes, Finanzdienstleistungsgeschäftes oder Pensionskassengeschäftes verfügen.

(2) Auf die einzelnen Rechnungskreise entfallen jeweils folgende Vorauszahlungsbeträge:

1. für das FMA-Geschäftsjahr 2002:

a) Rechnungskreis 1: .... 7,050 Millionen Euro,

b) Rechnungskreis 2: .... 2,0325 Millionen Euro,

c) Rechnungskreis 3: .... 2,4150 Millionen Euro,

d) Rechnungskreis 4: .... 0,2400 Millionen Euro;

2. für das FMA-Geschäftsjahr 2003:

a) Rechnungskreis 1: .... 11,750 Millionen Euro,

b) Rechnungskreis 2: .... 2,845 Millionen Euro

c) Rechnungskreis 3: .... 3,340 Millionen Euro,

d) Rechnungskreis 4: .... 0,340 Millionen Euro.

(3) Die Aufteilung des auf die einzelnen Rechnungskreise entfallenden Vorauszahlungsbetrages auf die Kostenpflichtigen hat zu erfolgen:

1. für den Rechnungskreis 1 gemäß § 69a BWG;

2. für den Rechnungskreis 2 „gemäß § 271 VAG 2016“; *(BGBl I 2015/34)*

3. für den Rechnungskreis 3 gemäß § 7 WAG und der BWA-Kostenverordnung, wobei § 7 WAG mit der Maßgabe anzuwenden ist, dass auf die meldepflichtigen Institute 80 vH, auf die Emittenten mit Ausnahme des Bundes 10 vH und auf die Wertpapierdienstleistungsunternehmen 10 vH entfallen;

FMABG

4. für den Rechnungskreis 4 gemäß § 35 PKG, wobei für die Kostenermittlung gemäß § 35 Abs. 1 Z 2 bis 4 PKG für die Vorauszahlungen für das Geschäftsjahr 2002 der Bilanzstichtag 31. Dezember 2000, für das Geschäftsjahr 2003 der Bilanzstichtag 31. Dezember 2001 maßgeblich ist. Die so ermittelten Einzelbeträge sind gemäß Abs. 4 den Kostenpflichtigen zur Zahlung vorzuschreiben.

(4) Die Vorschreibung ist bis spätestens 31. Jänner 2002 für das Geschäftsjahr 2002 für die Zahlungspflichtigen der Rechnungskreise 1, 2 und 4 vom Bundesminister für Finanzen, für die Zahlungspflichtigen des Rechnungskreises 3 von der BWA vorzunehmen; die Vorschreibungen für das Geschäftsjahr 2003 haben bis spätestens 15. Dezember 2002 durch die FMA zu erfolgen.

(5) Die Zahlung der Vorauszahlungsbeträge für das Geschäftsjahr 2002 hat in drei gleichen Teilbeträgen jeweils zum 15. April, 15. Juli und 15. Oktober 2002 auf das vom BMF für die FMA eingerichtete Konto bei der Oesterreichischen Nationalbank zu erfolgen, das im Vorschreibungsbescheid zu benennen ist.

(6) Der Bund hat von dem gemäß § 19 Abs. 4 von ihm für das Geschäftsjahr 2002 zu leistenden Betrag eine Vorauszahlung von 750 000 € bis zum 10. Oktober 2001 auf das in Abs. 5 genannte Konto zu leisten, woraus auch die im Jahr 2001 anfallenden Ausgaben der FMA zu decken sind. Zahlungen vom restlichen vom Bund für das Geschäftsjahr 2002 zu leistenden Betrag haben ab dem 1. Jänner 2002 zu erfolgen.

(7) Die FMA ist berechtigt, das zum 31. März 2002 für Zwecke der Bankenaufsicht, der Versicherungsaufsicht und der Pensionskassenaufsicht genutzte bewegliche Vermögen des Bundes (Sachausstattung der Aufsicht) weiterhin bis zum 31. Dezember 2002 unentgeltlich zu nutzen.

(8) Bis zur Erlassung einer Gebührenverordnung der FMA gemäß § 19 Abs. 10 sind für die Bewilligung von Tatbeständen gemäß den Tarifposten 44, 45 und 50 bis 59 der Bundesverwaltungsabgabenverordnung 1983, BGBl. Nr. 24/1983, in der Fassung des BGBl. II Nr. 146/2000 an Stelle der Bundesverwaltungsabgaben Bewilligungsgebühren in Höhe der in den Tarifposten 50 bis 59 der Bundesverwaltungsabgabenverordnung 1983 genannten Beträge an die FMA zu entrichten.

(9) Bei der Berechnung der Vorauszahlungsbeträge für das Geschäftsjahr 2004 sind die Kosten der FMA im Rumpfgeschäftsjahr 2002 (1. April bis 31. Dezember 2002) um ein Drittel zu erhöhen.

(10) Die FMA ist verpflichtet, den sich auf der Grundlage eines jeden Jahresabschlusses aus der Abschreibung des von der Bundes-Wertpapieraufsicht übernommenen abnutzbaren Anlagevermögens errechnenden Betrag bis zum 31. Juli des darauf folgenden Jahres auf das vom Bundesministerium für Finanzen bekannt zu gebende Konto dem Bund zu überweisen. *(BGBl I 2003/35)*

(11) Die FMA kann ab Kundmachung des Bundesgesetzes BGBl. I Nr. 141/2006 für die in diesem Bundesgesetz enthaltenen bewilligungspflichtigen Tatbestände in der Gebührenverordnung angemessene Gebühren festsetzen. *(BGBl I 2006/141)*

§ 26a. *(aufgehoben, BGBl I 2017/107)*

§ 26b. 1. (zu § 5 Abs. 2 in der Fassung des Bundesgesetzes BGBl. I Nr. 108/2007)
§ 5 Abs. 2 ist erstmals auf Bestellungen anwendbar, die nach dem 31. Dezember 2007 erfolgen.

2. (zu § 15 in der Fassung des Bundesgesetzes BGBl. I Nr. 108/2007)
Beamten gemäß § 15, die zum Zeitpunkt des Inkrafttretens des Bundesgesetzes BGBl. I Nr. 108/2007 bei der FMA im Bereich Bankenaufsicht mit Aufgaben der Vor-Ort-Prüfung oder der Analyse betraut sind, kann eine Dienstfreistellung für die Ausübung einer Tätigkeit bei der Oesterreichischen Nationalbank gewährt werden. Auf diese Dienstfreistellung ist § 78c Beamten-Dienstrechtsgesetz 1979 – BDG 1979, BGBl. Nr. 333/1979, mit folgenden Maßgaben anzuwenden:

a) es kann ausschließlich eine volle Dienstfreistellung gewährt werden;

b) der Antrag auf Dienstfreistellung muss innerhalb von drei Monaten nach Inkrafttreten des Bundesgesetzes BGBl. I Nr. 108/2007 gestellt werden;

c) die OeNB hat für die betreffenden Beamten die in § 78c Abs. 4 Beamten-Dienstrechtsgesetz 1979 genannten Leistungen an die FMA zu entrichten. § 15 Abs. 4 ist auf diese Beamten weiter hin anzuwenden.

3. (zu § 19 in der Fassung des Bundesgesetzes BGBl. I Nr. 108/2007)
Der Erstattungsbetrag ist der Oesterreichischen Nationalbank erstmals für das Geschäftsjahr 2008 auf Grund der im Jahr 2009 gemäß § 79 Abs. 4b BWG mitgeteilten direkten Kosten im Geschäftsjahr 2010 zu erstatten.

4. (zu § 19 Abs. 5e in der Fassung des Bundesgesetzes BGBl. I Nr. 237/2022) Der Erstattungsbetrag ist der Oesterreichischen Nationalbank erstmals für das Geschäftsjahr 2022 auf Grund der im Jahr 2022 gemäß § 26 Abs. 4 WPFG mitgeteilten direkten Kosten im Geschäftsjahr 2023 zu erstatten. *(BGBl I 2022/237)*

(BGBl I 2007/108)

§ 26c. Bis 31. Dezember 2013 zählt zur Bankenaufsicht auch die Wahrnehmung der behördlichen Aufgaben und Befugnisse, die im Alternative Investmentfonds Manager-Gesetz – AIFMG, BGBl. I Nr. 135/2013, geregelt und der FMA zugewiesen sind.

(BGBl I 2013/135)

§ 26d. Abweichend von § 22 Abs. 5 behalten Bestellungen von verantwortlichen Beauftragten gemäß § 9 Abs. 2 VStG, die bis zum 31. Dezember 2013 erfolgt sind, ihre Rechtswirksamkeit. Unbeschadet der Rechtswirksamkeit der Bestellung haben Kreditinstitute in diesen Fällen jedoch die Namen sowie die Nachweise der Zustimmung der Bestellten der FMA bis zum 31. März 2014 schriftlich mitzuteilen.

(BGBl I 2013/184)

§ 26e. Der Bundesminister für Finanzen hat § 23 bis spätestens 31. Dezember 2019 im Hinblick auf einen allfälligen inhaltlichen Anpassungsbedarf zu evaluieren. Zu diesem Zweck hat die FMA dem Bundesminister für Finanzen bis zum 31. April 2019 die folgenden Daten für den Zeitraum zwischen dem 3. Jänner 2018 und dem 31. März 2019 zur Verfügung zu stellen:

1. Anzahl der Anträge auf Ausstellung eines Auskunftsbescheides pro Jahr;

2. Anzahl der erlassenen Auskunftsbescheide pro Jahr;

3. Angaben zur Art der aufsichtsrechtlichen Themenbereiche, in denen Anträge auf Ausstellung eines Auskunftsbescheides gestellt wurden, mitsamt einer jeweiligen anzahlmäßigen Zuordnung der Anträge zu diesen Themenbereichen;

4. jährliche Kosten der FMA für die Bearbeitung der Anträge gemäß § 23 insgesamt und je Rechnungskreis;

5. jährliche Einnahmen der FMA aufgrund der Einhebung der Verwaltungskostenbeiträge gemäß § 23 Abs. 8 insgesamt und je Rechnungskreis.

(BGBl I 2017/149)

Verweise

§ 27. Soweit in diesem Bundesgesetz auf andere Bundesgesetze verwiesen wird, sind diese, wenn nichts anderes angeordnet ist, in ihrer jeweils geltenden Fassung anzuwenden.

In-Kraft-Treten und Vollziehung

§ 28. (1) Die Bestimmungen der § 2, § 12, § 13, § 15 Abs. 1 Z 1 und Abs. 2 bis 9, § 18, § 19, § 20, § 21, § 22 und § 23 dieses Bundesgesetzes samt Überschriften treten mit 1. April 2002 in Kraft.

(2) *(aufgehoben, BGBl I 2008/2)*

(3) Der Entfall von § 3, § 5 Abs. 3 und § 16 in der Fassung des Bundesgesetzes BGBl. I Nr. 45/2002 treten mit 1. April 2002 in Kraft. *(BGBl I 2002/45)*

(4) § 2 Abs. 1 in der Fassung des Bundesgesetzes BGBl. I Nr. 45/2002 tritt mit 2. April 2002 in Kraft. *(BGBl I 2002/45)*

(5) § 2 Abs. 1 in der Fassung des Bundesgesetzes BGBl. I Nr. 100/2002 tritt mit 1. Juli 2002 in Kraft. *(BGBl I 2002/100)*

(6) § 2 Abs. 1 in der Fassung des Bundesgesetzes BGBl. I Nr. 80/2003 tritt mit 1. September 2003 in Kraft. *(BGBl I 2003/80)*

(7) § 2 in der Fassung des Bundesgesetzes BGBl. I Nr. 70/2004 tritt mit 1. Jänner 2005 in Kraft und ist auf Geschäftsjahre anzuwenden, die nach dem 31. Dezember 2004 beginnen. *(BGBl I 2004/70)*

(8) § 2 Abs. 1 in der Fassung des Bundesgesetzes BGBl. I Nr. 32/2005 tritt mit 1. Juni 2005 in Kraft. *(BGBl I 2005/32)*

(9) § 3 samt Überschrift in der Fassung des Bundesgesetzes BGBl. I Nr. 33/2005 tritt mit 1. Juli 2005 in Kraft. *(BGBl I 2005/33)*

(10) § 2 Abs. 3 in der Fassung des Bundesgesetzes BGBl. I Nr. 78/2005 tritt mit 10. August 2005 in Kraft. *(BGBl I 2005/78)*

(11) § 22a in der Fassung des Bundesgesetzes BGBl. I Nr. 56/2007 tritt mit 1. August 2007 in Kraft. *(BGBl I 2007/56)*

(12) § 2 Abs. 3, § 19 Abs. 4 und 10, § 22a, § 22b Abs. 1, § 22c und § 22d Abs. 1 in der Fassung des Bundesgesetzes BGBl. I Nr. 60/2007 treten mit 1. November 2007 in Kraft. *(BGBl I 2007/60)*

(14) § 2 Abs. 1, § 5 Abs. 2, § 18 Abs. 1, § 19 Abs. 1, 5 und 5a und § 26b in der Fassung des Bundesgesetzes BGBl. I Nr. 108/2007 treten mit 1. Jänner 2008 in Kraft. *(BGBl I 2007/108)*

(15) § 21 Abs. 2 in der Fassung des Bundesgesetzes BGBl. I Nr. 22/2009 tritt mit 1. April 2009 in Kraft. *(BGBl I 2009/22)*

(16) § 2 Abs. 1, § 19 Abs. 5 und 5a, § 22b Abs. 1, § 22c und § 22d Abs. 1 in der Fassung des Bundesgesetzes BGBl. I Nr. 66/2009 treten mit 1. November 2009 in Kraft. *(BGBl I 2009/66)*

(17) Die Überschrift vor § 22b, § 22b und § 22c in der Fassung des Bundesgesetzes BGBl. I Nr. 37/2010 treten mit 1. Juli 2010 in Kraft. *(BGBl I 2010/37)*

(18) § 2 Abs. 1 und 2, § 22b Abs. 1, § 22c und § 22d Abs. 1 in der Fassung des Bundesgesetzes BGBl. I Nr. 107/2010 treten mit 30. April 2011 in Kraft. *(BGBl I 2010/107)*

(19) § 18 Abs. 1 sowie § 19 Abs. 1, 4 und 5 in der Fassung des Bundesgesetzes BGBl. I Nr. 50/2011 treten mit 1. August 2011 in Kraft. § 19 Abs. 5a in der Fassung des Bundesgesetzes BGBl. I Nr. 50/2011 tritt mit 1. Jänner 2012 in Kraft. *(BGBl I 2011/50)*

(20) Die §§ 2 Abs. 1, 21a, 21b und 22 Abs. 1 in der Fassung des Bundesgesetzes BGBl. I Nr. 77/2011 treten mit dem der Kundmachung folgenden Tag in Kraft. *(BGBl I 2011/77)*

(21) § 2 Abs. 3 und § 22c in der Fassung des Bundesgesetzes BGBl. I Nr. 21/2013 treten mit 1. Juli 2013 in Kraft. *(BGBl I 2013/21)*

(22) § 22 Abs. 2 und 2a in der Fassung des Bundesgesetzes BGBl. I Nr. 70/2013 tritt mit 1. Jänner 2014 in Kraft. § 23 samt Überschrift tritt mit Ablauf des 31. Dezember 2013 außer Kraft. *(BGBl I 2013/70)*

(23) § 2 Abs. 1 in der Fassung des Bundesgesetzes BGBl. I Nr. 160/2013 treten mit 1. Jänner 2014 in Kraft. *(BGBl I 2013/160)*

(24) § 26c in der Fassung des Bundesgesetzes BGBl. I Nr. 135/2013 tritt mit 22. Juli 2013 in Kraft. § 22b Abs. 1, § 22c und § 22d Abs. 1 in der Fassung des Bundesgesetzes BGBl. I Nr. 135/2013 treten mit dem der Kundmachung folgenden Tag in Kraft. § 2 Abs. 1 und 3 und § 19 Abs. 4 und 10 treten mit 1. Jänner 2014 in Kraft und sind auf Geschäftsjahre der FMA anzuwenden, die nach dem 31. Dezember 2013 beginnen. Die Wortfolgen in § 2 Abs. 1 entfallen mit Ablauf des 31. Dezember 2013. *(BGBl I 2013/135)*

(25) §§ 13 bis 13b samt Überschriften, § 4 Abs. 4, § 16 Abs. 2a, § 18 Abs. 1 und 2, § 22 Abs. 5, § 22b Abs. 1, § 22c Abs. 1, § 22d Abs. 1 und § 26d in der Fassung des Bundesgesetzes BGBl. I Nr. 184/2013 treten mit 1. Jänner 2014 in Kraft. *(BGBl I 2013/184)*

(26) § 2 Abs. 1 in der Fassung des Bundesgesetzes BGBl. I Nr. 51/2014 tritt mit dem auf die Kundmachung folgenden Tag in Kraft. *(BGBl I 2014/51)*

(27) § 2 Abs. 1, § 18 Abs. 1 und § 19 Abs. 1, 5 und 5c in der Fassung des Bundesgesetzes BGBl. I Nr. 98/2014 treten mit 1. Jänner 2015 in Kraft. *(BGBl I 2014/98)*

(28) § 2 Abs. 2, § 18 Abs. 1, § 19 Abs. 1, 4, 5 und 5b, § 22a Z 1 lit. g bis i, Z 2 lit. d und e, der Entfall des § 22a Z 2 lit. f, § 22a Z 3, § 22b Abs. 1, § 22c Abs. 1, § 22d Abs. 1 und § 26 Abs. 3 Z 2 in der Fassung des Bundesgesetzes BGBl. I Nr. 34/2015 treten mit 1. Jänner 2016 in Kraft. *(BGBl I 2015/34)*

(29) § 18 Abs. 1 und § 19 Abs. 1, 4, 5 und 5d in der Fassung des BGBl. I Nr. 117/2015 treten mit 1. Jänner 2016 in Kraft und sind auf Geschäftsjahre der FMA anzuwenden, die nach dem 31. Dezember 2015 beginnen. *(BGBl I 2015/117)*

(30) § 19 Abs. 1, 4 und 5 in der Fassung des Bundesgesetzes BGBl. I Nr. 159/2015 tritt mit 1. Jänner 2016 in Kraft und ist auf Geschäftsjahre der FMA anzuwenden, die nach dem 31. Dezember 2015 beginnen. *(BGBl I 2015/159)*

(31) § 2 Abs. 1 Z 17 in der Fassung des Bundesgesetzes BGBl. I Nr. 73/2016 tritt mit 18. September 2016 in Kraft. *(BGBl I 2016/35; BGBl I 2016/73)*

(32) § 2 Abs. 1 Z 1 bis 16 und 18 und Abs. 2 bis 4, § 18 Abs. 1 und § 19 Abs. 5c in der Fassung des Bundesgesetzes BGBl. I Nr. 73/2016 treten mit dem der Kundmachung folgenden Tag in Kraft. *(BGBl I 2016/73)*

(33) § 2 Abs. 1 bis 3, § 22 Abs. 1, § 22b Abs. 1 und § 22c Abs. 1 in der Fassung des Bundesgesetzes BGBl. I Nr. 118/2016 treten mit 1. Jänner 2017 in Kraft. *(BGBl I 2016/118)*

(34) § 2 Abs. 3 Z 15 in der Fassung des Bundesgesetzes BGBl. I Nr. 93/2017 tritt mit dem auf die Kundmachung folgenden Tag in Kraft, § 22b Abs. 1 und § 22d Abs. 1 in der Fassung des Bundesgesetzes BGBl. I Nr. 93/2017 treten mit 1. Jänner 2018 in Kraft. *(BGBl I 2017/93)*

(35) § 2 Abs. 3 Z 1 und 2, § 19 Abs. 4 und 10, § 21 Abs. 2, § 22 Abs. 1, 5a, 6 bis 11, § 22a Z 1 lit. b und c, § 22a Z 2 lit. b, § 22b Abs. 1, § 22c Abs. 1 und § 22d Abs. 1 in der Fassung des Bundesgesetzes BGBl. I Nr. 107/2017 treten mit 3. Jänner 2018 in Kraft. § 26a tritt mit Ablauf des 2. Jänner 2018 außer Kraft. *(BGBl I 2017/107)*

(36) Die §§ 2 Abs. 6, 8 Abs. 1, 14 Abs. 1a und 1b, 16a samt Überschrift, 18 Abs. 1, 19 Abs. 1 und 5 bis 5d, 22 Abs. 2b, 2c, 3a und 12, 23 samt Überschrift sowie 26e in der Fassung des Bundesgesetzes BGBl. I Nr. 149/2017 treten mit 3. Jänner 2018 in Kraft. *(BGBl I 2017/149)*

(37) § 2 Abs. 1 Z 10, § 22b Abs. 1, § 22c Abs. 1 und § 22d Abs. 1 in der Fassung des Bundesgesetzes BGBl. I Nr. 17/2018 treten mit 1. Juni 2018 in Kraft. *(BGBl I 2018/17)*

(38) § 2 in der Fassung des Bundesgesetzes BGBl. I Nr. 76/2018 tritt mit 1. Jänner 2019 in Kraft. *(BGBl I 2018/76)*

(39) § 2 Abs. 3 Z 3 in der Fassung des Bundesgesetzes BGBl. I Nr. 62/2019 tritt mit 21. Juli 2019 in Kraft. *(BGBl I 2019/62)*

(40) § 21 Abs. 3 in der Fassung des Bundesgesetzes BGBl. I Nr. 104/2019, tritt mit 1. Juli 2020 in Kraft. *(BGBl I 2019/104)*

(41) § 22 Abs. 13 in der Fassung des Bundesgesetzes BGBl. I Nr. 23/2020 tritt mit dem auf die Kundmachung folgenden Tag in Kraft und mit Ablauf des 31. Dezember 2020 außer Kraft. *(BGBl I 2020/23)*

(42) § 23a in der Fassung des Bundesgesetzes BGBl. I Nr. 89/2020 tritt mit 1. September 2020 in Kraft. *(BGBl I 2020/89)*

(43) § 21 Abs. 1, Abs. 2 Z 9 und 10 sowie Abs. 3 und 3a in der Fassung des Bundesgesetzes BGBl. I Nr. 25/2021 tritt mit dem auf die Kundmachung folgenden Tag in Kraft. *(BGBl I 2021/25)*

(44) § 2 in der Fassung des Bundesgesetzes BGBl. I Nr. 199/2021 tritt mit 8. Juli 2022 in Kraft. *(BGBl I 2021/199)*

„(45)“ § 2 Abs. 3 Z 18, § 22b Abs. 1, § 22c Abs. 1 und § 22d Abs. 1 in der Fassung des Bundesgesetzes BGBl. I Nr. 225/2021 treten mit dem auf die Kundmachung folgenden Tag in Kraft. *(BGBl I 2021/225; BGBl I 2022/74)*

„(46)“ § 19 Abs. 4 in der Fassung des Bundesgesetzes BGBl. I Nr. 36/2022 ist auf Geschäftsjahre der FMA anzuwenden, die nach dem 31. Dezember 2021 beginnen. *(BGBl I 2022/36; BGBl I 2022/74)*

(47) § 2 Abs. 1 bis 3 in der Fassung des Bundesgesetzes BGBl. I Nr. 74/2022 tritt mit dem auf die Kundmachung folgenden Tag in Kraft. *(BGBl I 2022/74)*

(48) § 2 Abs. 3 Z 23, § 19 Abs. 1 und 5e sowie § 26b Z 4 in der Fassung des Bundesgesetzes BGBl. I Nr. 237/2022 treten mit 1. Februar 2023 in Kraft. *(BGBl I 2022/237)*

(49) § 2 Abs. 3 Z 20 in der Fassung des Bundesgesetzes BGBl. I Nr. 63/2023 tritt mit 1. Juli 2023 in Kraft. *(BGBl I 2023/63)*

§ 29. Mit der Vollziehung ist

1. hinsichtlich des § 5 Abs. 2 die Bundesregierung,

2. hinsichtlich der übrigen Bestimmungen dieses Bundesgesetzes der Bundesminister für Finanzen betraut.

Kapitalmarktgesetz

BGBl I 2019/62 (Art 2) idF

1 BGBl I 2021/225 **2** BGBl I 2022/69

Bundesgesetz über das öffentliche Anbieten von Wertpapieren und anderen Kapitalveranlagungen (Kapitalmarktgesetz 2019 KMG 2019)

Inhaltsverzeichnis[1)]

[1)] *Inhaltsverzeichnis idF BGBl I 2021/225.*

1. Hauptstück

Öffentliches Angebot von Veranlagungen

Begriffsbestimmungen

§ 1. (1) Im Sinne dieses Hauptstücks sind

1. öffentliches Angebot: eine Mitteilung an das Publikum in jedweder Form und auf jedwede Art und Weise, die ausreichende Informationen über die Bedingungen eines Angebots (oder einer Einladung zur Zeichnung) von Veranlagungen und über die anzubietenden Veranlagungen enthält, um einen Anleger in die Lage zu versetzen, sich für den Kauf oder die Zeichnung dieser Veranlagungen zu entscheiden. Diese Definition gilt auch für die Platzierung von Veranlagungen durch Finanzintermediäre;

2. Emittent: ein Rechtsträger, der Veranlagungen begibt oder zu begeben beabsichtigt;

3. Veranlagungen: Vermögensrechte, über die keine Wertpapiere ausgegeben werden, aus der direkten oder indirekten Investition von Kapital mehrerer Anleger auf deren gemeinsame Rechnung und gemeinsames Risiko oder auf gemeinsame Rechnung und gemeinsames Risiko mit dem Emittenten, sofern die Verwaltung des investierten Kapitals nicht durch die Anleger selbst erfolgt; unter Veranlagungen im Sinne dieses Bundesgesetzes sind auch alle vertretbaren, verbrieften Rechte zu verstehen, die nicht in Z 4 genannt sind;

4. Wertpapiere: übertragbare Wertpapiere im Sinne von Art. 2 Buchstabe a der Verordnung (EU) 2017/1129;

5. Anleger: derjenige, der eine Veranlagung, die Gegenstand eines prospektpflichtigen Angebots war, erwirbt;

6. qualifizierter Anleger: ein professioneller Kunde gemäß § 66 oder § 67 des Wertpapieraufsichtsgesetzes 2018 – WAG 2018, BGBl. I Nr. 107/2017, oder eine geeignete Gegenpartei

gemäß § 68 WAG 2018, sofern sie nicht eine Behandlung als nicht professionelle Kunden beantragt haben; die Wertpapierfirmen und Kreditinstitute teilen ihre Einstufung unbeschadet der einschlägigen Vorschriften über den Datenschutz auf Antrag dem Emittenten mit;

7. Person, die ein öffentliches Angebot unterbreitet („Anbieter"): eine juristische oder natürliche Person, die Veranlagungen öffentlich anbietet.

(2) Die Regelungen dieses Hauptstückes, die sich an den Anbieter richten, gelten auch für den Emittenten, sofern dieser das prospektpflichtige Angebot im Inland selbst vornimmt.

Prospektpflichtiges Angebot

§ 2. (1) Ein öffentliches Angebot darf im Inland nur erfolgen, wenn spätestens einen Bankarbeitstag davor ein nach den Bestimmungen dieses Bundesgesetzes erstellter und kontrollierter Prospekt veröffentlicht wurde.

(2) Das erste Hauptstück dieses Bundesgesetzes regelt öffentliche Angebote von Veranlagungen.

(3) Geldmarktinstrumente mit einer Laufzeit von weniger als zwölf Monaten unterliegen nicht der Prospektpflicht gemäß § 2.

Ausnahmen von der Prospektpflicht

§ 3. (1) Die Prospektpflicht gemäß § 2 gilt nicht für

1. Anteilscheine von Investmentfonds gemäß § 3 Abs. 2 Z 30 des Investmentfondsgesetzes 2011 – InvFG 2011, BGBl. I Nr. 77/2011, und Anteilscheine gemäß § 1 des Immobilien-Investmentfondsgesetzes – ImmoInvFG, BGBl. I Nr. 80/2003, sowie offene alternative Investmentfonds (AIF), die die Voraussetzungen des Art. 1 Abs. 2 der Delegierten Verordnung (EU) Nr. 694/2014 zur Ergänzung der Richtlinie 2011/61/EU im Hinblick auf technische Regulierungsstandards zur Bestimmung der Arten von Verwaltern alternativer Investmentfonds, ABl. Nr. L 183 vom 24.06.2014 S. 18, erfüllen;

2. ein Angebot von Veranlagungen, das sich an Anleger richtet, die bei jedem gesonderten Angebot Veranlagungen ab einem Mindestbetrag von 100 000 Euro pro Anleger erwerben, sowie ein Angebot von Veranlagungen mit einer Mindeststückelung von 100 000 Euro;

3. ein Angebot von Veranlagungen von einem Gesamtgegenwert im Europäischen Wirtschaftsraum (EWR) von weniger als zwei Millionen Euro; in diese Obergrenze sind jeweils die allfälligen Einnahmen aus nach dieser Ziffer prospektbefreiten Angeboten von Veranlagungen der letzten zwölf Monate einzubeziehen;

4. ein Angebot von Veranlagungen, das sich ausschließlich an qualifizierte Anleger richtet;

5. Angebote von Veranlagungen, die sich an weniger als 150 natürliche oder juristische Personen pro EWR-Vertragsstaat richten, bei denen es sich nicht um qualifizierte Anleger handelt.

(2) Jede spätere Weiterveräußerung von Veranlagungen, die zuvor gemäß Abs. 1 Z 2 bis 5 von der Prospektpflicht ausgenommen waren, ist als ein gesondertes Angebot anzusehen, wobei anhand der Begriffsbestimmung gemäß § 1 Abs. 1 Z 1 zu entscheiden ist, ob es sich bei dieser Weiterveräußerung um ein öffentliches Angebot handelt. Bei der Platzierung von Veranlagungen durch Finanzintermediäre ist ein Prospekt zu veröffentlichen, wenn die endgültige Platzierung keine der gemäß Abs. 1 Z 2 bis 5 genannten Bedingungen erfüllt und ein öffentliches Angebot vorliegt.

(3) Kann eine geplante Emission dazu führen, dass der aushaftende Betrag aller durch die Ausgabe von gemäß Abs. 1 Z 3 prospektfrei emittierten Veranlagungen entgegengenommenen Gelder über einen Betrachtungszeitraum von sieben Jahren insgesamt den Betrag von fünf Millionen Euro übersteigt, so gilt für die entsprechende Emission abweichend von Abs. 1 Z 3 die Prospektpflicht gemäß § 2.

Werbung

§ 4. (1) Jede Art von Werbung, die sich auf ein öffentliches Angebot von Veranlagungen bezieht, muss die Grundsätze der Abs. 2 bis 5 beachten. Die Abs. 2 bis 4 gelten nur für die Fälle, in denen der Emittent oder der Anbieter der Prospektpflicht unterliegt.

(2) In allen Werbeanzeigen ist darauf hinzuweisen, dass ein Prospekt samt allfälligen ändernden oder ergänzenden Angaben veröffentlicht wurde oder zur Veröffentlichung ansteht und wo die Anleger ihn erhalten können.

(3) Werbeanzeigen müssen als solche klar erkennbar sein. Die darin enthaltenen Angaben dürfen nicht unrichtig oder irreführend sein. Diese Angaben dürfen darüber hinaus nicht im Widerspruch zu den Angaben stehen, die der Prospekt und die allfälligen ändernden oder ergänzenden Angaben enthalten, falls diese Angaben bereits veröffentlicht sind, oder zu den Angaben, die im Prospekt enthalten sein müssen, falls dieser erst zu einem späteren Zeitpunkt veröffentlicht wird.

(4) Auf jeden Fall müssen alle mündlich oder schriftlich verbreiteten Informationen über das öffentliche Angebot, selbst wenn sie nicht zu Werbezwecken dienen, mit den im Prospekt und in den allfälligen ändernden oder ergänzenden Angaben enthaltenen Angaben übereinstimmen.

(5) Besteht keine Prospektpflicht gemäß diesem Bundesgesetz, so sind wesentliche Informationen des Emittenten oder des Anbieters, die sich an qualifizierte Anleger oder besondere Anlegergrup-

pen richten, allen qualifizierten Anlegern bzw. allen besonderen Anlegergruppen, an die sich das Angebot ausschließlich richtet, mitzuteilen. Muss ein Prospekt veröffentlicht werden, so sind solche Informationen in den Prospekt oder in einen Nachtrag (ändernde oder ergänzende Angaben) zum Prospekt gemäß § 6 Abs. 1 aufzunehmen.

(6) Die Finanzmarktaufsichtsbehörde (FMA) kann kontrollieren, ob bei der Werbung für ein öffentliches Angebot die Grundsätze der Abs. 2 bis 5 beachtet werden. Sie übt diese Tätigkeit insbesondere bei begründetem Verdacht eines Verstoßes gegen die Bestimmungen gemäß Abs. 1 bis 5 aus.

Inhalt des Prospekts

§ 5. (1) Der Prospekt hat sämtliche Angaben zu enthalten, die entsprechend den Merkmalen des Emittenten und der öffentlich angebotenen Veranlagungen erforderlich sind, damit die Anleger sich ein fundiertes Urteil über die Vermögenswerte und Verbindlichkeiten, die Finanzlage, die Gewinne und Verluste, die Zukunftsaussichten des Emittenten und jedes Garantiegebers sowie über die mit diesen Veranlagungen verbundenen Rechte bilden können. Diese Informationen sind in leicht zu analysierender und verständlicher Form darzulegen.

(2) Der Prospekt für Veranlagungen ist gemäß der **Anlage A** und zwar in deutscher oder englischer Sprache zu erstellen.

(3) Sofern das öffentliche Angebot von Veranlagungen einen Gesamtgegenwert im EWR von weniger als fünf Millionen Euro während eines Zeitraums von zwölf Monaten beträgt, kann statt des Prospekts gemäß der **Anlage A** ein vereinfachter Prospekt gemäß der **Anlage D** erstellt werden. Kann eine geplante Emission dazu führen, dass binnen zwölf Monaten der Gesamtgegenwert im EWR durch die Ausgabe von Wertpapieren oder Veranlagungen den Betrag von fünf Millionen Euro erreicht oder übersteigt, so genügt der vereinfachte Prospekt nicht und der erste Satz gilt daher nicht. Der vereinfachte Prospekt ist in deutscher oder englischer Sprache zu erstellen. Emissionen gemäß dem Alternativfinanzierungsgesetz – AltFG, BGBl. I Nr. 114/2015, sind einzurechnen.

(4) Der Prospekt ist mit der Beifügung „als Emittent" zu unterfertigen. Diese Unterfertigung begründet die unwiderlegliche Vermutung, dass der Prospekt von ihm oder für ihn erstellt wurde.

(5) Ist der Anbieter nicht identisch mit dem Emittenten, hat jener vor Verwendung des Prospekts für Zwecke eines öffentlichen Angebots die schriftliche Zustimmung des Emittenten zur Verwendung des Prospekts einzuholen.

Nachtrag zum Prospekt

§ 6. (1) Jeder wichtige neue Umstand oder jede wesentliche Unrichtigkeit oder Ungenauigkeit in Bezug auf die im Prospekt enthaltenen Angaben, die die Bewertung der Veranlagungen beeinflussen könnten und die zwischen der Kontrolle des Prospekts und dem endgültigen Schluss des öffentlichen Angebots auftreten oder festgestellt werden, müssen in einem Nachtrag (ändernde oder ergänzende Angaben) zum Prospekt genannt werden. Dieser Nachtrag ist vom Anbieter unverzüglich zumindest gemäß denselben Regeln zu veröffentlichen und zu hinterlegen, wie sie für die Veröffentlichung und Hinterlegung des ursprünglichen Prospekts galten. Gleichzeitig mit der Veröffentlichung ist der Nachtrag vom Anbieter beim Prospektkontrollor zur Kontrolle vorzulegen und von diesem innerhalb von sieben Bankarbeitstagen ab Einlangen der Vorlage bei Vorliegen der Voraussetzungen gemäß § 7 Abs. 1 mit dem Kontrollvermerk zu versehen. Wenn der Prospektkontrollor zur Klärung allfälliger Unrichtigkeiten oder Unvollständigkeiten weitere Kontrolltätigkeiten gemäß § 7 Abs. 1 vorzunehmen hat, wird die Frist bis zur Beistellung der jeweils erforderlichen Unterlagen unterbrochen; der Anbieter hat der Meldestelle eine Ausfertigung des mit dem Kontrollvermerk versehenen Nachtrags unverzüglich zu übermitteln. Im Falle, dass das Ergebnis des Kontrollverfahrens zu einem geänderten Nachtragstext führt, ist auch dieser samt einem die bereits erfolgte Veröffentlichung richtigstellenden Hinweis zu veröffentlichen.

(2) Jedenfalls haben Anleger, die sich bereits zu einem Erwerb oder einer Zeichnung der Veranlagungen verpflichtet haben, nachdem der Nachtragsumstand gemäß Abs. 1 eingetreten ist, aber noch nicht veröffentlicht wurde, das Recht, ihre Zusagen innerhalb von zwei Arbeitstagen nach Veröffentlichung des Nachtrags zurückzuziehen. Die Frist für das Widerrufsrecht ist im Nachtrag anzugeben. Handelt es sich bei den Anlegern hingegen um Verbraucher im Sinne von § 1 Abs. 1 Z 2 des Konsumentenschutzgesetzes – KSchG, BGBl. Nr. 140/1979, so steht das Recht auf Zurückziehung sieben Arbeitstage nach Veröffentlichung des Nachtrags zu. § 21 Abs. 3, 5 und 6 gelten sinngemäß.

Prüfung des Prospekts

§ 7. (1) Der Prospekt ist

1. von einem genossenschaftlichen Prüfungsverband für Kreditgenossenschaften nach dem System Schulze-Delitzsch oder nach dem System Raiffeisen oder

2. von der Prüfungsstelle des Sparkassen-Prüfungsverbandes oder

3. von einem beeideten Wirtschaftsprüfer oder einer Wirtschaftsprüfungsgesellschaft oder

4. von

a) einem Kreditinstitut im Sinne des § 1 Abs. 1 des Bankwesengesetzes – BWG, BGBl. Nr. 532/1993, mit der Berechtigung zum Betrieb von Geschäften gemäß § 1 Abs. 1 Z 9, 10 oder 11 BWG und mit anrechenbaren Eigenmitteln von mehr als 18,2 Millionen Euro oder

b) einem Kredit- oder Finanzinstitut, das seine Tätigkeit in Österreich auf Grund der §§ 9, 11 oder 13 BWG über eine Zweigstelle oder im Wege des freien Dienstleistungsverkehrs erbringt, sofern es im Herkunftsmitgliedstaat (Art. 4 Abs. 1 Nummer 43 der Verordnung (EU) Nr. 575/2013) zur Erbringung vergleichbarer Geschäfte, wie sie in § 1 Abs. 1 Z 9, 10 oder 11 BWG genannt sind, berechtigt ist und über anrechenbare Eigenmittel von mehr als 18,2 Millionen Euro-Gegenwert verfügt,

auf seine Richtigkeit und Vollständigkeit zu kontrollieren und bei deren Vorliegen vom Kontrollor mit Angabe von Ort und Tag und der Beifügung „ als Prospektkontrollor" zu unterfertigen. Diese Unterfertigung begründet die unwiderlegliche Vermutung, dass der Unterfertigte den Prospekt kontrolliert und für richtig und vollständig befunden hat. Der Emittent hat dem Kontrollor sämtliche Unterlagen beizustellen, die eine zweifelsfreie Kontrolle der Richtigkeit und Vollständigkeit der Prospektangaben ermöglichen. Der Kontrollor hat auf Grund des letzten Berichtes des Abschlussprüfers über den Emittenten gemäß § 273 des Unternehmensgesetzbuchs – UGB, dRGBl. S 219/1897, sofern eine gesetzliche Prüfungspflicht besteht, und auf Grund der vom Emittenten beizustellenden Unterlagen mit berufsmäßiger Sorgfalt zu kontrollieren, ob der Prospekt die von § 5 geforderten Angaben enthält und ob er die rechtlichen und wirtschaftlichen Verhältnisse richtig wiedergibt. Die vom Emittenten beizustellenden Unterlagen sind durch Stichproben auf Richtigkeit und Vollständigkeit zu kontrollieren. Ergibt sich der Verdacht mangelnder Richtigkeit oder Vollständigkeit der Unterlagen oder der Prospektangaben, so hat der Kontrollor zur Klärung dieses Verdachts weitere Kontrolltätigkeiten vorzunehmen; bestätigt sich der Verdacht, so hat er die erforderlichen Berichtigungen und Ergänzungen im Prospekt zu veranlassen. Kontrollore nach Z 3 haben eine Haftpflichtversicherung bei einem oder mehreren im Inland zum Betrieb des Versicherungsgeschäftes befugten Versicherungsunternehmen abzuschließen, die das aus der Prospektkontrolle resultierende Risiko abdeckt, wobei die Deckungssumme des Versicherungsvertrages mindestens 3,65 Millionen Euro pro einjähriger Versicherungsperiode betragen muss und die Versicherungsprämie vor Prospektveröffentlichung zur Gänze zu bezahlen ist; der Versicherer hat das Bestehen dieser Versicherung sowie den Empfang der Prämie der Meldestelle vor Prospektveröffentlichung gemäß **Anlage E** schriftlich bekanntzugeben.

(2) Die FMA hat eine Liste von zur Prospektkontrolle geeigneten beeideten Wirtschaftsprüfern und Wirtschaftsprüfungsgesellschaften zu führen, aus der der Prospektkontrollor, sofern er aus dieser Berufsgruppe stammen soll, ausgewählt zu werden hat. Die Kammer der Wirtschaftstreuhänder kann der FMA Vorschläge für geeignete Kandidaten für diese Liste erstatten.

(3) Wenn der Nominalwert der Gesamtemission oder der Verkaufspreis der Gesamtemission oder das gesamte Veranlagungskapital drei Millionen Euro oder den entsprechenden Euro-Gegenwert in einer ausländischen Währung oder in einer Rechnungseinheit übersteigen, darf die Prospektkontrolle

1. durch einen Kontrollor nach Abs. 1 Z 1 erster Fall nur erfolgen, wenn der Emittent

a) dem Fachverband der Kreditgenossenschaften nach dem System Schulze-Delitzsch als Mitglied angehört oder

b) ein Kredit- oder Finanzinstitut ist, an dem ein oder mehrere Mitglieder des Fachverbandes gemäß lit. a insgesamt mit zumindest 25 vH direkt oder indirekt beteiligt sind;

2. durch einen Kontrollor nach Abs. 1 Z 1 zweiter Fall nur erfolgen, wenn der Emittent

a) dem Fachverband der Kreditgenossenschaften nach dem System Raiffeisen als Mitglied angehört oder

b) ein Kredit- oder Finanzinstitut ist, an dem ein oder mehrere Mitglieder des Fachverbandes gemäß lit. a insgesamt mit zumindest 25 vH direkt oder indirekt beteiligt sind;

3. durch einen Kontrollor nach Abs. 1 Z 2 nur erfolgen, wenn der Emittent

a) dem Fachverband der Sparkassen als Mitglied angehört oder

b) ein Kredit- oder Finanzinstitut ist, an dem ein oder mehrere Mitglieder des Fachverbandes gemäß lit. a insgesamt mit zumindest 25 vH direkt oder indirekt beteiligt sind.

Veranlagungen desselben Emittenten, die innerhalb der letzten zwölf Monate Gegenstand eines öffentlichen Angebots waren, sind bei der Ermittlung des Gesamtbetrages einzubeziehen.

(4) Bei den Prospektkontrolloren dürfen keine Ausschlussgründe vorliegen. Als Ausschlussgründe gelten sinngemäß die in § 271 und § 271a UGB angeführten Tatbestände.

(5) Die Prospektkontrolle durch ein Kredit- oder Finanzinstitut im Sinne des Abs. 1 Z 4, bei dem ein Ausschlussgrund im Sinne des Abs. 4 vorliegt, ist entgegen Abs. 4 zulässig, wenn der Prospekt auch von einem weiteren Kontrollor im Sinne des Abs. 1 Z 1 bis 4, bei dem kein Ausschlussgrund vorliegt, kontrolliert wird. Bei

Vorliegen eines Ausschlussgrundes des Prospektkontrollors im Sinne des § 271 und § 271a UGB gelten der Prospekt sowie dessen allfällige Änderungen und Ergänzungen nur dann als kontrolliert, wenn auf diesen neben dem befangenen Prospektkontrollor auch ein unbefangener Kontrollor im Sinne des Abs. 1 Z 1 bis 4 gefertigt hat. Für das kontrollierende Kredit- oder Finanzinstitut, bei dem ein Ausschlussgrund vorliegt, gilt die Beweislastumkehr des § 22 Abs. 1; die in Abs. 3 geregelte Beschränkung für Kontrollore gilt nicht, falls diese als weitere Kontrollore im Sinne dieses Absatzes kontrollieren.

(6) Ist der Prospektkontrollor ein Kreditinstitut, darf unbeschadet der Ausschlussgründe gemäß Abs. 4 der Emittent an ihm weder direkt noch indirekt Anteile, die den zehnten Teil des Nennkapitals des Kreditinstitutes erreichen oder übersteigen, besitzen.

(7) Das Vorliegen eines Ausschlussgrundes kann demjenigen, der sich auf unrichtige oder unvollständige Prospektangaben beruft, nicht entgegengehalten werden.

(8) Der Prospekt von Veranlagungen ist mit den erforderlichen Unterfertigungen, einschließlich der Unterfertigung des Prospektkontrollors, vom Anbieter der Meldestelle so rechtzeitig zu übersenden, dass er ihr spätestens am Bankarbeitstag der Veröffentlichung vorliegt.

Veröffentlichung des Prospekts

§ 8. (1) Ein Prospekt darf vor der Prospektkontrolle gemäß § 7 nicht veröffentlicht werden.

(2) Nach seiner Kontrolle ist der Prospekt durch den Emittenten oder den Anbieter so bald wie praktisch möglich zu veröffentlichen, auf jeden Fall aber spätestens einen Bankarbeitstag vor dem Beginn des öffentlichen Angebots.

(3) Der Prospekt gilt als im Sinne dieses Bundesgesetzes veröffentlicht, wenn er

1. in wenigstens einer Zeitung mit Verbreitung im gesamten Bundesgebiet veröffentlicht wurde oder

2. dem Publikum in gedruckter Form kostenlos beim Sitz des Emittenten und bei den Finanzintermediären einschließlich der Zahlstellen, die die Veranlagungen platzieren oder verkaufen, zur Verfügung gestellt wurde oder

3. auf einer Internetseite des Emittenten oder auf einer Internetseite der die Veranlagungen platzierenden oder verkaufenden Finanzintermediäre einschließlich allfälliger im Inland bestehender Zahlstellen veröffentlicht wurde oder

4. auf einer Internetseite der FMA oder auf der Internetseite einer von dieser dazu gegen angemessene Vergütung beauftragten Einrichtung veröffentlicht wurde, wenn die FMA entschieden hat, diese Dienstleistung anzubieten.

Wird der Prospekt gemäß Z 1 oder 2 veröffentlicht, so hat der Emittent oder der Anbieter diesen zusätzlich auch auf einer Internet-Seite gemäß Z 3 oder 4 zu veröffentlichen. Der FMA ist vorab anzuzeigen, wie veröffentlicht wird und wo der Prospekt erhältlich sein wird; die Kriterien für eine Veröffentlichung gemäß Z 1 kann die FMA durch Verordnung festlegen. Alle gebilligten Prospekte haben nach ihrer Veröffentlichung mindestens zehn Jahre auf den in Z 3 oder 4 genannten Internetseiten öffentlich zugänglich zu bleiben.

Sonderbestimmungen für Veranlagungen in Immobilien

§ 9. Veranlagungsgemeinschaften in Immobilien liegen vor, wenn Veranlagungen von Emittenten ausgegeben werden, die mit dem investierten Kapital direkt oder indirekt nach Zweck oder tatsächlicher Übung überwiegend Erträge aus der Überlassung oder Übertragung von Immobilien an Dritte erwirtschaften. Für solche Veranlagungsgemeinschaften in Immobilien gelten die nachstehenden Bestimmungen zusätzlich:

1. Der Prospekt (§ 5) ist um die in der **Anlage B** enthaltenen Angaben zu ergänzen;

2. die Prospektkontrolle hat durch einen Kontrollor gemäß § 7 Abs. 1 Z 3 oder 4 zu erfolgen; § 7 Abs. 1 letzter Satz ist mit der Maßgabe anzuwenden, dass hinsichtlich des Versicherungsvertrages die Deckungssumme pro einjähriger Versicherungsperiode mindestens 18,2 Millionen Euro zu betragen hat;

3. dem Anleger ist der Erwerb der Veranlagung bei Vertragsabschluss in schriftlicher Form zu bestätigen; die Bestätigung hat die wesentlichen Merkmale der Veranlagung, insbesondere deren Gegenwert und die Rechtsstellung des Anlegers sowie das Publikationsorgan und das Datum der Veröffentlichung des Prospekts sowie allfälliger sonstiger Angaben nach diesem Bundesgesetz zu enthalten; die Bestätigung ist vom Emittenten auszustellen;

4. der Emittent hat für jede Veranlagungsgemeinschaft während der gesamten Laufzeit der Veranlagung jährlich einen Rechenschaftsbericht gemäß **Anlage C** zu erstellen; innerhalb jeder Veranlagungsgemeinschaft in Immobilien hat die Methode der Wertermittlung der Immobilien gleich zu sein; der Rechenschaftsbericht ist von einem Abschlussprüfer unter sinngemäßer Anwendung der §§ 268 bis 276 UGB auf seine Richtigkeit und Vollständigkeit zu prüfen; sind nach dem abschließenden Ergebnis der Prüfung keine Einwendungen zu erheben, so hat der Prüfer dies durch folgenden Vermerk zu bestätigen: „Die Buchführung und der Rechenschaftsbericht entsprechen nach meiner/unserer pflichtgemäßen Prüfung den gesetzlichen Vorschriften. Die Be-

wertung der Immobilien entspricht den im Prospekt und im Rechenschaftsbericht angegebenen Grundsätzen. Der Rechenschaftsbericht vermittelt unter Beachtung der Grundsätze ordnungsmäßiger Buchführung ein möglichst getreues Bild der Lage der Veranlagungsgemeinschaft.“;

5. der Emittent hat den geprüften Rechenschaftsbericht mit dem Bestätigungsvermerk innerhalb von sechs Monaten nach Abschluss des Geschäftsjahres, in Ermangelung eines solchen bis zum 30. Juni eines jeden Jahres, nach den Vorschriften über die Veröffentlichung des Prospekts nach § 8 zu veröffentlichen;

6. der Prüfer des Rechenschaftsberichts haftet den Anlegern im Sinne des § 275 UGB.

Strafbestimmungen

§ 10. (1) Wer im Zusammenhang mit einem öffentlichen Angebot von Veranlagungen, das nach diesem Bundesgesetz prospektpflichtig ist,

1. keinen Prospekt veröffentlicht oder nicht die gemäß § 6 ändernden oder ergänzenden Angaben veröffentlicht oder Veranlagungen anbietet oder gewerbsmäßig vermittelt, wenn der Prospekt oder die nach § 6 ändernden oder ergänzenden Angaben oder deren Veröffentlichung den Vorschriften dieses Bundesgesetzes widersprechen, oder, auch wenn das öffentliche Angebot bereits beendet ist, als Emittent einen Rechenschaftsbericht diesem Bundesgesetz widersprechend erstellt oder veröffentlicht oder überhaupt keinen Rechenschaftsbericht veröffentlicht;

2. als Emittent in einem Prospekt oder in einer nach § 6 ergänzenden oder ändernden Angabe oder als Emittent oder als Abschlussprüfer in einem Rechenschaftsbericht falsche Angaben macht oder als Prospektkontrollor gemäß § 7 Abs. 1 Z 3 oder Abs. 5 oder gemäß § 9 Z 2 einen Prospekt unterfertigt, ohne die jeweils vorgeschriebene Versicherung abzuschließen;

3. entgegen der Vorschrift des § 4 wirbt;

4. als Anbieter oder Emittent nicht gemäß § 23 Abs. 2 oder als Meldepflichtiger nicht gemäß § 24 und zwar auch dann, wenn kein öffentliches Angebot gegeben ist oder sonst, auch wenn eine Prospektausnahme gegeben ist, die Meldestelle in Kenntnis setzt;

5. als Anbieter nicht rechtzeitig den mit dem Kontrollvermerk des Prospektkontrollors versehenen Prospekt oder die nach § 6 ändernden oder ergänzenden Angaben nach diesem Bundesgesetz der Meldestelle übersendet;

6. trotz Vorliegens eines Ausschlussgrundes einen Prospekt oder eine nach § 6 ändernde oder ergänzende Angabe als Prospektkontrollor (außer im Falle der gleichzeitigen Unterfertigung durch einen unbefangenen Kontrollor) unterfertigt oder einen Rechenschaftsbericht als Abschlussprüfer prüft oder eine derartige Prüfung oder Kontrolle durch einen Prüfer oder Kontrollor veranlasst, bei dem ein Ausschlussgrund vorliegt oder Veranlagungen anbietet, ohne dass der Meldestelle zeitgerecht die Versicherungsbestätigung nach Anlage E übersendet wurde;

7. als Anbieter nicht unverzüglich gemäß § 6 Abs. 1 den mit dem Kontrollvermerk des Prospektkontrollors versehenen Prospektnachtrag an die Meldestelle übersendet;

8. als Prospektkontrollor einen Prospekt oder einen Prospektnachtrag, in denen falsche Angaben enthalten sind, mit einem Kontrollvermerk versieht, obwohl ihm die Unrichtigkeit der Angaben bei Anwendung berufsmäßiger Sorgfalt aufgefallen ist oder hätte auffallen müssen und der Prospekt oder der Prospektnachtrag im Rahmen eines öffentlichen Angebots für den Vertrieb Verwendung gefunden hat;

begeht eine Verwaltungsübertretung und ist von der FMA mit einer Geldstrafe von bis zu 100 000 Euro zu bestrafen.

(2) Bei Verletzung einer Meldepflicht gemäß § 24 hat die FMA von der Einleitung und Durchführung eines Verwaltungsstrafverfahrens gemäß Z 4 abzusehen, wenn die nicht ordnungsgemäß erstattete Meldung nachgeholt wurde, bevor die FMA Kenntnis von dieser Übertretung erlangt hat.

Beauskunftungen und Veröffentlichung von Entscheidungen

§ 11. (1) Die FMA darf Maßnahmen oder Sanktionen, die wegen Verstößen gegen Bestimmungen dieses Bundesgesetzes im Zusammenhang mit dem öffentlichen Angebot von Veranlagungen gesetzt wurden, nur nach Maßgabe der Z 1 bis 3 beauskunften oder öffentlich bekannt geben.

1. Im Falle einer Amtshandlung in einem laufenden Verfahren hat die FMA die Nennung der Namen der betroffenen Beteiligten zu unterlassen, es sei denn, diese sind bereits öffentlich bekannt oder es besteht ein überwiegendes Interesse der Öffentlichkeit an der Kenntnis dieser Namen.

2. Im Falle der Verhängung einer Sanktion kann die FMA die Namen der Personen oder Unternehmen, gegen die die Sanktion verhängt wurde, die Namen der Unternehmen, für die Personen verantwortlich sind, gegen die eine Sanktion verhängt wurde, sowie die verhängte Sanktion beauskunften oder veröffentlichen. Als Sanktionen im Sinne dieser Bestimmung gelten alle von der FMA nach Abschluss eines Verfahrens mit Bescheid gesetzten Rechtsakte.

3. Die FMA hat von der Erteilung einer Auskunft über Amtshandlungen oder einer diesbezüglichen Veröffentlichung abzusehen, wenn

a) die Erteilung der Auskunft oder die Veröffentlichung die Stabilität der Finanzmärkte ernsthaft gefährden würde, oder

b) die Erteilung der Auskunft oder die Veröffentlichung zu einem unverhältnismäßigen Schaden bei einem von der Auskunft oder der Veröffentlichung betroffenen Beteiligten führen würde, oder

c) durch die Erteilung der Auskunft die Durchführung eines Verfahrens oder Maßnahmen, die im öffentlichen Interesse liegen, vereitelt, erschwert, verzögert oder gefährdet werden könnten.

(2) Der von der Veröffentlichung oder Beauskunftung Betroffene kann eine Überprüfung der Rechtmäßigkeit der Veröffentlichung oder Beauskunftung gemäß Abs. 1 in einem bescheidmäßig zu erledigenden Verfahren bei der FMA beantragen. Die FMA hat diesfalls die Einleitung eines solchen Verfahrens in gleicher Weise bekannt zu machen. Wird im Rahmen der Überprüfung die Rechtswidrigkeit der Veröffentlichung oder Beauskunftung festgestellt, so hat die FMA die Veröffentlichung oder Beauskunftung richtig zu stellen oder auf Antrag des Betroffenen entweder zu widerrufen oder aus dem Internetauftritt zu entfernen. Wird einer Beschwerde gegen einen Bescheid, der gemäß Abs. 1 bekannt gemacht worden ist, in einem Verfahren vor den Gerichtshöfen öffentlichen Rechts aufschiebende Wirkung zuerkannt, so hat die FMA dies in gleicher Weise bekannt zu machen. Die Veröffentlichung oder Beauskunftung ist richtig zu stellen oder auf Antrag des Betroffenen entweder zu widerrufen oder aus dem Internetauftritt zu entfernen, wenn der Bescheid aufgehoben wird.

2. Hauptstück

Öffentliches Angebot von Wertpapieren Anwendung der Verordnung (EU) 2017/1129

Zweck dieses Hauptstücks

§ 12. (1) Dieses Hauptstück dient dem Wirksamwerden der Verordnung (EU) 2017/1129.

(2) Die Prospektpflicht gemäß der Verordnung (EU) 2017/1129 gilt nicht für ein Angebot von Wertpapieren von einem Gesamtgegenwert im EWR von weniger als zwei Millionen Euro; in diese Obergrenze sind die allfälligen Einnahmen aus nach dieser Bestimmung prospektbefreiten Angeboten von Wertpapieren der letzten zwölf Monate einzubeziehen. In diesem Fall kann stattdessen freiwillig ein Prospekt gemäß der Verordnung (EU) 2017/1129 erstellt werden, womit aber auch alle Rechtsfolgen des 2. Hauptstücks dieses Bundesgesetzes verbunden sind.

(3) Sofern ein öffentliches Angebot von Wertpapieren einen Gesamtgegenwert im EWR von weniger als fünf Millionen Euro während eines Zeitraums von zwölf Monaten beträgt, ist ein vereinfachter Prospekt gemäß der **Anlage D** zu erstellen. In diesem Fall kann stattdessen freiwillig ein Prospekt gemäß der Verordnung (EU) 2017/1129 erstellt werden, womit aber auch alle Rechtsfolgen des 2. Hauptstücks dieses Bundesgesetzes verbunden sind. Kann eine geplante Emission dazu führen, dass binnen zwölf Monaten der Gesamtgegenwert im EWR durch die Ausgabe von Wertpapieren oder Veranlagungen den Betrag von fünf Millionen Euro erreicht oder übersteigt, so genügt der vereinfachte Prospekt nicht und der erste Satz gilt daher nicht. Emissionen gemäß AltFG sind einzurechnen. Dies gilt unbeschadet der Anwendung des Abs. 2.

(4) Sofern für ein öffentliches Angebot im Sinne des Abs. 3 ein vereinfachter Prospekt erstellt wurde, ist dieser auf die gleiche Art wie sonstige Wertpapierprospekte von der FMA zu billigen; im Übrigen gelten für diese Angebote jedoch die Bestimmungen für Veranlagungen des ersten und des dritten Hauptstücks, nicht jedoch § 3 Abs. 3, § 5 Abs. 4 und § 7. Die Billigung (Amtssignatur) der FMA ersetzt in diesen Fällen den Kontrollvermerk des Prospektkontrollors. § 13 Abs. 4 ist anzuwenden.

Zuständige Behörde

§ 13. (1) Die FMA ist die für Österreich zuständige Behörde gemäß Art. 31 Abs. 1 der Verordnung (EU) 2017/1129. Sie nimmt unbeschadet der ihr in anderen Bundesgesetzen zugewiesenen Aufgaben die den zuständigen Behörden gemäß Art. 31 Abs. 1 der Verordnung (EU) 2017/1129 zukommenden Aufgaben und Befugnisse wahr und hat die Einhaltung der Vorschriften dieses Bundesgesetzes, der Verordnung (EU) 2017/1129 und allfälliger auf Grund dieser Verordnung erlassener delegierter Rechtsakte zu überwachen. Die FMA ist von den Marktteilnehmern unabhängig.

(2) Die FMA hat bei der Vollziehung dieses Bundesgesetzes und der Verordnung (EU) 2017/1129 der europäischen Konvergenz der Aufsichtsinstrumente und Aufsichtsverfahren Rechnung zu tragen. Zu diesem Zweck hat die FMA die Leitlinien, Empfehlungen und anderen von der Europäischen Wertpapier- und Marktaufsichtsbehörde – ESMA (Verordnung (EU) Nr. 1095/2010) beschlossenen Maßnahmen im Anwendungsbereich der Verordnung (EU) 2017/1129 anzuwenden. Die FMA kann von diesen Leitlinien und Empfehlungen abweichen, sofern dafür ein berechtigter Grund, insbesondere Widerspruch zu bundesgesetzlichen Vorschriften, vorliegt.

(3) Die FMA kann Aufgaben im Zusammenhang mit der elektronischen Veröffentlichung der gebilligten Prospekte und der zugehörigen Dokumente an die Meldestelle übertragen. Die Übertra-

gung von Aufgaben erfolgt mittels eines eigenen Beschlusses, in dem Folgendes festgelegt wird:

1. die zu übertragenden Aufgaben und unter welchen Bedingungen diese auszuführen sind;

2. eine Klausel, die die Meldestelle dazu verpflichtet, aufgrund Ihres Handelns und durch ihre Organisationsstruktur zu gewährleisten, dass Interessenkonflikte vermieden werden und Informationen, die sie bei Ausführung der übertragenen Aufgaben erhält, nicht missbräuchlich oder wettbewerbswidrig verwendet werden;

3. alle Vereinbarungen zwischen der FMA und der Meldestelle, soweit ihr Aufgaben übertragen werden.

Die FMA ist unbeschadet § 17 in letzter Instanz für die Überwachung der Einhaltung der Verordnung (EU) 2017/1129 und außerdem für die Billigung der Prospekte von Wertpapieren verantwortlich.

(4) Die der FMA durch Art. 27 der Verordnung (EU) 2017/1129 eingeräumte Ermächtigung zur Anerkennung von Sprachen zur Prospekterstellung hat jene durch Erlassung einer Verordnung wahrzunehmen. Dem Antrag auf Billigung des Prospekts bei der FMA ist der Prospekt beizuschließen. Der Antrag sowie sämtliche Prospektentwurfsversionen einschließlich der finalen Version sind elektronisch bei der FMA vorzulegen. Die FMA kann mittels Verordnung vorgeben, wie eine eindeutige technische Zuordnung des Prospekts zum Emittenten nach dem Stand der Technik sichergestellt werden soll. Wird ein Prospekt ordnungsgemäß nach diesen Vorgaben vorgelegt, begründet dies die unwiderlegliche Vermutung, dass er vom Emittenten oder für ihn erstellt worden ist. Für die sonst von der FMA zu billigenden Dokumente gilt Gleiches. Am Tag der Billigung ist der Billigungsbescheid von der FMA samt dem jeweils zu billigenden Dokument der Meldestelle zu übersenden, sofern dies in einer Übertragungsvereinbarung gemäß Abs. 3 Z 3 vorgesehen ist.

(5) Für die Hinterlegung von Dokumenten nach diesem Hauptstück oder der Verordnung (EU) 2017/1129 kann die FMA durch Verordnung eine Vergütung vorschreiben, die die durchschnittlichen Kosten der Amtshandlung unter Berücksichtigung eines Fixkostenanteils nicht überschreiten darf.

(6) Die FMA kann durch Verordnung Mindestinhalte für die Dokumente gemäß Art. 1 Abs. 4 Buchstaben f bis i sowie Abs. 5 Buchstaben e bis h der Verordnung (EU) 2017/1129 festlegen, soweit kein delegierter Rechtsakt auf Grund von Art. 1 Abs. 7 der Verordnung (EU) 2017/1129 erlassen ist und Mindestinhalte festlegt. Die im ersten Satz genannten Dokumente sind der Öffentlichkeit gemäß Art. 21 Abs. 2 der Verordnung (EU) 2017/1129 zur Verfügung zu stellen.

Befugnisse

§ 14. (1) Die FMA ist im Rahmen der Überwachung der Einhaltung der Vorschriften dieses Bundesgesetzes, der Verordnung (EU) 2017/1129 sowie allfälliger auf Grund dieser Verordnung erlassener delegierter Rechtsakte unbeschadet der ihr in anderen Bundesgesetzen eingeräumten Befugnisse jederzeit berechtigt:

1. von Emittenten, Anbietern oder die Zulassung zum Handel an einem geregelten Markt beantragenden Personen die Aufnahme zusätzlicher Angaben in den Prospekt zu verlangen, wenn der Anlegerschutz dies gebietet;

2. von Emittenten, Anbietern oder die Zulassung zum Handel an einem geregelten Markt beantragenden Personen sowie von Personen, die diese kontrollieren oder von diesen kontrolliert werden, die Vorlage von Informationen und Unterlagen zu verlangen;

3. von den Abschlussprüfern und Verantwortlichen des Emittenten, des Anbieters oder den die Zulassung zum Handel an einem geregelten Markt beantragenden Personen sowie von den Finanzintermediären, die mit der Platzierung des öffentlichen Angebots von Wertpapieren oder der Beantragung der Zulassung zum Handel an einem geregelten Markt beauftragt sind, die Vorlage von Informationen zu verlangen;

4. ein öffentliches Angebot von Wertpapieren oder eine Zulassung zum Handel auf einem geregelten Markt für jeweils höchstens zehn aufeinander folgende Arbeitstage auszusetzen, wenn ein hinreichend begründeter Verdacht besteht, dass gegen die Verordnung (EU) 2017/1129 verstoßen wurde;

5. die Werbung für jeweils höchstens zehn aufeinander folgende Arbeitstage zu untersagen oder auszusetzen oder zu verlangen, dass Emittenten, Anbieter oder die die Zulassung zum Handel an einem geregelten Markt beantragenden Personen oder die einschlägigen Finanzintermediäre die Werbung unterlassen oder für jeweils höchstens zehn aufeinander folgende Arbeitstage aussetzen, wenn ein hinreichend begründeter Verdacht besteht, dass gegen die Verordnung (EU) 2017/1129 verstoßen wurde;

6. ein öffentliches Angebot von Wertpapieren oder eine Zulassung zum Handel an einem geregelten Markt zu untersagen, wenn sie feststellt, dass gegen die Verordnung (EU) 2017/1129 verstoßen wurde, oder ein hinreichend begründeter Verdacht besteht, dass gegen sie verstoßen würde;

7. den Handel an einem geregelten Markt, an einem MTF oder einem OTF für jeweils höchstens zehn aufeinander folgende Arbeitstage auszusetzen oder von den betreffenden geregelten Märkten, MTF oder OTF die Aussetzung des Handels an einem geregelten Markt oder an einem MTF für jeweils höchstens zehn aufeinander fol-

gende Arbeitstage zu verlangen, wenn ein hinreichend begründeter Verdacht besteht, dass gegen die Verordnung (EU) 2017/1129 verstoßen wurde;

8. den Handel an einem geregelten Markt, an einem MTF oder einem OTF zu untersagen, wenn sie feststellt, dass gegen die Verordnung (EU) 2017/1129 verstoßen wurde;

9. den Umstand bekannt zu machen, dass ein Emittent, ein Anbieter oder eine die Zulassung zum Handel an einem geregelten Markt beantragende Person seinen/ihren Verpflichtungen nicht nachkommt;

10. die Prüfung eines zur Billigung vorgelegten Prospekts auszusetzen oder ein öffentliches Angebot von Wertpapieren oder eine Zulassung zum Handel an einem geregelten Markt auszusetzen oder einzuschränken, wenn die FMA ihre Befugnis zur Verhängung von Verboten oder Beschränkungen nach Art. 42 der Verordnung (EU) Nr. 600/2014 über Märkte für Finanzinstrumente und zur Änderung der Verordnung (EU) Nr. 648/2012, ABl. Nr. L 173 vom 12.6.2014, S. 84, wahrnimmt, solange dieses Verbot oder diese Beschränkungen gelten;

11. die Billigung eines von einem bestimmten Emittenten, Anbieter oder einer die Zulassung zum Handel an einem geregelten Markt beantragenden Person erstellten Prospekts während höchstens fünf Jahren zu verweigern, wenn dieser Emittent, Anbieter oder diese die Zulassung zum Handel an einem geregelten Markt beantragende Person wiederholt und schwerwiegend gegen die Verordnung (EU) 2017/1129 verstoßen haben;

12. zur Gewährleistung des Anlegerschutzes oder des reibungslosen Funktionierens des Marktes alle wesentlichen Informationen, die die Bewertung der öffentlich angebotenen oder zum Handel an einem geregelten Markt zugelassenen Wertpapiere beeinflussen können, bekannt zu machen oder vom Emittenten die Bekanntgabe dieser Informationen zu verlangen;

13. den Handel der Wertpapiere auszusetzen oder von dem betreffenden geregelten Markt, MTF oder OTF die Aussetzung des Handels zu verlangen, wenn die FMA der Auffassung ist, dass der Handel angesichts der Lage des Emittenten den Anlegerinteressen abträglich wäre;

14. Überprüfungen oder Ermittlungen vor Ort an anderen Standorten als den privaten Wohnräumen natürlicher Personen durchzuführen und zu jenem Zweck Zugang zu Räumlichkeiten zu erhalten, um Unterlagen und Daten gleich welcher Form einzusehen, wenn der begründete Verdacht besteht, dass in Zusammenhang mit dem Gegenstand einer Überprüfung oder Ermittlung Dokumente und andere Daten vorhanden sind, die als Nachweis für einen Verstoß gegen die Verordnung (EU) 2017/1129 dienen können. §§ 119 bis 122 der Strafprozessordnung 1975 – StPO, BGBl. Nr. 631/1975, sind sinngemäß anzuwenden; sofern sich der Betroffene der beabsichtigten Maßnahme der FMA widersetzt, hat erforderlichenfalls das Bundesverwaltungsgericht über einen Antrag der FMA nach Abs. 1 Z 14 mit Beschluss zu entscheiden, wobei der Grundsatz der Gesetz- und Verhältnismäßigkeit nach § 5 StPO anzuwenden ist. Die FMA hat ihren Antrag zu begründen und dem Bundesverwaltungsgericht samt den Akten zu übermitteln.

(2) Wenn nach Abs. 1 Z 11 die Billigung eines Prospekts verweigert wurde, hat die FMA dies der ESMA mitzuteilen.

(3) Die FMA hat ihre in Abs. 1 genannten Aufgaben und Befugnisse auf eine der folgenden Arten wahrzunehmen:

1. unmittelbar;

2. in Zusammenarbeit mit anderen Behörden;

3. unter eigener Zuständigkeit, durch Übertragung von Aufgaben an solche Behörden;

4. durch Antrag bei den zuständigen Gerichten (Abs. 1 Z 14).

(4) Die Verordnung (EU) 2017/1129 lässt Bundesgesetze zu Übernahmeangeboten, Zusammenschlüssen und anderen Transaktionen, die die Eigentumsverhältnisse oder die Kontrolle von Unternehmen betreffen, mit denen die Richtlinie 2004/25/EG umgesetzt wird und die zusätzlich zu den Anforderungen der genannten Verordnung weitere Anforderungen festlegen, unberührt.

(5) Wenn eine Person der FMA im Einklang mit der Verordnung (EU) 2017/1129 Informationen meldet, gilt das nicht als Verstoß gegen eine etwaige vertraglich oder durch Rechts- oder Verwaltungsvorschriften geregelte Einschränkung der Offenlegung von Informationen und hat keine diesbezügliche Haftung zur Folge.

Strafbestimmungen

§ 15. (1) Wer im Zusammenhang mit einem öffentlichen Angebot von Wertpapieren, das nach der Verordnung (EU) 2017/1129 prospektpflichtig ist,

1. nicht die gemäß Art. 3 oder 5 der Verordnung (EU) 2017/1129 enthaltenen Pflichten zur Veröffentlichung einhält oder entgegen Art. 20 Abs. 1 der Verordnung (EU) 2017/1129 einen Prospekt veröffentlicht;

2. nicht in den Prospekt oder die Prospektzusammenfassung oder in den Basisprospekt oder in das einheitliche Registrierungsformular die gemäß Art. 6 oder Art. 7 Abs. 1 bis 11 oder Art. 8 oder Art. 9 oder Art. 10 der Verordnung (EU) 2017/1129 erforderlichen Informationen aufnimmt oder sonst gegen diese Bestimmungen verstößt;

3. gegen die in Art. 14 Abs. 1 und 2 der Verordnung (EU) 2017/1129 enthaltenen vereinfachten Offenlegungsregeln für Sekundäremissionen oder

gegen die Prospektregeln für den EU-Wachstumsprospekt in Art. 15 Abs. 1 der Verordnung (EU) 2017/1129 verstößt;

4. gegen die Offenlegungspflichten für Risikofaktoren in Art. 16 Abs. 1, 2 oder 3 der Verordnung (EU) 2017/1129 verstößt;

5. gegen die Pflichten in Art. 17, Art. 18 oder Art. 19 Abs. 1 bis 3 der Verordnung (EU) 2017/1129 verstößt;

6. gegen die Veröffentlichungspflichten gemäß Art. 21 Abs. 1 bis 4 oder 7 bis 11 der Verordnung (EU) 2017/1129 verstößt;

7. entgegen Art. 22 Abs. 2 bis 5 der Verordnung (EU) 2017/1129 wirbt,

8. gegen die Pflichten zu Prospektnachträgen gemäß Art. 23 Abs. 1 bis 3a oder 5 der Verordnung (EU) 2017/1129 verstößt; *(BGBl I 2022/69)*

9. gegen das Sprachenregime gemäß Art. 27 der Verordnung (EU) 2017/1129 verstößt;

10. bei einer Ermittlung oder Überprüfung nicht mit den Behörden zusammenarbeitet oder einem unter Art. 32 der Verordnung (EU) 2017/1129 fallenden Ersuchen nicht nachkommt;

11. als Anbieter oder Emittent nicht gemäß § 23 Abs. 2 oder als Meldepflichtiger nicht gemäß § 24 und zwar auch dann, wenn kein öffentliches Angebot gegeben ist oder sonst, auch wenn eine Prospektausnahme gegeben ist, die Meldestelle in Kenntnis setzt;

begeht eine Verwaltungsübertretung und ist von der FMA mit einer Geldstrafe von bis zur zweifachen Höhe der durch die Verstöße erzielten Gewinne oder vermiedenen Verluste, sofern diese sich beziffern lassen, zu bestrafen, falls diese Bezifferung jedoch nicht möglich ist, mit einer Geldstrafe von bis zu 700 000 Euro zu bestrafen.

(2) Die FMA kann Geldstrafen gegen juristische Personen verhängen, wenn Personen, die entweder allein oder als Teil eines Organs der juristischen Person gehandelt haben und eine Führungsposition innerhalb der juristischen Person aufgrund

1. der Befugnis zur Vertretung der juristischen Person,

2. der Befugnis, Entscheidungen im Namen der juristischen Person zu treffen, oder

3. einer Kontrollbefugnis innerhalb der juristischen Person

innehaben, gegen die in Abs. 1 angeführten Verbote oder Verpflichtungen verstoßen haben. Juristische Personen können wegen der in Abs. 1 genannten Verstöße auch verantwortlich gemacht werden, wenn mangelnde Überwachung oder Kontrolle durch eine in Abs. 1 genannte Person die Begehung dieser Verstöße durch eine für die juristische Person tätige Person ermöglicht hat. Im Falle einer Tatbegehung durch eine juristischen Person erhöht sich die von der FMA maximal zu verhängende Geldstrafe nach Abs. 1 auf 5 000 000 EUR oder auf 3 vH des jährlichen Gesamtumsatzes der betreffenden juristischen Person nach dem letzten verfügbaren Abschluss, der vom Leitungsorgan gebilligt wurde.

(3) Handelt es sich bei der juristischen Person um eine Muttergesellschaft oder eine Tochtergesellschaft einer Muttergesellschaft, die nach der Richtlinie 2013/34/EU über den Jahresabschluss, den konsolidierten Abschluss und damit verbundene Berichte von Unternehmen bestimmter Rechtsformen und zur Änderung der Richtlinie 2006/43/EG und zur Aufhebung der Richtlinien 78/660/EWG und 83/349/EWG, ABl. Nr. L 182 vom 29.06.2013 S. 19, zuletzt geändert durch die Richtlinie 2014/102/EU, ABl. Nr. L 334 vom 21.11.2014 S. 86, in der Fassung der Berichtigung, ABl. Nr. L 369 vom 24.12.2014 S. 79, einen konsolidierten Abschluss aufzustellen hat, so ist der relevante jährliche Gesamtumsatz der jährliche Gesamtumsatz oder die entsprechende Einkunftsart nach dem einschlägigen Unionsrecht für die Rechnungslegung, der oder die im letzten verfügbaren konsolidierten Abschluss ausgewiesen ist, der vom Leitungsorgan der Muttergesellschaft an der Spitze gebilligt wurde.

(4) Hat die FMA im Zusammenhang mit Veröffentlichungen die Entgegennahme der endgültigen Bedingungen, des endgültigen Emissionskurses und des endgültigen Emissionsvolumens an die Meldestelle gemäß § 13 Abs. 3 übertragen, ist nach § 15 Abs. 1 Z 2 oder 5 wegen Verletzung von Hinterlegungspflichten nicht zu bestrafen, wer seiner Hinterlegungspflicht im Hinblick auf diese Angaben im Rahmen der Meldung gemäß § 24 Abs. 1 nachgekommen ist.

(5) Bei Verletzung einer Meldepflicht gemäß § 24 hat die FMA von der Einleitung und Durchführung eines Verwaltungsstrafverfahrens gemäß Z 11 abzusehen, wenn die nicht ordnungsgemäß erstattete Meldung nachgeholt wurde, bevor die FMA Kenntnis von dieser Übertretung erlangt hat.

(6) Die FMA hat weiters die Befugnis, bei Verstößen gemäß Abs. 1 Z 1 bis 9 folgende Maßnahmen zu setzen:

1. die öffentliche Bekanntgabe der verantwortlichen natürlichen oder juristischen Person und der Art des Verstoßes gemäß Art. 42 der Verordnung (EU) 2017/1129;

2. die Anordnung an die verantwortliche natürliche oder juristische Person, das den Verstoß darstellende Verhalten einzustellen.

Wahrnehmung der Aufsichts- und Sanktionsbefugnisse

§ 16. (1) Die FMA hat bei der Bestimmung der Art und der Höhe der Strafen und anderer verwaltungsrechtlicher Maßnahmen alle relevanten

Umstände zu berücksichtigen, darunter gegebenenfalls

1. die Schwere und Dauer des Verstoßes;

2. den Grad an Verantwortung der für den Verstoß verantwortlichen Person;

3. die Finanzkraft der für den Verstoß verantwortlichen Person, wie sie sich aus dem Gesamtumsatz der verantwortlichen juristischen Person oder den Jahreseinkünften und dem Nettovermögen der verantwortlichen natürlichen Person ablesen lässt;

4. die Auswirkungen des Verstoßes auf die Interessen der Kleinanleger;

5. die Höhe der durch den Verstoß von der für den Verstoß verantwortlichen Person erzielten Gewinne oder vermiedenen Verluste oder der Dritten entstandenen Verluste, soweit diese sich beziffern lassen;

6. das Ausmaß der Zusammenarbeit der für den Verstoß verantwortlichen Person mit der Behörde, unbeschadet des Erfordernisses, die erzielten Gewinne oder vermiedenen Verluste dieser Person einzuziehen;

7. frühere Verstöße der für den Verstoß verantwortlichen Person;

8. Maßnahmen, die die für den Verstoß verantwortliche Person nach dem Verstoß ergriffen hat, um eine Wiederholung zu verhindern.

(2) Bei der Wahrnehmung ihrer Befugnisse zur Verhängung von verwaltungsrechtlichen Sanktionen oder anderen verwaltungsrechtlichen Maßnahmen nach Art. 38 der Verordnung (EU) 2017/1129 hat die FMA mit den zuständigen Behörden anderer Mitgliedstaaten eng zusammenzuarbeiten, um sicherzustellen, dass die Ausführung ihrer Aufsichts- und Ermittlungsbefugnisse sowie die verwaltungsrechtlichen Sanktionen, die sie verhängen, und die anderen verwaltungsrechtlichen Maßnahmen, die sie treffen, im Rahmen dieser Verordnung wirksam und angemessen sind. Die FMA hat ihre Maßnahmen mit solchen der zuständigen Behörden anderer Mitgliedstaaten zu koordinieren, um Doppelarbeit und Überschneidungen bei der Wahrnehmung ihrer Aufsichts- und Ermittlungsbefugnisse und bei der Verhängung von verwaltungsrechtlichen Sanktionen und anderen verwaltungsrechtlichen Maßnahmen in grenzüberschreitenden Fällen zu vermeiden.

Rechtsmittel

§ 17. Die Entscheidungen der FMA in Vollziehung der Verordnung (EU) 2017/1129 und dieses Bundesgesetzes sind entsprechend den Verwaltungsverfahrensgesetzen zu begründen. Gegen diese Entscheidungen besteht das Rechtsmittel der Beschwerde an das Bundesverwaltungsgericht. Der Rechtsbehelf der Säumnisbeschwerde besteht auch im Falle, dass die FMA innerhalb der in Art. 20 Abs. 2, 3 und 6 der Verordnung (EU) 2017/1129 genannten Fristen in Bezug auf den betreffenden Antrag auf Billigung weder eine Entscheidung getroffen hat, diesen zu billigen oder abzulehnen, noch Änderungen oder zusätzliche Informationen verlangt hat.

Meldung von Verstößen

§ 18. (1) Die FMA hat über wirksame Mechanismen zu verfügen, um Meldungen von tatsächlichen oder möglichen Verstößen gegen dieses Bundesgesetz und gegen die Verordnung (EU) 2017/1129 an sie zu fördern und zu ermöglichen.

(2) Die in Abs. 1 genannten Mechanismen umfassen zumindest Folgendes:

1. Spezielle Verfahren für die Entgegennahme der Meldungen über tatsächliche oder mögliche Verstöße und deren Nachverfolgung, einschließlich der Einrichtung sicherer Kommunikationskanäle für derartige Meldungen;

2. angemessenen Schutz von auf der Grundlage eines Arbeitsvertrags beschäftigten Angestellten, die Verstöße melden, zumindest vor Vergeltungsmaßnahmen, Diskriminierung und anderen Arten ungerechter Behandlung durch ihren Arbeitgeber oder Dritte;

3. Schutz der Identität und der personenbezogenen Daten sowohl der Person, die die Verstöße meldet, als auch der natürlichen Person, die mutmaßlich für einen Verstoß verantwortlich ist, in allen Verfahrensstufen, es sei denn, die Offenlegung der Identität ist nach sonstigen gesetzlichen Vorschriften vor dem Hintergrund weiterer Ermittlungen oder anschließender Gerichtsverfahren vorgeschrieben.

(3) Arbeitgeber, die im Hinblick auf Finanzdienstleistungen regulierte Tätigkeiten ausüben, haben über geeignete Verfahren zu verfügen, die es ihren Mitarbeitern ermöglichen, tatsächliche oder mögliche Verstöße intern über einen spezifischen, unabhängigen und autonomen Kanal zu melden.

Veröffentlichung von Entscheidungen

§ 19. (1) Eine Entscheidung, wegen eines Verstoßes gegen die Verordnung (EU) 2017/1129 eine verwaltungsrechtliche Sanktion oder andere verwaltungsrechtliche Maßnahme zu verhängen, ist von der FMA auf ihrer offiziellen Webseite zu veröffentlichen, unverzüglich nachdem die von der Entscheidung betroffene Person darüber informiert wurde. Dabei sind mindestens Art und Wesen des Verstoßes und die Identität der verantwortlichen Personen zu veröffentlichen. Diese Verpflichtung gilt nicht für Entscheidungen, durch die Maßnahmen mit Ermittlungscharakter verfügt werden.

(2) Ist die FMA nach einer einzelfallbezogenen Bewertung zu der Ansicht gelangt, dass die Veröffentlichung der Identität der Rechtspersönlichkeit oder der Identität oder der personenbezogenen Daten von natürlichen Personen unverhältnismäßig wäre, oder würde eine solche Veröffentlichung die Stabilität der Finanzmärkte oder laufende Ermittlungen gefährden, so hat die FMA

1. die Veröffentlichung der Verhängung einer Sanktion oder einer Maßnahme zu verschieben, bis die Gründe für ihre Nichtveröffentlichung weggefallen sind, oder

2. die Entscheidung zur Verhängung einer Sanktion oder Maßnahme in anonymisierter Form und im Einklang mit den sonstigen gesetzlichen Bestimmungen zu veröffentlichen, wenn eine solche anonymisierte Veröffentlichung einen wirksamen Schutz der betreffenden personenbezogenen Daten gewährleistet, oder

3. davon abzusehen, die Entscheidung zur Verhängung einer Sanktion oder Maßnahme zu veröffentlichen, wenn die Möglichkeiten nach den Z 1 und 2 ihrer Ansicht nach nicht ausreichen, um zu gewährleisten, dass

a) die Stabilität der Finanzmärkte nicht gefährdet wird;

b) bei einer Bekanntmachung der Entscheidung im Falle von Maßnahmen, deren Bedeutung für gering befunden wird, die Verhältnismäßigkeit gewahrt ist.

Bei der Entscheidung, eine Sanktion oder Maßnahme in anonymisierter Form gemäß Z 2 zu veröffentlichen, kann die Veröffentlichung der relevanten Daten für vertretbare Zeit zurückgestellt werden, wenn vorhersehbar ist, dass die Gründe für die anonymisierte Veröffentlichung bei Ablauf dieser Zeitspanne nicht mehr bestehen.

(3) Wenn gegen eine Entscheidung zur Verhängung einer Sanktion oder Maßnahme Rechtsmittel bei den Gerichten oder sonstigen Behörde eingelegt werden, hat die FMA dies auf ihrer offiziellen Website umgehend zu veröffentlichen und dort auch über den Ausgang dieses Verfahrens zu informieren. Ferner ist jede Entscheidung, mit der eine frühere Entscheidung über die Verhängung einer Sanktion oder Maßnahme für ungültig erklärt wird, zu veröffentlichen.

(4) Die FMA hat sicherzustellen, dass Veröffentlichungen nach dieser Bestimmung ab dem Zeitpunkt ihrer Veröffentlichung mindestens fünf Jahre lang auf ihrer offiziellen Website einsehbar sind. In der Veröffentlichung enthaltene personenbezogene Daten dürfen jedoch nur so lange auf der offiziellen Website der FMA einsehbar bleiben, wie dies nach den geltenden Datenschutzbestimmungen erforderlich ist.

Meldung von Sanktionen an die ESMA

§ 20. (1) Die FMA hat der ESMA jährlich aggregierte Informationen über alle gemäß Art. 38 der Verordnung (EU) 2017/1129 verhängten verwaltungsrechtlichen Sanktionen und andere verwaltungsrechtliche Maßnahmen zu übermitteln.

(2) Hat die FMA verwaltungsrechtliche Sanktionen oder andere verwaltungsrechtliche Maßnahmen oder strafgerichtliche Sanktionen öffentlich gemacht, so hat sie diese gleichzeitig der ESMA zu melden.

(3) Die FMA hat der ESMA alle verwaltungsrechtlichen Sanktionen oder anderen verwaltungsrechtlichen Maßnahmen mitzuteilen, die verhängt, jedoch gemäß Art. 42 Abs. 2 Unterabs. 1 Buchstabe c der Verordnung (EU) 2017/1129 nicht veröffentlicht wurden, einschließlich aller in diesem Zusammenhang eingelegten Rechtsmittel und der Ergebnisse der Rechtsmittelverfahren. Die Gerichte haben der FMA die Informationen und das endgültige Urteil im Zusammenhang mit verhängten strafgerichtlichen Sanktionen mitzuteilen und die FMA hat diese an die ESMA weiterzuleiten.

3. Hauptstück
Gemeinsame Bestimmungen für Veranlagungen und Wertpapiere

Verbrauchergeschäfte

§ 21. (1) Erfolgt ein prospektpflichtiges Angebot von Wertpapieren oder Veranlagungen ohne vorhergehende Veröffentlichung eines Prospekts, so können Anleger, die Verbraucher im Sinne des § 1 Abs. 1 Z 2 KSchG sind, von ihrem Angebot oder vom Vertrag zurücktreten.

(2) Unbeschadet des Rücktrittsrechtes nach Abs. 1 können Anleger, die Verbraucher im Sinne des § 1 Abs. 1 Z 2 KSchG sind, vom Vertrag zurücktreten, wenn ihnen der Erwerb einer Veranlagung in Immobilien nicht gemäß § 9 Z 3 bestätigt wurde.

(3) Der Rücktritt bedarf der Schriftform, wobei es genügt, wenn der Verbraucher ein Schriftstück, das seine Vertragserklärung oder die des Veräußerers enthält, dem Veräußerer oder dessen Beauftragten, der an den Vertragsverhandlungen mitgewirkt hat, mit einem Vermerk zurückstellt, der erkennen lässt, dass der Verbraucher das Zustandekommen oder die Aufrechterhaltung des Vertrages ablehnt. Es reicht aus, wenn die Rücktrittserklärung innerhalb der Zeiträume gemäß Abs. 4 abgesendet wird.

(4) Das Rücktrittsrecht nach Abs. 1 erlischt mit Ablauf einer Woche nach dem Tag, an dem der Prospekt veröffentlicht wurde. Das Rücktrittsrecht nach Abs. 2 erlischt mit Ablauf einer Woche nach

dem Tag, an dem dem Verbraucher der Erwerb gemäß § 9 Z 3 bestätigt wurde.

(5) Den Abs. 1 bis 4 entgegenstehende Vereinbarungen zum Nachteil von Verbrauchern sind unwirksam.

(6) Weitergehende Rechte der Anleger nach sonstigen Vorschriften bleiben unberührt.

Prospekthaftung

§ 22. (1) Die für den Prospekt und Nachträge dazu verantwortlichen Personen sind im Prospekt eindeutig unter Angabe ihres Namens und ihrer Funktion – bei juristischen Personen ihres Namens und ihres Sitzes – zu benennen. Der Prospekt sowie die Nachträge dazu haben Erklärungen der betreffenden Personen zu enthalten, dass ihres Wissens die Angaben in dem Prospekt richtig sind und darin keine Angaben fehlen, die die Aussage des Prospekts und der Nachträge dazu verändern können. Jedem Anleger haften für den Schaden, der ihm im Vertrauen auf die Prospektangaben oder die Angaben in einem Nachtrag zum Prospekt (§ 6 oder Art. 23 der Verordnung (EU) 2017/1129), die für die Beurteilung der Wertpapiere oder Veranlagungen erheblich sind, entstanden ist,

1. der Emittent für durch eigenes Verschulden oder durch Verschulden seiner Leute oder sonstiger Personen, deren Tätigkeit zur Prospekterstellung herangezogen wurde, erfolgte unrichtige oder unvollständige Angaben,

2. die die Zulassung zum Handel an einem geregelten Markt beantragende Person sowie der Garantiegeber, je für durch eigenes Verschulden oder durch Verschulden ihrer Leute oder sonstiger Personen, deren Tätigkeit zur Prospekterstellung herangezogen wurde, erfolgte unrichtige oder unvollständige Angaben,

3. der Prospektkontrollor von Prospekten für Veranlagungen jedoch nur für durch eigenes grobes Verschulden oder grobes Verschulden seiner Leute oder sonstiger Personen, deren Tätigkeit zur Prospektkontrolle herangezogen wurde, erfolgte unrichtige oder unvollständige Kontrollen,

4. derjenige, der im eigenen oder im fremden Namen die Vertragserklärung des Anlegers entgegengenommen hat und der Vermittler des Vertrages, sofern die in Anspruch genommene Person den Handel oder die Vermittlung von Wertpapieren oder Veranlagungen gewerbsmäßig betreibt und sie oder ihre Leute die Unrichtigkeit oder Unvollständigkeit der Angaben im Sinne der Z 1 oder der Kontrolle gekannt haben oder infolge grober Fahrlässigkeit nicht gekannt haben, und

5. der Abschlussprüfer, der in Kenntnis der Unrichtigkeit oder Unvollständigkeit der Angaben im Sinne der Z 1 und in Kenntnis, dass der von ihm bestätigte Jahresabschluss eine Unterlage für die Prospektkontrolle darstellt, einen Jahresabschluss mit einem Bestätigungsvermerk versehen hat.

Bei Vorliegen eines Ausschlussgrundes beim Prospektkontrollor braucht der Anleger das Vorliegen des in den Z 1 oder 2 genannten Verschuldens nicht zu beweisen. Die Haftung nach Z 4 besteht nur gegenüber jenem Anleger, dessen Vertragserklärung ein Haftungspflichtiger entgegengenommen oder dessen Erwerb von Wertpapieren oder Veranlagungen er vermittelt hat. Derjenige, der ein prospektpflichtiges Angebot im Inland ohne Zustimmung des Emittenten gemäß § 5 Abs. 5 oder gemäß Art. 5 der Verordnung (EU) 2017/1129 stellt, haftet Anlegern, die im Rahmen seines Angebotes oder seiner Zeichnungseinladung angenommen haben, anstelle des Emittenten nach Z 1, sofern der Emittent nicht wusste oder wissen musste, dass der Prospekt einem Angebot gemäß § 2 oder gemäß der Verordnung (EU) 2017/1129 ohne seine Zustimmung zu Grunde gelegt wurde und er dessen daher unzulässige Verwendung der Meldestelle und der FMA unverzüglich nachdem er von der unzulässigen Verwendung Kenntnis erlangt hat oder Kenntnis haben musste, mitgeteilt hat. Die Meldestelle hat mit ihr zugegangenen Mitteilungen gemäß § 23 Abs. 2 zu verfahren.

(2) Bei Wertpapieren oder Veranlagungen von Emittenten aus Drittstaaten trifft die Haftpflicht gemäß Abs. 1 Z 1 auch denjenigen, der das prospektpflichtige Angebot im Inland gestellt hat.

(3) Trifft die Haftpflicht mehrere, so haften sie zur ungeteilten Hand. Ihre Haftung wird nicht dadurch gemindert, dass auch andere für den Ersatz desselben Schadens haften.

(4) Die Haftpflicht kann im Voraus zum Nachteil von Anlegern weder ausgeschlossen noch beschränkt werden.

(5) Ersatzansprüche können nicht aus dem Umstand abgeleitet werden, dass infolge unrichtiger oder unvollständiger Prospektangaben oder Prospektnachtragsangaben die im Prospekt beschriebenen Wertpapiere oder Veranlagungen nicht erworben wurden.

(6) Die Höhe der Haftpflicht gegenüber jedem einzelnen Anleger ist, sofern das schädigende Verhalten nicht auf Vorsatz beruhte, begrenzt durch den von ihm bezahlten Erwerbspreis, zuzüglich Spesen und Zinsen ab Zahlung des Erwerbspreises. Bei unentgeltlichem Erwerb ist der letzte bezahlte Erwerbspreis zuzüglich Spesen und Zinsen ab Zahlung des Erwerbspreises maßgeblich.

(7) Ansprüche der Anleger nach diesem Bundesgesetz müssen bei sonstigem Ausschluss binnen zehn Jahren nach Beendigung des prospektpflichtigen Angebotes gerichtlich geltend gemacht werden.

(8) Schadenersatzansprüche aus der Verletzung anderer gesetzlicher Vorschriften oder aus der Verletzung von Verträgen bleiben hievon unberührt.

(9) Bei Wertpapierprospekten können Schadenersatzansprüche jedoch nicht lediglich aufgrund der Zusammenfassung nach Art. 7 der Verordnung (EU) 2017/1129 oder der speziellen Zusammenfassung eines EU-Wachstumsprospekts nach Art. 15 Abs. 1 Unterabs. 2 der Verordnung (EU) 2017/1129 samt etwaiger Übersetzungen gestellt werden, es sei denn,

1. die Zusammenfassung ist, wenn sie zusammen mit den anderen Teilen des Prospekts gelesen wird, irreführend, unrichtig oder widersprüchlich oder

2. sie vermittelt, wenn sie zusammen mit den anderen Teilen des Prospekts gelesen wird, nicht die Basisinformationen, die in Bezug auf Anlagen in die Wertpapiere für die Anleger eine Entscheidungshilfe darstellen würden.

(10) Bei Wertpapierprospekten liegt die Haftung für die in einem Registrierungsformular oder in einem einheitlichen Registrierungsformular enthaltenen Informationen nur in solchen Fällen bei den in Abs. 1 genannten Personen, in denen das Registrierungsformular oder das einheitliche Registrierungsformular als Bestandteil eines gebilligten Prospekts verwendet wird. Die gilt unbeschadet der Art. 4 und 5 der Richtlinie 2004/109/EG zur Harmonisierung der Transparenzanforderungen in Bezug auf Informationen über Emittenten, deren Wertpapiere zum Handel auf einem geregelten Markt zugelassen sind, und zur Änderung der Richtlinie 2001/34/EG, ABl. Nr. L 390 vom 31.12.2004 S. 38, zuletzt geändert durch die Richtlinie 2013/50/EU, ABl. Nr. L 294 vom 06.11.2013 S. 13, wenn die gemäß jenen Artikeln offenzulegenden Informationen in einem einheitlichen Registrierungsformular enthalten sind.

(11) Die Regelungen über die Haftung der FMA gemäß dem Finanzmarktaufsichtsbehördengesetz – FMABG, BGBl. I Nr. 97/2001, gelten unbeschadet der Verordnung (EU) 2017/1129.

(12) Gegenüber den Anlegern haften auch der Anbieter sowie die in Abs. 1 Z 4 genannten Personen, je für durch eigenes Verschulden oder durch Verschulden ihrer Leute oder sonstiger Personen, deren Tätigkeit zum Vertrieb von den Wertpapieren oder Veranlagungen herangezogen wurde, für im Widerspruch zu den Prospektangaben oder den Angaben in einem Nachtrag stehenden getätigten sonstigen fehlerhaften Angaben, sofern diese schadenskausal waren.

Meldestelle

§ 23. (1) Die Meldestelle nach diesem Bundesgesetz ist die Oesterreichische Kontrollbank Aktiengesellschaft. Sie hat die auf Basis einer Übertragungsvereinbarung nach § 13 Abs. 3 bei ihr eingelangten Wertpapierprospekte und sonstigen Angaben nach diesem Bundesgesetz auf das Vorhandensein der Billigung durch die FMA oder einer Notifizierungsbestätigung zu prüfen und aufzubewahren und die eingelangten Veranlagungsprospekte und sonstigen Angaben nach diesem Bundesgesetz auf das Vorhandensein der erforderlichen Unterfertigungen (Emittent, Prospektkontrollor) gemäß § 5 Abs. 4, § 7 Abs. 1 oder § 9 Z 2 zu prüfen und aufzubewahren. Die Meldestelle darf die eingelangten Prospekte und sonstigen Angaben nach diesem Bundesgesetz frühestens 15 Jahre nach der Hinterlegung bei der Meldestelle vernichten. Die Meldestelle ist berechtigt, für ihre Tätigkeit den meldenden oder hinterlegenden Anbietern eine angemessene Vergütung zu verrechnen.

(2) Die Meldestelle ist verpflichtet, raschestmöglich, längstens jedoch binnen fünf Werktagen, Anfragen darüber zu beantworten, ob für Wertpapiere oder Veranlagungen, die Gegenstand der Anfrage sind, ein Prospekt oder sonstige Angaben nach diesem Bundesgesetz veröffentlicht und der Meldestelle übermittelt wurden und ob der Veranlagungsprospekt oder die sonstigen Angaben nach diesem Bundesgesetz die nach diesem Bundesgesetz erforderlichen Unterfertigungen aufweisen und ob zu einem Wertpapierprospekt oder den sonstigen Angaben nach diesem Bundesgesetz die Billigung (Amtssignatur) oder Notifizierungsbestätigung (Certificate of Approval) der FMA vorliegen. Gleichzeitig sind über Anfrage Ort und Datum der Veröffentlichung und das Vorliegen einer allfälligen Versicherungsbestätigung gemäß § 7 Abs. 1 anzugeben. Zu diesem Zweck haben der Anbieter und der Emittent die Meldestelle, sofern sich dies aus dem eingelangten Prospekt oder aus den eingelangten Angaben über die Änderungen oder Ergänzungen nicht ohnehin ergibt, über Ort und Datum der Veröffentlichung unverzüglich in Kenntnis zu setzen. Über Verlangen hat die Meldestelle Abschriften des Prospekts oder der sonstigen Angaben an Interessenten gegen Kostenersatz zu übermitteln.

(3) Die Meldestelle hat ferner

1. aus den Prospekten die Angaben über die Wertpapiere, die Veranlagungen und die Emittenten statistisch und automationsunterstützt auszuwerten, soweit dies zur Erfüllung ihrer Aufgaben nach diesem Bundesgesetz erforderlich ist;

2. den Bundesminister für Finanzen und die FMA regelmäßig über die wahrgenommenen Entwicklungen auf dem Kapitalmarkt sowie unverzüglich aus besonderem Anlass zu unterrichten;

3. der FMA zum Zwecke der Erfüllung ihrer Aufgaben als Wertpapieraufsicht und der Datenübermittlung den jederzeitigen automationsunter-

stützten Zugriff auf Daten basierend auf Meldungen gemäß diesem Bundesgesetz und auf Grund dieses Bundesgesetzes erlassener Verordnungen zu ermöglichen.

Emissionskalender

§ 24. (1) Wer Wertpapiere oder Veranlagungen im Inland erstmals anzubieten beabsichtigt, hat die Meldestelle ehestmöglich über den Emittenten, den voraussichtlichen Zeitpunkt der Emission, das Gesamtvolumen, die Stückelung, die Laufzeit und, im Falle öffentlicher Angebote, die sonstigen Konditionen, sowie gegebenenfalls über jene Umstände, die gemäß § 3 oder gemäß der Verordnung (EU) 2017/1129 eine Ausnahme von der Prospektpflicht begründen, in Kenntnis zu setzen; einzelne Angaben, die erst kurz vor der Zeichnungsfrist festgelegt werden können, dürfen nachgereicht werden. Bei den Angaben über die für die Ausnahme von der Prospektpflicht maßgeblichen Umstände ist der entsprechende Ausnahmetatbestand gemäß § 3 oder der Verordnung (EU) 2017/1129 oder anderen bundesgesetzlichen Bestimmungen ausdrücklich anzugeben. Der Anbieter hat weiters zum Zwecke der eindeutigen Identifikation der zu meldenden Emission die von der Oesterreichischen Kontrollbank Aktiengesellschaft (inländische ISIN Vergabestelle) oder einer ausländischen ISIN Vergabestelle vergebene ISIN oder eine gleichwertige Identifikation und den LEI des Emittenten bekannt zu geben. Die Angaben sind im Wege eines von der Meldestelle elektronisch zur Verfügung zu stellenden Meldeportals zu übermitteln. Handelt es sich bei dem Angebot um ein der Prospektpflicht nach der Verordnung (EU) 2017/1129 unterliegendes Angebot oder wurde ein Prospekt gemäß dieser Verordnung auf freiwilliger Basis erstellt und ist die FMA zuständige Billigungsbehörde, so haben die Konditionen nach diesem Abs. neben den endgültigen Bedingungen auch die für die Klassifizierung der Prospekte relevanten begleitenden emissionsbezogenen Daten zu enthalten, sofern diese Daten in einem von der Europäischen Kommission nach Art. 21 Abs. 13 der Verordnung (EU) 2017/1129 erlassenen und im Amtsblatt der Europäischen Union veröffentlichten technischen Regulierungsstandard spezifiziert wurden. Sofern der endgültige Emissionspreis oder das endgültige Emissionsvolumen gemäß Art. 17 der Verordnung (EU) 2017 vor Angebotsbeginn noch nicht feststehen, können diese Angaben nachgereicht werden. Die Meldestelle hat die für die Zwecke dieses Absatzes erforderlichen Meldefelder vorzusehen.

(2) Die Meldepflicht gemäß Abs. 1 gilt nicht für Wertpapiere gemäß Art. 1 Abs. 2 Buchstaben a und c, Abs. 4 Buchstaben e, h und i der Verordnung (EU) 2017/1129 und für Wertpapiere gemäß § 12 Abs. 2 und Veranlagungen gemäß § 3 Abs. 1 Z 1 und 3. *(BGBl I 2021/225)*

(3) Die Meldestelle hat die gemäß Abs. 1 erhaltenen Meldungen auf ihrer Webseite fortlaufend zu veröffentlichen. Die Meldestelle hat das Veröffentlichungsorgan und jede Änderung desselben im Amtsblatt zur Wiener Zeitung bekanntzugeben.

(4) Wenn die Meldestelle aus den gemäß Abs. 1 erhaltenen Meldungen begründete Zweifel daran hat, dass entgegen den gemäß Abs. 1 übermittelten Angaben über einen Ausnahmetatbestand von der Prospektpflicht bei einer Emission ein solcher Ausnahmetatbestand nicht gegeben ist, so hat sie den Anbieter auf diesen Umstand hinzuweisen. Hat die Meldestelle aus den gemäß Abs. 1 erhaltenen Meldungen den begründeten Verdacht einer mit Strafe bedrohten Handlung dadurch, dass ein öffentliches Angebot ohne den gemäß § 2 oder den gemäß Art. 3 der Verordnung (EU) 2017/1129 erforderlichen Prospekt erfolgt ist, so hat sie hierüber unverzüglich die FMA in Kenntnis zu setzen.

(5) Schadenersatzansprüche an die Meldestelle können aus dem Umstand, dass Mitteilungen an die FMA gemäß Abs. 4 fahrlässig zu Unrecht erfolgt sind oder unterlassen wurden, nicht erhoben werden.

Amtsgeheimnis

§ 25. Alle Personen, die für die FMA tätig sind oder waren, einschließlich der Meldestelle, sind an das Amtsgeheimnis gebunden.

§ 26. Nach anderen Bundesgesetzen bestehende Vorschriften über das Berufsgeheimnis bleiben von den Bestimmungen dieses Bundesgesetzes unberührt.

Verhältnis zur Verordnung (EU) 2020/1503

§ 26a. (1) Dieses Bundesgesetz gilt nicht für Schwarmfinanzierungsangebote, die in den Anwendungsbereich der Verordnung (EU) 2020/1503 fallen.

(2) In den Betragsgrenzen gemäß § 5 Abs. 3 und § 12 Abs. 3 sind Schwarmfinanzierungsangebote, die in den Anwendungsbereich der Verordnung (EU) 2020/1503 fallen, zu berücksichtigen.

(BGBl I 2021/225)

4. Hauptstück

Übergangs- und Schlussbestimmungen

§ 27. Soweit in diesem Bundesgesetz personenbezogene Bezeichnungen nur in männlicher Form angeführt sind, beziehen sie sich auf Frauen und Männer in gleicher Weise. Bei der Anwendung auf bestimmte Personen ist die jeweils geschlechtsspezifische Form zu verwenden.

§ 28. Für die Vollstreckung eines Bescheids nach diesem Bundesgesetz tritt an die Stelle eines in § 5 Abs. 3 des Verwaltungsvollstreckungsgesetzes – VVG, BGBl. Nr. 53/1991, angeführten niedrigeren Betrages der Betrag von 35 000 Euro.

§ 29. (1) Soweit in diesem Bundesgesetz auf andere Bundesgesetze verwiesen wird, sind diese in ihrer jeweils geltenden Fassung anzuwenden.

(2) Soweit in diesem Bundesgesetz auf die Verordnung (EU) 2017/1129 verwiesen wird, so ist, sofern nichts Anderes angeordnet ist, die Verordnung (EU) 2017/1129 über den Prospekt, der beim öffentlichen Angebot von Wertpapieren oder bei deren Zulassung zum Handel an einem geregelten Markt zu veröffentlichen ist und zur Aufhebung der Richtlinie 2003/71/EG, ABl. Nr. L 68 vom 26.02.2021 S. 1, anzuwenden. *(BGBl I 2022/69)*

Inkrafttreten

§ 30. (1) Dieses Bundesgesetz tritt mit 21. Juli 2019 in Kraft. Die §§ 10 und 15 treten jedoch mit dem Tag, der auf die Kundmachung dieses Bundesgesetzes im Bundesgesetzblatt folgt, in Kraft.

(2) Das Kapitalmarktgesetz – KMG, BGBl. Nr. 625/1991 in der Fassung des Bundesgesetzes BGBl. I Nr. 62/2019, tritt unbeschadet Art. 46 Abs. 3 der Verordnung (EU) 2017/1129 mit Ablauf des 20. Juli 2019 außer Kraft.

(3) § 24 Abs. 2 und § 26a samt Überschrift in der Fassung des Bundesgesetzes BGBl. I Nr. 225/2021 treten mit dem auf die Kundmachung folgenden Tag in Kraft. *(BGBl I 2021/225)*

Vollzugsklausel

§ 31. Mit der Vollziehung dieses Bundesgesetzes sind betraut:

1. Hinsichtlich § 22 der Bundesminister für Verfassung, Reformen, Deregulierung und Justiz;

2. hinsichtlich aller übrigen Bestimmungen der Bundesminister für Finanzen.

Anlage A

Schema A
SCHEMA FÜR VERANLAGUNGEN
KAPITEL 1
Angaben über jene, welche gemäß den §§ 7 und 22 haften

(Name, Stellung)

KAPITEL 2
Angaben über die Veranlagung

1. Die Veranlagungsbedingungen, insbesondere die Ausstattung der Veranlagung,
2. die Zahl-, Einreichungs- und Hinterlegungsstellen,
3. Übersicht über die allenfalls bisher ausgegebenen Vermögensrechte,
4. Rechtsform der Veranlagung (Anteils-, Gläubigerrecht oder Mischform), Gesamtbetrag, Stückelung sowie Zweck des Angebotes,
5. Art der Veranlagung (offene oder geschlossene Form),
6. Art und Anzahl sonstiger Veranlagungsgemeinschaften des Emittenten oder sonstiger Veranlagungsgemeinschaften, die auf die Veranlagung von Einfluss sein können,
7. Angabe der Börsen, an denen die Veranlagung, die Gegenstand des öffentlichen Angebotes ist, und sonstige Wertpapiere des Emittenten bereits notieren oder gehandelt werden,
8. allfällige Haftungserklärungen Dritter für die Veranlagung,
9. Personen, die das Angebot fest übernommen haben oder dafür garantieren,
10. Angaben über die Personen, denen das aus der Emission erworbene Kapital zur wirtschaftlichen Verfügung zufließt, sofern diese Personen nicht mit dem Emittenten identisch sind,
11. die auf die Einkünfte der Veranlagung erhobenen Steuern (z. B. Kapitalertragsteuer, ausländische Quellensteuern),
12. Zeitraum für die Zeichnung,
13. etwaige Beschränkungen der Handelbarkeit der angebotenen Veranlagung und Markt, auf dem sie gehandelt werden kann,
14. Vertriebs- und Verwaltungskosten, Managementkosten, jeweils nach Höhe und Verrechnungsform,
15. Angabe der Bewertungsgrundsätze,
16. Angabe allfälliger Belastungen,
17. nähere Bestimmungen über die Erstellung des Rechnungsabschlusses und etwaiger Rechenschaftsberichte,
18. Bestimmungen über die Ausschüttung und Verwendung des Jahresüberschusses/Jahresgewinnes,
19. letzter Rechenschaftsbericht samt Bestätigungsvermerk,
20. Darstellung des Kaufpreises der Veranlagung samt aller Nebenkosten,
21. Art und Umfang einer Absicherung der Veranlagung durch Eintragung in öffentliche Bücher,
22. Angabe über zukünftige Wertentwicklungen der Veranlagung,
23. Bedingungen und Berechnung des Ausgabepreises für Veranlagungen, die nach Schluss der Erstemission begeben werden,
24. Angaben über allfällige Bezugsrechte der vorhandenen Anleger und deren Bezugspreise im Falle einer Erhöhung des Veranlagungsvolumens, Angaben, in welcher Form die Substanz- und Ertragszuwächse der bestehenden Anleger gegenüber den neuen Anlegern gesichert sind,
25. Darlegung der Möglichkeiten und Kosten einer späteren Veräußerung der Veranlagung,
26. Leistungen der Verwaltungsgesellschaft und die dafür verrechneten Kosten,
27. Kündigungsfristen seitens der Verwaltungsgesellschaften,
28. Bestimmungen über die Abwicklung und die Stellung der Anleger im Insolvenzfall,
29. Wertpapierkennnummer (falls vorhanden).

KAPITEL 3
Angaben über den Emittenten

1. Firma und Sitz des Emittenten, Unternehmensgegenstand,
2. eine Darstellung seiner rechtlichen und wirtschaftlichen Verhältnisse, insbesondere Angaben zum Grundkapital oder dem Grundkapital entsprechenden sonstigen Gesellschaftskapital, dessen Stückelung samt Bezeichnung etwaiger verschiedener Gattungen von Anteilsrechten,
3. Mitglieder der Organe der Geschäftsführung, der Verwaltung und der Aufsicht (Name, Stellung),
4. Angabe der Anteilseigner, die in der Geschäftsführung des Emittenten unmittelbar oder mittelbar eine beherrschende Rolle ausüben oder ausüben können,
5. der letzte Jahresabschluss samt etwaiger Lageberichte und Bestätigungsvermerk(e).

KAPITEL 4
Angaben über die Depotbank (falls vorhanden)

1. Firma und Sitz,
2. Jahresabschluss samt Bestätigungsvermerk.

KAPITEL 5

1. Art und Umfang der laufenden Informationen der Anleger über die wirtschaftliche Entwicklung der Veranlagung,
2. sonstige Angaben, die für den Anleger erforderlich sind, um sich ein fundiertes Urteil im Sinne des § 5 Abs. 1 zu bilden.

KAPITEL 6
Kontrollvermerk des Prospektkontrollors

Anlage B

Schema B
SCHEMA FÜR DEN ZUSATZPROSPEKT FÜR VERANLAGUNGEN IN IMMOBILIEN (§ 9)

KAPITEL 1
Angaben über jene, welche gemäß den §§ 7 und 22 haften

(Name, Stellung)

KAPITEL 2
Angaben über die angebotene Veranlagung in Immobilien

1. Rechtsform der Veranlagung, Gesamtvolumen und allfällige Stückelung,
2. Art der Veranlagungsgemeinschaft (offene oder geschlossene Form),
3. Art, Anzahl und Lage (In- und Ausland) der vorhandenen Immobilien und Art und Anzahl der zu erwartenden Immobilien,
4. Grundsätze, nach denen die Anschaffung, Veräußerung und Verwaltung der Immobilien erfolgt,
5. Vertriebs- und Managementkosten der Veranlagungsgemeinschaft, jeweils nach Höhe und Art der Verrechnung unter Angabe der Leistungen der Verwaltung,
6. Rechtsbeziehungen der Veranlagungsgemeinschaft zu den in den Vertrieb und in das Management der Veranlagungsgemeinschaft eingeschalteten Dritten und die von den Dritten verrechneten Kosten und erbrachten oder zu erbringenden Leistungen,
7. Methoden der Wertermittlung, die innerhalb jeder Veranlagungsgemeinschaft einheitlich sein müssen,
8. je Immobilie: Anschaffungskosten, vermietbare Flächen, Errichtungsjahr, Summe der Kosten der durchgeführten Instandsetzungs-, Instandhaltungs-, Erhaltungs- und Verbesserungsarbeiten, Summe der Kosten geplanter Instandsetzungs-, Instandhaltungs-, Erhaltungs- und Verbesserungsarbeiten, Art der Betriebskostenverrechnung,
9. bücherliche Belastungen und sonstige Belastungen, soweit sie für die Wertermittlung von wesentlicher Bedeutung sind, je Immobilie,
10. nähere Bestimmungen über die Ermittlung des Jahresgewinnes bzw. -überschusses und die Erstellung des jährlichen Rechenschaftsberichtes,
11. Bestimmungen über die Ausschüttung und Verwendung des Jahresgewinnes bzw. -überschusses,
12. Darstellung des Kaufpreises der angebotenen Veranlagung samt aller Nebenkosten,
13. Art und Umfang der grundbücherlichen Sicherung der Veranlagung,
14. zukünftige Stellung und Rechte des Anlegers bei strukturellen Veränderungen,
15. Angaben über allfällige Bezugsrechte und deren Preise bzw. deren Preisermittlung für die Anleger im Falle einer Erhöhung des Veranlagungsvolumens und Angaben, in welcher Form die bestehenden Vermögensrechte der Anleger gegenüber neuen Anlegern gesichert sind oder angemessen ausgeglichen werden,
16. projektierte Rentabilität und Berechnungsmethode der Rentabilität,
17. Möglichkeiten der Aufgabe der Veranlagung und Ermittlung des Aufgabepreises,
18. Bestimmungen über die Abwicklung und die Stellung der Anleger im Insolvenzfall.

KAPITEL 3
Angaben über Dritte, die in den Vertrieb der Veranlagung und das Management der Veranlagungsgemeinschaft eingebunden sind

1. Firma und Sitz, Unternehmensgegenstand,
2. Personen, die mit der Geschäftsleitung und der Aufsicht über die Geschäftsleitung betraut sind,
3. letzter Jahresabschluss samt Bestätigungsvermerk und etwaiger Geschäftsbericht.

KAPITEL 4
Angaben über den Versicherungsschutz je Immobilie

Feuerversicherung, deren Versicherungssumme und Deckungsgrad.

KAPITEL 5

Art und Umfang der laufenden Information der Anleger über die wirtschaftliche Entwicklung der Veranlagung

KAPITEL 6

Etwaiger Rechenschaftsbericht des Vorjahres

Anlage C

Schema C
GLIEDERUNG FÜR DEN RECHENSCHAFTSBERICHT VON IMMOBILIENVERANLAGUNGSGEMEINSCHAFTEN
I. Angaben über die Ansprüche des Anlegers
A. Jahresüberschussrechnung

a) Mittelzuflüsse
   1. aus der Ausgabe von Veranlagungen,
   2. aus Immobilien,
   3. aus der Veräußerung von Immobilien,
   4. aus Veranlagungen in Veranlagungsgemeinschaften in Immobilien,
   5. aus der Veräußerung von Veranlagungen in Veranlagungsgemeinschaften in Immobilien,
   6. aus Beteiligungen an Unternehmungen,
   7. aus der Veräußerung von Beteiligungen an Unternehmungen,
   8. aus sonstigen Vermögensrechten, getrennt nach Arten der Vermögensrechte,
   9. aus der Veräußerung sonstiger Vermögensrechte, getrennt nach Arten der Vermögensrechte,
   10. aus anderen kassenmäßigen Zugängen,
   11. sonstige Zugänge.

b) Mittelabflüsse
   1. in Immobilien,
   2. in Veranlagungen in Veranlagungsgemeinschaften in Immobilien,
   3. in Beteiligungen an Unternehmungen,
   4. in sonstige Vermögensrechte, getrennt nach Arten der Vermögensrechte,
   5. Errichtungskosten,
   6. Vergütungen und Kosten der Verwaltung, getrennt nach Vergütungs- und Kostenarten,
   7. in die Bildung von Reserven, getrennt nach den einzelnen Arten der Vermögensrechte,
   8. aus anderen kassenmäßigen Abgängen,
   9. sonstige Abgänge.

c) Jahresüberschuss/-fehlbetrag

B. Alternativ zu A – Gewinnermittlung gemäß den hiefür vorgesehenen gesetzlichen Vorschriften

II. Angaben über das Vermögen

A. Veranlagung je Immobilie

a) Lage
b) Größe
c) Errichtungsjahr
d) Anschaffungsjahr
e) Anschaffungskosten, getrennt nach Kaufpreis und Nebenkosten, oder Herstellungskosten
f) vermietbare Fläche
g) Art der Betriebskostenverrechnung
h) Summe der Kosten durchgeführter Instandsetzungen, Instandhaltungen, Erhaltungsarbeiten, Verbesserungsarbeiten und Erweiterungen

i) Summe der Kosten geplanter Instandsetzungen, Instandhaltungen, Erhaltungsarbeiten, Verbesserungsarbeiten und Erweiterungen
j) Kosten der Verwaltung, soweit sie nicht unter Betriebskosten verrechnet wurden
k) baubehördliche Auflagen, sofern für die Wertermittlung von Bedeutung
l) bücherliche Belastungen und sonstige Belastungen, soweit sie für die Wertermittlung von wesentlicher Bedeutung sind
m) Feuerversicherung, deren Versicherungssumme und Deckungsgrad

B. Veranlagungen in Veranlagungsgemeinschaften in Immobilien, je Veranlagungsgemeinschaft

1. Emittent
   a) Firma
   b) Register
   c) Rechtsform
   d) Gründungsjahr
   e) Sitz/Hauptniederlassung
   f) Gegenstand
   g) Mitglieder der Organe der Geschäftsführung, der Verwaltung und der Aufsicht (Name, Stellung)
2. Buchwert der Veranlagung
3. Ausschüttung auf die Veranlagung

C. Beteiligungen an Unternehmen, je Beteiligung (soweit nicht unter B angeführt)

1. Unternehmen
   a) Firma
   b) Register
   c) Rechtsform
   d) Gründungsjahr
   e) Sitz/Hauptniederlassung
   f) Gegenstand
   g) Mitglieder der Organe der Geschäftsführung, der Verwaltung und der Aufsicht (Name, Stellung)
2. Buchwert der Beteiligung
3. Ausschüttung auf die Beteiligung
4. Unternehmenskennzahlen
   a) Eigenkapitalquote
   b) Cashflow zu Betriebsleistung
   c) Rentabilität des Gesamtkapitals
   d) Effektivverschuldung zu Cashflow
   e) Zahl der Beschäftigten
5. Mittelbare und unmittelbare Beteiligungen des unter C angegebenen Unternehmens, soweit der durchgerechnete Anteil zumindest 25% beträgt
   a) Firma
   b) Rechtsform
   c) Anschaffungskosten
   d) Laufzeit

D. Sonstige Vermögensrechte, je Vermögensrecht

a) Art des Vermögensrechts
b) investiertes Kapital
c) Rentabilität des eingesetzten Kapitals
d) Kündigungsmöglichkeiten und Kündigungsfristen

E. Veranlagungsreserve, getrennt nach der jeweiligen Form

F. Geschäftsführungs-, Personal- und Sachkosten, soweit sie nicht unter II. A. erfasst wurden

III. Ausschüttung je Veranlagung

1. Gesamtvolumen der Veranlagungen
2. Stückelung
3. Jahresüberschuss
4. Ausschüttung je Veranlagung

IV. Darstellung der Vermögensentwicklung je Veranlagung

1. Gesamtvermögen inklusive Darstellung der Wertermittlung
2. Vermögen je Veranlagung
3. Rentabilität der Veranlagung und deren Berechnungsmethode

V. Erläuterungen

VI. Publizitätsbestimmungen

VII. Bestätigungsvermerk

Anlage D

Schema D
SCHEMA FÜR DEN VEREINFACHTEN PROSPEKT FÜR VERANLAGUNGEN UND WERTPAPIERE
(Soweit das Schema für Wertpapiere heranzuziehen ist, ist der darin verwendete Begriff der Veranlagung sinngemäß durch den Begriff des Wertpapieres zu ersetzen.)

KAPITEL 1
Angaben über jene, welche gemäß den §§ 7 und 22 haften

(Name, Stellung)

KAPITEL 2
Angaben über die Veranlagung

1. Die Veranlagungsbedingungen, insbesondere die Kündigungsfristen und die Ausstattung der Veranlagung,
2. die Zahl-, Einreichungs- und Hinterlegungsstellen,
3. Übersicht über die allenfalls bisher ausgegebenen Vermögensrechte,
4. Rechtsform der Veranlagung (Anteils-, Gläubigerrecht oder Mischform), Gesamtbetrag, Stückelung sowie Zweck des Angebotes,
5. Art der Veranlagung (offene oder geschlossene Form),
6. allfällige Haftungserklärungen Dritter für die Veranlagung,
7. Personen, die das Angebot fest übernommen haben oder dafür garantieren,
8. die auf die Einkünfte der Veranlagung erhobenen Steuern (beispielsweise Kapitalertragsteuer, ausländische Quellensteuern),
9. Zeitraum für die Zeichnung,
10. etwaige Beschränkungen der Handelbarkeit der angebotenen Veranlagung und Markt, auf dem sie gehandelt werden kann,
11. Angabe allfälliger Belastungen,
12. Bestimmungen über die Ausschüttung und Verwendung des Jahresüberschusses/Jahresgewinnes,
13. Darstellung des Kaufpreises der Veranlagung samt allen Nebenkosten,
14. Art und Umfang einer Absicherung der Veranlagung durch Eintragung in öffentliche Bücher,
15. Darlegung der Möglichkeiten und Kosten einer späteren Veräußerung der Veranlagung,
16. Bestimmungen über die Abwicklung und die Stellung der Anleger im Insolvenzfall,
17. Wertpapierkennnummer (falls vorhanden)
18. allfällige Vertriebs- und Verwaltungskosten, Managementkosten, jeweils nach Höhe und Verrechnungsform.

KAPITEL 3
Angaben über den Emittenten

1. Firma, Sitz und Unternehmensgegenstand,
2. Darstellung der rechtlichen und wirtschaftlichen Verhältnisse, insbesondere Angaben zum Grundkapital oder dem Grundkapital entsprechenden sonstigen Gesellschaftskapital, dessen Stückelung samt Bezeichnung etwaiger verschiedener Gattungen von Anteilsrechten,
3. Mitglieder der Organe der Geschäftsführung, der Verwaltung und der Aufsicht (Name, Stellung),
4. Angabe der Anteilseigner, die in der Geschäftsführung des Emittenten unmittelbar oder mittelbar eine beherrschende Rolle ausüben oder ausüben können,
5. der letzte Jahresabschluss samt etwaiger Lageberichte und Bestätigungsvermerk(e).

KMG 2019

KAPITEL 4
Angaben über die Depotbank (falls vorhanden)

1. Firma und Sitz,
2. Jahresabschluss samt Bestätigungsvermerk.

KAPITEL 5

1. Art und Umfang der laufenden Informationen der Anleger über die wirtschaftliche Entwicklung der Veranlagung,
2. sonstige Angaben, die für den Anleger erforderlich sind, um sich ein fundiertes Urteil im Sinne des § 5 Abs. 1 zu bilden.

KAPITEL 6
Kontrollvermerk des Prospektkontrollors

Anlage E

Versicherungsbestätigung gemäß § 7 Abs. 1 des Kapitalmarktgesetzes 2019 – KMG 2019

Firmenwortlaut und Zustelladresse des Versicherungsunternehmens oder von dessen Bevollmächtigten

Zur Vorlage an die

............................/ Meldestelle gemäß KMG 2019

Versicherungsbestätigung gemäß § 7 Abs. 1 KMG 2019

Hiermit wird gegenüber .... als Meldestelle gemäß KMG 2019 bekannt gegeben, dass bei dem unter **(i)** angegebenen, in Österreich zum Betrieb des Versicherungsgeschäftes berechtigten **Versicherungsunternehmen** für den unter **(ii)** angegebenen **Prospektkontrollor** zu der in **(iii)** genannten **Polizzennummer** eine Haftpflichtversicherung mit der unter **(iv)** angegebenen **Versicherungssumme** pro einjähriger Versicherungsperiode für die Tätigkeit als Kontrollor im Sinne des KMG 2019 aufrecht besteht, die das Risiko abdeckt, das aus der gemäß § 7 Abs. 1 KMG 2019 erfolgten Kontrolle des unter **(v)** näher bezeichneten **Prospekts/Prospektnachtrags** resultiert. Der Empfang der zur Gänze geleisteten Versicherungsprämie wird bestätigt.

(i) Versicherungsunternehmen:

(ii) Prospektkontrollor:

(iii) Polizzennummer

(iv) Versicherungssumme (nach § 7 Abs. 1 oder § 9 Z 2 KMG 2019):

(v) Prospektidentifikation
- Bezeichnung des Prospekts/Prospektnachtrags:
- Emittent/in:
- Datum des Prospekts/Prospektnachtrags:
- Datum des Prospektkontrollvermerks:

Datum (der Unterfertigung der Versicherungsbestätigung):

Firmenmäßige Unterfertigung (des Versicherungsunternehmens oder im Falle der offengelegten Bevollmächtigung des Bevollmächtigten):

Verordnung (EU) 2017/1129 des Europäischen Parlaments und des Rates vom 14. Juni 2017 über den Prospekt, der beim öffentlichen Angebot von Wertpapieren oder bei deren Zulassung zum Handel an einem geregelten Markt zu veröffentlichen ist und zur Aufhebung der Richtlinie 2003/71/EG

ABl L 168 vom 30. 6. 2017, S 12 idF

1 ABl L 320 vom 11. 12. 2019, S 7
2 ABl L 347 vom 20. 10. 2020, S 43
3 ABl L 68 vom 26. 2. 2021, S 1

DAS EUROPÄISCHE PARLAMENT UND DER RAT DER EUROPÄISCHEN UNION –

gestützt auf den Vertrag über die Arbeitsweise der Europäischen Union, insbesondere auf Artikel 114,

auf Vorschlag der Europäischen Kommission,

nach Zuleitung des Entwurfs des Gesetzgebungsakts an die nationalen Parlamente,

nach Stellungnahme der Europäischen Zentralbank[1],

nach Stellungnahme des Europäischen Wirtschafts- und Sozialausschusses[2],

nach Anhörung des Ausschusses der Regionen,

gemäß dem ordentlichen Gesetzgebungsverfahren[3],

in Erwägung nachstehender Gründe:

(1) Diese Verordnung ist ein wesentlicher Schritt zur Vollendung der Kapitalmarktunion im Sinne der Mitteilung der Kommission vom 30. September 2015 mit dem Titel „Aktionsplan zur Schaffung einer Kapitalmarktunion". Ziel der Kapitalmarktunion ist es, Unternehmen den Zugang zu einer größeren Vielfalt an Finanzierungsquellen in der gesamten Europäischen Union (nachfolgend „Union") zu erleichtern, ein effizienteres Funktionieren der Märkte zu ermöglichen und Anlegern sowie Sparern zusätzliche Ertragsmöglichkeiten zu bieten, um so das Wachstum und die Schaffung von Arbeitsplätzen zu fördern.

Zur Präambel

[1] ABl. C 195 vom 2.6.2016, S. 1.

[2] ABl. C 177 vom 18.5.2016, S. 9.

[3] Standpunkt des Europäischen Parlaments vom 5. April 2017 (noch nicht im Amtsblatt veröffentlicht) und Beschluss des Rates vom 16. Mai 2017.

(2) Mit der Richtlinie 2003/71/EG des Europäischen Parlaments und des Rates[4] wurden harmonisierte Grundsätze und Vorschriften für den Prospekt festgelegt, der beim öffentlichen Angebot von Wertpapieren oder bei deren Zulassung zum Handel an einem geregelten Markt zu erstellen, zu billigen und zu veröffentlichen ist. Angesichts der Rechts- und Marktentwicklungen seit Inkrafttreten der Richtlinie sollte diese Richtlinie aufgehoben und durch diese Verordnung ersetzt werden.

(3) Beim öffentlichen Angebot von Wertpapieren oder bei der Zulassung von Wertpapieren zum Handel an einem geregelten Markt ist die Offenlegung von Informationen für den Anlegerschutz von zentraler Bedeutung, da sie Informationsasymmetrien zwischen Anlegern und Emittenten beseitigt. Die Harmonisierung einer solchen Offenlegung ermöglicht die Einrichtung eines grenzüberschreitenden Pass-Mechanismus, der das wirksame Funktionieren des Binnenmarkts bei einem breiten Spektrum von Wertpapieren erleichtert.

(4) Divergierende Ansätze hätten eine Fragmentierung des Binnenmarkts zur Folge, da für Emittenten, Anbieter und die die Zulassung zum Handel an einem geregelten Markt beantragenden Personen in verschiedenen Mitgliedstaaten unterschiedliche Regelungen gelten würden und in einem Mitgliedstaat gebilligte Prospekte in anderen Mitgliedstaaten möglicherweise nicht verwendet werden könnten. Ohne einen harmonisierten Rahmen, der die Einheitlichkeit der Offenlegung und das Funktionieren des Passes in der Union

Zu Abs. 2:

[4] Richtlinie 2003/71/EG des Europäischen Parlaments und des Rates vom 4. November 2003 betreffend den Prospekt, der beim öffentlichen Angebot von Wertpapieren oder bei deren Zulassung zum Handel zu veröffentlichen ist, und zur Änderung der Richtlinie 2001/34/EG (ABl. L 345 vom 31.12.2003, S. 64).

gewährleistet, ist es deshalb wahrscheinlich, dass durch Unterschiede im Recht der Mitgliedstaaten Hindernisse für das reibungslose Funktionieren des Wertpapierbinnenmarkts entstehen. Um das ordnungsgemäße Funktionieren des Binnenmarkts sicherzustellen, die Voraussetzungen hierfür insbesondere in Bezug auf die Kapitalmärkte zu verbessern und einen hohen Verbraucher- und Anlegerschutz zu gewährleisten, ist es angemessen, einen Regelungsrahmen für Prospekte auf Unionsebene festzulegen.

(5) Es ist angemessen und notwendig, die beim öffentlichen Angebot von Wertpapieren oder deren Zulassung zum Handel an einem geregelten Markt geltenden Offenlegungsvorschriften in Form einer Verordnung festzulegen, damit sichergestellt ist, dass die Bestimmungen, die unmittelbare Pflichten für Personen beinhalten, die an öffentlichen Angeboten von Wertpapieren oder deren Zulassung zum Handel an einem geregelten Markt beteiligt sind, unionsweit einheitlich angewandt werden. Da ein Rechtsrahmen für Prospekte zwangsläufig Maßnahmen umfasst, die die genauen Anforderungen für sämtliche Aspekte von Prospekten regeln, könnten selbst geringe Unterschiede in dem bei einem jener Aspekte verfolgten Ansatz zu erheblichen Beeinträchtigungen bei grenzüberschreitenden Angeboten von Wertpapieren, bei Mehrfachnotierungen an geregelten Märkten und bei den Verbraucherschutzvorschriften der Union führen. Daher sollte durch den Einsatz einer Verordnung, die unmittelbar anwendbar ist, ohne dass nationales Recht erforderlich wäre, die Möglichkeit divergierender Maßnahmen auf nationaler Ebene verringert, ein kohärenter Ansatz sowie größere Rechtssicherheit sichergestellt und erhebliche Beeinträchtigungen verhindert werden. Der Einsatz einer Verordnung wird auch das Vertrauen in die Transparenz der Märkte unionsweit stärken und die Regulierungskomplexität sowie die Such- und Compliancekosten für die Unternehmen verringern.

(6) Die Bewertung der Richtlinie 2010/73/EU des Europäischen Parlaments und des Rates[1] hat ergeben, dass bestimmte durch die genannte Richtlinie eingeführte Änderungen ihr ursprüngliches Ziel verfehlt haben und weitere Änderungen an der Prospektordnung der Union erforderlich sind, um deren Anwendung zu vereinfachen und zu verbessern, deren Effizienz zu erhöhen, die internationale Wettbewerbsfähigkeit der Union zu steigern und so zum Abbau von Verwaltungslasten beizutragen.

(7) Ziel dieser Verordnung ist es, Anlegerschutz und Markteffizienz sicherzustellen und gleichzeitig den Kapitalbinnenmarkt zu stärken. Die Bereitstellung der Informationen, die je nach Art des Emittenten und der Wertpapiere notwendig sind, damit die Anleger eine fundierte Anlageentscheidung treffen können, stellt zusammen mit den Wohlverhaltensregeln den Anlegerschutz sicher. Darüber hinaus sind diese Informationen ein wirksames Mittel, um das Vertrauen in Wertpapiere zu erhöhen und so zur reibungslosen Funktionsweise und zur Entwicklung der Wertpapiermärkte beizutragen. Die geeignete Form zur Bereitstellung jener Informationen ist die Veröffentlichung eines Prospekts.

(8) Die Offenlegungspflichten dieser Verordnung berühren nicht das Recht eines Mitgliedstaats, einer zuständigen Behörde oder einer Börse, mittels ihrer Börsenordnung, weitere besondere Anforderungen im Zusammenhang mit der Zulassung von Wertpapieren zum Handel an einem geregelten Markt, insbesondere in Bezug auf die Unternehmensführung, festzulegen. Diese Anforderungen sollten die Erstellung, den Inhalt und die Verbreitung des von einer zuständigen Behörde gebilligten Prospekts weder direkt noch indirekt einschränken.

(9) Nichtdividendenwerte, die von einem Mitgliedstaat oder einer Gebietskörperschaft eines Mitgliedstaats, von internationalen Organismen öffentlich-rechtlicher Art, denen mindestens ein Mitgliedstaat angehört, von der Europäischen Zentralbank oder von den Zentralbanken der Mitgliedstaaten ausgegeben werden, sollten nicht von dieser Verordnung erfasst werden und daher von ihr unberührt bleiben.

(10) Um den Anlegerschutz sicherzustellen, sollte die Pflicht zur Veröffentlichung eines Prospekts sowohl für Dividendenwerte als auch für Nichtdividendenwerte gelten, die öffentlich angeboten oder zum Handel an geregelten Märkten zugelassen werden. Einige der unter diese Verordnung fallenden Wertpapiere berechtigen den Inhaber zum Erwerb von übertragbaren Wertpapieren oder zum Empfang eines Barbetrags im Rahmen eines Barausgleichs, der durch Bezugnahme auf andere Instrumente, nämlich übertragbare Wertpapiere, Währungen, Zinssätze oder Renditen, Rohstoffe oder andere Indizes oder Messzahlen festgesetzt wird. Diese Verordnung gilt insbe-

Zu Abs. 6:

[1] Richtlinie 2010/73/EU des Europäischen Parlaments und des Rates vom 24. November 2010 zur Änderung der Richtlinie 2003/71/EG betreffend den Prospekt, der beim öffentlichen Angebot von Wertpapieren oder bei deren Zulassung zum Handel zu veröffentlichen ist, und der Richtlinie 2004/109/EG zur Harmonisierung der Transparenzanforderungen in Bezug auf Informationen über Emittenten, deren Wertpapiere zum Handel auf einem geregelten Markt zugelassen sind (ABl. L 327 vom 11.12.2010, S. 1.)

sondere für Optionsscheine, gedeckte Optionsscheine, Zertifikate, Aktienzertifikate und Optionsanleihen, z. B. Wertpapiere, die nach Wahl des Anlegers umgewandelt werden können.

(11) Um die Billigung und grenzübergreifende Zulassung des Prospekts sowie die Überwachung der Einhaltung dieser Verordnung sicherzustellen, muss für jeden Prospekt eine zuständige Behörde benannt werden. Daher sollte in dieser Verordnung eindeutig festgelegt werden, welcher Herkunftsmitgliedstaat am besten in der Lage ist, den Prospekt zu billigen.

(12) Bei öffentlichen Angeboten von Wertpapieren mit einem Gesamtgegenwert in der Union von weniger als 1 000 000 EUR dürften die Kosten für die Erstellung eines Prospekts nach Maßgabe dieser Verordnung vermutlich in keinem Verhältnis zum angestrebten Emissionserlös stehen. Daher ist es angemessen, dass die Pflicht zur Erstellung eines Prospekts im Rahmen dieser Verordnung bei Angeboten von derart geringer Größenordnung nicht greift. Die Mitgliedstaaten sollten die Pflicht zur Erstellung eines Prospekts im Rahmen dieser Verordnung nicht auf öffentliche Angebote von Wertpapieren mit einem Gesamtgegenwert unter der genannten Schwelle ausdehnen. Die Mitgliedstaaten sollten jedoch in der Lage sein, auf nationaler Ebene andere Offenlegungspflichten vorzusehen, sofern diese Pflichten bei solchen Angeboten von Wertpapieren keine unverhältnismäßige oder unnötige Belastung darstellen.

(13) In Anbetracht der unterschiedlichen Größe der Finanzmärkte in der Union ist es zudem angemessen, dass die Mitgliedstaaten die Option haben, öffentliche Angebote von Wertpapieren mit einem Gesamtgegenwert von bis zu 8 000 000 EUR von der in dieser Verordnung vorgesehenen Pflicht zur Veröffentlichung eines Prospekts auszunehmen. Insbesondere sollte es den Mitgliedstaaten freigestellt sein, unter Berücksichtigung des von ihnen für angemessen erachteten inländischen Anlegerschutzniveaus in ihrem nationalen Recht einen Schwellenwert für das Wirksamwerden dieser Ausnahme bezogen auf den Gesamtgegenwert des Angebots in der Union innerhalb eines Zeitraums von 12 Monaten zwischen 1 000 000 EUR und 8 000 000 EUR festzulegen. Allerdings sollten solche ausgenommenen öffentlichen Angebote von Wertpapieren nicht von der Pass-Regelung nach dieser Verordnung begünstigt werden. Die Mitgliedstaaten sollten jedoch in der Lage sein, für Angebote unterhalb dieses Schwellenwerts auf nationaler Ebene andere Offenlegungspflichten vorzusehen, sofern diese Pflichten bei solchen Angeboten von Wertpapieren keine unverhältnismäßige oder unnötige Belastung darstellen. Diese Verordnung sollte jene Mitgliedstaaten in keiner Weise daran hindern, auf nationaler Ebene Vorschriften einzuführen, die es den Betreibern von multilateralen Handelssystemen (multilateral trading facilities – MTF) ermöglichen, den Inhalt des Zulassungsdokuments, das ein Emittent bei der Erstzulassung seiner Wertpapiere zum Handel zu erstellen hat, oder die Modalitäten für dessen Überprüfung festzulegen.

EU-Prospekt-V

(14) Die bloße Zulassung von Wertpapieren zum Handel an einem MTF oder die Veröffentlichung von Geld- und Briefkursen ist nicht per se als öffentliches Angebot von Wertpapieren zu betrachten und unterliegt daher nicht der Pflicht zur Erstellung eines Prospekts gemäß dieser Verordnung. Ein Prospekt sollte nur dann verlangt werden, wenn diese Tätigkeiten mit einer Mitteilung einhergehen, die ein „öffentliches Angebot von Wertpapieren" gemäß dieser Verordnung darstellt, sollte ein Prospekt verlangt werden.

(15) Richtet sich ein Angebot von Wertpapieren ausschließlich an einen eingeschränkten Kreis von Anlegern, bei denen es sich nicht um qualifizierte Anleger handelt, stellt die Erstellung eines Prospekts angesichts der geringen Zahl von Personen, an die sich das Angebot richtet, eine unverhältnismäßige Belastung dar, sodass kein Prospekt vorgeschrieben werden sollte. Dies würde beispielsweise für Angebote gelten, die sich an eine begrenzte Anzahl von Angehörigen der Familie oder von persönlichen Bekannten der Geschäftsführer eines Unternehmens richten.

(16) Soweit dies in Bezug auf Übernahmeangebote, Zusammenschlüsse und andere Transaktionen, die die Eigentumsverhältnisse oder die Kontrolle von Unternehmen betreffen, erforderlich ist, sollte diese Verordnung in einer Weise ausgelegt werden, die mit der Richtlinie 2004/25/EG des Europäischen Parlaments und des Rates[1)] vereinbar ist.

(17) Anreize für Unternehmensleitung und Belegschaft, Wertpapiere des eigenen Unternehmens zu halten, können sich positiv auf die Unternehmensführung auswirken und langfristig zur Wertschöpfung beitragen, da sie das Engagement und die Eigenverantwortung der Arbeitnehmer fördern, für Interessenkongruenz zwischen Aktionären und Arbeitnehmern sorgen und Letzteren Anlagemöglichkeiten verschaffen. Eine Beteiligung der Arbeitnehmer am eigenen Unternehmen ist besonders für kleine und mittlere Unternehmen

Zu Abs. 16:

[1)] Richtlinie 2004/25/EG des Europäischen Parlaments und des Rates vom 21. April 2004 betreffend Übernahmeangebote (ABl. L 142 vom 30.4.2004, S. 12).

(KMU) wichtig, in denen es wahrscheinlich ist, dass einzelne Arbeitnehmer eine wichtige Rolle für den Erfolg des Unternehmens spielen. Daher sollte bei Angeboten im Rahmen eines Belegschaftsaktienprogramms von Unternehmen in der Union keine Pflicht zur Veröffentlichung eines Prospekts bestehen, sofern ein Dokument zur Verfügung gestellt wird, das Informationen über die Anzahl und Art der Wertpapiere enthält und in dem die Gründe und Einzelheiten des Angebots oder der Zuteilung dargelegt werden, damit der Anlegerschutz gewährleistet ist. Um unabhängig davon, ob der Arbeitgeber innerhalb oder außerhalb der Union ansässig ist, für die gesamte Unternehmensleitung und Belegschaft gleichberechtigten Zugang zu Belegschaftsaktienprogrammen zu gewährleisten, sollte kein Beschluss zur Feststellung der Gleichwertigkeit von Drittlandsmärkten mehr erforderlich sein, sofern ein solches Informationsdokument zur Verfügung gestellt wird. Auf diese Weise werden alle Teilnehmer an Belegschaftsaktienprogrammen gleich gestellt und informiert.

(18) Emissionen mit Verwässerungseffekt von Aktien oder von Wertpapieren, die Zugang zu Aktien verschaffen, weisen oftmals auf Transaktionen mit erheblicher Auswirkung auf die Kapitalstruktur, die Aussichten und die Finanzlage des Emittenten hin, wofür die in einem Prospekt enthaltenen Informationen erforderlich sind. Sind die Aktien eines Emittenten hingegen bereits zum Handel an einem geregelten Markt zugelassen, sollte für spätere Zulassungen von Aktien derselben Gattung am selben geregelten Markt kein Prospekt mehr verlangt werden, auch wenn diese Aktien aus der Umwandlung oder dem Eintausch anderer Wertpapiere oder aus der Ausübung der mit anderen Wertpapieren verbundenen Rechte resultieren, sofern die neu zugelassenen Aktien im Verhältnis zu den Aktien derselben Gattung, die bereits für denselben geregelten Markt zugelassen wurden, nur einen begrenzten Anteil ausmachen und eine solche Zulassung nicht mit einem in den Anwendungsbereich dieser Verordnung fallenden öffentlichen Angebot von Wertpapieren kombiniert wird. Derselbe Grundsatz sollte ganz allgemein für Wertpapiere gelten, die mit bereits zum Handel an einem geregelten Markt zugelassenen Wertpapieren fungibel sind.

(19) Diese Verordnung berührt nicht die Rechts- und Verwaltungsvorschriften, die im Zusammenhang mit der Abwicklung von Kreditinstituten nach der Richtlinie 2014/59/EU des Europäischen Parlaments und des Rates[1)], insbesondere Artikel 53 Absatz 2, Artikel 59 Absatz 2 und Artikel 63 Absätze 1 und 2, die Ausnahmen von der Pflicht zur Veröffentlichung eines Prospekts enthalten, angenommen wurden.

(20) Ausnahmen von der Pflicht zur Veröffentlichung eines Prospekts gemäß dieser Verordnung sollten für ein öffentliches Angebot von Wertpapieren und/oder eine Zulassung zum Handel an einem geregelten Markt kombiniert werden können, wenn die Voraussetzungen für jene Ausnahmen gleichzeitig erfüllt sind. Wenn sich ein Angebot zum Beispiel gleichzeitig an qualifizierte Anleger, nicht qualifizierte Anleger, die sich verpflichten, jeweils mindestens 100 000 EUR zu investieren, die Beschäftigten des Emittenten und außerdem eine begrenzte Zahl nicht qualifizierter Anleger richtet, die die in dieser Verordnung festgelegte Zahl nicht überschreitet, sollte dieses Angebot von der Pflicht zur Veröffentlichung eines Prospekts befreit werden.

(21) Zur Gewährleistung der ordnungsgemäßen Funktionsweise des Großkundenmarkts für Nichtdividendenwerte und zur Erhöhung der Liquidität am Markt ist eine gesonderte, vereinfachte Behandlung von Nichtdividendenwerten vorzusehen, die zum Handel an einem geregelten Markt zugelassen und für qualifizierte Anleger konzipiert sind. Solch vereinfachte Behandlung sollte darin bestehen, dass weniger aufwändige Mindestinformationspflichten als für Nichtdividendenwerte, die Kleinanlegern angeboten werden, vorgesehen werden, keine Zusammenfassung in den Prospekt aufgenommen werden muss und eine flexiblere Sprachenregelung gilt. Die vereinfachte Behandlung sollte erstens für Nichtdividendenwerte, unabhängig von ihrer Stückelung, gelten, die ausschließlich an einem geregelten Markt oder in einem bestimmten Segment eines solchen gehandelt werden, zu dem ausschließlich qualifizierte Anleger zu Zwecken des Handels mit diesen Wertpapieren Zugang erhalten und zweitens für Nichtdividendenwerte mit einer Mindeststückelung von 100 000 EUR, die die höhere Investitionskapazität der Anleger widerspiegelt, an die sich der Prospekt richtet. An nicht qualifizierte Anleger sollten Nichtdividendenwerte, die ausschließlich an einem geregelten Markt oder in einem bestimmten Segment eines solchen gehandelt werden, zu dem ausschließlich qualifizierte Anleger zu Zwecken des Handels mit diesen

Zu Abs. 19:

[1)] Richtlinie 2014/59/EU des Europäischen Parlaments und des Rates vom 15. Mai 2014 zur Festlegung eines Rahmens für die Sanierung und Abwicklung von Kreditinstituten und Wertpapierfirmen und zur Änderung der Richtlinie 82/891/EWG des Rates, der Richtlinien 2001/24/EG, 2002/47/EG, 2004/25/EG, 2005/56/EG, 2007/36/EG, 2011/35/EU, 2012/30/EU und 2013/36/EU sowie der Verordnungen (EU) Nr. 1093/2010 und (EU) Nr. 648/2012 des Europäischen Parlaments und des Rates (ABl. L 173 vom 12.6.2014, S. 190).

Wertpapieren Zugang erhalten, nicht weiterverkauft werden dürfen, es sei denn, es wird ein Prospekt nach Maßgabe dieser Verordnung erstellt, der für nicht qualifizierte Anleger geeignet ist. Daher ist es von entscheidender Bedeutung, dass die Marktbetreiber bei der Einrichtung eines solchen geregelten Markts oder eines bestimmten Segments eines solchen nicht qualifizierten Anlegern keinen direkten oder indirekten Zugang zu diesem geregelten Markt oder bestimmten Segment gewähren.

(22) Werden Wertpapiere zugeteilt, ohne dass auf Seiten des Empfängers die Möglichkeit einer individuellen Entscheidung gegeben ist, einschließlich bei Wertpapierzuteilungen ohne Recht auf Ablehnung der Zuteilung oder bei automatischer Zuteilung nach der Entscheidung eines Gerichts, wie etwa einer Wertpapierzuteilung an bestehende Gläubiger im Zuge eines gerichtlichen Insolvenzverfahrens, so sollte eine solche Zuteilung nicht als öffentliches Angebot von Wertpapieren gelten.

(23) Emittenten, Anbietern oder Personen, die die Zulassung von Wertpapieren zum Handel an einem geregelten Markt beantragen, sollte – soweit sie nicht der Pflicht zur Veröffentlichung eines Prospekts unterliegen – der einheitliche Pass gewährt werden, wenn sie sich freiwillig für die Einhaltung dieser Verordnung entscheiden.

(24) Angesichts der Besonderheiten der verschiedenen Arten von Wertpapieren, Emittenten, Angeboten und Zulassungen enthält diese Verordnung Vorschriften für verschiedene Formen von Prospekten – einen Standardprospekt, einen Großkundenprospekt für Nichtdividendenwerte, einen Basisprospekt, einen vereinfachten Prospekt für Sekundäremissionen und einen EU-Wachstumsprospekt. Daher sind alle Bezugnahmen auf einen „Prospekt" im Rahmen dieser Verordnung so zu verstehen, dass sie sich auf all jene Formen von Prospekten beziehen, soweit nicht ausdrücklich etwas anderes bestimmt ist.

(25) Für öffentliche Angebote von Wertpapieren, die sich ausschließlich an qualifizierte Anleger richten, sollte die mit einem Prospekt erfolgende Offenlegung nicht vorgeschrieben sein. Dagegen sollte bei der Weiterveräußerung an die Öffentlichkeit oder dem öffentlichen Handel im Wege der Zulassung zum Handel an einem geregelten Markt die Veröffentlichung eines Prospekts erforderlich sein.

(26) Ein gültiger, vom Emittenten oder der für die Erstellung des Prospekts verantwortlichen Person erstellter Prospekt, der der Öffentlichkeit zum Zeitpunkt der endgültigen Platzierung der Wertpapiere über Finanzintermediäre oder bei jeder etwaigen späteren Weiterveräußerung der Wertpapiere zur Verfügung gestellt wird, enthält alle Informationen, die die Anleger für fundierte Anlageentscheidungen benötigen. Aus diesem Grund sollten Finanzintermediäre, die die Wertpapiere platzieren oder nachfolgend weiterveräußern, den ursprünglichen vom Emittenten oder von der für die Erstellung des Prospekts verantwortlichen Person veröffentlichten Prospekt so lange nutzen dürfen, wie er gültig und um angemessene Nachträge ergänzt ist und der Emittent oder die für die Erstellung verantwortliche Person dieser Nutzung zustimmt. Der Emittent oder die für die Erstellung des Prospekts verantwortliche Person sollten eine solche Zustimmung an Bedingungen knüpfen dürfen. Die Zustimmung zur Nutzung des Prospekts sollte unter Angabe der Bedingungen, an die sie geknüpft ist, im Wege einer schriftlichen Vereinbarung erteilt werden, die es den Betroffenen ermöglicht zu bewerten, ob die Vereinbarung bei der Weiterveräußerung oder endgültigen Platzierung der Wertpapiere eingehalten wird. Wird die Zustimmung zur Nutzung des Prospekts erteilt, sollte der Emittent oder die für die Erstellung des ursprünglichen Prospekts verantwortliche Person für die in diesem Prospekt enthaltenen Angaben und, falls es sich um einen Basisprospekt handelt, für die Übermittlung und Hinterlegung der endgültigen Bedingungen haften und es sollte kein weiterer Prospekt verlangt werden. Sollten der Emittent oder die für die Erstellung des ursprünglichen Prospekts verantwortliche Person einer Nutzung jedoch nicht zustimmen, sollte der Finanzintermediär einen neuen Prospekt veröffentlichen müssen. In diesem Fall sollte der Finanzintermediär für die in dem Prospekt enthaltenen Informationen einschließlich sämtlicher mittels Verweis aufgenommener Informationen und, sofern es sich um einen Basisprospekt handelt, die endgültigen Bedingungen haften.

(27) Die Harmonisierung der im Prospekt enthaltenen Informationen sollte einen gleichwertigen Anlegerschutz auf Unionsebene sicherstellen. Damit die Anleger fundierte Anlageentscheidungen treffen können, sollten diese Informationen ausreichend und objektiv sein und in leicht zu analysierender, knapper und verständlicher Form verfasst und präsentiert werden. Die in einem Prospekt enthaltenen Informationen sollten an die Art des Prospekts, die Art und die Umstände des Emittenten, die Art der Wertpapiere und daran, ob es sich bei den Anlegern, an die sich das Angebot richtet, ausschließlich um qualifizierte Anleger handelt, angepasst werden. Ein Prospekt sollte keine Informationen enthalten, die nicht wesentlich oder für den Emittenten und die betreffenden Wertpapiere nicht spezifisch sind, da dies die für die Anlageentscheidung relevanten Infor-

mationen verschleiern und so den Anlegerschutz unterlaufen könnte.

(28) Die Zusammenfassung des Prospekts sollte eine nützliche Informationsquelle für Anleger, insbesondere für Kleinanleger, sein. Sie sollte ein eigenständiger Bestandteil des Prospekts sein und sich auf die Basisinformationen konzentrieren, die die Anleger benötigen, um entscheiden zu können, welche Angebote und Zulassungen von Wertpapieren sie eingehender prüfen wollen, indem sie den gesamten Prospekt überprüfen, um ihre Entscheidung zu treffen. Diese Basisinformationen sollten Aufschluss über die wesentlichen Merkmale und Risiken bezüglich des Emittenten, eines etwaigen Garantiegebers und der angebotenen oder zum Handel an einem geregelten Markt zugelassenen Wertpapiere geben. Sie sollte auch die allgemeinen Bedingungen des Angebots enthalten.

(29) Bei der Darlegung der Risikofaktoren in der Zusammenfassung sollte eine begrenzte Auswahl spezifischer Risiken genannt werden, die nach Auffassung des Emittenten für die Anleger bei der Anlageentscheidung am relevantesten sind. Die Beschreibung der Risikofaktoren in der Zusammenfassung sollte für das spezielle Angebot relevant sein und ausschließlich zugunsten der Anleger ausgearbeitet werden, keine allgemeinen Angaben zum Anlagerisiko enthalten und die Haftung des Emittenten, des Anbieters oder einer in deren Namen handelnden Person nicht beschränken. Unter diesen Risikofaktoren sollten gegebenenfalls die Risiken, besonders für Kleinanleger, hervorgehoben werden, die bei Wertpapieren bestehen, die von Kreditinstituten ausgegeben werden und der Gläubigerbeteiligung („Bail-in") nach der Richtlinie 2014/59/EU unterliegen.

(30) Die Prospektzusammenfassung sollte kurz, einfach und für die Anleger leicht verständlich sein. Sie sollte in einfacher, allgemeinverständlicher Sprache verfasst sein und die Informationen auf leicht zugängliche Weise darbieten. Sie sollte keine bloße Zusammenstellung von Auszügen aus dem Prospekt sein. Es ist angemessen, die maximale Länge der Zusammenfassung zu begrenzen, um sicherzustellen, dass die Anleger nicht davon abgehalten werden, sie zu lesen, und um die Emittenten zu veranlassen, die für die Anleger wesentlichen Informationen auszuwählen. Unter bestimmten Bedingungen, die in dieser Verordnung festgelegt sind, sollte die maximale Länge der Zusammenfassung angehoben werden.

(31) Um sicherzustellen, dass die Prospektzusammenfassung stets einheitlich aufgebaut ist, sollten Abschnitte und Unterabschnitte mit Hinweisen zu den erwarteten Inhalten vorgegeben werden, die der Emittent mit kurzen, frei formulierten Beschreibungen und, sofern angemessen, Zahlenangaben füllen sollte. Solange die Informationen in fairer und ausgewogener Weise dargeboten werden, sollte es ins Ermessen der Emittenten gestellt bleiben, welche Informationen sie als wesentlich und aussagekräftig auswählen.

(32) Die Prospektzusammenfassung sollte soweit wie möglich dem Muster des nach der Verordnung (EU) Nr. 1286/2014 des Europäischen Parlaments und des Rates[1] vorgeschriebenen Basisinformationsblatts folgen. Fallen Wertpapiere sowohl unter die vorliegende Verordnung als auch unter die Verordnung (EU) Nr. 1286/2014, würde eine vollständige Wiederverwendung des Inhalts des Basisinformationsblatts in der Zusammenfassung die Compliance-kosten und die Verwaltungslasten für die Emittenten möglichst gering halten und diese Verordnung erleichtert daher eine solche Wiederverwendung. Die Pflicht zur Erstellung einer Zusammenfassung sollte jedoch auch dann gelten, wenn ein Basisinformationsblatt vorgeschrieben ist, da Letzteres die Basisinformationen über den Emittenten und das öffentliche Angebot oder die Zulassung der betreffenden Wertpapiere zum Handel an einem geregelten Markt nicht enthält.

(33) Niemand sollte allein aufgrund der Zusammenfassung samt etwaiger Übersetzungen derselben haften, es sei denn, sie ist irreführend oder unrichtig oder steht im Widerspruch zu den einschlägigen Teilen des Prospekts oder vermittelt, wenn sie zusammen mit den anderen Teilen des Prospekts gelesen wird, nicht die Basisinformationen, die in Bezug auf Anlagen in die betreffenden Wertpapiere für die Anleger eine Entscheidungshilfe darstellen würden. Die Zusammenfassung sollte diesbezüglich einen eindeutigen Warnhinweis enthalten.

(34) Emittenten, die sich wiederholt über die Kapitalmärkte finanzieren, sollten spezielle Aufmachungen für Registrierungsformulare und Prospekte sowie spezielle Verfahren für deren Hinterlegung und Billigung nutzen können, um ihnen mehr Flexibilität und die Nutzung von Marktfenstern zu ermöglichen. In jedem Fall sollten sich die Emittenten freiwillig und wahlweise für diese Aufmachungen und Verfahren entscheiden können.

Zu Abs. 32:

[1] *Verordnung (EU) Nr. 1286/2014 des Europäischen Parlaments und des Rates vom 26. November 2014 über Basisinformationsblätter für verpackte Anlageprodukte für Kleinanleger und Versicherungsanlageprodukte (PRIIP) (ABl. L 352 vom 9.12.2014, S. 1).*

(35) Bei allen Nichtdividendenwerten, einschließlich jener die dauernd oder wiederholt oder im Rahmen eines Angebotsprogramms begeben werden, sollte es den Emittenten gestattet sein, den Prospekt in Form eines Basisprospekts zu erstellen.

(36) Es sollte klargestellt werden, dass die endgültigen Bedingungen eines Basisprospekts nur die Informationen der Wertpapierbeschreibung enthalten sollten, die für die einzelne Emission spezifisch sind und erst zum Zeitpunkt der einzelnen Emission feststehen. Diese Informationen können z. B. die internationale Wertpapier-Identifikationsnummer (international securities identification number – ISIN), den Ausgabepreis, das Fälligkeitsdatum, einen etwaigen Kupon, den Ausübungszeitpunkt, den Ausübungspreis, den Rücknahmepreis und andere Bedingungen umfassen, die zum Zeitpunkt der Erstellung des Basisprospekts noch nicht bekannt waren. Sind die endgültigen Bedingungen nicht im Basisprospekt enthalten, sollten sie nicht von der zuständigen Behörde gebilligt werden müssen, sondern sollten lediglich bei dieser hinterlegt werden. Sonstige neue Informationen, die die Beurteilung des Emittenten und der Wertpapiere beeinflussen können, sollten in einen Nachtrag zum Basisprospekt aufgenommen werden. Weder die endgültigen Bedingungen noch ein Nachtrag sollten dazu genutzt werden, eine Wertpapierart einzuführen, die nicht bereits im Basisprospekt beschrieben wurde.

(37) Im Rahmen eines Basisprospekts sollte vom Emittenten nur für jede einzelne Emission eine Zusammenfassung erstellt werden, um den Verwaltungsaufwand zu verringern und die Verständlichkeit für die Anleger zu verbessern. Diese emissionsspezifische Zusammenfassung sollte den endgültigen Bedingungen angefügt und von der zuständigen Behörde nur dann gebilligt werden, wenn die endgültigen Bedingungen im Basisprospekt oder in einem Nachtrag dazu enthalten sind.

(38) Um die Flexibilität und Kostenwirksamkeit des Basisprospekts zu erhöhen, sollte es dem Emittenten gestattet sein, einen Basisprospekt in Form von mehreren Einzeldokumenten zu erstellen.

(39) Daueremittenten sollten Anreize dafür erhalten, ihren Prospekt als in mehreren Einzeldokumenten zu erstellen, da dies ihre Kosten für die Befolgung dieser Verordnung senken und ihnen die rasche Nutzung von Marktfenstern gestatten kann. Daher sollten Emittenten, deren Wertpapiere zum Handel an geregelten Märkten oder an MTF zugelassen sind, die Möglichkeit haben, jedoch nicht verpflichtet sein, in jedem Geschäftsjahr ein einheitliches Registrierungsformular zu erstellen und zu veröffentlichen, das Angaben zur Rechts-, Geschäfts-, Finanz-, Rechnungslegungs- und Beteiligungssituation sowie eine Beschreibung des Emittenten für das betreffende Geschäftsjahr enthält. Unter der Bedingung, dass ein Emittent die in dieser Verordnung festgelegten Kriterien erfüllt, sollte der Emittent ab dem Zeitpunkt, zu dem er das einheitliche Registrierungsformular bei der zuständigen Behörde zur Billigung hinterlegt, als Daueremittent gelten. Die Erstellung eines einheitlichen Registrierungsformulars sollte dem Emittenten ermöglichen, die Informationen auf dem neuesten Stand zu halten und, wenn die Marktbedingungen für ein öffentliches Angebot von Wertpapieren oder eine Zulassung zum Handel an einem geregelten Markt günstig werden, einen Prospekt zu erstellen, indem eine Wertpapierbeschreibung und eine Zusammenfassung hinzugefügt werden. Das einheitliche Registrierungsformular sollte insofern multifunktional sein, als sein Inhalt stets gleich sein sollte, unabhängig davon, ob es vom Emittenten später für ein öffentliches Angebot von Wertpapieren oder für die Zulassung von Dividendenwerten oder Nichtdividendenwerten zum Handel an einem geregelten Markt verwendet wird. Daher sollten die Offenlegungsstandards für das einheitliche Registrierungsformular auf den Offenlegungsstandards für Dividendenwerte beruhen. Das einheitliche Registrierungsformular sollte als Referenzquelle für Informationen über den Emittenten dienen und Anlegern wie Analysten die Informationen liefern, die sie mindestens benötigen, um die Tätigkeit, die Finanzlage, die Gewinne und Gewinnaussichten sowie die Unternehmensführung und die Beteiligungsverhältnisse des Unternehmens fundiert beurteilen zu können.

(40) Wenn ein Emittent zwei Jahre in Folge ein einheitliches Registrierungsformular hinterlegt und gebilligt bekommen hat, kann er als der zuständigen Behörde bekannt angesehen werden. Daher sollte gestattet werden, dass alle weiteren einheitlichen Registrierungsformulare und etwaige Änderungen daran ohne Pflicht zur vorherigen Billigung hinterlegt und von der zuständigen Behörde nachträglich überprüft werden können, wenn diese es für erforderlich hält. Über die Häufigkeit solcher Überprüfungen sollte jede zuständige Behörde selbst entscheiden, wobei sie beispielsweise die Risiken des Emittenten, die Qualität seiner früheren Offenlegungen oder auch die Zeit berücksichtigen sollte, die seit der letzten Überprüfung eines hinterlegten einheitlichen Registrierungsformulars verstrichen ist.

(41) Solange ein einheitliches Registrierungsformular noch nicht Bestandteil eines gebilligten Prospekts geworden ist, sollte es entweder auf

freiwilliger Basis durch den Emittenten – beispielsweise wenn sich die Organisation oder die Finanzlage des Emittenten wesentlich verändert haben – oder auf Verlangen der zuständigen Behörde geändert werden können, wenn deren Überprüfung im Anschluss an die Hinterlegung ergeben hat, dass die Standards der Vollständigkeit, Verständlichkeit und Kohärenz nicht erfüllt sind. Solche Änderungen sollten nach denselben Modalitäten veröffentlicht werden wie das einheitliche Registrierungsformular. Insbesondere wenn die zuständige Behörde eine wesentliche Nichtaufnahme, eine wesentliche Unrichtigkeit oder eine wesentliche Ungenauigkeit feststellt, sollte der Emittent sein einheitliches Registrierungsformular ändern und jene Änderung unverzüglich veröffentlichen. Da weder ein öffentliches Angebot noch eine Zulassung von Wertpapieren zum Handel stattfindet, sollte für die Änderung eines einheitlichen Registrierungsformulars ein anderes Verfahren gelten als das Verfahren für einen Nachtrag zu einem Prospekt, das erst nach der Billigung des Prospekts zur Anwendung kommen sollte.

(42) Erstellt ein Emittent einen aus mehreren Einzeldokumenten bestehenden Prospekt, sollten alle Bestandteile des Prospekts billigungspflichtig sein, gegebenenfalls einschließlich des einheitlichen Registrierungsformulars und etwaiger Änderungen daran, sofern sie bereits bei der zuständigen Behörde hinterlegt, aber noch nicht gebilligt wurden. Änderungen an dem einheitlichen Registrierungsformular sollten zum Zeitpunkt der Hinterlegung nicht der Billigung durch die zuständige Behörde unterliegen sondern nur gebilligt werden, wenn alle Bestandteile des Prospekts zur Billigung eingereicht werden.

(43) Um den Prozess der Prospekterstellung zu beschleunigen und den Zugang zu den Kapitalmärkten auf kosteneffiziente Weise zu erleichtern, sollte für Daueremittenten, die ein einheitliches Registrierungsformular erstellen, ein beschleunigtes Billigungsverfahren eingerichtet werden, da der Hauptbestandteil des Prospekts entweder bereits gebilligt wurde oder bereits für die Überprüfung durch die zuständige Behörde zur Verfügung steht. Die für den Erhalt einer Billigung des Prospekts erforderliche Zeit sollte daher verkürzt werden, wenn das Registrierungsformular in Form eines einheitlichen Registrierungsformulars erstellt wird.

(44) Daueremittenten sollte es gestattet sein, ein einheitliches Registrierungsformular und etwaige Änderungen daran als Bestandteil eines Basisprospekts zu verwenden. Wenn ein Daueremittent zur Erstellung eines EU-Wachstumsprospekts, eines vereinfachten Prospekts auf der Grundlage der vereinfachten Offenlegungsregelungen für Sekundäremissionen oder eines Großkundenprospekts für Nichtdividendenwerte berechtigt ist, sollte ihm gestattet werden, anstelle des speziellen Registrierungsformulars, das gemäß diesen Offenlegungsregelungen vorgeschrieben ist, sein einheitliches Registrierungsformular und etwaige Änderungen daran als Bestandteil solcher Prospekte zu verwenden.

(45) Hält ein Emittent die Verfahren für die Hinterlegung, Verbreitung und Speicherung vorgeschriebener Informationen und die in den Artikeln 4 und 5 der Richtlinie 2004/109/EG des Europäischen Parlaments und des Rates[1)] genannten Fristen ein, sollte es ihm gestattet sein, die durch die Richtlinie 2004/109/EG vorgeschriebenen Jahresund Halbjahresfinanzberichte als Bestandteile des einheitlichen Registrierungsformulars zu veröffentlichen, es sei denn, der Herkunftsmitgliedstaat des Emittenten für die Zwecke dieser Verordnung ist nicht mit dem Herkunftsmitgliedstaat des Emittenten für die Zwecke der Richtlinie 2004/109/EG identisch und die Sprache des einheitlichen Registrierungsformulars erfüllt nicht die Bedingungen des Artikels 20 der Richtlinie 2004/109/EG. Dies dürfte die mit Mehrfachhinterlegungen verbundene Verwaltungslast verringern, ohne die für die Öffentlichkeit verfügbaren Informationen oder die Überwachung jener Berichte im Rahmen der Richtlinie 2004/109/EG zu beeinträchtigen.

(46) Die Gültigkeitsdauer eines Prospekts sollte klar begrenzt werden, damit Anlageentscheidungen nicht aufgrund veralteter Informationen getroffen werden. Zur Erhöhung der Rechtssicherheit sollte die Gültigkeitsdauer des Prospekts mit seiner Billigung beginnen, was ein von der zuständigen Behörde leicht nachzuprüfender Zeitpunkt ist. Ein öffentliches Angebot von Wertpapieren im Rahmen eines Basisprospekts sollte nur dann länger gültig bleiben können als der Basisprospekt, wenn vor Ablauf der Gültigkeit für das weiterhin bestehende Angebot ein NachfolgeBasisprospekt gebilligt und veröffentlicht wird.

(47) In einem Prospekt enthaltene Informationen zur Besteuerung der Erträge aus den Wertpapieren können naturgemäß nur allgemeiner Art sein und sind für den einzelnen Anleger von geringem zusätzlichem Informationswert. Da sich diese Informationen bei der grenzüberschreiten-

Zu Abs. 45:

[1)] Richtlinie 2004/109/EG des Europäischen Parlaments und des Rates vom 15. Dezember 2004 zur Harmonisierung der Transparenzanforderungen in Bezug auf Informationen über Emittenten, deren Wertpapiere zum Handel auf einem geregelten Markt zugelassen sind, und zur Änderung der Richtlinie 2001/34/EG (ABl. L 390 vom 31.12.2004, S. 38).

den Zulassung von Prospekten nicht nur auf das Land beziehen müssen, in dem der Emittent seinen Sitz unterhält, sondern auch auf die Länder, in denen das Angebot erfolgt oder die Zulassung zum Handel an einem geregelten Markt angestrebt wird, sind sie kostspielig und könnten ein Hemmnis für grenzüberschreitende Angebote darstellen. Daher sollte ein Prospekt lediglich einen Warnhinweis enthalten, dass sich das Steuerrecht des Mitgliedstaats des Anlegers und des Gründungsmitgliedstaats des Emittenten auf die Erträge aus den Wertpapieren auswirken könnten. Zieht die angebotene Anlage jedoch eine besondere Steuerregelung nach sich, beispielsweise bei der Anlage in Wertpapieren, die für den Anleger mit Steuervorteilen verbunden sind, sollte der Prospekt nach wie vor angemessene Informationen zur Besteuerung enthalten.

(48) Sobald eine Wertpapiergattung zum Handel an einem geregelten Markt zugelassen wurde, haben die Anleger Zugang zur laufenden Offenlegung des Emittenten gemäß der Verordnung (EU) Nr. 596/2014 des Europäischen Parlaments und des Rates[1] und der Richtlinie 2004/109/EG. Bei nachfolgenden öffentlichen Angeboten oder Zulassungen zum Handel an einem geregelten Markt durch einen solchen Emittenten ist der Bedarf an einem vollständigen Prospekt daher weniger akut. Deshalb sollte für die Nutzung bei Sekundäremissionen ein andersartiger, vereinfachter Prospekt zur Verfügung stehen, für den im Vergleich zur üblichen Regelung inhaltliche Erleichterungen unter Berücksichtigung der bereits offengelegten Informationen vorgesehen sein sollten. Gleichwohl müssen den Anlegern konsolidierte und gut strukturierte Informationen zur Verfügung gestellt werden, insbesondere wenn diese Informationen gemäß der Verordnung (EU) Nr. 596/2014 und der Richtlinie 2004/109/EG nicht laufend offengelegt werden müssen.

(49) Die vereinfachten Offenlegungsregelungen für Sekundäremissionen sollten für öffentliche Angebote von Emittenten zur Verfügung stehen, deren Wertpapiere an KMU-Wachstumsmärkten gehandelt werden, da deren Betreiber nach der Richtlinie 2014/65/EU des Europäischen Parlaments und des Rates[2] verpflichtet sind, Vorschriften festzulegen und anzuwenden, die eine angemessene laufende Offenlegung sicherstellen.

(50) Die vereinfachten Offenlegungsregelungen für Sekundäremissionen sollten erst dann angewandt werden dürfen, wenn seit der Erstzulassung einer Wertpapiergattung eines Emittenten zum Handel an einem geregelten Markt oder an einem KMU-Wachstumsmarkt eine bestimmte Mindestdauer verstrichen ist. Eine Zeitspanne von 18 Monaten sollte sicherstellen, dass der Emittent seine Pflicht zur Veröffentlichung eines Jahresfinanzberichts nach der Richtlinie 2004/109/EG oder nach den Vorschriften des Betreibers eines KMU-Wachstumsmarkts mindestens schon einmal erfüllt hat.

(51) Eines der Kernziele der Kapitalmarktunion besteht darin, KMU die Finanzierung über die Kapitalmärkte in der Union zu erleichtern. Ferner ist es angemessen, die Definition von KMU auf KMU im Sinne der Richtlinie 2014/65/EU zu erweitern, um Übereinstimmung zwischen dieser Verordnung und der Richtlinie 2014/65/EU zu gewährleisten. Da KMU im Vergleich zu anderen Emittenten üblicherweise geringere Beträge aufbringen müssen, könnten die Kosten für die Erstellung eines Standardprospekts unverhältnismäßig hoch sein und sie davon abhalten, ihre Wertpapiere öffentlich anzubieten. Zugleich könnten KMU aufgrund ihrer Größe und ihrer möglicherweise kürzeren Existenzdauer im Vergleich zu größeren Emittenten ein spezielles Anlagerisiko beinhalten und sollten ausreichende Informationen offenlegen, damit Anleger ihre Anlageentscheidung treffen können. Um die Inanspruchnahme von Kapitalmarktfinanzierung durch KMU zu unterstützen, sollte mit dieser Verordnung zudem sichergestellt werden, dass KMU-Wachstumsmärkte, die ein vielversprechendes Instrument dafür sind, kleineren, wachsenden Unternehmen die Beschaffung von Kapital zu ermöglichen, besonders berücksichtigt werden. Der Erfolg solcher Handelsplätze hängt jedoch von ihrer Fähigkeit zur Deckung des Finanzierungsbedarfs von wachsenden KMU ab. Ebenso würde bestimmten Unternehmen, die Wertpapiere im Gesamtgegenwert in der Union von bis zu 20 000 000 EUR öffentlich anbieten, ein erleichterter Zugang zu Finanzierungen an den Kapitalmärkten gewährt, damit sie wachsen können, und sie sollten sich zu nicht unverhältnismäßigen Kosten Kapital beschaffen können. Daher sollte mit dieser Verordnung eine spezielle verhältnismäßige Regelung für den EU-Wachstumsprospekt festgelegt werden, die derartigen Unternehmen offensteht. Bei

Zu Abs. 48:

[1] Verordnung (EU) Nr. 596/2014 des Europäischen Parlaments und des Rates vom 16. April 2014 über Marktmissbrauch (Marktmissbrauchsverordnung) und zur Aufhebung der Richtlinie 2003/6/EG des Europäischen Parlaments und des Rates und der Richtlinien 2003/124/EG, 2003/125/EG und 2004/72/EG der Kommission (ABl. L 173 vom 12.6.2014, S. 1).

Zu Abs. 49:

[2] Richtlinie 2014/65/EU des Europäischen Parlaments und des Rates vom 15. Mai 2014 über Märkte für Finanzinstrumente sowie zur Änderung der Richtlinien 2002/92/EG und 2011/61/EU (ABl. L 173 vom 12.6.2014, S. 349).

der Kalibrierung des Inhalts eines EU-Wachstumsprospekts sollte das richtige Gleichgewicht zwischen einem kosteneffizienten Zugang zu den Finanzmärkten und dem Anlegerschutz hergestellt werden. Einem EU-Wachstumsprospekt sollte wie bei anderen Arten von Prospekten im Rahmen dieser Verordnung nach seiner Billigung die Pass-Regelung gemäß dieser Verordnung gewährt werden und er sollte damit für jedes unionsweite öffentliche Angebot von Wertpapieren gültig sein.

(52) Die verkürzten Informationen, die KMU in den EU-Wachstumsprospekten mindestens offenlegen müssen, sollten so kalibriert werden, dass der Schwerpunkt auf den Angaben liegt, die für Anlagen in die angebotenen Wertpapiere wesentlich und relevant sind, und auf der Notwendigkeit, sicherzustellen, dass die Größe des Unternehmens und sein Finanzierungsbedarf auf der einen Seite und die Kosten für die Erstellung eines Prospekts auf der anderen Seite zueinander in einem angemessenen Verhältnis stehen.

(53) Die verhältnismäßige Offenlegungsregelung für EU-Wachstumsprospekte sollte nicht zur Verfügung stehen, wenn die Wertpapiere eines Unternehmens bereits zum Handel an geregelten Märkten zugelassen sind, damit Anleger an geregelten Märkten darauf vertrauen, dass alle Emittenten, in deren Wertpapiere sie investieren, einheitlichen Offenlegungsvorschriften unterliegen. An den geregelten Märkten sollte es daher keinen zweistufigen Offenlegungsstandard geben, der von der Größe des Emittenten abhängt.

(54) Risikofaktoren werden in einen Prospekt vor allem mit dem Ziel aufgenommen, sicherzustellen, dass die Anleger eine fundierte Bewertung dieser Risiken vornehmen und somit Anlageentscheidungen in voller Kenntnis der Sachlage treffen. Die Risikofaktoren sollten daher auf jene beschränkt werden, die wesentlich und für den Emittenten sowie die Wertpapiere spezifisch sind und die durch den Inhalt des Prospekts bestätigt werden. Ein Prospekt sollte keine Risikofaktoren enthalten, die allgemeiner Natur sind und nur dem Haftungsausschluss dienen, denn jene könnten spezifischere Risikofaktoren, die die Anleger kennen sollten, verschleiern und so verhindern, dass der Prospekt die Informationen in leicht zu analysierender, knapper und verständlicher Form präsentiert. Unter anderem können umwelt- und sozialpolitische Umstände sowie Faktoren in Bezug auf die Unternehmensführung ebenfalls spezifische und wesentliche Risiken für den Emittenten und seine Wertpapiere darstellen und sollten in diesem Fall offengelegt werden. Damit die Anleger die wesentlichsten Risiken erkennen können, sollte der Emittent jeden Risikofaktor im Prospekt angemessen beschreiben und darlegen. Eine begrenzte Zahl von Risikofaktoren, die vom Emittenten ausgewählt werden, sollte in die Zusammenfassung aufgenommen werden.

(55) Die Marktpraxis, wonach ein gebilligter Prospekt nicht den endgültigen Emissionskurs und/oder das endgültige Emissionsvolumen, die Gegenstand des öffentlichen Angebots sind, entweder als Anzahl der Wertpapiere oder als aggregierter Nominalbetrag enthält, sollte akzeptabel sein, wenn dieser endgültige Emissionskurs und/oder dieses endgültige Emissionsvolumen nicht im Prospekt genannt werden können, sofern Anleger in diesem Fall geschützt werden. Die Anleger sollten entweder ein Widerrufsrecht haben, sobald der endgültige Emissionskurs oder das endgültige Emissionsvolumen bekannt sind, oder ersatzweise sollten im Prospekt der Höchstkurs, den Anleger möglicherweise für die Wertpapiere zahlen müssen, oder das Höchstvolumen an Wertpapieren oder die Bewertungsmethoden und -kriterien und/oder Bedingungen, nach denen der Emissionskurs festzulegen ist, und eine Erläuterung etwaiger Bewertungsmethoden, wie die Diskontierungsmethode, eine Peer-Group-Analyse oder jede andere allgemein anerkannte Bewertungsmethode, offengelegt werden. Die Bewertungsmethoden und -kriterien sollten genau genug sein, um den Kurs vorhersehbar zu machen und ein Maß an Anlegerschutz zu gewährleisten, das mit der Offenlegung des Emissionshöchstkurses vergleichbar ist. In diesem Zusammenhang würde eine bloße Bezugnahme auf das Orderbuchverfahren als Bewertungsmethode oder -kriterium nicht akzeptiert werden, wenn im Prospekt kein Höchstkurs genannt wird.

(56) Unter bestimmten Umständen sollte die Nichtaufnahme sensibler Informationen in einen Prospekt oder in Bestandteilen hiervon von der zuständigen Behörde durch Gewährung einer Ausnahme gestattet werden können, um nachteilige Situationen für einen Emittenten zu vermeiden.

(57) Die Mitgliedstaaten veröffentlichen eine Fülle von Informationen über ihre Finanzlage, die im Allgemeinen öffentlich zugänglich sind. Wird ein Angebot von Wertpapieren von einem Mitgliedstaat garantiert, sollten derartige Informationen daher nicht in den Prospekt aufgenommen werden müssen.

(58) Dass Emittenten Informationen in einen Prospekt aufnehmen können, indem sie auf Dokumente verweisen, die die geforderten Informationen enthalten – unter der Voraussetzung, dass diese Dokumente elektronisch veröffentlicht wurden –, sollte die Erstellung eines Prospekts erleichtern und die Kosten für die Emittenten senken, ohne dass dadurch der Anlegerschutz

beeinträchtigt wird. Allerdings sollte das Ziel, die Erstellung eines Prospekts zu vereinfachen und zu verbilligen, nicht zulasten anderer Interessen verwirklicht werden, die mit dem Prospekt geschützt werden sollen, wie insbesondere die Zugänglichkeit der Informationen. Die Sprache der mittels Verweis aufgenommenen Informationen sollte der für Prospekte geltenden Sprachenregelung entsprechen. Die mittels Verweis aufgenommenen Informationen sollten sich auf historische Daten beziehen. Wenn jene Informationen jedoch aufgrund wesentlicher Veränderungen nicht mehr relevant sind, sollte dies im Prospekt klar zum Ausdruck gebracht und sollten die aktualisierten Informationen ebenfalls zur Verfügung gestellt werden.

(59) Vorgeschriebene Informationen im Sinne des Artikels 2 Absatz 1 Buchstabe k der Richtlinie 2004/109/EG sollten mittels Verweis in einen Prospekt aufgenommen werden können. Emittenten, deren Wertpapiere an einem MTF gehandelt werden, und Emittenten, die von der Veröffentlichung von Jahres- und Halbjahresfinanzberichten gemäß Artikel 8 Absatz 1 Buchstabe b der Richtlinie 2004/109/EG befreit sind, sollten ebenfalls die Möglichkeit haben, jährlich und unterjährig vorzulegende Finanzinformationen, Prüfungsberichte, Abschlüsse, Lageberichte oder Erklärungen zur Unternehmensführung ganz oder teilweise mittels Verweis in den Prospekt aufzunehmen, sofern jene Dokumente elektronisch veröffentlicht wurden.

(60) Aufgrund der unterschiedlichen Ansätze der zuständigen Behörden in den Mitgliedstaaten haben nicht alle Emittenten Zugang zu angemessenen Informationen und Hinweisen zum Prüfungs- und Billigungsverfahren sowie zur notwendigen Vorgehensweise, um die Billigung eines Prospekts zu erwirken. Diese Verordnung sollte diese Unterschiede beseitigen, indem die Kriterien für die Prüfung des Prospekts und die für die Billigungsverfahren der zuständigen Behörden geltenden Regeln gestrafft und damit harmonisiert werden. Es ist wichtig sicherzustellen, dass alle zuständigen Behörden einen konvergenten Ansatz verfolgen, wenn sie die Vollständigkeit, Kohärenz und Verständlichkeit der in einem Prospekt enthaltenen Informationen prüfen, wobei sie der Notwendigkeit eines verhältnismäßigen Ansatzes bei der Prüfung von Prospekten auf der Grundlage der Umstände des Emittenten und der Emission Rechnung tragen. Hinweise, wie die Billigung eines Prospekts zu beantragen ist, sollten auf den Websites der zuständigen Behörden öffentlich zugänglich sein. Die Europäische Wertpapier- und Marktaufsichtsbehörde (European Securities and Markets Authority – ESMA) sollte durch Ausübung ihrer Befugnisse im Rahmen der Verordnung (EU) Nr. 1095/2010 des Europäischen Parlaments und des Rates[1] bei der Förderung der Aufsichtskonvergenz in jenem Bereich eine maßgebliche Rolle spielen. Insbesondere sollte die ESMA mit angemessenem Vorlauf zur Überprüfung dieser Verordnung und im Einklang mit der Verordnung (EU) Nr. 1095/ 2010 mittels Peer-Reviews begutachten, wie die zuständigen Behörden im Rahmen dieser Verordnung vorgehen.

(61) Um den Zugang zu den Märkten der Mitgliedstaaten zu erleichtern, ist es wichtig, dass die Gebühren, die die zuständigen Behörden für die Billigung und Hinterlegung von Prospekten und den dazugehörigen Dokumenten erheben, angemessen und verhältnismäßig sind und öffentlich bekannt gemacht werden.

(62) Da das Internet einen leichten Zugang zu Informationen gewährleistet und um eine bessere Zugänglichkeit für die Anleger sicherzustellen, sollte der gebilligte Prospekt stets in elektronischer Form veröffentlicht werden. Der Prospekt sollte in einer speziellen Rubrik auf der Website des Emittenten, des Anbieters oder der Person, die die Zulassung zum Handel auf einem geregelten Markt beantragt, oder – sofern anwendbar – auf der Website der die Wertpapiere platzierenden oder verkaufenden Finanzintermediäre, einschließlich Zahlstellen, oder auf der Website des geregelten Markts, für den die Zulassung zum Handel beantragt wird, oder auf der Website des Betreibers des MTF veröffentlicht werden.

(63) Alle gebilligten Prospekte oder alternativ eine Liste der Prospekte mit Hyperlinks zu den relevanten spezifischen Rubriken der Website sollten auf der Website der zuständigen Behörde des Herkunftsmitgliedstaats des Emittenten veröffentlicht werden, und jeder Prospekt sollte von der zuständigen Behörde zusammen mit den relevanten Daten, die seine Klassifizierung ermöglichen, der ESMA übermittelt werden. Die ESMA sollte einen Mechanismus für die zentrale Speicherung von Prospekten bereitstellen, der der Öffentlichkeit kostenfreien Zugang und angemessene Suchfunktionen bietet. Um sicherzustellen, dass Anleger Zugang zu verlässlichen Daten haben, die zügig und effizient genutzt und analysiert werden können, sollten bestimmte in den Prospekten enthaltene Informationen, z. B. die ISINs als Kennung für die Wertpapiere und die Rechtsträgerkennung (legal entity identifiers – LEI) als

---

Zu Abs. 60:

[1] Verordnung (EU) Nr. 1095/2010 des Europäischen Parlaments und des Rates vom 24. November 2010 zur Errichtung einer Europäischen Aufsichtsbehörde (Europäische Wertpapier- und Marktaufsichtsbehörde), zur Änderung des Beschlusses Nr. 716/ 2009/EG und zur Aufhebung des Beschlusses 2009/77/EG der Kommission (ABl. L 331 vom 15.12.2010, S. 84).

Kennung für die Emittenten, die Anbieter und die Garantiegeber, maschinenlesbar sein, auch wenn Metadaten verwendet werden. Prospekte sollten ab ihrer Veröffentlichung mindestens zehn Jahre lang für die Öffentlichkeit verfügbar bleiben, um sicherzustellen, dass die Dauer ihrer öffentlichen Verfügbarkeit mit jener der Jahres- und Halbjahresfinanzberichte gemäß der Richtlinie 2004/109/EG übereinstimmt. Die Prospekte sollten den Anlegern auf Anfrage stets auf einem dauerhaften Datenträger kostenlos zur Verfügung stehen. Ein potenzieller Anleger sollte auf ausdrückliche Anforderung einer Papierversion eine gedruckte Fassung des Prospekts erhalten können. Der Emittent, der Anbieter, die die Zulassung zum Handel an einem geregelten Markt beantragende Person oder der Finanzintermediär müssen aber keine gedruckten Fassungen des Prospekts vorrätig haben, um solchen potenziellen Nachfragen nachkommen zu können.

(64) Damit das Vertrauen der Öffentlichkeit nicht untergraben und der ordnungsgemäße Betrieb der Finanzmärkte nicht beeinträchtigt wird, sollte auch die Werbung harmonisiert werden. Die Fairness und Wahrheitstreue von Werbung sowie deren inhaltliche Übereinstimmung mit dem Prospekt sind von größter Bedeutung für den Schutz von Anlegern, insbesondere auch von Kleinanlegern. Unbeschadet der in dieser Verordnung vorgesehenen Pass-Regelung ist die Überwachung derartiger Werbung untrennbarer Bestandteil der Aufgaben der zuständigen Behörden. Die Anforderungen dieser Verordnung an die Werbung sollten unbeschadet der anderen geltenden Bestimmungen des Unionsrechts, insbesondere im Hinblick auf den Verbraucherschutz und unlautere Geschäftspraktiken, gelten.

(65) Jeder wichtige neue Umstand und jede wesentliche Unrichtigkeit oder jede wesentliche Ungenauigkeit, die die Bewertung der Anlage beeinflussen könnten und nach der Veröffentlichung des Prospekts, aber vor dem Schluss des öffentlichen Angebots oder der Aufnahme des Handels an einem geregelten Markt auftreten, sollten von den Anlegern angemessen bewertet werden können und erfordern deshalb unverzüglich die Billigung und Verbreitung eines Nachtrags zum Prospekt.

(66) Um die Rechtssicherheit zu erhöhen, sollte festgelegt werden, innerhalb welcher Frist ein Emittent einen Nachtrag zum Prospekt veröffentlichen muss und innerhalb welcher Frist die Anleger nach der Veröffentlichung eines Nachtrags das Recht haben, ihre Zusage zum Angebot zu widerrufen. Einerseits sollte die Pflicht zur Erstellung eines Prospektnachtrags bei Auftreten des wichtigen neuen Umstands, der wesentlichen Unrichtigkeit oder der wesentlichen Ungenauigkeit vor dem Auslaufen der Angebotsfrist bzw. vor Beginn des Handels der betreffenden Wertpapiere an einem geregelten Markt gelten, je nachdem, welcher Zeitpunkt später eintritt. Andererseits sollte das Recht, eine Zusage zu widerrufen, nur gelten, wenn sich der Prospekt auf ein öffentliches Angebot von Wertpapieren bezieht und der wichtige neue Umstand, die wesentliche Unrichtigkeit oder wesentliche Ungenauigkeit vor dem Auslaufen der Angebotsfrist und der Lieferung der Wertpapiere eingetreten ist oder festgestellt wurde. Das Widerrufsrecht sollte somit an die zeitliche Einordnung des wichtigen neuen Umstands, der wesentlichen Unrichtigkeit oder der wesentlichen Ungenauigkeit gekoppelt sein, durch den bzw. die ein Nachtrag erforderlich wird, und sollte gelten, wenn dieses auslösende Ereignis eintritt, solange das Angebot noch gültig und die Lieferung der Wertpapiere noch nicht erfolgt ist. Das Widerrufsrecht, das Anlegern infolge eines wichtigen neuen Umstands, einer wesentlichen Unrichtigkeit oder einer wesentlichen Ungenauigkeit gewährt wird, der bzw. die während der Gültigkeitsdauer des Prospekts eingetreten ist oder festgestellt wurde, wird nicht dadurch beeinträchtigt, dass der entsprechende Nachtrag nach Ablauf der Gültigkeitsdauer des Prospekts veröffentlicht wird. In dem Sonderfall, dass ein Angebot im Rahmen zweier aufeinanderfolgender Basisprospekte aufrechterhalten wird, wird die Pflicht zur Erstellung eines Nachtrags zum vorhergehenden Basisprospekt bis zum Ablauf seiner Gültigkeitsdauer und zur Gewährung der entsprechenden Widerrufsrechte nicht aufgrund der Tatsache aufgehoben, dass der Emittent den Nachfolge-Basisprospekt zur Billigung hinterlegt hat. Zur Erhöhung der Rechtssicherheit sollte in dem Prospektnachtrag angegeben werden, wann das Widerrufsrecht endet. Wenn Anleger ihr Widerrufsrecht ausüben, sollten die Finanzintermediäre die Anleger über ihre Rechte unterrichten und das Verfahren erleichtern.

(67) Die Pflicht eines Emittenten, den gesamten Prospekt in alle relevanten Amtssprachen zu übersetzen, ist grenzüberschreitenden Angeboten oder dem Mehrfach-Handel abträglich. Um grenzüberschreitende Angebote zu erleichtern, sollte lediglich die Zusammenfassung in der Amtssprache oder in mindestens einer der Amtssprachen des Aufnahmemitgliedstaats oder in einer von der zuständigen Behörde dieses Mitgliedstaats anerkannten anderen Sprache vorliegen.

(68) Die zuständige Behörde des Aufnahmemitgliedstaats sollte Anspruch auf eine Bescheinigung der zuständigen Behörde des Herkunftsmitgliedstaats haben, aus der hervorgeht, dass der Prospekt nach Maßgabe dieser Verordnung erstellt wurde. Die zuständige Behörde des Herkunftsmitgliedstaats sollte auch den Emittenten

oder die für die Erstellung des Prospekts verantwortliche Person von der an die Behörde des Aufnahmemitgliedstaats gerichteten Bescheinigung über die Billigung des Prospekts in Kenntnis setzen, um dem Emittenten oder der für die Erstellung des Prospekts verantwortlichen Person Gewissheit zu verschaffen, ob und wann eine Notifizierung tatsächlich erfolgt ist. Jede Übermittlung von Dokumenten zwischen den zuständigen Behörden zum Zweck von Notifizierungen sollte über ein von der ESMA einzurichtendes Notifizierungsportal erfolgen.

(69) In den Fällen, in denen der Emittent gemäß dieser Verordnung die Wahl hat, seinen Herkunftsmitgliedstaat zum Zwecke der Billigung des Prospekts zu bestimmen, sollte sichergestellt werden, dass dieser Emittent ein Registrierungsformular oder ein einheitliches Registrierungsformular, das von der zuständigen Behörde eines anderen Mitgliedstaats bereits gebilligt wurde, als Bestandteil seines Prospekts verwenden kann. Zwischen den zuständigen Behörden sollte daher ein System von Notifizierungen eingeführt werden, um zu gewährleisten, dass dieses Registrierungsformular oder dieses einheitliche Registrierungsformular nicht der Prüfung und Billigung der

zuständigen Behörde unterliegt, die den Prospekt billigt, und dass zuständige Behörden nur für den von ihnen gebilligten Bestandteil eines Prospekts verantwortlich sind, auch wenn später ein Nachtrag erstellt wird.

(70) Um sicherzustellen, dass die Ziele dieser Verordnung in vollem Umfang verwirklicht werden, müssen in den Anwendungsbereich dieser Verordnung auch Wertpapiere von Emittenten aufgenommen werden, die dem Recht eines Drittlands unterliegen. Zur Gewährleistung des Informationsaustauschs und der Zusammenarbeit mit Drittlandsbehörden im Hinblick auf die wirksame Durchsetzung dieser Verordnung sollten die zuständigen Behörden Kooperationsvereinbarungen mit den entsprechenden Behörden in Drittländern abschließen. Jede Übermittlung personenbezogener Daten auf der Grundlage dieser Vereinbarungen sollte im Einklang mit der Verordnung (EU) 2016/679 des Europäischen Parlaments und des Rates[1] und der Verordnung (EG) Nr. 45/2001 des Europäischen Parlaments und des Rates[2] erfolgen.

(71) Eine Vielzahl zuständiger Behörden mit unterschiedlichen Kompetenzen in den Mitgliedstaaten könnte unnötige Kosten verursachen und zu einer Überschneidung von Zuständigkeiten führen, ohne dass dadurch zusätzlicher Nutzen entsteht. In jedem Mitgliedstaat sollte eine einzige zuständige Behörde benannt werden, die die Prospekte billigt und für die Überwachung der Einhaltung dieser Verordnung zuständig ist. Diese zuständige Behörde sollte eine Verwaltungsbehörde sein, die so beschaffen ist, dass ihre Unabhängigkeit von den Wirtschaftsteilnehmern sichergestellt ist und Interessenkonflikte vermieden werden. Die Benennung einer zuständigen Behörde für die Billigung der Prospekte sollte die Zusammenarbeit zwischen dieser zuständigen Behörde und Dritten, wie etwa Regulierungsbehörden für den Bank- und Versicherungssektor oder Börsenzulassungsbehörden, nicht ausschließen, um die Effizienz der Prüfung und Billigung von Prospekten im Interesse der Emittenten, der Anleger, der Marktteilnehmer und der Märkte gleichermaßen zu gewährleisten. Eine Übertragung der Aufgaben einer zuständigen Behörde auf Dritte sollte nur zulässig sein, wenn es um die Veröffentlichung gebilligter Prospekte geht.

(72) Eine wirkungsvolle Aufsicht wird durch wirksame Instrumente und Befugnisse sowie Ressourcen für die zuständigen Behörden der Mitgliedstaaten sichergestellt. Darum sollte diese Verordnung insbesondere ein Minimum an Aufsichtsund Untersuchungsbefugnissen vorsehen, die den zuständigen Behörden der Mitgliedstaaten im Einklang mit nationalem Recht übertragen werden sollten. Wenn es das nationale Recht erfordert, sollten diese Befugnisse durch Antrag bei den zuständigen Justizbehörden ausgeübt werden. Bei der Wahrnehmung ihrer Befugnisse gemäß dieser Verordnung sollten die zuständigen Behörden und die ESMA objektiv und unparteiisch handeln und in ihren Beschlüssen unabhängig bleiben.

(73) Zur Aufdeckung von Verstößen gegen diese Verordnung müssen die zuständigen Behörden die Möglichkeit haben, sich zu anderen Standorten als den privaten Wohnräumen natürlicher Personen Zugang zu verschaffen, um Dokumente zu beschlagnahmen. Zugang zu solchen Räumlichkeiten ist erforderlich, wenn der begrün-

Zu Abs. 70:

[1] *Verordnung (EU) 2016/679 des Europäischen Parlaments und des Rates vom 27. April 2016 zum Schutz natürlicher Personen bei der Verarbeitung personenbezogener Daten, zum freien Datenverkehr und zur Aufhebung der Richtlinie 95/46/EG (DatenschutzGrundverordnung) (ABl. L 119 vom 4.5.2016, S. 1).*

[2] *Verordnung (EG) Nr 45/2001 des Europäischen Parlaments und des Rates vom 18. Dezember 2000 zum Schutz natürlicher Personen bei der Verarbeitung personenbezogener Daten durch die Organe und Einrichtungen der Gemeinschaft und zum freien Datenverkehr (ABl. L 8 vom 12.1.2001, S. 1).*

dete Verdacht besteht, dass Dokumente und andere Daten vorhanden sind, die in Zusammenhang mit dem Gegenstand einer Überprüfung oder Ermittlung stehen und Beweismittel für einen Verstoß gegen diese Verordnung sein könnten. Darüber hinaus ist der Zugang zu solchen Räumlichkeiten erforderlich, wenn die Person, an die ein Auskunftsersuchen gerichtet wurde, diesem nicht nachkommt, oder wenn berechtigte Gründe für die Annahme bestehen, dass im Falle eines Auskunftsersuchens diesem nicht Folge geleistet würde oder die Dokumente oder Informationen, die Gegenstand des Auskunftsersuchens sind, beseitigt, manipuliert oder zerstört würden.

(74) Im Einklang mit der Mitteilung der Kommission vom 8. Dezember 2010 mit dem Titel „Stärkung der Sanktionsregelungen im Finanzdienstleistungssektor" und um zu gewährleisten, dass die Anforderungen dieser Verordnung erfüllt werden, ist es wichtig, dass die Mitgliedstaaten die notwendigen Schritte unternehmen, damit bei Verstößen gegen diese Verordnung angemessene verwaltungsrechtliche Sanktionen und andere verwaltungsrechtliche Maßnahmen verhängt werden. Diese Sanktionen und Maßnahmen sollten wirksam, verhältnismäßig und abschreckend sein und einen gemeinsamen Ansatz der Mitgliedstaaten sowie eine abschreckende Wirkung sicherstellen. Diese Verordnung sollte die Möglichkeit der Mitgliedstaaten, höhere verwaltungsrechtliche Sanktionen festzusetzen, unbeschadet lassen.

(75) Damit die Beschlüsse über die Verhängung von verwaltungsrechtlichen Sanktionen oder anderen verwaltungsrechtlichen Maßnahmen der zuständigen Behörden in der Öffentlichkeit abschreckend wirken, sollten sie im Normalfall veröffentlicht werden, es sei denn, die zuständige Behörde hält es für notwendig, im Einklang mit dieser Verordnung eine Veröffentlichung auf anonymer Basis vorzunehmen, die Veröffentlichung zu verschieben oder auf die Veröffentlichung zu verzichten.

(76) Obgleich es den Mitgliedstaaten freistehen sollte, für dieselben Verstöße sowohl verwaltungsrechtliche als auch strafrechtliche Sanktionen vorzusehen, sollten sie nicht verpflichtet sein, verwaltungsrechtliche Sanktionen für Verstöße gegen diese Verordnung vorzusehen, die bis zum 21. Juli 2018 strafrechtlichen Sanktionen des nationalen Rechts unterliegen. Im Einklang mit dem nationalen Recht sind die Mitgliedstaaten nicht verpflichtet, für ein und denselben Verstoß sowohl verwaltungsrechtliche als auch strafrechtliche Sanktionen zu verhängen, sollten dies aber tun können, wenn es das nationale Recht erlaubt. Die Aufrechterhaltung strafrechtlicher anstelle von verwaltungsrechtlichen Sanktionen für Verstöße gegen diese Verordnung sollte jedoch nicht die Möglichkeit der zuständigen Behörden einschränken oder in anderer Weise beeinträchtigen, sich für die Zwecke dieser Verordnung rechtzeitig mit den zuständigen Behörden in anderen Mitgliedstaaten ins Einvernehmen zu setzen, um mit ihnen zusammenzuarbeiten, Zugang zu ihren Informationen zu erhalten und mit ihnen Informationen auszutauschen, und zwar auch dann, wenn die zuständigen Justizbehörden bereits mit der strafrechtlichen Verfolgung der betreffenden Verstöße befasst wurden.

(77) Informanten könnten den zuständigen Behörden neue Informationen zur Kenntnis bringen, die diese bei der Aufdeckung von Verstößen gegen diese Verordnung und der Verhängung von Sanktionen unterstützen. Deshalb sollte diese Verordnung sicherstellen, dass angemessene Vorkehrungen bestehen, um Informanten zur Unterrichtung der zuständigen Behörden über tatsächliche oder mögliche Verstöße gegen diese Verordnung zu befähigen und sie vor Vergeltungsmaßnahmen zu schützen.

(78) Zur Präzisierung der Anforderungen dieser Verordnung sollte der Kommission die Befugnis übertragen werden, gemäß Artikel 290 des Vertrags über die Arbeitsweise der Union (AEUV) Rechtsakte zu erlassen, die Folgendes regeln: die Mindestinformationen in bestimmten Dokumenten, die der Öffentlichkeit anlässlich einer Übernahme im Wege eines Tauschangebots, einer Verschmelzung oder einer Spaltung zugänglich gemacht werden müssen, die Prüfung, Billigung, Hinterlegung und Überprüfung des einheitlichen Registrierungsformulars und etwaiger Änderungen, sowie die Bedingungen, unter denen der Status eines Daueremittenten aberkannt wird, die Aufmachung des Prospekts, des Basisprospekts und der endgültigen Bedingungen sowie die in einen Prospekt aufzunehmenden spezifischen Informationen, die Mindestinformationen im einheitlichen Registrierungsformular, die verkürzten Informationen im vereinfachten Prospekt bei Sekundäremissionen und Emissionen von KMU, den speziellen verkürzten Inhalt, das standardisierte Format und die standardisierte Reihenfolge des EU-Wachstumsprospekts und seiner speziellen Zusammenfassung, die Kriterien für die Beurteilung und Einstufung der Risikofaktoren durch den Emittenten, die Prüfung und Billigung von Prospekten und die allgemeinen Gleichwertigkeitskriterien für Prospekte, die von Drittlandsemittenten erstellt werden. Es ist von besonderer Bedeutung, dass die Kommission im Zuge ihrer Vorbereitungsarbeit angemessene Konsultationen, auch auf Sachverständigenebene, durchführt und dass diese Konsultationen mit den Grundsätzen in Einklang stehen, die in der Interinstitutionellen Vereinbarung vom 13. April 2016 über bessere

Rechtsetzung[1] festgelegt sind. Um insbesondere eine gleichberechtigte Beteiligung an der Ausarbeitung der delegierten Rechtsakte zu gewährleisten, erhalten das Europäische Parlament und der Rat alle Dokumente zur gleichen Zeit wie die Sachverständigen der Mitgliedstaaten, und ihre Sachverständigen haben systematisch Zugang zu den Sitzungen der Sachverständigengruppen der Kommission, die mit der Ausarbeitung der delegierten Rechtsakte befasst sind.

(79) Zur Gewährleistung einheitlicher Bedingungen für die Durchführung dieser Verordnung in Bezug auf die Gleichwertigkeit des Prospektrechts von Drittländern sollten der Kommission Durchführungsbefugnisse für den Erlass entsprechender Gleichwertigkeitsbeschlüsse übertragen werden. Diese Befugnisse sollten im Einklang mit der Verordnung (EU) Nr. 182/2011 des Europäischen Parlaments und des Rates[2] ausgeübt werden.

(80) Technische Standards für den Finanzdienstleistungssektor sollten unionsweit einen angemessenen Anleger- und Verbraucherschutz gewährleisten. Da die ESMA über hoch spezialisierte Fachkräfte verfügt, wäre es sinnvoll und angemessen, ihr die Aufgabe zu übertragen, für technische Regulierungsstandards, die keine politischen Entscheidungen erfordern, Entwürfe auszuarbeiten und der Kommission vorzulegen.

(81) Der Kommission sollte die Befugnis übertragen werden, technische Regulierungsstandards anzunehmen, die von der ESMA ausgearbeitet wurden und Folgendes regeln: Inhalt und Format der in die Zusammenfassung aufzunehmenden wesentlichen Finanzinformationen, Fälle in denen es möglich ist, bestimmte Informationen im Prospekt nicht aufzunehmen, Informationen, die mittels Verweis aufzunehmen sind, und weitere nach Unionsrecht erforderliche Dokumente, Veröffentlichung des Prospekts, erforderliche Daten für die Klassifizierung von Prospekten in dem von der ESMA betriebenen Speichermechanismus, die Bestimmungen über die Werbung, Situationen, in denen ein wichtiger neuer Umstand, eine wesentliche Unrichtigkeit oder eine wesentliche Ungenauigkeit in Bezug auf die im Prospekt enthaltenen Angaben die Veröffentlichung eines Nachtrags zum Prospekt erfordert, die notwendigen technischen Vorkehrungen für das Funktionieren des ESMA-Notifizierungsportals, den Mindestinhalt der Kooperationsvereinbarungen mit Aufsichtsbehörden in Drittländern und die dafür zu verwendenden Muster sowie den Informationsaustausch zwischen den zuständigen Behörden und der ESMA im Rahmen der Verpflichtung zur Zusammenarbeit. Die Kommission sollte diese Entwürfe technischer Regulierungsstandards im Wege delegierter Rechtsakte im Sinne des Artikels 290 AEUV und gemäß den Artikeln 10 bis 14 der Verordnung (EU) Nr. 1095/2010 annehmen.

(82) Der Kommission sollte außerdem die Befugnis übertragen werden, technische Durchführungsstandards, die von der ESMA in Bezug auf die Standardformulare, Mustertexte und Verfahren für die Notifizierung der Bescheinigung über die Billigung, des Prospekts, des Registrierungsformulars, des einheitlichen Registrierungsformulars, jedes diesbezüglichen Nachtrags samt etwaiger Übersetzungen, des Nachtrags zum Prospekt und der Übersetzung des Prospekts und/oder der Zusammenfassung, die Standardformulare, Mustertexte und Verfahren für die Zusammenarbeit und den Informationsaustausch zwischen den zuständigen Behörden sowie die Verfahren und Formulare für den Informationsaustausch zwischen den zuständigen Behörden und der ESMA ausgearbeitet wurden, zu erlassen. Die Kommission sollte diese technischen Durchführungsstandards im Wege von Durchführungsrechtsakten im Sinne des Artikels 291 AEUV und gemäß Artikel 15 der Verordnung (EU) Nr. 1095/2010 annehmen.

(83) Bei der Wahrnehmung ihrer delegierten Befugnisse und ihrer Durchführungsbefugnisse im Sinne dieser Verordnung sollte die Kommission Folgendes beachten:

– Das Vertrauen der Kleinanleger und KMU in die Finanzmärkte muss durch Förderung eines hohen Maßes an Transparenz auf den Finanzmärkten sichergestellt werden;
– die Offenlegungspflichten im Rahmen eines Prospekts müssen mit Rücksicht auf die Größe des Emittenten und die Informationen, die dieser bereits nach der Richtlinie 2004/109/EG und der Verordnung (EU) Nr. 596/2014 offenzulegen hat, kalibriert werden;
– KMU muss der Zugang zu den Kapitalmärkten erleichtert werden, während gleichzeitig das Anlegervertrauen in solche Unternehmen gesichert werden muss;
– die Anleger müssen aus einem breiten Spektrum konkurrierender Anlagemöglichkeiten wählen können, und das Offenle-

EU-Prospekt-V

Zu Abs. 78:

[1] ABl. L 123 vom 12.5.2016, S. 1.

Zu Abs. 79:

[2] Verordnung (EU) Nr. 182/2011 des Europäischen Parlaments und des Rates vom 16. Februar 2011 zur Festlegung der allgemeinen Regeln und Grundsätze, nach denen die Mitgliedstaaten die Wahrnehmung der Durchführungsbefugnisse durch die Kommission kontrollieren (ABl. L 55 vom 28.2.2011, S. 13).

gungs- und Schutzniveau muss ihrer jeweiligen Lage angepasst sein;

- unabhängige Regulierungsbehörden müssen eine kohärente rechtliche Durchsetzung der Vorschriften gewährleisten, insbesondere was den Kampf gegen die Wirtschaftskriminalität angeht;
- es muss ein hohes Maß an Transparenz und eine umfassende Konsultation aller Marktteilnehmer sowie des Europäischen Parlaments und des Rates gewährleistet werden;
- die Innovation auf den Finanzmärkten muss gefördert werden, wenn diese dynamisch und effizient sein sollen;
- die systemische Stabilität des Finanzsystems muss durch eine enge und reaktive Überwachung der Finanzinnovation gewährleistet werden;
- die Senkung der Kapitalkosten und die Verbesserung des Kapitalzugangs sind von großer Bedeutung;
- Kosten und Nutzen einer Durchführungsmaßnahme müssen sich auf lange Sicht für alle Marktteilnehmer die Waage halten;
- die internationale Wettbewerbsfähigkeit der Finanzmärkte der Union muss unbeschadet der dringend erforderlichen Ausweitung der internationalen Zusammenarbeit gefördert werden;
- gleiche Wettbewerbsbedingungen für sämtliche Marktteilnehmer müssen erforderlichenfalls durch Unionsrecht sichergestellt werden;
- die Kohärenz mit anderem Unionsrecht im gleichen Bereich muss sichergestellt werden, da Informationsasymmetrien und mangelnde Transparenz die Funktionsfähigkeit der Märkte gefährden und vor allem Verbrauchern und Kleinanlegern zum Schaden gereichen könnten.

(84) Jede Verarbeitung personenbezogener Daten im Rahmen dieser Verordnung, wie der Austausch oder die Übermittlung personenbezogener Daten durch die zuständigen Behörden, sollte im Einklang mit der Verordnung (EU) 2016/679 und jeder Austausch oder jede Übermittlung von Informationen durch die ESMA sollte im Einklang mit der Verordnung (EG) Nr. 45/2001 erfolgen.

(85) Die Kommission sollte bis zum 21. Juli 2022 die Anwendung dieser Verordnung überprüfen und insbesondere bewerten, ob die Offenlegungsvorschriften für Sekundäremissionen und für den EU-Wachstumsprospekt, das einheitliche Registrierungsformular und die Prospektzusammenfassung nach wie vor angemessen sind, um die Ziele dieser Verordnung zu verwirklichen. Insbesondere sollten in dem Bericht die maßgeblichen Zahlenangaben und Tendenzen in Bezug auf den EU-Wachstumsprospekt analysiert werden; zudem sollte bewertet werden, ob die neue Regelung für ein ausgewogenes Verhältnis zwischen Anlegerschutz und der Verringerung des Verwaltungsaufwands für die zu ihrer Anwendung berechtigten Unternehmen sorgt. Im Zuge dieser Überprüfung sollte auch bewertet werden, ob die Emittenten – insbesondere KMU – LEI und ISIN zu vertretbaren Kosten und innerhalb eines angemessenen Zeitraums erhalten können.

(86) Die Anwendung der in dieser Verordnung festgelegten Anforderungen sollte auf einen späteren Zeitpunkt verschoben werden, um den Erlass von delegierten Rechtsakten und Durchführungsrechtsakten zu ermöglichen und den zuständigen Behörden und den Marktteilnehmern Gelegenheit zu geben, sich auf die Anwendung der neuen Maßnahmen einzustellen und entsprechend zu planen.

(87) Da die Ziele dieser Verordnung, nämlich die Stärkung des Anlegerschutzes und der Markteffizienz im Zuge der Errichtung der Kapitalmarktunion, von den Mitgliedstaaten nicht ausreichend verwirklicht werden können, sondern vielmehr aufgrund ihrer Wirkungen auf Unionsebene besser zu verwirklichen sind, kann die Union im Einklang mit dem in Artikel 5 des Vertrags über die Europäische Union verankerten Subsidiaritätsprinzip tätig werden. Entsprechend dem in demselben Artikel genannten Verhältnismäßigkeitsprinzip geht diese Verordnung nicht über das für die Verwirklichung dieser Ziele erforderliche Maß hinaus.

(88) Die Verordnung steht im Einklang mit den Grundrechten und Grundsätzen, die insbesondere mit der Charta der Grundrechte der Europäischen Union anerkannt wurden. Deshalb sollte diese Verordnung im Einklang mit diesen Rechten und Grundsätzen ausgelegt und angewandt werden.

(89) Der Europäische Datenschutzbeauftragte wurde gemäß Artikel 28 Absatz 2 der Verordnung (EG) Nr. 45/2001 konsultiert –

HABEN FOLGENDE VERORDNUNG ERLASSEN:

Verordnung (EU) 2017/1129 des Europäischen Parlaments und des Rates vom 14. Juni 2017 über den Prospekt, der beim öffentlichen Angebot von Wertpapieren oder bei deren Zulassung zum Handel an einem geregelten Markt zu veröffentlichen ist und zur Aufhebung der Richtlinie 2003/71/ EG

KAPITEL I
ALLGEMEINE BESTIMMUNGEN

Artikel 1
Gegenstand, Anwendungsbereich und Ausnahmen

(1) Diese Verordnung legt die Anforderungen an die Erstellung, Billigung und Verbreitung des Prospekts, der beim öffentlichen Angebot von Wertpapieren oder bei der Zulassung von Wertpapieren zum Handel an einem geregelten Markt, der sich in einem Mitgliedstaat befindet oder dort betrieben wird, zu veröffentlichen ist, fest.

(2) Diese Verordnung findet keine Anwendung auf folgende Arten von Wertpapieren:

a) Anteilscheine, die von Organismen für gemeinsame Anlagen eines anderen als des geschlossenen Typs ausgegeben werden;

b) Nichtdividendenwerte, die von einem Mitgliedstaat oder einer Gebietskörperschaft eines Mitgliedstaats, von internationalen Organismen öffentlich-rechtlicher Art, denen ein oder mehrere Mitgliedstaaten angehören, von der Europäischen Zentralbank oder von den Zentralbanken der Mitgliedstaaten ausgegeben werden;

c) Anteile am Kapital der Zentralbanken der Mitgliedstaaten;

d) Wertpapiere, die uneingeschränkt und unwiderruflich von einem Mitgliedstaat oder einer Gebietskörperschaft eines Mitgliedstaats garantiert werden;

e) Wertpapiere, die von Vereinigungen mit Rechtspersönlichkeit oder von von einem Mitgliedstaat anerkannten Einrichtungen ohne Erwerbscharakter zum Zweck der Mittelbeschaffung für ihre nicht erwerbsorientierten Zwecke ausgegeben werden;

f) nichtfungible Kapitalanteile, deren Hauptzweck darin besteht, dem Inhaber das Recht auf die Nutzung einer Wohnung oder anderen Art von Immobilie oder eines Teils hiervon zu verleihen, wenn diese Anteile ohne Aufgabe des genannten Rechts nicht weiterveräußert werden können.

(3) Unbeschadet des Unterabsatzes 2 dieses Absatzes und des Artikels 4 findet diese Verordnung keine Anwendung auf öffentliche Angebote von Wertpapieren mit einem Gesamtgegenwert in der Union von weniger als 1 000 000 EUR, wobei diese Obergrenze über einen Zeitraum von 12 Monaten zu berechnen ist.

Die Mitgliedstaaten dehnen die Pflicht zur Erstellung eines Prospekts aufgrund dieser Verordnung nicht auf die in Unterabsatz 1 dieses Absatzes genannten öffentlichen Angebote von Wertpapieren aus. Sie können in diesen Fällen jedoch auf nationaler Ebene andere Offenlegungspflichten vorsehen, sofern diese keine unverhältnismäßige oder unnötige Belastung darstellen.

(4) Die Pflicht zur Veröffentlichung eines Prospekts gemäß Artikel 3 Absatz 1 findet keine Anwendung auf folgende Arten öffentlicher Angebote von Wertpapieren:

a) ein Wertpapierangebot, das sich ausschließlich an qualifizierte Anleger richtet;

b) ein Wertpapierangebot, das sich an weniger als 150 natürliche oder juristische Personen pro Mitgliedstaat richtet, bei denen es sich nicht um qualifizierte Anleger handelt;

c) ein Wertpapierangebot mit einer Mindeststückelung von 100 000 EUR;

d) ein Wertpapierangebot, das sich an Anleger richtet, die bei jedem gesonderten Angebot Wertpapiere ab einem Mindestbetrag von 100 000 EUR pro Anleger erwerben;

e) Aktien, die im Austausch für bereits ausgegebene Aktien derselben Gattung ausgegeben werden, sofern mit der Emission dieser neuen Aktien keine Kapitalerhöhung des Emittenten verbunden ist;

f) Wertpapiere, die anlässlich einer Übernahme im Wege eines Tauschangebots angeboten werden, sofern ein Dokument gemäß den Bestimmungen des Artikels 21 Absatz 2 der Öffentlichkeit zur Verfügung gestellt wurde, das Informationen zu der Transaktion und ihren Auswirkungen auf den Emittenten enthält;

g) Wertpapiere, die anlässlich einer Verschmelzung oder Spaltung angeboten oder zugeteilt werden bzw. zugeteilt werden sollen, sofern ein Dokument gemäß den Bestimmungen des Artikels 21 Absatz 2 der Öffentlichkeit zur Verfügung gestellt wurde, das Informationen zu der Transaktion und ihren Auswirkungen auf den Emittenten enthält;

h) an die vorhandenen Aktieninhaber ausgeschüttete Dividenden in Form von Aktien derselben Gattung wie die Aktien, für die solche Dividenden ausgeschüttet werden, sofern ein Dokument zur Verfügung gestellt wird, das Informationen über Anzahl und Art der Aktien enthält und in dem die Gründe und Einzelheiten des Angebots dargelegt werden;

i) Wertpapiere, die derzeitigen oder ehemaligen Führungskräften oder Beschäftigten von ihrem Arbeitgeber oder von einem verbundenen Unternehmen angeboten oder zugeteilt werden bzw. zugeteilt werden sollen, sofern ein Dokument zur Verfügung gestellt wird, das Informationen über Anzahl und Art der Wertpapiere enthält und in dem die Gründe und Einzelheiten des Angebots oder der Zuteilung dargelegt werden;

j) Nichtdividendenwerte, die von einem Kreditinstitut dauernd oder wiederholt begeben werden, wobei der aggregierte Gesamtgegenwert der angebotenen Wertpapiere in der Union weniger als 75 000 000 EUR pro Kreditinstitut über einen Zeitraum von 12 Monaten beträgt, sofern diese Wertpapiere

i) nicht nachrangig, konvertibel oder austauschbar sind und

ii) nicht zur Zeichnung oder zum Erwerb anderer Arten von Wertpapieren berechtigen und nicht an ein Derivat gebunden sind.

k) ein von einem im Rahmen der Verordnung (EU) 2020/1503 des Europäischen Parlaments und des Rates*) zugelassenen Schwarmfinanzierungsdienstleister unterbreitetes öffentliches Angebot von Wertpapieren, sofern es nicht den in Artikel 1 Absatz 2 Buchstabe c jener Verordnung genannten Schwellenwert übersteigt. *(ABl L 347 vom 20. 10. 2020, S 43)*

l) vom 18. März 2021 bis zum 31. Dezember 2022, Nichtdividendenwerte, die von einem Kreditinstitut dauernd oder wiederholt begeben werden, wobei der aggregierte Gesamtgegenwert der angebotenen Wertpapiere in der Union weniger als 150 000 000 EUR pro Kreditinstitut über einen Zeitraum von 12 Monaten beträgt, sofern diese Wertpapiere

i) nicht nachrangig, konvertibel oder austauschbar sind, und

ii) nicht zur Zeichnung oder zum Erwerb anderer Arten von Wertpapieren berechtigen und nicht an ein Derivat gebunden sind.
(ABl L 68 vom 26. 2. 2021, S 1)

(5) Die Pflicht zur Veröffentlichung eines Prospekts gemäß Artikel 3 Absatz 3 findet keine Anwendung auf die Zulassung folgender Instrumente zum Handel an einem geregelten Markt:

a) Wertpapiere, die mit bereits zum Handel am selben geregelten Markt zugelassenen Wertpapieren fungibel sind, sofern sie über einen Zeitraum von 12 Monaten weniger als 20 % der Zahl der Wertpapiere ausmachen, die bereits zum Handel am selben geregelten Markt zugelassen sind;

b) Aktien, die aus der Umwandlung oder dem Eintausch anderer Wertpapiere oder aus der Ausübung der mit anderen Wertpapieren verbundenen Rechte resultieren, sofern es sich dabei um Aktien derselben Gattung wie die bereits zum Handel am selben geregelten Markt zugelassenen Aktien handelt und sofern sie über einen Zeitraum von 12 Monaten weniger als 20 % der Zahl der Aktien derselben Gattung ausmachen, die bereits zum Handel am selben geregelten Markt zugelassen sind, vorbehaltlich Unterabsatz 2 dieses Absatzes.

c) Wertpapiere, die aus der Umwandlung oder dem Tausch anderer Wertpapiere, Eigenmittel oder anrechnungsfähiger Verbindlichkeiten durch eine Abwicklungsbehörde aufgrund der Ausübung einer Befugnis gemäß Artikel 53 Absatz 2, Artikel 59 Absatz 2 oder Artikel 63 Absatz 1 oder 2 der Richtlinie 2014/59/EU resultieren;

d) Aktien, die im Austausch für bereits am selben geregelten Markt zum Handel zugelassene Aktien derselben Gattung ausgegeben werden, sofern mit der Emission dieser Aktien keine Kapitalerhöhung des Emittenten verbunden ist;

e) Wertpapiere, die anlässlich einer Übernahme im Wege eines Tauschangebots angeboten werden, sofern ein Dokument gemäß den Bestimmungen des Artikels 21 Absatz 2 der Öffentlichkeit zur Verfügung gestellt wurde, das Informationen zu der Transaktion und ihren Auswirkungen auf den Emittenten enthält;

f) Wertpapiere, die anlässlich einer Verschmelzung oder Spaltung angeboten oder zugeteilt werden bzw. zugeteilt werden sollen, sofern ein Dokument gemäß den Bestimmungen des Artikels 21 Absatz 2 der Öffentlichkeit zur Verfügung gestellt wurde, das Informationen zu der Transaktion und ihren Auswirkungen auf den Emittenten enthält;

g) Aktien, die den vorhandenen Aktieninhabern unentgeltlich angeboten oder zugeteilt werden bzw. zugeteilt werden sollen, sowie Dividenden in Form von Aktien derselben Gattung wie die Aktien, für die die Dividenden ausgeschüttet werden, sofern es sich dabei um Aktien derselben Gattung handelt wie die Aktien, die bereits zum Handel am selben geregelten Markt zugelassen sind, und sofern ein Dokument zur Verfügung gestellt wird, das Informationen über Anzahl und Art der Aktien enthält und in dem die Gründe und Einzelheiten des Angebots oder der Zuteilung dargelegt werden;

h) Wertpapiere, die derzeitigen oder ehemaligen Führungskräften oder Beschäftigten von ihrem Arbeitgeber oder von einem verbundenen Unternehmen angeboten oder zugeteilt werden bzw. zugeteilt werden sollen, sofern es sich dabei um Wertpapiere derselben Gattung handelt wie die Wertpapiere, die bereits zum Handel am selben geregelten Markt zugelassen sind, und sofern ein Dokument zur Verfügung gestellt wird, das Informationen über Anzahl und Art der Wertpapiere enthält und in dem die Gründe und Einzelheiten des Angebots oder der Zuteilung dargelegt werden;

Zu Artikel 1:

**) Verordnung (EU) 2020/1503 des Europäischen Parlaments und des Rates vom 7. Oktober 2020 über Europäische Schwarmfinanzierungsdienstleister für Unternehmen und zur Änderung der Verordnung (EU) 2017/1129 und der Richtlinie 2019/1937 (ABl. L 347 vom 20.10.2020, S. 1).*

i) Nichtdividendenwerte, die von einem Kreditinstitut dauernd oder wiederholt begeben werden, wobei der aggregierte Gesamtgegenwert der angebotenen Wertpapiere in der Union weniger als 75 000 000 EUR pro Kreditinstitut über einen Zeitraum von 12 Monaten beträgt, sofern diese Wertpapiere

i) nicht nachrangig, konvertibel oder austauschbar sind und

ii) nicht zur Zeichnung oder zum Erwerb anderer Arten von Wertpapieren berechtigen und nicht an ein Derivat gebunden sind;

j) Wertpapiere, die bereits zum Handel an einem anderen geregelten Markt zugelassen sind, sofern sie folgende Bedingungen erfüllen:

i) Jene Wertpapiere oder Wertpapiere derselben Gattung sind bereits länger als 18 Monate zum Handel an dem anderen geregelten Markt zugelassen;

ii) bei Wertpapieren, die nach dem 1. Juli 2005 erstmalig zum Handel an einem geregelten Markt zugelassen wurden, ging die Zulassung zum Handel an dem anderen geregelten Markt mit der Billigung und Veröffentlichung eines Prospekts im Einklang mit der Richtlinie 2003/71/EG einher;

iii) bei Wertpapieren, die nach dem 30. Juni 1983 erstmalig zur Börsennotierung zugelassen wurden, mit Ausnahme der unter Ziffer ii geregelten Fälle, wurden Prospekte entsprechend den Vorschriften der Richtlinie 80/390/EWG des Rates[1] oder der Richtlinie 2001/34/EG des Europäischen Parlaments und des Rates[2] gebilligt;

iv) die laufenden Pflichten betreffend den Handel an dem anderen geregelten Markt werden eingehalten;

v) die Person, die die Zulassung eines Wertpapiers zum Handel an einem geregelten Markt nach der Ausnahmeregelung gemäß Buchstabe j beantragt, stellt der Öffentlichkeit in dem Mitgliedstaat, in dem sich der geregelte Markt befindet, für den die Zulassung zum Handel angestrebt wird, gemäß den Bestimmungen des Artikels 21 Absatz 2 ein den inhaltlichen Anforderungen des Artikels 7 genügendes Dokument, mit der Ausnahme, dass die in Artikel 7 Absatz 3 festgelegte maximale Länge um zwei weitere DIN-A4-Seiten erhöht wird, in einer von der zuständigen Behörde des Mitgliedstaats, in dem sich der geregelte Markt befindet, für den die Zulassung angestrebt wird, anerkannten Sprache zur Verfügung; und

vi) in dem Dokument gemäß Buchstabe v wird angegeben, wo der neueste Prospekt erhältlich ist und wo die Finanzinformationen, die vom Emittenten entsprechend der geltenden Publizitätsvorschriften offen gelegt werden.

k) vom 18. März 2021 bis zum 31. Dezember 2022, Nichtdividendenwerte. die von einem Kreditinstitut dauernd oder wiederholt begeben werden, wobei der aggregierte Gesamtgegenwert der angebotenen Wertpapiere in der Union weniger als 150 000 000 EUR pro Kreditinstitut über einen Zeitraum von 12 Monaten beträgt, sofern diese Wertpapiere

i) nicht nachrangig, konvertibel oder austauschbar sind, und

ii) nicht zur Zeichnung oder zum Erwerb anderer Arten von Wertpapieren berechtigen und nicht an ein Derivat gebunden sind.

(ABl L 68 vom 26. 2. 2021, S 1)

Die Bedingung, wonach die resultierenden Aktien gemäß Unterabsatz 1 Buchstabe b über einen Zeitraum von 12 Monaten weniger als 20 % der Zahl der Aktien derselben Gattung ausmachen müssen, die bereits zum Handel am selben geregelten Markt zugelassen sind, gilt nicht in folgenden Fällen:

a) Wenn im Einklang mit dieser Verordnung oder der Richtlinie 2003/71/EG beim öffentlichen Angebot oder bei der Zulassung zum Handel der Wertpapiere an einem geregelten Markt, die Zugang zu Aktien verschaffen, ein Prospekt erstellt wurde;

b) wenn die Wertpapiere, die Zugang zu Aktien verschaffen, vor dem 20. Juli 2017 begeben wurden;

c) wenn die Aktien gemäß Artikel 26 der Verordnung (EU) Nr. 575/2013 des Europäischen Parlaments und des Rates[1] zu den Posten des harten Kernkapitals eines Instituts im Sinne des Artikels 4 Absatz 1 Nummer 3 der genannten Verordnung gerechnet werden können und aus der Umwandlung von Instrumenten des zusätzlichen Kernkapitals durch dieses Institut aufgrund des Eintretens eines Auslöseereignisses gemäß Artikel 54 Absatz 1 Buchstabe a der genannten Verordnung resultieren;

d) wenn die Aktien zu den anrechnungsfähigen Eigenmitteln oder den anrechnungsfähigen Basiseigenmitteln im Sinne des Titels I Kapitel VI Abschnitt 3 der Richtlinie 2009/138/EG des Eu-

---

[1] Richtlinie 80/390/EWG des Rates vom 17. März 1980 zur Koordinierung der Bedingungen für die Erstellung, die Kontrolle und die Verbreitung des Prospekts, der für die Zulassung von Wertpapieren zur amtlichen Notierung an einer Wertpapierbörse zu veröffentlichen ist (ABl. L 100 vom 17.4.1980, S. 1).

[2] Richtlinie 2001/34/EG des Europäischen Parlaments und des Rates vom 28. Mai 2001 über die Zulassung von Wertpapieren zur amtlichen Börsennotierung und über die hinsichtlich dieser Wertpapiere zu veröffentlichenden Informationen (ABl. L 184 vom 6.7.2001, S. 1).

[1] Verordnung (EU) Nr. 575/2013 des Europäischen Parlaments und des Rates vom 26. Juni 2013 über Aufsichtsanforderungen an Kreditinstitute und Wertpapierfirmen und zur Änderung der Verordnung (EU) Nr. 648/2012 (ABl. L 176 vom 27.6.2013, S. 1).

ropäischen Parlaments und des Rates[2] gerechnet werden können und aus der Umwandlung anderer Wertpapiere resultieren, die zur Erfüllung der Solvenzkapitalanforderung oder der Mindestkapitalanforderung im Sinne des Titels I Kapitel VI Abschnitte 4 und 5 der Richtlinie 2009/138/ EG oder der Solvenzanforderung der Gruppe gemäß Titel III der Richtlinie 2009/138/EG ausgelöst wurde;

(6) Die in den Absätzen 4 und 5 genannten Ausnahmen von der Pflicht zur Veröffentlichung eines Prospekts können miteinander kombiniert werden. Eine Kombination der Ausnahmen nach Absatz 5 Unterabsatz 1 Buchstaben a und b ist jedoch nicht zulässig, wenn dies dazu führen könnte, dass über einen Zeitraum von 12 Monaten mehr als 20 % der Zahl der Aktien derselben Gattung, die bereits zum Handel an einem geregelten Markt zugelassen sind, sofort oder zu einem späteren Zeitpunkt zum Handel am selben geregelten Markt zugelassen werden, ohne dass ein Prospekt veröffentlicht wird.

(6a) Die in Absatz 4 Buchstabe f und Absatz 5 Buchstabe e genannten Ausnahmen gelten nur für Dividendenwerte, und nur in den folgenden Fällen:

a) die angebotenen Dividendenwerte sind bereits vor der Übernahme und der damit verbundenen Transaktion mit den vorhandenen bereits zum Handel zugelassenen Dividendenwerten des Emittenten fungibel und die Übernahme gilt nicht als umgekehrter Unternehmenserwerb im Sinne des mit der Verordnung (EG) Nr. 1126/2008 der Kommission[1] übernommenen internationalen Rechnungslegungsstandards IFRS 3, Paragraph B19, ‚Unternehmenszusammenschlüsse', oder

b) die Aufsichtsstelle, die, sofern sie zur Prüfung der Angebotsunterlage gemäß der Richtlinie 2004/25/EG des Europäischen Parlaments und des Rates[2] befugt ist, eine vorherige Billigung des in Absatz 4 Buchstabe f oder Absatz 5 Buchstabe e genannten Dokuments erteilt hat.
(ABl L 320 vom 11. 12. 2019, S 7)

(6b) Die Ausnahmen gemäß Absatz 4 Buchstabe g und Absatz 5 Buchstabe f gelten nur für Dividendenwerte, bezüglich derer die Transaktion nicht als umgekehrter Unternehmenserwerb im Sinne des internationalen Rechnungslegungsstandards IFRS 3, Paragraph B19, Unternehmenszusammenschlüsse, gilt, und nur in folgenden Fällen:

a) Die Dividendenwerte der übernehmenden Einrichtung waren bereits vor der Transaktion zum Handel an einem geregelten Markt zugelassen; oder

b) die Dividendenwerte der Einrichtungen, die Gegenstand der Spaltung ist, waren bereits vor der Transaktion zum Handel an einem geregelten Markt zugelassen.
(ABl L 320 vom 11. 12. 2019, S 7)

(7) Der Kommission wird die Befugnis übertragen, gemäß Artikel 44 delegierte Rechtsakte zur Ergänzung dieser Verordnung zu erlassen, in denen die Mindestinformationen der in Absatz 4 Buchstaben f und g und in Absatz 5 Unterabsatz 1 Buchstaben e und f genannten Dokumente festgelegt werden.

Artikel 2
Begriffsbestimmungen

Im Sinne dieser Verordnung bezeichnet der Ausdruck

a) „Wertpapiere" übertragbare Wertpapiere im Sinne des Artikels 4 Absatz 1 Nummer 44 der Richtlinie 2014/65/EU mit Ausnahme von Geldmarktinstrumenten im Sinne des Artikels 4 Absatz 1 Nummer 17 der Richtlinie 2014/65/EU mit einer Laufzeit von weniger als 12 Monaten;

b) „Dividendenwerte" Aktien und andere, Aktien gleichzustellende übertragbare Wertpapiere sowie jede andere Art übertragbarer Wertpapiere, die das Recht verbriefen, bei Umwandlung des Wertpapiers oder Ausübung des verbrieften Rechts die erstgenannten Wertpapiere zu erwerben; Voraussetzung hierfür ist, dass die letztgenannten Wertpapiere vom Emittenten der zugrunde liegenden Aktien oder von einer zur Unternehmensgruppe dieses Emittenten gehörenden Einrichtung begeben wurden;

c) „Nichtdividendenwerte" alle Wertpapiere, die keine Dividendenwerte sind;

d) „öffentliches Angebot von Wertpapieren" eine Mitteilung an die Öffentlichkeit in jedweder Form und auf jedwede Art und Weise, die ausreichende Informationen über die Angebotsbedingungen und die anzubietenden Wertpapiere enthält, um einen Anleger in die Lage zu versetzen, sich für den Kauf oder die Zeichnung jener Wertpapiere zu entscheiden. Diese Definition gilt auch für die Platzierung von Wertpapieren durch Finanzintermediäre;

e) „qualifizierte Anleger" Personen oder Einrichtungen, die in Anhang II Abschnitt I Nummern 1 bis 4 der Richtlinie 2014/ 65/EU genannt sind, sowie Personen oder Einrichtungen, die ge-

---

[2] Richtlinie 2009/138/EG des Europäischen Parlaments und des Rates vom 25. November 2009 betreffend die Aufnahme und Ausübung der Versicherungs- und der Rückversicherungstätigkeit (Solvabilität II) (ABl. L 335 vom 17.12.2009, S. 1).

[1] Verordnung (EG) Nr. 1126/2008 der Kommission vom 3. November 2008 zur Übernahme bestimmter internationaler Rechnungslegungsstandards gemäß der Verordnung (EG) Nr. 1606/2002 des Europäischen Parlaments und des Rates (ABl. L 320 vom 29.11.2008, S. 1).

[2] Richtlinie 2004/25/EG des Europäischen Parlaments und des Rates vom 21. April 2004 betreffend Übernahmeangebote (ABl. L 142 vom 30.4.2004, S. 12).

mäß Abschnitt II jenes Anhangs auf Antrag als professionelle Kunden behandelt werden oder die gemäß Artikel 30 der Richtlinie 2014/65/EU als geeignete Gegenparteien anerkannt werden, und nicht gemäß Abschnitt 1 Absatz 4 jenes Anhangs eine schriftliche Übereinkunft getroffen haben, als nichtprofessionelle Kunden behandelt zu werden. Für die Zwecke der Anwendung des ersten Satzes dieses Buchstabens teilen Wertpapierfirmen und Kreditinstitute dem Emittenten auf dessen Antrag die Einstufung ihrer Kunden unter Einhaltung des einschlägigen Datenschutzrechts mit;

f) „kleine und mittlere Unternehmen" oder „KMU":

i) Gesellschaften, die laut ihrem letzten Jahresabschluss bzw. konsolidierten Abschluss zumindest zwei der nachfolgenden drei Kriterien erfüllen: eine durchschnittliche Beschäftigtenzahl im letzten Geschäftsjahr von weniger als 250, eine Gesamtbilanzsumme von höchstens 43 000 000 EUR und ein Jahresnettoumsatz von höchstens 50 000 000 EUR; oder

ii) kleine und mittlere Unternehmen im Sinne des Artikels 4 Absatz 1 Nummer 13 der Richtlinie 2014/65/EU;

g) „Kreditinstitut" ein Kreditinstitut im Sinne des Artikels 4 Absatz 1 Nummer 1 der Verordnung (EU) Nr. 575/2013;

h) „Emittent" eine Rechtspersönlichkeit, die Wertpapiere begibt oder zu begeben beabsichtigt;

i) „Anbieter" eine Rechtspersönlichkeit oder natürliche Person, die Wertpapiere öffentlich anbietet;

j) „geregelter Markt" einen geregelten Markt im Sinne des Artikels 4 Absatz 1 Nummer 21 der Richtlinie 2014/65/EU;

k) „Werbung" eine Mitteilung mit den folgenden beiden Eigenschaften:

i) die sich auf ein spezifisches öffentliches Angebot von Wertpapieren oder deren Zulassung zum Handel an einem geregelten Markt bezieht;

ii) die darauf abstellt, die potenzielle Zeichnung oder den potenziellen Erwerb von Wertpapieren gezielt zu fördern;

l) „vorgeschriebene Informationen" vorgeschriebene Informationen im Sinne des Artikels 2 Absatz 1 Buchstabe k der Richtlinie 2004/109/EG;

m) „Herkunftsmitgliedstaat"

i) für alle in der Union ansässigen und nicht unter Ziffer ii genannten Emittenten von Wertpapieren den Mitgliedstaat, in dem der Emittent seinen Sitz hat;

ii) für jede Emission von Nichtdividendenwerten mit einer Mindeststückelung von 1 000 EUR sowie für jede Emission von Nichtdividendenwerten, die das Recht verbriefen, bei Umwandlung des Wertpapiers oder Ausübung des verbrieften Rechts übertragbare Wertpapiere zu erwerben oder einen Barbetrag in Empfang zu nehmen, sofern der Emittent der Nichtdividendenwerte nicht der Emittent der zugrunde liegenden Wertpapiere oder eine zur Unternehmensgruppe des letztgenannten Emittenten gehörende Einrichtung ist, je nach Wahl des Emittenten, des Anbieters bzw. der die Zulassung zum Handel an einem geregelten Markt beantragenden Person den Mitgliedstaat, in dem der Emittent seinen Sitz hat, oder den Mitgliedstaat, in dem die Wertpapiere zum Handel an einem geregelten Markt zugelassen sind oder zugelassen werden sollen oder in dem die Wertpapiere öffentlich angeboten werden. Dasselbe gilt für Nichtdividendenwerte, die auf andere Währungen als auf Euro lauten, vorausgesetzt, dass der Wert solcher Mindeststückelungen annähernd 1 000 EUR entspricht;

iii) für alle in Drittländern ansässigen und nicht unter Ziffer ii genannten Emittenten von Wertpapieren je nach Wahl des Emittenten, des Anbieters bzw. der die Zulassung zum Handel an einem geregelten Markt beantragenden Person den Mitgliedstaat, in dem die Wertpapiere erstmals öffentlich angeboten werden sollen, oder den Mitgliedstaat, in dem der erste Antrag auf Zulassung zum Handel an einem geregelten Markt gestellt wird, vorbehaltlich einer späteren Wahl durch in Drittländern ansässige Emittenten in den folgenden Fällen:

– wenn der Herkunftsmitgliedstaat nicht gemäß der Wahl jener Emittenten bestimmt wurde;

– im Einklang mit Artikel 2 Absatz 1 Buchstabe i Ziffer iii der Richtlinie 2004/109/EG;

n) „Aufnahmemitgliedstaat" den Mitgliedstaat, in dem ein öffentliches Angebot von Wertpapieren unterbreitet oder die Zulassung zum Handel an einem geregelten Markt angestrebt wird, sofern dieser Staat nicht der Herkunftsmitgliedstaat ist;

o) „zuständige Behörde" die Behörde, die von dem jeweiligen Mitgliedstaat gemäß Artikel 31 benannt wird, soweit in dieser Verordnung nichts anderes bestimmt ist;

p) „Organismen für gemeinsame Anlagen eines anderen als des geschlossenen Typs" Investmentfonds und Investmentgesellschaften, die beide der folgenden Merkmale aufweisen:

i) Sie sammeln von einer Anzahl von Anlegern Kapital ein, um es gemäß einer festgelegten Anlagestrategie zum Nutzen dieser Anleger zu investieren;

ii) ihre Anteile werden auf Verlangen des Anteilsinhabers unmittelbar oder mittelbar zulasten ihres Vermögens zurückgekauft oder abgelöst;

q) „Anteile an Organismen für gemeinsame Anlagen" Wertpapiere, die von einem Organismus für gemeinsame Anlagen begeben werden und die Rechte der Anteilsinhaber am Vermögen dieses Organismus verbriefen;

r) „Billigung" die positive Handlung bei Abschluss der Prüfung des Prospekts durch die zuständige Behörde des Herkunftsmitgliedstaats auf Vollständigkeit, Kohärenz und Verständlichkeit der im Prospekt enthaltenen Informationen;

s) „Basisprospekt" einen Prospekt, der den Anforderungen des Artikels 8 entspricht und – je nach Wahl des Emittenten – die endgültigen Bedingungen des Angebots enthält;

t) „Arbeitstage" die Arbeitstage der jeweiligen zuständigen Behörde unter Ausschluss von Samstagen, Sonntagen und gesetzlichen Feiertagen im Sinne des für diese zuständige Behörde geltenden nationalen Rechts;

u) „multilaterales Handelssystem" oder „MTF" ein multilaterales Handelssystem im Sinne des Artikels 4 Absatz 1 Nummer 22 der Richtlinie 2014/65/EU;

v) „organisiertes Handelssystem" oder „OTF" ein organisiertes Handelssystem im Sinne des Artikels 4 Absatz 1 Nummer 23 der Richtlinie 2014/65/EU;

w) „KMU-Wachstumsmarkt" einen KMU-Wachstumsmarkt im Sinne des Artikels 4 Absatz 1 Nummer 12 der Richtlinie 2014/65/EU;

x) „Drittlandsemittent" einen in einem Drittland ansässigen Emittenten;

y) „Angebotsfrist" den Zeitraum, in dem potenzielle Anleger die betreffenden Wertpapiere erwerben oder zeichnen können;

z) „dauerhafter Datenträger" jedes Medium, das

i) es einem Kunden ermöglicht, persönlich an ihn gerichtete Informationen so zu speichern, dass sie in der Folge während eines dem Informationszweck angemessenen Zeitraums abgerufen werden können, und

ii) die unveränderte Wiedergabe der gespeicherten Daten ermöglicht.

Artikel 3
Pflicht zur Veröffentlichung eines Prospekts und Ausnahmen

(1) Unbeschadet des Artikels 1 Absatz 4 werden Wertpapiere in der Union nur nach vorheriger Veröffentlichung eines Prospekts gemäß dieser Verordnung öffentlich angeboten.

(2) Unbeschadet des Artikels 4 kann ein Mitgliedstaat beschließen, öffentliche Angebote von Wertpapieren von der Pflicht zur Veröffentlichung eines Prospekts gemäß Absatz 1 auszunehmen, sofern

a) diese Angebote nicht der Notifizierung gemäß Artikel 25 unterliegen und

b) der Gesamtgegenwert eines solchen Angebots in der Union über einen Zeitraum von 12 Monaten 8 000 000 EUR nicht überschreitet.

Die Mitgliedstaaten unterrichten die Kommission und die ESMA, ob und auf welche Weise sie beschließen, die Ausnahme nach Unterabsatz 1 anzuwenden, und teilen mit, welchen Gegenwert sie als Obergrenze festgesetzt haben, unterhalb deren die Ausnahme für Angebote in diesem Mitgliedstaat gilt. Sie unterrichten die Kommission und die ESMA ferner über alle späteren Änderungen dieses Gegenwerts.

(3) Unbeschadet des Artikels 1 Absatz 5 werden Wertpapiere erst nach vorheriger Veröffentlichung eines Prospekts gemäß dieser Verordnung zum Handel an einem geregelten Markt, der sich in der Union befindet oder dort betrieben wird, zugelassen.

Artikel 4
Erstellung eines Prospekts auf freiwilliger Basis

(1) Fällt ein öffentliches Angebot von Wertpapieren oder eine Zulassung von Wertpapieren zum Handel an einem geregelten Markt nicht in den Anwendungsbereich dieser Verordnung gemäß Artikel 1 Absatz 3 oder ist es gemäß Artikel 1 Absatz 4, Artikel 1 Absatz 5 oder Artikel 3 Absatz 2 von der Pflicht zur Veröffentlichung eines Prospekts ausgenommen, so kann der Emittent, der Anbieter oder die die Zulassung zum Handel an einem geregelten Markt beantragende Person auf freiwilliger Basis einen Prospekt im Einklang mit dieser Verordnung erstellen.

(2) Aus einem solchen freiwillig erstellten Prospekt, der von der zuständigen Behörde des Herkunftsmitgliedstaats im Sinne des Artikels 2 Buchstabe m gebilligt wurde, ergeben sich dieselben Rechte und Pflichten wie aus einem Prospekt, der nach dieser Verordnung vorgeschrieben ist; ein freiwillig erstellter Prospekt unterliegt allen Bestimmungen dieser Verordnung und der Aufsicht der betreffenden zuständigen Behörde.

Artikel 5
Spätere Weiterveräußerung von Wertpapieren

(1) Jede spätere Weiterveräußerung von Wertpapieren, die zuvor Gegenstand einer oder mehrerer Arten von öffentlichen Angeboten von Wertpapieren gemäß Artikel 1 Absatz 4 Buchstaben a bis d waren, gilt als gesondertes Angebot, wobei anhand der Begriffsbestimmung nach Artikel 2 Buchstabe d zu entscheiden ist, ob es sich bei dieser Weiterveräußerung um ein öffentliches Angebot von Wertpapieren handelt. Bei der Platzierung von Wertpapieren durch Finanzintermediäre ist ein Prospekt zu veröffentlichen, es sei denn, eine der Ausnahmen nach Artikel 1 Ab-

satz 4 Buchstaben a bis d findet in Bezug auf die endgültige Platzierung Anwendung.

Bei einer solchen späteren Weiterveräußerung von Wertpapieren oder einer endgültigen Platzierung von Wertpapieren durch Finanzintermediäre wird kein weiterer Prospekt verlangt, wenn ein gültiger Prospekt im Sinne des Artikels 12 vorliegt und der Emittent oder die für die Erstellung des Prospekts verantwortliche Person dessen Verwendung in einer schriftlichen Vereinbarung zugestimmt hat.

(2) Bezieht sich ein Prospekt auf die Zulassung von Nichtdividendenwerten zum Handel an einem geregelten Markt, die ausschließlich an einem geregelten Markt oder in einem bestimmten Segment eines solchen gehandelt werden sollen, zu dem ausschließlich qualifizierte Anleger zu Zwecken des Handels mit diesen Wertpapieren Zugang erhalten, werden die Wertpapiere nur dann an nicht qualifizierte Anleger weiterveräußert, wenn ein für diese geeigneter Prospekt gemäß der vorliegenden Verordnung erstellt wird.

KAPITEL II
ERSTELLUNG DES PROSPEKTS

Artikel 6
Der Prospekt

(1) „Unbeschadet der Artikel 14 Absatz 2, Artikel 14a Absatz 2 und Artikel 18 Absatz 1 enthält ein Prospekt die erforderlichen Informationen, die für den Anleger wesentlich sind, um sich ein fundiertes Urteil über Folgendes bilden zu können:“ *(ABl L 68 vom 26. 2. 2021, S 1)*

a) die Vermögenswerte und Verbindlichkeiten, die Gewinne und Verluste, die Finanzlage und die Aussichten des Emittenten und eines etwaigen Garantiegebers;

b) die mit den Wertpapieren verbundenen Rechte; und

c) die Gründe für die Emission und ihre Auswirkungen auf den Emittenten.

Diese Informationen können sich unterscheiden

a) nach der Art des Emittenten;

b) nach der Art der Wertpapiere;

c) nach der Lage des Emittenten;

d) – soweit zutreffend – je nachdem, ob es sich um Nichtdividendenwerte mit einer Mindeststückelung von 100 000 EUR handelt oder nicht, oder ob die Wertpapiere ausschließlich an einem geregelten Markt oder in einem bestimmten Segment eines solchen gehandelt werden sollen, zu dem ausschließlich qualifizierte Anleger zu Zwecken des Handels mit den Wertpapieren Zugang erhalten.

(2) Die Informationen in einem Prospekt werden unter Beachtung der in Absatz 1 Unterabsatz 2 genannten Faktoren in leicht zu analysierender, knapper und verständlicher Form geschrieben und präsentiert.

(3) Der Emittent, der Anbieter oder die die Zulassung zum Handel an einem geregelten Markt beantragende Person kann den Prospekt als ein einziges Dokument oder in mehreren Einzeldokumenten erstellen.

Unbeschadet des Artikels 8 Absatz 8 und des Artikels 7 Absatz 1 Unterabsatz 2, werden in einem aus mehreren Einzeldokumenten bestehenden Prospekt die geforderten Angaben in ein Registrierungsformular, eine Wertpapierbeschreibung und eine Zusammenfassung geteilt. Das Registrierungsformular enthält die Angaben zum Emittenten. Die Wertpapierbeschreibung enthält die Angaben zu den Wertpapieren, die öffentlich angeboten werden oder zum Handel an einem geregelten Markt zugelassen werden sollen.

Artikel 7
Die Prospektzusammenfassung

(1) Der Prospekt enthält eine Zusammenfassung mit Basisinformationen, die Anlegern Aufschluss über Art und Risiken des Emittenten, des Garantiegebers und der angebotenen oder zum Handel an einem geregelten Markt zugelassenen Wertpapiere geben; die Zusammenfassung ist zusammen mit den anderen Teilen des Prospekts zu lesen und soll eine Entscheidungshilfe für Anleger im Hinblick auf Anlagen in die betreffenden Wertpapiere darstellen.

Abweichend von Unterabsatz 1 ist eine Zusammenfassung nicht erforderlich, wenn sich der Prospekt auf die Zulassung von Nichtdividendenwerten zum Handel an einem geregelten Markt bezieht, sofern

a) diese Wertpapiere ausschließlich an einem geregelten Markt oder in einem bestimmten Segment eines solchen gehandelt werden sollen, zu dem ausschließlich qualifizierte Anleger zu Zwecken des Handels mit diesen Wertpapieren Zugang erhalten; oder

b) diese Wertpapiere eine Mindeststückelung von 100 000 EUR haben.

(2) Die in der Zusammenfassung enthaltenen Informationen sind präzise, redlich und klar und nicht irreführend. Die Zusammenfassung ist als Einleitung zu dem Prospekt zu lesen, und ihre Informationen stimmen mit den in den anderen Teilen des Prospekts enthaltenen Informationen überein.

(3) Die Zusammenfassung wird als kurze Unterlage abgefasst, die prägnant formuliert ist und ausgedruckt eine maximale Länge von sieben DIN-A4-Seiten umfasst. Die Zusammenfassung wird

a) in einer Weise präsentiert und aufgemacht, die leicht verständlich ist, wobei Buchstaben in gut leserlicher Größe verwendet werden;

b) sprachlich und stilistisch so formuliert, dass das Verständnis der Informationen erleichtert wird, insbesondere durch Verwendung einer klaren, präzisen und für die Anleger allgemein verständlichen Sprache.

(4) Die Zusammenfassung ist in vier Abschnitte untergliedert:

a) eine Einleitung mit Warnhinweisen;

b) Basisinformationen über den Emittenten;

c) Basisinformationen über die Wertpapiere;

d) Basisinformationen über das öffentliche Angebot von Wertpapieren und/oder die Zulassung zum Handel an einem geregelten Markt.

(5) Der Abschnitt gemäß Absatz 4 Buchstabe a enthält

a) die Bezeichnung und die internationale Wertpapier-Identifikationsnummer (ISIN) der Wertpapiere;

b) die Identität und Kontaktdaten des Emittenten, einschließlich der Rechtsträgerkennung (LEI);

c) gegebenenfalls die Identität und Kontaktdaten des Anbieters, einschließlich der LEI, falls der Anbieter Rechtspersönlichkeit hat, oder der die Zulassung zum Handel an einem geregelten Markt beantragenden Person;

d) die Identität und Kontaktdaten der zuständigen Behörde, die den Prospekt billigt, und der zuständigen Behörde, die das Registrierungsformular oder das einheitliche Registrierungsformular gebilligt hat, sofern sie nicht mit der erstgenannten Behörde identisch ist;

e) das Datum der Billigung des Prospekts.

Er enthält die folgenden Warnhinweise:

a) dass die Zusammenfassung als Prospekteinleitung verstanden werden sollte;

b) dass der Anleger sich bei der Entscheidung, in die Wertpapiere zu investieren, auf den Prospekt als Ganzes stützen sollte;

c) gegebenenfalls dass der Anleger das gesamte angelegte Kapital oder einen Teil davon verlieren könnte, und – wenn die Haftung des Anlegers nicht auf den Anlagebetrag beschränkt ist – dass der Anleger mehr als das angelegte Kapital verlieren könnte sowie das Ausmaß dieses potenziellen Verlusts;

d) für den Fall, dass vor einem Gericht Ansprüche aufgrund der in einem Prospekt enthaltenen Informationen geltend gemacht werden, dass der als Kläger auftretende Anleger nach nationalem Recht die Kosten für die Übersetzung des Prospekts vor Prozessbeginn zu tragen haben könnte;

e) dass zivilrechtlich nur diejenigen Personen haften, die die Zusammenfassung samt etwaiger Übersetzungen vorgelegt und übermittelt haben, und dies auch nur für den Fall, dass die Zusammenfassung, wenn sie zusammen mit den anderen Teilen des Prospekts gelesen wird, irreführend, unrichtig oder widersprüchlich ist oder dass sie, wenn sie zusammen mit den anderen Teilen des Prospekts gelesen wird, nicht die Basisinformationen vermittelt, die in Bezug auf Anlagen in die betreffenden Wertpapiere für die Anleger eine Entscheidungshilfe darstellen würden;

f) gegebenenfalls den Warnhinweis gemäß Artikel 8 Absatz 3 Buchstabe b der Verordnung (EU) Nr. 1286/2014.

(6) Der Abschnitt gemäß Absatz 4 Buchstabe b enthält folgende Informationen:

a) in einem Unterabschnitt mit der Überschrift „Wer ist der Emittent der Wertpapiere?" eine kurze Beschreibung des Emittenten der Wertpapiere, die mindestens folgende Angaben enthält:

i) Sitz und Rechtsform des Emittenten, seine LEI, für ihn geltendes Recht und Land der Eintragung;

ii) Haupttätigkeiten des Emittenten;

iii) Hauptanteilseigner des Emittenten, einschließlich Angabe, ob an ihm unmittelbare oder mittelbare Beteiligungen oder Beherrschungsverhältnisse bestehen und wer die Beteiligungen hält bzw. die Beherrschung ausübt;

iv) Identität der Hauptgeschäftsführer;

v) Identität der Abschlussprüfer;

b) in einem Unterabschnitt mit der Überschrift „Welches sind die wesentlichen Finanzinformationen über den Emittenten?" ausgewählte wesentliche historische Finanzinformationen für jedes Geschäftsjahr des von den historischen Finanzinformationen abgedeckten Zeitraums und für jeden nachfolgenden Zwischenberichtszeitraum sowie Vergleichsdaten für den gleichen Zeitraum des vorhergehenden Geschäftsjahrs. Die Anforderung der Beibringung vergleichbarer Bilanzinformationen wird durch die Vorlage der Bilanzdaten zum Jahresende erfüllt. Die wesentlichen Finanzinformationen enthalten gegebenenfalls

i) Pro-forma-Finanzinformationen;

ii) eine kurze Beschreibung etwaiger Einschränkungen im Bestätigungsvermerk zu den historischen Finanzinformationen;

c) in einem Unterabschnitt mit der Überschrift „Welches sind die zentralen Risiken, die für den Emittenten spezifisch sind?" eine kurze Beschreibung der im Prospekt enthaltenen für den Emittenten spezifischen wesentlichsten Risikofaktoren, wobei die in Absatz 10 genannte Höchstzahl an Risikofaktoren nicht überschritten werden darf.

(7) Der Abschnitt gemäß Absatz 4 Buchstabe c enthält folgende Informationen:

a) in einem Unterabschnitt mit der Überschrift „Welches sind die wichtigsten Merkmale der Wertpapiere?" eine kurze Beschreibung der öffentlich angebotenen und/oder zum Handel an einem geregelten Markt zugelassenen Wertpapiere, die mindestens folgende Angaben enthält:

i) Art, Gattung und ISIN der Wertpapiere;

ii) gegebenenfalls Währung, Stückelung, Nennwert, Anzahl der begebenen Wertpapiere und Laufzeit der Wertpapiere;

iii) mit den Wertpapieren verbundene Rechte;

iv) relativer Rang der Wertpapiere in der Kapitalstruktur des Emittenten im Fall einer Insolvenz, gegebenenfalls mit Angaben über ihre Nachrangigkeitsstufe und die potenziellen Auswirkungen auf die Anlagen im Fall der Abwicklung nach Maßgabe der Richtlinie 2014/59/EU;

v) etwaige Beschränkungen der freien Handelbarkeit der Wertpapiere;

vi) gegebenenfalls Angaben zur Dividenden- bzw. Ausschüttungspolitik;

b) in einem Unterabschnitt mit der Überschrift „Wo werden die Wertpapiere gehandelt?" Angaben dazu, ob für die Wertpapiere die Zulassung zum Handel an einem geregelten Markt oder zum Handel an einem MTF beantragt wurde oder werden soll, und Nennung aller Märkte, an denen die Wertpapiere gehandelt werden oder gehandelt werden sollen;

c) wenn eine Garantie für die Wertpapiere gestellt wird, in einem Unterabschnitt mit der Überschrift „Wird für die Wertpapiere eine Garantie gestellt?" u. a. folgende Information:

i) eine kurze Beschreibung von Art und Umfang der Garantie,

ii) kurze Angaben zum Garantiegeber, einschließlich seiner LEI,

iii) die einschlägigen wesentlichen Finanzinformationen zum Zwecke der Bewertung der Fähigkeit des Garantiegebers, seinen Verpflichtungen aus der Garantie nachzukommen, und

iv) eine kurze Beschreibung der im Prospekt enthaltenen für den Garantiegeber spezifischen wesentlichsten Risikofaktoren gemäß Artikel 16 Absatz 3, wobei die in Absatz 10 genannte Höchstzahl an Risikofaktoren nicht überschritten werden darf;

d) in einem Unterabschnitt mit der Überschrift „Welches sind die zentralen Risiken, die für die Wertpapiere spezifisch sind?" eine kurze Beschreibung der im Prospekt enthaltenen für die Wertpapiere spezifischen wesentlichsten Risikofaktoren, wobei die in Absatz 10 genannte Höchstzahl an Risikofaktoren nicht überschritten werden darf.

Ist gemäß der Verordnung (EU) Nr. 1286/2014 die Bereitstellung eines Basisinformationsblatts vorgeschrieben, so kann der Emittent, der Anbieter oder die die Zulassung zum Handel an einem geregelten Markt beantragende Person die in diesem Absatz genannten Inhalte durch die in Artikel 8 Absatz 3 Buchstaben c bis i der Verordnung (EU) Nr. 1286/2014 genannten Angaben ersetzen. Sofern die Verordnung (EU) Nr. 1286/2014 Anwendung findet, kann jeder Mitgliedstaat, der als Herkunftsmitgliedstaat im Sinne dieser Verordnung handelt, verlangen, dass Emittenten, Anbieter oder die die Zulassung zum Handel an einem geregelten Markt beantragenden Personen in den durch seine zuständige Behörde gebilligten Prospekten die in diesem Absatz genannten Inhalte durch die in Artikel 8 Absatz 3 Buchstaben c bis i der Verordnung (EU) Nr. 1286/2014 genannten Angaben ersetzen.

Findet eine Ersetzung des Inhalts gemäß Unterabsatz 2 statt, so erhöht sich die in Absatz 3 festgelegte maximale Länge um drei weitere DIN-A4-Seiten. Der Inhalt des Basisinformationsblatts wird als separater Abschnitt der Zusammenfassung beigefügt. Aus dem Layout dieses Abschnitts muss klar hervorgehen, dass es sich um den Inhalt des Basisinformationsblatts gemäß Artikel 8 Absatz 3 Buchstaben c bis i der Verordnung (EU) Nr. 1286/2014 handelt.

Falls gemäß Artikel 8 Absatz 9 Unterabsatz 3 für verschiedene Wertpapiere, die sich nur in einigen sehr wenigen Einzelheiten, etwa in Bezug auf den Emissionskurs oder den Fälligkeitstermin, unterscheiden, eine einzige Zusammenfassung erstellt wird, erhöht sich die in Absatz 3 festgelegte maximale Länge der Zusammenfassung um zwei weitere DIN-A4-Seiten. Wenn jedoch gemäß der Verordnung (EU) Nr. 1286/2014 ein Basisinformationsblatt für diese Wertpapiere erstellt werden muss und der Emittent, der Anbieter oder die die Zulassung zum Handel an einem geregelten Markt beantragende Person die Ersetzung von Inhalt gemäß Unterabsatz 2 dieses Absatzes vornimmt, erhöht sich die maximale Länge pro zusätzliches Wertpapier um drei weitere DIN-A4-Seiten.

Enthält die Zusammenfassung die Informationen gemäß Unterabsatz 1 Buchstabe c, so erhöht sich die in Absatz 3 festgelegte maximale Länge um eine weitere DIN-A4-Seite.

(8) Der Abschnitt gemäß Absatz 4 Buchstabe d enthält folgende Informationen:

a) in einem Unterabschnitt mit der Überschrift „Zu welchen Konditionen und nach welchem Zeitplan kann ich in dieses Wertpapier investieren?" gegebenenfalls die allgemeinen Bedingungen, die Konditionen und den voraussichtlichen Zeitplan des Angebots, die Einzelheiten der Zulassung zum Handel an einem geregelten Markt, den Plan für den Vertrieb, den Betrag und Prozentanteil der sich aus dem Angebot ergebenden unmittelbaren Verwässerung sowie eine Schätzung der Gesamtkosten der Emission und/oder des Angebots, einschließlich der geschätzten Kosten, die dem Anleger vom Emittenten oder Anbieter in Rechnung gestellt werden;

b) sofern der Anbieter nicht dieselbe Person wie der Emittent ist, in einem Unterabschnitt mit der Überschrift „Wer ist der Anbieter und/oder die die Zulassung zum Handel beantragende Person?" eine kurze Beschreibung des Anbieters der

Wertpapiere und/oder der die Zulassung zum Handel an einem geregelten Markt beantragenden Person mit Sitz und Rechtsform, des für ihn/sie geltenden Rechts sowie dem Land der Eintragung;

c) in einem Unterabschnitt mit der Überschrift „Weshalb wird dieser Prospekt erstellt?” eine kurze Beschreibung der Gründe für das Angebot bzw. für die Zulassung zum Handel an einem geregelten Markt sowie gegebenenfalls

i) die Zweckbestimmung der Erlöse und die geschätzten Nettoerlöse,

ii) eine Angabe, ob das Angebot einem Übernahmevertrag mit fester Übernahmeverpflichtung unterliegt, wobei jeder nicht erfasste Teil anzugeben ist,

iii) eine Angabe der wesentlichsten Interessenkonflikte in Bezug auf das Angebot oder die Zulassung zum Handel.

(9) In jedem der in den Absätzen 6, 7 und 8 beschriebenen Abschnitte kann der Emittent bei Bedarf weitere Unterüberschriften einfügen.

(10) Die Gesamtzahl der in die Abschnitte der Zusammenfassung nach Absatz 6 Buchstabe c und Absatz 7 Unterabsatz 1 Buchstabe c Ziffer iv und Buchstabe d aufgenommenen Risikofaktoren darf 15 nicht überschreiten.

(11) Die Zusammenfassung darf keine Querverweise auf andere Teile des Prospekts oder Angaben in Form eines Verweises enthalten.

(12) Muss gemäß der Verordnung (EU) Nr. 1286/2014 ein Basisinformationsblatt für die öffentlich angebotenen Wertpapiere erstellt werden, und verlangt ein Herkunftsmitgliedstaat, dass der Emittent, der Anbieter oder die die Zulassung zum Handel an einem geregelten Markt beantragende Person den Inhalt des Basisinformationsblatts gemäß Absatz 7 Unterabsatz 2 Satz 2 dieses Artikels ersetzt, so wird davon ausgegangen, dass die Personen, die im Namen des Emittenten zu den Wertpapieren beraten oder sie verkaufen, der Anbieter oder die die Zulassung zum Handel an einem geregelten Markt beantragende Person die Verpflichtung zur Bereitstellung des Basisinformationsblatts gemäß Artikel 13 der Verordnung (EU) Nr. 1286/2014 während der Angebotsfrist erfüllt haben, sofern sie den betreffenden Anlegern stattdessen die Zusammenfassung des Prospekts im Rahmen der in den Artikeln 13 und 14 der genannten Verordnung festgelegten Fristen und Bedingungen bereitstellen.

(12a) Abweichend von den Absätzen 3 bis 12 muss ein gemäß Artikel 14a erstellter EU-Wiederaufbauprospekt eine Zusammenfassung, die gemäß diesem Absatz abgefasst wurde, enthalten.

Die Zusammenfassung eines EU-Wiederaufbauprospekts wird als kurze Unterlage abgefasst, die prägnant formuliert ist und ausgedruckt eine maximale Länge von zwei DIN-A4-Seiten umfasst.

Die Zusammenfassung eines EU-Wiederaufbauprospekts darf keine Querverweise auf andere Teile des Prospekts oder Angaben in Form eines Verweises enthalten und wird:

a) so aufgemacht und gestaltet, dass sie leicht lesbar ist, wobei Buchstaben in gut leserlicher Größe zu verwenden sind;

b) sprachlich und stilistisch so formuliert, dass das Verständnis der Informationen erleichtert wird, insbesondere durch Verwendung einer klaren, präzisen und für die Anleger allgemein verständlichen Sprache;

c) in vier Abschnitte untergliedert:

i) eine Einleitung mit allen in Absatz 5 genannten Angaben, einschließlich Warnhinweisen und dem Datum der Billigung des EU-Wiederaufbauprospekts;

ii) Basisinformationen über den Emittenten, einschließlich – falls zutreffend – einer mindestens 200 Wörter umfassenden spezifischen Darlegung der geschäftlichen und finanziellen Auswirkungen der COVID-19- Pandemie auf den Emittenten;

iii) Basisinformationen über die Aktien, einschließlich der mit den Aktien verbundenen Rechte und etwaiger Einschränkungen dieser Rechte;

iv) Basisinformationen über das öffentliche Angebot von Aktien und/oder die Zulassung zum Handel an einem geregelten Markt.
(ABl L 68 vom 26. 2. 2021, S 1)

(13) Die ESMA arbeitet Entwürfe technischer Regulierungsstandards aus, in denen Inhalt und Format der Darstellung der wesentlichen Finanzinformationen gemäß Absatz 6 Buchstabe b und die einschlägigen wesentlichen Finanzinformationen gemäß Absatz 7 Buchstabe c Ziffer iii unter Berücksichtigung der verschiedenen Arten von Wertpapieren und Emittenten präzisiert werden, wobei sicherzustellen ist, dass die Informationen präzise und verständlich sind.

Die ESMA übermittelt der Kommission diese Entwürfe technischer Regulierungsstandards bis zum 21. Juli 2018.

Der Kommission wird die Befugnis übertragen, die in Unterabsatz 1 genannten technischen Regulierungsstandards nach den Artikeln 10 bis 14 der Verordnung (EU) Nr. 1095/2010 zu erlassen.

Artikel 8
Der Basisprospekt

(1) Für Nichtdividendenwerte, einschließlich Optionsscheine jeglicher Art, kann der Prospekt je nach Wahl des Emittenten, des Anbieters oder der die Zulassung zum Handel an einem geregelten Markt beantragenden Person aus einem Basisprospekt bestehen, der die erforderlichen Angaben zum Emittenten und den öffentlich angebo-

tenen oder zum Handel an einem geregelten Markt zuzulassenden Wertpapieren enthält.

(2) Ein Basisprospekt enthält Folgendes:

a) ein Muster mit der Bezeichnung „Formular für die endgültigen Bedingungen", das für jede einzelne Emission auszufüllen ist und in dem die verfügbaren Optionen in Bezug auf die Angaben, die in den endgültigen Bedingungen des Angebots festgelegt werden, aufgeführt sind;

b) die Adresse der Website, auf der die endgültigen Bedingungen veröffentlicht werden.

(3) Enthält ein Basisprojekt Optionen in Bezug auf die Angaben, die nach der entsprechenden Wertpapierbeschreibung erforderlich sind, so wird in den endgültigen Bedingungen festgelegt, welche dieser Optionen für die einzelne Emission gilt, entweder indem auf die entsprechenden Rubriken des Basisprospekts verwiesen wird oder indem die betreffenden Angaben wiederholt werden.

(4) Die endgültigen Bedingungen werden in einem gesonderten Dokument dargelegt oder in den Basisprospekt oder in Nachträgen dazu aufgenommen. Die endgültigen Bedingungen werden in leicht zu analysierender und verständlicher Form abgefasst.

Die endgültigen Bedingungen enthalten nur Angaben, die die Wertpapierbeschreibung betreffen, und dürfen nicht als Nachtrag zum Basisprospekt dienen. In diesen Fällen gilt Artikel 17 Absatz 1 Buchstabe b.

(5) Sind die endgültigen Bedingungen weder im Basisprospekt noch in einem Nachtrag enthalten, so stellt der Emittent sie so bald wie möglich bei Unterbreitung eines öffentlichen Angebots von Wertpapieren und, sofern möglich, vor Beginn des öffentlichen Angebots von Wertpapieren bzw. vor der Zulassung zum Handel an einem geregelten Markt gemäß den Bestimmungen des Artikels 21 der Öffentlichkeit zur Verfügung und hinterlegt sie bei der zuständigen Behörde des Herkunftsmitgliedstaats.

Die endgültigen Bedingungen müssen eine eindeutige und deutlich sichtbare Erklärung enthalten, aus der hervorgeht,

a) dass die endgültigen Bedingungen für die Zwecke dieser Verordnung ausgearbeitet wurden und zusammen mit dem Basisprospekt und Nachträgen dazu zu lesen sind, um alle relevanten Informationen zu erhalten;

b) wo der Basisprospekt und Nachträge dazu gemäß den Bestimmungen des Artikels 21 veröffentlicht werden;

c) dass den endgültigen Bedingungen eine Zusammenfassung für die einzelne Emission angefügt ist.

(6) Ein Basisprospekt kann als ein einziges Dokument oder in mehreren Einzeldokumenten erstellt werden.

Wenn der Emittent, der Anbieter oder die die Zulassung zum Handel an einem geregelten Markt beantragende Person ein Registrierungsformular für Nichtdividendenwerte oder ein einheitliches Registrierungsformular gemäß Artikel 9 hinterlegt hat und sich für die Erstellung eines Basisprospekts entscheidet, umfasst der Basisprospekt Folgendes:

a) die im Registrierungsformular oder im einheitlichen Registrierungsformular enthaltenen Angaben;

b) die Angaben, die ansonsten in der entsprechenden Wertpapierbeschreibung enthalten wären, mit Ausnahme der endgültigen Bedingungen, wenn diese nicht im Basisprospekt enthalten sind.

(7) Die spezifischen Angaben zu den verschiedenen Wertpapieren werden im Basisprospekt klar voneinander getrennt.

(8) Erst wenn die endgültigen Bedingungen in den Basisprospekt oder in einen Nachtrag aufgenommen oder hinterlegt sind, wird eine Zusammenfassung erstellt, die speziell die einzelne Emission betrifft.

(9) Für die Zusammenfassung für die einzelne Emission gelten dieselben Anforderungen, die gemäß diesem Artikel für die endgültigen Bedingungen gelten; die Zusammenfassung wird den endgültigen Bedingungen angefügt.

Die Zusammenfassung für die einzelne Emission muss den Anforderungen des Artikels 7 entsprechen und Folgendes enthalten:

a) die Basisinformationen aus dem Basisprospekt, einschließlich der Basisinformationen über den Emittenten;

b) die Basisinformationen aus den entsprechenden endgültigen Bedingungen, einschließlich der Basisinformationen, die nicht in den Basisprospekt aufgenommen wurden.

Beziehen sich die endgültigen Bedingungen auf verschiedene Wertpapiere, die sich nur in einigen sehr wenigen Einzelheiten unterscheiden, etwa in Bezug auf den Emissionskurs oder den Fälligkeitstermin, so kann für all diese Wertpapiere eine einzige Zusammenfassung für die einzelne Emission angefügt werden, sofern die Angaben zu den verschiedenen Wertpapieren klar voneinander getrennt sind.

(10) Die Angaben des Basisprospekts sind erforderlichenfalls im Einklang mit Artikel 23 nachzutragen.

(11) Ein öffentliches Angebot von Wertpapieren kann nach Ablauf des Basisprospekts, auf dessen Grundlage es eröffnet wurde, aufrechterhalten werden, sofern spätestens am letzten Tag der Gültigkeit des betreffenden Basisprospekts ein Nachfolge-Basisprospekt gebilligt und veröffentlicht wird. Die endgültigen Bedingungen eines solchen Angebots enthalten auf der ersten Seite einen deutlich sichtbaren Warnhinweis mit Anga-

be des letzten Tags der Gültigkeit des vorhergehenden Basisprospekts und des Orts der Veröffentlichung des Nachfolge-Basisprospekts. Der Nachfolge-Basisprospekt enthält das Formular für die endgültigen Bedingungen aus dem ursprünglichen Basisprospekt oder nimmt dies mittels eines Verweises auf und enthält zudem einen Verweis auf die für das weiterhin bestehende Angebot maßgebenden endgültigen Bedingungen.

Ein Widerrufsrecht gemäß Artikel 23 Absatz 2 gilt auch für Anleger, die einem Erwerb oder einer Zeichnung der Wertpapiere während des Gültigkeitszeitraums des vorhergehenden Prospekts zugestimmt haben, es sei denn, die Wertpapiere wurden ihnen bereits geliefert.

Artikel 9

Das einheitliche Registrierungsformular

(1) Ein Emittent, dessen Wertpapiere zum Handel an einem geregelten Markt oder an einem MTF zugelassen werden, kann in jedem Geschäftsjahr ein Registrierungsformular in Form eines einheitlichen Registrierungsformulars erstellen, das Angaben zu Organisation, Geschäftstätigkeiten, Finanzlage, Ertrag und Zukunftsaussichten, Führung und Beteiligungsstruktur des Unternehmens enthält.

(2) Jeder Emittent, der sich dafür entscheidet, in jedem Geschäftsjahr ein einheitliches Registrierungsformular zu erstellen, legt dieses nach dem Verfahren des Artikels 20 Absätze 2 und 4 der zuständigen Behörde seines Herkunftsmitgliedsstaats zur Billigung vor.

Wurde in zwei aufeinanderfolgenden Geschäftsjahren ein einheitliches Registrierungsformular des Emittenten von der zuständigen nationalen Behörde gebilligt, können künftige einheitliche Registrierungsformulare ohne vorherige Billigung bei der zuständigen Behörde hinterlegt werden.

Versäumt es der Emittent danach, in einem Geschäftsjahr ein einheitliches Registrierungsformular zu hinterlegen, hat dies zur Folge, dass ihm die Möglichkeit einer Hinterlegung ohne vorherige Billigung wieder entzogen wird und dass alle künftigen einheitlichen Registrierungsformulare der zuständigen Behörde zur Billigung vorzulegen sind, bis die in Unterabsatz 2 genannte Voraussetzung wieder erfüllt ist.

Der Emittent gibt in seinem Antrag an die zuständige Behörde an, ob das einheitliche Registrierungsformular zur Billigung oder zur Hinterlegung ohne vorherige Billigung eingereicht wird.

Beantragt der Emittent nach Unterabsatz 2 dieses Absatzes die Notifizierung seines einheitlichen Registrierungsformulars gemäß Artikel 26, so legt er sein einheitliches Registrierungsformular – einschließlich etwaiger zuvor hinterlegten Änderungen daran – zur Billigung vor.

(3) Emittenten, die bis zum 21. Juli 2019 ein Registrierungsformular gemäß Anhang I der Verordnung (EG) Nr. 809/ 2004 der Kommission[1] erstellt haben, das von einer zuständigen Behörde für eine Dauer von mindestens zwei aufeinanderfolgenden Geschäftsjahren gebilligt wurde, und die anschließend gemäß Artikel 12 Absatz 3 der Richtlinie 2003/ 71/EG jedes Jahr ein solches Registrierungsformular hinterlegt haben oder deren Registrierungsformular jedes Jahr gebilligt wurde, wird gestattet, ab dem 21. Juli 2019 ein einheitliches Registrierungsformular ohne vorherige Billigung im Einklang mit Absatz 2 Unterabsatz 2 dieses Artikels zu hinterlegen.

(4) Nach seiner Billigung oder seiner Hinterlegung ohne vorherige Billigung werden das einheitliche Registrierungsformular und seine Änderungen nach den Absätzen 7 und 9 dieses Artikels unverzüglich gemäß den Bestimmungen des Artikels 21 der Öffentlichkeit zur Verfügung gestellt.

(5) Das einheitliche Registrierungsformular entspricht den in Artikel 27 festgelegten sprachlichen Anforderungen.

(6) Angaben können gemäß den in Artikel 19 festgelegten Bedingungen in Form eines Verweises in ein einheitliches Registrierungsformular aufgenommen werden.

(7) Nach Hinterlegung oder Billigung eines einheitlichen Registrierungsformulars kann der Emittent die darin enthaltenen Angaben jederzeit durch Hinterlegung einer Änderung hierzu bei der zuständigen Behörde aktualisieren. Vorbehaltlich Artikel 10 Absatz 3 Unterabsätze 1 und 2 ist für die Hinterlegung der Änderung bei der zuständigen Behörde keine Billigung erforderlich.

(8) Die zuständige Behörde kann einheitliche Registrierungsformulare, die ohne vorherige Billigung hinterlegt wurden, sowie etwaige Änderungen dieser Formulare jederzeit einer inhaltlichen Überprüfung unterziehen.

Die Überprüfung durch die zuständige Behörde besteht in einer Prüfung der Vollständigkeit, Kohärenz und Verständlichkeit der im einheitlichen Registrierungsformular und etwaiger Änderungen enthaltenen Informationen.

(9) Stellt die zuständige Behörde im Zuge der Überprüfung fest, dass das einheitliche Registrierungsformular nicht den Standards der Vollständigkeit, Verständlichkeit und Kohärenz entspricht oder dass Änderungen oder zusätzliche Angaben

Zu Artikel 9:

[1] Verordnung (EG) Nr. 809/2004 der Kommission vom 29. April 2004 zur Umsetzung der Richtlinie 2003/71/EG des Europäischen Parlaments und des Rates betreffend die in Prospekten enthaltenen Informationen sowie das Format, die Aufnahme von Informationen mittels Verweis und die Veröffentlichung solcher Prospekte und die Verbreitung von Werbung (ABl. L 149 vom 30.4.2004, S. 1).

erforderlich sind, so teilt sie dies dem Emittenten mit.

Einem von der zuständigen Behörde an den Emittenten gerichteten Ersuchen um Änderung oder um zusätzliche Angaben muss vom Emittenten erst im nächsten einheitlichen Registrierungsformular Rechnung getragen werden, das für das folgende Geschäftsjahr hinterlegt wird, es sei denn, der Emittent möchte das einheitliche Registrierungsformular als Bestandteil eines zur Billigung vorgelegten Prospekts verwenden. In diesem Fall hinterlegt der Emittent spätestens bei Vorlage des Antrags gemäß Artikel 20 Absatz 6 eine Änderung des einheitlichen Registrierungsformulars.

Abweichend von Unterabsatz 2 hinterlegt der Emittent unverzüglich eine Änderung des einheitlichen Registrierungsformulars, falls die zuständige Behörde dem Emittenten mitteilt, dass ihr Ersuchen um Änderung oder um zusätzliche Angaben eine wesentliche Nichtaufnahme oder eine wesentliche Unrichtigkeit oder eine wesentliche Ungenauigkeit betrifft, die die Öffentlichkeit in Bezug auf Fakten und Umstände, die für eine fundierte Beurteilung des Emittenten wesentlich sind, aller Wahrscheinlichkeit nach irreführen würde.

Die zuständige Behörde kann vom Emittenten eine konsolidierte Fassung des geänderten einheitlichen Registrierungsformulars verlangen, wenn eine konsolidierte Fassung zur Gewährleistung der Verständlichkeit der Angaben des Dokuments erforderlich ist. Ein Emittent kann eine konsolidierte Fassung seines geänderten einheitlichen Registrierungsformulars freiwillig in eine Anlage zu der Änderung aufnehmen.

(10) Die Absätze 7 und 9 finden nur dann Anwendung, wenn das einheitliche Registrierungsformular nicht als Bestandteil eines Prospekts verwendet wird. Sofern ein einheitliches Registrierungsformular als Bestandteil eines Prospekts verwendet wird, gilt zwischen dem Zeitpunkt der Billigung des Prospekts und dem Zeitpunkt der endgültigen Schließung des öffentlichen Angebots von Wertpapieren oder gegebenenfalls dem Zeitpunkt, zu dem der Handel an einem geregelten Markt beginnt – je nachdem, welches der spätere Zeitpunkt ist – ausschließlich Artikel 23 betreffend Nachträge zum Prospekt.

(11) Ein Emittent, der die in Absatz 2 Unterabsätze 1 oder 2 oder in Absatz 3 dieses Artikels genannten Voraussetzungen erfüllt, hat den Status eines Daueremittenten und kommt in den Genuss des beschleunigten Billigungsverfahrens gemäß Artikel 20 Absatz 6, sofern

a) der Emittent bei der Hinterlegung jedes einheitlichen Registrierungsformulars bzw. bei jedem Antrag auf Billigung eines einheitlichen Registrierungsformulars der zuständigen Behörde eine schriftliche Bestätigung darüber vorlegt, dass seines Wissens alle vorgeschriebenen Informationen, die gegebenenfalls nach der Richtlinie 2004/109/EG und der Verordnung (EU) Nr. 596/2014 offenzulegen sind, während der letzten 18 Monate oder während des Zeitraums seit Beginn der Pflicht zur Offenlegung der vorgeschriebenen Informationen – je nachdem, welcher Zeitraum kürzer ist – im Einklang mit diesen Rechtsakten hinterlegt und veröffentlicht wurden; und

b) der Emittent, wenn die zuständige Behörde die Überprüfung gemäß Absatz 8 vorgenommen hat, sein einheitliches Registrierungsformular nach Absatz 9 geändert hat.

Wird eine der vorgenannten Voraussetzungen vom Emittenten nicht erfüllt, verliert dieser den Status des Daueremittenten.

(12) Wird das bei der zuständigen Behörde hinterlegte oder von ihr gebilligte einheitliche Registrierungsformular spätesten vier Monate nach Ablauf des Geschäftsjahrs veröffentlicht und enthält es die im Jahresfinanzbericht gemäß Artikel 4 der Richtlinie 2004/109/EG offenzulegenden Informationen, so gilt die Pflicht des Emittenten zur Veröffentlichung des Jahresfinanzberichts gemäß jenem Artikel als erfüllt.

Wird das einheitliche Registrierungsformular oder eine daran vorgenommene Änderung hinterlegt oder von der zuständigen Behörde gebilligt und spätestens drei Monate nach Ablauf der ersten sechs Monate des Geschäftsjahrs veröffentlicht und enthält es die in dem Halbjahresfinanzbericht gemäß Artikel 5 der Richtlinie 2004/109/EG offenzulegenden Informationen, so gilt die Pflicht des Emittenten zur Veröffentlichung des Halbjahresfinanzberichts gemäß jenem Artikel als erfüllt.

In den in den Unterabsätzen 1 und 2 genannten Fällen

a) nimmt der Emittent in das einheitliche Registrierungsformular eine Liste mit Querverweisen auf, in der angegeben ist, wo die einzelnen in den Jahres- und Halbjahresfinanzberichten anzugebenden Informationen im einheitlichen Registrierungsformular zu finden sind;

b) hinterlegt der Emittent das einheitliche Registrierungsformular gemäß Artikel 19 Absatz 1 der Richtlinie 2004/109/EG und stellt es dem amtlich bestellten System gemäß Artikel 21 Absatz 2 dieser Richtlinie zur Verfügung;

c) nimmt der Emittent in das einheitliche Registrierungsformular eine Erklärung der verantwortlichen Personen nach den Vorgaben des Artikels 4 Absatz 2 Buchstabe c und des Artikels 5 Absatz 2 Buchstabe c der Richtlinie 2004/109/EG auf.

(13) Absatz 12 findet nur dann Anwendung, wenn der Herkunftsmitgliedstaat des Emittenten für die Zwecke dieser Verordnung auch der Herkunftsmitgliedstaat für die Zwecke der Richtlinie 2004/109/EG ist und wenn die Sprache, in der das einheitliche Registrierungsformular abgefasst

ist, den Anforderungen gemäß Artikel 20 dieser Richtlinie entspricht.

(14) Die Kommission erlässt bis zum 21. Januar 2019 gemäß Artikel 44 delegierte Rechtsakte zur Ergänzung dieser Verordnung, in denen die Kriterien für die Prüfung und Überprüfung des einheitlichen Registrierungsformulars und etwaiger Änderungen und die Verfahren für die Billigung und Hinterlegung dieser Dokumente sowie die Bedingungen, unter denen der Status eines Daueremittenten aberkannt wird, präzisiert werden.

Artikel 10
Aus mehreren Einzeldokumenten bestehende Prospekte

(1) Ein Emittent, dessen Registrierungsformular bereits von der zuständigen Behörde gebilligt wurde, ist nur zur Erstellung der Wertpapierbeschreibung und gegebenenfalls der Zusammenfassung verpflichtet, wenn die Wertpapiere öffentlich angeboten oder zum Handel an einem geregelten Markt zugelassen werden. In diesem Fall werden die Wertpapierbeschreibung und die Zusammenfassung gesondert gebilligt.

Tritt nach der Billigung des Registrierungsformulars ein wichtiger neuer Umstand ein oder wird eine wesentliche Unrichtigkeit oder eine wesentliche Ungenauigkeit festgestellt, die die im Registrierungsformular enthaltenen Informationen betrifft und die Beurteilung der Wertpapiere beeinflussen können, so ist spätestens zum Zeitpunkt der Wertpapierbeschreibung und der Zusammenfassung ein Nachtrag zum Registrierungsformular zur Billigung vorzulegen. Das Recht, Zusagen gemäß Artikel 23 Absatz 2 zurückzuziehen, findet in diesem Fall keine Anwendung.

Das Registrierungsformular und seine etwaigen Nachträge bilden zusammen mit der Wertpapierbeschreibung und der Zusammenfassung einen Prospekt, sobald die Billigung von der zuständigen Behörde erteilt wurde.

(2) Nach der Billigung wird das Registrierungsformular der Öffentlichkeit unverzüglich gemäß den Bestimmungen des Artikels 21 zur Verfügung gestellt.

(3) Ein Emittent, dessen einheitliches Registrierungsformular bereits von der zuständigen Behörde gebilligt wurde oder der ein einheitliches Registrierungsformular ohne vorherige Billigung nach Artikel 9 Absatz 2 Unterabsatz 2 hinterlegt hat, ist nur zur Erstellung der Wertpapierbeschreibung und der Zusammenfassung verpflichtet, wenn die Wertpapiere öffentlich angeboten oder zum Handel an einem geregelten Markt zugelassen werden.

Ist das einheitliche Registrierungsformular bereits gebilligt, so bedürfen die Wertpapierbeschreibung, die Zusammenfassung und sämtliche seit Billigung des einheitlichen Registrierungsformulars hinterlegten Änderungen des Formulars einer gesonderten Billigung.

Hat ein Emittent ein einheitliches Registrierungsformular ohne vorherige Billigung hinterlegt, so bedarf die gesamte Dokumentation, einschließlich der Änderungen des einheitlichen Registrierungsformulars, einer Billigung – unbeschadet der Tatsache, dass es sich weiterhin um separate Dokumente handelt.

Das gemäß Artikel 9 Absatz 7 oder Absatz 9 geänderte einheitliche Registrierungsformular bildet zusammen mit der Wertpapierbeschreibung und der Zusammenfassung einen Prospekt, sobald die Billigung von der zuständigen Behörde erteilt wurde.

Artikel 11
Prospekthaftung

(1) Die Mitgliedstaaten stellen sicher, dass je nach Fall zumindest der Emittent oder dessen Verwaltungs-, Leitungs- oder Aufsichtsorgan, der Anbieter, die die Zulassung zum Handel an einem geregelten Markt beantragende Person oder der Garantiegeber für die Richtigkeit der in einem Prospekt und Nachträgen dazu enthaltenen Angaben haftet. Die für den Prospekt und Nachträge dazu verantwortlichen Personen sind im Prospekt eindeutig unter Angabe ihres Namens und ihrer Funktion – bei juristischen Personen ihres Namens und ihres Sitzes – zu benennen; der Prospekt muss zudem Erklärungen der betreffenden Personen enthalten, dass ihres Wissens die Angaben in dem Prospekt richtig sind und darin keine Angaben nicht aufgenommen werden, die die Aussage des Prospekts verändern können.

(2) Die Mitgliedstaaten stellen sicher, dass ihre Rechts- und Verwaltungsvorschriften im Bereich der Haftung für die Personen gelten, die für die in einem Prospekt enthaltenen Angaben verantwortlich sind.

Die Mitgliedstaaten gewährleisten jedoch, dass niemand lediglich aufgrund der Zusammenfassung nach Artikel 7 oder der speziellen Zusammenfassung eines EU-Wachstumsprospekts nach Artikel 15 Absatz 1 Unterabsatz 2 samt etwaiger Übersetzungen haftet, es sei denn,

a) die Zusammenfassung ist, wenn sie zusammen mit den anderen Teilen des Prospekts gelesen wird, irreführend, unrichtig oder widersprüchlich oder

b) sie vermittelt, wenn sie zusammen mit den anderen Teilen des Prospekts gelesen wird, nicht die Basisinformationen, die in Bezug auf Anlagen in die Wertpapiere für die Anleger eine Entscheidungshilfe darstellen würden.

(3) Die Haftung für die in einem Registrierungsformular oder in einem einheitlichen Registrierungsformular enthaltenen Informationen liegt

nur in den Fällen bei den in Absatz 1 genannten Personen, in denen das Registrierungsformular oder das einheitliche Registrierungsformular als Bestandteil eines gebilligten Prospekts verwendet wird.

Unterabsatz 1 gilt unbeschadet der Artikel 4 und 5 der Richtlinie 2004/109/EG, wenn die gemäß jenen Artikeln offenzulegenden Informationen in einem einheitlichen Registrierungsformular enthalten sind.

Artikel 12
Gültigkeit des Prospekts, des Registrierungsformulars und des einheitlichen Registrierungsformulars

(1) Ein Prospekt ist – unabhängig davon, ob er aus einem einzigen Dokument oder aus mehreren Einzeldokumenten besteht – nach seiner Billigung 12 Monate lang für öffentliche Angebote oder Zulassungen zum Handel an einem geregelten Markt gültig, sofern er um etwaige gemäß Artikel 23 erforderliche Nachträge ergänzt wird.

Besteht ein Prospekt aus mehreren Einzeldokumenten, beginnt die Gültigkeitsdauer mit der Billigung der Wertpapierbeschreibung.

(2) Ein Registrierungsformular, das zuvor gebilligt wurde, bleibt für die Verwendung als Bestandteil eines Prospekts 12 Monate nach seiner Billigung gültig.

Das Ende der Gültigkeitsdauer eines solchen Registrierungsformulars hat keine Auswirkungen auf die Gültigkeit eines Prospekts, dessen Bestandteil es ist.

(3) Ein einheitliches Registrierungsformular bleibt für die Verwendung als Bestandteil eines Prospekts 12 Monate nach seiner Billigung gemäß Artikel 9 Absatz 2 Unterabsatz 1 oder nach seiner Hinterlegung gemäß Artikel 9 Absatz 2 Unterabsatz 2 gültig.

Das Ende der Gültigkeitsdauer eines solchen einheitlichen Registrierungsformulars hat keine Auswirkungen auf die Gültigkeit eines Prospekts, dessen Bestandteil es ist.

KAPITEL III
INHALT UND AUFMACHUNG DES PROSPEKTS

Artikel 13
Mindestangaben und Aufmachung

(1) Die Kommission erlässt gemäß Artikel 44 delegierte Rechtsakte zur Ergänzung dieser Verordnung in Bezug auf die Aufmachung des Prospekts, des Basisprospekts und der endgültigen Bedingungen sowie die Schemata für die in einen Prospekt aufzunehmenden spezifischen Angaben, wozu auch LEI und ISIN zählen, wobei im Falle eines Prospekts, der aus mehreren Einzeldokumenten besteht, Wiederholungen zu vermeiden sind.

Bei der Festlegung der verschiedenen Prospektschemata ist insbesondere Folgendem Rechnung zu tragen:

a) den unterschiedlichen Arten von Angaben, die Anleger in Bezug auf Dividendenwerte im Gegensatz zu Nichtdividendenwerten benötigen; die geforderten Angaben eines Prospekts in Bezug auf Wertpapiere mit ähnlichen wirtschaftlichen Grundsätzen, insbesondere Derivate, sind hierbei gemäß einem kohärenten Ansatz zu behandeln;

b) den unterschiedlichen Arten und Eigenschaften der Angebote von Nichtdividendenwerten und deren Zulassungen zum Handel an einem geregelten Markt;

c) der Aufmachung und den geforderten Angaben der Basisprospekte in Bezug auf Nichtdividendenwerte, wozu auch Optionsscheine jeglicher Art gehören;

d) gegebenenfalls dem öffentlich-rechtlichen Charakter des Emittenten;

e) gegebenenfalls dem spezifischen Charakter der Tätigkeiten des Emittenten.

Für die Zwecke von Unterabsatz 2 Buchstabe b legt die Kommission bei der Festlegung der verschiedenen Prospektschemata konkrete Informationsanforderungen an Prospekte fest, die sich auf die Zulassung von Nichtdivi dendenwerten zum Handel an einem geregelten Markt beziehen, die

a) ausschließlich an einem geregelten Markt oder in einem bestimmten Segment eines solchen gehandelt werden sollen, zu dem ausschließlich qualifizierte Anleger zu Zwecken des Handels mit diesen Wertpapieren Zugang erhalten, oder

b) eine Mindeststückelung von 100 000 EUR haben.

Jene Informationsanforderungen müssen angemessen sein und dem Informationsbedarf der betreffenden Anleger Rechnung tragen.

(2) Die Kommission erlässt bis zum 21. Januar 2019 gemäß Artikel 44 delegierte Rechtsakte zur Ergänzung dieser Verordnung, in denen das Schema für die in das einheitliche Registrierungsformular aufzunehmenden Mindestangaben festzulegen ist.

Ein solches Schema gewährleistet, dass das einheitliche Registrierungsformular alle erforderlichen Angaben über den Emittenten enthält, sodass ein und dasselbe einheitliche Registrierungsformular in gleicher Weise für das anschließende öffentliche Angebot oder die Zulassung zum Handel an einem geregelten Markt von Dividendenwerten oder Nichtdividendenwerten verwendet werden kann. Hinsichtlich der Finanzinformationen, des Betriebsergebnisses, der Finanzlage, der Aussichten und der Führung des Unternehmens müssen die Angaben so weit wie möglich mit den

Angaben übereinstimmen, die in den Jahres- und Halbjahresfinanzberichten gemäß den Artikeln 4 und 5 der Richtlinie 2004/109/EG offenzulegen sind, einschließlich des Lageberichts und der Erklärung zur Unternehmensführung.

(3) Die delegierten Rechtsakte gemäß den Absätzen 1 und 2 basieren auf den Standards im Bereich der Finanz- und der Nichtfinanzinformationen, die von den internationalen Organisationen der Wertpapieraufsichtsbehörden, insbesondere der Internationalen Organisation der Wertpapieraufsichtsbehörde (International Organization of Securities Commissions – IOSCO), ausgearbeitet wurden, sowie auf den Anhängen I, II und III dieser Verordnung.

Artikel 14
Vereinfachte Offenlegungsregelung für Sekundäremissionen

(1) Folgende Personen können sich im Falle eines öffentlichen Angebots von Wertpapieren oder einer Zulassung von Wertpapieren zum Handel an einem geregelten Markt dafür entscheiden, einen vereinfachten Prospekt auf der Grundlage der vereinfachten Offenlegungsregelung für Sekundäremissionen zu erstellen:

a) Emittenten, deren Wertpapiere mindestens während der letzten 18 Monate ununterbrochen zum Handel an einem geregelten Markt oder an einem KMU-Wachstumsmarkt zugelassen waren und die Wertpapiere emittieren, die mit den vorhandenen zuvor begebenen Wertpapieren fungibel sind;

b) Unbeschadet des Artikels 1 Absatz 5, Emittenten, deren Dividendenwerte mindestens während der letzten 18 Monate ununterbrochen zum Handel an einem geregelten Markt oder an einem KMU-Wachstumsmarkt zugelassen waren, und die Nichtdividendenwerte oder Wertpapiere begeben, die Zugang zu Dividendenwerten geben, die mit den vorhandenen bereits zum Handel zugelassenen Dividendenwerten des Emittenten fungibel sind; *(ABl L 320 vom 11. 12. 2019, S 7)*

c) Anbieter von Wertpapieren, die mindestens während der letzten 18 Monate ununterbrochen zum Handel an einem geregelten Markt oder an einem KMU-Wachstumsmarkt zugelassen waren.

d) Emittenten, deren Wertpapiere der Öffentlichkeit angeboten wurden und seit mindestens zwei Jahren ununterbrochen zum Handel an einem KMU-Wachstumsmarkt zugelassen waren, und die während des gesamten Zeitraums ihrer Zulassung zum Handel ihre Melde- und Offenlegungspflichten uneingeschränkt erfüllt haben und die die Zulassung zum Handel an einem geregelten Markt für Wertpapiere beantragen, die mit den vorhandenen, zuvor begebenen Wertpapieren fungibel sind. *(ABl L 320 vom 11. 12. 2019, S 7)*

Der vereinfachte Prospekt besteht neben der Zusammenfassung gemäß Artikel 7 aus einem speziellen Registrierungsformular, das von den unter den Buchstaben a, b und c des Unterabsatzes 1 dieses Absatzes genannten Personen verwendet werden kann, und einer speziellen Wertpapierbeschreibung, die von den unter den Buchstaben a und c dieses Unterabsatzes genannten Personen verwendet werden kann.

(2) Abweichend von Artikel 6 Absatz 1 und unbeschadet des Artikels 18 Absatz 1 enthält der vereinfachte Prospekt die erforderlichen verkürzten Angaben, die es Anlegern ermöglichen, sich über Folgendes zu informieren:

a) die Aussichten des Emittenten und die bedeutenden Änderungen der Geschäftstätigkeit und der Finanzlage des Emittenten sowie des Garantiegebers, die gegebenenfalls seit Ablauf des letzten Geschäftsjahres eingetreten sind;

b) die mit den Wertpapieren verbundenen Rechte;

c) die Gründe für die Emission und ihre Auswirkungen auf den Emittenten, einschließlich seiner Kapitalstruktur insgesamt, sowie die Verwendung der Erlöse.

Die in dem vereinfachten Prospekt enthaltenen Angaben sind schriftlich und in leicht zu analysierender, knapper und verständlicher Form zu präsentieren und ermöglichen es Anlegern, eine fundierte Anlageentscheidung zu treffen. Sie berücksichtigen auch die vorgeschriebenen Informationen, die bereits gegebenenfalls gemäß der Richtlinie 2004/109/EG und der Verordnung (EU) Nr. 596/2014 offengelegt wurden. „Diejenigen in Absatz 1 Unterabsatz 1 Buchstabe d des vorliegenden Artikels genannten Emittenten, die nach der Zulassung ihrer Wertpapiere zum Handel auf einem geregelten Markt einen konsolidierten Abschluss nach Maßgabe der Richtlinie 2013/34/EU des Europäischen Parlaments und des Rates (*) aufzustellen haben, erstellen ihre jüngsten Finanzinformationen gemäß Absatz 3 Unterabsatz 2 Buchstabe a des vorliegenden Artikels, die auch die im vereinfachten Prospekt enthaltenen Vergleichsinformationen für das Vorjahr umfassen, nach den in Verordnung (EG) Nr. 1606/2002 des Europäischen Parlaments und des Rates (**) genannten internationalen Rechnungslegungsstandards."

„Diejenigen in Absatz 1 Unterabsatz 1 Buchstabe d des vorliegenden Artikels genannten Emittenten, die nach der Zulassung der Wertpapiere zum Handel auf einem geregelten Markt keinen konsolidierten Abschluss nach Maßgabe der Richtlinie 2013/34/EU aufzustellen haben, erstellen ihre jüngsten Finanzinformationen gemäß Absatz 3 Unterabsatz 2 Buchstabe a des vorliegenden Artikels, einschließlich der im vereinfachten Prospekt enthaltenen Vergleichsinformationen für das Vorjahr, nach den nationalen

Rechtsvorschriften des Mitgliedstaats, der Sitzstaat des Emittenten ist.“

„Drittlandsemittenten, deren Wertpapiere zum Handel an einem KMU-Wachstumsmarkt zugelassen sind, erstellen ihre jüngsten Finanzinformationen gemäß Absatz 3 Unterabsatz 2 Buchstabe a des vorliegenden Artikels, einschließlich der im vereinfachten Prospekt enthaltenen Vergleichsinformationen für das Vorjahr, nach ihren nationalen Rechnungslegungsstandards, soweit diese Standards zu der Verordnung (EG) Nr. 1606/2002 gleichwertig sind. Sind diese nationalen Rechnungslegungsstandards den internationalen Rechnungslegungsstandards nicht gleichwertig, so sind die Finanzinformationen gemäß der Verordnung (EG) Nr. 1606/2002 neu zu erstellen.“ *(ABl L 320 vom 11. 12. 2019, S 7)*

(3) Die Kommission erlässt bis zum 21. Januar 2019 gemäß Artikel 44 delegierte Rechtsakte zur Ergänzung dieser Verordnung, indem sie die Schemata festlegt, die die auf der Grundlage der vereinfachten Offenlegungsregelung nach Absatz 1 aufzunehmenden verkürzten Informationen präzisieren.

Die Schemata enthalten insbesondere:

a) die jährlichen und halbjährlichen Finanzinformationen, die in den 12 Monaten vor der Billigung des Prospekts veröffentlicht wurden;

b) gegebenenfalls Gewinnprognosen und -schätzungen;

c) eine knappe Zusammenfassung der gemäß der Verordnung (EU) Nr. 596/2014 in den 12 Monaten vor der Billigung des Prospekts offengelegten relevanten Informationen;

d) Risikofaktoren;

e) für Dividendenwerte einschließlich Wertpapieren, die Zugang zu Dividendenwerten geben, die Erklärung zum Geschäftskapital, die Erklärung zu Kapitalausstattung und Verschuldung, eine Offenlegung relevanter Interessenkonflikte und Geschäfte mit verbundenen Parteien sowie die Hauptaktionäre und gegebenenfalls eine Proforma-Finanzinformation. *(ABl L 320 vom 11. 12. 2019, S 7)*

Bei der Festlegung der verkürzten Informationen, die gemäß der vereinfachten Offenlegungsregelung aufzunehmen sind, trägt die Kommission der Tatsache Rechnung, dass die Mittelbeschaffung über die Kapitalmärkte erleichtert werden muss und dass es wichtig ist, die Kapitalkosten zu senken. Um den Emittenten keine unnötigen Belastungen aufzuerlegen, berücksichtigt die Kommission bei der Festlegung der verkürzten Informationen auch die Angaben, die ein Emittent bereits gegebenenfalls gemäß der Richtlinie 2004/109/EG und der Verordnung (EU) Nr. 596/2014 offenzulegen hat. Die Kommission kalibriert die verkürzten Informationen ferner so, dass deren Schwerpunkt auf den für Sekundäremissionen relevanten Angaben liegt und dass die Verhältnismäßigkeit gewahrt ist.

Artikel 14a
EU-Wiederaufbauprospekt

(1) Die folgenden Personen können sich im Fall eines öffentlichen Angebots von Aktien oder einer Zulassung von Aktien zum Handel an einem geregelten Markt dafür entscheiden, einen EU-Wiederaufbauprospekt im Rahmen der vereinfachten Offenlegungsregelung dieses Artikels erstellen:

a) Emittenten, deren Aktien mindestens während der vergangenen 18 Monate ununterbrochen zum Handel an einem geregelten Markt zugelassen waren und die Aktien emittieren, die mit den vorhandenen zuvor begebenen Aktien fungibel sind;

b) Emittenten, deren Aktien bereits seit mindestens den vergangenen 18 Monaten ununterbrochen auf einem KMU-Wachstumsmarkt gehandelt werden, vorausgesetzt, dass ein Prospekt für das Angebot dieser Aktien veröffentlicht wurde, und die Aktien emittieren, die mit bereits zuvor begebenen Aktien fungibel sind;

c) Anbieter, deren Aktien bereits seit mindestens den vergangenen 18 Monaten ununterbrochen zum Handel an einem geregelten Markt oder an einem KMU-Wachstumsmarkt zugelassen sind.

Emittenten dürfen einen EU-Wiederaufbauprospekt nur unter der Bedingung erstellen, dass die Zahl der Aktien, die angeboten werden soll, sofern zutreffend, zusammen mit der Anzahl der Aktien, die über einen Zeitraum von 12 Monaten bereits über einen EU-Wiederaufbauprospekt angeboten worden sind, nicht mehr als 150 % der Aktien ausmacht, die zum Datum der Billigung des EU-Wiederaufbauprospekts zum Handel an einem regulierten Markt bzw. an einem KMU-Wachstumsmarkt zugelassen sind.

Der in Unterabsatz 2 genannte Zeitraum von 12 Monaten beginnt am Tag der Billigung des EU-Wiederaufbauprospekts.

(2) Abweichend von Artikel 6 Absatz 1 und unbeschadet des Artikels 18 Absatz 1 enthält der EU-Wiederaufbauprospekt die erforderlichen verkürzten Angaben, die es Anlegern ermöglichen, sich über Folgendes zu informieren:

a) die Aussichten und die finanzielle Leistungsfähigkeit des Emittenten und die bedeutenden Änderungen der Finanz- und Geschäftslage des Emittenten, die gegebenenfalls seit Ablauf des vergangenen Geschäftsjahres eingetreten sind, sowie seine finanzielle und nichtfinanzielle langfristige Geschäftsstrategie und seine Ziele, einschließlich – falls zutreffend – einer mindestens 400 Wörter umfassenden spezifischen Darlegung der geschäftlichen und finanziellen Auswirkungen sowie der erwarteten künftigen Auswirkungen der COVID-19-Pandemie auf den Emittenten;

b) die wesentlichen Informationen über die Aktien, einschließlich der mit diesen Aktien verbundenen Rechte und etwaiger Beschränkungen dieser Rechte, die Gründe für die Emission und ihre Auswirkungen auf den Emittenten, auch auf die Kapitalstruktur des Emittenten insgesamt, sowie die Angabe der Kapitalausstattung und Verschuldung, eine Erklärung zum Geschäftskapital und die Verwendung der Erlöse.

(3) Die in dem EU-Wiederaufbauprospekt enthaltenen Angaben sind schriftlich und in leicht zu analysierender, knapper und verständlicher Form zu präsentieren und müssen es Anlegern, insbesondere Kleinanlegern, ermöglichen, eine fundierte Anlageentscheidung zu treffen, wobei die vorgeschriebenen Informationen gemäß der Richtlinie 2004/109/EG (soweit anwendbar), der Verordnung (EU) Nr. 596/2014 und die in der Delegierten Verordnung (EU) 2017/565 der Kommission[1)] genannten Informationen (soweit anwendbar), die bereits veröffentlicht wurden, zu berücksichtigen sind.

(4) Der EU-Wiederaufbauprospekt ist als ein einziges Dokument zu erstellen, das die in Anhang Va festgelegten Mindestinformationen enthält. Er hat eine maximale Länge von 30 DIN-A4-Seiten in gedruckter Form und ist in einer Weise präsentiert und aufgemacht, die leicht verständlich ist, wobei Buchstaben in gut leserlicher Größe verwendet werden.

(5) Weder die Zusammenfassung noch die Informationen, die durch Verweis gemäß Artikel 19 aufgenommen wurden, sind auf die in Absatz 4 dieses Artikels genannte Höchstlänge anzurechnen.

(6) Emittenten können entscheiden, in welcher Reihenfolge die in Anhang Va angegebenen Informationen im EU-Wiederaufbauprospekt aufgeführt werden.

(ABl L 68 vom 26. 2. 2021, S 1)

Artikel 15
EU-Wachstumsprospekt

(1) Die folgenden Personen können sich im Falle eines öffentlichen Angebots von Wertpapieren dafür entscheiden, einen EU-Wachstumsprospekt auf der Grundlage der verhältnismäßigen Offenlegungsregelung gemäß diesem Artikel zu erstellen, sofern sie keine Wertpapiere begeben haben, die zum Handel an einem geregelten Markt zugelassen wurden:

a) KMU;

b) Emittenten, bei denen es sich nicht um KMU handelt, deren Wertpapiere an einem KMU-Wachstumsmarkt gehandelt werden oder gehandelt werden sollen, sofern ihre durchschnittliche Marktkapitalisierung auf der Grundlage der Notierungen zum Jahresende in den letzten drei Kalenderjahren weniger als 500 000 000 EUR betrug;

c) andere als die unter den Buchstaben a und b genannten Emittenten, deren öffentliches Angebot von Wertpapieren einem Gesamtgegenwert in der Union von höchstens 20 000 000 EUR über einen Zeitraum von 12 Monaten entspricht, sofern keine Wertpapiere dieser Emittenten an einem MTF gehandelt werden und ihre durchschnittliche Beschäftigtenzahl im letzten Geschäftsjahr bis zu 499 betrug;

ca) Emittenten, bei denen es sich nicht um KMU handelt, die Aktien öffentlich anbieten und gleichzeitig einen Antrag auf Zulassung dieser Aktien zum Handel an einem KMU-Wachstumsmarkt stellen, sofern sie keine Aktien begeben haben, die bereits zum Handel an einem KMU-Wachstumsmarkt zugelassen sind, und der Gesamtwert der zwei folgenden Positionen unter 200 000 000 EUR liegt:

i) der Preis des endgültigen Angebots oder — in dem in Artikel 17 Absatz 1 Buchstabe b Ziffer i genannten Fall — der Höchstkurs;

ii) die Gesamtzahl der unmittelbar nach dem öffentlichen Aktienangebot im Umlauf befindlichen Aktien, berechnet entweder auf der Grundlage der Menge der öffentlich angebotenen Aktien oder, in dem in Artikel 17 Absatz 1 Buchstabe b Ziffer i genannten Fall, der Höchstmenge der öffentlich angebotenen Aktien.
(ABl L 320 vom 11. 12. 2019, S 7)

d) Anbieter von Wertpapieren, die von den unter den Buchstaben a und b genannten Emittenten begeben wurden.

Bei einem EU-Wachstumsprospekt im Rahmen der verhältnismäßigen Offenlegungsregelung handelt es sich um ein Dokument mit einer standardisierten Aufmachung, das in leicht verständlicher Sprache abgefasst und für die Emittenten leicht auszufüllen ist. Er enthält eine spezielle Zusammenfassung auf der Grundlage des Artikels 7, ein spezielles Registrierungsformular und eine spezielle Wertpapierbeschreibung. Die in dem EU-Wachstumsprospekt enthaltenen Informationen werden in einer standardisierten Reihenfolge aufgeführt, die in dem delegierten Rechtsakt nach Absatz 2 festgelegt ist.

Zu Artikel 14a:

[1)] Delegierte Verordnung (EU) 2017/565 der Kommission vom 25. April 2016 zur Ergänzung der Richtlinie 2014/65/EU des Europäischen Parlaments und des Rates in Bezug auf die organisatorischen Anforderungen an Wertpapierfirmen und die Bedingungen für die Ausübung ihrer Tätigkeit sowie in Bezug auf die Definition bestimmter Begriffe für die Zwecke der genannten Richtlinie (ABl. L 87 vom 31.3.2017, S. 1).

(2) Die Kommission erlässt bis zum 21. Januar 2019 gemäß Artikel 44 delegierte Rechtsakte zur Ergänzung dieser Verordnung, in denen der verkürzte Inhalt, die standardisierte Aufmachung und die standardisierte Reihenfolge für den EU-Wachstumsprospekt sowie der verkürzte Inhalt und die standardisierte Aufmachung der speziellen Zusammenfassung präzisiert werden.

Die spezielle Zusammenfassung erlegt den Emittenten insofern keinerlei zusätzliche Belastungen oder Kosten auf, als dafür nur die relevanten Informationen erforderlich sind, die bereits im EU-Wachstumsprospekt enthalten sind. Bei der Festlegung der standardisierten Aufmachung der speziellen Zusammenfassung kalibriert die Kommission die Anforderungen, um sicherzustellen, dass die Zusammenfassung kürzer ist als die Zusammenfassung gemäß Artikel 7.

Bei der Festlegung des verkürzten Inhalts, der standardisierten Aufmachung und der standardisierten Reihenfolge des EU-Wachstumsprospekts kalibriert die Kommission die Anforderungen so, dass deren Schwerpunkt auf Folgendem liegt:

a) den Angaben, die für die Anleger bei einer Anlageentscheidung wesentlich und relevant sind;

b) der Notwendigkeit, sicherzustellen, dass die Kosten für die Erstellung eines Prospekts in einem angemessenen Verhältnis zur Größe des Unternehmens stehen.

Dabei berücksichtigt die Kommission Folgendes:

a) dass der EU-Wachstumsprospekt unter dem Aspekt der Verwaltungslasten und der Emissionskosten signifikant einfacher sein muss als der Standardprospekt;

b) dass KMU der Zugang zu den Kapitalmärkten erleichtert werden muss und die Kosten für die KMU möglichst gering zu halten sind, während gleichzeitig das Anlegervertrauen in solche Unternehmen gesichert werden muss;

c) die unterschiedlichen Arten von Angaben, die Anleger in Bezug auf Dividendenwerte und Nichtdividendenwerte benötigen.

Die betreffenden delegierten Rechtsakte basieren auf der Grundlage der Anhänge IV und V.

Artikel 16
Risikofaktoren

(1) Auf Risikofaktoren wird in einem Prospekt nur insoweit eingegangen, als es sich um Risiken handelt, die für den Emittenten und/oder die Wertpapiere spezifisch und im Hinblick auf eine fundierte Anlageentscheidung von wesentlicher Bedeutung sind, wie auch durch den Inhalt des Registrierungsformulars und der Wertpapierbeschreibung bestätigt wird.

Bei der Erstellung des Prospekts beurteilt der Emittent, der Anbieter oder die Person, die die Zulassung zum Handel auf einem geregelten Markt beantragt, die Wesentlichkeit der Risikofaktoren auf der Grundlage der Wahrscheinlichkeit ihres Eintretens und des zu erwartenden Umfangs ihrer negativen Auswirkungen.

Jeder Risikofaktor muss angemessen beschrieben werden, wobei zu erläutern ist, wie er sich auf den Emittenten oder die angebotenen oder zum Handel zuzulassenden Wertpapiere auswirken kann. Die Beurteilung der Wesentlichkeit der Risikofaktoren gemäß Unterabsatz 2 kann auch durch Verwendung der Qualitätseinteilungen „gering", „mittel" oder „hoch" offengelegt werden.

Die Risikofaktoren werden entsprechend ihrer Beschaffenheit in eine begrenzte Anzahl von Kategorien eingestuft. Für jede Kategorie werden die wesentlichsten Risikofaktoren entsprechend der Beurteilung gemäß Unterabsatz 2 an erster Stelle genannt.

(2) Zu den Risikofaktoren gehören auch die Risiken, die sich aus dem Grad der Nachrangigkeit eines Wertpapiers ergeben, sowie die Auswirkungen auf die voraussichtliche Höhe oder den voraussichtlichen Zeitpunkt der Zahlungen an die Inhaber von Wertpapieren, im Falle eines Konkurses oder eines vergleichbaren Verfahrens, einschließlich, soweit relevant, der Insolvenz eines Kreditinstituts oder dessen Abwicklung oder Umstrukturierung gemäß der Richtlinie 2014/59/EU.

(3) Wird für die Wertpapiere eine Garantie gestellt, so enthält der Prospekt die spezifischen und wesentlichen Risikofaktoren bezüglich des Garantiegebers, soweit diese für seine Fähigkeit, seinen Verpflichtungen aus der Garantie nachzukommen, relevant sind.

(4) Um eine angemessene und zielgerichtete Offenlegung der Risikofaktoren zu unterstützen, arbeitet die ESMA Leitlinien zur Unterstützung der zuständigen Behörden bei deren Überprüfung der Spezifität und der Wesentlichkeit der Risikofaktoren sowie der Einstufung der Risikofaktoren entsprechend ihrer Beschaffenheit in die Risikokategorien aus.

(5) Der Kommission wird die Befugnis übertragen, gemäß Artikel 44 delegierte Rechtsakte zur Ergänzung dieser Verordnung zu erlassen, in denen Kriterien für die Beurteilung der Spezifität und der Wesentlichkeit der Risikofaktoren sowie für die Einstufung der Risikofaktoren entsprechend ihrer Beschaffenheit in Risikokategorien präzisiert werden.

Artikel 17
Endgültiger Emissionskurs und endgültiges Emissionsvolumen der Wertpapiere

(1) Wenn der endgültige Emissionskurs und/oder das endgültige Emissionsvolumen, die Gegenstand des öffentlichen Angebots sind, entweder als Anzahl von Wertpapieren oder als ag-

gregierter Nominalbetrag, im Prospekt nicht genannt werden können,

a) kann eine Zusage zum Erwerb oder zur Zeichnung der Wertpapiere innerhalb von mindestens zwei Arbeitstagen nach Hinterlegung des endgültigen Emissionskurses und/oder des endgültigen Emissionsvolumen der öffentlich angebotenen Wertpapiere widerrufen werden oder

b) ist Folgendes im Prospekt anzugeben:

i) der Höchstkurs und/oder das maximale Emissionsvolumen, soweit vorhanden, oder

ii) die Bewertungsmethoden und -kriterien und/oder die Bedingungen, nach denen der endgültige Emissionskurs festzulegen ist, und eine Erläuterung etwaiger Bewertungsmethoden.

(2) Der endgültige Emissionskurs und das endgültige Emissionsvolumen werden bei der zuständigen Behörde des Herkunftsmitgliedstaats hinterlegt und gemäß den Bestimmungen des Artikels 21 Absatz 2 der Öffentlichkeit zur Verfügung gestellt.

Artikel 18
Nichtaufnahme von Informationen

(1) Die zuständige Behörde des Herkunftsmitgliedstaats kann die Nichtaufnahme bestimmter Informationen in den Prospekt oder in Bestandteilen hiervon genehmigen, wenn sie der Auffassung ist, dass eine der folgenden Bedingungen erfüllt ist:

a) Die Offenlegung der betreffenden Informationen würde dem öffentlichen Interesse zuwiderlaufen;

b) die Offenlegung der betreffenden Informationen würde dem Emittenten oder dem etwaigen Garantiegeber ernsthaft schaden, vorausgesetzt, dass die Öffentlichkeit durch die Nichtaufnahme der Informationen nicht in Bezug auf Tatsachen und Umstände irregeführt wird, die für eine fundierte Beurteilung des Emittenten oder des etwaigen Garantiegebers und der mit den Wertpapieren, auf die sich der Prospekt bezieht, verbundenen Rechte wesentlich sind;

c) die betreffende Information ist in Bezug auf ein spezifisches Angebot oder eine spezifische Zulassung zum Handel an einem geregelten Markt von untergeordneter Bedeutung und beeinflusst nicht die Beurteilung der Finanzlage und der Aussichten des Emittenten oder des etwaigen Garantiegebers.

Die zuständige Behörde legt der ESMA alljährlich einen Bericht zu den Informationen vor, deren Nichtaufnahme sie genehmigt hat.

(2) Für den Fall, dass ausnahmsweise bestimmte Angaben, die in einen Prospekt oder in Bestandteilen hiervon aufzunehmen sind, dem Tätigkeitsbereich oder der Rechtsform des Emittenten oder des etwaigen Garantiegebers, oder aber den Wertpapieren, auf die sich der Prospekt bezieht, nicht angemessen sind, enthält der Prospekt oder Bestandteile hiervon vorbehaltlich einer angemessenen Information der Anleger Angaben, die den geforderten Angaben gleichwertig sind, es sei denn, solche Angaben sind nicht verfügbar.

(3) Wenn Wertpapiere von einem Mitgliedstaat garantiert werden, ist der Emittent, der Anbieter oder die die Zulassung zum Handel an einem geregelten Markt beantragende Person bei der Erstellung eines Prospekts gemäß Artikel 4 berechtigt, Angaben über den betreffenden Mitgliedstaat nicht aufzunehmen.

(4) Die ESMA kann bzw. muss, wenn die Kommission dies verlangt, Entwürfe technischer Regulierungsstandards ausarbeiten, in denen präzisiert wird, in welchen Fällen im Einklang mit Absatz 1 und unter Berücksichtigung der in Absatz 1 genannten Berichte, die die zuständigen Behörden der ESMA vorzulegen haben, eine Nichtaufnahme von Angaben zulässig ist.

Der Kommission wird die Befugnis übertragen, die in Unterabsatz 1 genannten technischen Regulierungsstandards gemäß den Artikeln 10 bis 14 der Verordnung (EU) Nr. 1095/2010 zu erlassen.

Artikel 19
Aufnahme von Informationen mittels Verweis

(1) Informationen können mittels Verweis in einen Prospekt aufgenommen werden, wenn sie zuvor oder gleichzeitig auf elektronischem Wege veröffentlicht werden, in einer Sprache gemäß den Anforderungen des Artikels 27 abgefasst sind und in einem der folgenden Dokumente enthalten sind:

a) Dokumente, die im Einklang mit dieser Verordnung oder der Richtlinie 2003/71/EG von einer zuständigen Behörde gebilligt oder bei ihr hinterlegt wurden;

b) Dokumente gemäß Artikel 1 Absatz 4 Buchstaben f bis i und Artikel 1 Absatz 5 Unterabsatz 1 Buchstaben e bis h sowie Buchstabe j Ziffer v;

c) vorgeschriebene Informationen;

d) jährlich und unterjährig vorzulegende Finanzinformationen;

e) Prüfungsberichte und Jahresabschlüsse;

f) Lageberichte gemäß Kapitel 5 der Richtlinie 2013/34/EU des Europäischen Parlaments und des Rates[1)];

Zu Artikel 19:

[1)] Richtlinie 2013/34/EU des Europäischen Parlaments und des Rates vom 26. Juni 2013 über den Jahresabschluss, den konsolidierten Abschluss und damit verbundene Berichte von Unternehmen bestimmter Rechtsformen und zur Änderung der Richtlinie 2006/43/ EG des Europäischen Parlaments und des Rates und zur Aufhebung der Richtli-

g) Erklärungen zur Unternehmensführung gemäß Artikel 20 der Richtlinie 2013/34/EU;

h) Berichte über die Bestimmung des Wertes eines Unternehmens oder eines Vermögenswertes;

i) Vergütungsberichte gemäß Artikel 9b der Richtlinie 2007/36/EG des Europäischen Parlaments und des Rates[2)];

j) Jahresberichte oder Offenlegung der Informationen, die in den Artikeln 22 und 23 der Richtlinie 2011/61/EU des Europäischen Parlaments und des Rates[3)] vorgesehen sind;

k) Gründungsurkunde und Satzung.

Dabei muss es sich um die dem Emittenten vorliegenden jüngsten Informationen handeln.

Werden nur bestimmte Teile eines Dokuments mittels Verweis aufgenommen, so muss der Prospekt eine Erklärung enthalten, dass die nicht aufgenommenen Teile entweder für den Anleger nicht relevant sind oder an anderer Stelle im Prospekt enthalten sind.

(2) Werden Informationen mittels Verweis aufgenommen, so gewährleistet der Emittent, der Anbieter oder die die Zulassung zum Handel an einem geregelten Markt beantragende Person die Zugänglichkeit der Informationen. Insbesondere muss der Prospekt eine Liste mit Querverweisen enthalten, damit Anleger bestimmte Einzelangaben leicht auffinden können, sowie elektronische Verknüpfungen (im Folgenden „Hyperlink”) zu allen Dokumenten, die mittels Verweis aufgenommene Informationen enthalten.

(3) Der Emittent, der Anbieter oder die die Zulassung zum Handel an einem geregelten Markt beantragende Person legt soweit möglich zusammen mit dem bei der zuständigen Behörde eingereichten ersten Entwurf des Prospekts, spätestens aber zum Zeitpunkt des Überprüfungsprozesses alle mittels Verweis in den Prospekt aufgenommenen Informationen in einem elektronischen Format mit Suchfunktion vor, es sei denn, die betreffenden Informationen wurden bereits von der für die Billigung des Prospekts zuständigen Behörde gebilligt oder bei ihr hinterlegt.

(4) Die ESMA kann bzw. muss, wenn die Kommission dies verlangt, Entwürfe technischer Regulierungsstandards zur Aktualisierung der in Absatz 1 dieses Artikels genannten Liste von Dokumenten durch Aufnahme weiterer Arten von Dokumenten, die nach dem Unionsrecht bei einer Behörde zu hinterlegen oder von einer Behörde zu billigen sind, ausarbeiten.

Der Kommission wird die Befugnis übertragen, die in Unterabsatz 1 dieses Absatzes genannten technischen Regulierungsstandards gemäß den Artikeln 10 bis 14 der Verordnung (EU) Nr. 1095/2010 zu erlassen.

KAPITEL IV

REGELN FÜR DIE BILLIGUNG UND DIE VERÖFFENTLICHUNG DES PROSPEKTS

Artikel 20
Prüfung und Billigung des Prospekts

(1) Ein Prospekt darf erst veröffentlicht werden, wenn die jeweils zuständige Behörde ihn oder alle seine Bestandteile gemäß Artikel 10 gebilligt hat.

(2) Die zuständige Behörde teilt dem Emittenten, dem Anbieter oder der die Zulassung zum Handel an einem geregelten Markt beantragenden Person innerhalb von zehn Arbeitstagen nach Vorlage des Prospektentwurfs ihre Entscheidung hinsichtlich der Billigung des Prospekts mit.

Unterlässt es die zuständige Behörde, innerhalb der in Unterabsatz1 dieses Absatzes sowie den Absätzen 3 und 6 genannten Fristen eine Entscheidung über den Prospekt zu treffen, so gilt diese Unterlassung nicht als Billigung.

Die zuständige Behörde unterrichtet die ESMA so bald wie möglich über die Billigung des Prospekts und aller Prospektnachträge, auf jeden Fall spätestens bis zum Ende des ersten Arbeitstags, nachdem der Emittent, der Anbieter oder die die Zulassung zum Handel an einem geregelten Markt beantragende Person hierüber unterrichtet wurde.

(3) Die Frist gemäß Absatz 2 Unterabsatz 1 wird auf 20 Arbeitstage verlängert, wenn das öffentliche Angebot Wertpapiere eines Emittenten betrifft, dessen Wertpapiere noch nicht zum Handel an einem geregelten Markt zugelassen sind und der zuvor keine Wertpapiere öffentlich angeboten hat.

Die Frist von 20 Arbeitstagen gilt nur für die erste Vorlage des Prospektentwurfs. Sind gemäß Absatz 4 nachfolgende Vorlagen erforderlich, so gilt die Frist nach Absatz 2 Unterabsatz 1.

(4) Stellt die zuständige Behörde fest, dass der Prospektentwurf die für eine Billigung vorausgesetzten Standards bezüglich Vollständigkeit, Verständlichkeit und Kohärenz nicht erfüllt und/oder dass Änderungen oder ergänzende Informationen erforderlich sind, so

a) unterrichtet sie den Emittenten, den Anbieter oder die die Zulassung zum Handel an einem geregelten Markt beantragende Person zeitnah darüber, spätestens innerhalb der in Absatz 2 Unterab-

nien 78/660/EWG und 83/349/EWG des Rates (ABl. L 182 vom 29.6.2013, S. 19).

2) Richtlinie 2007/36/EG des Europäischen Parlaments und des Rates vom 11. Juli 2007 über die Ausübung bestimmter Rechte von Aktionären in börsennotierten Gesellschaften (ABl. L 184 vom 14.7.2007, S. 17).

3) Richtlinie 2011/61/EU des Europäischen Parlaments und des Rates vom 8. Juni 2011 über die Verwalter alternativer Investmentfonds und zur Änderung der Richtlinien 2003/41/EG und 2009/65/EG und der Verordnungen (EG) Nr. 1060/2009 und (EU) Nr. 1095/2010 (ABl. L 174 vom 1.7.2011, S. 1).

satz 1 oder gegebenenfalls Absatz 3 genannten Fristen, gerechnet ab der Vorlage des Prospektentwurfs und/oder der ergänzenden Informationen, und

b) gibt klar die Änderungen oder ergänzenden Informationen, die erforderlich sind, an.

In diesen Fällen gilt die in Absatz 2 Unterabsatz 1 festgelegte Frist erst ab dem Datum, zu dem ein geänderter Prospektentwurf oder die verlangten zusätzlichen Informationen bei der zuständigen Behörde eingereicht werden.

(5) Ist der Emittent, der Anbieter oder die die Zulassung zum Handel an einem geregelten Markt beantragende Person nicht in der Lage oder nicht willens, die erforderlichen Änderungen vorzunehmen oder die gemäß Absatz 4 verlangten ergänzenden Informationen vorzulegen, ist die zuständige Behörde berechtigt, die Billigung des Prospekts zu verweigern und den Überprüfungsprozess zu beenden. In diesem Fall teilt die zuständige Behörde dem Emittenten, dem Anbieter oder der die Zulassung zum Handel an einem geregelten Markt beantragenden Person ihre Entscheidung und die Gründe für die Ablehnung mit.

(6) Abweichend von den Absätzen 2 und 4 verkürzen sich die in Absatz 2 Unterabsatz 1 und Absatz 4 genannten Fristen für einen aus mehreren Einzeldokumenten bestehenden Prospekt, der durch in Artikel 9 Absatz 11 genannte Daueremittenten, einschließlich Daueremittenten, die das Notifizierungsverfahren nach Artikel 26 anwenden, erstellt wurde, auf fünf Arbeitstage. Der Daueremittent unterrichtet die zuständige Behörde spätestens fünf Arbeitstage vor dem Datum, zu dem der Antrag auf Billigung gestellt werden soll.

Der Daueremittent legt der zuständigen Behörde seinen Antrag mit den erforderlichen Änderungen des einheitlichen Registrierungsformulars, soweit dies zutrifft, sowie der Wertpapierbeschreibung und der Zusammenfassung, die zur Billigung vorgelegt wurden, vor.

(6a) Abweichend von den Absätzen 2 und 4 werden die in Absatz 2 Unterabsatz 1 und Absatz 4 genannten Fristen für einen EU-Wiederaufbauprospekt auf sieben Arbeitstage verkürzt. Der Emittent unterrichtet die zuständige Behörde mindestens fünf Arbeitstage vor dem Datum, zu dem der Antrag auf Billigung gestellt werden soll. *(ABl L 68 vom 26. 2. 2021, S 1)*

(7) Die zuständigen Behörden stellen auf ihren Websites eine Anleitung zum Prüfungs- und Billigungsverfahren bereit, um eine wirksame und zeitnahe Billigung der Prospekte zu gewährleisten. Eine solche Anleitung schließt auch Kontaktdaten für Billigungen ein. Der Emittent, der Anbieter, die die Zulassung zum Handel an einem geregelten Markt beantragende Person oder die für die Erstellung des Prospekts zuständige Person erhalten die Möglichkeit, während des gesamten Verfahrens der Billigung des Prospekts direkt mit dem Personal der zuständigen Behörde zu kommunizieren und zu interagieren.

(8) Auf Antrag des Emittenten, des Anbieters oder der die Zulassung zum Handel an einem geregelten Markt beantragenden Person kann die zuständige Behörde des Herkunftsmitgliedstaats die Billigung eines Prospekts der zuständigen Behörde eines anderen Mitgliedstaats übertragen, sofern die ESMA vorab darüber informiert wurde und die betreffende zuständige Behörde damit einverstanden ist. Die zuständige Behörde des Herkunftsmitgliedstaats übermittelt die hinterlegten Unterlagen zusammen mit ihrer Entscheidung, die Billigung zu übertragen, noch an dem Tag, an dem sie die Entscheidung getroffen hat, in elektronischer Form der zuständigen Behörde des anderen Mitgliedstaats. Eine solche Übertragung ist dem Emittenten, dem Anbieter oder der die Zulassung zum Handel an einem geregelten Markt beantragenden Person innerhalb von drei Arbeitstagen ab dem Datum mitzuteilen, zu dem die zuständige Behörde des Herkunftsmitgliedstaats ihre Entscheidung getroffen hat. Die in Absatz 2 Unterabsatz 1 und Absatz 3 genannten Fristen gelten ab dem Datum, zu dem die zuständige Behörde des Herkunftsmitgliedstaats die Entscheidung getroffen hatte. Artikel 28 Absatz 4 der Verordnung (EU) Nr. 1095/2010 findet auf die Übertragung der Billigung des Prospekts gemäß diesem Absatz keine Anwendung. Nach Abschluss der Übertragung der Billigung gilt die zuständige Behörde, der die Billigung des Prospekts übertragen wurde, für die Zwecke dieser Verordnung als die für diesen Prospekt zuständige Behörde des Herkunftsmitgliedstaats.

(9) Diese Verordnung berührt nicht die Haftung der zuständigen Behörde, die weiterhin ausschließlich durch das nationale Recht geregelt wird.

Die Mitgliedstaaten stellen sicher, dass ihre nationalen Vorschriften über die Haftung der zuständigen Behörde lediglich für die Billigung von Prospekten durch ihre zuständige Behörde gelten.

(10) Die Höhe der Gebühren, die die zuständige Behörde des Herkunftsmitgliedstaats für die Billigung von Prospekten, von Dokumenten, die Bestandteil von Prospekten gemäß Artikel 10 werden sollen, oder von Prospektnachträgen sowie für die Hinterlegung einheitlicher Registrierungsformulare, einschlägiger Änderungen und endgültiger Bedingungen erhebt, muss angemessen und verhältnismäßig sein und wird zumindest auf der Website der zuständigen Behörde veröffentlicht.

(11) Die Kommission erlässt bis zum 21. Januar 2019 gemäß Artikel 44 delegierte Rechtsakte zur Ergänzung dieser Verordnung, in denen die Kriterien für die Prüfung der Prospekte, insbesondere der Vollständigkeit, Verständlichkeit und Kohärenz der darin enthaltenen Informationen,

und die Verfahren für die Billigung des Prospekts festgelegt werden.

(12) Die ESMA nutzt ihre Befugnisse im Rahmen der Verordnung (EU) Nr. 1095/2010 zur Förderung der Aufsichtskonvergenz in Bezug auf die Prüfungs- und Billigungsverfahren der zuständigen Behörden zur Bewertung der Vollständigkeit, Kohärenz und Verständlichkeit der im Prospekt enthaltenen Informationen. Hierzu arbeitet die ESMA Leitlinien für die zuständigen Behörden über die Überwachung und Durchsetzung der Prospektvorschriften aus; diese

Leitlinien beziehen sich auf die Überprüfung der Einhaltung dieser Verordnung und von auf ihrer Grundlage erlassenen delegierten Rechtsakten und Durchführungsrechtsakten. Die ESMA fördert insbesondere die Konvergenz hinsichtlich der Wirksamkeit, der Methoden und des Zeitpunkts der Prüfung der im Prospekt enthaltenen Informationen durch die zuständigen Behörden, wobei sie insbesondere vergleichende Analysen gemäß Absatz 13 durchführt.

(13) Unbeschadet des Artikels 30 der Verordnung (EU) Nr. 1095/2010 unterzieht die ESMA die Prüfungs- und Billigungsverfahren der zuständigen Behörden, einschließlich der Verfahren zur Notifizierung der Billigung zwischen den zuständigen Behörden, mindestens einer vergleichenden Analyse („Peer review"). Bei der vergleichenden Analyse wird auch bewertet, wie sich unterschiedliche Ansätze bei der Prüfung und Billigung durch die zuständigen Behörden auf die Möglichkeiten der Emittenten, sich in der Union Kapital zu beschaffen, auswirken. Der Bericht über die vergleichende Analyse wird bis zum 21. Juli 2022 veröffentlicht. Die ESMA berücksichtigt im Rahmen dieser vergleichenden Analyse die Stellungnahmen oder Empfehlungen der in Artikel 37 der Verordnung (EU) Nr. 1095/2010 genannten Interessengruppe Wertpapiere und Wertpapiermärkte.

Artikel 21
Veröffentlichung des Prospekts

(1) Nach seiner Billigung ist der Prospekt der Öffentlichkeit durch den Emittenten, den Anbieter oder die die Zulassung zum Handel an einem geregelten Markt beantragende Person rechtzeitig vor und spätestens mit Beginn des öffentlichen Angebots oder der Zulassung der betreffenden Wertpapiere zum Handel zur Verfügung zu stellen.

Im Falle eines öffentlichen Erstangebots einer Gattung von Aktien, die zum ersten Mal zum Handel an einem geregelten Markt zugelassen wird, muss der Prospekt der Öffentlichkeit mindestens sechs Arbeitstage vor dem Ende des Angebots zur Verfügung gestellt werden.

(2) Der Prospekt gilt unabhängig davon, ob er aus einem oder mehreren Dokumenten besteht, als der Öffentlichkeit zur Verfügung gestellt, wenn er in elektronischer Form auf einer der folgenden Websites veröffentlicht wird:

a) der Website des Emittenten, des Anbieters oder der die Zulassung zum Handel an einem geregelten Markt beantragenden Person;

b) der Website der die Wertpapiere platzierenden oder verkaufenden Finanzintermediäre, einschließlich der Zahlstellen;

EU-Prospekt-V

c) der Website des geregelten Marktes, an dem die Zulassung zum Handel beantragt wurde, oder –wenn keine Zulassung zum Handel an einem geregelten Markt beantragt wurde – auf der Website des Betreibers des MTF.

(3) Der Prospekt wird in einer beim Aufrufen der Website leicht zugänglichen eigenen Rubrik veröffentlicht. Er wird als herunterladbare, druckbare Datei in einem mit Suchfunktion ausgestatteten, jedoch nicht editierbaren elektronischen Format zur Verfügung gestellt.

Dokumente mit Informationen, die mittels Verweis in den Prospekt aufgenommen werden, Nachträge und/oder endgültige Bedingungen für den Prospekt sowie eine gesonderte Kopie der Zusammenfassung werden in derselben Rubrik wie der Prospekt selbst, erforderlichenfalls in Form eines Hyperlinks, zur Verfügung gestellt.

In der gesonderten Kopie der Zusammenfassung ist klar anzugeben, auf welchen Prospekt sie sich bezieht.

(4) Für den Zugang zum Prospekt ist weder eine Registrierung noch die Akzeptanz einer Haftungsbegrenzungsklausel noch die Entrichtung einer Gebühr erforderlich. Warnhinweise, die angeben, im Rahmen welcher Rechtsordnungen ein Angebot unterbreitet oder eine Zulassung zum Handel erteilt wird, werden nicht als Haftungsbegrenzungsklausel angesehen.

(5) Die zuständige Behörde des Herkunftsmitgliedstaats veröffentlicht auf ihrer Website alle gebilligten Prospekte oder zumindest die Liste der gebilligten Prospekte, einschließlich eines Hyperlinks zu den in Absatz 3 dieses Artikels genannten spezifischen Rubriken der Website und der Angabe des Aufnahmemitgliedstaats oder der Aufnahmemitgliedstaaten, in dem/ denen Prospekte gemäß Artikel 25 notifiziert werden. Die veröffentlichte Liste, einschließlich der Hyperlinks, wird stets auf aktuellem Stand gehalten, und jeder einzelne Eintrag bleibt mindestens während des in Absatz 7 dieses Artikels genannten Zeitraums auf der Website verfügbar.

Bei der Notifizierung der Billigung des Prospekts oder eines Prospektnachtrags an die ESMA übermittelt die zuständige Behörde der ESMA gleichzeitig eine elektronische Kopie des Prospekts und des betreffenden Nachtrags sowie die erforderlichen Daten für die Klassifizierung in dem in Absatz 6 genannten Speichermechanismus durch die ESMA und für die Erstellung des Berichts nach Artikel 47.

Die zuständige Behörde des Aufnahmemitgliedstaats veröffentlicht auf ihrer Website Informationen zu allen gemäß Artikel 25 eingehenden Notifizierungen.

(5a) Ein EU-Wiederaufbauprospekt wird in dem in Absatz 6 genannten Speichermechanismus klassifiziert. Die Daten, die für die Klassifizierung von nach Artikel 14 erstellten Prospekten verwendet werden, können für die Klassifizierung von nach Artikel 14a erstellten EU-Wiederaufbauprospekten verwendet werden, sofern die beiden Prospektarten im Speichermechanismus unterschieden werden. *(ABl L 68 vom 26. 2. 2021, S 1)*

(6) Die ESMA veröffentlicht auf ihrer Website unverzüglich sämtliche Prospekte, die ihr von den zuständigen Behörden übermittelt wurden, einschließlich aller Prospektnachträge, endgültiger Bedingungen und gegebenenfalls entsprechender Übersetzungen, sowie Angaben zu dem Aufnahmemitgliedstaat/den Aufnahmemitgliedstaaten, in dem/denen Prospekte gemäß Artikel 25 notifiziert werden. Die Veröffentlichung erfolgt über einen für die Öffentlichkeit kostenlos zugänglichen Speichermechanismus mit Suchfunktionen.

(7) Alle gebilligten Prospekte bleiben nach ihrer Veröffentlichung mindestens zehn Jahre lang auf den in den Absätzen 2 und 6 genannten Websites in elektronischer Form öffentlich zugänglich.

Werden für mittels Verweis in den Prospekt aufgenommene Informationen, Nachträge und/oder endgültige Bedingungen für den Prospekt Hyperlinks verwendet, so bleiben diese während des in Unterabsatz 1 genannten Zeitraums funktionsfähig.

(8) Ein gebilligter Prospekt muss einen deutlich sichtbaren Warnhinweis mit der Angabe enthalten, ab wann der Prospekt nicht mehr gültig ist. In dem Warnhinweis ist zudem anzugeben, dass die Pflicht zur Erstellung eines Prospektnachtrags im Falle wichtiger neuer Umstände, wesentlicher Unrichtigkeiten oder wesentlicher Ungenauigkeiten nicht besteht, wenn der Prospekt ungültig geworden ist.

(9) Für den Fall, dass der Prospekt mehrere Einzeldokumente umfasst und/oder Angaben in Form eines Verweises enthält, können die den Prospekt bildenden Dokumente und Angaben getrennt veröffentlicht und verbreitet werden, sofern sie der Öffentlichkeit gemäß den Bestimmungen des Absatzes 2 zur Verfügung gestellt werden. Besteht der Prospekt aus gesonderten Einzeldokumenten gemäß Artikel 10, so ist in jedem dieser Einzeldokumente mit Ausnahme der mittels Verweis aufgenommenen Dokumente anzugeben, dass es sich dabei lediglich um einen Teil des Prospekts handelt und wo die übrigen Einzeldokumente erhältlich sind.

(10) Der Wortlaut und die Aufmachung des Prospekts und jeglicher Nachträge zum Prospekt, die der Öffentlichkeit zur Verfügung gestellt werden, müssen jederzeit mit der ursprünglichen Fassung identisch sein, die von der zuständigen Behörde des Herkunftsmitgliedstaats gebilligt wurde.

(11) Jedem potenziellen Anleger muss vom Emittenten, vom Anbieter, von der die Zulassung zum Handel an einem geregelten Markt beantragenden Person oder von den Finanzintermediären, die die Wertpapiere platzieren oder verkaufen, auf Verlangen kostenlos eine Version des Prospekts auf einem dauerhaften Datenträger zur Verfügung gestellt werden. Für den Fall, dass ein potenzieller Anleger ausdrücklich eine Papierkopie anfordert, stellt ihm der Emittent, der Anbieter, die die Zulassung zum Handel an einem geregelten Markt beantragende Person oder ein Finanzintermediär, der die Wertpapiere platziert oder verkauft, eine gedruckte Fassung des Prospekts zur Verfügung. Die Bereitstellung ist auf Rechtsordnungen beschränkt, in denen im Rahmen dieser Verordnung das öffentliche Angebot von Wertpapieren unterbreitet wird oder die Zulassung zum Handel an einem geregelten Markt erfolgt.

(12) ESMA kann bzw. muss, wenn die Kommission dies verlangt, Entwürfe technischer Regulierungsstandards ausarbeiten, in denen die Anforderungen hinsichtlich der Veröffentlichung des Prospekts weiter präzisiert werden.

Der Kommission wird die Befugnis übertragen, die in Unterabsatz 1 genannten technischen Regulierungsstandards gemäß den Artikeln 10 bis 14 der Verordnung (EU) Nr. 1095/2010 zu erlassen.

(13) Die ESMA erstellt Entwürfe technischer Regulierungsstandards, in denen die für die Klassifizierung der Prospekte nach Absatz 5 erforderlichen Daten und die praktischen Modalitäten spezifiziert werden, mit denen sichergestellt wird, dass diese Daten einschließlich der ISIN der Wertpapiere und der LEI der Emittenten, Anbieter und Garantiegeber maschinenlesbar sind.

Die ESMA übermittelt der Kommission diese Entwürfe technischer Regulierungsstandards bis zum 21. Juli 2018.

Der Kommission wird die Befugnis übertragen, die in Unterabsatz 1 genannten technischen Regulierungsstandards gemäß den Artikeln 10 bis 14 der Verordnung (EU) Nr. 1095/2010 zu erlassen.

Artikel 22
Werbung

(1) Jede Werbung, die sich auf ein öffentliches Angebot von Wertpapieren oder auf eine Zulassung zum Handel an einem geregelten Markt bezieht, muss die Grundsätze der Absätze 2 bis 5 beachten. Die Absätze 2 bis 4 und Absatz 5 Buchstabe b gelten nur für die Fälle, in denen der Emittent, der Anbieter oder die die Zulassung zum Handel an einem geregelten Markt beantra-

gende Person der Pflicht zur Erstellung eines Prospekts unterliegt.

(2) In jeder Werbung ist darauf hinzuweisen, dass ein Prospekt veröffentlicht wurde bzw. zur Veröffentlichung ansteht und wo die Anleger ihn erhalten können.

(3) Werbung muss klar als solche erkennbar sein. Die darin enthaltenen Informationen dürfen nicht unrichtig oder irreführend sein und müssen mit den im Prospekt enthaltenen Informationen übereinstimmen, falls er bereits veröffentlicht ist, oder die in den Prospekt aufzunehmen sind, falls er erst noch veröffentlicht wird.

(4) Alle mündlich oder schriftlich verbreiteten Informationen über das öffentliche Angebot von Wertpapieren oder die Zulassung zum Handel an einem geregelten Markt müssen, selbst wenn sie nicht zu Werbezwecken dienen, mit den im Prospekt enthaltenen Informationen übereinstimmen.

(5) Falls wesentliche Informationen von einem Emittenten oder einem Anbieter offengelegt und mündlich oder schriftlich an einen oder mehrere ausgewählte Anleger gerichtet werden, müssen diese Informationen entweder

a) allen anderen Anlegern, an die sich das Angebot richtet, mitgeteilt werden, falls keine Veröffentlichung eines Prospekt gemäß Artikel 1 Absätze 4 und 5 erforderlich ist, oder

b) in den Prospekt oder in einen Nachtrag zum Prospekt gemäß Artikel 23 Absatz 1 aufgenommen werden, falls die Veröffentlichung eines Prospekts erforderlich ist.

(6) Die zuständige Behörde des Mitgliedstaats, in dem die Werbung verbreitet wird, ist befugt, zu kontrollieren, ob bei der Werbung für ein öffentliches Angebot von Wertpapieren oder eine Zulassung zum Handel an einem geregelten Markt Absätze 2 bis 4 beachtet werden.

Falls erforderlich, unterstützt die zuständige Behörde des Herkunftsmitgliedstaats die zuständige Behörde des Mitgliedstaats, in dem die Werbung verbreitet wird, bei der Beurteilung der Frage, ob die Werbung mit den Informationen im Prospekt übereinstimmt.

Unbeschadet des Artikels 32 Absatz 1 ist die Prüfung der Werbung durch eine zuständige Behörde keine Voraussetzung für ein öffentliches Angebot von Wertpapieren oder für die Zulassung zum Handel an einem geregelten Markt in einem Aufnahmemitgliedstaat.

Nutzt die zuständige Behörde eines Aufnahmemitgliedstaats zur Durchsetzung des vorliegenden Artikels eine der Aufsichtsund Ermittlungsbefugnisse gemäß Artikel 32, so ist dies unverzüglich der zuständigen Behörde des Herkunftsmitgliedstaats des Emittenten mitzuteilen.

(7) Die zuständigen Behörden der Aufnahmemitgliedstaaten dürfen Gebühren nur im Zusammenhang mit der Wahrnehmung ihrer Aufsichtsaufgaben gemäß diesem Artikel erheben. Die Höhe der Gebühren ist auf den Websites der zuständigen Behörden anzugeben. Die Gebühren müssen diskriminierungsfrei, angemessen und verhältnismäßig zu der Aufsichtsaufgabe sein. Von den zuständigen Behörden der Aufnahmemitgliedstaaten werden keine Anforderungen oder Verwaltungsverfahren auferlegt, die über die für die Ausübung ihrer Aufsichtsaufgaben gemäß diesem Artikel erforderlichen Anforderungen oder Verwaltungsverfahren hinausgehen.

(8) Abweichend von Absatz 6 können zwei zuständige Behörden eine Vereinbarung schließen, wonach in grenzüberschreitenden Situationen für die Zwecke der Ausübung der Kontrolle darüber, ob die für die Werbung geltenden Grundsätze eingehalten werden, diese Kontrolle weiterhin der zuständigen Behörde des Herkunftsmitgliedstaats obliegt. Solche Vereinbarungen werden der ESMA mitgeteilt. Die ESMA veröffentlicht eine Liste solcher Vereinbarungen und aktualisiert diese regelmäßig.

(9) Die ESMA arbeitet Entwürfe technischer Regulierungsstandards aus, in denen die Bestimmungen der Absätze 2 bis 4 über die Werbung weiter präzisiert werden, auch zu dem Zweck, die Bestimmungen über die Verbreitung von Werbung festzulegen und Verfahren für die Zusammenarbeit zwischen der zuständigen Behörde des Herkunftsmitgliedstaats und der zuständigen Behörde des Mitgliedstaats, in dem die Werbung verbreitet wird, aufzustellen.

Die ESMA übermittelt der Kommission diese Entwürfe technischer Regulierungsstandards bis 21. Juli 2018.

Der Kommission wird die Befugnis übertragen, die in Unterabsatz 1 genannten technischen Regulierungsstandards gemäß den Artikeln 10 bis 14 der Verordnung (EU) Nr. 1095/2010 zu erlassen.

(10) Gemäß Artikel 16 der Verordnung (EU) Nr. 1095/2010 arbeitet die ESMA an die zuständigen Behörden gerichtete Leitlinien und Empfehlungen in Bezug auf die gemäß Absatz 6 ausgeübte Kontrolle aus. In diesen Leitlinien und Empfehlungen wird berücksichtigt, dass eine solche Kontrolle die Funktionsweise des Notifizierungsverfahrens gemäß Artikel 25 nicht behindern darf, wobei zugleich der Verwaltungsaufwand für Emittenten, die grenzüberschreitende Angebote in der Union abgeben, so gering wie möglich zu halten ist.

(11) Dieser Artikel gilt unbeschadet der anderen geltenden Bestimmungen des Unionsrechts.

Artikel 23
Nachträge zum Prospekt

(1) Jeder wichtige neue Umstand, jede wesentliche Unrichtigkeit oder jede wesentliche Ungenauigkeit in Bezug auf die in einem Prospekt enthaltenen Angaben, die die Bewertung der

Wertpapiere beeinflussen können und die zwischen der Billigung des Prospekts und dem Auslaufen der Angebotsfrist oder – falls später – der Eröffnung des Handels an einem geregelten Markt auftreten oder festgestellt werden, müssen unverzüglich in einem Nachtrag zum Prospekt genannt werden.

Dieser Nachtrag ist innerhalb von höchstens fünf Arbeitstagen auf die gleiche Art und Weise wie der Prospekt zu billigen und zumindest gemäß denselben Regeln zu veröffentlichen, wie sie für die Veröffentlichung des ursprünglichen Prospekts gemäß Artikel 21 galten. Auch die Zusammenfassung und etwaige Übersetzungen sind erforderlichenfalls durch die im Nachtrag enthaltenen neuen Informationen zu ergänzen.

(2) Betrifft der Prospekt ein öffentliches Angebot von Wertpapieren, so haben Anleger, die Erwerb oder Zeichnung der Wertpapiere bereits vor Veröffentlichung des Nachtrags zugesagt haben, das Recht, ihre Zusagen innerhalb von zwei Arbeitstagen nach Veröffentlichung des Nachtrags zurückzuziehen, vorausgesetzt, dass der wichtige neue Umstand, die wesentliche Unrichtigkeit oder die wesentliche Ungenauigkeit gemäß Absatz 1 vor dem Auslaufen der Angebotsfrist oder – falls früher – der Lieferung der Wertpapiere eingetreten ist oder festgestellt wurde. Diese Frist kann vom Emittenten oder vom Anbieter verlängert werden. Die Frist für das Widerrufsrecht wird im Nachtrag angegeben.

Der Nachtrag enthält eine deutlich sichtbare Erklärung in Bezug auf das Widerrufsrecht, in der Folgendes eindeutig angegeben ist:

a) dass nur denjenigen Anlegern ein Widerrufsrecht eingeräumt wird, die Erwerb oder Zeichnung der Wertpapiere bereits vor Veröffentlichung des Nachtrags zugesagt hatten, sofern die Wertpapiere den Anlegern zu dem Zeitpunkt, zu dem der wichtige neue Umstand, die wesentliche Unrichtigkeit oder die wesentliche Ungenauigkeit eingetreten ist oder festgestellt wurde, noch nicht geliefert worden waren;

b) der Zeitraum, in dem die Anleger ihr Widerrufsrecht geltend machen können, und

c) an wen sich die Anleger wenden können, wenn sie ihr Widerrufsrecht geltend machen wollen.

(2a) Abweichend von Absatz 2 haben vom 18. März 2021 bis zum 31. Dezember 2022 in dem Fall, dass der Prospekt ein öffentliches Angebot von Wertpapieren betrifft, Anleger, die Erwerb oder Zeichnung der Wertpapiere bereits vor Veröffentlichung des Nachtrags zugesagt haben, das Recht, ihre Zusagen innerhalb von drei Arbeitstagen nach Veröffentlichung des Nachtrags zurückzuziehen, vorausgesetzt, dass der wichtige neue Umstand, die wesentliche Unrichtigkeit oder die wesentliche Ungenauigkeit gemäß Absatz 1 vor dem Auslaufen der Angebotsfrist oder – falls früher – der Lieferung der Wertpapiere eingetreten ist oder festgestellt wurde. Diese Frist kann vom Emittenten oder vom Anbieter verlängert werden. Die Frist für das Widerrufsrecht wird im Nachtrag angegeben.

Der Nachtrag enthält eine deutlich sichtbare Erklärung in Bezug auf das Widerrufsrecht, in der Folgendes eindeutig angegeben ist:

a) dass nur denjenigen Anlegern ein Widerrufsrecht eingeräumt wird, die Erwerb oder Zeichnung der Wertpapiere bereits vor Veröffentlichung des Nachtrags zugesagt hatten, sofern die Wertpapiere den Anlegern zu dem Zeitpunkt, zu dem der wichtige neue Umstand, die wesentliche Unrichtigkeit oder die wesentliche Ungenauigkeit eingetreten ist oder festgestellt wurde, noch nicht geliefert worden waren;

b) der Zeitraum, in dem die Anleger ihr Widerrufsrecht geltend machen können; und

c) an wen sich die Anleger wenden können, wenn sie ihr Widerrufsrecht geltend machen wollen.

(ABl L 68 vom 26. 2. 2021, S 1)

(3) Werden die Wertpapiere über einen Finanzintermediär erworben oder gezeichnet, so informiert dieser die Anleger über die mögliche Veröffentlichung eines Nachtrags, über Ort und Zeitpunkt einer solchen Veröffentlichung sowie darüber, dass er ihnen in solchen Fällen behilflich sein würde, ihr Widerrufsrecht auszuüben.

Der Finanzintermediär kontaktiert die Anleger am Tag der Veröffentlichung des Nachtrags.

Werden die Wertpapiere unmittelbar vom Emittenten erworben oder gezeichnet, so informiert dieser die Anleger über die mögliche Veröffentlichung eines Nachtrags und über den Ort einer solchen Veröffentlichung sowie darüber, dass ihnen in einem solchen Fall ein Widerrufsrecht zustehen könnte.

(3a) Abweichend von Absatz 3 informiert der Finanzintermediär vom 18. März 2021 bis zum 31. Dezember 2022 in dem Fall, dass Wertpapiere von Anlegern in der Zeit zwischen der Billigung des Prospekts für diese Wertpapiere und dem Auslaufen der Erstangebotsfrist über einen Finanzintermediär erworben oder gezeichnet werden, die Anleger über die mögliche Veröffentlichung eines Nachtrags, über Ort und Zeitpunkt einer solchen Veröffentlichung sowie darüber, dass er ihnen in solchen Fällen behilflich sein würde, ihr Widerrufsrecht auszuüben.

Steht den in Unterabsatz 1 des vorliegenden Absatzes genannten Anlegern ein Widerspruchsrecht nach Absatz 2a zu, so kontaktiert der Finanzintermediär diese Anleger bis zum Ende des ersten Arbeitstages, der auf den Arbeitstag folgt, an dem der Nachtrag veröffentlicht wurde.

Werden die Wertpapiere unmittelbar vom Emittenten erworben oder gezeichnet, so informiert er die Anleger über die mögliche Veröffent-

lichung eines Nachtrags und über den Ort einer solchen Veröffentlichung sowie darüber, dass ihnen in einem solchen Fall ein Widerrufsrecht zustehen könnte.
(ABl L 68 vom 26. 2. 2021, S 1)

(4) Erstellt der Emittent einen Nachtrag für Angaben im Basisprospekt, die sich nur auf eine oder mehrere Einzelemissionen beziehen, so gilt das Recht der Anleger, ihre Zusagen gemäß Absatz 2 zurückzuziehen, nur für die betreffenden Emissionen und nicht für andere Emissionen von Wertpapieren im Rahmen des Basisprospekts.

(5) Wenn der wichtige neue Umstand, die wesentliche Unrichtigkeit oder die wesentliche Ungenauigkeit im Sinne des Absatzes 1 nur die in einem Registrierungsformular oder in einem einheitlichen Registrierungsformular enthaltenen Angaben betrifft und dieses Registrierungsformular oder dieses einheitliche Registrierungsformular gleichzeitig als Bestandteil mehrerer Prospekte verwendet wird, so wird nur ein Nachtrag erstellt und gebilligt. In diesem Fall sind im Nachtrag alle Prospekte zu nennen, auf die er sich bezieht.

(6) Bei der Prüfung eines Nachtrags vor dessen Billigung kann die zuständige Behörde verlangen, dass der Nachtrag in der Anlage eine konsolidierte Fassung des ergänzten Prospekts, Registrierungsformulars oder einheitlichen Registrierungsformulars enthält, sofern eine solche konsolidierte Fassung zur Gewährleistung der Verständlichkeit der Angaben des Prospekts erforderlich ist. Ein solches Ersuchen gilt als Ersuchen um ergänzende Informationen im Sinne des Artikels 20 Absatz 4. Ein Emittent kann in jedem Fall freiwillig eine konsolidierte Fassung des ergänzten Prospekts, Registrierungsformulars oder einheitlichen Registrierungsformulars als Anlage des Nachtrags beifügen.

(7) Die ESMA arbeitet Entwürfe technischer Regulierungsstandards aus, um die Situationen zu benennen, in denen ein wichtiger neuer Umstand, eine wesentliche Unrichtigkeit oder eine wesentliche Ungenauigkeit in Bezug auf die im Prospekt enthaltenen Angaben die Veröffentlichung eines Prospektnachtrags erfordert.

Die ESMA übermittelt der Kommission diese Entwürfe technischer Regulierungsstandards bis 21. Juli 2018.

Der Kommission wird die Befugnis übertragen, die in Unterabsatz 1 genannten technischen Regulierungsstandards nach Artikel 10 bis 14 der Verordnung (EU) Nr. 1095/2010 zu erlassen.

KAPITEL V
GRENZÜBERSCHREITENDE ANGEBOTE, ZULASSUNGEN ZUM HANDEL AN EINEM GEREGELTEN MARKT UND SPRACHENREGELUNG

Artikel 24
Unionsweite Geltung gebilligter Prospekte

(1) Sollen Wertpapiere in einem oder mehreren Mitgliedstaaten oder in einem anderen Mitgliedstaat als dem Herkunftsmitgliedstaat öffentlich angeboten oder zum Handel an einem geregelten Markt zugelassen werden, so ist unbeschadet des Artikels 37 der vom Herkunftsmitgliedstaat gebilligte Prospekt einschließlich etwaiger Nachträge in beliebig vielen Aufnahmemitgliedstaaten für ein öffentliches Angebot oder für die Zulassung zum Handel gültig, sofern die ESMA und die zuständige Behörde jedes Aufnahmemitgliedstaats gemäß Artikel 25 unterrichtet werden. Die zuständigen Behörden der Aufnahmemitgliedstaaten führen für die von den zuständigen Behörden anderer Mitgliedstaaten gebilligten Prospekte und Nachträge sowie für die endgültigen Bedingungen keine Billigungs- oder Verwaltungsverfahren durch.

(2) Tritt innerhalb des in Artikel 23 Absatz 1 genannten Zeitraums ein wichtiger neuer Umstand ein oder wird innerhalb dieses Zeitraums eine wesentliche Unrichtigkeit oder eine wesentliche Ungenauigkeit festgestellt, so verlangt die zuständige Behörde des Herkunftsmitgliedstaats die Veröffentlichung eines Nachtrags, der gemäß Artikel 20 Absatz 1 zu billigen ist. Die ESMA und die zuständige Behörde des Aufnahmemitgliedstaats können die zuständige Behörde des Herkunftsmitgliedstaats über den Bedarf an neuen Informationen unterrichten.

Artikel 25
Notifizierung von Prospekten und Nachträgen und Mitteilung der endgültigen Bedingungen

(1) Die zuständige Behörde des Herkunftsmitgliedstaats übermittelt der zuständigen Behörde des Aufnahmemitgliedstaats innerhalb eines Arbeitstags nach Eingang eines entsprechenden Ersuchens des Emittenten, des Anbieters, der die Zulassung zum Handel an einem geregelten Markt beantragenden Person oder der für die Erstellung des Prospekts verantwortlichen Person oder, falls das Ersuchen zusammen mit dem Prospektentwurf vorgelegt wird, innerhalb eines Arbeitstags nach Billigung des Prospekts eine Bescheinigung über die Billigung, aus der hervorgeht, dass der Prospekt im Einklang mit dieser Verordnung erstellt wurde, sowie eine elektronische Kopie dieses Prospekts.

Der in Unterabsatz 1 genannten Notifizierung ist gegebenenfalls eine von dem Emittenten, dem

Anbieter, der die Zulassung zum Handel an einem geregelten Markt beantragenden Person oder der für die Erstellung des Prospekts verantwortlichen Person in Auftrag gegebene Übersetzung des Prospekts und jeglicher Zusammenfassung beizufügen.

Dasselbe Verfahren findet auf etwaige Nachträge zum Prospekt Anwendung.

Dem Emittenten, dem Anbieter, der die Zulassung zum Handel an einem geregelten Markt beantragenden Person oder der für die Erstellung des Prospekts verantwortlichen Person wird die Bescheinigung über die Billigung zur gleichen Zeit übermittelt wie der zuständigen Behörde des Aufnahmemitgliedstaats.

(2) Jede Anwendung der Bestimmungen des Artikels 18 Absätze 1 und 2 wird in der Bescheinigung über die Billigung erwähnt und begründet.

(3) Die zuständige Behörde des Herkunftsmitgliedstaats übermittelt der ESMA die Bescheinigung über die Billigung des Prospekts oder jeden Nachtrags hierzu zur gleichen Zeit wie der zuständigen Behörde des Aufnahmemitgliedstaats.

(4) Sind die endgültigen Bedingungen eines bereits notifizierten Basisprospekts weder im Basisprospekt noch in einem Nachtrag enthalten, so übermittelt die zuständige Behörde des Herkunftsmitgliedstaats diese auf elektronischem Wege der zuständigen Behörde der Aufnahmemitgliedstaaten und der ESMA so bald wie möglich nach deren Hinterlegung.

(5) Die zuständigen Behörden im Herkunftsmitgliedstaat und in den Aufnahmemitgliedstaaten erheben keine Gebühr für die Notifizierung – oder Entgegennahme der Notifizierung – von Prospekten und Nachträgen oder damit zusammenhängende Überwachungstätigkeiten.

(6) Die ESMA richtet ein Notifizierungsportal ein, in das jede zuständige Behörde die in Absatz 1 dieses Artikels und in Artikel 26 Absatz 2 genannten Bescheinigungen über die Billigung und elektronischen Kopien sowie die endgültigen Bedingungen der Basisprospekte für die Zwecke der in den Absätzen 1, 3 und 4 des vorliegenden Artikels und in Artikel 26 genannten Notifizierungen und Übermittlungen hochlädt.

Jede Übermittlung dieser Dokumente zwischen den zuständigen Behörden erfolgt über das genannte Notifizierungsportal.

(7) Die ESMA erstellt Entwürfe technischer Regulierungsstandards, in denen die für den Betrieb des Notifizierungsportals nach Absatz 6 erforderlichen technischen Modalitäten spezifiziert werden.

Die ESMA legt der Kommission diese Entwürfe technischer Regulierungsstandards bis zum 21. Juli 2018 vor.

Der Kommission wird die Befugnis übertragen, die in Unterabsatz 1 genannten technischen Regulierungsstandards gemäß den Artikeln 10 bis 14 der Verordnung (EU) Nr. 1095/2010 zu erlassen.

(8) Um einheitliche Bedingungen für die Anwendung dieser Verordnung zu gewährleisten und den technischen Entwicklungen auf den Finanzmärkten Rechnung zu tragen, kann die ESMA Entwürfe technischer Durchführungsstandards ausarbeiten, um Standardformulare, Mustertexte und Verfahren für die Notifizierung der Bescheinigung über die Billigung, des Prospekts, eines Prospektnachtrags hierzu und der Übersetzung des Prospekts und/oder der Zusammenfassung festzulegen.

Der Kommission wird die Befugnis übertragen, die in Unterabsatz 1 genannten technischen Durchführungsstandards gemäß Artikel 15 der Verordnung (EU) Nr. 1095/2010 zu erlassen.

Artikel 26
Notifizierung von Registrierungsformularen oder einheitlichen Registrierungsformularen

(1) Dieser Artikel gilt nur für Emissionen von Nichtdividendenwerten gemäß Artikel 2 Buchstabe m Ziffer ii und für in Drittländern ansässige Emittenten gemäß Artikel 2 Buchstabe m Ziffer iii, wenn es sich bei dem gewähltem Herkunftsmitgliedstaat für die Billigung der Prospekte gemäß diesen Bestimmungen nicht um den Mitgliedstaat handelt, dessen zuständige Behörde das von dem Emittenten, dem Anbieter oder der die Zulassung zum Handel an einem geregelten Markt beantragenden Person erstellte Registrierungsformular oder einheitliche Registrierungsformular gebilligt hat.

(2) Eine zuständige Behörde, die ein Registrierungsformular oder ein einheitliches Registrierungsformular und etwaige Änderungen gebilligt hat, übermittelt der zuständigen Behörde des Herkunftsmitgliedstaats auf Ersuchen des Emittenten, des Anbieters, der Person, die die Zulassung zum Handel auf einem geregelten Markt beantragt, oder der für die Erstellung eines solchen Formulars verantwortlichen Person für die Billigung des Prospekts eine Bescheinigung über die Billigung, aus der hervorgeht, dass das Registrierungsformular oder das einheitliche Registrierungsformular und etwaige Änderungen im Einklang mit dieser Verordnung erstellt wurde, sowie eine elektronische Kopie dieses Formulars. Jene Notifizierung erfolgt innerhalb eines Arbeitstags nach Eingang des Ersuchens oder, falls das Ersuchen zusammen mit dem Entwurf des Registrierungsformulars oder dem Entwurf des einheitlichen Registrierungsformulars vorgelegt wird, innerhalb eines Arbeitstags nach Billigung dieses Formulars.

Der in Unterabsatz 1 genannten Notifizierung ist gegebenenfalls eine vom Emittenten, vom Anbieter, von der Person, die die Zulassung zum Handel auf einem geregelten Markt beantragt, oder der für die Erstellung solcher Formulare verantwortlichen Person in Auftrag gegebene Übersetzung des Registrierungsformulars oder des einheitlichen Registrierungsformulars und etwaiger Änderungen beizufügen.

Dem Emittenten, dem Anbieter, der Person, die die Zulassung zum Handel auf einem geregelten Markt beantragt, oder der für die Erstellung des Registrierungsformulars oder des einheitlichen Registrierungsformulars und etwaiger Änderungen verantwortlichen Person wird die Bescheinigung über die Billigung zur gleichen Zeit übermittelt wie der für die Billigung des Prospekts zuständigen Behörde des Herkunftsmitgliedstaats.

Jede Anwendung der Bestimmungen des Artikels 18 Absätze 1 und 2 wird in der Bescheinigung erwähnt und begründet.

Die zuständige Behörde, die das Registrierungsformular oder das einheitliche Registrierungsformular und etwaige Änderungen gebilligt hat, übermittelt der ESMA die Bescheinigung über die Billigung dieser Formulare zur gleichen Zeit, wie sie auch der für die Billigung des Prospekts zuständigen Behörde des Herkunftsmitgliedstaats übermittelt wird.

Diese zuständigen Behörden erheben keine Gebühr für die Notifizierung oder Entgegennahme der Notifizierung von Registrierungsformularen oder einheitlichen Registrierungsformularen und etwaiger Änderungen oder damit zusammenhängende Überwachungstätigkeiten.

(3) Ein gemäß Absatz 2 übermitteltes Registrierungsformular oder einheitliches Registrierungsformular kann als Bestandteil eines der für die Billigung des Prospekts zuständigen Behörde des Herkunftsmitgliedstaats zur Billigung vorgelegten Prospekts verwendet werden.

Die für die Billigung des Prospekts zuständige Behörde des Herkunftsmitgliedstaats nimmt keinerlei Prüfung oder Billigung des übermittelten Registrierungsformulars oder einheitlichen Registrierungsformulars und etwaiger Änderungen vor und billigt erst nach Entgegennahme der Notifizierung ausschließlich die Wertpapierbeschreibung und die Zusammenfassung.

(4) Ein gemäß Absatz 2 übermitteltes Registrierungsformular oder einheitliches Registrierungsformular enthält einen Anhang mit den Basisinformationen über den Emittenten nach Artikel 7 Absatz 6. Die Billigung des Registrierungsformulars oder des einheitlichen Registrierungsformulars bezieht sich auch auf diesen Anhang.

Der Notifizierung ist gegebenenfalls gemäß Artikel 27 Absatz 2 Unterabsatz 2 und Artikel 27 Absatz 3 Unterabsatz 2 eine von dem Emittenten, dem Anbieter oder der für die Erstellung des Registrierungsformulars oder einheitlichen Registrierungsformulars verantwortlichen Person in Auftrag gegebene Übersetzung des Anhangs des Registrierungsformulars oder einheitlichen Registrierungsformulars beizufügen.

Bei der Erstellung der Zusammenfassung gibt der Emittent, der Anbieter oder die für die Erstellung des Prospekts verantwortliche Person den Inhalt des Anhangs ohne Änderungen in dem in Artikel 7 Absatz 4 Buchstabe b genannten Abschnitt wieder. Die für die Billigung des Prospekts zuständige Behörde des Herkunftsmitgliedstaats prüft diesen Abschnitt der Zusammenfassung nicht.

(5) Tritt innerhalb des in Artikel 23 Absatz 1 genannten Zeitraums ein wichtiger neuer Umstand ein oder wird innerhalb dieses Zeitraums eine wesentliche Unrichtigkeit oder eine wesentliche Ungenauigkeit festgestellt, die die im Registrierungsformular oder im einheitlichen Registrierungsformular enthaltenen Angaben betrifft, so ist der zuständigen Behörde, die das Registrierungsformular oder das einheitliche Registrierungsformular gebilligt hat, der nach Artikel 23 erforderliche Nachtrag zur Billigung vorzulegen. Dieser Nachtrag wird der für die Billigung des Prospekts zuständigen Behörde des Herkunftsmitgliedstaats innerhalb eines Arbeitstags nach seiner Billigung nach dem Verfahren gemäß den Absätzen 2 und 3 dieses Artikels übermittelt.

In Fällen, in denen ein Registrierungsformular oder ein einheitliches Registrierungsformular gemäß Artikel 23 Absatz 5 gleichzeitig als Bestandteil mehrerer Prospekte verwendet wird, wird der Nachtrag jeder zuständigen Behörde übermittelt, die solche Prospekte gebilligt hat.

(6) Um einheitliche Bedingungen für die Anwendung dieser Verordnung zu gewährleisten und die technischen Entwicklungen auf den Finanzmärkten zu berücksichtigen, kann die ESMA Entwürfe technischer Durchführungsstandards ausarbeiten, um Standardformulare, Mustertexte und Verfahren für die Notifizierung der Bescheinigung über die Billigung des Registrierungsformulars, des einheitlichen Registrierungsformulars, jedes diesbezüglichen Nachtrags samt etwaiger Übersetzungen festzulegen.

Der Kommission wird die Befugnis übertragen, die in Unterabsatz 1 genannten technischen Durchführungsstandards gemäß Artikel 15 der Verordnung (EU) Nr. 1095/2010 zu erlassen.

Artikel 27
Sprachenregelung

(1) Werden Wertpapiere nur im Herkunftsmitgliedstaat öffentlich angeboten oder nur dort die Zulassung zum Handel an einem geregelten Markt beantragt, so wird der Prospekt in einer von der zuständigen Behörde des Herkunftsmitgliedstaats anerkannten Sprache erstellt.

(2) Werden Wertpapiere in einem oder mehreren anderen Mitgliedstaaten als dem Herkunftsmitgliedstaat öffentlich angeboten oder dort die Zulassung zum Handel an einem geregelten Markt beantragt, so wird der Prospekt je nach Wahl des

Emittenten, des Anbieters oder der Person, die die Zulassung an einem geregelten Markt beantragt, entweder in einer von den zuständigen Behörden dieser Mitgliedstaaten anerkannten oder in einer in internationalen Finanzkreisen gebräuchlichen Sprache erstellt.

Die zuständigen Behörden der einzelnen Aufnahmemitgliedstaaten schreiben vor, dass die in Artikel 7 genannte Zusammenfassung in ihrer Amtssprache oder in mindestens einer ihrer Amtssprachen oder in einer von der zuständigen Behörde des betreffenden Mitgliedstaats anerkannten anderen Sprache vorliegen muss; sie verlangen jedoch nicht die Übersetzung anderer Teile des Prospekts.

Für die Zwecke der Prüfung und Billigung durch die zuständige Behörde des Herkunftsmitgliedstaats wird der Prospekt je nach Wahl des Emittenten, des Anbieters oder der die Zulassung zum Handel an einem geregelten Markt beantragenden Person entweder in einer von dieser Behörde anerkannten oder in einer in internationalen Finanzkreisen gebräuchlichen Sprache erstellt.

(3) Werden Wertpapiere in mehr als einem Mitgliedstaat einschließlich des Herkunftsmitgliedstaats öffentlich angeboten oder dort die Zulassung zum Handel an einem geregelten Markt beantragt, so wird der Prospekt in einer von der zuständigen Behörde des Herkunftsmitgliedstaats anerkannten Sprache erstellt und darüber hinaus je nach Wahl des Emittenten, des Anbieters oder der die Zulassung zum Handel an einem geregelten Markt beantragenden Person entweder in einer von den zuständigen Behörden der einzelnen Aufnahmemitgliedstaaten anerkannten Sprache oder in einer in internationalen Finanzkreisen gebräuchlichen Sprache zur Verfügung gestellt.

Die zuständigen Behörden der einzelnen Aufnahmemitgliedstaaten schreiben vor, dass die in Artikel 7 genannte Zusammenfassung in ihrer Amtssprache oder in mindestens einer ihrer Amtssprachen oder in einer von der zuständigen Behörde des betreffenden Mitgliedstaats anerkannten anderen Sprache vorliegen muss; sie verlangen jedoch nicht die Übersetzung anderer Teile des Prospekts.

(4) Die endgültigen Bedingungen und die Zusammenfassung für die einzelne Emission werden in derselben Sprache abgefasst wie der gebilligte Basisprospekt.

Wenn die endgültigen Bedingungen gemäß Artikel 25 Absatz 4 an die zuständige Behörde des Aufnahmemitgliedstaats oder – im Falle mehrerer Aufnahmemitgliedstaaten – an die zuständigen Behörden der Aufnahmemitgliedstaaten übermittelt werden, gilt für die endgültigen Bedingungen und die ihnen angefügte Zusammenfassung die folgende Sprachenregelung:

a) die den endgültigen Bedingungen angefügte Zusammenfassung für die einzelne Emission liegt erforderlichenfalls gemäß Absatz 2 Unterabsatz 2 bzw. Absatz 3 Unterabsatz 2 in der Amtssprache oder in mindestens einer der Amtssprachen des Aufnahmemitgliedstaats oder in einer von der zuständigen Behörde des betreffenden Aufnahmemitgliedstaats anerkannten anderen Sprache vor;

b) ist nach Absatz 2 bzw. 3 der Basisprospekt zu übersetzen, so unterliegen die endgültigen Bedingungen und die diesen angefügte Zusammenfassung für die einzelne Emission den gleichen Übersetzungsanforderungen wie der Basisprospekt.

(5) Bezieht sich ein Prospekt auf die Zulassung von Nichtdividendenwerten zum Handel an einem geregelten Markt und wird die Zulassung zum Handel an einem geregelten Markt in einem oder mehreren Mitgliedstaaten beantragt, so wird der Prospekt je nach Wahl des Emittenten, des Anbieters oder der die Zulassung zum Handel an einem geregelten Markt beantragenden Person entweder in einer von den zuständigen Behörden des Herkunftsmitgliedstaats und der Aufnahmemitgliedstaaten anerkannten Sprache oder in einer in internationalen Finanzkreisen gebräuchlichen Sprache erstellt, sofern entweder

a) diese Wertpapiere ausschließlich an einem geregelten Markt oder in einem bestimmten Segment eines solchen gehandelt werden sollen, zu dem ausschließlich qualifizierte Anleger zu Zwecken des Handels mit diesen Wertpapieren Zugang erhalten, oder

b) diese Wertpapiere eine Mindeststückelung von 100 000 EUR haben.

KAPITEL VI
BESONDERE VORSCHRIFTEN FÜR IN DRITTLÄNDERN NIEDERGELASSENE EMITTENTEN

Artikel 28
Öffentliches Angebot von Wertpapieren oder Zulassung zum Handel an einem geregelten Markt mittels eines nach Maßgabe dieser Verordnung erstellten Prospekts

Beabsichtigen Drittlandsemittenten, mittels eines nach Maßgabe dieser Verordnung erstellten Prospekts ein öffentliches Angebot von Wertpapieren in der Union zu platzieren oder eine Zulassung von Wertpapieren zum Handel an einem in der Union errichteten geregelten Markt zu beantragen, so stellen sie den Antrag zur Billigung des Prospekts gemäß Artikel 20 bei der zuständigen Behörde ihres Herkunftsmitgliedstaats.

Wurde ein Prospekt nach Maßgabe des Unterabsatzes 1 gebilligt, erwachsen daraus alle in dieser Verordnung in Bezug auf einen Prospekt vorgesehenen Rechte und Pflichten, und der Prospekt und der Drittlandsemittent unterliegen allen Bestimmungen dieser Verordnung unter Aufsicht der zuständigen Behörde des Herkunftsmitgliedstaats.

Artikel 29
Öffentliches Angebot von Wertpapieren oder Zulassung zum Handel an einem geregelten Markt mittels eines nach Maßgabe des Rechts eines Drittlands erstellten Prospekts

(1) Die zuständige Behörde des Herkunftsmitgliedstaats eines Drittlandsemittenten kann einen nach dem nationalen Recht des betreffenden Drittlands erstellten und diesen Vorschriften unterliegenden Prospekt für ein öffentliches Angebot von Wertpapieren oder die Zulassung zum Handel an einem geregelten Markt unter der Voraussetzung billigen, dass

a) die durch das Recht des betreffenden Drittlands auferlegten Informationspflichten den Anforderungen dieser Verordnung gleichwertig sind und

b) die zuständige Behörde des Herkunftsmitgliedstaats Kooperationsvereinbarungen nach Artikel 30 mit den einschlägigen Aufsichtsbehörden des Drittlandsemittenten geschlossen hat.

(2) Werden Wertpapiere eines Drittlandsemittenten in einem anderen Mitgliedstaat als dem Herkunftsmitgliedstaat öffentlich angeboten oder zum Handel an einem geregelten Markt zugelassen, so gelten die Anforderungen der Artikel 24, 25 und 27.

(3) Der Kommission wird die Befugnis übertragen, gemäß Artikel 44 delegierte Rechtsakte zur Ergänzung dieser Verordnung zu erlassen, in denen die allgemeinen Kriterien für die Gleichwertigkeit auf der Grundlage der Anforderungen gemäß den Artikeln 6, 7, 8 und 13 festlegt werden.

Die Kommission kann auf der Grundlage der vorstehend genannten Kriterien einen Durchführungsbeschluss erlassen, durch den festgestellt wird, dass die durch nationales Recht eines Drittlands auferlegten Informationspflichten den Anforderungen dieser Verordnung gleichwertig sind. Dieser Durchführungsbeschluss wird nach dem Prüfverfahren gemäß Artikel 45 Absatz 2 erlassen.

Artikel 30
Zusammenarbeit mit Drittländern

(1) Für die Zwecke des Artikels 29 und, sofern dies für notwendig erachtet wird, für die Zwecke des Artikels 28 schließen die zuständigen Behörden der Mitgliedstaaten Kooperationsvereinbarungen mit den Aufsichtsbehörden von Drittländern über den Informationsaustausch mit Aufsichtsbehörden in Drittländern und die Durchsetzung von Verpflichtungen aus dieser Verordnung in Drittländern, es sei denn, das jeweilige Drittland steht, gemäß Artikel 9 der Richtlinie (EU) 2015/849 des Europäischen Parlaments und des Rates[1], auf der von der Kommission durch Inkraftsetzung delegierter Rechtsakte erlassenen Liste der Länder, deren nationale Systeme zur Bekämpfung von Geldwäsche und Terrorismusfinanzierung strategische Mängel aufweisen, die wesentliche Risiken für das Finanzsystem der Union darstellen. Diese Kooperationsvereinbarungen stellen zumindest einen wirksamen Informationsaustausch sicher, der den zuständigen Behörden die Wahrnehmung ihrer Aufgaben im Rahmen dieser Verordnung ermöglicht.

Schlägt eine zuständige Behörde den Abschluss einer derartigen Vereinbarung vor, setzt sie die ESMA und die anderen zuständigen Behörden davon in Kenntnis.

(2) Für die Zwecke des Artikels 29 und, sofern dies für notwendig erachtet wird, für die Zwecke des Artikels 28 erleichtert und koordiniert die ESMA die Ausarbeitung von Kooperationsvereinbarungen zwischen den zuständigen Behörden und den jeweiligen Aufsichtsbehörden von Drittländern.

Die ESMA erleichtert und koordiniert erforderlichenfalls auch den Informationsaustausch zwischen den zuständigen Behörden hinsichtlich Informationen von Aufsichtsbehörden aus Drittländern, die für das Ergreifen von Maßnahmen gemäß den Artikeln 38 und 39 von Belang sein können.

(3) Die zuständigen Behörden schließen Kooperationsvereinbarungen über den Informationsaustausch mit den Aufsichtsbehörden von Drittländern nur, wenn die Garantien zum Schutz des Berufsgeheimnisses in Bezug auf die offengelegten Informationen jenen nach Artikel 35 mindestens gleichwertig sind. Ein derartiger Informationsaustausch muss der Wahrnehmung der Aufgaben dieser zuständigen Behörden dienen.

(4) Die ESMA kann bzw. muss, wenn die Kommission dies verlangt, Entwürfe technischer Regulierungsstandards ausarbeiten, in denen der Mindestinhalt der Kooperationsvereinbarungen nach Absatz 1 und das dafür zu verwendende Muster festgelegt werden.

Der Kommission wird die Befugnis übertragen, die in Unterabsatz 1 genannten technischen Regulierungsstandards gemäß den Artikeln 10 bis 14 der Verordnung (EU) Nr. 1095/2010 zu erlassen.

Zu Artikel 30:

[1] Richtlinie (EU) 2015/849 des Europäischen Parlaments und des Rates vom 20. Mai 2015 zur Verhinderung der Nutzung des Finanzsystems zum Zwecke der Geldwäsche und der Terrorismusfinanzierung, zur Änderung der Verordnung (EU) Nr. 648/2012 des Europäischen Parlaments und des Rates und zur Aufhebung der Richtlinie 2005/60/EG des Europäischen Parlaments und des Rates und der Richtlinie 2006/70/EG der Kommission (ABl. L 141 vom 5.6.2015, S. 73).

KAPITEL VII
ESMA UND ZUSTÄNDIGE BEHÖRDEN

Artikel 31
Zuständige Behörden

(1) Jeder Mitgliedstaat benennt eine einzige zuständige Verwaltungsbehörde, die für die Erfüllung der aus dieser Verordnung erwachsenden Pflichten und für die Anwendung der Bestimmungen dieser Verordnung zuständig ist. Die Mitgliedstaaten setzen die Kommission, die ESMA und die zuständigen Behörden der anderen Mitgliedstaaten entsprechend in Kenntnis.

Die zuständige Behörde ist von Marktteilnehmern unabhängig.

(2) Die Mitgliedstaaten können ihrer zuständigen Behörde gestatten, die Aufgaben im Zusammenhang mit der elektronischen Veröffentlichung der gebilligten Prospekte und der zugehörigen Dokumente an Dritte zu delegieren.

Jede Delegierung von Aufgaben erfolgt mittels eines eigenen Beschlusses, in dem festgelegt wird:

a) die zu übertragenden Aufgaben und unter welchen Bedingungen diese auszuführen sind,

b) eine Klausel, die den jeweiligen Dritten dazu verpflichtet, aufgrund seines Handelns und durch seine Organisationsstruktur zu gewährleisten, dass Interessenkonflikte vermieden werden und Informationen, die sie bei Ausführung der delegierten Aufgaben erhalten, nicht missbräuchlich oder wettbewerbswidrig verwendet werden, und

c) alle Vereinbarungen zwischen der zuständigen Behörde und Dritten, denen Aufgaben übertragen werden.

Die nach Absatz 1 benannte zuständige Behörde ist in letzter Instanz für die Überwachung der Einhaltung dieser Verordnung und für die Billigung der Prospekte verantwortlich.

Die Mitgliedstaaten teilen der Kommission, der ESMA und den zuständigen Behörden der anderen Mitgliedstaaten einen Beschluss zur Übertragung von Aufgaben nach Unterabsatz 2, einschließlich der genauen Bedingungen der Delegierung, mit.

(3) Die Absätze 1 und 2 berühren nicht die Möglichkeit der Mitgliedstaaten, für überseeische europäische Gebiete, deren Außenbeziehungen sie wahrnehmen, gesonderte Rechts- und Verwaltungsvorschriften zu erlassen.

Artikel 32
Befugnisse der zuständigen Behörden

(1) Zur Wahrnehmung ihrer Aufgaben gemäß dieser Verordnung müssen die zuständigen Behörden im Einklang mit dem nationalem Recht zumindest über die erforderlichen Aufsichts- und Ermittlungsbefugnisse verfügen, um

a) von Emittenten, Anbietern oder die Zulassung zum Handel an einem geregelten Markt beantragenden Personen die Aufnahme zusätzlicher Angaben in den Prospekt zu verlangen, wenn der Anlegerschutz dies gebietet;

b) von Emittenten, Anbietern oder die Zulassung zum Handel an einem geregelten Markt beantragenden Personen sowie von Personen, die diese kontrollieren oder von diesen kontrolliert werden, die Vorlage von Informationen und Unterlagen zu verlangen;

c) von den Abschlussprüfern und Führungskräften des Emittenten, des Anbieters oder der die Zulassung zum Handel an einem geregelten Markt beantragenden Person sowie von den Finanzintermediären, die mit der Platzierung des öffentlichen Angebots von Wertpapieren oder der Beantragung der Zulassung zum Handel an einem geregelten Markt beauftragt sind, die Vorlage von Informationen zu verlangen;

d) ein öffentliches Angebot von Wertpapieren oder eine Zulassung zum Handel auf einem geregelten Markt für jeweils höchstens zehn aufeinander folgende Arbeitstage auszusetzen, wenn ein hinreichend begründeter Verdacht besteht, dass gegen diese Verordnung verstoßen wurde;

e) die Werbung für jeweils höchstens zehn aufeinander folgende Arbeitstage zu untersagen oder auszusetzen oder zu verlangen, dass Emittenten, Anbieter oder die die Zulassung zum Handel an einem geregelten Markt beantragenden Personen oder die einschlägigen Finanzintermediäre die Werbung unterlassen oder für jeweils höchstens zehn aufeinander folgende Arbeitstage aussetzen, wenn ein hinreichend begründeter Verdacht besteht, dass gegen diese Verordnung verstoßen wurde;

f) ein öffentliches Angebot von Wertpapieren oder eine Zulassung zum Handel an einem geregelten Markt zu untersagen, wenn sie feststellen, dass gegen diese Verordnung verstoßen wurde, oder ein hinreichend begründeter Verdacht besteht, dass gegen sie verstoßen würde;

g) den Handel an einem geregelten Markt, an einem MTF oder einem OTF für jeweils höchstens zehn aufeinander folgende Arbeitstage auszusetzen oder von den betreffenden geregelten Märkten, MTF oder OTF die Aussetzung des Handels an einem geregelten Markt oder an einem MTF für jeweils höchstens zehn aufeinander folgende Arbeitstage zu verlangen, wenn ein hinreichend begründeter Verdacht besteht, dass gegen diese Verordnung verstoßen wurde;

h) den Handel an einem geregelten Markt, an einem MTF oder einem OTF zu untersagen, wenn sie feststellen, dass gegen diese Verordnung verstoßen wurde;

i) den Umstand bekannt zu machen, dass ein Emittent, ein Anbieter oder eine die Zulassung zum Handel an einem geregelten Markt beantragende Person seinen/ihren Verpflichtungen nicht nachkommt;

j) die Prüfung eines zur Billigung vorgelegten Prospekts auszusetzen oder ein öffentliches Angebot von Wertpapieren oder eine Zulassung zum Handel an einem geregelten Markt auszusetzen oder einzuschränken, wenn die zuständige Behörde ihre Befugnis zur Verhängung von Verboten oder Beschränkungen nach Artikel 42 der Verordnung (EU) Nr. 600/2014 des Europäischen Parlaments und des Rates[1] wahrnimmt, solange dieses Verbot oder diese Beschränkungen gelten;

k) die Billigung eines von einem bestimmten Emittenten, Anbieter oder einer die Zulassung zum Handel an einem geregelten Markt beantragenden Person erstellten Prospekts während höchstens fünf Jahren zu verweigern, wenn dieser Emittent, Anbieter oder diese die Zulassung zum Handel an einem geregelten Markt beantragende Person wiederholt und schwerwiegend gegen diese Verordnung verstoßen haben;

l) zur Gewährleistung des Anlegerschutzes oder des reibungslosen Funktionierens des Marktes alle wesentlichen Informationen, die die Bewertung der öffentlich angebotenen oder zum Handel an einem geregelten Markt zugelassenen Wertpapiere beeinflussen können, bekannt zu machen oder vom Emittenten die Bekanntgabe dieser Informationen zu verlangen;

m) den Handel der Wertpapiere auszusetzen oder von dem betreffenden geregelten Markt, MTF oder OTF die Aussetzung des Handels zu verlangen, wenn sie der Auffassung sind, dass der Handel angesichts der Lage des Emittenten den Anlegerinteressen abträglich wäre;

n) Überprüfungen oder Ermittlungen vor Ort an anderen Standorten als den privaten Wohnräumen natürlicher Personen durchzuführen und zu jenem Zweck Zugang zu Räumlichkeiten zu erhalten, um Unterlagen und Daten gleich welcher Form einzusehen, wenn der begründete Verdacht besteht, dass in Zusammenhang mit dem Gegenstand einer Überprüfung oder Ermittlung Dokumente und andere Daten vorhanden sind, die als Nachweis für einen Verstoß gegen diese Verordnung dienen können.

Sofern das nationale Recht dies erfordert, kann die zuständige Behörde die zuständige Justizbehörde ersuchen, über die Ausübung der in Unterabsatz 1 genannten Befugnisse zu entscheiden.

Wenn nach Unterabsatz 1 Buchstabe k die Billigung eines Prospekts verweigert wurde, teilt die zuständige Behörde dies der ESMA mit, die daraufhin die zuständigen Behörden anderer Mitgliedstaaten informiert.

Nach Artikel 21 der Verordnung (EU) Nr. 1095/2010 ist die ESMA berechtigt, sich an Überprüfungen vor Ort gemäß Unterabsatz 1 Buchstabe n zu beteiligen, wenn jene Überprüfungen gemeinsam von mindestens zwei zuständigen Behörden durchgeführt werden.

(2) Die zuständigen Behörden nehmen ihre in Absatz 1 genannten Aufgaben und Befugnisse auf eine der folgenden Arten wahr:

a) unmittelbar;

b) in Zusammenarbeit mit anderen Behörden;

c) unter eigener Zuständigkeit, durch Übertragung von Aufgaben an solche Behörden;

d) durch Antrag bei den zuständigen Justizbehörden.

(3) Die Mitgliedstaaten stellen durch geeignete Maßnahmen sicher, dass die zuständigen Behörden mit allen zur Wahrnehmung ihrer Aufgaben erforderlichen Aufsichts- und Ermittlungsbefugnissen ausgestattet sind.

(4) Diese Verordnung lässt Gesetze und Rechtsvorschriften zu Übernahmeangeboten, Zusammenschlüssen und anderen Transaktionen, die die Eigentumsverhältnisse oder die Kontrolle von Unternehmen betreffen, mit denen die Richtlinie 2004/ 25/EG umgesetzt wird und die zusätzlich zu den Anforderungen dieser Verordnung weitere Anforderungen festlegen, unberührt.

(5) Wenn eine Person der zuständigen Behörde im Einklang mit dieser Verordnung Informationen meldet, gilt das nicht als Verstoß gegen eine etwaige vertraglich oder durch Rechts- oder Verwaltungsvorschriften geregelte Einschränkung der Offenlegung von Informationen und hat keine diesbezügliche Haftung zur Folge.

(6) Die Absätze 1 bis 3 berühren nicht die Möglichkeit der Mitgliedstaaten, für überseeische europäische Gebiete, deren Außenbeziehungen sie wahrnehmen, gesonderte Rechts- und Verwaltungsvorschriften zu erlassen.

Artikel 33
Zusammenarbeit zwischen zuständigen Behörden

(1) Die zuständigen Behörden arbeiten untereinander und mit der ESMA für die Zwecke dieser Verordnung zusammen. Sie tauschen Informationen unverzüglich aus und kooperieren bei Ermittlungen sowie Überwachungs- und Durchsetzungsmaßnahmen.

Mitgliedstaaten, die im Einklang mit Absatz 38 strafrechtliche Sanktionen für Verstöße gegen diese Verordnung festgelegt haben, stellen durch angemessene Vorkehrungen sicher, dass die zuständigen Behörden alle notwendigen Befugnisse haben, um mit den Justizbehörden innerhalb ihres

Zu Artikel 32:

[1] Verordnung (EU) Nr. 600/2014 des Europäischen Parlaments und des Rates vom 15. Mai 2014 über Märkte für Finanzinstrumente und zur Änderung der Verordnung (EU) Nr. 648/2012 (ABl. L 173 vom 12.6.2014, S. 84).

EU-Prospekt-V

Hoheitsgebiets in Kontakt zu treten und spezifische Informationen in Bezug auf strafrechtliche Ermittlungen oder Verfahren zu erhalten, die aufgrund mutmaßlicher Verstöße gegen diese Verordnung eingeleitet wurden; sie leisten zur Erfüllung ihrer Verpflichtung, miteinander sowie mit der ESMA für die Zwecke dieser Verordnung zusammenzuarbeiten, dasselbe für andere zuständige Behörden und die ESMA.

(2) Eine zuständige Behörde kann es nur dann ablehnen, einem Ersuchen um Informationen oder einer Anfrage in Bezug auf die Zusammenarbeit bei einer Ermittlung zu entsprechen, wenn einer der folgenden außergewöhnlichen Umstände gegeben ist:

a) Ein Stattgeben wäre dazu geeignet, ihre eigene Untersuchung, ihre eigenen Durchsetzungsmaßnahmen oder eine strafrechtliche Ermittlung zu beeinträchtigen;

b) aufgrund derselben Tat ist gegen dieselben Personen bereits ein Verfahren vor einem Gericht des ersuchten Mitgliedstaats anhängig;

c) gegen die genannten Personen ist aufgrund derselben Tat bereits ein rechtskräftiges Urteil in dem ersuchten Mitgliedstaat ergangen.

(3) Die zuständigen Behörden übermitteln auf Ersuchen unverzüglich alle Informationen, die für die Zwecke dieser Verordnung erforderlich sind.

(4) Die zuständige Behörde kann im Hinblick auf Überprüfungen oder Ermittlungen vor Ort die zuständige Behörde eines anderen Mitgliedstaats um Amtshilfe ersuchen.

Die ersuchende zuständige Behörde setzt die ESMA von jedem Ersuchen nach Unterabsatz 1 in Kenntnis. Im Falle von Überprüfungen vor Ort oder Ermittlungen mit grenzüberschreitender Wirkung koordiniert die ESMA auf Ersuchen einer der zuständigen Behörden die Überprüfung oder Ermittlung.

Erhält eine zuständige Behörde ein Ersuchen einer zuständigen Behörde eines anderen Mitgliedstaats auf Durchführung von Überprüfungen oder Ermittlungen vor Ort, so hat sie folgende Möglichkeiten:

a) Sie führt die Überprüfung oder Ermittlung vor Ort selbst durch;

b) sie gestattet der ersuchenden zuständigen Behörde, sich an der Überprüfung oder Ermittlung vor Ort zu beteiligen;

c) sie gestattet der ersuchenden zuständigen Behörde, die Überprüfung oder Ermittlung vor Ort selbst durchzuführen;

d) sie benennt Rechnungsprüfer oder Sachverständige zur Durchführung der Überprüfung oder Ermittlung vor Ort;

e) sie teilt sich bestimmte mit der Wahrnehmung der Aufsichtstätigkeiten zusammenhängende Aufgaben mit den anderen zuständigen Behörden.

(5) Die zuständigen Behörden können die ESMA mit Fällen befassen, in denen ein Ersuchen um Zusammenarbeit, insbesondere um Informationsaustausch, zurückgewiesen wurde oder innerhalb einer angemessenen Frist zu keiner Reaktion geführt hat. Unbeschadet des Artikels 258 AEUV kann die ESMA in den in Satz 1 dieses Absatzes genannten Fällen gemäß den ihr durch Artikel 19 der Verordnung (EU) Nr. 1095/2010 übertragenen Befugnissen tätig werden.

(6) Die ESMA kann bzw. muss, wenn die Kommission dies verlangt, Entwürfe technischer Regulierungsstandards zur Präzisierung der gemäß Absatz 1 zwischen den zuständigen Behörden auszutauschenden Informationen ausarbeiten.

Der Kommission wird die Befugnis übertragen, die in Unterabsatz 1 genannten technischen Regulierungsstandards gemäß den Artikeln 10 bis 14 der Verordnung (EU) Nr. 1095/2010 zu erlassen.

(7) Die ESMA kann Entwürfe technischer Durchführungsstandards zur Festlegung von Standardformularen, Mustertexten und Verfahren für die Zusammenarbeit und den Austausch von Informationen zwischen den zuständigen Behörden ausarbeiten.

Der Kommission wird die Befugnis übertragen, die in Unterabsatz 1 genannten technischen Durchführungsstandards gemäß Artikel 15 der Verordnung (EU) Nr. 1095/2010 zu erlassen.

Artikel 34
Zusammenarbeit mit der ESMA

(1) Die zuständigen Behörden arbeiten für die Zwecke dieser Verordnung gemäß der Verordnung (EU) Nr. 1095/2010 mit der ESMA zusammen.

(2) Die zuständigen Behörden stellen der ESMA gemäß Artikel 35 der Verordnung (EU) Nr. 1095/2010 unverzüglich alle für die Erfüllung ihrer Aufgaben erforderlichen Informationen zur Verfügung.

(3) Um einheitliche Bedingungen für die Anwendung dieses Artikels sicherzustellen, kann die ESMA Entwürfe technischer Durchführungsstandards zur Festlegung der Verfahren und Formen des Informationsaustauschs gemäß Absatz 2 ausarbeiten.

Der Kommission wird die Befugnis übertragen, die in Unterabsatz 1 genannten technischen Durchführungsstandards gemäß Artikel 15 der Verordnung (EU) Nr. 1095/2010 zu erlassen.

Artikel 35
Berufsgeheimnis

(1) Alle im Rahmen dieser Verordnung zwischen zuständigen Behörden ausgetauschten In-

formationen, die Geschäftsoder Betriebsbedingungen und andere wirtschaftliche oder persönliche Angelegenheiten betreffen, gelten als vertraulich und unterliegen den Anforderungen des Berufsgeheimnisses, es sei denn, ihre Weitergabe wird von den zuständigen Behörden zum Zeitpunkt der Übermittlung für zulässig erklärt oder ist für Gerichtsverfahren erforderlich.

(2) An das Berufsgeheimnis gebunden sind alle Personen, die für die zuständige Behörde oder für Dritte, denen die zuständige Behörde Befugnisse übertragen hat, tätig sind oder waren. Die unter das Berufsgeheimnis fallenden Informationen dürfen keiner anderen Person oder Behörde bekannt gegeben werden, es sei denn, dies geschieht aufgrund von Unionsrecht oder nationalem Recht.

Artikel 36
Datenschutz

In Bezug auf die Verarbeitung personenbezogener Daten im Rahmen dieser Verordnung führen die zuständigen Behörden ihre Aufgaben im Sinne dieser Verordnung im Einklang mit Verordnung (EU) 2016/679 aus.

Die ESMA handelt bei der Verarbeitung personenbezogener Daten im Rahmen dieser Verordnung gemäß der Verordnung (EG) Nr. 45/2001.

Artikel 37
Vorsichtsmaßnahmen

(1) Hat die zuständige Behörde des Aufnahmemitgliedstaats klare und nachweisliche Gründe für die Annahme, dass von dem Emittenten, dem Anbieter oder der die Zulassung zum Handel an einem geregelten Markt beantragenden Person oder von den mit der Platzierung des öffentlichen Angebots von Wertpapieren beauftragten Finanzintermediären Unregelmäßigkeiten begangen worden sind oder dass diese Personen den Pflichten, die ihnen aus dieser Verordnung erwachsen, nicht nachgekommen sind, so befasst sie die zuständige Behörde des Herkunftsmitgliedstaats und die ESMA mit diesen Feststellungen.

(2) Verstoßen der Emittent, der Anbieter oder die die Zulassung zum Handel an einem geregelten Markt beantragende Person oder die mit der Platzierung des öffentlichen Angebots von Wertpapieren beauftragten Finanzintermediären trotz der von der zuständigen Behörde des Herkunftsmitgliedstaats ergriffenen Maßnahmen weiterhin gegen diese Verordnung, so ergreift die zuständige Behörde des Aufnahmemitgliedstaats nach vorheriger Unterrichtung der zuständigen Behörde des Herkunftsmitgliedstaats und der ESMA alle für den Schutz der Anleger erforderlichen Maßnahmen und unterrichtet die Kommission und die ESMA unverzüglich darüber.

(3) Ist eine zuständige Behörde nicht mit einer von einer anderen zuständigen Behörde nach Absatz 2 getroffenen Maßnahme einverstanden, so kann sie die Angelegenheit der ESMA zur Kenntnis bringen. Die ESMA kann im Rahmen der ihr durch Artikel 19 der Verordnung (EU) Nr. 1095/2010 übertragenen Befugnisse tätig werden.

KAPITEL VIII
VERWALTUNGSRECHTLICHE SANKTIONEN UND ANDERE VERWALTUNGSRECHTLICHE MASSNAHMEN

Artikel 38
Verwaltungsrechtliche Sanktionen und andere verwaltungsrechtliche Maßnahmen

(1) Unbeschadet der Aufsichts- und Ermittlungsbefugnisse der zuständigen Behörden gemäß Artikel 32 und des Rechts der Mitgliedstaaten, strafrechtliche Sanktionen festzulegen und zu verhängen, statten die Mitgliedstaaten die zuständigen Behörden im Einklang mit dem nationalen Recht mit der Befugnis aus, verwaltungsrechtliche Sanktionen zu verhängen und geeignete andere Verwaltungsmaßnahmen zu ergreifen, die wirksam, verhältnismäßig und abschreckend sein müssen. Diese verwaltungsrechtlichen Sanktionen und andere verwaltungsrechtlichen Maßnahmen finden mindestens Anwendung

a) bei Verstößen gegen Artikel 3, Artikel 5, Artikel 6, Artikel 7 Absätze 1 bis 11, Artikel 8, Artikel 9, Artikel 10, Artikel 11 Absätze 1 und 3, Artikel 14 Absätze 1 und 2, Artikel 15 Absatz 1, Artikel 16 Absätze 1, 2 und 3, Artikel 17, Artikel 18, Artikel 19 Absätze 1 bis 3, Artikel 20 Absatz 1, Artikel 21 Absätze 1 bis 4 und Absätze 7 bis 11, Artikel 22 Absätze 2 bis 5, Artikel 23 Absätze 1, 2, 3 und 5 sowie Artikel 27;

b) wenn bei einer Ermittlung oder Überprüfung nicht zusammengearbeitet oder einem unter Artikel 32 fallenden Ersuchen nicht nachgekommen wird.

Die Mitgliedstaaten können beschließen, keine Regelungen für die in Unterabsatz 1 genannten verwaltungsrechtlichen Sanktionen festzulegen, sofern die in Unterabsatz 1 Buchstaben a oder b genannten Verstöße bis 21. Juli 2018 gemäß dem nationalen Recht bereits strafrechtlichen Sanktionen unterliegen. Die Mitgliedstaaten melden der Kommission und der ESMA im Falle eines solchen Beschlusses die Einzelheiten der entsprechenden Bestimmungen ihres Strafrechts.

Die Mitgliedstaaten teilen der Kommission und der ESMA bis zum 21. Juli 2018 die Einzelheiten der in den Unterabsätzen 1 und 2 genannten Vorschriften mit. Sie melden der Kommission und der ESMA unverzüglich jegliche späteren Änderungen dieser Vorschriften.

(2) Die Mitgliedstaaten stellen im Einklang mit ihrem nationalen Recht sicher, dass die zuständigen Behörden die Befugnis haben, bei Verstößen gemäß Absatz 1 Buchstabe a zumindest die folgenden verwaltungsrechtlichen Sanktionen und anderen verwaltungsrechtlichen Maßnahmen zu verhängen:

a) öffentliche Bekanntgabe der verantwortlichen natürlichen Person oder Rechtspersönlichkeit und der Art des Verstoßes gemäß Artikel 42;

b) Anordnung an die verantwortliche natürliche Person oder Rechtspersönlichkeit, das den Verstoß darstellende Verhalten einzustellen;

c) maximale Verwaltungsgeldstrafen in mindestens zweifacher Höhe der durch die Verstöße erzielten Gewinne oder vermiedenen Verluste, sofern diese sich beziffern lassen;

d) im Falle einer juristischen Person maximale Verwaltungsgeldstrafen in Höhe von mindestens 5 000 000 EUR bzw. in Mitgliedstaaten, deren Währung nicht der Euro ist, des entsprechenden Werts in der Landeswährung am 20. Juli 2017 oder 3 % des jährlichen Gesamtumsatzes der betreffenden juristischen Person nach dem letzten verfügbaren Abschluss, der vom Leitungsorgan gebilligt wurde.

Handelt es sich bei der juristischen Person um eine Muttergesellschaft oder eine Tochtergesellschaft einer Muttergesellschaft, die nach der Richtlinie 2013/34/EU einen konsolidierten Abschluss aufzustellen hat, so ist der relevante jährliche Gesamtumsatz der jährliche Gesamtumsatz oder die entsprechende Einkunftsart nach dem einschlägigen Unionsrecht für die Rechnungslegung, der/die im letzten verfügbaren konsolidierten Abschluss ausgewiesen ist, der vom Leitungsorgan der Muttergesellschaft an der Spitze gebilligt wurde;

e) im Falle einer natürlichen Person maximale Verwaltungsgeldstrafen in Höhe von mindestens 700 000 EUR bzw. in den Mitgliedstaaten, deren Währung nicht der Euro ist, Geldbußen in entsprechender Höhe in der Landeswährung am 20. Juli 2017.

(3) Mitgliedstaaten können zusätzliche Sanktionen oder Maßnahmen sowie höhere Verwaltungsgeldstrafen, als in dieser Verordnung festgelegt, vorsehen.

Artikel 39
Wahrnehmung der Aufsichts- und Sanktionsbefugnisse

(1) Die zuständigen Behörden berücksichtigen bei der Bestimmung der Art und der Höhe der verwaltungsrechtlichen Sanktionen und anderer verwaltungsrechtlicher Maßnahmen alle relevanten Umstände, darunter gegebenenfalls

a) die Schwere und Dauer des Verstoßes;

b) den Grad an Verantwortung der für den Verstoß verantwortlichen Person;

c) die Finanzkraft der für den Verstoß verantwortlichen Person, wie sie sich aus dem Gesamtumsatz der verantwortlichen juristischen Person oder den Jahreseinkünften und dem Nettovermögen der verantwortlichen natürlichen Person ablesen lässt;

d) die Auswirkungen des Verstoßes auf die Interessen der Kleinanleger;

e) die Höhe der durch den Verstoß von der für den Verstoß verantwortlichen Person erzielten Gewinne bzw. vermiedenen Verluste oder der Dritten entstandenen Verluste, soweit diese sich beziffern lassen;

f) das Ausmaß der Zusammenarbeit der für den Verstoß verantwortlichen Person mit der zuständigen Behörde, unbeschadet des Erfordernisses, die erzielten Gewinne oder vermiedenen Verluste dieser Person einzuziehen;

g) frühere Verstöße der für den Verstoß verantwortlichen Person;

h) Maßnahmen, die die für den Verstoß verantwortliche Person nach dem Verstoß ergriffen hat, um eine Wiederholung zu verhindern.

(2) Bei der Wahrnehmung ihrer Befugnisse zur Verhängung von verwaltungsrechtlichen Sanktionen oder anderen verwaltungsrechtlichen Maßnahmen nach Artikel 38 arbeiten die zuständigen Behörden eng zusammen, um sicherzustellen, dass die Ausführung ihrer Aufsichts- und Ermittlungsbefugnisse sowie die verwaltungsrechtlichen Sanktionen, die sie verhängen, und die anderen verwaltungsrechtlichen Maßnahmen, die sie treffen, im Rahmen dieser Verordnung wirksam und angemessen sind. Sie koordinieren ihre Maßnahmen, um Doppelarbeit und Überschneidungen bei der Wahrnehmung ihrer Aufsichts- und Ermittlungsbefugnisse und bei der Verhängung von verwaltungsrechtlichen Sanktionen und anderen verwaltungsrechtlichen Maßnahmen in grenzüberschreitenden Fällen zu vermeiden.

Artikel 40
Rechtsmittel

Die Mitgliedstaaten stellen sicher, dass die in Anwendung dieser Verordnung getroffenen Entscheidungen ordnungsgemäß begründet sind und gegen sie Rechtsmittel eingelegt werden können.

Für die Zwecke des Artikels 20 können auch Rechtsmittel eingelegt werden, wenn die zuständige Behörde innerhalb der in Artikel 20 Absätze 2, 3 und 6 genannten Fristen in Bezug auf den betreffenden Antrag auf Billigung weder eine Entscheidung getroffen hat, diesen zu billigen oder abzulehnen, noch Änderungen oder zusätzliche Informationen verlangt hat.

Artikel 41
Meldung von Verstößen

(1) Die zuständigen Behörden schaffen wirksame Mechanismen, um Meldungen von tatsächlichen oder möglichen Verstößen gegen diese Verordnung an sie zu fördern und zu ermöglichen.

(2) Die in Absatz 1 genannten Mechanismen umfassen zumindest Folgendes:

a) Spezielle Verfahren für die Entgegennahme der Meldungen über tatsächliche oder mögliche Verstöße und deren Nachverfolgung, einschließlich der Einrichtung sicherer Kommunikationskanäle für derartige Meldungen;

b) angemessenen Schutz von auf der Grundlage eines Arbeitsvertrags beschäftigten Angestellten, die Verstöße melden, zumindest vor Vergeltungsmaßnahmen, Diskriminierung und anderen Arten ungerechter Behandlung durch ihren Arbeitgeber oder Dritte;

c) Schutz der Identität und der personenbezogenen Daten sowohl der Person, die die Verstöße meldet, als auch der natürlichen Person, die mutmaßlich für einen Verstoß verantwortlich ist, in allen Verfahrensstufen, es sei denn, die Offenlegung der Identität ist nach nationalem Recht vor dem Hintergrund weiterer Ermittlungen oder anschließender Gerichtsverfahren vorgeschrieben.

(3) Im Einklang mit dem nationalen Recht können die Mitgliedstaaten finanzielle Anreize für Personen, die relevante Informationen über tatsächliche oder mögliche Verstöße gegen diese Verordnung bereitstellen, unter der Voraussetzung gewähren, dass diese Personen nicht bereits anderen gesetzlichen oder vertraglichen Verpflichtungen zur Meldung solcher Informationen unterliegen, dass die Informationen neu sind und dass sie zur Verhängung einer verwaltungsrechtlichen oder einer strafrechtlichen Sanktion oder einer anderen verwaltungsrechtlichen Maßnahme wegen eines Verstoßes gegen diese Verordnung führen.

(4) Die Mitgliedstaaten verlangen von Arbeitgebern, die im Hinblick auf Finanzdienstleistungen regulierte Tätigkeiten ausüben, dass sie über geeignete Verfahren verfügen, die es ihren Mitarbeitern ermöglichen, tatsächliche oder mögliche Verstöße intern über einen spezifischen, unabhängigen und autonomen Kanal zu melden.

Artikel 42
Veröffentlichung von Entscheidungen

(1) Eine Entscheidung, wegen eines Verstoßes gegen diese Verordnung eine verwaltungsrechtliche Sanktion oder andere verwaltungsrechtliche Maßnahme zu verhängen, wird von den zuständigen Behörden auf ihren offiziellen Webseiten veröffentlicht, unverzüglich nachdem die von der Entscheidung betroffene Person darüber informiert wurde. Dabei werden mindestens Art und Wesen des Verstoßes und die Identität der verantwortlichen Personen veröffentlicht. Diese Verpflichtung gilt nicht für Entscheidungen, durch die Maßnahmen mit Ermittlungscharakter verfügt werden.

(2) Ist die zuständige Behörde nach einer einzelfallbezogenen Bewertung zu der Ansicht gelangt, dass die Veröffentlichung der Identität der Rechtspersönlichkeit oder der Identität oder der personenbezogenen Daten von natürlichen Personen unverhältnismäßig wäre, oder würde eine solche Veröffentlichung die Stabilität der Finanzmärkte oder laufende Ermittlungen gefährden, so stellen die Mitgliedstaaten sicher, dass die zuständigen Behörden entweder

a) die Veröffentlichung der Verhängung einer Sanktion oder einer Maßnahme verschieben, bis die Gründe für ihre Nichtveröffentlichung weggefallen sind, oder

b) die Entscheidung zur Verhängung einer Sanktion oder Maßnahme in anonymisierter Form und im Einklang mit nationalem Recht veröffentlichen, wenn eine solche anonymisierte Veröffentlichung einen wirksamen Schutz der betreffenden personenbezogenen Daten gewährleistet, oder

c) davon absehen, die Entscheidung zur Verhängung einer Sanktion oder Maßnahme zu veröffentlichen, wenn die Möglichkeiten nach den Buchstaben a und b ihrer Ansicht nach nicht ausreichen, um zu gewährleisten, dass

i) die Stabilität der Finanzmärkte nicht gefährdet wird;

ii) bei einer Bekanntmachung der Entscheidung im Falle von Maßnahmen, deren Bedeutung für gering befunden wird, die Verhältnismäßigkeit gewahrt ist.

Bei der Entscheidung, eine Sanktion oder Maßnahme in anonymisierter Form gemäß Unterabsatz 1 Buchstabe b zu veröffentlichen, kann die Veröffentlichung der relevanten Daten für vertretbare Zeit zurückgestellt werden, wenn vorhersehbar ist, dass die Gründe für die anonymisierte Veröffentlichung bei Ablauf dieser Zeitspanne nicht mehr bestehen.

(3) Wenn gegen eine Entscheidung zur Verhängung einer Sanktion oder Maßnahme Rechtsmittel bei der zuständigen Justiz- oder sonstigen Behörde eingelegt werden, veröffentlichen die zuständigen Behörden dies auf ihrer offiziellen Website umgehend und informieren dort auch über den Ausgang dieses Verfahrens. Ferner wird jede Entscheidung, mit der eine frühere Entscheidung über die Verhängung einer Sanktion oder Maßnahme für ungültig erklärt wird, veröffentlicht.

(4) Die zuständigen Behörden stellen sicher, dass Veröffentlichungen nach diesem Artikel ab dem Zeitpunkt ihrer Veröffentlichung mindestens fünf Jahre lang auf ihrer offiziellen Website zu-

gänglich bleiben. In der Veröffentlichung enthaltene personenbezogene Daten bleiben nur so lange auf der offiziellen Website der zuständigen Behörde einsehbar, wie dies nach den geltenden Datenschutzbestimmungen erforderlich ist.

Artikel 43
Meldung von Sanktionen an die ESMA

(1) Die zuständige Behörde übermittelt der ESMA jährlich aggregierte Informationen über alle gemäß Artikel 38 verhängten verwaltungsrechtlichen Sanktionen und andere verwaltungsrechtliche Maßnahmen. Die ESMA veröffentlicht diese Informationen in einem Jahresbericht.

Haben sich die Mitgliedstaaten gemäß Artikel 38 Absatz 1 dafür entschieden, strafrechtliche Sanktionen für Verstöße gegen die in jenem Absatz genannten Bestimmungen festzulegen, so übermitteln ihre zuständigen Behörden der ESMA jedes Jahr anonymisierte und aggregierte Informationen über alle durchgeführten strafrechtlichen Ermittlungen und verhängten strafrechtlichen Sanktionen. Die ESMA veröffentlicht die Angaben zu den verhängten strafrechtlichen Sanktionen in einem Jahresbericht.

(2) Hat die zuständige Behörde verwaltungsrechtliche Sanktionen oder andere verwaltungsrechtliche Maßnahmen oder strafrechtliche Sanktionen öffentlich gemacht, so meldet sie sie gleichzeitig der ESMA.

(3) Die zuständigen Behörden teilen der ESMA alle verwaltungsrechtlichen Sanktionen oder andere verwaltungsrechtliche Maßnahmen, die verhängt, jedoch gemäß Artikel 42 Absatz 2 Unterabsatz 1 Buchstabe c nicht veröffentlicht wurden, einschließlich aller in diesem Zusammenhang eingelegten Rechtsmittel und der Ergebnisse der Rechtsmittelverfahren mit. Die Mitgliedstaaten stellen sicher, dass die zuständigen Behörden die Informationen und das endgültige Urteil im Zusammenhang mit verhängten strafrechtlichen Sanktionen erhalten und an die ESMA weiterleiten. Die ESMA unterhält ausschließlich für die Zwecke des Informationsaustauschs zwischen den zuständigen Behörden eine zentrale Datenbank der ihr gemeldeten Sanktionen. Diese Datenbank ist nur den zuständigen Behörden zugänglich und wird anhand der von diesen übermittelten Informationen aktualisiert.

KAPITEL IX

DELEGIERTE RECHTSAKTE UND DURCHFÜHRUNGSRECHTSAKTE

Artikel 44
Wahrnehmung der Befugnisübertragung

(1) Die Befugnis zum Erlass delegierter Rechtsakte wird der Kommission unter den in diesem Artikel festgelegten Bedingungen übertragen.

(2) Die Befugnis zum Erlass delegierter Rechtsakte gemäß Artikel 1 Absatz 7, Artikel 9 Absatz 14, Artikel 13 Absätze 1 und 2, Artikel 14 Absatz 3, Artikel 15 Absatz 2, Artikel 16 Absatz 5, Artikel 20 Absatz 11 und Artikel 29 Absatz 3 wird der Kommission auf unbestimmte Zeit ab dem 20. Juli 2017 übertragen.

(3) Die Befugnisübertragung gemäß Artikel 1 Absatz 7, Artikel 9 Absatz 14, Artikel 13 Absätze 1 und 2, Artikel 14 Absatz 3, Artikel 15 Absatz 2, Artikel 16 Absatz 5, Artikel 20 Absatz 11 und Artikel 29 Absatz 3 kann vom Europäischen Parlament oder vom Rat jederzeit widerrufen werden. Der Beschluss über den Widerruf beendet die Übertragung der in diesem Beschluss angegebenen Befugnis. Er wird am Tag nach seiner Veröffentlichung im *Amtsblatt der Europäischen Union* oder zu einem im Beschluss über den Widerruf angegebenen späteren Zeitpunkt wirksam. Die Gültigkeit von delegierten Rechtsakten, die bereits in Kraft sind, wird von dem Beschluss über den Widerruf nicht berührt.

(4) Vor dem Erlass eines delegierten Rechtsakts konsultiert die Kommission die von den einzelnen Mitgliedstaaten benannten Sachverständigen, im Einklang mit den in der Interinstitutionellen Vereinbarung über bessere Rechtsetzung vom 13. April 2016 enthaltenen Grundsätzen.

(5) Sobald die Kommission einen delegierten Rechtsakt erlässt, übermittelt sie ihn gleichzeitig dem Europäischen Parlament und dem Rat.

(6) Ein delegierter Rechtsakt, der gemäß Artikel 1 Absatz 7, Artikel 9 Absatz 14, Artikel 13 Absätze 1 und 2, Artikel 14 Absatz 3, Artikel 15 Absatz 2, Artikel 16 Absatz 5, Artikel 20 Absatz 11 und Artikel 29 Absatz 3 erlassen wurde, tritt nur in Kraft, wenn weder das Europäische Parlament noch der Rat innerhalb einer Frist von drei Monaten nach Übermittlung dieses Rechtsakts an das Europäische Parlament und den Rat Einwände erhoben haben oder wenn vor Ablauf dieser Frist das Europäische Parlament und der Rat beide der Kommission mitgeteilt haben, dass sie keine Einwände erheben werden. Auf Initiative des Europäischen Parlaments oder des Rates wird diese Frist um drei Monate verlängert.

Artikel 45
Ausschussverfahren

(1) Die Kommission wird von dem durch den Beschluss 2001/528/EG der Kommission[1)] eingesetzten Europäischen Wertpapierausschuss unter-

---

Zu Artikel 45:

[1)] Beschluss 2001/528/EG der Kommission vom 6. Juni 2001 zur Einsetzung des Europäischen Wertpapierausschusses (ABl. L 191 vom 13.7.2001, S. 45).

stützt. Dieser Ausschuss ist ein Ausschuss im Sinne der Verordnung (EU) Nr. 182/2011.

(2) Wird auf diesen Absatz Bezug genommen, so gilt Artikel 5 der Verordnung (EU) Nr. 182/2011.

KAPITEL X
SCHLUSSBESTIMMUNGEN

Artikel 46
Aufhebung

(1) Die Richtlinie 2003/71/EG wird mit Wirkung vom 21. Juli 2019 aufgehoben, mit Ausnahme von:

a) Artikel 4 Absatz 2 Buchstaben a und g der Richtlinie 2003/71/EG, die mit Wirkung vom 20. Juli 2017 aufgehoben werden, und

b) Artikel 1 Absatz 2 Buchstabe h sowie Artikel 3 Absatz 2 Unterabsatz 1 Buchstabe e der Richtlinie 2003/71/EG, die mit Wirkung vom 21. Juli 2018 aufgehoben werden.

(2) Bezugnahmen auf die Richtlinie 2003/71/EG gelten als Bezugnahmen auf diese Verordnung und sind nach Maßgabe der Entsprechungstabelle in Anhang VI dieser Verordnung zu lesen.

(3) Prospekte, die gemäß des nationalen Rechts zur Umsetzung der Richtlinie 2003/71/EG vor dem 21. Juli 2019 gebilligt wurden, unterliegen bis zum Ablauf ihrer Gültigkeit oder während eines Zeitraums von 12 Monaten nach dem 21. Juli 2019, je nachdem, was zuerst eintritt, weiterhin diesem nationalen Recht.

Artikel 47
ESMA-Bericht über Prospekte

(1) Die ESMA veröffentlicht auf der Grundlage der über den Mechanismus nach Artikel 21 Absatz 6 öffentlich zugänglich gemachten Dokumente jährlich einen Bericht mit Statistiken über die in der Union gebilligten und notifizierten Prospekte und einer Trendanalyse unter Berücksichtigung

a) der verschiedenen Arten von Emittenten, insbesondere der Personenkategorien in Artikel 15 Absatz 1 Buchstaben a bis d, und

b) der Arten von Emissionen, insbesondere des Gesamtgegenwerts der Angebote, der Arten der übertragbaren Wertpapiere, der Arten des Handelsplatzes und der Stückelungen.

(2) Der in Absatz 1 genannte Bericht enthält insbesondere Folgendes:

a) Eine Analyse des Umfangs, in dem die Offenlegungsregelungen gemäß den Artikeln 14 und 15 angewandt und das in Artikel 9 genannte einheitliche Registrierungsformular in der gesamten Union verwendet werden;

b) Statistiken über Basisprospekte und endgültige Bedingungen sowie über Prospekte, die aus mehreren Einzeldokumenten oder als ein einziges Dokument erstellt werden;

c) Statistiken über den durchschnittlichen und den Gesamtgegenwert der öffentlichen Angebote von Wertpapieren, die dieser Verordnung unterliegen, von nicht börsennotierten Unternehmen, Gesellschaften, deren Wertpapiere an MTF, einschließlich KMU-Wachstumsmärkte, gehandelt werden, und Gesellschaften, deren Wertpapiere zum Handel an geregelten Märkten zugelassen sind. Sofern möglich, enthalten diese Statistiken auch eine Aufschlüsselung nach Börsengängen und nachfolgenden Angeboten sowie nach Dividendenwerten und Nichtdividendenwerten;

d) Statistiken über die Verwendung der Notifizierungsverfahren nach den Artikeln 25 und 26, einschließlich einer Aufschlüsselung je Mitgliedstaat der Anzahl der notifizierten Billigungsbescheinigungen im Zusammenhang mit Prospekten, Registrierungsformularen und einheitlichen Registrierungsformularen.

Artikel 47a
Zeitliche Begrenzung der Regelung für den EU-Wiederaufbauprospekt

Die in den Artikeln 7 Absatz 12a, Artikel 14a, Artikel 20 Absatz 6a und Artikel 21 Absatz 5a festgelegte Regelung für den EU-Wiederaufbauprospekt läuft am 31. Dezember 2022 aus.

Für EU-Wiederaufbauprospekte, die zwischen dem 18. März 2021 und dem 31. Dezember 2022 gebilligt wurden, gelten bis zum Ende ihrer Gültigkeit oder bis zum Ablauf von 12 Monaten nach dem 31. Dezember 2022, je nachdem, was zuerst eintritt, weiterhin die Bestimmungen des Artikels 14a.

(ABl L 68 vom 26. 2. 2021, S 1)

Artikel 48
Überprüfung

(1) Spätestens am 21. Juli 2022 legt die Kommission dem Europäischen Parlament und dem Rat einen Bericht über die Anwendung dieser Verordnung vor, gegebenenfalls zusammen mit einem Vorschlag für einen Rechtsakt.

(2) In diesem Bericht wird unter anderem geprüft, ob die Zusammenfassung des Prospekts, die Offenlegungsregelungen gemäß den Artikeln 14, 14a und 15 und das einheitliche Registrierungsformular gemäß Artikel 9 angesichts der verfolgten Ziele weiterhin angemessen sind. Der Bericht muss insbesondere Folgendes enthalten:

a) die Zahl der EU-Wachstumsprospekte von Personen in jeder der Kategorien gemäß Artikel 15 Absatz 1 Buchstaben a bis d sowie eine Analyse der Entwicklung jeder einzelnen Zahl und der Tendenzen bei der Wahl von Handelsplätzen durch die zur Anwendung des EU-Wachstumsprospekts berechtigten Personen;

b) eine Analyse, ob der EU-Wachstumsprospekt für ein ausgewogenes Verhältnis zwischen Anlegerschutz und der Verringerung des Verwaltungsaufwands für die zu seiner Anwendung berechtigten Personen sorgt;

c) die Anzahl der gebilligten EU-Wiederaufbauprospekte und eine Analyse der Entwicklung dieser Anzahl sowie eine Schätzung der tatsächlichen zusätzlichen Marktkapitalisierung, die durch EU-Wiederaufbauprospekte zum Zeitpunkt der Emission mobilisiert wurde, um für die Nachbewertung Erfahrungen mit dem EU-Wiederaufbauprospekt zu sammeln;

d) die Kosten der Erstellung und Billigung eines EU-Wiederaufbauprospekts im Vergleich zu den derzeitigen Kosten in Bezug auf einen herkömmlichen Prospekt, einen Prospekt für die Sekundäremission und einen EU-Wachstumsprospekt, zusammen mit einer Angabe der insgesamt erzielten finanziellen Einsparungen und der Kosten, die weiter gesenkt werden konnten, sowie der Gesamtkosten, die sich aus der Einhaltung der vorliegenden Verordnung für Emittenten, Anbieter und Finanzintermediäre ergeben, zusammen mit einer Berechnung dieser Kosten als Prozentsatz der Betriebskosten;

e) eine Analyse, ob mit dem EU-Wiederaufbauprospekt für das angemessene Gleichgewicht zwischen Anlegerschutz und der Verringerung des Verwaltungsaufwands für die zu seiner Anwendung berechtigten Personen gesorgt wird, sowie eine Analyse der Zugänglichkeit wesentlicher Informationen für Investitionen;

f) eine Analyse, ob es angemessen wäre, die Dauer der Regelung für den EU-Wiederaufbauprospekt zu verlängern, einschließlich der Frage, ob die in Artikel 14a Absatz 1 Unterabsatz 2 genannte Schwelle, über die hinaus ein EU-Wiederaufbauprospekt nicht verwendet werden darf, angemessen ist;

g) eine Analyse, ob die in Artikel 23 Absätze 2a und 3a festgelegten Maßnahmen das Ziel erreicht haben, sowohl den Finanzintermediären als auch den Anlegern zusätzliche Klarheit und Flexibilität zu verschaffen, und ob es angemessen wäre, diese Maßnahmen zu dauerhaften Maßnahmen zu machen.
(ABl L 68 vom 26. 2. 2021, S 1)

(3) Auf der Grundlage der Analyse gemäß Absatz 2 muss in dem Bericht die Frage geprüft werden, ob etwaige Änderungen dieser Verordnung erforderlich sind, um kleineren Unternehmen bei gleichzeitiger Gewährleistung eines ausreichenden Maßes an Anlegerschutz die Kapitalaufnahme weiter zu erleichtern, und auch die Frage, ob die entsprechenden Schwellenwerte angepasst werden müssen.

(4) Darüber hinaus wird in dem Bericht bewertet, ob die Emittenten, insbesondere KMU, LEI und ISIN zu vertretbaren Kosten und innerhalb eines angemessenen Zeitraums erhalten können. Bei der Erstellung des Berichts wird den Ergebnissen der vergleichenden Analyse nach Artikel 20 Absatz 13 Rechnung getragen.

Artikel 49
Inkrafttreten und Geltung

(1) Diese Verordnung tritt am zwanzigsten Tag nach ihrer Veröffentlichung im *Amtsblatt der Europäischen Union* in Kraft.

(2) Unbeschadet des Artikels 44 Absatz 2 gilt diese Verordnung ab dem 21. Juli 2019, mit Ausnahme von Artikel 1 Absatz 3 und Artikel 3 Absatz 2, die ab dem 21. Juli 2018 gelten, und Artikel 1 Absatz 5 Unterabsatz 1 Buchstaben a, b und c sowie Artikel 1 Absatz 5 Unterabsatz 2, die ab dem 20. Juli 2017 gelten.

(3) Die Mitgliedstaaten treffen die erforderlichen Maßnahmen, um Artikel 11, Artikel 20 Absatz 9, Artikel 31, Artikel 32 und Artikel 38 bis 43 bis zum 21. Juli 2019 nachzukommen.

Diese Verordnung ist in allen ihren Teilen verbindlich und gilt unmittelbar in jedem Mitgliedstaat.

Geschehen zu Straßburg am 14. Juni 2017.

Im Namen des Europäischen Parlaments	*Im Namen des Rates*
Der Präsident	*Die Präsidentin*
A. TAJANI	H. DALLI

ANHANG I

ANHANG I

PROSPEKT

I. Zusammenfassung

II. Identität der Geschäftsführer, der Mitglieder des Vorstands, des Aufsichts- bzw. Verwaltungsrats, der Mitglieder der Unternehmensleitung, der Berater und der Abschlussprüfer

Hier sind die Vertreter des Unternehmens und andere Personen zu nennen, die an dem Wertpapierangebot des Unternehmens bzw. der Zulassung dieser Wertpapiere zum Handel mitwirken. Dabei handelt es sich um die Personen, die für die Erstellung des Prospekts verantwortlich sind, sowie um diejenigen, die für die Prüfung des Jahresabschlusses zuständig sind.

III. Angebotsstatistiken und voraussichtlicher Zeitplan

Hier sind die grundlegenden Angaben zur Abwicklung des Angebots und zur Vorlage wichtiger Daten zu diesem Angebot zu machen.

A. Angebotsstatistiken

B. Methode und voraussichtlicher Zeitplan

IV. Grundlegende Informationen

Hier ist ein kurzer Überblick der grundlegenden Informationen über die Finanzlage, die Kapitalausstattung und die Risikofaktoren des Unternehmens zu geben. Wird der in diesem Dokument enthaltene Jahresabschluss in neuer Form dargestellt, um wesentlichen Änderungen in der Gruppenstruktur des Unternehmens bzw. in den Rechnungslegungsstrategien Rechnung zu tragen, so müssen die ausgewählten Finanzdaten ebenfalls geändert werden.

A. Ausgewählte Finanzdaten

B. Kapitalausstattung und Verschuldung (lediglich für Dividendenwerte)

C. Gründe für das Angebot und Verwendung der Erlöse

D. Risikofaktoren

V. Informationen über das Unternehmen

Hier sind Angaben zur Geschäftstätigkeit des Unternehmens, zu seinen Produkten oder Dienstleistungen und zu den Faktoren, die seine Geschäftstätigkeit beeinflussen, zu machen. Ferner sind hier Angaben zur Angemessenheit und Zweckmäßigkeit der Sachanlagen des Unternehmens sowie zu seinen Plänen für künftige Kapazitätssteigerungen oder -senkungen zu machen.

A. Geschichte und Entwicklung des Unternehmens

B. Überblick über die Geschäftstätigkeit

C. Organisationsstruktur

D. Sachanlagen

VI. Betriebsergebnis, Finanzlage und Aussichten des Unternehmens

Hier soll die Unternehmensleitung erläutern, welche Faktoren die Finanzlage des Unternehmens und das Betriebsergebnis im Bilanzzeitraum beeinflusst haben; darüber hinaus soll die Unternehmensleitung die Faktoren und Entwicklungen bewerten, die voraussichtlich die Finanzlage des Unternehmens und das Betriebsergebnis in künftigen Geschäftsjahren wesentlich beeinflussen werden.

A. Betriebsergebnis

B. Liquidität und Kapitalausstattung

C. Forschung und Entwicklung, Patente und Lizenzen usw.

D. Tendenzen

VII. Geschäftsführer, Aufsichts- bzw. Verwaltungsrat, Unternehmensleitung und Arbeitnehmer

Hier sind Angaben zu den Geschäftsführern, zum Aufsichts- bzw. Verwaltungsrat und zur Unternehmensleitung zu machen, anhand deren die Anleger die Erfahrungen und Qualifikationen dieser Personen und ihre Vergütung sowie ihr Verhältnis zum Unternehmen beurteilen können.

A. Geschäftsführer, Aufsichts- bzw. Verwaltungsrat und Unternehmensleitung

B. Vergütung

C. Arbeitsweise des Aufsichts- bzw. Verwaltungsrats

D. Arbeitnehmer

E. Aktienbesitz

VIII. Hauptaktionäre und Geschäfte mit verbundenen Parteien

Hier sind Angaben zu den Hauptaktionären und sonstigen Personen, die das Unternehmen kontrollieren oder kontrollieren können, zu machen. Ferner sind Informationen über die Geschäfte des Unternehmens mit verbundenen Personen vorzulegen, aus denen auch hervorgehen muss, ob die Bedingungen dieser Geschäfte für das Unternehmen nicht nachteilig sind.

A. Hauptaktionäre

B. Geschäfte mit verbundenen Parteien

C. Interessen von Sachverständigen und Beratern

IX. Finanzinformationen

Hier ist anzugeben, welche Jahresabschlüsse in das Dokument aufgenommen werden müssen; ferner muss die Rubrik den Bilanzzeitraum, das Alter des Jahresabschlusses und sonstige Informationen finanzieller Art enthalten. Die auf die Erstellung und Prüfung des Jahresabschlusses anzuwendenden Rechnungslegungs- und Abschlussprüfungsgrundsätze richten sich nach den internationalen Rechnungslegungs- und Abschlussprüfungsstandards.

A. Konsolidierter Abschluss und sonstige Finanzinformationen

B. Bedeutende Änderungen

X. Einzelheiten zum Wertpapierangebot und zur Zulassung zum Handel

Hier sind Angaben zum Wertpapierangebot und zur Zulassung der Wertpapiere zum Handel sowie zum Plan für den Vertrieb der Wertpapiere und damit verbundenen Fragen zu machen.

A. Angebot und Zulassung zum Handel

B. Plan für den Vertrieb der Wertpapiere

C. Märkte

D. Wertpapierinhaber, die ihre Papiere veräußern

E. Verwässerung (lediglich für Dividendenwerte)

F. Emissionskosten

XI. Zusätzliche Angaben

Hier sind die – größtenteils gesetzlich vorgeschriebenen – Angaben zu machen, die unter keine andere Rubrik des Prospekts fallen.

A. Aktienkapital

B. Gründungsurkunde und Satzung

C. Wichtige Verträge

D. Devisenkontrollen

E. Warnhinweis auf steuerliche Folgen

F. Dividenden und Zahlstellen

G. Sachverständigenerklärung

H. Einsehbare Dokumente

I. Informationen über Tochtergesellschaften

ANHANG II

ANHANG II

REGISTRIERUNGSFORMULAR

I. Identität der Geschäftsführer, der Mitglieder des Vorstands, des Aufsichts- bzw. Verwaltungsrats, der Mitglieder der Unternehmensleitung, der Berater und der Abschlussprüfer

Hier sind die Vertreter des Unternehmens und andere Personen zu nennen, die an dem Wertpapierangebot des Unternehmens bzw. der Zulassung dieser Wertpapiere zum Handel mitwirken. Dabei handelt es sich um die Personen, die für die Erstellung des Prospekts verantwortlich sind, sowie um diejenigen, die für die Prüfung des Jahresabschlusses zuständig sind.

II. Grundlegende Informationen zum Emittenten

Hier ist ein kurzer Überblick der grundlegenden Informationen über die Finanzlage, die Kapitalausstattung und die Risikofaktoren des Unternehmens zu geben. Wird der in diesem Dokument enthaltene Jahresabschluss in neuer Form dargestellt, um wesentlichen Änderungen in der

Gruppenstruktur des Unternehmens bzw. in den Rechnungslegungsstrategien Rechnung zu tragen, so müssen die ausgewählten Finanzdaten ebenfalls geändert werden.

A. Ausgewählte Finanzdaten

B. Kapitalausstattung und Verschuldung (lediglich für Dividendenwerte)

C. Risikofaktoren im Zusammenhang mit dem Emittenten

III. Informationen über das Unternehmen

Hier sind Angaben zur Geschäftstätigkeit des Unternehmens, zu seinen Produkten oder Dienstleistungen und zu den Faktoren, die seine Geschäftstätigkeit beeinflussen, zu machen. Ferner sind hier Angaben zur Angemessenheit und Zweckmäßigkeit der Sachanlagen des Unternehmens sowie zu seinen Plänen für künftige Kapazitätssteigerungen oder -senkungen zu machen.

A. Geschichte und Entwicklung des Unternehmens

B. Überblick über die Geschäftstätigkeit

C. Organisationsstruktur

D. Sachanlagen

IV. Betriebsergebnis, Finanzlage und Aussichten des Unternehmens

Hier soll die Unternehmensleitung erläutern, welche Faktoren die Finanzlage des Unternehmens und das Betriebsergebnis im Bilanzzeitraum beeinflusst haben; darüber hinaus soll die Unternehmensleitung die Faktoren und Entwicklungen bewerten, die voraussichtlich die Finanzlage des Unternehmens und das Betriebsergebnis in künftigen Geschäftsjahren wesentlich beeinflussen werden.

A. Betriebsergebnis

B. Liquidität und Kapitalausstattung

C. Forschung und Entwicklung, Patente und Lizenzen usw.

D. Tendenzen

V. Geschäftsführer, Aufsichts- bzw. Verwaltungsrat, Unternehmensleitung und Arbeitnehmer

Hier sind Angaben zu den Geschäftsführern, zum Aufsichts- bzw. Verwaltungsrat und zur Unternehmensleitung zu machen, anhand deren die Anleger die Erfahrungen und Qualifikationen dieser Personen und ihre Vergütung sowie ihr Verhältnis zum Unternehmen beurteilen können.

A. Geschäftsführer, Aufsichts- bzw. Verwaltungsrat und Unternehmensleitung

B. Vergütung

C. Arbeitsweise des Aufsichts- bzw. Verwaltungsrats

D. Arbeitnehmer

E. Aktienbesitz

VI. Hauptaktionäre und Geschäfte mit verbundenen Parteien

Hier sind Angaben zu den Hauptaktionären und sonstigen Personen, die das Unternehmen kontrollieren oder kontrollieren können, zu machen. Ferner sind Informationen über die Geschäfte des Unternehmens mit verbundenen Personen vorzulegen, aus denen auch hervorgehen muss, ob die Bedingungen dieser Geschäfte für das Unternehmen nicht nachteilig sind.

A. Hauptaktionäre

B. Geschäfte mit verbundenen Parteien

C. Interessen von Sachverständigen und Beratern

VII. Finanzinformationen

Hier ist anzugeben, welche Jahresabschlüsse in das Dokument aufgenommen werden müssen; ferner muss die Rubrik den Bilanzzeitraum, das Alter des Jahresabschlusses und sonstige Informationen finanzieller Art enthalten. Die auf die Erstellung und Prüfung des Jahresabschlusses anzuwendenden Rechnungslegungs- und Abschlussprüfungsgrundsätze richten sich nach den internationalen Rechnungslegungs- und Abschlussprüfungsstandards.

A. Konsolidierter Abschluss und sonstige Finanzinformationen

B. Bedeutende Änderungen

VIII. Zusätzliche Angaben

Hier sind die – größtenteils gesetzlich vorgeschriebenen – Angaben zu machen, die unter keine andere Rubrik des Prospekts fallen.

A. Aktienkapital

B. Gründungsurkunde und Satzung

C. Wichtige Verträge

D. Sachverständigenerklärung

E. Einsehbare Dokumente

F. Informationen über Tochtergesellschaften

ANHANG III

ANHANG III

WERTPAPIERBESCHREIBUNG

I. Identität der Geschäftsführer, der Mitglieder des Vorstands, des Aufsichts- bzw. Verwaltungsrats, der Mitglieder der Unternehmensleitung, der Berater und der Abschlussprüfer

Hier sind die Vertreter des Unternehmens und andere Personen zu nennen, die an dem Wertpapierangebot des Unternehmens bzw. der Zulassung dieser Wertpapiere zum Handel mitwirken. Dabei handelt es sich um die Personen, die für die Erstellung des Prospekts verantwortlich sind, sowie um diejenigen, die für die Prüfung des Jahresabschlusses zuständig sind.

II. Angebotsstatistiken und voraussichtlicher Zeitplan

Hier sind die grundlegenden Angaben zur Abwicklung des Angebots und zur Vorlage wichtiger Daten zu diesem Angebot zu machen.

A. Angebotsstatistiken

B. Methode und voraussichtlicher Zeitplan

III. Grundlegende Informationen zum Emittenten

Hier ist ein kurzer Überblick der grundlegenden Informationen über die Finanzlage, die Kapitalausstattung und die Risikofaktoren des Unternehmens zu geben. Wird der in diesem Dokument enthaltene Jahresabschluss in neuer Form dargestellt, um wesentlichen Änderungen in der Gruppenstruktur des Unternehmens bzw. in den Rechnungslegungsstrategien Rechnung zu tragen, so müssen die ausgewählten Finanzdaten ebenfalls geändert werden.

A. Kapitalausstattung und Verschuldung (lediglich für Dividendenwerte)

B. Informationen über das Geschäftskapital (lediglich für Dividendenwerte)

C. Gründe für das Angebot und Verwendung der Erlöse

D. Risikofaktoren

IV. Grundlegende Informationen zu den Wertpapieren

Hier sind die grundlegenden Angaben zu den Wertpapieren zu machen, die öffentlich angeboten und/oder zum Handel zugelassen werden sollen.

A. Beschreibung der Art und der Gattung der Wertpapiere, die öffentlich angeboten und/oder zum Handel zugelassen werden sollen

B. Währung der ausgegebenen Wertpapiere

C. Relativer Rang der Wertpapiere in der Kapitalstruktur des Emittenten im Fall der Insolvenz des Emittenten, gegebenenfalls einschließlich Angaben über die Nachrangigkeitsstufe der Wertpapiere und die potenziellen Auswirkungen auf die Anlagen im Fall der Abwicklung nach Maßgabe der Richtlinie 2014/59/EU

D. Die Dividendenausschüttungspolitik und Bestimmungen in Bezug auf Zinsaufwendungen oder eine Beschreibung des Basiswerts, einschließlich der bei der Verbindung von Basiswert und Zinssatz angewandten Methode, und Angabe, wo Informationen über die vergangene und künftige Wertentwicklung des Basiswerts und seine Volatilität eingeholt werden können

E. Beschreibung der mit den Wertpapieren verbundenen Rechte, einschließlich aller etwaigen Beschränkungen dieser Rechte, und der Verfahren zur Wahrnehmung dieser Rechte

V. Interessen von Sachverständigen

Hier sind Angaben zu Geschäften zu machen, die das Unternehmen mit Sachverständigen oder Beratern getätigt hat, die auf Basis von Erfolgshonoraren beschäftigt werden.

VI. Einzelheiten zum Wertpapierangebot und zur Zulassung zum Handel

Hier sind Angaben zum Wertpapierangebot und zur Zulassung der Wertpapiere zum Handel sowie zum Plan für den Vertrieb der Wertpapiere und damit verbundenen Fragen zu machen.

A. Angebot und Zulassung zum Handel

B. Plan für den Vertrieb der Wertpapiere

C. Märkte

D. Wertpapierinhaber, die ihre Papiere veräußern

E. Verwässerung (lediglich für Dividendenwerte)

F. Emissionskosten

VII. Zusätzliche Angaben

Hier sind die – größtenteils gesetzlich vorgeschriebenen – Angaben zu machen, die unter keine andere Rubrik des Prospekts fallen.

A. Devisenkontrollen

B. Warnhinweis auf steuerliche Folgen

C. Dividenden und Zahlstellen

D. Sachverständigenerklärung

E. Einsehbare Dokumente

ANHANG IV

ANHANG IV

REGISTRIERUNGSFORMULAR FÜR DEN EU-WACHSTUMSPROSPEKT

I. Verantwortung für das Registrierungsformular

Hier sind der Emittent und seine Vertreter sowie andere Personen zu nennen, die an dem Wertpapierangebot des Unternehmens mitwirken; diese Personen sind für die Erstellung des Registrierungsformulars verantwortlich.

II. Strategie, Leistungsfähigkeit und Unternehmensumfeld

Hier sind Angaben zur Unternehmensstrategie und zu den Unternehmenszielen in Bezug auf die Entwicklung und die künftige Leistungsfähigkeit sowie zur Geschäftstätigkeit des Unternehmens, zu seinen Produkten oder Dienstleistungen, zu seinen Investitionen und zu den Faktoren, die seine Geschäftstätigkeit beeinflussen, zu machen. Darüber hinaus müssen die für das Unternehmen spezifischen Risikofaktoren und relevante Trendinformationen enthalten sein.

III. Unternehmensführung

Hier sind Angaben zu den Geschäftsführern, zum Aufsichts- bzw. Verwaltungsrat und zur Unternehmensleitung zu machen, anhand deren die Anleger die Erfahrungen und Qualifikationen dieser Personen und ihre Vergütung sowie ihr Verhältnis zum Unternehmen beurteilen können.

IV. Jahresabschluss und wesentliche Leistungsindikatoren

Hier ist festzulegen, welche Jahresabschlüsse und wesentlichen Leistungsindikatoren über die letzten zwei Geschäftsjahre (für Dividendenwerte) oder über das letzte Geschäftsjahr (für Nichtdividendenwerte) oder den gegebenenfalls kürzeren Zeitraum der Geschäftstätigkeit des Emittenten das Formular enthalten muss.

V. Betriebsergebnis und Finanzlage (nur für Dividendenwerte, die von Unternehmen mit einer Marktkapitalisierung von über 200 000 000 EUR ausgegeben werden)

Hier sind Angaben zur Finanzlage und zum Betriebsergebnis zu machen, wenn die gemäß den Artikeln 19 und 29 der Richtlinie 2013/34/EU vorgelegten und erstellten Berichte über die von den historischen Finanzinformationen abgedeckten Zeiträume im EU-Wachstumsprospekt nicht enthalten sind.

VI. Unterrichtung der Anteilseigner

Hier sind Angaben zu Gerichts- und Schiedsverfahren, Interessenkonflikten und Geschäften mit verbundenen Parteien sowie über das Aktienkapital zu machen.

ANHANG V

ANHANG V

WERTPAPIERBESCHREIBUNG FÜR DEN EU-WACHSTUMSPROSPEKT

I. Verantwortung für die Wertpapierbeschreibung

Hier sind der Emittent und seine Vertreter sowie andere Personen zu nennen, die an dem Wertpapierangebot des Unternehmens bzw. der Zulassung dieser Wertpapiere zum Handel mitwirken; diese Personen sind für die Erstellung des Prospekts verantwortlich.

II. „Erklärung zu Kapitalausstattung und Verschuldung (nur für Dividendenwerte, die von Unternehmen mit einer Marktkapitalisierung von über 200 000 000 EUR ausgegeben werden) und Erklärung zum Geschäftskapital (nur für Dividendenwerte)“ *(ABl L 320 vom 11. 12. 2019, S 7)*

„Hier sind Angaben zu Kapitalausstattung und Verschuldung sowie dazu, ob das Geschäftskapital für die aktuellen Verpflichtungen des Emittenten ausreicht bzw. wie der Emittent andernfalls das erforderliche zusätzliche Geschäftskapital zu beschaffen gedenkt, zu machen.“ *(ABl L 320 vom 11. 12. 2019, S 7)*

III. Modalitäten und Bedingungen der Wertpapiere

Hier sind grundlegende Angaben zu den Modalitäten und Bedingungen der Wertpapiere und zu einer Beschreibung der mit den Wertpapieren verbundenen Rechte zu machen. Darüber hinaus müssen die für die Wertpapiere spezifischen Risikofaktoren enthalten sein.

IV. Einzelheiten des Angebots und voraussichtlicher Zeitplan

Hier sind Angaben zum Angebot und gegebenenfalls zur Zulassung zum Handel an einem MTF zu machen, die unter anderem den endgültigen Emissionskurs und das endgültige Emissionsvolumen (entweder als Anzahl von Wertpapieren oder als aggregierter Nominalbetrag) des Angebots, die Gründe für das Angebot, den Plan für den Vertrieb der Wertpapiere, die Zweckbestimmung der Erlöse des Angebots und die Kosten der Emission, des Angebots und der Verwässerung (lediglich für Dividendenwerte) umfassen.

V. Angaben zum Garantiegeber

Hier sind gegebenenfalls Angaben zum Garantiegeber der Wertpapiere zu machen, die unter anderem grundlegende Informationen über die Garantie, die für die Wertpapiere gestellt wird, und die für den Garantiegeber spezifischen Risikofaktoren und Finanzinformationen umfassen.

ANHANG Va

ANHANG Va

IN DEN EU-WIEDERAUFBAUPROSPEKT AUFZUNEHMENDE MINDESTANGABEN

I. Zusammenfassung

Der EU-Wiederaufbauprospekt muss eine Zusammenfassung gemäß Artikel 7 Absatz 12a enthalten.

II. Name des Emittenten, Land der Gründung, Link zur Website des Emittenten

Angaben zu dem Unternehmen, das die Aktien emittiert, einschließlich seiner Rechtsträgerkennung (im Folgenden „LEI“), seiner gesetzlichen und kommerziellen Bezeichnung, des Landes seiner Gründung und der Website, auf der Anleger Informationen über die Geschäftstätigkeit des Unternehmens, die von ihm hergestellten Produkte oder die von ihm angebotenen Dienstleistungen, die Hauptmärkte, auf denen es konkurriert, seine Hauptaktionäre, die Zusammensetzung seiner Verwaltungs-, Geschäftsführungs- und Aufsichtsorgane und seiner Geschäftsleitung und etwaige durch Verweis aufgenommene Informationen (mit dem Hinweis, dass die Informationen auf der Website nicht Teil des Prospekts sind, es sei denn, diese Informationen werden durch Verweis in den Prospekt aufgenommen) finden können.

III. Verantwortlichkeitserklärung und Erklärung zur zuständigen Behörde

1. Verantwortlichkeitserklärung

   Angaben zu den Personen, die für die Erstellung des EU-Wiederaufbauprospekts verantwortlich sind, und Erklärung dieser Personen, dass die im EU-Wiederaufbauprospekt enthaltenen Informationen ihres Wissens nach richtig sind und dass der EU-Wiederaufbauprospekt keine Auslassungen enthält, die die Aussage des Prospekts verzerren könnten.

   Die Erklärung muss, soweit zutreffend, Informationen enthalten, die von Dritten stammen, einschließlich der Quelle(n) dieser Informationen, sowie Erklärungen oder Berichte, die einer Person als Sachverständiger zugeschrieben werden, und die folgenden Angaben zu dieser Person:

   a) Name,
   b) Geschäftsadresse,
   c) Qualifikationen und
   d) (falls vorhanden) das wesentliche Interesse am Emittenten.

2. Erklärung zur zuständigen Behörde

   In der Erklärung ist anzugeben, welche zuständige Behörde den EU-Wiederaufbauprospekt im Einklang mit dieser Verordnung gebilligt hat; die Erklärung muss außerdem den Hinweis enthalten, dass diese Billigung weder eine Befürwortung des Emittenten noch eine Bestätigung der Qualität der Aktien, auf die sich der EU-Wiederaufbauprospekt bezieht, darstellt, dass die zuständige Behörde den EU-Wiederaufbauprospekt lediglich insofern gebilligt hat, als er die in dieser Verordnung festgelegten Vorgaben der Vollständigkeit, Verständlichkeit und Kohärenz erfüllt, und dass der EU-Wiederaufbauprospekt nach Artikel 14a erstellt wurde.

IV. Risikofaktoren

Beschreibung der wesentlichen Risiken, die spezifisch dem Emittenten eigen sind und Beschreibung der wesentlichen Risiken, die spezifisch den öffentlich angebotenen und/oder zum Handel an einem geregelten Markt zugelassenen Aktien eigen sind, in einer begrenzten Anzahl an Kategorien in einer Rubrik mit der Überschrift „Risikofaktoren".

In jeder Kategorie sind die nach Einschätzung des Emittenten, des Anbieters oder der Person, die die Zulassung zum Handel an einem geregelten Markt beantragt hat, wesentlichsten Risiken unter Berücksichtigung der negativen Auswirkungen auf den Emittenten sowie auf die Aktien, die öffentlich angeboten werden und/oder zum Handel an einem geregelten Markt zugelassen sind, und der Wahrscheinlichkeit ihres Eintretens zuerst aufzuführen. Die Risiken werden durch den Inhalt des EU-Wiederaufbauprospekts bestätigt.

V Abschlüsse

Der EU-Wiederaufbauprospekt muss die Abschlüsse (Jahres- und Halbjahresabschlüsse) enthalten, die im vergangenen Zeitraum von 12 Monaten vor Billigung des EU-Wiederaufbauprospekts veröffentlicht wurden. Wurde sowohl ein Jahres- als auch ein Halbjahresabschluss veröffentlicht, ist nur der Jahresabschluss erforderlich, falls dieser jüngeren Datums als der Halbjahresabschluss ist.

Der Jahresabschluss muss unabhängig geprüft worden sein. Der Bestätigungsvermerk des Abschlussprüfers muss in Übereinstimmung mit der Richtlinie 2006/43/EG des Europäischen Parlaments und des Rates[1)] und mit der Verordnung (EU) Nr. 537/2014 des Europäischen Parlaments und des Rates[2)] erstellt werden.

Sind die Richtlinie 2006/43/EG und die Verordnung (EU) Nr. 537/2014 nicht anwendbar, so muss der Jahresabschluss daraufhin geprüft werden, oder es muss vermerkt werden, ob der Jahresabschluss in Übereinstimmung mit den in dem jeweiligen Mitgliedstaat anwendbaren Prüfungsstandards oder gleichwertigen Grundsätzen für die Zwecke des EU-Wiederaufbauprospekts ein den tatsächlichen Verhältnissen entsprechendes Bild vermittelt. Ansonsten müssen folgende Informationen in den EU-Wiederaufbauprospekt aufgenommen werden:

[1)] Richtlinie 2006/43/EG des Europäischen Parlaments und des Rates vom 17. Mai 2006 über Abschlussprüfungen von Jahresabschlüssen und konsolidierten Abschlüssen, zur Änderung der Richtlinien 78/660/EWG und 83/349/EWG des Rates und zur Aufhebung der Richtlinie 84/253/EWG des Rates (ABl. L 157 vom 9.6.2006, S. 87).

[2)] Verordnung (EU) Nr. 537/2014 des Europäischen Parlaments und des Rates vom 16. April 2014 über spezifische Anforderungen an die Abschlussprüfung bei Unternehmen von öffentlichem Interesse und zur Aufhebung des Beschlusses 2005/909/EG der Kommission (ABl. L 158 vom 27.5.2014, S. 77).

a) eine eindeutige Erklärung dahingehend, welche Prüfungsstandards zugrunde gelegt wurden;

b) eine Erläuterung für die Fälle, in denen von den Internationalen Prüfungsstandards in erheblichem Maße abgewichen wurde.

Sofern Bestätigungsvermerke des Abschlussprüfers über den Jahresabschluss von den Abschlussprüfern abgelehnt wurden beziehungsweise sofern sie Vorbehalte, Meinungsänderungen oder eine Hervorhebung eines Sachverhalts enthalten oder wenn sie eingeschränkt erteilt wurden, ist der Grund dafür anzugeben und sind diese Vorbehalte, Änderungen, die eingeschränkte Erteilung oder diese Hervorhebung eines Sachverhalts in vollem Umfang wiederzugeben.

Eine Beschreibung jeder wesentlichen Veränderung in der Finanzlage der Gruppe, die seit dem Ende des Stichtags eingetreten ist, für die entweder geprüfte Abschlüsse oder Zwischenfinanzinformationen veröffentlicht wurden, muss ebenfalls enthalten sein oder es muss eine angemessene negative Erklärung beigefügt werden.

Falls vorhanden, sind auch Pro-forma-Informationen beizufügen.

VI. Dividendenpolitik

Beschreibung der Politik des Emittenten zu Dividendenausschüttungen und etwaiger Beschränkungen, die derzeit diesbezüglich gelten, sowie der Aktienrückkäufe.

VII. Trendinformationen

Eine Beschreibung:

a) der wichtigsten Trends in jüngster Zeit in Bezug auf Produktion, Umsatz und Vorräte sowie Kosten und Ausgabepreise seit dem Ende des letzten Geschäftsjahres bis zum Datum des EU-Wiederaufbauprospekts;

b) der bekannten Trends, Unsicherheiten, Nachfragen, Verpflichtungen oder Ereignisse, die voraussichtlich die Aussichten des Emittenten zumindest im laufenden Geschäftsjahr wesentlich beeinflussen dürften;

c) der Informationen über die kurz- und langfristige finanzielle und nichtfinanzielle Geschäftsstrategie und die entsprechenden Ziele des Emittenten, auch, falls einschlägig, eine Bezugnahme von nicht weniger als 400 Worten über die wirtschaftlichen und finanziellen Auswirkungen der COVID-19-Pandemie auf den Emittenten und eine Vorausschau auf die Auswirkungen auf denselben.

Wenn sich die unter Buchstabe a oder b genannten Trends nicht wesentlich ändern, ist eine entsprechende Erklärung abzugeben.

VIII. Bedingungen des Angebots, feste Zusagen und Zeichnungsabsichten sowie wesentliche Merkmale der Übernahme- und Platzierungsvereinbarungen

Angaben zum Angebotspreis, der Anzahl der angebotenen Aktien, dem Betrag der Emission bzw. des Angebots, den Bedingungen, denen das Angebot unterliegt, und dem Verfahren für die Ausübung eines etwaigen Vorkaufsrechts.

Soweit dem Emittenten bekannt, sind Angaben darüber zu machen, ob Großaktionäre oder Mitglieder der Geschäftsführungs-, Aufsichts- oder Verwaltungsorgane des Emittenten beabsichtigen, das Angebot zu zeichnen, oder ob eine Person eine Zeichnung von mehr als 5 % des Angebots beabsichtigt.

Alle festen Zusagen zur Zeichnung von mehr als 5 % des Angebots und alle wesentlichen Merkmale der Übernahme- und Platzierungsvereinbarungen sind vorzulegen, einschließlich Name und Anschrift der Unternehmen, die sich bereit erklären, die Emission auf der Grundlage einer festen Zusage zu zeichnen oder ‚zu den bestmöglichen Bedingungen' zu platzieren und der Quoten.

IX. Wesentliche Informationen zu den Aktien und zu deren Zeichnung

Angabe der folgenden wesentlichen Informationen über die öffentlich angebotenen oder zum Handel an einem geregelten Markt zugelassenen Aktien:

a) der internationalen Wertpapierkennnummer (ISIN),

b) der mit den Aktien verbundenen Rechte, der Verfahren zur Ausübung dieser Rechte sowie etwaiger Beschränkungen dieser Rechte,

c) sowie Angaben dazu, wo und in welchem Zeitraum die Aktien gezeichnet werden können und wie lange das Angebot gilt (einschließlich etwaiger Änderungen) sowie Beschreibung des Antragsverfahrens samt Ausgabedatum neuer Aktien.

X. Gründe für das Angebot und Verwendung der Erlöse

Angabe der Gründe für das Angebot und ggf. des geschätzten Nettoerlöses, aufgegliedert nach den wichtigsten Verwendungszwecken und dargestellt nach Priorität dieser Verwendungszwecke.

Weiß der Emittent, dass die voraussichtlichen Erträge nicht ausreichen werden, um alle vorgeschlagenen Verwendungszwecke zu finanzieren, so hat er den Betrag und die Quellen anderer Mittel anzugeben. Auch muss die Verwendung der Erträge im Detail dargelegt werden, insbesondere, wenn sie außerhalb der normalen Geschäftstätigkeit zum Erwerb von Aktiva verwendet, zur Finanzierung des angekündigten Erwerbs anderer Unternehmen oder zur Begleichung, Reduzierung oder vollständigen Tilgung der Schulden eingesetzt werden.

XI. Erhalt staatlicher Beihilfen

Erklärung dazu, ob der Emittent im Zusammenhang mit der wirtschaftlichen Erholung in gleich welcher Form staatliche Beihilfen erhalten hat, sowie zu welchem Zweck, über welches Instrument und in welcher Höhe staatliche Beihilfen gewährt wurden und ob sie an Bedingungen geknüpft sind und gegebenenfalls an welche.

Die Erklärung dazu, ob der Emittent eine staatliche Beihilfe erhalten hat, muss eine Erklärung enthalten, dass die Angaben ausschließlich unter der Verantwortung der für den Prospekt verantwortlichen Personen im Sinne von Artikel 11 Absatz 1 gemacht werden, dass die Aufgabe der zuständigen Behörde bei der Billigung des Prospekts darin besteht, dessen Vollständigkeit, Verständlichkeit und Kohärenz zu prüfen, und dass die zuständige Behörde daher in Bezug auf die Erklärung zu staatlicher Beihilfe nicht verpflichtet ist, diese Erklärung unabhängig zu überprüfen.

XII. Erklärung zum Geschäftskapital

Erklärung des Emittenten, dass das Geschäftskapital seiner Meinung nach die derzeitigen Anforderungen des Emittenten deckt, oder wie der Emittent andernfalls das erforderliche zusätzliche Geschäftskapital zu beschaffen gedenkt.

XIII. Kapitalausstattung und Verschuldung

Aufzunehmen ist eine Übersicht über Kapitalausstattung und Verschuldung (wobei zwischen garantierten und nicht garantierten, besicherten und unbesicherten Verbindlichkeiten zu unterscheiden ist) zu einem Zeitpunkt, der höchstens 90 Tage vor dem Datum des EU-Wiederaufbauprospekts liegt. Der Begriff „Verschuldung" bezieht sich auch auf indirekte Verbindlichkeiten und Eventualverbindlichkeiten.

Im Fall wesentlicher Änderungen bei der Kapitalausstattung und Verschuldung des Emittenten innerhalb des Zeitraums von 90 Tagen sind mittels einer ausführlichen Darstellung solcher Änderungen oder einer Aktualisierung dieser Zahlen zusätzliche Angaben zu machen.

XIV. Interessenkonflikte

Angaben zu allen Interessen im Zusammenhang mit der Emission, einschließlich Interessenkonflikten, und Einzelheiten zu den beteiligten Personen und der Art der Interessen.

XV. Verwässerung und Aktienbesitz nach der Emission

Darstellung eines Vergleichs der Beteiligung am Aktienkapital und an den Stimmrechten für bestehende Aktionäre vor und nach der aus dem öffentlichen Angebot resultierenden Kapitalerhöhung unter der Annahme, dass die bestehenden Aktionäre die neuen Aktien nicht zeichnen und getrennt davon unter der Annahme, dass die bestehenden Aktionäre ihr Bezugsrecht ausüben.

XVI. Verfügbare Dokumente

Abzugeben ist eine Erklärung, dass während der Gültigkeitsdauer des EU-Wiederaufbauprospekts die folgenden Dokumente, falls vorhanden, eingesehen werden können:

a) die aktuelle Satzung und die aktuellen Statuten des Emittenten;

b) sämtliche Berichte, Schreiben und sonstigen Dokumente, Bewertungen und Erklärungen, die von einem Sachverständigen auf Ersuchen des Emittenten erstellt bzw. abgegeben wurden, sofern Teile davon in den EU-Wiederaufbauprospekt eingeflossen sind oder in ihm darauf verwiesen wird.

Die Website, auf der die Dokumente eingesehen werden können, ist anzugeben.

(ABl L 68 vom 26. 2. 2021, S 1)

ANHANG VI

ANHANG VI

ENTSPRECHUNGSTABELLE

nicht abgedruckt

Wertpapieraufsichtsgesetz 2018

BGBl I 2017/107 idF

1 BGBl I 2018/37
2 BGBl I 2019/62 (EU-FinAnpG 2019)
3 BGBl I 2019/104 (FORG)
4 BGBl I 2021/25
5 BGBl I 2021/98
6 BGBl I 2021/190
7 BGBl I 2022/36
8 BGBl I 2022/69
9 BGBl I 2022/139
10 BGBl I 2022/237
11 BGBl I 2023/63

Wertpapieraufsichtsgesetz 2018 – WAG 2018

Inhaltsverzeichnis

1. Hauptstück
Allgemeines

1. Abschnitt
Allgemeine Bestimmungen

Begriffsbestimmungen

§ 1. Im Sinne dieses Bundesgesetzes gelten folgende Begriffsbestimmungen:

1. Wertpapierfirma: eine Wertpapierfirma gemäß § 3 sowie natürliche und juristische Personen, die in ihrem Herkunftsmitgliedstaat zur Erbringung von Wertpapierdienstleistungen oder Anlagetätigkeiten als Wertpapierfirma im Sinne von Art. 4 Abs. 1 Z 1 der Richtlinie 2014/65/EU über Märkte für Finanzinstrumente sowie zur Änderung der Richtlinien 2002/92/EG und 2011/61/EU, ABl. Nr. L 173 vom 12.06.20 14 S. 349, zuletzt geändert durch die Richtlinie (EU) 2016/1034, ABl. Nr. L 175 vom 23.06.2016 S. 8, in der Fassung der Berichtigung, ABl. Nr. L 64 vom 10.03.2017 S. 116 zugelassen sind.

2. CRR-Wertpapierfirma: Wertpapierfirma gemäß Art. 4 Abs. 1 Nr. 2 der Verordnung (EU) Nr. 575/2013 über Aufsichtsanforderungen an Kreditinstitute und Wertpapierfirmen und zur Änderung der Verordnung (EU) Nr. 646/2012, ABl. Nr. L 176 vom 27.06.2013 S. 1, zuletzt geändert durch die Verordnung (EU) 2016/1014, ABl. Nr. L 171 vom 29.06.2016 S. 153.

3. Wertpapierdienstleistungen und Anlagetätigkeiten:

a) Annahme und Übermittlung von Aufträgen, sofern diese Tätigkeiten ein oder mehrere Finanzinstrumente zum Gegenstand haben;

b) Ausführung von Aufträgen für Rechnung von Kunden: die Tätigkeit zum Abschluss von Vereinbarungen, Finanzinstrumente auf Rechnung von Kunden zu kaufen oder verkaufen einschließlich der Abschluss von Vereinbarungen über den Verkauf von Finanzinstrumenten, die von einer Wertpapierfirma oder einem Kreditinstitut zum Zeitpunkt ihrer Emission ausgegeben werden; hinsichtlich der Abschnitte 5 bis 10 des 2. Hauptstücks erfasst dies sowohl die Ausführung von Aufträgen gemäß § 1 Abs. 1 Z 7 des Bankwesengesetzes – BWG, BGBl. Nr. 532/1993, als auch die Dienstleistung nach lit. a;

c) Handel für eigene Rechnung : Handel unter Einsatz des eigenen Kapitals zum Abschluss von Geschäften mit Finanzinstrumenten, sofern der Handel nicht für das Privatvermögen erfolgt;

d) Portfolioverwaltung: die Verwaltung von Portfolios auf Einzelkundenbasis mit einem Ermessensspielraum im Rahmen einer Vollmacht des Kunden, sofern das Kundenportfolio ein oder mehrere Finanzinstrumente enthält;

e) Anlageberatung: die Abgabe persönlicher Empfehlungen gemäß Art. 9 der delegierten Verordnung (EU) 2017/565 zur Ergänzung der Richtlinie 2014/65/EU in Bezug auf die organisatorischen Anforderungen an Wertpapierfirmen und die Bedingungen für die Ausübung ihrer Tätigkeit sowie in Bezug auf die Definition bestimmter Begriffe für die Zwecke der genannten Richtlinie, ABl. Nr. L 87 S. 1 (delegierten Verordnung (EU) 2017/565), über Geschäfte mit Finanzinstrumenten an einen Kunden, sei es auf dessen Aufforderung oder auf Initiative des Erbringers der Dienstleistung;

f) Übernahme der Emission von Finanzinstrumenten oder Platzierung von Finanzinstrumenten mit fester Übernahmeverpflichtung;

g) Platzierung von Finanzinstrumenten ohne feste Übernahmeverpflichtung;

h) Betrieb eines multilateralen Handelssystems (MTF) gemäß Z 24;

i) Betrieb eines organisierten Handelssystems (OTF) gemäß Z 25.

Werden diese Tätigkeiten für Dritte erbracht, so sind es Dienstleistungen, ansonsten Anlagetätigkeiten.

4. Wertpapiernebendienstleistungen:

a) Die Verwahrung und Verwaltung von Finanzinstrumenten für Rechnung von Kunden einschließlich der Depotverwahrung und verbundener Dienstleistungen wie Cash-Management oder Sicherheitenverwaltung und mit Ausnahme der Führung von Wertpapierkonten auf oberster Ebene;

b) Die Gewährung von Krediten oder Darlehen an Anleger für die Durchführung von Geschäften mit einem oder mehreren Finanzinstrumenten, sofern das kredit- oder darlehensgewährende Unternehmen an diesen Geschäften beteiligt ist;

c) Die Beratung von Unternehmen hinsichtlich der Kapitalstrukturierung, der branchenspezifischen Strategie und damit zusammenhängender Fragen sowie Beratung und Dienstleistungen bei Unternehmensfusionen und -übernahmen;

d) Devisengeschäfte, wenn diese im Zusammenhang mit der Erbringung von Wertpapierdienstleistungen stehen;

e) Die Erstellung, Verbreitung oder Weitergabe von Wertpapier- oder Finanzanalysen oder sonstiger Formen allgemeiner Empfehlungen, die Geschäfte mit Finanzinstrumenten betreffen;

f) Dienstleistungen im Zusammenhang mit der Übernahme von Emissionen für Dritte;

g) Wertpapierdienstleistungen und Anlagetätigkeiten gemäß „Z 3" sowie Wertpapiernebendienstleistungen gemäß lit. a bis f betreffend Waren, Klimavariable, Frachtsätze, Inflationsstatistiken und andere offizielle Wirtschaftsstatistiken, sofern diese als Basiswerte der in Z 7 lit. e bis g und j genannten Derivate verwendet werden und sie mit der Erbringung der Wertpapierdienstleistung, Anlagetätigkeit oder der Wertpapiernebendienstleistung in Zusammenhang stehen. *(BGBl I 2022/237)*

5. Übertragbare Wertpapiere: die Gattungen von Wertpapieren, die auf dem Kapitalmarkt gehandelt werden können, mit Ausnahme von Zahlungsinstrumenten, wie insbesondere

a) Aktien und andere Anteile an in- oder ausländischen juristischen Personen, Personengesellschaften und sonstigen Unternehmen, soweit sie Aktien vergleichbar sind, sowie Aktienzertifikate gemäß Z 9;

b) Schuldverschreibungen oder andere verbriefte Schuldtitel einschließlich Zertifikaten (Hinterlegungsscheinen) für solche Wertpapiere;

c) alle sonstigen Wertpapiere, die zum Kauf oder Verkauf solcher Wertpapiere berechtigen oder zu einer Barzahlung führen, die anhand von übertragbaren Wertpapieren, Währungen, Zinssätzen oder -erträgen, Waren oder anderen Indizes oder Messgrößen bestimmt wird.

5a. Make-Whole-Klausel: eine Klausel, die den Anleger schützen soll, indem sichergestellt wird, dass der Emittent im Falle der vorzeitigen Rückzahlung einer Anleihe verpflichtet ist, dem Anleger, der die Anleihe hält, einen Betrag zu zahlen, der der Summe des Nettogegenwartswertes der verbleibenden Kuponzahlungen die bis zur Fälligkeit erwartet werden, und dem Kapitalbetrag der zurückzuzahlenden Anleihe entspricht. *(BGBl I 2022/69)*

6. Geldmarktinstrumente: die üblicherweise auf dem Geldmarkt gehandelten Gattungen von Instrumenten, wie Schatzanweisungen, Einlagenzertifikate und Commercial Papers, mit Ausnahme von Zahlungsmitteln.

7. „Finanzinstrumente: folgende Finanzinstrumente, einschließlich mittels Distributed-Ledger-Technologie emittierter Instrumente:" *(BGBl I 2023/63)*

a) Übertragbare Wertpapiere gemäß Z 5;

b) Geldmarktinstrumente gemäß Z 6;

c) Anteile an OGAW gemäß § 2 des Investmentfondsgesetzes 2011 – InvFG 2011, BGBl. I Nr. 77/2011 und Anteile an AIF gemäß § 2 Abs. 1 Z 1 Alternative Investmentfonds Manager-Gesetz – AIFMG, BGBl. I Nr. 135/2013, soweit es sich um einen offenen Typ nach § 1 Abs. 2 Z 1 AIFMG handelt;

d) Optionen, Terminkontrakte (Futures), Swaps, außerbörsliche Zinstermingeschäfte (Forward Rate Agreements) und alle anderen Derivatkontrakte in Bezug auf Wertpapiere, Währungen, Zinssätze oder -erträge, Emissionszertifikate oder andere Derivat-Instrumente, finanzielle Indizes oder Messgrößen, die effektiv geliefert oder bar abgerechnet werden können;

e) Optionen, Terminkontrakte (Futures), Swaps, Termingeschäfte (Forwards) und alle anderen Derivatkontrakte in Bezug auf Waren, die bar abgerechnet werden müssen oder auf Wunsch einer der Parteien bar abgerechnet werden können, ohne dass ein Ausfall oder ein anderes Beendigungsereignis vorliegt;

f) Optionen, Terminkontrakte (Futures), Swaps und alle anderen Derivatkontrakte in Bezug auf Waren, die effektiv geliefert werden können, wenn diese Instrumente an einem geregelten Markt, über ein MTF oder über ein OTF gehandelt werden, ausgenommen davon sind über ein

OTF gehandelte Energiegroßhandelsprodukte, die effektiv geliefert werden müssen;

g) Optionen, Terminkontrakte (Futures), Swaps, außerbörsliche Zinstermingeschäfte (Forward Rate Agreements) und alle anderen Derivatkontrakte in Bezug auf Waren, die effektiv geliefert werden können, die sonst nicht in lit. f genannt sind und nicht kommerziellen Zwecken dienen, die die Merkmale anderer derivativer Finanzinstrumente aufweisen;

h) derivative Instrumente für den Transfer von Kreditrisiken;

i) finanzielle Differenzgeschäfte;

j) Optionen, Terminkontrakte (Futures), Swaps, außerbörsliche Zinstermingeschäfte (Forward Rate Agreements) und alle anderen Derivatkontrakte in Bezug auf Klimavariablen, Frachtsätze, Inflationsraten oder andere offizielle Wirtschaftsstatistiken, die bar abgerechnet werden müssen, oder auf Wunsch einer der Parteien bar abgerechnet werden können, ohne dass ein Ausfall oder ein anderes Beendigungsereignis vorliegt, sowie alle anderen Derivatkontrakte in Bezug auf Vermögenswerte, Rechte, Obligationen, Indizes und Messwerte, die sonst nicht in dieser Ziffer genannt sind und die die Merkmale anderer derivativer Finanzinstrumente aufweisen, wobei unter anderem berücksichtigt wird, ob sie auf einem geregelten Markt, einem OTF oder einem MTF gehandelt werden;

k) Emissionszertifikate, die aus Anteilen bestehen, deren Übereinstimmung mit den Anforderungen der Richtlinie 2003/87/EG (Emissionshandelssystem) anerkannt ist.

8. Nicht komplexe Finanzinstrumente:

a) Aktien, die zum Handel an einem geregelten Markt oder einem gleichwertigen Markt eines Drittlandes oder einem MTF zugelassen sind, sofern es sich um Aktien von Unternehmen handelt, mit Ausnahme von Anteilen an Organismen für gemeinsame Anlagen, die keine OGAW sind, und Aktien, in die ein Derivat eingebettet ist;

b) Schuldverschreibungen oder sonstige verbriefte Schuldtitel, die zum Handel an einem geregelten Markt oder einem gleichwertigen Markt eines Drittlandes oder einem MTF zugelassen sind, mit Ausnahme der Schuldverschreibungen oder verbrieften Schuldtitel, in die ein Derivat eingebettet ist oder die eine Struktur enthalten, die es dem Kunden erschwert, die damit einhergehenden Risiken zu verstehen;

c) Geldmarktinstrumente, mit Ausnahme der Instrumente, in die ein Derivat eingebettet ist oder die eine Struktur enthalten, die es dem Kunde erschwert, die damit einhergehenden Risiken zu verstehen;

d) Aktien oder Anteile an OGAW, mit Ausnahme der in Art. 36 Abs. 1 UAbs. 2 der Verordnung (EU) Nr. 583/2010 genannten strukturierten OGAW;

e) strukturierte Einlagen mit Ausnahme der Einlagen, die eine Struktur enthalten, die es dem Kunden erschwert, das Ertragsrisiko oder die Kosten eines Verkaufs des Produkts vor Fälligkeit zu verstehen;

f) andere nicht komplexe Finanzinstrumente im Sinne dieses Absatzes, die die in Art. 57 der delegierten Verordnung (EU) 2017/565 festgelegten Kriterien erfüllen. *(BGBl I 2018/37)*

g) *(entfällt, BGBl I 2018/37)*

Für die Zwecke der „lit. a bis f" gilt ein Markt eines Drittlandes als einem geregelten Markt gleichwertig, wenn die Anforderungen und Verfahren von Art. 4 Abs. 1 UAbs. 3 und 4 der Richtlinie 2003/71/EG erfüllt sind. *(BGBl I 2018/37)*

9. Aktienzertifikate: Wertpapiere, die auf dem Kapitalmarkt handelbar sind und ein Eigentumsrecht an Wertpapieren nicht im Inland ansässiger Emittenten darstellen, wobei sie aber gleichzeitig zum Handel auf einem geregelten Markt zugelassen und unabhängig von den Wertpapieren nicht im Inland ansässiger Emittenten gehandelt werden können.

10. Börsengehandelter Fonds: Fonds, bei dem mindestens eine Anteils- oder Aktiengattung ganztägig an mindestens einem Handelsplatz und mit mindestens einem Market Maker gemäß Z 32, der tätig wird, um sicherzustellen, dass der Preis seiner Anteile oder Aktien an diesem Handelsplatz nicht wesentlich von ihrem Nettovermögenswert oder gegebenenfalls von ihrem indikativen Nettovermögenswert abweicht, gehandelt wird.

11. Zertifikate: Wertpapiere gemäß Art. 2 Abs. 1 Nr. 27 der Verordnung (EU) Nr. 600/2014.

12. Strukturierte Finanzprodukte: Wertpapiere gemäß Art. 2 Abs. 1 Nr. 28 der Verordnung (EU) Nr. 600/2014.

13. Strukturierte Einlage: Einlage gemäß § 7 Abs. 1 Z 3 des Einlagensicherungs- und Anlegerentschädigungsgesetzes – ESAEG, BGBl. I Nr. 117/2015, die bei Fälligkeit in voller Höhe zurückzuzahlen ist, wobei sich die Zahlung von Zinsen oder einer Prämie bzw. das Zins- oder Prämienrisiko aus einer Formel ergibt, die von Faktoren abhängig ist, wie insbesondere

a) einem Index oder einer Indexkombination, ausgenommen variabel verzinsliche Einlagen, deren Ertrag unmittelbar an einen Zinsindex wie Euribor oder Libor gebunden ist;

b) einem Finanzinstrument oder einer Kombination von Finanzinstrumenten;

c) einer Ware oder einer Kombination von Waren oder anderen körperlichen oder nicht körperlichen nicht übertragbaren Vermögenswerten;

d) einem Wechselkurs oder einer Kombination von Wechselkursen.

14. Derivate: Finanzinstrumente gemäß Art. 2 Abs. 1 Nr. 29 der Verordnung (EU) Nr. 600/2014.

15. Warenderivate: Finanzinstrumente gemäß Art. 2 Abs. 1 Nr. 30 der Verordnung (EU) Nr. 600/2014.

16. Energiegroßhandelsprodukt: Energiegroßhandelsprodukt gemäß Art. 2 Nr. 4 der Verordnung (EU) Nr. 1227/2011.

17. C.6-Energiederivatkontrakte: Optionen, Terminkontrakte (Futures), Swaps oder andere in Z 7 lit. f genannte Derivatkontrakte in Bezug auf Kohle oder Öl, die an einem OTF gehandelt werden und effektiv geliefert werden müssen.

18. Derivate auf landwirtschaftliche Erzeugnisse: Derivatkontrakte in Bezug auf die Erzeugnisse, die in Artikel 1 und Anhang I bis XX und XXIV/1 der Verordnung (EU) Nr. 1308/2013 sowie in Anhang I der Verordnung (EU) Nr. 1379/2013 aufgeführt sind. *(BGBl I 2022/69)*

19. Öffentlicher Schuldtitel: Schuldinstrument, das von einem öffentlichen Emittenten gemäß Z 20 begeben wird.

20. Öffentlicher Emittent: folgende Emittenten von Schuldtiteln:

a) die Europäischen Union;

b) ein Mitgliedstaat einschließlich ein Ministerium, eine Behörde oder eine Zweckgesellschaft dieses Mitgliedstaats;

c) im Falle eines bundesstaatlich organisierten Mitgliedstaats ein Gliedstaat des Bundes;

d) eine für mehrere Mitgliedstaaten tätige Zweckgesellschaft;

e) ein von zwei oder mehreren Mitgliedstaaten gegründetes internationales Finanzinstitut, das dem Zweck dient, Finanzmittel zu mobilisieren und seinen Mitgliedern Finanzhilfen zu gewähren, die von schwerwiegenden Finanzierungsproblemen betroffen oder bedroht sind;

f) die Europäische Investitionsbank.

21. Geregelter Markt: ein Markt gemäß § 1 Z 2 des Börsegesetzes 2018 – BörseG 2018, BGBl. Nr. 107/2017.

22. Marktbetreiber: wer das Geschäft eines geregelten Markts verwaltet oder betreibt; ein Marktbetreiber kann der geregelte Markt selbst sein.

23. Multilaterales System: ein System oder Mechanismus, der die Interessen einer Vielzahl Dritter am Kauf und Verkauf von Finanzinstrumenten innerhalb des Systems zusammenführt.

24. Multilaterales Handelssystem (MTF): ein von einer Wertpapierfirma oder einem Marktbetreiber betriebenes multilaterales System, das die Interessen einer Vielzahl Dritter am Kauf und Verkauf von Finanzinstrumenten innerhalb des Systems nach nicht-diskretionären Regeln in einer Weise zusammenführt, die zu einem Vertrag gemäß den Bestimmungen des Titels II der Richtlinie 2014/65/EU führt, das jedoch kein geregelter Markt ist.

25. Organisiertes Handelssystem (OTF): ein multilaterales System, das die Interessen einer Vielzahl Dritter am Kauf und Verkauf von Schuldverschreibungen, strukturierten Finanzprodukten, Emissionszertifikaten oder Derivaten innerhalb des Systems in einer Weise zusammenführt, die zu einem Vertrag gemäß den Bestimmungen des Titels II der Richtlinie 2014/65/EU führt, das jedoch weder ein geregelter Markt noch ein MTF ist.

26. Handelsplatz: ein geregelter Markt, ein MTF oder ein OTF.

27. Liquider Markt: ein Markt für ein Finanzinstrument oder eine Gattung von Finanzinstrumenten, auf dem kontinuierlich kauf- oder verkaufsbereite vertragswillige Käufer und Verkäufer verfügbar sind und der nach den folgenden Kriterien unter Berücksichtigung der speziellen Marktstrukturen des betreffenden Finanzinstruments oder der betreffenden Gattung von Finanzinstrumenten bewertet wird:

a) Durchschnittsfrequenz und -volumen der Geschäfte bei einer bestimmten Bandbreite von Marktbedingungen unter Berücksichtigung der Art und des Lebenszyklus von Produkten innerhalb der Gattung von Finanzinstrumenten;

b) Zahl und Art der Marktteilnehmer, einschließlich des Verhältnisses Marktteilnehmer zu gehandelten Instrumenten in Bezug auf ein bestimmtes Produkt;

c) durchschnittlicher Spread, sofern verfügbar.

28. Systematischer Internalisierer: ein Kreditinstitut oder eine über eine Zweigstelle im Inland tätige Wertpapierfirma gemäß § 17, die in organisierter und systematischer Weise häufig in erheblichem Umfang Handel für eigene Rechnung betreibt, wenn sie Kundenaufträge außerhalb eines geregelten Marktes oder eines MTF oder eines OTF ausführt, ohne selbst ein multilaterales System zu betreiben. Ob „in systematischer Weise häufig" gehandelt wird, bemisst sich nach der Zahl der OTC-Geschäfte mit einem Finanzinstrument, die von dem Kreditinstitut oder von der Wertpapierfirma für eigene Rechnung durchgeführt werden, wenn sie Kundenaufträge ausführt. Ob „in erheblichem Umfang" gehandelt wird, bemisst sich entweder nach dem Anteil, den der OTC-Handel am Gesamthandelsvolumen des Kreditinstituts oder der Wertpapierfirma in einem bestimmten Finanzinstrument hat, oder nach dem Umfang des OTC-Handels eines dieser Rechtsträger, bezogen auf das Gesamthandelsvolumen in der Europäischen Union in einem bestimmten Finanzinstrument. Die Definition eines systematischen Internalisierers findet nur Anwendung, wenn die beiden festgesetzten Obergrenzen,

nämlich die für den in systematischer Weise und häufig erfolgenden Handel und die für den Handel in erheblichem Umfang, überschritten werden oder wenn ein Kreditinstitut oder eine Wertpapierfirma sich dafür entscheidet, sich den für die systematische Internalisierung geltenden Regeln zu unterwerfen.

29. Zentrale Gegenpartei: eine juristische Person gemäß Art. 2 Nr. 1 der Verordnung (EU) Nr. 648/2012.

30. Market Maker: wer auf den Finanzmärkten kontinuierlich Angebote zum An- und Verkauf vonFinanzinstrumenten stellt und mit diesen Instrumenten Handel für eigene Rechnung und unter Einsatz eigenen Kapitals zu den gestellten An- und Verkaufskursen betreibt.

31. Kreditinstitut: Kreditinstitut gemäß § 1 Abs. 1 BWG.

32. CRR-Kreditinstitut: CRR-Kreditinstitut gemäß § 1a Abs. 1 Z 1 BWG.

33. OGAW-Verwaltungsgesellschaft: eine Verwaltungsgesellschaft gemäß § 3 Abs. 2 Z 1 InvFG 2011.

34. Kunde: jede natürliche oder juristische Person, für die ein Rechtsträger Wertpapierdienstleistungen oder Nebendienstleistungen erbringt und jede natürliche oder juristische Person, gegenüber der den Rechtsträger vorvertragliche Pflichten treffen.

35. Professioneller Kunde: ein Kunde gemäß § 66 Abs. 1.

36. Privatkunde: ein Kunde, der kein professioneller Kunde ist.

37. Limitauftrag: ein Kauf- oder Verkaufsauftrag für ein Finanzinstrument zu einem festgelegten Kurslimit oder besser und in einem festgelegten Umfang.

38. Herkunftsmitgliedstaat für Wertpapierfirmen, die keine CRR-Wertpapierfirmen (§ 1 Z 2) sind:

a) sofern sie natürliche Personen sind: der Mitgliedstaat, in dem sie ihre Hauptverwaltung haben;

b) sofern sie juristische Personen sind: der Mitgliedstaat, in dem sie ihren satzungsmäßigen Sitz haben, oder, wenn sie gemäß dem für sie geltenden einzelstaatlichen Recht keinen satzungsmäßigen Sitz haben, der Mitgliedstaat, in dem ihr Hauptverwaltungssitz liegt.

39. Herkunftsmitgliedstaat eines geregelten Marktes: der Mitgliedstaat, in dem der geregelte Markt zugelassen ist oder, sofern er gemäß dem Recht dieses Mitgliedstaates keinen Sitz hat, der Mitgliedstaat, in dem sich die Hauptverwaltung des geregelten Marktes befindet.

40. Herkunftsmitgliedstaat eines genehmigten Veröffentlichungssystems (APA) gemäß Z 60, eines Bereitstellers konsolidierter Datenticker (CTP) gemäß Z 61 oder eines genehmigten Meldemechanismus (ARM) gemäß Z 62:

a) sofern es eine natürliche Person ist: der Mitgliedstaat, in dem sich die Hauptverwaltung des APA, CTP oder ARM befindet;

b) sofern es eine juristische Personen ist: der Mitgliedstaat, in dem das APA, CTP oder ARM seinen satzungsmäßigen Sitz hat, oder, wenn es gemäß dem für ihn geltenden einzelstaatlichen Recht keinen satzungsmäßigen Sitz hat, der Mitgliedstaat, in dem sein Hauptverwaltungssitz liegt.

41. Aufnahmemitgliedstaat: der Mitgliedstaat, der nicht der Herkunftsmitgliedstaat ist und in dem eine Wertpapierfirma eine Zweigstelle hat oder Dienstleistungen erbringt oder Tätigkeiten ausübt, oder ein Mitgliedstaat, in dem ein geregelter Markt Vorkehrungen bietet, die den in diesem Mitgliedstaat niedergelassenen Fernmitgliedern oder -teilnehmern den Zugang zum Handel über sein System ermöglichen.

42. Drittlandfirma: eine Firma, die ein Kreditinstitut, das Wertpapierdienstleistungen erbringt oder Anlagetätigkeiten ausführt, oder eine Wertpapierfirma gemäß Z 1 wäre, wenn sie ihre Hauptverwaltung oder ihren Sitz in der Europäischen Union hätte.

43. Zuständige Behörde: die Behörde eines Mitgliedstaates, die von diesem als zuständige Behörde gemäß Art. 67 der Richtlinie 2014/65/EU benannt wurde.

44. Vertraglich gebundener Vermittler: jede natürliche oder juristische Person, die als Erfüllungsgehilfe oder sonst unter vollständiger und unbedingter Haftung einer einzigen Wertpapierfirma, eines einzigen Wertpapierdienstleistungsunternehmens oder eines einzigen Kreditinstituts Wertpapierdienstleistungen oder Nebendienstleistungen erbringt, Aufträge von Kunden über Wertpapierdienstleistungen oder Finanzinstrumente annimmt und übermittelt, Finanzinstrumente platziert oder die Dienstleistung der Anlageberatung erbringt; ein vertraglich gebundener Vermittler ist keine Wertpapierfirma.

45. Wertpapiervermittler: Natürliche Personen mit Gewerbeberechtigung gemäß § 94 Z 77 Gewerbeordnung 1994 – GewO 1994, BGBl. Nr. 194/1994, in Verbindung mit § 136b GewO 1994, die, wenngleich selbständig, eine oder mehrere Dienstleistungen gemäß § 3 Abs. 2 Z 1 und 3 ausschließlich bezüglich Finanzinstrumenten gemäß § 1 Z 7 lit. a und c im Namen und auf Rechnung einer Wertpapierfirma oder eines Wertpapierdienstleistungsunternehmen erbringen und keine Konzession gemäß den §§ 3 oder 4 WAG brauchen. Zur Tätigkeit als Wertpapiervermittler sind auch natürliche Personen mit Gewerbeberechtigung gemäß § 94 Z 75 GewO 1994 in Verbindung mit § 136a GewO 1994 berechtigt. Wertpapiervermittler dürfen nur für Wertpapierfirmen und Wertpapierdienstleistungsunterneh-

men solche Dienstleistungen erbringen, wobei insgesamt höchstens drei Vertretungsverhältnisse zulässig sind.

46. Zweigstelle: für Wertpapierfirmen, die keine CRR-Wertpapierfirmen gemäß Z 2 sind, eine Betriebsstelle, die ein rechtlich unselbstständiger Teil einer Wertpapierfirma ist und unmittelbar Wertpapierdienstleistungen erbringt oder Anlagetätigkeiten ausübt, die mit der Tätigkeit der Wertpapierfirma verbunden sind, wobei Nebendienstleistungen zusätzlich, jedoch nicht ausschließlich ausgeübt werden können; alle Geschäftsstellen einer Wertpapierfirma in demselben Mitgliedstaat, deren Sitz oder Hauptverwaltung in einem anderen Mitgliedstaat liegen, gelten als eine einzige Zweigstelle.

47. Qualifizierte Beteiligung: für Wertpapierfirmen, die keine CRR-Wertpapierfirmen (§ 1 Z 2) sind, das direkte oder indirekte Halten von wenigstens 10 vH des Kapitals oder der Stimmrechte an einem Unternehmen oder die Möglichkeit der Wahrnehmung eines maßgeblichen Einflusses auf seine Geschäftsführung; bei der Feststellung der Stimmrechte ist § 130 Abs. 2 bis Abs. 4 in Verbindung mit §§ 133 und 134 Abs. 2 und 3 BörseG 2018 anzuwenden, wobei im Falle der §§ 13 bis 16 dieses Bundesgesetzes Stimmrechte oder Kapitalanteile, die Wertpapierfirmen oder Kreditinstitute infolge einer Übernahme der Emission von Finanzinstrumenten oder Platzierung von Finanzinstrumenten mit fester Übernahmeverpflichtung im Sinne der Z 3 lit. f halten, nicht zu berücksichtigen sind, vorausgesetzt, diese Rechte werden nicht ausgeübt oder anderweitig benutzt, um in die Geschäftsführung des Emittenten einzugreifen, und werden innerhalb eines Jahres nach dem Zeitpunkt des Erwerbs veräußert.

48. Mutterunternehmen: für Wertpapierfirmen, die keine CRR-Wertpapierfirmen (Z 2) sind, Mutterunternehmen gemäß § 189a Z 6 des Unternehmensgesetzbuches – UGB, dRGBl. S 219/1897, nach Maßgabe folgender Bestimmungen:

a) Die Rechtsform und der Sitz sind nicht zu berücksichtigen;

b) § 244 Abs. 4 und 5 UGB ist anzuwenden;

c) der Beteiligungsbegriff des Art. 4 Abs. 1 Nr. 35 der Verordnung (EU) Nr. 575/2013 ist anzuwenden.

49. Tochterunternehmen: für Wertpapierfirmen, die keine CRR-Wertpapierfirmen (Z 2) sind, Tochterunternehmen gemäß § 189a Z 7 UGB nach Maßgabe folgender Bestimmungen:

a) Die Rechtsform und der Sitz sind nicht zu berücksichtigen;

b) § 244 Abs. 4 und 5 UGB ist anzuwenden;

c) der Beteiligungsbegriff des Art. 4 Abs. 1 Nr. 35 der Verordnung (EU) Nr. 575/2013 ist anzuwenden.

50. Enge Verbindungen: für Wertpapierfirmen, die keine CRR-Wertpapierfirmen (Z 2) sind, eine Situation, in der zwei oder mehrere natürliche oder juristische Personen verbunden sind

a) über eine Beteiligung in Form des direkten Haltens oder des Haltens im Wege der Kontrolle von mindestens 20 vH der Stimmrechte oder des Kapitals an einem Unternehmen;

b) durch Kontrolle gemäß Z 48; Tochterunternehmen von Tochterunternehmen gelten ebenfalls als Tochterunternehmen des Mutterunternehmens, das an der Spitze dieser Unternehmen steht oder

c) über ein dauerhaftes Kontrollverhältnis beider oder aller mit ein und derselben dritten Person.

51. Kontrolle: ein Verhältnis zwischen einem Mutterunternehmen und einem Tochterunternehmen im Sinne von § 189a Z 6 UGB oder ein ähnliches Verhältnis zwischen einer natürlichen oder juristischen Person und einem Unternehmen.

52. Gruppe: die Gruppe, der eine Wertpapierfirma oder ein Kreditinstitut angehört, bestehend aus

a) einem Mutterunternehmen, dessen Tochterunternehmen und den Unternehmen, an denen das Mutterunternehmen oder seine Tochterunternehmen eine Beteiligung halten, oder

b) mehreren Unternehmen, die untereinander nicht in einer Beziehung als Mutterunternehmen oder Tochterunternehmen stehen und

aa) die aufgrund eines untereinander geschlossenen Vertrags oder einer Satzungsbestimmung dieser Unternehmen einer einheitlichen Leitung unterstehen oder

bb) deren Verwaltungs-, Leitungs- oder Aufsichtsorgane sich mehrheitlich aus denselben Personen zusammensetzen, die während des Geschäftsjahres und bis zur Aufstellung des konsolidierten Jahresabschlusses im Amt sind.

53. Zentralverwahrer: eine juristische Person, die ein Wertpapierliefer- und -abrechnungssystem gemäß Art. 2 Abs. 1 Nr. 1 der Verordnung (EU) Nr. 909/2014 in Verbindung mit Abschnitt A Nr. 3 des Anhangs der Verordnung (EU) Nr. 909/2014 betreibt und die wenigstens eine weitere Kerndienstleistung gemäß Art. 2 Abs. 1 Nr. 1 der Verordnung (EU) Nr. 909/2014 in Verbindung mit Abschnitt A des Anhangs der Verordnung (EU) Nr. 909/2014 erbringt.

54. Leitungsorgan: das Organ einer Wertpapierfirma gemäß Z 1, eines Wertpapierdienstleistungsunternehmens, eines Kreditinstituts gemäß Z 31, eines Marktbetreibers gemäß Z 22 oder eines „Datenbereitstellungsdienstes im Sinne von Artikel 2 Abs. 1 Nummer 36a der Verordnung (EU) Nr. 600/2014“, das nach innerstaatlichem Recht

eines Mitgliedstaates bestellt wird, um die Strategie, Ziele und Gesamtpolitik des Unternehmens festzulegen (abhängig vom anwendbaren Rechtsrahmen „Geschäftsleitungsfunktion des Leitungsorgans“ oder „Geschäftsleitung“) und die Entscheidungen der Geschäftsleitung zu kontrollieren und zu überwachen (abhängig vom anwendbaren Rechtsrahmen „Aufsichtsfunktion des Leitungsorgans“ oder „Aufsichtsrat“). Zum Leitungsorgan gehören auch die Personen, die die Geschäfte des Unternehmens tatsächlich führen. *(BGBl I 2022/36)*

55. Geschäftsleitung: die natürlichen Personen, die in einer Wertpapierfirma gemäß Z 1, einem Wertpapierdienstleistungsunternehmen, einem Kreditinstitut gemäß Z 33, einem Marktbetreiber gemäß Z 22 oder einem „Datenbereitstellungsdienst im Sinne von Artikel 2 Abs. 1 Nummer 36a der Verordnung (EU) Nr. 600/2014“ Geschäftsführungsaufgaben wahrnehmen und für das Tagesgeschäft des Unternehmens, einschließlich der Umsetzung der Firmenstrategie hinsichtlich des Vertriebs von Produkten und Dienstleistungen durch die Firma und ihr Personal an die Kunden, verantwortlich und gegenüber dem Aufsichtsorgan rechenschaftspflichtig sind. *(BGBl I 2022/36)*

56. Algorithmischer Handel: der Handel mit einem Finanzinstrument, bei dem ein Computeralgorithmus die einzelnen Auftragsparameter automatisch bestimmt, wie zum Beispiel ob der Auftrag eingeleitet werden soll, Zeitpunkt, Preis oder Quantität des Auftrags oder wie der Auftrag nach seiner Einreichung mit eingeschränkter oder gar keiner menschlichen Beteiligung bearbeitet werden soll, unter Ausschluss von Systemen, die nur zur Weiterleitung von Aufträgen zu einem oder mehreren Handelsplätzen, zur Bearbeitung von Aufträgen ohne Bestimmung von Auftragsparametern, zur Bestätigung von Aufträgen oder zur Nachhandelsbearbeitung ausgeführter Aufträge verwendet werden.

57. Hochfrequente algorithmische Handelstechnik: eine algorithmische Handelstechnik, die gekennzeichnet ist durch

a) eine Infrastruktur zur Minimierung von Latenzen (Netzwerklatenzen und anderen Verzögerungen bei der Orderübertragung), die mindestens eine der folgenden Vorrichtungen für die Eingabe algorithmischer Aufträge aufweist: Kollokation, Proximity Hosting oder direkter elektronischer Hochgeschwindigkeitszugang,

b) die Entscheidung des Systems über die Einleitung, das Erzeugen, das Weiterleiten oder die Ausführung eines Auftrags ohne menschliche Intervention und

c) ein hohes untertägiges Mitteilungsaufkommen in Form von Aufträgen, Quotes oder Stornierungen.

58. Direkter elektronischer Zugang: eine Regelung, in deren Rahmen ein Mitglied, ein Teilnehmer oder ein Kunde eines Handelsplatzes einer anderen Person die Nutzung seines Handelscodes gestattet, damit diese Person Aufträge in Bezug auf Finanzinstrumente elektronisch direkt an den Handelsplatz übermitteln kann, einschließlich Vereinbarungen, die die Nutzung der Infrastruktur des Mitglieds, des Teilnehmers oder des Kunden oder eines Verbindungssystems des Mitglieds, des Teilnehmers oder des Kunden durch diese Person zur Übermittlung von Aufträgen (direkter Marktzugang) beinhalten, sowie diejenigen Vereinbarungen, bei denen eine solche Infrastruktur nicht durch diese Person genutzt wird (geförderter Zugang).

59. Querverkäufe: das Angebot einer Wertpapierdienstleistung zusammen mit einer anderen Dienstleistung oder einem anderen Produkt als Teil eines Pakets oder als Bedingung für dieselbe Vereinbarung oder dasselbe Paket.

60. Genehmigtes Veröffentlichungssystem (APA): eine Person, die gemäß „Art. 27g der Verordnung (EU) Nr. 600/2014“ die Dienstleistung der Veröffentlichung von Handelsauskünften im Namen von Wertpapierfirmen gemäß Art. 20 und 21 der Verordnung (EU) Nr. 600/2014 erbringt. *(BGBl I 2022/36)*

61. Bereitsteller konsolidierter Datenticker (CTP): eine Person, die gemäß „Art. 27h der Verordnung (EU) Nr. 600/2014“ zur Einholung von Handelsauskünften über in den Art. 6, 7, 10, 12, 13, 20 und 21 der Verordnung (EU) Nr. 600/2014 genannte Finanzinstrumente auf geregelten Märkten, MTF, OTF und APA berechtigt ist und sie in einem kontinuierlichen elektronischen Live-Datenstrom konsolidiert, über den Preis- und Handelsvolumendaten pro Finanzinstrument abrufbar sind. *(BGBl I 2022/36)*

62. Genehmigter Meldemechanismus (ARM): eine Person, die gemäß „Art. 27i der Verordnung (EU) Nr. 600/2014“ zur Meldung der Einzelheiten zu Geschäften an die zuständigen Behörden oder die Europäische Wertpapier- und Marktaufsichtsbehörde – ESMA im Namen der Wertpapierfirmen berechtigt ist. *(BGBl I 2022/36)*

63. *(aufgehoben, BGBl I 2022/36)*

64. Dauerhafter Datenträger: jedes Medium, das es dem Kunden gestattet, an ihn persönlich gerichtete Informationen derart zu speichern, dass er sie in der Folge für eine für die Zwecke der Informationen angemessene Dauer einsehen kann, und das die unveränderte Wiedergabe der gespeicherten Informationen ermöglicht.

64a. elektronische Form: ein dauerhafter Datenträger, der kein Papier ist. *(BGBl I 2022/69)*

65. Relevante Person:

a) Ein Gesellschafter oder ein Mitglied der Geschäftsleitung oder ein vertraglich gebundener

Vermittler der Wertpapierfirma, des Wertpapierdienstleistungsunternehmens oder des Kreditinstituts;

b) ein Gesellschafter oder ein Mitglied der Geschäftsleitung eines vertraglich gebundenen Vermittlers der Wertpapierfirma, des Wertpapierdienstleistungsunternehmens oder des Kreditinstituts;

c) ein Angestellter der Wertpapierfirma, des Kreditinstituts oder eines vertraglich gebundenen Vermittlers sowie jede andere natürliche Person, deren Dienste der Wertpapierfirma, dem Kreditinstitut oder einem vertraglich gebundenen Vermittler der Wertpapierfirma, des Wertpapierdienstleistungsunternehmens oder des Kreditinstituts zur Verfügung gestellt und von dieser oder diesem kontrolliert werden und die an den von der Wertpapierfirma oder dem Kreditinstitut erbrachten Wertpapierdienstleistungen und Anlagetätigkeiten beteiligt ist;

d) eine natürliche Person, die im Rahmen einer Auslagerung unmittelbar an der Erbringung von Dienstleistungen für die Wertpapierfirma, das Kreditinstitut oder deren vertraglich gebundenen Vermittler beteiligt ist, welche der Wertpapierfirma, dem Wertpapierdienstleistungsunternehmen oder dem Kreditinstitut die Erbringung von Wertpapierdienstleistungen und Anlagetätigkeiten ermöglichen.

66. Finanzanalyst: eine Person, die den wesentlichen Teil einer Finanzanalyse gemäß Art. 36 der delegierten Verordnung (EU) 2017/565 erstellt.

67. Auslagerung: eine Vereinbarung zwischen einer Wertpapierfirma oder einem Kreditinstitut und einem anderen Dienstleister, in deren Rahmen der Dienstleister anstatt der Wertpapierfirma oder des Kreditinstituts ein Verfahren abwickelt, eine Dienstleistung erbringt oder eine Tätigkeit ausführt.

68. Natürliche und juristische Person: natürliche und juristische Personen einschließlich vollrechtsfähiger Personengesellschaften (Offene Gesellschaften und Kommanditgesellschaften).

69. Überwiegend kommerzielle Gruppe: jede Gruppe, deren Haupttätigkeit nicht in der Erbringung von Wertpapierdienstleistungen im Sinne dieses Bundesgesetzes, oder in der Erbringung von unter Anhang I der Richtlinie 2013/36/EU angeführten Tätigkeiten oder in der Tätigkeit als Market-Maker in Bezug auf Warenderivate besteht. *(BGBl I 2022/69)*

70. Der Ausdruck „Nachhaltigkeitsfaktoren“ bezeichnet Nachhaltigkeitsfaktoren im Sinne von Artikel 2 Nummer 24 der Verordnung (EU) 2019/2088. *(BGBl I 2022/69; BGBl I 2022/139)*

71. Fixe Gemeinkosten: die Betriebsaufwendungen (Anlage 2 zu § 43 BWG, Teil 2, Position III), die vom jeweiligen Beschäftigungsgrad der Wertpapierfirma unabhängig sind und die den einzelnen Kostenträgern (Produkten) nicht direkt zugerechnet werden können. *(BGBl I 2022/237)*

Im Übrigen gelten, soweit in diesem Bundesgesetz nichts Anderes bestimmt ist, die Begriffsbestimmungen des BWG, des BörseG 2018, der Verordnung (EU) Nr. 600/2014, der delegierten Verordnung (EU) 2017/565 und der delegierten Verordnung (EU) 2017/567 zur Ergänzung der Verordnung (EU) Nr. 600/2014 im Hinblick auf Begriffsbestimmungen, Transparenz, Portfoliokomprimierung und Aufsichtsmaßnahmen zur Produktintervention und zu den Positionen, ABl. Nr. L 87 S. 90.

Ausnahmen

§ 2. (1) Die Bestimmungen dieses Bundesgesetzes finden keine Anwendung auf:

1. Unternehmen gemäß § 1 Abs. 1 Z 1 bis 5 des Versicherungsaufsichtsgesetzes 2016 – VAG 2016, BGBl. I Nr. 34/2015, nach Maßgabe von Abs. 2;

2. Personen, die Wertpapierdienstleistungen ausschließlich für ihr Mutterunternehmen, ihre Tochterunternehmen oder andere Tochterunternehmen ihres Mutterunternehmens erbringen;

3. Personen, deren Wertpapierdienstleistungen ausschließlich in der Verwaltung von Systemen der Arbeitnehmerbeteiligung bestehen;

4. Personen, die ausschließlich gemäß Z 2 und 3 Wertpapierdienstleistungen erbringen;

5. Personen, die nur gelegentlich Wertpapierdienstleistungen im Rahmen ihrer beruflichen Tätigkeit erbringen, wenn diese Tätigkeit durch Gesetze oder Standesregeln geregelt ist, die die Erbringung dieser Dienstleistung nicht ausschließen;

6. Personen, die für eigene Rechnung Handel mit Finanzinstrumenten treiben, bei denen es sich nicht um Warenderivate oder Emissionszertifikate oder Derivate davon handelt, und die keine anderen Wertpapierdienstleistungen erbringen oder andere Anlagetätigkeiten in Finanzinstrumenten vornehmen, bei denen es sich nicht um Warenderivate oder Emissionszertifikate oder Derivate davon handelt, außer diese Personen

a) sind Market-Maker oder

b) sind Mitglied oder Teilnehmer eines geregelten Marktes oder MTF oder haben einen direkten elektronischen Zugang zu einem Handelsplatz oder

c) wenden eine hochfrequente algorithmische Handelstechnik an oder

d) betreiben für eigene Rechnung bei der Ausführung von Kundenaufträgen Handel;

Personen, die gemäß den Z 1, 10, 11 oder 13 von der Anwendung ausgenommen sind, müssen die in dieser Ziffer genannten Bedingungen nicht erfüllen, um von der Anwendung ausgenommen zu werden.

7. die Österreichische Nationalbank sowie andere Mitglieder des Europäischen Systems der Zentralbanken;

8. die Österreichische Bundesfinanzierungsagentur;

9. internationale Finanzinstitute, die von zwei oder mehr Staaten gegründet wurden und dem Zweck dienen, Finanzmittel zu mobilisieren und Finanzhilfen zugunsten ihrer Mitglieder zu geben, die von schwerwiegenden Finanzierungsproblemen betroffen oder bedroht sind;

10. Verwaltungsgesellschaften gemäß § 5 Abs. 1 InvFG 2011 sowie Kapitalanlagegesellschaften für Immobilien gemäß § 2 Abs. 1 des Immobilien-Investmentfondsgesetzes – ImmoInvFG, BGBl. I Nr. 80/2003, vorbehaltlich des Abs. 3;

11. Pensionskassen nach dem Pensionskassengesetz – PKG, BGBl. Nr. 281/1990, sowie Mitarbeitervorsorgekassen gemäß Betriebliches Mitarbeitervorsorgegesetz – BMVG, BGBl. I Nr. 100/2002;

12. Anlagenbetreiber mit Verpflichtung zur Einhaltung der Anforderungen der Richtlinie 2003/87/EG, die beim Handel mit Emissionszertifikaten keine Kundenaufträge ausführen und die keine anderen Wertpapierdienstleistungen erbringen oder Anlagetätigkeiten ausüben als den Handel für eigene Rechnung unter der Voraussetzung, dass diese Personen keine hochfrequente algorithmische Handelstechnik anwenden;

13. Personen,

a) die für eigene Rechnung mit Warenderivaten oder Emissionszertifikaten oder Derivaten davon handeln, einschließlich Market-Maker, aber mit Ausnahme der Personen, die Handel für eigene Rechnung treiben, wenn sie Kundenaufträge ausführen, oder

b) die in Bezug auf Warenderivate oder Emissionszertifikate oder Derivate davon andere Wertpapierdienstleistungen als den Handel für eigene Rechnung für die Kunden oder Zulieferer ihrer Haupttätigkeit erbringen, sofern

aa) dies in jedem dieser Fälle auf individueller und aggregierter Basis auf der Ebene der Unternehmensgruppe eine Nebentätigkeit zu ihrer Haupttätigkeit darstellt,

bb) diese Personen nicht Teil einer Unternehmensgruppe sind, deren Haupttätigkeit in der Erbringung von Wertpapierdienstleistungen im Sinne dieses Bundesgesetzes, in unter Anhang 1 der Richtlinie 2013/36/EU angeführten Tätigkeiten oder in der Tätigkeit als Market-Maker in Bezug auf Warenderivate besteht,

cc) diese Personen keine hochfrequente algorithmische Handelstechnik anwenden und

dd) diese Personen der zuständigen Behörde auf Anforderung die Grundlage mitteilen, auf der sie zu der Auffassung gelangen, dass ihre Tätigkeit gemäß lit. a und b eine Nebentätigkeit zu ihrer Haupttätigkeit darstellt;
(BGBl I 2022/69)

14. Personen, die im Rahmen einer anderen, nicht unter dieses Bundesgesetz oder das BWG oder das AIFMG fallenden beruflichen Tätigkeit Anlageberatung betreiben, sofern eine solche Beratung nicht gesondert vergütet wird;

15. Übertragungsnetzbetreiber im Sinne von § 7 Abs. 1 Z 70 des Elektrizitätswirtschafts- und -organisationsgesetzes 2010 – ElWOG 2010, BGBl. I Nr. 110/2010, oder § 7 Abs. 1 Z 20 des Gaswirtschaftsgesetzes 2011 – GWG 2011, BGBl. I Nr. 107/2011, wenn sie ihre Aufgaben gemäß der Richtlinie 2009/72/EG, der Richtlinie 2009/73/EG, der Verordnung (EG) Nr. 714/2009, der Verordnung (EG) Nr. 715/2009 oder den nach diesen Verordnungen erlassenen Netzcodes oder Leitlinien wahrnehmen, Personen, die in ihrem Namen als Dienstleister handeln, um die Aufgaben eines Übertragungsnetzbetreibers gemäß diesen Rechtsakten oder den nach diesen Verordnungen erlassenen Netzcodes oder Leitlinien wahrzunehmen, und Betreiber oder Verwalter eines Energieausgleichssystems, eines Rohrleitungsnetzes oder eines Systems zum Ausgleich von Energieangebot und -verbrauch bei der Wahrnehmung solcher Aufgaben.

Diese Ausnahme gilt für Personen, die in dieser Ziffer genannte Tätigkeiten ausüben nur, wenn sie in Bezug auf Warenderivate Anlagetätigkeiten ausüben oder Wertpapierdienstleistungen erbringen, die mit den obengenannten Tätigkeiten im Zusammenhang stehen. Diese Ausnahme gilt nicht für den Betrieb eines Sekundärmarktes, einschließlich einer Plattform für den Sekundärhandel mit finanziellen Übertragungsrechten;

16. Zentralverwahrer im Sinne der Verordnung (EU) Nr. 909/2014 „;“ *(BGBl I 2022/36)*

17. Schwarmfinanzierungsdienstleister im Sinne von Artikel 2 Abs. 1 Buchstabe e der Verordnung (EU) 2020/1503 über Europäische Schwarmfinanzierungsdienstleister für Unternehmen und zur Änderung der Verordnung (EU) 2017/1129 und der Richtlinie (EU) 2019/1937, ABl. Nr. L 347 vom 20.10.2020, S. 1. *(BGBl I 2022/36)*

(2) Auf Versicherungsunternehmen, die die Vermittlung von Investmentfondsanteilen gemäß § 6 Abs. 3 VAG 2016 durchführen, finden hinsichtlich dieser Tätigkeit die Bestimmungen der Art. 3, 21 bis 25, 28 bis 31, 33, 34, 44 bis 53, 57 und 59 delegierten Verordnung (EU) 2017/565 sowie der §§ 33, 36, 45 bis 55, 58, 60, 90, § 92 Abs. 9 und 10 und §§ 94 bis 96 Anwendung; sofern diese Versicherungsunternehmen gemäß den Vorschriften des VAG über eine Compliance-

Funktion, Risiko-Management-Funktion und eine interne Revision verfügen, können die in Art. 22 bis 24 delegierten Verordnung (EU) 2017/565 genannten Aufgaben von der betreffenden Organisationseinheit ausgeübt werden. Diese Gesellschaften sind dem Subrechnungskreis Wertpapierdienstleistungen zuzurechnende Kostenpflichtige im Sinne des § 89 Abs. 1 und bei der Erlassung der Verordnung nach § 89 Abs. 2 zu 67 vH zu berücksichtigen. Die auf sie entfallenden Beträge sind mit Bescheid vorzuschreiben.

(3) Auf Verwaltungsgesellschaften gemäß § 5 Abs. 1 InvFG 2011, die Dienstleistungen gemäß § 5 Abs. 2 Z 3 oder 4 InvFG 2011 erbringen und auf AIFM gemäß § 4 AIFMG, die Dienstleistungen gemäß § 4 Abs. 4 Z 1 oder Z 2 „ “ AIFMG erbringen, finden die in Art. 1 Abs. 1 der delegierten Verordnung (EU) 2017/565 genannten Bestimmungen sowie die §§ 33, 38 bis 60, § 62 Abs. 1 bis 3, § 90 Abs. 8 und §§ 94 bis 96 Anwendung. Diese Gesellschaften sind dem Subrechnungskreis Wertpapierdienstleistungen zuzurechnende Kostenpflichtige im Sinne des § 89 Abs. 1 und bei der Erlassung der Verordnung nach § 89 Abs. 2 zu 67 vH zu berücksichtigen. Die auf sie entfallenden Beträge sind mit Bescheid vorzuschreiben. *(BGBl I 2022/237)*

(4) Auf Rechtsträger gemäß Abs. 1 Z 1, 10, 11, 12 und 13, die Mitglieder geregelter Märkte oder Teilnehmer von MTF sind, sind die §§ 27 und 28 anzuwenden.

(5) Dieses Bundesgesetz gilt nicht für die Erbringung von Dienstleistungen als Gegenpartei bei Geschäften, die von staatlichen Stellen der staatlichen Schuldenverwaltung oder von Mitgliedern des ESZB in Wahrnehmung ihrer Aufgaben gemäß dem AEUV und Protokoll Nr. 4 über die Satzung des Europäischen Systems der Zentralbanken und der Europäischen Zentralbank oder in Wahrnehmung vergleichbarer Aufgaben gemäß nationalen Vorschriften abgeschlossen werden.

Wertpapierfirmen

§ 3. (1) Eine Wertpapierfirma ist eine juristische Person, die ihren Sitz und ihre Hauptverwaltung in Österreich hat und auf Grund dieses Bundesgesetzes berechtigt ist, Wertpapierdienstleistungen und Anlagetätigkeiten zu erbringen. Natürliche und juristische Personen, deren Berechtigung zur Erbringung von Wertpapierdienstleistungen und Anlagetätigkeiten sich auf § 4, das BWG oder das BörseG 2018 gründet, sind keine Wertpapierfirmen.

(2) Die gewerbliche Erbringung folgender Wertpapierdienstleistungen und Wertpapiernebendienstleistungen bedarf einer Konzession der FMA:

1. Anlageberatung in Bezug auf Finanzinstrumente;

2. Portfolioverwaltung durch Verwaltung von Portfolios auf Einzelkundenbasis mit einem Ermessensspielraum im Rahmen einer Vollmacht des Kunden, sofern das Kundenportfolio ein oder mehrere Finanzinstrumente enthält;

3. Annahme und Übermittlung von Aufträgen, sofern diese Tätigkeiten ein oder mehrere Finanzinstrumente zum Gegenstand haben;

4. Betrieb eines multilateralen Handelssystems (MTF);

5. Betrieb eines organisierten Handelssystems (OTF);

6. Ausführung von Aufträgen für Rechnung von Kunden;

7. Handel für eigene Rechnung;

8. Übernahme der Emission von Finanzinstrumenten oder Platzierung von Finanzinstrumenten mit fester Übernahmeverpflichtung;

9. Platzierung von Finanzinstrumenten ohne feste Übernahmeverpflichtung;

10. Verwahrung und Verwaltung von Finanzinstrumenten für Rechnung von Kunden einschließlich der Depotverwahrung und verbundener Dienstleistungen wie Cash-Management oder Sicherheitenverwaltung und mit Ausnahme der Führung von Wertpapierkonten auf oberster Ebene (Depotgeschäft);

11. Gewährung von Krediten oder Darlehen an Anleger für die Durchführung von Geschäften mit einem oder mehreren Finanzinstrumenten, sofern das kredit- oder darlehensgewährende Unternehmen an diesen Geschäften beteiligt ist;

12. Devisengeschäfte, wenn diese im Zusammenhang mit der Erbringung von Wertpapierdienstleistungen stehen;

13. Dienstleistungen im Zusammenhang mit der Übernahme von Emissionen für Dritte;

14. Wertpapierdienstleistungen und Anlagetätigkeiten gemäß § 1 Z 3 sowie Wertpapiernebendienstleistungen gemäß § 1 Z 4 lit. a bis f betreffend Waren, Klimavariable, Frachtsätze, Inflationsstatistiken und andere offizielle Wirtschaftsstatistiken, sofern diese als Basiswerte der in § 1 Z 7 lit. e bis g und j genannten Derivate verwendet werden und sie mit der Erbringung der Wertpapierdienstleistung, Anlagetätigkeit oder der Wertpapiernebendienstleistung in Zusammenhang stehen.

Bei Konzessionserteilung sowie bei jeder Konzessionserweiterung hat die FMA auch über die Berechtigung zum Halten von Kundengeldern und Finanzinstrumenten abzusprechen. Eine Konzession für Wertpapiernebendienstleistungen gemäß Z 10 bis 14 kann nur erteilt werden, wenn die Konzession zur Erbringung mindestens einer Dienstleistung gemäß Z 1 bis 9 vorliegt oder gleichzeitig erteilt wird; bei Erlöschen oder Entzug der Konzession für sämtliche Wertpapierdienstleistungen gemäß Z 1 bis 9 erlischt automatisch auch die Konzession für sämtliche Wertpapiernebendienstleistungen gemäß Z 10 bis 14. Zusammen mit der Rücknahme oder Zurücklegung hinsichtlich der Wertpapierdienstleistungen gemäß Z 1 bis 9 hat die FMA über das Erlöschen der Konzession für sämtliche Wertpapiernebendienstleistungen gemäß Z 10 bis 14 abzusprechen; eine Zurücklegung ist nur zulässig, wenn zuvor auch sämtliche Wertpapiernebendienstleistungen abgewickelt worden sind. *(BGBl I 2022/237)*

(3) Österreichische Kreditinstitute und Wertpapierfirmen sind auch zur Wertpapier- und Finanzanalyse und sonstigen allgemeinen Empfehlungen zu Geschäften mit Finanzinstrumenten berechtigt. „Wertpapierfirmen sind darüber hinaus zur Beratung von Unternehmen hinsichtlich der Kapitalstrukturierung, der branchenspezifischen Strategie und damit zusammenhängender Fragen sowie Beratung und Dienstleistungen bei Unternehmensfusionen und -übernahmen berechtigt." *(BGBl I 2022/237)*

(4) *(entfällt, BGBl I 2022/237)*

(5) Die Konzession ist zu erteilen, wenn:

1. Das Unternehmen in der Rechtsform einer Kapitalgesellschaft oder einer Genossenschaft geführt werden soll;

2. das Anfangskapital mindestens die in Abs. 6 genannte Höhe beträgt und den Geschäftsleitern unbeschränkt und ohne Belastung in den Mitgliedstaaten zur freien Verfügung steht;

3. die Geschäftsleiter gemäß § 12 auf Grund ihrer Vorbildung fachlich geeignet sind und die für die Erbringung von Wertpapierdienstleistungen erforderlichen Eigenschaften und Erfahrungen haben;

4. *(entfällt, BGBl I 2022/237)*

5. für den Betrieb eines MTF oder eines OTF die Allgemeinen Geschäftsbedingungen, Regeln und Verfahren den Anforderungen des § 76 BörseG 2018 entsprechen;

6. die Voraussetzungen gemäß § 5 Abs. 1 Z 2 bis 4a, 6, 7, 9 und 10 bis 14 BWG vorliegen.

„ " Die FMA hat dem Antragsteller binnen sechs Monaten nach der Einreichung eines vollständigen Antrags mitzuteilen, ob eine Zulassung erteilt wird oder nicht. *(BGBl I 2022/237)*

(6) Das Anfangskapital einer Wertpapierfirma ist gemäß § 13 des Wertpapierfirmengesetzes – WPFG, BGBl. I Nr. 237/2022, zu bestimmen. *(BGBl I 2022/237)*

(7) Wertpapierfirmen, die Dienstleistungen auf die in § 1 Z 45 genannte Weise erbringen möchten, haben dies mit dem Antrag auf Erteilung oder Erweiterung der Konzession ausdrücklich zu beantragen. Im Bescheid, mit dem die Konzession erteilt wird, ist über die Zulässigkeit der Dienstleistungserbringung gemäß § 1 Z 45 gesondert abzusprechen.

(8) Die Konzession ist bei sonstiger Nichtigkeit schriftlich zu erteilen; sie kann mit entsprechenden Bedingungen und Auflagen versehen werden, auch nur auf einzelne oder mehrere Geschäfte gemäß Abs. 2 lauten und Teile von einzelnen Dienstleistungen aus dem Konzessionsumfang ausnehmen. Hinsichtlich des Antrags auf Erteilung einer Konzession ist § 4 Abs. 3 und 5 BWG anzuwenden.

(9) Vor Erteilung einer Konzession ist die Entschädigungseinrichtung anzuhören.

(10) Der Vertrieb von Anteilen an AIF im Rahmen einer Berechtigung gemäß Abs. 2 ist nur zulässig, wenn die Anteile gemäß AIFMG vertrieben werden dürfen.

(11) Die FMA hat sämtliche Wertpapierfirmen in einem öffentlich zugänglichen Register zu registrieren und diese regelmäßig zu aktualisieren. Dieses Register enthält Informationen über die Wertpapierdienstleistungen und Anlagetätigkeiten, für die die Wertpapierfirma zugelassen ist.

(12) Die erteilte Konzession berechtigt die Wertpapierfirma, ihre Wertpapierdienstleistungen und Anlagetätigkeiten in der gesamten Europäischen Union zu erbringen.

Wertpapierdienstleistungsunternehmen

§ 4. (1) Für die gewerbliche Erbringung von Wertpapierdienstleistungen gemäß § 3 Abs. 2 Z 1 und 3 brauchen natürliche oder juristische Personen mit Sitz und Hauptverwaltung im Inland, sofern diese im Rahmen der in Art. 3 Abs. 1 der Richtlinie 2014/65/EU angeführten Schranken erfolgt, für die Erlangung der Konzession die in Abs. 2 genannten Voraussetzungen solange nicht erfüllen, als die Summe der jährlichen Umsatzerlöse des Unternehmens aus Wertpapierdienstleistungen 2 Millionen Euro nicht übersteigt. Solche Unternehmen dürfen sich nicht als Wertpapierfirmen bezeichnen. Sie sind ausschließlich zur Erbringung von Dienstleistungen im Inland berechtigt. „Sie dürfen keine Dienstleistungen erbringen, die das Halten von fremden Geldern, Wertpapieren oder sonstigen Instrumenten von Kunden umfasst, sodass sie zu keiner Zeit Schuldner ihrer Kunden wegen der Erbringung solcher Dienstleistungen werden können." *(BGBl I 2022/237)*

(2) Folgende Konzessionsvoraussetzungen und sonstige für Wertpapierfirmen geltende Anforderungen müssen von Wertpapierdienstleistungsunternehmen nicht erfüllt werden:

1. Die in § 5 Abs. 1 Z 12 und 13 BWG genannten Voraussetzungen für Geschäftsleiter;

2. die verpflichtende Mitgliedschaft an einer Entschädigungseinrichtung gemäß den §§ 73 bis 76;

3. die Eigenkapitalvorschriften gemäß § 3 Abs. 6; die gesellschaftsrechtlichen Bestimmungen zum Anfangskapital bleiben unberührt. Auf

die fehlende Voraussetzung gemäß § 5 Abs. 1 Z 12 BWG muss in den Geschäftspapieren in geeigneter Form hingewiesen werden. Die FMA hat in jeder Konzession an ein Wertpapierdienstleistungsunternehmen ausdrücklich anzuführen, dass diese Konzession in Einklang mit Art. 3 Abs. 1 der Richtlinie 2014/65/EU erteilt wurde. *(BGBl I 2022/237)*

(3) Wertpapierdienstleistungsunternehmen müssen eine Berufshaftpflichtversicherung bei einem im Inland zum Betrieb des Versicherungsgeschäftes berechtigten Versicherungsunternehmen abschließen. Diese Berufshaftpflichtversicherung muss das aus der Geschäftstätigkeit resultierende Risiko abdecken. Das Wertpapierdienstleistungsunternehmen muss dem Kunden im Hinblick auf den Umfang, das Risikoprofil und die Rechtsform des Unternehmens einen mit der Anlegerentschädigung (§§ 73 bis 76) vergleichbaren Schutz bieten. Die Haftungssumme des Versicherungsvertrages hinsichtlich der Wertpapierdienstleistungen und Anlagetätigkeiten betreffenden Geschäftstätigkeit muss mindestens eine Million Euro für jeden einzelnen Schadensfall und eine Gesamtsumme von mindestens 1,5 Millionen Euro für sämtliche Schadensfälle eines Kalenderjahres betragen. Der Versicherer hat ein allfälliges späteres Erlöschen des Versicherungsschutzes, bei sonstiger Schadenersatzpflicht, der FMA unverzüglich schriftlich bekannt zu geben. Im Versicherungsvertrag ist vorzusehen, dass

1. dem Kunden ein von der Innehabung des Versicherungsscheines unabhängiger, unmittelbarer Anspruch gegen den Versicherer zusteht,

2. § 158c Abs. 1 und 2 des Versicherungsvertragsgesetzes 1958 – VersVG, BGBl. Nr. 2/1959, sinngemäß anzuwenden ist.

(4) Wertpapierdienstleistungsunternehmen, die Dienstleistungen auf die in § 1 Z 45 genannte Weise erbringen möchten, haben dies mit dem Antrag auf Erteilung oder Erweiterung der Konzession ausdrücklich zu beantragen. Im Bescheid, mit dem die Konzession erteilt wird, ist über die Zulässigkeit der Dienstleistungserbringung gemäß § 1 Z 45 gesondert abzusprechen.

(5) Wertpapierdienstleistungsunternehmen haben jederzeit ausreichendes Eigenkapital zu halten. Wertpapierdienstleistungsunternehmen haben das bei Konzessionserteilung geforderte Anfangskapital als Mindestkapital zu halten oder die gemäß § 4 Abs. 3 erforderliche Berufshaftpflichtversicherung aufrecht zu halten. *(BGBl I 2022/237)*

§ 5. *(entfällt samt Überschrift, BGBl I 2022/237)*

Rücknahme und Erlöschen der Konzession

§ 6. (1) Die FMA kann die Konzession zurücknehmen, wenn

1. der Geschäftsbetrieb, auf den sie sich bezieht, nicht binnen zwölf Monaten nach Erteilung der Konzession aufgenommen wurde oder

2. der Geschäftsbetrieb, auf den sie sich bezieht, mehr als sechs Monate lang nicht ausgeübt wurde.

(2) Die FMA hat die Konzession zurückzunehmen, wenn

1. sie aufgrund falscher Erklärungen oder auf sonstige rechtswidrige Weise erhalten wurde;

2. die Konzessionsvoraussetzungen gemäß § 3 Abs. 5 oder die Anforderungen der Verordnung (EU) 2019/2033 über Aufsichtsanforderungen an Wertpapierfirmen und zur Änderung der Verordnungen (EU) Nr. 1093/2010, (EU) Nr. 575/2013, (EU) Nr. 600/2014 und (EU) Nr. 806/2014, ABl. Nr. L 314 vom 05.12.2019 S. 1, in der Fassung der Berichtigung ABl. Nr. L 261 vom 22.07.2021 S. 60, nicht mehr erfüllt sind und andere Maßnahmen nach diesem Bundesgesetz die Funktionalität der Wertpapierfirma oder des Wertpapierdienstleistungsunternehmens nicht sicherstellen können; *(BGBl I 2022/237)*

3. in schwerwiegender Weise systematisch gegen die Bestimmungen dieses Bundesgesetzes oder der Verordnung (EU) Nr. 600/2014 verstoßen wurde, die die Bedingungen für die Ausübung der Tätigkeit von Wertpapierfirmen und Wertpapierdienstleistungsunternehmen regeln;

4. über das Vermögen der Wertpapierfirma oder des Wertpapierdienstleistungsunternehmens ein Konkursverfahren eröffnet wird.

(3) Im Hinblick auf das Erlöschen der Konzession findet § 7 BWG mit der Maßgabe Anwendung, dass die Zurücklegung einer Konzession nur dann zulässig ist, wenn zuvor sämtliche Wertpapierdienstleistungen abgewickelt worden sind.

Anwendung des BWG

§ 7. „*** Folgende Bestimmungen des BWG finden auch auf Wertpapierfirmen und Wertpapierdienstleistungsunternehmen Anwendung: „§ 21 Abs. 1 Z 1, 3 und 5 bis 7 und Abs. 2 und 3, „*** § 73 Abs. 1 Z 1 bis 7 und 11 erster Halbsatz und § 96“*. *(*BGBl I 2022/36; **BGBl I 2022/237)*

(2) *(entfällt, BGBl I 2022/237)*

Verschwiegenheitspflicht

§ 8. (1) Wertpapierfirmen und Wertpapierdienstleistungsunternehmen sowie die für sie tätigen Personen sind zur Verschwiegenheit über Geheimnisse verpflichtet, die sie ausschließlich aus Wertpapiergeschäften (§ 1 Abs. 1 Z 7 lit. b bis f BWG) oder Wertpapierdienstleistungen gemäß § 3 Abs. 2 Z 1 bis 3 ihrer Kunden erfahren haben, sofern dieser Verschwiegenheitspflicht keine gesetzliche Auskunftspflicht entgegensteht oder der Kunde der Offenbarung des Geheimnisses schriftlich zustimmt. Die Verschwiegenheitspflicht nach dem ersten Satz gilt weiters nicht, soweit die Offenbarung des Geheimnisses zur Klärung von Rechtsangelegenheiten aus dem Verhältnis zwischen Wertpapierfirmen oder Wertpapierdienstleistungsunternehmen und Kunden erforderlich ist.

(2) Abs. 1 gilt auch für Entschädigungseinrichtungen, ausgenommen die sich aus den §§ 73 bis 75 dieses Bundesgesetzes und aus dem ESAEG ergebende erforderliche Zusammenarbeit mit anderen Sicherungssystemen.

(3) Gegenüber „den Finanzämtern und der Finanzstrafbehörde" besteht eine Durchbrechung der Verschwiegenheitspflicht nach Abs. 1 nur im Zusammenhang mit eingeleiteten Strafverfahren wegen Finanzvergehen und aufgrund des Gemeinsamen Meldestandard Gesetzes – GMSG, BGBl. I Nr. 116/2015, sowie dann, wenn die Auskunft oder Offenlegung zur Feststellung der eigenen Abgabepflicht der Wertpapierfirma, des Wertpapierdienstleistungsunternehmens oder jener des depotführenden Kreditinstituts erforderlich ist. *(BGBl I 2019/104)*

Firmenbuch

§ 9. Wertpapierfirmen und Wertpapierdienstleistungsunternehmen dürfen nur dann in das Firmenbuch eingetragen werden, wenn die entsprechenden rechtskräftigen Bescheide in Urschrift oder beglaubigter Abschrift (Kopie) vorliegen.

§§ 10 und 11. *(entfallen samt Überschriften, BGBl I 2022/237)*

Geschäftsleitung und Aufsichtsrat

§ 12. (1) Die FMA hat sicherzustellen, dass Wertpapierfirmen, Wertpapierdienstleistungsunternehmen, ihre Geschäftsleiter und Mitglieder des Aufsichtsrats die Art. 88 und 91 der Richtlinie 2013/36/EU einhalten.

(2) Bei der Erteilung der Konzession gemäß § 3 Abs. 2 kann die FMA den Geschäftsleitern genehmigen, eine Aufsichtsfunktion mehr, als gemäß Art. 91 Abs. 3 der Richtlinie 2013/36/EU zulässig ist, innezuhaben. Die FMA hat die EBA regelmäßig über derartige Genehmigungen zu unterrichten.

(3) Die Geschäftsleitung einer Wertpapierfirma oder eines Wertpapierdienstleistungsunternehmens hat die Umsetzung der Unternehmensführungsregelungen, die die wirksame und umsichtige Führung der Wertpapierfirma oder des Wertpapierdienstleistungsunternehmens gewährleisten und unter anderem eine Aufgabentrennung in der Wertpapierfirma oder dem Wertpapierdienstleistungsunternehmen und die Vorbeugung von Interessenkonflikten vorsehen, festzulegen und zu überwachen. Die Geschäftsleitung ist für die Umsetzung der Unternehmensführungsregelungen verantwortlich.

(4) Unbeschadet der Anforderungen gemäß Art. 88 Abs. 1 der Richtlinie 2013/36/EU haben Regelungen gemäß Abs. 3 zu gewährleisten, dass die Geschäftsleitung für die Festlegung, die Annahme und die Überwachung:

1. der Firmenorganisation zur Erbringung von Wertpapierdienstleistungen und zur Ausübung von Anlagetätigkeiten sowie zur Erbringung von Nebendienstleistungen, einschließlich der vom Personal geforderten Fähigkeiten, Kenntnisse und Erfahrungen sowie der Ressourcen, der Verfahren und der Regelung für die Erbringung von Dienstleistungen und die Ausübung von Anlagetätigkeiten durch die Wertpapierfirma oder das „Wertpapierdienstleistungsunternehmen" sorgt. Dabei sind die Art, der Umfang und die Komplexität ihrer Geschäfte sowie alle von der Wertpapierfirma oder des „Wertpapierdienstleistungsunternehmens" einzuhaltenden Anforderungen zu berücksichtigen; *(BGBl I 2018/37)*

2. einer Firmenpolitik hinsichtlich der angebotenen und erbrachten oder gelieferten Dienstleistungen, Anlagetätigkeiten, Produkte und Geschäfte in Einklang mit der Risikotoleranz der Wertpapierfirma oder des „Wertpapierdienstleistungsunternehmens" und den Besonderheiten und Bedürfnissen der Kunden der Wertpapierfirma oder des „Wertpapierdienstleistungsunternehmens", denen diese angeboten und für die diese erbracht oder geliefert werden, sorgt, gegebenenfalls einschließlich der Durchführung geeigneter Stresstests; *(BGBl I 2018/37)*

3. einer Vergütungspolitik für Personen, die an der Erbringung von Dienstleistungen für Kunden beteiligt sind, sorgt, die auf eine verantwortungsvolle Unternehmensführung, auf eine faire Behandlung der Kunden und auf eine Vermeidung von Interessenkonflikten im Verhältnis zu den Kunden abzielt.

(5) Der Aufsichtsrat hat die Eignung und die Umsetzung der strategischen Ziele der Wertpapierfirma oder des „Wertpapierdienstleistungsunternehmens" bei der Erbringung von Wertpapierdienstleistungen sowie bei der Ausübung von Anlagetätigkeiten und der Erbringung von Nebendienstleistungen, die Wirksamkeit der Unternehmensführungsregelungen der Wertpapierfirma oder des „Wertpapierdienstleistungsunternehmens" und die Angemessenheit der Firmenpolitik hinsichtlich der Erbringung von Dienstleistungen an die Kunden regelmäßig zu überwachen und zu überprüfen. Der Aufsichtsrat hat die erforder-

lichen Schritte zu unternehmen, um etwaige Mängel zu beseitigen. *(BGBl I 2018/37)*

(6) Den Mitgliedern des Aufsichtsrates ist ein angemessener Zugang zu den Informationen und Dokumenten, die für die Beaufsichtigung und Überwachung der Entscheidungsfindung der Geschäftsleitung erforderlich sind, zu gewähren.

(7) Die FMA hat die Konzession gemäß § 6 zurückzunehmen, wenn sie der Ansicht ist, dass die Geschäftsleiter der Wertpapierfirma oder des „Wertpapierdienstleistungsunternehmens" nicht gut beleumdet sind, nicht über ausreichende Kenntnisse, Fähigkeiten und Erfahrungen verfügen und der Wahrnehmung ihrer Aufgaben nicht ausreichend Zeit widmen, oder wenn objektive und nachweisbare Gründe für die Vermutung vorliegen, dass die Geschäftsleitung der Wertpapierfirma oder des „Wertpapierdienstleistungsunternehmens" die wirksame, solide und umsichtige Führung der Wertpapierfirma oder des Wertpapierdienstleistungsunternehmens sowie die angemessene Berücksichtigung der Interessen ihrer Kunden und der Marktintegrität gefährden könnte. *(BGBl I 2018/37)*

(8) Wertpapierfirmen und Wertpapierdienstleistungsunternehmen haben der FMA Angaben über alle Mitglieder ihrer Geschäftsleitung und ihres Aufsichtsrats sowie sämtliche Veränderungen in der Mitgliedschaft zusammen mit allen Informationen zu übermitteln, die erforderlich sind, um zu beurteilen, ob eine Wertpapierfirma oder ein Wertpapierdienstleistungsunternehmen die Abs. 1 bis 6 erfüllt.

Aktionäre und sonstige Gesellschafter mit qualifizierten Beteiligungen

§ 13. (1) Die FMA hat Wertpapierfirmen und Wertpapierdienstleistungsunternehmen die Konzession zur Erbringung von Wertpapierdienstleistungen oder zur Ausübung von Anlagetätigkeiten erst dann zu erteilen, wenn ihr die Namen der natürlichen oder juristischen Personen, die als Aktionäre oder sonstige Gesellschafter direkt oder indirekt qualifizierte Beteiligungen halten, sowie die Höhe der jeweiligen Beteiligungen angezeigt wurde.

(2) Die FMA hat, falls der Einfluss der in Abs. 1 genannten Personen die umsichtige und solide Geschäftsführung der Wertpapierfirma oder des Wertpapierdienstleistungsunternehmens gefährden könnte, die erforderlichen Maßnahmen zu ergreifen, um diesen Zustand zu beenden. Solche Maßnahmen sind insbesondere:

1. Anträge auf einstweilige Verfügungen;

2. Aufsichtsmaßnahmen gemäß § 92;

3. der Antrag, bei dem für den Sitz der Wertpapierfirmen oder des Wertpapierdienstleistungsunternehmens zuständigen, zur Ausübung der Gerichtsbarkeit in Handelssachen erster Instanz zuständigen Gerichtshof auf Anordnung des Ruhens der Stimmrechte für jene Aktien oder sonstigen Anteile, die von den betreffenden Aktionären oder sonstigen Gesellschaftern gehalten werden,

a) für die Dauer dieser Gefahr, wobei deren Ende vom Gerichtshof festzustellen ist, oder

b) bis zum Kauf dieser Aktien oder sonstigen Anteile durch Dritte nach erfolgter Nichtuntersagung gemäß § 15 Abs. 2; der Gerichtshof entscheidet im Verfahren außer Streitsachen.

Mitteilung eines beabsichtigten Erwerbs

§ 14. (1) Jeder, der beschlossen hat, eine qualifizierte Beteiligung an einer Wertpapierfirma oder einem Wertpapierdienstleistungsunternehmen direkt oder indirekt zu erwerben oder eine derartige qualifizierte Beteiligung direkt oder indirekt zu erhöhen (interessierter Erwerber), mit der Folge, dass sein Anteil an den Stimmrechten oder am Kapital die Grenzen von 20 vH, 30 vH oder 50 vH erreichen oder überschreiten würde oder die Wertpapierfirma oder das Wertpapierdienstleistungsunternehmen sein Tochterunternehmen würde (beabsichtigter Erwerb), hat dies der FMA zuvor schriftlich unter Angabe des Umfangs der geplanten Beteiligung anzuzeigen. Bei Anzeigen über eine qualifizierte Beteiligung an einer Wertpapierfirma sind die Informationen gemäß der Delegierten Verordnung (EU) 2017/1946 anzugeben, bei Anzeigen über eine qualifizierte Beteiligung an einem Wertpapierdienstleistungsunternehmen die Informationen gemäß § 16 Abs. 3. Die Anzeigepflicht gilt auch für gemeinsam handelnde Personen, die zusammengenommen eine qualifizierte Beteiligung erwerben oder erreichen würden. Die Anzeige kann durch alle gemeinsam, mehrere oder jeden der gemeinsam handelnden Personen einzeln vorgenommen werden. *(BGBl I 2018/37)*

(2) Die Anzeigepflicht gemäß Abs. 1 gilt in gleicher Weise für die beschlossene Aufgabe der direkt oder indirekt gehaltenen qualifizierten Beteiligung oder Unterschreitung der in Abs. 1 genannten Grenzen für Beteiligungen an einer Wertpapierfirma oder einem Wertpapierdienstleistungsunternehmen.

(3) Bei der Prüfung, ob die in § 13 und diesem Paragraph festgelegten Kriterien für eine qualifizierte Beteiligung erfüllt sind, sind die Stimmrechte oder Kapitalanteile, die Wertpapierfirmen aus einem anderen Mitgliedstaat oder Kreditinstitute möglicherweise infolge einer Übernahme der Emission von Finanzinstrumenten oder Platzierung von Finanzinstrumenten mit fester Übernahmeverpflichtung im Sinne der Z 3 lit. f halten, nicht zu berücksichtigen, vorausgesetzt,

1. diese Rechte werden nicht ausgeübt oder anderweitig benutzt, um in die Geschäftsführung des Emittenten einzugreifen, und

2. die Beteiligung wird innerhalb eines Jahres nach dem Zeitpunkt des Erwerbs veräußert.

(4) Wertpapierfirmen und Wertpapierdienstleistungsunternehmen haben

1. die FMA unverzüglich darüber zu informieren, wenn sie von einem Erwerb oder einer Abtretung von Beteiligungen an ihrem Kapital Kenntnis erhalten, auf Grund derer diese Beteiligungen einen der in Abs. 1 genannten Schwellenwerte über- oder unterschreiten;

2. der FMA mindestens einmal jährlich die Namen der Aktionäre oder sonstigen Gesellschafter, die qualifizierte Beteiligungen halten, sowie die jeweiligen Beteiligungsbeträge mitzuteilen, die zum Beispiel aus den Mitteilungen anlässlich der Jahreshauptversammlung der Aktionäre und Mitglieder oder aus den Pflichtmeldungen der Gesellschaften hervorgehen, deren übertragbare Wertpapiere zum Handel an einem geregelten Markt zugelassen sind.

(5) In Bezug auf Personen, die ihrer Pflicht zur vorherigen Unterrichtung der FMA beim Erwerb oder der Erhöhung einer qualifizierten Beteiligung nicht nachkommen, hat die FMA Maßnahmen gemäß § 13 Abs. 2 zu ergreifen. Wurde eine Beteiligung entgegen einer Untersagung durch die FMA erworben, so ruhen die Stimmrechte für jene Aktien oder sonstigen Anteile, die von den betreffenden Aktionären oder sonstigen Gesellschaftern gehalten werden, bis zur Feststellung der FMA, dass der Grund für die erfolgte Untersagung nicht mehr besteht.

(6) Verfügt der Gerichtshof das Ruhen der Stimmrechte gemäß § 13 Abs. 2 Z 3, so hat der Gerichtshof gleichzeitig einen Treuhänder zu bestellen, der den Anforderungen gemäß § 5 Abs. 1 Z 3 BWG zu entsprechen hat und ihm die Ausübung der Stimmrechte zu übertragen. Im Fall des Abs. 5 hat die FMA bei dem gemäß § 13 Abs. 2 Z 3 zuständigen Gerichtshof die Bestellung eines Treuhänders unverzüglich zu beantragen, wenn ihr bekannt wird, dass die Stimmrechte ruhen. Der Treuhänder hat Anspruch auf Ersatz seiner Auslagen und auf Vergütung für seine Tätigkeit, deren Höhe vom Gericht festzusetzen ist. Die Wertpapierfirma oder das Wertpapierdienstleistungsunternehmen sowie die Aktionäre und sonstigen Anteilseigner, deren Stimmrechte ruhen, haften dafür zur ungeteilten Hand. Gegen Beschlüsse, durch die die Höhe der Vergütung des Treuhänders und der ihm zu ersetzenden Auslagen bestimmt wird, steht den Verpflichteten der Rekurs offen. Gegen die Entscheidung des Oberlandesgerichtes findet ein weiterer Rechtszug nicht statt.

Verfahren für die Beurteilung

§ 15. (1) Die FMA hat dem interessierten Erwerber umgehend, spätestens jedoch innerhalb von zwei Arbeitstagen nach Erhalt der vollständigen Anzeige im Sinne des „§ 14 Abs. 1" sowie dem etwaigen anschließenden Erhalt der in Abs. 3 genannten Informationen schriftlich deren Eingang zu bestätigen und dem interessierten Erwerber unter einem das Datum des Endes des Beurteilungszeitraums mitzuteilen. Weist die FMA den interessierten Erwerber auf in der Anzeige offenkundig fehlende Unterlagen oder Informationen hin, so findet § 13 Abs. 3 letzter Satz des Allgemeinen Verwaltungsverfahrensgesetzes 1991 – AVG, BGBl. Nr. 51/1991 keine Anwendung. *(BGBl I 2018/37)*

(2) Die FMA hat innerhalb von höchstens 60 Arbeitstagen ab dem Datum der schriftlichen Bestätigung des Eingangs der Anzeige und aller gemäß „§ 16 Abs. 3" beizubringenden Unterlagen den beabsichtigten Erwerb schriftlich zu untersagen, wenn es nach Prüfung der Beurteilungskriterien gemäß § 16 vernünftige Gründe dafür gibt oder die vom interessierten Erwerber vorgelegten Informationen unvollständig sind. Der Untersagungsbescheid ist innerhalb von zwei Arbeitstagen nach Entscheidung der FMA über die Untersagung zu versenden. Wird der Erwerb innerhalb des Beurteilungszeitraums von der FMA nicht schriftlich untersagt, so gilt er als genehmigt. Wird die Beteiligung nicht untersagt, so kann die FMA einen Termin vorschreiben, bis zu dem der in „§ 14 Abs. 1" genannte beabsichtigte Erwerb abgeschlossen sein muss. Diese Frist kann gegebenenfalls verlängert werden. Auf Antrag des interessierten Erwerbers hat die FMA auch im Falle der Nichtuntersagung einen Bescheid auszustellen. Die FMA hat in der Begründung jedes schriftlichen Untersagungs- oder Feststellungsbescheides alle Bemerkungen oder Vorbehalte der für den interessierten Erwerber zuständigen Behörde zu vermerken. Der Bescheid kann mit Bedingungen und Auflagen versehen werden, um die Erfüllung der Kriterien gemäß „§ 16" sicherzustellen. Die FMA kann unter Beachtung der Anforderungen gemäß § 22c Z 3 lit. a bis c des Finanzmarktaufsichtsbehördengesetzes – FM-ABG, BGBl. I Nr. 97/2001, den Bescheid samt Begründung auf Antrag des interessierten Erwerbers öffentlich bekannt machen. *(BGBl I 2018/37)*

(3) Die FMA kann erforderlichenfalls bis spätestens zum 50. Arbeitstag des Beurteilungszeitraums (Abs. 2) schriftlich weitere Informationen anfordern, die für den Abschluss der Beurteilung notwendig sind. Dabei sind die zusätzlich benötigten Informationen anzugeben. Die Anforderung von Informationen hemmt den Fortlauf der Beurteilungsfrist für die Dauer vom Zeitpunkt der Anforderung von Informationen bis zum Eingang der Antwort des interessierten Erwerbers, jedoch höchstens für 20 Arbeitstage. Die FMA kann weitere Klarstellungen oder Ergänzungen zu den Informationen anfordern, dies führt jedoch nicht zu einer Hemmung der Beurteilungsfrist.

(4) Die FMA kann die Unterbrechungsfrist von 20 Arbeitstagen auf maximal 30 Arbeitstage erstrecken, wenn der interessierte Erwerber

1. außerhalb der Europäischen Union ansässig ist oder außerhalb der Europäischen Union beaufsichtigt wird oder

2. nicht der Beaufsichtigung nach den Richtlinien 2009/65/EG, 2009/138/EG oder 2013/36/EU unterliegt.

(5) Die FMA arbeitet bei der Beurteilung eines beabsichtigten Erwerbs oder einer Erhöhung einer Beteiligung gemäß „§ 16 Abs. 1" eng mit zuständigen Behörden eines anderen Mitgliedstaates oder einer anderen Branche zusammen und tauscht unverzüglich die Informationen aus, die für die Beurteilung wesentlich oder relevant sind, wenn der interessierte Erwerber *(BGBl I 2018/37)*

1. ein Kreditinstitut, ein Lebens-, Schaden- oder Rückversicherungsunternehmen, eine Wertpapierfirma oder eine Verwaltungsgesellschaft gemäß Art. 6 der Richtlinie 2009/65/EG, das oder die in einem anderen Mitgliedstaat oder in einer anderen Branche als dem oder der, in dem oder der der Erwerb beabsichtigt wird, zugelassen ist;

2. ein Mutterunternehmen eines Kreditinstituts, eines Lebens-, Schaden- oder Rückversicherungsunternehmens, einer Wertpapierfirma oder einer Verwaltungsgesellschaft gemäß Art. 6 der Richtlinie 2009/65/EG, das oder die in einem anderen Mitgliedstaat oder in einer anderen Branche als dem oder der, in dem oder der der Erwerb beabsichtigt wird, zugelassen ist;

3. ein Kreditinstitut, ein Lebens-, Schaden-, Rückversicherungsunternehmen, eine Wertpapierfirma, oder eine Verwaltungsgesellschaft gemäß Art. 6 der Richtlinie 2009/65/EG kontrolliert, das oder die in einem anderen Mitgliedstaat oder in einer anderen Branche als dem oder der, in dem oder der der Erwerb beabsichtigt wird, zugelassen ist.

(6) Im Falle eines Verfahrens gemäß Abs. 5 hat die FMA auf Anfrage alle Informationen mitzuteilen und von sich aus die zuständigen Behörden über alle wesentlichen Informationen, insbesondere auch über die Beurteilung des Erwerbs und über eine allfällige Untersagung des Beteiligungserwerbs zu informieren. Die FMA hat insbesondere zu den Kriterien gemäß „§ 16 Abs. 1 Z 1 bis 5" Stellungnahmen der zuständigen Behörden einzuholen. *(BGBl I 2018/37)*

Kriterien für die Beurteilung

§ 16. (1) Bei der Beurteilung der Anzeige gemäß „§ 14 Abs. 1" hat die FMA im Interesse einer soliden und umsichtigen Führung der Wertpapierfirma oder des Wertpapierdienstleistungsunternehmens, an der oder dem der Erwerb beabsichtigt wird, und unter Berücksichtigung des voraussichtlichen Einflusses des interessierten Erwerbers auf die Wertpapierfirma oder das Wertpapierdienstleistungsunternehmen die Eignung des interessierten Erwerbers und die finanzielle Solidität des beabsichtigten Erwerbs im Hinblick auf sämtliche folgende Kriterien zu prüfen: *(BGBl I 2018/37)*

1. Die Zuverlässigkeit des interessierten Erwerbers;

2. die Zuverlässigkeit und Erfahrung jeder Person, die die Geschäfte der Wertpapierfirma oder des Wertpapierdienstleistungsunternehmens infolge des beabsichtigten Erwerbs leiten wird;

3. die finanzielle Solidität des interessierten Erwerbers, insbesondere in Bezug auf die Art der tatsächlichen und geplanten Geschäfte der Wertpapierfirma oder des Wertpapierdienstleistungsunternehmens, an der oder dem der Erwerb beabsichtigt wird;

4. ob die Wertpapierfirma oder das Wertpapierdienstleistungsunternehmen in der Lage sein und bleiben wird, den Aufsichtsanforderungen aufgrund der Richtlinien 2002/87/EG und 2013/36/EU zu genügen, und insbesondere, ob die Gruppe, zu der sie oder es gehören wird, über eine Struktur verfügt, die es ermöglicht, eine wirksame Beaufsichtigung auszuüben, einen wirksamen Austausch von Informationen zwischen den zuständigen Behörden durchzuführen und die Aufteilung der Zuständigkeiten zwischen den zuständigen Behörden zu bestimmen (§ 5 Abs. 1 Z 4 und 4a BWG);

5. ob ein hinreichender Verdacht besteht, dass im Zusammenhang mit dem beabsichtigten Erwerb Geldwäsche oder Terrorismusfinanzierung im Sinne des Art. 1 der Richtlinie (EU) 2015/849 zur Verhinderung der Nutzung des Finanzsystems zum Zwecke der Geldwäsche und der Terrorismusfinanzierung, zur Änderung der Verordnung (EU) Nr. 648/2012 und zur Aufhebung der Richtlinie 2005/60/EG und der Richtlinie 2006/70/EG, ABl. Nr. L 141 vom 05.06.2015 S. 73, stattfinden, stattgefunden haben oder ob diese Straftaten versucht wurden oder ob der beabsichtigte Erwerb das Risiko eines solchen Verhaltens erhöhen könnte.

(2) Bei der Beurteilung des beabsichtigten Erwerbs ist auf die wirtschaftlichen Bedürfnisse des Marktes nicht abzustellen.

(3) Die FMA hat mittels Verordnung eine Liste von Informationen festzulegen, die der FMA zusammen mit Anzeigen über Beteiligungen an Wertpapierdienstleistungsunternehmen vorzulegen sind. Diese Informationen müssen für die aufsichtsrechtliche Beurteilung des Vorliegens der Kriterien gemäß Abs. 1 Z 1 bis 5 geeignet und erforderlich sein. Der Umfang der beizubringenden Informationen hat der Art des interessierten Erwerbers und der Art des beabsichtigten Erwerbs angemessen und angepasst zu sein. Dabei sind Umfang und Art der Beteiligung sowie die Größe und die Geschäftsbereiche des interessier-

ten Erwerbers zu berücksichtigen. *(BGBl I 2018/37)*

(4) Werden der FMA zwei oder mehrere Vorhaben betreffend den Erwerb oder die Erhöhung von qualifizierten Beteiligungen an ein und derselben Wertpapierfirma oder an ein und demselben Wertpapierdienstleistungsunternehmen angezeigt, so hat die FMA alle interessierten Erwerber auf nicht diskriminierende Art und Weise zu behandeln.

2. Abschnitt
Niederlassungs- und Dienstleistungsfreiheit

Wertpapierdienstleistungen, Anlagetätigkeiten, MTF und OTF aus Mitgliedstaaten in Österreich

§ 17. (1) Jede Wertpapierfirma im Sinne von Art. 4 Abs. 1 Z 1 der Richtlinie 2014/65/EU, die von den zuständigen Behörden eines anderen Mitgliedstaats im Einklang mit der Richtlinie 2014/65/EU und jedes CRR-Kreditinstitut, das im Einklang mit der Richtlinie 2013/36/EU zugelassen und beaufsichtigt wird, darf gemäß Abs. 3 im Inland Wertpapierdienstleistungen erbringen und Anlagetätigkeiten ausüben sowie Nebendienstleistungen gemäß Anhang I Abschnitt B der Richtlinie 2014/65/EU erbringen, sofern diese Dienstleistungen und Tätigkeiten durch ihre Zulassung gedeckt sind. Nebendienstleistungen dürfen nur in Verbindung mit einer Wertpapierdienstleistung oder Anlagetätigkeit erbracht werden. Diese Wertpapierfirmen oder CRR-Kreditinstitute haben in den von der Richtlinie 2014/65/EU erfassten Bereichen keine zusätzlichen Anforderungen zu erfüllen. Dies gilt auch, wenn solche Wertpapierfirmen oder Marktbetreiber aus anderen Mitgliedstaaten, die ein MTF oder ein OTF betreiben, beabsichtigen, ein derartiges System im Inland bereitzustellen, um Fernnutzern, -mitgliedern oder -teilnehmern im Inland den Zugang zu sowie den Handel an ihren Märkten zu ermöglichen.

(2) Die Erbringung der in Abs. 1 genannten Dienstleistungen in Österreich ist zulässig, wenn die zuständige Behörde des Herkunftsmitgliedstaats der FMA alle Angaben gemäß § 18 Abs. 1, 2, 3, 4 und 5 übermittelt hat. Werden der FMA § 18 Abs. 2 oder 5 entsprechende Angaben übermittelt, hat sie diese zu veröffentlichen.

(3) Nach Einlangen einer Mitteilung gemäß Abs. 2 können die Dienstleistungen gemäß Abs. 1 erbracht werden oder die Änderungen im Sinne von § 18 Abs. 3 durchgeführt werden.

(4) Wertpapierfirmen, die Tätigkeiten in Österreich im Wege des freien Dienstleistungsverkehr ausüben, haben die §§ 47 bis 67, 69 und 70 dieses Bundesgesetzes, Art. 36 und 44 bis 70 der delegierten Verordnung (EU) 2017/565, Art. 14 bis 26 der Verordnung (EU) Nr. 600/2014, die §§ 34 bis 38 und 41 BWG und § 52 ESAEG sowie die auf Grund dieser Bestimmungen erlassenen Verordnungen und Bescheide einzuhalten.

Wertpapierdienstleistungen, Anlagetätigkeiten, MTF und OTF in Mitgliedstaaten

§ 18. (1) Jede Wertpapierfirma gemäß § 3, die im Hoheitsgebiet eines anderen EU-Mitgliedstaats erstmals Dienstleistungen erbringen oder Anlagetätigkeiten ausüben möchte oder ihr Dienstleistungsangebot oder ihre Tätigkeiten ändern möchte, hat dies zuvor der FMA schriftlich anzuzeigen und folgende Angaben zu übermitteln:

1. den Mitgliedstaat, in dem sie ihre Tätigkeit auszuüben beabsichtigt;

2. einen Geschäftsplan, aus dem insbesondere hervorgeht, welche Wertpapierdienstleistungen oder Anlagetätigkeiten sowie Nebendienstleistungen sie im Hoheitsgebiet dieses Mitgliedstaats zu erbringen oder auszuüben beabsichtigt und ob sie beabsichtigt, hierfür vertraglich gebundene Vermittler heranzuziehen, die in Österreich niedergelassen sind. Beabsichtigt die Wertpapierfirma, vertraglich gebundene Vermittler heranzuziehen, hat sie der FMA die Namen dieser vertraglich gebundenen Vermittler mitzuteilen.

(2) Die FMA hat die Angaben nach Abs. 1 innerhalb eines Monats nach Erhalt an die gemäß Art. 79 Absatz 1 der Richtlinie 2014/65/EU als Kontaktstelle benannte zuständige Behörde des Aufnahmemitgliedstaats weiterzuleiten.

(3) Bei einer Änderung der nach Abs. 1 und 2 übermittelten Angaben hat die Wertpapierfirma der FMA diese Änderung mindestens einen Monat vor Durchführung der Änderung schriftlich mitzuteilen. Die FMA hat die zuständige Behörde des Aufnahmemitgliedstaats von dieser Änderung in Kenntnis zu setzen.

(4) Jedes Kreditinstitut, das gemäß Abs. 1 Wertpapierdienstleistungen oder Anlagetätigkeiten sowie Nebendienstleistungen durch vertraglich gebundene Vermittler erbringen oder ausüben möchte, hat der FMA die Namen dieser vertraglich gebundenen Vermittler mitzuteilen. Beabsichtigt das Kreditinstitut im Hoheitsgebiet der Mitgliedstaaten, in denen es Dienstleistungen zu erbringen beabsichtigt, vertraglich gebundene Vermittler heranzuziehen, die in Österreich niedergelassen sind, hat die FMA innerhalb eines Monats nach Erhalt aller Informationen der gemäß Art. 79 Absatz 1 der Richtlinie 2014/65/EU als Kontaktstelle benannten zuständigen Behörde des Aufnahmemitgliedstaats den oder die Namen der vertraglich gebundenen Vermittler mitzuteilen, die das Kreditinstitut in dem genannten Mitgliedstaat als Dienstleistungserbringer heranzuziehen beabsichtigt.

(5) Eine Wertpapierfirma oder ein Marktbetreiber, die ein MTF oder ein OTF betreiben, haben gegebenenfalls der FMA anzuzeigen, in welchem anderen Mitgliedstaat sie ein MTF oder ein OTF bereitzustellen beabsichtigen. Die FMA hat diese Angaben innerhalb eines Monats an die zuständige Behörde des Mitgliedstaates, in dem das MTF oder OTF derartige Systeme bereitstellen möchte, zu übermitteln. Weiters hat die FMA der zuständigen Behörde des Aufnahmemitgliedstaates des MTF oder OTF auf deren Ersuchen unverzüglich die Namen der Fernmitglieder oder –teilnehmer des in jenem Mitgliedstaat niedergelassenen MTF oder OTF zu übermitteln.

(6) Zusätzlich zu den Angaben gemäß Abs. 1 hat die FMA der zuständigen Behörde des Aufnahmemitgliedstaats genaue Angaben zu dem anerkannten Anlegerentschädigungssystem mitzuteilen, dem die Wertpapierfirma angeschlossen ist. Im Falle einer Änderung dieser Angaben hat die FMA dies der zuständigen Behörde des Aufnahmemitgliedstaats mitzuteilen.

Errichtung einer Zweigstelle aus einem Mitgliedstaat in Österreich

§ 19. (1) Wertpapierdienstleistungen oder Anlagetätigkeiten sowie Nebendienstleistungen im Einklang mit diesem Bundesgesetz, der Richtlinie 2014/65/EU und der Richtlinie 2013/36/EU im Wege der Niederlassungsfreiheit – sei es durch die Errichtung einer Zweigstelle oder durch Heranziehung eines vertraglich gebundenen Vermittlers, der in einem anderen Mitgliedstaat als dem Herkunftsmitgliedstaat niedergelassen ist – dürfen in Österreich erbracht oder ausgeübt werden, sofern diese Dienstleistungen und Tätigkeiten von der der Wertpapierfirma oder dem CRR-Kreditinstitut im Herkunftsmitgliedstaat erteilten Zulassung abgedeckt sind. Nebendienstleistungen dürfen nur in Verbindung mit einer Wertpapierdienstleistung oder Anlagetätigkeit erbracht werden. Mit Ausnahme der nach Abs. 5 zulässigen Auflagen dürfen keine zusätzlichen Anforderungen an die Errichtung und den Betrieb einer Zweigstelle in den von diesem Bundesgesetz oder der Richtlinie 2014/65/EU erfassten Bereichen gestellt werden.

(2) Die Errichtung einer Zweigstelle in Österreich oder die Heranziehung eines vertraglich gebundenen Vermittlers, der in einem anderen Mitgliedstaat als Österreich oder in einem anderen Mitgliedstaat, als dem, in dem die Wertpapierfirma eine Zweigstelle errichtet hat, niedergelassen ist, setzt voraus, dass die zuständige Behörde des Herkunftsmitgliedstaats der FMA alle Angaben gemäß § 20 Abs. 1 und 7 übermittelt hat.

(3) Nach Eingang einer Mitteilung gemäß Abs. 2 bei der FMA oder bei deren Nichtäußerung spätestens zwei Monate nach Weiterleitung der Mitteilung durch die zuständige Behörde des Herkunftsmitgliedstaats kann die Zweigstelle ihre Tätigkeit aufnehmen oder die Änderungen im Sinne von § 20 Abs. 7 durchgeführt werden.

(4) Ebenso ist jedes CRR-Kreditinstitut, das zur Erbringung von Wertpapierdienstleistungen oder zur Ausübung von Anlagetätigkeiten und Nebendienstleistungen im Einklang mit diesem Bundesgesetz und der Richtlinie 2014/65/EU einen vertraglich gebundenen Vermittler heranziehen möchte, der in einem anderen Mitgliedstaat als in seinem Herkunftsmitgliedstaat ansässig ist, berechtigt, dies zu tun, sobald der FMA als der gemäß Art. 79 Absatz 1 der Richtlinie 2014/65/EU als Kontaktstelle benannten zuständigen Behörde des Aufnahmemitgliedstaats von der zuständigen Behörde des Herkunftsmitgliedstaats die in § 20 Abs. 1 genannten Informationen übermittelt worden sind.

(5) Wertpapierfirmen, die Tätigkeiten in Österreich über eine Zweigstelle ausüben, haben die §§ 47 bis 67, 69 und 70 dieses Bundesgesetzes, Art. 36 und 44 bis 70 der delegierten Verordnung (EU) 2017/565, Art. 14 bis 26 der Verordnung (EU) Nr. 600/2014, die §§ 34 bis 38 und 41 BWG und § 52 ESAEG sowie die auf Grund dieser Bestimmungen erlassenen Verordnungen und Bescheide einzuhalten. Der FMA obliegt es zu gewährleisten, dass die Zweigstelle bei Erbringung ihrer Leistungen im Inland den Verpflichtungen nach den Art. 24, 25, 27 und 28 der Richtlinie 2014/65/EU und den Art. 14 bis 26 der Verordnung (EU) Nr. 600/2014 sowie den im Einklang damit vom Aufnahmemitgliedstaat erlassenen Maßnahmen nachkommt, soweit sie gemäß Art. 24 Abs. 12 der Richtlinie 2014/65/EU zulässig sind. Die FMA hat das Recht, die von der Zweigstelle getroffenen Vorkehrungen zu überprüfen und Änderungen zu verlangen, die zwingend notwendig sind, um es ihr zu ermöglichen, die Einhaltung der Verpflichtungen gemäß den Art. 24, 25, 27 und 28 der Richtlinie 2014/65/EU und den Art. 14 bis 26 der Verordnung (EU) Nr. 600/2014 sowie den im Einklang damit erlassenen Maßnahmen in Bezug auf die Dienstleistungen und Aktivitäten der Zweigstelle im Inland zu überwachen.

(6) Nach Bekanntgabe des Eingangs einer Mitteilung gemäß Abs. 2 durch die FMA oder bei Ausbleiben einer solchen Mitteilung spätestens zwei Monate nach der Weiterleitung der Mitteilung durch die zuständige Behörde des Herkunftsmitgliedstaats, kann der vertraglich gebundene Vermittler seine Tätigkeit aufnehmen. Der vertraglich gebundene Vermittler unterliegt den für Zweigstellen geltenden Bestimmungen dieses Bundesgesetzes.

(7) Die zuständige Behörde des Herkunftsmitgliedstaats einer Wertpapierfirma, die in einem anderen Mitgliedstaat zugelassen ist und im Inland eine Zweigstelle errichtet hat, darf in Wahr-

nehmung ihrer Pflichten und nach Unterrichtung der FMA als zuständiger Behörde des Aufnahmemitgliedstaats vor Ort Ermittlungen in dieser Zweigstelle vornehmen.

Errichtung einer Zweigstelle in einem Mitgliedstaat

§ 20. (1) Jede Wertpapierfirma, die im Hoheitsgebiet eines anderen Mitgliedstaats als Österreich eine Zweigstelle errichten oder vertraglich gebundene Vermittler, die in einem anderen Mitgliedstaat als Österreich niedergelassen sind, in dem sie keine Zweigstelle errichtet hat, heranziehen möchte, hat die FMA zuvor davon in Kenntnis zu setzen und dieser folgende Angaben zu übermitteln:

1. die Mitgliedstaaten, in deren Hoheitsgebiet die Errichtung einer Zweigstelle geplant ist, oder die Mitgliedstaaten, in denen sie keine Zweigstelle errichtet hat, in denen sie jedoch vertraglich gebundene Vermittler, die dort niedergelassen sind, heranzuziehen beabsichtigt;

2. einen Geschäftsplan, aus dem unter anderem die Art der angebotenen Wertpapierdienstleistungen, Anlagetätigkeiten sowie Nebendienstleistungen hervorgeht;

3. gegebenenfalls die Organisationsstruktur der Zweigstelle samt Erläuterungen und Angabe, ob beabsichtigt ist, dass die Zweigstelle vertraglich gebundene Vermittler heranzieht, sowie die Namen dieser vertraglich gebundenen Vermittler;

4. falls in einem Mitgliedstaat, in dem eine Wertpapierfirma keine Zweigstelle errichtet hat, vertraglich gebundene Vermittler herangezogen werden sollen, eine Beschreibung des beabsichtigten Einsatzes dieser Vermittler und der Organisationsstruktur, was auch Berichtslinien mit einschließt, aus denen hervorgeht, wie die Vermittler in die Unternehmensstruktur der Wertpapierfirma eingeordnet sind;

5. die Anschrift, unter der im Aufnahmemitgliedstaat Unterlagen angefordert werden können,

6. die Namen der verantwortlichen Geschäftsführer der Zweigstelle oder des vertraglich gebundenen Vermittlers.

(2) Zieht eine Wertpapierfirma einen vertraglich gebundenen Vermittler heran, der in einem anderen Mitgliedstaat als in Österreich ansässig ist, wird dieser vertraglich gebundene Vermittler der Zweigstelle – sofern eine solche errichtet wurde – gleichgestellt und unterliegt in jedem Fall den für Zweigstellen geltenden Bestimmungen der Richtlinie 2014/65/EU.

(3) Sofern die FMA in Anbetracht der geplanten Tätigkeiten keinen Grund hat, die Angemessenheit der Verwaltungsstrukturen oder der Finanzlage der Wertpapierfirma anzuzweifeln, hat sie die Angaben gemäß Abs. 1 innerhalb von drei Monaten nach Eingang sämtlicher Angaben der gemäß Art. 79 Absatz 1 der Richtlinie 2014/65/EU als Kontaktstelle benannten zuständigen Behörde des Aufnahmemitgliedstaats zu übermitteln und dies der betreffenden Wertpapierfirma mitzuteilen.

(4) Zusätzlich zu den Angaben gemäß Abs. 1 hat die FMA der zuständigen Behörde des Aufnahmemitgliedstaats genaue Angaben zu dem anerkannten Anlegerentschädigungssystem mitzuteilen, dem die Wertpapierfirma angeschlossen ist. Im Falle einer Änderung dieser Angaben hat die FMA dies der zuständigen Behörde des Aufnahmemitgliedstaats mitzuteilen.

(5) Verweigert die FMA die Übermittlung der Angaben an die zuständige Behörde des Aufnahmemitgliedstaats, hat sie der betroffenen Wertpapierfirma innerhalb von drei Monaten nach Eingang sämtlicher Angaben die Gründe dafür mitzuteilen.

(6) Jedes Kreditinstitut, das zur Erbringung von Wertpapierdienstleistungen oder zur Ausübung von Anlagetätigkeiten und Nebendienstleistungen im Einklang mit diesem Bundesgesetz und der Richtlinie 2014/65/EU einen vertraglich gebundenen Vermittler heranziehen möchte, der in einem anderen Mitgliedstaat als im Inland ansässig ist, hat dies der FMA mitzuteilen und dieser, sofern in dem Mitgliedstaat keine Zweigstelle errichtet wurde, die in Abs. 1 genannten Informationen zu übermitteln. Sofern die FMA keinen Grund hat, die Angemessenheit der Verwaltungsstrukturen oder der Finanzlage des Kreditinstituts anzuzweifeln, hat sie die Angaben innerhalb von drei Monaten nach Eingang sämtlicher Angaben der gemäß Art 79 Absatz 1 als Kontaktstelle benannten zuständigen Behörde des Aufnahmemitgliedstaats zu übermitteln und dies dem betreffenden Kreditinstitut mitzuteilen. Verweigert die FMA die Übermittlung der Angaben an die zuständige Behörde des Aufnahmemitgliedstaats, hat sie dem betreffenden Kreditinstitut innerhalb von drei Monaten nach Eingang sämtlicher Angaben die Gründe dafür mitzuteilen.

(7) Bei einer Änderung der nach Abs. 1 übermittelten Angaben hat die Wertpapierfirma der FMA diese Änderung mindestens einen Monat vor Durchführung der Änderung schriftlich mitzuteilen. Die zuständige Behörde des Aufnahmemitgliedstaats hat von der FMA über diese Änderung in Kenntnis gesetzt zu werden.

3. Abschnitt

Erbringung von Wertpapierdienstleistungen und Anlagetätigkeiten durch Drittlandfirmen

Errichtung einer Zweigstelle

§ 21. (1) Eine Drittlandfirma, die die Erbringung von Wertpapierdienstleistungen oder die

Ausübung von Anlagetätigkeiten mit oder ohne Nebentätigkeiten für Privatkunden oder für professionelle Kunden im Sinne von Anhang II Abschnitt 2 der Richtlinie 2014/65/EU in Österreich beabsichtigt, muss eine Zweigstelle in Österreich errichten.

(2) Die Drittlandfirma, die beabsichtigt, im Inland Wertpapierdienstleistungen oder Anlagetätigkeiten mit oder ohne Nebentätigkeiten zu erbringen, muss eine vorherige Zulassung der FMA einholen. Diese setzt voraus:

1. Die Erbringung der Dienstleistungen, für die die Drittlandfirma eine Zulassung beantragt, unterliegt der Zulassung und der Beaufsichtigung in dem Drittland, in dem die Firma ihren Sitz hat, und die beantragende Firma ist ordnungsgemäß zugelassen, wobei die zuständige Behörde die Empfehlungen der FATF zur Bekämpfung von Geldwäsche und Terrorismusfinanzierung gebührend berücksichtigt;

2. es bestehen Kooperationsvereinbarungen zwischen der FMA als der zuständigen Behörde in dem Mitgliedstaat, in dem die Zweigstelle errichtet werden soll, und den zuständigen Aufsichtsbehörden des Drittlandes, in dem die Firma ihren Sitz hat, in denen Bestimmungen zur Regulierung des Informationsaustausches enthalten sind, um die Integrität des Marktes zu erhalten und die Anleger zu schützen;

3. der Zweigstelle steht ein ausreichendes Anfangskapital zur freien Verfügung;

4. eine oder mehrere Personen sind zur Leitung der Zweigstelle bestellt, und sie alle erfüllen die Anforderungen gemäß Art. 9 Absatz 1 der Richtlinie 2014/65/EU;

5. das Drittland, in dem die Drittlandfirma ihren Sitz hat, hat mit Österreich eine entsprechende Vereinbarung unterzeichnet; diese Vereinbarung entspricht vollständig den Standards gemäß Art. 26 des OECD-Musterabkommens zur Vermeidung von Doppelbesteuerung von Einkommen und Vermögen und gewährleistet einen wirksamen Informationsaustausch in Steuerangelegenheiten, gegebenenfalls einschließlich multilateraler Steuervereinbarungen;

6. die Firma gehört einem System für die Entschädigung der Anleger an, das in Einklang mit der Richtlinie 97/9/EG zugelassen oder anerkannt ist.

(3) Die in Abs. 1 genannte Drittlandfirma hat ihren Antrag bei der der FMA als zuständiger Behörde des Mitgliedstaats einzureichen, in dem sie beabsichtigt, eine Zweigstelle zu errichten.

Mitteilungspflicht

§ 22. Eine Drittlandfirma, die eine Zulassung für die Erbringung von Wertpapierdienstleistungen oder die Ausübung von Anlagetätigkeiten mit oder ohne Nebentätigkeiten im Inland über eine Zweigstelle anstrebt, hat der FMA davor die folgenden Angaben zu übermitteln:

1. den Namen der für ihre Beaufsichtigung in dem betreffenden Drittland verantwortlichen Behörde; falls mehrere Behörden für die Beaufsichtigung verantwortlich sind, sind die jeweiligen Zuständigkeitsbereichen genau anzugeben;

2. sämtliche relevanten Firmenangaben (Name, Rechtsform, Firmensitz und Adresse, Mitglieder des Leitungsorgans, relevante Gesellschafter) und einen Geschäftsplan, in dem die Wertpapierdienstleistungen und/oder Anlagetätigkeiten und Nebendienstleistungen sowie die organisatorische Struktur der Zweigstelle angegeben sind, einschließlich einer Beschreibung jeglicher Auslagerung wichtiger b etrieblicher Aufgaben an Dritte;

3. die Namen der für die Leitung der Zweigstelle verantwortlichen Personen und die entsprechenden Unterlagen, um die Einhaltung der Anforderungen nach Art. 9 Absatz 1 der Richtlinie 2014/65/EU nachzuweisen;

4. Angaben zu dem Anfangskapital, das der Zweigstelle zur freien Verfügung steht.

Erteilung der Zulassung

§ 23. (1) Die FMA darf der Drittlandfirma eine Zulassung nur erteilen, wenn sie davon überzeugt ist, dass:

1. die Bedingungen von § 21 erfüllt sind und

2. die Zweigstelle des Drittlandes in der Lage ist, die in Abs. 2 genannten Bestimmungen einzuhalten.

Die FMA hat der Drittlandfirma binnen sechs Monaten nach Einreichung eines vollständigen Antrags mitzuteilen, ob eine Zulassung erteilt wurde.

(2) Die in Einklang mit Abs. 1 zugelassene Zweigstelle der Drittlandfirma hat den Verpflichtungen der §§ 29 bis 34, 38 bis 64, § 65 Abs. 1 und § 68 dieses Bundesgesetzes, der §§ 75 und 77 bis 81 BörseG, der Art. 3, 21 bis 76 und 80 bis 82 der delegierten Verordnung (EU) 2017/565 und der Art. 3 bis 26 der Verordnung (EU) Nr. 600/2014 sowie den in Einklang damit erlassenen Maßnahmen nachzukommen.

(3) Drittlandfirmen haben die Beachtung der in Abs. 2 genannten Bestimmungen durch Abschlussprüfer prüfen zu lassen. Über das Ergebnis der Prüfung ist ein Prüfbericht zu erstellen und erforderlichenfalls zu erläutern. Dieser Bericht ist von den Drittlandfirmen innerhalb von sechs Monaten nach Abschluss des Geschäftsjahres an die FMA zu übermitteln.

(4) Der Prüfungsbericht gemäß Abs. 3 ist so zeitgerecht zu erstellen und den Geschäftsleitern der Drittlandfirmen in Österreich zu übermitteln, dass die in Abs. 3 genannte Vorlagefrist eingehal-

ten werden kann. Die Angaben gemäß Abs. 3 sind in deutscher Sprache zu erstellen.

(5) Die FMA hat der ESMA jährlich die Liste der im Inland tätigen Zweigstellen von Drittlandfirmen zu übermitteln. *(BGBl I 2022/237)*

(6) Die gemäß Abs. 1 zugelassene Zweigstelle der Drittlandfirma hat der FMA jährlich folgende Angaben zu übermitteln:

1. Umfang und Bandbreite der von der Zweigstelle im Inland erbrachten Dienstleistungen und ausgeübten Tätigkeiten;

2. für Drittlandfirmen, welche Handel für eigene Rechnung gemäß § 1 Z 3 lit. c betreiben, ihre monatliche Mindest-, Durchschnitts- und Höchstrisikoposition gegenüber Gegenparteien aus der Europäischen Union;

3. für Drittlandfirmen, welche eine der in § 1 Z 3 lit. f aufgeführten Dienstleistungen erbringen, den Gesamtwert der von Gegenparteien aus der Europäischen Union stammenden Finanzinstrumente, bei denen die Übernahme der Emission oder die Platzierung mit fester Übernahmeverpflichtung während der vorausgegangenen zwölf Monate durchgeführt wurde;

4. Umsatz und Gesamtwert der Vermögenswerte, die den unter Z 1 genannten Dienstleistungen und Tätigkeiten entsprechen;

5. eine detaillierte Beschreibung der den Kunden der Zweigstelle zur Verfügung stehenden Anlegerschutzmaßnahmen, einschließlich der aus dem System für die Entschädigung der Anleger gemäß § 21 Abs. 2 Z 6 resultierenden Rechte dieser Kunden;

6. die von der Zweigstelle für die Dienstleistungen und Tätigkeiten gemäß Z 1 angewandte Risikomanagementstrategie und die entsprechenden Vorkehrungen;

7. die Unternehmensführungsregelung und Inhaber von Schlüsselfunktionen für die Tätigkeiten der Zweigstelle;

8. alle sonstigen Informationen, die nach Ansicht der FMA für eine umfassende Überwachung der Tätigkeiten der Zweigstelle erforderlich sind. *(BGBl I 2022/237)*

(7) Die FMA hat der ESMA auf Ersuchen folgende Angaben zu übermitteln:

1. Alle Zulassungen der gemäß Abs. 1 zugelassenen Zweigstellen und alle späteren Änderungen dieser Zulassungen;

2. Umfang und Bandbreite der von einer zugelassenen Zweigstelle im Inland erbrachten Dienstleistungen und ausgeübten Tätigkeiten;

3. Umsatz und gesamte Vermögenswerte, die den unter Z 2 genannten Dienstleistungen und Tätigkeiten entsprechen;

4. den Namen der Drittlandgruppe, der eine zugelassene Zweigstelle angehört. *(BGBl I 2022/237)*

(8) Die FMA hat mit den zuständigen Behörden von Unternehmen, die derselben Gruppe angehören wie die gemäß Abs. 1 zugelassenen Zweigstellen von Drittlandfirmen, sowie mit der ESMA und EBA eng zusammenzuarbeiten, um sicherzustellen, dass alle Tätigkeiten dieser Gruppe in der Europäischen Union einer umfassenden, einheitlichen und wirksamen Aufsicht gemäß diesem Bundesgesetz, der Richtlinie 2014/65/EU, der Verordnung (EU) Nr. 575/2013, der Verordnung (EU) Nr. 600/2014, der Verordnung (EU) 2019/2033, der Richtlinie 2013/36/EU und der Richtlinie (EU) 2019/2034 unterliegen. *(BGBl I 2022/237)*

Erbringung von Dienstleistungen auf Veranlassung des Kunden

§ 24. (1) Wenn in Österreich ansässige oder niedergelassene Kleinanleger oder professionelle Kunden im Sinne von Anhang II Abschnitt II der Richtlinie 2014/65/EU ausschließlich in Eigeninitiative die Erbringung einer Wertpapierdienstleistung oder die Ausübung einer Anlagetätigkeit durch eine Drittlandfirma veranlassen, so gilt die Anforderung einer Zulassung gemäß § 21 nicht für die Erbringung dieser Dienstleistung oder die Ausübung dieser Anlagetätigkeit, einschließlich Beziehungen, die in direktem Zusammenhang mit der Erbringung dieser Dienstleistung oder der Ausübung dieser Anlagetätigkeit stehen.

(2) Wenn eine Drittlandfirma oder ein Unternehmen, das in ihrem Namen handelt oder enge Verbindungen zu dieser Drittlandfirma hat, oder eine andere im Namen dieses Unternehmens handelnde Person sich aktiv um Kunden oder potenzielle Kunden im Inland bemüht, darf dies nicht als ein Dienst auf eigene ausschließliche Veranlassung des Kunden angesehen werden; dies gilt unbeschadet von gruppeninternen Beziehungen.

(3) Eine Initiative eines in Abs. 1 genannten Kunden berechtigt die Drittlandfirma nicht, neue Kategorien von Anlageprodukten oder Wertpapierdienstleistungen diesem Kunden auf anderem Wege als über die Zweigstelle zu vermarkten.

(BGBl I 2022/237)

Entzug der Zulassung

§ 25. Die FMA, die eine Zulassung gemäß § 23 erteilt hat, kann der Drittlandfirma die Zulassung entziehen, wenn diese Drittlandfirma

1. nicht binnen zwölf Monaten von der Zulassung Gebrauch macht, ausdrücklich auf sie verzichtet oder in den sechs vorhergehenden Monaten keine Wertpapierdienstleistungen erbracht oder Anlagetätigkeit ausgeübt hat;

2. die Zulassung aufgrund falscher Angaben oder auf sonstige rechtswidrige Weise erhalten hat,

3. die Voraussetzungen, auf denen die Zulassung beruhte, nicht mehr erfüllt;

4. schwerwiegend und systematisch gegen die Bestimmungen dieses Bundesgesetzes oder der Richtlinie 2014/65/EU verstoßen hat, die die Bedingungen für die Ausübung der Tätigkeit einer Wertpapierfirma regeln und auf Drittlandfirmen Anwendung finden oder

5. einen der Fälle erfüllt, in denen sonstige Vorschriften in Bezug auf Angelegenheiten, die außerhalb des Anwendungsbereichs dieses Bundesgesetzes oder der Richtlinie 2014/65/EU liegen, den Entzug vorsehen.

2. Hauptstück
Organisatorische Anforderungen

1. Abschnitt
Organisation

Rechtsträger

§ 26. (1) Rechtsträger im Sinne dieses Hauptstückes sind Kreditinstitute, Wertpapierfirmen, Wertpapierdienstleistungsunternehmen, Versicherungsunternehmen nach Maßgabe von § 2 Abs. 2,Verwaltungsgesellschaften und AIFM nach Maßgabe von § 2 Abs. 3 sowie Zweigstellen von Wertpapierfirmen nach Maßgabe von § 19 Abs. 5, von Drittlandfirmen nach Maßgabe von § 23 Abs. 2 und von Kreditinstituten nach Maßgabe von § 9 Abs. 7 BWG aus Mitgliedstaaten.

(2) Folgende Bestimmungen gelten nicht für Wertpapierdienstleistungsunternehmen:

1. Das Erfordernis einer unabhängigen Compliance-Funktion gemäß Art. 22 der delegierten Verordnung (EU) 2017/565;

2. das Erfordernis einer unabhängigen Risiko-Management-Funktion gemäß Art. 23 der delegierten Verordnung (EU) 2017/565 und

3. das Erfordernis einer getrennten unabhängigen internen Revision gemäß Art. 24 der delegierten Verordnung (EU) 2017/565.

(3) Bei Kreditinstituten, die gemäß den Vorschriften des BWG über eine hinreichend unabhängige Risiko-Management-Funktion und eine interne Revision verfügen, können die in Art. 23 und 24 delegierten Verordnung (EU) 2017/565 genannten Aufgaben von der betreffenden Organisationseinheit ausgeübt werden.

Algorithmischer Handel

§ 27. (1) Ein Rechtsträger, der algorithmischen Handel betreibt, hat über wirksame Systeme und Risikokontrollen zu verfügen, die für das von ihm betriebene Geschäft geeignet sind, um sicherzustellen, dass dessen Handelssysteme belastbar sind und über ausreichende Kapazitäten verfügen. Er hat insbesondere sicherzustellen, dass

1. seine Systeme angemessenen Handelsschwellen und Handelsobergrenzen unterliegen;

2. die Übermittlung von fehlerhaften Aufträgen oder eine Funktionsweise der Systeme vermieden wird, durch die Störungen auf dem Markt verursacht werden könnten oder ein Beitrag zu diesen geleistet werden könnte;

3. die Handelssysteme nicht für einen Zweck verwendet werden können, der gegen die Verordnung (EU) Nr. 596/2014 oder die Vorschriften des Handelsplatzes verstößt, mit dem er verbunden ist;

4. er über wirksame Notfallvorkehrungen verfügt, um mit jeglichen Störungen in seinen Handelssystemen umzugehen und

5. seine Systeme vollständig geprüft sind und ordnungsgemäß überwacht werden.

(2) Ein Rechtsträger, der algorithmischen Handel in einem Mitgliedstaat betreibt, hat dies der FMA und dem Börseunternehmen, als dessen Mitglied oder Teilnehmer er algorithmischen Handel betreibt, mitzuteilen. Die FMA kann vorschreiben, dass ihr regelmäßig oder auf Anforderung folgende Informationen zu übermitteln sind:

1. eine Beschreibung seiner algorithmischen Handelsstrategien,

2. die Einzelheiten zu den Handelsparametern oder Handelsobergrenzen, denen das System unterliegt,

3. die wichtigsten Kontrollen für Einhaltung und Risiken, die sie zur Erfüllung der in Abs. 1 festgelegten Bedingungen eingerichtet hat, sowie

4. die Einzelheiten über ihre Systemprüfung.

Die FMA kann nach dieser Bestimmung regelmäßig zu übermittelnde Informationen auch durch Verordnung festlegen. Die FMA kann vom Rechtsträger jederzeit weitere Informationen über seinen algorithmischen Handel und die für diesen Handel eingesetzten Systeme anfordern.

(3) Die FMA hat auf Verlangen der zuständigen Behörde des Handelsplatzes eines anderen Mitgliedstaates, als dessen Mitglied oder Teilnehmer ein Rechtsträger algorithmischen Handel betreibt, unverzüglich die in Abs. 2 genannten Informationen weiterzuleiten, die sie von dem algorithmischen Handel betreibenden Rechtsträger erhält.

(4) Der Rechtsträger hat dafür zu sorgen, dass Aufzeichnungen zu den in den Abs. 1 bis 3 genannten Angelegenheiten aufbewahrt werden, und sicherzustellen, dass diese ausreichend sind, um der FMA zu ermöglichen, die Einhaltung der

Anforderungen dieses Bundesgesetzes zu überprüfen.

(5) Ein Rechtsträger, der eine hochfrequente algorithmische Handelstechnik anwendet, muss von allen von ihm platzierten Aufträgen, einschließlich Auftragsstornierungen, ausgeführter Aufträge und Kursnotierungen an Handelsplätzen, in einer genehmigten Form zutreffende und chronologisch geordnete Aufzeichnungen aufbewahren und diese der FMA auf deren Anfrage hin zur Verfügung stellen.

(6) Ein Rechtsträger, der in Verfolgung einer Market-Making-Strategie algorithmischen Handel betreibt, muss, unter Berücksichtigung der Liquidität, des Umfangs und der Art des konkreten Markts und der Merkmale des gehandelten Instruments, folgende Anforderungen erfüllen:

1. Der Rechtsträger muss dieses Market-Making während eines festgelegten Teils der Handelszeiten des Handelsplatzes, abgesehen von außergewöhnlichen Umständen, kontinuierlich betreiben, wodurch der Handelsplatz regelmäßig und verlässlich mit Liquidität versorgt wird,

2. der Rechtsträger muss eine rechtlich bindende schriftliche Vereinbarung mit dem Börseunternehmen schließen, in der zumindest die Verpflichtungen der Wertpapierfirma im Einklang mit Z 1 festgelegt werden, und

3. der Rechtsträger muss über wirksame Systeme und Kontrollen verfügen, durch die gewährleistet wird, dass er jederzeit seine Verpflichtungen nach der in Z 2 genannten Vereinbarung erfüllt.

(7) Für die Zwecke dieser Bestimmung wird angenommen, dass ein Rechtsträger, der algorithmischen Handel betreibt, eine Market-Making-Strategie verfolgt, wenn er Mitglied oder Teilnehmer des Börseunternehmens ist und seine Strategie beim Handel auf eigene Rechnung beinhaltet, dass er in Bezug auf ein oder mehrere Finanzinstrumente feste, zeitgleiche Geld- und Briefkurse vergleichbarer Höhe zu wettbewerbsfähigen Preisen stellt, sodass der Gesamtmarkt regelmäßig und kontinuierlich mit Liquidität versorgt wird.

Direkter elektronischer Zugang

§ 28. (1) Ein Rechtsträger, der einen direkten elektronischen Zugang zum Börseunternehmen bietet, hat über wirksame Systeme und Kontrollen zu verfügen, durch die eine ordnungsgemäße Beurteilung und Überprüfung der Eignung der Kunden, die diesen Dienst nutzen, gewährleistet wird. Ein direkter elektronischer Zugang ohne solche Kontrollen ist verboten. Der Rechtsträger hat insbesondere sicherzustellen, dass

1. die Kunden die angemessenen voreingestellten Handels- und Kreditschwellen nicht überschreiten können,

2. der Handel der Kunden ordnungsgemäß überwacht wird,

3. ein Handel, durch den Risiken für den Rechtsträger selbst entstehen oder durch den Störungen am Markt auftreten könnten oder dazu beigetragen werden könnte oder der gegen die Verordnung (EU) Nr. 596/2014 oder die Vorschriften des Handelsplatzes verstoßen könnte, durch angemessene Risikokontrollen verhindert wird,

4. Kunden, die diesen Dienst nutzen, die in diesem Bundesgesetz für Kunden festgelegten Anforderungen erfüllen und die Vorschriften des Börseunternehmens einhalten,

5. er die Geschäfte überwacht, um Verstöße gegen diese Regeln, marktstörende Handelsbedingungen oder auf Marktmissbrauch hindeutende Verhaltensweisen, welche der FMA zu melden sind, zu erkennen,

6. eine rechtlich bindende schriftliche Vereinbarung zwischen ihm und dem jeweiligen Kunden im Hinblick auf die wesentlichen Rechte und Pflichten, die durch diesen Dienst entstehen, besteht und

7. die Verantwortung im Rahmen dieses Bundesgesetzes nach der Vereinbarung gemäß Z 6 bei dem Rechtsträger verbleibt.

(2) Ein Rechtsträger, der einen direkten elektronischen Zugang zum Börseunternehmen bietet, hat der FMA dies zu melden. Der Rechtsträger, der an einem Handelsplatz eines anderen Mitgliedstaates einen direkten elektronischen Zugang bietet, hat der zuständigen Behörde des betreffenden anderen Mitgliedstaates eine entsprechende Meldung zu machen.

(3) Die FMA kann einem Rechtsträger, der einen direkten elektronischen Zugang bietet, vorschreiben, regelmäßig oder ad hoc eine Beschreibung der in Abs. 1 genannten Systeme und Kontrollen sowie Nachweise für ihre Anwendung vorzulegen.

(4) Auf Ersuchen einer zuständigen Behörde des Handelsplatzes eines anderen Mitgliedstaates, zu dem ein Rechtsträger direkten elektronischen Zugang bietet, hat die FMA die in Abs. 3 genannten Informationen, die sie von dem Rechtsträger erhält, unverzüglich weiterzuleiten.

(5) Der Rechtsträger hat dafür zu sorgen, dass Aufzeichnungen zu den in Abs. 1 bis 4 genannten Angelegenheiten aufbewahrt werden, und sicherzustellen, dass diese ausreichend sind, um der FMA zu ermöglichen, die Einhaltung der Anforderungen dieses Bundesgesetzes zu überprüfen.

(6) Ein Rechtsträger, der als allgemeines Clearing-Mitglied für andere Personen handelt, hat über wirksame Systeme und Kontrollen zu verfügen, um sicherzustellen, dass Clearing-Dienste nur für Personen angewandt werden, die dafür geeignet sind und die eindeutige Kriterien erfüllen, und diesen Personen geeignete Anforde-

rungen auferlegt werden, damit sie die Risiken für die Wertpapierfirma und den Markt verringern. Der Rechtsträger hat dafür zu sorgen, dass eine rechtlich bindende schriftliche Vereinbarung zwischen ihm und der jeweiligen Person im Hinblick auf die wesentlichen Rechte und Pflichten besteht, die durch diesen Dienst entstehen.

Allgemeine organisatorische Anforderungen

§ 29. (1) Ein Rechtsträger hat durch Festlegung angemessener Strategien und Verfahren dafür zu sorgen, dass er selbst, seine Geschäftsleitung, Beschäftigten und vertraglich gebundenen Vermittler den Verpflichtungen dieses Bundesgesetzes „sowie den organisatorischen Anforderungen und Ausübungsbedingungen des Kapitel II und des Kapitel III der delegierten Verordnung (EU) 2017/565“ dieser Personen nachkommen („Compliance“). *(BGBl I 2018/37)*

(2) Ein Rechtsträger hat auf Dauer wirksame organisatorische und verwaltungsmäßige Vorkehrungen für angemessene Maßnahmen zu treffen, um zu verhindern, dass Interessenkonflikte gemäß § 45 den Kundeninteressen schaden.

(3) Durch die in Abs. 2 und den §§ 30 und 31 genannten Maßnahmen, Verfahren und Vorkehrungen werden alle anderen Anforderungen dieses Bundesgesetzes und der Verordnung (EU) Nr. 600/2014, einschließlich derjenigen, die sich auf Offenlegung, Eignung oder Angemessenheit, Ermittlung von Interessenkonflikten und den Umgang mit ihnen sowie Vorteile beziehen, nicht berührt.

(4) Ein Rechtsträger hat angemessene Vorkehrungen zu treffen, um die Kontinuität und Regelmäßigkeit der Wertpapierdienstleistungen und Anlagetätigkeiten zu gewährleisten. Zu diesem Zweck hat er geeignete und angemessene Systeme, Ressourcen und Verfahren einzurichten.

(5) Ein Rechtsträger, der zur Erbringung der Wertpapierdienstleistungen gemäß § 1 Z 3 lit. b oder c oder zum Betrieb der Bankgeschäfte gemäß § 1 Abs. 1 Z 7 und 7a BWG berechtigt ist, hat Maßnahmen gemäß Art. 6 Abs. 2 der Verordnung (EU) Nr. 909/2014 zur Verbesserung der Wertpapierlieferungen und -abrechnungen in der Europäischen Union und über Zentralverwahrer sowie zur Änderung der Richtlinien 98/26/EG und 2014/65/EU und der Verordnung (EU) Nr. 236/2012 zu treffen, um die Zahl gescheiterter Abwicklungen zu begrenzen.

(6) Unbeschadet der Möglichkeit der FMA, Zugang zu Kommunikation gemäß diesem Bundesgesetz und der Verordnung (EU) Nr. 600/2014 zu verlangen, hat ein Rechtsträger über solide Sicherheitsmechanismen zu verfügen, durch die die Sicherheit und Authentifizierung der Informationsübermittlungswege gewährleistet werden, das Risiko der Datenverfälschung und des unberechtigten Zugriffs minimiert und ein Durchsickern von Informationen verhindert wird, so dass die Vertraulichkeit der Daten jederzeit gewährleistet ist. Produktüberwachungspflichten für Rechtsträger, die Finanzinstrumente konzipieren

Produktüberwachungspflichten für Rechtsträger, die Finanzinstrumente konzipieren

§ 30. (1) Ein Rechtsträger, der Finanzinstrumente konzipiert (Konzepteur), was auch die Schaffung, Entwicklung, Begebung und Gestaltung von Finanzinstrumenten beinhaltet, hat die nachstehenden Anforderungen so zu erfüllen, wie es unter Berücksichtigung der Art des Finanzinstruments, der Wertpapierdienstleistung und des Zielmarkts des Produkts angemessen und verhältnismäßig ist.

(2) Ein Konzepteur, der Finanzinstrumente zum Verkauf an Kunden konzipiert, hat ein Verfahren für die Genehmigung jedes einzelnen Finanzinstruments und jeder wesentlichen Anpassung bestehender Finanzinstrumente zu unterhalten, zu betreiben und zu überprüfen, bevor es an Kunden vermarktet oder vertrieben wird.

(3) Der Konzepteur hat Verfahren und Maßnahmen einzuführen, umzusetzen und aufrechtzuerhalten, die sicherstellen, dass die Konzeption von Finanzinstrumenten die Anforderungen für den ordnungsgemäßen Umgang mit Interessenkonflikten, einschließlich Vergütung, erfüllen. Der Konzepteur hat insbesondere dafür Sorge zu tragen, dass die Gestaltung des Finanzinstruments, einschließlich seiner Merkmale, keine negativen Auswirkungen auf die Endkunden hat und nicht zu Problemen mit der Marktintegrität führt, dadurch dass diese Gestaltung es dem Konzepteur ermöglicht, eigene Risiken oder Positionen im Basiswert des Produkts zu mindern oder sich derer zu entledigen, falls der Konzepteur die Basiswerte bereits für eigene Rechnung hält.

(4) Der Konzepteur hat bei der Konzeption eines Finanzinstruments mögliche Interessenkonflikte zu analysieren. Insbesondere hat der Konzepteur zu bewerten, ob das Finanzinstrument eine Situation schafft, in der den Endkunden Nachteile entstehen könnten, wenn sie

1. eine Gegenposition zu der Position übernehmen, die zuvor vom Konzepteur selbst gehalten wurde oder

2. eine Gegenposition zu der Position übernehmen, die der Konzepteur nach Verkauf des Produkts halten will.

(5) Der Konzepteur hat zu prüfen, ob das Finanzinstrument eine Gefahr für die geordnete Funktionsweise oder die Stabilität der Finanzmärkte darstellen könnte, bevor er beschließt, mit der Auflage des Produkts fortzufahren.

(6) Der Konzepteur hat sicherzustellen, dass die an der Konzeption von Finanzinstrumenten beteiligten maßgeblichen Mitarbeiter über die erforderliche Sachkenntnis verfügen, um die Merkmale und Risiken der Finanzinstrumente, die sie konzipieren wollen, zu verstehen.

(7) Der Konzepteur hat dafür zu sorgen, dass die Geschäftsleitung eine wirksame Kontrolle über den Produktüberwachungsprozess des Konzepteurs ausübt. Der Konzepteur hat dabei sicherzustellen, dass die Compliance-Berichte an die Geschäftsleitung systematisch auch Informationen über die vom Konzepteur konzipierten Finanzinstrumente, einschließlich Informationen über die Vertriebsstrategie, enthalten. Der Konzepteur hat diese Berichte auf Verlangen der FMA zur Verfügung zu stellen.

(8) Der Konzepteur hat sicherzustellen, dass die Compliance-Funktion die Entwicklung und regelmäßige Überprüfung der Produktüberwachungsvorkehrungen überwacht, damit jegliches Risiko, dass der Konzepteur die in diesem Paragraphen festgelegten Verpflichtungen nicht erfüllt, erkannt wird.

(9) Der Konzepteur hat im Falle der Zusammenarbeit bei der Schaffung, Entwicklung, Begebung und Gestaltung eines Produkts, inbesondere auch mit Unternehmen, die nicht gemäß der Richtlinie 2014/65/EU zugelassen und beaufsichtigt werden, oder mit Rechtsträgern aus Drittländern, die jeweiligen Verantwortlichkeiten festzuhalten.

(10) Im Produktgenehmigungsverfahren gemäß Abs. 2 hat ein Konzepteur einen bestimmten Zielmarkt für Endkunden innerhalb der jeweiligen Kundengattung für jedes Finanzinstrument festzulegen und sicherzustellen, dass alle einschlägigen Risiken für diesen bestimmten Zielmarkt bewertet werden und die beabsichtigte Vertriebsstrategie dem bestimmten Zielmarkt entspricht.

(11) Der Konzepteur hat mit ausreichender Detailtiefe den potenziellen Zielmarkt für jedes Finanzinstrument und die Kundenarten zu bestimmen, mit deren Bedürfnissen, Merkmalen und Zielen, einschließlich etwaiger nachhaltigkeitsbezogener Ziele, das Finanzinstrument vereinbar ist. Im Rahmen dieses Prozesses hat der Konzepteur etwaige Kundengruppen zu bestimmen, mit deren Bedürfnissen, Merkmalen und Zielen das Finanzinstrument nicht vereinbar ist, es sei denn, bei den betreffenden Finanzinstrumenten werden Nachhaltigkeitsfaktoren berücksichtigt. Weiters hat er sicherzustellen, dass alle einschlägigen Risiken für diesen bestimmten Zielmarkt bewertet werden und die beabsichtigte Vertriebsstrategie dem bestimmten Zielmarkt entspricht. Arbeiten mehrere Rechtsträger bei der Konzeption eines Finanzinstruments zusammen, braucht nur ein Zielmarkt bestimmt zu werden. *(BGBl I 2022/139)*

(12) Ein Konzepteur, der durch andere Rechtsträger vertriebene Finanzinstrumente konzipiert, hat die Bedürfnisse und Merkmale der Kunden zu bestimmen, mit denen das Produkt vereinbar ist, auf der Grundlage seiner theoretischen Kenntnisse und bisherigen Erfahrungen, die er in Bezug auf das Finanzinstrument oder vergleichbare Finanzinstrumente, die Finanzmärkte sowie die Bedürfnisse, Merkmale und Ziele der potenziellen Endkunden erworben hat.

WAG 2018

(13) Der Konzepteur hat eine Szenarioanalyse seiner Finanzinstrumente durchzuführen, bei der bewertet wird, welche Risiken bei dem Produkt hinsichtlich schlechter Ergebnisse für Endkunden bestehen und unter welchen Umständen diese Ergebnisse eintreten könnten. Der Konzepteur hat das Finanzinstrument unter Negativbedingungen zu bewerten und dabei inbesondere zu analysieren, was geschieht, wenn

1. sich die Marktbedingungen verschlechtern,

2. der Konzepteur oder einer an der Konzeption oder der Funktionsweise des Finanzinstruments beteiligter Dritter in finanzielle Schwierigkeiten gerät oder ein anderes Gegenparteirisiko eintritt,

3. sich das Finanzinstrument als kommerziell nicht lebensfähig erweist oder

4. die Nachfrage nach dem Finanzinstrument erheblich höher ausfällt als erwartet, so dass Druck auf die Ressourcen des Konzepteurs oder den Markt des Basisinstruments entsteht.

(14) Der Konzepteur hat festzustellen, ob ein Finanzinstrument den ermittelten Bedürfnissen, Merkmalen und Zielen des Zielmarkts entspricht, insbesondere indem er untersucht, ob folgende Elemente gegeben sind:

1. Das Risiko-/Ertragsprofil des Finanzinstruments ist mit dem Zielmarkt vereinbar;

2. etwaige Nachhaltigkeitsfaktoren des Finanzinstruments sind mit dem Zielmarkt vereinbar;

3. die Gestaltung des Finanzinstruments wird durch Merkmale bestimmt, die für den Kunden von Vorteil sind, und nicht durch ein Geschäftsmodell, dessen Rentabilität auf schlechten Kundenergebnissen beruht.
(BGBl I 2022/139)

(15) Der Konzepteur hat die für das Finanzinstrument geplante Gebührenstruktur zu prüfen, indem er insbesondere untersucht, ob

1. die Kosten und Gebühren des Finanzinstruments mit den Bedürfnissen, Zielen und Merkmalen des Zielmarkts vereinbar sind;

2. die Gebühren nicht die Renditeerwartungen an das Finanzinstrument untergraben, was insbesondere der Fall ist, wenn die Kosten oder Gebühren nahezu alle erwarteten steuerlichen Vorteile eines Finanzinstruments aufwiegen, übersteigen oder zunichte machen oder

3. die Gebührenstruktur des Finanzinstruments für den Zielmarkt hinreichend transparent ist, so dass sie Gebühren nicht verschleiert und nicht zu komplex ist, um verstanden werden zu können.

(16) Der Konzepteur hat dafür zu sorgen, dass die Bereitstellung von Informationen über ein Finanzinstrument an die Vertreiber auch Informationen über die für das Finanzinstrument geeigneten Vertriebskanäle, das Produktgenehmigungsverfahren und die Zielmarktbewertung beinhaltet und einem angemessenen Standard entspricht, der die Vertreiber in die Lage versetzt, das Finanzinstrument richtig zu verstehen und zu empfehlen oder zu verkaufen.

(16a) Der Konzepteur hat die Nachhaltigkeitsfaktoren des Finanzinstruments auf transparente Art und Weise zu beschreiben und den Vertreibern die Informationen zu bieten, die sie benötigen, um jegliche nachhaltigkeitsbezogenen Ziele des Kunden oder potenziellen Kunden gebührend berücksichtigen zu können. *(BGBl I 2022/139)*

(17) Ein Konzepteur hat die von ihm konzipierten Finanzinstrumente regelmäßig zu überprüfen und dabei alle Ereignisse zu berücksichtigen, die das potenzielle Risiko für den bestimmten Zielmarkt wesentlich beeinflussen könnten. Der Konzepteur hat zu prüfen, ob das Finanzinstrument weiterhin mit den Bedürfnissen, Merkmalen und Zielen des Zielmarkts vereinbar ist und auf dem Zielmarkt vertrieben wird oder ob es Kunden erreicht, mit deren Bedürfnissen, Merkmalen und Zielen, einschließlich etwaiger nachhaltigkeitsbezogener Ziele, das Finanzinstrument nicht vereinbar ist. *(BGBl I 2022/139)*

(18) Ein Konzepteur hat die Finanzinstrumente vor jeder weiteren Begebung oder Wiederauflage – wenn er Kenntnis von einem Ereignis hat, dass das potenzielle Risiko für die Anleger wesentlich beeinflussen könnte – sowie in regelmäßigen Abständen zu überprüfen, um zu bewerten, ob die Finanzinstrumente in der beabsichtigten Weise funktionieren. Der Konzepteur hat festzulegen, in welchen Abständen er seine Finanzinstrumente überprüft, wobei er relevante Faktoren zu berücksichtigen hat, insbesondere Faktoren, die mit der Komplexität oder dem innovativen Charakter der verfolgten Anlagestrategien zusammenhängen. Der Konzepteur hat auch zentrale Ereignisse zu bestimmen, die das potenzielle Risiko oder die Renditeerwartungen des Finanzinstruments beeinflussen können, insbesondere

1. das Überschreiten einer Schwelle, die das Ertragsprofil des Finanzinstruments beeinflussen wird oder

2. die Solvabilität bestimmter Emittenten, deren Wertpapiere oder Garantien sich auf die Wertentwicklung des Finanzinstruments auswirken könnten.

(19) Der Konzepteur hat bei Eintritt von Ereignissen im Sinne des Abs. 18 angemessene Maßnahmen zu ergreifen, insbesondere:

1. alle relevanten Informationen über das Ereignis und seine Auswirkungen auf das Finanzinstrument an die Kunden oder die Vertreiber des Finanzinstruments, falls der Konzepteur das Finanzinstrument den Kunden nicht direkt anbietet oder nicht direkt an die Kunden vertreibt, zu übermitteln;

2. das Produktgenehmigungsverfahren zu verändern;

3. die weitere Begebung des Finanzinstruments einzustellen;

4. die Vertragsbedingungen des Finanzinstruments zu verändern;

5. zu prüfen, ob die für den Verkauf der Finanzinstrumente genutzten Kanäle angemessen sind, wenn der Konzepteur feststellt, dass das Finanzinstrument nicht wie geplant verkauft wird;

6. Kontakt mit dem Vertreiber aufzunehmen, um eine Veränderung des Vertriebsprozesses zu erörtern;

7. die Beziehung mit dem Vertreiber zu beenden;

8. die FMA unverzüglich zu unterrichten.

Produktüberwachungspflichten für Vertreiber

§ 31. (1) Der Rechtsträger hat bei seiner Entscheidung über die Palette der Finanzinstrumente, die von ihm selbst oder von anderen Rechtsträgern begeben werden, und der Dienstleistungen, die er den Kunden anzubieten oder zu empfehlen beabsichtigt, die nachstehenden Anforderungen so zu erfüllen, wie es unter Berücksichtigung der Art des Finanzinstruments, der Wertpapierdienstleistung und des Zielmarkts des Produkts angemessen und verhältnismäßig ist.

(2) Ein Rechtsträger hat die in diesem Bundesgesetz festgelegten Anforderungen auch dann zu erfüllen, wenn er Finanzinstrumente anbietet oder empfiehlt, die von nicht unter die Richtlinie 2014/65/EU fallenden Unternehmen konzipiert wurden. Dabei hat der Rechtsträger über wirksame Vorkehrungen zu verfügen, um von den betreffenden Konzepteuren ausreichende Informationen gemäß § 30 Abs. 16 über die Finanzinstrumente zu erhalten. Der Rechtsträger hat den Zielmarkt für das jeweilige Finanzinstrument festzulegen, auch wenn der Zielmarkt vom Konzepteur nicht abgegrenzt wurde.

(3) Der Rechtsträger hat über angemessene Produktüberwachungsvorkehrungen zu verfügen, die sicherstellen, dass die Produkte und Dienstleistungen, die er anbieten oder empfehlen will, mit den Bedürfnissen, Merkmalen und Zielen, einschließlich etwaiger nachhaltigkeitsbezogener Ziele, eines bestimmten Zielmarkts vereinbar sind

und dass die beabsichtigte Vertriebsstrategie dem bestimmten Zielmarkt entspricht. Der Rechtsträger hat die Situation und die Bedürfnisse der Kunden, auf die er sich konzentrieren will, zu ermitteln und in angemessener Weise zu bewerten, um sicherzustellen, dass die Interessen der Kunden nicht aufgrund kommerziellen oder finanziellen Drucks beeinträchtigt werden. Dabei bestimmt der Rechtsträger jegliche Kundengruppen, mit deren Bedürfnissen, Merkmalen und Zielen das Finanzinstrument oder die Dienstleistung nicht vereinbar ist, es sei denn, bei den betreffenden Finanzinstrumenten werden Nachhaltigkeitsfaktoren berücksichtigt. *(BGBl I 2022/139)*

(4) Der Rechtsträger hat von Konzepteuren, die unter die Richtlinie 2014/65/EU fallen, Informationen zu erhalten, um das erforderliche Verständnis und Wissen in Bezug auf die Produkte zu erlangen, die er empfehlen oder verkaufen will, damit sichergestellt ist, dass diese Produkte entsprechend den Bedürfnissen, Merkmalen und Zielen des bestimmten Zielmarkts vertrieben werden.

(5) Der Rechtsträger hat alle zumutbaren Schritte zu unternehmen, um zu gewährleisten, dass er auch von Konzepteuren, die nicht unter die Richtlinie 2014/65/EU fallen, ausreichende und zuverlässige Informationen erhält, damit sichergestellt ist, dass die Produkte entsprechend den Merkmalen, Zielen und Bedürfnissen des Zielmarkts vertrieben werden. Sind relevante Informationen nicht öffentlich zugänglich, hat der Vertreiber alle zumutbaren Schritte zu unternehmen, um diese relevanten Informationen vom Konzepteur oder seinem Beauftragten zu erhalten. Akzeptable öffentlich zugängliche Informationen sind Informationen, die klar und verlässlich sind und zur Erfüllung regulatorischer Anforderungen, etwa der Offenlegungspflichten gemäß der Richtlinie 2003/71/EG oder der Richtlinie 2004/109/EG, erstellt werden. Diese Verpflichtung gilt für Produkte, die auf den Primär- und Sekundärmärkten verkauft werden, und wird je nach Grad der Erhältlichkeit öffentlich zugänglicher Informationen und der Komplexität des Produkts in einer dem Verhältnismäßigkeitsprinzip entsprechenden Weise angewandt.

(6) Der Rechtsträger hat den Zielmarkt und die Vertriebsstrategie anhand der von den Konzepteuren erhaltenen Informationen und der Informationen über seine eigenen Kunden zu bestimmen. Handelt ein Rechtsträger sowohl als Konzepteur als auch als Vertreiber, ist nur eine Zielmarktbestimmung erforderlich.

(7) Der Rechtsträger hat bei seiner Entscheidung über die Palette der Finanzinstrumente und Dienstleistungen, die er anbieten oder empfehlen will, und über die jeweiligen Zielmärkte Verfahren und Maßnahmen aufrechtzuerhalten, die die Einhaltung aller gemäß diesem Bundesgesetz geltenden Anforderungen sicherstellen, einschließlich jener, die für die Offenlegung, für die Bewertung der Eignung oder Angemessenheit, für Vorteile und für den ordnungsgemäßen Umgang mit Interessenkonflikten gelten. In diesem Zusammenhang ist mit besonderer Sorgfalt zu verfahren, wenn Vertreiber neue Produkte anbieten oder empfehlen wollen oder wenn es bei den Dienstleistungen, die sie erbringen, Veränderungen gibt.

(8) Der Rechtsträger hat seine Produktüberwachungsvorkehrungen in regelmäßigen Abständen zu überprüfen und zu aktualisieren, damit sichergestellt ist, dass diese belastbar und zweckmäßig bleiben, und erforderlichenfalls geeignete Maßnahmen zu ergreifen.

(9) Der Rechtsträger hat die von ihm angebotenen oder empfohlenen Finanzinstrumente und die von ihm erbrachten Dienstleistungen regelmäßig zu überprüfen und dabei alle Ereignisse zu berücksichtigen, die das potenzielle Risiko für den bestimmten Zielmarkt wesentlich beeinflussen könnten. Der Rechtsträger hat zumindest zu bewerten, ob das Produkt oder die Dienstleistung den Bedürfnissen, Merkmalen und Zielen, einschließlich etwaiger nachhaltigkeitsbezogener Ziele, des bestimmten Zielmarkts weiterhin entspricht und ob die beabsichtigte Vertriebsstrategie immer noch geeignet ist. Der Rechtsträger hat den Zielmarkt erneut zu überprüfen und die Produktüberwachungsvorkehrungen zu aktualisieren, wenn ihm bewusst wird, dass er den Zielmarkt für ein bestimmtes Produkt oder eine bestimmte Dienstleistung nicht richtig bestimmt hat oder dass das Produkt oder die Dienstleistung den Gegebenheiten des bestimmten Zielmarkts nicht mehr gerecht wird, insbesondere falls das Produkt aufgrund von Marktveränderungen illiquide oder hochgradig volatil wird. *(BGBl I 2022/139)*

(10) Der Rechtsträger hat sicherzustellen, dass seine Compliance-Funktion die Entwicklung und regelmäßige Überprüfung der Produktüberwachungsvorkehrungen kontrolliert, damit jegliches Risiko, dass der Rechtsträger die in dieser Bestimmung festgelegten Verpflichtungen nicht erfüllt, erkannt wird.

(11) Der Rechtsträger hat sicherzustellen, dass die maßgeblichen Mitarbeiter über die notwendige Sachkenntnis verfügen, um die Merkmale und Risiken der Produkte, die er anbieten oder empfehlen will, und der erbrachten Dienstleistungen sowie die Bedürfnisse, Merkmale und Ziele des bestimmten Zielmarkts zu verstehen.

(12) Der Rechtsträger hat sicherzustellen, dass die Geschäftsleitung eine tatsächliche Kontrolle über den Produktüberwachungsprozess des Rechtsträgers ausübt, mit dem die Palette der Anlageprodukte, die der Rechtsträger auf den jeweiligen Zielmärkten anbietet oder empfiehlt, und der Dienstleistungen, die der Rechtsträger auf den jeweiligen Zielmärkten erbringt, festge-

legt wird. Der Rechtsträger hat dabei sicherzustellen, dass die Compliance-Berichte an die Geschäftsleitung systematisch auch Informationen über die vom Rechtsträger angebotenen oder empfohlenen Produkte und die erbrachten Dienstleistungen enthalten. Die Compliance-Berichte sind der FMA auf Verlangen zur Verfügung zu stellen.

(13) Die Vertreiber haben den Konzepteuren Informationen über die Verkäufe und, sofern angebracht, Informationen über die vorgenannten Überprüfungen zu übermitteln, um die von den Konzepteuren durchgeführten Produktüberprüfungen zu unterstützen.

(14) Arbeiten verschiedene Rechtsträger beim Vertrieb eines Produkts oder einer Dienstleistung zusammen, hat der Rechtsträger mit der direkten Kundenbeziehung die Letztverantwortung für die Erfüllung der in dieser Bestimmung festgelegten Produktüberwachungspflichten zu tragen. Jedoch sind die zwischengeschalteten Rechtsträger verpflichtet,

1. sicherzustellen, dass relevante Produktinformationen vom Konzepteur an den Endvertreiber in der Vertriebskette weitergegeben werden;

2. für den Fall, dass der Konzepteur Informationen über die Produktverkäufe benötigt, um seine eigenen Produktüberwachungspflichten zu erfüllen, ihm die Erlangung dieser Informationen zu ermöglichen und

3. die Produktüberwachungspflichten für Konzepteure, so wie relevant, in Bezug auf die von ihnen erbrachten Dienstleistungen anzuwenden.

Ausnahme von Anforderungen an die Produktüberwachung

§ 31a. Rechtsträger sind von den in §§ 30, 31 und § 47 Abs. 2 und 3 dieses Bundesgesetzes festgelegten Anforderungen an die Produktüberwachung ausgenommen, sofern sich die Wertpapierdienstleistung, die sie erbringen, auf Anleihen bezieht, die über keine anderen eingebetteten Derivate als eine Make-Whole-Klausel verfügen, oder wenn die Finanzinstrumente ausschließlich an geeignete Gegenparteien vermarktet oder vertrieben werden.

(BGBl I 2022/69)

Risikomanagement und interne Revision

§ 32. Ein Rechtsträger hat über eine ordnungsgemäße Verwaltung und Buchhaltung, interne Kontrollmechanismen, effiziente Verfahren zur Risikobewertung sowie wirksame Kontroll- und Sicherheitsmechanismen für Datenverarbeitungssysteme zu verfügen.

Verpflichtung zum Führen von Aufzeichnungen

§ 33. (1) Ein Rechtsträger hat über alle seine Dienstleistungen, Tätigkeiten und Geschäfte Aufzeichnungen zu führen, aufgrund derer die FMA ihrer Aufsichtspflicht nachkommen und die in diesem Bundesgesetz, im BörseG 2018, in der Verordnung (EU) Nr. 600/2014 und in der Verordnung (EU) Nr. 596/2014 vorgesehenen Durchsetzungsmaßnahmen ergreifen und sich vor allem vergewissern kann, ob der Rechtsträger sämtliche Verpflichtungen, einschließlich denen gegenüber seinen Kunden oder potenziellen Kunden und im Hinblick auf die Integrität des Marktes eingehalten hat.

(2) Die Aufzeichnungen gemäß Abs. 1 haben die Aufzeichnung von Telefongesprächen und elektronischer Kommunikation zumindest in Bezug auf die beim Handel für eigene Rechnung getätigten Geschäfte und die Erbringung von Dienstleistungen, die sich auf die Annahme, Übermittlung und Ausführung von Kundenaufträgen beziehen, zu enthalten.

(3) Telefongespräche und elektronische Kommunikation gemäß Abs. 2 umfassen auch solche, mit denen Geschäfte im Rahmen des Handels für eigene Rechnung oder die Erbringung von Dienstleistungen veranlasst werden sollen, die sich auf die Annahme, Übermittlung und Ausführung von Kundenaufträgen beziehen, auch wenn diese Gespräche und Mitteilungen nicht zum Abschluss solcher Geschäfte oder zur Erbringung solcher Dienstleistungen führen.

(4) Ein Rechtsträger hat zu den in Abs. 2 und 3 genannten Zwecken alle angemessenen Maßnahmen zu ergreifen, um einschlägige Telefongespräche und elektronische Kommunikation aufzuzeichnen, die mit Geräten erstellt oder von Geräten gesendet oder empfangen wurden, die der Rechtsträger einem Angestellten oder freien Mitarbeiter zur Verfügung gestellt hat oder deren Nutzung durch einen Angestellten oder freien Mitarbeiter von dem Rechtsträger gebilligt oder gestattet wurde.

(5) Ein Rechtsträger hat Neu- und Altkunden mitzuteilen, dass Telefongespräche oder elektronische Kommunikation zwischen dem Rechtsträger und seinen Kunden, die zu Geschäften führen oder führen können, aufgezeichnet werden. Es ist ausreichend, dies Neu- und Altkunden einmal vor Erbringung der Wertpapierdienstleistungen mitzuteilen, zumindest aber einmal pro Jahr.

(6) Einem Rechtsträger, der seine Kunden nicht im Voraus über die Aufzeichnung ihrer Telefongespräche oder Kommunikation informiert hat, ist es nicht gestattet, für diese telefonische Wertpapierdienstleistungen zu erbringen oder telefonische Anlagetätigkeiten auszuüben, wenn sich diese Wertpapierdienstleistungen und Anlagetä-

tigkeiten auf die Annahme, Übermittlung und Ausführung von Kundenaufträgen beziehen.

(7) Kunden können ihre Aufträge über andere Kanäle platzieren, allerdings müssen solche Mitteilungen über einen dauerhaften Datenträger erfolgen, wie zum Beispiel E-Mail, Fax oder während eines Treffens erstellte Aufzeichnungen über Kundenaufträge. Insbesondere der Inhalt der „relevanten" persönlichen Gespräche darf durch die Anfertigung schriftlicher Protokolle oder Vermerke aufgezeichnet werden. Diese Aufträge gelten als den telefonisch entgegengenommenen Aufträgen gleichwertig. *(BGBl I 2018/37)*

(8) Ein Rechtsträger hat alle angemessenen Maßnahmen zu ergreifen, um zu verhindern, dass ein

Angestellter oder freier Mitarbeiter mithilfe privater Geräte Telefongespräche oder elektronische Mitteilungen erstellt, sendet oder empfängt, die der Rechtsträger nicht aufzeichnen oder kopieren kann.

(9) Ein Rechtsträger hat die gemäß Abs. 2 bis 8 gespeicherten Aufzeichnungen den betreffenden Kunden auf Anfrage kostenlos zur Verfügung zu stellen und fünf Jahre aufzubewahren. Die FMA kann längere Aufbewahrungsfristen mit Verordnung nach einer eingehenden Prüfung ihrer Erforderlichkeit und Verhältnismäßigkeit anordnen, wenn dies aufgrund der besonderen Umstände bei bestimmten Arten von Rechtsträgern zu Beweiszwecken erforderlich ist. Die Aufbewahrungsfristen dürfen sieben Jahre nicht überschreiten.

(10) Die FMA ist für die Kontrolle der Einhaltung von Abs. 1 bis 9 in Bezug auf die von inländischen Zweigstellen von Wertpapierfirmen und Kreditinstituten mit Sitz in einem Mitgliedstaat oder einem Drittland getätigten Geschäfte verantwortlich. Davon unbeschadet bleibt die direkte Zugriffsmöglichkeit der zuständigen Aufsichtsbehörde des Herkunftsmitgliedstaats des Rechtsträgers auf diese Aufzeichnungen.

2. Abschnitt
Auslagerung und Heranziehung von vertraglich gebundenen Vermittlern und Wertpapiervermittlern

Auslagerung von wesentlichen betrieblichen Aufgaben an Dienstleister

§ 34. Ein Rechtsträger hat sicherzustellen, dass beim Rückgriff auf Dritte (Dienstleister) zur Wahrnehmung betrieblicher Aufgaben, die für die kontinuierliche und zufrieden stellende Erbringung von Dienstleistungen für Kunden und zur Ausübung von Anlagetätigkeiten wesentlich sind, unter Beachtung der Art. 30 bis 32 der delegierten Verordnung (EU) 2017/565 angemessene Vorkehrungen getroffen werden, um unnötige zusätzliche Geschäftsrisiken zu vermeiden. Die Auslagerung wesentlicher betrieblicher Aufgaben an Dienstleister darf jedenfalls nicht so erfolgen, dass die Qualität der internen Kontrolle oder die Möglichkeit der FMA zu überprüfen, ob das Unternehmen sämtlichen Anforderungen genügt, wesentlich beeinträchtigt werden.

Erbringung von Dienstleistungen über einen anderen Rechtsträger

§ 35. (1) Ein Rechtsträger, der von einem anderen Rechtsträger den Auftrag erhält, Wertpapierdienstleistungen oder Nebendienstleistungen für einen Kunden zu erbringen, darf sich auf Kundeninformationen stützen, die von dem anderen Rechtsträger weitergeleitet wurden. Die Verantwortung für die Vollständigkeit und Richtigkeit der weitergeleiteten Kundeninformation trägt der Rechtsträger, der den Auftrag erteilt hat.

(2) Der Rechtsträger, der einen Auftrag gemäß Abs. 1 erhält, darf sich auch auf Empfehlungen in Bezug auf die Dienstleistung oder das Geschäft verlassen, die dem Kunden von dem anderen Rechtsträger gegeben wurden. Die Verantwortung für die Eignung der Empfehlungen oder der Beratung für den Kunden trägt der Rechtsträger, der den Auftrag erteilt hat.

(3) Die Verantwortung für die Erbringung der Dienstleistung oder den Abschluss des Geschäfts auf der Grundlage solcher Angaben oder Empfehlungen nach Maßgabe der einschlägigen Bestimmungen dieses Bundesgesetzes trägt der Rechtsträger, der den Auftrag erhalten hat.

Heranziehung von vertraglich gebundenen Vermittlern

§ 36. (1) Ein Rechtsträger kann vertraglich gebundene Vermittler für die Förderung seines Dienstleistungsgeschäfts, die Akquisition neuer Geschäfte oder die Annahme von Kundenaufträgen sowie für die Übermittlung dieser Aufträge, das Platzieren von Finanzinstrumenten und für die Anlageberatung hinsichtlich der Finanzinstrumente und Dienstleistungen, die vom Rechtsträger angeboten werden, heranziehen.

(2) Ein Rechtsträger, der einen vertraglich gebundenen Vermittler heranzieht, haftet gemäß § 1313a des Allgemeines bürgerliches Gesetzbuches – ABGB, JGS Nr. 946/1811, für jede Handlung oder Unterlassung des vertraglich gebundenen Vermittlers, wenn dieser im Namen des Rechtsträgers tätig ist.

(3) Ein Rechtsträger hat die Tätigkeiten der vertraglich gebundenen Vermittler zu überwachen, die für ihn tätig werden. Er hat sicherzustellen, dass ein vertraglich gebundener Vermittler dem Kunden, wenn er Kontakt aufnimmt oder bevor er mit den Kunden Geschäfte abschließt,

WAG 2018

mitteilt, in welcher Eigenschaft er handelt und welchen Rechtsträger er vertritt.

(4) Ein Rechtsträger darf nur vertraglich gebundene Vermittler heranziehen, die in ein öffentliches Register des Mitgliedstaates eingetragen sind, in dem sie niedergelassen sind.

(5) In Österreich tätige vertraglich gebundene Vermittler haben über eine gewerbliche Berechtigung gemäß § 136a GewO 1994 zu verfügen. Sie dürfen nur dann in das öffentliche Register eingetragen werden, wenn feststeht, dass sie über die erforderliche Zuverlässigkeit und über die angemessenen allgemeinen, kaufmännischen und beruflichen Kenntnisse verfügen, um die Wertpapierdienstleistungen oder Nebendienstleistungen erbringen und alle einschlägigen Informationen über die angebotene Dienstleistung korrekt an den Kunden oder den potenziellen Kunden weiterleiten zu können. Der vertraglich gebundene Vermittler hat dem Rechtsträger auf sein Verlangen alle Nachweise zu erbringen, die zur Überprüfung der Voraussetzungen erforderlich sind.

(6) Das öffentliche Register ist bei der FMA zu führen. Das Register ist laufend zu aktualisieren. Die Kreditinstitute und Wertpapierfirmen haben die Eintragung der vertraglich gebundenen Vermittler unverzüglich vorzunehmen und sind für die ordnungsgemäße Überprüfung verantwortlich.

(7) Ein Rechtsträger, der vertraglich gebundene Vermittler heranzieht, hat durch geeignete Maßnahmen sicherzustellen, dass die Tätigkeiten des vertraglich gebundenen Vermittlers, die keiner Konzession zur Erbringung von Wertpapierdienstleistungen bedürfen, keine nachteiligen Auswirkungen auf die Tätigkeiten haben, die er im Namen des Rechtsträgers ausübt.

(8) Die Tätigkeit als vertraglich gebundener Vermittler begründet kein Arbeitsverhältnis im Sinne bundesgesetzlicher arbeits-, sozial- oder steuerrechtlicher Bestimmungen.

(9) Gewerbliche Vermögensberater, die als vertraglich gebundene Vermittler tätig sind, sind nicht berechtigt, zugleich als Wertpapiervermittler tätig zu sein.

Heranziehung von Wertpapiervermittlern

§ 37. (1) Wertpapierfirmen mit Berechtigung gemäß § 3 Abs. 7 und Wertpapierdienstleistungsunternehmen mit Berechtigung gemäß § 4 Abs. 4 können Wertpapiervermittler zur Erbringung einer oder mehrerer Dienstleistungen gemäß § 3 Abs. 2 Z 1 und 3 ausschließlich bezüglich Finanzinstrumenten gemäß § 1 Z 7 lit. a und c heranziehen, soweit und sofern ihre Zulassung sie dazu berechtigt.

(2) Die jeweilige Wertpapierfirma oder das jeweilige Wertpapierdienstleistungsunternehmen haftet jedenfalls für das Verschulden der Wertpapiervermittler, deren er sich bei der Erbringung der Wertpapierdienstleistungen bedient, gemäß § 1313a ABGB, unabhängig, ob der Wertpapiervermittler den jeweiligen Geschäftsherrn offenlegt oder nicht.

(3) In Bezug auf die Einhaltung der Bestimmungen dieses Bundesgesetzes sowie der übrigen für Wertpapierdienstleistungen geltenden Gesetze und Verordnungen, nicht jedoch der Bestimmungen der GewO 1994, ist das Verhalten der Wertpapiervermittler jedenfalls nur der jeweiligen Wertpapierfirma oder dem jeweiligen Wertpapierdienstleistungsunternehmen selbst zuzurechnen.

(4) Wertpapierfirmen oder Wertpapierdienstleistungsunternehmen dürfen nur Wertpapiervermittler heranziehen, welche über die gewerbliche Berechtigung gemäß § 94 Z 77 GewO 1994 in Verbindung mit § 136b GewO 1994 oder gemäß § 94 Z 75 GewO 1994 in Verbindung mit § 136a GewO 1994 verfügen.

(5) Wertpapierfirmen oder Wertpapierdienstleistungsunternehmen haben die Tätigkeiten der Wertpapiervermittler zu überwachen, die für sie tätig werden. Sie haben sicherzustellen, dass ein Wertpapiervermittler dem Kunden, wenn er Kontakt aufnimmt oder bevor er mit den Kunden Geschäfte abschließt, mitteilt, in welcher Eigenschaft er handelt und welche Wertpapierfirma oder welches Wertpapierdienstleistungsunternehmen er vertritt.

(6) Wertpapierfirmen oder Wertpapierdienstleistungsunternehmen dürfen nur Wertpapiervermittler heranziehen, die in ein öffentliches Register eingetragen sind.

(7) Das öffentliche Register ist bei der FMA zu führen. Das Register ist laufend zu aktualisieren. Wertpapierfirmen oder Wertpapierdienstleistungsunternehmen haben die Eintragung der Wertpapiervermittler unverzüglich vorzunehmen und sind für die ordnungsgemäße Überprüfung verantwortlich.

(8) Wertpapierfirmen oder Wertpapierdienstleistungsunternehmen, die Wertpapiervermittler heranziehen, haben durch geeignete Maßnahmen sicherzustellen, dass die Tätigkeiten des Wertpapiervermittlers, die keiner Konzession zur Erbringung von Wertpapierdienstleistungen bedürfen, keine nachteiligen Auswirkungen auf die Tätigkeiten haben, die er im Namen der Wertpapierfirma oder des Wertpapierdienstleistungsunternehmens ausübt.

(9) Die Tätigkeit als Wertpapiervermittler begründet kein Arbeitsverhältnis im Sinne bundesgesetzlicher arbeits-, sozial- oder steuerrechtlicher Bestimmungen.

(10) Gewerbliche Vermögensberater, die als Wertpapiervermittler tätig sind, sind nicht berechtigt, zugleich als vertraglich gebundene Vermittler tätig zu sein.

3. Abschnitt
Schutz des Kundenvermögens

Schutz der Finanzinstrumente und Gelder von Kunden

§ 38. (1) Ein Rechtsträger, der Kunden gehörende Finanzinstrumente hält, hat geeignete Vorkehrungen zu treffen, insbesondere für den Fall der Insolvenz, um deren Eigentumsrechte an diesen Instrumenten zu schützen und zu verhindern, dass die Finanzinstrumente eines Kunden ohne dessen ausdrückliche Zustimmung für eigene Rechnung verwendet werden.

(2) Ein Rechtsträger, der Kunden gehörende Gelder hält, hat geeignete Vorkehrungen zu treffen, um die Rechte der Kunden zu schützen und, außer im Fall von Kreditinstituten, zu verhindern, dass die Gelder der Kunden für eigene Rechnung verwendet werden.

(3) Um die Rechte der Kunden an ihren Finanzinstrumenten und Geldern zu schützen, hat ein Rechtsträger

1. die erforderlichen Aufzeichnungen und Konten zu führen, die es ihm jederzeit ermöglichen, die für die einzelnen Kunden gehaltenen Vermögensgegenstände unverzüglich sowohl voneinander als auch von seinen eigenen Vermögensgegenständen zu unterscheiden;

2. seine Aufzeichnungen und Konten so zu führen, dass diese stets korrekt sind und insbesondere mit den für Kunden gehaltenen Finanzinstrumenten und Geldern im Einklang stehen und als Prüfpfad dienen können;

3. seine internen Konten und Aufzeichnungen regelmäßig mit denen aller Dritten, die diese Vermögensgegenstände halten, abzustimmen;

4. die erforderlichen Maßnahmen zu treffen, um zu gewährleisten, dass alle gemäß § 39 bei einem Dritten hinterlegten Kundenfinanzinstrumente durch unterschiedliche Benennung der in den Büchern des Dritten geführten Konten oder vergleichbare Maßnahmen, die ein gleich hohes Maß an Schutz gewährleisten, von den Finanzinstrumenten des Rechtsträgers und den Finanzinstrumenten des Dritten unterschieden werden können;

5. die erforderlichen Maßnahmen zu treffen, um zu gewährleisten, dass Kundengelder, die bei einer Stelle gemäß § 40 Abs. 1 Z 1 bis 4 hinterlegt werden, auf einem oder mehreren separaten Konten geführt werden, die von allen anderen Konten, auf denen Gelder des Rechtsträgers geführt werden, getrennt sind, und

6. angemessene organisatorische Vorkehrungen zu treffen, um das Risiko, dass die Vermögenswerte des Kunden oder die damit verbundenen Rechte aufgrund einer missbräuchlichen Verwendung der Vermögenswerte oder aufgrund von Betrug, schlechter Verwaltung, unzureichender Aufzeichnungen oder Fahrlässigkeit verloren gehen oder geschmälert werden, so gering wie möglich zu halten.

(4) Die FMA ist ermächtigt, durch Verordnungen die nähere Ausgestaltung der in Abs. 3 Z 1 bis 6 genannten Maßnahmen und Vorkehrungen festzulegen, soweit das für den Schutz des Kundenvermögens erforderlich ist.

(5) Sicherungsrechte, Pfandrechte oder Aufrechnungsrechte in Bezug auf Finanzinstrumente oder Gelder von Kunden, die einem Dritten die Möglichkeit geben, über Finanzinstrumente oder Gelder von Kunden zu disponieren, um Forderungen einzutreiben, die nicht mit dem Kunden oder der Erbringung von Dienstleistungen für den Kunden in Verbindung stehen, sind unzulässig, es sei denn, sie sind durch das anwendbare Recht eines Drittlands, in dem die Finanzinstrumente oder Gelder des Kunden gehalten werden, vorgeschrieben.

(6) Ein Rechtsträger hat seine Kunden zu unterrichten, wenn er zum Abschluss von Vereinbarungen, die Sicherungsrechte, Pfandrechte oder Aufrechnungsrechte gemäß Abs. 5 begründen, verpflichtet ist, und seine Kunden auf die mit solchen Vereinbarungen verbundenen Risiken hinzuweisen.

(7) Räumt ein Rechtsträger Sicherungsrechte, Pfandrechte oder Aufrechnungsrechte gemäß Abs. 5 in Bezug auf Finanzinstrumente oder Gelder von Kunden ein oder wird ihm mitgeteilt, dass solche Rechte eingeräumt werden, so hat er diese in den Kundenverträgen und in seinen Konten festzuhalten, um die Eigentumsverhältnisse in Bezug auf die Vermögenswerte der Kunden, beispielsweise für den Fall einer Insolvenz, klarzustellen.

(8) Ein Rechtsträger hat Informationen über die Finanzinstrumente und Gelder von Kunden für folgende Stellen zur Verfügung zu halten: die FMA, bestellte Insolvenzverwalter und Verantwortliche für die Abwicklung insolventer Finanzinstitute. Die zur Verfügung zu haltenden Informationen umfassen insbesondere:

1. Zugehörige interne Konten und Aufzeichnungen, aus denen die Salden der für jeden einzelnen Kunden gehaltenen Finanzinstrumente und Gelder ohne weiteres erkennbar sind;

2. wenn Kundengelder von einem Rechtsträger gemäß § 40 gehalten werden, Angaben zu Konten, auf denen die Kundengelder gehalten werden, und zu den entsprechenden Vereinbarungen mit diesen Rechtsträgern;

3. wenn Finanzinstrumente von einem Rechtsträger gemäß § 39 gehalten werden, Angaben zu den bei Dritten eröffneten Konten und zu den entsprechenden Vereinbarungen mit diesen Dritten;

4. Angaben zu Dritten, die zugehörige (ausgelagerte) Aufgaben ausführen, und Angaben zu ausgelagerten Aufgaben;

5. zentrale Mitarbeiter des Rechtsträgers, die an den zugehörigen Prozessen beteiligt sind, einschließlich der Mitarbeiter, die für die Einhaltung der für den Schutz der Vermögenswerte von Kunden geltenden Anforderungen durch den Rechtsträger verantwortlich sind und

6. Vereinbarungen, die für die Feststellung des Eigentums an den Vermögenswerten von Kunden relevant sind.

Hinterlegung von Kundenfinanzinstrumenten

§ 39. (1) Ein Rechtsträger darf die für seine Kunden gehaltenen Finanzinstrumente auf einem oder mehreren bei einem Dritten eröffneten Konten hinterlegen, wenn er bei der Auswahl, Bestellung und regelmäßigen Überprüfung dieses Dritten sowie bei den für das Halten und die Verwahrung dieser Finanzinstrumente getroffenen Vereinbarungen mit der gebotenen Professionalität und Sorgfalt verfährt. Insbesondere müssen die Sachkenntnis und die Reputation des Dritten auf dem Markt sowie alle rechtlichen Anforderungen, die mit dem Halten dieser Finanzinstrumente im Zusammenhang stehen und die Rechte von Kunden beeinträchtigen könnten, berücksichtigt werden.

(2) Ein Rechtsträger hat für den Fall, dass er Finanzinstrumente von einem Kunden bei einem Dritten hinterlegt, dafür zu sorgen, dass er sie nur bei einem Dritten in einem Rechtsraum hinterlegt, in dem die Verwahrung von Finanzinstrumenten für Rechnung einer anderen Person besonderen Vorschriften und einer besonderen Aufsicht unterliegt, und dass der Dritte von diesen Vorschriften und dieser Aufsicht erfasst wird.

(3) Ein Rechtsträger darf Finanzinstrumente, die er für Kunden hält, nur dann bei einem Dritten in einem Drittland hinterlegen, in dem die Verwahrung von Finanzinstrumenten für Rechnung einer anderen Person nicht geregelt ist, wenn eine der folgenden Bedingungen erfüllt ist:

1. Aufgrund der Art der Finanzinstrumente oder der mit diesen verbundenen Wertpapierdienstleistungen muss die Hinterlegung bei einem Dritten in diesem Drittland erfolgen oder

2. die Finanzinstrumente werden im Namen eines professionellen Kunden verwahrt und dieser fordert den Rechtsträger schriftlich auf, sie bei einem Dritten in diesem Drittland zu hinterlegen.

(4) Abs. 2 und 3 gelten auch, wenn der Dritte Aufgaben in Bezug auf das Halten und die Verwahrung von Finanzinstrumenten einem anderen Dritten übertragen hat.

Hinterlegung von Kundengeldern

§ 40. (1) Ein Rechtsträger hat entgegengenommene Kundengelder unverzüglich auf einem oder mehreren Konten bei einer der folgenden Stellen zu hinterlegen:

1. einer Zentralbank,

2. einem Kreditinstitut, das gemäß der Richtlinie 2013/36/EU zugelassen ist,

3. einer in einem Drittland zugelassenen Bank oder

4. einem qualifizierten Geldmarktfonds (Abs. 3).

(2) Abs. 1 gilt nicht für Kreditinstitute, die nach der Richtlinie 2013/36/EU für die Entgegennahme von Einlagen im Sinne der genannten Richtlinie zugelassen sind.

(3) Ein qualifizierter Geldmarktfonds im Sinne des Abs. 1 Z 4 ist ein Organismus für gemeinsame Anlagen, der entweder nach der Richtlinie 2009/65/EG zugelassen ist oder einer Aufsicht unterliegt und gegebenenfalls von einer Behörde nach dem nationalen Recht des zulassenden Mitgliedstaats zugelassen wurde und alle folgenden Voraussetzungen erfüllt:

1. Sein primäres Anlageziel besteht in der Erhaltung seines Nettoinventarwerts, und zwar entweder konstant zu pari (abzüglich der Erträge) oder zum Wert des Ausgangskapitals des Anlegers, plus Erträge;

2. zur Erreichung seines primären Anlageziels investiert er ausschließlich in erstklassige Geldmarktinstrumente mit einer Laufzeit oder Restlaufzeit von höchstens 397 Tagen oder regelmäßigen mit einer solchen Laufzeit in Einklang stehenden Renditeangleichungen und einer gewichteten durchschnittlichen Laufzeit von 60 Tagen; zur Erreichung dieses Ziels kann er ergänzend auch in Einlagen bei Kreditinstituten investieren;

3. durch taggleiche Abwicklung oder Regulierung am nächsten Tag ist Liquidität gewährleistet.

(4) Ein Geldmarktinstrument im Sinne des Abs. 3 Z 2 ist als erstklassig anzusehen, wenn die Verwaltungsgesellschaft eine eigene dokumentierte Bewertung der Kreditqualität der Geldmarktinstrumente durchführt, die es ihr ermöglicht, ein Geldmarktinstrument als erstklassig anzusehen. Haben eine oder mehrere von der ESMA registrierte und beaufsichtigte Ratingagenturen ein Rating des Instruments abgegeben, sollten unter anderem diese Kreditratings bei der von der Verwaltungsgesellschaft durchgeführten internen Bewertung berücksichtigt werden.

(5) Ein Rechtsträger hat, wenn er die Kundengelder nicht bei einer Zentralbank hinterlegt, bei der Auswahl, Bestellung und regelmäßigen Überprüfung des Kreditinstituts oder des Geldmarktfonds, bei dem die Gelder platziert werden, und bei den hinsichtlich der Verwahrung dieser

Gelder getroffenen Vereinbarungen mit der gebotenen Professionalität und Sorgfalt zu verfahren und im Rahmen ihrer Sorgfaltspflicht die Notwendigkeit zur Diversifizierung dieser Gelder zu prüfen.

(6) Ein Rechtsträger hat zum Schutz der Rechte seiner Kunden die Sachkenntnis und den Ruf dieser Institute oder Geldmarktfonds auf dem Markt sowie alle rechtlichen Anforderungen oder Marktpraktiken, die mit der Verwahrung von Kundengeldern im Zusammenhang stehen und die Rechte von Kunden beeinträchtigen könnten, zu beachten.

(7) Ein Rechtsträger hat sicherzustellen, dass die Kunden der Platzierung ihrer Gelder bei einem qualifizierten Geldmarktfonds ausdrücklich zustimmen müssen. Er hat dabei seine Kunden darüber zu informieren, dass die bei einem qualifizierten Geldmarktfonds platzierten Gelder nicht entsprechend den in dieser Bestimmung festgelegten Anforderungen für den Schutz von Kundengeldern gehalten werden.

(8) Für den Fall der Hinterlegung von Kundengeldern bei einem Kreditinstitut oder einem Geldmarktfonds, die derselben Unternehmensgruppe wie der Rechtsträger angehören, dürfen die bei einem solchen Unternehmen der Gruppe oder bei einer Gemeinschaft von solchen Unternehmen der Gruppe hinterlegten Gelder die Grenze von 20 vH aller Kundengelder des Rechtsträgers nicht übersteigen.

(9) Ein Rechtsträger darf die in Abs. 8 genannte Grenze nur überschreiten, wenn er nachweisen kann, dass die gemäß Abs. 5 bis 7 geltenden Anforderungen in Anbetracht der Art, des Umfangs und der Komplexität seiner Tätigkeit sowie aufgrund der Sicherheit, die die in Abs. 8 betrachteten Dritten bieten, und jedenfalls auch aufgrund des geringen Saldos an Kundengeldern, die der Rechtsträger hält, unverhältnismäßig sind. Der Rechtsträger hat die gemäß diesem Absatz durchgeführte Bewertung in regelmäßigen Abständen zu überprüfen und die FMA sowohl von seiner Anfangsbewertung als auch von seinen überprüften Bewertungen in Kenntnis zu setzen.

Verwendung der Finanzinstrumente von Kunden

§ 41. (1) Ein Rechtsträger darf Vereinbarungen über Wertpapierfinanzierungsgeschäfte mit Finanzinstrumenten, die er für einen Kunden hält, oder die anderweitige Nutzung solcher Finanzinstrumente für eigene Rechnung oder für Rechnung eines anderen Kunden des Rechtsträgers nur abschließen, wenn dabei folgende Bedingungen erfüllt sind:

1. Der Kunde muss der Verwendung zu genau festgelegten Bedingungen zuvor ausdrücklich zugestimmt haben; dies ist durch dessen Unterschrift oder eine gleichwertige schriftliche positive Bestätigung eindeutig belegt.

2. Die Verwendung der Finanzinstrumente dieses Kunden muss auf die genau festgelegten Bedingungen beschränkt sein, denen der Kunde zugestimmt hat.

(2) Ein Rechtsträger darf Vereinbarungen über Wertpapierfinanzierungsgeschäfte mit Finanzinstrumenten, die im Namen eines Kunden auf einem von einem Dritten geführten Sammelkonto gehalten werden, oder die anderweitige Nutzung der auf einem solchen Konto geführten Finanzinstrumente für eigene Rechnung oder für Rechnung eines anderen Kunden nur abschließen, wenn neben den in Abs. 1 genannten Bedingungen mindestens eine der folgenden Bedingungen erfüllt ist:

1. Jeder Kunde, dessen Finanzinstrumente zusammen auf einem Sammelkonto geführt werden, hat dem gemäß Abs. 1 Z 1 zuvor ausdrücklich zugestimmt;

2. der Rechtsträger verfügt über Systeme und Kontrollen, die gewährleisten, dass nur Finanzinstrumente von Kunden, die gemäß Abs. 1 Z 1 zuvor ihre ausdrückliche Zustimmung erteilt haben, in dieser Weise verwendet werden.

(3) Um eine korrekte Zuweisung etwaiger Verluste zu ermöglichen, haben die Aufzeichnungen des Rechtsträgers nähere Angaben zu dem Kunden, auf dessen Weisungen hin die Verwendung der Finanzinstrumente erfolgt ist, sowie über die Zahl der verwendeten Finanzinstrumente der einzelnen Kunden, die ihre Zustimmung erteilt haben, zu enthalten.

(4) Ein Rechtsträger hat angemessene Maßnahmen zu ergreifen, um die unbefugte Verwendung der Finanzinstrumente von Kunden für eigene Rechnung oder für Rechnung einer anderen Person zu verhindern, insbesondere:

1. den Abschluss von Vereinbarungen mit den Kunden über die vom Rechtsträger zu treffenden Maßnahmen für den Fall, dass die Rückstellungen auf dem Konto des Kunden am Erfüllungstag nicht ausreichen, wie etwa die Leihe der entsprechenden Wertpapiere im Namen des Kunden oder die Auflösung der Position;

2. die genaue Beobachtung der eigenen voraussichtlichen Lieferfähigkeit am Erfüllungstag durch den Rechtsträger und das Vorsehen von Abhilfemaßnahmen für den Fall, dass die Lieferfähigkeit nicht gegeben ist;

3. die genaue Beobachtung und prompte Anforderung nicht gelieferter Wertpapiere, die am Erfüllungstag oder darüber hinaus noch ausstehen.

(5) Ein Rechtsträger hat für alle Kunden genau festgelegte Vereinbarungen zu treffen, die sicherstellen, dass der Entleiher der Finanzinstrumente von Kunden angemessene Sicherheiten stellt und dass er über die fortdauernde Angemessenheit

dieser Sicherheiten wacht und die notwendigen Schritte unternimmt, um das Gleichgewicht mit dem Wert der Finanzinstrumente von Kunden aufrechtzuerhalten.

Unangemessene Verwendung von Finanzsicherheiten in Form der Vollrechtsübertragung

§ 42. (1) Der Rechtsträger darf mit Privatkunden keine Finanzsicherheiten in Form der Vollrechtsübertragung im Sinne des § 3 Abs. 1 Z 2 des Finanzsicherheiten-Gesetzes – FinSG, BGBl. I Nr. 117/2003 zur Besicherung oder Deckung bestehender oder künftiger, tatsächlicher, möglicher oder voraussichtlicher Verpflichtungen abschließen.

(2) Der Rechtsträger hat die Verwendung von Finanzsicherheiten in Form der Vollrechtsübertragung im Zusammenhang mit dem Verhältnis zwischen der Verpflichtung des Kunden ihm gegenüber und den Vermögenswerten des Kunden, die den von ihm abgeschlossenen Finanzsicherheiten in Form der Vollrechtsübertragung unterliegen, ordnungsgemäß zu prüfen und diese ordnungsgemäße Prüfung zu dokumentieren.

(3) Bei der Prüfung und Dokumentation, ob die Verwendung von Finanzsicherheiten in Form der angemessen ist, hat der Rechtsträger zu berücksichtigen,

1. ob zwischen der Verpflichtung des Kunden ihm gegenüber und der Verwendung von Finanzsicherheiten in Form der Vollrechtsübertragung nur eine sehr schwache Verbindung besteht, insbesondere auch, ob die Wahrscheinlichkeit einer Verbindlichkeit des Kunden ihm gegenüber gering oder zu vernachlässigen ist;

2. ob die Summe der Kundengelder oder Finanzinstrumente von Kunden, die Finanzsicherheiten in Form der Vollrechtsübertragung unterliegen, die Verpflichtung des Kunden weit übersteigt oder gar unbegrenzt ist, falls der Kunde überhaupt eine Verpflichtung ihm gegenüber hat und

3. ob alle Kundengelder oder Finanzinstrumente von Kunden Finanzsicherheiten in Form der Vollrechtsübertragung unterworfen werden, ohne dass berücksichtigt wird, welche Verpflichtung der einzelne Kunde ihm gegenüber hat.

(4) Im Falle der Verwendung von Finanzsicherheiten in Form der Vollrechtsübertragung weist der Rechtsträger professionelle Kunden und geeignete Gegenparteien auf die damit verbundenen Risiken und die Auswirkungen von solchen Finanzsicherheiten auf die Kundengelder und Finanzinstrumente von Kunden hin.

Regelungen im Bereich der Unternehmensführung zum Schutz der Vermögenswerte von Kunden

§ 43. Der Rechtsträger hat die besondere Verantwortung für Angelegenheiten, die die Einhaltung seiner Verpflichtungen in Bezug auf den Schutz der Kundengelder und Finanzinstrumente von Kunden betreffen, auf einen einzelnen, ausreichend befähigten und befugten Beauftragten zu übertragen. Unbeschadet der Bestimmungen dieses Abschnitts kann der Rechtsträger dabei entscheiden, ob sich der benannte Beauftragte dieser Aufgaben ausschließlich widmen soll oder ob er gleichzeitig weitere Verantwortlichkeiten wahrnehmen darf.

Berichte von Abschlussprüfern

§ 44. Ein Rechtsträger hat dafür zu sorgen, dass seine Abschlussprüfer oder Prüfer gemäß § 72 Abs. 3 der FMA mindestens einmal jährlich einen Bericht über die Angemessenheit der Vorkehrungen, welche gemäß den §§ 38 bis 43 getroffen wurden, erstatten. Die Vorschriften über die Haftung des Abschlussprüfers gemäß § 275 UGB sind sinngemäß anzuwenden.

4. Abschnitt
Interessenkonflikte

Für Kunden potenziell nachteilige Interessenkonflikte

§ 45. Ein Rechtsträger hat geeignete Vorkehrungen zu treffen, um Interessenkonflikte zwischen ihm selbst, relevanten Personen, vertraglich gebundenen Vermittlern oder anderen Personen, die mit ihm direkt oder indirekt durch Kontrolle verbunden sind, einerseits und seinen Kunden andererseits oder zwischen seinen Kunden untereinander zu erkennen und zu vermeiden oder zu regeln, die bei der Erbringung von Wertpapierdienstleistungen, Anlagetätigkeiten und Nebendienstleistungen oder einer Kombination derselben entstehen, einschließlich derjenigen, die auf den Erhalt von Vorteilen von Dritten oder durch die eigene Vergütungsstruktur oder sonstige eigene Anreizstrukturen des Rechtsträgers zurückgehen.

Offenlegung von Interessenkonflikten

§ 46. Reichen die Verfahren und Maßnahmen, um zu verhindern, dass Interessenkonflikte den Kundeninteressen schaden, nicht aus, um nach vernünftigem Ermessen zu gewährleisten, dass das Risiko der Beeinträchtigung von Kundeninteressen vermieden wird, so hat der Rechtsträger dem Kunden die allgemeine Art und die Ursache von Interessenkonflikten sowie die zur Begrenzung dieser Risiken ergriffenen Maßnahmen offenzulegen, bevor er Geschäfte für den Kunden tätigt. Diese Information hat auf einem dauerhaften Datenträger zu erfolgen. Der Umfang hat sich an der Einstufung des Kunden zu orientieren, damit dieser seine Entscheidung über die Dienstleistung, in deren Zusammenhang der Interessenkonflikt auftritt, auf informierter Grundlage treffen kann.

5. Abschnitt
Verpflichtung zum Handeln im besten Interesse des Kunden

Allgemeine Pflichten

§ 47. (1) Ein Rechtsträger hat bei der Erbringung von Wertpapierdienstleistungen und Nebendienstleistungen ehrlich, redlich und professionell im bestmöglichen Interesse seiner Kunden zu handeln und den §§ 47 bis 61 zu entsprechen; beim Handel sowie der Annahme und Übermittlung von Aufträgen im Zusammenhang mit Veranlagungen gemäß § 1 Abs. 1 Z 3 des Kapitalmarktgesetzes 2019 – KMG 2019, BGBl. I Nr. 62/2019, ist insbesondere den §§ 48 bis 54 und § 59 und § 60 zu entsprechen. *(BGBl I 2019/62)*

(2) Rechtsträger, die Finanzinstrumente zum Verkauf an Kunden konzipieren, haben dafür zu sorgen,

1. dass diese Finanzinstrumente so ausgestaltet sind, dass sie den Bedürfnissen eines bestimmten Zielmarktes von Endkunden innerhalb der jeweiligen Kundengattung entsprechen,

2. dass die Strategie für den Vertrieb der Finanzinstrumente mit dem bestimmten Zielmarkt vereinbar ist und

3. dass der Rechtsträger zumutbare Schritte unternimmt, um zu gewährleisten, dass das Finanzinstrument nur an dem bestimmten Zielmarkt vertrieben wird.

(3) Ein Rechtsträger hat die von ihm angebotenen oder empfohlenen Finanzinstrumente zu verstehen, die Vereinbarkeit der Finanzinstrumente mit den Bedürfnissen der Kunden, für die sie Wertpapierdienstleistungen erbringt, zu beurteilen und auch den Zielmarkt von Endkunden gemäß § 30 Abs. 10 zu berücksichtigen sowie sicherzustellen, dass Finanzinstrumente nur angeboten oder empfohlen werden, wenn dies im Interesse des Kunden liegt.

(4) Ein Rechtsträger, der Wertpapierdienstleistungen für Kunden erbringt, hat sicherzustellen, dass er die Leistung seiner Mitarbeiter nicht in einer Weise vergütet oder bewertet, die mit seiner Pflicht, im bestmöglichen Interesse seiner Kunden zu handeln, kollidiert. Insbesondere darf der Rechtsträger keine Vereinbarung im Wege der Vergütung, von Verkaufszielen oder auf sonstigem Wege treffen, die seine Mitarbeiter verleiten könnte, einem Privatkunden ein bestimmtes Finanzinstrument zu empfehlen, obwohl der Rechtsträger ein anderes, den Bedürfnissen des Kunden besser entsprechendes Finanzinstrument anbieten könnte.

(5) Wird eine Wertpapierdienstleistung zusammen mit einer anderen Dienstleistung oder einem Produkt als Teil eines Pakets oder als Bedingung für dieselbe Vereinbarung oder dasselbe Paket angeboten, so hat der Rechtsträger den Kunden darüber zu informieren, ob die verschiedenen Bestandteile getrennt voneinander gekauft werden können. Zudem hat der Rechtsträger für jeden Bestandteil einen getrennten Nachweis über Kosten und Gebühren zu erbringen. Besteht die Wahrscheinlichkeit, dass sich die mit solchen einem Privatkunden angebotenen Vereinbarungen oder Paketen verbundenen Risiken von den mit den einzelnen Bestandteilen verknüpften Risiken unterscheiden, hat der Rechtsträger eine angemessene Beschreibung der verschiedenen Bestandteile der Vereinbarung oder des Pakets vorzulegen, in der auch dargelegt wird, inwiefern deren Wechselwirkung die Risiken verändert. Die FMA hat mittels Verordnung unter Berücksichtigung der europäischen Gepflogenheiten nähere Einzelheiten festlegen, insbesondere zur angemessenen Beschreibung der verschiedenen Bestandteile der Vereinbarung oder des Pakets und zur Bezeichnung von Situationen, in denen die Verbindung von Dienstleistungen oder Produkten in einer solchen Vereinbarung oder einem solchen Paket mit der Pflicht des Rechtsträgers, ehrlich, redlich und professionell im bestmöglichen Interesse des Kunden zu handeln, nicht vereinbar ist.

Angemessene Informationen für Kunden

§ 48. (1) Ein Rechtsträger hat seinen Kunden in verständlicher Form angemessene Informationen über den Rechtsträger und die von diesem angebotenen Dienstleistungen und Finanzinstrumente und die vorgeschlagenen Anlagestrategien, Ausführungsorte und sämtliche Kosten und verbundenen Gebühren rechtzeitig zur Verfügung zu stellen. Dadurch müssen seine Kunden nach vernünftigem Ermessen in die Lage versetzt werden, die genaue Art und die Risiken der Wertpapierdienstleistungen und des speziellen Typs von Finanzinstrument, der ihnen angeboten wird, zu verstehen, um so auf informierter Grundlage Anlageentscheidungen treffen zu können. Diese Informationen haben zumindest das Folgende zu enthalten:

1. wird eine Anlageberatung erbracht, so hat der Rechtsträger den Kunden rechtzeitig vor dieser Beratung darüber zu informieren,

a) ob die Beratung unabhängig im Sinne der §§ 50 und 53 erbracht wird oder nicht;

b) ob die Beratung sich auf eine umfangreiche oder eine eingeschränkte Analyse verschiedener Arten von Finanzinstrumenten stützt und insbesondere ob die Palette an Finanzinstrumenten auf solche Finanzinstrumente beschränkt ist, die von Einrichtungen emittiert oder angeboten wurden, die in enger Verbindung zu dem Rechtsträger stehen oder andere rechtliche oder wirtschaftliche Verbindungen, wie etwa Vertragsbeziehungen, zu dieser unterhalten, die so eng sind, dass die Beratung nicht unabhängig im Sinne der §§ 50 und 53 erfolgt;

c) ob der Rechtsträger dem Kunden eine regelmäßige Beurteilung der Eignung der Finanzinstrumente bietet, die diesem Kunden empfohlen wurden;

2. die Information zu Finanzinstrumenten und vorgeschlagenen Anlagestrategien hat geeignete Leitlinien und Warnhinweise zu den mit einer Anlage in diese Finanzinstrumente oder mit diesen Anlagestrategien verbundenen Risiken und zu der Frage zu umfassen, ob die Finanzinstrumente für Privatkunden oder professionelle Kunden bestimmt sind, wobei der bestimmte Zielmarkt im Einklang mit § 47 Abs. 2 zu berücksichtigen ist;

3. die Information zu sämtlichen Kosten und Nebenkosten hat Informationen sowohl in Bezug auf Wertpapierdienstleistungen als auch auf Nebendienstleistungen, einschließlich gegebenenfalls der Beratungskosten, der Kosten des dem Kunden empfohlenen oder an ihn vermarkteten Finanzinstruments und der diesbezüglichen Zahlungsmöglichkeiten des Kunden sowie etwaiger Zahlungen durch Dritte, zu umfassen.

Die Informationen über Kosten und Nebenkosten, einschließlich Kosten und Nebenkosten im Zusammenhang mit der Wertpapierdienstleistung und dem Finanzinstrument sind zusammenzufassen, um es den Kunden zu ermöglichen, die Gesamtkosten sowie die kumulative Wirkung auf die Rendite der Anlage zu verstehen; marktbedingte Preisschwankungen sind keine Kosten in diesem Sinne. Während der Laufzeit der Anlage sind solche Informationen dem Kunden regelmäßig, mindestens aber jährlich, zur Verfügung zu stellen.

(2) Als angemessene Information im Hinblick auf Informationen über die Finanzinstrumente und die vorgeschlagenen Anlagestrategien und bezüglich der Kosten und Nebenkosten, einschließlich Ausgabeaufschläge und Rücknahmeabschläge, gilt

1. bei Anteilen eines der Richtlinie 2009/65/EG unterliegenden OGAW ein Kundeninformationsdokument (KID) im Sinne des § 134 InvFG 2011 und im Sinne des Art. 78 der Richtlinie 2009/65/EG,

2. bei Anteilen eines der Richtlinie 2011/61/EU unterliegenden AIF ein Kundeninformationsdokument (KID) oder vereinfachter Prospekt im Sinne des § 48 Abs. 5 Z 7 AIFMG sowie bei professionellen Anlegern die Informationen gemäß § 21 Abs. 1 AIFMG.

Das KID oder der vereinfachte Prospekt ist den Anlegern kostenlos in Papierform oder auf einem anderen dauerhaften Datenträger zur Verfügung zu stellen.

(3) Die Informationen nach Abs. 1 können auch in standardisierter Form zur Verfügung gestellt werden. Wenn die Vereinbarung, ein Finanzinstrument zu kaufen oder zu verkaufen, unter Verwendung eines Fernkommunikationsmittels geschlossen wird, das eine vorherige Übermittlung der Informationen über Kosten und Gebühren verhindert, kann der Rechtsträger dem Kunden diese Information über Kosten und Nebenkosten unmittelbar nach Geschäftsabschluss entweder in elektronischer Form oder auf Papier, wenn ein Privatkunde darum ersucht, übermitteln, sofern

a) der Kunde eingewilligt hat, die Informationen unverzüglich nach dem Geschäftsabschluss zu erhalten, und

b) der Rechtsträger dem Kunden die Möglichkeit eingeräumt hat, den Geschäftsabschluss aufzuschieben, bis er die Informationen erhalten hat. Zusätzlich hat der Rechtsträger dem Kunden die Möglichkeit einzuräumen, vor Abschluss des Geschäfts über das Telefon Informationen über Kosten und Entgelte zu erhalten.
(BGBl I 2022/69)

(4) Steht eine Wertpapierdienstleistung im Zusammenhang mit einem Verbraucherkreditvertrag, so ist auf die Informationen über den Verbraucherkredit das Verbraucherkreditgesetz – VKrG, BGBl. I Nr. 28/2010, anzuwenden.

(5) Rechtsträger haben ihren Kunden oder potenziellen Kunden alle gemäß diesem Bundesgesetz zur Verfügung zu stellenden Informationen in elektronischer Form zur Verfügung zu stellen. Bei Privatkunden oder potenziellen Privatkunden hat der Rechtsträger die Informationen auf Anfrage des Privatkunden oder potenziellen Privatkunden in Papierform kostenlos zur Verfügung zu stellen. Über die Möglichkeit, Informationen in Papierform zu erhalten, hat der Rechtsträger den Privatkunden oder potenziellen Privatkunden in Kenntnis zu setzen. *(BGBl I 2022/69)*

(6) Rechtsträger haben bestehende Kunden, die gemäß diesem Bundesgesetz zur Verfügung zu stellende Informationen in Papierform erhalten, spätestens acht Wochen vor dem Versenden der Informationen in elektronischer Form darüber in Kenntnis zu setzen, dass

1. sie die Informationen in elektronischer Form erhalten werden;

2. sie die Wahl haben, die Informationen entweder weiterhin in Papierform oder künftig in elektronischer Form zu erhalten;

3. ein automatischer Wechsel zur elektronischen Form stattfinden wird, wenn die Kunden innerhalb der Frist von acht Wochen nicht mitteilen, dass sie die Informationen weiterhin in Papierform erhalten möchten.

Bestehende Kunden, die die gemäß diesem Bundesgesetz zur Verfügung zu stellenden Informationen bereits in elektronischer Form erhalten, müssen nicht gemäß Z 1 bis 3 informiert werden. *(BGBl I 2022/69)*

(7) Die Anforderungen nach Abs. 1 Z 3 für Dienstleistungen, die professionellen Kunden gemäß § 66 erbracht werden, gelten nur für Anlageberatung und Portfolioverwaltung. *(BGBl I 2022/69)*

Redliche, eindeutige und nicht irreführende Informationen

§ 49. Alle Informationen, einschließlich Marketingmitteilungen, die ein Rechtsträger an Kunden richtet, müssen redlich und eindeutig sein und dürfen nicht irreführend sein. „Marketingmitteilungen müssen eindeutig als solche erkennbar sein und dürfen nicht im Widerspruch zu den gemäß der Verordnung (EU) 2019/2088 veröffentlichten Informationen stehen." *(BGBl I 2022/36)*

Plichten bei unabhängiger Anlageberatung

§ 50. Informiert ein Rechtsträger den Kunden darüber, dass die Anlageberatung unabhängig erbracht wird, so hat der Rechtsträger eine ausreichende Palette von auf dem Markt angebotenen Finanzinstrumenten, die hinsichtlich ihrer Art und Emittenten oder Produktanbieter hinreichend gestreut sein müssen, zu bewerten, um sicherzustellen, dass die Anlageziele des Kunden in geeigneter Form erreicht werden können, und sie dürfen nicht auf Finanzinstrumente beschränkt sein, die

1. von dem Rechtsträger selbst oder von Einrichtungen emittiert oder angeboten werden, die in enger Verbindung zum Rechtsträger stehen,

2. von anderen Einrichtungen emittiert oder angeboten werden, zu denen der Rechtsträger so enge rechtliche oder wirtschaftliche Beziehungen, wie etwa Vertragsbeziehungen, unterhält, dass das Risiko besteht, dass die Unabhängigkeit der Beratung beeinträchtigt wird.

Gewährung und Annahme von Vorteilen

§ 51. (1) Vorteile sind Gebühren, Provisionen oder andere Geldleistungen oder nicht in Geldform angebotene Zuwendungen.

(2) Ein Rechtsträger handelt nicht ehrlich, redlich und professionell im bestmöglichen Interesse seiner Kunden gemäß § 47 und erfüllt die Verpflichtung gemäß § 45 nicht, wenn er im Zusammenhang mit der Erbringung von Wertpapier- oder Nebendienstleistungen einem Dritten einen Vorteil gewährt oder von einem Dritten annimmt, sofern es sich dabei nicht um den Kunden oder eine Person handelt, die im Auftrag des Kunden tätig wird.

(3) Die Gewährung oder Annahme von Vorteilen gemäß Abs. 2 ist jedoch zulässig, wenn diese

1. gemäß § 52 die Qualität der Dienstleistung für den Kunden verbessern,

2. die Erfüllung der Pflicht des Rechtsträgers, im bestmöglichen Interesse der Kunden zu handeln, nicht beeinträchtigt und

3. die Existenz, die Art und der Betrag des Vorteiles dem Kunden vor Erbringung der betreffenden Wertpapier- oder Nebendienstleistung in umfassender, zutreffender und verständlicher Weise unmissverständlich offen gelegt werden; ist die Höhe des Betrages nicht feststellbar, so ist die Art und Weise der Berechnung dem Kunden offen zu legen; oder

4. die Erbringung von Wertpapierdienstleistungen ermöglichen oder dafür erforderlich sind, wie Verwahrungsgebühren, Abwicklungs- und Handelsplatzgebühren, Verwaltungsgebühren oder gesetzliche Gebühren und die ihrer Natur nach keine Konflikte mit der Verpflichtung des Rechtsträgers hervorrufen können, im besten Interesse seiner Kunden ehrlich, redlich und professionell zu handeln.

(4) Der Rechtsträger hat den Kunden über den Mechanismus für die Weitergabe der Vorteile an den Kunden zu unterrichten, die er im Zusammenhang mit der Erbringung der Wertpapier- oder Nebendienstleistung eingenommen hat.

(5) In Bezug auf Vorteile, die von Dritten entgegengenommen oder Dritten gewährt werden, hat der Rechtsträger gegenüber dem Kunden die folgenden Informationen offenzulegen:

1. Vor der Erbringung der betreffenden Wertpapier- oder Nebendienstleistung hat der Rechtsträger dem Kunden Informationen über den betreffenden Vorteil nach Maßgabe des Abs. 3 Z 3 offenzulegen. Eine generische Beschreibung geringfügiger nicht-monetärer Vorteile ist zulässig. Andere nicht-monetäre Vorteile, die der Rechtsträger im Zusammenhang mit der für einen Kunden erbrachten Wertpapierdienstleistung annimmt oder gewährt, werden bepreist und separat offengelegt.

2. Konnte ein Rechtsträger den Betrag eines angenommenen oder gewährten Vorteils nicht im Voraus feststellen und hat er dem Kunden stattdessen die Art und Weise der Berechnung dieses Betrags offengelegt, so hat er den Kunden nachträglich auch über den genauen Betrag des Vor-

teils zu unterrichten, den er angenommen oder gewährt hat.

3. Solange der Rechtsträger im Zusammenhang mit den für die betreffenden Kunden erbrachten Wertpapierdienstleistungen Vorteile annimmt, hat er seine Kunden mindestens einmal jährlich individuell über die tatsächliche Höhe der angenommenen oder gewährten Vorteile zu unterrichten. Eine generische Beschreibung geringfügiger nicht-monetärer Vorteile ist zulässig.

(6) Bei der Umsetzung der Anforderungen gemäß Abs. 5 hat der Rechtsträger den Vorschriften über Kosten und Gebühren in § 48 Abs. 1 Z 3 und in Art. 50 der delegierten Verordnung (EU) 2017/565 Rechnung zu tragen.

(7) Sind an einem Vertriebskanal mehrere Rechtsträger beteiligt, hat jeder, der eine Wertpapier- oder Nebendienstleistung erbringt, seine Offenlegungspflichten gegenüber seinen Kunden zu erfüllen.

Qualitätsverbesserung der Dienstleistung

§ 52. (1) Ein Vorteil verbessert die Qualität der jeweiligen Dienstleistung für den Kunden, wenn alle nachstehenden Bedingungen erfüllt sind:

1. Der Vorteil ist durch die Erbringung einer zusätzlichen oder höherwertigen Dienstleistung für den jeweiligen Kunden gerechtfertigt, die in angemessenem Verhältnis zum Umfang der angenommenen Vorteile steht, insbesondere

a) durch die Erbringung nicht-unabhängiger Anlageberatung und den Zugang zu einer breiten Palette geeigneter Finanzinstrumente einschließlich einer angemessenen Zahl von Finanzinstrumenten dritter Produktanbieter ohne enge Verbindungen zum betreffenden Rechtsträger oder

b) durch die Erbringung nicht-unabhängiger Anlageberatung entweder

aa) in Kombination mit einem Angebot an den Kunden, mindestens einmal jährlich zu bewerten, ob die Finanzinstrumente, in die der Kunde investiert hat, weiterhin geeignet sind, oder

bb) in Kombination mit einer anderen fortlaufenden Dienstleistung mit wahrscheinlichem Wert für den Kunden, beispielsweise Beratung über die vorgeschlagene optimale Portfoliostrukturierung des Kunden

oder

c) die zu einem wettbewerbsfähigen Preis erfolgende Gewährung eines Zugangs zu einer breiten Palette von Finanzinstrumenten, die geeignet sind, den Bedürfnissen des Kunden zu entsprechen, darunter eine angemessene Zahl von Finanzinstrumenten dritter Produktanbieter ohne enge Verbindung zum betreffenden Rechtsträger, entweder

aa) in Kombination mit der Bereitstellung von Hilfsmitteln, die einen Mehrwert aufweisen, wie etwa objektiven Informationsinstrumenten, die dem betreffenden Kunden bei Anlageentscheidungen helfen oder ihm die Möglichkeit geben, die Palette der Finanzinstrumente, in die er investiert hat, zu beobachten, zu modellieren und anzupassen, oder

bb) in Kombination mit der Übermittlung periodischer Berichte über die Wertentwicklung sowie die Kosten und Gebühren der Finanzinstrumente

oder

d) wenn der Zugang zur Anlageberatung durch die Vor-Ort-Verfügbarkeit von qualifizierten Beratern ermöglicht wird.

2. Der Vorteil kommt nicht unmittelbar dem empfangenden Rechtsträger, seinen Anteilseignern oder Beschäftigten zugute, ohne zugleich einen materiellen Vorteil für den betreffenden Kunden darzustellen.

3. Der Vorteil ist durch die fortlaufende Qualitätsverbesserung für den betreffenden Kunden, die in einem angemessenen Verhältnis zu dem laufenden Vorteil steht, gerechtfertigt.

4. Der Vorteil führt zu keiner Befangenheit oder Verzerrung des Rechtsträgers bei Erbringung der betreffenden Dienstleistung für den Kunden.

(2) Der Rechtsträger hat die Anforderungen gemäß Abs. 1 zu erfüllen, so lange er den Vorteil annimmt oder gewährt.

(3) Der Rechtsträger hat nachzuweisen, dass jeglicher von ihm angenommene oder gewährte Vorteil, die Qualität der jeweiligen Dienstleistung für den Kunden verbessert,

1. indem er eine interne Liste aller Vorteile führt, die er im Zusammenhang mit der Erbringung von Wertpapier- und Nebendienstleistungen von einem Dritten annimmt, und

2. indem er aufzeichnet, wie der von ihm angenommene oder gewährte oder von ihm beabsichtigte Vorteil die Qualität der Dienstleistungen für die betreffenden Kunden verbessert und welche Schritte unternommen wurden, um die Erfüllung seiner Pflicht, ehrlich, redlich und professionell im bestmöglichen Interesse seiner Kunden zu handeln, nicht zu beeinträchtigen.

Gewährung und Annahme von Vorteilen bei unabhängiger Anlageberatung und Portfolioverwaltung

§ 53. (1) Informiert ein Rechtsträger den Kunden darüber, dass die Anlageberatung unabhängig erbracht wird, oder bietet der Rechtsträger Portfolioverwaltung an, so ist es dem Rechtsträger nicht gestattet, für die Erbringung der Dienstleistung an die Kunden Vorteile einer dritten Partei oder einer Person, die im Namen einer dritten Partei handelt, anzunehmen und zu behalten. Der Rechtsträger hat sämtliche Vorteile, die im Zusammenhang mit den Dienstleistungen, die für einen Kunden erbracht werden, von einem Dritten oder einer im Auftrag eines Dritten handelnden Person gewährt werden, nach Annahme unverzüglich an den Kunden weiterzugeben. Sämtliche Vorteile, die im Zusammenhang mit der Erbringung von unabhängiger Anlageberatung und Portfolioverwaltung von Dritten angenommen werden, hat er in vollem Umfang an den Kunden weiterzugeben.

(2) Der Rechtsträger hat Grundsätze einzuführen und umzusetzen, die sicherstellen, dass sämtliche Vorteile, die im Zusammenhang mit der unabhängigen Anlageberatung und Portfolioverwaltung von einem Dritten oder einer im Auftrag eines Dritten handelnden Person gewährt werden, jedem einzelnen Kunden zugewiesen und an diesen weitergegeben werden.

(3) Der Rechtsträger hat seine Kunden über die an ihn weitergegebenen Vorteile, insbesondere im Rahmen seiner regelmäßigen Berichte an den Kunden, zu unterrichten.

(4) Geringfügige nicht-monetäre Vorteile gemäß Abs. 5 sind jedoch zulässig, wenn diese

1. gemäß § 52 die Qualität der Dienstleistung für den Kunden verbessern können,

2. von ihrem Umfang und ihrer Art her nicht vermuten lassen, dass sie die Einhaltung der Pflicht des Rechtsträgers, im bestmöglichen Interesse ihrer Kunden zu handeln, beeinträchtigen und

3. unmissverständlich offengelegt werden.

(5) Geringfügige nicht-monetäre Vorteile sind insbesondere:

1. Die Information oder die Dokumentation zu einem Finanzinstrument oder einer Wertpapierdienstleistung, die generisch angelegt oder individuell auf die Situation eines bestimmten Kunden abgestimmt ist;

2. das Schriftmaterial von einem Dritten, das von einem Emittenten oder potenziellen Emittenten aus dem Unternehmenssektor in Auftrag gegeben und vergütet wird, um eine Neuemission des betreffenden Unternehmens zu bewerben, oder bei dem der dritte Rechtsträger vom Emittenten vertraglich dazu verpflichtet und dafür vergütet wird, derartiges Material fortlaufend zu produzieren, sofern die Beziehung in dem betreffenden Material unmissverständlich offengelegt wird und das Material gleichzeitig allen Rechtsträgern, die daran interessiert sind, oder dem Publikum zur Verfügung gestellt wird;

3. die Teilnahme an Konferenzen, Seminaren und anderen Bildungsveranstaltungen zu den Vorteilen und Merkmalen eines bestimmten Finanzinstruments oder einer bestimmten Wertpapierdienstleistung einschließlich einer Gattung von Finanzinstrumenten oder Wertpapierdienstleistungen oder

4. die Bewirtung in vertretbarem Geringfügigkeitswert, wie Bewirtung während geschäftlicher Zusammenkünfte oder während der unter Z 3 genannten Konferenzen, Seminaren und anderen Bildungsveranstaltungen.

(6) Geringfügige nicht-monetäre Vorteile gemäß Abs. 5 müssen vertretbar und verhältnismäßig sein und sich in einer Größenordnung bewegen, die es unwahrscheinlich macht, dass sie das Verhalten des Rechtsträgers in einer Weise beeinflussen, die den Interessen des betreffenden Kunden abträglich ist.

(7) Geringfügige nicht-monetäre Vorteile gemäß Abs. 5 müssen offengelegt werden, bevor die betreffenden Wertpapier- und Nebendienstleistungen für die Kunden erbracht werden. Gemäß § 51 Abs. 5 Z 1 ist eine generische Beschreibung zulässig.

Gewährung und Annahme von Vorteilen in Zusammenhang mit Analysen

§ 54. (1) Die Bereitstellung von Analysen durch Dritte an Rechtsträger ist nicht als Vorteil anzusehen, wenn sie als Gegenleistung für Folgendes angenommen wird:

1. Direkte Zahlungen des Rechtsträgers aus seinen eigenen Mitteln;

2. Zahlungen von einem separaten, vom Rechtsträger kontrollierten Analysekonto, sofern in Bezug auf die Führung des Kontos folgende Bedingungen erfüllt sind:

a) Es ist durch eine vom Kunden entrichtete spezielle Analysegebühr zu finanzieren;

b) als Bestandteil der Einrichtung eines Analysekontos und der Vereinbarung der Analysegebühr mit seinen Kunden hat der Rechtsträger im Rahmen einer internen Verwaltungsmaßnahme ein Analysebudget festzulegen und dieses einer regelmäßigen Bewertung zu unterziehen;

c) der Rechtsträger hat für das Analysekonto zu haften;

d) der Rechtsträger hat die Qualität der erworbenen Analysen regelmäßig anhand belastbarer Qualitätskriterien und seiner Fähigkeit, zu besseren Anlageentscheidungen beizutragen, zu bewerten.

Der Rechtsträger hat, wenn er vom Analysekonto gemäß Z 2 Gebrauch macht, dem Kunden vor der Erbringung der Wertpapierdienstleistung für Kunden Informationen über die für Analysen veranschlagten Mittel und die Höhe der geschätzten Gebühren je Kunde sowie eine jährliche Information über die Gesamtkosten für Analysen Dritter je Kunde zu übermitteln.

(2) Ein Rechtsträger, der ein Analysekonto führt, ist verpflichtet, auf Verlangen seiner Kunden oder der FMA eine Zusammenstellung der von diesem Konto vergüteten Anbieter, des an

diese in einem bestimmten Zeitraum gezahlten Gesamtbetrags, der vom Rechtsträger angenommenen Vorteile und Dienstleistungen sowie eine Gegenüberstellung des von diesem Konto gezahlten Gesamtbetrags mit dem vom Rechtsträger für diesen Zeitraum veranschlagten Analysebudget vorzulegen. Hierbei ist jede Rückerstattung oder jeder Übertrag, falls Mittel auf dem Konto verbleiben, auszuweisen. Für die Zwecke des Abs. 1 Z 2 lit. a hat die spezielle Analysegebühr folgende Bedingungen zu erfüllen:

1. Sie basiert ausschließlich auf einem Analysebudget, das vom Rechtsträger festgesetzt wird, um den Bedarf an Analysen Dritter für Wertpapierdienstleistungen, die für seine Kunden erbracht werden, zu ermitteln und

2. sie ist nicht an das Volumen oder den Wert der im Kundenauftrag ausgeführten Geschäfte gebunden.

(3) Jede operative Vereinbarung für die Erhebung der Analysegebühr bei Kunden hat, sofern diese Gebühr nicht getrennt, sondern zusammen mit einer Geschäftsprovision erhoben wird, die Analysegebühr eindeutig separat auszuweisen und uneingeschränkt die Bedingungen des Abs. 1 Z 2 und des Schlussteils des Abs. 1 zu erfüllen.

(4) Der Gesamtbetrag der eingenommenen Analysegebühren darf das Analysebudget nicht übersteigen.

(5) Der Rechtsträger hat mit den Kunden im Vermögensverwaltungsvertrag oder in den allgemeinen Geschäftsbedingungen die von ihm veranschlagte Analysegebühr und die zeitlichen Abstände zu vereinbaren, in denen die spezielle Analysegebühr während des Jahres von den Kundenmitteln einbehalten wird. Erhöhungen des Analysebudgets dürfen erst erfolgen, nachdem die Kunden unmissverständlich über derartige beabsichtigte Erhöhungen informiert wurden. Weist das Analysekonto am Ende des Zeitraums einen Überschuss auf, hat der Rechtsträger über ein Verfahren zu verfügen, um dem Kunden die betreffenden Mittel rückzuerstatten oder sie mit dem Analysebudget und der kalkulierten Gebühr für den Folgezeitraum zu verrechnen.

(6) Für die Zwecke des Abs. 1 Z 2 lit. b darf das Analysebudget nur vom Rechtsträger verwaltet und auf Basis einer angemessenen Bewertung des Bedarfs an Analysen Dritter festgesetzt werden. Die Zuweisung des Analysebudgets für den Erwerb von Analysen Dritter ist angemessenen Kontrollen und der Aufsicht durch die Geschäftsleitung zu unterwerfen, damit sichergestellt ist, dass das Analysebudget im besten Interesse der Kunden des Rechtsträgers verwaltet und verwendet wird. Diese Kontrollen haben einen eindeutigen Prüfpfad der an Analyseanbieter geleisteten Zahlungen und der Art und Weise, wie die gezahlten Beträge mit Bezug auf die unter Abs. 1 Z 2 lit. d genannten Qualitätskriterien festgelegt wurden, zu umfassen. Einem Rechtsträger ist es nicht gestattet, das Analysebudget und das Analysekonto zur Finanzierung interner Analysen zu verwenden.

(7) Für die Zwecke des Abs. 1 Z 2 lit. c kann der Rechtsträger die Verwaltung des Analysekontos einem Dritten übertragen, sofern die Vereinbarung es erleichtert, den Erwerb von Analysen Dritter und Zahlungen an Analyseanbieter im Namen des Rechtsträgers ohne ungebührliche Verzögerung gemäß der Anweisung des Rechtsträgers durchzuführen.

(8) Für die Zwecke des Abs. 1 Z 2 lit. d hat der Rechtsträger alle erforderlichen Elemente in einem schriftlichen Grundsatzdokument festzuhalten und dieses seinen Kunden zu übermitteln. Darin ist auch festzulegen, bis zu welchem Grad die über das Analysekonto erworbenen Analysen den Portfolios der Kunden zugute kommen können, auch indem den für die verschiedenen Arten von Portfolios geltenden Anlagestrategien Rechnung getragen wird. Weiters ist festzulegen, welchen Ansatz der Rechtsträger verfolgt, um derartige Kosten fair auf die verschiedenen Kundenportfolios zu verteilen.

(9) Ein Rechtsträger hat für jede Dienstleistung, durch die Aufträge von Kunden ausgeführt werden, separate Gebühren festzulegen, die nur den Kosten für die Ausführung des Geschäfts entsprechen. Die Gewährung jedes anderen Vorteils oder die Erbringung jeder anderen Dienstleistung durch denselben Rechtsträger für andere in der Europäischen Union niedergelassene Rechtsträger ist mit einer separat erkennbaren Gebühr auszuweisen. Die Bereitstellung dieser Vorteile oder Dienstleistungen und die dafür ausgewiesenen Gebühren dürfen nicht von der Höhe der Zahlungen für Dienstleistungen, durch die Aufträge von Kunden ausgeführt werden, beeinflusst oder abhängig gemacht werden.

(10) Werden Analysen durch Dritte an Rechtsträger, die Portfolioverwaltungs- oder andere Wertpapierdienstleistungen oder Nebendienstleistungen für Kunden erbringen, bereitgestellt, so sind die Verpflichtungen gemäß § 47 Abs. 1 erfüllt, wenn

1. vor der Erbringung der Ausführungs- oder Analysedienstleistungen eine Vereinbarung zwischen dem Rechtsträger und dem Analyseanbieter getroffen wurde, in der festgelegt ist, welcher Teil der kombinierten Gebühren oder gemeinsamen Zahlungen für Ausführungsdienstleistungen und Analysen auf Analysen entfällt,

2. der Rechtsträger seine Kunden über die gemeinsamen Zahlungen für Ausführungsdienstleistungen und Analysen informiert, die an die Drittanbieter von Analysen geleistet werden, und

3. die Analysen, für die die kombinierten Gebühren oder die gemeinsame Zahlung geleistet werden, Emittenten betreffen, die in den 36 Mo-

naten vor der Bereitstellung der Analysen eine Marktkapitalisierung von eine Milliarde Euro nicht überschritten haben, ausgedrückt durch die Notierungen am Jahresende für die Jahre, in denen sie notiert sind oder waren, oder durch das Eigenkapital für die Geschäftsjahre, in denen sie nicht notiert sind oder waren.
(BGBl I 2022/69)

(11) Für die Zwecke des Abs. 10 gilt:

1. der Ausdruck „Analysen" bezeichnet Analysematerial oder Analysedienste in Bezug auf eines oder mehrere Finanzinstrumente oder sonstige Vermögenswerte oder die Emittenten oder potenziellen Emittenten von Finanzinstrumenten oder Analysematerial oder Analysedienstleistungen, die in engem Zusammenhang zu einem bestimmten Wirtschaftszweig oder Markt stehen, sodass die Analysen die Grundlage für die Einschätzung von Finanzinstrumenten, Vermögenswerten oder Emittenten des Wirtschaftszweigs oder des Markts liefern;

2. zur Analyse gehören auch Material oder Dienstleistungen, mit denen explizit oder implizit eine Anlagestrategie empfohlen oder nahegelegt und eine fundierte Stellungnahme zum aktuellen oder künftigen Wert oder Preis solcher Instrumente oder Vermögenswerte abgegeben oder anderweitig eine Analyse und neuartige Erkenntnisse vermittelt werden und auf der Grundlage neuer oder bereits vorhandener Informationen Schlussfolgerungen gezogen werden könnten, um eine Anlagestrategie zu begründen, und die für die Entscheidungen, die der Rechtsträger für die die Analysegebühr entrichtenden Kunden trifft, relevant und von Mehrwert sein könnten.
(BGBl I 2022/69)

6. Abschnitt

Eignung und Angemessenheit von Wertpapierdienstleistungen

Allgemeine Bestimmung

§ 55. Rechtsträger haben dafür zu sorgen und der FMA auf Anfrage nachzuweisen, dass natürliche Personen, die gegenüber Kunden im Namen des Rechtsträgers eine Anlageberatung erbringen oder Kunden Informationen über Anlageprodukte, Wertpapier- oder Nebendienstleistungen erteilen, über die Kenntnisse und Kompetenzen verfügen, die für die Erfüllung der Verpflichtungen gemäß den §§ 47 bis 61 notwendig sind. Die FMA hat die Kriterien, die für die Beurteilung der Kenntnisse und Kompetenzen angelegt werden, zu veröffentlichen. Die FMA kann die Kriterien mittels Verordnung unter Berücksichtigung der europäischen Gepflogenheiten festlegen.

Eignung von Anlageberatungs- und Portfolioverwaltungsdienstleistungen

§ 56. (1) Ein Rechtsträger, der Anlageberatungs- oder Portfolioverwaltungsdienstleistungen erbringt, hat Informationen über die Kenntnisse und Erfahrungen des Kunden im Anlagebereich in Bezug auf den speziellen Typ der Produkte oder Dienstleistungen, seine finanziellen Verhältnisse, einschließlich seiner Fähigkeit zur Verlusttragung, und seine Anlageziele, einschließlich seiner Risikotoleranz, einzuholen, damit er dem Kunden Wertpapierdienstleistungen und Finanzinstrumente empfehlen kann, die für ihn geeignet sind und insbesondere seiner Risikotoleranz und seiner Fähigkeit, Verluste zu tragen, entsprechen.

(2) Erbringt ein Rechtsträger eine Anlageberatung, bei der ein Paket von Dienstleistungen oder Produkten empfohlen wird, die gemäß § 47 Abs. 5 gebündelt sind, so hat das gesamte gebündelte Paket für den Kunden geeignet zu sein.

(3) Erbringen Rechtsträger entweder Anlageberatung oder Portfolioverwaltung, die eine Umschichtung von Finanzinstrumenten umfassen, so holen sie die notwendigen Informationen über die Investition des Kunden ein und analysieren die Kosten und den Nutzen der Umschichtung von Finanzinstrumenten. Bei der Erbringung von Anlageberatungsdienstleistungen informieren Rechtsträger den Kunden darüber, ob die Vorteile einer Umschichtung von Finanzinstrumenten die im Rahmen der Umschichtung anfallenden Kosten überwiegen oder nicht. *(BGBl I 2022/69)*

(4) Die Anforderungen nach Abs. 3 gelten nicht für Dienstleistungen, die professionellen Kunden gemäß § 66 erbracht werden, es sei denn, diese Kunden erklären in elektronischer Form oder auf Papier, dass sie von dieser Ausnahmebestimmung nicht Gebrauch machen möchten. Der Rechtsträger ist verpflichtet, diese Erklärungen aufzuzeichnen. *(BGBl I 2022/69)*

Angemessenheit von sonstigen Wertpapierdienstleistungen

§ 57. (1) Die Rechtsträger haben bei der Erbringung von anderen als den in § 56 genannten Wertpapierdienstleistungen den Kunden um Angaben zu seinen Kenntnissen und Erfahrungen im Anlagebereich in Bezug auf den speziellen Typ der angebotenen oder vom Kunden gewünschten Produkte oder Dienstleistungen zu bitten, um beurteilen zu können, ob diese für den Kunden angemessen sind. Wird ein Bündel von Dienstleistungen oder Produkten gemäß § 47 Abs. 5 in Betracht gezogen, ist bei der Beurteilung zu berücksichtigen, ob das gesamte gebündelte Paket angemessen ist.

(2) Gelangt der Rechtsträger aufgrund der gemäß Abs. 1 erhaltenen Informationen zu der Auffassung, dass das betreffende Produkt oder

die betreffende Dienstleistung für den Kunden nicht angemessen ist, so warnt er den Kunden. Dieser Hinweis kann in standardisierter Form erfolgen.

(3) Falls der Kunde die in Abs. 1 genannten Informationen über seine Kenntnisse und Erfahrungen nicht oder unzureichend macht, hat der Rechtsträger den Kunden zu warnen, dass er ohne diese Informationen nicht beurteilen kann, ob die angebotenen oder gewünschten Produkte oder Dienstleistungen für ihn angemessen sind. Dieser Hinweis kann in standardisierter Form erfolgen.

Geschäfte, die nur in der Ausführung oder Annahme und Übermittlung von Kundenaufträgen bestehen

§ 58. Ein Rechtsträger, dessen Wertpapierdienstleistungen lediglich in der Ausführung von Kundenaufträgen oder der Annahme und Übermittlung von Kundenaufträgen mit oder ohne Nebendienstleistungen bestehen, ausgenommen die Gewährung von Krediten oder Darlehen gemäß § 1 Z 4 lit. b, die keine bestehenden Kreditobergrenzen von Darlehen, Girokonten und Überziehungsmöglichkeiten von Kunden beinhalten, darf diese Wertpapierdienstleistungen für seine Kunden erbringen, ohne zuvor die Angaben gemäß § 57 Abs. 1 einholen oder bewerten zu müssen, wenn die nachstehenden Voraussetzungen erfüllt sind:

1. Die Dienstleistungen beziehen sich auf nicht komplexe Finanzinstrumente gemäß § 1 Z 8;

2. die Dienstleistungen werden auf Veranlassung des Kunden erbracht;

3. der Kunde wurde eindeutig darüber informiert, dass der Rechtsträger bei der Erbringung dieser Dienstleistungen die Angemessenheit der Instrumente oder Dienstleistungen, die erbracht oder angeboten werden, nicht gemäß § 57 prüfen muss und der Kunde daher nicht in den Genuss des Schutzes dieser Wohlverhaltensregeln kommt; diese Warnung kann in standardisierter Form erfolgen;

4. der Rechtsträger kommt seinen Pflichten gemäß den §§ 45 und 46 nach.

Dokumentation der Rechte und Pflichten der Vertragsparteien

§ 59. (1) Ein Rechtsträger hat eine Aufzeichnung zu erstellen, die das Dokument oder die Dokumente mit den Vereinbarungen zwischen dem Rechtsträger und dem Kunden enthält, die die Rechte und Pflichten der Parteien sowie die sonstigen Bedingungen, zu denen der Rechtsträger Dienstleistungen für den Kunden erbringt, festlegen.

7. Abschnitt

Berichtspflichten gegenüber den Kunden

Berichtspflicht

§ 60. (1) Ein Rechtsträger hat seinem Kunden in geeigneter Form über die für ihn erbrachten Dienstleistungen mittels eines dauerhaften Datenträgers zu berichten. Diese Berichte haben regelmäßige Mitteilungen an den Kunden, in denen der Art und der Komplexität der jeweiligen Finanzinstrumente sowie der Art der für den Kunden erbrachten Dienstleistung Rechnung getragen wird, und gegebenenfalls die Kosten, die mit den im Namen des Kunden durchgeführten Geschäften und den erbrachten Dienstleistungen verbunden sind, zu enthalten.

(2) Ein Rechtsträger, der Anlageberatung gegenüber Privatkunden erbringt, hat dem Kunden vor Durchführung des Geschäfts eine Erklärung zur Geeignetheit auf einem dauerhaften Datenträger zu übermitteln, in der er die erbrachte Beratung nennt und erläutert, wie die Beratung auf die Präferenzen, Ziele und sonstigen Merkmale des Privatkunden abgestimmt wurde.

(3) Wird die Vereinbarung, ein Finanzinstrument zu kaufen oder zu verkaufen, unter Verwendung eines Fernkommunikationsmittels geschlossen und ist die vorherige Aushändigung der Geeignetheitserklärung gemäß Abs. 2 somit nicht möglich, kann der Rechtsträger dem Kunden die schriftliche Erklärung zur Geeignetheit auf einem dauerhaften Datenträger übermitteln, unmittelbar nachdem dieser sich vertraglich gebunden hat, sofern die folgenden Bedingungen erfüllt sind:

1. Der Kunde hat der Übermittlung der Geeignetheitserklärung unverzüglich nach Geschäftsabschluss zugestimmt und

2. der Rechtsträger hat den Kunden die Option eingeräumt, das Geschäft zu verschieben, um die Geeignetheitserklärung vorher zu erhalten.

(4) Ein Rechtsträger, der Portfolioverwaltungsdienstleistungen für einen Kunden erbringt oder dem Kunden mitgeteilt hat, dass er eine regelmäßige Beurteilung der Geeignetheit vornehmen werde, hat dem regelmäßigen Bericht eine aktualisierte Erklärung beizufügen, die zu enthalten hat, wie die Anlage auf die Präferenzen, Ziele und sonstigen Merkmale des Privatkunden abgestimmt wurde.

(5) Die Bestimmungen in Abs. 1 bis 4 gelten nicht für Dienstleistungen, die professionellen Kunden gemäß § 66 erbracht werden, es sei denn diese Kunden erklären in elektronischer Form oder auf Papier, dass sie von dieser Ausnahmebestimmung nicht Gebrauch machen möchten. Der Rechtsträger ist verpflichtet, diese Erklärungen aufzuzeichnen. *(BGBl I 2022/69)*

Wohnimmobilienkreditverträge

§ 61. Ist ein Wohnimmobilienkreditvertrag, der den Bestimmungen zur Beurteilung der Kreditwürdigkeit von Verbrauchern des Hypothekar- und Immobilienkreditgesetzes – HIKrG, BGBl. I Nr. 135/2015, unterliegt, an die Vorbedingung geknüpft, dass demselben Verbraucher eine Wertpapierdienstleistung in Bezug auf speziell zur Besicherung der Finanzierung des Kredits begebene gedeckte Schuldverschreibungen mit denselben Konditionen wie der Wohnimmobilienkreditvertrag erbracht wird, damit der Kredit ausgezahlt, refinanziert oder abgelöst werden kann, unterliegt diese Dienstleistung nicht den in den §§ 55 bis 60 genannten Verpflichtungen.

8. Abschnitt

Bestmögliche Durchführung von Dienstleistungen

Bestmögliche Durchführung

§ 62. (1) Ein Rechtsträger hat bei der Ausführung von Aufträgen unter Berücksichtigung des Kurses, der Kosten, der Schnelligkeit, der Wahrscheinlichkeit der Ausführung und Abwicklung, des Umfangs, der Art und aller sonstigen, für die Auftragsausführung relevanten Aspekte alle hinreichenden Maßnahmen zu ergreifen, um das bestmögliche Ergebnis für seine Kunden zu erreichen. Liegt jedoch eine ausdrückliche Weisung des Kunden vor, hat der Rechtsträger den Auftrag gemäß dieser ausdrücklichen Weisung auszuführen.

(2) Die Ausgabe und Rücknahme von Anteilen an inländischen Investmentfonds und Immobilien-Investmentfonds sowie von Anteilen an ausländischen Kapitalanlagefonds, deren Vertrieb in Österreich zulässig ist, über eine Depotbank ist keine Ausführung von Kundenaufträgen im Sinne des Abs. 1.

(3) Führt ein Rechtsträger einen Auftrag im Namen eines Privatkunden aus, so bestimmt sich das bestmögliche Ergebnis nach der Gesamtbewertung, die den Preis des Finanzinstruments und die Kosten im Zusammenhang mit der Ausführung darstellt und alle dem Kunden entstandenen Kosten umfasst, die in direktem Zusammenhang mit der Ausführung des Auftrags stehen, einschließlich der Gebühren des Ausführungsplatzes, Clearing- und Abwicklungsgebühren und sonstigen Gebühren, die Dritten gezahlt wurden, die an der Ausführung des Auftrags beteiligt sind.

(4) Ein Rechtsträger darf weder eine Vergütung, einen Rabatt, noch einen nicht-monetären Vorteil für die Weiterleitung von Kundenaufträgen zu einem bestimmten Handelsplatz oder Ausführungsplatz erhalten, die einen Verstoß gegen die Anforderungen zu Interessenkonflikten oder Vorteilen gemäß § 29 Abs. 2 und 3, den §§ 30, 31, 45 bis 54, § 62 Abs. 1 und 3 sowie § 63 Abs. 3 darstellen würden. *(BGBl I 2018/37)*

(5) Für Finanzinstrumente, die der Handelspflicht nach den Art. 23 und 28 der Verordnung (EU) Nr. 600/2014 unterliegen, hat jeder Handelsplatz gemäß § 1 Z 26 und jeder systematische Internalisierer gemäß § 1 Z 28 und für andere Finanzinstrumente jeder Ausführungsplatz gemäß § 63 Abs. 4 der Öffentlichkeit mindestens einmal jährlich gebührenfrei Informationen über die Qualität der Ausführung von Aufträgen auf diesem Handelsplatz zur Verfügung zu stellen. Ein Rechtsträger hat nach Ausführung eines Geschäfts dem Kunden mitzuteilen, wo der Auftrag ausgeführt wurde. Diese regelmäßigen Berichte haben ausführliche Angaben zu den Kursen, den Kosten sowie der Schnelligkeit und Wahrscheinlichkeit der Ausführung einzelner Finanzinstrumente zu enthalten.

Ausführungspolitik

§ 63. (1) Um der Verpflichtung zur bestmöglichen Durchführung gemäß § 62 Abs. 1 zu entsprechen, hat ein Rechtsträger wirksame Vorkehrungen zu treffen und anzuwenden. Der Rechtsträger hat insbesondere eine Ausführungspolitik festzulegen und anzuwenden, die es dem Rechtsträger erlaubt, für die Kundenaufträge das bestmögliche Ergebnis gemäß § 62 Abs. 1 zu erreichen.

(2) Die Ausführungspolitik hat jedenfalls für jede Gattung von Finanzinstrumenten Angaben zu den verschiedenen Handelsplätzen, an denen der Rechtsträger Aufträge seiner Kunden ausführt, und die Faktoren, die für die Wahl des Ausführungsplatzes ausschlaggebend sind, zu enthalten. Es sind zumindest die Handelsplätze zu nennen, an denen der Rechtsträger gleich bleibend die bestmöglichen Ergebnisse bei der Ausführung von Kundenaufträgen erzielen kann.

(3) Kann ein Auftrag über ein Finanzinstrument an mehreren konkurrierenden Plätzen ausgeführt werden, so haben die Provisionen des Rechtsträgers und die Kosten der Ausführung an den einzelnen in Frage kommenden Plätzen im Interesse der Erzielung des bestmöglichen Ergebnisses gemäß § 62 Abs. 1 in diese Bewertung einzufließen, um die in der Ausführungspolitik des Rechtsträgers angeführten und zur Ausführung des Auftrags fähigen Ausführungsplätze für den Kunden miteinander zu vergleichen und zu bewerten.

(4) Für die Zwecke dieses Abschnittes ist unter „Ausführungsplatz" ein geregelter Markt, ein MTF, ein OTF, ein systematischer Internalisierer, ein Market Maker, ein sonstiger Liquiditätsgeber oder eine Einrichtung zu verstehen, die in einem Drittland eine vergleichbare Funktion ausübt.

(5) Sofern in der Ausführungspolitik vorgesehen ist, dass Aufträge außerhalb eines Handels-

platzes gemäß § 1 Z 26 ausgeführt werden dürfen, hat der Rechtsträger seine Kunden auf diese Möglichkeit hinzuweisen. Bevor ein Rechtsträger Kundenaufträge außerhalb eines Handelsplatzes gemäß § 1 Z 26 ausführt, hat er die vorherige ausdrückliche Zustimmung des Kunden einzuholen. Diese Zustimmung kann entweder in Form einer allgemeinen Vereinbarung oder zu jedem Geschäft einzeln eingeholt werden.

(6) Auf Anfrage eines Kunden hat der Rechtsträger nachzuweisen, dass er die Aufträge in Einklang mit seiner Ausführungspolitik durchgeführt hat. Auf Anfrage der FMA hat der Rechtsträger nachzuweisen, dass er die §§ 62 bis 64 eingehalten hat.

Organisatorische Vorschriften über die Ausführungspolitik

§ 64. (1) Ein Rechtsträger hat seine Kunden über seine Ausführungspolitik in geeigneter Form zu informieren. In diesen Informationen ist klar, ausführlich und auf eine für Kunden verständliche Weise zu erläutern, wie die Kundenaufträge von dem Rechtsträger ausgeführt werden. Der Rechtsträger hat die vorherige Zustimmung seiner Kunden zu seiner Ausführungspolitik einzuholen. Der Rechtsträger hat seinen Kunden, mit denen er eine laufende Geschäftsbeziehung unterhält, wesentliche Änderungen seiner Vorkehrungen und seiner Ausführungspolitik mitzuteilen.

(2) Ein Rechtsträger, der Kundenaufträge ausführt, hat einmal jährlich für jede Gattung von Finanzinstrumenten die fünf „Ausführungsplätze", die ausgehend vom Handelsvolumen am wichtigsten sind, auf denen er Kundenaufträge im Vorjahr ausgeführt hat, und Informationen über die erreichte Ausführungsqualität zusammenzufassen und zu veröffentlichen. *(BGBl I 2018/37)*

(3) Ein Rechtsträger hat die Effizienz und Wirksamkeit seiner Vorkehrungen und seiner Ausführungspolitik zu überwachen, um Mängel festzustellen und gegebenenfalls zu beheben. Der Rechtsträger hat insbesondere regelmäßig zu prüfen, ob die in der Ausführungspolitik genannten Ausführungsplätze gleich bleibend das bestmögliche Ergebnis für die Kunden erbringen oder ob die Vorkehrungen oder die Ausführungspolitik geändert werden müssen. Dabei sind insbesondere die gemäß § 62 Abs. 5 und § 64 Abs. 2 veröffentlichten Informationen zu berücksichtigen.

9. Abschnitt
Bearbeitung von Kundenaufträgen

Bearbeitung von Kundenaufträgen

§ 65. (1) Ein Rechtsträger hat bei der Bearbeitung von Kundenaufträgen Verfahren und Systeme einzurichten, welche die unverzügliche, redliche und rasche Ausführung von Kundenaufträgen im Verhältnis zu anderen Kundenaufträgen und den Handelsinteressen des Rechtsträgers gewährleisten. Diese Verfahren oder Systeme haben es zu ermöglichen, dass ansonsten vergleichbare Kundenaufträge gemäß dem Zeitpunkt ihres Eingangs bei dem Rechtsträger ausgeführt werden.

(2) Wenn der Kunde nicht ausdrücklich eine anders lautende Anweisung gibt, haben Rechtsträger bei Kundenlimitaufträgen in Bezug auf Aktien, die zum Handel an einem geregelten Markt zugelassen sind oder an einem sonstigen Handelsplatz gehandelt werden, wenn die Aufträge zu den vorherrschenden Marktbedingungen nicht unverzüglich ausgeführt werden, Maßnahmen zu ergreifen, um die schnellstmögliche Ausführung dieser Aufträge dadurch zu erleichtern, dass sie diese unverzüglich und auf eine Art und Weise veröffentlichen, die für andere Marktteilnehmer leicht zugänglich ist. Ein Rechtsträger erfüllt diese Pflicht, wenn er die Kundenlimitaufträge an einen Handelsplatz weiterleitet. Die FMA kann mit Verordnung von dieser Verpflichtung zur Bekanntmachung eines Limitauftrags absehen, wenn dieser Limitauftrag gemäß Art. 4 der Verordnung (EU) Nr. 600/2014 im Vergleich zum marktüblichen Geschäftsumfang sehr groß ist.

10. Abschnitt
Professionelle Kunden und geeignete Gegenparteien

Professionelle Kunden

§ 66. (1) Ein professioneller Kunde ist ein Kunde, der über ausreichende Erfahrungen, Kenntnisse und Sachverstand verfügt, um seine Anlageentscheidungen selbst treffen und die damit verbundenen Risiken angemessen beurteilen zu können. Als professionelle Kunden gelten die in Abs. 2 genannten Rechtspersönlichkeiten sowie jene Kunden, die gemäß § 67 auf Antrag als professionelle Kunden behandelt werden.

(2) Professionelle Kunden in Bezug auf alle Wertpapierdienstleistungen und Finanzinstrumente sind jedenfalls:

1. die nachstehenden Rechtspersönlichkeiten, sofern sie im Inland, in einem Mitgliedstaat oder in einem Drittstaat eine Zulassung erhalten haben oder beaufsichtigt werden, um auf Finanzmärkten tätig werden zu können:

a) Kreditinstitute,

b) Wertpapierfirmen,

c) sonstige zugelassene oder beaufsichtigte Finanzinstitute,

d) Versicherungsunternehmen,

e) Organismen für Veranlagungen gemäß § 1 Abs. 1 Z 3 „KMG 2019", in- oder ausländische Kapitalanlagefonds, in- oder ausländische Immobilienfonds oder ähnliche Einrichtungen, die Vermögenswerte mit Risikostreuung zusammenfassen, sowie ihre jeweiligen Verwaltungsgesellschaften, *(BGBl I 2019/62)*

f) Pensionsfonds und ihre Verwaltungsgesellschaften,

g) Warenhändler und Warenderivate-Händler,

h) Lokale Firmen gemäß Art. 4 Abs. 1 Nummer 4 der Verordnung (EU) Nr. 575/2013,

i) sonstige institutionelle Anleger;

2. andere als in Z 1 genannte große Unternehmen, die auf Unternehmensebene mindestens zwei der nachfolgenden Eigenschaften aufweisen:

a) eine Bilanzsumme in der Höhe von mindestens 20 Millionen Euro,

b) einen Nettoumsatz in der Höhe von mindestens 40 Millionen Euro,

c) Eigenmittel in der Höhe von mindestens 2 Millionen Euro;

3. Zentralstaaten, Länder, Regionalregierungen der Mitgliedstaaten und Drittländer, sowie Stellen der staatlichen Schuldenverwaltung auf nationaler oder regionaler Ebene;

4. Zentralbanken gemäß Art. 4 Abs. 1 Nummer 46 der Verordnung (EU) Nr. 575/2013 sowie internationale und supranationale Einrichtungen, wie insbesondere die Weltbank, der Internationale Währungsfonds, die Europäische Investitionsbank und andere vergleichbare internationale Organisationen;

5. andere institutionelle Anleger, deren Haupttätigkeit in der Anlage in Finanzinstrumenten besteht, einschließlich Einrichtungen, die die wertpapiermäßige Verbriefung von Verbindlichkeiten und andere Finanzierungsgeschäfte betreiben.

(3) Der Rechtsträger hat vor Erbringung jeglicher Dienstleistungen gegenüber einem in Abs. 2 genannten Unternehmen darauf hinzuweisen, dass es aufgrund der vorliegenden Informationen als professioneller Kunde eingestuft und behandelt wird, sofern der Rechtsträger und das betreffende Unternehmen nichts Anderes vereinbaren. Weiters hat ein Rechtsträger professionelle Kunden über die Möglichkeit zur Änderung der Einstufung gemäß Art. 45 Abs. 2 der delegierten Verordnung (EU) 2017/565 zu informieren.

§ 67. (1) Andere als die in § 66 genannten Kunden, einschließlich Körperschaften öffentlichen Rechts und Privatkunden, können bei dem Rechtsträger die Einstufung und Behandlung als professionelle Kunden im Sinne von § 66 Abs. 1 beantragen. Auf diese Kunden finden dann die für Privatkunden geltenden Schutzbestimmungen keine Anwendung mehr.

(2) Die Einstufung und Behandlung eines Kunden im Sinne von Abs. 1 als professioneller Kunde ist nur zulässig, wenn

1. der Kunde dem Rechtsträger schriftlich mitteilt, dass er generell oder in Bezug auf eine bestimmte Wertpapierdienstleistung oder ein bestimmtes Wertpapiergeschäft oder in Bezug auf eine bestimmte Art von Geschäft oder Produkt als professioneller Kunde behandelt werden möchte;

2. der Rechtsträger den Kunden schriftlich klar darauf hinweist, welches Schutzniveau und welche Anlegerentschädigungsrechte er gegebenenfalls durch die Einstufung als professioneller Kunde verliert;

3. der Kunde schriftlich in einem vom jeweiligen Vertrag getrennten Dokument bestätigt, dass er sich der Folgen des Verlustes dieses Schutzniveaus bewusst ist;

4. der Rechtsträger sich durch eine angemessene Beurteilung des Sachverstands, der Erfahrungen und der Kenntnisse des Kunden davon vergewissert hat, dass dieser in Anbetracht der Art der geplanten Geschäfte oder Dienstleistungen nach vernünftigem Ermessen in der Lage ist, seine Anlageentscheidungen selbst zu treffen und die damit einhergehenden Risiken versteht, und

5. auf Grund der Beurteilung gemäß Z 4 mindestens zwei der folgenden Kriterien erfüllt sind:

a) Der Kunde hat an dem relevanten Markt innerhalb der letzten vier vorhergehenden Quartale durchschnittlich pro Quartal zehn Geschäfte von erheblichem Umfang getätigt,

b) das Finanzinstrument-Portfolio des Kunden einschließlich seiner Bankguthaben übersteigt den Wert von 500 000 Euro,

c) der Kunde ist oder war mindestens ein Jahr lang in einer beruflichen Position im Finanzsektor tätig, die Kenntnisse über die geplanten Geschäfte oder Dienstleistungen voraussetzt.

(3) Der Rechtsträger hat zweckmäßige schriftliche Leitlinien festzulegen und Verfahren einzuführen, anhand derer die Kunden eingestuft werden. Der Rechtsträger hat durch angemessene Vorkehrungen sicherzustellen, dass ein Kunde, der als professioneller Kunde behandelt werden möchte, die Kriterien gemäß Abs. 2 Z 4 und 5 erfüllt, bevor einem Antrag im Sinne von Abs. 1 stattgegeben wird; dabei darf nicht davon ausgegangen werden, dass dieser Kunde über Marktkenntnisse und -erfahrungen verfügt, die denen der professionellen Kunden nach § 66 Abs. 2 vergleichbar sind.

(4) Ein professioneller Kunde hat den Rechtsträger über alle Änderungen zu informieren, die seine Einstufung beeinflussen könnten. Der Rechtsträger hat geeignete Maßnahmen zu ergreifen, wenn der Kunde nicht mehr die Vorausset-

zungen für die Einstufung als professioneller Kunde erfüllt.

Geschäfte mit geeigneten Gegenparteien

§ 68. (1) Rechtsträger, die zur Ausführung von Aufträgen für Kunden oder zum Handel für eigene Rechnung oder zur Annahme und Übermittlung von Aufträgen berechtigt sind, dürfen Geschäfte mit geeigneten Gegenparteien vermitteln oder abschließen, ohne §§ 47 bis 52, § 55, § 56, § 57 Abs. 1 bis 3, §§ 58 bis 64 und § 65 Abs. 1 auf diese Geschäfte oder auf Nebendienstleistungen in direktem Zusammenhang mit diesen Geschäften anwenden zu müssen. *(BGBl I 2022/69)*

(2) Ein Rechtsträger hat in seiner Beziehung mit den geeigneten Gegenparteien ehrlich, redlich und professionell zu handeln sowie auf redliche, eindeutige und nicht irreführende Weise mit ihnen zu kommunizieren und dabei die Art der geeigneten Gegenpartei und deren Geschäftstätigkeit Rechnung zu tragen.

(3) Für die Zwecke dieser Bestimmung sind die in § 66 Abs. 2 Z 1 bis 4 genannten Rechtspersönlichkeiten geeignete Gegenparteien. Die in § 66 Abs. 2 Z 1 lit. i genannten Rechtspersönlichkeiten haben einen Nettoumsatz in der Höhe von mindestens 40 Millionen Euro aufzuweisen. Sofern eine Rechtspersönlichkeit Rechtsordnungen von verschiedenen Mitgliedstaaten unterliegt, bestimmt sich die Einstufung dieser Rechtspersönlichkeit nach den Rechtsvorschriften jenes Mitgliedstaates, in dem diese Rechtspersönlichkeit ihren Sitz hat. Der Rechtsträger, der Geschäfte gemäß Abs. 1 mit solchen Rechtspersönlichkeiten abschließt, hat die ausdrückliche Zustimmung der potenziellen Gegenpartei einzuholen, als geeignete Gegenpartei behandelt zu werden. Diese Zustimmung kann in Form einer allgemeinen Vereinbarung oder für jedes Geschäft einzeln eingeholt werden.

(4) Eine als geeignete Gegenpartei gemäß Abs. 3 eingestufte Rechtspersönlichkeit kann entweder generell oder für jedes Geschäft einzeln den Ausschluss der Anwendung des Abs. 1 verlangen.

(5) Eine Rechtspersönlichkeit, die ihren Sitz in einem Drittland hat, ist eine geeignete Gegenpartei, sofern diese den in Abs. 3 genannten Rechtspersönlichkeiten gleichwertig ist.

11. Abschnitt
Unerbetene Nachrichten und Haustürgeschäfte

Unerbetene Nachrichten

§ 69. (1) Die Zulässigkeit der Zusendung unerbetener Nachrichten zur Werbung für eines der in § 1 Z 7 genannten Finanzinstrumente und für Veranlagungen im Sinne des § 1 Abs. 1 Z 3 „KMG 2019"* richtet sich nach „§ 174 des Telekommunikationsgesetzes 2021 – TKG 2021, BGBl. I Nr. 190/2021"**, BGBl. I Nr. 70/2003. *(* BGBl I 2019/62; ** BGBl I 2021/190)*

Haustürgeschäfte

§ 70. (1) Die in § 26 genannten Rechtsträger dürfen Verbraucher im Sinne des § 1 Abs. 1 Z 2 des Konsumentenschutzgesetzes – KSchG, BGBl. Nr. 140/1979, zur Werbung für den Erwerb eines der in § 1 Z 7 genannten Finanzinstrumente und von Veranlagungen im Sinne des § 1 Abs. 1 Z 3 „KMG 2019" nur auf Grund einer Einladung aufsuchen. *(BGBl I 2019/62)*

(2) Ist die Vertragserklärung eines Verbrauchers auf den Erwerb

1. einer Veranlagung im Sinne des § 1 Abs. 1 Z 3 „KMG 2019" oder *(BGBl I 2019/62)*

2. von Anteilen an in- oder ausländischen Kapitalanlagefonds, in- oder ausländischen Immobilienfonds oder ähnlichen Einrichtungen, die Vermögenswerte mit Risikostreuung zusammenfassen,

gerichtet, kommt § 3 KSchG unbeschadet einer Anbahnung der geschäftlichen Verbindung zwecks Schließung dieses Vertrags durch den Verbraucher zur Anwendung.

3. Hauptstück
Aufsicht und sonstige Maßnahmen

1. Abschnitt
Rechnungslegung, Anlegerentschädigung und Geschäftsaufsicht

Rechnungslegung und Jahresabschlussprüfung

§ 71. (1) Wertpapierfirmen haben ihren Jahresabschluss gemäß der Gliederung der Anlage 2 zu Artikel I § 43 BWG so rechtzeitig zu erstellen, dass die Frist des Abs. 2 eingehalten werden kann; Anlage 2 zu Artikel I § 43, Teil 2 BWG (Gliederung der Gewinn- und Verlustrechnung) ist mit der Maßgabe anzuwenden, dass unter der Position „III. Betriebsaufwendungen" zusätzlich die Position „darunter: fixe Gemeinkosten" auszuweisen ist; die § 43 Abs. 1, 2 und 3, §§ 45 bis 59a und § 64 BWG sind anzuwenden. Wertpapierfirmen, die die Voraussetzungen für die Einstufung als kleine und nicht-verflochtene Wertpapierfirmen gemäß Art. 12 Abs. 1 der Verordnung (EU) 2019/2033 nicht erfüllen, haben § 65 Abs. 1 und 2 BWG anzuwenden. Die Vorschriften gemäß § 275 UGB über die Verantwortlichkeit des Abschlussprüfers sind anzuwenden. *(BGBl I 2022/237)*

(2) Die gemäß Abs. 1 erstellten und gemäß Abs. 3 geprüften Jahresabschlüsse und die gemäß Abs. 4 erstellten Prüfungsberichte sind längstens innerhalb von sechs Monaten nach Abschluss des Geschäftsjahres der FMA vorzulegen. Die FMA kann die Vorlage der Daten der Jahresabschlüsse auch mittels elektronischer Übermittlung oder elektronischer Datenträger in standardisierter Form verlangen.

(3) Die Jahresabschlüsse sind von Abschlussprüfern, bei Genossenschaften von den Prüfungsorganen gesetzlich zuständiger Prüfungseinrichtungen zu prüfen. Der Abschlussprüfer hat die Gesetzmäßigkeit des Jahresabschlusses zu prüfen. Die Prüfung hat weiters zu umfassen:

1. Die sachliche Richtigkeit der Bewertung einschließlich der Vornahme gebotener Abschreibungen, Wertberichtigungen und Rückstellungen sowie

2. die Beachtung der Bestimmungen

a) dieses Bundesgesetzes, insbesondere des § 7 und des 2. Hauptstücks,

b) des Titels II (Art. 3 bis 13) sowie des Art. 26 der Verordnung (EU) 600/2014,

c) der Kapitel II und III der Delegierten Verordnung (EU) 2017/565,

d) der §§ 4 bis 17, § 19 Abs. 2, §§ 20 bis 24, § 29 und § 40 Abs. 1 FM-GwG und

e) des Wertpapierfirmengesetzes (WPFG) und der Verordnung (EU) 2019/2033.
(BGBl I 2018/37; BGBl I 2022/237)

(4) Das Ergebnis dieser Prüfung ist in einer Anlage zum Prüfungsbericht über den Jahresabschluss darzustellen. Dieser Bericht ist den Geschäftsleitern und den nach Gesetz oder Satzung bestehenden Aufsichtsorganen der Wertpapierfirmen so zeitgerecht zu übermitteln, dass die Vorlagefrist des Abs. 2 eingehalten werden kann.

§ 72. (1) Wertpapierdienstleistungsunternehmen gemäß § 4 haben, soweit sie gemäß § 189 Abs. 1 und 2 UGB zur Buchführung verpflichtet sind, einen Jahresabschluss gemäß der Gliederung der §§ 224 und 231 UGB und, soweit sie gemäß § 189 Abs. 4 UGB keine Buchführungspflicht trifft, eine Einnahmen-Ausgabenrechnung nach den Vorschriften des § 4 Abs. 3 des Einkommensteuergesetzes 1988 – EstG 1988, BGBl. Nr. 400/1988, zu erstellen.

(2) Die gemäß Abs. 1 erstellten Jahresabschlüsse oder Einnahmen-Ausgabenrechnungen und die gemäß Abs. 4 erstellten Prüfungsberichte sind längstens innerhalb von sechs Monaten nach Abschluss des Geschäftsjahres der FMA zu übermitteln.

(3) „Wertpapierdienstleistungsunternehmen haben eine der in § 271 Abs. 1 UGB genannten Personen zur Prüfung der Beachtung der Bestimmungen dieses Bundesgesetzes, insbesondere der §§ 7 und 10 und des 2. Hauptstücks, sowie der §§ 4 bis 17, § 19 Abs. 2, §§ 20 bis 24, § 29 und § 40 Abs. 1 FM-GwG zu bestellen; die Vorschriften über die Auswahl der Abschlussprüfer gemäß § 271 Abs. 2 UGB sind anzuwenden.“ Bei Genossenschaften ist die Prüfung der Beachtung der Bestimmungen dieses Bundesgesetzes von den Prüfungsorganen gesetzlich zuständiger Prüfungseinrichtungen vorzunehmen. Die Vorschriften gemäß § 275 UGB über die Verantwortlichkeit des Abschlussprüfers sind sinngemäß anzuwenden. *(BGBl I 2018/37)*

(4) Das Ergebnis dieser Prüfung ist in einen gesonderten Prüfungsbericht aufzunehmen. Dieser Bericht ist den Geschäftsleitern der Wertpapierdienstleistungsunternehmen so zeitgerecht zu übermitteln, dass die Vorlagefrist des Abs. 2 eingehalten werden kann.

Anlegerentschädigung

§ 73. (1) Wertpapierfirmen, die „eine oder mehrere der in § 3 Abs. 2 Z 2 bis 10 genannten Dienstleistungen“ betreiben, haben einer Entschädigungseinrichtung anzugehören. Gehört eine solche Wertpapierfirma der Entschädigungseinrichtung nicht an, so erlischt die Berechtigung (Konzession) zur Erbringung von Wertpapierdienstleistungen gemäß § 3 Abs. 2; § 7 Abs. 2 BWG ist anzuwenden. Wird eine strukturierte Einlage gemäß § 1 Z 13 von einem Kreditinstitut ausgegeben, so hat dieses Kreditinstitut einer Sicherungseinrichtung gemäß § 1 Abs. 1 oder § 59 Z 1 ESAEG anzugehören und unterliegt diesbezüglich den Bestimmungen des ESAEG mit der Maßgabe, dass strukturierte Einlagen als Einlagen gemäß § 7 Abs. 1 Z 3 ESAEG zu behandeln sind. *(BGBl I 2022/237)*

(2) Die Entschädigungseinrichtung hat alle Wertpapierfirmen mit der Berechtigung zur Erbringung von „Dienstleistungen gemäß § 3 Abs. 2 Z 2 bis 10“ als Mitglieder aufzunehmen. Die Entschädigungseinrichtung ist in der Form einer Treuhand-Haftungsgesellschaft als juristische Person zu betreiben. Die Entschädigungseinrichtung hat zu gewährleisten, dass, falls über ein Mitgliedsinstitut der Konkurs eröffnet wird oder eine Mitteilung der zuständigen Behörde gemäß Anhang II Buchstabe b der Richtlinie 97/9/EG erfolgt, Forderungen eines Anlegers aus sicherungspflichtigen „Dienstleistungen gemäß § 3 Abs. 2 Z 2 bis 10“ bis zu einem Höchstbetrag von 20 000 Euro oder Gegenwert in fremder Währung pro Anleger auf dessen Verlangen und nach Legitimierung innerhalb von drei Monaten ab dem Zeitpunkt, zu dem Höhe und Berechtigung der Forderung festgestellt wurden, ausbezahlt werden. Die Bestimmungen des § 46 Abs. 1 ESAEG über anhängige Strafverfahren im Sinne des § 10 Abs. 1 Z 3 ESAEG sowie über Unterstützungs- und Informationspflichten gegenüber der Entschä-

digungseinrichtung sind anzuwenden. *(BGBl I 2022/237)*

(3) Die Entschädigungseinrichtung hat nach Maßgabe der §§ 73 bis 76 und der anzuwendenden Bestimmungen des BWG Anleger für Forderungen aus sicherungspflichtigen „Dienstleistungen gemäß § 3 Abs. 2 Z 2 bis 10" zu entschädigen, die dadurch entstanden sind, dass eine Wertpapierfirma nicht in der Lage war, entsprechend den gesetzlichen oder vertraglichen Regelungen *(BGBl I 2022/237)*

1. Gelder zurückzuzahlen, die Anlegern geschuldet werden oder gehören und für deren Rechnung im Zusammenhang mit sicherungspflichtigen „Dienstleistungen gemäß § 3 Abs. 2 Z 2 bis 10" gehalten werden oder *(BGBl I 2022/237)*

2. den Anlegern Instrumente zurückzugeben, die diesen gehören und für deren Rechnung im Zusammenhang mit sicherungspflichtigen „Dienstleistungen gemäß § 3 Abs. 2 Z 2 bis 10" verwaltet werden. *(BGBl I 2022/237)*

Von der Entschädigung ausgeschlossen sind Forderungen im Sinne von § 47 Abs. 2 ESAEG sowie Bestandteile des Eigenkapitals der Wertpapierfirma.

(4) Anleger im Sinne der §§ 73 bis 76 ist eine Person, die einer Wertpapierfirma im Zusammenhang mit sicherungspflichtigen „Dienstleistungen gemäß § 3 Abs. 2 Z 2 bis 10" Gelder oder Finanzinstrumente anvertraut hat. *(BGBl I 2022/237)*

(5) Folgende Bestimmungen des ESAEG sind hinsichtlich der sicherungspflichtigen „Dienstleistungen gemäß § 3 Abs. 2 Z 2 bis 10" anzuwenden: § 47 Abs. 1, § 48 Abs. 1, § 50 Abs. 2 und 4, § 52 und § 53. *(BGBl I 2022/237)*

(6) Wertpapierfirmen und Wertpapierdienstleistungsunternehmen, die nicht einer Entschädigungseinrichtung angehören müssen, haben ihre Kunden auf diesen Umstand spätestens bei Vertragsabschluss schriftlich hinzuweisen sowie gegebenenfalls durch Aushang in den Geschäftsräumen zu informieren.

(7) Wertpapierfirmen haben ebenso ihre Privatkunden spätestens bei Vertragsabschluss auf einem dauerhaften Datenträger darauf hinzuweisen, wenn sie in ihre Geschäftstätigkeit mit dem Kunden „Eigenprodukte" einbeziehen; als Eigenprodukte gelten alle Finanzinstrumente, deren Vertrieb für die Wertpapierfirma, für ein mit dieser verbundenes Unternehmen oder für eine relevante Person dieser Wertpapierfirma einen über das Entgelt für die Wertpapierdienstleistung hinausgehenden direkten oder indirekten wirtschaftlichen Vorteil zur Folge hat.

(8) Weiters haben Wertpapierfirmen die Privatkunden spätestens bei Vertragsabschluss auf einem dauerhaften Datenträger darauf hinzuweisen, dass sie bei der Erbringung von Wertpapierdienstleistungen keine Kundengelder entgegennehmen dürfen, wenn sie zum Halten von Kundengeldern nicht berechtigt sind. *(BGBl I 2022/237)*

(9) Die Wertpapierfirmen haben die Kunden auf die Publikation der FMA über Bandbreiten für marktübliche Entgelte der Wertpapierfirmen hinzuweisen. Dazu hat die gesetzliche Interessenvertretung der Finanzdienstleister marktübliche Entgelte der Wertpapierfirmen regelmäßig zu erheben und diese der FMA bekanntzugeben; die FMA hat die Bandbreiten für marktübliche Entgelte auf ihrer Internetseite zu veröffentlichen.

(10) Die Entschädigungseinrichtung hat die Aufgaben eines Früherkennungssystems für die Wertpapierfirmen wahrzunehmen; die Abschlussprüfer der Wertpapierfirmen haben mit der Entschädigungseinrichtung für Zwecke des Früherkennungssystems zusammenzuarbeiten. Die Mitgliedsinstitute haben der Entschädigungseinrichtung die für Zwecke des Früherkennungssystems erforderlichen Daten zur Verfügung zu stellen. Die Entschädigungseinrichtung ist hierbei „Verantwortlicher gemäß Art. 4 Z 7 der Verordnung (EU) 2016/679"*. „Die FMA hat mit der Entschädigungseinrichtung für die Zwecke des Früherkennungssystems zusammenzuarbeiten, insbesondere hinsichtlich des Abgleichs und Austauschs der gemeldeten Daten."** *(*BGBl I 2018/37; **BGBl I 2022/237)*

Finanzierung der Anlegerentschädigung

§ 74. (1) Die Entschädigungseinrichtung hat ihre Mitgliedsinstitute zu verpflichten, jährliche Beiträge und zusätzlich für den Fall einer Auszahlung von Entschädigungen unverzüglich anteilsmäßige Beiträge zu leisten, um ihren Entschädigungsverpflichtungen nachzukommen. Die Beiträge der Mitgliedsinstitute müssen die Ansprüche gegen die Entschädigungseinrichtung sowie die Kosten, die durch die Tätigkeit der Entschädigungseinrichtung entstehen, decken. Die Mitgliedsinstitute haben der Entschädigungseinrichtung bis zum 30. Juni des Folgejahres die geprüften Jahresabschlüsse zu übermitteln sowie die sonstigen für die Beitragsleistung erforderlichen Daten, insbesondere auch Angaben zur Kundenzahl zu übermitteln. Die Entschädigungseinrichtung hat jene organisatorischen Vorkehrungen zu treffen, die die unverzügliche Bemessung und Auszahlung der gesicherten Forderungen ermöglichen.

(2) Die jährlichen Beiträge betragen

1. bei Mitgliedsinstituten mit bis zu 100 Kunden...1 vT

2. bei Mitgliedsinstituten mit bis zu 1000 Kunden...2 vT

3. bei Mitgliedsinstituten mit ab 1001 Kunden...3 vT

„der Umsatzerlöse jedes Mitgliedsinstituts aus Dienstleistungen gemäß § 3 Abs. 2 Z 2 bis 10 aus dem jeweiligen Geschäftsjahr. Jene Mitgliedsinstitute, die die Voraussetzungen für die Einstufung als kleine und nicht-verflochtene Wertpapierfirmen gemäß Art. 12 Abs. 1 der Verordnung (EU) 2019/2033 nicht erfüllen und Kundengelder halten dürfen, haben zusätzlich zum Beitrag gemäß Z 1 bis 3 einen jährlichen Beitrag in der Höhe von 1 vT der Umsatzerlöse des Mitgliedsinstituts aus Dienstleistungen gemäß § 3 Abs. 2 Z 2 bis 10 aus dem jeweiligen Geschäftsjahr zu leisten. Der so ermittelte Betrag ist vom jeweiligen Mitgliedsinstitut bis zum 30. Juni des Folgejahres an die Entschädigungseinrichtung zu leisten.“ *(BGBl I 2022/237)*

(2a) Die Entschädigungseinrichtung hat

1. bestehenden Mitgliedsinstituten, die die Voraussetzungen für die Einstufung als kleine und nicht-verflochtene Wertpapierfirmen gemäß Art. 12 Abs. 1 der Verordnung (EU) 2019/2033 nicht mehr erfüllen, und

2. neuen Mitgliedsinstituten, die die Voraussetzungen für die Einstufung als kleine und nicht-verflochtene Wertpapierfirmen gemäß Art. 12 Abs. 1 der Verordnung (EU) 2019/2033 gemäß ihrem Geschäftsplan nicht erfüllen werden, bei deren Aufnahme als Mitgliedsinstitut

einen zusätzlichen Beitrag in der Höhe eines jährlichen Beitrags gemäß Abs. 2 vorzuschreiben, sofern diese Mitgliedsinstitute eine oder mehrere der in § 3 Abs. 2 Z 6 bis 10 genannten Dienstleistungen betreiben. In Fällen gemäß Z 2 ist dieser Vorschreibung eine Berechnung der zusätzlichen Beitragsverpflichtung zugrunde zu legen, die von der Entschädigungseinrichtung anhand der Umsatzerlöse und Kundenzahl des Geschäftsplans des neuen Mitgliedsinstituts vorzunehmen ist. Nach Übermittlung des geprüften Jahresabschlusses und der sonstigen für die Beitragsleistung erforderlichen Daten gemäß Abs. 1 dritter Satz durch das neue Mitgliedsinstitut hat die Entschädigungseinrichtung dessen zusätzliche Beitragsverpflichtung in endgültiger Weise zu berechnen und die Differenz zur Vorschreibung von dem neuen Mitgliedsinstitut einzufordern oder diesem gutzuschreiben. *(BGBl I 2022/237)*

(3) Zusätzliche Beiträge (Sonderbeiträge) für den Fall einer Auszahlung von Entschädigungen sind dann zu leisten, wenn die von der Entschädigungseinrichtung auf Grund der jährlichen Beitragsleistung vereinnahmten Beträge nicht ausreichen, um ihren Entschädigungsverpflichtungen nachzukommen. Die Beitragsverpflichtungen der Mitgliedsinstitute sind von der Entschädigungseinrichtung zu ermitteln und die errechneten Beiträge den Mitgliedsinstituten anteilsmäßig nach dem Verhältnis der fixen Gemeinkosten gemäß „§ 1 Z 71“ jedes Mitgliedsinstitutes aus dem vorhergehenden Geschäftsjahr zu den fixen Gemeinkosten aller Mitgliedsinstitute aus dem vorhergehenden Geschäftsjahr vorzuschreiben. *(BGBl I 2022/237)*

(4) Bis zum Erreichen eines Beitragsvermögens durch eingenommene jährliche Beiträge in Höhe von 5 vH der Umsatzerlöse aller Mitgliedsinstitute durch die Entschädigungseinrichtung hat die Entschädigungseinrichtung nach Maßgabe der Möglichkeiten den Differenzbetrag auf das der Entschädigungseinrichtung durch bereits eingenommene jährliche Beiträge zur Verfügung stehende Beitragsvermögen durch Versicherungsdeckung oder Bankgarantien, jeweils unter Einschluss von Schäden aus strafbarem Verhalten, und zwar mittels eines Teils der jährlichen Beitragsleistung, maximal aber mit der Hälfte davon, auszugleichen. Dies gilt auch, wenn das Beitragsvermögen unter 5 vH der Umsatzerlöse absinkt. *(BGBl I 2022/237)*

(5) Das Beitragsvermögen ist bis zur widmungsgemäßen Verwendung durch die Entschädigungseinrichtung mündelsicher zu veranlagen. Es bildet gemeinsam mit den allfälligen Ansprüchen gemäß Abs. 4 ein Sondervermögen, das durch die Entschädigungseinrichtung treuhändig zu verwalten ist. Über das Sondervermögen ist durch die Entschädigungseinrichtung jährlich gleichzeitig mit dem Jahresabschluss der Entschädigungseinrichtung Rechnung zu legen. Die Kontrolle der ordnungsgemäßen Verwaltung des Sondervermögens hat jährlich durch einen Wirtschaftsprüfer zu erfolgen, welcher von der Entschädigungseinrichtung bestellt wird. Wegen Forderungen gegen die Entschädigungseinrichtung, die nicht aus Gründen von Entschädigungsverpflichtungen entstanden sind, darf in das Sondervermögen nicht Exekution geführt werden. Dem Konkurs der Entschädigungseinrichtung ist das Sondervermögen entzogen. *(BGBl I 2022/237)*

(6) Forderungsberechtigte aus sicherungspflichtigen „Dienstleistungen gemäß § 3 Abs. 2 Z 2 bis 10“ können während eines Zeitraums von einem Jahr ab der Eröffnung des Konkurses oder der Mitteilung der zuständigen Behörde gemäß Anhang II Buchstabe b der Richtlinie 97/9/EG ihre Ansprüche bei der Entschädigungseinrichtung anmelden. § 46 Abs. 3 letzter Satz ESAEG ist anzuwenden. *(BGBl I 2022/237)*

(7) Die Entschädigungseinrichtung hat unverzüglich nach Ablauf des Anmeldungszeitraums Beiträge der Mitgliedsinstitute zur Deckung der Entschädigungsansprüche einzuheben. Die nach Abs. 3 zu bemessenden Beiträge sind für das einzelne Mitgliedsinstitut dadurch begrenzt, dass es im Geschäftsjahr ohne Anrechnung der jährlichen Beiträge gemäß Abs. 2 höchstens zu Beitragsleistungen im Ausmaß von 2,5 vH der fixen Gemeinkosten gemäß § 10 Abs. 6 aus dem vorhergehenden Geschäftsjahr verpflichtet ist. Die Mitgliedsinstitute können zur Leistung des Sonder-

beitrages gemäß Abs. 3 innerhalb eines Zeitraumes von fünf Jahren nur zwei Mal verhalten werden. Kann die Entschädigungseinrichtung die Auszahlung der gesicherten Ansprüche nicht voll leisten, so hat sie zur Erfüllung der restlichen Auszahlungsverpflichtungen Darlehen aufzunehmen oder Schuldverschreibungen auszugeben. Die Entschädigungseinrichtung, deren Mitgliedsinstitute oder Kunden der Mitgliedsinstitute haben aus dem Titel der Anlegerentschädigung keinen wie immer gearteten Anspruch gegen Gebietskörperschaften auf Zuschüsse, sonstige finanzielle Leistungen oder Haftungen. Der Bundesminister für Finanzen kann jedoch nach Maßgabe besonderer gesetzlicher Ermächtigung die Bundeshaftung für Darlehen oder Schuldverschreibungen der Entschädigungseinrichtung übernehmen, wenn dies zur Abwehr schwerer Schäden des Finanzplatzes erforderlich ist. Dem Bund steht bei Inanspruchnahme aus dieser Haftung ein Rückgriffsanspruch gegen die Entschädigungseinrichtung zu. Dieser ist auf einen Sonderbeitrag gemäß Abs. 3 begrenzt. Die Laufzeiten der Darlehen oder Schuldverschreibungen sind fristenkongruent mit der Fälligkeit des zweitfälligen Sonderbeitrages zu vereinbaren.

(8) Die Entschädigungseinrichtung hat zu gewährleisten, dass Forderungen eines Anlegers aus sicherungspflichtigen Dienstleistungen gemäß § 73 Abs. 3, die gemäß den Vorgaben des Abs. 6 angemeldet wurden, bis zu einem Höchstbetrag von 20 000 Euro oder Gegenwert in fremder Währung pro Anleger auf dessen Verlangen und nach Legitimierung innerhalb von drei Monaten ab dem Zeitpunkt, zu dem Höhe und Berechtigung der Forderung festgestellt wurden, ausbezahlt werden. Für die Bemessung und Auszahlung von Entschädigungen ist § 13 Abs. 2 ESAEG sinngemäß anzuwenden. Die Entschädigungseinrichtung ist berechtigt, Entschädigungsforderungen mit Forderungen des Mitgliedsinstituts aufzurechnen. § 19 Abs. 2 der Insolvenzordnung – IO, RGBl. Nr. 337/1914, ist anzuwenden. *(BGBl I 2022/237)*

(9) Stehen der Feststellung der Forderungen oder der Aufbringung der Entschädigungswerte außergewöhnliche Hindernisse entgegen und kann auf Grund dessen die Frist gemäß Abs. 8 nicht eingehalten werden, so verlängert sich diese Frist um weitere drei Monate. Die FMA ist weiters auf Antrag der Entschädigungseinrichtung berechtigt, die Verlängerung der Frist um weitere drei Monate zu bewilligen, wenn dies auf Grund besonderer Umstände zur Abwehr eines volkswirtschaftlichen Schadens, insbesondere durch die Gefährdung der Stabilität des Finanzsystems, erforderlich ist.

(10) Die Entschädigungseinrichtung hat die Beitragseinhebung gemäß Abs. 7 und die Entschädigungsauszahlungen treuhändig abzuwickeln. Sie hat zu diesem Zweck jeweils ein Verzeichnis aller Anlegerforderungen (Abs. 8) und der zu leistenden Beiträge (Abs. 7) zu erstellen. Beiträge gemäß Abs. 7 und Forderungen gemäß Abs. 8 sind unter der Bilanz auszuweisen und hat die Entschädigungseinrichtung keine Rückstellungen gemäß § 198 Abs. 8 UGB zu bilden. Eine Aufstellung des Treuhandvermögens ist als Anhang zum Jahresabschluss auszuweisen.

Informationspflichten

§ 75. (1) Die Entschädigungseinrichtung hat

1. ihre Jahresabschlüsse samt dem in § 74 Abs. 10 genannten Anhang längstens innerhalb von sechs Monaten nach Abschluss des Geschäftsjahres der FMA vorzulegen und

2. der FMA das Ausscheiden eines Institutes aus der Sicherungseinrichtung unverzüglich zu melden.

(2) Kreditinstitute, die im Rahmen von Bankgeschäften mit der Anschaffung, Veräußerung, Verwahrung oder Verwaltung von Geldern oder Instrumenten des Mitgliedsinstituts oder von dessen Kunden betraut sind, haben der Entschädigungseinrichtung die zur Feststellung der Forderungen erforderlichen Informationen zu erteilen.

Freiwillig ergänzend angeschlossene Wertpapierfirmen

§ 76. (1) Wertpapierfirmen, die in Österreich Dienstleistungen gemäß Anhang I Abschnitt A oder Abschnitt B Nr. 1 der Richtlinie 2014/65/EU über eine Zweigstelle gemäß § 19 erbringen, sind, sofern sie in ihrem Heimatland einem Anlegerentschädigungssystem im Sinne der Richtlinie 97/9/EG angehören, berechtigt, sich der Entschädigungseinrichtung ergänzend zum Anlegerentschädigungssystem ihres Herkunftsmitgliedstaats anzuschließen; als Sicherungsfall gilt diesfalls die Mitteilung der zuständigen Behörde gemäß Anhang II Buchstabe b der Richtlinie 97/9/EG. Der ergänzende Anschluss gilt nur bezüglich der in Österreich erbrachten sicherungspflichtigen Dienstleistungen gemäß Anhang I Abschnitt A oder Abschnitt B Nr. 1 der Richtlinie 2014/65/EU und nur insoweit, als die §§ 73 und 74 eine höhere oder weitergehende Sicherung von Forderungen aus sicherungspflichtigen Dienstleistungen gewährleisten als das Anlegerentschädigungssystem des Herkunftsmitgliedstaats der Wertpapierfirma. Die Entschädigungseinrichtung hat die freiwillig ergänzend angeschlossenen Wertpapierfirmen zu verpflichten, für den Fall einer Auszahlung gesicherter Forderungen aus sicherungspflichtigen Dienstleistungen unverzüglich anteilsmäßige Beiträge zu leisten. Bei der Festsetzung der anteilsmäßigen Beiträge ist § 50 Abs. 2 und 4 ESAEG sinngemäß anzuwenden. Hierbei darf die freiwillig ergänzend angeschlossene Wertpapierfirma nicht schlechter gestellt werden als eine nach Institutstyp und Geschäftsgegenstand vergleichbare österreichische Wertpapierfirma. Hat eine freiwillig ergänzend angeschlossene Wertpapierfirma mehrere Zweigstellen in Österreich, so sind diese bei der Berechnung der Forderungen und bei der Berechnung der Beitragsleistung gemäß § 50 ESAEG als eine Zweigstelle zu betrachten. *(BGBl I 2022/237)*

(2) Kommt die freiwillig ergänzend angeschlossene Wertpapierfirma ihren Verpflichtungen nicht nach, so hat die Entschädigungseinrichtung hievon die FMA unverzüglich zu verständigen. Diese hat die freiwillig ergänzend angeschlossene Wertpapierfirma unter gleichzeitiger Benachrichtigung der zuständigen Behörde des Herkunftsmitgliedstaats der Wertpapierfirma aufzufordern, ihren Verpflichtungen nachzukommen. Kommt die freiwillig ergänzend angeschlossene Wertpapierfirma trotz dieser Maßnahmen ihren Verpflichtungen nicht nach, so kann sie von der Entschädigungseinrichtung unter Setzung einer Kündigungsfrist von zwölf Monaten mit Zustimmung der zuständigen Behörde des Herkunftsmitgliedstaats ausgeschlossen werden. Vor dem Zeitpunkt des Ausschlusses erbrachte „Dienstleistungen gemäß Anhang I Abschnitt A oder Abschnitt B Nr. 1 der Richtlinie 2014/65/EU“ verbleiben nach diesem Zeitpunkt in der Deckung der ergänzenden Anlegerentschädigung. Die Anleger sind von der „Entschädigungseinrichtung“ vom Wegfall der ergänzenden Deckung durch Verlautbarung im „Amtsblatt zur Wiener Zeitung“ sowie in zumindest einer weiteren bundesweit erscheinenden Tageszeitung zu benachrichtigen. Die ausgeschlossene Wertpapierfirma hat den Umstand des Wegfalls der ergänzenden Deckung in den Geschäftsräumen auszuhängen sowie in ihrer Werbung und in den Vertragsurkunden deutlich erkennbar anzumerken. *(BGBl I 2022/237)*

(3) Die Entschädigungseinrichtung hat mit den Anlegerentschädigungssystemen der Mitgliedstaaten gemäß Anhang II der Richtlinie 97/9/EG zusammenzuarbeiten. Wertpapierfirmen gemäß Abs. 1 haben der zuständigen Sicherungseinrichtung des Herkunftsmitgliedstaats alle Informationen zu erteilen, die diese benötigt, um sicherzustellen, dass die Anleger unverzüglich und ordnungsgemäß entschädigt werden. Im Übrigen gelten für Wertpapierfirmen gemäß Abs. 1 die Bestimmungen der §§ 73 bis 75 sowie § 95 und 96 einschließlich der dort genannten Bestimmungen des BWG.

(4) Wertpapierfirmen, die in einem anderen Mitgliedstaat im Wege der Niederlassungsfreiheit Zweigstellen errichten, sind bezüglich der in diesem Mitgliedstaat erbrachten Wertpapierdienstleistungen in gleicher Weise berechtigt, sich einem dortigen Anlegerentschädigungssystem ergänzend anzuschließen. Die FMA hat bei Konkurs der Wertpapierfirma gegenüber der zuständigen Behörde des Aufnahmemitgliedstaates die im Anhang II Buchstabe b der Richtlinie 97/9/EG vorgesehene Mitteilung abzugeben.

Geschäftsaufsicht und Insolvenzbestimmungen

§ 77. Die Bestimmungen des § 81 bis § 81m BWG sind auf Wertpapierfirmen gemäß Art. 4 Abs. 1 Nr. 2 der Verordnung (EU) Nr. 575/2013 mit der Maßgabe anzuwenden, dass an die Stelle des Verweises auf § 82 Abs. 2 BWG in § 81 Abs. 2 BWG der Verweis auf § 79 Abs. 2 dieses Bundesgesetzes und an die Stelle des Verweises auf Art. 9ff der Richtlinie 2013/36/EU in § 81 Abs. 3 BWG der Verweis auf Art. 5 der Richtlinie 2014/65/EU tritt.

§ 78. Die §§ 79 bis 88 sind nur auf Wertpapierfirmen und Wertpapierdienstleistungsunternehmen in der Rechtsform einer Kapitalgesellschaft oder Genossenschaft (§ 3 Abs. 5 Z 1) anzuwenden.

§ 79. (1) Über das Vermögen einer Wertpapierfirma oder eines Wertpapierdienstleistungsunternehmens kann ein Sanierungsverfahren nicht eröffnet werden. Im Konkurs einer Wertpapierfirma oder eines Wertpapierdienstleistungsunternehmens findet ein Sanierungsplanantrag nicht statt.

(2) In Geschäftsaufsichts- und Konkursverfahren von Wertpapierfirmen und Wertpapierdienstleistungsunternehmen steht der FMA Parteistellung zu.

(3) Der Antrag auf Eröffnung des Konkurses einer Wertpapierfirma kann nur von der FMA, derjenige eines Wertpapierdienstleistungsunternehmens kann auch von der FMA, während aufrechter Geschäftsaufsicht jedoch in beiden Fällen nur von der Aufsichtsperson gestellt werden. Ansonsten ist § 70 IO anzuwenden.

(4) Als Aufsichtsperson kann auch eine juristische Person bestellt werden.

(5) Das Gericht hat vor Bestellung und Abberufung einer Aufsichtsperson oder eines Masseverwalters die FMA anzuhören.

(6) Das Gericht hat die FMA von der Anordnung der Geschäftsaufsicht durch Übersendung eines Edikts unverzüglich zu verständigen.

§ 80. (1) Wertpapierfirmen und Wertpapierdienstleistungsunternehmen, die überschuldet oder zahlungsunfähig sind, können, wenn die Überschuldung oder Zahlungsunfähigkeit voraussichtlich wieder behoben werden kann, bei dem für die Konkurseröffnung zuständigen Gericht die Anordnung der Geschäftsaufsicht beantragen. Diesen Antrag kann auch die FMA stellen.

(2) Wertpapierfirmen und Wertpapierdienstleistungsunternehmen haben mit dem Antrag ein geordnetes Verzeichnis ihrer Forderungen und Verbindlichkeiten sowie die Jahresabschlüsse samt Anhängen und die Lageberichte der letzten drei Jahre vorzulegen.

(3) Das Gericht kann zur Vorbereitung seiner Entscheidung Auskunftspersonen und Sachverständige einvernehmen und andere Erhebungen pflegen.

§ 81. (1) Wird die Aufsicht angeordnet, so hat das Gericht eine physische oder juristische Person als Aufsichtsperson zu bestellen. Dieser obliegt es, die Geschäftsführung der Wertpapierfirma oder des Wertpapierdienstleistungsunternehmens zu überwachen. Sie haftet allen Beteiligten für den Schaden, den sie durch pflichtwidrige Führung ihres Amtes verursacht.

(2) Die Aufsichtsperson hat das Recht, in die Geschäftsunterlagen der Wertpapierfirma oder des Wertpapierdienstleistungsunternehmens Einsicht zu nehmen; sie ist zu den Sitzungen der Verwaltungs- und Aufsichtsorgane einzuladen und kann auch selbst solche Sitzungen einberufen. Die Aufsichtsperson ist berechtigt, die Durchführung von Beschlüssen der Organe der Wertpapierfirma oder des Wertpapierdienstleistungsunternehmens zu untersagen.

(3) Das Gericht kann die Bestellung der Aufsichtsperson jederzeit widerrufen.

(4) Die Aufsichtsperson hat für ihre Tätigkeit Anspruch auf Vergütung, deren Höhe vom Gericht zu bestimmen ist.

(5) Die Anordnung der Geschäftsaufsicht und die Aufsichtsperson sind öffentlich bekannt zu machen. Das Gericht hat zu veranlassen, dass die Anordnung der Geschäftsaufsicht und die Aufsichtsperson im Firmenbuch eingetragen werden.

§ 82. Die Wirkungen der Aufsicht treten mit Beginn des Tages ein, der der öffentlichen Bekanntmachung des Edikts über die Anordnung der Geschäftsaufsicht folgt.

§ 83. (1) Mit dem Wirksamkeitsbeginn der Geschäftsaufsicht sind alle vorher entstandenen Forderungen gegen die Wertpapierfirma oder das Wertpapierdienstleistungsunternehmen einschließlich der Forderungen aus Wechseln und Schecks, die im Konkurs aus der gemeinschaftlichen Konkursmasse (§ 50 IO) zu befriedigen wären, sowie deren Zinsen und sonstige Nebengebühren, selbst wenn sie erst während der Dauer der Geschäftsaufsicht fällig geworden oder aufgelaufen sind, gestundet.

(2) Nach Anordnung der Geschäftsaufsicht hat das Gericht den finanziellen Stand der Wertpapierfirma oder des Wertpapierdienstleistungsunternehmens auf dessen Kosten durch Sachverständige feststellen zu lassen. Über das Ergebnis der Feststellung hat die Aufsichtsperson dem Gericht schriftlich zu berichten. Der Bericht hat auch anzugeben, ob die Wertpapierfirma oder das Wertpapierdienstleistungsunternehmen in der Lage ist, einen bestimmten Bruchteil seiner vor dem Eintritt der Rechtswirkungen der Geschäftsaufsicht entstandenen Verbindlichkeiten zu bezahlen. Nach Maßgabe des Berichtes kann das Gericht anordnen, dass die alten Forderungen nur mit einem bestimmten Bruchteil der Kündigung unterliegen; es kann auch gestatten, dass die Aufsichtsperson nach Gattung oder Höhe zu bestimmende alte Forderungen zur Gänze befriedigt.

(3) Während der Geschäftsaufsicht dürfen die alten Forderungen weder sichergestellt noch, soweit nicht etwa eine teilweise Auszahlung zugelassen ist (Abs. 2), ausbezahlt oder in irgendeiner Weise befriedigt werden.

(4) Während der Geschäftsaufsicht kann wegen der alten Forderungen, soweit sie der Stundung unterliegen, über das Vermögen der Wertpapierfirma oder des Wertpapierdienstleistungsunternehmens weder der Konkurs eröffnet noch an dem ihnen angehörigen Sachen ein richterliches Pfand- oder Befriedigungsrecht erworben werden.

(5) Die Zeit, um die infolge der Stundung die Zahlung hinausgeschoben wird, ist bei der Berechnung der Verjährungsfrist und der gesetzlichen Fristen zur Erhebung von Klagen nicht einzurechnen.

(6) Anleger sind im Konkurs der Wertpapierfirma oder des Wertpapierdienstleistungsunternehmens berechtigt, ihre Forderungen gegenüber der Wertpapierfirma oder dem Wertpapierdienstleistungsunternehmen mit dessen Forderungen aufzurechnen.

§ 84. (1) Ist die Wertpapierfirma oder das Wertpapierdienstleistungsunternehmen, für die oder das die Geschäftsaufsicht angeordnet ist, eine Genossenschaft, so können die Geschäftsanteile während der Geschäftsaufsicht weder rechtswirksam gekündigt werden noch dürfen die Anteile und die dem ausgeschiedenen Genossenschafter sonst auf Grund des Genossenschaftsverhältnisses gebührenden Guthaben ausbezahlt werden; bereits laufende Kündigungs- und Haftungsfristen werden gehemmt.

(2) Die Wertpapierfirma oder das Wertpapierdienstleistungsunternehmen kann, falls das Gericht auf Antrag der Aufsichtsperson nichts anderes verfügt, ihre Geschäftstätigkeit fortsetzen. Zur Vornahme von Geschäften, die nicht zum gewöhnlichen Geschäftsbetrieb gehören, ist jedoch die Zustimmung der Aufsichtsperson erforderlich. Die Wertpapierfirma oder das Wertpapierdienstleistungsunternehmen hat aber auch zum gewöhnlichen Geschäftsbetrieb gehörende Handlungen zu unterlassen, wenn die Aufsichtsperson dagegen Einspruch erhebt. Rechtshandlungen, die ohne Zustimmung oder gegen den Einspruch der Aufsichtsperson vorgenommen wurden, sind den Gläubigern gegenüber unwirksam, wenn der Dritte wusste oder wissen musste, dass sie über

den gewöhnlichen Geschäftsbetrieb hinausgehen und die Aufsichtsperson ihre Zustimmung nicht erteilt oder dass sie Einspruch gegen ihre Vornahme erhoben hat.

(3) Die Mittel, die der Wertpapierfirma oder dem Wertpapierdienstleistungsunternehmen aus den nach Wirksamkeitsbeginn der Geschäftsaufsicht geschlossenen Geschäften (neue Forderungen) zufließen, sind gesondert zu verrechnen und zu verwalten; sie bilden – auch nach Erlöschen der Geschäftsaufsicht – eine zur vorzugsweisen Befriedigung der Ansprüche aus der neuen Forderung dienende Sondermasse.

§ 85. Nach Ablauf von zwei Jahren seit Beendigung der Geschäftsaufsicht kann die Wertpapierfirma oder das Wertpapierdienstleistungsunternehmen, wenn nicht innerhalb dieser Zeit über ihr oder sein Vermögen ein Konkurs eröffnet wurde, ihre oder seine Befreiung von der Verpflichtung der gesonderten Verrechnung und Verwaltung der aus den neuen Forderungen zugeflossenen Mittel beantragen. Wird ein solcher Antrag gestellt, so hat das Gericht die Vermögenslage des Antragstellers zu prüfen. Ergibt die Überprüfung, dass die Sicherheit der neuen Forderungen durch die Auflassung nicht gefährdet wird, so ist dem Antrag stattzugeben; von diesem Zeitpunkt an ist die Sondermasse als aufgelöst anzusehen.

§ 86. In Streitfällen, die sich aus den Anordnungen der Aufsichtsperson ergeben, entscheidet das Gericht mit Beschluss. Das Gericht kann die erforderlichen Aufklärungen auch ohne Vermittlung der Beteiligten einholen und zum Zwecke der erforderlichen Feststellungen von Amts wegen alle hierzu geeigneten Erhebungen pflegen.

§ 87. (1) Die Geschäftsaufsicht erlischt durch Aufhebungsbeschluss des Gerichtes sowie durch Eröffnung des Konkursverfahrens.

(2) Das Gericht hat die Geschäftsaufsicht aufzuheben, wenn

1. die Voraussetzungen, die für die Anordnung maßgebend waren, weggefallen sind oder

2. seit der Anordnung der Geschäftsaufsicht ein Jahr verstrichen ist.

(3) Die Aufhebung der Geschäftsaufsicht ist nach Rechtskraft des Aufhebungsbeschlusses öffentlich bekannt zu machen. Weiters hat das Gericht zu veranlassen, dass im Firmenbuch die Aufhebung der Geschäftsaufsicht eingetragen und die Eintragung der Aufsichtsperson gelöscht wird.

(4) Ist die Geschäftsaufsicht infolge Eröffnung des Konkursverfahrens erloschen oder wird ein Konkursverfahren auf Grund eines binnen 14 Tagen nach Erlöschen der Geschäftsaufsicht eingebrachten Antrages eröffnet, so sind die nach der Insolvenzordnung vom Tage des Antrages auf Eröffnung eines solchen Verfahrens oder vom Tage der Eröffnung eines solchen Verfahrens zurückzurechnenden Fristen von dem Tage an zu berechnen, an dem die Geschäftsaufsicht in Wirksamkeit getreten ist.

(5) Gegen die Abweisung des Antrages auf Anordnung der Geschäftsaufsicht und gegen die Aufhebung der Geschäftsaufsicht steht sowohl der Wertpapierfirma oder dem Wertpapierdienstleistungsunternehmen als auch der FMA der Rekurs offen, gegen Beschlüsse, womit die Höhe der Vergütung der Aufsichtsperson und der ihr zu ersetzenden Barauslagen bestimmt wird, jedoch nur der Wertpapierfirma oder dem Wertpapierdienstleistungsunternehmen. Andere Entscheidungen können nicht angefochten werden. Gegen die Entscheidungen des Oberlandesgerichtes findet ein weiterer Rechtszug nicht statt.

§ 88. (1) Für die öffentlichen Bekanntmachungen gelten die Vorschriften der Insolvenzordnung.

(2) Die Einsicht in die Ediktsdatei ist nicht mehr zu gewähren, wenn seit der Aufhebung der Geschäftsaufsicht drei Jahre vergangen sind. Ist die Geschäftsaufsicht infolge der Eröffnung des Konkursverfahrens erloschen, so ist die Einsicht erst dann nicht mehr zu gewähren, wenn auch die Frist für die Einsicht im Konkurs abgelaufen ist (§ 256 IO).

2. Abschnitt

Aufsichtsbefugnisse und Verfahrensvorschriften

Kosten

§ 89. (1) Die Kosten der FMA aus dem Rechnungskreis Wertpapieraufsicht (§ 19 Abs. 1 Z 3 und Abs. 4 FMABG) sind von den meldepflichtigen Instituten, den Emittenten, den Wertpapierfirmen, den Wertpapierdienstleistungsunternehmen, den Wertpapierfirmen gemäß § 19 Abs. 1 sowie den Drittlandfirmen gemäß § 21 Abs. 1, die in Österreich Wertpapierdienstleistungen oder Anlagetätigkeiten über eine Zweigstelle ausüben, und den sonstigen, aufgrund anderer bundesgesetzlicher Bestimmungen im Rechnungskreis Wertpapieraufsicht kostenpflichtigen Rechtsträgern zu erstatten. Unter Beachtung des Verursacherprinzips und des volkswirtschaftlichen Interesses an einer funktionsfähigen Beaufsichtigung von Wertpapierdienstleistungen sind diese Aufsichtskosten nach der Kostenrechnung der FMA aufzuteilen. Die FMA hat zu diesem Zweck im Rechnungskreis Wertpapieraufsicht jedenfalls einen Subrechnungskreis für meldepflichtige Institute, einen für Emittenten mit Ausnahme des Bundes sowie einen gemeinsamen für Wertpapierfirmen, Wertpapierdienstleistungsunternehmen und Wertpapierfirmen gemäß § 19 Abs. 1 sowie

Drittlandfirmen gemäß § 21 Abs. 1, die in Österreich Wertpapierdienstleistungen oder Anlagetätigkeiten über eine Zweigstelle ausüben, zu bilden. Die Kostenaufteilung innerhalb der Subrechnungskreise erfolgt gemäß der nach Abs. 2 zu erlassenden Verordnung. *(BGBl I 2018/37)*

(2) Die auf die Kostenpflichtigen gemäß Abs. 1 entfallenden Beträge sind von der FMA mit Bescheid vorzuschreiben; die Festsetzung von Pauschalbeträgen ist zulässig. Die FMA hat nähere Regelungen über diese Kostenaufteilung und ihre Vorschreibung mit Verordnung festzusetzen. Hierbei sind insbesondere zu regeln:

1. Die Bemessungsgrundlagen der einzelnen Arten von Kostenvorschreibungen;

2. die Termine für die Kostenbescheide und die Fristen für die Zahlungen der Kostenpflichtigen.

Bei der Erlassung von Verordnungen gemäß Z 1 und 2 ist auf Art und Ausmaß der meldepflichtigen Geschäfte und der erbrachten Wertpapierdienstleistungen sowie hinsichtlich der Emittenten auf Art und Ausmaß der ausgegebenen meldepflichtigen Instrumente Bedacht zu nehmen. „Die Kostenpflichtigen und alle Betreiber eines inländischen Handelsplatzes haben der FMA alle erforderlichen Auskünfte über die Grundlagen der Kostenbemessung zu erteilen.“ *(BGBl I 2022/36)*

Aufsicht

§ 90. (1) Die FMA hat die Einhaltung dieses Bundesgesetzes sowie einer aufgrund dieses Bundesgesetzes erlassenen Verordnung, der Verordnung (EU) Nr. 600/2014 und, soweit anwendbar, der Verordnung (EU) Nr. 575/2013 und der Verordnung (EU) Nr. 1031/2010 sowie einer aufgrund dieser EU-Verordnungen oder der Richtlinie 2014/65/EU erlassenen delegierten Verordnung oder eines aufgrund von Art. 40 oder 41 der Verordnung (EU) Nr. 600/2014 erlassenen Beschlusses sowie eines für die Aufsicht über Rechtsträger gemäß § 26 relevanten technischen Standards im Sinne von Art. 10 bis 15 der Verordnung (EU) Nr. 1095/2010 durch

1. Wertpapierfirmen,

2. Wertpapierdienstleistungsunternehmen,

3. Kreditinstitute gemäß § 1 Abs. 1 BWG hinsichtlich des 2. Hauptstücks dieses Bundesgesetzes und der Titel III und IV der Verordnung (EU) Nr. 600/2014 und der Verordnung (EU) Nr. 1031/2010,

4. Kreditinstitute und Finanzinstitute aus Mitgliedstaaten gemäß den §§ 9 ff BWG hinsichtlich der §§ 47 bis 67, 69, 70 dieses Bundesgesetzes, der Art. 36, 44 bis 70 der delegierten Verordnung (EU) 2017/565 und der Art. 14 bis 26 der Verordnung (EU) Nr. 600/2014,

5. Wertpapierfirmen aus Mitgliedstaaten gemäß § 17 Abs. 1, die Tätigkeiten in Österreich über eine Zweigstelle ausüben, hinsichtlich der §§ 47 bis 67, 69, 70 dieses Bundesgesetzes, der Art. 36 und 44 bis 70 der delegierten Verordnung (EU) 2017/565, der Art. 14 bis 26 der Verordnung (EU) Nr. 600/2014, der §§ 34 bis 38 und 41, § 93 Abs. 2 BWG, der Bestimmungen des Finanzmarkt-Geldwäschegesetzes – FM-GwG, BGBl. I Nr. 118/2016 und des § 52 ESAEG,

6. Zweigstellen von Drittlandfirmen hinsichtlich der in § 23 Abs. 2 genannten Bestimmungen,

7. anerkannte Wertpapierfirmen mit Sitz in einem Drittland, Lokale Firmen und an einer österreichischen Börse tätige Mitglieder einer Kooperationsbörse (§ 37 Abs. 5 BörseG 2018) hinsichtlich des 2. Hauptstücks dieses Bundesgesetzes, der Titel III und IV der Verordnung (EU) Nr. 600/2014, §§ 39 Abs. 3, 41 BWG und der Bestimmungen des FM-GwG,

8. Versicherungsunternehmen im Rahmen des § 2 Abs. 2,

9. Verwaltungsgesellschaften gemäß § 5 Abs. 1 InvFG 2011 sowie AIFM gemäß § 4 AIFMG im Rahmen des § 2 Abs. 3,

10. genehmigte Veröffentlichungssysteme (APA) gemäß § 1 Z 60, die nach dem aufgrund von Art. 2 Abs. 3 der Verordnung (EU) Nr. 600/2014 erlassenen delegierten Rechtsakt der Aufsicht der FMA unterliegen, *(BGBl I 2021/190; BGBl I 2022/36)*

11. genehmigte Meldemechanismen (ARM) gemäß § 1 Z 62, die nach dem aufgrund von Art. 2 Abs. 3 der Verordnung (EU) Nr. 600/2014 erlassenen delegierten Rechtsakt der Aufsicht der FMA unterliegen *(BGBl I 2022/36)*

12. *(aufgehoben, BGBl I 2022/36)*

zu überwachen und dabei auf das volkswirtschaftliche Interesse an einem funktionsfähigen Kapitalmarkt und auf die Interessen der Anleger Bedacht zu nehmen. Bei Vollziehung der genannten Bestimmungen hat die FMA der europäischen Konvergenz der Aufsichtsinstrumente und Aufsichtsverfahren Rechnung zu tragen. Zu diesem Zweck hat die FMA Leitlinien, Empfehlungen und anderen von ESMA beschlossenen Maßnahmen anzuwenden. Die FMA kann von diesen Leitlinien und Empfehlungen abweichen, sofern dafür ein berechtigter Grund, insbesondere ein Widerspruch zu bundesgesetzlichen Vorschriften, vorliegt.

(1a) Die FMA hat die Einhaltung

1. der Vorschriften der Verordnung (EU) 2019/2088 über nachhaltigkeitsbezogene Offenlegungspflichten im Finanzdienstleistungssektor und

2. der Vorschriften der Art. 5, 6 und 7 der Verordnung (EU) 2020/852 über die Einrichtung

eines Rahmens zur Erleichterung nachhaltiger Investitionen

durch Wertpapierfirmen, die Portfolioverwaltung oder Anlageberatung anbieten, und Kreditinstitute gemäß § 1 Abs. 1 BWG, die Portfolioverwaltung oder Anlageberatung anbieten, laufend zu überwachen. Dazu stehen der FMA unbeschadet der Befugnisse, die ihr in diesen Verordnungen zugewiesen werden, insbesondere die Befugnisse gemäß Abs. 3 Z 1 und 2 zu. *(BGBl I 2022/36)*

(2) Die FMA hat auf Grund der ihr nach diesem Bundesgesetz zukommenden Aufgaben alle Untersuchungen durchzuführen und jene Maßnahmen zu ergreifen, die erforderlich sind,

1. um die Ordnungsmäßigkeit und Fairness des Handels mit Instrumenten, die auf einem geregelten Markt eines Mitgliedstaates (§ 2 Z 5 BWG) zugelassen sind, beurteilen und sichern zu können;

2. um bei der Erbringung von Wertpapierdienstleistungen und Anlagetätigkeiten die Wahrung der Interessen der Anleger im Sinne des 2. Hauptstücks zu gewährleisten;

3. um anderen Verwaltungsbehörden, insbesondere dem Bundesminister für Finanzen, der Europäischen Kommission, der ESMA und den zuständigen Behörden (Art. 4 Abs. 1 Nummer 40 der Verordnung (EU) Nr. 575/2013) anderer Mitgliedstaaten, die zur Erfüllung ihrer Aufgaben nach dem BWG und den für Kreditinstitute geltenden sonstigen Gesetzen (§ 69 Abs. 1 BWG) oder ihrer Aufgaben gemäß den Verordnung (EU) 596/2014, der Verordnung (EU) 600/2014 sowie den Richtlinien 2014/57/EU, 2014/65/EU, 2004/109/EG und 2013/36/EU erforderlichen Informationen zu erteilen und um die Zusammenarbeit und den Informationsaustausch nach Abs. 5, 6 und dem 4. Abschnitt dieses Hauptstücks zu gewährleisten.

(3) In Ausübung der Zuständigkeiten gemäß Abs. 1 und Abs. 2 ist die FMA unbeschadet der ihr auf Grund anderer bundesgesetzlicher Bestimmungen zustehenden Befugnisse jederzeit ermächtigt,

1. in die Bücher, Schriftstücke und Datenträger der Rechtsträger gemäß Abs. 1 unabhängig von der technischen Ausgestaltung Einsicht zu nehmen und Kopien von ihnen zu erhalten;

2. von den Rechtsträgern gemäß Abs. 1 und ihren Organen Auskünfte zu verlangen und gemäß den Verwaltungsverfahrensgesetzen Personen vorzuladen und zu befragen;

3. durch eigene Prüfer, Abschlussprüfer oder sonstige Sachverständige vor Ort Prüfungen durchzuführen;

4. von den Rechtsträgern gemäß Abs. 1 bereits existierende Aufzeichnungen von Telefongesprächen und Datenübermittlungen anzufordern;

5. zur Unterbindung von Rechtsverletzungen und zur dauernden Gewährleistung der Einhaltung der Konzessionsvoraussetzungen Maßnahmen gemäß § 92 Abs. 8 dieses Bundesgesetzes in Verbindung mit § 70 Abs. 4 BWG zu treffen;

6. vorläufige Beschlagnahmen und Beschlagnahmen anzuordnen; die vorläufige Beschlagnahme erlischt, wenn nicht binnen vier Wochen von der FMA ein Beschlagnahmebescheid erlassen wird;

7. Durchsuchungen (§ 117 Z 2 und 3 lit. a StPO) durchzuführen; §§ 119 bis 122 StPO sind mit der Maßgabe anzuwenden, dass auf Durchsuchungen gemäß § 117 Z 2 lit. b StPO die Verfahrensvorschriften gemäß § 153 Abs. 2, 4 bis 7 und 9 BörseG 2018 anzuwenden sind;

8. Maßnahmen gegen Geschäftsleiter gemäß § 92 Abs. 1 und Abs. 8 dieses Bundesgesetzes sowie gemäß § 70 Abs. 2 und 4 BWG zu treffen;

9. von den Abschlussprüfern und gesetzlichen Prüfungseinrichtungen von Rechtsträgern gemäß Abs. 1 Auskünfte einzuholen;

10. den Verdacht strafbarer Handlungen gemäß § 78 StPO einer Staatsanwaltschaft oder Sicherheitsbehörde anzuzeigen;

11. öffentliche Bekanntmachungen im Sinne von § 93 Abs. 2 Z 19 BörseG 2018 abzugeben;

12. Auskunft über Daten einer Nachrichtenübermittlung gemäß § 134 Z 2, § 135 Abs. 2 und § 137 Abs. 1 StPO (einschließlich der in § 76a StPO genannten Daten) zu verlangen und bereits zum Akt genommene Ergebnisse solcher Ermittlungshandlungen einzusehen und Kopien von ihnen zu erhalten, wenn ein begründeter Verdacht eines Verstoßes gegenBestimmungen dieses Bundesgesetzes oder der Verordnung (EU) Nr. 600/2014 besteht und diese Aufzeichnungen für eine Ermittlung in Zusammenhang mit diesen Verstößen von Belang sein könnten; auf die Auskunft über Daten der Nachrichtenübermittlung und die Überwachung von Nachrichten sind die Verfahrensvorschriften gemäß § 153 Abs. 3 bis 6 BörseG 2018 anzuwenden;

13. den Vertrieb oder Verkauf von Finanzinstrumenten oder strukturierten Einlagen auszusetzen, wenn die Bedingungen der Art. 40, 41 oder 42 der Verordnung (EU) Nr. 600/2014 erfüllt sind;

14. den Vertrieb oder Verkauf von Finanzinstrumenten oder strukturierten Einlagen auszusetzen, wenn der Rechtsträger gemäß Abs. 1 kein wirksames Genehmigungsverfahren für Produkte entwickelt hat oder anwendet oder in anderer Weise gegen die §§ 30 und 31 dieses Bundesgesetzes verstoßen hat;

15. im öffentlichen Interesse Maßnahmen gemäß Art. 42 der Verordnung (EU) Nr. 600/2014 durch Verordnung oder Bescheid festzusetzen.

Die in Z 1 bis 4 angeführten Befugnisse kann die FMA auch unmittelbar gegenüber vertraglich gebundenen Vermittlern sowie Wertpapiervermittlern ausüben.

(4) Die FMA ist zur Verarbeitung von personenbezogenen Daten ermächtigt, soweit dies eine wesentliche Voraussetzung zur Wahrnehmung der ihr nach diesem Bundesgesetz, dem Wertpapierfirmengesetz (WPFG) und dem BörseG 2018 übertragenen Aufgaben in folgenden Bereichen ist:

1. Konzessionen von Wertpapierfirmen und Wertpapierdienstleistungsunternehmen und die für die Erteilung maßgeblichen Umstände;

2. Leitung, verwaltungsmäßige und buchhalterische Organisation sowie interne Kontrolle und Revision von Wertpapierfirmen, Wertpapierdienstleistungsunternehmen und meldepflichtigen Instituten;

3. Zweigstellen und die Ausübung des freien Dienstleistungsverkehrs;

4. Daten meldepflichtiger Geschäfte gemäß Titel IV der Verordnung (EU) Nr. 600/2014;

5. Beachtung der Bestimmungen des 2. Hauptstücks;

6. Beachtung der Bestimmungen der Verordnung (EU) Nr. 1031/2010;

7. Eigenkapital;

8. Qualifizierte Beteiligungen an Wertpapierfirmen und Wertpapierdienstleistungsunternehmen;

9. Jahresabschluss und Rechnungslegung;

10. aufsichtsbehördliche Maßnahmen gemäß § 92 Abs. 8 bis 10 und den §§ 27 und 28 WPFG;

11. Verwaltungsstrafen gemäß den §§ 94 bis 96, § 49 WPFG und den §§ 72, 75, 107, 154, 155 und 156 BörseG 2018;

12. Ermittlungen gemäß Abs. 3 und 7, § 3 Abs. 2 und 3 WPFG, § 93 Abs. 2 und § 140 Abs. 1 BörseG 2018, § 14 KMG 2019 und § 22b FMABG;

13. Informationen, die von zuständigen Behörden im Rahmen des Informationsaustausches gemäß den §§ 104 bis 111, der §§ 5, 7 und 40 bis 42 WPFG oder gemäß den §§ 101, 102 und § 140 Abs. 3 und 4 BörseG 2018 oder im Wege des § 21 FMABG erlangt wurden;

14. Zusammenarbeit beim Früherkennungssystem gemäß § 73 Abs. 10.

(BGBl I 2022/237)

(5) Die Übermittlung von Daten gemäß Abs. 4 und von Daten, die die FMA gemäß ihren Befugnissen ermitteln kann, sowie der Abschluss von Kooperationsvereinbarungen gemäß § 111 sind im Rahmen der Amtshilfe zulässig sowie an für Wertpapieraufsicht zuständige Behörden von Mitgliedstaaten, soweit dies für die Erfüllung von Aufgaben, die den Aufgaben der FMA nach diesem Bundesgesetz, dem BörseG 2018 oder der Verordnung (EU) 600/2014 entsprechen, oder für andere gesetzliche Aufgaben im Rahmen der Aufsicht über den Finanzmarkt der ersuchenden für Wertpapieraufsicht zuständigen Behörde erforderlich ist, und soweit ein begründetes Ersuchen vorliegt und die übermittelten Daten bei diesen Behörden einem dem Berufsgeheimnis gemäß § 14 FMABG entsprechenden Berufsgeheimnis unterliegen. *(BGBl I 2018/37)*

(6) Die Übermittlung von Daten gemäß Abs. 4 ist innerhalb desselben Rahmens, zu denselben Zwecken und mit denselben Beschränkungen wie an zuständige Behörden von Mitgliedstaaten gemäß Abs. 5 auch an Behörden von Drittländern, die den Aufgaben der FMA entsprechende Aufgaben wahrzunehmen haben, nur zulässig, soweit die übermittelten Daten bei diesen Behörden einem dem Berufsgeheimnis gemäß § 14 FMABG entsprechenden Berufsgeheimnis unterliegen und im Einklang mit Kapitel V der Verordnung (EU) 2016/679 stehen. *(BGBl I 2018/37)*

(7) Die FMA kann für die Zwecke der Zusammenarbeit und des Informationsaustausches gemäß Abs. 5 und 6, soweit dies für die Erfüllung von Aufgaben, die den Aufgaben der FMA nach diesem Bundesgesetz, dem BörseG 2018, dem KMG 2019 oder dem WPFG entsprechen, erforderlich ist oder dies für die Wahrnehmung von anderen gesetzlichen Aufgaben im Rahmen der Aufsicht über den Finanzmarkt einer ersuchenden für Wertpapieraufsicht zuständigen Behörde erforderlich ist und die ersuchende Behörde einem gleichartigen Ersuchen auf Zusammenarbeit und Informationsaustausch ebenso entsprechen würde, von ihren Befugnissen auch ausschließlich für Zwecke einer solchen Zusammenarbeit Gebrauch machen, auch wenn die Verhaltensweise, die Gegenstand der Ermittlung ist, keinen Verstoß gegen eine in Österreich geltende Vorschrift darstellt. Von allen ihren Befugnissen gemäß Abs. 3 Z 1 bis 4 und 9 kann die FMA für die Zwecke einer solchen Zusammenarbeit auch gegenüber natürlichen und juristischen Personen Gebrauch machen, die nicht oder in ihrem Herkunftsland zur Erbringung von Wertpapierdienstleistungen oder Anlagetätigkeiten im Sinne der Richtlinie 2014/65/EU zugelassen sind. *(BGBl I 2022/237)*

(8) Die FMA ist ermächtigt, durch Verordnung oder Bescheid Maßnahmen gemäß Abs. 3 Z 15 mit der Maßgabe festzusetzen, dass diese für Wertpapierdienstleistungsunternehmen, Verwaltungsgesellschaften gemäß § 5 Abs. 1 InvFG 2011, die Dienstleistungen gemäß § 5 Abs. 2 Z 3 oder 4 InvFG 2011 erbringen, oder AIFM gemäß § 4 AIFMG, die Dienstleistungen gemäß § 4 Abs. 4 Z 1 oder Z 2 lit. a oder c AIFMG erbringen, gelten. Art. 42 Abs. 3 und 4 sowie Art. 43 der Verordnung (EU) Nr. 600/2014 sind auf solche Maßnahmen nicht anzuwenden.

(9) Das Landesgericht für Strafsachen Wien als Einzelrichter hat über einen Antrag der FMA

nach Abs. 3 Z 6 oder 11 mit Beschluss (§ 86 StPO) zu entscheiden, wobei der Grundsatz der Gesetz- und Verhältnismäßigkeit nach § 5 StPO anzuwenden ist. Die FMA hat ihren Antrag zu begründen (§ 102 Abs. 2 Z 2 bis 4; Anträge nach Abs. 3 Z 12 haben überdies die in § 138 Abs. 1 Z 1, 3 und 4 StPO vorgesehenen Angaben zu enthalten) und dem Gericht samt den Akten zu übermitteln.

(10) Die Bestimmungen dieses Bundesgesetzes bleiben durch die Bestimmungen des 12. Abschnitts des Telekommunikationsgesetzes 2003 – TKG 2003, BGBl. I Nr. 70/2003, unberührt.

(11) Die FMA kann als zuständige Behörde für den Titel II der Verordnung (EU) Nr. 600/2014 durch Verordnung Ausnahmen von der Vorhandelstransparenz gemäß Art. 4, 9 und Art. 18 Abs. 2 der Verordnung (EU) Nr. 600/2014 sowie Aufschub für die Nachhandelstransparenz gemäß Art. 7, 11, Art. 20 Abs. 2 und Art. 21 Abs. 4 der Verordnung (EU) Nr. 600/2014 gewähren.

Form der Kommunikation mit der FMA – elektronische Übermittlung

§ 91. Die FMA kann durch Verordnung vorschreiben, dass die Anzeigen und sonstigen Übermittlungen gemäß § 3 Abs. 8 in Verbindung mit § 4 Abs. 3 BWG, § 7 in Verbindung mit Art. 25 Abs. 2, Art. 31 Abs. 5 der delegierten Verordnung (EU) 2017/565 in Verbindung mit § 4 Abs. 3 sowie § 73 Abs. 1 Z 1 bis 8 und 11 BWG, § 12 Abs. 8, § 14 Abs. 4, § 18 Abs. 1, 3 bis 5, § 20 Abs. 1, 6 und 7, § 44, § 71 Abs. 2, § 72 Abs. 2, und § 90 Abs. 3 Z 1, 2 und 4 dieses Bundesgesetzes ausschließlich in elektronischer Form zu erfolgen haben sowie bestimmten Gliederungen, technischen Mindestanforderungen und Übermittlungsmodalitäten zu entsprechen haben. Die FMA hat sich dabei an den Grundsätzen der Wirtschaftlichkeit und Zweckmäßigkeit zu orientieren und dafür zu sorgen, dass die jederzeitige elektronische Verfügbarkeit der Daten für die FMA gewährleistet bleibt und Aufsichtsinteressen nicht beeinträchtigt werden. Des Weiteren kann die FMA in dieser Verordnung Abschlussprüfern für Berichte und Anzeigen gemäß § 93 Abs. 1 und 2 sowie für Übermittlungen gemäß § 90 Abs. 3 Z 9 dieses Bundesgesetzes eine fakultative Teilnahme an dem elektronischen System der Übermittlung gemäß dem ersten Satz ermöglichen. Die FMA hat geeignete Vorkehrungen dafür zu treffen, dass sich die Meldepflichtigen oder gegebenenfalls ihre Einbringungsverantwortlichen während eines angemessenen Zeitraums im System über die Richtigkeit und Vollständigkeit der von ihnen oder ihren Einbringungsverantwortlichen erstatteten Meldedaten vergewissern können.

Weitere Aufsichtsmaßnahmen

§ 92. (1) Zur Abwendung einer Gefahr für die finanziellen Belange der Kunden eines Rechtsträgers gemäß § 90 Abs. 1 Z 1 und 2 im Zusammenhang mit dessen Tätigkeit, kann die FMA bei solchen Rechtsträgern in der Rechtsform einer Kapitalgesellschaft oder Genossenschaft (§ 3 Abs. 5 Z 1) befristete Maßnahmen durch Bescheid anordnen, die spätestens 18 Monate nach Wirksamkeitsbeginn außer Kraft treten. Die FMA kann durch Bescheid insbesondere

1. Kapital- und Gewinnentnahmen sowie Kapital- und Gewinnausschüttungen ganz oder teilweise untersagen;

2. eine fachkundige Aufsichtsperson (Regierungskommissär) bestellen, die dem Berufsstand der Rechtsanwälte oder der Wirtschaftsprüfer angehört; die Aufsichtsperson, der alle Rechte gemäß § 90 Abs. 3 zustehen, hat

a) diesem Rechtsträger alle Geschäfte zu untersagen, die geeignet sind, die obige Gefahr zu vergrößern oder

b) im Falle, dass dem Rechtsträger die Fortführung der Geschäfte ganz oder teilweise untersagt wurde, einzelne Geschäfte zu erlauben, die die obige Gefahr nicht vergrößern;

3. Geschäftsleitern des Rechtsträgers unter gleichzeitiger Verständigung des zur Bestellung der Geschäftsleiter zuständigen Organs die Führung des Unternehmens ganz oder teilweise untersagen; das zuständige Organ hat binnen eines Monats die entsprechende Anzahl von Geschäftsleitern neu zu bestellen; die Bestellung bedarf zu ihrer Rechtswirksamkeit der Zustimmung der FMA, die zu versagen ist, wenn die neu bestellten Geschäftsleiter nicht geeignet scheinen, die obige Gefahr abwenden zu können;

4. die Fortführung des Geschäftsbetriebes ganz oder teilweise untersagen.

(2) Die FMA kann auf Antrag der gemäß Abs. 1 Z 2 oder Abs. 3 bestellten Aufsichtsperson (Regierungskommissär) einen Stellvertreter bestellen, wenn und solange dies aus wichtigen Gründen, insbesondere wegen vorübergehender Verhinderung der Aufsichtsperson, erforderlich ist. Für die Bestellung des Stellvertreters sowie für dessen Rechte und Pflichten finden die für die Aufsichtsperson geltenden Bestimmungen Anwendung. Die Aufsichtsperson (Regierungskommissär) kann sich mit Genehmigung der FMA zur Erfüllung ihrer Aufgaben fachlich geeigneter Personen bedienen, soweit dies nach Umfang und Schwierigkeit der Aufgaben erforderlich ist. Die Genehmigung der FMA hat diese Personen namentlich zu benennen und ist auch dem Rechtsträger zuzustellen. Diese Personen handeln auf Weisung und im Namen der Aufsichtsperson (Regierungskommissär) oder ihres Stellvertreters.

(3) Die FMA hat vom Österreichischen Rechtsanwaltskammertag und von der Kammer der Wirtschaftstreuhänder Meldungen über geeignete Regierungskommissäre einzuholen. Ist ein Regierungskommissär nach Abs. 1 Z 2 oder ein Stellvertreter nach Abs. 2 zu bestellen und ist keine Bestellung auf Grund dieser Meldungen möglich, so hat die FMA die nach dem Sitz des Rechtsträgers zuständige Rechtsanwaltskammer oder die Kammer der Wirtschaftstreuhänder zu benachrichtigen, damit diese einen fachlich geeigneten Rechtsanwalt oder Wirtschaftsprüfer als Regierungskommissär namhaft machen. Bei Gefahr in Verzug kann die FMA

1. einen Rechtsanwalt oder

2. einen Wirtschaftstreuhänder

vorläufig als Regierungskommissär bestellen. Diese Bestellung tritt mit der Bestellung eines Rechtsanwaltes oder Wirtschaftsprüfers nach dem ersten Satz außer Kraft.

(4) Alle von der FMA gemäß Abs. 1 und 2 angeordneten Maßnahmen ruhen für die Dauer eines Geschäftsaufsichtsverfahrens.

(5) Dem Regierungskommissär ist von der FMA eine Vergütung (Funktionsgebühr) zu leisten, die in einem angemessenen Verhältnis zu der mit der Aufsicht verbundenen Arbeit und den Aufwendungen hierfür steht. Der Regierungskommissär ist zur Rechnungslegung über das jeweils vorangegangene Quartal sowie nach Beendigung seiner Tätigkeit berechtigt. Die FMA hat die Vergütung unverzüglich nach Rechnungsprüfung zu leisten.

(6) Die FMA ist zur Information der Öffentlichkeit berechtigt, von ihr getroffene Maßnahmen nach Abs. 1, 3 und 8 in einer Zeitung mit Verbreitung im gesamten Bundesgebiet oder im Internet oder durch Aushang an geeigneter Stelle in den Geschäftsräumlichkeiten des Rechtsträgers gemäß § 90 Abs. 1 Z 1 und 2 bekannt zu machen. Veröffentlichungen von Maßnahmen nach Abs. 8 in Verbindung mit § 70 Abs. 4 Z 1 BWG sind jedoch nur vorzunehmen, wenn dies nach Art und Schwere des Verstoßes zur Information der Öffentlichkeit erforderlich ist. Diese Veröffentlichungsmaßnahmen können auch kumulativ getroffen werden. Der von der Veröffentlichung Betroffene kann eine Überprüfung der Rechtmäßigkeit der Veröffentlichung in einem bescheidmäßig zu erledigenden Verfahren bei der FMA beantragen. Die FMA hat diesfalls die Einleitung eines solchen Verfahrens in gleicher Weise bekannt zu machen. Wird im Rahmen der Überprüfung die Rechtswidrigkeit der Veröffentlichung festgestellt, so hat die FMA die Veröffentlichung richtig zu stellen oder auf Antrag des Betroffenen entweder zu widerrufen oder aus dem Internetauftritt zu entfernen. Wurde einer Beschwerde gegen einen Bescheid gemäß Abs. 1, 3 oder 8 in einem höchstgerichtlichen Verfahren aufschiebende Wirkung zuerkannt, so hat die FMA dies in gleicher Weise bekannt zu machen. Die Veröffentlichung ist richtig zu stellen oder auf Antrag des Betroffenen entweder zu widerrufen oder aus dem Internetauftritt zu entfernen, wenn der Bescheid aufgehoben wird.

(7) Bescheide, mit denen Geschäftsleitern die Führung eines Rechtsträgers gemäß § 90 Abs. 1 Z 1 bis 3 ganz oder teilweise untersagt wird (Abs. 1 Z 3 und Abs. 8), sind wie auch eine allfällige Aufhebung dieser Maßnahme von der FMA dem Firmenbuchgericht zur Eintragung in das Firmenbuch zu übermitteln.

(8) Verletzt ein Rechtsträger gemäß § 90 Abs. 1 Z 1 bis 3 Bestimmungen dieses Bundesgesetzes, einer auf Grund dieses Bundesgesetzes erlassenen Verordnung, der Verordnung (EU) Nr. 600/2014 oder, soweit anwendbar, der Verordnung (EU) Nr. 1031/2010 oder einer aufgrund dieser EU-Verordnungen oder der Richtlinie 2014/65/EU erlassenen delegierten Verordnung oder eines für die Aufsicht über Rechtsträger gemäß § 26 relevanten technischen Standards im Sinne von Art. 10 bis 15 der Verordnung (EU) Nr. 1095/2010 oder eines aufgrund dieser Bestimmungen erlassenen Bescheides oder eines aufgrund von Art. 40 oder 41 der Verordnung (EU) Nr. 600/2014 erlassenen Beschlusses, so hat die FMA die in § 70 Abs. 4 Z 1 bis 3 BWG genannten Maßnahmen in Bezug auf diesen Rechtsträger zu ergreifen; soweit Wertpapierdienstleistungen „ “ aufgrund einer Legalkonzession erbracht werden, ist anstelle der Rücknahme der Konzession oder Bewilligung die Fortführung der Erbringung von Wertpapierdienstleistungen „ “ aufgrund dieser Legalkonzession zu untersagen. Verletzt ein in § 90 Abs. 1 Z 4 bis 7 genannter Rechtsträger, ein Versicherungsunternehmen im Rahmen des § 2 Abs. 2 oder eine Kapitalanlagegesellschaft im Rahmen des § 2 Abs. 3 Bestimmungen dieses Bundesgesetzes, einer auf Grund dieses Bundesgesetzes erlassenen Verordnung, der Verordnung (EU) Nr. 600/2014 oder einer aufgrund dieser EU-Verordnung oder der Richtlinie 2014/65/EU erlassenen delegierten Verordnung oder eines für die Aufsicht über diese Rechtsträger relevanten technischen Standards im Sinne von Art. 10 bis 15 der Verordnung (EU) Nr. 1095/2010 oder eines Bescheides, so hat die FMA die in § 70 Abs. 4 Z 1 BWG genannten Maßnahmen in Bezug auf diesen Rechtsträger zu ergreifen. *(BGBl I 2022/36)*

(9) Bei einer Prüfung „gemäß § 90 Abs. 3“ sind die Prüfungsorgane mit einem schriftlichen Prüfungsauftrag zu versehen und haben sich vor Beginn der Prüfung unaufgefordert auszuweisen sowie den Prüfungsauftrag vorzuweisen. Im Übrigen ist § 71 Abs. 1 bis 6 BWG anzuwenden. *(BGBl I 2018/37)*

(10) Zur Prüfung von Zweigstellen und Repräsentanzen in Mitgliedstaaten kann die FMA auch die zuständigen Behörden des Aufnahmemitgliedstaates um die Vornahme der Prüfung ersuchen, wenn dies das Verfahren vereinfacht oder beschleunigt oder wenn dies im Interesse der Zweckmäßigkeit, Einfachheit, Raschheit oder Kostenersparnis gelegen ist; unter diesen Voraussetzungen ist auch die Teilnahme eigener Prüfer an einer von den zuständigen Behörden des Aufnahmemitgliedstaates durchgeführten Prüfung möglich.

(11) Die FMA kann durch Kundmachung im Internet oder in einer Zeitung mit Verbreitung im gesamten Bundesgebiet die Öffentlichkeit informieren, dass eine namentlich genannte natürliche oder juristische Person zur Vornahme bestimmter Wertpapierdienstleistungsgeschäfte „(§ 3 Abs. 2 Z 1 bis 5)" nicht berechtigt ist, sofern diese Person dazu Anlass gegeben hat und eine Information der Öffentlichkeit erforderlich und im Hinblick auf mögliche Nachteile des Betroffenen verhältnismäßig ist. Diese Veröffentlichungsmaßnahmen können auch kumulativ getroffen werden. Die Person muss in der Veröffentlichung eindeutig identifizierbar sein; zu diesem Zweck können, soweit der FMA bekannt, auch Geschäftsanschrift oder Wohnanschrift, Firmenbuchnummer, Internetadresse, Telefonnummer und Telefaxnummer angegeben werden. Der von der Veröffentlichung Betroffene kann eine Überprüfung der Rechtmäßigkeit der Veröffentlichung in einem bescheidmäßig zu erledigenden Verfahren bei der FMA beantragen. Die FMA hat diesfalls die Einleitung eines solchen Verfahrens in gleicher Weise bekannt zu machen. Wird im Rahmen einer Überprüfung die Rechtswidrigkeit der Veröffentlichung festgestellt, so hat die FMA die Veröffentlichung richtig zu stellen oder auf Antrag des Betroffenen entweder zu widerrufen oder aus dem Internetauftritt zu entfernen. *(BGBl I 2022/36)*

(12) Die FMA hat auf individuelle Anfrage in angemessener Frist Auskünfte über den Konzessionsumfang von Rechtsträgern gemäß § 90 Abs. 1 Z 1 und 2 zu erteilen. Die FMA registriert sämtliche Rechtsträger und hat eine Datenbank zu führen, die Informationen über den aktuellen Umfang der bestehenden Konzessionen dieser Rechtsträger enthält, und hat über Internet eine Abfrage dieser Daten zu ermöglichen. Jede Zulassung und jeder Entzug der Zulassung ist der ESMA mitzuteilen. Die FMA hat weiters in dieser Datenbank ein Verzeichnis der Wertpapierfirmen aus Mitgliedstaaten zu führen, die im Inland zur Erbringung von Wertpapierdienstleistungen im Wege der Dienstleistungsfreiheit oder über eine Zweigstelle berechtigt sind, soweit diese Tätigkeit im Inland gemäß Art. 34 oder 35 der Richtlinie 2014/65/EU notifiziert wurde.

(13) Die FMA teilt der ESMA die Beschwerde- und Rechtsbehelfsverfahren mit, die in Österreich vorgesehen sind.

Berichtspflicht von Abschlussprüfern

§ 93. (1) Stellt ein Abschlussprüfer, der den Jahresabschluss eines in § 90 Abs. 1 Z 1 und 2 genannten Rechtsträgers prüft oder bei diesem eine sonstige gesetzlich vorgeschriebene Tätigkeit ausübt, Tatsachen fest, die eine Berichtspflicht gemäß § 273 Abs. 2 UGB begründen, so hat er unverzüglich, spätestens gleichzeitig, den gemäß § 273 Abs. 3 UGB zu erstattenden Bericht auch der FMA zu übermitteln.

(2) Der Abschlussprüfer hat, auch wenn keine Berichtspflicht gemäß § 273 Abs. 2 UGB besteht, der FMA sowie den Geschäftsleitern und dem nach Gesetz oder Satzung zuständigen Aufsichtsorgan unverzüglich zu berichten, wenn ein den geprüften Rechtsträger betreffender Sachverhalt, von dem er in Ausübung seiner Tätigkeit Kenntnis erlangt hat,

1. einen erheblichen Verstoß gegen die Verordnung (EG) Nr. 1287/2006 oder, soweit anwendbar, gegen die Verordnung (EU) Nr. 575/2013 oder gegen auf Grund der Verordnung (EU) Nr. 575/2013 erlassener Verordnungen oder Bescheide darstellen könnte oder

2. einen erheblichen Verstoß gegen dieses Bundesgesetz oder gegen auf Grund dieses Bundesgesetzes erlassener Verordnungen oder Bescheide darstellen könnte oder

3. dazu führen könnte, dass der Prüfungsvermerk verweigert oder eingeschränkt wird.

Der Abschlussprüfer ist auch zur Meldung derartiger Sachverhalte verpflichtet, von denen er in Ausübung einer der vorgenannten Tätigkeiten in einem Unternehmen Kenntnis erlangt, das in enger Verbindung zu dem in § 90 Abs. 1 Z 1 und 2 genannten Rechtsträger steht, für das er diese Tätigkeit ausübt.

(3) Erstattet der Abschlussprüfer im guten Glauben Anzeige nach Abs. 1 oder 2, so gilt dies nicht als Verletzung einer vertraglich oder durch Rechts- oder Verwaltungsvorschriften geregelten Bekanntmachungsbeschränkung und zieht für ihn keine Haftung nach sich.

(4) Die Abs. 2 und 3 gelten in gleicher Weise für Prüfer von Drittlandfirmen gemäß § 23 Abs. 3 und 4 hinsichtlich der dort genannten Bestimmungen.

Strafbestimmungen

§ 94. Wer Wertpapierdienstleistungen gemäß § 3 Abs. 2 ohne die erforderliche Berechtigung erbringt, begeht eine Verwaltungsübertretung und ist von der FMA mit Geldstrafe bis zu 5 Millionen Euro oder bis zum Zweifachen des aus dem Verstoß gezogenen Nutzens, soweit sich dieser beziffern lässt, zu bestrafen.

§ 95. (1) Wer als Verantwortlicher (§ 9 des Verwaltungsstrafgesetzes 1991 – VStG, BGBl. Nr. 52/1991) eines Rechtsträgers

1. gegen die Überwachungs- und Informationspflichten in Bezug auf die Unternehmensführungsregelungen gemäß § 12 Abs. 3 bis 6 und 8,

2. gegen die Anzeigepflicht in Bezug auf den beabsichtigten Erwerb oder die Erhöhung einer qualifizierten Beteiligung gemäß § 14 Abs. 1 bis 4,

3. gegen die Anzeigepflicht in Bezug auf die Erbringung von Wertpapierdienstleistungen und Ausübung von Anlagetätigkeiten im Hoheitsgebiet eines anderen EU-Mitgliedstaates gemäß § 18 Abs. 1, 3 und 4,

4. gegen die Anzeigepflicht in Bezug auf den Betrieb eines MTF oder OTF in einem anderen Mitgliedstaat gemäß § 18 Abs. 5 erster Satz,

5. gegen die Anforderungen in Bezug auf die Erbringung von Wertpapierdienstleistungen und die Ausübung von Anlagetätigkeiten in Österreich über eine Zweigstelle gemäß § 19 Abs. 5 erster Satz,

6. gegen die Mitteilungspflicht in Bezug auf die Errichtung einer Zweigstelle in einem anderen Mitgliedstaat gemäß § 20 Abs. 1, 2 und 7,

7. gegen die Mitteilungspflicht in Bezug auf die Heranziehung eines vertraglich gebundenen Vermittlers § 20 Abs. 6 erster Satz,

8. gegen die Anforderungen in Bezug auf die Systeme für den algorithmischen Handel gemäß § 27 Abs. 1,

9. gegen die Mitteilungspflichten in Bezug auf den algorithmischen Handel gemäß § 27 Abs. 2,

10. gegen die Aufzeichnungs- und Aufbewahrungspflichten in Bezug auf den Algorithmischen Handel gemäß § 27 Abs. 4 und 5,

11. gegen die Anforderungen bei Verfolgung einer Market-Making-Strategie in Bezug auf den Algorithmischen Handel gemäß § 27 Abs. 6,

12. gegen die Überwachungspflichten und die Anforderungen an die Systeme in Bezug auf den direkten elektronischen Zugang gemäß § 28 Abs. 1 und 6,

13. gegen die Melde- und Aufbewahrungspflichten in Bezug auf den direkten elektronischen Zugang gemäß § 28 Abs. 2 und 5,

14. gegen eine Verpflichtung in Bezug auf die organisatorischen Anforderungen und die Vorkehrungen für persönliche Geschäfte („Compliance") gemäß § 29 dieses Bundesgesetzes und Art. 29 der delegierten Verordnung (EU) 2017/565,

15. gegen Verpflichtungen in Bezug auf die Produktüberwachung gemäß den §§ 30 und 31,

16. gegen die Anforderungen an das Riskomanagement und die interne Revision gemäß § 32,

17. gegen die Verpflichtung zur Führung von Aufzeichnungen gemäß § 33,

18. gegen eine Verpflichtung in Bezug auf die Auslagerung wesentlicher betrieblicher Dienstleistungen an Dritte gemäß § 34,

19. gegen eine Verpflichtung in Bezug auf die Erbringung von Dienstleistungen über einen anderen Rechtsträger gemäß § 35 Abs. 1 zweiter Satz und § 35 Abs. 2 und 3,

20. gegen eine Verpflichtung in Bezug auf die Heranziehung von vertraglich gebundenen Vermittlern gemäß § 36 Abs. 3, 4, 6 und 7,

21. gegen eine Verpflichtung in Bezug auf den Schutz von Kundengeldern gemäß § 38 Abs. 1 und 2,

22. gegen die Informationspflichten in Zusammenhang mit der Einräumung von Sicherungsrechten, Pfandrechten oder Aufrechnungsrechten gemäß § 38 Abs. 6 bis 8,

23. gegen eine Verpflichtung in Bezug auf die Verwahrung von Kundenfinanzinstrumenten gemäß § 39,

24. gegen eine Verpflichtung in Bezug auf die Hinterlegung von Kundengeldern gemäß § 40,

25. gegen eine Verpflichtung in Bezug auf die Verwendung von Finanzinstrumenten von Kunden gemäß § 41,

26. gegen die angemessene Verwendung von Finanzsicherheiten in Form der Vollrechtsübertragung gemäß § 42,

27. gegen eine Verpflichtung in Bezug auf die Regelungen im Bereich der Unternehmensführung zum Schutz von Kundengeldern und Finanzinstrumenten von Kunden gemäß § 43,

28. gegen seine Verpflichtungen in Bezug auf die Berichte von Abschlussprüfern gemäß § 44,

29. gegen eine Verpflichtung in Bezug auf den Umgang mit Interessenkonflikten gemäß den §§ 45 und 46,

30. gegen eine Verpflichtung zum Handeln im besten Interesse des Kunden gemäß § 47 Abs. 1 bis 5,

31. gegen die Informationspflichten gegenüber den Kunden gemäß §§ 48 Abs. 1 und 49,

31a. gegen die Verpflichtung zur Transparenz bei der Berücksichtigung von Nachhaltigkeitsrisiken gemäß Art. 6 Abs. 1 oder 2 der Verordnung (EU) 2019/2088; *(BGBl I 2022/36)*

31b. gegen die Verpflichtung zur Transparenz bei nachteiligen Nachhaltigkeitsauswirkungen auf Ebene des Finanzprodukts gemäß Art. 7 Abs. 1 oder 2 der Verordnung (EU) 2019/2088; *(BGBl I 2022/36)*

31c. gegen die Verpflichtung zur Transparenz bei der Bewerbung ökologischer oder sozialer

Merkmale in vorvertraglichen Informationen gemäß Art. 8 Abs. 1 oder 2 der Verordnung (EU) 2019/2088; *(BGBl I 2022/36)*

31d. gegen die Verpflichtung zur Transparenz in vorvertraglichen Informationen bei nachhaltigen Investitionen gemäß Art. 9 Abs. 1, 2, 3 oder 4 der Verordnung (EU) 2019/2088; *(BGBl I 2022/36)*

31e. gegen die Verpflichtung zur Transparenz in vorvertraglichen Informationen und regelmäßigen Berichten

a) bei ökologisch nachhaltigen Investitionen gemäß Art. 5 der Verordnung (EU) 2020/852,

b) bei Finanzprodukten, mit denen ökologische Merkmale gemäß Art. 6 der Verordnung (EU) 2020/852 beworben werden oder

c) bei anderen Finanzprodukten gemäß Art. 7 der Verordnung (EU) 2020/852;
(BGBl I 2022/36)

32. gegen eine Verpflichtung in Bezug auf die unabhängige Anlageberatung gemäß § 50,

33. gegen eine Verpflichtung in Bezug auf die Gewährung oder Annahme von Vorteilen gemäß § 51,

34. gegen die Anforderungen in Bezug auf die Qualitätsverbesserung durch Annahme oder Gewährung von Vorteilen gemäß § 52,

35. gegen die Anforderungen in Bezug auf die Gewährung oder Annahme von Vorteilen bei unabhängiger Anlageberatung gemäß § 53 Abs. 1, 2 und 3,

36. gegen die Offenlegungspflichten in Bezug auf die Gewährung oder Annahme von geringfügigen nicht-monetären Vorteilen gemäß § 53 Abs. 4 bis 7,

37. gegen die Anforderungen in Bezug auf die Gewährung oder Annahme von Vorteilen in Zusammenhang mit Analysen gemäß § 54,

38. gegen die Anforderungen in Bezug auf die Kenntnisse und Kompetenzen von natürlichen Personen in Zusammenhang mit der Erbringung von Anlageberatung oder der Erteilung von Informationen an Kunden über Anlageprodukte sowie Wertpapier- und Nebendienstleistungen gemäß § 55,

39. gegen die Verpflichtung zur Prüfung der Eignung von Anlageberatungs- und Portfolioverwaltungsdienstleistungen für den Kunden gemäß § 56,

40. gegen eine Verpflichtung zur Prüfung der Angemessenheit von sonstigen Wertpapierdienstleistungen für den Kunden gemäß § 57,

41. gegen die Anforderungen in Bezug auf die Ausführung, Annahme oder Übermittlung von Kundenaufträgen gemäß § 58,

42. gegen die Dokumentationspflichten gemäß § 59,

43. gegen die Berichtspflichten an den Kunden gemäß § 60,

44. gegen die Anforderungen in Bezug auf die bestmögliche Durchführung von Aufträgen gemäß § 62,

45. gegen die Verpflichtungen in Bezug auf die Ausführungspolitik gemäß den §§ 63 und 64,

46. gegen die Anforderungen in Bezug auf die Bearbeitung von Kundenaufträgen gemäß § 65,

47. gegen die Informationspflicht und die Anforderungen in Bezug auf die Einstufung des Kunden gemäß § 66 Abs. 3 und § 67 Abs. 3 und 4,

48. gegen eine Verpflichtung in Bezug auf die Ausführung von Geschäften mit geeigneten Gegenparteien gemäß § 68 Abs. 2,

49. gegen eine Verpflichtung gemäß einer aufgrund von § 38 Abs. 4 erlassenen Verordnung der FMA in Bezug auf den Schutz des Kundenvermögens,

50. gegen eine Verpflichtung gemäß einer aufgrund von § 47 Abs. 5 erlassenen Verordnung der FMA in Bezug auf die Anforderungen zum Handeln im besten Interesse des Kunden,

51. gegen die Einhaltung der Handelspflichten für Wertpapierfirmen gemäß Art. 23 Abs. 1 und 2 der Verordnung (EU) Nr. 600/2014,

52. gegen die Pflichten zum Führen von Aufzeichnungen gemäß Art. 25 Abs. 1 der Verordnung (EU) Nr. 600/2014,

53. gegen die Pflichten zur Meldung von Geschäften gemäß Art. 26 Abs. 1 UAbs. 1, Abs. 2 bis 5, Abs. 6 UAbs. 1, Abs. 7 UAbs. 1 bis 5 und 8 der Verordnung (EU) Nr. 600/2014,

54. gegen die Pflichten zur Bereitstellung von Referenzdaten für die einzelnen Finanzinstrumente gemäß Art. 27 Abs. 1 der Verordnung (EU) Nr. 600/2014 oder

55. gegen Maßnahmen der ESMA gemäß Art. 40 oder der EBA gemäß Art. 41 oder der FMA gemäß Art. 42 der Verordnung (EU) Nr. 600/2014

oder gegen die daran anknüpfenden Verpflichtungen gemäß der aufgrund der Verordnung (EU) Nr. 600/2014 oder der Richtlinien 2014/65/EU erlassenen delegierten Rechtsakte und Durchführungsverordnungen verstößt, begeht eine Verwaltungsübertretung und ist von der FMA mit Geldstrafe bis zu 5 Millionen Euro oder bis zum Zweifachen des aus dem Verstoß gezogenen Nutzens, soweit sich dieser beziffern lässt, zu bestrafen.

(2) Wer als Verantwortlicher (§ 9 VStG) eines Rechtsträgers die Melde- oder Veröffentlichungspflichten gemäß des Titels II der Verordnung (EU) Nr. 600/2014 nicht rechtzeitig und vollständig erfüllt oder hierbei unwahre Angaben macht, begeht eine Verwaltungsübertretung und ist von

der FMA mit Geldstrafe bis zu 5 Millionen Euro oder bis zum Zweifachen des aus dem Verstoß gezogenen Nutzens, soweit sich dieser beziffern lässt, zu bestrafen.

(3) Wer als Verantwortlicher (§ 9 VStG) eines Rechtsträgers die Informationspflichten des § 73 Abs. 6 bis 9 verletzt, begeht eine Verwaltungsübertretung und ist mit Geldstrafe bis zu 60 000 Euro zu bestrafen.

(4) Wer als Verantwortlicher (§ 9 VStG) eines Rechtsträgers

1. es unterlässt, der FMA entgegen § 75 Abs. 1 Z 1 den Jahresabschluss rechtzeitig vorzulegen, oder

2. es unterlässt, der FMA entgegen § 75 Abs. 1 Z 2 das Ausscheiden eines Instituts aus der Sicherungseinrichtung unverzüglich anzuzeigen,

3. gegen eine Verpflichtung in Bezug auf die Rechnungslegung und Abschlussprüfung gemäß den §§ 71 oder 72 verstößt, *(BGBl I 2022/36)*

4. gegen eine Verpflichtung gemäß einer auf Grund von § 38 Abs. 4, § 65 Abs. 2 erlassenen Verordnung der FMA

5. gegen eine Verpflichtung gemäß Art. 59 Abs. 2 oder Abs. 3 der Verordnung (EU) Nr. 1031/2010 verstößt oder nicht die notwendigen Verfahren und Kontrollen gemäß Art. 59 Abs. 5 lit. b der Verordnung (EG) Nr. 1031/2010 eingeführt hat,

begeht eine Verwaltungsübertretung und ist hinsichtlich der Z 1 und 2 mit Geldstrafe bis zu 20 000 Euro und hinsichtlich der Z 3 bis 5 mit Geldstrafe bis zu 100 000 Euro zu bestrafen.

(5) Wer als Abschlussprüfer eines in § 90 Abs. 1 Z 1 und 2 genannten Rechtsträgers seine Meldepflichten gemäß § 93 Abs. 1 verletzt, begeht eine Verwaltungsübertretung und ist mit Geldstrafe bis zu 100 000 Euro zu bestrafen.

(6) Wer als Verantwortlicher (§ 9 VStG) eines Rechtsträgers gemäß § 90 Abs. 1 Z 1 und 2 die unverzügliche schriftliche Anzeige von in § 73 Abs. 1 Z 1 bis 8 und 11 BWG genannten Sachverhalten an die FMA unterlässt, begeht eine Verwaltungsübertretung und ist mit Geldstrafe bis zu 20 000 Euro zu bestrafen.

(7) Wer als Verantwortlicher (§ 9 VStG) eines Rechtsträgers gemäß § 90 Abs. 1 Z 5 die Pflichten der §§ 34 bis 36 BWG verletzt, begeht eine Verwaltungsübertretung und ist mit Geldstrafe bis zu 60 000 Euro zu bestrafen.

(8) Wer als Verantwortlicher (§ 9 VStG) einer Wertpapierfirma oder eines Wertpapierdienstleistungsunternehmens gegen § 37 Abs. 4 bis 8 verstößt, begeht eine Verwaltungsübertretung und ist mit Geldstrafe bis zu 50 000 Euro zu bestrafen.

(9) Bei Verletzung einer Verpflichtung gemäß § 14 Abs. 4, § 20 Abs. 6 und 7 sowie „§ 7“ dieses Bundesgesetzes in Verbindung mit § 73 Abs. 1 Z 1 BWG hinsichtlich Satzungsänderungen sowie § 73 Abs. 1 Z 4, Z 7 und Z 11 BWG hat die FMA von der Einleitung und Durchführung eines Verwaltungsstrafverfahrens abzusehen, wenn die nicht ordnungsgemäß erstattete Anzeige nachgeholt wurde, bevor die FMA Kenntnis von dieser Übertretung erlangt hat. *(BGBl I 2022/237)*

(10) Wer vertrauliche Tatsachen entgegen § 8 offenbart oder verwertet, um sich oder einem anderen einen Vermögensvorteil zu verschaffen oder um einem anderen einen Nachteil zuzufügen, ist vom Gericht mit Freiheitsstrafe bis zu sechs Monaten oder mit Geldstrafe bis zu 360 Tagessätzen zu bestrafen. Der Täter ist nur mit Ermächtigung des in seinem Interesse an der Geheimhaltung Verletzten zu verfolgen.

Strafbestimmungen betreffend juristische Personen

§ 96. (1) Die FMA kann Geldstrafen gegen juristische Personen verhängen, wenn natürliche Personen, die entweder allein oder als Teil eines Organs der juristischen Person gehandelt haben und eine Führungsposition innerhalb der juristischen Person aufgrund

1. der Befugnis zur Vertretung der juristischen Person,

2. der Befugnis, Entscheidungen im Namen der juristischen Person zu treffen, oder

3. einer Kontrollbefugnis innerhalb der juristischen Person

innehaben, gegen die in § 94 und § 95 Abs. 1 angeführten Verpflichtungen verstoßen haben.

(2) Juristische Personen können wegen Verstößen gegen die in § 94 und § 95 Abs. 1 und 2 angeführten Pflichten auch verantwortlich gemacht werden, wenn mangelnde Überwachung oder Kontrolle durch eine in Abs. 1 genannte Person die Begehung dieser Verstöße durch eine für die juristische Person tätige Person ermöglicht hat.

(3) Die Geldstrafe gemäß Abs. 1 oder 2 beträgt bis zu 5 Millionen Euro oder bis zu dem Zweifachen des aus dem Verstoß gezogenen Nutzens, soweit sich dieser beziffern lässt, oder bis zu 10 vH des jährlichen Gesamtumsatzes gemäß Abs. 4.

(4) Der jährliche Gesamtnettoumsatz ist jener, der im letzten geprüften Jahresabschluss ausgewiesen ist. Bei Wertpapierfirmen und Kreditinstituten ist der jährliche Gesamtnettoumsatz der Gesamtbetrag aller in Z 1 bis 7 der Anlage 2 zu § 43 BWG angeführten Erträge abzüglich der dort angeführten Aufwendungen; handelt es sich bei dem Unternehmen um eine Tochtergesellschaft, ist auf den jährlichen Gesamtnettoumsatz abzustellen, der im vorangegangenen Geschäftsjahr im konsolidierten Abschluss der Muttergesellschaft an der Spitze der Gruppe ausgewiesen ist. Soweit die FMA die Grundlagen für den jährli-

chen Gesamtumsatz nicht ermitteln oder berechnen kann, hat sie diese zu schätzen. Dabei sind alle Umstände zu berücksichtigen, die für die Schätzung von Bedeutung sind.

Wirksame Ahndung von Verstößen

§ 97. (1) Die FMA hat bei der Festsetzung der Art der Sanktion oder Maßnahme wegen Verstößen gegen die Bestimmungen dieses Bundesgesetzes, gegen aufgrund dieses Bundesgesetzes erlassene Verordnungen oder Bescheide oder gegen die Bestimmungen der Verordnung (EU) Nr. 600/2014 sowie bei der Bemessung der Höhe einer Geldstrafe, soweit angemessen, insbesondere folgende Umstände zu berücksichtigen:

1. Die Schwere und Dauer des Verstoßes;

2. den Grad der Verantwortung der verantwortlichen natürlichen oder juristischen Person;

3. die Finanzkraft der verantwortlichen natürlichen oder juristischen Person, wie sie sich beispielweise aus dem Gesamtumsatz der verantwortlichen juristischen Person oder den Jahreseinkünften der verantwortlichen natürlichen Person ablesen lässt;

4. die Höhe der von der verantwortlichen natürlichen oder juristischen Person erzielten Gewinne oder verhinderten Verluste, sofern diese sich beziffern lassen;

5. die Verluste, die Dritten durch den Verstoß entstanden sind, sofern sich diese beziffern lassen;

6. die Bereitschaft der verantwortlichen natürlichen oder juristischen Person zu Zusammenarbeit mit der FMA;

7. frühere Verstöße der verantwortlichen natürlichen oder juristischen Person sowie

8. alle potenziellen systemrelevanten Auswirkungen des Verstoßes.

(2) Die FMA hat bei der Wahrnehmung ihrer Aufsichtsbefugnisse das AVG und bei der Verfolgung von Verwaltungsübertretungen nach diesem Bundesgesetz das VStG anzuwenden.

Meldung von Verstößen

§ 98. (1) Rechtsträger, die Wertpapierdienstleistungen oder Nebendienstleistungen erbringen oder Anlagetätigkeiten ausüben, und Datenbereitstellungsdienste, die nach dem aufgrund von Art. 2 Abs. 3 der Verordnung (EU) Nr. 600/2014 erlassenen delegierten Rechtsakt der Aufsicht der FMA unterliegen, haben über angemessene Verfahren zu verfügen, die es ihren Mitarbeitern unter Wahrung der Vertraulichkeit ihrer Identität ermöglichen, betriebsinterne Verstöße gegen die Bestimmungen dieses Bundesgesetzes, gegen auf Grund dieses Bundesgesetzes erlassene Verordnungen oder Bescheide, gegen die Bestimmungen der Verordnung (EU) Nr. 600/2014 oder gegen einen auf Basis dieser Verordnung erlassenen Bescheid an eine geeignete Stelle zu melden. Die Verfahren nach diesem Absatz müssen den Anforderungen des Abs. 3 Z 2 bis 3 entsprechen. *(BGBl I 2022/69)*

(2) Die FMA hat über wirksame Mechanismen zu verfügen, die dazu ermutigen, Verstöße oder den Verdacht eines Verstoßes gegen die Bestimmungen dieses Bundesgesetzes, gegen auf Grund dieses Bundesgesetzes erlassene Verordnungen oder Bescheide, gegen die Bestimmungen der Verordnung (EU) Nr. 600/2014 oder eines auf Basis dieser Verordnung erlassenen Bescheides anzuzeigen.

(3) Die in Abs. 2 angeführten Mechanismen umfassen zumindest

1. spezielle Verfahren für den Empfang der Meldungen über Verstöße und deren Weiterverfolgung;

2. einen angemessenen Schutz für die Mitarbeiter von Rechtsträgern gemäß Abs. 1, die Verstöße innerhalb ihres Instituts melden, zumindest vor Vergeltungsmaßnahmen, Diskriminierung oder anderen Arten von Mobbing; *(BGBl I 2018/37)*

3. den Schutz der Identität gemäß der Verordnung (EU) 2016/679, sowohl für die Person, die die Verstöße anzeigt, als auch für die natürliche Person, die mutmaßlich für einen Verstoß verantwortlich ist, in allen Verfahrensstufen soweit nicht die Offenlegung der Identität im Rahmen eines staatsanwaltschaftlichen, gerichtlichen oder verwaltungsrechtlichen Verfahrens zwingend zu erfolgen hat. *(BGBl I 2018/37)*

(4) Arbeitnehmer, die Verstöße im Sinne dieses Bundesgesetzes im Rahmen eines betriebsinternen Verfahrens oder an die FMA melden, dürfen deswegen weder

1. benachteiligt, insbesondere nicht beim Entgelt, beim beruflichen Aufstieg, bei Maßnahmen der Aus- und Weiterbildung, bei der Versetzung oder bei der Beendigung des Arbeitsverhältnisses, oder

2. nach strafrechtlichen Vorschriften verantwortlich gemacht werden,

es sei denn, die Meldung ist vorsätzlich unwahr abgegeben worden. Dem Rechtsträger oder einem Dritten steht ein Schadenersatzanspruch nur bei einer offenbar unrichtigen Meldung, die der Arbeitnehmer mit Schädigungsvorsatz erstattet hat, zu. Die Berechtigung zur Abgabe von Meldungen darf vertraglich nicht eingeschränkt werden. Entgegenstehende Vereinbarungen sind unwirksam.

(5) Abs. 1 bis 4 gelten nur für Rechtsträger, die nicht dem § 95 oder den §§ 159 und 160 BörseG 2018 unterliegen.

Meldung an die ESMA

§ 99. Die FMA hat der ESMA jährlich eine zusammenfassende Information über alle gemäß den §§ 94, 95 und 96 verhängten Verwaltungssanktionen und andere Maßnahmen zu übermitteln.

Veröffentlichung von Maßnahmen und Sanktionen

§ 100. (1) Maßnahmen gemäß § 90 Abs. 3 Z 5, 8, 13 und 14 oder Verwaltungsstrafen, die wegen Verstößen gegen Bestimmungen dieses Bundesgesetzes oder der Verordnung (EU) Nr. 600/2014 gesetzt werden, sind von der FMA einschließlich der Identität der betroffenen Personen und den Informationen zu Art und Charakter des zu Grunde liegenden Verstoßes umgehend auf der offiziellen Internetseite der FMA bekannt zu machen.

(2) Die FMA hat die Bekanntmachung um jedes einlangende Rechtsmittel sowie um alle weiteren Informationen über das Ergebnis des Rechtsmittelverfahrens zu ergänzen. Ferner hat die FMA die Bekanntmachung um jede Entscheidung, mit der eine mit Rechtsmitteln angegriffene Maßnahme oder Sanktion im Sinne des Abs. 1 aufgehoben wird, zu ergänzen.

(3) Die Bekanntgabe gemäß Abs. 1 und 2 hat auf anonymer Basis zu erfolgen, wenn eine namentliche Bekanntgabe

1. einer sanktionierten natürlichen oder juristischen Person unverhältnismäßig wäre oder

2. die Stabilität der Finanzmärkte eines Mitgliedstaats oder mehrerer Mitgliedstaaten der Europäischen Union gefährden würde oder

3. die Durchführung laufender strafrechtlicher Ermittlungen gefährden würde.

Liegen Gründe für eine anonyme Veröffentlichung gemäß Z 1 bis 3 vor und ist jedoch davon auszugehen, dass diese Gründe in absehbarer Zeit nicht mehr vorliegen werden, so kann die FMA von der Vornahme einer anonymen Veröffentlichung absehen und die Maßnahme oder Sanktion nach Wegfall der Gründe gemäß Z 1 bis 3 auch gemäß Abs. 1 bekannt machen.

(4) Die FMA kann von einer Veröffentlichung gänzlich absehen, wenn eine Veröffentlichung gemäß Abs. 3 nicht ausreichend ist, um Gefahren für die Stabilität der Finanzmärkte eines Mitgliedstaats oder mehrerer Mitgliedstaaten der Europäischen Union abzuwenden oder wenn angesichts der Geringfügigkeit des Verstoßes die Verhältnismäßigkeit nur durch ein Absehen von einer Veröffentlichung gewahrt werden kann.

(5) Wird einer Beschwerde oder einer Revision gegen einen Bescheid, der gemäß Abs. 1 oder 2 bekannt gemacht worden ist, in einem Verfahren vor dem Bundesverwaltungsgericht oder den Gerichtshöfen öffentlichen Rechts aufschiebende Wirkung zuerkannt, so hat die FMA dies in gleicher Weise bekannt zu machen.

(6) Die FMA stellt sicher, dass jede Bekanntmachung sowie jede diesbezügliche Ergänzung im Einklang mit dieser Vorschrift vom Zeitpunkt ihrer Veröffentlichung an während eines Zeitraums von fünf Jahren auf ihrer Internetseite zugänglich bleibt.

(7) Hat die FMA eine Verwaltungsmaßnahme oder eine Sanktion der Öffentlichkeit bekannt gemacht, so unterrichtet sie die ESMA gleichzeitig darüber.

(8) Die FMA hat der ESMA Sanktionen gemäß Abs. 1, die zwar verhängt, aber gemäß Abs. 4 nicht bekanntgemacht wurden, sowie sämtliche Rechtsmittel im Zusammenhang mit Sanktionen und die Ergebnisse der Rechtsmittelverfahren mitzuteilen.

Rechtsschutz gegen Veröffentlichungen der FMA

§ 101. Der von einer Veröffentlichung gemäß § 90 Abs. 3 Z 11 oder gemäß § 100 Betroffene kann eine Überprüfung der Rechtmäßigkeit der Veröffentlichung in einem bescheidmäßig zu erledigenden Verfahren bei der FMA beantragen. Die FMA hat in diesem Falle die Einleitung eines solchen Verfahrens in gleicher Weise bekannt zu machen wie die ursprüngliche Veröffentlichung. Wird im Rahmen der Überprüfung die Rechtswidrigkeit der Veröffentlichung festgestellt, so hat die FMA die Veröffentlichung richtig zu stellen oder auf Antrag des Betroffenen entweder zu widerrufen oder aus dem Internetauftritt zu entfernen.

Besondere Verfahrensbestimmungen

§ 102. (1) Für die Verhängung von Verwaltungsstrafen gemäß den §§ 94, 95 und 96 ist in erster Instanz die FMA zuständig.

(2) Bei Verwaltungsstrafverfahren gemäß den §§ 94, 95 und 96 gilt anstelle der Verfolgungsverjährungsfrist des § 31 Abs. 1 VStG eine Frist von 18 Monaten.

(3) Für die Vollstreckung eines Bescheides nach diesem Bundesgesetz oder der Verordnung (EU) Nr. 600/2014 tritt an die Stelle des in § 5 Abs. 3 des Verwaltungsvollstreckungsgesetzes 1991 (VVG), BGBl. Nr. 53/1991, vorgesehenen Betrags der Betrag von 30 000 Euro.

(4) Die von der FMA gemäß diesem Bundesgesetz verhängten Geldstrafen fließen dem Bund zu.

Datenschutz

§ 103. Bei Ausübung der Aufsichts- und Ermittlungsbefugnisse gemäß § 90 Abs. 3 sind die Bestimmungen der Verordnung (EU) 2016/679 sowie der Verordnung (EG) Nr. 45/2001 einzuhalten.

(BGBl I 2018/37)

3. Abschnitt
Behördliche Zusammenarbeit

Kontaktstelle und Informationsaustausch

§ 104. (1) Die FMA fungiert als Kontaktstelle gemäß Art. 79 Abs. 1 der Richtlinie 2014/65/EU. Der Bundesminister für Finanzen teilt der Europäischen Kommission, der ESMA und den anderen Mitgliedstaaten die Behörde mit, die Ersuchen um Austausch von Informationen oder um Zusammenarbeit gemäß Abs. 2 entgegennehmen darf.

(2) Die FMA kann mit zuständigen Behörden von anderen Mitgliedstaaten zusammen arbeiten, wenn dies zur Wahrnehmung von in der Richtlinie 2014/65/EU und der Verordnung (EU) Nr. 600/2014 festgelegten Aufgaben erforderlich ist und soweit die an diese Behörden übermittelten Informationen bei diesen dem Berufsgeheimnis gemäß § 14 FMABG unterliegen. Die FMA kann für die Zwecke der Zusammenarbeit von ihren Befugnissen Gebrauch machen, auch wenn die Verhaltensweise, die Gegenstand der Ermittlung ist, keinen Verstoß gegen eine in Österreich geltende Vorschrift darstellt. Von ihren Befugnissen nach § 90 Abs. 3 Z 1, 2 und 4 kann die FMA für die Zwecke der Zusammenarbeit auch gegenüber natürlichen und juristischen Personen Gebrauch machen, die in ihrem Herkunftsmitgliedstaat zur Erbringung von Wertpapierdienstleistungen oder Anlagetätigkeiten als Wertpapierfirma gemäß § 1 Z 1 zugelassen sind.

(3) Haben die Geschäfte eines Handelsplatzes mit Zweigstellen in einem Aufnahmemitgliedstaat in Anbetracht der Lage an den Wertpapiermärkten des Aufnahmemitgliedstaates wesentliche Bedeutung für das Funktionieren der Wertpapiermärkte und den Anlegerschutz in diesem Mitgliedstaat erlangt, so hat die FMA als zuständige Behörde des Herkunfts- oder des Aufnahmemitgliedstaates des Handelsplatzes angemessene Vorkehrungen für die Zusammenarbeit mit den zuständigen Behörde des Aufnahme- oder Herkunftsmitgliedstaats des Handelsplatzes zu treffen.

(4) Hat die FMA begründeten Anlass zu der Vermutung, dass Unternehmen, die nicht ihrer Aufsicht unterliegen, im Hoheitsgebiet eines anderen Mitgliedstaates gegen die Bestimmungen der Richtlinie 2014/65/EU oder der Verordnung (EU) Nr. 600/2014 verstoßen oder verstoßen haben, so hat sie dies der zuständigen Behörde des anderen Mitgliedstaates und der ESMA so genau wie möglich mitzuteilen. Sie hat ihrerseits geeignete Maßnahmen zu ergreifen, wenn sie eine solche Mitteilung von einer anderen zuständigen Behörde erhalten hat, und hat diese Behörde sowie die ESMA über den Ausgang dieser Maßnahmen und soweit wie möglich über wesentliche zwischenzeitlich eingetretene Entwicklungen zu unterrichten. Die Befugnisse der FMA als zuständige Behörde, die die Information übermittelt hat, werden durch diesen Absatz nicht berührt.

(5) Unbeschadet der Abs. 1, 2 und 4 hat die FMA die ESMA und die anderen zuständigen Behörden der Mitgliedstaaten über die Einzelheiten

1. etwaiger Aufforderungen gemäß § 93 Abs. 2 Z 9 BörseG 2018, die Größe einer Position oder offenen Forderung zu verringern;

2. etwaiger Einschränkungen der Möglichkeiten von Personen, Positionen in einem Warenderivat einzugehen, gemäß § 93 Abs. 2 Z 2 BörseG 2018

zu unterrichten.

(6) Die Unterrichtung gemäß Abs. 5 hat gegebenenfalls auch Einzelheiten der Aufforderung oder des Verlangens nach § 93 Abs. 2 Z 8 BörseG 2018 einschließlich der Identität der Person beziehungsweise der Personen, an die sie gerichtet wurde, und die Gründe dafür, sowie Umfang der gemäß § 93 Abs. 2 Z 10 BörseG 2018 verhängten Einschränkungen und der betroffenen Person, der jeweiligen Finanzinstrumente, etwaiger Beschränkungen der Größe der Positionen, die diese Person jederzeit halten darf, etwaiger gemäß den §§ 18 und 19 BörseG 2018 gestatteter Ausnahmen und Gründe dafür zu beinhalten.

(7) Die Unterrichtung gemäß Abs. 5 hat mindestens 24 Stunden, bevor die Schritte oder Maßnahmen in Kraft treten sollen, zu erfolgen. Ist eine Unterrichtung 24 Stunden im Voraus nicht möglich, kann die FMA die Unterrichtung im Ausnahmefall auch weniger als 24 Stunden vor dem geplanten Inkrafttreten der Maßnahme vornehmen.

(8) Wird die FMA durch die zuständige Behörde eines anderen Mitgliedstaates gemäß Art. 79 Abs. 5 der Richtlinie 2014/65/EU unterrichtet, kann sie Maßnahmen gemäß § 93 Abs. 2 Z 9 oder 10 BörseG 2018 ergreifen, wenn sie überzeugt ist, dass die Maßnahme notwendig ist, um das Ziel der zuständigen Behörde des anderen Mitgliedstaates zu erreichen. Werden Maßnahmen ergriffen, so hat eine Unterrichtung gemäß Abs. 5 zu erfolgen.

(9) Betrifft eine Maßnahme gemäß Abs. 5 Energiegroßhandelsprodukte, so hat die FMA auch die durch die Verordnung (EG) Nr. 713/2009 gegründete Agentur für die Zusammenarbeit der Energieregulierungsbehörden (ACER) zu unterrichten.

(10) Im Hinblick auf Emissionszertifikate hat die FMA mit den für die Beaufsichtigung der Spot- und Auktionsmärkte zuständigen staatlichen Stellen sowie mit den zuständigen Behörden, Registerverwaltern und anderen mit der Überwachung der Einhaltung des Emissionszertifikategesetzes 2011 – EZG 2011 (Richtlinie 2003/87/EG) betrauten staatlichen Stellen zusammen zu arbeiten, um sicherzustellen, dass sie sich einen Gesamtüberblick über die Emissionszertifikatmärkte verschafft.

(11) In Bezug auf Derivate auf landwirtschaftliche Grunderzeugnisse hat die FMA den für die Beaufsichtigung, Verwaltung und Regulierung der landwirtschaftlichen Warenmärkte gemäß der Verordnung (EU) Nr. 1308/2013 zuständigen öffentlichen Stellen zu berichten und mit diesen zusammen zu arbeiten.

Zusammenarbeit und Informationsaustausch mit der ESMA

§ 105. (1) Die FMA arbeitet gemäß der Verordnung (EU) Nr. 1095/2010 für die Zwecke der Richtlinie 2014/65/EU mit der ESMA zusammen.

(2) Die FMA stellt der ESMA gemäß Art. 35 und 36 der Verordnung (EU) Nr. 1095/2010 unverzüglich alle für die Ausführung ihrer Aufgaben aufgrund dieses Bundesgesetzes und der Verordnung (EU) Nr. 600/2014 erforderlichen Informationen zur Verfügung.

Zusammenarbeit bei der Überwachung, Überprüfung vor Ort und bei Ermittlungen

§ 106. (1) Die FMA kann die zuständige Behörde eines anderen Mitgliedstaates um Zusammenarbeit bei einer Überwachung oder einer Überprüfung vor Ort oder einer Ermittlung ersuchen. Im Falle von Wertpapierfirmen, die Fernmitglieder eines geregelten Marktes in Österreich sind, kann die FMA sich auch direkt an diese wenden, wobei sie die zuständige Behörde des Herkunftsmitgliedstaats des Fernmitglieds davon in Kenntnis setzt. Im Falle eines Rechtsträgers, der seinen satzungsmäßigen Sitz oder seine Hauptverwaltung in Österreich hat und der Fernmitglied eines geregelten Marktes in einem anderen Mitgliedstaat ist, kann die zuständige Behörde des Herkunftsmitgliedstaats des geregelten Marktes sich direkt an den Rechtsträger wenden, wobei sie die FMA davon unverzüglich in Kenntnis setzt. Erhält die FMA ein Ersuchen um eine Überprüfung vor Ort oder eine Ermittlung, so hat sie im Rahmen ihrer Befugnisse tätig zu werden, indem sie

1. die Überprüfung oder Ermittlung selbst vornimmt oder

2. der ersuchenden Behörde die Durchführung der Überprüfung oder Ermittlung gestattet oder

3. Wirtschaftsprüfern oder Sachverständigen die Durchführung der Überprüfung oder Ermittlung gestattet.

(BGBl I 2018/37)

(2) Die FMA hat anderen Kontaktstellen unverzüglich die für die Wahrnehmung der Aufgaben der gemäß § 90 Abs. 1 benannten zuständigen Behörden erforderlichen Informationen zu übermitteln, die sich aus diesem Bundesgesetz, dem BörseG 2018 sowie der Verordnung (EU) Nr. 600/2014 ergeben. Die FMA kann, wenn sie Informationen mit anderen zuständigen Behörden austauscht, bei der Übermittlung darauf hinweisen, dass diese Information nur mit ihrer ausdrücklichen Zustimmung veröffentlicht werden dürfen. In diesem Fall dürfen sie nur für die Zwecke, für die die Zustimmung erteilt wurde, ausgetauscht werden.

(3) Die FMA darf Informationen gemäß den §§ 93 und 111 und Informationen aus einem Drittland außer in gebührend begründeten Fällen nur mit ausdrücklicher Zustimmung der Behörde eines anderen Mitgliedstaates, die sie übermittelt hat, und nur für die Zwecke, für die diese Behörde ihre Zustimmung gegeben hat, an andere Stellen oder natürliche oder juristische Personen weitergeben. In diesem Fall hat die FMA unverzüglich die Kontaktstelle, von der die Information stammt, zu unterrichten.

(4) Die FMA sowie andere Stellen oder natürliche oder juristische Personen, die vertrauliche Informationen nach Abs. 2, gemäß den §§ 93 und 111 oder aus einem Drittland erhalten, dürfen diese in Wahrnehmung ihrer Aufgaben insbesondere nur für folgende Zwecke verwenden:

1. zur Prüfung, ob die Zulassungsbedingungen für Wertpapierfirmen erfüllt sind, und zur leichteren Überwachung der Ausübung der Tätigkeit, der verwaltungsmäßigen und buchhalterischen Organisation und der internen Kontrollmechanismen, *(BGBl I 2022/237)*

2. zur Überwachung des reibungslosen Funktionierens des Handelsplätze,

3. zur Verhängung von Sanktionen,

4. im Rahmen eines Verwaltungsverfahrens über die Anfechtung von Entscheidungen der zuständigen Behörden,

5. im Rahmen von Gerichtsverfahren oder

6. im Rahmen außergerichtlicher Verfahren für Anlegerbeschwerden.

(5) Das Amtsgeheimnis, die Abs. 2 bis 4 sowie § 111 hindern nicht, dass die FMA der ESMA, dem Europäischen Ausschuss für Systemrisiken, den Zentralbanken, dem Europäischen System der Zentralbanken und der Europäischen Zentralbank in ihrer Eigenschaft als Währungsbehörden sowie gegebenenfalls anderen staatlichen Behörden, die mit der Überwachung der Zahlungs- und Abwicklungssysteme betraut sind, zur Erfüllung

ihrer Aufgaben vertrauliche Informationen übermittelt; ebenso wenig stehen sie dem entgegen, dass diese Behörden oder Stellen den zuständigen Behörden die Informationen übermitteln, die diese zur Erfüllung ihrer Aufgaben gemäß dieses Bundesgesetzes, des BörseG 2018 und der Verordnung (EU) Nr. 600/2014 benötigen.

Bindende Vermittlung

§ 107. Die FMA kann der ESMA Fälle zur Kenntnis bringen, in denen ein Ersuchen

1. um eine Überwachung, eine Überprüfung vor Ort oder eine Ermittlung gemäß § 106 zurückgewiesen wurde oder innerhalb einer angemessenen Frist zu keiner Reaktion geführt hat oder

2. um einen Informationsaustausch im Sinne des § 106 zurückgewiesen wurde oder innerhalb einer angemessenen Frist zu keiner Reaktion geführt hat.

Ablehnung der Zusammenarbeit und Behördenkonsultation

§ 108. (1) Die FMA kann ein Ersuchen auf Zusammenarbeit bei der Durchführung einer Ermittlung, einer Überprüfung vor Ort oder einer Überwachung oder auf Austausch von Informationen gemäß § 106 nur ablehnen, wenn

1. die Ermittlung, Überprüfung vor Ort, Überwachung oder Austausch der Information die Souveränität, die Sicherheit oder die öffentliche Ordnung Österreichs beeinträchtigen könnte;

2. aufgrund derselben Handlungen und gegen dieselben Personen bereits ein Verfahren vor einem Gericht in Österreich anhängig ist;

3. in Österreich gegen die betreffenden Personen aufgrund derselben Handlungen bereits ein rechtskräftiges Urteil des Staates ergangen ist.

In Falle einer Ablehnung hat die FMA dies der ersuchenden zuständigen Behörde und der ESMA mitzuteilen und ihr möglichst genaue Informationen zu übermitteln.

(2) Die FMA hat die zuständigen Behörden des anderen betroffenen Mitgliedstaates zu konsultieren, bevor einer Wertpapierfirma die Zulassung erteilt wird, die

1. Tochterunternehmen einer Wertpapierfirma, eines Marktbetreibers oder eines Kreditinstitutes, die oder das in einem anderen Mitgliedstaat zugelassen ist, oder

2. Tochterunternehmen des Mutterunternehmens einer Wertpapierfirma oder eines Kreditinstitutes, die oder das in einem anderen Mitgliedstaat zugelassen ist, oder

3. von denselben natürlichen oder juristischen Personen kontrolliert wird wie eine Wertpapierfirma oder Kreditinstitut, die oder das in einem anderen Mitgliedstaat zugelassen ist.

(3) Die FMA hat die zuständige Behörde des für die Überwachung von Kreditinstituten oder Versicherungsunternehmen zuständigen Mitgliedstaates zu konsultieren, bevor einer Wertpapierfirma die Zulassung erteilt wird, die

1. Tochterunternehmen eines in der Gemeinschaft zugelassenen Kreditinstituts oder Versicherungsunternehmens ist;

2. Tochterunternehmen des Mutterunternehmens eines in der Gemeinschaft zugelassenen Kreditinstituts oder Versicherungsunternehmens ist;

3. von derselben natürlichen oder juristischen Person kontrolliert wird wie ein in der Gemeinschaft zugelassenes Kreditinstitut oder Versicherungsunternehmen.

(4) Die FMA hat die Behörden im Sinne der Abs. 2 und 3 insbesondere zu konsultieren, wenn sie die Eignung der Aktionäre oder Mitglieder sowie die Zuverlässigkeit und die Erfahrung der Personen, die die Geschäfte eines anderen Unternehmens derselben Gruppe tatsächlich leiten, überprüft. Sie hat diesen Behörden alle Informationen hinsichtlich der Eignung der Aktionäre oder Mitglieder sowie der Zuverlässigkeit und der Erfahrung der Personen, die die Geschäfte tatsächlich leiten, zu übermitteln, sofern diese für die anderen zuständigen Behörden bei der Erteilung der Zulassung und der laufenden Überprüfung der Einhaltung der Bedingungen für die Ausübung der Tätigkeit von Belang sind.

Befugnisse der Aufnahmemitgliedstaaten

§ 109. (1) Die FMA als zuständige Behörde des Aufnahmemitgliedstaates kann für statistische Zwecke verlangen, dass alle Rechtsträger gemäß § 90 Abs. 1 Z 4 und 5 mit Zweigstellen in Österreich ihr in regelmäßigen Abständen über die Tätigkeit dieser Zweigstellen Bericht erstatten.

(2) Die FMA als zuständige Behörde des Aufnahmemitgliedstaates kann in Ausübung der ihr nach diesem Bundesgesetz oder dem BörseG 2018 übertragenen Befugnisse von den Zweigstellen der Rechtsträger gemäß § 90 Abs. 1 Z 4 und 5 die Angaben verlangen, die erforderlich sind, um in den Fällen des § 19 Abs. 5 die Einhaltung der auf dieses Unternehmen anwendbaren Normen zu kontrollieren. Diese Anforderungen dürfen nicht strenger sein als die Anforderungen, die die FMA den niedergelassenen Firmen zur Überwachung der Einhaltung derselben Normen auferlegen.

Von den Aufnahmemitgliedstaaten zu treffende Sicherungsmaßnahmen

§ 110. (1) Hat die FMA als zuständige Behörde des Aufnahmemitgliedstaates klare und nachweisliche Gründe zu der Annahme, dass ein in Österreich im Rahmen des freien Dienstleistungsverkehrs tätiger Rechtsträger gemäß § 17 Abs. 1 oder § 90 Abs. 1 Z 4 gegen die Verpflichtungen verstößt, die ihm aus diesem Bundesgesetz oder dem BörseG 2018 sowie der Verordnung (EU) Nr. 600/2014 erwachsen, oder dass ein Rechtsträger gemäß § 19 Abs. 1 oder § 90 Abs. 1 Z 4 mit einer Zweigstelle in Österreich gegen Verpflichtungen verstößt, die ihm aus diesem Bundesgesetz oder dem BörseG 2018 sowie der Verordnung (EU) Nr. 600/2014 erwachsen, die der FMA als zuständige Behörde des Aufnahmemitgliedstaates keine Zuständigkeit übertragen, so hat sie ihre Erkenntnisse der zuständigen Behörde des Herkunftsmitgliedstaats mitzuteilen. *(BGBl I 2018/37)*

(2) Stellt die FMA als zuständige Behörde des Aufnahmemitgliedstaates fest, dass ein Rechtsträger gemäß § 90 Abs. 1 Z 4 und 5, der eine Zweigstelle in Österreich hat, die österreichischen Rechts- oder Verwaltungsvorschriften betreffend die Zuständigkeit der FMA als Behörde des Aufnahmemitgliedstaates nicht beachtet, so hat die FMA den betreffenden Rechtsträger aufzufordern, binnen drei Monaten den rechtmäßigen Zustand herzustellen. Kommt der Rechtsträger der Aufforderung nicht nach, so hat die FMA als zuständige Behörde des Aufnahmemitgliedstaates alle geeigneten Maßnahmen zu treffen, damit der betreffende Rechtsträger die vorschriftswidrige Situation beendet. Die FMA hat die Art dieser Maßnahmen den zuständigen Behörden des Herkunftsmitgliedstaats, der Europäischen Kommission und der ESMA mitzuteilen. Zudem kann die FMA als zuständige Behörde des Aufnahmemitgliedstaates die Angelegenheit der ESMA zur Kenntnis bringen. Verletzt der Rechtsträger trotz der von der FMA getroffenen Maßnahmen weiter die genannten österreichischen Rechts- oder Verwaltungsvorschriften, so kann die FMA nach Unterrichtung der zuständigen Behörden des Herkunftsmitgliedstaats geeignete Maßnahmen ergreifen, um weitere Verstöße zu verhindern oder zu ahnden; soweit erforderlich, kann sie den verantwortlichen Leitern der Zweigstelle des Instituts die Geschäftsführung ganz oder teilweise untersagen und dem Rechtsträger auch die Anbahnung neuer Transaktionen in Österreich untersagen. Die FMA hat die Europäische Kommission und die ESMA von diesen Maßnahmen unverzüglich in Kenntnis zu setzen. Zudem kann die FMA als zuständige Behörde des Aufnahmemitgliedstaates die Angelegenheit der ESMA zur Kenntnis bringen.

(3) Hat die FMA als zuständige Behörde des Aufnahmemitgliedstaates eines geregelten Marktes, eines MTF oder eines OTF klare und nachweisbare Gründe für die Annahme, dass der betreffende geregelte Markt, das betreffende MTF oder das betreffende OTF gegen die Verpflichtungen verstößt, die ihm aus diesem Bundesgesetz oder dem BörseG 2018 sowie der Verordnung (EU) Nr. 600/2014 erwachsen, so hat sie ihre Erkenntnisse der zuständigen Behörde des Herkunftsmitgliedstaats des geregelten Marktes, des MTF oder des OTF mitzuteilen. Handelt der geregelte Markt, das MTF oder das OTF trotz der von der zuständigen Behörde des Herkunftsmitgliedstaats getroffenen Maßnahmen oder weil sich diese Maßnahmen als unzureichend erweisen weiterhin in einer Weise, die die Interessen der Anleger in Österreich oder das ordnungsgemäße Funktionieren der Märkte eindeutig gefährdet, so hat die FMA als zuständige Behörde des Aufnahmemitgliedstaates nach Unterrichtung der zuständigen Behörde des Herkunftsmitgliedstaats alle geeigneten Maßnahmen zu ergreifen, um den Schutz der Anleger und das ordnungsgemäße Funktionieren der Märkte zu gewährleisten. Hierzu gehört auch die Möglichkeit, dem geregelten Markt, dem MTF oder dem OTF zu untersagen, sein System Fernmitgliedern oder -teilnehmern in Österreich zugänglich zu machen. Die Europäische Kommission und die ESMA werden von diesen Maßnahmen unverzüglich in Kenntnis gesetzt. Zudem kann die FMA als zuständige Behörde des Aufnahmemitgliedstaates die Angelegenheit der ESMA zur Kenntnis bringen.

(4) Die FMA hat jede Maßnahme gemäß den Abs. 1, 2 oder 3, die Sanktionen oder Einschränkungen der Tätigkeit eines Rechtsträgers oder eines geregelten Marktes beinhaltet, ordnungsgemäß zu begründen und dem betreffenden Rechtsträger oder dem betreffenden geregelten Markt mitzuteilen.

(5) Verletzt ein Rechtsträger gemäß § 90 Abs. 1 Z 1 und 3, der seine Tätigkeiten in einem Mitgliedstaat durch eine Zweigstelle erbringt, trotz Aufforderung durch die zuständigen Behörden, den rechtmäßigen Zustand herzustellen, weiter die nationalen Vorschriften des Aufnahmemitgliedstaates, so hat die FMA nach Verständigung durch die zuständigen Behörden des Aufnahmemitgliedstaates geeignete Maßnahmen nach § 92 Abs. 8 zu setzen, um den gesetzeskonformen Zustand im Aufnahmemitgliedstaat herzustellen. Die zuständige Behörde des Aufnahmemitgliedstaates ist von den getroffenen Maßnahmen unverzüglich schriftlich in Kenntnis zu setzen.

(6) Wird einem Rechtsträger gemäß § 90 Abs. 1 Z 1 und 3 die Konzession entzogen, so hat die FMA dies den zuständigen Behörden der Mitgliedstaaten, in denen er seine Tätigkeiten ausübt, unverzüglich schriftlich zur Kenntnis zu bringen.

Zusammenarbeit und Informationsaustausch mit Drittländern

§ 111. (1) Die FMA kann Kooperationsvereinbarungen über Informationsaustausch mit den zuständigen Behörden von Drittländern abschließen, sofern gewährleistet ist, dass die übermittelten Informationen zumindest einem § 14 FMABG entsprechenden Berufsgeheimnis unterliegen. Ein derartiger Informationsaustausch hat der Wahrnehmung der Aufgaben der FMA zu dienen. Die Übermittlung personenbezogener Daten an ein Drittland hat gemäß Kapitel V der Verordnung (EU) 2016/679 zu erfolgen. *(BGBl I 2018/37)*

(2) Die FMA kann Kooperationsvereinbarungen über den Informationsaustausch mit anderen Behörden, Stellen und natürlichen oder juristischen Personen von Drittländern schließen, soweit sie für eine oder mehrere der folgenden Aufgaben zuständig ist:

1. Beaufsichtigung von Kreditinstituten, sonstigen Finanzinstituten, Versicherungsunternehmen und der Finanzmärkte;

2. Abwicklungen, Insolvenzverfahren und ähnliche Verfahren bei Wertpapieren;

3. Durchführung der Pflichtprüfung der Rechnungslegungsunterlagen von Wertpapierfirmen und sonstigen Finanzinstituten, Kreditinstituten und Versicherungsunternehmen in Wahrung ihrer Aufsichtsbefugnisse oder Verwaltung von Entschädigungssystemen in Wahrung ihrer Aufgaben;

4. Beaufsichtigung der an der Abwicklung und an Insolvenzverfahren oder ähnlichen Verfahren in Bezug auf Wertpapierfirmen beteiligten Stellen;

5. Beaufsichtigung der Personen, die die Pflichtprüfung der Rechnungslegungsunterlagen von Versicherungsunternehmen, Kreditinstituten, Wertpapierfirmen und sonstigen Finanzinstituten vornehmen;

6. Beaufsichtigung der an den Märkten für Emissionszertifikate tätigen Personen zwecks Sicherung eines Gesamtüberblicks über die Finanz- und Spotmärkte;

7. Beaufsichtigung der an den Märkten für Derivate auf landwirtschaftliche Grunderzeugnisse tätigen Personen zwecks Sicherung eines Gesamtüberblicks über die Finanz- und Spotmärkte.

(3) Die Kooperationsvereinbarungen gemäß Abs. 2 können nur geschlossen werden, wenn gewährleistet ist, dass die übermittelten Informationen zumindest einem § 14 FMABG entsprechenden Berufsgeheimnis unterliegen. Ein derartiger Informationsaustausch dient der Wahrnehmung der Aufgaben dieser Behörden, Stellen, natürlichen oder juristischen Personen. Beinhaltet eine Kooperationsvereinbarung die Übermittlung personenbezogener Daten, so hat diese Übermittlung im Einklang mit Kapitel V der Verordnung (EU) 2016/679 zu erfolgen. *(BGBl I 2018/37)*

(4) Die FMA darf Informationen, die aus einem anderen Mitgliedstaat stammen, nur dann weitergeben, wenn dem die zuständigen Behörden des Mitgliedstaates ausdrücklich zugestimmt haben und gegebenenfalls nur für die Zwecke, für die diese Behörden ihre Zustimmung gegeben haben. Dies gilt auch für Informationen, die von den zuständigen Behörden eines Drittlandes übermittelt werden.

4. Hauptstück
Übergangs- und Schlussbestimmungen

Übergangsbestimmungen

§ 112. (1) Zum Zeitpunkt des Inkrafttretens dieses Bundesgesetzes gemäß dem WAG 2007, BGBl. I Nr. 60/2007 in der Fassung des Bundesgesetzes BGBl. I Nr. 118/2016, bestehende Konzessionen gelten als Konzessionen gemäß diesem Bundesgesetz im bestehenden Umfang fort, ohne dass eine neue Konzession gemäß den Bestimmungen dieses Bundesgesetzes gesondert zu beantragen ist.

(2) Eine Notifikation gemäß § 18 oder § 20 für Wertpapierdienstleistungen im Sinne des § 3 Abs. 2 ist nur erforderlich, sofern diese nicht bereits der FMA vor Inkrafttreten dieses Bundesgesetzes gemäß § 13 WAG 2007 angezeigt wurden.

(3) Wenn die gesamten Vermögenswerte eines Unternehmens, das vor dem Inkrafttreten des § 4 Abs. 1 BWG in der Fassung des Bundesgesetzes BGBl. I Nr. 237/2022 eine Konzession gemäß § 3 Abs. 5 in der Fassung vor dem Bundesgesetz BGBl. I Nr. 237/2022 beantragt hat, um den Handel für eigene Rechnung (§ 1 Z 3 lit. c) oder die Übernahme der Emission von Finanzinstrumenten oder Platzierung von Finanzinstrumenten mit fester Übernahmeverpflichtung (§ 1 Z 3 lit. f) auszuüben, voraussichtlich insgesamt einem Betrag von 30 Milliarden Euro entsprechen oder diesen überschreiten, hat die FMA das Unternehmen davon in Kenntnis zu setzen und ein Konzessionsverfahren gemäß § 4 BWG einzuleiten. *(BGBl I 2022/237)*

§ 113. Nach dem Inkrafttreten dieses Bundesgesetzes gelten folgende Übergangsbestimmungen:

1. Bis zum 3. Jänner 2021 gelten für C.6-Energiederivatkontrakte, die von nichtfinanziellen Gegenparteien im Sinne von Art. 10 Abs. 1 der Verordnung (EU) Nr. 648/2012 oder von nichtfinanziellen Gegenparteien, die nach dem 3. Jänner 2018 erstmals als Rechtsträger zugelassen werden, eingegangen werden, weder die Clearingpflicht gemäß Art. 4 der Verordnung (EU) Nr. 648/2012 noch die Risikominderungstechniken gemäß Art. 11 Abs. 3; sie unterliegen jedoch allen anderen Anforderungen der Verordnung (EU) Nr. 648/2012. Die FMA hat die Ausnahmeregelung zu gewähren und an ESMA zu melden, für welche C.6-Energiederivatkontrakte die Ausnahmeregelung gewährt wurde.

2. Bis zum 3. Jänner 2021 gelten C.6 Energiederivatkontrakte nicht als OTC-Derivatkontrakte für die Zwecke des Clearingschwellenwerts gemäß Art. 10 Abs. 1 der Verordnung (EU) Nr. 648/2012.

3. § 33, § 73 Abs. 10, § 90, § 98 und § 111 treten hinsichtlich der Pflichten für Zwecke der vorzunehmenden Datenverarbeitung mit 25. Mai 2018 außer Kraft. Die für Zwecke dieser Bestimmungen vorzunehmenden Datenverarbeitungen erfüllen die Voraussetzungen des Art. 35 Abs. 10 der Verordnung (EU) 2016/679 zum Schutz natürlicher Personen bei der Verarbeitung personenbezogener Daten, zum freien Datenverkehr und zur Aufhebung der Richtlinie 95/46/EG (Datenschutz-Grundverordnung), ABl. Nr. L 119 vom 04.05.2016 S. 1, für einen Entfall der Datenschutz-Folgenabschätzung. § 33, § 73 Abs. 10, § 90, § 98 und § 111 sind hinsichtlich der Pflichten für Zwecke der vorzunehmenden Datenverarbeitung vor 25. Mai 2018 nicht anzuwenden, sofern die Anforderungen der Datenschutz-Grundverordnung eingehalten werden.

4. Die festgelegte regelmäßige Unterrichtung der Öffentlichkeit gemäß § 62 Abs. 5 gilt erst ab dem 28. Februar 2023. *(BGBl I 2022/69)*

§ 113a. Nach Kundmachung des Bundesgesetzes BGBl. I Nr. 237/2022 gelten die folgenden Übergangsbestimmungen:

1. (zu § 3 Abs. 2): Soweit – ohne Konzessionspflicht gemäß § 4 BWG – die Wertpapiernebendienstleistung gemäß § 3 Abs. 2 Z 10 in der Fassung des Bundesgesetzes BGBl. I Nr. 237/2022 zum Zeitpunkt des Inkrafttretens des Bundesgesetzes BGBl. I Nr. 237/2022 von einem Unternehmen ausgeübt wird, gilt die Konzession einschließlich der Wertpapiernebendienstleistung gemäß § 3 Abs. 2 Z 10 als zu diesem Zeitpunkt vorläufig erteilt, wenn das Unternehmen bis zum 30. Juni 2023 einen vollständigen, bewilligungsfähigen Antrag auf Konzession gemäß § 3 Abs. 2 einschließlich der Wertpapiernebendienstleistung gemäß § 3 Abs. 2 Z 10 stellt, und die Konzession einschließlich der Wertpapiernebendienstleistung gemäß § 3 Abs. 2 Z 10 danach auch erteilt wird. Anträge gemäß § 3 Abs. 2 sind ab Kundmachung des Bundesgesetzes BGBl. I Nr. 237/2022 zulässig.

2. (zu § 73 Abs. 1): Wertpapierfirmen, die zum Zeitpunkt des Inkrafttretens des § 73 Abs. 1 WAG 2018 in der Fassung des Bundesgesetzes BGBl. I Nr. 237/2022 noch nicht Mitglied der Entschädigungseinrichtung sind, aber gemäß § 73 Abs. 1 in der Fassung des Bundesgesetzes BGBl. I Nr. 237/2022 einer Entschädigungseinrichtung beitreten müssen, haben dies binnen zwei Monaten nach Inkrafttreten des § 73 Abs. 1 in der Fassung des Bundesgesetzes BGBl. I Nr. 237/2022 durchzuführen; nach Ablauf dieser zwei Monate ist § 73 Abs. 1 zweiter Satz anzuwenden. Für die Anlegerentschädigung betreffend Dienstleistungen gemäß § 3 Abs. 2 Z 2 bis 10, die von Wertpapierfirmen erbracht werden, die bis zum Zeitpunkt des Inkrafttretens des § 4 Abs. 1 BWG in der Fassung des Bundesgesetzes BGBl. I Nr. 237/2022 als Kreditinstitute gemäß § 4 Abs. 1 BWG in der Fassung vor dem Bundesgesetz BGBl. I Nr. 237/2022 konzessioniert waren, sind bis zum Beitritt in die Entschädigungseinrichtung weiterhin die bis zum Zeitpunkt des Inkrafttretens des § 4 Abs. 1 BWG in der Fassung des Bundesgesetzes BGBl. I Nr. 237/2022 zuständigen Sicherungseinrichtungen verantwortlich; bis zum Beitritt zur Entschädigungseinrichtung ist auf derartige Wertpapierfirmen der 3. Teil ESAEG so anzuwenden, als ob sie weiterhin Kreditinstitute wären.

3. (zu § 73 Abs. 1): Abweichend von Z 1 und § 73 Abs. 1 in der Fassung des Bundesgesetzes BGBl. I Nr. 237/2022 können Wertpapierfirmen gemäß § 3 in der Fassung des Bundesgesetzes BGBl. I Nr. 237/2022, die bis zum Zeitpunkt des Inkrafttretens des § 4 Abs. 1 BWG in der Fassung des Bundesgesetzes BGBl. I Nr. 237/2022 als Kreditinstitute gemäß § 4 Abs. 1 BWG in der Fassung vor dem Bundesgesetz BGBl. I Nr. 237/2022 konzessioniert waren, für die Zwecke der Anlegerentschädigung weiterhin bei ihrer bisherigen Sicherungseinrichtung verbleiben. In diesem Fall ist auf diese Wertpapierfirmen der 3. Teil ESAEG so anzuwenden, als ob sie weiterhin Kreditinstitute wären. Diese Wertpapierfirmen haben ihren Verbleib bei ihrer Sicherungseinrichtung binnen zwei Monaten nach Inkrafttreten des § 73 Abs. 1 in der Fassung des Bundesgesetzes BGBl. I Nr. 237/2022 der FMA und ihrer Sicherungseinrichtung anzuzeigen.

(BGBl I 2022/237)

Verweise und Verordnungen

§ 114. (1) Soweit in diesem Bundesgesetz auf andere Bundesgesetze verwiesen wird, sind diese, sofern nichts Anderes bestimmt wird, in ihrer jeweils geltenden Fassung anzuwenden.

(2) Soweit in anderen Rechtsvorschriften des Bundes einschließlich solcher der FMA auf die durch dieses Bundesgesetz aufgehobenen Vorschriften des WAG 2007 verwiesen wird, treten an deren Stelle die entsprechenden Bestimmungen dieses Bundesgesetzes.

(3) Soweit in diesem Bundesgesetz auf Richtlinien der Europäischen Union verwiesen wird, sind diese, sofern nichts Anderes angeordnet ist, in der nachfolgend genannten Fassung anzuwenden:

1. Richtlinie 95/46/EG zum Schutz natürlicher Personen bei der Verarbeitung personenbezogener Daten und zum freien Datenverkehr, ABl.

Nr. L 281 vom 23.11.1995 S. 31, aufgehoben durch die Verordnung (EU) 2016/679 zum Schutz natürlicher Personen bei der Verarbeitung personenbezogener Daten, zum freien Datenverkehr und zur Aufhebung der Richtlinie 95/46/EG (Datenschutz-Grundverordnung), ABl. Nr. L 119 vom 04.05.2016 S. 1; *(BGBl I 2022/237)*

2. Richtlinie 97/9/EG über Systeme für die Entschädigung der Anleger, ABl. Nr. L 84 vom 26.03.1997 S. 22;

3. Richtlinie 2002/87/EG über die zusätzliche Beaufsichtigung der Kreditinstitute, Versicherungsunternehmen und Wertpapierfirmen eines Finanzkonglomerats und zur Änderung der Richtlinien 73/239/EWG, 79/267/EWG, 92/49/EWG, 92/96/EWG, 93/6/EWG und 93/22/EWG und der Richtlinien 98/78/EG und 2000/12/EG, ABl. Nr. L 35 vom 11.02.2003 S. 1, in der Fassung der Richtlinie (EU) 2019/2034, ABl. Nr. L 314 vom 05.12.2019 S. 64; *(BGBl I 2022/237)*

4. Richtlinie 2003/71/EG betreffend den Prospekt, der beim öffentlichen Angebot von Wertpapieren oder bei deren Zulassung zum Handel zu veröffentlichen ist, und zur Änderung der Richtlinie 2001/34/EG, ABl. Nr. L 345 vom 31.12.2003 S. 64, aufgehoben durch die Verordnung (EU) 2017/1129 über den Prospekt, der beim öffentlichen Angebot von Wertpapieren oder bei deren Zulassung zum Handel an einem geregelten Markt zu veröffentlichen ist und zur Aufhebung der Richtlinie 2003/71/EG, ABl. 168 vom 30.06.2017 S. 12; *(BGBl I 2022/237)*

5. Richtlinie 2003/87/EG über ein System für den Handel mit Treibhausgasemissionszertifikaten in der Gemeinschaft und zur Änderung der Richtlinie 96/61/EG, ABl. Nr. L 275 vom 25.10.2003 S. 32, in der Fassung der Delegierten Verordnung (EU) Nr. 2021/1416, ABl. Nr. L 305 vom 31.08.2021 S. 1; *(BGBl I 2022/237)*

6. Richtlinie 2004/109/EG zur Harmonisierung der Transparenzanforderungen in Bezug auf Informationen über Emittenten, deren Wertpapiere zum Handel auf einem geregelten Markt zugelassen sind, und zur Änderung der Richtlinie 2001/34/EG, ABl. Nr. L 390 vom 31.12.2004 S. 38, in der Fassung der Verordnung (EU) 2021/337, ABl. Nr. L 68 vom 26.02.2021 S. 1; *(BGBl I 2022/237)*

7. Richtlinie 2009/65/EG zur Koordinierung der Rechts- und Verwaltungsvorschriften betreffend bestimmte Organismen für gemeinsame Anlagen in Wertpapieren (OGAW), ABl. Nr. L 302 vom 17.11.2009 S. 32, in der Fassung der Richtlinie (EU) 2021/2261, ABl. Nr. L 455 vom 20.12.2021 S. 15; *(BGBl I 2022/237)*

8. Richtlinie 2009/72/EG über gemeinsame Vorschriften für den Elektrizitätsbinnenmarkt und zur Aufhebung der Richtlinie 2003/54/EG, ABl. Nr. L 211 vom 14.08.2009 S. 55, aufgehoben durch die Richtlinie (EU) 2019/944 mit gemeinsamen Vorschriften für den Elektrizitätsbinnenmarkt und zur Änderung der Richtlinie 2012/27/EU, ABl. Nr. L 158 vom 14.06.2019 S. 125; *(BGBl I 2022/237)*

9. Richtlinie 2009/73/EG über gemeinsame Vorschriften für den Erdgasbinnenmarkt und zur Aufhebung der Richtlinie 2003/55/EG, ABl. Nr. L 211 vom 14.08.2009 S. 94, in der Fassung der Verordnung (EU) 2022/869, ABl. Nr. L 152 vom 03.06.2022 S. 45; *(BGBl I 2022/237)*

10. Richtlinie 2011/61/EU über die Verwalter alternativer Investmentfonds und zur Änderung der Richtlinien 2003/41/EG und 2009/65/EG und der Verordnungen (EG) Nr. 1060/2009 und (EU) Nr. 1095/2010, ABl. Nr. L 174 vom 01.07.2011 S. 1, in der Fassung der Richtlinie (EU) 2019/2034, ABl. Nr. L 314 vom 05.12.2019 S. 64; *(BGBl I 2022/237)*

11. Richtlinie 2013/36/EU über den Zugang zur Tätigkeit von Kreditinstituten und die Beaufsichtigung von Kreditinstituten, zur Änderung der Richtlinie 2002/87/EG und zur Aufhebung der Richtlinien 2006/48/EG und 2006/49/EG, ABl. Nr. L 176 vom 27.06.2013 S. 338, in der Fassung der Richtlinie (EU) 2021/338, ABl. Nr. L 68 vom 26.02.2021 S. 14 und der Berichtigung ABl. Nr. L 214 vom 17.06.2021 S. 74; *(BGBl I 2021/98; BGBl I 2022/237)*

12. Richtlinie 2014/17/EU über Wohnimmobilienkreditverträge für Verbraucher und zur Änderung der Richtlinien 2008/48/EG und 2013/36/EU und der Verordnung (EU) Nr. 1093/2010, ABl. Nr. L 60 vom 28.02.2014 S. 34, in der Fassung der Verordnung (EU) 2016/1011, ABl. Nr. L 171 vom 29.06.2016 S. 1; *(BGBl I 2022/237)*

13. Richtlinie 2014/57/EU über strafrechtliche Sanktionen bei Marktmanipulation (Marktmissbrauchsrichtlinie), ABl. Nr. L 173 vom 12.06.2014 S. 179;

14. Richtlinie 2014/65/EU über Märkte für Finanzinstrumente sowie zur Änderung der Richtlinien 2002/92/EG und 2011/61/EU, ABl. Nr. L 173 vom 12.06.2014 S. 349, in der Fassung der Richtlinie (EU) 2021/338, ABl. Nr. L 68 vom 26.02.2021 S. 14; *(BGBl I 2018/37; BGBl I 2022/36)*

15. Richtlinie (EU) 2015/849 zur Verhinderung der Nutzung des Finanzsystems zum Zwecke der Geldwäsche und der Terrorismusfinanzierung, zur Änderung der Verordnung (EU) Nr. 648/2012 und zur Aufhebung der Richtlinie 2005/60/EG und der Richtlinie 2006/70/EG, ABl. Nr. L 141 vom 05.06.2015 S. 73, in der Fassung der Richtlinie (EU) 2019/2177, ABl. Nr. L 334 vom 27.12.2019 S. 155; *(BGBl I 2022/237)*

16. Richtlinie (EU) 2019/2034 über die Beaufsichtigung von Wertpapierfirmen und zur Änderung der Richtlinien 2002/87/EG, 2009/65/EG, 2011/61/EU, 2013/36/EU, 2014/59/EU und

2014/65/EU, ABl. Nr. L 314 vom 05.12.2019 S. 64, in der Fassung der Berichtigung ABl. Nr. L 214 vom 17.06.2021, S. 74. *(BGBl I 2022/237)*

(4) Soweit in diesem Bundesgesetz auf Verordnungen der Europäischen Union Bezug genommen wird, sind diese, sofern nichts Anderes angeordnet ist, in der nachfolgend genannten Fassung maßgeblich:

1. Verordnung (EG) Nr. 45/2001 zum Schutz natürlicher Personen bei der Verarbeitung personenbezogener Daten durch die Organe und Einrichtungen der Gemeinschaft und zum freien Datenverkehr, ABl. Nr. L 8 vom 12.01.2001 S. 1, aufgehoben durch die Verordnung (EU) 2018/1725, ABl. Nr. L 295 vom 21.11.2018 S. 39; *(BGBl I 2022/237)*

2. Verordnung (EG) Nr. 1287/2006 zur Durchführung der Richtlinie 2004/39/EG betreffend die Aufzeichnungspflichten für Wertpapierfirmen, die Meldung von Geschäften, die Markttransparenz, die Zulassung von Finanzinstrumenten zum Handel und bestimmte Begriffe im Sinne dieser Richtlinie, ABl. Nr. L 241 vom 02.09.2006 S. 1;

3. Verordnung (EG) Nr. 713/2009 zur Gründung einer Agentur für die Zusammenarbeit der Energieregulierungsbehörden, ABl. Nr. L 211 vom 14.08.2009 S. 1, aufgehoben durch die Verordnung (EU) 2019/942, ABl. Nr. L 158 vom 14.06.2019 S. 22; *(BGBl I 2022/237)*

4. Verordnung (EG) Nr. 714/2009 über die Netzzugangsbedingungen für den grenzüberschreitenden Stromhandel und zur Aufhebung der Verordnung (EG) Nr. 1228/2003, ABl. Nr. L 211 vom 14.08.2009 S. 15, aufgehoben durch die Verordnung (EU) 2019/943, ABl. Nr. L 158 vom 14.06.2019 S. 54; *(BGBl I 2022/237)*

5. Verordnung (EG) Nr. 715/2009 über die Bedingungen für den Zugang zu den Erdgasfernleitungsnetzen und zur Aufhebung der Verordnung (EG) Nr. 1775/2005, ABl. Nr. L 211 vom 14.08.2009 S. 36, zuletzt geändert durch die Verordnung (EU) Nr. 2022/869, ABl. Nr. L 152 vom 03.06.2022 S. 45; *(BGBl I 2022/237)*

6. Verordnung (EU) Nr. 583/2010 zur Durchführung der Richtlinie 2009/65/EG im Hinblick auf die wesentlichen Informationen für den Anleger und die Bedingungen, die einzuhalten sind, wenn die wesentlichen Informationen für den Anleger oder der Prospekt auf einem anderen dauerhaften Datenträger als Papier oder auf einer Website zur Verfügung gestellt werden, ABl. Nr. L 176 vom 10.07.2010 S. 1, in der Fassung der Berichtigung, ABl. Nr. L 108 vom 28.04.2011 S. 38;

7. Verordnung (EU) Nr. 1031/2010 über den zeitlichen und administrativen Ablauf sowie sonstige Aspekte der Versteigerung von Treibhausgasemissionszertifikaten gemäß der Richtlinie 2003/87/EG über ein System für den Handel mit Treibhausgasemissionszertifikaten in der Gemeinschaft, ABl. Nr. L 302 vom 18.11.2010 S. 1, in der Fassung der Delegierten Verordnung (EU) 2019/1868, ABl. Nr. L 289 vom 08.11.2019 S. 9; *(BGBl I 2022/237)*

8. Verordnung (EU) Nr. 1093/2010 zur Errichtung einer Europäischen Aufsichtsbehörde (Europäische Bankenaufsichtsbehörde), zur Änderung des Beschlusses Nr. 716/2009/EG und zur Aufhebung des Beschlusses 2009/78/EG, ABl. Nr. L 331 vom 15.12.2010 S. 12, in der Fassung der Verordnung (EU) 2019/2175, ABl. Nr. L 334 vom 27.12.2019 S. 1; *(BGBl I 2022/237)*

9. Verordnung (EU) Nr. 1095/2010 zur Errichtung einer Europäischen Aufsichtsbehörde (Europäische Wertpapier- und Marktaufsichtsbehörde), zur Änderung des Beschlusses Nr. 716/2009/EG und zur Aufhebung des Beschlusses 2009/77/EG, ABl. Nr. L 331 vom 15.12.2010 S. 84, in der Fassung der Verordnung (EU) 2021/23, ABl. Nr. L 22 vom 22.01.2021 S. 1; *(BGBl I 2022/237)*

10. Verordnung (EU) Nr. 1227/2011 über die Integrität und Transparenz des Energiegroßhandelsmarkts, ABl. Nr. L 326 vom 08.12.2011 S. 1;

11. Verordnung (EU) Nr. 236/2012 über Leerverkäufe und bestimmte Aspekte von Credit Default Swaps, ABl. Nr. L 86 vom 24.03.2012 S. 1, in der Fassung der Delegierten Verordnung (EU) 2022/27, ABl. Nr. L 6 vom 11.01.2022 S. 9; *(BGBl I 2022/237)*

12. Verordnung (EU) Nr. 648/2012 über OTC-Derivate, zentrale Gegenparteien und Transaktionsregister, ABl. Nr. L 201 vom 27.07.2012 S. 1, in der Fassung der Berichtigung, ABl. Nr. L 321 vom 30.11.2013 S. 6 und der Verordnung (EU) 2021/168, ABl. Nr. L 49 vom 12.02.2021 S. 6; *(BGBl I 2021/98; BGBl I 2022/237)*

13. Verordnung (EU) Nr. 575/2013 über Aufsichtsanforderungen an Kreditinstitute und zur Änderung der Verordnung (EU) Nr. 648/2012, ABl. Nr. L 176 vom 27.06.2013 S. 1, in der Fassung der Durchführungsverordnung (EU) 2021/1043, ABl. Nr. L 225 vom 25.06.2021 S. 52 und der Berichtigung, ABl. Nr. L 398 vom 11.11.2021 S. 32; *(BGBl I 2021/98; BGBl I 2022/237)*

14. Verordnung (EU) Nr. 1308/2013 über eine gemeinsame Marktorganisation für landwirtschaftliche Erzeugnisse und zur Aufhebung der Verordnungen (EWG) Nr. 922/72, (EWG) Nr. 234/79, (EG) Nr. 1037/2001 und (EG) Nr. 1234/2007, ABl. Nr. L 347 vom 20.12.2013 S. 671, in der Fassung der Verordnung (EU) 2021/2117, ABl. Nr. L 435 vom 06.12.2021 S. 262; *(BGBl I 2022/237)*

15. Verordnung (EU) Nr. 596/2014 über Marktmissbrauch (Marktmissbrauchsverordnung) und zur Aufhebung der Richtlinie 2003/6/EG und der Richtlinien 2003/124/EG, 2003/125/EG und

2004/72/EG, ABl. Nr. L 173 vom 12.06.2014 S. 1, in der Fassung der Verordnung (EU) 2019/2115, ABl. Nr. L 320 vom 11.12.2019 S. 1; *(BGBl I 2022/237)*

16. Verordnung (EU) Nr. 600/2014 über Märkte für Finanzinstrumente und zur Änderung der Verordnung (EU) Nr. 648/2012, ABl. Nr. L 173 vom 12.06.2014 S. 84, in der Fassung der Verordnung (EU) 2022/858, ABl. Nr. L 151 vom 02.06.2022, S. 1; *(BGBl I 2022/36; BGBl I 2022/237)*

17. Verordnung (EU) Nr. 909/2014 zur Verbesserung der Wertpapierlieferungen und -abrechnungen in der Europäischen Union und über Zentralverwahrer sowie zur Änderung der Richtlinien 98/26/EG und 2014/65/EU und der Verordnung (EU) Nr. 236/2012, ABl. Nr. 257 vom 28.08.2014 S. 1, in der Fassung der Verordnung (EU) 022/858, ABl. Nr. L 151 vom 02.06.2022 S. 1; *(BGBl I 2022/237)*

18. Delegierte Verordnung (EU) 2017/565 zur Ergänzung der Richtlinie 2014/65/EU in Bezug auf die organisatorischen Anforderungen an Wertpapierfirmen und die Bedingungen für die Ausübung ihrer Tätigkeit sowie in Bezug auf die Definition bestimmter Begriffe für die Zwecke der genannten Richtlinie, ABl. Nr. L 87 S. 1, in der Fassung der Delegierten Verordnung (EU) 2021/1254, ABl. Nr. L 277 vom 02.08.2021 S. 6 und der Berichtigung, ABl. Nr. L 309 vom 02.09.2021 S. 38; *(BGBl I 2022/237)*

19. Delegierte Verordnung (EU) 2017/567 zur Ergänzung der Verordnung (EU) Nr. 600/2014 im Hinblick auf Begriffsbestimmungen, Transparenz, Portfoliokomprimierung und Aufsichtsmaßnahmen zur Produktintervention und zu den Positionen, ABl. Nr. L 87 S. 90, in der Fassung der Berichtigung, ABl. Nr. L 251 vom 29.09.2017 S. 30; *(BGBl I 2018/37)*

20. Verordnung (EU) 2016/679 zum Schutz natürlicher Personen bei der Verarbeitung personenbezogener Daten, zum freien Datenverkehr und zur Aufhebung der Richtlinie 95/46/EG (Datenschutz-Grundverordnung), ABl. Nr. L 119 vom 04.05.2016 S. 1, in der Fassung der Berichtigung ABl. Nr. L 074 vom 04.03.2021 S. 35; *(BGBl I 2018/37; BGBl I 2022/237)*

21. Verordnung (EU) 2019/2088 über nachhaltigkeitsbezogene Offenlegungspflichten im Finanzdienstleistungssektor, ABl. Nr. L 17 vom 09.12.2019 S. 1, in der Fassung der Verordnung (EU) 2020/852, ABl. Nr. L 198 vom 22.06.2020 S. 13; *(BGBl I 2022/36)*

22. Verordnung (EU) 2020/852 über die Einrichtung eines Rahmens zur Erleichterung nachhaltiger Investitionen und zur Änderung der Verordnung (EU) 2019/2088, ABl. Nr. L 198 vom 22.06.2020 S. 13 „;" *(BGBl I 2022/36; BGBl I 2022/237)*

23. Verordnung (EU) 2019/2033 über Aufsichtsanforderungen an Wertpapierfirmen und zur Änderung der Verordnungen (EU) Nr. 1093/2010, (EU) Nr. 575/2013, (EU) Nr. 600/2014 und (EU) Nr. 806/2014, ABl. Nr. L 314 vom 05.12.2019 S. 1, in der Fassung der Berichtigung ABl. Nr. L 261 vom 22.07.2021, S. 60. *(BGBl I 2022/237)*

(5) Verordnungen auf Grund dieses Bundesgesetzes in seiner jeweiligen Fassung dürfen bereits von dem Tag an erlassen werden, der der Kundmachung des durchzuführenden Bundesgesetzes folgt; sie dürfen jedoch nicht vor den durchzuführenden Gesetzesbestimmungen in Kraft treten.

Umsetzungshinweis

§ 114a. (1) Mit dem Bundesgesetz BGBl. I Nr. 107/2017 werden folgende Rechtsakte der Europäischen Union umgesetzt:

1. die Richtlinie 2014/65/EU über Märkte für Finanzinstrumente sowie zur Änderung der Richtlinien 2002/92/EG und 2011/61/EU, ABl. Nr. L 173 vom 12.06.2014 S. 349, in der Fassung der Richtlinie (EU) 2016/1034, ABl. Nr. L 175 vom 23.06.2016 S. 8, in der Fassung der Berichtigung, ABl. Nr. L 64 vom 10.03.2017 S. 116 und

2. die delegierte Richtlinie (EU) 2017/593 zur Ergänzung der Richtlinie 2014/65/EU im Hinblick auf den Schutz der Finanzinstrumente und Gelder von Kunden, Produktüberwachungspflichten und Vorschriften für die Entrichtung beziehungsweise Gewährung oder Entgegennahme von Gebühren, Provisionen oder anderen monetären oder nichtmonetären Vorteilen, ABl. Nr. L 87 S. 500.

(2) Das Bundesgesetz BGBl. I Nr. 107/2017 dient dem wirksamen Vollzug folgender Rechtsakte der Europäischen Union:

1. der Verordnung (EU) Nr. 600/2014 über Märkte für Finanzinstrumente und zur Änderung der Verordnung (EU) Nr. 648/2012, ABl. Nr. L 173 vom 12.06.2014 S. 84, in der Fassung der Verordnung (EU) 2016/1033, ABl. Nr. L 175 vom 23.06.2016 S. 1,

2. der delegierten Verordnung (EU) 2017/565 zur Ergänzung der Richtlinie 2014/65/EU in Bezug auf die organisatorischen Anforderungen an Wertpapierfirmen und die Bedingungen für die Ausübung ihrer Tätigkeit sowie in Bezug auf die Definition bestimmter Begriffe für die Zwecke der genannten Richtlinie, ABl. Nr. L 87 S. 1, und

3. der delegierten Verordnung (EU) 2017/567 zur Ergänzung der Verordnung (EU) Nr. 600/2014 im Hinblick auf Begriffsbestimmungen, Transparenz, Portfoliokomprimierung und Aufsichtsmaßnahmen zur Produktintervention und zu den Positionen, ABl. Nr. L 87 S. 90.

(3) Mit dem Bundesgesetz BGBl. I Nr. 98/2021 wird die Richtlinie (EU) 2019/878 zur Änderung der Richtlinie 2013/36/EU im Hinblick auf von

der Anwendung ausgenommene Unternehmen, Finanzholdinggesellschaften, gemischte Finanzholdinggesellschaften, Vergütung, Aufsichtsmaßnahmen und -befugnisse und Kapitalerhaltungsmaßnahmen, ABl. Nr. L 150 vom 07.06.2019 S. 253, in der Fassung der Berichtigung ABl. Nr. 212 vom 3.7.2020 S 20, umgesetzt.

(4) Das Bundesgesetz BGBl. I Nr. 36/2022 dient dem Wirksamwerden

1. der Verordnung (EU) 2019/2088 über nachhaltigkeitsbezogene Offenlegungspflichten im Finanzdienstleistungssektor, ABl. Nr. L 17 vom 09.12.2019 S. 1, in der Fassung der Verordnung (EU) 2020/852, ABl. Nr. L 198 vom 22.06.2020 S. 13;

2. der Verordnung (EU) 2020/852 über die Einrichtung eines Rahmens zur Erleichterung nachhaltiger Investitionen und zur Änderung der Verordnung (EU) 2019/2088, ABl. Nr. L 198 vom 22.06.2020 S. 13 und

3. der Verordnung (EU) 2019/2175 zur Änderung der Verordnung (EU) Nr. 1093/2010 zur Errichtung einer Europäischen Aufsichtsbehörde (Europäische Bankenaufsichtsbehörde), der Verordnung (EU) Nr. 1094/2010 zur Errichtung einer Europäischen Aufsichtsbehörde (Europäische Aufsichtsbehörde für das Versicherungswesen und die betriebliche Altersversorgung), der Verordnung (EU) Nr. 1095/2010 zur Errichtung einer Europäischen Aufsichtsbehörde (Europäische Wertpapier- und Marktaufsichtsbehörde), der Verordnung (EU) Nr. 600/2014 über Märkte für Finanzinstrumente, der Verordnung (EU) 2016/1011 über Indizes, die bei Finanzinstrumenten und Finanzkontrakten als Referenzwert oder zur Messung der Wertentwicklung eines Investmentfonds verwendet werden, und der Verordnung (EU) 2015/847 über die Übermittlung von Angaben bei Geldtransfers, ABl. Nr. L 334 vom 27.12.2019 S. 1.

(5) Mit dem Bundesgesetz BGBl. I Nr. 36/2022 werden

1. die Richtlinie (EU) 2019/2177 zur Änderung der Richtlinie 2009/138/EG betreffend die Aufnahme und Ausübung der Versicherungs- und der Rückversicherungstätigkeit (Solvabilität II), der Richtlinie 2014/65/EU über Märkte für Finanzinstrumente, und der Richtlinie (EU) 2015/849 zur Verhinderung der Nutzung des Finanzsystems zum Zwecke der Geldwäsche und der Terrorismusfinanzierung, ABl. Nr. L 334 vom 27.12.2019 S. 155 und

2. die Richtlinie (EU) 2020/1504 zur Änderung der Richtlinie 2014/65/EU über Märkte für Finanzinstrumente, ABl. Nr. L 347 vom 20.10.2020 S. 50,

(6) Mit dem Bundesgesetz BGBl. I Nr. 69/2022 wird die Richtlinie (EU) 2021/338 zur Änderung der Richtlinie 2014/65/EU im Hinblick auf die Informationspflichten, die Produktüberwachung und die Positionslimits sowie der Richtlinien 2013/36/EU und (EU) 2019/878 im Hinblick auf ihre Anwendung auf Wertpapierfirmen, zur Förderung der wirtschaftlichen Erholung von der COVID-19-Krise, ABl. L 68 vom 26.2.2021, S. 14 umgesetzt. *(BGBl I 2022/69)*

(7) Mit dem Bundesgesetz BGBl. I Nr. 139/2022 wird die delegierte Richtlinie (EU) 2021/1269 vom 21. April 2021 zur Änderung der delegierten Richtlinie (EU) 2017/593 durch Einbeziehung von Nachhaltigkeitsfaktoren in die Produktüberwachungspflichten, ABl. Nr. L 277 vom 02.08.2021 S. 137 umgesetzt. *(BGBl I 2022/139)*

umgesetzt.

(BGBl I 2022/36)

Sprachliche Gleichbehandlung

§ 115. Soweit in diesem Bundesgesetz personenbezogene Bezeichnungen nur in männlicher Form angeführt sind, beziehen sie sich auf Frauen und Männer in gleicher Weise. Bei der Anwendung auf bestimmte Personen ist die jeweils geschlechtsspezifische Form zu verwenden.

Vollziehung

§ 116. Mit der Vollziehung dieses Bundesgesetzes ist

1. hinsichtlich der § 13 Abs. 2 Z 3, § 14 Abs. 5 und 6, §§ 77 bis 88 und § 95 Abs. 10 der Bundesminister für Justiz,

2. hinsichtlich der §§ 8 und 47 bis 64 der Bundesminister für Finanzen im Einvernehmen mit dem Bundesminister für Justiz,

3. hinsichtlich der übrigen Bestimmungen der Bundesminister für Finanzen betraut.

Inkrafttreten

§ 117. „(1)“ Dieses Bundesgesetz tritt mit 3. Jänner 2018 in Kraft. *(BGBl I 2019/62)*

(2) § 47 Abs. 1, § 66 Abs. 2 Z 1 lit. e, § 69 Abs. 1, § 70 Abs. 1, Abs. 2 Z 1, § 90 Abs. 4 Z 12 und § 90 Abs. 7 in der Fassung des Bundesgesetzes BGBl. I Nr. 62/2019 treten mit 21. Juli 2019 in Kraft. *(BGBl I 2019/62)*

(3) § 8 Abs. 3 in der Fassung des Bundesgesetzes BGBl. I Nr. 104/2019, tritt mit 1. Juli 2020 in Kraft. *(BGBl I 2019/104)*

(4) § 90 Abs. 7 in der Fassung des Bundesgesetzes BGBl. I Nr. 25/2021 tritt mit dem auf die Kundmachung folgenden Tag in Kraft. *(BGBl I 2021/25)*

„(5)“ § 69 Abs. 1 und § 90 Abs. 10 in der Fassung des Bundesgesetzes BGBl. I. Nr. 190/2021 treten mit dem auf den Tag der Kundmachung folgenden Monatsersten in Kraft. *(BGBl I 2021/190; BGBl I 2022/36)*

(6) Das Inhaltsverzeichnis, § 1 Z 54, 55 und 60 bis 62, § 2 Abs. 1 Z 16 und 17, § 49, § 90 Abs. 1 Z 10 und 11, § 92 Abs. 8, § 95 Abs. 1 Z 31a, 31c, 31d und 31e, § 98 Abs. 1, § 114 Abs. 3 Z 14, Abs. 4 Z 16, und 20 bis 22 und § 114a samt Überschrift in der Fassung des Bundesgesetzes BGBl. I Nr. 36/2022 treten mit dem auf die Kundmachung folgenden Tag in Kraft. § 1 Z 63, § 90 Abs. 1 Z 12 und § 119 samt Überschrift treten mit Ablauf des Tages der Kundmachung außer Kraft. *(BGBl I 2022/36)*

(7) § 95 Abs. 1 Z 31b in der Fassung des Bundesgesetzes BGBl. I Nr. 36/2022 tritt mit 30. Dezember 2022 in Kraft. *(BGBl I 2022/36)*

(8) Das Inhaltsverzeichnis hinsichtlich § 31a, § 1 Z 5a, § 1 Z 18, § 1 Z 64a, § 1 Z 69 und 70, § 2 Abs. 1 Z 13, § 31a samt Überschrift, § 48 Abs. 3, 5, 6 und 7, § 54 Abs. 10 und 11, § 56 Abs. 3 und 4, § 60 Abs. 5, § 68 Abs. 1, § 98 Abs. 1, § 113 Z 4 und § 114a Abs. 6 in der Fassung des Bundesgesetzes BGBl. I Nr. 69/2022 treten mit dem auf die Kundmachung folgenden Tag in Kraft. *(BGBl I 2022/69)*

(9) § 1 Z 70, § 30 Abs. 11, § 30 Abs. 14, § 30 Abs. 16a, § 30 Abs. 17, § 31 Abs. 3, § 31 Abs. 9 und § 114a Abs. 7 in der Fassung des Bundesgesetzes BGBl. I Nr. 139/2022 treten mit 22. November 2022 in Kraft. *(BGBl I 2022/139)*

(10) Das Inhaltsverzeichnis hinsichtlich der §§ 112 bis 113a, § 1 Z 4 lit. g, § 1 Z 71, § 2 Abs. 3, § 3 Abs. 2, 3, 5 und 6, § 4 Abs. 1, Abs. 2 Z 3 und Abs. 5, § 6 Abs. 2 Z 2, § 7 Abs. 1, § 23 Abs. 5 bis 8, § 24, § 71 Abs. 1 und 3 Z 2, § 73 Abs. 1 bis 5, 8 und 10, § 74 Abs. 2 bis 4, 6 und 8, § 76 Abs. 1 und 2, § 90 Abs. 4 und 7, § 95 Abs. 9, § 106 Abs. 4 Z 1, § 112 Abs. 3, § 113a und § 114 Abs. 3 Z 1, 3 bis 12, 15 und 16 und Abs. 4 Z 1, 3 bis 5, 7 bis 9, 11 bis 18, 20, 22 und 23 in der Fassung des Bundesgesetzes BGBl. I Nr. 237/2022 treten mit 1. Februar 2023 in Kraft. § 3 Abs. 4 und Abs. 5 Z 4, § 5, § 7 Abs. 2, § 10 und § 11 treten mit Ablauf des 31. Januar 2023 außer Kraft. *(BGBl I 2022/237)*

(11) § 1 Z 7 in der Fassung des Bundesgesetzes BGBl. I Nr. 63/2023 tritt mit 1. Juli 2023 in Kraft. *(BGBl I 2023/63)*

Außerkrafttreten

§ 118. Das Wertpapieraufsichtsgesetz 2007 – WAG 2007, BGBl. I Nr. 60/2007, tritt mit Ablauf des 2. Jänner 2018 außer Kraft.

Umsetzungshinweis

§ 119. *(aufgehoben samt Überschrift, BGBl I 2022/36)*

Zahlungsdienstegesetz 2018

BGBl I 2018/17 idF

1 BGBl I 2018/37
2 BGBl I 2020/39
3 BGBl I 2021/201
4 BGBl I 2022/36
5 BGBl I 2023/33

Bundesgesetz über die Erbringung von Zahlungsdiensten 2018 (Zahlungsdienstegesetz 2018 – ZaDiG 2018)

Inhaltsverzeichnis

1. Hauptstück
Allgemeine Bestimmungen

1. Abschnitt
Anwendungsbereich und Begriffe

Gegenstand

§ 1. (1) Dieses Bundesgesetz legt die Bedingungen fest, zu denen Personen Zahlungsdienste gewerblich in Österreich erbringen dürfen (Zahlungsdienstleister). Es regelt die Rechte und Pflichten von Zahlungsdienstleistern und Zahlungsdienstnutzern im Zusammenhang mit Zahlungsdiensten.

(2) Zahlungsdienste sind folgende Tätigkeiten:

1. Dienste, mit denen Bareinzahlungen auf ein Zahlungskonto ermöglicht werden, sowie alle für die Führung eines Zahlungskontos erforderlichen Vorgänge (Einzahlungsgeschäft);

2. Dienste, mit denen Barabhebungen von einem Zahlungskonto ermöglicht werden, sowie alle für die Führung eines Zahlungskontos erforderlichen Vorgänge (Auszahlungsgeschäft);

3. Ausführung von Zahlungsvorgängen einschließlich des Transfers von Geldbeträgen auf ein Zahlungskonto beim Zahlungsdienstleister des Zahlungsdienstnutzers oder bei einem anderen Zahlungsdienstleister (Zahlungsgeschäft):

a) Ausführung von Lastschriften einschließlich einmaliger Lastschriften (Lastschriftgeschäft);

b) Ausführung von Zahlungsvorgängen mittels einer Zahlungskarte oder eines ähnlichen Instruments (Zahlungskartengeschäft);

c) Ausführung von Überweisungen einschließlich Daueraufträgen (Überweisungsgeschäft);

4. Ausführung von Zahlungsvorgängen, wenn die Beträge durch einen Kreditrahmen für einen Zahlungsdienstnutzer gedeckt sind (Zahlungsgeschäft mit Kreditgewährung):

a) Ausführung von Lastschriften einschließlich einmaliger Lastschriften;

b) Ausführung von Zahlungsvorgängen mittels einer Zahlungskarte oder eines ähnlichen Instruments;

c) Ausführung von Überweisungen einschließlich Daueraufträgen;

5. Ausgabe von Zahlungsinstrumenten (Issuing) oder die Annahme und Abrechnung von Zahlungsvorgängen (Acquiring);

6. Dienste, bei denen ohne Einrichtung eines Zahlungskontos auf den Namen des Zahlers oder des Zahlungsempfängers ein Geldbetrag eines Zahlers nur zum Transfer eines entsprechenden Betrags an den Zahlungsempfänger oder an einen anderen, im Namen des Zahlungsempfängers handelnden Zahlungsdienstleister entgegengenommen wird oder bei denen der Geldbetrag im Na-

men des Zahlungsempfängers entgegengenommen und diesem verfügbar gemacht wird (Finanztransfergeschäft);

7. Dienste, die auf Antrag des Zahlungsdienstnutzers einen Zahlungsauftrag in Bezug auf ein bei einem anderen Zahlungsdienstleister geführtes Zahlungskonto auslösen (Zahlungsauslösedienste);

8. Online-Dienste zur Mitteilung konsolidierter Informationen über ein Zahlungskonto oder mehrere Zahlungskonten, das oder die ein Zahlungsdienstnutzer entweder bei einem anderen Zahlungsdienstleister oder bei mehr als einem Zahlungsdienstleister hält (Kontoinformationsdienste).

(3) Zahlungsdienstleister sind:

1. Kreditinstitute gemäß § 1 des Bankwesengesetzes – BWG, BGBl. Nr. 532/1993, CRR-Kreditinstitute gemäß § 1a Z 1 BWG sowie Kreditinstitute, die nach dem Recht ihres Herkunftsmitgliedstaates zur Erbringung von Zahlungsdiensten berechtigt sind, einschließlich deren Zweigstellen sowie Zweigstellen ausländischer Kreditinstitute im Sinne des § 2 Z 13 BWG, sofern sich diese Zweigstellen innerhalb des EWR befinden;

2. Zahlungsinstitute gemäß § 4 Z 4;

3. E-Geld-Institute gemäß § 3 Abs. 2 des E-Geldgesetzes 2010, BGBl. I Nr. 107/2010 sowie E-Geld-Institute gemäß § 9 des E-Geldgesetzes 2010, die nach dem Recht ihres Herkunftsmitgliedstaates (Art. 4 Abs. 1 Nummer 43 der Verordnung (EU) Nr. 575/2013) zur Ausgabe von E-Geld berechtigt sind, einschließlich innerhalb des Europäischen Wirtschaftraumes ansässiger Zweigstellen von E-Geld-Instituten, deren Sitz sich außerhalb des Europäischen Wirtschaftsraumes befindet, sofern die Europäische Union entsprechende Abkommen abgeschlossen hat oder sofern diesen eine Konzession gemäß § 4 Abs. 6 des E-Geldgesetzes 2010 erteilt worden ist;

4. die Österreichische Post AG hinsichtlich jener Zahlungsdienstleistungen die gemäß dem Postsparkassengesetz 1969, BGBl. Nr. 458/1969, erbracht werden;

5. die Europäische Zentralbank, die Oesterreichische Nationalbank, sowie andere Zentralbanken des Europäischen Wirtschaftsraumes, sofern sie nicht in ihrer Eigenschaft als Währungsbehörde handeln;

6. der Bund, die Länder und Gemeinden, soweit sie im Rahmen der Privatwirtschaftsverwaltung Zahlungsdienste erbringen;

7. für die Zwecke des Zugangs zu Zahlungssystemen (§ 5): natürliche oder juristische Personen gemäß Art. 32 der Richtlinie (EU) 2015/2366, die in ihrem Herkunftsmitgliedstaat zur Erbringung von Zahlungsdiensten berechtigt sind.

Anwendungsbereich

§ 2. (1) Dieses Bundesgesetz ist für Zahlungsdienste anwendbar, die an in Österreich ansässige Zahlungsdienstnutzer oder von in Österreich ansässigen Zahlungsdienstleistern erbracht werden.

(2) Das 3. und 4. Hauptstück gelten für Zahlungsvorgänge in der Währung eines Mitgliedstaats, wenn sowohl der Zahlungsdienstleister des Zahlers als auch jener des Zahlungsempfängers in der Union ansässig sind. Dies gilt auch, wenn nur ein einziger in der Union ansässiger Zahlungsdienstleister an dem Zahlungsvorgang beteiligt ist.

(3) Das 3. und 4. Hauptstück gelten für Zahlungsvorgänge in einer Währung, die keine Währung eines Mitgliedstaates ist, wenn sowohl der Zahlungsdienstleister des Zahlers als auch der des Zahlungsempfängers in der Union ansässig sind (für die Bestandteile der Zahlungsvorgänge, die in der Union getätigt werden). Dies gilt auch, wenn nur ein einziger in der Union ansässiger Zahlungsdienstleister an dem Zahlungsvorgang beteiligt ist. Davon ausgenommen sind im 3. Hauptstück § 41 Abs. 1 Z 1, § 48 Abs. 1 Z 2 lit. e und § 52 Z 1 sowie im 4. Hauptstück die §§ 75 bis 77.

(4) Das 3. und 4. Hauptstück gelten für Zahlungsvorgänge in allen Währungen, bei denen lediglich einer der beiden Zahlungsdienstleister in der Union ansässig ist (für die Bestandteile der Zahlungsvorgänge, die in der Union getätigt werden). Davon ausgenommen sind im 3. Hauptstück § 41 Abs. 1 Z 1, § 48 Abs. 1 Z 2 lit. e, § 48 Abs. 1 Z 5 lit. g und § 52 Z 1 sowie im 4. Hauptstück § 56 Abs. 2, die §§ 70, 71 und 75, § 77 Abs. 1 und die §§ 80 und 83.

Ausnahmen

§ 3. (1) Dieses Bundesgesetz ist nicht anzuwenden auf

1. die Europäische Zentralbank, Zentralbanken anderer Mitgliedstaaten des Europäischen Wirtschaftsraumes und die Oesterreichische Nationalbank, wenn sie in ihrer Eigenschaft als Währungsbehörde handeln und dabei als Zahlungsdienstleister auftreten oder wenn die Oesterreichische Nationalbank im Rahmen der ihr durch dieses Bundesgesetz, das BWG, das Nationalbankgesetz 1984 – NBG, BGBl. Nr. 50/1984, das Devisengesetz 2004, BGBl. I Nr. 123/2003, das Finalitätsgesetz, BGBl. I Nr. 123/1999, das Scheidemünzengesetz 1988, BGBl. Nr. 597/1988, oder das Finanzmarktaufsichtsbehördengesetz – FMABG, BGBl. I Nr. 97/2001, übertragenen Aufgaben handelt und dabei als Zahlungsdienstleister auftritt,

2. den Bund, die Länder und Gemeinden, wenn sie als Behörde handeln und dabei als Zahlungsdienstleister auftreten und

3. die Oesterreichische Kontrollbank Aktiengesellschaft.

(2) Das 2. Hauptstück dieses Bundesgesetzes ist nicht anzuwenden auf

1. Kreditinstitute gemäß § 1 BWG, CRR-Kreditinstitute gemäß § 1a Z 1 BWG sowie Kreditinstitute, die nach dem Recht ihres Herkunftsmitgliedstaates zur Erbringung von Zahlungsdiensten berechtigt sind, einschließlich deren Zweigstellen sowie Zweigstellen ausländischer Kreditinstitute im Sinne des § 2 Z 13 BWG, sofern sich diese Zweigstellen innerhalb des EWR befinden,

2. E-Geld-Institute gemäß § 3 Abs. 2 E-Geldgesetz 2010 sowie E-Geld-Institute gemäß § 9 E-Geldgesetz 2010, die nach dem Recht ihres Herkunftsmitgliedstaates (Art. 4 Abs. 1 Nummer 43 der Verordnung (EU) Nr. 575/2013) zur Ausgabe von E-Geld berechtigt sind, einschließlich innerhalb des Europäischen Wirtschaftraumes ansässiger Zweigstellen von E-Geld-Instituten, deren Sitz sich außerhalb des Europäischen Wirtschaftsraumes befindet, sofern die Europäische Union entsprechende Abkommen abgeschlossen hat oder sofern diesen eine Konzession gemäß § 4 Abs. 6 E-Geldgesetz 2010 erteilt worden ist,

3. die Post hinsichtlich ihres Geldverkehrs,

4. die Europäische Zentralbank, die Oesterreichische Nationalbank, sowie andere Zentralbanken des Europäischen Wirtschaftsraumes, sofern sie nicht gemäß Abs. 1 als Währungsbehörde handeln oder wenn die Oesterreichische Nationalbank nicht im Rahmen der ihr durch die in Abs. 1 Z 1 genannten Bundesgesetze übertragenen Aufgaben handelt, und

5. den Bund, die Länder und Gemeinden, soweit sie im Rahmen der Privatwirtschaftsverwaltung handeln.

(3) Dieses Bundesgesetz ist auf folgende Tätigkeiten nicht anzuwenden:

1. Zahlungsvorgänge, die ohne zwischengeschaltete Stellen ausschließlich als direkte Bargeldzahlung vom Zahler an den Zahlungsempfänger erfolgen;

2. Zahlungsvorgänge zwischen Zahler und Zahlungsempfänger über einen Handelsagenten, der aufgrund einer Vereinbarung befugt ist, den Verkauf oder Kauf von Waren oder Dienstleistungen nur im Namen des Zahlers oder nur im Namen des Zahlungsempfängers auszuhandeln oder abzuschließen;

3. den gewerblichen Transport von Banknoten und Münzen einschließlich Entgegennahme, Bearbeitung und Übergabe;

4. die nicht gewerbliche Entgegennahme und Übergabe von Bargeld im Rahmen einer gemeinnützigen oder mildtätigen Tätigkeit;

5. Dienste, bei denen der Zahlungsempfänger dem Zahler Bargeld im Rahmen eines Zahlungsvorgangs aushändigt, nachdem ihn der Zahlungsdienstnutzer kurz vor der Ausführung eines Zahlungsvorgangs zum Erwerb von Waren oder Dienstleistungen ausdrücklich hierum gebeten hat (Cash Back);

6. Geldwechselgeschäfte gemäß § 1 Abs. 1 Z 22 BWG (Wechselstubengeschäft);

7. Zahlungsvorgänge, denen eines der folgenden Dokumente zugrunde liegt, das auf den Zahlungsdienstleister gezogen ist und die Bereitstellung eines Geldbetrags an einen Zahlungsempfänger vorsieht:

a) ein Papierscheck im Sinne des Genfer Abkommens vom 19. März 1931 über das einheitliche Scheckgesetz;

b) ein dem unter lit. a genannten Scheck vergleichbarer Papierscheck nach dem Recht eines Mitgliedstaates, der nicht Vertragspartei des Genfer Abkommens vom 19. März 1931 über das einheitliche Scheckgesetz ist;

c) ein Wechsel in Papierform im Sinne des Genfer Abkommens vom 7. Juni 1930 über das einheitliche Wechselgesetz;

d) ein dem unter lit. c genannten Wechsel vergleichbarer Wechsel in Papierform nach dem Recht eines Mitgliedstaates, der nicht Mitglied des Genfer Abkommens vom 7. Juni 1930 über das einheitliche Wechselgesetz ist;

e) ein Gutschein in Papierform;

f) ein Reisescheck in Papierform;

g) eine Postanweisung in Papierform im Sinne der Definition des Weltpostvereins;

8. Zahlungsvorgänge, die innerhalb eines Zahlungs- oder Wertpapierabwicklungssystems zwischen Zahlungsausgleichsagenten, zentralen Gegenparteien, Clearingstellen oder Zentralbanken und anderen Teilnehmern des Systems und Zahlungsdienstleistern abgewickelt werden; § 5 bleibt hiervon unberührt;

9. Zahlungsvorgänge im Zusammenhang mit der Bedienung von Wertpapieranlagen, wie beispielsweise Dividenden, Erträge oder sonstige Ausschüttungen oder deren Einlösung oder Veräußerung, die von den unter Z 8 genannten Personen oder von Wertpapierdienstleistungen erbringenden Wertpapierfirmen, Kreditinstituten, Organismen für gemeinsame Anlagen oder Vermögensverwaltungsgesellschaften oder jeder anderen Einrichtung, die für die Verwahrung von Finanzinstrumenten zugelassen ist, durchgeführt werden;

10. Dienste, die von technischen Dienstleistern erbracht werden, die zwar zur Erbringung der Zahlungsdienste beitragen, jedoch zu keiner Zeit in den Besitz der zu transferierenden Geldbeträge gelangen, wie die Verarbeitung und Speicherung von Daten, vertrauensbildende Maßnahmen und Dienste zum Schutz der Privatsphäre, Nachrich-

ten- und Instanzenauthentisierung, Bereitstellung von Informationstechnologie-(IT-) und Kommunikationsnetzen sowie Bereitstellung und Wartung der für Zahlungsdienste genutzten Endgeräte und Einrichtungen mit Ausnahme von Zahlungsauslösediensten und Kontoinformationsdiensten;

11. Dienste, die auf bestimmten nur begrenzt verwendbaren Zahlungsinstrumenten beruhen (begrenzte Netze), die eine der folgenden Bedingungen erfüllen:

a) die Instrumente gestatten ihrem Inhaber, Waren oder Dienstleistungen lediglich in den Geschäftsräumen des Emittenten oder innerhalb eines begrenzten Netzes von Dienstleistern im Rahmen einer Geschäftsvereinbarung mit einem professionellen Emittenten zu erwerben oder

b) die Instrumente können nur zum Erwerb eines sehr begrenzten Waren- oder Dienstleistungsspektrums verwendet werden oder

c) die Instrumente sind nur im Inland gültig, werden auf Ersuchen eines Unternehmens oder einer öffentlichen Stelle bereitgestellt, unterliegen zu bestimmten sozialen oder steuerlichen Zwecken den Vorschriften einer nationalen oder regionalen öffentlichen Stelle und dienen dem Erwerb bestimmter Waren oder Dienstleistungen von Anbietern, die eine gewerbliche Vereinbarung mit dem Emittenten geschlossen haben;

12. Zahlungsvorgänge, die von einem Anbieter elektronischer Kommunikationsnetze oder – dienste zusätzlich zu elektronischen Kommunikationsdiensten für einen Teilnehmer des Netzes oder Dienstes bereitgestellt werden:

a) Zahlungsvorgänge im Zusammenhang mit dem Erwerb von digitalen Inhalten und Sprachdiensten, ungeachtet des für den Erwerb oder Konsum des digitalen Inhalts verwendeten Geräts, sofern diese Zahlungsvorgänge auf der entsprechenden Rechnung abgerechnet werden, und der Wert einer Einzelzahlung 50 Euro nicht überschreitet und

aa) der kumulative Wert der Zahlungsvorgänge eines einzelnen Teilnehmers monatlich 300 Euro nicht überschreitet oder

bb) der kumulative Wert der Zahlungsvorgänge innerhalb eines Monats 300 Euro nicht überschreitet, wenn ein Teilnehmer auf sein Konto bei einem Anbieter elektronischer Kommunikationsnetze oder -dienste Vorauszahlungen tätigt oder

b) Zahlungsvorgänge, die von einem elektronischen Gerät aus oder über dieses ausgeführt und auf der entsprechenden Rechnung im Rahmen einer gemeinnützigen Tätigkeit oder für den Erwerb von Tickets abgerechnet werden, sofern der Wert einer Einzelzahlung 50 Euro nicht überschreitet und

aa) der kumulative Wert der Zahlungsvorgänge eines einzelnen Teilnehmers monatlich 300 Euro nicht überschreitet oder

bb) der kumulative Wert der Zahlungsvorgänge innerhalb eines Monats 300 Euro nicht überschreitet, wenn ein Teilnehmer auf sein Konto bei einem Anbieter elektronischer Kommunikationsnetze oder -dienste Vorauszahlungen tätigt;

13. Zahlungsvorgänge, die zwischen Zahlungsdienstleistern, ihren Agenten oder Zweigstellen auf eigene Rechnung ausgeführt werden;

14. Zahlungsvorgänge zwischen einem Mutterunternehmen und seinem Tochterunternehmen oder zwischen Tochterunternehmen desselben Mutterunternehmens und damit verbundene Dienste ohne Mitwirkung eines Zahlungsdienstleisters, es sei denn, es handelt sich bei diesem um ein Unternehmen derselben Gruppe;

15. Dienste von Dienstleistern, die keinen Rahmenvertrag mit dem von einem Zahlungskonto Geld abhebenden Kunden geschlossen haben, bei denen für einen oder mehrere Kartenemittenten an multifunktionalen Bankautomaten Bargeld abgehoben wird, vorausgesetzt, dass

a) diese Dienstleister keine anderen der in § 1 Abs. 2 genannten Zahlungsdienste erbringen und

b) den Kunden alle Entgelte für Geldabhebungen gemäß den §§ 36, 41, 44 und 45 sowohl vor der Abhebung als auch auf der Quittung nach dem Erhalt von Bargeld mitgeteilt werden.

(4) Ein Dienstleister, der eine der Tätigkeiten gemäß Abs. 3 Z 11 lit. a oder b oder beide Tätigkeiten ausübt (begrenztes Netz), hat der FMA zu melden, wenn der Gesamtwert der Zahlungsvorgänge der vorangegangenen zwölf Monate den Betrag von einer Million Euro überschreitet. Die Meldung hat eine Beschreibung der angebotenen Dienstleistungen zu umfassen. Es ist anzugeben, welche Ausnahme gemäß Abs. 3 Z 11 lit. a oder b für die Ausübung der Tätigkeit in Anspruch genommen wird. Auf Grundlage der Meldung hat die FMA zu prüfen, ob die Kriterien für die Ausnahme erfüllt sind. Ist dies der Fall, hat die FMA den Dienstleister über das Prüfungsergebnis zu informieren.

(5) Ein Dienstleister, der eine Tätigkeit gemäß Abs. 3 Z 12 ausübt (elektronische Kommunikationsnetze oder -dienste), hat dies der FMA zu melden. Der FMA ist vom Dienstleister jährlich ein Gutachten eines Wirtschaftsprüfers zu übermitteln, aus dem hervorgeht, dass die Tätigkeit mit den gemäß Abs. 3 Z 12 festgesetzten Obergrenzen vereinbar ist.

Begriffsbestimmungen

§ 4. Im Sinne dieses Bundesgesetzes gelten folgende Begriffsbestimmungen:

1. Herkunftsmitgliedstaat:

a) der Mitgliedstaat, in dem sich der Sitz des Zahlungsdienstleisters befindet oder,

b) wenn der Zahlungsdienstleister nach dem für ihn geltenden nationalen Recht keinen Sitz hat, der Mitgliedstaat, in dem sich seine Hauptverwaltung befindet;

2. Aufnahmemitgliedstaat: der Mitgliedstaat, in dem ein Zahlungsdienstleister einen Agenten oder eine Zweigstelle hat oder Zahlungsdienste erbringt und der nicht der Herkunftsmitgliedstaat dieses Zahlungsdienstleisters ist;

3. Zahlungsdienst: eine gewerbliche Tätigkeit gemäß § 1 Abs. 2;

4. Zahlungsinstitut: eine juristische Person, die

a) gemäß § 10 oder

b) in ihrem Herkunftsmitgliedstaat gemäß Art. 11 der Richtlinie (EU) 2015/2366

zur gewerblichen Erbringung und Ausführung von Zahlungsdiensten im gesamten Gebiet des Europäischen Wirtschaftsraumes berechtigt ist;

5. Zahlungsvorgang: vom Zahler, im Namen des Zahlers oder vom Zahlungsempfänger ausgelöste Bereitstellung, Transfer oder Abhebung eines Geldbetrags, unabhängig von etwaigen zugrunde liegenden Verpflichtungen im Verhältnis zwischen Zahler und Zahlungsempfänger;

6. Fernzahlungsvorgang: ein Zahlungsvorgang, der über das Internet oder mittels eines Geräts, das für die Fernkommunikation verwendet werden kann, ausgelöst wird;

7. Zahlungssystem: ein System zum Transfer von Geldbeträgen mit formalen und standardisierten Regeln und einheitlichen Vorschriften für die Verarbeitung, das Clearing oder die Verrechnung von Zahlungsvorgängen;

8. Zahler: eine natürliche oder juristische Person, die Inhaber eines Zahlungskontos ist und die einen Zahlungsauftrag von diesem Zahlungskonto erteilt oder gestattet oder – falls kein Zahlungskonto vorhanden ist – eine Person, die den Auftrag für einen Zahlungsvorgang erteilt;

9. Zahlungsempfänger: eine natürliche oder juristische Person, die den Geldbetrag, der Gegenstand eines Zahlungsvorgangs ist, als Empfänger erhalten soll;

10. Zahlungsdienstnutzer: eine natürliche oder juristische Person, die einen Zahlungsdienst als Zahler oder Zahlungsempfänger oder in beiden Eigenschaften in Anspruch nimmt;

11. Zahlungsdienstleister: ein Rechtsträger gemäß § 1 Abs. 3;

12. Zahlungskonto: ein auf den Namen eines oder mehrerer Zahlungsdienstnutzer lautendes Konto, das für die Ausführung von Zahlungsvorgängen genutzt wird;

13. Zahlungsauftrag: ein Auftrag, den ein Zahler oder Zahlungsempfänger seinem Zahlungsdienstleister zur Ausführung eines Zahlungsvorgangs erteilt;

14. Zahlungsinstrument: jedes personalisierte Instrument oder jeder personalisierte Verfahrensablauf, das oder der zwischen dem Zahlungsdienstnutzer und dem Zahlungsdienstleister vereinbart wurde und zur Erteilung eines Zahlungsauftrags verwendet wird;

15. Zahlungsauslösedienst: Dienst gemäß § 1 Abs. 2 Z 7;

16. Kontoinformationsdienst: Online-Dienst gemäß § 1 Abs. 2 Z 8;

17. kontoführender Zahlungsdienstleister: ein Zahlungsdienstleister, der für einen Zahler ein Zahlungskonto bereitstellt und führt;

18. Zahlungsauslösedienstleister: ein Zahlungsdienstleister, der gewerbliche Tätigkeiten gemäß § 1 Abs. 2 Z 7 ausübt;

19. Kontoinformationsdienstleister: ein Zahlungsdienstleister, der gewerbliche Tätigkeiten gemäß § 1 Abs. 2 Z 8 ausübt;

20. Verbraucher: eine natürliche Person, die bei den von diesem Bundesgesetz erfassten Zahlungsdienstverträgen zu Zwecken handelt, die nicht ihrer gewerblichen oder beruflichen Tätigkeit zugerechnet werden können;

21. Rahmenvertrag: ein Zahlungsdienstvertrag, der die zukünftige Ausführung einzelner und aufeinander folgender Zahlungsvorgänge regelt und die Verpflichtung zur Einrichtung eines Zahlungskontos und die entsprechenden Bedingungen enthalten kann;

22. Lastschrift: ein Zahlungsdienst zur Belastung des Zahlungskontos des Zahlers, wenn ein Zahlungsvorgang vom Zahlungsempfänger aufgrund der Zustimmung des Zahlers gegenüber dem Zahlungsempfänger, dessen Zahlungsdienstleister oder seinem eigenen Zahlungsdienstleister ausgelöst wird;

23. Überweisung: ein auf Aufforderung des Zahlers ausgelöster Zahlungsdienst zur Erteilung einer Gutschrift auf das Zahlungskonto des Zahlungsempfängers zulasten des Zahlungskontos des Zahlers in Ausführung eines oder mehrerer Zahlungsvorgänge durch den Zahlungsdienstleister, der das Zahlungskonto des Zahlers führt;

24. Geldbetrag: Banknoten und Münzen, Giralgeld oder E-Geld gemäß § 1 Abs. 1 des E-Geldgesetzes 2010, BGBl. I Nr. 107/2010;

25. Referenzwechselkurs: der Wechselkurs, der bei jedem Währungsumtausch zugrunde gelegt und vom Zahlungsdienstleister zugänglich gemacht wird oder aus einer öffentlich zugänglichen Quelle stammt;

26. Referenzzinssatz: der Zinssatz, der bei der Zinsberechnung zugrunde gelegt wird und aus einer öffentlich zugänglichen und für beide Parteien eines Zahlungsdienstvertrags überprüfbaren Quelle stammt;

27. Authentifizierung: ein Verfahren, mit dessen Hilfe der Zahlungsdienstleister die Identität eines Zahlungsdienstnutzers oder die berechtigte Verwendung eines bestimmten Zahlungsinstruments, einschließlich der Verwendung der personalisierten Sicherheitsmerkmale des Nutzers, überprüfen kann;

28. starke Kundenauthentifizierung: eine Authentifizierung unter Heranziehung von mindestens zwei Elementen der Kategorien Wissen (etwas, das nur der Nutzer weiß), Besitz (etwas, das nur der Nutzer besitzt) oder Inhärenz (etwas, das nur der Nutzer ist), die insofern voneinander unabhängig sind, als die Nichterfüllung eines Kriteriums die Zuverlässigkeit der anderen nicht in Frage stellt, und die so konzipiert ist, dass die Vertraulichkeit der Authentifizierungsdaten geschützt ist;

29. personalisierte Sicherheitsmerkmale: personalisierte Merkmale, die der Zahlungsdienstleister einem Zahlungsdienstnutzer zum Zweck der Authentifizierung bereitstellt;

30. sensible Zugangsdaten: Daten, einschließlich personalisierter Sicherheitsmerkmale, die für betrügerische Handlungen verwendet werden können; für die Tätigkeiten von Zahlungsauslösedienstleistern und Kontoinformationsdienstleistern stellen der Name des Kontoinhabers und die Kontonummer keine sensiblen Daten dar;

31. Kundenidentifikator: eine Kombination aus Buchstaben, Zahlen oder Symbolen, die dem Zahlungsdienstnutzer vom Zahlungsdienstleister mitgeteilt wird und die der Zahlungsdienstnutzer angeben muss, damit ein anderer am Zahlungsvorgang beteiligter Zahlungsdienstnutzer oder dessen Zahlungskonto bei einem Zahlungsvorgang zweifelsfrei ermittelt werden kann;

32. Fernkommunikationsmittel: ein Verfahren, das ohne gleichzeitige körperliche Anwesenheit von Zahlungsdienstleister und Zahlungsdienstnutzer für den Abschluss eines Vertrags über die Erbringung von Zahlungsdiensten eingesetzt werden kann;

33. dauerhafter Datenträger: jedes Medium, das es dem Zahlungsdienstnutzer gestattet, an ihn persönlich gerichtete Informationen derart zu speichern, dass die Information für eine für die Zwecke der Informationen angemessene Dauer zugänglich bleibt, und das die unveränderte Wiedergabe der gespeicherten Informationen ermöglicht;

34. Geschäftstag: ein Tag, an dem der an der Ausführung eines Zahlungsvorgangs beteiligte Zahlungsdienstleister des Zahlers oder des Zahlungsempfängers den für die Ausführung von Zahlungsvorgängen erforderlichen Geschäftsbetrieb unterhält;

35. Agent: eine natürliche oder juristische Person, die im Namen eines Zahlungsinstituts Zahlungsdienste ausführt;

36. Zweigstelle: eine Geschäftsstelle, die nicht die Hauptverwaltung ist und die einen Teil eines Zahlungsinstituts bildet, keine Rechtspersönlichkeit hat und unmittelbar sämtliche oder einen Teil der Geschäfte betreibt, die mit der Tätigkeit eines Zahlungsinstituts verbunden sind; alle Geschäftsstellen eines Kredit- oder Zahlungsinstituts mit Hauptverwaltung in einem anderen Mitgliedstaat, die sich in ein und demselben Mitgliedstaat befinden, gelten als eine einzige Zweigstelle;

37. Gruppe: eine Gruppe von Unternehmen, die untereinander durch eine in § 244 UGB genannte Beziehung verbunden sind, oder Unternehmen im Sinne der Art. 4, 5, 6 und 7 der delegierten Verordnung (EU) Nr. 241/2014, die untereinander durch eine in Art. 10 Abs. 1 oder Art. 113 Abs. 6 oder 7 der Verordnung (EU) Nr. 575/2013 genannte Beziehung verbunden sind;

38. elektronisches Kommunikationsnetz: ein Kommunikationsnetz gemäß § 3 Z 11 des Telekommunikationsgesetzes 2003 – TKG 2003, BGBl. I Nr. 70/2003;

39. elektronische Kommunikationsdienste: ein Kommunikationsdienst gemäß § 3 Z 9 TKG 2003;

40. digitale Inhalte: Waren oder Dienstleistungen, die in digitaler Form hergestellt und bereitgestellt werden, deren Nutzung oder Verbrauch auf ein technisches Gerät beschränkt ist und die in keiner Weise die Nutzung oder den Verbrauch von Waren oder Dienstleistungen in physischer Form einschließen;

41. Annahme und Abrechnung von Zahlungsvorgängen (Acquiring): ein den Transfer von Geldbeträgen zum Zahlungsempfänger bewirkender Zahlungsdienst eines Zahlungsdienstleisters, der mit einem Zahlungsempfänger eine vertragliche Vereinbarung über die Annahme und die Verarbeitung von Zahlungsvorgängen schließt;

42. Ausgabe von Zahlungsinstrumenten (Issuing): ein Zahlungsdienst, bei dem ein Zahlungsdienstleister eine vertragliche Vereinbarung schließt, um einem Zahler ein Zahlungsinstrument zur Auslösung und Verarbeitung der Zahlungsvorgänge des Zahlers zur Verfügung zu stellen;

43. Eigenmittel: Mittel im Sinne des Art. 4 Abs. 1 Nr. 118 der Verordnung (EU) Nr. 575/2013, wobei mindestens 75 vH des Kernkapitals in Form von hartem Kernkapital nach Art. 50 der genannten Verordnung gehalten werden und das Ergänzungskapital höchstens ein Drittel des Kernkapitals beträgt;

44. Zahlungsmarke: jeder reale oder digitale Name, jeder reale oder digitale Begriff, jedes reale oder digitale Zeichen, jedes reale oder digitale Symbol oder jede Kombination davon, durch die bezeichnet werden kann, unter welchem Zahlungskartensystem kartengebundene Zahlungsvorgänge ausgeführt werden;

45. Co-badging: das Aufnehmen von zwei oder mehr Zahlungsmarken oder Zahlungsanwendungen derselben Zahlungsmarke auf dasselbe Zahlungsinstrument;

46. außergerichtliche Schlichtungsstelle: die Einrichtung zur alternativen Streitbeilegung gemäß § 98;

47. sichere Kommunikation: ein Kommunikationsverfahren, das den Anforderungen des delegierten Rechtsaktes, den die Europäische Kommission gemäß Art. 98 der Richtlinie (EU) 2015/2366 zu erlassen hat, entspricht.

2. Abschnitt
Zugang zu Zahlungsinfrastruktur

Zugang zu Zahlungssystemen

§ 5. (1) Der Betreiber eines Zahlungssystems darf weder unmittelbar noch mittelbar

1. Zahlungsdienstleister, Zahlungsdienstnutzer oder andere Zahlungssysteme am Beitritt zu seinem Zahlungssystem unbillig behindern oder ihnen restriktive Regelungen in Bezug auf die effektive Teilnahme an anderen Zahlungssystemen auferlegen;

2. zugelassene Zahlungsdienstleister oder registrierte Zahlungsdienstleister in Bezug auf ihre Rechte und Pflichten als Teilnehmer des Zahlungssystems ohne sachlich gerechtfertigten Grund unterschiedlich behandeln;

3. Zahlungsdienstleistern, Zahlungsdienstnutzern oder andere Zahlungssystemen Beschränkungen auferlegen, die auf den institutionellen Status abstellen.

(2) Im Interesse der Finanzmarktstabilität und der Zahlungssystemsicherheit haben Betreiber von Zahlungssystemen, wenn sie Zahlungsdienstleistern, die juristische Personen sind, Zugang zu Zahlungssystemen gewähren, folgende Kriterien zu berücksichtigen:

1. die Absicherung bestimmter Risiken, wie beispielsweise Erfüllungsrisiko, operationelles Risiko und unternehmerisches Risiko, und

2. den Schutz der finanziellen und operativen Stabilität des Zahlungssystems.

Jeder Zahlungsdienstleister hat vor seinem Beitritt zu einem Zahlungssystem dem Betreiber des Zahlungssystems und den übrigen Teilnehmern den Nachweis zu erbringen, dass seine internen Vorkehrungen hinreichend solide sind, um allen Arten von Risiken im Sinne der Z 1 und 2 standhalten zu können. Während der Dauer der Teilnahme an einem Zahlungssystem hat der Zahlungsdienstleister zu gewährleisten, dass diese Anforderungen laufend erfüllt werden.

(3) Die Bestimmungen gemäß Abs. 1 und 2 gelten nicht für

1. Zahlungssysteme im Sinne des § 2 des Finalitätsgesetzes und

2. Zahlungssysteme, die ausschließlich aus einer einzigen Gruppe angehörenden Zahlungsdienstleistern bestehen.

Ein Teilnehmer eines benannten Systems gemäß Z 1, der einem konzessionierten oder registrierten Zahlungsdienstleister, der kein Teilnehmer des Systems ist, gestattet, Überweisungsaufträge über das System zu erteilen, hat anderen konzessionierten oder registrierten Zahlungsdienstleistern auf Antrag dieselbe Möglichkeit in objektiver, verhältnismäßiger und nichtdiskriminierender Weise zu gewähren. Der Teilnehmer hat dem beantragenden Zahlungsdienstleister bei einer Ablehnung eine umfassende Begründung mitzuteilen.

(4) Wer gegen Abs. 1 verstößt, ist dem Betroffenen zur Beseitigung, bei Wiederholungsgefahr zur Unterlassung und bei Verschulden zur Leistung von Schadenersatz verpflichtet. Die Aufgaben und Zuständigkeiten der Bundeswettbewerbsbehörde, des Bundeskartellanwalts und der Kartellgerichtsbarkeit nach dem Kartellgesetz 2005, BGBl. I Nr. 61/2005, sowie der Oesterreichischen Nationalbank nach § 44a NBG bleiben unberührt.

Zugang zu Konten, die bei einem Kreditinstitut geführt werden

§ 6. (1) Kreditinstitute haben Zahlungsinstituten auf objektiver, nichtdiskriminierender und verhältnismäßiger Grundlage Zugang zu Zahlungskontodiensten von Kreditinstituten zu gewähren. Ein solcher Zugang muss so umfassend sein, dass Zahlungsinstitute Zahlungsdienste ungehindert und effizient erbringen können.

(2) Lehnt ein Kreditinstitut den Zugang ab, haben die Geschäftsleiter dies der FMA unverzüglich schriftlich mitzuteilen. Die Mitteilung hat eine nachvollziehbare Begründung zu enthalten.

2. Hauptstück
Zahlungsdienstleister

1. Abschnitt
Konzession für Zahlungsinstitute

Erfordernis und Umfang der Konzession

§ 7. (1) Die gewerbliche Erbringung eines oder mehrerer Zahlungsdienste gemäß § 1 Abs. 2 Z 1 bis 7 im Inland bedarf, außer im Falle des § 3 Abs. 1, der Konzession (§ 10) als Zahlungsinstitut durch die FMA. Ein Zahlungsinstitut mit Sitz und Hauptverwaltung im Inland ist zur Erbringung eines oder mehrerer Zahlungsdienste gemäß § 1 Abs. 2 laut Konzessionsbescheid unter Beachtung der Bestimmungen dieses Bundesgesetzes berechtigt.

(2) Weiters dürfen Zahlungsinstitute folgenden Tätigkeiten nachgehen:

1. der Erbringung betrieblicher und eng verbundener Nebendienstleistungen, wie die Sicherstellung der Ausführung von Zahlungsvorgängen, Devisengeschäfte, Verwahrungsleistungen sowie Datenspeicherung und -verarbeitung;

2. dem Betrieb von Zahlungssystemen unbeschadet des § 5;

3. anderen gewerblichen Tätigkeiten als der Erbringung von Zahlungsdiensten, sofern dem nicht Rechtsvorschriften des Unionsrechts oder Bestimmungen in anderen Bundesgesetzen entgegenstehen.

(3) Bei der Erbringung eines oder mehrerer der in § 1 Abs. 2 genannten Zahlungsdienste dürfen Zahlungsinstitute nur Zahlungskonten führen, die ausschließlich für Zahlungsvorgänge genutzt werden.

(4) Geldbeträge, die Zahlungsinstitute von Zahlungsdienstnutzern für die Erbringung von Zahlungsdiensten erhalten, sowie Guthaben auf Zahlungskonten, die bei einem Zahlungsinstitut geführt werden, gelten nicht als Einlagen oder andere rückzahlbare Gelder im Sinne des § 1 Abs. 1 Z 1 BWG oder als E-Geld gemäß § 1 Abs. 1 des E-Geldgesetzes 2010 und dürfen nicht verzinst werden. Soweit Zahlungsdienste von Wertpapierfirmen oder Wertpapierdienstleistern erbracht werden, ist die Verwendung von auf Zahlungskonten erliegenden oder für Zahlungsdienste entgegengenommenen Geldbeträgen von Zahlungsdienstnutzern für die Erbringung von Wertpapierdienstleistungen dieses oder eines anderen Zahlungsdienstnutzers unzulässig.

(5) Zahlungsinstitute dürfen Einlagen oder andere rückzahlbare Gelder im Sinne des § 1 Abs. 1 Z 1 BWG nicht gewerblich, auch nicht auf der Basis der Ausgabe von Inhaber- oder Orderschuldverschreibungen, entgegennehmen.

(6) Zahlungsinstitute dürfen Kredite im Zusammenhang mit den in § 1 Abs. 2 Z 4 und 5 genannten Zahlungsdiensten nur gewähren, wenn

1. die Kreditgewährung eine Nebentätigkeit ist und ausschließlich im Zusammenhang mit der Ausführung eines Zahlungsvorgangs erfolgt;

2. die Laufzeit des im Zusammenhang mit einer Zahlung gewährten Kredits nicht mehr als zwölf Monate beträgt und dieser Kredit auch längstens innerhalb dieser zwölf Monate vollständig zurückgezahlt wird; eine anschließende Verlängerung dieser Frist ist nicht zulässig;

3. der Kredit nicht aus den zur Ausführung eines Zahlungsvorgangs entgegengenommenen oder gehaltenen Geldbeträgen gewährt wird und

4. die Eigenmittel des Zahlungsinstituts nach Auffassung der FMA jederzeit in einem angemessenen Verhältnis zum Gesamtbetrag der gewährten Kredite stehen. Die FMA kann unter Berücksichtigung der gemäß § 17 Abs. 1 zu Verfügung stehenden Methoden und unter Bedachtnahme auf Umfang und Volumen des Kreditgeschäftes im Verhältnis zum Gesamtgeschäft mittels Verordnung festlegen, in welchem Verhältnis die Eigenmittel gemäß § 16 zum Gesamtbetrag der gewährten Kredite stehen müssen.

(7) Eine Kreditgewährung gemäß Abs. 6 Z 1 gilt nicht als Kreditgeschäft im Sinne des § 1 Abs. 1 Z 3 BWG.

Erfordernis einer Haftpflichtversicherung für Zahlungsauslösedienste

§ 8. Ein Unternehmen, das eine Konzession für die Erbringung von Zahlungsauslösediensten (§ 1 Abs. 2 Z 7) beantragt, muss als Voraussetzung dafür über eine Berufshaftpflichtversicherung für die Gebiete, in denen es seine Dienste anbietet, oder über eine andere gleichwertige, die Haftung abdeckende Garantie verfügen, um sicherzustellen, dass es seine Haftungsverpflichtungen gemäß den §§ 67, 80, 81 und 83 erfüllen kann.

Konzessionsantrag

§ 9. (1) Der Antragsteller hat dem Antrag auf Erteilung einer Konzession folgende Angaben und Unterlagen anzuschließen:

1. das Geschäftsmodell, aus dem insbesondere die Art der beabsichtigten Zahlungsdienste hervorgeht, und ob im Zusammenhang mit einem Zahlungsdienst gemäß § 1 Abs. 2 die Gewährung von Krediten gemäß § 7 Abs. 6 beabsichtigt ist;

2. den Geschäftsplan mit einer Budgetplanung für die ersten drei Geschäftsjahre, aus dem hervorgeht, dass der Antragsteller über geeignete und verhältnismäßige Systeme, Ressourcen und Verfahren verfügt, um seine Tätigkeit ordnungsgemäß auszuführen;

3. den Nachweis, dass den Geschäftsleitern des Zahlungsinstitutes das Anfangskapital gemäß § 10 Abs. 1 Z 7 unbeschränkt und ohne Belastung im Inland zur freien Verfügung steht;

4. eine Beschreibung der Maßnahmen zum Schutz der Geldbeträge der Zahlungsdienstnutzer gemäß § 18;

5. eine Beschreibung der Unternehmenssteuerung und des internen Kontrollsystems des Antragstellers einschließlich der Verwaltungs-, Risikomanagement- und Rechnungslegungsverfahren, aus der hervorgeht, dass diese Unternehmenssteuerung, Kontrollmechanismen und Verfahren verhältnismäßig, angemessen, zuverlässig und ausreichend sind;

6. eine Beschreibung der vorhandenen Verfahren für Überwachung, Handhabung und Folgemaßnahmen bei Sicherheitsvorfällen und sicherheitsbezogenen Kundenbeschwerden, einschließlich eines Mechanismus für die Meldung von Vorfäl-

len, der die Meldepflichten des Zahlungsinstituts gemäß § 86 berücksichtigt;

7. eine Beschreibung der vorhandenen Verfahren für die Erfassung, Überwachung, Rückverfolgung sowie Beschränkung des Zugangs zu sensiblen Zahlungsdaten;

8. eine Beschreibung der Regelungen zur Geschäftsfortführung im Krisenfall, einschließlich klarer Angaben über entscheidende Operationen, der wirksamen Notfallpläne und eines Verfahrens für die regelmäßige Überprüfung der Angemessenheit und Wirksamkeit solcher Pläne;

9. eine Beschreibung der Grundsätze und Definitionen für die Erfassung statistischer Daten über Leistungsfähigkeit, Geschäftsvorgänge und Betrugsfälle;

10. ein Dokument zur Sicherheitsstrategie, einschließlich einer detaillierten Risikobewertung der erbrachten Zahlungsdienste und eine Beschreibung von Sicherheitskontroll- und Risikominderungsmaßnahmen zur Gewährleistung eines angemessenen Schutzes der Zahlungsdienstnutzer vor den festgestellten Risiken, einschließlich Betrug und illegaler Verwendung sensibler und personenbezogener Daten;

11. eine Beschreibung des internen Kontrollsystems, das der Antragsteller einzuführen beabsichtigt, um die Anforderungen des Finanzmarkt-Geldwäschegesetzes – FM-GwG, BGBl. I Nr. 118/2016 und der Verordnung (EU) 2015/847 zu erfüllen;

12. eine Darstellung des organisatorischen Aufbaus des Antragstellers, gegebenenfalls einschließlich einer Beschreibung der geplanten Inanspruchnahme von Agenten und Zweigstellen und von deren Überprüfungen vor Ort oder von außerhalb ihres Standorts erfolgenden Überprüfungen, zu deren mindestens jährlicher Durchführung sich der Antragsteller verpflichtet, sowie einer Darstellung der Auslagerungsvereinbarungen, und eine Beschreibung der Art und Weise seiner Teilnahme an einem nationalen oder internationalen Zahlungssystem;

13. die Identität und Höhe des Beteiligungsbetrages der Personen, die direkt oder indirekt eine qualifizierte Beteiligung gemäß Art. 4 Abs. 1 Nr. 36 der Verordnung (EU) 575/2013 an dem Zahlungsinstitut halten, sowie die im Interesse der Gewährleistung einer soliden und umsichtigen Führung des Zahlungsinstituts für die Beurteilung der Zuverlässigkeit dieser Personen, der gesetzlichen Vertreter und der allenfalls persönlich haftenden Gesellschafter dieser Personen erforderlichen Angaben, sowie die Angabe der Konzernstruktur, sofern diese Personen einem Konzern angehören;

14. die Namen der Geschäftsleiter und, im Falle des § 7 Abs. 2 Z 3 die Namen der für die Führung der Zahlungsdienstgeschäfte des Zahlungsinstituts verantwortlichen Personen, sowie gemäß § 10 Abs. 1 Z 9 bis 15 den Nachweis, dass sie zuverlässig sind und über die angemessenen Kenntnisse und Fähigkeiten zur Erbringung von Zahlungsdiensten verfügen;

15. den Namen des Abschlussprüfers, und im Falle einer Prüfungsgesellschaft auch die Namen der mit der Prüfung betrauten natürlichen Personen im Sinne der §§ 60 bis 63b BWG in Verbindung mit den §§ 270 bis 271c des Unternehmensgesetzbuches – UGB, dRGBl. S 219/1897;

16. die Rechtsform und die Satzung des Antragstellers;

17. den Sitz und die Anschrift der Hauptverwaltung des Antragstellers.

(2) Für die Zwecke der in Abs. 1 Z 4 bis 6 und Z 12 vorzulegenden Angaben und Unterlagen hat der Antragsteller eine Beschreibung seiner Prüfmodalitäten und seiner organisatorischen Vorkehrungen vorzulegen, die es ihm ermöglichen, alle angemessenen Maßnahmen zu treffen, um die Interessen seiner Nutzer zu schützen und bei der Erbringung der Zahlungsdienste Kontinuität und Verlässlichkeit zu garantieren.

(3) Bei den in Abs. 1 Z 10 genannten Sicherheitskontroll- und Risikominderungsmaßnahmen hat der Antragsteller anzugeben, auf welche Weise dadurch ein hohes Maß an technischer Sicherheit und Datenschutz gewährleistet wird. Das gilt auch für Software und IT-Systeme, die der Antragsteller oder die Unternehmen, an die er alle oder einen Teil seiner Tätigkeiten auslagert, verwenden. Zu diesen Maßnahmen gehören auch die Sicherheitsmaßnahmen gemäß § 85 Abs. 1.

(4) Die FMA hat dem Antragsteller binnen drei Monaten nach Eingang des Antrags oder, wenn dieser unvollständig ist, binnen drei Monaten nach Übermittlung aller für den Bescheid erforderlichen Angaben entweder die Konzession zu erteilen oder die Ablehnung des Antrages mittels Bescheides mitzuteilen.

Konzessionserteilung

§ 10. (1) Die Konzession ist zu erteilen, wenn:

1. das Unternehmen in der Rechtsform einer Kapitalgesellschaft oder Genossenschaft geführt werden soll;

2. der Sitz und die Hauptverwaltung im Inland liegen sowie zumindest ein Teil der Zahlungsdienste dort erbracht wird;

3. im Interesse der Gewährleistung einer soliden und umsichtigen Führung eines Zahlungsinstituts das Zahlungsinstitut über eine solide Unternehmenssteuerung für sein Zahlungsdienstgeschäft verfügt, wozu eine klare Organisationsstruktur mit genau abgegrenzten, transparenten und kohärenten Verantwortungsbereichen, wirksame Verfahren zur Ermittlung, Steuerung, Überwachung und Meldung der Risiken, einschließlich

Risiken aus der Vergütungspolitik und den Vergütungspraktiken, denen es ausgesetzt ist oder ausgesetzt sein könnte, sowie angemessene interne Kontrollmechanismen, einschließlich solider Verwaltungs- und Rechnungslegungsverfahren, zählen; diese Regeln, Verfahren und Mechanismen müssen umfassend und der Art, dem Umfang und der Komplexität der von dem Zahlungsinstitut erbrachten Zahlungsdienste angemessen sein;

4. die Aktionäre oder Gesellschafter, die qualifizierte Beteiligungen (Art. 4 Abs. 1 Nummer 36 der Verordnung (EU) Nr. 575/2013) halten, den zur Gewährleistung einer soliden und umsichtigen Führung eines Zahlungsinstituts zu stellenden Ansprüchen genügen und keine Tatsachen vorliegen, aus denen sich Zweifel an der persönlichen Zuverlässigkeit dieser Personen ergeben; liegen derartige Tatsachen vor, dann darf die Konzession nur erteilt werden, wenn die Unbegründetheit dieser Zweifel bescheinigt wurde;

5. zwischen dem Zahlungsinstitut und anderen natürlichen oder juristischen Personen bestehende enge Verbindungen im Sinne des Art. 4 Abs. 1 Nummer 38 der Verordnung (EU) Nr. 575/2013, eine ordnungsgemäße Beaufsichtigung nicht behindern;

6. die ordnungsgemäße Beaufsichtigung durch die Rechts- und Verwaltungsvorschriften eines Drittlandes, denen eine oder mehrere natürliche oder juristische Personen unterstehen, zu denen das Zahlungsinstitut enge Verbindungen besitzt, oder durch Schwierigkeiten bei deren Anwendung nicht behindert werden;

7. das Anfangskapital gemäß § 16 Abs. 1, das hartes Kernkapital gemäß Teil 2 Titel I Kapitel 2 der Verordnung (EU) Nr. 575/2013 umfasst und den Geschäftsleitern unbeschränkt und ohne Belastung im Inland zur freien Verfügung steht;

8. die Maßnahmen zum Schutz der Geldbeträge der Zahlungsdienstnutzer gemäß § 18 zufrieden stellend sind;

9. bei keinem der Geschäftsleiter ein Ausschließungsgrund im Sinne des § 13 Abs. 1 bis 3, 5 und 6 GewO 1994, BGBl. Nr. 194/1994, vorliegt und über das Vermögen keines der Geschäftsleiter der Konkurs eröffnet wurde, es sei denn, im Rahmen des Konkursverfahrens ist es zum Abschluss eines Sanierungsplanes gekommen, der erfüllt wurde; dies gilt auch für Vermögen anderer Rechtsträger als einer natürlichen Person, auf deren Geschäfte einem Geschäftsleiter maßgebender Einfluss zusteht oder zugestanden ist, oder wenn ein damit vergleichbarer Tatbestand im Ausland verwirklicht wurde;

10. die Geschäftsleiter über geordnete wirtschaftliche Verhältnisse verfügen und keine Tatsachen vorliegen, aus denen sich Zweifel an ihrer persönlichen für den Betrieb der Geschäfte gemäß § 1 Abs. 2 und § 7 Abs. 2 erforderlichen Zuverlässigkeit ergeben; liegen derartige Tatsachen vor, dann darf die Konzession nur erteilt werden, wenn die Unbegründetheit der Zweifel bescheinigt wurde;

11. die Geschäftsleiter auf Grund ihrer Vorbildung fachlich geeignet sind und die für den Betrieb des Zahlungsinstitutes erforderlichen Erfahrungen haben. Die fachliche Eignung eines Geschäftsleiters setzt voraus, dass dieser in ausreichendem Maße theoretische und praktische Kenntnisse in den beantragten Geschäften gemäß § 1 Abs. 2 sowie Leitungserfahrung hat; die fachliche Eignung für die Leitung eines Zahlungsinstitutes ist anzunehmen, wenn eine zumindest dreijährige leitende Tätigkeit bei einem Unternehmen vergleichbarer Größe und Geschäftsart nachgewiesen wird;

12. gegen einen Geschäftsleiter, der nicht österreichischer Staatsbürger ist, in dem Staat, dessen Staatsbürgerschaft er hat, keine Ausschließungsgründe als Geschäftsleiter eines Zahlungsinstitutes im Sinne der Z 9, 10, 11 oder 15 vorliegen; dies ist durch die Aufsicht des Heimatlandes zu bestätigen; kann jedoch eine solche Bestätigung nicht erlangt werden, so hat der betreffende Geschäftsleiter dies glaubhaft zu machen, das Fehlen der genannten Ausschließungsgründe zu bescheinigen und eine Erklärung abzugeben, ob die genannten Ausschließungsgründe vorliegen;

13. mindestens ein Geschäftsleiter den Mittelpunkt seiner Lebensinteressen in Österreich hat;

14. mindestens ein Geschäftsleiter die deutsche Sprache beherrscht;

15. mindestens ein Geschäftsleiter keinen anderen Hauptberuf außerhalb des Zahlungsdienstewesens, E-Geldwesens oder Bankwesens ausübt;

16. die Satzung keine Bestimmungen enthält, die die Sicherheit der dem Zahlungsinstitut anvertrauten Geldbeträge und die ordnungsgemäße Durchführung der Geschäfte gemäß § 1 Abs. 2 nicht gewährleisten;

17. die dem Antrag beigefügten Angaben und Nachweise § 9 entsprechen und die FMA nach eingehender Prüfung des Antrags zu einer positiven Gesamtbewertung gelangt.

(2) Vor Erteilung der Konzession hat die FMA

1. die Oesterreichische Nationalbank anzuhören;

2. die zuständige Behörde des Herkunftsmitgliedstaates, wenn ein Aktionär oder ein Gesellschafter, der eine qualifizierte Beteiligung an dem Zahlungsinstitut hält, in jenem Herkunftsmitgliedstaat als Kreditinstitut gemäß Art. 4 Abs. 1 Nummer 1 der Verordnung (EU) Nr. 575/2013, als Vermögensverwaltungsgesellschaft gemäß Art. 2 Nummer 5 der Richtlinie 2002/87/EG, als Wertpapierfirma gemäß Art. 4 Abs. 1 Nummer 1 der Richtlinie 2014/65/EU, als E-Geldinstitut gemäß Art. 1 Abs. 1 Buchstabe b der Richtlinie 2009/110/EG, als Versicherungsunternehmen

gemäß Art. 13 Nummer 1 der Richtlinie 2009/138/EG oder als Zahlungsinstitut gemäß Art. 4 Nummer 4 der Richtlinie (EU) 2015/2366 zugelassen ist, zu konsultieren;

3. wenn aus den im Rahmen des Konzessionsantrages vorzulegenden Unterlagen hervorgeht, dass ein Geschäftsleiter zuvor in einem anderen Mitgliedstaat tätig war, die für die Beaufsichtigung von Zahlungsdiensten zuständige Behörde in dem betreffenden Mitgliedstaat zu konsultieren;

4. im Fall von Zahlungsinstituten, die auch Tätigkeiten gemäß § 7 Abs. 2 Z 3 auszuüben beabsichtigen, die für die Beaufsichtigung dieser Tätigkeiten zuständigen Behörden in Österreich zu konsultieren.

(3) Die Konzession ist bei sonstiger Nichtigkeit schriftlich zu erteilen; sie kann mit entsprechenden Bedingungen und Auflagen versehen werden, auf einen einzelnen oder mehrere Zahlungsdienste des § 1 Abs. 2 lauten und Teile von einzelnen Zahlungsdiensten aus dem Konzessionsumfang ausnehmen. Gleichzeitig mit der Konzessionserteilung hat die FMA die Eintragung im Zahlungsinstitutsregister gemäß § 13 Abs. 2 vorzunehmen.

(4) Erbringt ein Zahlungsinstitut einen der in § 1 Abs. 2 Z 1 bis 7 angeführten Zahlungsdienste und geht es zugleich anderen Geschäftstätigkeiten nach, so kann die FMA vorschreiben, dass ein getrenntes Unternehmen mit eigener Rechtspersönlichkeit für das Zahlungsdienstgeschäft geschaffen werden muss, wenn

1. die Nicht-Zahlungsdienstgeschäfte des Zahlungsinstituts die finanzielle Solidität des Zahlungsinstituts beeinträchtigen oder beeinträchtigen könnten oder

2. die Nicht-Zahlungsdienstgeschäfte des Zahlungsinstituts die Möglichkeit der FMA, zu überprüfen, ob das Zahlungsinstitut sämtlichen Anforderungen dieses Bundesgesetzes genügt, beeinträchtigen oder beeinträchtigen könnten.

Rücknahme der Konzession

§ 11. (1) Die FMA kann die einem Zahlungsinstitut erteilte Konzession zurücknehmen, wenn

1. der Geschäftsbetrieb, auf den sie sich bezieht, nicht innerhalb von 12 Monaten nach Konzessionserteilung aufgenommen wurde oder

2. der Geschäftsbetrieb, auf den sie sich bezieht, mehr als sechs Monate lang nicht ausgeübt worden ist.

(2) Die FMA hat die Konzession zurückzunehmen, wenn

1. sie aufgrund falscher Angaben oder auf andere Weise unrechtmäßig erlangt wurde;

2. die für die Erteilung der Konzession erforderlichen Voraussetzungen nicht mehr vorliegen oder nachträglich weggefallen sind (§ 94 Abs. 7 dieses Bundesgesetzes in Verbindung mit § 70 Abs. 4 Z 3 BWG) oder das Zahlungsinstitut dabei seiner Pflicht, die FMA über wichtige Entwicklungen zu unterrichten, nicht mehr nachkommt;

3. eine Fortsetzung der Zahlungsdienste durch das Zahlungsinstitut eine Gefährdung für die Stabilität des Zahlungssystems oder für das Vertrauen in das Zahlungssystem darstellen würde oder das Zahlungsinstitut seine Verpflichtungen gegenüber seinen Gläubigern nicht erfüllt;

4. das Zahlungsinstitut die in § 7 festgesetzten Beschränkungen für die Gewährung von Krediten überschreitet oder Einlagen entgegennimmt oder E-Geld ausgibt;

5. über das Vermögen des Zahlungsinstituts das Konkursverfahren eröffnet wird oder

6. das Zahlungsinstitut den organschaftlichen Beschluss auf Auflösung gefasst hat und sämtliche Zahlungsdienste abgewickelt sind.

(3) Ein Bescheid, mit dem die Konzession zurückgenommen wird, wirkt wie ein Auflösungsbeschluss des Zahlungsinstitutes, wenn nicht binnen drei Monaten nach Rechtskraft des Bescheides die Geschäfte gemäß § 1 Abs. 2 als Unternehmensgegenstand aufgegeben werden und die Firma nicht unter Entfall der Bezeichnung „Zahlungsinstitut" geändert wird. Die FMA hat eine Ausfertigung dieses Bescheides dem Firmenbuchgericht zuzustellen; die Konzessionsrücknahme ist in das Firmenbuch einzutragen.

(4) Das Gericht hat auf Antrag der FMA Abwickler zu bestellen, wenn die sonst zur Abwicklung berufenen Personen keine Gewähr für eine ordnungsgemäße Abwicklung bieten. Ist die FMA der Ansicht, dass die zur Abwicklung berufenen Personen keine Gewähr für eine ordnungsgemäße Abwicklung bieten, so hat sie bei dem für den Sitz des Zahlungsinstitutes zuständigen, zur Ausübung der Gerichtsbarkeit in Handelssachen erster Instanz zuständigen Gerichtshof die Bestellung geeigneter Abwickler zu beantragen; der Gerichtshof entscheidet im Verfahren außer Streitsachen.

(5) Die Rücknahme der Konzession ist gegenüber den Betroffenen mittels Bescheides auszusprechen.

(6) Die Rücknahme der Konzession ist von der FMA im Zahlungsinstitutsregister gemäß § 13 Abs. 2 und auf der Internetseite der FMA öffentlich bekannt zu machen. In gleicher Weise hat die FMA zu veröffentlichen, wenn einer Beschwerde gegen einen Bescheid auf Rücknahme der Konzession aufschiebende Wirkung zuerkannt wird. Die Veröffentlichung der Rücknahme der Konzession ist zu widerrufen, wenn der Bescheid aufgehoben wird.

Erlöschen der Konzession

§ 12. (1) Die Konzession erlischt:

1. Durch Zeitablauf;

2. bei Eintritt einer auflösenden Bedingung (§ 10 Abs. 3);

3. mit ihrer Zurücklegung;

4. mit der Eintragung der Verschmelzung oder Spaltung von Zahlungsinstituten in das Firmenbuch des übertragenden Zahlungsinstitutes oder der übertragenden Zahlungsinstitute sowie mit der Eintragung der Gesamtrechtsnachfolge auf Grund einer Einbringung in das Firmenbuch hinsichtlich des doppelten oder mehrfachen Konzessionsbestandes bei einem Institut;

5. mit der Eintragung der Europäischen Gesellschaft (SE) oder Europäischen Genossenschaft (SCE) in das Register des neuen Sitzstaates.

(2) Das Erlöschen der Konzession ist von der FMA durch Bescheid festzustellen. § 11 Abs. 3 und 4 sind anzuwenden.

(3) Die Zurücklegung einer Konzession (Abs. 1 Z 3) ist nur schriftlich zulässig und nur dann, wenn zuvor sämtliche Zahlungsdienste abgewickelt worden sind.

(4) Hinsichtlich des durch Geschäftsleiter des Zahlungsinstitutes, die FMA und die Abwickler anzuwendenden Verfahrens ist § 7a BWG anzuwenden.

Firmenbuch und Zahlungsinstitutsregister

§ 13. (1) Zahlungsinstitute dürfen nur dann in das Firmenbuch eingetragen werden, wenn die entsprechenden rechtskräftigen Bescheide in Urschrift oder beglaubigter Abschrift (Kopie) vorliegen. Das zuständige Gericht hat Beschlüsse über solche Firmenbucheintragungen auch der FMA zuzustellen.

(2) Die FMA hat ein öffentliches Register einzurichten, in das alle zugelassenen Zahlungsinstitute und Kontoinformationsdienstleister (§ 15) mit Sitz in Österreich sowie ihre Agenten einzutragen sind. Zweigstellen in anderen Mitgliedstaaten sind einzutragen, sofern diese dort Dienstleistungen erbringen. Ebenso ist die Beschreibung einer gemäß § 3 Abs. 4 und 5 angezeigten Dienstleistung einzutragen. Das Register ist auf der Internetseite der FMA zu veröffentlichen. Änderungen sind unverzüglich vorzunehmen.

(3) Die Eintragung in das im Abs. 2 genannte Register hat unverzüglich nach Eintritt der Rechtskraft des Konzessionsbescheides zu erfolgen. Neben der Firma, dem Konzessionsumfang und Sitz des Zahlungsinstitutes ist auch die Firmenbuchnummer, soweit sie der FMA mitgeteilt wurde, anzugeben. Sofern das Zahlungsinstitut seine Dienste über Agenten oder Zweigstellen erbringt, sind auch Name oder Firma, Sitz und Firmenbuchnummer, sofern eine solche der FMA mitgeteilt wurde, anzugeben.

(4) Das Zahlungsinstitut hat der FMA seine Firmenbuchnummer und jede Änderung derselben unverzüglich schriftlich anzuzeigen.

(5) Die FMA hat jede Rücknahme und jedes Erlöschen der Konzession sowie jede Rücknahme der Registrierung in das Register einzutragen. Dabei hat sie die EBA über die Gründe für die Rücknahme oder das Erlöschen der Konzession oder für die Rücknahme der Registrierung zu unterrichten.

(6) Die FMA hat auf individuelle Anfrage in angemessener Frist Auskünfte über den Konzessionsumfang von Zahlungsinstituten gemäß § 4 Z 4 lit. a zu erteilen.

(7) Die FMA hat der EBA unverzüglich in einer im Finanzsektor gebräuchlichen Sprache die in Abs. 2 genannten Register aufgenommenen Angaben zu übermitteln. Sie hat dafür zu sorgen, dass diese Angaben richtig und aktuell gehalten werden.

Änderung der Konzessionsgrundlagen

§ 14. (1) Das Zahlungsinstitut hat der FMA unverzüglich jede für die Konzessionserteilung maßgebliche Änderung schriftlich anzuzeigen, wobei im Fall einer Beschlussfassung das Eintreten der Wirksamkeit des Beschlussgegenstandes nicht abzuwarten ist, und zwar:

1. Jede Satzungsänderung und den Beschluss auf Auflösung;

2. jede Änderung der Voraussetzungen gemäß § 10 Abs. 1 Z 9, 10, 13 und 15 bei bestehenden Geschäftsleitern;

3. jede Änderung in der Person der Geschäftsleiter sowie die Einhaltung von § 10 Abs. 1 Z 9 bis 15;

4. die beabsichtigte Eröffnung sowie die Verlegung, Schließung oder vorübergehende Einstellung des Geschäftsbetriebes der Hauptniederlassung;

5. Umstände, die für einen ordentlichen Geschäftsleiter erkennen lassen, dass die Erfüllbarkeit der Verpflichtungen gefährdet ist;

6. den Eintritt der Zahlungsunfähigkeit oder der Überschuldung;

7. jede beabsichtigte Erweiterung des Geschäftsgegenstandes;

8. jede Herabsetzung des eingezahlten Kapitals gemäß § 16 Abs. 1;

9. jede beabsichtigte Änderung im Hinblick auf die Sicherung der Kundengelder gemäß § 18;

10. die Namen des oder der Verantwortlichen für die interne Revision sowie jede Änderung in deren Person;

11. das Absinken der anrechenbaren Eigenmittel unter die in § 16 Abs. 1 genannten Beträge;

12. jede beabsichtigte Änderung bei der Auslagerung von betrieblichen Aufgaben von Zahlungsdiensten gemäß § 21;

13. jede beabsichtigte Änderung der Identität einschließlich einer Änderung der Firmenbuchnummer oder Adresse oder des Sitzes der Agenten gemäß § 22;

14. jede mehr als einen Monat andauernde Nichteinhaltung von Maßstäben, die gemäß § 17 sowie auf Grundlage dieses Bundesgesetzes erlassener Verordnungen oder Bescheide vorgeschrieben sind.

(2) Im Falle eines Wechsels der Personen gemäß § 10 Abs. 1 Z 4 ist das in § 19 dieses Bundesgesetzes sowie in den §§ 20a und 20b BWG vorgesehene Verfahren anzuwenden. Im Falle einer Rechtsformänderung, Verschmelzung oder Spaltung sind das Verfahren gemäß § 21 Abs. 1 bis 3 BWG sowie die §§ 7 bis 9, 11 und 12 dieses Bundesgesetzes anzuwenden.

Registrierungsantrag für Kontoinformationsdienste

§ 15. (1) Ein Unternehmen, das die Eintragung in das Zahlungsinstitutsregister (§ 13 Abs. 2) für die Erbringung von Kontoinformationsdiensten (§ 1 Abs. 2 Z 8) beantragt, hat dem Antrag die Angaben und Unterlagen gemäß § 9 Abs. 1 Z 1, 2, 5 bis 8, 10, 12, 14, 16 und 17 anzuschließen.

(2) Weiters hat der Antragsteller als Voraussetzung für seine Eintragung den Abschluss

1. einer Berufshaftpflichtversicherung für die Gebiete, in denen er seine Dienste anbietet, oder

2. einer anderen gleichwertigen Garantie, die seine Haftung gegenüber dem kontoführenden Zahlungsdienstleister und dem Zahlungsdienstnutzer für einen nicht autorisierten oder betrügerischen Zugang zu Zahlungskontoinformationen oder deren nicht autorisierte oder betrügerische Nutzung abdeckt, nachzuweisen.

(3) Auf Kontoinformationsdienstleister sind nur die §§ 13, 27 bis 31, 34, 41, 48, 61, 63, 85 bis 87, 88 sowie 90 bis 95 anzuwenden.

(4) Erfüllt der Antragsteller die Voraussetzungen nach Abs. 1 oder 2 nicht, hat ihm die FMA die Eintragung in das Zahlungsinstitutsregister zu verweigern. Vor Eintragung der Registrierung hat die FMA die Oesterreichische Nationalbank anzuhören.

(5) Verletzt der Kontoinformationsdienstleister die Bestimmungen nach Abs. 1, 2 oder 3, hat die FMA die Streichung aus dem Zahlungsinstitutsregister vorzunehmen. Dies gilt auch, wenn der FMA Umstände bekannt werden, dass der Kontoinformationsdienstleister seinen Geschäftsbetrieb endgültig eingestellt hat.

2. Abschnitt

Anforderungen und Ordnungsvorschriften für den aufrechten Betrieb

Eigenmittel

§ 16. (1) Das harte Kernkapital gemäß Teil 2 Titel I Kapitel 2 der Verordnung (EU) Nr. 575/2013, darf zu keinem Zeitpunkt weniger betragen als:

1. 20 000 Euro, wenn das Zahlungsinstitut nur das Finanztransfergeschäft (§ 1 Abs. 2 Z 6) betreibt;

2. 50 000 Euro, wenn das Zahlungsinstitut nur Zahlungsauslösedienste (§ 1 Abs. 2 Z 7) betreibt;

3. 125 000 Euro, wenn das Zahlungsinstitut einen der in § 1 Abs. 2 Z 1 bis 5 genannten Zahlungsdienste betreibt.

(2) Das harte Kernkapital gemäß Teil 2 Titel I Kapitel 2 der Verordnung (EU) Nr. 575/2013 darf nicht unter die in Abs. 1 genannten Beträge oder die Beträge auf Grund der Berechnung gemäß § 17 absinken, wobei der jeweils höhere Betrag maßgebend ist.

Berechnung der Eigenmittel

§ 17. (1) Zahlungsinstitute haben jederzeit ausreichend Eigenmittel zu halten. Ausgenommen davon sind Zahlungsinstitute, die lediglich Zahlungsauslösedienste (§ 1 Abs. 2 Z 7) oder Kontoinformationsdienste (§ 1 Abs. 2 Z 8) oder beides anbieten. Abgesehen von den Bestimmungen über das Anfangskapital gemäß § 10 Abs. 1 Z 7 in Verbindung mit § 16 Abs. 1 haben Zahlungsinstitute jederzeit zumindest Eigenmittel in einer Höhe zu halten, die nach einer der folgenden drei Methoden berechnet wird:

1. Methode A: Zahlungsinstitute müssen Eigenmittel in Höhe von mindestens 10 vH ihrer fixen Gemeinkosten des Vorjahrs aufweisen. Die FMA kann diese Anforderung bei einer gegenüber dem Vorjahr erheblich veränderten Geschäftstätigkeit eines Zahlungsinstituts anpassen. Zahlungsinstitute, die ihre Geschäftstätigkeit zum Zeitpunkt der Berechnung seit weniger als einem Jahr ausüben, müssen Eigenmittel in Höhe von 10 vH der im Geschäftsplan vorgesehenen entsprechenden fixen Gemeinkosten aufweisen, sofern nicht die FMA eine Anpassung dieses Plans gemäß Abs. 4 verlangt.

2. Methode B: Zahlungsinstitute müssen Eigenmittel aufweisen, die mindestens der Summe der folgenden Elemente multipliziert mit dem Skalierungsfaktor k gemäß Abs. 2 entsprechen, wobei das Zahlungsvolumen einem Zwölftel der Gesamtsumme der von dem Zahlungsinstitut im Vorjahr ausgeführten Zahlungsvorgänge entspricht:

ZaDiG 2018

a) 4 vH der Tranche des Zahlungsvolumens bis 5 Millionen Euro
zuzüglich

b) 2,5 vH der Tranche des Zahlungsvolumens von über 5 Millionen Euro bis 10 Millionen Euro
zuzüglich

c) 1 vH der Tranche des Zahlungsvolumens von über 10 Millionen Euro bis 100 Millionen Euro
zuzüglich

d) 0,5 vH der Tranche des Zahlungsvolumens von über 100 Millionen Euro bis 250 Millionen Euro
zuzüglich

e) 0,25 vH der Tranche des Zahlungsvolumens über 250 Millionen Euro.

3. Methode C: Zahlungsinstitute müssen Eigenmittel aufweisen, die mindestens dem maßgeblichen Indikator gemäß lit. a entsprechen, multipliziert mit dem in lit. b definierten Multiplikationsfaktor und mit dem in Abs. 2 festgelegten Skalierungsfaktor.

a) Der maßgebliche Indikator ist die Summe der folgenden Bestandteile:

aa) Zinserträge,

bb) Zinsaufwand,

cc) Einnahmen aus Provisionen und Entgelten sowie

dd) sonstige betriebliche Erträge.

In die Summe geht jeder Wert mit seinem positiven oder negativen Vorzeichen ein. Außerordentliche oder unregelmäßige Erträge dürfen nicht in die Berechnung des maßgeblichen Indikators einfließen. Aufwendungen für die Auslagerung von Dienstleistungen, die durch Dritte erbracht werden, dürfen den maßgeblichen Indikator dann mindern, wenn die Aufwendungen von einem Unternehmen getragen werden, das gemäß diesem Bundesgesetz oder gemäß der Richtlinie (EU) 2015/2366 beaufsichtigt wird. Der maßgebliche Indikator wird auf der Grundlage der letzten Zwölfmonatsbeobachtung, die am Ende des vorangegangenen Geschäftsjahres erfolgt, berechnet. Der maßgebliche Indikator wird für das vorangegangene Geschäftsjahr berechnet. Jedoch dürfen die nach der Methode C berechneten Eigenmittel nicht weniger als 80 vH des Betrags ausmachen, der als Durchschnittswert des maßgeblichen Indikators für die letzten drei Geschäftsjahre berechnet wurde. Solange keine gemäß § 25 geprüften Zahlen vorliegen, können Schätzungen herangezogen werden.

b) Der Multiplikationsfaktor entspricht:

aa) 10 vH der Tranche des maßgeblichen Indikators bis 2,5 Millionen Euro,

bb) 8 vH der Tranche des maßgeblichen Indikators von über 2,5 Millionen Euro bis 5 Millionen Euro,

cc) 6 vH der Tranche des maßgeblichen Indikators von über 5 Millionen Euro bis 25 Millionen Euro,

dd) 3 vH der Tranche des maßgeblichen Indikators von über 25 Millionen Euro bis 50 Millionen Euro,

ee) 1,5 vH der Tranche des maßgeblichen Indikators über 50 Millionen Euro.

(2) Der bei den Methoden B und C verwendete Skalierungsfaktor k entspricht:

1. 0,5, wenn das Zahlungsinstitut nur den in § 1 Abs. 2 Z 6 genannten Zahlungsdienst erbringt;

2. 1, wenn das Zahlungsinstitut einen der in § 1 Abs. 2 Z 1 bis 5 genannten Zahlungsdienste erbringt.

(3) Das Zahlungsinstitut hat der FMA gleichzeitig mit dem Antrag auf Konzessionserteilung einen Vorschlag betreffend die zu wählende Methode zu machen. Das Zahlungsinstitut kann auch während des aufrechten Geschäftsbetriebes, jeweils für das neue Geschäftsjahr einen Antrag bei der FMA auf Festlegung einer anderen Methode stellen. Die FMA kann auch von Amts wegen eine andere Methode festlegen. Sie hat nach Anhörung des Zahlungsinstituts mittels Bescheides, im Falle der Konzessionserteilung unter einem im Konzessionsbescheid gemäß § 10 Abs. 3, festzulegen, welche Methode das Zahlungsinstitut anzuwenden hat. Sie hat dabei auf die Komplexität des Geschäftsmodells, insbesondere ob damit eine Führung von Zahlungskonten verbunden ist, ob Zahlungsvorgänge durch einen Kreditrahmen für den Zahlungsdienstnutzer im Sinne des § 1 Abs. 2 Z 4 abgedeckt sind, auf das Zahlungsvolumen sowie die Dauer des Bestehens des Unternehmens Bedacht zu nehmen. Die Methode muss der Unternehmenssteuerung, der Organisationsstruktur und insbesondere dem Risikomanagement gemäß § 20 angemessen entsprechen.

(4) Weiters kann die FMA auf der Grundlage einer Bewertung der Risikomanagementprozesse, der Verlustdatenbank und des internen Kontrollsystems des Zahlungsinstituts

1. vorschreiben, dass die Eigenmittel des Zahlungsinstituts einem Betrag entsprechen müssen, der bis zu 20 vH höher ist als der Betrag, der sich aus der Anwendung der gemäß Abs. 1 gewählten Methode ergeben würde oder

2. dem Zahlungsinstitut gestatten, dass seine Eigenmittel einem Betrag entsprechen, der bis zu 20 vH niedriger ist als der Betrag, der sich aus der Anwendung der gemäß Abs. 1 gewählten Methode ergeben würde.

Sicherung der Kundengelder

§ 18. (1) Zahlungsinstitute haben alle Geldbeträge, die sie von den Zahlungsdienstnutzern oder über einen anderen Zahlungsdienstleister für die

Ausführung von Zahlungsvorgängen entgegengenommen haben, nach einer der beiden folgenden Varianten zu sichern;

1. Variante A

a) Die Geldbeträge dürfen zu keinem Zeitpunkt mit den Geldbeträgen anderer natürlicher oder juristischer Personen als der Zahlungsdienstnutzer, für die sie gehalten werden, vermischt werden;

b) die Geldbeträge müssen, wenn sie sich am Ende des auf den Tag ihres Eingangs folgenden Geschäftstags noch in Händen des Zahlungsinstituts befinden und,

aa) sofern es sich um den Zahlungsdienstleister des Zahlers handelt, noch nicht an einen anderen Zahlungsdienstleister transferiert, oder

bb) sofern es sich um den Zahlungsdienstleister des Empfängers handelt, noch nicht dem Zahlungsempfänger übergeben worden sind,

auf einem gesonderten Treuhand-Konto bei einem Kreditinstitut hinterlegt oder abgesondert vom Vermögen des Zahlungsinstituts in sichere liquide Aktiva mit niedrigem Risiko gemäß Abs. 4 veranlagt werden und

c) die Geldbeträge sind in einer Weise identifizierbar zu halten, dass sie zu jeder Zeit dem einzelnen Zahlungsdienstnutzer im Hinblick auf dessen jeweiligen Anteil betragsmäßig zuordenbar sind.

Der Zahlungsdienstnutzer kann im Falle der Exekution gegen seinen Zahlungsdienstleister Widerspruch erheben (§ 37 EO), wenn sich die Exekution auf die nach lit. c gesicherten Beträge bezieht. Unter denselben Voraussetzungen hat der Zahlungsdienstnutzer im Fall eines Konkurses über das Vermögen seines Zahlungsdienstleisters das Recht auf Aussonderung (§ 44 der Insolvenzordnung – IO, RGBl. Nr. 337/1914).

2. Variante B

Die Geldbeträge müssen durch eine Versicherungspolizze oder eine andere vergleichbare Garantie eines Versicherungsunternehmens oder eines Kreditinstituts, die oder das nicht zur selben Gruppe gehört wie das Zahlungsinstitut selbst, in Höhe eines Betrags abgesichert werden, der demjenigen entspricht, der ohne die Versicherungspolizze oder eine andere vergleichbare Garantie getrennt geführt werden müsste und im Falle der Zahlungsunfähigkeit des Zahlungsinstituts auszuzahlen wäre.

(2) Muss ein Zahlungsinstitut Geldbeträge gemäß Abs. 1 absichern und ist ein Teil dieser Geldbeträge für zukünftige Zahlungsvorgänge zu verwenden, während der verbleibende Teil für NichtZahlungsdienste verwendet werden muss, so gelten die Auflagen gemäß Abs. 1 auch für diesen Anteil der für zukünftige Zahlungsvorgänge zu verwendenden Geldbeträge. Ist der Anteil für zukünftige Zahlungsvorgänge variabel oder nicht im Voraus bekannt, kann ein Zahlungsinstitut einen repräsentativen Anteil heranziehen, der typischerweise für Zahlungsdienste verwendet wird, sofern sich dieser repräsentative Anteil nach Auffassung der FMA auf der Grundlage historischer Daten mit hinreichender Sicherheit schätzen lässt.

(3) Das Zahlungsinstitut hat der FMA während des laufenden Geschäftsbetriebes auf Aufforderung darzulegen und nachzuweisen, dass es ausreichende Maßnahmen ergriffen hat, um die in Abs. 1 und 2 genannten Anforderungen zu erfüllen. Wird der Nachweis nicht erbracht oder sind die Maßnahmen nicht ausreichend, so hat die FMA das Zahlungsinstitut aufzufordern, die erforderlichen Nachweise zu erbringen oder Vorkehrungen zu treffen, die geeignet und erforderlich sind, die bestehenden Mängel zu beseitigen. Die FMA hat dafür eine angemessene Frist zu bestimmen. Werden die Nachweise oder Vorkehrungen nicht oder nicht fristgerecht vorgelegt oder getroffen, kann die FMA Maßnahmen gemäß § 94 Abs. 1 und 8 setzen.

(4) Sichere Aktiva mit niedrigem Risiko gemäß Abs. 1 Z 1 lit. b sublit. bb sind Aktiva, die unter eine der Kategorien gemäß Art. 336 Abs. 1 Tabelle 1 der Verordnung (EU) Nr. 575/2013 fallen, für die die Eigenkapitalanforderung für das spezifische Risiko nicht höher als 1,6 vH ist, wobei jedoch andere qualifizierte Positionen gemäß Art. 336 Abs. 4 der Verordnung (EU) Nr. 575/2013 ausgeschlossen sind. Weiters sind sichere Aktiva mit niedrigem Risiko auch Anteile an einem Organismus für gemeinsame Anlagen in Wertpapieren (OGAW) im Sinne der Richtlinie 2009/65/EG, der ausschließlich in die im vorstehenden Satz bezeichneten Aktiva investiert. Die FMA kann unter außergewöhnlichen Umständen mittels Verordnung bestimmen, welche der im ersten und zweiten Satz bezeichneten Aktiva keine sicheren liquiden Aktiva mit niedrigem Risiko für die Zwecke des Abs. 1 Z 1 lit. b sublit. bb darstellen. Sie hat dabei die Sicherheit, den Fälligkeitstermin, den Wert oder andere Risikofaktoren der im ersten und zweiten Satz bezeichneten Aktiva zu bewerten und auf diese Faktoren in ihrer Verordnung Bedacht zu nehmen.

Beteiligungskontrolle

§ 19. (1) Jeder, der beschlossen hat, direkt oder indirekt eine qualifizierte Beteiligung im Sinne des Art. 4 Abs. 1 Nr. 36 der Verordnung (EU) Nr. 575/2013 an einem Zahlungsinstitut zu erwerben oder zu erhöhen, mit der Folge, dass der Anteil am Kapital oder an den Stimmrechten 20 vH, 30 vH oder 50 vH erreichen oder überschreiten würde oder das Zahlungsinstitut sein Tochterunternehmen würde, hat dies der FMA zuvor schriftlich anzuzeigen. Dasselbe gilt für jeden, der beschlossen hat, direkt oder indirekt eine qualifizierte Beteiligung zu veräußern oder seine qualifizierte Beteiligung so zu verringern, dass ihr Anteil am Kapital oder an den Stimmrechten 20 vH, 30 vH oder 50 vH unterschreiten würde oder das Zahlungsinstitut nicht mehr sein Tochterunternehmen wäre.

(2) Hinsichtlich des Verfahrens und der Kriterien zur Beurteilung der Beteiligungskontrolle sind die §§ 20a und 20b BWG anzuwenden.

(3) Der interessierte Erwerber einer qualifizierten Beteiligung hat der FMA Angaben zum Umfang der geplanten Beteiligung sowie die Informationen gemäß § 20b Abs. 3 BWG vorzulegen.

(4) Besteht die Gefahr, dass sich der Einfluss, der von dem in Abs. 3 genannten interessierten Erwerber ausgeübt wird, voraussichtlich zum Schaden einer umsichtigen und soliden Geschäftsführung des Zahlungsinstituts auswirkt, so hat die FMA zur Abwehr einer solchen Gefahr oder zur Beendigung eines solchen Zustands Einspruch zu erheben oder andere angemessene Maßnahmen zu ergreifen. Solche Maßnahmen sind insbesondere:

1. Aufsichtsmaßnahmen gemäß § 94 Abs. 1,

2. Sanktionen gegen die Geschäftsleiter gemäß § 94 Abs. 1 Z 3 oder

3. der Antrag bei dem für den Sitz des Zahlungsinstitutes zuständigen, zur Ausübung der Gerichtsbarkeit in Handelssachen erster Instanz zuständigen Gerichtshof auf Anordnung des Ruhens der Stimmrechte für jene Aktien oder sonstigen Anteile, die von den betreffenden Aktionären oder sonstigen Gesellschaftern gehalten werden,

a) für die Dauer dieser Gefahr, wobei dessen Ende vom Gerichtshof festzustellen ist, oder

b) bis zum Kauf dieser Aktien oder sonstiger Anteile durch Dritte nach erfolgter Nichtuntersagung (§ 20a Abs. 2 BWG);

der Gerichtshof entscheidet im Verfahren außer Streitsachen.

Die Maßnahmen sind auch auf jene Personen anzuwenden, die der Verpflichtung zur vorherigen Anzeige der FMA gemäß Abs. 1 nicht nachkommen.

(5) Wurde eine Beteiligung entgegen einer Untersagung durch die FMA (§ 20a Abs. 2 BWG) erworben, so ruhen die Stimmrechte für jene Aktien oder sonstigen Anteile, die von den betreffenden Aktionären oder sonstigen Gesellschaftern gehalten werden, bis zur Feststellung der FMA, dass der Grund für die erfolgte Untersagung nicht mehr besteht.

(6) Verfügt der Gerichtshof das Ruhen der Stimmrechte gemäß Abs. 4 Z 3, so hat der Gerichtshof gleichzeitig einen Treuhänder zu bestellen, der den Anforderungen gemäß § 10 Abs. 1 Z 4 zu entsprechen hat und ihm die Ausübung der Stimmrechte zu übertragen. Im Fall des Abs. 5 hat die FMA bei dem gemäß Abs. 4 Z 3 zuständigen Gerichtshof die Bestellung eines Treuhänders unverzüglich zu beantragen, wenn ihr bekannt wird, dass die Stimmrechte ruhen. Der Treuhänder hat Anspruch auf Ersatz seiner Auslagen und auf Vergütung für seine Tätigkeit, deren Höhe vom Gericht festzusetzen ist. Das Zahlungsinstitut sowie die Aktionäre und sonstigen Anteilseigner, deren Stimmrechte ruhen, haften dafür zur ungeteilten Hand. Gegen Beschlüsse, durch die die Höhe der Vergütung des Treuhänders und der ihm zu ersetzenden Auslagen bestimmt wird, steht den Verpflichteten der Rekurs offen. Gegen die Entscheidung des Oberlandesgerichtes findet ein weiterer Rechtszug nicht statt.

Organisatorische Anforderungen, Verschwiegenheits- und Sorgfaltspflichten

§ 20. (1) Zahlungsinstitute haben über eine solide Unternehmensteuerung zu verfügen und diese schriftlich und in nachvollziehbarer Weise zu dokumentieren. Dazu zählen insbesondere:

1. eine Organisationsstruktur mit klar abgegrenzten, kohärenten und transparenten Verantwortungsbereichen, die durch dem Geschäftsbetrieb angemessene, aufbau- und ablauforganisatorische Abgrenzungen Interessens- und Kompetenzkonflikte vermeidet, sowie

2. Verwaltungs-, Rechnungs- und Kontrollverfahren zur Ermittlung, Beurteilung, Steuerung, Überwachung und Meldung der zahlungsdienstgeschäftlichen und zahlungsdienstbetrieblichen Risiken sowie der Vergütungspolitik und der Vergütungspraktiken, die der Art, dem Umfang und der Komplexität der betriebenen Zahlungsdienste und der gegebenenfalls gemäß § 7 Abs. 2 ausgeübten Tätigkeiten angemessen sind.

(2) Die Geschäftsleiter eines Zahlungsinstitutes haben bei ihrer Geschäftsführung die Sorgfalt eines ordentlichen und gewissenhaften Geschäftsleiters im Sinne des § 84 Abs. 1 des Aktiengesetzes 1965 – AktG, BGBl. Nr. 98/1965 anzuwenden. Dabei haben sie sich insbesondere über die zahlungsdienstgeschäftlichen und zahlungsdienstbetrieblichen Risiken sowie Risiken aus der Vergütungspolitik und den Vergütungspraktiken zu informieren und diese durch angemessene Strategien und Verfahren zu steuern, zu überwachen und zu begrenzen sowie eine solide und umsichtige Führung des Zahlungsinstitutes zu gewährleisten. Weiters haben die Geschäftsleiter dem Vorsitzenden des Aufsichtsorgans unverzüglich alle Bescheide der FMA zur Kenntnis zu bringen, die auf Grund der in § 94 genannten Bestimmungen erlassen wurden.

(3) Die Geschäftsleiter sind dafür verantwortlich, dass das Zahlungsinstitut über eine ordnungsgemäße Geschäftsorganisation im Sinne des Abs. 1 verfügt, die insbesondere umfasst:

1. Angemessene Maßnahmen der Unternehmenssteuerung, Kontrollmechanismen und Verfahren, die gewährleisten, dass das Zahlungsinstitut seine Verpflichtungen erfüllt;

2. eine vollständige Dokumentation der Geschäftstätigkeit, die eine Überwachung durch die FMA für ihren Zuständigkeitsbereich ermöglicht;

3. Datensicherheitsmaßnahmen gemäß „Art. 24, 25 und 32 der Verordnung (EU) 2016/679“ sowie ein angemessenes Notfallkonzept für Datenverarbeitungssysteme; *(BGBl I 2018/37)*

4. ein angemessenes Risikomanagement und angemessene Kontrollmechanismen sowie Verfahren und Datenverarbeitungssysteme, die eine Einhaltung der Anforderungen des FM-GwG und der Verordnung (EU) 2015/847 gewährleisten;

5. soweit die Konzession die Möglichkeit einer Kreditgewährung umfasst (§ 1 Abs. 2 Z 4 oder 5), ein angemessenes Risikomanagementsystem im Hinblick auf das Kreditrisiko (Art. 107 der Verordnung (EU) Nr. 575/2013);

6. ein angemessenes Risikomanagement im Hinblick auf das Risiko von Geldwäscherei und Terrorismusfinanzierung.

(4) Die Zweckmäßigkeit der Verfahren gemäß Abs. 1 und Abs. 3 sowie deren Anwendung sind mindestens einmal jährlich im Rahmen der internen Revision gemäß § 42 Abs. 1, 2 und 3, § 42 Abs. 4 Z 1 und 3 sowie § 42 Abs. 5, 6 und 7 BWG zu prüfen, wobei § 42 Abs. 3 BWG mit der Maßgabe anzuwenden ist, dass das Erfordernis von mindestens zwei Geschäftsleitern nur dann gilt, wenn das Zahlungsinstitut auf Grund seiner Größe und Organisation tatsächlich mindestens zwei Geschäftsleiter hat. Die Prüffelder und die Ergebnisse dieser Prüfung sind zu dokumentieren.

(5) Zahlungsinstitute sowie die für sie tätigen Personen sind zur Verschwiegenheit über Geheimnisse verpflichtet, die sie ausschließlich aus Zahlungsdiensten (§ 1 Abs. 2), die sie im Auftrag ihrer Zahlungsdienstnutzer ausführen, erfahren haben, außer

1. dieser Verschwiegenheitspflicht steht eine gesetzliche Auskunftspflicht entgegen,

2. der Zahlungsdienstnutzer stimmt der Offenbarung des Geheimnisses schriftlich zu,

3. die Offenbarung des Geheimnisses ist zur Klärung von Rechtsangelegenheiten aus dem Verhältnis zwischen Zahlungsdienstleister und seinem Zahlungsdienstnutzer erforderlich.

(6) § 36 BWG ist auf Zahlungsinstitute anzuwenden.

Auslagerung von Aufgaben

§ 21. (1) Die Auslagerung wichtiger betrieblicher Aufgaben, einschließlich IT-Systeme, darf weder die Qualität der internen Kontrolle des Zahlungsinstituts noch die Beaufsichtigung des Zahlungsinstituts durch die FMA im Hinblick auf die Erfüllung der Anforderungen dieses Bundesgesetzes wesentlich beeinträchtigen. Eine betriebliche Aufgabe gilt als wichtig in diesem Zusammenhang, wenn deren unzureichende oder unterlassene Wahrnehmung die kontinuierliche Einhaltung der Konzessionsanforderungen oder der anderen Verpflichtungen des Zahlungsinstituts gemäß diesem Bundesgesetz, seine finanzielle Leistungsfähigkeit oder die Solidität oder Kontinuität seiner Zahlungsdienste wesentlich beeinträchtigen würde. Bei Abschluss, Durchführung oder Kündigung einer Vereinbarung über die Auslagerung von wichtigen betrieblichen Aufgaben ist mit der gebotenen Professionalität und Sorgfalt zu verfahren. Insbesondere ist eine klare Aufteilung der Rechte und Pflichten zwischen dem Zahlungsinstitut und dem Dienstleister in Form einer schriftlichen Vereinbarung vorzunehmen.

(2) Dabei darf die Auslagerung wichtiger betrieblicher Aufgaben

1. nicht zu einer Delegation der Aufgaben der Geschäftsleitung führen,

2. das Verhältnis und die Pflichten des Zahlungsinstituts gegenüber seinen Zahlungsdienstnutzern gemäß dieses Bundesgesetzes nicht verändern,

3. die Einhaltung der Konzessionsanforderungen und der übrigen Bestimmungen gemäß dem 2. Hauptstück dieses Bundesgesetzes nicht behindern oder erschweren und

4. nicht zu einem Entfall oder einer Veränderung der anderen Voraussetzungen, unter denen dem Zahlungsinstitut die Konzession erteilt wurde, führen.

(3) Das Zahlungsinstitut hat der FMA die beabsichtigte Auslagerung von betrieblichen Aufgaben von Zahlungsdiensten, unabhängig davon, ob es sich dabei um wichtige Aufgaben im Sinne des Abs. 1 handelt, zuvor schriftlich anzuzeigen. Auf deren Verlangen hat das Zahlungsinstitut der FMA alle Informationen zur Verfügung zu stellen, die notwendig sind, um zu überwachen, ob die Anforderungen dieses Bundesgesetzes betreffend die Auslagerung von Aufgaben eingehalten werden.

Agenten

§ 22. (1) Beabsichtigt ein Zahlungsinstitut, Zahlungsdienste über einen Agenten zu erbringen, so hat es dies zuvor der FMA unter Beibringung nachfolgender Angaben schriftlich anzuzeigen:

1. Name und Anschrift des Agenten;

2. eine Beschreibung der internen Kontrollmechanismen, die der Agent anwendet, um die Anforderungen des FM-GwG zu erfüllen; die Beschreibung ist bei sachlichen Änderungen im

Rahmen der Erstbenachrichtigung übermittelten Angaben unverzüglich zu aktualisieren;

3. die Namen der Geschäftsleiter des Agenten, der zur Erbringung von Zahlungsdiensten in Anspruch genommen werden soll, und im Falle von Agenten, die keine Zahlungsdienstleister sind, den Nachweis, dass sie zuverlässig (§ 10 Abs. 1 Z 9, 10 und 12) und fachlich geeignet (§ 10 Abs. 1 Z 11) sind;

4. die Zahlungsdienste des Zahlungsinstituts, mit denen der Agent beauftragt ist;

5. gegebenenfalls den Identifikationscode oder die Kennnummer des Agenten.

(2) Die FMA hat die Richtigkeit der Angaben zu prüfen und dem Zahlungsinstitut jedenfalls innerhalb von zwei Monaten nach Erhalt der Angaben gemäß Abs. 1 mitzuteilen, ob der Agent in das Zahlungsinstitutsregister gemäß § 13 Abs. 2 eingetragen wird.

(3) Hat die FMA Zweifel über die Richtigkeit der Angaben, so kann sie weitere Maßnahmen zur Prüfung der erhaltenen Angaben ergreifen, insbesondere weitere Angaben betreffend die Organisationsstruktur des Agenten verlangen. Die FMA hat die Erbringung von Zahlungsdiensten durch Agenten mittels Bescheides zu untersagen, wenn die Voraussetzungen des Abs. 1 Z 1 bis 5 nicht erfüllt sind.

(4) Hat die FMA keine Zweifel an der Richtigkeit der Angaben, so hat sie Name und Anschrift des Agenten in das Zahlungsinstitutsregister gemäß § 13 Abs. 2 einzutragen. Sobald die Eintragung erfolgt ist, kann der Agent seine Tätigkeit für das Zahlungsinstitut aufnehmen.

(5) Beabsichtigt das Zahlungsinstitut, Zahlungsdienste in einem anderen Mitgliedstaat durch die Inanspruchnahme dort ansässiger Agenten oder die Errichtung einer Zweigstelle zu erbringen, ist das Verfahren gemäß den §§ 27 und 28 anzuwenden.

(6) Das Zahlungsinstitut hat der FMA jede Änderung betreffend die Inanspruchnahme von Agenten, einschließlich zusätzlicher Agenten, unverzüglich anzuzeigen.

(7) Die Tätigkeit als Agent begründet kein Arbeitsverhältnis im Sinne bundesgesetzlicher arbeits-, sozial- oder steuerrechtlicher Bestimmungen.

Haftung für dem Zahlungsinstitut zurechenbare Personen

§ 23. (1) Zahlungsinstitute haften zwingend für das Verhalten ihrer Angestellten, Agenten, Zweigstellen oder Personen, zu denen Tätigkeiten ausgelagert werden, wie für ihr eigenes.

(2) Ein Zahlungsinstitut, das Dritte mit betrieblichen Aufgaben betraut, hat angemessene Vorkehrungen zu treffen, um zu gewährleisten, dass die Anforderungen dieses Bundesgesetzes betreffend die Auslagerung betrieblicher Aufgaben, insbesondere § 21 Abs. 1, erfüllt werden.

(3) Das Zahlungsinstitut hat sicherzustellen, dass Agenten oder Zweigstellen, die in seinem Namen tätig sind, den Zahlungsdienstnutzern vor Vertragsabschluss mitteilen, in welcher Eigenschaft sie handeln und welches Zahlungsinstitut sie vertreten.

Aufbewahrung von Aufzeichnungen und Belegen

§ 24. Zahlungsinstitute haben für die Zwecke des 2. Hauptstücks dieses Bundesgesetzes alle relevanten Aufzeichnungen und Belege mindestens fünf Jahre aufzubewahren. Die Verwendung der für die Zwecke des 2. Hauptstücks verarbeiteten Daten ist für Zwecke der Verhütung, Ermittlung oder Feststellung von Betrugsfällen im Zahlungsverkehr nach Maßgabe des Datenschutzgesetzes – DSG, BGBl. I Nr. 165/1999, der Verordnung (EU) 2016/679 und der Verordnung (EG) Nr. 45/2001 sowie nach Maßgabe der gesetzlichen Zuständigkeiten zulässig. Zahlungsdienstleister dürfen die für das Erbringen ihrer Zahlungsdienste notwendigen personenbezogenen Daten nur mit der ausdrücklichen Einwilligung des Zahlungsdienstnutzers verarbeiten.

(BGBl I 2018/37)

Rechnungslegung und Abschlussprüfung

§ 25. (1) Zahlungsinstitute, die Finanzinstitute gemäß Art. 4 Abs. 1 Nummer 26 der Verordnung (EU) Nr. 575/2013 sind, haben die § 43 Abs. 1, 2 und 3, §§ 45 bis 59a, § 64 und § 65 Abs. 2 BWG anzuwenden. Alle übrigen Zahlungsinstitute haben nur die Bestimmungen des Dritten Buches des UGB sowie jene Bestimmungen, die für ihre Rechtsform gelten, anzuwenden. Sämtliche Zahlungsinstitute haben im Anhang die Eigenmittel, die Eigenmittelerfordernisse und die Einhaltung der Eigenmittelanforderungen offen zu legen. Hinsichtlich der Veröffentlichung ist § 65 Abs. 1 BWG mit der Maßgabe anzuwenden, dass an die Stelle des Verweises auf § 63 Abs. 5 BWG der Verweis auf § 25 Abs. 3 dieses Bundesgesetzes tritt.

(2) Erbringen Zahlungsinstitute auch Tätigkeiten im Sinne des § 7 Abs. 2 Z 2 oder 3 in wesentlichem Umfang, dann sind im Anhang ihres Jahres- oder Konzernabschlusses besondere Segmentinformationen über Zahlungsdienste gemäß § 1 Abs. 2 samt Nebentätigkeiten im Sinne des § 7 Abs. 2 Z 1 offen zu legen, die auch die Pflichtangaben des Anhangs umfassen. Die Segmentinformationen müssen ein getreues Bild der Vermögens-, Finanz- und Ertragslage des Segments „Zahlungsdienste und damit verbundene Neben-

dienstleistungen" in einem angemessenen Detaillierungsgrad vermitteln und eine Überleitungsrechnung auf die entsprechenden Angaben des gesamten Unternehmens oder Konzerns enthalten. Die Informationen für dieses Segment sind auf der Grundlage der Erfassungs-, Bewertungsund Gliederungsbestimmungen der §§ 43 und 45 bis 59a BWG oder, soweit anwendbar, der internationalen Rechnungslegungsstandards gemäß § 245a UGB zu erstellen.

(3) Der Jahresabschluss und, soweit erforderlich, der Lagebericht oder der Konzernabschluss und der Konzernlagebericht von Zahlungsinstituten sowie die Beachtung der § 7 Abs. 2 bis 4 und 6, § 9 Abs. 1 Z 11, § 10 Abs. 1 Z 3, § 14 Abs. 2, der §§ 16 bis 18, 20 bis 22, § 23 Abs. 2 und § 25 Abs. 1 sowie der sonstigen Vorschriften dieses Bundesgesetzes, der §§ 4 bis 17, 19 Abs. 2, 20 bis 24, 29 und 40 Abs. 1 FM-GwG sowie der Verpflichtungen des Zahlungsinstitutes gemäß der Verordnung (EU) 2015/847 sind von einem Abschlussprüfer zu prüfen. Diese Prüfung umfasst die Organisationsstruktur und die Verwaltungs-, Rechnungs- und Kontrollverfahren (§ 20 Abs. 1), die die Geschäftsleiter im Hinblick auf die angeführten Bestimmungen eingerichtet haben. Das Ergebnis dieser Prüfung ist in einer Anlage zum Prüfungsbericht über den Jahresabschluss (aufsichtlicher Prüfungsbericht für Zahlungsinstitute) darzustellen. Das Ergebnis der Prüfung über die Beachtung der §§ 7 Abs. 6, §§ 16 bis 18 und § 25 Abs. 1 dieses Bundesgesetzes ist mit einer positiven Zusicherung, das Ergebnis der Prüfung über die Beachtung der § 7 Abs. 2 bis 4, § 9 Abs. 1 Z 11, § 10 Abs. 1 Z 3, § 14 Abs. 2, §§ 20 bis 22, § 23 Abs. 2 und § 24 dieses Bundesgesetzes, der §§ 4 bis 17, § 19 Abs. 2, §§ 20 bis 24, 29 und § 40 Abs. 1 FM-GwG sowie der Verpflichtungen des Zahlungsinstitutes gemäß der Verordnung (EU) 2015/847 zumindest mit einer negativen Zusicherung zu verbinden. Betreffend die Prüfung über die Beachtung sonstiger Vorschriften dieses Bundesgesetzes hat der Abschlussprüfer wesentliche Wahrnehmungen zu berichten, die er im Rahmen seiner Tätigkeit festgestellt hat, auch wenn diese zu keiner Berichtspflicht gemäß § 95 Abs. 1 oder 2 führen. Der geprüfte Jahresabschluss samt Anhang und Lagebericht sowie, soweit erforderlich, der Konzernabschluss samt Anhang und der Konzernlagebericht, der Prüfungsbericht des Abschlussprüfers und die Anlage zum Prüfungsbericht sind der FMA und der Oesterreichischen Nationalbank unter Anwendung der Fristen des § 44 Abs. 1 BWG zu übermitteln. Dieser Prüfungsbericht samt Anlage ist den Geschäftsleitern und den nach Gesetz oder Satzung bestehenden Aufsichtsorganen des Zahlungsinstituts so zeitgerecht zu übermitteln, dass die Vorlagefrist an die FMA und Oesterreichische Nationalbank eingehalten werden kann. Die FMA kann Art der Übermittlung, Form und Gliederung der Anlage zum Prüfungsbericht durch Verordnung festsetzen. Die FMA kann nach Anhörung der Oesterreichischen Nationalbank durch Verordnung vorschreiben, dass eine elektronische Übermittlung bestimmten Gliederungen und technischen Mindestanforderungen zu entsprechen hat. Die FMA ist ermächtigt, durch Verordnung vorzuschreiben, dass die elektronische Übermittlung ausschließlich an die Oesterreichische Nationalbank zu erfolgen hat, wenn dies aus Gründen der Wirtschaftlichkeit zweckmäßig ist, die jederzeitige elektronische Verfügbarkeit der Daten für die FMA gewährleistet bleibt und Aufsichtsinteressen nicht beeinträchtigt werden.

(4) Die Auskunfts-, Vorlage- und Einschaurechte (§ 272 UGB) des Abschlussprüfers erstrecken sich auf alle Unterlagen und Datenträger auch dann, wenn diese von einem Dritten geführt oder bei diesem verwahrt werden oder wenn sie im Ausland geführt oder verwahrt werden. Werden zu prüfende Unterlagen, insbesondere die Buchhaltung, im Ausland geführt oder verwahrt, so hat das Zahlungsinstitut unbeschadet der vorstehenden Einschaurechte des Abschlussprüfers für die jederzeitige Verfügbarkeit der Unterlagen des laufenden Geschäftsjahres und mindestens dreier vorhergehender Geschäftsjahre im Inland zu sorgen. Das Zahlungsinstitut hat dem Abschlussprüfer die Prüfungspläne und Prüfungsberichte der internen Revision zur Verfügung zu stellen.

(5) Abschlussprüfer von Zahlungsinstituten können beeidete Wirtschaftsprüfer oder Wirtschaftsprüfungsgesellschaften sowie die Prüfungsorgane gesetzlich zuständiger Prüfungseinrichtungen sein.

(6) Zu Abschlussprüfern dürfen Personen, bei denen Ausschließungsgründe gemäß § 62 BWG oder gemäß den §§ 271 und 271a UGB oder nach anderen Bundesgesetzen vorliegen, nicht bestellt werden. Der Ausschließungsgrund in § 62 Z 1a BWG ist mit der Maßgabe anzuwenden, dass anstelle des Verweises auf § 63 Abs. 4 bis 6a BWG ein Verweis auf § 25 Abs. 3 erster Satz tritt, und § 62 Z 17 BWG ist mit der Maßgabe anzuwenden, dass anstelle des Verweises auf § 63 Abs. 3 BWG ein Verweis auf § 95 dieses Bundesgesetzes tritt. Die Vorschriften gemäß § 62a BWG in Verbindung mit § 275 UGB über die Verantwortlichkeit des Abschlussprüfers sind auch auf Zahlungsinstitute anzuwenden.

(7) Die Bestellung von Abschlussprüfern hat vor Beginn des zu prüfenden Geschäftsjahres zu erfolgen und ist der FMA unverzüglich schriftlich anzuzeigen; wenn eine Wirtschaftsprüfungsgesellschaft zum Abschlussprüfer bestellt ist, so sind in der Anzeige auch die gemäß § 77 Abs. 9 des Wirtschaftstreuhandberufsgesetzes 2017 – WTBG 2017, BGBl. I Nr. 137/2017, für den Prüfungsauftrag namhaft gemachten natürlichen Personen anzugeben. Jede Änderung dieser Personen ist

der FMA unverzüglich anzuzeigen. Die FMA kann gegen die Bestellung eines Abschlussprüfers oder gegen eine bestimmte gemäß § 77 Abs. 9 WTBG namhaft gemachte natürliche Person Widerspruch im Sinne des § 270 Abs. 3 UGB erheben, wenn der begründete Verdacht des Vorliegens eines Ausschließungsgrundes oder einer sonstigen Befangenheit besteht; soweit die Bestellung anzeigepflichtig war, hat der Widerspruch innerhalb eines Monats zu erfolgen. Über den Widerspruch hat das Gericht unter Berücksichtigung der Ausschließungsgründe zu entscheiden; bis zur rechtskräftigen gerichtlichen Entscheidung darf der Abschlussprüfer oder die gemäß § 77 Abs. 9 WTBG namhaft gemachte natürliche Person weder Prüfungshandlungen vornehmen noch dürfen diesen der Verschwiegenheit gemäß § 20 Abs. 5 unterliegende Auskünfte durch das Zahlungsinstitut erteilt werden.

(8) Der Abschlussprüfer hat innerhalb von zwei Wochen nach seiner Bestellung der FMA zu bescheinigen, dass keine Ausschließungsgründe vorliegen. Er hat auf ihr Verlangen alle zur Beurteilung erforderlichen weiteren Bescheinigungen und Nachweise zu erbringen. Wird einem solchen Verlangen nicht entsprochen, so kann die FMA gemäß Abs. 7 vorgehen.

Meldewesen

§ 26. (1) Zahlungsinstitute haben unverzüglich nach Ablauf eines jeden Kalendervierteljahres der FMA Meldungen entsprechend der in der Verordnung gemäß Abs. 5 vorgesehenen Gliederung zu übermitteln. Diese Meldungen haben insbesondere Informationen zur Bilanz, zu Posten unter der Bilanz, zur Gewinn- und Verlustrechnung und zu Pflichtangaben des Anhangs sowie Informationen, die eine Beurteilung und Überwachung der § 7 Abs. 6, §§ 18 und 20 ermöglichen, zu enthalten.

(2) Zahlungsinstitute haben unverzüglich nach Ablauf eines jeden Kalendermonats der FMA Meldungen über die Einhaltung der §§ 16 und 17 zu übermitteln. Diese Meldungen haben sowohl Angaben zur Kontrolle der Einhaltung dieser Ordnungsnormen als auch die für ihre Herleitung maßgeblichen Angaben zu umfassen.

(3) Zahlungsinstitute haben der FMA unverzüglich nach Ablauf eines Kalenderhalbjahres Meldungen über die unternehmensbezogenen Stammdaten zu übermitteln. Unabhängig davon haben Zahlungsinstitute jede Veränderung von Stammdaten unverzüglich zu übermitteln. Die Meldung des Mitarbeiterstandes hat nur zum Jahresultimo bis spätestens 31. Jänner des Folgejahres zu erfolgen.

(4) Die Oesterreichische Nationalbank hat zu den Meldungen gemäß Abs. 2 und den hiezu erlassenen Verordnungen der FMA gutachtliche Äußerungen zu erstatten.

(5) Die FMA hat die Gliederung der Meldungen gemäß den Abs. 1 bis 3 durch Verordnung festzusetzen. Die FMA hat dabei auf eine für die laufende Beaufsichtigung von Zahlungsinstituten erforderliche aussagekräftige Ausweisung zu achten. Die FMA kann durch Verordnung festlegen, dass einzelne Positionen des Abs. 2 nur quartalsweise zu übermitteln sind. Bei Erlassung dieser Verordnung hat sie weiters auf das volkswirtschaftliche Interesse an einem funktionsfähigen Finanzmarkt und die Finanzmarktstabilität Bedacht zu nehmen. Die FMA kann, soweit sie dadurch in der Wahrnehmung ihrer Aufgaben nach diesem oder anderen Bundesgesetzen nicht beeinträchtigt wird, durch Verordnung vorsehen, dass die Übermittlung der Meldungen gemäß den Abs. 1 bis 3 ausschließlich an die Oesterreichische Nationalbank erfolgt. Verordnungen der FMA nach diesem Absatz bedürfen der Zustimmung des Bundesministers für Finanzen.

(6) Die Meldungen gemäß den Abs. 1 bis 3 sind in standardisierter Form mittels elektronischer Übermittlung zu erstatten. Die Übermittlung hat bestimmten, von der FMA nach Anhörung der Oesterreichischen Nationalbank bekannt zu gebenden Mindestanforderungen zu entsprechen.

3. Abschnitt

Niederlassungs- und Dienstleistungsfreiheit sowie grenzüberschreitende Aufsicht

Zahlungsinstitute aus Mitgliedstaaten in Österreich

§ 27. (1) Zahlungsdienste gemäß Art. 4 Nr. 3 der Richtlinie (EU) 2015/2366 können von einem Zahlungsinstitut gemäß Art. 4 Nr. 4 der Richtlinie (EU) 2015/2366, das in einem anderen Mitgliedstaat zugelassen ist, nach Maßgabe der Richtlinie (EU) 2015/2366 in Österreich über eine Zweigstelle erbracht oder im Wege der Dienstleistungsfreiheit erbracht werden, soweit ihre Zulassung gemäß Artikel 5 der Richtlinie (EU) 2015/2366 sie dazu berechtigt. Nebendienstleistungen gemäß § 7 Abs. 2 Z 1 und 2, Abs. 3 bis 6 dürfen nur im Zusammenhang mit der Erbringung von Zahlungsdiensten erbracht werden. Nebentätigkeiten im Sinne des § 7 Abs. 2 Z 3 sind nicht von der Dienstleistungs- und Niederlassungsfreiheit nach diesem Bundesgesetz umfasst.

(2) Die FMA hat die Angaben gemäß Art. 28 Abs. 1 der Richtlinie (EU) 2015/2366 innerhalb von einem Monat nach Erhalt zu prüfen und der zuständigen Behörde des Herkunftsmitgliedstaates die einschlägigen Angaben zu den Zahlungsdiensten mitzuteilen, die das betreffende Zahlungsinstitut in Ausübung der Niederlassungsfreiheit oder des Rechts auf freien Dienstleistungsverkehr zu

erbringen beabsichtigt. Die FMA hat insbesondere jeden begründeten Anlass zur Besorgnis im Hinblick auf Geldwäsche oder Terrorismusfinanzierung im Sinne der Richtlinie (EU) 2015/849 im Zusammenhang mit der geplanten Inanspruchnahme eines Agenten oder der Errichtung einer Zweigstelle mitzuteilen.

(3) Die Erbringung von Zahlungsdiensten in Ausübung der Niederlassungsfreiheit oder des Rechts auf freien Dienstleistungsverkehr in Österreich ist zulässig, sobald die Eintragung in einem gemäß Art. 14 der Richtlinie (EU) 2015/2366 eingerichteten Register im Herkunftsmitgliedstaat vorliegt.

(4) Zahlungsinstitute, die Zahlungsdienste in Ausübung der Niederlassungsfreiheit oder des Rechts auf freien Dienstleistungsverkehr in Österreich erbringen, haben die Bestimmungen des 3. und 4. Hauptstücks dieses Bundesgesetzes und § 36 BWG sowie die auf Grund dieser Bestimmungen erlassenen Verordnungen und Bescheide einzuhalten. Zahlungsinstitute, die Zahlungsdienste in Ausübung der Niederlassungsfreiheit in Österreich erbringen, haben zusätzlich die Bestimmungen des FM-GwG einzuhalten. Das Verfahren gemäß § 30 ist anzuwenden.

(5) Die zuständige Behörde des Herkunftsmitgliedstaates eines Zahlungsinstitutes gemäß Art. 4 Nr. 4 der Richtlinie (EU) 2015/2366 kann nach vorheriger Unterrichtung der FMA selbst in Wahrnehmung ihrer Pflichten bei der Zweigstelle vor Ort Ermittlungen in dieser Zweigstelle vornehmen.

Österreichische Zahlungsinstitute in Mitgliedstaaten

§ 28. (1) Jedes Zahlungsinstitut gemäß § 4 Z 4, das im Hoheitsgebiet eines anderen Mitgliedstaates in Ausübung der Niederlassungsfreiheit oder des Rechts auf freien Dienstleistungsverkehr Zahlungsdienste erbringen möchte, hat dies zuvor der FMA schriftlich anzuzeigen und dabei die folgenden Angaben zu übermitteln:

1. die Firma, die Firmenbuchnummer und die Anschrift des Zahlungsinstituts;

2. den Mitgliedstaat, in dessen Hoheitsgebiet es seine Tätigkeit auszuüben beabsichtigt; *(BGBl I 2023/33)*

3. die Arten von Zahlungsdiensten, die das Zahlungsinstitut dort erbringen möchte;

4. die Angaben gemäß § 22, wenn das Zahlungsinstitut beabsichtigt, einen Agenten in Anspruch zu nehmen;

5. die Angaben zum Geschäftsplan (§ 9 Abs. 1 Z 2) und zum internen Kontrollsystem (§ 9 Abs. 1 Z 5) über das Zahlungsdienstgeschäft im Aufnahmemitgliedstaat;

6. eine Darstellung des organisatorischen Aufbaus der Zweigstelle;

7. die Namen der Geschäftsleiter der Zweigniederlassung. *(BGBl I 2023/33)*

(2) Beabsichtigt das Zahlungsinstitut, betriebliche Aufgaben von Zahlungsdiensten an andere Stellen im Aufnahmemitgliedstaat auszulagern, so hat es die FMA darüber zu informieren.

(3) Die FMA hat innerhalb von einem Monat nach Erhalt der in Abs. 1 genannten Angaben diese an die gemäß Art. 22 Abs. 1 der Richtlinie (EU) 2015/2366 benannte zuständige Behörde des Aufnahmemitgliedstaates weiterzuleiten.

(4) Stimmt die FMA der Bewertung gemäß Art. 28 Abs. 2 Richtlinie (EU) 2015/2366 durch die gemäß Art. 22 Abs. 1 der Richtlinie (EU) 2015/2366 benannte zuständige Behörde des Aufnahmemitgliedstaates nicht zu, hat sie dieser die Gründe für ihre Entscheidung mitzuteilen.

(5) Fällt die Bewertung der FMA insbesondere aufgrund der von der gemäß Art. 22 Abs. 1 der Richtlinie (EU) 2015/2366 benannten zuständigen Behörde des Aufnahmemitgliedstaates übermittelten Angaben negativ aus, hat sie die Eintragung des Agenten oder der Zweigstelle abzulehnen oder, falls bereits eine Eintragung erfolgt ist, diese zu löschen.

(6) Die FMA hat ihre Entscheidung innerhalb von drei Monaten nach Erhalt der in Abs. 1 genannten Angaben der gemäß Art. 22 Abs. 1 der Richtlinie (EU) 2015/2366 benannten zuständigen Behörde des Aufnahmemitgliedstaates sowie dem Zahlungsinstitut mitzuteilen.

(7) Agenten oder Zweigstellen dürfen erst nach der Eintragung in das Zahlungsinstitutsregister der FMA gemäß § 13 Abs. 2 ihre Tätigkeiten im betreffenden Aufnahmemitgliedstaat aufnehmen.

(8) Das Zahlungsinstitut hat der FMA den Zeitpunkt mitzuteilen, ab dem es seine Tätigkeiten über den Agenten oder die Zweigstelle in dem betreffenden Aufnahmemitgliedstaat aufnimmt. Die FMA hat wiederum die gemäß Art. 22 Abs. 1 der Richtlinie (EU) 2015/2366 benannte zuständige Behörde des Aufnahmemitgliedstaates hiervon in Kenntnis zu setzen.

(9) Das Zahlungsinstitut hat der FMA jede relevante Änderung der nach Abs. 1 übermittelten Angaben unverzüglich mitzuteilen. Die FMA hat diese Angaben der gemäß Art. 22 Abs. 1 der Richtlinie (EU) 2015/2366 benannten zuständigen Behörde des Aufnahmemitgliedstaates unverzüglich weiterzuleiten.

Aufsicht im Rahmen der Niederlassungs- und Dienstleistungsfreiheit

§ 29. (1) Die FMA kann die zuständige Behörde eines anderen Mitgliedstaates um Zusammenarbeit bei einer Überprüfung vor Ort oder einer

Ermittlung ersuchen. Erhält die FMA ein Ersuchen um eine Überprüfung vor Ort oder eine Ermittlung, so hat sie im Rahmen ihrer Befugnisse tätig zu werden, indem sie

1. die Überprüfungen oder Ermittlungen selbst vornimmt oder der Oesterreichischen Nationalbank überträgt oder

2. der ersuchenden Behörde die Durchführung der Überprüfung oder Ermittlung gestattet oder

3. Wirtschaftsprüfern oder Sachverständigen im behördlichen Auftrag die Durchführung der Überprüfung oder Ermittlung gestattet.

(2) Die FMA kann Zahlungsinstituten, die über Agenten oder Zweigstellen in Österreich tätig sind, vorschreiben, dass sie der FMA in regelmäßigen Abständen über die in Österreich ausgeübten Tätigkeiten zu berichten haben. Diese Berichte sind insbesondere für informative oder statistische Zwecke sowie zur Überwachung der Einhaltung der Vorschriften des 3. und 4. Hauptstücks dieses Bundesgesetzes vorzuschreiben.

(3) Die FMA hat anderen zuständigen Behörden die für die Wahrnehmung der Aufgaben der gemäß Art. 22 Abs. 1 der Richtlinie (EU) 2015/2366 benannten zuständigen Behörde erforderlichen Informationen zu übermitteln, die sich aus diesem Bundesgesetz ergeben, insbesondere bei Zuwiderhandlungen oder mutmaßlichen Zuwiderhandlungen eines Agenten oder einer Zweigstelle, und wenn diese im Zusammenhang mit der Ausübung des Rechts auf Dienstleistungsfreiheit erfolgten. Die FMA hat dabei auf Verlangen alle zweckdienlichen Informationen zu übermitteln und von sich aus alle wesentlichen Informationen vorzulegen, einschließlich solcher über die Einhaltung der Voraussetzung gemäß § 10 Abs. 1 Z 2 durch das Zahlungsinstitut. Die FMA kann, wenn sie Informationen mit anderen zuständigen Behörden austauscht, bei der Übermittlung darauf hinweisen, dass diese Informationen nur mit ihrer ausdrücklichen Zustimmung veröffentlicht werden dürfen. In diesem Fall dürfen sie nur für die Zwecke, für die die Zustimmung erteilt wurde, ausgetauscht werden.

(4) Zahlungsinstitute mit Sitz in einem anderen Mitgliedstaat, die in Österreich über Agenten im Wege der Niederlassungsfreiheit tätig sind, haben eine zentrale Kontaktstelle in Österreich zu benennen. Diese soll eine angemessene Kommunikation und Berichterstattung über die Einhaltung der Vorschriften des 3. und 4. Hauptstücks dieses Bundesgesetzes sicherstellen sowie die Beaufsichtigung durch die FMA und die zuständige Behörde des Herkunftsmitgliedstaates, insbesondere die Übermittlung von Unterlagen und Informationen auf Verlangen, erleichtern.

Maßnahmen bei Rechtsverstößen und Sicherungsmaßnahmen

§ 30. (1) Stellt die FMA fest, dass ein Zahlungsinstitut, das über Agenten, Zweigstellen oder im Rahmen des Rechts auf freien Dienstleistungsverkehr in Österreich tätig ist, die Vorschriften des 3. und 4. Hauptstücks dieses Bundesgesetzes nicht einhält, hat sie dies der gemäß Art. 22 Abs. 1 der Richtlinie (EU) 2015/2366 benannten zuständigen Behörde des Herkunftsmitgliedstaates unverzüglich mitzuteilen.

(2) Erhält die FMA ihrerseits von der gemäß Art. 22 Abs. 1 der Richtlinie (EU) 2015/2366 benannten zuständigen Behörde des Aufnahmemitgliedstaates eine Mitteilung gemäß Abs. 1, hat sie unverzüglich alle geeigneten Maßnahmen zu treffen, damit das betreffende Zahlungsinstitut seine vorschriftswidrige Situation beendet. Sie hat diese Maßnahmen der gemäß Art. 22 Abs. 1 der Richtlinie (EU) 2015/2366 benannten zuständigen Behörde des Aufnahmemitgliedstaates sowie den zuständigen Behörden aller anderen betroffenen Mitgliedstaaten unverzüglich mitzuteilen.

(3) In Notfallsituationen, in denen Sofortmaßnahmen erforderlich sind, um eine ernste Bedrohung der kollektiven Interessen der Zahlungsdienstnutzer in Österreich abzuwenden, kann die FMA, parallel zur grenzüberschreitenden Zusammenarbeit zwischen den zuständigen Behörde und solange die gemäß Art. 22 Abs. 1 der Richtlinie (EU) 2015/2366 benannte zuständige Behörde des Herkunftsmitgliedstaates noch keine Maßnahmen gemäß Art. 29 der Richtlinie (EU) 2015/2366 ergriffen hat, Sicherungsmaßnahmen, insbesondere Maßnahmen gemäß § 94 Abs. 1, treffen.

(4) Sicherungsmaßnahmen gemäß Abs. 3 müssen zweckmäßig und dem mit ihnen verfolgten Zweck, eine ernste Bedrohung für die kollektiven Interessen der Zahlungsdienstnutzer in Österreich abzuwenden, angemessen sein. Diese Sicherungsmaßnahmen dürfen nicht zu einer Bevorzugung der Zahlungsdienstnutzer eines inländischen Zahlungsinstitutes gegenüber den Zahlungsdienstnutzern von Zahlungsinstituten in anderen Mitgliedstaaten führen. Sicherungsmaßnahmen sind befristet zu setzen und sind zu beenden, sobald die festgestellte ernste Bedrohung abgewendet wurde.

(5) Die FMA hat die gemäß Art. 22 Abs. 1 der Richtlinie (EU) 2015/2366 benannte zuständige Behörde und die jedes anderen betroffenen Mitgliedstaates sowie die Kommission und die EBA, sofern es mit der Notfallsituation vereinbar ist, vorab, aber jedenfalls unverzüglich über die gemäß Abs. 3 ergriffenen Sicherungsmaßnahmen und die Gründe hiefür, zu informieren.

Zuständigkeit der EBA

§ 31. (1) Ist die FMA der Auffassung, dass bei der grenzüberschreitenden Zusammenarbeit mit einer gemäß Art. 22 Abs. 1 der Richtlinie (EU) 2015/2366 benannten zuständigen Behörde eines anderen Mitgliedstaates die einschlägigen Bedingungen der Art. 26, 28, 29, 30 und 31 der Richtlinie (EU) 2015/2366 nicht eingehalten werden, kann sie gemäß Art. 19 der Verordnung (EU) Nr. 1093/2010 die EBA mit der Angelegenheit befassen und sie um Unterstützung ersuchen.

(2) Wenn die EBA gemäß Art. 27 Abs. 2 der Richtlinie (EU) 2015/2366 tätig wird, hat die FMA ihre Entscheidung bis zu einer Beilegung gemäß Art. 19 der Verordnung (EU) Nr. 1093/2010 zurückzustellen.

3. Hauptstück

Transparenz der Vertragsbedingungen und Informationspflichten für Zahlungsdienste

1. Abschnitt

Allgemeine Vorschriften

Anwendungsbereich des Hauptstücks

§ 32. (1) Dieses Hauptstück gilt für Einzelzahlungen sowie für Rahmenverträge und die von ihnen erfassten Zahlungsvorgänge. Die Parteien können vereinbaren, dass dieses Hauptstück insgesamt oder teilweise nicht anzuwenden ist, wenn es sich bei dem Zahlungsdienstnutzer nicht um einen Verbraucher handelt.

(2) Soweit in Vereinbarungen zum Nachteil eines Verbrauchers von den Transparenz- und Informationspflichten dieses Hauptstücks abgewichen wird, sind diese abweichenden Bestimmungen unwirksam.

(3) § 5 Abs. 1 Z 1, Z 2 lit. a und b, Z 3 lit. b, c, f und g sowie Z 4 lit. a des Fern-Finanzdienstleistungs-Gesetzes – FernFinG, BGBl. I Nr. 62/2004, über gewisse Vertriebsinformationen betreffend den Unternehmer, die Finanzdienstleistung, den Fernabsatzvertrag und Rechtsbehelfe sind auf Zahlungsdienste nicht anzuwenden. Andere Bestimmungen bleiben durch dieses Bundesgesetz unberührt, insbesondere:

1. die übrigen Bestimmungen des FernFinG betreffend vorvertragliche Informationspflichten,

2. die Bestimmungen des Allgemeinen Bürgerlichen Gesetzbuches – ABGB, JGS Nr. 946/1811 und des Konsumentenschutzgesetzes – KSchG, BGBl. Nr. 140/1979, betreffend vorvertragliche Informationspflichten sowie betreffend den Verbraucherkredit und

3. die Bestimmungen des Verbraucherkreditgesetzes – VKrG, BGBl. I Nr. 28/2010.

Entgelte für Informationen

§ 33. (1) Ein Zahlungsdienstleister darf dem Zahlungsdienstnutzer für die Bereitstellung von Informationen nach diesem Hauptstück kein Entgelt in Rechnung stellen.

(2) Der Zahlungsdienstleister und der Zahlungsdienstnutzer können Entgelte für darüber hinausgehende Informationen, deren häufigere Bereitstellung oder für ihre Übermittlung über andere als die im Rahmenvertrag vorgesehenen Kommunikationsmittel vereinbaren, sofern die betreffenden Leistungen auf Verlangen des Zahlungsdienstnutzers erbracht werden.

(3) Darf ein Zahlungsdienstleister für die Bereitstellung von Informationen gemäß Abs. 2 ein Entgelt in Rechnung stellen, so muss es angemessen und an den tatsächlichen Kosten des Zahlungsdienstleisters ausgerichtet sein.

Beweislast hinsichtlich der Informationsanforderungen

§ 34. Dem Zahlungsdienstleister obliegt der Beweis dafür, dass er den Informationspflichten dieses Hauptstücks nachgekommen ist.

Ausnahmen von den Informationsanforderungen für Kleinbetragszahlungsinstrumente und E-Geld

§ 35. (1) Bei bestimmten Zahlungsinstrumenten gelten Ausnahmen von den Informationsanforderungen. Die Ausnahmen gemäß Abs. 2 bis 4 gelten, wenn im entsprechenden Rahmenvertrag

1. nur einzelne Zahlungsvorgänge bis höchstens 30 Euro vorgesehen sind oder

2. eine Ausgabenobergrenze von 150 Euro vorgesehen ist oder

3. vorgesehen ist, dass auf dem Zahlungsinstrument Geldbeträge gespeichert werden (Zahlungsinstrumente auf Guthabenbasis), die zu keiner Zeit 150 Euro übersteigen.

(2) Der Zahlungsdienstleister hat dem Zahler abweichend von den §§ 47, 48 oder 52 nur die wesentlichen Merkmale des Zahlungsdienstes, einschließlich der Nutzungsmöglichkeiten des Zahlungsinstruments, Haftungshinweise sowie anfallende Entgelte und andere wesentliche Informationen mitzuteilen, die notwendig sind, um in Kenntnis der Sachlage entscheiden zu können; ferner ist anzugeben, wo die weiteren gemäß § 48 vorgeschriebenen Informationen und Vertragsbedingungen in leicht zugänglicher Form verfügbar sind.

(3) Es kann vereinbart werden, dass der Zahlungsdienstleister abweichend von § 50 Änderungen der Bedingungen des Rahmenvertrags nicht in der in § 47 Abs. 1 vorgesehenen Weise vorschlagen muss.

(4) Abweichend von den §§ 53 und 54 kann vereinbart werden, dass der Zahlungsdienstleister nach Ausführung eines Zahlungsvorgangs

1. dem Zahlungsdienstnutzer nur eine Referenz mitteilt oder zugänglich macht, die diesem die Identifizierung des betreffenden Zahlungsvorgangs, des Betrags des Zahlungsvorgangs und der entsprechenden Entgelte ermöglicht oder im Falle mehrerer gleichartiger Zahlungsvorgänge an den gleichen Zahlungsempfänger nur Informationen über den Gesamtbetrag und die entsprechenden Entgelte für diese Zahlungsvorgänge bereitstellt;

2. die unter Z 1 genannten Informationen müssen nicht mitgeteilt oder zugänglich gemacht werden, wenn das Zahlungsinstrument anonym genutzt wird oder der Zahlungsdienstleister technisch nicht in der Lage ist, diese Informationen mitzuteilen. Der Zahlungsdienstleister hat dem Zahler jedoch die Möglichkeit zur Überprüfung der gespeicherten Beträge zu bieten.

(5) Für Zahlungsvorgänge im Inland erhöhen sich die in Abs. 1 genannten Beträge

1. im Fall von einzelnen Zahlungsvorgängen auf höchstens 60 Euro;

2. im Fall von Zahlungsinstrumenten deren Ausgabenobergrenze auf 300 Euro;

3. für Zahlungsinstrumente, die Geldbeträge speichern (Zahlungsinstrumente auf Guthabenbasis) auf 400 Euro.

Währung und Währungsumrechnung

§ 36. (1) Zahlungen haben in der zwischen den Parteien vereinbarten Währung zu erfolgen.

(2) Ein Angebot zur Währungsumrechnung vor der Auslösung des Zahlungsvorgangs an einem Geldautomaten, an der Verkaufsstelle oder vom Zahlungsempfänger bedarf der Zustimmung des Zahlers. Im Rahmen eines solchen Angebotes muss der Anbieter dieser Währungsumrechnung dem Zahler alle damit verbundenen Entgelte sowie den der Währungsumrechnung zugrunde gelegten Wechselkurs offen legen.

Informationen über zusätzliche Entgelte oder Ermäßigungen

§ 37. (1) Verlangt ein Zahlungsempfänger für die Nutzung eines bestimmten Zahlungsinstruments ein Entgelt oder bietet eine Ermäßigung an, hat er dies vor der Auslösung des Zahlungsvorgangs dem Zahler mitzuteilen.

(2) Ebenso hat der Zahlungsdienstleister oder eine andere, an dem Zahlungsvorgang beteiligte Partei ein Entgelt, das für die Nutzung eines bestimmten Zahlungsinstruments erhoben wird, vor der Auslösung des Zahlungsvorgangs dem Zahler mitzuteilen.

(3) Wird dem Zahler nicht die volle Höhe eines Entgelts gemäß Abs. 1 und 2 mitgeteilt, ist die Vereinbarung des Entgelts unwirksam.

Verpflichtung zur Belehrung der Verbraucher über ihre Rechte

§ 38. (1) Zahlungsdienstleister haben das Merkblatt, das die Europäische Kommission gemäß Art. 106 Abs. 1 der Richtlinie (EU) 2015/2366 zu erstellen hat, leicht zugänglich zu machen. Sie haben es auf ihren Internetseiten zu veröffentlichen sowie in Papierform in ihren Zweigstellen, bei ihren Agenten und bei den Stellen, an die sie ihre Tätigkeiten ausgelagert haben, aufzulegen. Die FMA hat das Merkblatt auf ihrer Internetseite leicht zugänglich zu machen.

(2) Die Zahlungsdienstleister dürfen ihren Kunden keine Kosten dafür in Rechnung stellen, dass sie ihnen das Merkblatt zugänglich machen.

(3) Menschen mit Behinderungen sind die Informationen barrierefrei mit alternativen Mitteln in einem geeigneten Format zugänglich zu machen.

2. Abschnitt

Einzelzahlungen

Anwendungsbereich

§ 39. (1) Dieser Abschnitt gilt für Einzelzahlungen, die nicht Gegenstand eines Rahmenvertrags sind.

(2) Wird ein Zahlungsauftrag für eine Einzelzahlung über ein rahmenvertraglich geregeltes Zahlungsinstrument übermittelt, so ist der Zahlungsdienstleister nicht verpflichtet, Informationen mitzuteilen oder zugänglich zu machen, die der Zahlungsdienstnutzer aufgrund eines Rahmenvertrags mit einem anderen Zahlungsdienstleister bereits erhalten hat oder noch erhalten wird.

Allgemeine vorvertragliche Unterrichtung

§ 40. (1) Zahlungsdienstleister haben dem Zahlungsdienstnutzer die Informationen und Vertragsbedingungen gemäß § 41 für seine eigenen Dienste in leicht zugänglicher Form verfügbar zu machen, bevor der Zahlungsdienstnutzer durch einen Vertrag oder ein Angebot über eine Einzelzahlung gebunden ist. Auf Verlangen des Zahlungsdienstnutzers hat der Zahlungsdienstleister die Informationen und Vertragsbedingungen in Papierform oder auf einem anderen dauerhaften Datenträger mitzuteilen. Die Informationen und Vertragsbedingungen sind klar und verständlich abzufassen, und zwar

1. wenn der Zahlungsdienst in Österreich angeboten wird, in deutscher Sprache oder in einer anderen zwischen den Parteien vereinbarten Sprache;

2. wenn der Zahlungsdienst in einem anderen Mitgliedstaat angeboten wird, in dessen Amtssprache oder in einer anderen zwischen den Parteien vereinbarten Sprache.

(2) Wurde der Vertrag über eine Einzelzahlung auf Verlangen des Zahlungsdienstnutzers mittels eines Fernkommunikationsmittels geschlossen, das es dem Zahlungsdienstleister nicht erlaubt, seinen Verpflichtungen gemäß Abs. 1 nachzukommen, hat der Zahlungsdienstleister diese Pflichten unverzüglich nach Ausführung des Zahlungsvorgangs zu erfüllen.

(3) Die Pflichten gemäß Abs. 1 können auch erfüllt werden, indem eine Kopie des Entwurfs für einen Vertrag über eine Einzelzahlung oder des Entwurfs für einen Zahlungsauftrag, der die gemäß § 41 erforderlichen Informationen und Vertragsbedingungen enthält, zur Verfügung gestellt wird.

Informationen und Vertragsbedingungen

§ 41. (1) Ein Zahlungsdienstleister hat dem Zahlungsdienstnutzer folgende Informationen und Vertragsbedingungen mitzuteilen oder zugänglich zu machen:

1. die vom Zahlungsdienstnutzer mitzuteilenden Informationen oder Kundenidentifikatoren, die für die ordnungsgemäße Auslösung oder Ausführung eines Zahlungsauftrags erforderlich sind;

2. die maximale Ausführungsfrist für den zu erbringenden Zahlungsdienst;

3. alle Entgelte, die der Zahlungsdienstnutzer an den Zahlungsdienstleister zu entrichten hat und gegebenenfalls eine Aufschlüsselung dieser Entgelte und

4. gegebenenfalls der dem Zahlungsvorgang zugrunde zu legende tatsächliche Wechselkurs oder Referenzwechselkurs.

(2) Ein Zahlungsauslösedienstleister hat dem Zahler vor der Auslösung die folgenden klaren und umfassenden Informationen mitzuteilen oder zugänglich zu machen:

1. den Namen oder die Firma des Zahlungsauslösedienstleisters, die Anschrift der Hauptverwaltung und gegebenenfalls die Anschrift seines Agenten oder seiner Zweigstelle in Österreich, sowie alle anderen Kontaktdaten einschließlich der E-Mail-Adresse, die für die Kommunikation mit dem Zahlungsauslösedienstleister von Belang sind, und

2. die Kontaktdaten der für den Zahlungsauslösedienstleister zuständigen Behörde.

(3) Die einschlägigen Informationen und Vertragsbedingungen gemäß § 48 sind dem Zahlungsdienstnutzer gegebenenfalls in einer leicht zugänglichen Form zur Verfügung zu stellen.

Informationen für Zahler und Zahlungsempfänger nach Auslösung eines Zahlungsauftrags

§ 42. Wird ein Zahlungsauftrag über einen Zahlungsauslösedienstleister ausgelöst, hat der Zahlungsauslösedienstleister zusätzlich zu den Informationen und Vertragsbedingungen gemäß § 41 dem Zahler und gegebenenfalls dem Zahlungsempfänger unmittelbar nach der Auslösung alle nachstehenden Daten mitzuteilen oder zugänglich zu machen:

1. eine Bestätigung der erfolgreichen Auslösung des Zahlungsauftrags beim kontoführenden Zahlungsdienstleister des Zahlers;

2. eine Referenz, die dem Zahler und dem Zahlungsempfänger die Identifizierung des Zahlungsvorgangs und dem Zahlungsempfänger gegebenenfalls die Identifizierung des Zahlers ermöglicht, sowie jede weitere mit dem Zahlungsvorgang übermittelte Angabe;

3. den Betrag des Zahlungsvorgangs;

4. sofern Entgelte eingehoben werden: die Höhe aller an den Zahlungsauslösedienstleister für den Zahlungsvorgang zu entrichtenden Entgelte sowie gegebenenfalls eine Aufschlüsselung der Beträge dieser Entgelte.

Informationen für den kontoführenden Zahlungsdienstleister durch einen Zahlungsauslösedienst

§ 43. Erfolgt die Auslösung eines Zahlungsauftrags durch einen Zahlungsauslösedienstleister, hat er dem kontoführenden Zahlungsdienstleister des Zahlers die Referenz des Zahlungsvorgangs zugänglich zu machen.

Informationen an den Zahler nach Eingang des Zahlungsauftrags

§ 44. Unverzüglich nach Eingang des Zahlungsauftrags hat der Zahlungsdienstleister des Zahlers dem Zahler nach Maßgabe des § 40 Abs. 1 alle nachstehenden Daten in Bezug auf seine eigenen Dienste mitzuteilen oder zugänglich zu machen:

1. eine Referenz, die dem Zahler die Identifizierung des betreffenden Zahlungsvorgangs ermöglicht, sowie gegebenenfalls Angaben zum Zahlungsempfänger;

2. den Betrag des Zahlungsvorgangs in der im Zahlungsauftrag verwendeten Währung;

3. sofern Entgelte eingehoben werden: die Höhe aller für den Zahlungsvorgang zu entrich-

tenden Entgelte sowie gegebenenfalls eine Aufschlüsselung der Beträge dieser Entgelte;

4. gegebenenfalls den Wechselkurs, den der Zahlungsdienstleister des Zahlers dem Zahlungsvorgang zugrunde gelegt hat, oder einen Verweis darauf, sofern dieser Kurs von dem gemäß § 41 Abs. 1 Z 4 genannten Kurs abweicht, und den Betrag des Zahlungsvorgangs nach dieser Währungsumrechnung;

5. das Datum des Eingangs des Zahlungsauftrags.

Informationen an den Zahlungsempfänger nach Ausführung des Zahlungsvorgangs

§ 45. Unverzüglich nach Ausführung des Zahlungsvorgangs hat der Zahlungsdienstleister des Zahlungsempfängers dem Zahlungsempfänger nach Maßgabe des § 40 Abs. 1 alle nachstehenden Daten in Bezug auf seine eigenen Dienste mitzuteilen oder zugänglich zu machen:

1. eine Referenz, die dem Zahlungsempfänger die Identifizierung des betreffenden Zahlungsvorgangs und gegebenenfalls des Zahlers ermöglicht, sowie jede weitere mit dem Zahlungsvorgang übermittelte Angabe;

2. den Betrag des Zahlungsvorgangs in der Währung, in der er dem Zahlungsempfänger zur Verfügung steht;

3. die Höhe aller vom Zahlungsempfänger für den Zahlungsvorgang zu entrichtenden Entgelte sowie gegebenenfalls eine Aufschlüsselung der Beträge dieser Entgelte;

4. gegebenenfalls den Wechselkurs, den der Zahlungsdienstleister des Zahlungsempfängers dem Zahlungsvorgang zugrunde gelegt hat, und den Betrag des Zahlungsvorgangs vor dieser Währungsumrechnung;

5. das Wertstellungsdatum der Gutschrift (§ 78 Abs. 1).

3. Abschnitt
Rahmenverträge

Anwendungsbereich

§ 46. Dieser Abschnitt gilt für Zahlungsvorgänge, die von einem Rahmenvertrag erfasst sind.

Allgemeine Vorabunterrichtung

§ 47. (1) Ein Zahlungsdienstleister hat dem Zahlungsdienstnutzer die Informationen und Vertragsbedingungen gemäß § 48 in Papierform oder auf einem anderen dauerhaften Datenträger rechtzeitig mitzuteilen, bevor der Zahlungsdienstnutzer durch einen Rahmenvertrag oder ein Vertragsangebot gebunden ist. Die Informationen und Vertragsbedingungen sind in leicht verständlichen Worten klar und verständlich abzufassen, und zwar

1. wenn der Zahlungsdienst in Österreich angeboten wird, in deutscher Sprache oder in einer anderen zwischen den Parteien vereinbarten Sprache;

2. wenn der Zahlungsdienst in einem anderen Mitgliedstaat angeboten wird, in dessen Amtssprache oder in einer anderen zwischen den Parteien vereinbarten Sprache.

(2) Wurde der Rahmenvertrag auf Verlangen des Zahlungsdienstnutzers mittels eines Fernkommunikationsmittels geschlossen, das es dem Zahlungsdienstleister nicht erlaubt, seinen Verpflichtungen nach Abs. 1 nachzukommen, hat der Zahlungsdienstleister diese Pflichten unverzüglich nach Abschluss des Rahmenvertrags zu erfüllen.

(3) Die Pflichten gemäß Abs. 1 können auch erfüllt werden, indem eine Kopie des Rahmenvertragsentwurfs, der die gemäß § 48 erforderlichen Informationen und Vertragsbedingungen enthält, übermittelt wird.

Informationen und Vertragsbedingungen

§ 48. (1) Der Zahlungsdienstleister hat dem Zahlungsdienstnutzer folgende Informationen und Vertragsbedingungen mitzuteilen:

1. Über den Zahlungsdienstleister:

a) den Namen oder die Firma des Zahlungsdienstleisters, die Anschrift seiner Hauptverwaltung und gegebenenfalls die Anschrift seines Agenten oder seiner Zweigstelle in dem Mitgliedstaat, in dem der Zahlungsdienst angeboten wird, sowie alle anderen Anschriften einschließlich der E-Mail-Adresse, die für die Kommunikation mit dem Zahlungsdienstleister von Belang sind und

b) die Angaben über die zuständigen Aufsichtsbehörden und das Zahlungsinstitutsregister gemäß § 13 Abs. 2 und jedes andere relevante öffentliche Register, in das der Zahlungsdienstleister als zugelassen eingetragen ist, sowie seine Registernummer oder eine gleichwertige in diesem Register verwendete Kennung.

2. Über die Nutzung des Zahlungsdienstes:

a) eine Beschreibung der wesentlichen Merkmale des zu erbringenden Zahlungsdienstes;

b) die vom Zahlungsdienstnutzer mitzuteilenden Informationen oder Kundenidentifikatoren, die für die ordnungsgemäße Auslösung oder Ausführung eines Zahlungsauftrags erforderlich sind;

c) die Form und das Verfahren für die Zustimmung zur Auslösung eines Zahlungsauftrags oder zur Ausführung eines Zahlungsvorgangs oder des Widerrufs dieser Zustimmung gemäß den §§ 58 und 74, wobei auch ausdrücklich vereinbart werden kann, dass der Zahlungsdienstnutzer dem Zahlungsvorgang auch nach der Ausführung zustimmen (§ 58 Abs. 1) und den Zahlungsauftrag auch nach Ablauf der Fristen gemäß § 74 Abs. 1 und 2 widerrufen kann, wobei in den Fällen des § 74 Abs. 2 für den wirksamen Widerruf gemäß § 74 Abs. 3 auch die Zustimmung des Zahlungsempfängers erforderlich ist;

d) den Zeitpunkt, ab dem ein Zahlungsauftrag gemäß § 72 als eingegangen gilt und gegebenenfalls der vom Zahlungsdienstleister festgelegte Annahmeschluss;

e) die maximale Ausführungsfrist (§ 77) für die zu erbringenden Zahlungsdienste;

f) sofern die Zustimmung zur Zahlung (§ 58) mittels eines bestimmten Zahlungsinstruments erteilt wird, Möglichkeiten der Vereinbarung von Ausgabenobergrenzen für Zahlungsdienste, die mittels dieses Zahlungsinstruments ausgeführt werden und

g) im Fall von kartengebundenen Zahlungsinstrumenten, die durch Co-Badging mehrere Zahlungsmarken tragen, die Rechte des Zahlungsdienstnutzers gemäß Artikel 8 der Verordnung (EU) 2015/751.

3. Über Entgelte, Zinsen und Wechselkurse:

a) alle Entgelte, die der Zahlungsdienstnutzer an den Zahlungsdienstleister zu entrichten hat, einschließlich derjenigen, die sich danach richten, wie und wie oft die nach diesem Bundesgesetz geforderten Informationen mitgeteilt oder zugänglich gemacht werden, sowie gegebenenfalls die Aufschlüsselung der Beträge dieser Entgelte;

b) gegebenenfalls die zugrunde gelegten Zinssätze und Wechselkurse oder – bei Anwendung von Referenzzinssätzen oder -wechselkursen – die Methode für die Berechnung der tatsächlichen Zinsen sowie den maßgeblichen Stichtag und den Index oder die Grundlage für die Bestimmung des Referenzzinssatzes oder -wechselkurses; und,

c) soweit vereinbart, die unmittelbare Anwendung von Änderungen des Referenzzinssatzes oder -wechselkurses und die Informationspflichten in Bezug auf diese Änderungen gemäß § 50 Abs. 2.

4. Über die Kommunikation:

a) gegebenenfalls Kommunikationsmittel, die zwischen den Parteien für die Informationsübermittlung und Anzeigepflichten nach Maßgabe dieses Bundesgesetzes vereinbart werden, einschließlich ihrer Anforderungen an die technische Ausstattung und die Software des Zahlungsdienstnutzers;

b) Angaben dazu, wie und wie oft die nach diesem Bundesgesetz geforderten Informationen mitzuteilen oder zugänglich zu machen sind;

c) die Sprache oder Sprachen, in der oder in denen der Rahmenvertrag zu schließen ist und in der oder in denen die Kommunikation für die Dauer des Vertragsverhältnisses erfolgen soll und

d) einen Hinweis auf das Recht des Zahlungsdienstnutzers, Informationen und die Vertragsbedingungen des Rahmenvertrags nach Maßgabe des § 49 zu erhalten.

5. Über Schutz- und Abhilfemaßnahmen:

a) gegebenenfalls eine Beschreibung der Vorkehrungen, die der Zahlungsdienstnutzer für die sichere Aufbewahrung eines Zahlungsinstruments zu treffen hat, und wie der Zahlungsdienstnutzer seiner Anzeigepflicht gegenüber dem Zahlungsdienstleister gemäß § 63 Abs. 2 nachzukommen hat;

b) eine Beschreibung des sicheren Verfahrens zur Unterrichtung des Zahlungsdienstnutzers durch den Zahlungsdienstleister im Falle vermuteten oder tatsächlichen Betrugs oder bei Sicherheitsrisiken;

c) soweit vereinbart, die Bedingungen, unter denen sich der Zahlungsdienstleister das Recht vorbehält, ein Zahlungsinstrument nach Maßgabe des § 62 zu sperren;

d) Informationen zur Haftung des Zahlers gemäß § 68 einschließlich Angaben zum relevanten Betrag;

e) Angaben dazu, wie und innerhalb welcher Frist der Zahlungsdienstnutzer dem Zahlungsdienstleister nicht autorisierte oder fehlerhaft ausgelöste oder ausgeführte Zahlungsvorgänge nach Maßgabe des § 65 anzeigen muss, sowie Informationen über die Haftung des Zahlungsdienstleisters bei nicht autorisierten Zahlungsvorgängen nach Maßgabe des § 67;

f) Informationen über die Haftung des Zahlungsdienstleisters bei der Auslösung oder Ausführung von Zahlungsvorgängen nach Maßgabe des § 80 und

g) die Bedingungen für Erstattungen gemäß den §§ 70 und 71.

6. Über Änderungen und Kündigung des Rahmenvertrags:

a) soweit vereinbart, die Angabe, dass die Zustimmung des Zahlungsdienstnutzers zu einer Änderung der Bedingungen gemäß § 50 als erteilt gilt, wenn er dem Zahlungsdienstleister seine Ablehnung nicht vor dem geplanten Zeitpunkt des Inkrafttretens der geänderten Bedingungen angezeigt hat, wobei die Änderung innerhalb der Frist des § 50 Abs. 1 Z 1 dem Zahlungsdienstnutzer mitzuteilen ist;

b) die Vertragslaufzeit und

c) einen Hinweis auf das Recht des Zahlungsdienstnutzers, den Rahmenvertrag zu kündigen, sowie auf sonstige kündigungsrelevante Vereinbarungen gemäß § 50 Abs. 1 und § 51.

7. Über Rechtsbehelfe:

a) die Vertragsklauseln über das auf den Rahmenvertrag anwendbare Recht und die zuständigen Gerichte und

b) einen Hinweis auf die dem Zahlungsdienstnutzer gemäß § 13 AVG zustehende Möglichkeit der Anzeige bei der FMA und auf die Möglichkeit der Geltendmachung seiner Rechte vor den ordentlichen Gerichten unter Angabe des Gerichtsstandes und vor der Schlichtungsstelle unter Angabe von deren Sitz und Adresse.

(2) Weiters ist im Rahmenvertrag anzugeben, ob eine Vereinbarung gemäß § 70 Abs. 3 geschlossen wird, wonach kein Anspruch auf Erstattung bei bestimmten, von einem Zahlungsempfänger ausgelösten Zahlungsvorgängen besteht.

Zugänglichkeit der Informationen und der Vertragsbedingungen

§ 49. Der Zahlungsdienstnutzer kann jederzeit während der Vertragslaufzeit des Rahmenvertrags die Vorlage der Vertragsbedingungen und der Informationen gemäß § 48 in Papierform oder auf einem anderen dauerhaften Datenträger verlangen.

Änderungen der Vertragsbedingungen

§ 50. (1) Der Zahlungsdienstleister hat

1. dem Zahlungsdienstnutzer Änderungen des Rahmenvertrags spätestens zwei Monate vor dem geplanten Zeitpunkt ihrer Anwendung in der in § 47 Abs. 1 vorgesehenen Weise vorzuschlagen und

2. sofern eine Vereinbarung gemäß § 48 Abs. 1 Z 6 lit. a getroffen wurde, darauf hinzuweisen,

a) dass die Zustimmung des Zahlungsdienstnutzers zu den Änderungen als erteilt gilt, wenn er dem Zahlungsdienstleister seine Ablehnung nicht vor dem vorgeschlagenen Zeitpunkt der Anwendung der Änderungen angezeigt hat, und

b) dass der Zahlungsdienstnutzer das Recht hat, den Rahmenvertrag vor dem Inkrafttreten der Änderungen kostenlos fristlos zu kündigen.

(2) Änderungen der Zinssätze oder der Wechselkurse können unmittelbar und ohne vorherige Benachrichtigung angewandt werden, sofern dieses Recht im Rahmenvertrag vereinbart wurde und die Änderungen auf den gemäß § 48 Abs. 1 Z 3 lit. b und c vereinbarten Referenzzinssätzen oder Referenzwechselkursen beruhen. Der Zahlungsdienstnutzer ist so rasch wie möglich in der in § 47 Abs. 1 vorgesehenen Weise von jeder Änderung des Zinssatzes zu unterrichten, es sei denn, die Parteien haben eine davon abweichende Vereinbarung darüber getroffen, wie oft und wie die Informationen mitgeteilt oder zugänglich gemacht werden sollen. Für den Zahlungsdienstnutzer günstigere Zinssätze oder Wechselkurse bedürfen keiner Benachrichtigung.

(3) Die den Zahlungsvorgängen zugrunde gelegten geänderten Zinssätze oder Wechselkurse sind neutral anzuwenden und so zu berechnen, dass die Zahlungsdienstnutzer nicht benachteiligt werden. § 6 Abs. 1 Z 5 KSchG bleibt unberührt.

Ordentliche Kündigung des Rahmenvertrags

§ 51. (1) Der Zahlungsdienstnutzer kann den Rahmenvertrag jederzeit kündigen, sofern die Parteien nicht eine Kündigungsfrist vereinbart haben. Die Kündigungsfrist darf einen Monat nicht überschreiten. Das Recht der fristlosen Kündigung gemäß Abs. 2 Z 1 bleibt davon unberührt.

(2) Eine kostenlose Kündigung eines Rahmenvertrags durch den Zahlungsdienstnutzer ist zulässig:

1. ohne Einhaltung einer Kündigungsfrist vor Inkrafttreten von Änderungen des Rahmenvertrags gemäß § 50 Abs. 1;

2. bei einer Dauer des Rahmenvertrags von mindestens sechs Monaten oder bei unbestimmter Dauer jeweils unter Einhaltung der Kündigungsfrist.

In allen anderen Fällen können, sofern im Rahmenvertrag gemäß § 48 Abs. 1 Z 3 lit. a vereinbart, Entgelte erhoben werden, die angemessen und an den Kosten ausgerichtet sind.

(3) Der Zahlungsdienstleister kann einen auf unbestimmte Zeit geschlossenen Rahmenvertrag, sofern im Rahmenvertrag vereinbart, unter Einhaltung einer Zweimonatsfrist in der in § 47 Abs. 1 vorgesehenen Form kündigen.

(4) Regelmäßig erhobene Zahlungsdienstentgelte sind nur anteilmäßig bis zur Kündigung des Vertrags durch den Zahlungsdienstnutzer zu entrichten. Im Voraus gezahlte Entgelte sind vom Zahlungsdienstleister anteilmäßig zu erstatten.

(5) Die allgemeinen Regelungen über die Nichtigkeit oder Aufhebbarkeit von Verträgen oder die vorzeitige Aufhebung von Dauerschuldverhältnissen aus wichtigem Grund bleiben von diesem Bundesgesetz unberührt.

Information vor Ausführung einzelner Zahlungsvorgänge

§ 52. Vor der Ausführung des einzelnen, durch den Zahler ausgelösten Zahlungsvorgangs innerhalb eines Rahmenvertrags hat der Zahlungsdienstleister dem Zahler auf dessen Verlangen Folgendes mitzuteilen:

1. Die maximale Ausführungsfrist für diesen Zahlungsvorgang,

2. die ihm in Rechnung gestellten Entgelte und

3. gegebenenfalls deren Aufschlüsselung.

Informationen an den Zahler bei einzelnen Zahlungsvorgängen

§ 53. (1) Nach Belastung des Kontos des Zahlers mit dem Betrag eines einzelnen Zahlungsvorgangs oder, falls der Zahler kein Zahlungskonto verwendet, nach Eingang des Zahlungsauftrags hat der Zahlungsdienstleister des Zahlers diesem unverzüglich die nachstehenden Angaben in der in § 47 Abs. 1 vorgesehenen Weise mitzuteilen:

1. eine Referenz, die dem Zahler die Identifizierung des betreffenden Zahlungsvorgangs ermöglicht, sowie gegebenenfalls Angaben zum Zahlungsempfänger;

2. den Betrag, der Gegenstand des Zahlungsvorgangs ist, in der Währung, in der das Zahlungskonto des Zahlers belastet wird, oder in der Währung, die im Zahlungsauftrag verwendet wird;

3. den Betrag der für den Zahlungsvorgang zu entrichtenden Entgelte und gegebenenfalls deren Aufschlüsselung oder die vom Zahler zu entrichtenden Zinsen;

4. gegebenenfalls den Wechselkurs, den der Zahlungsdienstleister des Zahlers dem Zahlungsvorgang zugrunde gelegt hat, und den Betrag, der nach dieser Währungsumrechnung Gegenstand des Zahlungsvorgangs ist und

5. das Wertstellungsdatum der Belastung (§ 78 Abs. 2) oder das Datum des Eingangs des Zahlungsauftrags.

(2) Der Rahmenvertrag hat eine Klausel zu enthalten, der zufolge der Zahler verlangen kann, dass die Informationen gemäß Abs. 1 mindestens einmal monatlich kostenlos und nach einem vereinbarten Verfahren so mitgeteilt oder zugänglich gemacht werden, dass der Zahler die Informationen unverändert aufbewahren und reproduzieren kann.

(3) Der Zahlungsdienstnutzer kann jedoch vom Zahlungsdienstleister verlangen, dass die Informationen gemäß Abs. 1 einmal monatlich gegen angemessenen Kostenersatz übermittelt werden.

Informationen an den Zahlungsempfänger bei einzelnen Zahlungsvorgängen

§ 54. (1) Nach Ausführung eines einzelnen Zahlungsvorgangs hat der Zahlungsdienstleister des Zahlungsempfängers diesem unverzüglich die nachstehenden Angaben in der in § 47 Abs. 1 vorgesehenen Weise mitzuteilen:

1. eine Referenz, die dem Zahlungsempfänger die Identifizierung des betreffenden Zahlungsvorgangs und des Zahlers ermöglicht, sowie weitere mit dem Zahlungsvorgang übermittelte Angaben;

2. den Betrag, der Gegenstand des Zahlungsvorgangs ist, in der Währung, in der dieser Betrag auf dem Zahlungskonto des Zahlungsempfängers gutgeschrieben wird;

3. den Betrag der für den Zahlungsvorgang zu entrichtenden Entgelte und gegebenenfalls deren Aufschlüsselung oder die vom Zahlungsempfänger zu entrichtenden Zinsen;

4. gegebenenfalls den Wechselkurs, den der Zahlungsdienstleister des Zahlungsempfängers dem Zahlungsvorgang zugrunde gelegt hat, und den Betrag, der vor dieser Währungsumrechnung Gegenstand des Zahlungsvorgangs war und

5. das Wertstellungsdatum der Gutschrift (§ 78 Abs. 1).

(2) Der Rahmenvertrag kann vorsehen, dass die Informationen gemäß Abs. 1 mindestens einmal monatlich und nach einem vereinbarten Verfahren so mitgeteilt oder zugänglich gemacht werden, dass der Zahlungsempfänger die Informationen unverändert aufbewahren und reproduzieren kann.

(3) Der Zahlungsdienstnutzer kann vom Zahlungsdienstleister verlangen, dass die Informationen gemäß Abs. 1 einmal monatlich gegen angemessenen Kostenersatz übermittelt werden.

4. Hauptstück

Rechte und Pflichten bei der Erbringung und Nutzung von Zahlungsdiensten

1. Abschnitt

Gemeinsame Bestimmungen

Anwendungsbereich

§ 55. (1) Handelt es sich bei dem Zahlungsdienstnutzer nicht um einen Verbraucher, können der Zahlungsdienstnutzer und der Zahlungsdienstleister vereinbaren, dass § 56 Abs. 1, § 58 Abs. 3 sowie die §§ 66, 68, 70, 71, 74 und 80 ganz oder teilweise abbedungen werden. Der Zahlungsdienstnutzer und der Zahlungsdienstleister können auch andere als die in § 65 vorgesehenen Fristen vereinbaren (Rügeobliegenheit).

(2) Soweit in Vereinbarungen zum Nachteil eines Verbrauchers von den Rechten und Pflichten bei der Erbringung und Nutzung von Zahlungsdiensten gemäß diesem Hauptstücks abgewichen wird, sind diese abweichenden Bestimmungen unwirksam.

Entgelte

§ 56. (1) Ein Zahlungsdienstleister darf einem Zahlungsdienstnutzer für die Erfüllung der Informationspflichten oder für Berichtigungs- und Schutzmaßnahmen nach diesem Hauptstück keine Entgelte in Rechnung stellen. Nur für folgende

Leistungen dürfen vom Zahlungsdienstleister Entgelte verlangt werden:

1. Mitteilung über die Ablehnung eines Zahlungsauftrages gemäß § 73 Abs. 1;

2. Widerruf eines Zahlungsauftrages nach dem Zeitpunkt der Unwiderruflichkeit gemäß § 74 Abs. 3 und

3. Wiederbeschaffung eines Geldbetrages wegen einer fehlerhaften Ausführung des Zahlungsvorgangs aufgrund eines vom Zahlungsdienstnutzer fehlerhaft angegebenen Kundenidentifikators (§ 79 Abs. 2).

Entgelte gemäß Z 1 bis 3 sind nur zulässig, wenn sie zwischen dem Zahlungsdienstnutzer und dem Zahlungsdienstleister vereinbart werden; sie müssen angemessen und an den tatsächlichen Kosten des Zahlungsdienstleisters ausgerichtet sein.

(2) Bei Zahlungsvorgängen innerhalb der Union, bei denen sowohl der Zahlungsdienstleister des Zahlers als auch der des Zahlungsempfängers in der Union ansässig sind, haben Zahlungsempfänger und Zahler die von ihrem jeweiligen Zahlungsdienstleister erhobenen Entgelte zu tragen. Dies gilt auch, wenn nur ein einziger Zahlungsdienstleister an dem Zahlungsvorgang beteiligt und dieser in der Union ansässig ist.

(3) Der Zahlungsdienstleister darf dem Zahlungsempfänger nicht verwehren, dem Zahler für die Nutzung eines bestimmten Zahlungsinstruments eine Ermäßigung anzubieten oder ihm anderweitig einen Anreiz zur Nutzung dieses Instruments zu geben. Die Erhebung von Entgelten durch den Zahlungsempfänger im Falle der Nutzung eines bestimmten Zahlungsinstrumentes ist unzulässig.

(4) Entgelte für die Erbringung von Zahlungsdiensten oder im Zusammenhang mit dem Rahmenvertrag dürfen nur verrechnet werden, wenn sie vorher gemäß § 41 Abs. 1 Z 3 oder § 48 Abs. 1 Z 3 lit. a wirksam vereinbart worden sind.

Ausnahmen für Kleinbetragszahlungsinstrumente und E-Geld

§ 57. (1) Im Falle von Zahlungsinstrumenten, die gemäß dem Rahmenvertrag nur einzelne Zahlungsvorgänge bis höchstens 30 Euro betreffen oder die entweder eine Ausgabenobergrenze von 150 Euro haben oder Geldbeträge speichern (Zahlungsinstrumente auf Guthabenbasis), die zu keiner Zeit 150 Euro übersteigen, können die Zahlungsdienstleister mit ihren Zahlungsdienstnutzern vereinbaren, dass

1. § 63 Abs. 2, § 64 Abs. 1 Z 2 und 4 sowie § 68 Abs. 4 und 5 nicht anzuwenden sind, wenn das Zahlungsinstrument nicht gesperrt werden oder eine weitere Nutzung nicht verhindert werden kann,

2. die §§ 66 und 67 sowie § 68 Abs. 1, 2, 4 und 5 nicht anzuwenden sind, wenn das Zahlungsinstrument anonym genutzt wird oder der Zahlungsdienstleister aus anderen Gründen, die dem Zahlungsinstrument immanent sind, nicht nachweisen kann, dass ein Zahlungsvorgang autorisiert war,

3. abweichend von § 73 Abs. 2 der Zahlungsdienstleister nicht verpflichtet ist, den Zahlungsdienstnutzer von einer Ablehnung des Zahlungsauftrags zu unterrichten, wenn die Nichtausführung aus dem Zusammenhang hervorgeht,

4. abweichend von § 74 der Zahler den Zahlungsauftrag nach dessen Übermittlung oder nachdem er dem Zahlungsempfänger seine Zustimmung zum Zahlungsauftrag erteilt hat, nicht widerrufen kann oder

5. abweichend von den § 77 Abs. 1 und 3 andere Ausführungsfristen gelten.

(2) Für Zahlungsvorgänge im Inland erhöhen sich die in Abs. 1 genannten Beträge

1. im Fall von einzelnen Zahlungsvorgängen auf höchstens 60 Euro;

2. im Fall von Zahlungsinstrumenten deren Ausgabenobergrenze auf 300 Euro;

3. für Zahlungsinstrumente, die Geldbeträge speichern (Zahlungsinstrumente auf Guthabenbasis) auf 400 Euro.

(3) Auf elektronisches Geld gemäß § 1 Abs. 1 des E-Geldgesetzes 2010 sind die Haftungsbestimmungen gemäß den §§ 67 und 68 anzuwenden, außer

1. es handelt sich um Zahlungskonten mit Guthaben oder Zahlungsinstrumente mit einem Wert bis zu einem Betrag von 400 Euro und

2. der Zahlungsdienstleister des Zahlers hat nicht die Möglichkeit, das Zahlungskonto oder das Zahlungsinstrument zu sperren.

2. Abschnitt

Autorisierung von Zahlungsvorgängen

Zustimmung und Widerruf der Zustimmung

§ 58. (1) Ein Zahlungsvorgang gilt nur dann als autorisiert, wenn der Zahler der Ausführung des Zahlungsvorgangs zugestimmt hat. Die Zustimmung hat vor der Ausführung zu erfolgen. Wenn es vereinbart wurde (§ 48 Abs. 1 Z 2 lit. c), kann die Zustimmung auch nach der Ausführung erteilt werden. Gerichtliche oder verwaltungsbehördliche Aufträge ersetzen die Zustimmung des Zahlers.

(2) Die Zustimmung zur Ausführung eines Zahlungsvorgangs oder mehrerer Zahlungsvorgänge ist in der zwischen dem Zahler und seinem Zahlungsdienstleister vereinbarten Form und im vereinbarten Verfahren (§ 48 Abs. 1 Z 2 lit. c) zu erteilen. Die Zustimmung zur Ausführung eines

Zahlungsvorgangs kann auch über den Zahlungsempfänger oder einen Zahlungsauslösedienst erteilt werden. Fehlt die Zustimmung zur Ausführung eines Zahlungsvorgangs, gilt er nicht als autorisiert.

(3) Die Zustimmung kann bis zum Eintritt der Unwiderruflichkeit gemäß § 74 jederzeit vom Zahler widerrufen werden. Wird die Zustimmung zur Ausführung mehrerer Zahlungsvorgänge widerrufen, so gilt jeder nachfolgende Zahlungsvorgang als nicht autorisiert.

Bestätigung der Verfügbarkeit eines Geldbetrages

§ 59. (1) Ein kontoführender Zahlungsdienstleister hat auf Ersuchen eines Zahlungsdienstleisters, der kartengebundene Zahlungsinstrumente ausgibt, unverzüglich zu bestätigen, ob ein für die Ausführung eines kartengebundenen Zahlungsvorgangs erforderlicher Betrag auf dem Zahlungskonto des Zahlers verfügbar ist, sofern alle nachfolgenden Voraussetzungen erfüllt sind:

1. das Zahlungskonto des Zahlers ist zum Zeitpunkt des Ersuchens online zugänglich,

2. der Zahler hat dem kontoführenden Zahlungsdienstleister seine ausdrückliche Zustimmung erteilt, den Ersuchen eines bestimmten Zahlungsdienstleisters um Bestätigung der Verfügbarkeit des Betrags, der einem bestimmten kartengebundenen Zahlungsvorgang entspricht, auf dem Zahlungskonto des Zahlers nachzukommen und

3. die Zustimmung gemäß Z 2 ist erteilt worden, bevor das erste Ersuchen um Bestätigung ergeht.

(2) Der Zahlungsdienstleister kann um die Bestätigung gemäß Abs. 1 ersuchen, wenn alle nachfolgenden Voraussetzungen erfüllt sind:

1. der Zahler hat dem Zahlungsdienstleister seine ausdrückliche Zustimmung erteilt, um die Bestätigung gemäß Abs. 1 zu ersuchen,

2. der Zahler hat den kartengebundenen Zahlungsvorgang für den betreffenden Betrag unter Verwendung eines vom Zahlungsdienstleister ausgegebenen kartengebundenen Zahlungsinstruments ausgelöst und

3. der Zahlungsdienstleister authentifiziert sich gegenüber dem kontoführenden Zahlungsdienstleister vor jedem einzelnen Ersuchen um Bestätigung und kommuniziert mit dem kontoführenden Zahlungsdienstleister auf sichere Weise (§ 4 Z 47).

(3) Die Bestätigung gemäß Abs. 1 hat ausschließlich aus „Ja" oder „Nein" zu bestehen, nicht jedoch in der Mitteilung des Kontostands. Die Antwort darf nicht gespeichert oder für andere Zwecke als für die Ausführung des kartengebundenen Zahlungsvorgangs verwendet werden.

(4) Es ist dem kontoführenden Zahlungsdienstleister nicht gestattet, einen Geldbetrag auf dem Zahlungskonto des Zahlers zu blockieren, weil eine Bestätigung gemäß Abs. 1 erteilt wurde.

(5) Der kontoführende Zahlungsdienstleister hat dem Zahler auf Anfrage die Identifizierungsdaten des Zahlungsdienstleisters und die erteilte Antwort mitzuteilen.

(6) Diese Bestimmung gilt nicht für Zahlungsvorgänge, die durch kartengebundene Zahlungsinstrumente ausgelöst wurden, auf denen E-Geld gemäß § 1 Abs. 1 des E-Geldgesetzes 2010 gespeichert ist.

Zahlungsauslösedienste

§ 60. (1) Ein Zahler hat das Recht, Zahlungsauslösedienste über einen Zahlungsauslösedienstleister zu nutzen. Das Recht, einen Zahlungsauslösedienstleister zu nutzen, besteht nicht, wenn das Zahlungskonto nicht online zugänglich ist.

(2) Erteilt der Zahler seine ausdrückliche Zustimmung zur Ausführung einer Zahlung gemäß § 58, hat der kontoführende Zahlungsdienstleister die Handlungen gemäß Abs. 4 vorzunehmen, um das Recht des Zahlers, den Zahlungsauslösedienst zu nutzen, zu gewährleisten.

(3) Es gelten folgende Anforderungen für Zahlungsauslösedienstleister:

1. Er darf zu keiner Zeit Geldbeträge des Zahlers im Zusammenhang mit der Bereitstellung des Zahlungsauslösedienstes halten.

2. Er muss sicherstellen, dass die personalisierten Sicherheitsmerkmale des Zahlungsdienstnutzers keiner anderen Partei als dem Nutzer und dem Emittenten der personalisierten Sicherheitsmerkmale zugänglich sind und dass sie vom Zahlungsauslösedienstleister über sichere und effiziente Kanäle übermittelt werden.

3. Er muss sicherstellen, dass alle anderen Informationen über den Zahlungsdienstnutzer, die er bei der Bereitstellung von Zahlungsauslösediensten erlangt hat, nur dem Zahlungsempfänger und nur mit ausdrücklicher Zustimmung des Zahlungsdienstnutzers mitgeteilt werden.

4. Er muss sich gegenüber dem kontoführenden Zahlungsdienstleister des Zahlers jedes Mal, wenn eine Zahlung ausgelöst wird, identifizieren und mit dem kontoführenden Zahlungsdienstleister, dem Zahler und dem Zahlungsempfänger auf sichere Weise kommunizieren (§ 4 Z 47).

5. Er darf keine sensiblen Zahlungsdaten des Zahlungsdienstnutzers speichern.

6. Er darf vom Zahlungsdienstnutzer keine anderen als die für das Erbringen des Zahlungsauslösedienstes erforderlichen Daten verlangen.

7. Er darf erhobene Daten nicht für andere Zwecke als für das Erbringen des vom Zahler

ausdrücklich geforderten Zahlungsauslösedienstes verwenden, darauf zugreifen oder speichern.

8. Er darf den Betrag, den Zahlungsempfänger oder ein anderes Merkmal des Zahlungsvorgangs nicht ändern.

(4) Der kontoführende Zahlungsdienstleister hat

1. mit Zahlungsauslösedienstleistern auf sichere Weise zu kommunizieren (§ 4 Z 47),

2. unmittelbar nach Eingang des Zahlungsauftrags von einem Zahlungsauslösedienstleister diesem alle Informationen über die Auslösung des Zahlungsvorgangs und alle ihm selbst zugänglichen Informationen hinsichtlich der Ausführung des Zahlungsvorgangs mitzuteilen oder zugänglich zu machen und

3. Zahlungsaufträge, die über die Dienste eines Zahlungsauslösedienstleisters übermittelt werden, insbesondere in Bezug auf zeitliche Abwicklung, Prioritäten oder Entgelte in derselben Weise zu behandeln wie Zahlungsaufträge, die der Zahler direkt übermittelt hat, es sei denn, es liegen objektive Gründe für eine andere Behandlung vor.

(5) Das Erbringen von Zahlungsauslösediensten darf nicht vom Bestehen einer vertraglichen Beziehung zu diesem Zweck zwischen den Zahlungsauslösedienstleistern und den kontoführenden Zahlungsdienstleistern abhängig gemacht werden.

Kontoinformationsdienste

§ 61. (1) Ein Zahlungsdienstnutzer hat das Recht, Dienste zu nutzen, die den Zugang zu Zahlungskontoinformationen (§ 1 Abs. 2 Z 8) ermöglichen. Dieses Recht besteht nicht, wenn das Zahlungskonto nicht online zugänglich ist.

(2) Es gelten folgende Anforderungen für Kontoinformationsdienstleister:

1. Er darf seine Dienstleistungen nur mit der ausdrücklichen Zustimmung des Zahlungsdienstnutzers erbringen.

2. Er hat sicherzustellen, dass die personalisierten Sicherheitsmerkmale des Zahlungsdienstnutzers keiner anderen Partei als dem Nutzer und dem Emittenten der personalisierten Sicherheitsmerkmale zugänglich sind, und dass die Übermittlung durch den Kontoinformationsdienstleister über sichere und effiziente Kanäle erfolgt.

3. Er muss sich gegenüber dem kontoführenden Zahlungsdienstleister des Zahlungsdienstnutzers bei jedem Kommunikationsvorgang identifizieren und hat mit dem kontoführenden Zahlungsdienstleister und dem Zahlungsdienstnutzer auf sichere Weise kommunizieren (§ 4 Z 47).

4. Er darf nur auf Informationen von bezeichneten Zahlungskonten und damit in Zusammenhang stehenden Zahlungsvorgängen zugreifen.

5. Er darf keine sensiblen Zahlungsdaten anfordern, die mit den Zahlungskonten in Zusammenhang stehen.

6. Er darf im Einklang mit den Datenschutzvorschriften Daten nicht für andere Zwecke als für den vom Zahlungsdienstnutzer ausdrücklich geforderten Kontoinformationsdienst verwenden, darauf zugreifen oder speichern.

(3) Der kontoführende Zahlungsdienstleister muss in Bezug auf Zahlungskonten

1. mit dem Kontoinformationsdienstleister auf sichere Weise kommunizieren (§ 4 Z 47) und

2. Datenanfragen, die über die Dienste eines Kontoinformationsdienstleisters übermittelt werden, ohne Diskriminierung behandeln, es sei denn, es liegen objektive Gründe für eine andere Behandlung vor.

(4) Das Erbringen von Kontoinformationsdiensten darf nicht vom Bestehen einer vertraglichen Beziehung zu diesem Zweck zwischen dem Kontoinformationsdienstleister und dem kontoführenden Zahlungsdienstleister abhängig gemacht werden.

Sperrung eines Zahlungsinstruments und Begrenzung des Zugangs zu Zahlungskonten

§ 62. (1) Der Zahlungsdienstleister kann, sofern dies im Rahmenvertrag (§ 48 Abs. 1 Z 5 lit. c) vereinbart wurde, ein Zahlungsinstrument sperren, wenn

1. objektive Gründe im Zusammenhang mit der Sicherheit des Zahlungsinstrumentes dies rechtfertigen;

2. der Verdacht einer nicht autorisierten oder betrügerischen Verwendung des Zahlungsinstruments besteht oder

3. im Fall eines Zahlungsinstrumentes mit einer Kreditlinie ein beträchtlich erhöhtes Risiko besteht, dass der Zahler seiner Zahlungspflicht nicht nachkommen kann.

(2) Verpflichtungen nach anderen Bundesgesetzen oder gemäß gerichtlichen, staatsanwaltlichen oder verwaltungsbehördlichen Anordnungen zur Sperrung eines Zahlungsinstrumentes oder Kontos bleiben von Abs. 1 unberührt.

(3) Der Zahlungsdienstleister hat den Zahlungsdienstnutzer möglichst vor, spätestens jedoch unverzüglich nach der Sperrung des Zahlungsinstrumentes in der vereinbarten Form (§ 48) von der Sperrung und den Gründen hiefür zu unterrichten. Die Unterrichtung über die Sperrung oder über die Gründe für die Sperrung kann unterbleiben, wenn sie

1. objektiven Sicherheitserwägungen zuwiderlaufen würde;

2. einer unionsrechtlichen oder innerstaatlichen Regelung zuwiderlaufen würde oder

3. eine gerichtliche oder verwaltungsbehördliche Anordnung verletzen würde.

(4) Sobald die Gründe für die Sperrung nicht mehr vorliegen, hat der Zahlungsdienstleister die Sperrung des Zahlungsinstrumentes aufzuheben oder dieses durch ein neues Zahlungsinstrument zu ersetzen.

(5) Ein kontoführender Zahlungsdienstleister kann einem Kontoinformationsdienstleister oder einem Zahlungsauslösedienstleister den Zugang zu einem Zahlungskonto verweigern, wenn objektive und gebührend nachgewiesene Gründe im Zusammenhang mit einem nicht autorisierten oder betrügerischen Zugang des Kontoinformationsdienstleisters oder des Zahlungsauslösedienstleisters zum Zahlungskonto, einschließlich der nicht autorisierten oder betrügerischen Auslösung eines Zahlungsvorgangs, es rechtfertigen. In diesen Fällen hat der kontoführende Zahlungsdienstleister den Zahler in einer vereinbarten Form über die Verweigerung des Zugangs und die Gründe hiefür zu unterrichten. Diese Information ist dem Zahler möglichst vor, spätestens jedoch unverzüglich nach der Verweigerung des Zugangs zum Zahlungskonto zu geben, es sei denn, das würde objektiv begründeten Sicherheitserwägungen zuwiderlaufen oder gegen einschlägiges Recht der Union oder eine innerstaatliche Regelung verstoßen. Sobald die Gründe für die Verweigerung des Zugangs nicht mehr bestehen, hat der kontoführende Zahlungsdienstleister Zugang zu dem Zahlungskonto zu gewähren.

(6) Im Falle einer Verweigerung gemäß Abs. 5 hat der kontoführende Zahlungsdienstleister der FMA unverzüglich den Vorfall im Zusammenhang mit dem Kontoinformationsdienstleister oder dem Zahlungsauslösedienstleister zu melden. Die Meldung hat folgende Informationen zu umfassen:

1. die einschlägigen Einzelheiten des Vorfalls und

2. die Gründe für das Tätigwerden.

Die FMA hat den Fall zu bewerten und erforderlichenfalls geeignete Maßnahmen zu ergreifen.

Pflichten des Zahlungsdienstnutzers in Bezug auf Zahlungsinstrumente und personalisierte Sicherheitsmerkmale

§ 63. (1) Der berechtigte Zahlungsdienstnutzer hat bei der Nutzung eines Zahlungsinstruments die Bedingungen für dessen Ausgabe und Nutzung einzuhalten. Die Bedingungen für die Ausgabe und Nutzung eines Zahlungsinstruments müssen objektiv, nichtdiskriminierend und verhältnismäßig gestaltet sein.

(2) Den Verlust, Diebstahl, die missbräuchliche Verwendung oder die sonstige nicht autorisierte Nutzung des Zahlungsinstruments hat der Zahlungsdienstnutzer unverzüglich, sobald er davon Kenntnis hat, dem Zahlungsdienstleister oder der von diesem benannten Stelle anzuzeigen.

(3) Unmittelbar nachdem der berechtigte Zahlungsdienstnutzer das Zahlungsinstrument erhält, hat er alle zumutbaren Vorkehrungen zu treffen, um die personalisierten Sicherheitsmerkmale vor unbefugtem Zugriff zu schützen.

Pflichten des Zahlungsdienstleisters in Bezug auf Zahlungsinstrumente

§ 64. (1) Der Zahlungsdienstleister, der ein Zahlungsinstrument ausgibt, hat unbeschadet der Sorgfaltspflichten des Zahlungsdienstnutzers (§ 63) sicherzustellen, dass

1. die personalisierten Sicherheitsmerkmale des Zahlungsinstruments keiner anderen Person als dem zur Nutzung des Zahlungsinstruments berechtigten Zahlungsdienstnutzer zugänglich sind;

2. der Zahlungsdienstnutzer durch geeignete Mittel jederzeit die Möglichkeit hat, die Anzeige gemäß § 63 Abs. 2 kostenfrei vorzunehmen oder die Aufhebung der Sperrung gemäß § 62 Abs. 4 zu beantragen;

3. jedwede Nutzung des Zahlungsinstruments ausgeschlossen ist, sobald eine Anzeige gemäß § 63 Abs. 2 erfolgt ist und

4. der Zahlungsdienstnutzer die Möglichkeit hat, eine Anzeige gemäß § 63 Abs. 2 kostenlos vorzunehmen, und ihm allenfalls ausschließlich die direkt mit dem Ersatz des Zahlungsinstrumentes verbundenen Kosten verrechnet werden.

(2) Im Falle der Versendung eines Zahlungsinstrumentes oder der Versendung personalisierter Sicherheitsmerkmale des Zahlungsinstrumentes an den Zahler trägt der Zahlungsdienstleister das Risiko der Versendung und eines Missbrauches oder einer nicht autorisierten Nutzung. Die unaufgeforderte und nicht vereinbarte Zusendung eines Zahlungsinstrumentes ist unzulässig.

(3) Der Zahlungsdienstleister hat dem Zahlungsdienstnutzer auf Anfrage die Beweismittel zur Verfügung zu stellen, mit denen der Zahlungsdienstnutzer bis zu 18 Monate nach der Anzeige beweisen kann, ob er seiner Anzeigepflicht gemäß § 63 Abs. 2 nachgekommen ist.

Anzeige und Korrektur nicht autorisierter oder fehlerhaft ausgeführter Zahlungsvorgänge

§ 65. (1) Zur Erwirkung einer Berichtigung durch den Zahlungsdienstleister hat der Zahlungsdienstnutzer den Zahlungsdienstleister unverzüglich nach Feststellung eines nicht autorisierten oder fehlerhaft ausgeführten Zahlungsvorgangs, der zur Entstehung eines Anspruches einschließlich eines solchen nach § 80 geführt hat, zu unterrichten (Rügeobliegenheit). Hat der Zahlungsdienstleister die Angaben gemäß dem 3. Hauptstück mitgeteilt oder zugänglich gemacht, endet die Frist für den Zahlungsdienstnutzer, um beim Zahlungsdienstleister eine Berichtigung zu erwirken, spätestens 13 Monate nach dem Tag der Belastung oder Gutschrift. Die Verjährung der dem Zahlungsdienstnutzer aufgrund einer fristgerechten Rüge offen stehenden Ansprüche richtet sich nach den allgemeinen Bestimmungen. Andere Ansprüche zwischen Zahlungsdienstleister und Zahlungsdienstnutzer bleiben unberührt.

(2) Sofern ein Zahlungsauslösedienst am Zahlungsvorgang beteiligt ist, hat der Zahlungsdienstnutzer die Berichtigung gemäß Abs. 1 beim kontoführenden Zahlungsdienstleister zu erwirken. Davon unberührt bleiben § 67 Abs. 2 und § 80 Abs. 1.

Nachweis der Authentifizierung und Ausführung von Zahlungsvorgängen

§ 66. (1) Wenn ein Zahlungsdienstnutzer bestreitet, einen ausgeführten Zahlungsvorgang autorisiert zu haben, oder geltend macht, dass der Zahlungsvorgang nicht ordnungsgemäß ausgeführt wurde, hat dessen Zahlungsdienstleister nachzuweisen, dass

1. der Zahlungsvorgang authentifiziert war,

2. ordnungsgemäß aufgezeichnet und verbucht wurde und

3. nicht durch einen technischen Fehler oder eine andere Störung des von dem Zahlungsdienstleister erbrachten Dienstes beeinträchtigt wurde.

(2) Wird der Zahlungsvorgang über einen Zahlungsauslösedienstleister ausgelöst, so hat der Zahlungsauslösedienstleister nachzuweisen, dass der Zahlungsvorgang innerhalb seines Zuständigkeitsbereichs authentifiziert war, ordnungsgemäß aufgezeichnet wurde und nicht durch einen technischen Fehler oder eine andere Störung im Zusammenhang mit dem von ihm verantworteten Zahlungsdienst beeinträchtigt wurde.

(3) Der Nachweis der Nutzung eines Zahlungsinstrumentes reicht für sich allein genommen für den Nachweis der Autorisierung des Zahlungsvorgangs durch den Zahler, einer vorsätzlichen oder grob fahrlässigen Verletzung der Sorgfaltspflichten gemäß § 63 oder eines Handelns des Zahlers in betrügerischer Absicht nicht notwendigerweise aus. Der Zahlungsdienstleister, gegebenenfalls einschließlich des Zahlungsauslösedienstleisters, muss unterstützende Beweismittel vorlegen, um Betrug oder grobe Fahrlässigkeit des Zahlungsdienstnutzers nachzuweisen.

Haftung des Zahlungsdienstleisters für nicht autorisierte Zahlungsvorgänge

§ 67. (1) Im Fall eines nicht autorisierten Zahlungsvorgangs hat der Zahlungsdienstleister des Zahlers unbeschadet des § 65 diesem den Betrag des nicht autorisierten Zahlungsvorgangs unverzüglich, auf jeden Fall spätestens bis zum Ende des folgenden Geschäftstags zu erstatten, nachdem er von dem Zahlungsvorgang Kenntnis erhalten hat oder dieser ihm angezeigt wurde. Der Zahlungsdienstleister des Zahlers hat das belastete Zahlungskonto wieder auf den Stand zu bringen, auf dem es sich ohne den nicht autorisierten Zahlungsvorgang befunden hätte, wobei der Betrag auf dem Zahlungskonto des Zahlers spätestens zum Datum der Belastung des Kontos wertzustellen ist.

(2) Der Zahlungsdienstleister muss nicht gemäß Abs. 1 erstatten, wenn berechtigte Gründe einen Betrugsverdacht stützen. In diesem Fall hat der Zahlungsdienstleister der FMA unverzüglich eine schriftliche Meldung über den Betrugsverdacht zu erstatten.

(3) Wird der Zahlungsvorgang über einen Zahlungsauslösedienstleister ausgelöst, hat der kontoführende Zahlungsdienstleister unverzüglich den Betrag des nicht autorisierten Zahlungsvorgangs zu erstatten. Die Erstattung hat nach den Vorgaben gemäß Abs. 1 zu erfolgen. Haftet der Zahlungsauslösedienstleister für den nicht autorisierten Zahlungsvorgang, so hat er den kontoführenden Zahlungsdienstleister auf dessen Verlangen unverzüglich für die infolge der Erstattung an den Zahler erlittenen Verluste oder gezahlten Beträge, einschließlich des Betrags des nicht autorisierten Zahlungsvorgangs, zu entschädigen. Den Beweis, ob der Zahlungsvorgang den Vorgaben gemäß § 66 Abs. 2 entsprach, hat der Zahlungsauslösedienstleister zu erbringen.

(4) Ansprüche des Zahlers aus Vertrag oder Gesetz, die über die Regelungen gemäß Abs. 1 bis 3 hinausgehen, werden dadurch nicht ausgeschlossen.

Haftung des Zahlers für nicht autorisierte Zahlungsvorgänge

§ 68. (1) Beruhen nicht autorisierte Zahlungsvorgänge auf der Nutzung eines verlorenen oder gestohlenen Zahlungsinstruments oder auf der missbräuchlichen Verwendung eines Zahlungsinstruments, so kann der Zahlungsdienstleister des Zahlers von diesem den Ersatz des hierdurch entstandenen Schadens bis zu einem Betrag von 50 Euro verlangen, wenn der Zahler den Schaden durch leicht fahrlässige Verletzung einer Pflicht gemäß § 63 herbeigeführt hat.

(2) Der Zahler haftet jedenfalls dann nicht nach Abs. 1, wenn

1. der Verlust, der Diebstahl oder die missbräuchliche Verwendung des Zahlungsinstruments für den Zahler vor einer Zahlung nicht bemerkbar war oder

2. der Verlust durch Handlungen oder Unterlassungen eines Angestellten oder eines Agenten, einer Zweigstelle des Zahlungsdienstleisters oder einer Stelle, an die Tätigkeiten ausgelagert werden, verursacht wurde.

(3) Abweichend von Abs. 1 und 2 ist der Zahler seinem Zahlungsdienstleister zum Ersatz des gesamten Schadens verpflichtet, der infolge eines nicht autorisierten Zahlungsvorgangs entstanden ist, wenn der Zahler den Schaden in betrügerischer Absicht oder durch vorsätzliche oder grob fahrlässige Verletzung einer Pflicht gemäß § 63 herbeigeführt hat.

(4) Wenn der Zahler den Schaden weder in betrügerischer Absicht noch durch vorsätzliche Verletzung einer Pflicht gemäß § 63 herbeigeführt hat, sind bei einer allfälligen Schadensteilung insbesondere die Art der personalisierten Sicherheitsmerkmale sowie die besonderen Umstände, unter denen der Verlust, der Diebstahl oder die missbräuchliche Verwendung des Zahlungsinstruments stattgefunden hat, zu berücksichtigen.

(5) Abweichend von Abs. 1 und 3 ist der Zahler seinem Zahlungsdienstleister nicht zum Schadenersatz verpflichtet, wenn der Zahlungsdienstleister des Zahlers keine starke Kundenauthentifizierung verlangt, es sei denn, der Zahler hat in betrügerischer Absicht gehandelt. Akzeptiert der Zahlungsempfänger oder der Zahlungsdienstleister des Zahlungsempfängers eine starke Kundenauthentifizierung nicht, hat er dem Zahlungsdienstleister des Zahlers den Schaden zu ersetzen.

(6) Abweichend von Abs. 1 und 3 ist der Zahler nicht zum Ersatz von Schäden verpflichtet, die aus der Nutzung eines nach der Anzeige gemäß § 63 Abs. 2 (Verlust, Diebstahl, Missbrauch) verwendeten Zahlungsinstruments entstanden sind, es sei denn, der Zahler hat in betrügerischer Absicht gehandelt. Außer im Fall einer solchen betrügerischen Absicht ist der Zahler ist auch nicht zum Ersatz von Schäden verpflichtet, wenn der Zahlungsdienstleister seinen Pflichten gemäß § 64 Abs. 1 Z 2 oder Z 3 nicht nachgekommen ist.

Zahlungsvorgänge, bei denen der Betrag nicht im Voraus bekannt ist

§ 69. (1) Wird ein Zahlungsvorgang im Zusammenhang mit einem kartengebundenen Zahlungsvorgang von dem oder über den Zahlungsempfänger ausgelöst und ist dabei der genaue Betrag zu dem Zeitpunkt, zu dem der Zahler seine Zustimmung zur Ausführung des Zahlungsvorgangs erteilt, nicht bekannt, darf der Zahlungsdienstleister des Zahlers einen Geldbetrag auf dem Zahlungskonto des Zahlers nur blockieren, wenn der Zahler der genauen Höhe des zu blockierenden Geldbetrags zugestimmt hat.

(2) Der Zahlungsdienstleister des Zahlers hat den Geldbetrag, der gemäß Abs. 1 auf dem Zahlungskonto des Zahlers blockiert ist, unverzüglich nach Eingang der Information über den genauen Betrag des Zahlungsvorgangs frei zu geben, spätestens jedoch unverzüglich nach Eingang des Zahlungsauftrags.

ZaDiG 2018

Erstattung eines vom Zahlungsempfänger ausgelösten Zahlungsvorgangs

§ 70. (1) Ein Zahler hat gegen seinen Zahlungsdienstleister einen Anspruch auf Erstattung des vollständigen Betrages eines autorisierten, von einem oder über einen Zahlungsempfänger ausgelösten und bereits ausgeführten Zahlungsvorgangs, wenn

1. bei der Autorisierung der genaue Betrag nicht angegeben wurde und

2. der Betrag des Zahlungsvorgangs den Betrag übersteigt, den der Zahler entsprechend seinem bisherigen Ausgabeverhalten, den Bedingungen seines Rahmenvertrags und den jeweiligen Umständen des Einzelfalls vernünftigerweise hätte erwarten können.

Auf Verlangen des Zahlungsdienstleisters hat der Zahler die Sachumstände in Bezug auf diese Voraussetzungen darzulegen. Der Betrag, der zu erstatten ist, muss auf dem Zahlungskonto des Zahlers spätestens zum Datum der Belastung des Kontos wertgestellt werden. Bei Lastschriften gemäß Art. 1 der Verordnung (EU) Nr. 260/2012 besteht zusätzlich zu einem Anspruch nach diesem Absatz auch ein Anspruch auf bedingungslose Erstattung innerhalb der Fristen gemäß § 71, sofern dies nicht gemäß Abs. 3 abbedungen wurde.

(2) Wurde der gemäß § 41 Abs. 1 Z 4 oder gemäß § 48 Abs. 1 Z 3 lit. b vereinbarte Referenzwechselkurs zugrunde gelegt, so kann der Zahler gegenüber seinem Zahlungsdienstleister in Hinblick auf Abs. 1 Z 2 keine mit dem Währungsumtausch zusammenhängenden Gründe geltend machen.

(3) In einem Rahmenvertrag zwischen dem Zahler und dem Zahlungsdienstleister kann vereinbart werden, dass der Zahler keinen Anspruch auf Erstattung hat, wenn

1. er die Zustimmung zur Ausführung des Zahlungsvorgangs dem Zahlungsdienstleister direkt erteilt hat und

2. ihm gegebenenfalls die Informationen über den anstehenden Zahlungsvorgang in einer vereinbarten Form mindestens vier Wochen vor dem Fälligkeitstermin vom Zahlungsdienstleister oder

vom Zahlungsempfänger mitgeteilt oder zugänglich gemacht wurden.

(4) Das Recht des Zahlers auf Erstattung lässt das Verhältnis zwischen Zahler und Zahlungsempfänger unberührt.

(5) Das Recht des Zahlers auf Widerruf bis zu dem in § 74 genannten Zeitpunkt der Unwiderruflichkeit bleibt unberührt.

Verfahren zur Erstattung eines vom Zahlungsempfänger ausgelösten Zahlungsvorgangs

§ 71. (1) Der Anspruch auf Erstattung gemäß § 70 ist vom Zahler gegenüber seinem Zahlungsdienstleister innerhalb von acht Wochen ab dem Zeitpunkt der Belastung des Zahlungskontos mit dem betreffenden Geldbetrag geltend zu machen. Der Zahlungsdienstleister hat innerhalb von zehn Geschäftstagen nach Erhalt eines Erstattungsverlangens entweder den vollständigen Betrag des Zahlungsvorgangs zu erstatten oder dem Zahler die Gründe für die Ablehnung der Erstattung mitzuteilen.

(2) Im Fall der Ablehnung der Erstattung hat der Zahlungsdienstleister den Zahler auch auf die gemäß § 13 AVG bestehende Möglichkeit der Beschwerde bei der FMA, auf die Möglichkeit der Geltendmachung seiner Rechte vor den ordentlichen Gerichten unter Angabe des Gerichtsstandes und vor der Schlichtungsstelle unter Angabe von deren Sitz und Adresse hinzuweisen.

3. Abschnitt
Ausführung von Zahlungsvorgängen

Eingang von Zahlungsaufträgen

§ 72. (1) Der Zeitpunkt, zu dem der unmittelbar vom Zahler oder mittelbar von einem oder über einen Zahlungsempfänger übermittelte Zahlungsauftrag beim Zahlungsdienstleister des Zahlers eingeht, gilt als der Eingangszeitpunkt. Das Konto des Zahlers darf nicht vor dem Eingangszeitpunkt belastet werden.

(2) Fällt der Eingangszeitpunkt nicht auf einen Geschäftstag des Zahlungsdienstleisters des Zahlers, so wird der Zahlungsauftrag so behandelt, als sei er am darauf folgenden Geschäftstag eingegangen.

(3) Der Zahlungsdienstleister kann abweichend von Abs. 1 festlegen, dass Zahlungsaufträge, die nach einem bestimmten Zeitpunkt nahe dem Ende eines Geschäftstages eingehen, so behandelt werden, als seien sie am darauf folgenden Geschäftstag eingegangen.

(4) Sofern der Zahlungsdienstnutzer, der den Zahlungsauftrag auslöst, und sein Zahlungsdienstleister vereinbart haben, dass die Ausführung des Zahlungsauftrages an einem bestimmten Tag oder am Ende eines bestimmten Zeitraums oder an dem Tag, an dem der Zahler dem Zahlungsdienstleister den Geldbetrag zur Verfügung gestellt hat, beginnen soll, so gilt der vereinbarte Termin für die Zwecke des § 77 als Eingangszeitpunkt. Fällt der vereinbarte Termin nicht auf einen Geschäftstag des Zahlungsdienstleisters, so ist Abs. 2 anzuwenden.

Ablehnung von Zahlungsaufträgen

§ 73. (1) Der Zahlungsdienstleister darf die Ausführung eines autorisierten Zahlungsauftrages nicht ablehnen, unabhängig davon, ob er von einem Zahler, auch durch einen Zahlungsauslösedienstleister, oder von einem Zahlungsempfänger oder über diesen ausgelöst wurde, außer

1. es sind nicht alle im Rahmenvertrag gemäß § 48 festgelegten Bedingungen erfüllt; oder

2. die Ausführung würde gegen eine unionsrechtliche oder innerstaatliche Regelung oder gegen eine gerichtliche oder verwaltungsbehördliche Anordnung verstoßen oder

3. es besteht der begründete Verdacht, dass die Ausführung eine strafbare Handlung darstellen würde.

(2) Lehnt der Zahlungsdienstleister die Ausführung des Zahlungsauftrages ab, so hat er dies dem Zahlungsdienstnutzer so rasch wie möglich, jedenfalls aber innerhalb der Fristen gemäß § 77, in der gemäß § 48 Abs. 1 Z 4 vereinbarten Form unter Angabe der Gründe und der Möglichkeiten zur Verbesserung, mitzuteilen oder zugänglich zu machen. Die Angabe der Gründe hat zu unterbleiben, wenn dies gegen eine unionsrechtliche oder innerstaatliche Regelung oder gegen eine gerichtliche oder behördliche Anordnung verstoßen würde.

(3) Für die Zwecke der §§ 77 und 82 gilt ein Zahlungsauftrag, dessen Ausführung abgelehnt wurde, als nicht eingegangen.

Unwiderruflichkeit von Zahlungsaufträgen

§ 74. (1) Der Zahlungsdienstnutzer kann einen Zahlungsauftrag nicht mehr widerrufen,

1. wenn der Zahlungsauftrag beim Zahlungsdienstleister des Zahlers eingegangen ist;

2. im Falle von § 72 Abs. 4 (Vereinbarung eines Ausführungsdatums in der Zukunft) nach dem Ende des Geschäftstages vor dem vereinbarten Tag.

(2) Wenn der Zahlungsvorgang vom oder über den Zahlungsempfänger ausgelöst wurde, kann der Zahler einen Zahlungsauftrag nicht mehr widerrufen, nachdem der Zahler seine Zustimmung zur Ausführung des Zahlungsauftrags an den Zahlungsempfänger übermittelt hat. Wenn der

Zahlungsvorgang von einem Zahlungsauslösedienst ausgelöst wurde, ist ein Widerruf des Zahlungsauftrags unzulässig, nachdem der Zahler die Zustimmung zur Auslösung erteilt hat. Ungeachtet dessen kann der Zahler jedoch im Falle einer Lastschrift bis spätestens zum Ende des Geschäftstages vor dem vereinbarten Belastungstag den Zahlungsauftrag widerrufen.

(3) Nach dem Zeitpunkt der Unwiderruflichkeit gemäß Abs. 1 und 2 kann ein Zahlungsauftrag nur widerrufen werden, wenn dies der Zahlungsdienstnutzer und die betreffenden Zahlungsdienstleister vereinbart haben (§ 48 Abs. 1 Z 2 lit. c). Im Falle des Abs. 2 ist weiters die Zustimmung des Zahlungsempfängers erforderlich.

Transfer des Betrags in voller Höhe

§ 75. (1) Der Zahlungsdienstleister des Zahlers, des Zahlungsempfängers und alle zwischengeschalteten Stellen haben den Betrag, der Gegenstand des Zahlungsauftrages ist, in voller Höhe zu transferieren und dürfen keine Entgelte vom transferierten Betrag abziehen.

(2) Der Zahlungsempfänger und sein Zahlungsdienstleister können jedoch vereinbaren, dass der Zahlungsdienstleister seine Entgelte von dem transferierten Betrag abziehen darf, bevor er ihn dem Zahlungsempfänger gutschreibt. In diesem Fall sind der vollständige Betrag des Zahlungsvorgangs und die Entgelte in den Informationen für den Zahlungsempfänger getrennt auszuweisen.

(3) Wird der Zahlungsvorgang vom Zahler ausgelöst, so hat dessen Zahlungsdienstleister sicherzustellen, dass der Zahlungsempfänger den Betrag des Zahlungsvorgangs abgesehen von den Entgelten gemäß Abs. 2 in voller Höhe erhält. Wird der Zahlungsvorgang vom oder über den Zahlungsempfänger ausgelöst, so hat dessen Zahlungsdienstleister sicherzustellen, dass der Zahlungsempfänger den Betrag des Zahlungsvorgangs in voller Höhe erhält.

4. Abschnitt
Ausführungsfrist und Wertstellungsdatum

Anwendungsbereich

§ 76. (1) Dieser Abschnitt gilt für

1. Zahlungsvorgänge in Euro,

2. innerstaatliche Zahlungsvorgänge in der Währung des Mitgliedstaats, der nicht dem EuroWährungsgebiet angehört,

3. Zahlungsvorgänge, bei denen nur eine Währungsumrechnung zwischen dem Euro und der Währung eines nicht dem Euro-Währungsgebiet angehörenden Mitgliedstaats stattfindet, sofern die erforderliche Währungsumrechnung in dem nicht dem Euro-Währungsgebiet angehörenden Mitgliedstaat durchgeführt wird und – bei grenzüberschreitenden Zahlungsvorgängen – der grenzüberschreitende Transfer in Euro stattfindet.

(2) Dieser Abschnitt ist auf in Abs. 1 nicht genannte Zahlungsvorgänge anzuwenden, sofern nicht zwischen dem Zahlungsdienstnutzer und dem Zahlungsdienstleister etwas anderes vereinbart wurde. § 77 Abs. 2 und § 78 können die Parteien vertraglich nicht abbedingen. Vereinbaren der Zahlungsdienstnutzer und der Zahlungsdienstleister jedoch für Zahlungsvorgänge innerhalb der Union eine längere Frist als jene gemäß § 77 Abs. 1, 3 oder 4, so darf diese längere Frist vier Geschäftstage ab dem Zeitpunkt des Eingangs des Zahlungsauftrags (§ 72) nicht überschreiten.

Ausführungsfrist und Verfügbarkeit

§ 77. (1) Der Zahlungsdienstleister des Zahlers hat sicherzustellen, dass der Betrag, der Gegenstand des Zahlungsvorgangs ist, dem Konto des Zahlungsdienstleisters des Empfängers spätestens am Ende des dem Tag des Eingangszeitpunktes (§ 72) folgenden Geschäftstages gutgeschrieben wird. Für in Papierform ausgelöste Zahlungsvorgänge verlängert sich diese Frist um einen weiteren Geschäftstag.

(2) Der Zahlungsdienstleister des Zahlungsempfängers hat den Betrag, der Gegenstand des Zahlungsvorgangs ist, unverzüglich nachdem dieser Betrag beim Zahlungsdienstleister des Zahlungsempfängers oder auf dessen Konto gutgeschrieben wurde, auf dem Zahlungskonto des Zahlungsempfängers verfügbar zu machen und gemäß § 78 wertzustellen, wenn auf Seiten des Zahlungsdienstleisters des Zahlungsempfängers

1. keine Währungsumrechnung erfolgt oder

2. eine Währungsumrechnung zwischen dem Euro und einer Währung eines Mitgliedstaats oder zwischen den Währungen zweier Mitgliedstaaten erfolgt.

Diese Verpflichtung gilt auch für Zahlungen innerhalb eines Zahlungsdienstleisters.

(3) Sofern kein Zahlungskonto beim Zahlungsdienstleister des Zahlungsempfängers gehalten wird, hat der Zahlungsdienstleister des Zahlungsempfängers Geldbeträge, die zugunsten des Zahlungsempfängers eingegangen sind, innerhalb der Frist gemäß Abs. 1 verfügbar zu machen.

(4) Im Falle eines vom oder über den Zahlungsempfänger ausgelösten Zahlungsvorgangs hat der Zahlungsdienstleister des Zahlungsempfängers dem Zahlungsdienstleister des Zahlers diesen Zahlungsauftrag innerhalb der zwischen dem Zahlungsempfänger und seinem Zahlungsdienstleister vereinbarten Fristen zu übermitteln. Im Falle von Lastschriften hat die Übermittlung des Zahlungsauftrages an den Zahlungsdienstleister des Zahlers so rechtzeitig zu erfolgen, dass die

Verrechnung am vereinbarten Fälligkeitstermin möglich ist.

(5) Im Falle von Bargeldeinzahlungen auf ein Zahlungskonto bei einem Zahlungsdienstleister in der Währung des Zahlungskontos hat der Zahlungsdienstleister sicherzustellen, dass der Geldbetrag,

1. falls das Konto auf einen Verbraucher lautet, unverzüglich nach dem Zeitpunkt der Entgegennahme verfügbar gemacht und wertgestellt wird;

2. falls das Konto nicht auf einen Verbraucher lautet, spätestens an dem auf die Entgegennahme folgenden Geschäftstag auf dem Konto des Zahlungsempfängers verfügbar gemacht und wertgestellt wird.

Wertstellungsdatum

§ 78. (1) Das Wertstellungsdatum einer Gutschrift auf dem Zahlungskonto des Zahlungsempfängers ist spätestens der Geschäftstag, an dem der Betrag, der Gegenstand des Zahlungsvorgangs ist, dem Konto des Zahlungsdienstleisters des Zahlungsempfängers gutgeschrieben wird. Dieser Zeitpunkt ist für die Berechnung der Zinsen am Zahlungskonto des Zahlungsempfängers zugrunde zu legen, sofern die Gewährung oder Verrechnung von Zinsen gesetzlich zulässig ist.

(2) Das Wertstellungsdatum einer Belastung auf dem Zahlungskonto des Zahlers ist frühestens der Zeitpunkt, an dem dieses Konto mit dem Betrag belastet wird, der Gegenstand des Zahlungsvorgangs ist. Dieser Zeitpunkt ist für die Berechnung der Zinsen am Zahlungskonto des Zahlers zugrunde zu legen, sofern die Gewährung oder Verrechnung von Zinsen gesetzlich zulässig ist.

5. Abschnitt
Haftung

Fehlerhafter Kundenidentifikator

§ 79. (1) Wird ein Zahlungsauftrag in Übereinstimmung mit dem Kundenidentifikator ausgeführt, gilt der Zahlungsauftrag gegenüber dem durch den Kundenidentifikator bezeichneten Zahlungsempfänger als korrekt ausgeführt. Der Zahlungsdienstleister hat dabei die im Verkehr erforderliche Sorgfalt zu beachten und – soweit technisch und ohne manuelles Eingreifen möglich – zu überprüfen, ob der Kundenidentifikator kohärent ist. Falls der Kundenidentifikator nicht kohärent ist, hat der Zahlungsdienstleister den Zahlungsauftrag zurückzuweisen und den Zahler davon zu unterrichten.

(2) Ist der vom Zahlungsdienstnutzer angegebene Kundenidentifikator fehlerhaft, haftet der Zahlungsdienstleister nicht gemäß § 80 für die nicht erfolgte oder fehlerhafte Ausführung des Zahlungsvorgangs.

(3) Der Zahlungsdienstleister des Zahlers hat sich jedoch im Rahmen des Zumutbaren zu bemühen, den Geldbetrag, der Gegenstand des Zahlungsvorgangs war, wiederzuerlangen. Der Zahlungsdienstleister des Zahlungsempfängers hat sich an diesen Bemühungen dadurch zu beteiligen, dass er dem Zahlungsdienstleister des Zahlers alle für die Wiedererlangung des Geldbetrags maßgeblichen Informationen mitteilt.

(4) Ist es nicht möglich, den Geldbetrag gemäß Abs. 3 wiederzuerlangen, hat der Zahlungsdienstleister des Zahlers dem Zahler auf schriftliches Verlangen alle Informationen mitzuteilen, über die der Zahlungsdienstleister des Zahlers verfügt, und die für den Zahler relevant sind, damit dieser seinen Anspruch auf Rückerstattung des Betrags auf dem ordentlichen Rechtsweg geltend machen kann.

(5) Der Zahlungsdienstleister kann dem Zahlungsdienstnutzer für die Wiedererlangung ein Entgelt in Rechnung stellen, wenn das im Rahmenvertrag vereinbart wurde.

(6) Macht der Zahlungsdienstnutzer weitergehende Angaben als die nach § 41 Abs. 1 Z 1 oder § 48 Abs. 1 Z 2 lit. b, haftet der Zahlungsdienstleister nur für die Ausführung von Zahlungsvorgängen in Übereinstimmung mit dem vom Zahlungsdienstnutzer angegebenen Kundenidentifikator.

Haftung der Zahlungsdienstleister für nicht erfolgte, fehlerhafte oder verspätete Ausführung von Zahlungsvorgängen

§ 80. (1) Wird ein Zahlungsauftrag vom Zahler direkt ausgelöst, so gilt Folgendes:

1. Der Zahlungsdienstleister des Zahlers haftet gegenüber dem Zahler für die ordnungsgemäße Ausführung des Zahlungsvorgangs, es sei denn, der Zahlungsdienstleister des Zahlers kann gegenüber dem Zahler und gegebenenfalls dem Zahlungsdienstleister des Zahlungsempfängers nachweisen, dass der Betrag des Zahlungsvorgangs gemäß § 77 Abs. 1 beim Zahlungsdienstleister des Zahlungsempfängers eingegangen ist. In diesem Fall haftet der Zahlungsdienstleister des Zahlungsempfängers gegenüber dem Zahlungsempfänger für die ordnungsgemäße Ausführung des Zahlungsvorgangs.

2. Haftet der Zahlungsdienstleister des Zahlers gemäß Z 1, so hat er dem Zahler unverzüglich den Betrag des nicht oder fehlerhaft ausgeführten Zahlungsvorgangs zu erstatten und das belastete Zahlungskonto wieder auf den Stand zu bringen, auf dem es sich ohne den fehlerhaft ausgeführten Zahlungsvorgang befunden hätte. Der Betrag ist auf dem Zahlungskonto des Zahlers spätestens

zu dem Datum der Belastung des Kontos wertzustellen.

3. Haftet der Zahlungsdienstleister des Zahlungsempfängers gemäß Z 1, so hat er dem Zahlungsempfänger den Betrag des Zahlungsvorgangs unverzüglich zur Verfügung zu stellen und dem Zahlungskonto des Zahlungsempfängers den entsprechenden Betrag gutzuschreiben. Der Betrag ist auf dem Zahlungskonto des Zahlungsempfängers spätestens zu dem Datum wertzustellen, zu dem der Betrag bei korrekter Ausführung gemäß § 78 wertgestellt worden wäre.

4. Wird ein Zahlungsvorgang verspätet ausgeführt, hat der Zahlungsdienstleister des Zahlungsempfängers auf Verlangen des für den Zahler auftretenden Zahlungsdienstleisters sicher zu stellen, dass der Betrag auf dem Zahlungskonto des Zahlungsempfängers spätestens zu dem Datum wertgestellt wird, zu dem der Betrag bei korrekter Ausführung wertgestellt worden wäre.

5. Im Falle eines nicht oder fehlerhaft ausgeführten Zahlungsvorgangs hat sich der Zahlungsdienstleister des Zahlers auf Verlangen – ungeachtet der Haftung nach diesem Absatz – unverzüglich darum zu bemühen, den Zahlungsvorgang zurückzuverfolgen. Der Zahler ist über das Ergebnis zu unterrichten. Dem Zahler darf dafür kein Entgelt in Rechnung gestellt werden.

(2) Wird ein Zahlungsauftrag vom Zahlungsempfänger oder über diesen ausgelöst, so gilt Folgendes:

1. Der Zahlungsdienstleister des Zahlungsempfängers haftet gegenüber dem Zahlungsempfänger für die ordnungsgemäße Übermittlung des Zahlungsauftrags an den Zahlungsdienstleister des Zahlers gemäß § 77 Abs. 3. In diesem Fall muss er den fraglichen Zahlungsauftrag unverzüglich erneut an den Zahlungsdienstleister des Zahlers übermitteln.

2. Bei verspäteter Übermittlung des Zahlungsauftrags ist der Betrag auf dem Zahlungskonto des Zahlungsempfängers spätestens zu dem Datum wertzustellen, zu dem der Betrag bei korrekter Ausführung wertgestellt worden wäre.

3. Darüber hinaus haftet der Zahlungsdienstleister des Zahlungsempfängers gegenüber dem Zahlungsempfänger für die Bearbeitung des Zahlungsvorgangs entsprechend seinen Pflichten gemäß § 78. Er hat sicherzustellen, dass der Betrag des Zahlungsvorgangs dem Zahlungsempfänger unverzüglich zur Verfügung steht, nachdem er dem Zahlungskonto des Zahlungsdienstleisters des Zahlungsempfängers gutgeschrieben wurde. Der Betrag ist auf dem Zahlungskonto des Zahlungsempfängers spätestens zu dem Datum wertzustellen, zu dem der Betrag bei korrekter Ausführung wertgestellt worden wäre.

4. Im Falle eines nicht oder fehlerhaft ausgeführten Zahlungsvorgangs, für den der Zahlungsdienstleister des Zahlungsempfängers nicht nach Z 1 und Z 2 haftet, haftet der Zahlungsdienstleister des Zahlers gegenüber dem Zahler. Haftet der Zahlungsdienstleister des Zahlers, hat er dem Zahler gegebenenfalls unverzüglich den Betrag des nicht oder fehlerhaft ausgeführten Zahlungsvorgangs zu erstatten und das belastete Zahlungskonto gegebenenfalls wieder auf den Stand zu bringen, auf dem es sich ohne den fehlerhaft ausgeführten Zahlungsvorgang befunden hätte. Der Betrag ist auf dem Zahlungskonto des Zahlers spätestens zu dem Datum der Belastung des Kontos wertzustellen.

5. Die Verpflichtung des Zahlungsdienstleisters des Zahlers nach Z 4 besteht nicht, wenn der Zahlungsdienstleister des Zahlers nachweist, dass der Zahlungsdienstleister des Zahlungsempfängers den Betrag des Zahlungsvorgangs erhalten hat, auch wenn die Zahlung lediglich mit einer geringfügigen Verzögerung ausgeführt wurde. In diesem Fall ist der Betrag vom Zahlungsdienstleister des Zahlungsempfängers auf dem Zahlungskonto des Zahlungsempfängers spätestens zu dem Datum wertzustellen, zu dem der Betrag bei korrekter Ausführung wertgestellt worden wäre.

6. Im Falle eines nicht oder fehlerhaft ausgeführten Zahlungsvorgangs hat sich der Zahlungsdienstleister des Zahlungsempfängers auf dessen Verlangen – ungeachtet der Haftung nach diesem Absatz – unverzüglich darum zu bemühen, den Zahlungsvorgang zurückzuverfolgen. Der Zahlungsempfänger ist über das Ergebnis zu unterrichten. Dem Zahlungsempfänger darf dafür kein Entgelt in Rechnung gestellt werden.

(3) Die Zahlungsdienstleister haften darüber hinaus gegenüber ihren jeweiligen Zahlungsdienstnutzern für alle von ihnen zu verantwortenden Entgelte und Zinsen, die dem Zahlungsdienstnutzer infolge der nicht erfolgten, fehlerhaften oder verspäteten Ausführung des Zahlungsvorgangs in Rechnung gestellt werden.

Haftung von Zahlungsauslösediensten für nicht erfolgte, fehlerhafte oder verspätete Ausführung von Zahlungsvorgängen

§ 81. (1) Wird ein Zahlungsauftrag vom Zahler über einen Zahlungsauslösedienstleister ausgelöst, so hat der kontoführende Zahlungsdienstleister dem Zahler den Betrag des nicht oder fehlerhaft ausgeführten Zahlungsvorgangs zu erstatten und das belastete Zahlungskonto gegebenenfalls wieder auf den Stand zu bringen, auf dem es sich ohne den fehlerhaft ausgeführten Zahlungsvorgang befunden hätte. Dies gilt unbeschadet der Bestimmungen gemäß § 65 und § 79 Abs. 1 und 3.

(2) Der Zahlungsauslösedienstleister hat nachzuweisen, dass der Zahlungsauftrag gemäß § 72 beim kontoführenden Zahlungsdienstleister des Zahlers eingegangen ist und dass der Zahlungs-

vorgang innerhalb seines Zuständigkeitsbereichs authentifiziert, ordnungsgemäß aufgezeichnet und nicht durch ein technisches Versagen oder einen anderen Mangel im Zusammenhang mit der nicht erfolgten, fehlerhaften oder verspäteten Ausführung des Vorgangs beeinträchtigt wurde.

(3) Haftet der Zahlungsauslösedienstleister für die nicht erfolgte, fehlerhafte oder verspätete Ausführung des Zahlungsvorgangs, so hat er dem kontoführenden Zahlungsdienstleister auf dessen Verlangen unverzüglich die infolge der Erstattung an den Zahler erlittenen Verluste oder gezahlten Beträge zu ersetzen.

Zusätzliche Entschädigung

§ 82. Der Ersatz eines Schadens, der über die Regelungen gemäß den §§ 80 und 81 hinaus geht, richtet sich nach den allgemeinen Bestimmungen.

Regress

§ 83. Die Haftungsbestimmungen gemäß den §§ 67 und 80 lassen gesetzliche oder vertragliche Regressforderungen zwischen Zahlungsdienstleistern oder zwischengeschalteten Stellen unberührt. Regressforderungen beinhalten zumindest alle gemäß den §§ 67 und 80 durch einen Zahlungsdienstleister erlittenen Verluste oder gezahlten Beträge. Dazu gehören auch Entschädigungen im Zusammenhang mit Fällen, in denen der Zahlungsdienstleister keine starke Kundenauthentifizierung verlangt.

Haftungsausschluss für ungewöhnliche und unvorhersehbare Ereignisse

§ 84. Die Haftung gemäß Abschnitt 2 bis 5 (§ § 58 bis 83) erstreckt sich nicht auf ungewöhnliche und unvorhersehbare Ereignisse, auf die diejenige Partei, die sich auf diese Ereignisse beruft, keinen Einfluss hat und deren Folgen trotz Anwendung der gebotenen Sorgfalt nicht hätten vermieden werden können, oder auf Fälle, in denen ein Zahlungsdienstleister durch gegenteilige unionsrechtliche, innerstaatliche, gerichtliche oder verwaltungsbehördliche Anordnungen gebunden ist.

6. Abschnitt
Operationelle und sicherheitsrelevante Risiken

Umgang mit operationellen und sicherheitsrelevanten Risiken

§ 85. (1) Ein Zahlungsdienstleister hat einen Rahmen angemessener Risikominderungsmaßnahmen und Kontrollmechanismen zur Beherrschung der operationellen und der sicherheitsrelevanten Risiken im Zusammenhang mit den erbrachten Zahlungsdiensten zu schaffen. Als Teil dieses Rahmens hat der Zahlungsdienstleister wirksame Verfahren für den Umgang mit Vorfällen festzulegen und anzuwenden. Davon muss auch die Aufdeckung und Klassifizierung schwerer Betriebs- und Sicherheitsvorfälle umfasst sein.

(2) Der Zahlungsdienstleister hat der FMA jährlich eine aktualisierte und umfassende Bewertung der operationellen und sicherheitsrelevanten Risiken im Zusammenhang mit den erbrachten Zahlungsdiensten zu übermitteln. Die Bewertung hat insbesondere darzulegen, ob Risikominderungsmaßnahmen und Kontrollmechanismen, die zur Beherrschung von Risiken ergriffenen werden, angemessen sind. Die FMA kann festlegen, dass die Aktualisierung der Bewertung in kürzeren Abständen vorgenommen werden muss.

Meldung von Vorfällen

§ 86. (1) Im Falle eines schwerwiegenden Betriebs- oder Sicherheitsvorfalls hat ein Zahlungsdienstleister dies der FMA unverzüglich mitzuteilen. Wenn sich der Vorfall auf die finanziellen Interessen seiner Zahlungsdienstnutzer auswirkt oder auswirken könnte, hat der Zahlungsdienstleister unverzüglich seine Zahlungsdienstnutzer über den Vorfall zu benachrichtigen. Die Benachrichtigung hat über alle Maßnahmen aufzuklären, die Zahlungsdienstnutzer ergreifen können, um die negativen Auswirkungen des Vorfalls zu begrenzen.

(2) Die FMA hat nach Eingang einer Meldung gemäß Abs. 1 unverzüglich die EBA und die EZB über die maßgeblichen Einzelheiten des Vorfalls zu unterrichten. In Zusammenarbeit mit diesen Behörden hat die FMA die Relevanz des Vorfalls für andere maßgebliche Behörden der Union zu prüfen und diese entsprechend zu informieren. „Nachdem die FMA die Relevanz des Vorfalls für die maßgeblichen Behörden, einschließlich der Strafverfolgungsbehörden, geprüft hat, unterrichtet sie auch diese entsprechend.“ Erforderlichenfalls hat die FMA alle für die unmittelbare Sicherheit des Finanzsystems notwendigen Schutzvorkehrungen zu treffen. *(BGBl I 2021/201)*

(3) Zahlungsdienstleister haben der FMA einmal jährlich statistische Daten zu Betrugsfällen in Verbindung mit den unterschiedlichen Zahlungsmitteln vorzulegen. Die FMA hat sicherzustellen, dass diese Daten der EBA und der EZB in aggregierter Form zur Verfügung gestellt werden und kann, soweit die Meldungen dieser Daten gemäß Abs. 4 Z 2 an die Oesterreichische Nationalbank erfolgen, diese mit der Zurverfügungstellung beauftragen. *(BGBl I 2022/36)*

(4) Die FMA kann mit Zustimmung des Bundesministers für Finanzen durch Verordnung Inhalt, Gliederung, Meldestichtage und Meldefristen

für die Meldungen gemäß Abs. 3 festsetzen. Die FMA kann dabei vorsehen:

1. Ein häufigeres als das jährliche Meldeintervall;

2. die Übermittlung der Meldungen gemäß diesem Absatz ausschließlich an die Oesterreichische Nationalbank, soweit die FMA dadurch in der Wahrnehmung ihrer Aufgaben nach diesem oder anderen Bundesgesetzen nicht beeinträchtigt wird.
(BGBl I 2022/36)

(5) Vor Erlassung der in Abs. 4 vorgesehenen Verordnungen ist die Oesterreichische Nationalbank anzuhören. *(BGBl I 2022/36)*

(6) Die Meldungen gemäß Abs. 4 sind in standardisierter Form mittels elektronischer Übermittlung zu erstatten. Die Übermittlung hat bestimmten, von der FMA nach Anhörung der Oesterreichischen Nationalbank bekannt zu gebenden Mindestanforderungen zu entsprechen. *(BGBl I 2022/36)*

Authentifizierung

§ 87. (1) Ein Zahlungsdienstleister hat eine starke Kundenauthentifizierung zu verlangen, wenn der Zahler

1. online auf sein Zahlungskonto zugreift,

2. einen elektronischen Zahlungsvorgang auslöst oder

3. über einen Fernzugang eine Handlung vornimmt, die das Risiko eines Betrugs im Zahlungsverkehr oder anderen Missbrauchs birgt.

(2) Im Fall der Einleitung elektronischer Zahlungsvorgänge gemäß Abs. 1 Z 2 hat der Zahlungsdienstleister für elektronische Fernzahlungsvorgänge eine starke Kundenauthentifizierung zu verlangen, die Elemente umfasst, die den Zahlungsvorgang dynamisch mit einem bestimmten Betrag und einem bestimmten Zahlungsempfänger verknüpfen.

(3) Im Fall des Abs. 1 hat der Zahlungsdienstleister über angemessene Sicherheitsvorkehrungen zu verfügen, um die Vertraulichkeit und die Integrität der personalisierten Sicherheitsmerkmale der Zahlungsdienstnutzer zu schützen.

(4) Die Abs. 2 und 3 gelten auch, wenn Zahlungen über einen Zahlungsauslösedienstleister ausgelöst werden. Die Abs. 1 und 3 gelten auch, wenn die Informationen über einen Kontoinformationsdienstleister angefordert werden.

(5) Der kontoführende Zahlungsdienstleister hat einem Zahlungsauslösedienstleister und einem Kontoinformationsdienstleister zu gestatten, sich auf die Authentifizierungsverfahren zu stützen, die er dem Zahlungsdienstnutzer gemäß den Abs. 1 und 3 bereitstellt – in Fällen, in denen ein Zahlungsauslösedienstleister beteiligt ist auch jene Authentifizierungsverfahren gemäß Abs. 2.

5. Hauptstück

Aufsicht, Strafbestimmungen und sonstige Maßnahmen

1. Abschnitt

Aufsicht

Zuständige Behörde

§ 88. (1) Die FMA hat die Einhaltung „ “ der §§ 5 und 6 sowie des 2. Hauptstücks dieses Bundesgesetzes zu überwachen und dabei auf das volkswirtschaftliche Interesse an einem funktionsfähigen Finanzmarkt und die Finanzmarktstabilität Bedacht zu nehmen. Gleiches gilt in Bezug auf die Einhaltung des § 36 BWG durch Zahlungsinstitute aus Mitgliedstaaten gemäß § 4 Z 4 lit. b dieses Bundesgesetzes in Österreich im Rahmen der Niederlassungs- und Dienstleistungsfreiheit und in Bezug auf die Einhaltung des § 36 BWG durch Zahlungsinstitute mit Sitz in Österreich gemäß § 4 Z 4 lit. a dieses Bundesgesetzes. *(BGBl I 2018/37)*

(2) Weiters ist die FMA zuständig für die Verhängung von Verwaltungsstrafen bei Verstößen gegen

1. das 2., 3. und 4. Hauptstück dieses Bundesgesetzes, welche gemäß den §§ 99 bis 102 zu ahnden sind

2. die Verordnung (EU) 2021/1230 und *(BGBl I 2023/33)*

3. die Verordnung (EU) Nr. 260/2012,

die durch Zahlungsdienstleister gemäß § 1 Abs. 3 Z 1 bis 6 sowie durch Zweigstellen gemäß § 27 begangen werden.

(3) Die FMA und die Oesterreichische Nationalbank haben zur wirksamen Erfüllung ihrer jeweiligen Aufgaben nach Maßgabe dieses Bundesgesetzes eng zusammenzuarbeiten. § 79 BWG ist mit der Maßgabe anzuwenden, dass die dort für den Bereich der Bankenaufsicht geregelten Aufgaben der Oesterreichischen Nationalbank für die Zwecke dieses Bundesgesetzes für den Bereich der Zahlungsinstitutsaufsicht gelten:

1. an die Stelle des Verweises auf § 73 BWG in § 79 Abs. 2 BWG tritt § 14 dieses Bundesgesetzes;

2. an die Stelle des Verweises auf § 44 BWG in § 79 Abs. 2 BWG tritt § 25 dieses Bundesgesetzes;

3. an die Stelle des Verweises auf § 74 BWG in § 79 Abs. 2 BWG treten § 26 und § 86 Abs. 4 dieses Bundesgesetzes. *(BGBl I 2022/36)*

(4) Bei der Zusammenarbeit mit anderen Behörden ist § 72 BWG anzuwenden.

(5) Die FMA hat im Internet folgende Informationen zu veröffentlichen und laufend zu aktualisieren:

1. Den Wortlaut der im Bereich der Zahlungsinstitutsaufsicht geltenden Gesetze und Verordnungen;

2. die Mindeststandards und Rundschreiben der FMA im Bereich der Zahlungsinstitutsaufsicht;

3. die Ausübung der in der Richtlinie (EU) 2015/2366 eröffneten Wahlrechte.

(6) Die Aufgaben, Rechte und Pflichten der Oesterreichischen Nationalbank im Bereich der Zahlungssystemaufsicht nach § 44a NBG bleiben von den Bestimmungen dieses Bundesgesetzes unberührt.

(7) Ein Antrag gemäß Art. 4 Abs. 4 der Verordnung (EU) Nr. 260/2012 auf befristete Ausnahme von den Anforderungen gemäß Art. 4 Abs. 1 Buchstabe b der Verordnung (EU) Nr. 260/2012 für neue Massenzahlverfahren ist bei der FMA zu stellen, sofern der Antragsteller seinen Sitz im Inland hat. Die FMA hat im Verfahren gemäß Art. 4 Abs. 4 der Verordnung (EU) Nr. 260/2012 eine gutachterliche Äußerung der Oesterreichischen Nationalbank über das Vorliegen der Voraussetzungen für ein neues Massenzahlverfahren gemäß Art. 4 Abs. 4 der Verordnung (EU) Nr. 260/2012 einzuholen.

(8) Die FMA hat bei der Vollziehung der Bestimmungen dieses Bundesgesetzes, einschließlich der Erlassung und Vollziehung der auf Grundlage dieses Bundesgesetzes sowie der Richtlinie (EU) 2015/2366 erlassenen nationalen und EU-Verordnungen, der europäischen Konvergenz der Aufsichtsinstrumente und Aufsichtsverfahren Rechnung zu tragen. Zu diesem Zweck hat sich die FMA an den Tätigkeiten der EBA zu beteiligen sowie Leitlinien, Empfehlungen und andere von der EBA beschlossenen Maßnahmen zu berücksichtigen. Die FMA kann von diesen Leitlinien und Empfehlungen abweichen, sofern dafür berechtigte Gründe, insbesondere Widerspruch zu bundesgesetzlichen Vorschriften, vorliegen.

Kostenbestimmung

§ 89. (1) Die Zuordnung der Kosten der Zahlungsdiensteaufsicht innerhalb des Rechnungskreises 1 gemäß § 19 Abs. 1 Z 1 FMABG zu den kostenpflichtigen Zahlungsinstituten hat nach den Abs. 2 und 3 zu erfolgen. Kostenpflichtig sind Zahlungsinstitute gemäß § 4 Z 4 lit. a und Zweigstellen gemäß § 27. Kosten der Zahlungsdiensteaufsicht über Kreditinstitute sind Kosten im Rahmen der Bankenaufsicht.

(2) Für jedes kostenpflichtige Zahlungsinstitut ist zunächst die Kostenzahl festzustellen. Die Kostenzahl für kostenpflichtige Zahlungsinstitute ist das in der Meldung gemäß § 26 für den letztvorangegangenen Dezember ausgewiesene Mindesteigenmittelerfordernis.

(3) Aus dem Verhältnis der Kostenzahl jedes Zahlungsinstitutes gemäß Abs. 1 zur Summe aller Kostenzahlen ist für jedes Zahlungsinstitut eine Verhältniszahl zu errechnen. Die Aufteilung der im Rechnungskreis 1 nach Abzug allfälliger Erträge gemäß Abs. 5 zu ersetzenden Kosten auf die einzelnen Kostenpflichtigen erfolgt jeweils unter Anwendung ihrer Verhältniszahl.

(4) Ergibt die nach Abs. 3 durchgeführte Berechnung für ein Zahlungsinstitut einen Betrag von weniger als 2 000 Euro, so sind dem Zahlungsinstitut 2 000 Euro als Aufsichtskosten vorzuschreiben (Mindestbetrag); der Differenzbetrag zwischen dem rechnerischen Kostenanteil und dem Mindestbetrag ist von der FMA einer Rückstellung zuzuführen, die im nächstfolgenden Jahresabschluss auszuweisen ist.

(5) Die gemäß Abs. 4 in einem Geschäftsjahr gebildete Rückstellung ist im nächstfolgenden Jahresabschluss der FMA aufzulösen; der hieraus entstehende Ertrag ist abweichend von § 19 Abs. 4 FMABG nur von den Kosten des Rechnungskreises 1 abzuziehen.

(6) Ergibt die nach Abs. 3 durchgeführte Berechnung für ein Zahlungsinstitut einen Betrag in Höhe von mehr als 1 vT seiner Kostenzahl (Abs. 2), so ist dem Zahlungsinstitut ein Betrag von „1,25 vT seiner Kostenzahl" als Aufsichtskosten vorzuschreiben. *(BGBl I 2022/36)*

(7) Sind auf ein Zahlungsinstitut sowohl die Voraussetzungen des Abs. 4 als auch des Abs. 6 anwendbar, so ist nur Abs. 4 anzuwenden.

(8) Zweigstellen gemäß § 27 ist der in Abs. 4 genannte Mindestbetrag vorzuschreiben. Die Abs. 2 bis 7 sind auf die Kostenbemessung für Zweigstellen nicht anzuwenden, jedoch hat die FMA die den Zweigstellen vorgeschriebenen Kosten bei der Bemessung der Kosten für die übrigen Institute im Rechnungskreis 1 gemäß Abs. 3 entsprechend zu berücksichtigen. § 19 Abs. 5 und 6 FMABG sind bei der Erlassung der Kostenbescheide mit der Maßgabe anzuwenden, dass

1. die Vorauszahlungen jeweils mit 100 vH des Pauschalbetrags zu bemessen sind und

2. im Kostenbescheid lediglich über die Festsetzung des Pauschalbetrags gemäß diesem Absatz abzusprechen ist, sofern nicht positive oder negative Differenzbeträge auf Grund von Zahlungsverzug oder Überzahlung des Kostenpflichtigen zu berücksichtigen sind.

Datenschutz

§ 90. (1) „Die FMA und die Oesterreichische Nationalbank sind zur Verarbeitung von personenbezogenen Daten im Sinne der Verordnung (EU) 2016/679 ermächtigt, soweit dies für die Wahrnehmung ihrer Aufgaben nach diesem Bundesgesetz erforderlich ist; das sind:“ *(BGBl I 2018/37)*

1. Konzessionen von Zahlungsinstituten und die für die Erteilung maßgeblichen Umstände;

2. Leitung, verwaltungsmäßige und buchhalterische Organisation sowie interne Kontrolle und Revision von Zahlungsinstituten;

3. Zweigstellen und die Ausübung des freien Dienstleistungsverkehrs;

4. Eigenmittel;

5. Qualifizierte Beteiligungen an Zahlungsinstituten;

6. Jahresabschluss und Rechnungslegung;

7. aufsichtsbehördliche Maßnahmen gemäß den §§ 93 und 94;

8. Verwaltungsstrafen gemäß den §§ 99 bis 102;

9. Ermittlungen gemäß § 22b FMABG;

10. Informationen, die von zuständigen Behörden im Rahmen des Informationsaustausches gemäß § 92 erlangt wurden;

11. Führung des Zahlungsinstitutsregisters (§ 13 Abs. 2);

12. die Zuordnung von Kosten für die Zahlungsdiensteaufsicht.

(2) Die Übermittlung von Daten gemäß Abs. 1 durch die FMA ist im Rahmen der Amtshilfe zulässig. Zulässig ist die Übermittlung von Daten an die EBA, die EZB sowie an zuständige Behörden von Mitgliedstaaten, soweit dies für die Erfüllung von Aufgaben, die den Aufgaben der FMA und der Oesterreichischen Nationalbank nach diesem Bundesgesetz entsprechen, erforderlich ist und soweit die übermittelten Daten bei diesen Behörden den Geheimhaltungspflichten gemäß Art. 24 der Richtlinie (EU) 2015/2366 unterliegen.

(3) Die Übermittlung von Daten gemäß Abs. 1 durch die FMA ist innerhalb desselben Rahmens, zu denselben Zwecken und mit denselben Beschränkungen wie an zuständige Behörden von Mitgliedstaaten gemäß Abs. 2 auch an Behörden von Drittländern, die den Aufgaben der FMA oder der Oesterreichischen Nationalbank entsprechende Aufgaben wahrzunehmen haben, nur zulässig, soweit die zu übermittelnden Daten bei diesen Behörden einem dem Berufsgeheimnis in Art. 24 der Richtlinie (EU) 2015/2366 entsprechenden Berufsgeheimnis unterliegen und im Einklang mit Kapitel V der Verordnung (EU) 2016/679 stehen. *(BGBl I 2018/37)*

(4) Zahlungsdienstleister dürfen die für das Erbringen ihrer Zahlungsdienste notwendigen personenbezogenen Daten nur mit der ausdrücklichen Zustimmung des Zahlungsdienstnutzers abrufen, verarbeiten und speichern. Zahlungsdienstleister haben Zahlungsdienstnutzer nach Maßgabe der „Art. 13 und 14 der Verordnung (EU) 2016/679“ über die Verarbeitung personenbezogener Daten zu unterrichten. *(BGBl I 2018/37)*

Berufsgeheimnis

§ 91. Von der FMA oder der Oesterreichischen Nationalbank beauftragte Sachverständige unterliegen der Verschwiegenheitspflicht gemäß § 14 Abs. 2 FMABG.

Internationaler Informationsaustausch

§ 92. (1) Die FMA fungiert als zuständige Behörde gemäß Art. 22 Abs. 1 der Richtlinie (EU) 2015/2366.

(2) Die FMA kann mit

1. den für die Zulassung und Beaufsichtigung von Zahlungsinstituten zuständigen Behörden anderer Mitgliedstaaten,

2. der Europäischen Zentralbank sowie den Zentralbanken anderer Mitgliedstaaten in ihrer Eigenschaft als Währungs- und Aufsichtsbehörden,

3. anderen Behörden, die für den Schutz natürlicher Personen bei der Verarbeitung personenbezogener Daten zuständig sind, und

4. der EBA im Rahmen ihrer Aufgabe, zum einheitlichen und kohärenten Funktionieren von Überwachungsmechanismen beizutragen,

zusammenarbeiten, wenn dies zur Wahrnehmung von in der Richtlinie (EU) 2015/2366 festgelegten Aufgaben oder im Wege der Amts- und Rechtshilfe erforderlich ist und soweit die an diese Behörden übermittelten Informationen bei diesen der Geheimhaltungspflicht gemäß Art. 24 der Richtlinie (EU) 2015/2366 unterliegen.

(3) Die FMA kann für die Zwecke der Zusammenarbeit und zur Weiterleitung von Daten nach diesem Hauptstück von ihren Befugnissen Gebrauch machen, auch wenn die Verhaltensweise, die Gegenstand der Ermittlung ist, keinen Verstoß gegen eine in Österreich geltende Vorschrift darstellt. Von ihren Befugnissen nach § 93 Abs. 2 Z 1 und 2 kann die FMA für die Zwecke der Zusammenarbeit auch gegenüber juristischen Personen Gebrauch machen, die in ihrem Herkunftsmitgliedstaat zur Erbringung von Zahlungsdiensten als Zahlungsinstitut gemäß Art. 4 Nr. 4 der Richtlinie (EU) 2015/2366 zugelassen sind.

(4) Der Bundesminister für Finanzen kann auf gemeinsamen Vorschlag der FMA und der Oesterreichischen Nationalbank folgende Abkommen mit zuständigen Behörden über die Vorgangsweise bei der Zusammenarbeit mit der FMA und der Oesterreichischen Nationalbank bei der Wahrnehmung ihrer Aufgaben der Überwachung und Beaufsichtigung der Zahlungsinstitute schließen, sofern der Bundesminister für Finanzen zum Ab-

schluss von Übereinkommen gemäß Art. 66 Abs. 2 B-VG ermächtigt ist:

1. Abkommen mit zuständigen Behörden anderer Mitgliedstaaten; in diesen Abkommen können insbesondere Verfahren der Zusammenarbeit der FMA mit den zuständigen Behörden der Mitgliedstaaten hinsichtlich des in Art. 26 der Richtlinie (EU) 2015/2366 genannten Informationsaustausches geregelt werden.

2. Abkommen mit zuständigen Behörden von Drittländern, sofern der Informationsaustausch mit diesen zuständigen Behörden unter der Bedingung eines Art. 24 der Richtlinie (EU) 2015/2366 gleichwertigen Berufsgeheimnisses der Erfüllung von Aufsichtsaufgaben dieser zuständigen Behörden dient.

Untersuchungen und Prüfungen

§ 93. (1) Die FMA hat alle Untersuchungen durchzuführen und jene Maßnahmen zu ergreifen, die zur Wahrnehmung der ihr nach diesem Bundesgesetz gemäß § 88 Abs. 1 zukommenden Aufgaben oder zur Verfolgung der in § 99 Abs. 3 genannten Übertretung erforderlich sind. *(BGBl I 2018/37)*

(2) In Ausübung der Zuständigkeiten gemäß Abs. 1 ist die FMA unbeschadet der ihr auf Grund anderer bundesgesetzlicher Bestimmungen zustehenden Befugnisse jederzeit ermächtigt,

1. in die Bücher, Schriftstücke und Datenträger der Unternehmen gemäß § 88 Abs. 1 Einsicht zu nehmen und Kopien von ihnen zu erhalten; auf den Umfang der Auskunfts-, Vorlage und Einschaurechte der FMA und die Verpflichtung zur Verfügbarkeit von Unterlagen im Inland ist § 25 Abs. 4 anzuwenden,

2. von den Unternehmen gemäß § 88 Abs. 1 und ihren Organen sowie von allen Agenten und Stellen, an die Zahlungsdienste ausgelagert wurden, Auskünfte zu verlangen und gemäß den Verwaltungsverfahrensgesetzen Personen vorzuladen und zu befragen,

3. durch Abschlussprüfer oder sonstige Sachverständige alle erforderlichen Prüfungen durchführen zu lassen, wobei die in § 25 Abs. 6 genannten Ausschließungsgründe anzuwenden sind; die Erteilung von Auskünften durch die FMA an die von ihr beauftragten Prüfer ist zulässig, soweit dies zur Erfüllung des Prüfungsauftrages zweckdienlich ist,

4. die Oesterreichische Nationalbank mit der Prüfung von Zahlungsinstituten und deren Zweigstellen und Repräsentanzen außerhalb Österreichs zu beauftragen; die Kompetenz der Oesterreichischen Nationalbank zur Vor-Ort-Prüfung im Bereich der Aufsicht über Zahlungsinstitute erstreckt sich dabei umfassend auf die Prüfung aller Geschäftsfelder und aller Risikoarten; die Oesterreichische Nationalbank hat dafür zu sorgen, dass sie über ausreichende personelle und organisatorische Ressourcen zur Durchführung der genannten Prüfungen verfügt; die FMA ist berechtigt, eigene Mitarbeiter an Prüfungen der Oesterreichischen Nationalbank teilnehmen zu lassen,

5. zur Prüfung von Zweigstellen und Repräsentanzen in Mitgliedstaaten auch die Behörden des Aufnahmemitgliedstaates um die Vornahme der Prüfung zu ersuchen, wenn dies gegenüber einer Prüfung gemäß Z 4 das Verfahren vereinfacht oder beschleunigt oder wenn dies im Interesse der Zweckmäßigkeit, Einfachheit, Raschheit oder Kostenersparnis gelegen ist; unter diesen Voraussetzungen kann auch die Oesterreichische Nationalbank zur Teilnahme an einer solchen Prüfung verpflichtet werden und können eigene Mitarbeiter der FMA an einer solchen Prüfung teilnehmen und

6. von den Abschlussprüfern Auskünfte einzuholen.

(3) Bei einer Prüfung gemäß Abs. 2 Z 3 bis 5 sind die Prüfungsorgane mit einem schriftlichen Prüfungsauftrag zu versehen und haben sich vor Beginn der Prüfung unaufgefordert auszuweisen sowie den Prüfungsauftrag vorzuweisen. Im Übrigen ist § 71 BWG anzuwenden. Hinsichtlich der Zusammenarbeit der FMA mit der Oesterreichischen Nationalbank und der Vornahme von Prüfungen durch diese sind § 70 Abs. 1a bis 1c und § 79 BWG anzuwenden.

(4) Abs. 2 Z 4 ist in Bezug auf die Einhaltung des § 20 Abs. 3 Z 6 dieses Bundesgesetzes einschließlich der mit dieser Bestimmung im Zusammenhang stehenden Verfahren und Datenverarbeitungssysteme im Sinne des § 20 Abs. 3 Z 4 dieses Bundesgesetzes derart anzuwenden, dass Vor-Ort-Prüfungen von der FMA durchzuführen sind. Abweichend von Abs. 3 und § 88 Abs. 3 dieses Bundesgesetzes sind § 70 Abs. 1a und 1b sowie § 79 Abs. 4 BWG diesbezüglich nicht anwendbar.

Aufsichtsmaßnahmen und Veröffentlichungen

§ 94. (1) Zur Abwendung einer Gefahr für die finanziellen Belange der Kunden eines Zahlungsinstituts gemäß § 4 Z 4 lit. a im Zusammenhang mit dessen Tätigkeit kann die FMA befristete Maßnahmen durch Bescheid anordnen, die spätestens 18 Monate nach Wirksamkeitsbeginn außer Kraft treten. Die FMA kann durch Bescheid insbesondere

1. Kapital- und Gewinnentnahmen sowie Kapital- und Gewinnausschüttungen ganz oder teilweise untersagen;

2. eine fachkundige Aufsichtsperson (Regierungskommissär) bestellen, die dem Berufsstand der Rechtsanwälte oder der Wirtschaftsprüfer angehört; die Aufsichtsperson, der alle Rechte gemäß § 93 Abs. 2 zustehen, hat

a) diesem Zahlungsinstitut alle Geschäfte zu untersagen, die geeignet sind, die obige Gefahr zu vergrößern, oder

b) im Falle, dass dem Zahlungsinstitut die Fortführung der Geschäfte ganz oder teilweise untersagt wurde, einzelne Geschäfte zu erlauben, die die obige Gefahr nicht vergrößern;

3. Geschäftsleitern des Zahlungsinstituts unter gleichzeitiger Verständigung des zur Bestellung der Geschäftsleiter zuständigen Organs die Führung des Unternehmens ganz oder teilweise untersagen; das zuständige Organ hat binnen eines Monats die entsprechende Anzahl von Geschäftsleitern neu zu bestellen; die Bestellung bedarf zu ihrer Rechtswirksamkeit der Zustimmung der FMA, die zu versagen ist, wenn die neu bestellten Geschäftsleiter nicht geeignet scheinen, eine Abwendung der obigen Gefahr herbeiführen zu können;

4. die Fortführung des Geschäftsbetriebes ganz oder teilweise untersagen.

(2) Die FMA kann auf Antrag der gemäß Abs. 1 Z 2 oder Abs. 3 bestellten Aufsichtsperson (Regierungskommissär) einen Stellvertreter bestellen, wenn und solange dies aus wichtigen Gründen, insbesondere wegen vorübergehender Verhinderung der Aufsichtsperson, erforderlich ist. Für die Bestellung des Stellvertreters sowie für dessen Rechte und Pflichten sind die für die Aufsichtsperson geltenden Bestimmungen anzuwenden. Die Aufsichtsperson (Regierungskommissär) kann sich mit Genehmigung der FMA zur Erfüllung ihrer Aufgaben fachlich geeigneter Personen bedienen, soweit dies nach Umfang und Schwierigkeit der Aufgaben erforderlich ist. Die Genehmigung der FMA hat diese Personen namentlich zu benennen und ist auch dem Zahlungsinstitut zuzustellen. Diese Personen handeln auf Weisung und im Namen der Aufsichtsperson (Regierungskommissär) oder ihres Stellvertreters.

(3) Die FMA hat vom Österreichischen Rechtsanwaltskammertag und von der Kammer der Wirtschaftstreuhänder Meldungen über geeignete Regierungskommissäre einzuholen. Ist ein Regierungskommissär nach Abs. 1 Z 2 oder ein Stellvertreter nach Abs. 2 zu bestellen und ist keine Bestellung auf Grund dieser Meldungen möglich, so hat die FMA die nach dem Sitz des Zahlungsinstituts zuständige Rechtsanwaltskammer oder die Kammer der Wirtschaftstreuhänder zu benachrichtigen, damit diese einen fachlich geeigneten Rechtsanwalt oder Wirtschaftsprüfer als Regierungskommissär namhaft machen. Bei Gefahr in Verzug kann die FMA

1. einen Rechtsanwalt oder

2. einen Wirtschaftstreuhänder

vorläufig als Regierungskommissär bestellen. Diese Bestellung tritt mit der Bestellung eines Rechtsanwaltes oder Wirtschaftsprüfers nach dem ersten Satz außer Kraft.

(4) Alle von der FMA gemäß Abs. 1 und 2 angeordneten Maßnahmen ruhen für die Dauer eines Geschäftsaufsichtsverfahrens.

(5) Dem Regierungskommissär ist von der FMA eine Vergütung (Funktionsgebühr) zu leisten, die in einem angemessenen Verhältnis zu der mit der Aufsicht verbundenen Arbeit und den Aufwendungen hiefür steht. Der Regierungskommissär ist zur Rechnungslegung über das jeweils vorangegangene Quartal sowie nach Beendigung seiner Tätigkeit berechtigt. Die FMA hat die Vergütung unverzüglich nach Rechnungsprüfung zu leisten.

(6) Bescheide, mit denen Geschäftsleitern die Führung eines Zahlungsinstitutes gemäß § 4 Z 4 lit. a ganz oder teilweise untersagt wird (Abs. 1 Z 3 und Abs. 8), sind, wie auch eine allfällige Aufhebung dieser Maßnahme, von der FMA dem Firmenbuchgericht zur Eintragung in das Firmenbuch zu übermitteln.

(7) Liegt eine Konzessionsvoraussetzung gemäß § 10 nach Erteilung der Konzession nicht mehr vor oder verletzt ein Zahlungsinstitut gemäß § 4 Z 4 lit. a Bestimmungen gemäß § 88 Abs. 1 dieses Bundesgesetzes, einer auf Grund dieses Bundesgesetzes erlassenen Verordnung oder eines Bescheides, so hat die FMA die in § 70 Abs. 4 Z 1 bis 3 BWG genannten Maßnahmen in Bezug auf dieses Zahlungsinstitut zu ergreifen und gegebenenfalls die Konzession gemäß § 11 zu entziehen.

(8) Die FMA kann von ihr getroffene Maßnahmen nach Abs. 1, 3 und 7 sowie Sanktionen wegen einer Verletzung dieses Bundesgesetzes oder aufgrund dieses Bundesgesetzes ergangener Verordnungen durch Kundmachung im Internet oder in einer Zeitung mit Verbreitung im gesamten Bundesgebiet oder durch Aushang an geeigneter Stelle in den Geschäftsräumlichkeiten des Zahlungsinstitutes (§ 4 Z 4 lit. a) bekannt machen. Veröffentlichungen von Maßnahmen nach Abs. 7 in Verbindung mit § 70 Abs. 4 Z 1 BWG dürfen jedoch nur vorgenommen werden, wenn dies nach Art und Schwere des Verstoßes zur Information der Öffentlichkeit erforderlich und im Hinblick auf mögliche Nachteile des Betroffenen verhältnismäßig ist. Diese Veröffentlichungsmaßnahmen können auch kumulativ getroffen werden.

(9) Die FMA kann durch Kundmachung im Internet oder in einer Zeitung mit Verbreitung im gesamten Bundesgebiet die Öffentlichkeit informieren, dass eine namentlich genannte natürliche oder juristische Person (Person) zur Vornahme bestimmter Zahlungsdienste (§ 1 Abs. 2) nicht berechtigt ist, sofern diese Person dazu Anlass gegeben hat und eine Information der Öffentlichkeit erforderlich und im Hinblick auf mögliche Nachteile des Betroffenen verhältnismäßig ist. Diese Veröffentlichungsmaßnahmen können auch kumulativ getroffen werden. Diese Person muss

in der Veröffentlichung eindeutig identifizierbar sein; zu diesem Zweck können, soweit der FMA bekannt, auch Geschäftsanschrift oder Wohnanschrift und Firmenbuchnummer, Internetadresse, Telefonnummer und Telefaxnummer angegeben werden.

(10) Der von der Veröffentlichung Betroffene kann eine Überprüfung der Rechtmäßigkeit der Veröffentlichung gemäß Abs. 8 oder 9 in einem bescheidmäßig zu erledigenden Verfahren bei der FMA beantragen. Die FMA hat diesfalls die Einleitung eines solchen Verfahrens in gleicher Weise bekannt zu machen. Wird im Rahmen der Überprüfung die Rechtswidrigkeit der Veröffentlichung festgestellt, so hat die FMA die Veröffentlichung richtig zu stellen oder auf Antrag des Betroffenen entweder zu widerrufen oder aus dem Internetauftritt zu entfernen. Wird einer Beschwerde gegen einen Bescheid, der gemäß Abs. 8 bekannt gemacht worden ist, in einem Verfahren vor den Gerichtshöfen öffentlichen Rechts aufschiebende Wirkung zuerkannt, so hat die FMA dies in gleicher Weise bekannt zu machen. Die Veröffentlichung ist richtig zu stellen oder auf Antrag des Betroffenen entweder zu widerrufen oder aus dem Internetauftritt zu entfernen, wenn der Bescheid aufgehoben wird.

(11) Die FMA kann nach Anhörung der Oesterreichischen Nationalbank durch Verordnung vorschreiben, dass die Anzeigen und Übermittlungen gemäß § 13 Abs. 4, § 14 Abs. 1, § 21 Abs. 3, § 22 Abs. 1, § 25 Abs. 7, § 28 Abs. 1 und § 86 Abs. 1 ausschließlich in elektronischer Form zu erfolgen sowie bestimmten Gliederungen, technischen Mindestanforderungen und Übermittlungsmodalitäten zu entsprechen haben. Die FMA hat sich dabei an den Grundsätzen der Wirtschaftlichkeit und Zweckmäßigkeit zu orientieren und dafür zu sorgen, dass die jederzeitige elektronische Verfügbarkeit der Daten für die FMA und die Oesterreichische Nationalbank gewährleistet bleibt und Aufsichtsinteressen nicht beeinträchtigt werden. Weiters kann die FMA in dieser Verordnung Abschlussprüfern für Bescheinigungen, Übermittlungen, Berichte und Meldungen gemäß § 25 Abs. 8 und § 95 Abs. 1, 2 und 3 eine fakultative Teilnahme an dem elektronischen System der Übermittlung gemäß dem ersten Satz ermöglichen. Die FMA hat geeignete Vorkehrungen dafür zu treffen, dass sich die Meldepflichtigen oder gegebenenfalls ihre Einbringungsverantwortlichen während eines angemessenen Zeitraums im System über die Richtigkeit und Vollständigkeit der von ihnen oder ihren Einbringungsverantwortlichen erstatteten Meldedaten vergewissern können.

Berichtspflicht von Abschlussprüfern

§ 95. (1) Stellt ein Abschlussprüfer, der den Jahresabschluss eines in § 4 Z 4 lit. a genannten Zahlungsinstitutes prüft oder bei diesem eine sonstige gesetzlich vorgeschriebene Tätigkeit ausübt, Tatsachen fest, die eine Berichtspflicht gemäß § 273 Abs. 2 und 3 UGB begründen, so hat er unverzüglich, spätestens gleichzeitig, den gemäß § 273 Abs. 3 UGB zu erstattenden Bericht auch der FMA und der Oesterreichischen Nationalbank zu übermitteln.

(2) Der Abschlussprüfer hat, auch wenn keine Berichtspflicht gemäß § 273 Abs. 2 und 3 UGB besteht, der FMA und der Oesterreichischen Nationalbank sowie den Geschäftsleitern und dem nach Gesetz oder Satzung zuständigen Aufsichtsorgan unverzüglich schriftlich mit Erläuterungen zu berichten, wenn er bei seiner Prüfungstätigkeit Tatsachen feststellt, die

1. einen erheblichen Verstoß gegen die in § 88 Abs. 1 genannten Bestimmungen oder gegen auf Grund dieses Bundesgesetzes erlassene Verordnungen oder Bescheide der FMA erkennen lassen;

2. die Erfüllbarkeit der Verpflichtungen des Zahlungsinstituts für gefährdet erkennen lassen;

3. eine wesentliche Verschärfung der Risikolage darstellen;

4. wesentliche Bilanzposten oder außerbilanzielle Positionen als nicht werthaltig festgestellt werden oder

5. begründete Zweifel an der Richtigkeit der Unterlagen oder an der Vollständigkeitserklärung des Vorstandes vorliegen.

Stellt der Abschlussprüfer sonstige Mängel, nicht besorgniserregende Veränderungen der Risikolage oder der wirtschaftlichen Situation oder nur geringfügige Verletzungen von Vorschriften fest, und sind die Mängel und Verletzungen von Vorschriften kurzfristig behebbar, so muss der Abschlussprüfer der FMA und der Oesterreichischen Nationalbank erst dann berichten, wenn das Zahlungsinstitut nicht binnen einer angemessenen Frist, längstens jedoch binnen drei Monaten, die festgestellten Mängel behoben und dies dem Abschlussprüfer nachgewiesen hat. Zu berichten ist auch dann, wenn die Geschäftsleiter eine vom Abschlussprüfer geforderte Auskunft innerhalb einer angemessenen Frist nicht ordnungsgemäß erteilen. In Fällen, in denen eine Wirtschaftsprüfungsgesellschaft als Abschlussprüfer bestellt wird, trifft die Berichtspflicht auch die nach § 77 Abs. 9 WTBG namhaft gemachten natürlichen Personen.

(3) Der Abschlussprüfer ist auch zur Meldung derartiger Sachverhalte verpflichtet, von denen er in Ausübung einer der vorgenannten Tätigkeiten in einem Unternehmen Kenntnis erlangt, das ein verbundenes Unternehmen (§ 189a Z 8 UGB) zu dem in § 4 Z 4 lit. a genannten Zahlungsinstitut ist, für das er diese Tätigkeit ausübt.

(4) Der Abschlussprüfer ist bei der Wahrnehmung seiner Aufgaben auch außerhalb von Prü-

fungsaufträgen des Aufsichtsorgans zur Verständigung des Aufsichtsratsvorsitzenden verpflichtet, wenn eine Berichterstattung an die Geschäftsleiter wegen der Art und Umstände der festgestellten Ordnungswidrigkeiten den Zweck der Beseitigung der Mängel nicht erreichen würde und diese schwerwiegend sind.

(5) Erstattet der Abschlussprüfer in gutem Glauben einen Bericht gemäß Abs. 1 bis 4, so gilt dies nicht als Verletzung einer vertraglich oder durch Rechts- oder Verwaltungsvorschriften geregelten Bekanntmachungsbeschränkung und zieht für ihn keine Haftung nach sich.

2. Abschnitt
Alternative Streitbeilegungsverfahren

Beschwerden

§ 96. (1) Die Zahlungsdienstnutzer und andere interessierte Parteien einschließlich Verbraucherschutzeinrichtungen können bei der FMA Beschwerde wegen mutmaßlicher Verstöße gegen die Bestimmungen dieses Bundesgesetzes einlegen.

(2) Die FMA hat Zahlungsdienstnutzer, die einen Verstoß eines Zahlungsdienstinstitutes gegen § 18 (Sicherung der Kundengelder) oder eines Zahlungsdienstleisters gegen eine Bestimmung des 3. und 4. Hauptstücks, gegen eine Bestimmung der „Verordnung (EU) 2021/1230" oder der Verordnung (EU) Nr. 260/2012 zur Anzeige bringen, auf die Möglichkeit einer Beschwerde bei der Schlichtungsstelle gemäß § 98 zu verweisen. *(BGBl I 2023/33)*

Beschwerdeverfahren beim Zahlungsdienstleister

§ 97. (1) Die Zahlungsdienstleister haben ein angemessenes und wirksames Beschwerdeverfahren zu schaffen, das bei Beschwerden von Zahlungsdienstnutzern in Bezug auf die Bestimmungen des 3. und 4. Hauptstücks anzuwenden ist, bevor auf ein Verfahren zur alternativen Streitbeilegung gemäß § 98 zurückgegriffen wird.

(2) Dieses Verfahren gilt in jenem Mitgliedstaat, in dem der Zahlungsdienstleister die Zahlungsdienste anbietet, und steht in der Amtssprache des betreffenden Mitgliedstaats oder in einer anderen zwischen dem Zahlungsdienstleister und dem Zahlungsdienstnutzer vereinbarten Sprache zur Verfügung.

(3) Zahlungsdienstleister haben jede Anstrengung zu unternehmen, um Beschwerden der Zahlungsdienstnutzer in Papierform oder – bei entsprechender Vereinbarung zwischen Zahlungsdienstleister und Zahlungsdienstnutzer – auf einem anderen dauerhaften Datenträger zu beantworten. In dieser Antwort, die innerhalb einer angemessenen Frist, spätestens aber innerhalb von 15 Arbeitstagen nach Eingang der Beschwerde zu erfolgen hat, ist auf alle angesprochenen Fragen einzugehen. Kann der Zahlungsdienstleister in Ausnahmefällen aus Gründen, die er nicht zu verantworten hat, nicht innerhalb von 15 Arbeitstagen antworten, ist er verpflichtet, ein vorläufiges Antwortschreiben mit eindeutiger Angabe der Gründe für die Verzögerung bei der Beantwortung der Beschwerde zu versenden und darin einen Zeitpunkt zu nennen, bis zu dem der Zahlungsdienstnutzer die endgültige Antwort spätestens erhält. Die Frist für den Erhalt der endgültigen Antwort darf 35 Arbeitstage in keinem Fall überschreiten.

(4) Der Zahlungsdienstleister hat den Zahlungsdienstnutzer über die Schlichtungsstelle gemäß § 98, die für die Beilegung von Streitigkeiten gemäß § 98 Abs. 2 zuständig ist, zu informieren. Die Informationen müssen klar, umfassend und leicht zugänglich auf der Internetseite des Zahlungsdienstleisters, sofern vorhanden, in der Zweigstelle sowie in den Allgemeinen Bedingungen des Vertrags zwischen dem Zahlungsdienstleister und Zahlungsdienstnutzer genannt werden. Dabei ist auch anzugeben, wo weitere Informationen über die betreffende Stelle zur alternativen Streitbeilegung und über die Bedingungen für deren Anrufung erhältlich sind.

Alternative Streitbeilegung – Schlichtungsstelle

§ 98. (1) Die Schlichtungsstelle ist in Österreich die Gemeinsame Schlichtungsstelle der Österreichischen Kreditwirtschaft. Gemäß dem Alternative-Streitbeilegung-Gesetz – AStG, BGBl. I Nr. 105/2015, hat sie angemessene, unabhängige, unparteiische, transparente und wirksame alternative Streitbeilegungsverfahren zu gewährleisten.

(2) Sie ist zuständig für Verfahren zur Beilegung von Streitigkeiten zwischen Zahlungsdienstleistern und Zahlungsdienstnutzern, bei denen es sich um Verbraucher gemäß § 4 Z 20 handelt,

1. gemäß Art. 102 der Richtlinie (EU) 2015/2366;

2. gemäß Art. 100 der Richtlinie 2009/65/EG;

3. gemäß Art. 13 der Richtlinie 2009/110/EG;

4. gemäß Art. 10 der Verordnung (EU) 2021/1230 sowie *(BGBl I 2023/33)*

5. gemäß Art. 12 der Verordnung (EU) Nr. 260/2012.

(3) Sie ist weiters zuständig für Verfahren zur Beilegung von Streitigkeiten zwischen Zahlungsempfängern und ihren Zahlungsdienstleistern gemäß Art. 15 der Verordnung (EU) 2015/751 über Interbankenentgelte für kartengebundene Zahlungsvorgänge, ABl. Nr. L 123 vom 19.05.2015 S. 1. *(BGBl I 2023/33)*

3. Abschnitt
Straf- und Verfahrensbestimmungen

Strafbestimmungen

§ 99. (1) Wer Zahlungsdienste gemäß § 1 Abs. 2 Z 1 bis 7 ohne die erforderliche Berechtigung erbringt, begeht eine Verwaltungsübertretung und ist von der FMA mit Geldstrafe bis zu 50 000 Euro zu bestrafen.

(2) Wer Kontoinformationsdienste gemäß § 1 Abs. 2 Z 8 ohne die Eintragung in das Zahlungsinstitutsregister gemäß § 15 erbringt, begeht eine Verwaltungsübertretung und ist von der FMA mit Geldstrafe bis zu 10 000 Euro zu bestrafen.

(3) Wer gegen die Meldeverpflichtung gemäß § 3 Abs. 4 (Schwellenwert begrenztes Netz) verstößt, begeht eine Verwaltungsübertretung und ist von der FMA mit Geldstrafe bis zu 30 000 Euro zu bestrafen.

(4) Wer vertrauliche Tatsachen entgegen § 20 Abs. 5 offenbart oder verwertet, um sich oder einem anderen einen Vermögensnachteil zu verschaffen oder um einem anderen einen Nachteil zuzufügen, ist vom Gericht mit Freiheitsstrafe bis zu sechs Monaten oder mit Geldstrafe bis zu 360 Tagessätzen zu bestrafen. Der Täter ist nur mit Ermächtigung des in seinem Interesse an der Geheimhaltung Verletzten zu verfolgen.

(5) Wer als Betreiber eines Zahlungssystems gegen die Bestimmungen des § 5 Abs. 1 oder 2 verstößt, begeht eine Verwaltungsübertretung und ist von der FMA mit Geldstrafe bis zu 30 000 Euro zu bestrafen. *(BGBl I 2021/201)*

Strafbestimmungen für Verantwortliche (§ 9 VStG)

§ 100. (1) Wer als Verantwortlicher (§ 9 VStG) eines Zahlungsinstitutes gemäß § 4 Z 4 lit. a oder einer Zweigstelle gemäß § 28

1. gegen eine Beschränkung gemäß § 7 (Erfordernis und Umfang der Konzession) verstößt,

2. gegen eine Verpflichtung gemäß

a) den §§ 16 oder 17 (Eigenmittel),

b) § 20 Abs. 1 bis 4 (organisatorische Anforderungen),

c) § 24 (Aufbewahrungspflichten),

d) § 26 (Meldewesen) verstößt, oder

3. die schriftliche Anzeige eines jeden Erwerbes und jeder Abtretung einer qualifizierten Beteiligung gemäß § 19 Abs. 1 und 3 an die FMA unterlässt,

begeht eine Verwaltungsübertretung und ist von der FMA hinsichtlich der Z 1 mit Geldstrafe bis zu 100 000 Euro und hinsichtlich der Z 2 bis 3 mit Geldstrafe bis zu 60 000 Euro zu bestrafen.

(2) Wer als Verantwortlicher (§ 9 VStG) eines Zahlungsinstituts gemäß § 4 Z 4 lit. a oder einer Zweigstelle gemäß § 28 die Sicherungspflichten gemäß § 18 verletzt, begeht eine Verwaltungsübertretung und ist von der FMA mit Geldstrafe bis zu 100 000 Euro zu bestrafen.

(3) Wer als Abschlussprüfer eines Zahlungsinstituts gemäß § 4 Z 4 lit. a oder einer Zweigstelle gemäß § 28 seine Meldepflichten gemäß § 95 Abs. 1, 2 oder 3 verletzt, begeht eine Verwaltungsübertretung und ist von der FMA mit Geldstrafe bis zu 100 000 Euro zu bestrafen.

(4) Wer als Verantwortlicher (§ 9 VStG) eines Zahlungsinstituts gemäß § 4 Z 4 lit. a oder einer Zweigstelle gemäß § 28 unterlässt, der FMA entgegen § 25 Abs. 3 den Jahresabschluss rechtzeitig vorzulegen, begeht eine Verwaltungsübertretung und ist von der FMA mit Geldstrafe bis zu 20 000 Euro zu bestrafen.

(5) Bei der Ermittlung in Verwaltungsstrafverfahren gemäß § 99 und gemäß den Abs. 1 bis 4 und 6 bis 9 kommen der FMA alle Kompetenzen gemäß § 93 Abs. 2 zu.

(6) Wer als Verantwortlicher (§ 9 VStG) eines Zahlungsinstituts gemäß § 4 Z 4 lit. a

1. die Pflichten gemäß § 21 Abs. 1 und 2, § 23 Abs. 2 und 3, den §§ 33, 50, 51, § 62 Abs. 4, den §§ 64, 72, 75, 77, 78, 85, 86, 87 dieses Bundesgesetzes oder gemäß § 36 BWG verletzt oder

2. die Pflichten gemäß den §§ 35, 47, 48, 53, 54, 57 dieses Bundesgesetzes verletzt oder

3. die unverzügliche schriftliche Anzeige von in § 13 Abs. 4, § 15, § 21 Abs. 3, § 22 Abs. 1 genannten Sachverhalten an die FMA unterlässt,

begeht eine Verwaltungsübertretung und ist von der FMA in den Fällen nach Z 1 mit Geldstrafe bis zu 60 000 Euro und in den Fällen nach Z 2 oder 3 mit einer Geldstrafe bis zu 10 000 Euro zu bestrafen.

(7) Wer als Verantwortlicher (§ 9 VStG) einer Zweigstelle gemäß § 27

1. die Pflichten gemäß den §§ 35, 47, 48, 53, 54, 57 dieses Bundesgesetzes verletzt oder

2. die Pflichten der §§ 33, 50, 51, § 62 Abs. 4, der §§ 64, 72, 75, 77, 78, 85, 86, 87 dieses Bundesgesetzes oder gemäß § 36 BWG verletzt,

begeht eine Verwaltungsübertretung und ist von der FMA in den Fällen nach Z 1 mit Geldstrafe bis zu 10 000 Euro und in Fällen nach Z 2 mit Geldstrafe bis zu 60 000 Euro zu bestrafen.

(8) Wer als Verantwortlicher (§ 9 VStG) eines Zahlungsdienstleisters gemäß § 1 Abs. 3 Z 1 und 3 bis 5

1. die Pflichten gemäß den §§ 35, 38, 47, 48, 53, 54, 57, 87 dieses Bundesgesetzes verletzt oder

2. die Pflichten der §§ 33, 50, 51, § 62 Abs. 4, der §§ 64, 72, 75, 77, 78, 85, 86 dieses Bundesgesetzes verletzt,

begeht eine Verwaltungsübertretung und ist von der FMA in den Fällen nach Z 1 mit Geldstrafe bis zu 10 000 Euro und in Fällen nach Z 2 mit Geldstrafe bis zu 60 000 Euro zu bestrafen.

(9) Bei Verletzung einer Verpflichtung gemäß § 13 Abs. 4, § 14 Abs. 1 Z 1 hinsichtlich Satzungsänderungen, Z 4, Z 7 und Z 10 sowie § 14 Abs. 2 hinsichtlich § 20 Abs. 3 BWG hat die FMA von der Einleitung und Durchführung eines Verwaltungsstrafverfahrens abzusehen, wenn die nicht ordnungsgemäß erstattete Anzeige nachgeholt wurde, bevor die FMA oder die Oesterreichische Nationalbank Kenntnis von dieser Übertretung erlangt hat.

Strafbestimmungen für Zahlungsdienstleister im Zusammenhang mit grenzüberschreitenden Zahlungen

§ 101. (1) Wer als Zahlungsdienstleister entgegen Art. 3 oder „Art. 6 Abs. 1 der Verordnung (EU) 2021/1230“ *(BGBl I 2023/33)*

1. für grenzüberschreitende Zahlungen innerhalb des Europäischen Wirtschaftsraumes in Euro Zahlungsdienstnutzern höhere Entgelte verrechnet als für entsprechende Inlandszahlungen in gleicher Höhe „in Euro“ oder *(BGBl I 2020/39)*

2. einem Zahlungsdienstnutzer für die Bereitstellung von Informationen über seinen IBAN und des BIC ein Entgelt verrechnet,

begeht eine Verwaltungsübertretung und ist von der FMA mit Geldstrafe bis zu 60 000 Euro zu bestrafen.

(1a) Wer gegen die Bestimmungen der „Verordnung (EU) 2021/1230“ verstößt, indem er *(BGBl I 2023/33)*

1. als Zahlungsdienstleister oder Partei, die Währungsumrechnungen an einem Geldautomaten oder an der Verkaufsstelle erbringt, die Informationspflichten und Anforderungen im Zusammenhang mit kartengebundenen Zahlungsvorgängen gemäß „Art. 4“ nicht einhält, *(BGBl I 2023/33)*

2. als Zahlungsdienstleister die Informationspflichten betreffend Entgelte für Zahlungsvorgänge und Währungsumrechnungen im Zusammenhang mit Überweisungen gemäß „Art. 5“ nicht einhält, *(BGBl I 2023/33)*

begeht eine Verwaltungsübertretung und ist von der FMA mit Geldstrafe bis zu 10 000 Euro zu bestrafen. *(BGBl I 2020/39)*

(2) Wer es als Lieferant von Waren oder als Dienstleister, der Zahlungen innerhalb des Europäischen Wirtschaftsraumes akzeptiert, bei der Rechnungsstellung für Waren oder Dienstleistungen im Europäischen Wirtschaftsraum entgegen „Art. 6 Abs. 3 der Verordnung (EU) 2021/1230“ unterlässt, seinen Kunden seine IBAN und den BIC seines Zahlungsdienstleisters mitzuteilen, begeht eine Verwaltungsübertretung und ist von der FMA mit Geldstrafe bis zu 10 000 Euro zu bestrafen. *(BGBl I 2023/33)*

(3) Wer es entgegen „Art. 6 Abs. 1 oder 3 der Verordnung (EU) 2021/1230“ unterlässt, *(BGBl I 2023/33)*

1. auf den Kontoauszügen seines Zahlungsdienstnutzers oder auf einer Anlage dazu den IBAN und den BIC bekannt zu geben,

2. einem Zahlungsdienstnutzer auf Anfrage dessen IBAN sowie den BIC mitzuteilen,

3. einen Zahlungsdienstnutzer rechtzeitig vor rechtswirksamer Vereinbarung über zusätzliche Entgelte und über deren Höhe zu informieren, die verrechnet werden, weil der Zahlungsdienstnutzer dem Zahlungsdienstleister den Auftrag zur Ausführung einer grenzüberschreitenden Zahlung

a) ohne Angaben des IBAN oder

b) ohne Angaben des BIC, sofern gemäß der Verordnung (EU) Nr. 260/2012 vorgesehen, für das Zahlungskonto in dem anderen Mitgliedstaat erteilt oder

4. die nach Z 3 erhobenen Entgelte angemessen und an den anfallenden Kosten ausgerichtet zu gestalten,

begeht eine Verwaltungsübertretung und ist von der FMA mit Geldstrafe bis zu 10 000 Euro zu bestrafen.

(4) *(entfällt, BGBl I 2023/33)*

ZaDiG 2018

Strafbestimmung aufgrund der Verordnung (EU) Nr. 260/2012

§ 102. (1) Wer gegen die Bestimmungen der Verordnung (EU) Nr. 260/2012 verstößt, indem er

1. entgegen Art. 3 als Zahlungsdienstleister nicht erreichbar ist,

2. entgegen Art. 4 Abs. 2 erster Satz nicht sicherstellt, dass die technische Interoperabilität von Zahlungssystemen gewährleistet wird,

3. entgegen Art. 4 Abs. 2 zweiter Satz eine Geschäftsregel beschließt, welche die Interoperabilität beschränkt,

4. entgegen Art. 4 Abs. 3 die Abwicklung einer Überweisung oder einer Lastschrift durch ein technisches Hindernis behindert,

5. entgegen Art. 5 Abs. 1, 2, 4 oder 7 eine Überweisung ausführt,

6. entgegen Art. 5 Abs. 1, 3, 5 oder 6 eine Lastschrift ausführt,

7. entgegen Art. 5 Abs. 8 für einen dort genannten Auslesevorgang ein Entgelt erhebt,

8. entgegen Art. 8 für Lastschriften ein multilaterales Interbankenentgelt pro Lastschrift oder eine andere vereinbarte Vergütung mit vergleichbarem Ziel oder vergleichbarer Wirkung erhebt,

9. entgegen Art. 9 Abs. 1 als Zahler vorgibt, in welchem Mitgliedstaat das Zahlungskonto des Zahlungsempfängers zu führen ist oder

10. entgegen Art. 9 Abs. 2 als Zahlungsempfänger vorgibt, in welchem Mitgliedstaat das Zahlungskonto des Zahlers zu führen ist,

begeht eine Verwaltungsübertretung und ist von der FMA mit Geldstrafe bis zu 10 000 Euro zu bestrafen. (2) Die Verwaltungsstrafbestimmungen gemäß Abs. 1 sind auf Verbraucher nicht anzuwenden.

Besondere Verfahrensbestimmungen

§ 103. (1) Für die Verhängung von Verwaltungsstrafen gemäß den §§ 99 bis 102 ist in erster Instanz die FMA zuständig.

(2) Die von der FMA gemäß diesem Bundesgesetz verhängten Geldstrafen fließen dem Bund zu.

Strafbestimmung aufgrund fehlender Konzession

§ 104. (1) Wer Zahlungsdienste gemäß § 1 Abs. 2 ohne die erforderliche Berechtigung erbringt oder entgegen den Beschränkungen des § 7 Abs. 5 Kredite gewährt oder entgegen § 7 Abs. 4 Einlagen entgegennimmt oder elektronisches Geld ausgibt, hat auf alle mit diesen Geschäften verbundenen Vergütungen, Kosten und Entgelte keinen Anspruch. Die Rechtsunwirksamkeit der mit diesen Geschäften verbundenen Vereinbarungen zieht nicht die Rechtsunwirksamkeit des ganzen Geschäfts nach sich. Entgegenstehende Vereinbarungen sowie mit diesen Geschäften verbundene Bürgschaften und Garantien sind rechtsunwirksam.

Veröffentlichung von Verwaltungsübertretungen und Geldstrafen

§ 105. (1) Die FMA kann jede rechtskräftig verhängte Geldstrafe wegen eines Verstoßes gemäß den „§§ 99 Abs. 2 bis 3 und 5“ und den §§ 100 bis 102 einschließlich der Identität der sanktionierten Person und den Informationen zu Art und Charakter des zu Grunde liegenden Verstoßes unverzüglich, nachdem die von der Entscheidung betroffene Person darüber informiert wurde, auf ihrer offiziellen Internetseite bekannt machen. *(BGBl I 2021/201)*

(2) Die Bekanntgabe gemäß Abs. 1 kann unterbleiben oder hat auf anonymisierter Basis zu erfolgen, wenn eine Bekanntgabe

1. einer sanktionierten Person unverhältnismäßig wäre,

2. die Stabilität der Finanzmärkte eines Mitgliedstaats oder mehrerer Mitgliedstaaten der Europäischen Union gefährden würde,

3. die Durchführung laufender strafrechtlicher Ermittlungen gefährden würde oder

4. den Beteiligten einen unverhältnismäßig hohen Schaden zufügen würde, sofern sich ein solcher ermitteln lässt.

(3) Der von einer Veröffentlichung Betroffene kann eine Überprüfung der Rechtmäßigkeit der Veröffentlichung gemäß Abs. 1 in einem bescheidmäßig zu erledigenden Verfahren bei der FMA beantragen. Die FMA hat diesfalls die Einleitung eines solchen Verfahrens in gleicher Weise bekannt zu machen. Wird im Rahmen der Überprüfung die Rechtswidrigkeit der Veröffentlichung festgestellt, so hat die FMA die Veröffentlichung richtig zu stellen oder auf Antrag des Betroffenen entweder zu widerrufen oder aus dem Internetauftritt zu entfernen. Wird eine Beschwerde gegen einen Bescheid, der gemäß Abs. 1 bekannt gemacht worden ist, in einem Verfahren vor den Gerichtshöfen öffentlichen Rechts aufschiebende Wirkung zuerkannt, so hat die FMA dies in gleicher Weise bekannt zu machen. Die Veröffentlichung ist richtig zu stellen oder auf Antrag des Betroffenen entweder zu widerrufen oder aus dem Internetauftritt zu entfernen, wenn der Bescheid aufgehoben wird.

4. Abschnitt

Geschäftsaufsicht und Insolvenzbestimmungen

Allgemeine Vorschriften

§ 106. (1) Über das Vermögen eines Zahlungsinstitutes kann ein Sanierungsverfahren nicht eröffnet werden. Im Konkurs eines Zahlungsinstitutes findet ein Sanierungsplanantrag nicht statt.

(2) In Geschäftsaufsichts- und Konkursverfahren von Zahlungsinstituten steht der FMA Parteistellung zu.

(3) Der Antrag auf Eröffnung des Konkurses eines Zahlungsinstitutes kann nur von der FMA gestellt werden. Ansonsten ist § 70 IO anzuwenden.

(4) Als Aufsichtsperson kann eine natürliche oder juristische Person bestellt werden.

(5) Das Gericht hat vor Bestellung und Abberufung einer Aufsichtsperson oder eines Masseverwalters die FMA anzuhören.

(6) Das Gericht hat die FMA von der Anordnung der Geschäftsaufsicht durch Übersendung eines Edikts unverzüglich zu verständigen.

Eröffnungsantrag

§ 107. (1) Zahlungsinstitute, die überschuldet oder zahlungsunfähig sind, können, wenn die Überschuldung oder Zahlungsunfähigkeit voraussichtlich wieder behoben werden kann, bei dem für die Konkurseröffnung zuständigen Gericht die Anordnung der Geschäftsaufsicht beantragen. Diesen Antrag kann auch die FMA stellen.

(2) Zahlungsinstitute haben mit dem Antrag ein geordnetes Verzeichnis ihrer Forderungen und Verbindlichkeiten sowie die Jahresabschlüsse samt Anhängen und die Lageberichte der letzten drei Jahre vorzulegen.

(3) Das Gericht kann zur Vorbereitung seiner Entscheidung Auskunftspersonen und Sachverständige einvernehmen und andere Erhebungen pflegen.

Aufsichtsperson

§ 108. (1) Wird die Aufsicht angeordnet, so hat das Gericht eine Aufsichtsperson zu bestellen. Dieser obliegt es, die Geschäftsführung des Zahlungsinstitutes zu überwachen. Sie haftet allen Beteiligten für den Schaden, den sie durch pflichtwidrige Führung ihres Amtes verursacht.

(2) Die Aufsichtsperson hat das Recht, in die Geschäftsunterlagen des Zahlungsinstitutes Einsicht zu nehmen; sie ist zu den Sitzungen der Verwaltungs- und Aufsichtsorgane einzuladen und kann auch selbst solche Sitzungen einberufen. Die Aufsichtsperson ist berechtigt, die Durchführung von Beschlüssen der Organe des Zahlungsinstitutes zu untersagen.

(3) Das Gericht kann die Bestellung der Aufsichtsperson jederzeit widerrufen.

(4) Die Aufsichtsperson hat für ihre Tätigkeit Anspruch auf Vergütung, deren Höhe vom Gericht zu bestimmen ist.

(5) Die Anordnung der Geschäftsaufsicht und die Aufsichtsperson sind öffentlich bekannt zu machen. Das Gericht hat zu veranlassen, dass die Anordnung der Geschäftsaufsicht und die Aufsichtsperson im Firmenbuch eingetragen werden.

Rechtswirkungen

§ 109. (1) Die Wirkungen der Aufsicht treten mit Beginn des Tages ein, der der öffentlichen Bekanntmachung des Edikts über die Anordnung der Geschäftsaufsicht folgt.

(2) Mit dem Wirksamkeitsbeginn der Geschäftsaufsicht sind alle vorher entstandenen Forderungen gegen das Zahlungsinstitut einschließlich der Forderungen aus Wechseln und Schecks, die im Konkurs aus der gemeinschaftlichen Konkursmasse (§ 50 IO) zu befriedigen wären, sowie deren Zinsen und sonstige Nebengebühren, selbst wenn sie erst während der Dauer der Geschäftsaufsicht fällig geworden oder aufgelaufen sind, gestundet.

(3) Nach Anordnung der Geschäftsaufsicht hat das Gericht den finanziellen Stand des Zahlungsinstitutes auf dessen Kosten durch Sachverständige feststellen zu lassen. Über das Ergebnis der Feststellung hat die Aufsichtsperson dem Gericht schriftlich zu berichten. Der Bericht hat auch anzugeben, ob das Zahlungsinstitut in der Lage ist, einen bestimmten Bruchteil seiner vor dem Eintritt der Rechtswirkungen der Geschäftsaufsicht entstandenen Verbindlichkeiten zu bezahlen. Nach Maßgabe des Berichtes kann das Gericht anordnen, dass die alten Forderungen nur mit einem bestimmten Bruchteil der Kündigung unterliegen; es kann auch gestatten, dass die Aufsichtsperson nach Gattung oder Höhe zu bestimmende alte Forderungen zur Gänze befriedigt.

(4) Während der Geschäftsaufsicht dürfen die alten Forderungen weder sichergestellt noch, soweit nicht etwa eine teilweise Auszahlung zugelassen ist (Abs. 3), ausbezahlt oder in irgendeiner Weise befriedigt werden.

(5) Während der Geschäftsaufsicht kann wegen der alten Forderungen, soweit sie der Stundung unterliegen, über das Vermögen des Zahlungsinstitutes weder der Konkurs eröffnet noch an dem ihm angehörigen Sachen ein richterliches Pfand- oder Befriedigungsrecht erworben werden.

(6) Die Zeit, um die infolge der Stundung die Zahlung hinausgeschoben wird, ist bei der Berechnung der Verjährungsfrist und der gesetzlichen Fristen zur Erhebung von Klagen nicht einzurechnen.

(7) Zahlungsdienstnutzer sind im Konkurs des Zahlungsinstitutes berechtigt, ihre Forderungen gegenüber dem Zahlungsinstitut mit dessen Forderungen aufzurechnen.

Besondere Regelungen

§ 110. (1) Ist das Zahlungsinstitut, für das die Geschäftsaufsicht angeordnet ist, eine Genossenschaft, so können die Geschäftsanteile während der Geschäftsaufsicht weder rechtswirksam gekündigt werden noch dürfen die Anteile und die dem ausgeschiedenen Genossenschafter sonst auf Grund des Genossenschaftsverhältnisses gebührenden Guthaben ausbezahlt werden; bereits laufende Kündigungsund Haftungsfristen werden gehemmt.

(2) Das Zahlungsinstitut kann, falls das Gericht auf Antrag der Aufsichtsperson nichts anderes verfügt, seine Geschäftstätigkeit fortsetzen. Zur Vornahme von Geschäften, die nicht zum gewöhnlichen Geschäftsbetrieb gehören, ist jedoch die Zustimmung der Aufsichtsperson erforderlich. Das Zahlungsinstitut hat aber auch zum gewöhnlichen Geschäftsbetrieb gehörende Handlungen zu unterlassen, wenn die Aufsichtsperson dagegen Einspruch erhebt. Rechtshandlungen, die ohne Zustimmung oder gegen den Einspruch der Aufsichtsperson vorgenommen wurden, sind den Gläubigern gegenüber unwirksam, wenn der Dritte wusste oder wissen musste, dass sie über den gewöhnlichen Geschäftsbetrieb hinausgehen und die Aufsichtsperson ihre Zustimmung nicht

erteilt oder dass sie Einspruch gegen ihre Vornahme erhoben hat.

(3) Die Mittel, die dem Zahlungsinstitut aus den nach Wirksamkeitsbeginn der Geschäftsaufsicht geschlossenen Geschäften (neue Forderungen) zufließen, sind gesondert zu verrechnen und zu verwalten; sie bilden – auch nach Erlöschen der Geschäftsaufsicht – eine zur vorzugsweisen Befriedigung der Ansprüche aus der neuen Forderung dienende Sondermasse.

Antrag auf Befreiung

§ 111. Nach Ablauf von zwei Jahren seit Beendigung der Geschäftsaufsicht kann das Zahlungsinstitut, wenn nicht innerhalb dieser Zeit über sein Vermögen ein Konkurs eröffnet wurde, seine Befreiung von der Verpflichtung der gesonderten Verrechnung und Verwaltung der aus den neuen Forderungen zugeflossenen Mittel beantragen. Wird ein solcher Antrag gestellt, so hat das Gericht die Vermögenslage des Antragstellers zu prüfen. Ergibt die Überprüfung, dass die Sicherheit der neuen Forderungen durch die Auflassung nicht gefährdet wird, so ist dem Antrag stattzugeben; von diesem Zeitpunkt an ist die Sondermasse als aufgelöst anzusehen.

Anordnungen der Aufsichtsperson

§ 112. In Streitfällen, die sich aus den Anordnungen der Aufsichtsperson ergeben, entscheidet das Gericht mit Beschluss. Das Gericht kann die erforderlichen Aufklärungen auch ohne Vermittlung der Beteiligten einholen und zum Zwecke der erforderlichen Feststellungen von Amts wegen alle hiezu geeigneten Erhebungen pflegen.

Erlöschen der Geschäftsaufsicht

§ 113. (1) Die Geschäftsaufsicht erlischt durch Aufhebungsbeschluss des Gerichtes sowie durch Eröffnung des Konkursverfahrens.

(2) Das Gericht hat die Geschäftsaufsicht aufzuheben, wenn

1. die Voraussetzungen, die für die Anordnung maßgebend waren, weggefallen sind oder

2. seit der Anordnung der Geschäftsaufsicht ein Jahr verstrichen ist.

(3) Die Aufhebung der Geschäftsaufsicht ist nach Rechtskraft des Aufhebungsbeschlusses öffentlich bekannt zu machen. Weiters hat das Gericht zu veranlassen, dass im Firmenbuch die Aufhebung der Geschäftsaufsicht eingetragen und die Eintragung der Aufsichtsperson gelöscht wird.

(4) Ist die Geschäftsaufsicht infolge Eröffnung des Konkursverfahrens erloschen oder wird ein Konkursverfahren auf Grund eines binnen 14 Tagen nach Erlöschen der Geschäftsaufsicht eingebrachten Antrages eröffnet, so sind die nach der Insolvenzordnung vom Tage des Antrages auf Eröffnung eines solchen Verfahrens oder vom Tage der Eröffnung eines solchen Verfahrens zurückzurechnenden Fristen von dem Tage an zu berechnen, an dem die Geschäftsaufsicht in Wirksamkeit getreten ist.

(5) Gegen die Abweisung des Antrages auf Anordnung der Geschäftsaufsicht und gegen die Aufhebung der Geschäftsaufsicht steht sowohl dem Zahlungsinstitut als auch der FMA der Rekurs offen, gegen Beschlüsse, womit die Höhe der Vergütung der Aufsichtsperson und der ihr zu ersetzenden Barauslagen bestimmt wird, jedoch nur dem Zahlungsinstitut. Andere Entscheidungen können nicht angefochten werden. Gegen die Entscheidungen des Oberlandesgerichtes findet ein weiterer Rechtszug nicht statt.

Öffentliche Bekanntmachungen

§ 114. (1) Für die öffentlichen Bekanntmachungen gelten die Vorschriften der Insolvenzordnung.

(2) Die Einsicht in die Ediktsdatei ist nicht mehr zu gewähren, wenn seit der Aufhebung der Geschäftsaufsicht drei Jahre vergangen sind. Ist die Geschäftsaufsicht infolge der Eröffnung des Konkursverfahrens erloschen, so ist die Einsicht erst dann nicht mehr zu gewähren, wenn auch die Frist für die Einsicht im Konkurs abgelaufen ist (§ 256 IO).

6. Hauptstück
Übergangs- und Schlussbestimmungen

Übergangsbestimmungen

§ 115. (1) Zahlungsinstitute, denen bis zum 31. Mai 2018 für ihre Tätigkeiten eine Konzession gemäß dem ZaDiG, BGBl. I Nr. 66/2009 erteilt wurde, können diese Tätigkeiten weiterhin ausüben, ohne dass eine Konzession gemäß § 9 zu beantragen ist. Zahlungsinstitute, die die Absicht haben, die von ihrer Konzession erfassten Zahlungsdienste auch über den 31. Mai 2018 hinaus zu erbringen, haben der FMA bis zum 13. Juli 2018 alle sachdienlichen Informationen zu übermitteln, damit die FMA beurteilen kann, ob diese Zahlungsinstitute die Anforderungen der §§ 5 und 6 sowie des 2. Hauptstücks erfüllen. Vor dem 13. Juli 2018 hat die FMA von Verwaltungsstrafen für Verletzungen der genannten Bestimmungen abzusehen.

(2) Für Zahlungsinstitute, die der FMA gemäß Abs. 1 nachgewiesen haben, dass die Anforderungen der §§ 9 und 10 erfüllt werden, gilt die Konzession als erteilt. Die FMA hat diese Zahlungsinstitute in das Zahlungsinstitutsregister gemäß § 13 Abs. 2 einzutragen und die EBA sowie das betroffene Zahlungsinstitut darüber in Kenntnis zu setzen.

(3) Lassen die übermittelten Informationen gemäß Abs. 1 keine positive Gesamtbeurteilung seitens der FMA zu oder hat das Zahlungsinstitut die Übermittlung der Informationen gemäß Abs. 1 unterlassen, so hat die FMA die Konzession zurückzunehmen (§ 11).

(4) Ungeachtet des Abs. 1 können Zahlungsinstitute, die zur Erbringung von in § 1 Abs. 2 Z 6 ZaDiG, BGBl. I Nr. 66/2009 genannten Zahlungsdiensten konzessioniert waren, ihre Konzession zur Erbringung von in § 1 Abs. 2 Z 3 dieses Bundesgesetzes genannten Zahlungsdiensten behalten, wenn sie der FMA bis zum 13. Jänner 2020 nachgewiesen haben, dass sie die Anforderungen des § 16 Abs. 1 Z 3 und § 17 einhalten. Vor dem 13. Jänner 2020 hat die FMA von Verwaltungsstrafen abzusehen.

(5) Rechtsträger, die bereits vor dem 13. Jänner 2016 in Österreich Zahlungsauslösedienste (§ 1 Abs. 2 Z 7) oder Kontoinformationsdienste (§ 1 Abs. 2 Z 8) erbracht haben, dürfen diese Tätigkeiten bis zum Inkrafttreten der §§ 59 bis 61 sowie § 87 weiterhin ausüben, ohne dass eine Konzession gemäß § 9 oder eine Registrierung gemäß § 15 zu beantragen ist. Weitere Zahlungsdienste dürfen nicht ausgeübt werden. Rechtsträger, die die genannten Zahlungsdienste auch nach dem Inkrafttreten der §§ 59 bis 61 sowie § 87 erbringen möchten, haben bis zum Inkrafttreten der §§ 59 bis 61 sowie § 87 eine Konzession gemäß § 9 oder eine Registrierung gemäß § 15 zu beantragen. Wird dieser Antrag rechtzeitig und vollständig gestellt, ist der Antragsteller bis zur Rechtskraft der Entscheidung über den Antrag durch die FMA insoweit weiterhin erlaubt tätig.

(6) Rechtsträger, die ab dem 13. Jänner 2016 in Österreich Zahlungsauslösedienste (§ 1 Abs. 2 Z 7) oder Kontoinformationsdienste (§ 1 Abs. 2 Z 8) erbracht haben und diese Tätigkeiten auch nach dem 1. Juni 2018 erbringen möchten, haben bis zum 1. Juni 2018 eine Konzession gemäß § 9 oder eine Registrierung gemäß § 15 zu beantragen. Wird dieser Antrag rechtzeitig und vollständig gestellt, ist der Antragsteller bis zur Rechtskraft der Entscheidung über den Antrag durch die FMA insoweit weiterhin erlaubt tätig.

(7) Lassen die übermittelten Informationen gemäß Abs. 5 oder Abs. 6 keine positive Gesamtbeurteilung seitens der FMA zu oder hat der Rechtsträger den Antrag gemäß Abs. 5 oder Abs. 6 unterlassen, so gilt die Konzession gemäß § 9 oder die Registrierung gemäß § 15 als nicht erteilt.

(8) Kontoführende Zahlungsdienstleister dürfen Zahlungsauslösedienstleistern und Kontoinformationsdienstleistern bis zum Inkrafttreten der §§ 59 bis 61 sowie § 87 den Zugang zu den von ihnen geführten Zahlungskonten nicht verweigern, weil sie die Anforderungen der §§ 59 bis 61 sowie des § 87 nicht erfüllen.(9) Anträge gemäß § 9 (Konzessionsantrag) und § 15 (Registrierungsantrag für Kontoinformationsdienste) sind ab Kundmachung dieses Bundesgesetzes zulässig.

Sprachliche Gleichbehandlung

§ 116. Soweit in diesem Bundesgesetz personenbezogene Bezeichnungen nur in männlicher Form angeführt sind, beziehen sie sich auf Frauen und Männer in gleicher Weise. Bei der Anwendung auf bestimmte Personen ist die jeweils geschlechtsspezifische Form zu verwenden.

Verweise

§ 117. (1) Soweit in diesem Bundesgesetz auf andere Bundesgesetze verwiesen wird, sind diese in ihrer jeweils geltenden Fassung anzuwenden, außer es ist ausdrücklich anderes angeordnet.

(2) Soweit in anderen Rechtsvorschriften des Bundes einschließlich solcher der FMA auf die durch dieses Bundesgesetz aufgehobenen Vorschriften des ZaDiG, BGBl. I Nr. 66/2009, verwiesen wird, treten an deren Stelle die entsprechenden Bestimmungen dieses Bundesgesetzes.

(3) Soweit in diesem Bundesgesetz auf Richtlinien der Europäischen Union verwiesen wird, sind diese, sofern nichts Anderes angeordnet ist, in der nachfolgend genannten Fassung anzuwenden:

1. *(entfällt, BGBl I 2018/37)*

2. Richtlinie 2002/87/EG über die zusätzliche Beaufsichtigung der Kreditinstitute, Versicherungsunternehmen und Wertpapierfirmen eines Finanzkonglomerats und zur Änderung der Richtlinien 73/239/EWG, 79/267/EWG, 92/49/EWG, 92/96/EWG, 93/6/EWG und 93/22/EWG des Rates und der Richtlinien 98/78/EG und 2000/12/EG des Europäischen Parlaments und des Rates, ABl. Nr. L 35 vom 11.02.2003 S. 1, zuletzt geändert durch die Richtlinie 2013/36/EU, ABl. Nr. L 176 vom 27.06.2013 S. 338;

3. Richtlinie 2007/64/EG über Zahlungsdienste im Binnenmarkt, zur Änderung der Richtlinien 97/7/EG, 2002/65/EG, 2005/60/EG und 2006/48/EG sowie zur Aufhebung der Richtlinie 97/5/EG, ABl. Nr. L 319 vom 05.12.2007 S. 1, zuletzt geändert durch die Richtlinie 2009/111/EG, ABl. Nr. L 302 vom 17.11.2009 S. 97;

4. Richtlinie 2009/65/EG zur Koordinierung der Rechts- und Verwaltungsvorschriften betreffend bestimmte Organismen für gemeinsame Anlagen in Wertpapieren (OGAW), ABl. Nr. L 302 vom 17.11.2009 S. 32, zuletzt geändert durch die Richtlinie 2014/91/EU, ABl. Nr. L 257 vom 28.08.2014 S. 186;

5. Richtlinie 2009/110/EG über die Aufnahme, Ausübung und Beaufsichtigung der Tätigkeit von

E-Geld-Instituten, zur Änderung der Richtlinien 2005/60/EG und 2006/48/EG sowie zur Aufhebung der Richtlinie 2000/46/EG, ABl. Nr. L 267 vom 10.10.2009 S. 7;

6. Richtlinie 2009/138/EG betreffend die Aufnahme und Ausübung der Versicherungs- und der Rückversicherungstätigkeit, ABl. Nr. L 335 vom 17.12.2009 S. 1, zuletzt geändert durch die Richtlinie (EU) 2016/2341, ABl. Nr. L 354 vom 23.12.2016 S. 37, in der Fassung der Berichtigung, ABl. Nr. L 108 vom 28.04.2015 S. 8;

7. Richtlinie 2014/65/EU über Märkte für Finanzinstrumente sowie zur Änderung der Richtlinien 2002/92/EG und 2011/61/EU, ABl. Nr. L 173 vom 12.06.2014 S. 349, zuletzt geändert durch die Richtlinie (EU) 2016/1034, ABl. Nr. L 175 S. 8, in der Fassung der Berichtigung, ABl. Nr. L 64 vom 10.03.2017 S. 116;

8. Richtlinie (EU) 2015/849 zur Verhinderung der Nutzung des Finanzsystems zum Zwecke der Geldwäsche und der Terrorismusfinanzierung, zur Änderung der Verordnung (EU) Nr. 648/2012 des Europäischen Parlaments und des Rates und zur Aufhebung der Richtlinie 2005/60/EG des Europäischen Parlaments und des Rates und der Richtlinie 2006/70/EG der Kommission, ABl. Nr. L 141 vom 05.06.2015 S. 73;

9. Richtlinie (EU) 2015/2366 über Zahlungsdienste im Binnenmarkt, zur Änderung der Richtlinien 2002/65/EG, 2009/110/EG und 2013/36/EU und der Verordnung (EU) Nr. 1093/2010 sowie zur Aufhebung der Richtlinie 2007/64/EG, ABl. Nr. L 337 vom 23.12.2015 S. 35, in der Fassung der Berichtigung, ABl. Nr. L 169 vom 28.06.2016 S. 18;

(4) Soweit in diesem Bundesgesetz auf Verordnungen der Europäischen Union Bezug genommen wird, sind diese, sofern nichts Anderes angeordnet ist, in der nachfolgend genannten Fassung maßgeblich:

1. Verordnung (EU) Nr. 45/2001 zum Schutz natürlicher Personen bei der Verarbeitung personenbezogener Daten durch die Organe und Einrichtungen der Gemeinschaft und zum freien Datenverkehr, ABl. Nr. L 8 vom 12.01.2001 S. 1;

2. Verordnung (EU) 2021/1230 über grenzüberschreitende Zahlungen in der Union, ABl. Nr. L 274 vom 30.07.2021 S. 20; *(BGBl I 2020/39; BGBl I 2023/33)*

3. Verordnung (EU) Nr. 1092/2010 über die Finanzaufsicht der Europäischen Union auf Makroebene und zur Errichtung eines Europäischen Ausschusses für Systemrisiken, ABl. Nr. L 331 vom 15.12.2010 S 1;

4. Verordnung (EU) Nr. 1093/2010 zur Errichtung einer Europäischen Aufsichtsbehörde (Europäische Bankenaufsichtsbehörde), zur Änderung des Beschlusses Nr. 716/2009/EG und zur Aufhebung des Beschlusses 2009/78/EG der Kommission, ABl. Nr. L 331 vom 15.12.2010 S. 12;

5. Verordnung (EU) Nr. 260/2012 zur Festlegung der technischen Vorschriften und der Geschäftsanforderungen für Überweisungen und Lastschriften in Euro und zur Änderung der Verordnung (EG) Nr. 924/2009, ABl. Nr. L 94 vom 30.03.2012 S. 22;

6. Durchführungsverordnung (EU) Nr. 646/2012 mit Bestimmungen über Geldbußen und Zwangsgelder gemäß der Verordnung (EG) Nr. 216/2008 des Europäischen Parlaments und des Rates, ABl. Nr. L 187 vom 17.07.2012 S. 29;

7. Verordnung (EU) Nr. 575/2013 über Aufsichtsanforderungen an Kreditinstitute und Wertpapierfirmen und zur Änderung der Verordnung (EU) Nr. 646/2012, ABl. Nr. L 176 vom 27.06.2013 S. 1;

8. Delegierte Verordnung (EU) Nr. 241/2014 zur Ergänzung der Verordnung (EU) Nr. 575/2013 des Europäischen Parlaments und des Rates im Hinblick auf technische Regulierungsstandards für die Eigenmittelanforderungen an Institute, ABl. Nr. L 74 vom 14.03.2014 S. 8;

9. Verordnung (EU) 2015/751 über Interbankenentgelte für kartengebundene Zahlungsvorgänge, ABl. Nr. L 123 vom 19.05.2015 S. 1;

10. Verordnung (EU) 2015/847 über die Übermittlung von Angaben bei Geldtransfers und zur Aufhebung der Verordnung (EU) Nr. 1781/2006, ABl. Nr. L 141 vom 05.06.2015 S. 1;

11. Verordnung (EU) 2016/679 zum Schutz natürlicher Personen bei der Verarbeitung personenbezogener Daten, zum freien Datenverkehr und zur Aufhebung der Richtlinie 95/46/EG (Datenschutz-Grundverordnung), ABl. Nr. L 119 vom 04.05.2016 S. 1. *(BGBl I 2018/37)*

(5) Verordnungen auf Grund dieses Bundesgesetzes in seiner jeweiligen Fassung dürfen bereits von dem Tag an erlassen werden, der der Kundmachung des durchzuführenden Bundesgesetzes folgt; sie dürfen jedoch nicht vor den durchzuführenden Gesetzesbestimmungen in Kraft treten.

Umsetzungshinweis

§ 117a. (1) Mit dem Bundesgesetz BGBl. I Nr. 17/2018 wird die Richtlinie (EU) 2015/2366 über Zahlungsdienste im Binnenmarkt, zur Änderung der Richtlinien 2002/65/EG, 2009/110/EG und 2013/36/EU und der Verordnung (EU) Nr. 1093/2010 sowie zur Aufhebung der Richtlinie 2007/64/EG, ABl. Nr. L 337 vom 23.12.2015 S. 35, umgesetzt.

(2) Das Bundesgesetz BGBl. I Nr. 39/2020 dient dem Wirksamwerden der Verordnung (EU) 2019/518 zur Änderung der Verordnung (EG) Nr. 924/2009 in Bezug auf Entgelte für grenzüber-

schreitende Zahlungen in der Union und Entgelte für Währungsumrechnungen, ABl. Nr. L 91 vom 29.03.2019 S. 36.

(3) Das Bundesgesetz BGBl. I Nr. 201/2021 dient der Umsetzung der Richtlinie (EU) 2019/713 zur Bekämpfung von Betrug und Fälschung im Zusammenhang mit unbaren Zahlungsmitteln und zur Ersetzung des Rahmenbeschlusses 2001/413/JI des Rates, ABl. Nr. L 123 vom 10.05.2019 S. 18. *(BGBl I 2022/36)*

(4) Das Bundesgesetz BGBl. I Nr. 33/2023 dient dem Wirksamwerden der Verordnung (EU) Nr. 2021/1230 über grenzüberschreitende Zahlungen in der Union, ABl. Nr. L 274 vom 30.07.2021 S. 20. *(BGBl I 2023/33)*

(BGBl I 2020/39)

Vollziehung

§ 118. (1) Mit der Vollziehung dieses Bundesgesetzes ist

1. hinsichtlich der § 5 Abs. 4, § 11 Abs. 4, § 13 Abs. 1, § 19 Abs. 4 Z 3, § 19 Abs. 5 und 6, § 23 Abs. 1, §§ 34, 38, 58, 63, 67, 68, 70, 71, 73, 74, 79 bis 84, § 99 Abs. 3 sowie der §§ 106 bis 114 der Bundesminister für Justiz,

2. hinsichtlich der § 20, § 23 Abs. 2, §§ 32, 33, 35 bis 37, 39 bis 57, 62, 64 bis 66, 69, 72 und 75 bis 78 der Bundesminister für Finanzen im Einvernehmen mit dem Bundesminister für Justiz,

3. hinsichtlich der übrigen Bestimmungen der Bundesminister für Finanzen betraut.

Inkrafttreten

§ 119. (1) Dieses Bundesgesetz tritt mit 1. Juni 2018 in Kraft.

(2) Die §§ 59 bis 61 sowie § 87 treten 18 Monate nach dem Inkrafttreten des delegierten Rechtsaktes in Kraft, den die Europäische Kommission gemäß Art. 98 der Richtlinie (EU) 2015/2366 zu erlassen hat.

(3) § 86 Abs. 3 bis 6, § 88 Abs. 3 Z 3 und § 117a Abs. 3 in der Fassung des Bundesgesetzes BGBl. I Nr. 36/2022 treten mit dem auf die Kundmachung folgenden Tag in Kraft. *(BGBl I 2022/36)*

(4) § 89 Abs. 6 in der Fassung des Bundesgesetzes BGBl. I Nr. 36/2022 ist auf Geschäftsjahre der FMA anzuwenden, die nach dem 31. Dezember 2021 beginnen. *(BGBl I 2022/36)*

Außerkrafttreten

§ 120. Das Zahlungsdienstegesetz – ZaDiG, BGBl. I Nr. 66/2009, tritt mit Ablauf des 31. Mai 2018 außer Kraft.

Bundesgesetz über die Ausgabe von E-Geld und die Aufnahme, Ausübung und Beaufsichtigung der Tätigkeit von E-Geld-Instituten (E-Geldgesetz 2010)

BGBl I 2002/45 (Art I) idF

1 BGBl I 2005/120 (HGB durch UGB ersetzt)
2 BGBl I 2006/48 (FMA-ÄG 2005)
3 BGBl I 2006/141

STICHWORTVERZEICHNIS

Bundesgesetz über die Aufnahme, Ausübung und Beaufsichtigung der Tätigkeit von E-Geld-Instituten (E-Geldgesetz)

E-Geld-Institute

§ 1. (1) Wer berechtigt ist, elektronisches Geld (E-Geld) auszugeben (§ 1 Abs. 1 Z 20 BWG; E-Geldgeschäft) ist ein E-Geld-Institut und unterliegt den Vorschriften dieses Bundesgesetzes.

(2) E-Geld-Institute sind auch

1. zur Erbringung eng mit dem E-Geldgeschäft verknüpfter Dienstleistungen finanzieller und nicht finanzieller Art, wie der Verwaltung von E-Geld durch Wahrnehmung operativer und sonstiger mit der Ausgabe von E-Geld verbundener Aufgaben, sowie zur Ausgabe und Verwaltung anderer Zahlungsmittel mit Ausnahme der Gewährung jeglicher Form von Kredit und

2. zur Speicherung von Daten als Dienstleistung im Auftrag anderer Unternehmen oder öffentlicher Einrichtungen berechtigt.

Geschäftsbeschränkungen

§ 2. (1) E-Geld-Institute, die nicht auch über eine Konzession gemäß § 1 Abs. 1 Z 1 und 3 BWG verfügen, dürfen, abgesehen von der Ausgabe elektronischen Geldes, nur die in § 1 Abs. 2 angeführten Geschäftstätigkeiten ausüben.

(2) E-Geld-Institute dürfen keine Beteiligungen an anderen Unternehmen halten, sofern diese Unternehmen nicht operative oder sonstige mit dem von ihnen ausgegebenen elektronischen Geld verbundene Aufgaben wahrnehmen.

(3) Für E-Geld-Institute, die auch über eine Konzession gemäß § 1 Abs. 1 Z 1 und 3 BWG verfügen, gelten die Bestimmungen des Abs. 2 und der §§ 3 bis 5, 8 und 9 Abs. 1 nicht.

Kapitalanlagebeschränkungen

§ 3. (1) E-Geld-Institute haben ihre Gelder mindestens in Höhe des Betrags ihrer Verbindlichkeiten auf Grund des noch nicht in Anspruch genommenen E-Geldes ausschließlich in nachstehenden Aktiva zu veranlagen:

1. Folgende Aktiva, die gemäß § 22a BWG mit einem Risikogewicht von 0 vH zu versehen wären:

a) Kassenbestand in Euro und in Valuten in frei konvertierbarer Fremdwährung, gemünzte Edelmetalle, soweit sie inländische oder ausländische gesetzliche Zahlungsmittel sind,

b) Forderungen an den Bund, die Länder und Gemeinden sowie Zentralstaaten und Zentralbanken,

c) Forderungen an die Europäischen Gemeinschaften,

d) Forderungen mit ausdrücklicher Haftung des Bundes, der Länder, der Gemeinden, der Zentralstaaten oder Zentralbanken sowie der Europäischen Gemeinschaften;

2. Sichteinlagen bei Kreditinstituten, die gemäß § 22a BWG mit einem Risikogewicht von höchstens 20 vH zu versehen wären;

3. Kauf- oder Verkaufspositionen in nicht nachrangigen Aktivposten, die gemäß § 22a mit einem Risikogewicht von höchstens 20 vH zu versehen wären; bei abgeleiteten Finanzinstrumenten ist auf das jeweilige Basisinstrument abzustellen;

4. Kauf- oder Verkaufspositionen in nicht nachrangigen Schuldverschreibungen, die mit einem höheren Risikogewicht als 20 vH zu versehen wären, sofern

a) die Schuldverschreibungen an einer anerkannten Börse zum Handel zugelassen sind

b) der Markt in den Schuldverschreibungen vom Kreditinstitut als liquide angesehen wird und

c) das Kreditinstitut die Bonität des Emittenten für zweifelsfrei gegeben erachtet;

Kauf- und Verkaufspositionen in Aktivposten und in Schuldverschreibungen, die auf Grund mangelnder Bonität des Emittenten oder aus mangelnder Liquidität der Emission ein besonderes Risiko aufweisen, gelten als nicht zur Veranlagung geeignete Aktiva; Kauf- und Verkaufspositionen gemäß Z 3 und 4 müssen hinreichend liquide sein und von Unternehmen ausgegeben werden, bei denen es sich nicht um Unternehmen handelt, die eine qualifizierte Beteiligung gemäß § 2 Z 3 BWG an dem betreffenden E-Geldinstitut halten oder die in den konsolidierten Abschluss der letztgenannten Unternehmen einzubeziehen sind.
(BGBl I 2006/141)

(2) Die in Abs. 1 Z 2 bis 4 genannten Anlagen dürfen das Zwanzigfache der Eigenmittel des E-Geldinstituts nicht übersteigen; § 27 BWG ist anzuwenden. *(BGBl I 2006/141)*

(3) Zur Absicherung gegen Marktrisiken, die sich aus der Ausgabe von E-Geld und aus den in Abs. 1 genannten Anlagen ergeben, können E-Geldinstitute hinreichend liquide zins- und devisenbezogene, bilanzunwirksame Posten in Form börsengehandelter abgeleiteter Instrumente (keine solchen des Freiverkehrs) verwenden, wenn sie täglichen Einschusssätzen unterworfen sind, oder wenn es sich um Wechselkursverträge mit einer Ursprungslaufzeit bis zu 14 Kalendertagen handelt. Die Verwendung abgeleiteter Instrumente im Sinne von Satz 1 ist nur zulässig, wenn die vollständige Ausschaltung des Marktrisikos beabsichtigt ist und – soweit möglich – auch erreicht wird.

(4) Die Finanzmarktaufsichtsbehörde ist ermächtigt, durch Verordnung angemessene Grenzen für die Marktrisiken festzulegen, die E-Geldinstitute bei den in Abs. 1 genannten Anlagen eingehen dürfen. Sie hat hiebei die Funktionsfähigkeit des E-Geldwesens sowie die berechtigten Interessen der E-Geldinhaber zu berücksichtigen. Verordnungen der Finanzmarktaufsichtsbehörde nach diesem Absatz erfordern die Zustimmung des Bundesministers für Finanzen.

(5) Aktiva im Sinne von Abs. 1 sind nach dem strengen Niederstwertprinzip (§ 206 UGB) zu bewerten. *(BGBl I 2005/120)*

(6) Unterschreitet der Wert der in Absatz 1 genannten Aktiva den Betrag der Verbindlichkeiten auf Grund des noch nicht in Anspruch genommenen E-Geldes, kann die Finanzmarktaufsichtsbehörde in Vollziehung von § 70 Abs. 4 BWG zulassen, dass die Verbindlichkeiten auf Grund des noch nicht in Anspruch genommenen E-Geldes bis zu einem Betrag von höchstens 5 vH dieser Verbindlichkeiten oder einem Betrag in Höhe der gesamten Eigenmittel des E-Geldinstituts – je nachdem, welcher Wert der niedrigere ist – durch andere als die in Abs. 1 genannten Aktiva gedeckt sind.

Eigenmittel

§ 4. (1) Ein E-Geld-Institut muss jederzeit über anrechenbare Eigenmittel gemäß § 23 BWG in Höhe von mindestens 2 vH des höheren der beiden folgenden Werte verfügen: aktueller Betrag oder Durchschnitt der für die vorhergehenden sechs Monate ermittelten Summe seiner Verbindlichkeiten auf Grund des noch nicht in Anspruch genommenen E-Geldes.

(2) Hat ein E-Geld-Institut seine Geschäftstätigkeit seit dem Tag der Geschäftsaufnahme noch nicht sechs Monate lang ausgeübt, so muss es über Eigenmittel in Höhe von mindestens 2 vH des höheren der beiden folgenden Werte verfügen: aktueller Betrag oder Sechsmonatsziel der Summe

seiner Verbindlichkeiten auf Grund des noch nicht in Anspruch genommenen E-Geldes. Das Sechsmonatsziel der Summe der Verbindlichkeiten des E-Geld-Instituts auf Grund des noch nicht in Anspruch genommenen E-Geldes muss aus dem Geschäftsplan des E-Geld-Instituts hervorgehen, der gegebenenfalls entsprechend den Anforderungen der Finanzmarktaufsichtsbehörde zu ändern ist.

Meldungen

§ 5. (1) Die E-Geld-Institute haben binnen vier Wochen nach Ablauf eines jeden Kalendervierteljahres der Finanzmarktaufsichtsbehörde und der Oesterreichischen Nationalbank Quartalsausweise, mit denen die Einhaltung der §§ 3 und 4 nachgewiesen wird, entsprechend der in der Verordnung gemäß Abs. 3 vorgesehenen Gliederung zu übermitteln.

(2) Die Oesterreichische Nationalbank hat auf Grund der Quartalsausweise zur Einhaltung der Bestimmungen der §§ 3 und 4 der Finanzmarktaufsichtsbehörde gutachtliche Äußerungen zu erstatten.

(3) Die Finanzmarktaufsichtsbehörde hat die Gliederung der Quartalsausweise durch Verordnung festzusetzen; bei Erlassung dieser Verordnung hat sie auf das volkswirtschaftliche Interesse an einem funktionsfähigen E-Geldwesen Bedacht zu nehmen. Sie ist ermächtigt, durch Verordnung auf die Übermittlung nach Abs. 1 an sie zu verzichten. Verordnungen der Finanzmarktaufsichtsbehörde nach diesem Absatz erfordern die Zustimmung des Bundesministers für Finanzen.

(4) Vor Erlassung von Verordnungen gemäß Abs. 3 ist die Oesterreichische Nationalbank anzuhören.

Geldrücktausch

§ 6. (1) Der Inhaber von E-Geld kann während dessen Gültigkeitsdauer von dem E-Geld-Institut, das das betreffende E-Geld ausgegeben hat, den Rücktausch zum Nennwert in Münzen und Banknoten oder in Form einer Überweisung auf ein Konto verlangen, ohne dass dieses dafür andere als die zur Durchführung dieses Vorgangs unbedingt erforderlichen Kosten in Rechnung stellen darf.

(2) Im Vertrag zwischen dem ausgebenden E-Geld-Institut und dem Inhaber sind die Rücktauschbedingungen eindeutig zu nennen.

(3) In dem Vertrag kann ein Mindestrücktauschbetrag vorgesehen werden. Dieser darf zehn Euro nicht überschreiten.

Übergangsbestimmungen

§ 7. Wer bei In-Kraft-Treten dieses Bundesgesetzes auf Grund der bisherigen gesetzlichen Vorschriften das E-Geldgeschäft betreiben durfte, hat, damit diese Berechtigung aufrecht bleibt, bis zum 31. Juli 2002 einen Antrag auf Umschreibung dieser Berechtigung auf eine Konzession gemäß § 1 Abs. 1 Z 20 BWG zu stellen. Wird dieser Antrag nicht gestellt, geht diese Berechtigung mit Ablauf des 31. Juli 2002 unter. Sollte der Antragsteller nicht auch über eine Konzession gemäß § 1 Abs. 1 Z 1 und 3 BWG verfügen, hat er gleichzeitig mit dem Antrag unter der Bedingung der Erteilung der Konzession für das E-Geldgeschäft die ihm sonst erteilten Konzessionen gemäß § 1 Abs. 1 BWG zurückzulegen oder auch einen Antrag auf Erteilung einer Konzession gemäß § 1 Abs. 1 Z 1 und 3 BWG zu stellen. §§ 4f BWG sind anzuwenden. Bei rechtzeitig gestelltem Antrag bleibt die Berechtigung zur Durchführung der E-Geldtätigkeit im bisher bestehenden Rahmen vorläufig bis zur Entscheidung der Finanzmarktaufsichtsbehörde über den Antrag auf Umschreibung der Berechtigung auf eine Konzession gemäß § 1 Abs. 1 Z 20 BWG aufrecht.

Verfahrens- und Strafbestimmungen

§ 8. (1) Die Finanzmarktaufsichtsbehörde hat den E-Geld-Instituten für folgende Beträge Zinsen vorzuschreiben:

1. 2 vH der Unterschreitung der erforderlichen Eigenmittel gemäß § 4, gerechnet pro Jahr, für 30 Tage, ausgenommen bei Aufsichtsmaßnahmen nach § 70 Abs. 2 BWG oder bei Überschuldung des E-Geld-Institutes;

2. 5 vH über dem jeweiligen Basiszinssatz der Unterschreitung der Veranlagung gemäß § 3, gerechnet pro Jahr, für 30 Tage.

(2) Die nach Abs. 1 zu zahlenden Zinsen sind an den Bund abzuführen.

§ 9. (1) Wer als Verantwortlicher (§ 9 VStG) eines E-Geld-Institutes seinen Meldepflichten gegenüber der Finanzmarktaufsichtsbehörde und der Oesterreichischen Nationalbank gemäß § 5 nicht nachkommt, begeht, sofern die Tat nicht den Tatbestand einer in die Zuständigkeit der Gerichte fallenden strafbaren Handlung bildet, eine Verwaltungsübertretung und ist von der Finanzmarktaufsichtsbehörde mit Geldstrafe bis zu „30 000 Euro" zu bestrafen. *(BGBl I 2006/48)*

(2) Wer als Verantwortlicher (§ 9 VStG) eines E-Geld-Institutes den Vorschriften über den Geldrücktausch in § 6 zuwiderhandelt, begeht, sofern die Tat nicht den Tatbestand einer in die Zuständigkeit der Gerichte fallenden strafbaren Handlung bildet, eine Verwaltungsübertretung und ist von der Finanzmarktaufsichtsbehörde mit Geld-

strafe bis zu „30 000 Euro“ zu bestrafen. *(BGBl I 2006/48)*

(3) Der Bundesminister für Finanzen hat zur Wahrnehmung seines Aufsichtsrechts einen/ eine StaatskommissärIn und dessen/deren StellvertreterIn für eine Funktionsperiode von längstens fünf Jahren zu bestellen; die Wiederbestellung ist zulässig. Die StaatskommissärInnen und deren StellvertreterInnen handeln als Organe der Finanzmarktaufsichtsbehörde und sind in dieser Funktion ausschließlich deren Weisungen unterworfen. § 76 Abs. 2 bis 9 BWG ist anzuwenden.

(4) Soweit in diesem Bundesgesetz auf andere Bundesgesetze verwiesen wird, sind diese, wenn nichts anderes angeordnet ist, in ihrer jeweils geltenden Fassung anzuwenden.

In-Kraft-Treten

§ 10. „(1)“ Dieses Bundesgesetz tritt mit 2. April 2002 in Kraft. *(BGBl I 2006/141)*

(2) § 3 Abs. 1 und 2 in der Fassung des Bundesgesetzes BGBl. I Nr. 141/2006 treten mit 1. Jänner 2007 in Kraft. *(BGBl I 2006/141)*

Vollziehung

§ 11. Mit der Vollziehung dieses Bundesgesetzes ist der Bundesminister für Finanzen betraut.

Bundesgesetz vom 7. Juli 1988 über die Besteuerung des Einkommens natürlicher Personen (Einkommensteuergesetz 1988 – EStG 1988)

BGBl 1988/400 idF

1 BGBl I 2010/111 (BudgetbegleitG 2011)
2 BGBl I 2011/76 (AbgÄG 2011)
3 BGBl I 2011/77
4 BGBl I 2011/112 (BudgetbegleitG 2012)
5 BGBl I 2012/22 (1. StabG 2012)
6 BGBl I 2012/112 (AbgÄG 2012)
7 BGBl I 2013/135
8 BGBl I 2015/118 (StRefG 2015/2016)
9 BGBl I 2015/163 (AbgÄG 2015)
10 BGBl I 2019/103 (StRefG 2020)
11 BGBl I 2022/10 (ÖkoStRefG 2022 Teil I)
12 BGBl I 2022/108 (AbgÄG 2022)
13 BGBl I 2023/110 (AbgÄG 2023)
14 BGBl I 2023/111

Bundesgesetz vom 7. Juli 1988 über die Besteuerung des Einkommens natürlicher Personen (Einkommensteuergesetz 1988 – EStG 1988)

2. TEIL
Sachliche Steuerpflicht

9. ABSCHNITT
Die einzelnen Einkunftsarten

Besonderer Steuersatz und Bemessungsgrundlage für Einkünfte aus Kapitalvermögen

§ 27a. (1) Einkünfte aus Kapitalvermögen unterliegen

1. im Fall von Geldeinlagen und nicht verbrieften sonstigen „Geldforderungen" bei Kreditinstituten, ausgenommen Ausgleichzahlungen und Leihgebühren gemäß § 27 Abs. 5 Z 4, einem besonderen Steuersatz von 25%, *(BGBl I 2022/10)*

2. in allen anderen Fällen einem besonderen Steuersatz von 27,5%

und sind bei der Berechnung der Einkommensteuer des Steuerpflichtigen weder beim Gesamtbetrag der Einkünfte noch beim Einkommen (§ 2 Abs. 2) zu berücksichtigen, sofern nicht die Regelbesteuerung (Abs. 5) anzuwenden ist.

Auf tatsächlich ausgeschüttete und als ausgeschüttet geltende Erträge aus Einkünften im Sinne des § 27 aus einem § 186 oder § 188 des Investmentfondsgesetzes 2011 oder einem § 40 oder § 42 des Immobilien-Investmentfondsgesetzes unterliegenden Gebilde ist Z 2 anzuwenden. *(BGBl I 2015/118)*

(2) Abs. 1 gilt nicht für

1. Einkünfte aus Darlehen und nicht verbrieften sonstigen „Forderungen", denen kein Bankgeschäft zu Grunde liegt; *(BGBl I 2023/110)*

2. Einkünfte aus

– Wertpapieren, die ein Forderungsrecht verbriefen,

– „Anteilscheinen und Anteilen an einem § 40 oder § 42 des Immobilien-Investmentfondsgesetzes unterliegenden Gebilde"** einschließlich der als ausgeschüttet geltenden Erträge, *(BGBl I 2011/77, ab 1. 9. 2011; BGBl I 2013/135, ab 30. 7. 2013)*

– „der Überlassung von Kryptowährungen im Sinne des § 27b Abs. 2 Z 1,"*** *(BGBl I 2022/10)*

wenn diese bei ihrer Begebung „in rechtlicher und tatsächlicher Hinsicht"* keinem unbestimmten Personenkreis angeboten werden; *(*BGBl I 2011/76, ab 1. 4. 2012; **BGBl I 2013/135, ab 30. 7. 2013; ***BGBl I 2022/10)*

3. „Einkünfte aus der Beteiligung" an einem Unternehmen als stiller Gesellschafter sowie aus der Beteiligung nach Art eines stillen Gesellschafters; *(BGBl I 2011/76, ab 1. 4. 2012)*

4. Diskontbeträge von Wechseln und Anweisungen;

5. Ausgleichszahlungen und Leihgebühren, wenn es sich beim Entleiher (Pensionsnehmer) weder um ein Kreditinstitut noch um eine Zweigstelle im Sinne des § 95 Abs. 2 Z 1 lit. b handelt;

6. Unterschiedsbeträge zwischen der eingezahlten Versicherungsprämie und der Versicherungsleistung im Sinne des § 27 Abs. 5 Z 3 oder die realisierte Wertsteigerung aus der Veräußerung des Anspruchs aus dem Versicherungsvertrag;

7. Einkünfte aus nicht verbrieften Derivaten „ "**. „Dies gilt nicht, wenn eine der in „§ 95 Abs. 2 Z 4"*** genannten Einrichtungen eine der Kapitalertragsteuer entsprechende Steuer freiwillig einbehält und abführt; diesfalls sind § 95 Abs. 1 und § 97 sinngemäß anzuwenden."* *(BGBl I 2011/76, ab 1. 4. 2012; *BGBl I 2012/112; **BGBl I 2022/10; ***BGBl I 2022/108)*

(2a) Handelt es sich bei den Einkünften gemäß Abs. 2 Z 2 um tatsächlich ausgeschüttete oder als ausgeschüttet geltende Erträge aus einem § 186 oder § 188 InvFG 2011 oder einem § 40 oder § 42 ImmoInvFG unterliegenden Gebilde, dessen Anteile oder Anteilscheine bei ihrer Begebung in rechtlicher und tatsächlicher Hinsicht einem unbestimmten Personenkreis angeboten worden sind, gelten die diesen Einkünften zugrunde liegenden Wirtschaftsgüter stets als an einen unbestimmten Personenkreis angeboten. *(BGBl I 2023/111)*

(3) Als Einkünfte anzusetzen sind:

1. Bei der Überlassung von Kapital (§ 27 Abs. 2) die bezogenen Kapitalerträge.

2. Bei realisierten Wertsteigerungen von Kapitalvermögen (§ 27 Abs. 3)

a) der Unterschiedsbetrag zwischen dem Veräußerungserlös, dem Einlösungs- oder Abschichtungsbetrag und den Anschaffungskosten, jeweils inklusive anteiliger Stückzinsen;

b) im Falle der Einschränkung des Besteuerungsrechts (§ 27 Abs. 6 Z 1) sowie im Falle der Entnahme oder des sonstigen Ausscheidens aus dem Depot (§ 27 Abs. 6 Z 2) der Unterschiedsbetrag zwischen dem gemeinen Wert zum Zeitpunkt des Eintritts der Umstände, die zur Einschränkung des Besteuerungsrechts führen, bzw. der Entnahme oder des sonstigen Ausscheidens, und den Anschaffungskosten. In den Fällen nicht festgesetzter Abgabenschuld (§ 27 Abs. 6 Z 1 lit. a) sind zwischen Wegzug bzw. Übertragung und Veräußerung eingetretene Wertminderungen höchstens im Umfang der Bemessungsgrundlage bei Wegzug bzw. Übertragung zu berücksichtigen, soweit diese nicht in einem anderen Staat berücksichtigt werden. *(BGBl I 2015/163)*

c) im Falle der Liquidation („§ 27 Abs. 6 Z 3“) der Unterschiedsbetrag zwischen dem Abwicklungsguthaben und den Anschaffungskosten. *(BGBl I 2015/163)*

3. Bei Derivaten (§ 27 Abs. 4):

a) im Falle des Differenzausgleichs

- beim Empfänger des Differenzausgleichs der Unterschiedsbetrag zwischen diesem und den Anschaffungskosten des Derivats;
- beim Empfänger der Stillhalterprämie oder der Einschüsse (Margins) der Unterschiedsbetrag zwischen der Stillhalterprämie bzw. den Einschüssen (Margins) und dem geleisteten Differenzausgleich;

b) bei Verfall der Option die Stillhalterprämie;

c) im Falle der Veräußerung oder sonstigen Abschichtung der Unterschiedsbetrag gemäß Abs. 3 Z 2; bei sonstiger Abwicklung (Glattstellen) gilt die Stillhalterprämie als Veräußerungserlös.

4. Bei Kryptowährungen (§ 27 Abs. 4a):

a) Bei den laufenden Einkünften aus Kryptowährungen (§ 27b Abs. 2) die bezogenen Kryptowährungen bzw. sonstigen Entgelte.

b) Bei den Einkünften aus realisierten Wertsteigerungen von Kryptowährungen (§ 27b Abs. 3)

- der Unterschiedsbetrag zwischen dem Veräußerungserlös und den Anschaffungskosten;
- im Falle der Einschränkung des Besteuerungsrechts gilt Z 2 lit. b sinngemäß.

(BGBl I 2022/10)

(4) Für die Anschaffungskosten gilt Folgendes:

1. Bei unentgeltlichem Erwerb sind die Anschaffungskosten des Rechtsvorgängers maßgeblich.

2. Bei Wirtschaftsgütern und Derivaten „im Sinne des § 27 Abs. 3 und 4“**, auf deren Erträge „ein besonderer Steuersatz gemäß Abs. 1“* anwendbar ist, sind die Anschaffungskosten ohne Anschaffungsnebenkosten anzusetzen. Dies gilt nicht für in einem Betriebsvermögen gehaltene Wirtschaftsgüter und Derivate. *(*BGBl I 2015/118; **BGBl I 2022/10)*

3. Bei allen in einem Depot befindlichen Wirtschaftsgütern und Derivaten im Sinne des § 27 Abs. 3 und 4 mit derselben Wertpapierkennnummer ist bei Erwerb in zeitlicher Aufeinanderfolge der „gleitende Durchschnittspreis in Euro“ anzusetzen. „Nach § 93 Abs. 4 angesetzte Anschaffungskosten fließen nicht in den gleitenden Durchschnittspreis ein.“ Der Bundesminister für Finanzen wird ermächtigt, die Ermittlung der steuerlichen Anschaffungskosten bei Kapitalmaßnahmen durch Verordnung festzulegen. *(BGBl I 2011/76, ab 1. 4. 2012)*

3a. Bei allen auf einer Kryptowährungsadresse bzw. Kryptowährungswallet befindlichen Einheiten derselben Kryptowährung im Sinne des § 27 Abs. 4a ist bei Erwerb in zeitlicher Aufeinanderfolge der gleitende Durchschnittspreis in Euro als Anschaffungskosten anzusetzen. Nach § 93 Abs. 4a Z 2 angesetzte Anschaffungskosten fließen nicht in den gleitenden Durchschnittspreis ein. Der Bundesminister für Finanzen wird ermächtigt, die Ermittlung der steuerlichen Anschaffungskosten, insbesondere die Auswahl der Bezugsgröße, hinsichtlich derer der gleitende Durchschnittspreis zu ermitteln ist, sowie Vorgaben zu Veräußerungsreihenfolgen durch Verordnung festzulegen. *(BGBl I 2023/110)*

4. Bei einer Kapitalerhöhung aus Gesellschaftsmitteln (§ 3 Abs. 1 Z 29) sind für die Anteilsrechte und Freianteile jene Beträge anzusetzen, die sich bei Verteilung der bisherigen Anschaffungskosten entsprechend dem Verhältnis der Nennwerte der Anteilsrechte und Freianteile ergeben. *(BGBl I 2012/112)*

5. Besteht die Leistung zur Transaktionsverarbeitung vorwiegend im Einsatz von vorhandenen

Kryptowährungen (Staking), werden Kryptowährungen unentgeltlich (Airdrops) oder für lediglich unwesentliche sonstige Leistungen (Bounties) übertragen oder gehen Kryptowährungen im Rahmen einer Abspaltung von der ursprünglichen Blockchain zu (Hardfork), ist für die erhaltenen Kryptowährungen von Anschaffungskosten von Null auszugehen. *(BGBl I 2022/10)*

(5) Anstelle „ „der besonderen Steuersätze“*** gemäß Abs. 1“*** kann auf Antrag der allgemeine Steuertarif angewendet werden (Regelbesteuerungsoption). „Die Anrechnung ist betraglich insoweit ausgeschlossen, als der Steuerpflichtige den Anspruch auf einen Alleinverdienerabsetzbetrag oder einen Kinderabsetzbetrag vermittelt.“** Die Regelbesteuerungsoption kann nur für sämtliche Einkünfte, die „einem besonderen Steuersatz“*** gemäß Abs. 1 unterliegen, ausgeübt werden. *(*BGBl I 2011/112, ab 1. 4. 2012; **BGBl I 2015/118; ***BGBl I 2015/163)*

(6) Die Abs. 1 bis 5 gelten auch für Einkünfte im Sinne des § 27 von natürlichen Personen, soweit diese zu den Einkünften im Sinne des § 2 Abs. 3 Z 1 bis 3 gehören. Abs. 1 gilt nicht für Einkünfte aus realisierten Wertsteigerungen von Kapitalvermögen, aus Derivaten und Kryptowährungen, wenn die Erzielung solcher Einkünfte einen Schwerpunkt der betrieblichen Tätigkeit darstellt. *(BGBl I 2022/10)*

(BGBl I 2010/111)

Einkünfte aus Kryptowährungen

§ 27b. (1) Einkünfte aus Kryptowährungen (Abs. 4) sind laufende Einkünfte (Abs. 2) und Einkünfte aus realisierten Wertsteigerungen (Abs. 3).

(2) Zu den laufenden Einkünften aus Kryptowährungen gehören

1. Entgelte für die Überlassung von Kryptowährungen und

2. der Erwerb von Kryptowährungen durch einen technischen Prozess, bei dem Leistungen zur Transaktionsverarbeitung zur Verfügung gestellt werden.

Keine laufenden Einkünfte stellen die erworbenen Kryptowährungen dar, wenn

- die Leistung zur Transaktionsverarbeitung vorwiegend im Einsatz von vorhandenen Kryptowährungen besteht (Staking) oder
- die Kryptowährungen unentgeltlich (Airdrops) oder für lediglich unwesentliche sonstige Leistungen (Bounties) übertragen werden, oder
- dem Steuerpflichtigen Kryptowährungen im Rahmen einer Abspaltung von der ursprünglichen Blockchain zugehen (Hardfork).

Die in diesen Fällen erworbenen Kryptowährungen sind nach Maßgabe des Abs. 3 zu besteuern.

EStG (Auszug)

(3) Zu den Einkünften aus realisierten Wertsteigerungen von Kryptowährungen gehören Einkünfte aus

1. der Veräußerung sowie

2. dem Tausch gegen andere Wirtschaftsgüter und Leistungen, einschließlich gesetzlich anerkannter Zahlungsmittel. Der Tausch einer Kryptowährung gegen eine andere Kryptowährung stellt keine Realisierung dar; damit in Zusammenhang stehende Aufwendungen sind steuerlich unbeachtlich. „Die Überlassung einer Kryptowährung im Sinne des Abs. 2 Z 1 stellt keinen Tausch dar.“ *(BGBl I 2023/110)*

§ 27 Abs. 6 Z 1 gilt sinngemäß.

(4) Eine Kryptowährung ist eine digitale Darstellung eines Werts, die von keiner Zentralbank oder öffentlichen Stelle emittiert wurde oder garantiert wird und nicht zwangsläufig an eine gesetzlich festgelegte Währung angebunden ist und die nicht den gesetzlichen Status einer Währung oder von Geld besitzt, aber von natürlichen oder juristischen Personen als Tauschmittel akzeptiert wird und die auf elektronischem Wege übertragen, gespeichert und gehandelt werden kann. „Als Kryptowährung gelten auch Forderungen auf Rückzahlungen, die aus der Überlassung von Kryptowährungen im Sinne des Abs. 2 Z 1 entstehen.“ *(BGBl I 2023/110)*

(BGBl I 2022/10)

BMF-Kryptowährungsverordnung

BGBl II 2022/455 idF

Verordnung des Bundesministers für Finanzen zur Ermittlung der Steuerdaten von Kryptowährungen (Kryptowährungsverordnung – KryptowährungsVO)

Form der Übermittlung von Steuerdaten

§ 1. (1) Sind dem Abzugsverpflichteten bei den Einkünften im Sinne des § 27 Abs. 4a EStG 1988 der tatsächliche Anschaffungszeitpunkt bzw. die tatsächlichen Anschaffungskosten nicht bekannt, können durch den Steuerpflichtigen diese Steuerdaten nach Maßgabe der folgenden Bestimmungen bekannt gegeben werden.

(2) Folgende Steuerdaten sind dem Abzugsverpflichteten bekannt zu geben:

1. das Anschaffungsdatum der Kryptowährung oder, wenn der Erwerbin zeitlicher Aufeinanderfolge erfolgt ist, der Anschaffungszeitraum;

2. die Anschaffungskosten der betreffenden Kryptowährung unter Anwendung von § 2;

3. die Information, ob seit Erwerb der betreffenden Kryptowährung ein steuerneutraler Tausch im Sinne des § 27b Abs. 3 Z 2 zweiter Satz EStG 1988 erfolgt ist.

(3) Der Abzugsverpflichtete kann Inhalt und Struktur der zu übermittelnden Steuerdaten vorgeben. Dabei kann der Abzugsverpflichtete die Übermittlung durch externe Dienstleister zulassen. Dies gilt nicht, wenn dem Abzugsverpflichteten im Vorhinein Informationen vorliegen, die zu begründeten Zweifeln an den Informationen der genannten externen Dienstleister führen.

(4) Der Abzugsverpflichtete hat die Angaben des Steuerpflichtigen auf deren Plausibilität zu überprüfen, wobei eine standardisierte automatisationsunterstützte Überprüfung erfolgen kann. Der Abzugsverpflichtete kann vom Steuerpflichtigen weitere Nachweise zu den Steuerdaten verlangen, soweit eine standardisierte Überprüfung nicht oder nicht erfolgreich vorgenommen wurde.

Gleitender Durchschnittspreis

§ 2. (1) Bei allen auf einer Kryptowährungsadresse befindlichen Einheiten derselben Kryptowährungen ist sowohl für Zwecke des Kapitalertragsteuerabzuges als auch im Rahmen der Veranlagung bei Erwerb in zeitlicher Aufeinanderfolge der gleitende Durchschnittspreis in Euro als Anschaffungskosten anzusetzen. Werden die Kryptowährungen auf einer Kryptowährungswallet verwahrt, ist der gleitende Durchschnittspreis für alle auf einer Kryptowährungswallet befindlichen Einheiten derselben Kryptowährung anzusetzen; die durch den Abzugsverpflichteten gewählte Bezugsgröße (Kryptowährungsadresse oder Kryptowährungswallet) ist stets auch für die Veranlagung maßgeblich.

(2) Nach § 93 Abs. 4a Z 2 EStG 1988 angesetzte Anschaffungskosten fließen nicht in den gleitenden Durchschnittspreis ein.

(3) Bei Veräußerung von auf derselben Kryptowährungsadresse bzw. Kryptowährungswallet befindlichen Kryptowährungen gelten im Zweifel Kryptowährungen nach Abs. 2 als zuerst veräußert.

BMF KryptowäVO

Altbestand

§ 3. Befinden sich auf einer Kryptowährungsadresse bzw. Kryptowährungswallet Einheiten derselben Kryptowährung, wobei nicht alle nach dem 28. Februar 2021 angeschafft worden sind (Altbestand), gilt Folgendes:

1. Der Steuerpflichtige kann wählen, welche Einheiten der Kryptowährung zuerst veräußert bzw. übertragen werden, oder den Abzugsverpflichteten dazu ermächtigen.

2. Im Zweifel gilt die früher erworbene Einheit der Kryptowährung als zuerst veräußert bzw. übertragen.

3. Eine im Rahmen des Kapitalertragsteuerabzuges vorgenommene Reihung ist stets auch für die Veranlagung maßgeblich.

Bewertung der laufenden Einkünfte aus Kryptowährungen

§ 4. (1) Bei laufenden Einkünften aus Kryptowährungen (§ 27b Abs. 2 EStG 1988) ist der Wert der bezogenen Kryptowährungen im Zuflusszeitpunkt als Einkünfte und zugleich als deren Anschaffungskosten anzusetzen. Als Wert gilt ein vorhandener Kurswert einer Kryptowährungsbörse. Ist kein Börsenkurs vorhanden, ist der Kurswert eines Kryptowährungshändlers anzusetzen. Ist auch ein solcher Kurs nicht vorhanden, ist der Kurs einer allgemein anerkannten und vom Steuerpflichtigen unabhängigen, webbasierten Liste, die aktuelle Kaufpreise für Kryptowährungen abbildet, anzusetzen; dabei ist das Prinzip der Bewertungsstetigkeit zu beachten. Eine im Rahmen des Kapitalertragsteuerabzuges vorgenommene Bewertung ist stets auch für die Veranlagung maßgeblich.

(2) Kommt es im Rahmen eines Vorgangs zu Zuflüssen von Entgelten aus den laufenden Einkünften aus Kryptowährungen, die öfter als dreimal pro Monat erfolgen, ist als Wert der Kryptowährung der Tagesendkurs am Monatsersten des Monats anzusetzen, in dem der tatsächliche Zufluss erfolgt, sofern nicht der Abzugsverpflichtete eine Bewertung zum tatsächlichen Zuflusszeitpunkt vornimmt. Die im Rahmen des Kapitalertragsteuerabzuges vorgenommene Bewertung ist stets auch für die Veranlagung maßgeblich.

Einstufung als Kryptowährung

§ 5. Der Abzugsverpflichtete hat im Zweifel für Zwecke des Kapitalertragsteuerabzuges davon auszugehen, dass es sich um eine Kryptowährung im Sinne des § 27b Abs. 4 EStG 1988 handelt.

Begriffsbestimmungen

§ 6. Für Zwecke dieser Verordnung bezeichnet der Ausdruck:

1. „Kryptowährungsadresse": eine eindeutige Kennung, die ein mögliches Ziel für eine Kryptowährungstransaktion darstellt.

2. „Kryptowährungswallet": ein Dienst oder eine Applikation, die eine oder mehrere Kryptowährungsadressen als Einheit verwaltet, wobei keine standardisierte Auslesungsmöglichkeit der einzelnen Kryptowährungsadressen vorgesehen ist.

3. „Kryptowährungsbörse": ein Dienstleister, der den Tausch von Kryptowährungen in gesetzlich anerkannte Zahlungsmittel und umgekehrt bzw. in andere Kryptowährungen anbietet, wobei Käufer und Verkäufer der Kryptowährungen unter den Grundsätzen von Angebot und Nachfrage unmittelbar miteinander kontrahieren.

4. „Kryptowährungshändler": ein Dienstleister, der den Tausch von Kryptowährungen in gesetzlich anerkannte Zahlungsmittel und umgekehrt bzw. in andere Kryptowährungen anbietet, wobei Käufer und Verkäufer der Kryptowährungen direkt mit dem Kryptowährungshändler kontrahieren.

Inkrafttreten

§ 7. Diese Verordnung tritt am 1. Jänner 2023 in Kraft, wobei § 2 für sämtliche Einkünfte aus realisierten Wertsteigerungen von Kryptowährungen anzuwenden ist, die nach dem 31. Dezember 2022 zufließen. § 4 Abs. 2 kann bereits für Einkünfte angewendet werden, die vor dem 1. Jänner 2023 zufließen.

BMF-Mitteilung Steuerliche Behandlung von Kryptowährungen

BMF, 1.7.2023 idF

BMF-Mitteilung: Steuerliche Behandlung von Kryptowährungen[1]

Auf dieser Seite informieren wir Sie über die einkommen- und umsatzsteuerliche Behandlung von Kryptowährungen.

Einkommensteuer

Durch die Ökosoziale Steuerreform treten ab 1. März 2022 ausdrückliche gesetzliche Regelungen zur Besteuerung von Kryptowährungen in Kraft, durch die eine Einbeziehung in die Einkünfte aus Kapitalvermögen und den besonderen Steuersatz von 27,5% erfolgt.

Erfasste Kryptowährungen

Gemäß § 27b Abs 4 EStG ist eine Kryptowährung *„eine digitale Darstellung eines Werts, die von keiner Zentralbank oder öffentlichen Stelle emittiert wurde oder garantiert wird und nicht zwangsläufig an eine gesetzlich festgelegte Währung angebunden ist und die nicht den gesetzlichen Status einer Währung oder von Geld besitzt, aber von natürlichen oder juristischen Personen als Tauschmittel akzeptiert wird und die auf elektronischem Wege übertragen, gespeichert und gehandelt werden kann"*.

Darunter fallen somit öffentlich angebotene Kryptowährungen, die eine Akzeptanz als Tauschmittel genießen. Dies trifft auch auf sogenannte „Stablecoins" zu, bei denen der Wert durch einen Mechanismus vom Wert einer zugrundeliegenden gesetzlichen Währung oder anderen Vermögenswerten abhängen soll.

Nicht erfasst – mangels Eigenschaft als Tauschmittel – sind sogenannte „Non-Fungible Token" (NFT) und „Asset-Token", denen reale Werte zugrunde liegen (zB Wertpapiere, Immobilien). Die Besteuerung dieser Produkte richtet sich je nach Ausgestaltung nach den allgemeinen ertragsteuerlichen Bestimmungen.

[1] *Mitteilung des BMF auf der Website des BMF, Stand 1.7.2023, https://www.bmf.gv.at/themen/steuern/sparen-veranlagen/steuerliche-behandlung-von-kryptowaehrungen.html*

Erfasste Einkünfte und deren Ermittlung

Zu den Einkünften aus Kryptowährungen zählen laufende Einkünfte aus Kryptowährungen („Früchte") sowie unabhängig von der Erfüllung einer Behaltefrist Einkünfte aus realisierten Wertsteigerungen von Kryptowährungen („realisierte Kursgewinne").

Unter die **laufenden Einkünfte** aus Kryptowährungen (§ 27b Abs 2 EStG) fallen einerseits Entgelte für die Überlassung von Kryptowährungen (Z 1). Solche liegen vor, wenn die Kryptowährungen an andere Marktteilnehmer überlassen werden und dafür ein Entgelt gezahlt wird. Unter diesen Tatbestand fallen insbesondere Zinsen, die durch Verleihen der Kryptowährung erzielt werden (dem sogenannten „Lending") und Gegenleistungen für das Bereitstellen von Kryptowährungen für Liquiditäts- bzw Kreditpools im Rahmen von „Decentralized Finance"-Vorgängen („DeFi"), das auch als „Liquidity Mining" bezeichnet wird.

BMF Mitt Kryptow

Ebenso unter die laufenden Einkünfte fällt der Erwerb von Kryptowährungen durch einen technischen Prozess, bei dem Leistungen zur Transaktionsverarbeitung zur Verfügung gestellt werden (Z 2). Darunter ist insbesondere der Erwerb von Kryptowährungen im Rahmen des sogenannten „Mining" zu verstehen, wobei es unerheblich ist, ob die Kryptowährung durch den Vorgang neu geschaffen wird oder von anderen Netzwerkteilnehmern als Transaktionsentgelt geleistet wird. Auch das Betreiben einer Masternode kann zu laufenden Einkünften führen.

Achtung

Einkünfte aus Kapitalvermögen liegen nur insoweit vor, als die Tätigkeit nach Art und Umfang nicht über die reine Vermögensverwaltung hinausgeht. Andernfalls liegen Einkünfte aus Gewerbebetrieb vor.

Alle laufenden Einkünfte unterliegen im Zuflusszeitpunkt der Besteuerung, wobei der Wert der bezogenen Kryptowährungen bzw. sonstigen Entgelte zu diesem Zeitpunkt als Bemessungsgrundlage anzusetzen ist. Dieser Wert stellt künftig auch die Anschaffungskosten von den erhaltenen Kryptowährungen dar.

Hingegen liegen in folgenden Fällen keine laufenden Einkünfte vor:

– wenn die Leistung zur Transaktionsverarbeitung vorwiegend im Einsatz von vorhandenen Kryptowährungen besteht (*Staking*);
– wenn Kryptowährungen unentgeltlich (*Airdrops*) oder für lediglich unwesentliche sonstige Leistungen (*Bounties*) übertragen werden;
– wenn Kryptowährungen im Rahmen einer Abspaltung von der ursprünglichen Blockchain zugehen (*Hardfork*).

In diesen Fällen erfolgt im Zuflusszeitpunkt keine Besteuerung. Die erhaltenen Kryptowährungen sind allerdings mit Anschaffungskosten in Höhe von Null anzusetzen, wodurch im Zuge einer späteren Veräußerung der gesamte Wert der Kryptowährungen besteuert wird.

Hinweis

Die Ausnahme für Kryptowährungen, die im Rahmen von klassischen Staking-Vorgängen erzielt werden, bezieht sich ausschließlich auf Leistung, die zur Transaktionsverarbeitung („Blockerstellung bzw. -validierung") zur Verfügung gestellt werden. Werden Vorgänge, die tatsächlich Entgelte für die Überlassung von Kryptowährungen darstellen, als „*staking*" bezeichnet, fallen diese nicht unter die Ausnahmeregelung und führen daher bereits im Zuflusszeitpunkt zur Besteuerung.

Unter die Einkünfte aus **realisierten Wertsteigerungen** von Kryptowährungen (§ 27b Abs 3 EStG) fallen
– Einkünfte aus der Veräußerung von Kryptowährungen gegen Euro
– Einkünfte aus dem Tausch von Kryptowährungen gegen gesetzlich anerkannte Fremdwährungen (zB US-Dollar) und
– Einkünfte aus dem Tausch von Kryptowährungen gegen andere Wirtschaftsgüter und Leistungen (zB Kauf eines Wirtschaftsguts und Bezahlung in Kryptowährungen).

Der **Tausch** einer Kryptowährung in eine andere Kryptowährungen stellt keinen Veräußerungsvorgang dar und ist daher nicht zu besteuern. Zudem sind Aufwendungen, die mit solchen Tauschvorgängen in Zusammenhang stehen (zB Transaktionskosten), steuerlich unbeachtlich, wodurch im Tauschzeitpunkt keinerlei Besteuerung erfolgt. In einem solchen Fall sind die Anschaffungskosten der übertragenen Kryptowährung auf die erhaltene Kryptowährung zu übertragen.

Als Veräußerung gelten auch Umstände, die zum Verlust des Besteuerungsrechtes Österreichs hinsichtlich der Veräußerungsgewinne führen (siehe dazu hier).

Der steuerpflichtige **Veräußerungsgewinn** ist der Unterschiedsbetrag zwischen dem Veräußerungserlös und den Anschaffungskosten. Bei Tauschvorgängen gilt als Veräußerungspreis für die hingegebene Kryptowährung der gemeine Wert der hingegebenen Kryptowährung im Tauschzeitpunkt (§ 6 Z 14 EStG). Zu beachten ist, dass Anschaffungsnebenkosten (zB Beratungskosten oder Transaktionsgebühren) angesetzt werden dürfen und damit den Veräußerungsgewinn vermindern. Aufwendungen im Zusammenhang mit dem Finanzvermögen (zB Stromkosten, Hardwareanschaffungen) dürfen hingegen nicht abgezogen werden, sofern nicht die Regelbesteuerungsoption ausgeübt wird.

Steuersatz

Einkünfte aus Kryptowährungen (sowohl laufende als auch Veräußerungsgewinne) unterliegen gemäß § 27a Abs 1 EStG einem besonderen Steuersatz in Höhe von **27,5%** und führen zu keinem Progressionsanstieg des Tarifsteuersatzes für das übrige Einkommen. Dies gilt unabhängig davon, ob die Steuer im Abzugsweg (d. h. in Form der KESt) einbehalten oder im Rahmen der Steuererklärung (Veranlagung) festgesetzt wird.

Eine Ausnahme besteht jedoch für Einkünfte aus privaten Kryptowährungsdarlehen (wenn die zugrundeliegenden Überlassungsverträge in rechtlicher und tatsächlicher Hinsicht nicht öffentlich angeboten wurden). Diese unterliegen dem progressiven Einkommensteuertarif.

Verlustausgleich

Gewinne und Verluste aus Einkünften aus Kryptowährungen können nach den allgemeinen Regelungen mit Gewinnen und Verlusten aus anderen Kapitaleinkünften (zB mit Dividenden, Veräußerungsgewinnen von Aktien) verrechnet werden. Näheres dazu finden Sie hier.

Betriebliche Einkünfte

Wie auch beim klassischen Kapitalvermögen kommt der Sondersteuersatz für Kryptowährungen auch im Betriebsvermögen zur Anwendung. Dies gilt jedoch nicht, wenn die Erzielung von Einkünften aus Kryptowährungen einen Schwerpunkt der betrieblichen Tätigkeit darstellt. Dies kommt insbesondere beim gewerblichen Kryptowährungshändler als auch beim gewerblichen Miner in Betracht; diese Tätigkeiten werden mit dem progressiven Einkommensteuertarif besteuert.

Auch die Behandlung eines Verlustüberhanges aus Kryptowährungen im Betriebsvermögen entspricht jener von betrieblich gehaltenen Kapitalanlagen.

Kapitalertragsteuer

Für Kapitalerträge, die nach dem 31. Dezember 2023 anfallen, besteht für inländische Schuldner und Dienstleister die Verpflichtung, für die erzielten Kapitalerträge Kapitalertragsteuer (KESt) abzuziehen; bis dahin besteht für diese die Möglichkeit, einen solchen Abzug freiwillig vorzunehmen. Die KESt wird in diesen Fällen einbehalten und an das Finanzamt abgeführt. Der Anleger braucht diese Kapitalerträge dann nicht mehr in seine Steuererklärung aufnehmen, weil mit der Einbehaltung der KESt die Einkommensteuer abgegolten ist (**Endbesteuerung**).

Achtung

Fließen vor Inkrafttreten der KESt-Abzugsverpflichtung Einkünfte aus Kryptowährungen zu und wird auch kein freiwilliger KESt-Abzug vorgenommen, besteht die Verpflichtung, die Einkünfte im Rahmen der Einkommensteuererklärung zu deklarieren und zu besteuern.

Inkrafttreten

Die Steuerpflicht für Einkünfte aus Kryptowährungen tritt mit 1. März 2022 in Kraft und ist erstmals auf Kryptowährungen anzuwenden, die nach dem 28. Februar 2021 angeschafft wurden („**Neuvermögen**").

Kryptowährungen, die bis 28. Februar 2021 angeschafft worden sind, sind grundsätzlich **Altbestände** und daher von dem neuen Besteuerungsregime nicht betroffen; für diese Wirtschaftsgüter erfolgt weiterhin die Besteuerung wie vor der ökosozialen Steuerreform.

Werden Kryptowährungen, die vor dem 1. März 2021 angeschafft wurden („Altvermögen"), jedoch nach dem Inkrafttreten der Neuregelung zur Erzielung laufender Einkünfte aus Kryptowährungen gemäß § 27b Abs 2 EStG oder zum Erwerb von Kryptowährungen im Rahmen von Staking, einem Airdrop oder Bounty bzw. einem Hardfork (§ 27b Abs 2 zweiter Satz EStG) verwendet, kommt für die Erwerbsvorgänge bereits die Neuregelung zur Anwendung. Die erworbenen Kryptowährungen gelten jedenfalls als Neuvermögen.

Werden Kryptowährungen nach dem 31. Dezember 2021 und vor dem 1. März 2022 steuerpflichtig realisiert (insbesondere durch Veräußerung oder Tausch), können die daraus resultierenden positiven oder negativen Einkünfte freiwillig unter Anwendung der Neuregelung besteuert werden. Dadurch kann bereits der Sondersteuersatz zur Anwendung gelangen sowie eine Verrechnung im Rahmen des Verlustausgleichs mit anderen Einkünften aus Kapitalvermögen ermöglicht werden, die im Kalenderjahr 2022 erzielt werden.

Umsatzsteuer

Auf Basis der Rechtsprechung des EuGH zur Krypto-Asset Bitcoin ergeben sich folgende auf Bitcoin zutreffende umsatzsteuerliche Aussagen:

Umtausch von gesetzlichen Zahlungsmitteln zu Bitcoins und umgekehrt

Werden gesetzliche Zahlungsmittel (zB. Euro) zu Bitcoins umgetauscht und umgekehrt, ist dies nach Rechtsprechung des EuGH eine steuerfreie Tätigkeit (vgl. EuGH 22.10.2015, Rs C-264/14, Hedqvist; UStR 2000 Rz 759).

Verwendung von Bitcoins für die Bezahlung von Lieferungen und sonstigen Leistungen (Dienstleistungen)

Lieferungen oder sonstige Leistungen (Dienstleistungen), deren Entgelt nicht in gesetzlichen Zahlungsmitteln (zB. Euro), sondern in Bitcoins besteht, sind gleich zu behandeln wie andere Lieferungen oder sonstige Leistungen (Dienstleistungen), deren Entgelt in gesetzlichen Zahlungsmitteln besteht. Die Bemessungsgrundlage einer derartigen Lieferung oder sonstigen Leistung bestimmt sich nach dem Wert des Bitcoins.

Mining

Bitcoin-Mining unterliegt mangels identifizierbarem Leistungsempfänger bzw. im Lichte der Rechtsprechung des EuGH (vgl. EuGH 22.10.2015, Rs C-264/14, Hedqvist) nicht der Umsatzsteuer.

KODEX

DES ÖSTERREICHISCHEN RECHTS

HERAUSGEBER: UNIV.-PROF. DR. WERNER DORALT

FINANZMARKTRECHT I

1 BWG
CRR-BegleitV
KI-RMV
MündelsicherheitsV
ReservemeldungsV
ZKR-Austausch-VO
AP-VO
JKAB-V
VERA-V
STDM-V 2016
ZKRMV
EKV 2016
SK-EMV
KP-V
ParameterV

2 CRR + Ven
EZB-Finrep Ext-VO
EZB-Wahlrechte-VO
EZB-AnaCredit-VO
CRD-IV + Ven

3 ESAEG + Ven

4 BaSAG + Ven
EU-DelV und DVen
SRM-VO + Ven

5 SpG

6 BSpG + V

7 PSK-G

8 HypBG
PfandbriefG + EinfVen
FBSchVG
PfandbriefstelleG
KuratorenG

9 WBIB-G

LexisNexis

KODEX

DES ÖSTERREICHISCHEN RECHTS

HERAUSGEBER: UNIV.-PROF. DR. WERNER DORALT

FINANZMARKTRECHT II

1 ZaDiG + Ven
SEPA-VO
VZKG + VO
ÜberweisungsVO
AuftraggeberdatenVO
GeldtransferVO
ZertifizierungsVO
ZertifizierungsVO-Beschl
ZahlungsdiensteRL (PSD II)
InterbankenentgelteVO (MIF)
E-GeldG + VO
DevisenG + Ven
SanktionenG
Euro-Begleitgesetze
SchMG
WechselG + ScheckG

2 VKrG
VKrRL
HIKrG
FMA-MiKaNa-V
ImmoKrRL + VO
FernFinG
FernFinRL

3 FM-GwG + V
4. GW-RL
DelVO Drittländer

4 StabAbgG

5 KontRegG/KapAbflMG + Ven

6 GMSG + V
ADG
EU-Amtshilfe-RL

7 FMABG + Ven
NBG
EBA-VO
ESRB-VO
SSM-VO + Ven

8 FinStaG + Ven
ZaBiStaG
ÖIAG-G/ÖBIB-G
HypoSanG
HaftungsG Ktn

9 FinanzkonglomerateG + V
FK-DelVO

10 APAG
RL-KG

LexisNexis

KODEX

DES ÖSTERREICHISCHEN RECHTS

HERAUSGEBER: UNIV.-PROF. DR. WERNER DORALT

FINANZMARKTRECHT III

1 WAG
HTAusnV
AusnV
IIKV
WPMV
WAG 2018
MiFIR
MiFIR DfVO
MiFID II
MiFID DfVO

2 BörseG + Ven
BörseG 2018
Veröff V
MpV
VMV
TransV
ECV
2.LVV

3 Short-Selling-VO

4 Benchmark-VO
Benchmark-DfVO
RW-VG

5 REMIT-VO

6 Strommärkte-VO

7 Treibhausgas-VO

8 Marktmissbrauchs-VO + Ven
MAD-Sankt
DRL-Meldung
Del-VO Ausn
DfVO Meldung Form
DfVO Eigengeschäft
DfVO Insider
TransRL + delVen
DfVO Infoaustausch ESMA

9 ESMA-VO

LexisNexis

KODEX

DES ÖSTERREICHISCHEN RECHTS

HERAUSGEBER: UNIV.-PROF. DR. WERNER DORALT

FINANZMARKTRECHT IV

1 KMG
HGebV
MVS-V
EU-ProspektVO
Prospekt-DfV
DelV VeröffNach
DelV Veröff
ÄquivalenzV

2 UDRBG
UDRB-KorrV

3 AltFG
AltF-InfoV

4 PRIIP-VO

5 DepG

6 FinSG

7 KEG

8 InvFG
AnteileV
InfoGlwV
4. DerRiskM-V
Geldmarktf-V
EU-Geldmarktf-VO
ÜbHi-V
TeilfondsV
KID-V
InvF-LRMV
FMV, WPV
OGAW KID-V
OGAW VerfV
OGAW Asset-RL
OGAW VwGesRL
OGAW-MF-RL
OGAW DelV VwSt
OGAW DfV Infoü

9 AIFMG
AIF-WamV
AIFM-MV
AIFM-Ven
RisikokapitalfondsVO + DfVO
SozUnternehmFondsVO + DfVO
ELIF-VO

10 ImmoInvFG
RisikohinweisV
OTC DerV
ProspInV

11 EMIR-VO + Ven
SFT-VO
SFT-VollzugsG
ZGVG + ZG-EKV

12 FinalitätsG
CSD-VO + ZvVG

13 BMSVG + Ven
PKG, BPG
DfV Pensfonds
EU-EbAV-RL

14 CRA-VO
RAVG
Ratingagenturliste

LexisNexis

KODEX
DES ÖSTERREICHISCHEN RECHTS
HERAUSGEBER: UNIV.-PROF. DR. WERNER DORALT
COMPLIANCE
FÜR UNTERNEHMEN
LexisNexis
1 StrafR StGB VbVG VStG
2 Lobbying u Medientransp. LobbyG BVG MedKF-T
3 FinanzR FinStrG BAO
4 Wettbewerbs R KartG UWG AEUV
5 DatenschutzR DSG DSGVO
6 Kapitalmarkt R BörseG ECV EU-Verordnungen
7 GesellschaftsR ÖCGK GmbH AktG EKEG UGB
8 GewO GewO 2. GTV-GewO
9 ImmaterialgR UrhG MarkschG MuSchG PatG
10 ArbeitsR AZG ARG ASchG GlBG LSD-BG ASVG ArbVG
11 Produktsicherheit PSG 2004 PHG

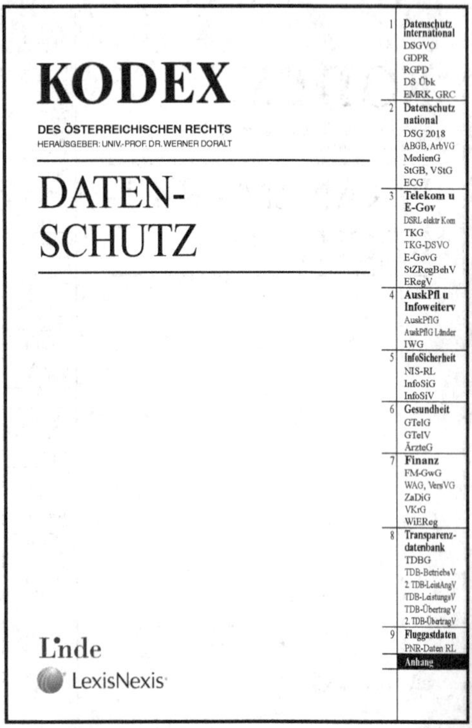
KODEX
DES ÖSTERREICHISCHEN RECHTS
HERAUSGEBER: UNIV.-PROF. DR. WERNER DORALT
DATEN-
SCHUTZ
Linde
LexisNexis
1 Datenschutz international DSGVO GDPR RGPD DS Übk EMRK, GRC
2 Datenschutz national DSG 2018 ABGB, ArbVG MedienG StGB, VStG ECG
3 Telekom u E-Gov DSRL elektr Kom TKG TKG-DSVO E-GovG StZRegBehV ERegV
4 AuskPfl u Infoweiterv AuskPflG AuskPflG Länder IWG
5 InfoSicherheit NIS-RL InfoSiG InfoSiV
6 Gesundheit GTelG GTelV ÄrzteG
7 Finanz FM-GwG WAG, VersVG ZaDiG VKrG WiEReg
8 Transparenzdatenbank TDBG TDB-BetriebsV 2. TDB-LeistAngV TDB-LeistungsV TDB-ÜbertragV 2. TDB-ÜbertragV
9 Fluggastdaten PNR-Daten RL
Anhang

KODEX
DES ÖSTERREICHISCHEN RECHTS
HERAUSGEBER: UNIV.-PROF. DR. WERNER DORALT
VERSICHERUNGS-
RECHT
LexisNexis
1 VersVG
2 PHG KSchG, FernFinG
3 EuGVVO Rom I + IPRG
4 KFG + ZustV EKHG
5 KHVG AKHB + AKKB
6 KHV Euro-Üb Abk Ö-Schweiz
7 VOEG Vertrag Ö-Schweiz
8 LFG BGzLV
9 GewO RSV + ERV-RVB
10 RAO | EIRAG | NO WTBG | BiBuG ÄrzteG
11 Sonstige HP-Vers
12 AVB Leben Kranken | Unfall Sachversicherung Einbruchdiebstahl Feuer | Glas Haftpfl., USKV, ÖAK Haushalt Rechtsschutz Transport + AÖSp (SVS/RVS)
13 VAG + VOen
14 PRIIP-VO
15 FMABG + VOen
16 BAG + VOen
17 GewO + VOen
18 MaklerG AGB-VersMakler
19 Hagelvers-FöG
20 Tiervers-FöG
21 Waldbrandvers-Fö ForstG + VO
22 Kapitalvers-FöG EStG
23 VersStG + VO
24 FeuerschStG + VO
25 PKG + VOen
26 BPG
27 Kartellrecht
28 FM-GwG + VOen

KODEX
DES ÖSTERREICHISCHEN RECHTS
HERAUSGEBER: UNIV.-PROF. DR. WERNER DORALT
VERSICHERUNGS-
RECHT
LexisNexis
1 Solvency II
2 L2-VO
3 ITS Zweckgesellschaften Solvabilität Gruppenaufsicht Informationen Aufsicht und Verfahren Übergangsbestimmungen
4 EIOPA-GL Allg. Best. Governance Solvabilität Gruppenaufsicht Informationen Aufsicht und Verfahren Übergangsbestimmungen
5 Intl. Abk. Gleichwertigkeit
6 IMD + IDD + Beschwerde-Management
7 PRIIP-VO
8 EIOPA-VO
9 §§ 189 ff UGB Bilanz-RL VersBil-RL
10 §§ 268 ff UGB AP-RL & VO
11 IORP/EbAV
12 4. GW-RL

KODEX-Bestellformular

Titel	Preis im Abo EUR	Einzelpreis EUR
Verfassungsrecht 2023/24, inkl. App	34,40	43,-
Europarecht (EU-Verfassungsrecht) 2023/24, inkl. App	31,60	39,50
Völkerrecht 2023, inkl. App	32,-	40,-
Basisgesetze ABGB und B-VG 2022, inkl. App		15,-
Bürgerliches Recht 2023/24, inkl. App	31,70	39,60
Taschen-Kodex ABGB 2023, inkl. App		21,-
Unternehmensrecht 2023/24, inkl. App	33,-	41,20
Zivilgerichtliches Verfahren 2023/24, inkl. App	34,40	43,-
Internationales Privatrecht 2023, inkl. App	29,60	37,-
Taschen-Kodex Strafgesetzbuch 2022 inkl. App		16,50
Strafrecht 2023/24, inkl. App	31,70	39,60
Gerichtsorganisation 2023, inkl. App	63,60	79,50
Anwalts- und Gerichtstarife 5/2023, inkl. App	26,40	33,-
Notariatsrecht 2023, inkl. App	38,40	48,-
Justizgesetze 2022, inkl. App	23,20	29,-
Wohnungsgesetze 2023/24, inkl. App	47,20	59,-
Finanzmarktrecht Band Ia+Ib (Bankenaufsicht), inkl. App	79,20	99,-
Finanzmarktrecht Band II (Zahlungsverkehr), inkl. App	68,80	86,-
Finanzmarktrecht Band III (Wertpapierrecht, Börse), inkl. App	68,80	86,-
Finanzmarktrecht Band IV (Kapitalmarkt, Prospektrecht), inkl. App	68,80	86,-
Finanzmarktrecht Band V (Geldwäsche), inkl. App	52,-	65,-
Versicherungsrecht Band I 2022/23, inkl. App	64,-	80,-
Versicherungsrecht Band II 2023, inkl. App	49,60	62,-
Compliance für Unternehmen 2023, inkl. App	63,20	79,-
IP-/IT-Recht 2023, inkl. App	55,20	69,-
Mediation 2022, inkl. App	25,60	32,-
Schiedsverfahren 2020, inkl. App	36,-	45,-
Wirtschaftsprivatrecht 2022/23, inkl. App	23,80	29,80
WirtschaftsG I (Öffentliches Wirtschaftsrecht) 2023/24, inkl. App	49,60	62,-
WirtschaftsG II (Wettbewerb, Gew. Rechtsschutz) 2022/23, inkl. App	48,80	61,-
WirtschaftsG III (UWG) 2019/20, inkl. App	31,20	39,-
WirtschaftsG IV (Telekommunikation) 2022	66,40	83,-
WirtschaftsG V (Wettbewerbs- und Kartellrecht) 2022, inkl. App	53,60	67,-
WirtschaftsG VI (Datenschutz) 2022, inkl. App	52,-	65,-
WirtschaftsG VII (Energierecht) 2022/23, inkl. App	52,-	65-
Vergabegesetze 2019, inkl App	42,40	53,-
Arbeitsrecht 2023, inkl. App	28,80	36,-
EU-Arbeitsrecht 2023/24, inkl. App	57,60	72,-
Arbeitnehmerschutz 2022, inkl App	31,20	39,-
Sozialversicherung (Bd. I) 2023, inkl. App	35,20	44,-
Sozialversicherung (Bd. II) 2023, inkl. App	33,60	42,-
Sozialversicherung (Bd. III) 2023 inkl. App	29,60	37,-
Personalverrechnung 2023	33,60	42,-
Steuergesetze 2023, inkl. App	32,80	41,-
Steuer-Erlässe (Bd. I) 2023, inkl. App	49,60	62,-
Steuer-Erlässe (Bd. II) 2023, inkl. App	29,60	37,-
Steuer-Erlässe (Bd. III) 2023, inkl. App	49,60	62,-
Steuer-Erlässe (Bd. IV) 2023, inkl. App	52,-	65,-
EStG - Richtlinienkommentar 2023, inkl. App	57,60	72,-
LStG - Richtlinienkommentar 2023	49,60	62,-
KStG - Richtlinienkommentar 2022	40,70	51,-
UmgrStG - Richtlinienkommentar 2023	48,80	61,-
UStG - Richtlinienkommentar 2023	44,-	55,-
Doppelbesteuerungsabkommen 2022, inkl. App	55,20	69,-
Zollrecht 2023, inkl. App	95,20	119,-
Finanzpolizei 2020, inkl. App	39,20	49,-
Rechnungslegung- und Prüfung 2023, inkl. App	47,20	59,-
Internationale Rechnungslegung IAS/IFRS 2024, inkl. App	27,20	34,-
Verkehrsrecht 2022, inkl. App	73,60	92,-
Wehrrecht 2020, inkl. App	44,80	56,-
Ärzterecht 2023, inkl. App	79,20	99,-
Krankenanstaltengesetze 2023/24	59,20	74,-
Veterinärrecht 2022	76,80	96,-
Umweltrecht 2023, inkl. App	87,20	109,-
EU-Umweltrecht 2020, inkl. App	82,40	103,-
Wasserrecht 2022, inkl. App	77,60	97,-
Abfallrecht mit ÖKO-Audit 2022, inkl. App	83,20	104,-
Chemikalienrecht 2023, inkl. App	68,-	85,-
EU-Chemikalienrecht 2023, inkl. App	79,20	99,-
Lebensmittelrecht 2022, inkl. App	69,60	87,-
Schulgesetze 2022/23	60,-	75,-
Universitätsrecht 2019, inkl. App	47,20	59,-
Besonderes Verwaltungsrecht 2023/24, inkl. App	55,20	69,-
Innere Verwaltung 2023, inkl. App	82,40	103,-
Asyl- und Fremdenrecht 2022, inkl. App	38,40	48,-
Polizeirecht 2023, inkl. App	48,-	60,-
Verwaltungsverfahrensgesetze (AVG) 2023/24, inkl. App	21,-	26,40
Landesrecht Vorarlberg 2023	92,-	115,-
Landesrecht Tirol 2023	106,40	133,-

Die Preise beziehen sich auf die angegebene Auflage, zzgl. Porto und Versandspesen. Satz- und Druckfehler vorbehalten.

Für Ihre Bestellung einfach Seite kopieren, gewünschte Anzahl eintragen, Bestellabschnitt ausfüllen und an Ihren Buchhändler oder an den Verlag LexisNexis ARD Orac übermitteln.

Fax: +43-1-534 52-141 | E-Mail: kundenservice@lexisnexis.at | **shop.lexisnexis.at/kodex** (versandkostenfrei ab 40 Euro innerhalb von Österreich)

Der KODEX ist unter www.kodex.at als Mobile App und als Desktop-Version für den PC verfügbar!

Firma/Name: .... Kundennr.: ....

Straße: ....

PLZ/Ort: .... Datum/Unterschrift: ....